Dr. Andreas Voss

DATA BECKER

Das große
PC Lexikon 2000

Wichtiger Hinweis

Die in diesem Buch wiedergegebenen Verfahren und Programme werden ohne Rücksicht auf die Patentlage mitgeteilt. Sie sind für Amateur- und Lehrzwecke bestimmt.

Alle technischen Angaben und Programme in diesem Buch wurden von den Autoren mit größter Sorgfalt erarbeitet bzw. zusammengestellt und unter Einschaltung wirksamer Kontrollmaßnahmen reproduziert. Trotzdem sind Fehler nicht ganz auszuschließen. DATA BECKER sieht sich deshalb gezwungen, darauf hinzuweisen, dass weder eine Garantie noch die juristische Verantwortung oder irgendeine Haftung für Folgen, die auf fehlerhafte Angaben zurückgehen, übernommen werden kann. Für die Mitteilung eventueller Fehler sind die Autoren jederzeit dankbar.

Wir weisen darauf hin, dass die im Buch verwendeten Soft- und Hardwarebezeichnungen und Markennamen der jeweiligen Firmen im Allgemeinen warenzeichen-, marken- oder patentrechtlichem Schutz unterliegen.

Die wiedergegebenen Produktbezeichnungen sind für die jeweiligen Rechteinhaber markenrechtlich geschützt

Copyright	© 1999 by DATA BECKER GmbH & Co. KG
	Merowingerstr. 30
	40223 Düsseldorf
	1. Auflage 1999
Reihenkonzept	Peter Meisner
Lektorat	Peter Meisner
Fotos	Frank Peters, Andreas Voss
Schlussredaktion	Sibylle Feldmann
Umschlaggestaltung	Inhouse-Agentur DATA BECKER
Textbearbeitung und Gestaltung	Andreas Quednau
Druck	Elsnerdruck, Berlin

ISBN 3-8158-1627-0

Liebe Leserin, lieber Leser!

Ein Lexikon mit **Index**? Wundern Sie sich nicht! Denn eben dieser Index ist ein echtes Highlight dieses Buches! Ja, er ist deutlich mehr als „nur" ein Index. Bitte gönnen Sie mir und sich selbst eine kurze Einführung zu diesem Index und damit der effektiven Nutzung des Buches. Und bitte werfen Sie dann auch einen Blick auf die anschließende Legende, die Zeichen- und Abkürzungserklärungen enthält.

Beginnen wir mit einem Zeitvorteil durch den Index, der die Nerven schont: Denn auf der alphabetischen Suche nach möglichen Begriffen „wühlt" man sich viel schneller durch ca. 50 Seiten Index als 900 Seiten Hauptteil. Als Autor wühle ich öfter, glauben Sie mir, meine Finger wissen, wovon ich rede. Wenn Sie dann „Ihren" Begriff im Index gefunden haben, werden Sie feststellen, dass es drei Typen davon gibt: **Hauptbegriffe**, **Unterbegriffe** und **Englisch-Deutsch-Übersetzungen**.

Zuerst zu den **Hauptbegriffen**: Diese heißen so, weil zu ihnen im Buch ein eigener Artikel (mit Überschrift) gehört. Im Index erkennt man die Hauptbegriffe am **Seitenverweis** (z. B. „Internetrecherche 463"). Dieser Seitenverweis bringt Sie also sofort zum entsprechenden Artikel, den Sie daher nicht (nochmals) alphabetisch im Hauptteil nachschlagen müssen. Flotter geht's nicht.

Die Hauptbegriffe sind die wichtigsten Begriffe, nach denen (vermutlich) nachgeschlagen wird. Vermutlich? Was aber, wenn man nicht „Internetrecherche", sondern „Recherche" oder gar „Suche, Internet" nachschlägt? Sie kennen das von Branchenbüchern: Stehen Zahnärzte nun unter „A" (wie Ärzte) oder unter „Z"? Jetzt genau kommen die **Unterbegriffe** ins Spiel. Denn im Index finden sich jede Menge zusätzliche Suchworte, mit denen Informationen aufgespürt werden können. Zur „Internetrecherche" kommt man also auch über „Recherche". Zum Beispiel „Recherche →Internetrecherche"; mit Verweispfeil. Der Pfeil (→) steht übrigens im ganzen Buch stellvertretend als Verweis.

Aber der Nutzen der **Unterbegriffe** geht noch viel weiter! Sie sind deutlich mehr als nur simple Nachschlaghilfen: In jedem Artikel werden ja weitere Ausdrücke erklärt, „Unterbegriffe" eben. Und bedenken Sie: Da diese aus Verständnisgründen sinnvollerweise miteinander im Kontext eines Artikels stehen sollten, fällt es schwer, auch eigene Artikel zu geben. Genau das aber wäre in einem „normalen" Lexikon notwendig, wollte man auch diese Unterbegriffe nachschlagen. Es ist wirklich ein echtes Dilemma für „normale" Lexika: Will man möglichst viele Begriffe nachschlagen, so muss man viele (kleine) Artikel schreiben, das Buch evtl. mit leeren Querverweisbegriffen spicken und auf größere Erklärungen zusammenhängender Sachverhalte aus Platzgründen verzichten. Es sei denn, man wiederholt sich stark, nimmt also Redundanzen in Kauf. Oder: Man verwendet – wie wir – einen Index! Denn von dort aus kann man mit viel mehr Suchworten direkt auf den Artikel verweisen, wo Haupt- und Unterbegriffe im Kontext erklärt werden. Zum leichteren Auffinden im Artikel sind die Unterbegriffe dort übrigens **fett formatiert**. Problem gelöst, Autor glücklich und der Leser hoffentlich auch ;-).

Ich möchte noch einmal die gerade vielleicht etwas zu kurz erwähnte, wichtige Konsequenz dieses Systems betonen. Das – wie ich es nenne – Querverweis-Chaos „normaler" Lexika finden Sie in diesem Buch nicht mehr. Denn das Chaos ist jetzt im Index geordnet. Als Konsequenz daraus stören im Buch auch keine „leeren" Begriffe (Querverweise) den Lesefluss. Ebenso ist die ansonsten unvermeidlich hohe Zahl an redundanten Erklärungen viel geringer. Dafür finden Sie hier verständliche, teils sehr ausführliche Artikel, die genau das im Kontext erklären, was auch zusammengehört. Schauen Sie z. B. mal „Computervirus" oder „DVD" an. Sie können mit Spaß in diesem Lexikon wie in einem normalen Buch schmökern. Sie werden Zusammenhänge schneller verstehen, Überblicke leichter gewinnen und brauchen nicht mehr ständig hin- und herblättern, um über zig Artikel aufgesplittete Informationen zu einem Thema zusammenzusuchen. Ohne Index würde die Informationsmenge in diesem Lexikon bei normaler Struktur wahrscheinlich 1.500 Seiten betragen.

Zusätzlich ist seit dieser Ausgabe im Index noch eine dritte Funktion integriert: Das früher separate **Englisch-Deutsch-Glossar** mit allgemeinen Begriffen aus der Computerwelt wurde ebenfalls in den Index integriert. Das macht Sinn, denn Sie können nun „einfache" englische Worte genauso nachschlagen wie alle anderen (komplexen, erklärungsbedürftigen) Begriffe auch. Einfache englische Begriffe, für die eine direkte Wort-zu-Wort-Übersetzung ausreicht, sind im Index *kursiv* formatiert und haben keinen (!) Verweispfeil. Beispiel: *„Output Ausgabe"*. Englische Begriffe, zu denen Artikel vorhanden sind, sind aber natürlich als Haupt- bzw. Unterbegriff (mit Verweispfeil) gekennzeichnet. Die frühere Redundanzen zwischen Glossar und Hauptteil des Buches hat nun ein Ende.

Fazit: Sie können die Index-Einträge an ihrer Formatierung und der Art des Verweises unterscheiden. Hauptbegriffe haben einen Seitenverweis, Unterbegriffe zeigen auf „ihren" Hauptbegriff und kursiv formatierte Englisch-Deutsch-Begriffe werden direkt im Index übersetzt. Alles klar?

Die **Englisch-Deutsch-Integration** geht mit dieser Ausgabe aber noch einen großen Schritt weiter, das Lexikon erhält etwas von einem „Dictionary". Wo immer möglich bzw. sinnvoll, finden Sie als Erweiterung der **Überschrift** eines Hauptbegriffs die deutsche bzw. englische Übersetzung **in eckigen Klammern**. Zum Beispiel „Festplatte [hard disk]" oder umgekehrt „Notebook [Notizbuch]". Da die Sprachschöpfungen in der Computerbranche bekanntlich recht eigen sind und munter deutsche mit englischen Bezeichnungen gemischt werden (z. B. „Framegrabber-Karte") verstehen Sie hoffentlich, dass eine durchgehende Übersetzung nicht immer möglich bzw. sinnvoll ist. Und zu manchen Begriffen existieren nicht mal passenden Übersetzungen. In Fällen, in denen eine Übersetzung zwar möglich ist, den Sinn aber nicht trifft bzw. so keine Verwendung findet, habe ich Anführungszeichen gesetzt (z. B. Active Movie [„Aktiver Film"]).

In Anlehnung an diese Erweiterung werden nun auch **Abkürzungen** direkt in den Überschriften erklärt (wo immer möglich bzw. sinnvoll). Um sich von den Übersetzungen etwas abzuheben, werden sie aber in **runden Klammern** gesetzt. Beispiel: „PGP (**P**retty **G**ood **P**rivacy)". Sicherlich könnte man das Ganze nun auf die Spitze treiben und zu diesen Erklärungen in die Überschrift auch noch die Übersetzungen angeben. Aber aufgrund einer besseren Übersichtlichkeit habe ich das doch lieber in den dazugehörigen Artikeltext ausgelagert. Werfen Sie doch einfach einmal einen Blick in das Buch, dann werden Sie sehen, dass all dies gar nicht wirklich erklärt werden muss, sondern sich wie von selbst versteht.

Wenn Sie durch das Buch blättern, werden Sie hoffentlich auch merken, dass wir uns sehr bemühen, Ihnen ein wirklich nützliches Buch an die Hand zu geben. Hardware, Software sowie Internet, aber auch Themen, die über den Rand des PCs hinausschauen (z. B. zur Video- und Unterhaltungselektronik), stellen wir Ihnen oft ausführlich und möglichst ohne Fachchinesisch vor. Dieses Lexikon soll eine universelle Hilfe sein, bei Kaufentscheidungen beraten, Anfänger in die Computersprache einführen und Profis als Nachschlagequelle dienen bzw. Hintergrundinfos liefern. Gelegentlich haben wir uns auch erlaubt, die trockene Materie durch persönliche Wertungen, Tipps sowie Zeichnungen von Glenn M. Bülow aufzulockern, der ein bekannter und erfolgreicher Cartoonist ist.

Wie Sie hoffentlich verstehen, kann trotz aller Bemühungen ein solches Lexikon nie perfekt sein, z. B. indem es alle existierenden Begriffe enthält. Dazu ist der Computermarkt viel zu dynamisch. Ich glaube aber mit etwas Stolz sagen zu können, dass dieses Buch seinen materiellen Gegenwert mehr als aufwiegt und eigentlich an keinem Computer-Arbeitsplatz fehlen sollte. Wir arbeiten ständig an der Aktualisierung, mit dem Bemühen, dass Sie durch regelmäßig überarbeitete Auflagen einen gleichermaßen nützlichen wie verlässlichen Ratgeber bekommen.

Wenn Sie selbst mal Lücken entdecken, Verbesserungsvorschläge haben oder einfach Lob oder Kritik loswerden möchten, freue ich mich über Post. Am besten aber bitte immer als E-Mail (an *av@pr-voss.aa.uunet.de*). Aus Gründen eines vertretbaren Aufwands kann ich leider nur auf E-Mails oder an Fax-Adressen antworten. Weitere Informationen zum Lexikon bzw. den Autor finden Sie im Internet unter *www.infolex.de*. Bitte verstehen Sie auch, dass ich weder für den Bestand dieser Webseiten noch der E-Mail-Adresse garantieren kann. Sie können sich auch gerne mit Anregungen und Kritik direkt an den Verlag wenden: *buch@databecker.de*. Normale Postsendungen richten Sie bitte an:

DATA BECKER GmbH & Co. KG.,
Lektorat, zu Händen Peter Meisner (das ist mein Lektor)
oder Dr. Andreas Voss
Merowingerstr. 30, 40223 Düsseldorf

Dann viel Spaß beim Lesen und Entdecken

Dr. Andreas Voss

Inhaltsübersicht

... nun, ein bisschen mehr haben wir dann doch zu bieten ;-).
(Cartoons im Buch von Glenn M. Bülow, buelow@online-club.de)

Legende – Verzeichnis der allgemeinen Abkürzungen

Die folgende Auflistung soll Ihnen helfen, die Struktur des Lexikons bzw. verwendete allgemeine Abkürzungen und Symbole besser zu verstehen. Eine Auflistung für die Abkürzungen von Dateinamen (z. B. *.doc, *.jpg etc.) finden Sie unter →Erweiterung.

Abkürzung/Symbol	Bedeutung
[Begriff]	Deutsch/Englisch-Übersetzungen zu einem Begriff
[„Begriff"]	rein wörtliche oder sinngemäße Übersetzung, die nicht ganz passend ist
(Begriff)	Ausführliche Erläuterung einer Abkürzung
→	„siehe", Verweis auf einen anderen Eintrag
1), 2) etc.	gibt es zu einem Begriff mehrere, unabhängige Erklärungen, so sind diese durch Nummern voneinander abgetrennt
abgk.	abgekürzt
Abk.	Abkürzung
Best. Nr.	Bestell-Nummer
d. h.	das heißt
etc.	et cetera (und so weiter)
fett hervorgehoben ...	... sind Unterbegriffe, auf die aus dem Index verwiesen wurde, sowie wichtige Schlagwörter im Text, die diesen etwas strukturieren sollen
i. d. R.	in der Regel
Tipp/Hinweis	Persönliche Wertung bzw. Tipp des Autors
Tel.	Telefonnummer
u. a.	unter anderem
unterstrichen	interessante Webseiten
usw.	und so weiter
v. a.	vor allem
vergl.	vergleiche
z. B.	zum Beispiel

Index – Verzeichnis aller Begriffe

C

E

G

I

J

K

L

W

X

Die Begriffe

von

A bis Z

#-Zeichen [#-character, mesh sign, number sign]

Das Zeichen # der Tastatur hat im Computerbereich vielfältige Bezeichnungen und Bedeutungen. Am bekanntesten dürfte die Verwendung im Amerikanischen als Symbol für Nummer (No.) sein. Das #-Zeichen wird mit folgenden Begriffen benannt: Raute, Schweinegatter, Mesh, Doppelkreuz, Masche.

@-Zeichen [@-character, commercial a, „at"-sign]

Das @-Zeichen – im Deutschen auch als **Klammeraffe**, im Englischen als „**commercial a**" bezeichnet – wird im EDV-Bereich u. a. als Platzhalter und Steuerzeichen verwendet. Besonders wichtig ist es für den Versand von E-Mail im Internet, denn es trennt den Anwender-Namen von der Zieldomäne (vergleiche →Domain-Name, →E-Mails) (beispielsweise *hans.meier@compu serve.com*). Auf den meisten →Tastaturen wird das Zeichen über die Tastenkombination AltGr+Q eingegeben oder aber über den Zeichencode Alt+64 auf der →numerischen Tastatur.

013x-Nummern

Rufnummern im deutschen Telefonnetz, die mit der Vorwahl 013x beginnen, sind ortsunabhängig und entweder kostenlos oder mit sehr geringen Gebühren verbunden. Es handelt sich meist um Service-Telefonnummern von Firmen oder öffentlichen Einrichtungen. 013x-Nummern werden aber auch für Televotum und Teledialog verwendet. Die 0130er Nummern sollen langfristig durch die 0800er-Nummern nach amerikanischem Vorbild abgelöst werden. Nachfolgend eine Übersicht der verschiedenen 013x-Nummern:

0130-Vorwahl: Vollständig kostenlos für den Anrufenden. Wird z. B. von Firmen für Kundensupport oder als Informations-Telefon verwendet.

0137-Vorwahl: Beim Televotum verwendet, einem Informationsservice, der z. B. in Fernsehshows die Anzahl der Anrufer für Umfragen auswertet.

0138-Vorwahl: Für den Teledialog (TED) verwendet. Findet ebenfalls Einsatz für Anrufregistrierung und Auswertung.

Nummern mit 0137- oder 0138-Vorwahl kosten je zwei Einheiten (= 0,24 DM), wenn der Auswertungs-Computer den Anruf annimmt, und weitere 0,12 DM nach jeweils 20 Sekunden.

0180-Nummern

Telefonnummern mit einer 0180-Vorwahl im Netz der Deutschen Telekom sind ortsunabhängig und haben – abhängig von der auf 0180 folgenden Nummer – eine einheitliche und meist relativ niedrige Gebühr; also egal, von wo aus man anruft. 0180-Nummern werden meist von Firmen für Service-Zwecke verwendet, die so ihren Kunden z. B. bundesweit die Einwahl zum Ortstarif unter einer einheitlichen Nummer ermöglichen können. Nachfolgend eine Kosten-Aufstellung der drei verschiedenen 0180-Nummer-Typen. Die Tarife sind zeit- und ortsunabhängig, d. h., es ist egal, wann und von wo aus man anruft.

0180-2 ...	Kosten von 0,12 DM für die komplette Verbindung (egal, wie lang)
0180-3 ...	Kosten von 0,12 DM je angefangene 30 Sekunden (also 0,24 DM/Minute)
0180-5 ...	Kosten von 0,12 DM je angefangene 15 Sekunden (also 0,48 DM/Minute)

Tipp: Sehr viele Firmen verwenden 0180-5er Nummern als Service- oder Bestell-Hotlines. Noch Anfang 1998 war das für den Kunden ein Preisvorteil gegenüber einem Ferngespräch. Durch die rasante Talfahrt der Ferntarife kann man mittlerweile per Ferngespräch über private Telefonbetreiber zumeist deutlich günstiger bei der Firma anrufen. Die ehemals kundenfreundliche 01805er Nummer ist also jetzt kundenunfreundlich. Man sollte die Firmen darauf aufmerksam machen und nach einer anderen, normalen Telefonnummer für den Kontakt verlangen.

0190 /0900-Nummern

Über Telefonnummern mit der Vorwahl 0190 bzw. 0900 bietet die Deutsche Telekom solche Service-Telefonnummern an, bei denen dem Angerufenen (meist ein Informations- oder Dienstleistungsanbieter) ein Teil der Gebühren gutgeschrieben wird. Wenn z. B. ein Ein-Minuten-Gespräch auf einem 0190-Info-Service 3,60 DM kostet, werden dem angerufenen Dienstleister bis zu 2,86 DM gutgeschrieben. Die Telekom verdient an den z. T. sehr hohen Gebühren natürlich kräftig mit, u. a. auch durch besonders hohe Grundgebühren für den Dienstleister. Die Informations- und Dienstleistungsangebote, die mittlerweile über 0190-Nummern angeboten werden, sind extrem vielseitig: Vom Sex bis zum deutschen Wetterdienst oder den aktuellen Börsenkursen wird quasi alles angeboten. Die tatsächlichen Gebühren richten sich dabei nach den auf die 0190-Vorwahl folgenden ersten Nummern. Nachfolgend eine Kostenübersicht.

0190-1/2/3/5	0,12 DM je 6 Sekunden, (1,21 DM/Minute)
0190-4/6	0,12 DM je 9 Sekunden, (0,81 DM/Minute)
0190-7/9	0,12 DM je 3 Sekunden, (2,42 DM/Minute)
0190-8	0,12 DM je 2 Sekunden, (3,60 DM/Minute)

Rufnummern mit 0190 werden von der Telekom nur noch bis zum 30.6.99 neu vergeben, allerdings bis zum 31.12.2003 unterstützt. Danach gelten nur noch die Nachfolgenummern 0900.

0800-Nummern

Seit Anfang 1999 sind auch in Deutschland die in Amerika üblichen 0800er Nummern möglich. Sie sind wie die bisherigen 0130er Nummern kostenlos für den Anrufer. Zumeist verwenden Firmen solche Nummern für spezielle Kundendienste oder Auftrags-Hotlines.

1394-Standard

Auch IEEE-1394 (Institute of Electrical and Electronics Engineers) oder FireWire genannt. Das 1986 von →Apple entwickelte System wurde 1995 von Adaptec lizenziert. Es unterstützt eine direkte digitale Verbindung von bis zu 63 Geräten (z. B. Digital-Video →DV, →Videokonferenz-Kameras, →Scanner, →Drucker, →Festplatten). All diese Geräte nutzen den gleichen →Bus nicht nur zur Verbindung zum →PC, sondern auch zur Kommunikation untereinander. In diesem Sinne gleicht es dem Universal Serial Bus, kurz →USB.

Derzeit liefert der 1394-Standard einen Datendurchsatz von 100 Mbps (MBit per Second). Diese Datenmenge kann bis zu zwei vollwertige Videos (30 Bilder pro Sekunde) simultan in Sendequalität sowie Audio in CD-Qualität übermitteln. Künftige Versionen sollen bis zu 400 Mbps unterstützen.

FireWire konfiguriert sich selbst (→Plug & Play) und bindet neue Geräte automatisch ein. Es wird zum Betrieb kein Computer benötigt. Ein →Videorekorder kann z. B. eine →Videokamera oder ein TV-Gerät steuern. →Sony war der erste Hersteller, der ein IEEE-1394-kompatibles Gerät in Form einer digitalen →Videokamera (DCR-VX1000 und DCR-VX700) auf den Markt brachte. Der 1394-Standard wird vor allem in der →Videobearbeitung eingesetzt werden. Weitere Gebiete können kleine Netzwerke, Verbindung von Spielekonsolen zum →PC oder die neuen →DVD-Geräte sein.

Ein 1394-Anschluss auf der Rückseite eines digitalen →Camcorders von Sony

16:9-Fernseh-Format

Sendungen, die im kinoähnlichen Format (dem menschlichen Sehvermögen entsprechend) ausgestrahlt werden, erzeugen auf normalen, älteren Fernsehgeräten oben und unten je einen schwarzen Balken. Neuere →Fernseher dagegen, die das 16:9-Format durch eine entsprechende Form der Bildröhre unterstützen (Größenverhältnis zwischen Breite und Höhe), können bei solchen Sendungen auf volle Breite umschalten und erzeugen ein nicht verzerrtes, schärferes und kaum noch flackerndes Bild.

Ein richtiges, verzerrungsfreies 16:9-Format liefern nur entsprechend aufgenommene Filme, wie sie zumeist fürs Kino produziert werden. Die neue PALplus-Norm (→PALplus) beinhaltet das 16:9-Format; neuere PALplus-Fernseher haben daher auch Bildröhren in diesem Format. In PALplus ausgestrahlte Sendungen sind immer im 16:9-Format; umgekehrt werden aber nicht alle 16:9-Format-Sendungen auch in PALplus ausgestrahlt. Wer allerdings auf einem neuen 16:9-Fernseher formatfüllend herkömmliche Sendungen oder Videos betrachten will, dürfte wenig Gefallen daran finden: Ziemlich unangenehme Verzerrungen sind die Folge.

1TR6

Mit 1TR6 wird das D-Kanal-Protokoll (→D-Kanal/-Protokoll) bezeichnet, das die Deutsche Telekom seit 1982 für ihr nationales →ISDN einsetzt. 1TR6 ist seit Einführung von →Euro-ISDN veraltet und wurde durch das →E-DSS1-Protokoll ersetzt. Nationales ISDN wird von der Telekom bei Neukunden nicht mehr geschaltet und bei bereits vorhandenen Anschlüssen auch nur noch bis zum Jahr 2000 unterstützt. Danach ist ein Umstieg auf E-DSS1 zwingend notwendig. Für weitere Informationen über den Unterschied zwischen E-DSS1 und 1TR6 siehe →E-DSS1.

3-D-Grafikkarte [3-D-graphics card]

Die Unterstützung von 3-D-Funktionen, die also eine natürliche, räumliche Darstellung am PC ermöglichen, sind mittlerweile Standard bei Grafikkarten. Die 3-D-Welle startete 1996 mit den ersten 2-D-Karten bzw. Grafik-Prozessoren, die einige wenige 3-D-Funktionen boten (z. B. der S3-Virge). Entgegen den vollmundigen Versprechungen der Hersteller war die 3-D-Leistung der Karten aus dieser ersten Generation aber mehr als dürftig. Seit Ende 1997 aber die Prozessoren der zweiten Generation und dann 1998 die der dritten und vierten Generation eingeführt wurden, sind hochwertige 3-D-Funktionen v. a. bei Computerspielen nicht mehr wegzudenken. Und obwohl die 3-D-Leistungsfähigkeit der Karten bzw. Prozessoren schon enorm zugelegt hat, wird es hier wohl auch in nächster Zeit zu starken Weiterentwicklungen kommen. Kaum ein Sektor in der Computerbranche ist momentan derart in der Entwicklung begriffen.

Die **3-D-Funktionen** der neuen Prozessoren werden v. a. für mehr Spaß und Realismus bei Computerspielen eingesetzt. Hier ist →**DirectX** (bzw. **Direct 3D** als Teilmenge davon) die wesentliche gemeinsame Schnittstelle, die von →Microsoft definiert wurde. Die 3-D-Funktionen moderner Grafikkarten können natürlich auch für 3-D-Programme (Rendering, 3-D-Animation) verwendet werden. Diese bewegen sich aber eher im professionellen Lager und verwenden zumeist **OpenGL** als Schnittstellen-Standard. Spezielle 3-D-Karten für solche Einsatzzwecke sind meist deutlich teurer als die für den Massenmarkt der Computerspiele gedachten. Als dritter, aber hardware- bzw. herstellerabhängiger Standard hatte bis Anfang 1999 **Glide** der Firma 3Dfx noch eine große Bedeutung. Dies ist die Schnittstelle des Voodoo-Prozessors, einem der bekanntesten 3-D-Prozessoren für Spielekarten (siehe →Voodoo-Karte). Während 1998 noch viele Spiele auf dem Markt kamen, die 3-D-Darstellungen nur über die Glide-Schnittstelle unterstützen, hat sich mittlerweile das Bild stark zugunsten von DirectX verschoben. Neue Spiele arbeiten fast nur noch mit DirectX, einige wenige bieten die Glide-Unterstützung zusätzlich an. Der früher vorhandene, entscheidende Marktvorteil der Voodoo-Karten geht damit für die aktuelle Spielegeneration verloren. Wer jedoch noch viele Spiele aus dem Zeitraum 1997 bis 1998 sein Eigen nennt bzw. diese günstig erwerben kann, sollte auf die Glide-Unterstützung achten.

Mit Hilfe einer 3-D-Karte können Computerspiele wesentlich schneller und flüssiger gespielt werden. Wichtig ist dabei v. a., wie viele neue Bilder (Frames) die Karte pro Sekunde aufbauen kann. Dies wird zumeist in Frames/sec angegeben, wobei 50 Frames/sec bei höheren Auflösungen und Farbtiefen schon immer mindestens möglich sein sollten.

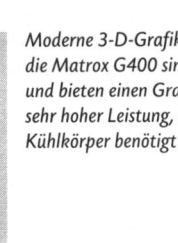

Moderne 3-D-Grafikkarten wie hier die Matrox G400 sind hoch integriert und bieten einen Grafikprozessor von sehr hoher Leistung, der meist einen Kühlkörper benötigt

Genauso wichtig wie die Geschwindigkeit der Bilddarstellung ist aber auch das verbesserte, naturrealistischere Bild. Ein 3-D-Bild wird immer nach folgenden Grundprinzip aufgebaut: Mit Hilfe einer **Geometrie-Engine**, die meistens von der CPU des PCs übernommen wird, wird die räumliche Struktur des Bilds berechnet. Objekte werden mit Hilfe von Polygonen als so genanntes **Drahtgittermodelle** entworfen und ihre räumliche Position berechnet (siehe Z-Buffer in der Tabelle). Dabei sind v. a. die Coprozessor-Leistung der CPU sowie mögliche Spezial-Befehle (SIMD-Befehle) wie MMX, ISSE (siehe →MMX) oder →3DNow! von Bedeutung. Anschließend übernimmt eine **Rendering-Engine** das so genannte **Texture-Mapping**: Damit die Drahtgitter-Modelle realistische, natürliche Oberflächen bekommen, werden Bitmap-Grafiken als Oberflächen-Strukturen auf diese draufgelegt. Das können z. B. Holz- oder Ziegelsteinmuster sein. Diese Berechnungen werden i. d. R. komplett von der 3-D-Karte bzw. dem 3-D-Prozessor übernommen und sind z. T. extrem aufwendig, wenn ein realistischer Eindruck entstehen soll. Denn zur reinen Oberflächen-Berechnung gehört noch mehr als das simple Auflegen einer Textur. Um realistische Effekte zu erhalten, müssen Lichteinfall, Perspektive, Distanz- und Transparenz-Effekte bestimmt werden. Die wichtigsten 3-D-Funktionen moderner Grafikkarten sind in der Tabelle zusammengefasst.

3-D-Funktion	Beschreibung
Alpha Blending, Alpha Channeling oder Alpha Transparency	Ermöglicht die Definition einer Transparenz für jedes Pixel. Hierdurch können Objekte wie Fensterscheiben oder Flüssigkeiten realitätsgenauer dargestellt werden. Im Gegensatz zu Color Key Transparency sind graduierte Abstufungen bei der Transparenz möglich. Die Transparenz-Informationen werden in einem eigenen Bereich, dem Alpha-Puffer, gespeichert.
Anti-Aliasing (siehe auch →Aliasing)	Verfahren, um die übliche Treppenbildung von Pixeln an schrägen Linien zu glätten. Dazu werden die Farbwerte von Pixeln an den schrägen Rändern von Objekten etwas mit denen des Hintergrundes vermischt, wodurch der Eindruck von weicheren Kanten entsteht.
Bilineares Texturefiltering	Dient zum Weichzeichnen von Texturen und ist eine Form von Anti-Aliasing, die sich jedoch immer auf genau vier Pixel(2x2) bezieht. Bilineares Texturefiltering ist eine der wichtigsten 3-D-Funktionen und verbessert die Bildqualität von Objekten stark. Dadurch werden v. a. grobe Pixelungen in den Texturen von Objekten beim Vergrößern bzw. Annähern vermieden.

3-D-Funktion	Beschreibung
Clipping	Funktion, die vor der Erstellung des Bilds bzw. der Szenerie erst mal die sichtbaren Elemente berechnet. Denn nur diese müssen anschließend auch gerendert bzw. mit Texturen versehen werden. Ein gutes, fehlerfreies Clipping spart Rechenzeit, weil unnütze Berechnungen entfallen.
Color Key Blending bzw. Transparency	Ähnlich wie Alpha Blending: Ermöglicht, Pixeln eine Transparenz zuzuweisen, die jedoch nicht graduiert ist. Die Transparenz ist also mit einem festen Wert aktiviert oder deaktiviert.
Dithering (siehe auch →Dithering)	Wichtige Funktion, um gleichmäßigere Farbverläufe, also ohne deutlich sichtbare Abstufungen, zu erzeugen. Durch Dithering kann man den Eindruck einer höheren Farbtiefe erwecken, auch wenn man nur mit wenigen Farben arbeitet. Dies wird durch die Streuung unterschiedlich farbiger Pixel erreicht.
Double Buffering und Page Flipping	Einige 3-D-Grafikkarten können mit jeweils zwei aufeinander folgenden Bildern im Speicher arbeiten. Einmal das gerade angezeigte und dann schon das nächste Bild, das im Speicher vor der Anzeige komplett aufgebaut wird. Anschließend werden die Seiten einfach nur umgeschaltet (Page Flipping), was für den Anwender bedeutet, dass er quasi keinen Bildaufbau am Bilschirm zu sehen bekommt. Die Funktion braucht natürlich mehr Grafikkarten-Speicher.
Flat Shading	Einfaches, nicht sehr rechenintensives Schattierungsverfahren, das aber auch im Vergleich zu Gouraud Shading nur mittelmäßige Ergebnisse liefert.
Fogging	Ermöglicht die realistische Darstellung von Nebel. Weiter hinten liegende Objekte müssen dabei stärker vom Nebel verdeckt werden. Wird durch die graduierte Überlagerung mit Weiß erreicht. Meistens werden verschiedene Nebelfunktionen unterschieden.
Gouraud Shading	Ein Schattierungs-Verfahren, das einen natürlichen Lichteinfall durch Helligkeitsverläufe simuliert. Es erzeugt sehr plastische 3-D-Objekte ohne störende Kanten, ist besser als das Flat Shading-Verfahren, aber auch deutlich rechenintensiver.
Mip Mapping (MIP = Multum in parvum = viele in einem)	Berechnungsverfahren zur naturgetreueren Darstellung von Bitmaps auf dreidimensionalen Strukturen. Reduziert die Klötzchenbildung auf den Texturen von Objekten, wenn diese herangezoomt werden. Je nach Abstand eines Objekts werden mehrere Texturen mit unterschiedlichen Auflösungen verwendet. Weit entfernte Objekte haben dabei als Resultat weniger Details als nahe liegende. Beim Nähern eines solchen Objekts können an bestimmten Punkten die Texturen deutlich und damit störend sichtbar umgeschaltet werden, wobei mitunter die neue Textur noch nicht richtig auf das Objekte bei der Position passt. Zum Ausgleich dieses Problems verwendet man das Trilineare Filtering.
Perspektivische Korrektur	Durch die perspektivische Korrektur werden Verzerrungen bei der räumlichen Darstellung ausgeglichen. Entfernte Objekte erhalten dabei verkürzte Dimensionen. Ist z. B. sehr wichtig bei der Darstellung von Straßen, Zäunen oder Häuserzeilen, die sich durch das ganze Bild erstrecken können.
Texture Mapping	Eine der Hauptfunktionen einer 3-D-Karte. Auf die von der Rendering-Engine erstellten Drahtgitter-Objekte werden Bitmap-Grafiken als Oberflächenstrukturen gelegt. Erst dies ermöglicht realistische Oberflächen-Strukturen und Perspektiven. Die Bildaten werden in einem eigenen Speicher, dem **Texture-Buffer**, abgelegt, der z. T. sehr groß sein muss. Die 3-D-Karte sollte mindestens 4 MByte eigenen Texture-Speicher haben. Eine →AGP-Grafikkarte kann den Hauptspeicher des PCs als Texture-Puffer verwenden.

3-D-Funktion	Beschreibung
Trilineares Filtering	Kombination von Mip Mapping und bilinearem Filtering. Soll das störende, teilweise sichtbare Umschalten der Texturen bei Mip Mapping vermindern, indem es aus den verschiedenen Texturen des Mip Mapping neue, passende interpoliert und glättet.
Z-Buffer	Der Z-Buffer ist ein Speicherbereich extra für die Tiefeninformationen eines Objekts bzw. Pixel. Über diesen meist 16-Bit großen Wert wird die räumliche Position hinsichtlich Vorder-/Hintergrund definiert. Dies ist natürlich für die Berechnung der korrekten 3-D-Darstellung wichtig, weil vorn liegende Objekte die zurückliegenden überdecken. Der Speicherbedarf für den Z-Buffer ist neben dem Texture-Buffer der größte auf einer 3-D-Karte.

Tipp: Die Entwicklung der 3-D-Prozessoren ist extrem rasant. Der Neuentwicklungszyklus beträgt ca. 3-6 Monate. Das verunsichert die Kunden und ruiniert so manche Firma. Aber noch ist kein Ende der Entwicklung abzusehen, zumal moderne Computerspiele schon immer die „hungrigsten" Ressourcen-Fresser für den Computer überhaupt waren. Der Markt wird stark von den Produkten der Firmen 3Dfx (→Voodoo-Karten) und Nvidia mit den Riva-Prozessoren bestimmt. Aber auch zwischenzeitlich ins Hintertreffen geratene Firmen wie ATI, S3 oder Matrox holen mit den neuesten Prozessoren auf und verdrängen v. a. den Voodoo-Prozessor von seinem Stammplatz. Ein weiterer Wettbewerbsvorteil für bestimmte Karten ist momentan die Unterstützung so genannter →Shutter-Brillen, mit denen der 3-D-Effekt drastisch verstärkt werden kann. Wer sich eine Karte kauft, muss sich darüber im Klaren sein, dass sie in einem halben Jahr wieder veraltet ist. Grundsätzlich betrifft das aber nur die Anwender, die auch immer die aktuellsten Computerspiele kaufen. Wer seine feste Spielesammlung hat und damit auskommt, braucht auch nicht ständig neue Hardware. Wer sowieso nicht spielt, sondern nur mit Office-und Grafikprogrammen arbeitet, dem können die neuen Funktionen egal sein. Bei der 2-D-Leistung haben alle Karten ein einheitliches, maximales Niveau erreicht. Unterschiede gibt es aber bei der Treiber- und Bildqualität. Bei der Entscheidung für eine Karte brauchen Sie aufgrund der allgemeinen Akzeptanz für DirectX keine Sorge mehr über die Schnittstelle haben. Eine Voodoo-Karte hat nur noch Vorteile, wenn man alte Spiele hat, die nur auf Glide basieren. Auch die Unterstützung des →AGP-Bus ist längst Standard; PCI-Grafikkarten sind kaum noch zu bekommen. Dennoch verwenden die meisten Karten reichlich eigenen Grafikspeicher, weil der noch am schnellsten anzusprechen ist. Außerdem sind Karten mit 32 MByte auch nicht mehr unbezahlbar, wenn auch der Zusatzwert dieser Topmodelle relativ gering ist. 16 MByte Speicher reichen eigentlich für die meisten Spiele aus. Nach wie vor gilt die Faustregel, dass die aktuellen Top-Karten ca. 400 DM kosten. Die meisten anderen Standardmodelle bekommt man in der 200 DM-Region und sie bieten für ein „Gelegenheitsspielchen" auch genügend Leistung.

Die nachfolgende Tabelle führt einige wichtige 3-D-Prozessoren auf und gibt eine grobe Einschätzung ihrer Leistungsfähigkeit. Man sollte vor dem Kauf einer neuen Karte die aktuellen Testberichte der Computerzeitschriften studieren und insbesondere auf den verwendeten Prozessor auf der Karte achten. Die Leistungseinstufungen sind nur grob und beziehen sich nicht auf die 2-D-Funktionen für normale Arbeitsfunktionen unter Windows. Hier sind alle Prozessoren mehr oder weniger gleich schnell.

3-D-Prozessor	Bewertung
ATI Rage	veraltet, geringe 3-D-Funktionen
ATI Rage 128	relativ neu, hohe Leistung
ATI Rage II	veraltet, geringe 3-D-Funktionen
ATI Rage Pro	veraltet, mittelmäßige Leistung
Intel i740	veraltet, geringe 3-D-Leistung
Matrox MGA 200	nicht mehr ganz aktuell, nur mittlere Leistung, aber recht gute Bildqualität
Matrox MAG 400	neueste Generation, sehr hohe Leistung und hervorragende Bildqualität
Permedia 2	veraltet, geringe 3-D-Leistung
PowerVR von NEC	veraltet, geringe Leistung, schlechte Bildqualität
Riva 128	nicht mehr aktuell, mittelschnell
Riva TNT	relativ neu, hohe Leistung
Riva TNT2	neueste Generation, sehr hohe Leistung
S3 Savage 3D	relativ neu, mittelmäßige Leistung
S3 Savage 4	neueste Generation, erwartet für viertes Quartal 1999. Bietet hohe Leistung und neue Bilddarstellungs-Möglichkeiten
S3 Virge	total veraltet, keine nennenswerte 3-D-Funktion
SIS 300	relativ neue Generation, hohe Leistung, preiswert
Verite 1000 / 2200	veraltet, geringe Leistung, preiswerte Karten
Voodoo I	veraltet, für alte PCI-Rechner aber noch gute Aufrüstmöglichkeit
Voodoo II	nicht mehr ganz aktuell, für alte PCI-Rechner aber immer noch gute Aufrüstmöglichkeit
Voodoo III	neueste Generation, nur noch auf kompletten Grafikkarten. Steht aber hinter der Konkurrenz in einigen Funktionen zurück

3DNow!

Mit dem Kunstbegriff 3DNow! bezeichnet der Prozessor-Hersteller →AMD den erweiterten Befehlssatz seiner Prozessoren K6-2, K6-III und ATHLON. 3DNow! basiert auf dem erstmals von Intel eingeführten →MMX-Prinzip und dient wie dieses v. a. zur beschleunigten Berechnung von Audio, Video und Grafiken. Der Befehlssatz von 3DNow! ist gegenüber MMX aber deutlich erweitert und v. a. auf die Anforderungen moderner Computerspiele mit ihren 3-D-Animationen optimiert. Jedoch kommt es tatsächlich nur dann zu einer beschleunigten Verarbeitung, wenn die Anwendungssoftware ausdrücklich Gebrauch von den 3DNow!-Befehlen des Prozessors macht, was aber nicht selbstverständlich ist.

Mit 3DNow! ist AMD dem ewigen Konkurrenten →Intel tatsächlich bei der Entwicklung um gut ein halbes Jahr zuvor gekommen. Erst am 28.2.99 stellte Intel offiziell sein Konkurrenzprodukt mit ebenfalls erweitertem Multimedia-Befehlssatz vor: den →Pentium III. Im Gegensatz zu 3DNow! wird dieser Befehlssatz des Pentium III aber nur von den ganz aktuellen Programmen, Betriebssystemen und Treibern unterstützt, die nach seinem Erscheinungsdatum herausgebracht wurden. Microsoft hat aber mittlerweile in der die für Spiele so wichtigen →DirectX-Schnittstelle eine Anpassung für den Pentium III vorgenommen. Der 3DNow!-Befehlssatz von AMD wird jedoch schon seit Ende 1998 von DirectX 6 und älteren Computerspielen genutzt.

3-D-Programme [3-D-program]

Unter 3-D-Programmen versteht man Software, mit der man dreidimensionale, realistisch aussehende Objekte am PC entwerfen bzw. darstellen kann. Im Gegensatz zu den üblichen 2-D-Programmen, wie Textverarbeitung oder Tabellenkalkulation, wird hier mit grafischer Darstellung die dritte Dimension, also die räumliche Tiefe, verwendet. 3-D-Funktionen benutzen mittlerweile schon viele Grafikprogramme wie z. B. →CorelDRAW. Reine 3-D-Programme gehen jedoch noch einen Schritt weiter und ermöglichen die Schaffung wirklich realistischer Objekte oder ganzer Szenarien. Im einfachsten Fall werden dreidimensionale Schriften z. B. für das →Webpublishing oder →Multimedia-CDs erzeugt. Andere 3-D-Programme ermöglichen die Erzeugung natürlich aussehender Objekte, z. B. Gegenstände oder menschliche Körper. Eine besondere Gruppe, wie z. B. Bryce der Firma KPT, hilft einem dabei, realistische räumliche Landschaften am PC zu erzeugen.

Beim Gestalten von 3-D-Objekten wird i. d. R. nach einem einheitlichen Verfahren vorgegangen. Das Objekt wird über →Polygone (Vielecke) in seinen Konturen angelegt (ähnlich wie in einem →CAD-Programm). Anschließend wird die Oberflächenstruktur ausgewählt und in Form einer →Textur auf das Objekt „gelegt". Die Berechnung von Licht- und Schatteneffekten (→Raytracing) unter Berücksichtigung des Blickwinkels und der räumlichen Betrachtung erzeugt dann den realistischen Effekt. Förderlich für die Geschwindigkeit, aber nicht prinzipiell für die Darstellungsqualität ist natürlich die Nutzung einer modernen 3-D-Grafikkarte, die jedoch vom Programm durch entsprechende Treiber auch erst mal unterstützt werden muss. Um dies zu unterstützen, wurden Standards wie Direct3D (→DirectX) bzw. →Open GL geschaffen.

3-D-Scanner [3-d-scanner]

Während herkömmliche →Scanner nur zwei Dimension der Vorlage abtasten können, bieten 3-D-Scanner die Möglichkeit, auch die räumliche Tiefe der Vorlage zu erfassen. Je nach Bauart wird dazu ein Abtaststift von Hand über den Corpus der Vorlage geführt oder von einer Fotozelle gesteuert.

a/b-Wandler [a/b-converter]

Als a/b-Wandler (auch →ISDN-Terminaladapter genannt) bezeichnet man ein Gerät, das digitale Informationen eines →ISDN-Anschlusses in die analogen Signale eines analogen Endgeräts (dessen zwei Adern von der Telekom mit a und b bezeichnet werden, daher der Name) umwandelt. Mit einem a/b-Wandler kann man also herkömmliche, analoge Endgeräte – Telefon, Faxgerät oder →Modem – an einem ISDN-Anschluss weiterbetreiben, wobei natürlich einige durch ISDN gebotene Zusatzdienste sowie die volle Geschwindigkeit des ISDN-Busses bei Datenübertragungen nicht genutzt werden können. Über den a/b-Wandler werden natürlich auch umgekehrt die analogen Daten des Modems beim Versenden in digitale ISDN-Signale umgewandelt.

Reine a/b-Wandler sind eigentlich „out", interessanter sind moderne Kombigeräte. Diese vereinigen z. B. ein analoges Modem mit a/b-Wandler und ISDN-Funktionalität (z. B. von →Zyxel erhältlich). Am interessantesten sind aber vielleicht Geräte, die eine Kombination aus →ISDN-Karten-Funktionalität, a/b-Wandler und kleiner →Telekommunikationsanlage darstellen (siehe Abbildung). Die Preise liegen nur ca. 100-200 DM über denen eines herkömmlichen a/b-Wandlers. Rechnet man dann die Ersparnis für eine ISDN-Karte noch mit ein und nutzt eine mögliche Förderungsprämie der Telekom bzw. des Händlers, hat sich der Anschaffungspreis schnell relativiert.

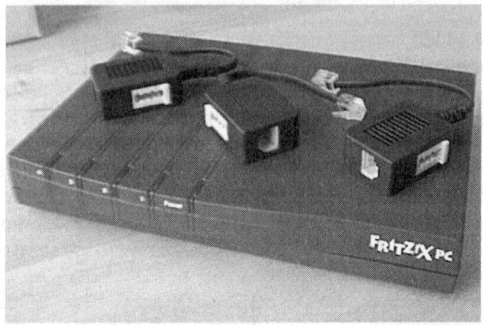

Zu den „einfachen" a/b-Wandlern gibt es mittlerweile bessere Alternativen. Zum Beispiel FritzX PC der Firma →AVM. Es ist →Telekommunikations-Anlage, a/b-Wandler und →ISDN-Karte in einem Gerät

> **Tipp:** Wenn Sie einen a/b-Wandler jetzt neu kaufen, sollten Sie unbedingt darauf achten, dass er den →CLIP-Standard der Telekom unterstützt. Damit werden im →T-Net ähnlich wie bei ISDN die Telefonnummern übermittelt. Eine durchaus hilfreiche Funktion, die ein modernes, CLIP-fähiges (analoges) Telefon an einem ISDN-Anschluss aber nur dann nutzen kann, wenn der a/b-Wandler die Rufnummerübermittlung des ISDN-Busses in den CLIP-Standard sozusagen übersetzt.

A:

Mit A: wird bei einem →PC das erste →Diskettenlaufwerk bezeichnet (siehe →Laufwerkkennung).

Unter Windows werden die Laufwerkbuchstaben auch grafisch angezeigt (z. B. im Datei-Manager bzw. Explorer)

A20-Leitung[A20-Gate]

Unter →DOS kann ein →Prozessor der Familie →Intel 80x86 eigentlich nur einen →Arbeitsspeicher von 1 →MByte ansprechen, weil im →Real Mode, der unter DOS verwendet wird, nur 20 Leitungen (A0-A19) des →Adress-busses aktiv sind. Bereits der Prozessor i286 verfügte jedoch über 24 (A0-A23), die Prozessoren i386, i486, Pentium und Pentium Pro über 32 Adressleitungen (A0-A31), mit denen im →Protected Mode ein Adressraum von 16 →MByte bzw. 4 →GByte ansprechbar ist. Die erste dieser zusätzlichen Adressleitungen, die A20-Leitung, kam unter DOS zu besonderen Ehren, weil mit ihrer Hilfe ein Bereich von knapp 64 KByte (65.520 Byte) oberhalb der magischen Grenze von 1 MByte, der hohe Speicherbereich (siehe →High memory), angesprochen werden kann. Dies hängt mit der speziellen Art der internen Adressenarithmetik zusammen, durch die auch Adressen im Bereich 1.048.576-1.114.096 Byte gebildet werden können. Um den hohen Speicherbereich unter DOS anzusprechen, muss die A20-Leitung freigeschaltet werden, was u. a. durch den Speicher-Manager →*Himem.sys* erfolgt.

Abfrage [query]

Mit einer Abfrage können bestimmte Daten aus einer →Datenbank extrahiert werden. So könnte eine Abfrage an eine Adressdatenbank beispielsweise lauten: „Zeige mir alle Personen, die in Düsseldorf wohnen". Gleichzeitig mit der Abfrage können meist die Datensätze sortiert werden. Im Gegensatz zu Filtern lassen sich mit Abfragen nicht nur Untergruppen einer Datenbank darstellen, sondern mit den Ergebnissen auch Aktionen ausführen (Berechnungen, Löschen, automatisches Ändern von Datensätzen). Durch eine Abfrage können auch Daten aus verschiedenen Datenbanken zusammengeführt werden. Für viele Datenbanken steht die einheitliche Abfragesprache →SQL zur Verfügung.

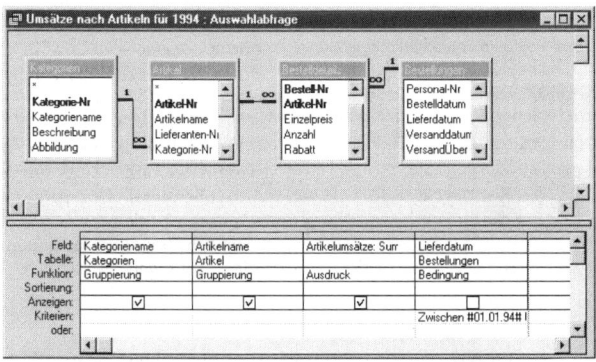

Abfrage-Erstellen in Microsoft →Access ist ein Kinderspiel dank übersichtlicher Struktur und Assistenten-Unterstützung

Abfragetechnik [query mode/technique]

1) Mit Hilfe der Abfragetechnik (siehe auch →Pollen) ermittelt eine Komponente eines Computersystems das Vorliegen einer Anforderung durch eine andere angeschlossene Komponente. Die →CPU eines Computers fragt z. B. in regelmäßigen zeitlichen Abständen bei angeschlossenen Erweiterungskarten oder Geräten ab, ob dort eine Anforderung zur →Datenübertragung vorliegt. Eine andere Möglichkeit besteht darin, dass das Peripheriegerät seinerseits aktiv wird und seine Anforderung der Zentraleinheit durch ein Unterbrechungssignal mitteilt (siehe →Interrupt, →Interrupt-Request).

2) Der Begriff Abfragetechnik ist jedoch auch eine Bezeichnung für die Methoden der Datenbankabfrage (siehe →Abfrage) – z. B. mittels der stukturierten Abfragesprache →SQL.

Ablenkspule [deflecter, sweep coil]

Ablenkspulen dienen in modernen Elektronenstrahlröhren – wie z. B. in Bildröhren von Fernsehern oder Monitoren – zur Ablenkung des Elektronenstrahls zum flächenhaften Bildaufbau.

In zwei senkrecht zueinander und senkrecht zur Strahlrichtung angeordneten Spulen werden durch hochfrequente Ströme elektromagnetische Wechselfelder erzeugt, durch die die von der Kathode ausgehenden Elektronen auf ihrem Weg zum Bildschirm in zwei Richtungen in der Weise abgelenkt werden, dass das Bild systematisch abgerastert wird. Im Zusammenwirken mit Intensitätsänderungen des Elektronenstrahls entsteht so auf der phosphoreszierenden Innenseite des Schirms das gewünschte Bild.

Abmelden [log off]

Im Computerbereich versteht man unter Abmelden (auch als **log off** oder umgangssprachlich eingedeutscht als **ausloggen** bezeichnet) allgemein das Beenden einer Sitzung an einem Computer oder in einem lokalen oder globalen →Netzwerk sowie das Trennen einer bestehenden Verbindung zu einem entfernten Rechner bei einer DFÜ-Verbindung. Im Gegensatz dazu steht das (auch als **logon** oder **login** bezeichnete) →Anmelden.

Absatz [paragraph]

Unter einem Absatz versteht man bei der →Textverarbeitung einen Textteil, der hinsichtlich bestimmter Formatierungen (siehe →Absatzformatierung) als Einheit betrachtet wird. Absätze werden voneinander durch Drücken der [Enter]-Taste getrennt. Solange die [Enter]-Taste nicht gedrückt wird, fügt das Textverarbeitungsprogramm die Textelemente, Wörter, Leer- und Sonderzeichen während der Texteingabe sequenziell in die einzelnen Zeilen ein und bricht den Text am Zeilenende automatisch und dynamisch um (siehe →Fließtext).

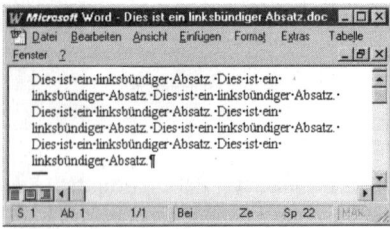

Ein Absatz in der Textverarbeitung
→Word

Absatzeinzug [paragraph indent]

Mit dem Begriff Absatzeinzug verbindet man ein Element der →Absatzformatierung, das den Abstand des Zeilenbeginns vom linken Satzspiegel (der Grenze des bedruckten Bereichs) einer Seite beschreibt.

Wenn der Absatzeinzug der ersten Zeile eines Absatzes geringer ist als der Einzug der restlichen Zeilen, spricht man auch von hängendem Einzug. Der Absatzeinzug ist ein wichtiges Hilfsmittel zur Gestaltung von Aufzählungen.

> Dieser Absatz beginnt mit einem Erstzeilen-Einzug, wie er oft in Büchern zur Kennzeichnung eines neuen Absatzes verwendet wird. Dieser Absatz beginnt mit einem Erstzeilen-Einzug, wie er oft in Büchern zur Kennzeichnung eines neuen Absatzes verwendet wird. Dieser Absatz beginnt mit einem Erstzeilen-Einzug, wie er oft in Büchern zur Kennzeichnung eines neuen Absatzes verwendet wird.

Beispiel für einen Absatzeinzug der ersten Zeile

Absatzformatierung [paragraph formatting]

Alle Formatierungen eines Textes, die auf einen →Absatz wirken, werden als Absatzformatierung oder Absatzformat bezeichnet. Man unterscheidet z. B. →Blocksatz, →Flattersatz (linksbündig, rechtsbündig oder zentriert), →Absatzeinzug, →Initiale. Weitere wichtige Parameter sind Zeilenabstand und Abstand zum nächsten Absatz.

Absatzformatierungen werden bei den meisten Textverarbeitungen (wie etwa →Word) im so genannten **Absatzendezeichen** (dem ¶) gespeichert, das am Ende eines jeden Absatzes steht. Es wird nicht mit ausgedruckt, kann aber am Bildschirm mit einer entsprechenden Option sichtbar gemacht werden. Löscht man in Word das Absatzendezeichen vor (!) einem Absatz, so gehen die Absatzformatierungen des auf das Absatzendezeichen folgenden Textes verloren bzw. der Text übernimmt die Formatierungen des letzten Absatzes.

Absturz [crash]

Den plötzlichen unerwarteten Abbruch eines Programms oder →Betriebssystems bezeichnet man als Absturz (**Programmabsturz**). Meist ergeben sich aus Abstürzen schwerwiegende Probleme, da →Daten aus verschiedenen Pufferspeichern (siehe →Cache) nicht mehr auf die →Datenträger geschrieben oder Schreiboperationen nicht mehr ordentlich beendet werden können. Die Folge sind meistens Datenverluste und/oder sogar Defekte an der Dateistruktur des Datenträgers, mit dem gerade gearbeitet wurde (z. B. verlorene →Cluster unter →MS-DOS). Die meisten Abstürze entstehen durch so genannte **Schutzverletzungen**, wenn Programme unerlaubt Daten im Arbeitsspeicher überschreiben. Im Englischen werden Schutzverletzungen auch oft als **GPF** (General Protection Failure oder Fault) oder **Bluescreen** bezeichnet, da unter Windows bei einem schweren Absturz oft eine ganzseitige Fehlerdarstellung kommt, die einen komplett blauen Hintergrund hat.

> **Tipp:** Auf dem Markt kann man einige Softwareprogramme kaufen (wie z. B. Norton Crashguard von Symantec), die versprechen, Abstürze aufzufangen. Dies funktioniert jedoch nur in einigen Fällen. Wunder kann man nicht erwarten, aber manchmal können Sie schon Daten damit retten.

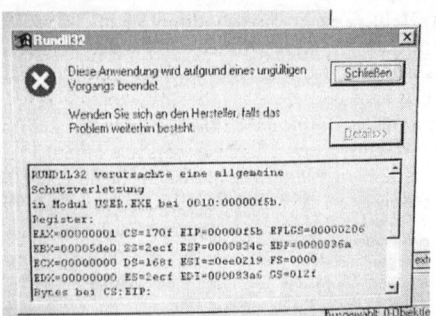

Eine der vielen Erscheinungsformen bzw. Fehlermeldungen von Windows, wenn eine Schutz-verletzung aufgetreten ist

Abtastrate [scanning/sampling rate]

Die Abtastrate gibt an, wie oft bzw. dicht eine bestimmte Messung bezogen auf eine Zeitspanne oder eine räumliche Dimension durchgeführt wird (siehe →Sampling). Üblich ist diese Angabe unter anderem bei der →Digitalisierung von Klängen und Tönen oder beim Einlesen eines Bilds in den Rechner durch einen →Scanner. Die Abtastrate ist durch die jeweilige Konstruktion und die Funktion des Geräts vorgegeben.

Bei einem Scanner wird z. B. eine Zeile einzelner Lichtempfänger (eine CCD-Zeile) über eine Vorlage bewegt. Senkrecht zur Bewegungsrichtung ist die Abtastrate durch die Zahl der Lichtempfänger pro Längeneinheit gegeben. In Bewegungsrichtung ergibt sich die Abtastrate durch das periodische Auslesen der CCD-Zeile und die Geschwindigkeit der Bewegung.

Die Abtastrate eines Scanners wird meist in **Bildpunkten** pro Längeneinheit für die beiden Richtungen angegeben. Eine Abtastrate von 300 →dpi in x- und y-Richtung gibt an, dass der Scanner in beiden Richtungen 300 Punkte pro Zoll abtasten kann. Die Abtastrate ist eine wichtige Größe zur Bestimmung der →Auflösung eines Scanners. Oft wird die Auflösung jedoch fälschlicherweise auf sie reduziert.

Abtasttiefe [scanning/sampling depth]

Die Abtasttiefe gibt an, wie viele Informationen bei der Digitalisierung eines analogen Signals (Audio-, Bild-, Videosignal) erfasst bzw. gespeichert werden. Die Abtasttiefe misst somit die Intensitätssignale (Lautstärke bei Tönen, Helligkeit bei Bildern). Die maximale Abtasttiefe ist durch die Gerätekombination vorgegeben (Messbereich des Sensors, verfügbarer Speicherplatz u. a.).

Bei einem →Scanner z. B. kann angegeben sein, dass die Lichtintensität in jedem Bildpunkt für die drei Grundfarben mit jeweils 256 Stufen oder 8 Bit – zusammen 24 Bit – aufgenommen wird. In diesem Fall bezeichnet man die Abtasttiefe auch als →Farbtiefe.

Access [Zugang]

Access ist ein relationales →Datenbankverwaltungssystem unter →Windows der Firma →Microsoft. Access wurde 1993 als Bestandteil der Office-Suite für Windows 3.x vorgestellt und 1994 in der Version 2.0 herausgebracht.

Mit der Vorstellung der 32-Bit-Version für Windows 95 im Jahre 1996 erfolgte direkt ein Sprung auf die Versionsnummer 7.0. Bei der Version Access 97 und Access 2000 wurde das Konzept der Assistenten-Unterstützung noch weiter ausgebaut: Das Anlegen von Datenbanken, Formularen, Berichten und anderen Elementen wird interaktiv durch Vorlagen und Abfrage-Assistenten stark erleichtert. Ansonsten besitzt Access alle Funktionen einer relationalen Datenbank, d. h., verschiedene Datensätze in Tabellen können zueinander verknüpft werden. Die Darstellung und Ausgabe von Daten lässt sich durch grafische Elemente ansprechend gestalten. Für komplexe Aufgaben besitzt Access eine eigene Programmiersprache; die Abfrage der Datenbanken kann intern per SQL und extern auch per →ODBC-Schnittstelle von anderen Programmen aus erfolgen.

Access ist ein mächtiges Programm, von der Leistung und den Rechneranforderungen. Für kleine, einfache Datenbanken (z. B. Adressen) sollte man eher spezielle Programme verwenden. Außerdem sollte der Rechner mindestens ein gehobener →Pentium sein und am besten über 64 MByte →RAM verfügen.

Hier noch mal die wichtigsten Leistungsparameter von Access:

- Darstellung und Behandlung der Datenbasis in Form von Tabellen (siehe →Relationale Datenbank)
- Bereitstellung der Elemente oder Objekte: Abfrage, Formular, Bericht, Makro und Modul als integraler Bestandteil
- Kommunikation mit einer Vielzahl von Datenbankverwaltungssystemen auf der Basis der Datenbankschnittstelle →ODBC
- Importfunktion für eine Vielzahl anderer Datenbankverwaltungssysteme
- Datenaustausch mit Windows-Applikationen wie →Excel oder →Word für Windows über →DDE oder →OLE
- Bereitstellung von umfangreichen Funktionen zur interaktiven Erstellung von Formularen und Berichten
- Entwicklung kundenspezifischer Applikationen auf der Basis von →Makros, Access Basic oder Visual Basic (siehe →Programmiersprache).
- vollständiger Zugriff auf die →SQL-Ebene

Account [Konto]

Die Zugangsberechtigung eines Teilnehmers zu einem →Computer, einem →Netzwerk oder einer DFÜ-Einrichtung wird als Account (Konto) bezeichnet. Der Account ist meist mit Namen und Passwort für den Anwender verbunden (siehe auch →Anmelden).

ACM (Association for Computing Machinery)

Die ACM (Abk. f. Vereinigung für Computer-Maschinerie) ist die amerikanische Informatikvereinigung. Die ACM prämiert jährlich hervorragende Leistungen auf dem Gebiet der →Informatik.

ACPI (Advanced Configuration and Power Interface)

Mit ACPI bezeichnet man eine neue Spezifikation für das →Power-Management (Stromsparfunktionen) von PCs. Die ACPI-Spezifikation wurde von

Intel, Microsoft und Toshiba Anfang 1997 als offener Standard für alle Firmen entwickelt und ist eine wesentliche Eigenschaft für neue PCs, die die erweiterten Stromsparfunktionen von →Windows 98 unterstützen sollen.

Mit ACPI werden die Stromsparfunktionen von PCs verstärkt aus dem BIOS ins Betriebssystem verlagert. ACPI ermöglicht den wechselseitigen Informationsaustausch zwischen dem Betriebssystem und der PC-Hardware und somit erstmals ein bedarfsgerechtes Power-Management, also nach den Anforderungen der einzelnen Geräte. Wenn die Geräte wiederum eigene Power-Management-Funktionen nach ACPI unterstützen, so kann das Betriebssystem durch den Informationsaustausch jedes Gerät einzeln ansteuern und je nach Bedarf stufenweise in den Sleepmodus schicken (oder aufwecken). Damit ist es z. B. möglich, bestimmte PC-Komponenten selektiv in den „Schlaf zu schicken" und andere voll aktiv zu halten. Bei älteren PCs, wo das Power-Management größtenteils über das BIOS abläuft, ist nur eine globale Regelung möglich.

Die Unterstützung von ACPI ist eine wesentliche Neuerung von →Windows 98 bzw. Bestandteil der **PC98-Spezifikation** von Microsoft. Letztere definiert die Hardware eines PCs, die alle Funktionen von Windows 98 optimal unterstützt. Dennoch bietet das Betriebssystem auch weiterhin noch Support für den alten **APM**-Standard (Advanced Power Management, in der Version 1.2), damit auch die Kompatibilität mit alten Rechnern noch gewahrt bleibt.

In Verbindung mit einem neuen PC, der die PC98-Spezifikationen einhält, kann man mit Windows 98 ein ganz neues PC-Gefühl erhalten. Unterstützt das →Mainboard ACPI, →ATX und außerdem das Einschalten per Tastatur, so kann man den PC komplett per Software steuern und sogar ein- bzw. ausschalten. Ein Knopfdruck auf die Tastatur genügt. Außerdem kann der Inhalt des Speichers vor dem Ausschalten auf die Festplatte geschrieben werden. Beim nächsten Start wird er einfach wieder in den Arbeitsspeicher gespiegelt und man kann innerhalb weniger Sekunden nach dem Einschalten an exakt der Stelle weiterarbeiten, an der man aufgehört hatte (**OnNow** genannt, siehe auch →Windows 98).

Active Movie [„Aktiver Film"]

Neuer Multimedia-Standard unter Windows 95/98. Active Movie unterstützt alle Video-Codes des alten Mediaplayers und beinhaltet die Apple-Quicktime-Dekompression. Ebenso ist eine MPEG-Unterstützung eingebaut, die mit 32 Bit und DCI bzw. dem Nachfolger Direct Draw arbeitet (→DirectX).

ActiveX

ActiveX ist eine Mitte 1996 definierte, neue Schlüssel-Technologie von Microsoft, um mehr Leben in die World-Wide-Web-Seiten des →Internet zu bringen (siehe World Wide Web). Ähnlich dem vielen Anwender schon bekannten OLE-Verfahren können mit ActiveX einzelne Programm-Elemente, die so genannten Active-X-Controls (Buttons, Listen, Textfelder etc.), sowie Dokumente (Active-X-Documents = Texte, Tabellen, Videos etc.) in eine Webseite eingebettet werden (siehe →OLE). Betrachtet man eine derartige Webseite mit einem ActiveX-fähigen →Webbrowser, so kann man mit bekannten Programm-Bedienungselementen (Menüs, Listenfelder, Buttons etc.) interaktive Formulare nutzen, ein Dokument direkt im Brower-Fenster anzeigen oder sogar bearbeiten. Durch ActiveX wird das World Wide Web also interaktiv und multimedial; es kann derzeit allerdings nur auf der Win-Tel-Plattform (→**Win**dows, →**Intel**) und dort bevorzugt nur mit dem Microsoft Internet Explorer genutzt werden. Jedoch gibt es mittlerweile auch ein ActiveX-Plug-In für den →Netscape Navigator (→Plug-In).

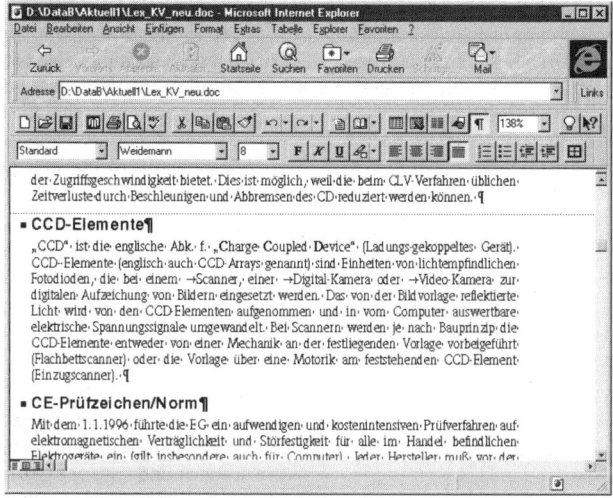

ActiveX macht's möglich: Ein Word-Dokument kann im Internet Explorer wie in Word bearbeitet werden

ActiveX stellt eine übergeordnete Sammellösung für andere Technologien mit vergleichbaren Zielen dar, hier insbesondere die Internetprogrammiersprache →**Java**. ActiveX integriert etwa Java Applets genauso wie andere eingebettete Objekte. Die Interaktionen zwischen einzelnen Active-X-Controls (z. B. das Starten eines Video-Fensters durch das Drücken eines Buttons) werden über eine Scriptsprache abgewickelt, derzeit ist dies entweder Java Script oder Visual-Basic-Script (siehe →Programmiersprache). Mit Hilfe des von Microsoft im Internet (**www.microsoft.com**) erhältlichen Active-X-Control-Pads (ACP) kann ein Webseiten-Entwickler (Webdesigner) auf eine Fülle bereits vorhandener Active-X-Controls zurückgreifen und diese per HTML-Tags in seine Homepage einbauen. Der ACP hilft nicht nur bei der Auswahl und Einbindung der Controls, sondern erlaubt auch die Definition von Objekteigenschaften (wie es auszusehen und zu reagieren hat). Außerdem werden auch die zur Interaktion einzelner Controls notwendigen Scripte automatisch erzeugt. Theoretisch kann also jeder Webdesigner ActiveX für seine Homepage verwenden, ohne auch nur eine Zeile programmieren zu müssen.

Bei den Active-X-Controls selbst wiederum handelt es sich um kleine, objektorientierte Programme, die in C++, Java oder auch VB 5.0 geschrieben werden. Da derzeit im Internet aber schon über 2.000 Active-X-Controls zum Einbau in die eigenen Webseiten erhältlich sind, enfällt für den des Programmierens unkundigen Webdesigner zumeist die Notwendigkeit, eigene Controls entwickeln zu müssen.

Wie bei so vielen Dingen gilt auch bei ActiveX, dass die positiven Seiten und Möglichkeiten auch mit Risiken verbunden sind. Bei aktivierter ActiveX-Unterstützung im Browser ist es theoretisch durchaus möglich, dass ein „böswilliges" Control z. B. von einem →Hacker auf dem Rechner des Internetsurfers unerlaubte Aktionen durchführt. Das kann das Auskundschaften oder auch das Löschen von Daten sein. Mitte 1998 wurden konkrete Sicherheitslöcher in ActiveX gefunden, die Microsoft nach Bekanntwerden jedoch immer wieder durch Updates geschlossen hat. Dass es aber noch unbekannte Lücken gibt, kann nicht ausgeschlossen werden. Eine völlige Sicherheit bekommt man nur dann, wenn man in den Optionseinstellungen des Browsers die ActiveX-Unterstützung ausschaltet. Da diese nur auf den allerwenigsten Webseiten zwingend notwendig ist, kann man zumeist auch ohne große Probleme damit weitersurfen.

Adaptec

Die Firma Adaptec ist der weltweit führende Hersteller von SCSI-Chips und SCSI-Controllern (vergleiche →SCSI). Außerdem stellt Adaptec noch spezielle Controller für →RAID-Lösungen und →1394-Schnittstellen her. Bekannt ist die Firma außerdem durch ihre Software für →CD-Writer, den Eazy-CD-Creator oder das Programm Direct CD. Anfang 1998 vergrößerte sich Adaptec durch den Kauf seines bisher wichtigsten Konkurrenten, der Firma **Symbios**; der Kaufpreis betrug 775 Millionen Dollar. Symbios wiederum hatte zuvor den ehemaligen Konkurrenten **NCR** aufgekauft, sodass nunmehr bis auf einige wenige kleine Firmen der SCSI-Markt hauptsächlich von Adaptec bestimmt wird. Die wohl bekanntesten Produkte der Firma sind die in vielfältigen Varianten vorliegenden PCI-SCSI-Controller der Serie 2940. Im Internet findet man Adaptec unter *www.adaptec.com*.

Adapter [adapter]

Der Begriff Adapter wird im Bereich der →Hardware sehr umfassend für Peripheriebausteine verwendet, die den Anschluss eines Geräts an den →Computer ermöglichen oder den Rechner mit einem übergeordneten Kommunikationssystem verbinden. So werden z. B. Grafikkarten auch als Bildschirmadapter, Soundkarten als Audioadapter, Netzwerkkarten als Netzwerkadapter und Modems mitunter als DFÜ-Adapter bezeichnet.

Adapter-Segment [adapter segment]

Bei der Entwicklung des →IBM-PCs vor rund 15 Jahren konnten sich die Ingenieure kaum vorstellen, dass ein PC mehr als 1 MByte Arbeitsspeicher haben würde. Daher teilten sie den nach heutigen Maßstäben sehr kleinen Speicherbereich in einen unteren, 640 KByte großen, Bereich für Anwendungsprogramme und einen oberen, 384 KByte großen, Bereich für die Verwaltung von Speichern auf Hardwarekomponenten (zumeist →ROM). Der 384 KByte große Bereich wird Adapter-Segment genannt, da über seine Adressen die ROM-Bausteine des PCs (das BIOS), der Grafikkarte (Video-

ROM) und weiterer Erweiterungskarten (z. B. das BIOS von →SCSI-Controllern) angesprochen werden. Alternative Bezeichnungen für das Adapter-Segment sind Oberer Speicher (englisch upper memory) oder auch nicht ganz korrekt Adapter-ROM.

Die Belegung des Adapter-Segments erfolgt i. d. R. nicht kontinuierlich. Je nach Modell und Ausstattung werden Blöcke belegt oder bleiben frei. Diese freien Blöcke werden als →UMB (**U**pper **M**emory **B**locks) bezeichnet. Nicht von ROM-Bausteinen genutzte, freie UMBs können ab einem 386er Rechner aufwärts durch spezielle Treiber (→*Himem.sys* und →*Emm386.exe* von →MS-DOS/→Windows oder QEMM von Quarterdeck) genutzt werden. Die entsprechenden Treiber werden beim →*Booten* in die →*Config.sys* eingebunden und erlauben es anschließend, andere Gerätetreiber (z. B. für →CD-ROMs) oder speicherresidente Programme (→TSR-Programme, z. B. Maustreiber) in die freigestellten UMBs hochzuladen, wie es im EDV-Bereich bezeichnet wird. Sie belasten so nicht mehr den knappen unteren Arbeitsspeicher.

Aktuelle MS-DOS-Versionen vollführen dieses Kunststück fast von alleine. Wenn in der *Config.sys* die genannten Treiber eingebunden wurden, kann mit dem Befehl DOS=High, UMB ein Großteil des speicherresidenten Betriebssystems in die UMBs geladen werden. Die Befehle *Devicehigh* und *Loadhigh* wiederum verschieben andere Gerätetreiber und TSR-Programme in die UMBs, wenn der Platz ausreicht. Das Hilfsprogramm *Memmaker* von MS-DOS führt die notwendigen Befehle und Veränderungen an der *Config. sys* selbsttätig aus, nachdem es zuvor einen oder mehrere Probe-Bootvorgänge durchlaufen hat.

Eine weitere, wichtige und mit dem Adapter-Segment zusammenhängende Funktion ist das so genannte **Shadow-RAM**, das im BIOS des Rechners aktiviert werden muss. Bei PCs mit 1 MByte Speicher gibt es im Bereich des Adapter-Segments zwei Speichersorten parallel: Die ROM-Speicher der Hardwarekomponenten (BIOS des PCs, der Grafikkarte und eventuell SCSI-Controller) und das an der gleichen Adresse liegende RAM des Arbeitsspeichers. Natürlich kann aber immer nur ein Speicherbereich genutzt werden. Bei aktivierter Shadow-RAM-Funktion werden nun beim Booten des PCs die Inhalte der langsamen ROM-Bausteine in die parallelen RAM-Bereiche des Arbeitsspeichers kopiert. Wenn das Betriebssystem anschließend auf die entsprechende Speicher-Adresse im Adapter-Segment zugreift, werden die Daten aus den schnelleren RAMs gelesen. Noch vor wenigen Jahren, als man hauptsächlich unter DOS arbeitete, hatte ein Rechner mit Shadow-RAM-Funktion deutliche Geschwindigkeitsvorteile. Dies betraf v. a. die Grafikausgabe, da DOS noch häufig auf die im Video-ROM der Grafikkarte vorliegenden Routinen zurückgreift. Auf modernen PCs mit grafischer Benutzeroberfläche wie etwa →Windows hat die Shadow-RAM-Funktion dagegen keine Wirkung mehr. Hier wird die Grafikkarte bzw. der auf ihr enthaltene Beschleuniger-Chip direkt über einen entsprechenden Gerätetreiber angesprochen. Fazit: Shadow-RAM nutzt nur noch was unter DOS.

Addierwerk [adding unit]

Da jede der vier Grundrechenarten auf die Addition zurückgeführt werden kann, ist das Addierwerk ein wichtiger Teil der →CPU. Durch das Addierwerk können zwei oder mehr Summanden addiert werden.

Add-In [Dreingabe, Zugabe]

Vorgefertigte →Makros und Funktionen, die für einige Programme, wie z. B. →Excel oder →Access der Firma →Microsoft, mitgeliefert oder von einem anderen Anbieter zusätzlich erworben bzw. selbst erstellt werden können, werden als Add-In bezeichnet. Durch Add-In-Funktionen werden z. B. oft der →Datenimport und →Datenexport realisiert.

Add-On [Dreingabe, Zugabe]

Im Gegensatz zu einem →Add-In handelt es sich bei einem Add-On nicht um vorgefertigte Makros und Funktionen, sondern um eigenständige Programme, die aus anderen Anwendungsprogrammen heraus aufgerufen werden können und oft als Teil eines Programmpakets mitgeliefert werden. Ein Beispiel für Add-Ons sind Betrachterprogramme, die die Darstellung von in Multimedia-Dokumenten eingebundenen Bild- oder Videodateien ermöglichen.

Adobe

Das 1982 in den USA gegründete Unternehmen Adobe ist nach Microsoft und Corel der drittgrößte Softwarehersteller der Welt. Das Wort Adobe ist arabisch-spanischen Ursprungs und bedeutet so viel wie luftgetrockneter Lehmziegel. Adobe ist heute nach zahlreichen Übernahmen marktführend im Produktsegment Schriftgestaltung/DTP und Videobearbeitung.

Eine Programmpalette, die den gesamten Bereich der Software zur Schrift- und Dokumentgestaltung abdeckt, führt zu ca. 1 Milliarde Dollar Jahresumsatz. Dabei sind vor allem die **Bildbearbeitungssoftware** (siehe →Bildbearbeitung) Adobe Photoshop und die →DTP-Programme PageMaker, InDesign und FrameMaker die Topseller. Mit der Adobe Type Library gehört Adobe zu den wichtigsten Anbietern von →**Schriften**, die dem PostScript-Standard folgen. Maßstäbe konnte die Firma auch beim neuen Genre der **Videobearbeitungssoftware** (→Videobearbeitung) mit dem Programm Premiere setzen.

Von Adobe stammen Programme zur Verwaltung von Schriftarten nach dem PostScript-Standard für die Darstellung auf dem →Bildschirm und durch den →Drucker. Am bekanntesten ist der →Adobe Type Manager für →Windows. Im Internet ist Adobe unter der Adresse *www.adobe.com* zu finden.

Adobe Type Manager (ATM)

Der Adobe Type Manager (ATM) ist ein Font-Manager, der unter →OS/2, →Windows und am →Macintosh PostScript-Schriften (→PostScript) auf dem Bildschirm darstellen und auf dem Drucker ausgeben kann (auch auf Nicht-PostScript-Druckern). Dabei sind die Bildschirmanzeige und der Ausdruck identisch (Stichwort →WYSIWYG). Der Adobe Type Manager hat damit eine den TrueType-Schriften von Windows vergleichbare Funktion (→TrueType), verwendet aber ein eigenes Schriftenformat (so genannte **Type-1**- oder auch **PostScript-Schriften** genannt) und erzielt eine wesentlich höhere Qualität. Während TrueType-Schriften mit der Einführung von Windows 3.1 den Adobe Type Manager im unteren, preisbewussten Marktsegment (z. B. bei Privatanwendern) verdrängten, ist er im professionellen Bereich (Buch- und Zeitschriftenerstellung, Grafikbearbeitung) immer noch der Standard schlechthin. Wer Dokumente auf PostScript-Druckern mit PostScript-Fonts ausgeben will, wie es z. B. beim echten Druck üblich ist, kommt ohne den Adobe Type Manager nicht aus.

Adobe hatte sich bei der vollständigen Anpassung des Type Managers für Windows 95 Zeit gelassen. Erst Ende 1996 kam die vollständig in 32 Bit programmierte Version 4.0 des ATM für den Macintosh und Windows auf den Markt. Für die 16-Bit-Vorgänger-Version 3.0 gibt es einen so genannten →Patch, mit man auf die für Windows 95 angepasste Version 3.2 umstellen kann. Erst mit dem ATM 4.0 wurde auch eine Version für Windows NT eingeführt.

Nachdem aus dem Konkurrenzkampf zwischen TrueType und PostScript-Schriften (bzw. Microsoft und Adobe) keiner als Gewinner hervorgegangen ist, haben sich die beiden Firmen Ende 1996 auf einen gemeinsamen, zukünftigen Schriftstandard geeinigt, der sowohl von Windows als auch vom Type Manager unterstützt werden wird. Bisher sind aber noch keine entsprechenden Produkte auf den Markt gekommen.

Die erweiterte Version, ATM 4.0 Deluxe, besitzt u. a. folgende erweiterte Fähigkeiten: Schriftenverwaltung von Type1 und TrueType in benutzerdefinierbaren Gruppen, einfaches Aktivieren und Deaktivieren von Schriften, Ausdrucken von Schriftproben, Schriftglättung (**Anti-Aliasing**) und Substitution von nicht vorhandenen Schriften durch die so genannten Multiple Master Fonts. Die Schriftenglättung äußert sich in leicht grauen Rändern der Fonts und ist nur bei hohen Farbtiefen und Auflösungen sinnvoll, ansonsten beim Arbeiten am Bildschirm eher störend.

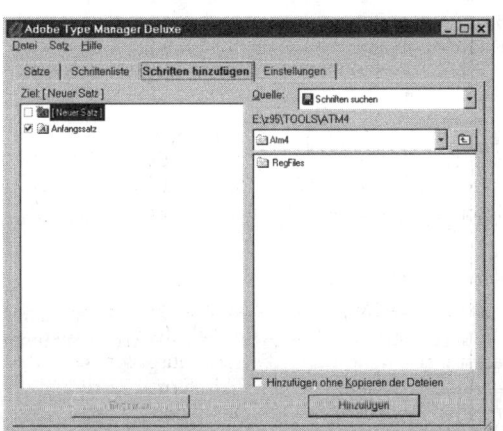

Der ATM 4.0 bietet erstmals auch Funktionen zum Verwalten von Schriften und eine spezielle →Windows NT-Version

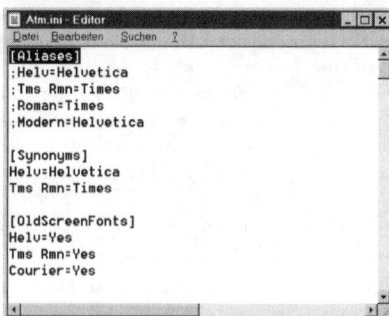

Durch diese Einstellungen in der Atm.ini werden Schriften mit den entsprechenden Namen bei Störungen wieder korrekt angezeigt

> **Tipp:** Wenn die Darstellungsqualität von PostScript-Schriften mit Namen wie Times, Roman, Helv(etica) oder Courier nicht wirklich gut ist, so liegt dies oft an einer ungünstigen Einstellung der Steuerdatei *Atm.ini* im Windows-Verzeichnis. Unter dem Abschnitt [Alias] ist dort eingetragen, welche Systemschriften bei der Anzeige durch PostScript-Schriften ersetzt werden sollen. Wenn Sie die Einträge durch ein Semikolon deaktivieren (siehe Abbildung), sind die Störungen meistens verschwunden. Sie sollten mal damit experimentieren.

ADR (Astra Digital Radio)

Seit der Funkausstellung 1995 in Berlin gibt es ADR, ein von den →Astra-Satelliten ausgestrahlter digitaler Hörfunk. Für den Empfang von ADR braucht man allerdings einen entsprechenden Dekoder. Zur Zeit gibt es etwa 30 Anbieter wie etwa WDR 2, 4 und 5, MDR Kultur, -Sputnik, -Info, Bayern 1 bis 5, SWr 1 und 3, Star Sat Radio usw., die ihr Programm über ADR ausstrahlen. Das digitale Verfahren bietet neben einer höheren Qualität auch zusätzliche Informationen wie etwa über die Art der Musik oder den Namen des Senders. Besonders interessant war das im ADR Ende 1996 eingeführte Pay-Radio →DMX, das nach Sparten sortierte Musikkanäle im MPEG-Format (→MPEG) aussendete, die mit Hilfe entsprechender Steckkarten auf dem PC weiterverarbeitet werden konnten. Der Betrieb dieses besonderen Radiosenders wurde mittlerweile aber wieder eingestellt.

Adressbuch [address book]

Das Adressbuch in Kommunikationsprogrammen (z. B. Programmen für →E-Mail oder →Fax) ermöglicht es, Namen, Adressen und Telefonnummern sowie weitere Informationen zu verwalten und bereitzuhalten. Die Einträge können meist durch einfache Aktionen mit der Maus in die Nachricht eingefügt oder als Ziel für die Datenübertragung bestimmt werden. Bei einigen Programmen wird dabei gleich der Wahlvorgang mit dem →Modem ausgelöst, um die Verbindung aufzubauen.

Unter →Windows 95 / 98 gibt es eine Art zentrales Adressbuch, nämlich das des Kommunikationsprogramms →Exchange, auf das wiederum andere Anwendungen zugreifen können. Im Detail verwaltet Exchange allerdings mehrere Adressbücher, von denen nur das so genannte Persönliche Adressbuch von anderen Programmen (wie etwa →Word oder Kommunikationsprogrammen) genutzt werden kann. Weitere Informationen siehe →Exchange.

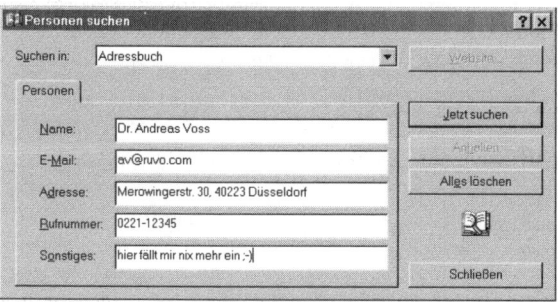

Wer Windows 98 und/oder den Internet Explorer 5.0 installiert hat, kann aus dem Start-Menü auf das zentrale Adressbuch von Outlook Express zugreifen

Adressbus [address bus]

Der Teil von einem →Bus, mit dessen Hilfe innerhalb eines Chips, einer Computerplatine usw. →Adressen zwischen einzelnen Funktionsblöcken oder Komponenten ausgetauscht werden, heißt Adressbus. Während der erste →Prozessor der Familie →Intel 80x86 noch mit einem Adressbus von 20 Leitungen (man spricht auch von einer Adressbreite von 20 Bit) auskommen musste und daher nur einen Adressraum von 1 MByte ansprechen konnte, erhielt bereits der 286er vier weitere Adressleitungen, mit denen 16 MByte adressierbar waren. Die Prozessoren i386, i486 und →Pentium können mit ihrem Adressbus mit 32 Leitungen bereits 4.096 MByte = 4 GByte adressieren. Der erste der erweiterten Adressleitungen wird A20-Leitung oder auch A20-Gate genannt und ermöglichte unter DOS ab einem 286er Prozessor erstmals, die magische Grenze von 1 MByte ansprechbarem Arbeitsspeicher zu durchbrechen (siehe →A20-Leitung).

Neben dem Adressbus unterscheidet man noch einen →**Datenbus** und einen →**Steuerbus** als Bestandteile eines Busses (hinzu kommen gegebenenfalls noch diverse Versorgungs- und Masseleitungen).

Adresse [address]

In einem Rechnersystem werden die technisch vollkommen gleichartigen Speicherzellen im →Arbeitsspeicher jeweils durch eine eindeutige Zahl, die so genannte Adresse, bezeichnet. Bevor die →CPU →Daten von einem Speicherplatz abfordern oder dahin übergeben kann, muss sie zunächst dessen Adresse über den →Adressbus an den Arbeitsspeicher übermittel. Jedes in Abarbeitung befindliche Programm kann über die Angabe der Adresse Daten anfordern oder an sie übergeben. Eine Adresse, an der Programmbefehle gespeichert sind, kann auch als →Sprungadresse benutzt werden.

Ebenso erfolgt die Ansteuerung eines Ein-/Ausgabegeräts oder einer anderen Komponente des Rechners über eine eindeutige Adresse, die →Geräteadresse (siehe auch →I/O-Adresse). Im Unterschied zur →physischen Adresse eines realen Speicherplatzes wird eine →logische Adresse durch eine

→Speicherverwaltung bereitgestellt (siehe →Adressentransformation). Logische Adressen werden u. a. eingeführt, um Programme schreiben zu können, die ohne Änderung an beliebige Speicherplätze geladen und ausgeführt werden können. Das →Betriebssystem oder Programme benutzen oft auch Namen als →symbolische Adressen, um die Arbeit mit ihnen zu erleichtern.

Adressentransformation [address transformation]

Unter einer Adressentransformation versteht man die Übersetzung einer logischen →Adresse in eine →physische Adresse zum Zweck der →Speicherverwaltung.

Die einfachste Möglichkeit besteht darin, den Speicher in separate →Speicherbänke oder →Partitionen aufzuteilen und getrennt voneinander zu verwalten (siehe →Bank Switching). Die →Segmentierung, das →paging sowie die Verwaltung →virtuellen Speichers sind weitere Möglichkeiten.

Adressierung [addressing]

Als Adressierung bezeichnet man das Verfahren, über die Angabe einer →Adresse auf einen Wert im Arbeitsspeicher oder auf ein Ein-/Ausgabegerät zuzugreifen. Dabei unterscheidet man eine Vielzahl unterschiedlicher Adressierungsarten:

— Bei der absoluten oder speicherdirekten Adressierung ist die Adresse angegeben, in der sich der Wert im Arbeitsspeicher direkt befindet.

— Bei der speicherindirekten Adressierung ist die Speicheradresse angegeben, an der sich dann erst die Adresse des Werts befindet.

— Bei der registerdirekten Adressierung ist die Adresse von einem →Register angegeben, in der sich der Wert befindet.

— Bei der registerindirekten Adressierung ist die Adresse eines Registers angegeben, in der sich die Speicheradresse des Werts befindet.

— Bei der relativen Adressierung ist eine relative Adresse angegeben, die zu einem aktuellen Registerinhalt zu addieren ist, um die Speicheradresse des Werts zu erhalten.

— Bei der indizierten Adressierung ist noch die Adresse eines Indexregisters angegeben, dessen Inhalt zur Adresse des Werts addiert werden muss.

Adressraum [address range]

Die maximale Größe des →Arbeitsspeichers oder die maximale Anzahl von →Adressen für Rechnerkomponenten, die die →CPU eines Computers adressieren kann (siehe →Adressierung), wird als Adressraum bezeichnet. Man unterscheidet dabei zwischen logischem, virtuellem und physischem Adressraum.

Bei einer 16-Bit-Adresse umfasst der Adressraum z. B. 65.536 →Byte = 64 →KByte; mit einer Adresse von 32 Bit kann man demgegenüber bereits 4.096 MByte = 4 GByte adressieren.

ADSL (Asynchronous Digital Subscriber Line)

Die neue ADSL-Modem-Technik (Abk. f. „asynchrone digitale Teilnehmer-Verbindung"), oft auch nur **DSL**, **Digital Subcriber Line** oder **xDSL** genannt, wurde von verschiedenen Firmen erst Anfang 1999 zur Marktreife entwickelt. In den USA ist einer der Vorreiter die Firma →Motorola, aber auch →Intel, →Compaq und →Microsoft arbeiten an einer Unterstützung von ADSL. In Deutschland sind v. a. die Telekom und Siemens an der Einführung der Technik beteiligt. Seit Mitte 1999 kann man unter dem Motto „T-Online-Speed" bzw. „T-ISDN dsl" die ADSL-Technik der Telekom für den Internetzugang verwenden. Gestartet wurde mit den Städten Hamburg, Berlin, Düsseldorf, Köln, Bonn, Frankfurt a. M., Stuttgart und München. Bis Ende 1999 sollen 46 und im Jahr 2000 dann 190 Orte dazukommen. Derzeit (Stand 10.99) werden zwei Gebührenmodelle angeboten, und zwar T-Online Speed 50 bzw. 100. Bei der ersten Variante kauft man für 99 DM im Monat 50 Freistunden, jede weitere Minute danach fällt mit 6 Pfennig an. Bei T-Online Speed 100 bekommt man für 150 DM 100 Freistunden. Ein spezielles ADSL-Modem wird übrigens hierfür nicht benötigt, nur ein ISDN-Anschluss und ein eine →Ethernet-Karte. Die angebotene Geschwindigkeit erreicht übrigens bei weitem nicht die maximalen Möglichkeiten von ADSL (siehe nächster Absatz), denn es werden nur maximal 768 KBit/sec Empfangs-eschwindigkeit und maximal 128 KBit Sendegeschwindigkeit geboten. Immerhin ist das beim Empfang etwas mehr als das zehnfache von ISDN. Weitere Informationen finden Sie auf der Telekom-Homepage. Zum Zeitpunkt der Drucklegung diese Buches war die Adresse: *www.t-online.de/ service/index/ak-adssvx01.htm*.

Mit Hilfe einer speziellen Technik (Copper Gold genannt) ist ein ADSL-Modem-Prozessor in der Lage, Daten auf **normalen Kupfer-Telefonleitungen** asynchron (also in einer Richtung) mit Geschwindigkeiten von bis zu **8 MBit/s** zu übertragen; im sychronen, bidirektionalen Modus sind immer noch 1 MBit/s möglich. Dies ist verglichen mit normalen Modems (→V.90 mit 56 KBit/s oder →ISDN mit 64 KBit/s) eine über zehnfache Steigerung. Ein weiterer Vorteil von ADSL ist, dass es theoretisch die gleichzeitige Übertragung von Daten und normalen Telefongesprächen über ein Gerät unterstützt. Die Anwender können also mit einem herkömmlichen, analogen Telefonanschluss gleichzeitig im Internet surfen und telefonieren. Bei dem ADSL-Angebot der Telekom handelt es sich allerdings um einen reinen Datendienst. Man benötigt zusätzlich noch einen herkömmlichen ISDN-Anschluss. Die Bandbreite von ADSL ist so hoch, dass über die Telefonleitungen auch Daten für das herkömmliche Fernsehen und Radio (neben Internet und Telefongesprächen) übertragen werden könnten. Für die Übertragung von MPEG-2-Videos nach der neuen digitalen Fernsehnorm →DVB werden z. B. 5,6 MBit/sec benötigt, was also mit ADSL durchaus zu verwirklichen ist. Die 0,8 MBit des momentanen Telekom-Angebots reichen hierfür aber natürlich nicht aus.

In Konkurrenz zu ADSL stehen die viel langsameren →V.90-Modems, die gerade noch in Entwicklung befindlichen **Kabelmodems** (die auf Glasfaser-Fernsehkabeln aufsetzen), der Internetempfang per Satellit (→skyDSL) und die ebenfalls noch in Entwicklung befindliche Möglichkeit, Daten mit ca. 1-2 MBit/s über Stromnetze in die Haushalte zu bringen. Mit Letzterem scheint es jedoch große Probleme durch zu hohe Kosten zu geben, da einige Stromfirmen schon ihren Ausstieg aus den Forschungen mitgeteilt haben. Herkömmliche Modems oder ISDN dürften aufgrund dieser Techniken wahrscheinlich in den nächsten 2-3 Jahren zurückgedrängt werden. Aufgrund der bereits vorhandenen, leistungsfähigen Infrastruktur und der günstigeren Betriebskosten für die Anwender (keine Telefongebühren) werden aber wahrscheinlich Kabelmodems und die Übertragung per Satellit auf Dauer die bestimmenden Techniken sein.

After Dark

Der →Bildschirmschoner After Dark bietet witzige Animationen und trug zum großen Bekanntheitsgrad von Bildschirmschonern bei. Zu besonderer Popularität gelangte eine Animation mit fliegenden Toastern (siehe Abbildung bei →Bildschirmschoner). Dem Originalprogramm von 1996 folgten zahlreiche Nachfolger. Die aktuelle Version bietet zahlreiche aufwendige Bildschirmschoner als größtenteils multimediale Animationen, deren Abfolge bzw. Darstellung sich während des Betriebs auch wechseln lässt.

Die After Dark-Variante **Totally Twisted After Dark** ist als Parodie auf das erfolgreiche Programm zu verstehen. Der Anwender sollte allerdings dem schwarzen Humor nicht gänzlich abgeneigt sein. Beispielsweise ist in den insgesamt 13 Modulen eine Zeitansage per Exhibitionisten-Auftritt enthalten, die Katze Boris wird von einem Rasenmäher überfahren und anstatt der gewohnten fliegenden Toaster erscheinen fliegende Toiletten mit Zeitung lesenden Mitmenschen.

AGC (Automatic Gain Controller)

Unter einem AGC, die englische Abk. f. automatischer Verstärker-Controller, versteht man im Computerbereich allgemein einen kleinen Verstärker, der automatisch ein zu schwaches Signal auf einen verwertbaren Pegel anhebt. AGCs werden z. B. von →**multiread**-fähigen CD-Laufwerken beim Lesen von →**CD-RW**-Medien verwendet. Oder von manchen Soundkarten, um das schwache Signal eines **Mikrofons** zu verstärken.

AGP (Accelerated Graphics Port)

AGP ist die englische Abk. f. beschleunigter Grafik-Anschluss. Es handelt sich um einen von →Intel entwickelten Hochgeschwindigkeitsbus für die Grafikausgabe bei PCs. AGP ist eine Art Erweiterung oder Ergänzung des →PCI-Busses und dient dazu, **realistische 3-D-Grafiken** auf dem Bildschirm darzustellen zu können (siehe auch →3-D-Programme). Das Hauptproblem dabei sind die speicherintensiven →**Texturen**, die in den Hauptspeicher des PCs ausgelagert werden müssen. Die Bandbreite des PCI-Busses ist mit maximal 132 MByte/sec aber zu gering, um die großen Datenmengen zwischen Arbeitsspeicher und Grafikkarte auszutauschen. An der Stelle setzt AGP ein, indem die Bandbreite der Datenübertragung wesentlich angehoben wurde.

AGP wird den bisherigen **Workstations** von Sun oder Silicon Graphics starke Konkurrenz machen, denn gerade die realistische Grafikausgabe war bisher deren Domäne. Ein PC mit AGP und schnellem →Pentium II-Prozessor kommt jetzt schon für deutlich weniger Geld an die Rechenpower bisheriger Workstations heran. Ja, AGP verringert sogar die Kosten für hochwertige Grafik, da nicht mehr wie bisher viel teurer Speicher auf der Grafikkarte für Texturen vorhanden sein muss, sondern dafür der **Arbeitsspeicher des PCs** verwendet werden kann.

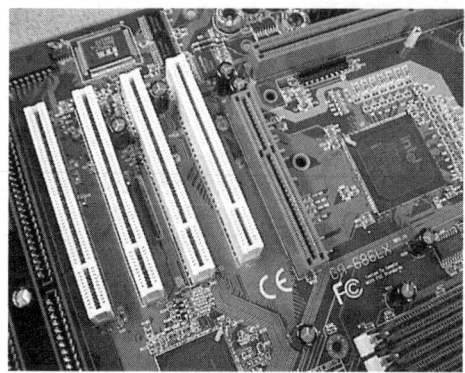

*Im kurzen AGP-Slot (rechts
neben den PCI-Steckplätzen)
verliert die Grafikkarte schon
mal leicht den Kontakt*

Voraussetzung für die Nutzung von AGP ist eine entsprechende Grafikkarte (deren Chipsatz auch AGP unterstützen muss!), ein Mainboard mit AGP-Steckplatz, ein Betriebssystem und Anwendungs-Programme, die AGP unterstützen. Eine ganze Menge also. Die ersten →Mainboards mit AGP-**Chipsatz** (440LX) stammen von Intel und wurden im Herbst 1997 für den →Pentium II eingeführt. Für Pentium-Systeme (ZIF-7-Sockel-Mainboards, siehe →ZIF) wird Intel aus strategischen Gründen keine AGP-Unterstützung anbieten. Andere Hersteller haben aber v. a. in Kooperation mit AMD bzw. für den →AMD K6 entsprechende Chipsätze entwickelt (siehe →Chipsatz). Ein Beispiel hierfür ist der Apollo-3-Chipsatz von VIA.

AGP ist relativ eng an den **PCI-Bus** gekoppelt, arbeitet aber mit 66-MHz-Taktung (statt 33 MHz bei PCI). Im Gegensatz zum PCI-Bus können bei AGP Datenpakete nicht nur an den steigenden, sondern auch an den fallenden Signalflanken übertragen werden. Das bedeutet eine doppelte (**X2-Modus**) oder sogar vierfache Datenmenge (**X4-Modus**). Im einfachen **X1-Modus** ergibt sich allein durch die doppelte Taktung eine Verdoppelung der PCI-Übertragungsrate von 2 x 132 MByte/sec = 264 MByte/sec. Im X2- bzw. X4-Modus steigt das dann auf 528 bzw. 1056 MByte/sec. Der X4-Modus existiert bisher aber nur auf dem Papier, die aktuellen Grafikkarten und Mainbaords arbeiten überwiegend im X2-Modus.

> **Tipp:** Der AGP-Slot benutzt auf Mainboards normalerweise denselben →Interrupt wie der erste, daneben liegende PCI-Slot. Ein Sharing (Teilen) ist nicht möglich. Da die meisten AGP-Grafikkarten mit 3-D-Grafikprozessor einen Interrupt brauchen, darf im ersten PCI-Slot keine Karte stecken, die selbst einen Interrupt benötigt. Und das gilt nur für die wenigsten PCI-Karten (z. B. eine 3-D-Add-On-Karte mit Voodoo-Chip).

Durch die direkte Anbindung an den Arbeitsspeicher kann eine AGP-Grafikkarte speicherintensive Texturdaten auf den Arbeitsspeicher des PCs auslagern und von dort bei Bedarf schnell zurückladen. Texturen, die zur **Oberflächengestaltung von 3-D-Objekten** dienen, machen realistische Darstellungen überhaupt erst möglich. Für normale 2-D-Anwendungen, also z. B. herkömmliche Office-Programme, reicht die Leistung einer PCI-Karte bei weitem aus. AGP bietet **keinerlei Geschwindigkeitsvorteil** im täglichen Gebrauch des PCs, sondern lediglich bei 3-D-Programmen (→Rendering, →Raytracing) oder 3-D-Computerspielen. Bei Letzteren kann durch AGP die Frame-Rate, also die Anzahl an dargestellten Bildern pro Sekunde, deutlich erhöht werden.

Auf den bisherigen Mainboards mit 66 MHz **Systemtakt** bringt AGP auch aus einem anderen Grund nicht viele Vorteile: Grafikkarte und Prozessor müssen sich den Systembus immer noch teilen bzw. müssen koordiniert auf den Arbeitsspeicher zugreifen. Da die **CPU** eine höhere **Priorität** hat und der Speicherzugriff zu langsam ist, bleiben in der Praxis für die Grafikkarte realistisch meist nur rund **200 MByte/sec** Datenrate übrig, wofür der X1-Modus (256 MByte/sec) auch ausreicht. Eine X2-Grafikkarte lohnt sich auf diesen Boards also gar nicht bzw. ist mehr oder weniger eine leere Performance-Versprechung. Erst die Mitte 1998 eingeführten Mainboards mit **100 MHz Systemtakt** bieten genügend Leistungsreserve für X2-Grafikkarten, deren theoretische Bandbreite 800 MByte/sec beträgt. Entsprechende →Chipsätze sind z. B. der 440BX von Intel (für den →Pentium II, →Pentium III oder Celeron) oder der Apollo 5 von Via für Pentium-kompatible CPUs (siehe auch →Chipsatz).

AGP bietet außer für entsprechend angepasste **Spiele** mit vielen Textur-Daten oder andere 3-D-Programme keinen Vorteil. Bei der 2-D-Darstellung sind identische PCI-Karten sogar oft einen kleinen Touch schneller. Ja, auch bei der 3-D-Darstellung können PCI-Grafikkarten mit eigenem Texturspeicher (meistens 16 oder gar 32 MByte) mindestens genauso hohe, wenn nicht bessere Leistungen erbringen, weil hier die Daten direkt über den sehr schnellen, internen Bus der Grafikkarte ausgelesen werden. Auch Intel scheint eine Nachbesserung von AGP für sinnvoll zu halten, denn **AGP 2.0** ist schon in der Entwicklung.

Kritisch an AGP ist außerdem die **Betriebssystem-Unterstützung**. →Windows 95 bietet AGP-Support erst mit dem OSR 2.x an (Windows 95b), bei dem das so genannte USB-Supplement installiert sein muss. Von diesem wird im System ein virtueller Treiber namens *Vgartd.vxd* installiert. Frühe Versionen des Treibers sind übrigens fehlerhaft, man sollte auf eine aktuelle, fehlerfreie Version achten. →Windows NT bietet überhaupt keine AGP-Unterstützung. Volle, ausgereifte AGP-Unterstützung haben erst →Windows 98 und →Windows 2000.

> **Tipp:** Der Steckplatz für AGP-Grafikkarten ist kleiner als ein PCI-Steckplatz und wenig „griffig". AGP-Karten verrutschen sehr leicht beim Transport, was mit dem bloßen Auge kaum sichtbar ist. Dennoch funktionieren die Karten dann nicht oder nur fehlerhaft. Überprüfen Sie bei Problemen den Sitz der Karte und achten Sie auf den aktuellen AGP-Treiber unter Windows 95/98.

Aiken, Howard H.

Der amerikanische Mathematiker und Informatiker Howard H. Aiken (1900-1973) entwickelte im Zeitraum von 1939-1944 im Auftrag von →IBM gemeinsam mit C. D. Lake, B. M. Durfee und F. E. Hamilton einen der ersten

„echten", d. h. programmgesteuerten →Computer, Mark I (siehe →Zuse, Konrad).

Dieser Rechner, 1944 in Boston fertig gestellt, war 16 m lang und 2,5 m hoch. Mit über 700.000 Bauteilen und über 800 km elektrischen Leitungen wog er 35.000 kg und machte mit seinen Relais als aktiven Bauelementen einen unbeschreiblichen Lärm. In späteren Projekten entstanden unter der Leitung von Aiken die Rechner Mark II bis Mark IV.

AIX (**Advanced Interactive Executive**)

Das auf →UNIX basierende →Betriebssystem AIX (Abk. f. „erweiterte, interaktive Ausführung") wurde von →IBM erstmals im Jahre 1986 mit ihrem ersten RISC Rechner (siehe →RISC-Prozessor) PC/RT vorgestellt.

AIX – heute auch für weitere Systeme der →mittleren Datentechnik von IBM und die neuen →Server von →Apple verfügbar – zielt als UNIX-Derivat auf den Bereich wissenschaftlich-technischer Anwendungen und ist prädestiniert für heterogene Netzwerke mit Großrechnern, Systemen der mittleren Datentechnik und Workstations.

Akku (Akkumulator)

Akku ist die umgangssprachliche Kurzform für →Akkumulator. Gemeint sind wieder aufladbare Stromquellen bzw. Batterien, wie sie für die Stromversorgung von allen möglichen mobilen Elektrogeräten (→Notebook, →Handy, Taschenlampe etc.) eingesetzt werden. Die Speicherung der elektrischen Energie erfolgt auf elektrochemischer Basis. Je nach Typ der verwendeten Materialien für die beiden Elektroden des Akkus unterscheidet man verschiedene (namensgebende) Typen, die sich auch deutlich bei der Ladezeit, Leistungskapazität und Störanfälligkeit unterscheiden. Derzeit werden v. a. Akkus vom Typ **Nickel-Cadmium** (NiCd), **Nickel-Metall-Hydrid** (NiMH) und **Lithium-Ionen** (Li-Ion) verwendet.

Die Akku-Elektroden müssen absolut voneinander getrennt (isoliert) vorliegen, da sonst ein Kurzschluss die elektrische Energie als Wärme verbraucht. Den inneren Ladungsausgleich besorgt ein Elektrolyt, eine durch Salze leitend gemachte Flüssigkeit. Diese Leitsalze befinden sich an den Elektroden und im Separator; in Nickel-Akkus befindet sich Kalilauge und in Li-Ion-Akkus Lithiumsalz. Diese Substanzen steuern die elektrochemischen Prozesse des Akkus. Alle Akkus haben entsprechend ihren Elektrodenmaterialien eine sie kennzeichnende Spannungsdifferenz, die – zum Vergleich – bei Alkali-Batterien 1,5 Volt (V), beim NiCd- und NiMH- 1,2 V und beim Li-Ion-Akku 3,6-3,8 V beträgt. Die gespeicherte Ladungsmenge eines Akkus wird als Kapazität angegeben und sagt etwas darüber aus, wie viel Strom in welcher Zeit abgegeben werden kann. Eine Kapazität von z. B. 300 Milli-Ampere-Stunden (mAh) erlaubt in einer Stunde eine Stromabgabe von 300 mA oder einen Stromfluss von zehn Stunden bei 30 mA.

Vor allem bei den neuen Handy-Generationen werden die leistungsfähigeren Ni-MH- und Li-Ion-Akkus den NiCd-Akkus vorgezogen, weil sie eine leichtere und kleinere Bauweise nicht nur für sich selbst, sondern auch für die Endgeräte erlauben. Nur beim NiCd-Akku tritt der äußerst unangenehme so genannte →Memory-Effekt auf, mit dem die sich durch jeden Ladevorgang verringernde Leistung des Akkus gemeint ist.

Bei allen Akkus tritt außerdem der so genannte Lazy-Battery-Effekt auf. Wie beim Memory-Effekt verkürzt sich die Entladezeit, die ihre Begründung in der abgesunkenen Ladespannung findet. Die Ladespannung fällt nur um 20-80 mV, schädigt aber den Akku nicht. Dem Lazy-Battery-Effekt kann man entgegenwirken, wenn man den Akku immer wieder vollständig entlädt und wieder auflädt, bis seine gesamte Leistungsfähigkeit wiedergewonnen ist. Nachfolgend sind die Eigenschaften der drei wichtigsten Akku-Typen noch einmal aufgeführt:

– **Nickel-Cadmium (NiCd)-Akkus**: Die positive Elektrode ist aus Nickel, die negative aus Cadmium. Das bewährte System ist mittlerweile auf kürzere Ladezeiten und höhere Energiedichten optimiert. Besonders nachteilig sind der →Memory-Effekt sowie der hohe Anteil an schädlichen Schwermetallen, die eine besondere Entsorgung verlangen.

– **Nickel-Metallhydrid (NiMH)-Akkus**: Erreichen bei gleichem Volumen etwa 100 % mehr Energie als NiCd-Akkus und haben keinen Memory-Effekt. Die positive Elektrode ist aus Nickel, die negative aus einer Wasserstoff speichernden Metall-Legierung. Da NiMH-Akkus dieselbe Nennspannung von 1,2 V wie NiCd-Akkus aufweisen, ist eine Verwendung in denselben Geräten möglich. Nachteilig wirkt sich aus, dass die Metallhydride beim Aufladen außerordentlich überhitzungsempfindlich sind, weshalb hochwertige und teure Ladestationen notwendig sind.

– **Lithium-Ionen (Li-Ion)-Akkus**: Können durchschnittlich dreimal mehr Energie pro Gewicht und zweimal mehr Energie pro Volumen speichern als NiCd-Akkus. Diese hochwertige, neue Akku-Generation weist auch keinen Memory-Effekt auf und wird insbesondere in modernen Handys eingesetzt. Li-Ionen-Akkus sind unempfindlich und umweltfreundlich, aber teuer in der Herstellung, verlangen spezielle Auflade-Geräte und können aufgrund ihrer höheren Spannung nur in extra dafür vorgesehenen Geräten eingesetzt werden.

Akkumulator

1) Mit Akkumulator wird ein →Register der →CPU eines Rechners bezeichnet, das vorrangig verwendet wird, um Ergebnisse von logischen und arithmetischen Operationen zwischenzuspeichern.

2) Die Kurzform Akku ist der mittlerweile gebräuchliche Begriff für alle Arten von wieder aufladbaren Batterien (elektrochemische Speicher von elektrischer Energie), wie er für mobile Elektrogeräte verwendet wird. Weitere Informationen siehe eigener Begriff →Akku.

Akustikkoppler [acoustic coupler]

Ein Akustikkoppler ist eine Gerätekombination aus →Modem, Lautsprecher und Mikrofon, die vor Jahren zur →Datenfernübertragung eingesetzt wurde. Um →Daten über das Telefonnetz zu übertragen, wurde der Telefonhörer derart auf dem Akustikkoppler befestigt, dass die Sprechmuschel auf dem Lautsprecher und die Hörmuschel auf dem Mikrofon auflag. Gummimanschetten schirmten äußere Geräusche ab.

Die digitalen Daten aus dem →Computer wurden durch das Modem in analoge elektrische Signale und anschließend über den Lautsprecher in akustische Signale umgewandelt. Diese akustisch kodierten Informationen konnten nun von der Sprechmuschel des Telefons aufgenommen und über das Telefonnetz übertragen werden.

Eingehende Informationen wurden in ähnlicher Weise – über den Umweg akustischer Signale aus dem Telefonhörer – durch den Akustikkoppler aufgenommen, in analoge elektrische und anschließend in digitale Signale umgewandelt und dem Computer bereitgestellt.

Algorithmus [algorithm]

Unter einem Algorithmus versteht man allgemein die zusammenhängende, in sich schlüssige Schrittfolge von elementaren Handlungen zur Lösung eines Problems.

Die Entwicklung eines Algorithmus ist nach der Problemanalyse die zweite Phase auf dem Weg zur Entwicklung eines Programms und ist noch nicht an die Verwendung einer bestimmten →Programmiersprache gebunden. Erst in der dritten Phase, der Programmierung im engeren Sinne, werden die einzelnen elementaren Handlungen des erarbeiteten Algorithmus durch einzelne Befehle in der gewählten Programmiersprache dargestellt.

Aliasing [Verfremdung]

Unter Aliasing versteht man die Verfälschung von Bildern oder anderer analoger Informationen bei der Digitalisierung und digitalen Verarbeitung mit einer zu geringen →Abtastrate. Die Folgen sind z. B. **Treppeneffekte** in der Darstellung von Linien. Die bekannteste Form des Aliasing ist der →Moiré-Effekt. Um korrekte und wiederholbare Ergebnisse zu erzielen, muss z. B. jedes Bild mit einer Abtastrate digitalisiert werden, die mindestens doppelt so groß ist wie die Rasterung der Vorlage. Beispielsweise erfordert ein Bild, das mit 150 Linien pro Zoll gerastert ist, einen →Scanner, der mindestens eine Abtastrate von 300 dpi (Punkte pro Zoll) senkrecht zu den Linien im Bild realisieren kann.

Alphachip

Der Alphachip ist ein RISC-Hochleistungsprozessor (siehe →RISC-Prozessor) der amerikanischen Firma DEC bzw. jetzt →Compaq, der mit einer Verarbeitungsbreite von 64 →Bit arbeitet.

Alphadaten

Alphadaten sind →Datenfelder, die nur kleine und große Buchstaben sowie einige Sonderzeichen enthalten können (zum Vergleich siehe →alphanumerisch, →numerische Daten).

Alphanumerisch [alpha numeric]

Sind Kombinationen von Ziffern, Buchstaben und Sonderzeichen in einem →Datenfeld zugelassen, spricht man von einem alphanumerischen Datenfeld (zum Vergleich siehe →Alphadaten, →numerische Daten).

Auch die normale Tastatur eines Rechners wird im Vergleich zu rein numerischen Tastaturen (wie der Zahlenblock auf einer PC-Tastatur) alphanumerische Tastatur genannt.

Alt Gr-Taste (**Alternative Graphics**)

Die [AltGr]-Taste (Abk. f. „alternative Grafiken") dient zur Aktivierung einiger Sonderzeichen bei der deutschen Tastaturbelegung eines →PCs. Bei gedrückter [AltGr]-Taste werden auf anderen Tasten die evtl. vorhandenen zweiten bzw. dritten Belegungen aktiviert, die unten rechts auf der Tastenkappe beschriftet sind (z. B. das μ-Zeichen beim Buchstaben „M"). So können z. B. auch eckige oder geschweifte Klammern oder das Sonderzeichen @ aktiviert werden. Zur Abbildung siehe →Tastatur.

Alta Vista

Unter der →URL-Adresse *www.altavista.com* und *http://www.altavista.de* wird von der Firma →Compaq einer der größten und schnellsten →Internetsuchdienste überhaupt geführt. Alta Vista wurde ursprünglich von der Firma Digital Equipment (DEC) ins Leben gerufen und ging mit deren Kauf in den Besitz von Compaq über. Anfang 1999 gab Compaq bekannt, dass Alta Vista zukünftig als eigenständiges Unternehmen ausgegliedert und wahrscheinlich auch an die Börse gebracht wird. Obwohl sich Alta Vista wie auch die meisten anderen Internetsuchdienste allein durch Werbung bezahlt macht, erkennt man daran doch die große wirtschaftliche Bedeutung eines solchen Dienstes.

Alta Vista bietet mit Hilfe einer einfachen, aber effektiven Abfrage-Sprache auch die Möglichkeit zur professionellen Recherche im weltweiten Datennetz des Internet. Unter →Internetrecherche ist die Abfrage-Sprache von Alta Vista beispielshaft erklärt. Besonders hervorzuheben an Alta Vista ist außerdem die Möglichkeit, seine Suche direkt durch einfache Auswahl auf der Homepage für bestimmte Bereiche oder Sprachen zu begrenzen.

Alt-Taste [**Alternative**]

Die [Alt]-Taste (Abk. f. „alternativ, anders") auf der →Tastatur eines →PCs dient ähnlich der →[Umschalt]-Taste oder →[Strg]-Taste zur Aktivierung alternativer Tastenbelegung, die für Steuerungszwecke von Programmen verwendet werden. Unter Windows sind z. B. standardmäßig Menübefehle durch Tastaturbelegungen über die [Alt]-Taste aufrufbar. Die dabei zusätzlich zur [Alt]-Taste noch zu drückende Taste(nkombination) ist in den Menüs durch einen kleinen Unterstrich gekennzeichnet. Also z. B. [Alt]+[D] für das *Datei*-Menü, wobei das „D" von „Datei" unterstrichen ist. Zur Abbildung siehe →Tastatur.

ALU (**Arithmetic Logic Unit**)

Die ALU (Abk. f. „arithmetische Logikeinheit") ist der zentrale Funktionsblock eines →Prozessors, der die grundlegenden Rechenoperationen wie Addition, Subtraktion, →Negation und die logische →AND-Verknüpfung und →OR-Verknüpfung realisiert.

AMD (Advanced Micro Devices)

Die amerikanische Firma AMD (Abk. f. „Erweiterte Mikro-Geräte") schaffte es als Erste, mit eigenen 286er und 386er PC-Prozessoren das Monopol des ehemaligen Kooperationspartners →Intel zu brechen, und produzierte nach langem Streit um den Microcode seit 1993 auch 486er Prozessoren. Nach der Fusion mit der Firma →Nexgen wurden der erfolgreiche Pentium-Konkurrent K6 und seine Nachfolger entwickelt (→AMD K6). AMD ist auch im Bereich von →Flashmemories und →RISC-Prozessoren erfolgreich, die vorrangig in Laserdruckern Einsatz finden. Im Internet ist AMD unter ***www.amd. com*** zu finden.

AMD Athlon

Der ATHLON, früher mit dem Codenamen K7 bezeichnet, ist der neueste, fortschrittlichste Prozessor des Prozessor-Herstellers →AMD und auf dem Markt hauptsächlich als Konkurrent gegen den →Pentium III von Intel platziert. Offizieller Auslieferungsdatum war der 16.8.99, wenn auch die Produktions-Kapazitäten wahrscheinlich erst Ende 1999 für eine vollständige Massenmarkt-Produktion ausreichend sein werden. Ähnlich wie der Pentium II/III wird der ATHLON nicht mehr in einen →Prozessor-Sockel, sondern einem eigenen Steckplatz eingebaut, der dem Slot One des Pentium II/III äußerlich sehr ähnelt. Intern arbeitet er aber mit dem fortschrittlichen 64-Bit-Protokoll **EV6** des Alpha Prozessors von →DEC, der Steckplatz wird dementsprechend zur Unterscheidung **Slot A** genannt. Der ATHLON braucht also eigene Mainboards, die nicht mit denen eines Pentium II/III kompatibel sind. Genau hier ist momentan (Stand 10.99) für den Markterfolg des ATHLON noch ein gewisses Problem vorhanden, denn ATHLON-Chipsätze bzw. Mainboards sind noch nicht in ausreichenden Stückzahlen lieferbar und müssen in der Praxis noch ihre Stabilität gegenüber den qualitativ sehr guten Chipsätzen von Intel beweisen.

Gegenüber dem Slot One und seinem Prozessor-Bus ist der EV6-Bus deutlich leistungsfähiger, was man schon daran erkennt, dass AMD hier mit einem Systembus von 200 MHz arbeiten wird. Um die hohen Taktfrequenzen auch wirklich nutzen zu können, werden auch moderne Speichertechnologien wie Direct RDRAM und DDR-SDRAM unterstützt. Auf den ersten Boards kommen aber noch normale SDRAMs zum Einsatz. Intel bietet dagegen für den Pentium III derzeit (Stand 10.99) nur 100-MHz-Systembus und normale →SDRAM-Unterstützung. Auch für die nahe Zukunft ist nur eine Erhöhung auf 133 MHz Systembus geplant. Insgesamt wird der ATHLON dadurch deutlich leistungsfähiger sein als preislich vergleichbare Pentium III-Modelle von Intel. Auch die ursprüngliche Schwäche der AMD-Prozessoren im →FPU-Bereich wird mit dem ATHLON behoben sein, sodass Intel ein weiteres entscheidendes Verkaufsargument gegenüber der Konkurrenz verloren gehen wird.

Die ersten ATHLON-Modelle werden vorerst in der 0,25-μm-Technik hergestellt, womit anfänglich Taktraten von bis zu 700MHz möglich sind. Durch ein Rahmenabkommen mit →Motorola über die Verwendung der neuesten Prozessor-Herstellerungstechnologien wird AMD aber wahrscheinlich schon Ende 1999 in der Lage sein, diese Grenze in Richtung 800 MHz und mehr zu überschreiten. Spätestens dann wird der ATHLON ein sehr mächtiger Konkurrent des Pentium III sein.

Foto: AMD

Die hohe Leistungsfähigkeit des ATHLON zeigt sich auch bei den verwendeten Cache-Bausteinen. Allein der interne L1-Cache ist mit 128 KByte doppelt so groß wie der des Pentium III. Der L2-Cache des ATHLON wird anfänglich 512 KByte groß sein. Für nachfolgende Modelle ist aber schnell eine Vergrößerung des L2-Cache auf 1 oder 2 MByte geplant, theoretisch ist sogar eine Unterstützung von bis zu 8 MByte L2-Cache möglich. Außerdem können fortschrittliche Cache-Bausteine (DDR-SDRAM) genutzt werden. Je nach Modell kann außerdem das Taktungsverhältnis des L2-Caches zur CPU-Frequenz von einem Drittel bis zur vollen Taktung variiert werden. Durch diese vielfältigen Möglichkeiten wird AMD in der Lage sein, den ATHLON in den unterschiedlichsten Varianten für die gesamte Breite des Markts weiterzuentwickeln. Die maximal verwaltbare bzw. cache-bare Speichermenge des ATHLON ist übrigens durch den Slot A auf 4 GByte begrenzt, was aber für die allermeisten Anwendungen mehr als ausreichen dürfte. Theoretisch kann der Prozessor sogar bis 64 MByte cachen.

> **Tipp:** Besonders wichtig für den Erfolg des ATHLON ist die Qualität bzw. Stabilität der dazugehörigen Mainboards, die außerdem in ausreichender Stückzahl lieferbar sein müssen. Die Qualität des Prozessors selbst steht auch nach zahlreichen Tests durch die Fachpresse außer Frage. Bei der für AMD üblichen, aggressiven Preispolitik eröffnet sich für die Anwender mit dem ATHLON eine ganz neue und auch noch bezahlbare Leistungsdimension. Es lohnt sich, den ATHLON in die engere Wahl für einen neuen PC zu nehmen.

AMD K6-2 / III

Die CPUs AMD K6-2, K6-III und ihr Vorgänger, der K6, sind ein zum →Pentium kompatibler →Prozessor für PCs, die von der Firma →AMD hergestellt werden. Der ursprüngliche K6 wird nicht mehr herstellt und wurde 1998 vom K6-2 abgelöst. Dieser bietet eine erweiterte →MMX-Unterstützung, die →3DNow! genannt wird und v. a. bei Spielen für einen Geschwindigkeitszuwachs sorgt. Aber auch der K6-2 schickt sich an, ab ca. Ende 1999 durch zwei Nachfolger, den K6-III und den →AMD ATHLON, komplett abgelöst zu werden. Alle K6-Prozessoren werden in →Mainboards mit dem →ZIF-Sockel-7 verwendet und liegen entsprechend der Markstrategie von AMD preislich 10-25 % unter dem eines vergleichbaren Modells von Intel. Die Geschwindigkeit des K6 und K6-2 liegt bei gleicher Taktfrequenz ungefähr 10 % über dem des vergleichbaren Pentium-Modells und nur geringfügig unter der Leistung eines →Pentium II. Dies gilt jedoch nur im →Integer-Bereich, der aber am wichtigsten für die Masse der Computeranwendungen (Büro-Programme u. Ä.) ist. Bei Verwendung des mathematischen Coprozessors (→FPU), der für Spiele und alle Programme mit mathematischen Berechnungen benötigt wird, liegt die Performance dagegen deutlich unter dem Pentium. Ähnliches gilt für die →MMX-Leistung. Der Prozessor unterstützt zwar Intels MMX vollständig, die Leistungsfähigkeit in dem Bereich ist jedoch etwas schlechter.

Mit der Einführung des K6-III im März 1999 konnte AMD aber nochmals deutlich an Performance bei seinen Prozessoren zulegen, weil bei diesem Prozessor im Gegensatz zum K6-2 ein L2-Cache (siehe →Second-Level-Cache) mit 256 KByte direkt in den Prozessor eingebaut ist und ähnlich wie beim →Celeron und →Pentium III mit voller Taktfrequenz angesprochen wird. Gerade auf ZIF-7-Sockel-Systemen bewirkt der integrierte L2-Cache des K6-III einen starken Performance-Schub, weil hier der L2-Cache bisher immer extern mit einer relativ niedrigen Geschwindigkeit betrieben wurde. Bei gleicher Taktung ist der K6-III im 2-D-Bereich (z. B. Büroapplikationen wie →Office) tatsächlich sogar ein bisschen schneller als der →Pentium III von Intel. Im Integer-Bereich fällt er dagegen wie seine „K6-Kollegen" deutlich zurück. Welcher Prozessor (K6-III oder Pentium III) für Spiele besser ist, hängt stark von der optimalen Unterstützung der jeweiligen SIMD-Funktionen ab (vergl. →MMX). Ist ein Spiel sowohl für den erweiterten Befehlssatz des K6-III (→3DNow!) und des Pentium III (ISSE) optimiert, so liegen die beiden Prozessoren bei gleicher Taktung in etwa auf gleicher Höhe. Der K6-III ist übrigens zu den meisten ZIF-7-Sockel-Mainboards kompatibel, solange diese die notwendige, aber leider bisher nicht sehr gängige Spannungsversorgung (2.4 Volt Kernspannung!) und Taktungseinstellung unterstützen. Lediglich ein BIOS-Update ist notwendig, um den Prozessor verwenden zu können. Für das erste Quartal 2000 ist außerdem die Einführung des K6-2+ geplant, der mit integriertem 128 KByte L2-Cache und kostenreduzierter 0,18-μm-Bauweise die preiswerte Variante des K6-III für den Einsteigermarkt werden soll. Der Prozessor wird mit Taktungen jenseits der 500 MHz aber dennoch sehr leistungsfähig sein.

Auffällig an den Prozessoren der AMD-K6-Reihe ist die große Metall-Kühlplatte auf der Oberseite (Foto: AMD)

Problematisch an der K6-Familie im Vergleich zum Pentium war anfangs eine höhere Wärmeabgabe bei den Modellen, die in 0,35 μm-Technik hergestellt wurden (166-, 200- und 233-MHz-Taktung). Vor allem die 233-MHz-Modelle wurden recht heiß und brauchten eine sehr gute, aktive Kühlung. Im Frühjahr 1998 stellte AMD die Produktion jedoch auf 0,25 μm-Technik um, wodurch kleinere Chips produziert wurden, die auch nicht mehr heiß werden und jetzt auch höhere Taktungen über 500 MHz erlauben. Gleichzeitig wurde mit dem K6-2/300 MHz auch eine Erhöhung des externen Systemtakts von 100 MHz eingeführt. In Verbindung mit →3DNow! hat sich der AMD K6-2 und K6-III 1999 zum bevorzugten Prozessor für Spielefreaks entwickelt. Der Pentium III wird das nur ändern können, wenn die Spielehersteller seine neuen ISSE-Befehle optimal bzw. bevorzugt unterstützen werden und natürlich Intel mit dem Preis konkurrenzfähig mitzieht. Der Markterfolg insbesondere des AMD K6-2 ist beachtlich und für Intel durchaus Grund zur Sorge. Zumal die 100%ige Kompatibilität zum Pentium-Befehlssatz mehr als ausreichend gezeigt wurde. Stabilitäts-Probleme gibt es höchstens durch die Mainboards, da hier Chipsätze eingesetzt werden (z. B. von SIS, VIA und ALI), die nicht von Intel entwickelt wurden und manchmal ihre Probleme haben. Ständig neue Entwicklungen ändern diese Situation aber laufend.

Haupt-Konkurrenzprodukt von Intel für Büro-Anwendungen gegen den K6-2 bzw. K6-III ist derzeit der →Celeron-Prozessor, dem aber der erweiterte Multimedia-Befehlssatz fehlt. Für Büro-Anwendungen wie Microsoft →Office ist das jedoch unwichtig. Erst der →Pentium III kann in allen Bereichen mit den neuesten Modellen der K6-Serie gleichziehen, liegt aber in den Produktionskosten deutlich höher. Vom ursprünglichen Konzept, den Markt rund um die ZIF-7-Sockel-Technologie durch mangelnde Unterstützung aussterben lassen zu wollen, ist Intel mittlerweile selbst wieder abgerückt. Den Fehler hat sich AMD als Vorteil zu Eigen gemacht und den ZIF-7-Sockel konkurrenzfähig weiterentwickelt. Intel reagierte mit der Umstellung der Celeron-Produktion auf den Sockel 370 (siehe →Celeron), der bis auf einen Kontakt-Pin im Prinzip dem ZIF-7-Sockel entspricht. Langfristig gesehen wird der alte Prozessor-Sockel wohl wieder die Technologie der Zukunft werden. Prozessoren wie der →Pentium II bzw. →Pentium III oder auch der →AMD ATHLON, die einen Prozessor-Steckplatz verwenden, sind zu teuer in der Produktion und werden langfristig wohl auch wieder auf einen Prozessorsockel umgestellt. Weitere Informationen über den AMD K6 und seine Nachfolger finden Sie im Internet unter *www.amd.com/germany/index.html*.

Tipp: Damit die K6-Modelle mit voller Performance laufen, sollte das →BIOS eine seiner speziellen Funktionen, Write Allocate genannt, unterstützen. Moderne Mainboards bzw. BIOS-Versionen tun dies automatisch, allerdings wird die Funktion nicht immer automatisch aktiviert. Wenn Sie ein K6-Modell haben, überprüfen Sie anhand Ihres Mainboard-Handbuchs, ob diese Funktion im BIOS zu finden ist und per Hand eingeschaltet werden muss (*enabled*). Wer außerdem einen AMD K6-2 mit 350 MHz oder ein noch schnelleres Modell unter Windows 95 verwendet, muss unbedingt ein Update des Betriebssystems aufspielen, weil sich Windows ansonsten beim Starten aufhängt. Der Grund: Der Prozessor ist tatsächlich zu schnell für eine Subroutine von Windows. Das entsprechende Programme und Informationen finden Sie im Internet unter *www.amd.com/products/cpg/k623d/ win95_update_k6.html*. Für →Windows 98 ist das Update nicht notwendig.

CPU-Typ	Taktung intern	Taktung extern	Taktungsfaktor	Spannung (Dual Volt.)
K6-166 (0,35 µm*)	166	66	2,5	2,9 und 3,3
K6-200 (0,35 µm)	200	66	3	2,9 und 3,3
K6-233 (0,35 µm)	233	66	3,5	3,2 und 3,3
K6-2/233 (0,25 µm)	233	66	3,5	2,2 und 3,3
K6-2/266 (0,25 µm)	266	66	4	2,2 und 3,3
K6-2/300 (0,25 µm)	300	100	3	2,2 und 3,3
K6-2/333 (0,25 µm)	333	95	3,5	2,2 und 3,3
K6-2/350 (0,25 µm)	350	100	3,5	2,2 und 3,3
K6-2/380 (0,25 µm)	380	95	4	2,2 und 3,3
K6-2/400 (0,25 µm)	400	100	4	2,2 und 3,3
K6-2/450 (0,25 µm)	450	100	4,5	2,2 und 3,3
K6-2/475 (0,25 µm)	475	100	5	2,2 und 3,3
K6-2/500 (0,25 µm)	500	100	5	2,2 und 3,3
K6-III/400 (0,25 µm)	400	100	4	2,4 und 3,3
K6-III/450 (0,25 µm)	450	100	4,5	2,4 und 3,3
K6-III/500 (0,25 µm)	500	100	5	2,4 und 3,3

* Herstellungsprozess der CPU in Mikrometer. Einstellungen für K6-2 gelten auch für K6-III, jedoch ist für den Prozessor eine Kernspannung von 2,4 statt 2,2 Volt notwendig!

Amiga

Unter dem Namen Amiga stellte die amerikanische Firma →**Commodore** in den späten 80er und frühen 90er Rechner her, die auf Prozessoren der 68.000er Familie der Firma →Motorola basierten und in erster Linie für den ambitionierten Heimanwender ausgelegt waren, die Video, Sound und Grafik verarbeiten wollten. Commodore übernahm die ursprüngliche Firma Amiga Corp. im Jahre 1984 und wollte damit an den ehemaligen Welterfolg des C64 anknüpfen sowie in professionellere Bereiche vorrücken. Der erste Rechner, der **Amiga 1000**, wurde am 23.07.1985 in New York vorgestellt. Verglichen zur damaligen PC-Konkurrenz waren die Leistungen des Amiga um Dimensionen besser: Während ein damaliger IBM-PC mit →80286-Prozessor gerade mal mit 16 Bildschirmfarben und dem armseligen PC-Lautsprecher als Tonausgabe auskommen musste, konnte der Amiga je nach Auflösung mit bis zu **4096 Farben** arbeiten sowie **Sound** über vier Kanäle in Stereo und mit Sprachausgabe nutzen. Dazu verhalfen ihm nicht nur der 68000-Prozessor von Motorola, sondern v. a. auch speziell entwickelte **Co-Prozessoren** für Grafik und Sound auf dem Mainboard. Auch der Apple Macintosh mit gerade mal zwei Farben und ohne Soundausgabe konnte da nicht mithalten.

Weitere **Besonderheiten** des Amiga waren eine grafische Benutzeroberfläche (→Windows für den PC war noch in weiter Ferne), serienmäßige Mausunterstützung und seine besonderen Videofähigkeiten. Diese arbeiteten mit den üblichen Fernsehformaten, sodass die Amiga-Darstellungen ohne Konvertierung auf dem Fernsehen ausgegeben werden konnten. Gleichzeitig lag jedoch der Preis deutlich unter dem (annähernd) vergleichbarer IBM-PCs.

Der Amiga erfreute sich verständlicherweise schnell einer großen Fangemeinde. Anfang der 90er Jahre waren über 3 Millionen Stück verkauft. Dennoch kam es Ende der 80er Jahre bereits zum ersten Konkurs, der weitere Niedergang war nicht nur durch das starke Aufholen der IBM-PC-Entwicklung v. a. in den Bereichen Video und Sound vorprogrammiert. Hinzu kamen falsche Management-Entscheidungen und vernachlässigte Entwicklungen bei Commodore. Mitte 1994 meldete Commodore daher Konkurs an. Aufgrund der festen, weltweiten Fangemeinde sowie vieler Software- und Hardware-Peripherie-Hersteller, die an der Marke festhalten wollten, besaß der Amiga aber weiterhin eine hohe Attraktivität. Sein Überleben wurde außerdem bis jetzt durch eine große Schar von freiwilligen Programmierern unterstützt, die selbst geschriebene Programme kostenlos oder als Shareware meistens über das Internet zur Verfügung stellten. Im Internet sind die wichtigsten Amiga-Sites zum so genannten **Aminet** zusammengefasst. Eine Übersicht wichtiger Seiten findet man z. B. unter *www.cucug.org/amiga.html*. Außerdem gibt es auch eine eigene deutsche Seite zum Amiga unter *www. amiga.de*.

Im April 1995 kaufte dann die deutsche PC-Handelskette →**Escom** die Rechte und alle Einrichtungen des Amiga für 10 Millionen Dollar auf einer Auktion in New York. Die Amigas sollten weiterhin unter dem Markenamen Commodore über die Escom-Filialen vertrieben werden. Nachdem Escom Mitte 1996 aber selbst Konkurs anmelden musste, war das weitere Schicksal von Amiga und Commodore lange unklar. Nachdem eine ganze Reihe von Interessenten wie z. B. die US-Firma Viscorp auftauchten, wurde der Amiga schließlich am 27. März 1997 von der US-Computer-Firma **Gateway** aufgekauft. Unter der Leitung des ehemaligen Geschäftsführers von Gateway wird der Amiga weiterentwickelt und als eigenständiger Bereich vertrieben. Als eine der ersten großen Neuigkeiten wurde im Frühjahr 1999 erstmals der Öffentlichkeit das neue Betriebsystem Amiga OS 3.5 vorgestellt, dass ab Ende 1999 lieferbar sein soll. Die Produktion eines neuen Amiga-Computers ist ebenfalls für Ende 1999 oder 2000 geplant.

AmiPro

AmiPro hieß ein Textverarbeitungsprogramm der jetzigen IBM-Tochter (→IBM) →Lotus, das auf der Windows-Plattform (→Windows) ein erfolgreiches Konkurrenzprodukt zu →Word und →WordPerfect war. AmiPro gab es als Versionen für →Windows und für →OS/2. 1995 änderte Lotus den Namen seiner Textverarbeitung von AmiPro in →Word Pro um, was gleichzeitig mit einer weiteren Überarbeitung einherging. AmiPro bzw. Word Pro ist eine besonders bei Anfängern beliebte Textverarbeitung, weil es sich leicht bedienen lässt. Derzeit liegt die Version Word Pro 98 vor, die überwiegend in einem →Office-Paket, der →Lotus SmartSuite Millennium, verkauft wird.

Analog [analogous]

Der Begriff analog bedeutet so viel wie gleichförmig folgend und ist das Gegenteil zum Begriff →digital. Ein analoges Signal ist eine physikalische Größe, die innerhalb gegebener Grenzen jeden beliebigen Wert, d. h. unendlich viele Zwischenwerte, annehmen kann. So wird z. B. bei einer analogen Uhr die Zeit dadurch angezeigt, dass Stunden- und Minutenzeiger je einen Winkel zwischen 0° und 360° durchlaufen. Eine Digitaluhr zeigt dagegen jeweils nur diskrete Werte an, die einzelnen Stunden und Minuten. Die Sekunden werden auch bei der Analoguhr digital dargestellt, d. h. über einen Sekundenzeiger, der auf festen Werten verharrt.

Analoganschluss [analogous connection]

Über einen Analoganschluss können an einem Computersystem →analoge Signale ausgegeben oder empfangen werden (im Gegensatz zum ansonsten →digitalen Signalaustausch). Analoganschlüsse finden sich beispielsweise am telefonseitigen Ausgang eines →Modems, am Lautsprecheranschluss einer →Soundkarte oder am Bildschirmanschluss einer VGA- →Grafikkarte.

Analog-Digital-Wandler [analogous digital converter]

Ein Bauelement, das →analoge in →digitale Signale umwandelt, heißt Analog-Digital-Wandler (englisch: a/d-converter). Das analoge Signal wird schrittweise abgetastet und die so erhaltenen Informationen werden als digitale Werte ausgegeben (siehe zum Vergleich →Abtasttiefe, →Abtastrate).

Analoge Sprachübertragung [analogous voice transmission]

Bei der analogen Sprachübertragung im Telefonnetz werden analoge elektrische Signale im international genormten Frequenzband von 300-3.400 Hz übertragen. Die →Bandbreite von 3,1 kHz reicht für eine einigermaßen gute sprachliche Verständigung aus. Zur →Datenfernübertragung unter Verwendung von →Modems sind jedoch einige Maßnahmen notwendig, um die aktuelle →Datentransferrate von 33.600 Bit/s bei einer Übertragung gemäß →ITV-T →V.34+ zu erreichen. Bei dem Anfang 1997 eingeführten neuen K56plus-Standard und X2-Standard (siehe →V.90) handelt es sich nicht mehr um rein analoge Übertragungs-Standards. Die im →ISDN eingesetzte →digitale Sprachübertragung mit 64 KBit/s zeichnet sich durch die Vorteile höherer Reichweite, höherer Sprachqualität und geringerer Störanfälligkeit gegenüber der analogen Übertragung aus.

Analoges Signal

Unter einem analogen Signal versteht man eine physikalische Größe, die innerhalb gegebener Grenzen jeden beliebigen Wert, d. h. unendlich viele Werte, annehmen kann (siehe →Analog).

AND-Verknüpfung [UND-Verknüpfung]

Die AND-Verknüpfung oder Konjunktion ist eine Operation der →booleschen Algebra, deren Ergebnis dann – und nur dann – den logischen Wert WAHR (1) erhält, wenn jeder der verknüpften Einzelwerte den Wert WAHR (1) erhält.

A-Netz

Das 1958 eingeführte, erste deutsche Mobilfunknetz, arbeitete noch mit Handvermitltlung. Der Dienst wurde 1977 wieder aufgegeben, weil andere Netze technisch weiterentwickelt worden waren (→B-Netz, →C-Netz, →D-Netz, →E-Netz).

Animation [animation]

Eine Sequenz von Phasenbildern, die dem Benutzer die Illusion einer ablaufenden Bewegung vermittelt, nennt man allgemein Animation. Animationen findet man bei grafischen Sinnbildern von Programmen, bei Elementen einer grafischen Benutzeroberfläche oder im Multimedia-Bereich.

Animierte Gifs [animated GIF]

Animierte GIFs werden hauptsächlich auf Internetseiten genutzt. Mit Hilfe geeigneter Software (z. B. dem *gif*-Construction-Set) kann man aus mehreren *gif*-Bildern eine →Animation gestalten. Die einzelnen Bilder werden dann in vorgegebener Folge dargestellt, was den Eindruck einer Bewegung verursacht. Man kann auch →*avi*-Dateien in animierte *gif*-Bilder umwandeln.

Anklicken [click]

Die grundlegende Tätigkeit, mit der eine grafische →Benutzeroberfläche bedient wird, ist das Anklicken: Der →Mauszeiger wird mit Hilfe der →Maus über eine →Schaltfläche oder ein anderes Funktionselement (siehe →Menü, →Menüleiste) gebracht und dann eine der Maustasten gedrückt, um die jeweilige Funktion zu aktivieren, ein Programm aufzurufen o. Ä.

Anklopfen [knocking]

Die Funktion Anklopfen steht bei ISDN und im normalen Telefonnetz (→T-Net) der Telekom zur Verfügung. Wurde diese Funktion geschaltet, kann sich während eines Telefonats ein zweiter Anrufer durch ein Tonsignal im Hörer bemerkbar machen. Man kann anschließend zwischen dem ersten und zweiten Gesprächspartner hin- und herschalten (→Makeln), der jeweils inaktive Partner wird dabei geparkt bzw. gehalten. Weitere Informationen und Vergleiche siehe →ISDN-Leistungsmerkmale.

Anlagenanschluss

Anschlussform an das digitale Telefonnetz →ISDN. Weitere Informationen und Vergleich mit anderen Anschlussarten siehe →ISDN-Anschlussarten.

Anmelden [log in/on]

In vielen Situationen muss sich ein Benutzer zu Beginn einer Sitzung am Computer, in einem Netzwerk oder bei DFÜ-Verbindungen nach dem Aufbau der Verbindung zum entfernten Rechner zunächst durch Angabe eines Namens und gegebenenfalls eines geheimen Passworts anmelden, bevor ihm der (eventuell auch begrenzte) Zugriff zu den Daten und Programmen gewährt wird. Dieses Anmelden wird auch mit den englischen Begriffen **logon** und **login** oder umgangsprachlich eingedeutscht als **einloggen** bezeichnet. Im Gegensatz dazu steht das →Abmelden (**log off, ausloggen**.)

Anonymous FTP [anonymes File Transfer Protokoll]

In einige →FTP-Server kann man sich ohne Angabe eines Benutzernamens und/oder Passworts einloggen; man kann also anonym bleiben. In der Regel erwartet der FTP-Server allerdings unter Passwort Ihre E-Mail-Adresse oder das Wort „guest". Als Benutzername geben Sie „anonymous" ein. Ganz anonym bleiben Sie jedoch nicht. Ihre →IP-Adresse und die ausgeführten Aktionen werden protokolliert.

Anrufweiterschaltung [call forwarding]

Die Funktion Anrufweiterschaltung steht bei ISDN und im analogen Telefonnetz (→T-Net) der Telekom zur Verfügung. Man kann damit alle Anrufe an einen anderen Telefonanschluss (z. B. Mobiltelefon) weiterleiten. Auf diese Weise erreichen Sie Anrufer auch bei Ihrem Bekannten oder beim Kegeln unter der gewohnten Telefonnummer. Weitere Informationen und Vergleiche siehe →ISDN-Leistungsmerkmale.

Anschlagdrucker [impact printer]

Bei einem Anschlagdrucker (impact printer) wird durch mechanische Einwirkung auf einen Farbstoffträger (z. B. ein →Farbband) die Farbe auf das zu bedruckende Papier gebracht. Der Hauptnachteil dieses Verfahrens ist die durch den Aufprall bedingte ausgeprägte Geräuschentwicklung. Typische Anschlagdrucker sind der →Nadeldrucker und der →Typenraddrucker.

Anschlagfreie Drucker [non-impact printer]

Drucker, die im Gegensatz zu →Anschlagdruckern den Farbstoff kontaktfrei auf das Papier übertragen, heißen anschlagfreie Drucker (non-impact-printer). Hierzu zählen →Laserdrucker sowie →Tintenstrahldrucker.

ANSI (American National Standards Institute)

Das ANSI (Abk. f. „amerikanisches National-Institut für Standards") ist eines der nationalen Normungsgremien in den USA, das zahlreiche – auch international gebräuchliche – Standards erarbeitete. Eine ANSI-Norm aus den Zeiten der →Großrechner und →Terminals hat auch Eingang in den PC-Bereich (unter →MS-DOS in Form des Treibers *Ansi.sys*) gefunden. Damals hatte das ANSI mit der Standardisierung von Kontrollsequenzen zur Steuerung von Terminalfunktionen eine Basis für die Implementierung der Geräte vieler Hersteller geschaffen. Diese ANSI- oder Escape-Kontrollsequenzen (sie werden durch das →Steuerzeichen ESC eingeleitet) steuern solche Funktionen wie die freie Positionierung des Cursors, Zeichenattribute wie Blinken, Farbe usw. und das Löschen von Teilen oder des gesamten Bildschirms. Mit ANSI wird im Bereich der →Datenfernübertragung eine Variante der Bildschirmsteuerung bezeichnet, die genau auf die genannte ANSI-Norm für Terminals zurückgeht. In der Mailboxszene (siehe →BBS) sind aufwendige Kreationen von ANSI-Bildern entstanden, die Gebrauch von den ANSI- oder Escape-Kontrollsequenzen machen.

ANSI-Code

Texte, Bilder und Animationen aus Blockgrafikzeichen sowie Töne aus dem PC-Lautsprecher lassen sich durch Folgen von ANSI-Kontrollsequenzen, dem ANSI-Code, darstellen. Besonders in der BBS-Szene sind aufwendige Kreationen insbesondere von ANSI-Bildern entstanden. Das ANSI hat jedoch z. B. auch standardisierte Zeichensätze definiert, die oft ebenfalls ANSI-Code genannt werden (siehe zum Vergleich →ASCII). Einer der ANSI-Codes findet z. B. bei Windows Anwendung (siehe →Windows).

Nachfolgend eine Aufstellung des **ANSI-Zeichensatzes** von **Windows**. Die Zeichen können durch Drücken der [Alt]-Taste und Eingabe des Codes auf der numerischen Tastatur in ein Dokument eingeben werden. Allerdings zumeist nur, wenn die [Num]-Taste eingeschaltet ist (das Kontrollämpchen auf der Tastatur also leuchtet). Aber auch das ist je nach Programm unterschiedlich. Mit n/v gekennzeichnete Zeichen sind nicht definiert bzw. nicht vorhanden. Beachten Sie bitte unbedingt, dass die Zeichenbelegung vom verwendeten Font (Schrifttyp) abhängt. Die Tabelle bezieht sich nur auf einen Standard-Font wie *Arial* oder *Times New Roman*. Die Zeichenbelegung für einen bestimmten Code kann durch Wechsel einer Schrift drastisch geändert sein. Außerdem sollten Sie bei der Verwendung berücksichtigen, dass nicht jedes Programm die direkte Eingabe von Zeichen auf diese Art erlaubt.

Code	Zeichen	Code	Zeichen	Code	Zeichen	Code	Zeichen
0	n/v	64	@	128	n/v	192	À
1	n/v	65	A	129	n/v	193	Á
2	n/v	66	B	130	n/v	194	Â
3	n/v	67	C	131	n/v	195	Ã
4	n/v	68	D	132	n/v	196	Ä
5	n/v	69	E	133	n/v	197	Å
6	n/v	70	F	134	n/v	198	Æ
7	n/v	71	G	135	n/v	199	Ç
8	BS	72	H	136	n/v	200	È
9	TAB	73	I	137	n/v	201	É
10	LF	74	J	138	n/v	202	Ê
11	n/v	75	K	139	n/v	203	Ë
12	n/v	76	L	140	n/v	204	Ì
13	CR	77	M	141	n/v	205	Í
14	n/v	78	N/V	142	n/v	206	Î
15	n/v	79	O	143	n/v	207	Ï
16	n/v	80	P	144	n/v	208	Ð
17	n/v	81	Q	145	n/v	209	Ñ
18	n/v	82	R	146	n/v	210	Ò
19	n/v	83	S	147	n/v	211	Ó
20	n/v	84	T	148	n/v	212	Ô
21	n/v	85	U	149	n/v	213	Õ
22	n/v	86	V	150	n/v	214	Ö
23	n/v	87	W	151	n/v	215	×
24	n/v	88	X	152	n/v	216	Ø
25	n/v	89	Y	153	n/v	217	Ù
26	n/v	90	Z	154	n/v	218	Ú
27	n/v	91	[	155	n/v	219	Û
28	n/v	92	\	156	n/v	220	Ü
29	n/v	93	]	157	n/v	221	Ý
30	n/v	94	^	158	n/v	222	Þ
31	n/v	95	_	159	n/v	223	ß
32	Leer	96	`	160	Leer	224	à
33	!	97	a	161	¡	225	á
34	"	98	b	162	¢	226	â
35	#	99	c	163	£	227	ã
36	$	100	d	164	¤	228	ä
37	%	101	e	165	¥	229	å
38	&	102	f	166	¦	230	æ
39	'	103	g	167	§	231	ç

Code	Zeichen	Code	Zeichen	Code	Zeichen	Code	Zeichen
40	(	104	h	168	¨	232	è
41	)	105	i	169	©	233	é
42	*	106	j	170	ª	234	ê
43	+	107	k	171	«	235	ë
44	,	108	l	172	¬	236	ì
45	-	109	m	173	-	237	í
46	.	110	n	174	®	238	î
47	/	111	o	175	¯	239	ï
48	0	112	p	176	°	240	ð
49	1	113	q	177	±	241	ñ
50	2	114	r	178	²	242	ò
51	3	115	s	179	³	243	ó
52	4	116	t	180	´	244	ô
53	5	117	u	181	µ	245	õ
54	6	118	v	182	¶	246	ö
55	7	119	w	183	·	247	÷
56	8	120	x	184	¸	248	ø
57	9	121	y	185	¹	249	ù
58	:	122	z	186	º	250	ú
59	;	123	{	187	»	251	û
60	<	124	|	188	¼	252	ü
61	=	125	}	189	½	253	ý
62	>	126	~	190	¾	254	þ
63	?	127	n/v	191	¿	255	ÿ

Anti-Aliasing

Die Technik, mit deren Hilfe das →Aliasing – z. B. durch Ausfilterung scharfer Kanten – unterdrückt wird, nennt man Anti-Aliasing.

Antwortmodus [auto answer]

Unter Antwortmodus versteht man die Betriebsart eines Modems, bei dem es einen eingehenden Anruf entgegennimmt und die Verbindung in Abstimmung mit dem anrufenden →Modem aufbaut.

Anwendungsfenster

Unter einem Anwendungsfenster versteht man ein →Fenster einer grafischen →Benutzeroberfläche, in dem ein Anwendungsprogramm ausgeführt wird.

AOL (America Online)

Der aus den USA stammende →Online-Dienst AOL ist mit weltweit derzeit ca. 18 Millionen Mitgliedern der größte seiner Art. Nach eigenen Angaben lag Anfang 1998 die Zahl der Internetzugriffe durch AOL-Mitglieder bei ca. 70 Millionen pro Tag, die Zahl der über AOL verschickten →E-Mails liegt angeblich bei ca. 22 Millionen pro Tag!

Die Marktposition von AOL ist nochmals deutlich verstärkt worden, als Ende 1997 Teile des früheren Konkurrenz-Unternehmens →CompuServe aufgekauft wurden. Der ehemalige CompuServe-Besitzer H&R Block verkaufte hierzu erst das komplette Unternehmen für 1,2 Milliarden Dollar an die Firma WorldCom. Und diese wiederum trat den Online-Dienst-Anteil von CompuServe mit seinen ca. 2,6 Millionen Mitgliedern für 175 Millionen Dollar an AOL ab. Die Netzwerk-Abteilung von CompuServe mit seinen über 100.000 weltweiten Zugangsknoten in 105 Ländern blieb dagegen weiterhin im Besitz von WorldCom. WorldCom bietet jedoch den neuen AOL-Mitgliedern noch weiterhin die Interneteinwahl-Möglichkeit an. Inzwischen hat AOL auch den Internetsoftwarehersteller →Netscape übernommen.

AOL ist seit 1995 in einer Kooperation mit dem Mediengiganten Bertelsmann auch auf dem deutschen Markt präsent. AOL ist gleichzeitig ein Zugangs- und so genannter Content-Provider. Das heißt, es wird „online", also über eine Modem oder ISDN-Verbindung, der Zugang zum Internet ermöglicht und gleichzeitig werden auch eigene Inhalte angeboten. Im Gegensatz zu den auf professionelle Nutzer ausgerichteten Angeboten der Schwesterfirma →CompuServe mit Datenbanken und Diskussionsforen konzentriert sich AOL auf Hobby-Anwender und Familien und bietet diesen ein angepasstes Angebotsspektrum (z. B. Online-Zeitschriften mit lokalen Informationen) und umfangreichen Unterhaltungsdiensten wie →Chat-Foren. Um als Content-Provider interessante, eigene Informationen bieten zu können, arbeitet AOL neben Bertelsmann auch mit Verlagshäusern wie Gruner+Jahr sowie vielen bekannten Zeitungen (z. B. der FAZ) und Zeitschriften (z. B. Focus oder viele Computerzeitschriften) zusammen.

Die eigenen Informations-Angebote reichen von Computerthemen über Nachrichten (z. B. dpa-Meldungen) bis hin zum Online-Shopping. In Zusammenarbeit mit der Firma StarMoney liefert AOL seit Ende 1998 mit einer angepassten Version von StarMoney auch ein Programm zum →Homebanking über den Online-Dienst aus. Im Gegensatz zum Konkurrenten →T-Online, der diesen Dienst seit Jahren anbietet, arbeitet AOL jedoch erst mit wenigen Banken zusammen.

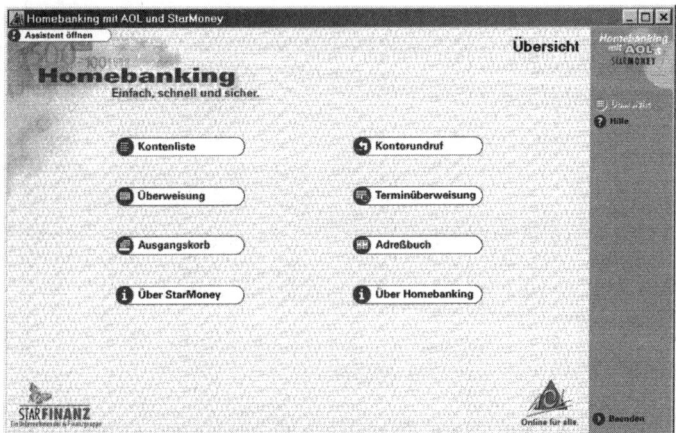

Mit einer angepassten Version von StarMoney ist jetzt auch Homebanking über AOL möglich

Seit 01.10.1999 gelten für AOL neue, deutlich günstigere Nutzungsgebühren. In Zukunft fallen neben dem monatlichen Festbetrag von 9,95 DM keine zusätzlichen Gebühren für weitere Online-Stunden an. Im Gegenteil, denn über die im Frühjahr 1998 eingeführte, bundesweit erreichbare Einwahlnummer 01914 werden jetzt direkt auch die anfallenden Telefonkosten abgerechnet und das zu einem äußerst günstigen Tarif von 3,9 Pfennig die Minute. Oder anders ausgedrückt: ähnlich wie bei →T-Online sind nun in einer Minutenpauschale von 3,9 Pfennig sowohl die Telefonkosten wie auch die AOL-Nutzungskosten enthalten. Einziger Wermuthstropfen: Bis jetzt (Stand 10.99) fallen für jede Einwahl zusätzlich und einmalig 6 Pfennig Einwahlgebühr an. Benötigt man also z. B. zum Downloaden seiner E-Mail 2 Minuten, so kostet dies knapp 14 Pfennig (6 Pfennig Einwahl + 2x 3,9 Pfennig Verbindungskosten). Nachdem T-Online im Oktober 1999 aber die Verbindungsgebühren nochmals deutlich gesenkt hat und v. a. die zusätzliche Einwahlgebühr abgeschafft hat, ist damit zu rechnen, dass auch AOL hier nachzieht.

Tipp: Für Kunden der Ende 1998 eingeführten **AOL-Card**, die einen Jahresbetrag von 99 DM kostet, entfällt übrigens die monatlich Grundgebühr. Ansonsten gelten dieselben Kosten. Wer also sicher weiß, dass er mindestens ein Jahr bei AOL bleiben wird, kann so im Jahr ca. 20 DM gegenüber der monatliche Abrechnung sparen. Zudem erhalten Nutzer der AOL-Card Zugriff auf Dienst-eigene Premium-Inhalte sowie telefonische Sondertarife bei C@llas und das Magazin „Konr@d" des Stern kostenlos.

AOL ist neben den jungen, familienfreundlichen Inhalten besonders wegen der ansprechenden, leicht zu bedienenden grafischen Oberfläche attraktiv, die mit dem Update zur Version 4.0 stark modernisiert wurde. Ab dieser Version ist auch der →Internet Explorer 4.0 für den Zugriff auf WWW-Inhalte direkt integriert. Parallel zum Internetzugang werden natürlich auch klassische Dienste wie →Chatten oder →E-Mail angeboten. Das Chatten bzw. der direkte Datenaustausch innerhalb des Systems wird besonders vereinfacht bzw. unterstützt. Dazu dient v. a. die so genannte **Buddy-Liste**. In dieser lassen sich andere AOL-Nutzer eintragen. Ist eine Person aus der Buddy-Liste gleichzeitig mit dem Anwender online, so erhält dieser eine entsprechende Meldung und kann Kontakt zum Chatten aufnehmen. Mit dem AOL Instant Messenger geht das sogar über das Internet hinweg. Im Internet gibt es ähnliche Dienste, die so genannten →Web-Pager wie z. B. →ICQ (wobei dieser Anbieter mittlerweile auch von AOL gekauft wurde, der Dienst jedoch weiterhin separat bleiben soll). Wer jedoch als AOL-User außerhalb des Dienstes im Internet unterwegs ist bzw. dort mit Leuten Kontakt aufnimmt, muss teilweise mit leichten Vorurteilen rechnen, weil AOL-Anwender unter Internetprofis oft einen relativ schlechten Ruf haben.

Leider zeigt auch die neue AOL-Version 5.0, die seit November 1999 auch in Deutschland zur Verfügung steht, noch Schwächen bei den **E-Mail-Funktionen**. Da hier ein ganz eigenes (proprietäres) Protokoll verwendet wird, kann man Mails nur über das AOL-Programm verwalten. Besonders nachteilig ist, dass nicht wie mittlerweile bei allen anderen Online-Diensten die typischen Internet-Mail-Protokolle (→POP3, →SMTP, ›IMAP) unterstützt werden. Daher kann auch keines der üblichen E-Mail-Programme wie Exchange, Outlook Express oder Eudora mit AOL verwendet werden. Lediglich ein →Plug-In für WWW-Browser mit ähnlichen Funktionen wie die AOL-eigene E-Mail-Funktion steht zur Verfügung (unter dem Punkt *NetMail* unter *www.aol.com* zu finden). Ein Vorteil von AOL ist der recht großzügige Speicherplatz für eine eigene **Homepage-Präsentation**. Für jedes Mitglied werden 10 MByte Speicherplatz zur Webpräsentation angeboten.

> **Tipp:** Das zu einem AOL-Namen gehörende Passwort ist die Legitimation des Anwenders für den Zugriff auf den AOL-Dienst – und somit der einzige Schutz vor unbefugter Nutzung. Daher muss das Passwort gut geschützt gehalten werden und darf keinem Dritten bekannt sein. Datendiebe geben sich als AOL-Mitarbeiter aus, um Passwörter auszuspionieren. Ein AOL-Mitarbeiter wird Sie aber niemals nach Ihrem Passwort fragen. Über das Kennwort PASSWORT lässt sich Ihr Passwort jederzeit ändern. Mittlerweile existieren schon Programme, so genannte →trojanische Pferde, die Passwörter automatisch ausspionieren. Bitte lesen Sie dazu den unter dem Stichwort →trojanisches Pferd.

Für die Einwahl mit →Modem oder →ISDN in AOL werden alle gängigen analogen und ISDN-Zugangsprotokolle inklusive →V.90 (56 KBit) unterstützt. Etwas störend ist jedoch, dass AOL immer noch eigene Einwahl-Prozeduren verwendet, also weder Modem noch ISDN-Karten über die Funktionen von Windows 95/98 ansteuert. Dennoch ist die Konfiguration einfach, weil alle gängigen Geräte automatisch unterstützt werden. Für den ISDN-Zugang wird eine spezielle Lizenz-Version von →**CFos** (siehe auch →Fossil-Treiber) eingesetzt, die mit der AOL-Zugangssoftware (AOL-CD) verteilt wird oder online heruntergeladen werden kann. Eine ISDN-Einwahl ohne **CFos** ist nur mit einem externen →Terminaladapter oder einigen wenigen speziellen ISDN-Karten möglich.

> **Tipp:** Wer AOL und CompuServe gleichzeitig mit ISDN nutzen will, muss normalerweise die speziellen CFos-Versionen beider Programme installieren. Diese sind aber nicht kompatibel. Die Einwahl in CompuServe-Knoten funktioniert mittlerweile aber mit den meisten ISDN-Karten (z. B. FritzCard oder Teles-Karte) auch ohne CFos, sondern über die vom Hersteller mitgelieferten Treiber. Daher braucht bzw. sollte der CFos-Treiber von CompuServe nicht installiert werden (nur der von AOL).

```
AOLISDN v1.05  CAPI 2.0                                        _ □ X
Status:
COM3   B3-1   C D   R:357   OT:19   C:        X75      0241913500
```

Eine spezielle Version von CFos steuert den Datenaustausch per ISDN

Zudem bietet AOL seit der Version 4 (bzw. ab der 32-Bit-Version von AOL 3.0) eine zu Windows 95/98 kompatible →Winsock-Version, sodass über AOL mit jeder Internetsoftware (neben →WWW-Browsern z. B. auch →FTP-Clients u. v. m.) auf das Netz zugegriffen werden kann.

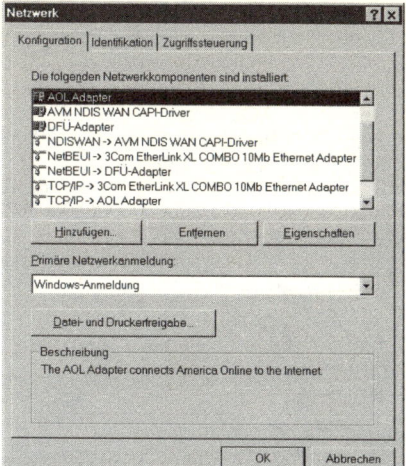

AOL ist beim Internetzugang kompatibel mit Windows 95/98, was an den entsprechenden Einträgen in der Netzwerk-Steuerung zu sehen ist

API (Application Programming Interface)

Das API (Abk. f. „Schnittstelle zur Programmierung von Anwendungsprogrammen") stellt dem Programmierer eine genormte →Schnittstelle zur Verfügung, über die er direkt auf die Dienste des Betriebssystems oder einer Benutzeroberfläche (zum Beispiel →Windows) zugreifen kann.

APM (Advanced Power Management)

Englische Abk. f. für erweitertes Energie-Management. Bezeichnung für einen Standard, der den Energieverbrauch bzw. die Energieeinsparung von PCs und Notebooks regelt (siehe →Power-Management). Besitzt ein PC ein APM-kompatibles →BIOS und →Betriebssystem (z. B. →Windows 95/98), so werden einzelne Komponenten des PCs (Prozessor, Festplatte, Monitor) nach einer definierbaren Zeit auf einen Stromsparmodus mit niedrigerer Leistungsaufnahme umgeschaltet (so genannter Stand-by-Betrieb). Im Stand-by-Modus werden die Peripherie-Geräte (→Maus, →Tastatur) und Schnittstellen auf Aktivität überwacht und bei einem entsprechenden Signal wird der PC automatisch wieder aktiviert. Ein ausgereiftes Power-Management ist besonders bei →Notebooks notwendig, um bei mobilem Betrieb die begrenzte Kapazität des →Akkus zu schonen. Eine Weiterentwicklung von APM ist →ACPI.

> **Tipp:** Windows 95 steht bei vielen älteren Desktop-Rechnern mit den integrierten Power-Management-Funktionen auf Kriegsfuß. Oftmals läuft das System durch Aktivierung der APM-Funktion instabiler. Eine Deaktivierung des Power-Managements ist im BIOS möglich und durchaus sinnvoll.

Apotheker-Schaltung

Dieses Leistungsmerkmal einer →Telekommunikations-Anlage erlaubt es, eine Türsprecheinrichtung auf ein beliebiges Telefon (z. B. schnurloses Telefon) weiterzuleiten. Sie können so Besucher an der Türsprecheinrichtung mit dem Telefon z. B. vom Garten aus begrüßen und den Türöffnungsmechanismus aktivieren.

Apple [Apfel]

Die amerikanische Computerfirma Apple war einer der Pioniere bei der Entwicklung des PCs (siehe →PC). Das 1976 von Steve Jobs (→Jobs, Steve) und Steven Wozniak in einer Garage gegründete Unternehmen hat nach den legendären Apple I und Apple II u. a. den Lisa, den ersten PC mit grafischer Benutzeroberfläche, und den →**Macintosh** mit seinen Varianten auf den Markt gebracht und etabliert. Steve Jobs, der als einer der größten Visionäre in der PC-Branche gilt, verließ 1985 Apple nach einem Streit mit dem damaligen Chef John Sculley und gründete das mäßig erfolgreiche Unternehmen NextStep (siehe →Next-Computer). Ende 1996 kauft Apple die Firma NextStep für 400 Millionen Dollar und Steve Jobs kehrte zu Apple zurück. Dort bekleidet er immer noch die Position eines Interims-→CEO, nachdem der bisherige Chef Gil Amelio seinen Hut nehmen musste. Eine dauerhafte Besetzung dieses Postens hat er bisher aber abgelehnt. Dennoch ist anzunehmen, dass er auch weiterhin die Geschicke von Apple leiten wird.

Seit 1994 baut Apple in die neuen **PowerMacs** die Prozessoren der PowerPC-Serie ein (die ursprünglichen Macs basieren auf den Motorola-680x0-Prozessoren, siehe →Motorola), seit Ende 1996 gibt es nur noch neue Macs mit →PowerPC-Chip. Die Software der alten Macs kann – etwas langsamer – allerdings auch auf den neuen PowerMacs genutzt werden. Obwohl der PowerPC zwar gegenüber Intel-Prozessoren eine höhere Leistung hat, war der Verkaufserfolg von PowerMacs anfangs eher schlecht. Nachdem Apple 1997 noch reichlich Verluste eingefahren hat, konnte sich das Unternehmen 1998 aber durch eine Reihe von Modernisierungen und innovativen Produkten (wie z. B. den iMac) leicht erholen und erstmals wieder Gewinne erwirtschaften. Der entsprechende Trend wurde 1999 fortgesetzt, da Apple hier wieder deutliche Gewinne einfuhr.

AppleTalk

AppleTalk heißt die auf das eigene →LocalTalk oder auf →Ethernet bzw. →Token Ring (hier EtherTalk bzw. TokenTalk genannt) aufsetzende Protokollfamilie, die ursprünglich für die →Computer der Firma →Apple entwickelt wurde, aber auch Eingang in die Vernetzung von Systemen anderer Hersteller gefunden hat. AppleTalk umfasst fünf Funktionen der oberen Schichten des →OSI-Schichtenmodells. Interessant ist die der Strategie von Apple entsprechende Nutzerfreundlichkeit, die seit langem Prinzipien realisiert, über die man in anderen Bereichen erst heute spricht: die automatische Erkennung und Konfiguration (Plug & Play) oder der seit langem übliche Anschluss von Peripheriegeräten in die Netzwerkschnittstelle. So kann z. B. ein Drucker als →Netzwerkknoten (siehe →Netzwerkdrucker) bei Fehlern detaillierte Meldungen ausgeben, die durch das →Betriebssystem in Form aussagekräftiger Fehlermeldungen dargestellt werden können.

Applikationsschicht [application layer]

In der obersten oder siebten Schicht des →OSI-Schichtenmodells, der Applikationsschicht, sind die Dienste und Applikationen angesiedelt, mit denen ein Nutzer über das →Netzwerk mit entfernt liegenden Ressourcen arbeiten kann.

Applikations-Server [application server]

Ein Applikations-Server stellt den Arbeitsstationen im →Netzwerk die Rechenleistung für Anwendungsprogramme bereit, die im Netzwerk eingesetzt werden sollen (siehe auch →Client, →Client-Server-Prinzip). Beispiele für Applikations-Server sind der Microsoft-SQL-Server 6.0 (siehe →Microsoft, →SQL, →SQL-Server) unter →Windows NT oder der IBM-Database-Server (siehe →IBM) unter dem IBM-Warp-LAN-Server.

Approach [Zugang, Methode]

Approach ist ein relationales Datenbankprogramm (siehe →Datenbank) der Firma →Lotus. Es ist ein Bestandteil des Programmpakets →Lotus SmartSuite.

Approximation

Eine Approximation ist allgemein ein Näherungsverfahren oder auch das durch ein Näherungsverfahren erhaltene Ergebnis. Derartige Verfahren finden oftmals auch auf Computern Anwendung, wenn z. B. bei der Berechnung einer Zahl der verwendete →Algorithmus nur eine begrenzte Genauigkeit, aber eine hohe Verarbeitungsgeschwindigkeit bietet.

Arbeitsgruppe [workgroup]

Als Arbeitsgruppe bezeichnet man eine Gruppe von Computern, die in einem Netzwerk auf gleichberechtigter Ebene zusammenarbeiten. Dabei werden →Betriebsmittel und Nutzerkonten (die →Accounts) von jedem Computer aus verwaltet. Die Arbeit mit Arbeitsgruppen ist angebracht für kleine Nutzergruppen, die gegenseitigen Zugriff auf Daten und Betriebsmittel benötigen und keine höheren Sicherheitsanforderungen stellen (siehe →Geschlossene Benutzergruppe).

Arbeitsspeicher [main memory]

Der Arbeits- oder auch Hauptspeicher ist der schnelle Speicher eines Computers, auf den lesend und schreibend zugegriffen werden kann (siehe →RAM) und in dem die aktiven Komponenten des →Betriebssystems, die aktuell zur Abarbeitung anstehenden Teile der Anwendungsprogramme sowie →Daten gespeichert sind. Die Größe des Arbeitsspeichers ist für →Computer unter modernen grafisch orientierten Systemen wie →Windows entscheidend für die Arbeitsgeschwindigkeit des Systems und der einzelnen Programme. Computer mit einem modernen →Prozessor und zu geringem Arbeitsspeicher sind oftmals langsamer als Rechner mit einem großen Arbeitsspeicher, aber einem etwas langsameren Prozessor.

ARC

1) ARC steht als Abkürzung für Advanced RISC Computing, siehe →RISC-Prozessor.

2) ARC ist der Name eines Programms zur →Datenkomprimierung der Firma System Enhancement Associations Inc.

Archie

Im Welt umspannenden →Internet gibt es auf Tausenden von FTP-Servern eine Fülle von Informationen und Dateien und es ist schwer, sich da zurechtzufinden. Hier hilft ein Archie-Server mit seiner Datenbank, die regelmäßig beim Durchsuchen bekannter FTP-Server aktualisiert wird. Dieser FTP-Dienst wurde bereits vor den Zeiten des →WWW an der kanadischen McGill University entwickelt. Mit einem entsprechenden Archie-Client auf seinem heimischen Rechner kann man einen solchen Archie-Server anwählen und nach den gewünschten Dateien suchen. Mit →FTP kann man die gefundene Datei dann übertragen. Moderne Archie-Clients erledigen die Suche und die anschließende Dateiübertragung in einen grafisch orientierten Dialog. Doch auch mit einem →Webbrowser kann man sich mit einigen Archie-Servern verbinden lassen, die eine Eingabe- bzw. Suchmaske im WWW bereitstellen und gefundene Dateien zur Übertragung anbieten. . Der Archie-Dienst wird in letzter Zeit aber immer weniger verwendet, viele frühere Server sind größtenteils vom Netz genommen worden bzw. durch die normalen →Internetsuchmaschinen ersetzt worden. Einen verbliebenen, typischen Archie-Server findet man unter: *archie.bunyip.com*. Eine Liste weiterer weltweiter Archie-Server findet man unter *archie.emnet.co.uk/services.html*. Und unter *archie.emnet.co.uk* wird von demselben Anbieter ein eigener, bekannter Archie-Dienst namens Archie-Plex angeboten. Eine Alternative zu den Archie-Suchservern ist der spezielle FTP-Suchserver von Lycos unter *ftpsearch.lycos.com*.

ARCnet

ARCnet (Abk. f. **A**ttached **R**esource **C**omputer **Net**work, Netzwerk für Computer und angeschlossene Ressourcen) ist wie →Ethernet oder →Token Ring eine Technologie lokaler →Netzwerke.

ARCnet wurde 1977 durch die Firma Datapoint entwickelt und für viele Firmen lizenziert. ARCnet ist eine einfache und kostengünstige Netzwerktechnologie für relativ kleine Netze, die durch eine internationale Kommission der interessierten Hersteller, die ATA (Abk. f. **A**RCnet **T**rade **A**ssociation, ARCnet-Wirtschaftsvereinigung), recht gut spezifiziert wurde und sich so durch gute Kompatibilität der einzelnen Produkte auszeichnet.

Im Gegensatz zu Ethernet und Token Ring konnte sich ARCnet jedoch nicht in internationalen Standards etablieren, lediglich eine Zertifizierung durch den amerikanischen Normenausschuss →ANSI konnte 1991 erreicht werden.

ARCnet-Netze sind i. d. R. mit →Koaxialkabel in einer Stern- und Ring-Topologie (siehe →Netzwerktopologie) aufgebaut und arbeiten mit einem →Token, das in einem logischen Ring von →Netzwerkknoten zu Netzwerkknoten weitergereicht wird, um so →Kollisionen auszuschließen. Durch dieses Verfahren ist ARCnet eine sehr zuverlässige Netzwerktechnologie.

ARJ

ARJ ist der Name eines Programms zur →Datenkomprimierung von Robert Jung.

ARPAnet (Advanced Research Projects Agency)

Im Jahre 1968 bat die Forschungsgruppe ARPA (Abk. f. „Behörde für fortgeschrittene Forschungsprojekte") des amerikanischen Verteidigungsministeriums um Vorschläge für ein Verfahren, Computer an vier Standorten derart zu verbinden, dass die Funktion des Netzes auch im Falle eines atomaren Angriffs aufrechterhalten werden könnte. Frühere Versuche, Computer zu verbinden, verlangten stets eine ständige Verbindung zwischen allen Rechnern im Netzwerk.

Das im ARPAnet neu verwirklichte Paketsystem hatte den Vorteil, dass die einzelnen Datenpakete, in die eine Nachricht zerlegt wurde, unabhängig voneinander und auf unterschiedlichen Wegen über die Leitungen gesendet werden konnten, um anschließend wieder zusammengefügt zu werden. In den 70er Jahren unterstützte die ARPA dann die Entwicklung von Übertragungsprotokollen zur Verbindung von unterschiedlichen Rechnernetzen, woraus die Protokolle der TCP/IP-Protokollfamilie (siehe →TCP/IP) hervorgingen. Das ARPAnet war in diesem Sinn die Basis des heutigen Welt umspannenden →Internet und Grundlage der modernen Netzwerktechnologie.

ARQ (Automatic Repeat of Request)

ARQ ist die englische Abk. f. automatische Antwort bei Anfrage. Mit ARQ wird eine Art Fehlerkorrektur-Verfahren bei der Datenübertragung bezeichnet: Wenn es bei der Übertragung zu einem Fehler kommt, fordert das Programm der Zielstelle vom Programm der Datenquelle die fehlerhaften Daten erneut an, die daraufhin automatisch abgeschickt werden.

Array [Reihe, Phalanx]

Unter einem Array versteht man allgemein eine regelmäßige Anordnung von individuellen Elementen. Arrays können beschrieben werden durch ihre Dimension – eindimensional, zweidimensional usw. – sowie durch die Zahl der Elemente in den einzelnen Dimensionen. So spricht man z. B. von einem zweidimensionalen Array aus 2x3 Elementen. Den Begriff Array wendet man insbesondere auf Datenstrukturen an. Auf die Elemente eines solchen Arrays kann man entweder kollektiv unter einem gemeinsamen Namen oder individuell durch eine eindeutige individuelle Adresse zugreifen. Ein Daten-Array ist somit vergleichbar mit einer Tabelle oder →Matrix. Doch auch regelmäßige Anordnungen von Hardwareelementen werden als Array bezeichnet: So ist ein **Disk-Array** eine Anordnung von mehreren Festplatten, die in einer vorgegebenen Weise zusammenwirken (siehe →RAID).

Array-Prozessor

Unter einem Array-Prozessor versteht man einen →Prozessor, der aus einer regelmäßigen Anordnung von Elementarzellen (einem →Array von Hardwareelementen) besteht. Diese Elementarzellen können einfache Schaltungen, aber auch bereits komplette elementare Prozessoren darstellen. Array-Prozessoren sind insbesondere auf die simultane Bearbeitung mehrerer Elemente von Daten-Arrays (Arrays von Datenelementen) ausgerichtet. So erlaubt ein darauf spezialisierter Array-Prozessor die Bearbeitung eines Daten-Arrays, das die Elemente einer Grafik enthält, mit einem einzigen Befehl.

ASCII (American Standard Code for Information Interchange)

ASCII (Abk. f. „amerikanischer Standardcode für den Informationsaustausch") war ursprünglich ein 7-Bit-Code (Zeichensatz), der kleinen und großen Buchstaben, Zahlen und einigen Sonderzeichen jeweils eine Zahl zuordnet, die sich durch 7 Bit darstellen lässt (0-127). Die ersten 32 Codes sind dabei →**Steuerzeichen** für Zeilenvorschub usw. vorbehalten (siehe nächste Tabelle). Der ASCII-Code ist insbesondere im Bereich der kleineren Rechner, also nicht bei Großrechnern, üblich.

Durch →IBM wurde der **7-Bit-Standard-ASCII-Zeichensatz** (Zeichen von 0-127) für die Verwendung mit dem →PC auf einen Werteumfang von **8 Bit** (Zeichen von 0-255) erweitert, um weitere Sonderzeichen wie Umlaute oder Grafikzeichen darstellen zu können (so genannter **erweiterter ASCII-Zeichensatz**).

Bei der Eingabe von Buchstaben bzw. Zeichen mit einer →**Tastatur** macht diese nichts anderes, als auf Drücken einer Taste den dazugehörigen ASCII-Code (also die Dezimal-Nummer aus der unteren Abbildung) an den PC zu übermitteln. Man kann den ASCII-Code eines gewünschten Zeichens aber auch selbst eingeben, was insbesondere nützlich ist, um die Sonderzeichen des oberen Codebereichs zu verwenden, weil diese nicht alle auf der Tastatur vorhanden sind. Hierzu muss man nur die [Alt]-Taste gedrückt halten und auf der **numerischen Tastatur** den dezimalen Code eingeben. Unter Windows funktioniert das allerdings nur begrenzt, weil dieses im Gegensatz zu DOS nicht mit dem ASCII-, sondern dem ANSI-Zeichensatz arbeitet. Zudem hängt die Art und Zahl der vorhandenen Sonderzeichen vom gerade verwendeten Schrifttyp (→Font) ab. Sonderzeichen gibt man hier also über spezielle Fonts ein bzw. wählt diese dort aus. Windows versucht zwar, den ASCII-Code bei der beschriebenen Eingabe in ein entsprechendes Zeichen des ANSI-Codes umzuwandeln, aber das funktioniert nur begrenzt (und fontabhängig). Nachfolgend noch eine Übersicht aller ASCII-Zeichen und direkt anschließend eine Tabelle der ASCII-Steuerzeichen.

> **Tipp:** Der ASCII-Code wird auch beim Verschicken von E-Mails im Internet verwendet. Allerdings nur der 7-Bit-Zeichensatz, weswegen z. B. im Deutschen keine Umlaute zur Verfügung stehen. Das 8. Bit bei der Übertragung wird nicht für die Schrift, sondern zur Steuerung der Datenübertragung verwendet. Wer dennoch Texte mit Umlauten und Sonderzeichen verschicken will, muss diese →**kodieren**, z. B. über →**MIME** oder →**UUEncode**.

Die unterste Tabelle listet noch die ersten 32 **Steuerzeichen** des ASCII-Codes auf. Diese stammen eigentlich noch aus der Zeit der elektrischen Schreibmaschinen. So steht etwa *BEL* (Code 7, „Bell") für die das Zeilenende signalisierende Glocke und *BS* (Code 8) für *Back Space* (Rückschritt, bei aktuellen Tastaturen „Löschen Rückwärts"). Die [Enter]-**Taste** auf der PC-Tastatur entspricht einer Kombination aus Code 10 (LF = Line Feed = Zeilenvorschub) und Code 13 (CR = Carriage Return = Wagenrücklauf). Erst diese Kombination bewirkt, dass eine neue Zeile am linken Rand der Seite begonnen wird. Interessant ist vielleicht noch die [Esc]-Taste (Abbrechen, Code 27). Kein Sonderzeichen aus dieser Liste, aber auch oft als solches angesehen ist das →**Caret-Zeichen** („^", Code 94), welches auch oft stellvertretend für die [Strg]-Taste in vielen Beschreibungen und Programmanleitungen verwendet wird.

Dez.	Hex.	Zeichen	Dez.	Hex.	Zeichen	Dez.	Hex.	Zeichen	Dez.	Hex.	Zeichen
0	00		32	20		64	40	@	96	60	`
1	01	☺	33	21	!	65	41	A	97	61	a
2	02	●	34	22	"	66	42	B	98	62	b
3	03	♥	35	23	#	67	43	C	99	63	c
4	04	♦	36	24	$	68	44	D	100	64	d
5	05	♣	37	25	%	69	45	E	101	65	e
6	06	♠	38	26	&	70	46	F	102	66	f
7	07	•	39	27	'	71	47	G	103	67	g
8	08	◘	40	28	(	72	48	H	104	68	h
9	09	○	41	29	)	73	49	I	105	69	i
10	0A	◙	42	2A	*	74	4A	J	106	6A	j
11	0B	♂	43	2B	+	75	4B	K	107	6B	k
12	0C	♀	44	2C	,	76	4C	L	108	6C	l
13	0D	♪	45	2D	-	77	4D	M	109	6D	m
14	0E	♫	46	2E	.	78	4E	N	110	6E	n
15	0F	─	47	2F	/	79	4F	O	111	6F	o
16	10	►	48	30	0	80	50	P	112	70	p
17	11	◄	49	31	1	81	51	Q	113	71	q
18	12	↕	50	32	2	82	52	R	114	72	r
19	13	‼	51	33	3	83	53	S	115	73	s
20	14	¶	52	34	4	84	54	T	116	74	t
21	15	§	53	35	5	85	55	U	117	75	u
22	16	▬	54	36	6	86	56	V	118	76	v
23	17	↨	55	37	7	87	57	W	119	77	w
24	18	↑	56	38	8	88	58	X	120	78	x
25	19	↓	57	39	9	89	59	Y	121	79	y
26	1A	→	58	3A	:	90	5A	Z	122	7A	z
27	1B	←	59	3B	;	91	5B	[	123	7B	{
28	1C	∟	60	3C	<	92	5C	\	124	7C	¦
29	1D	↔	61	3D	=	93	5D	]	125	7D	}
30	1E	▲	62	3E	>	94	5E	^	126	7E	~
31	1F	▼	63	3F	?	95	5F	_	127	7F	▓

Dez.	Hex.	Zeichen	Dez.	Hex.	Zeichen	Dez.	Hex.	Zeichen	Dez.	Hex.	Zeichen
128	80	Ç	160	A0	á	192	C0	└	224	E0	α
129	81	ü	161	A1	í	193	C1	┴	225	E1	ß
130	82	é	162	A2	ó	194	C2	┬	226	E2	Γ
131	83	â	163	A3	ú	195	C3	├	227	E3	π
132	84	ä	164	A4	ñ	196	C4	─	228	E4	Σ
133	85	à	165	A5	Ñ	197	C5	┼	229	E5	σ
134	86	å	166	A6	ª	198	C6	╞	230	E6	µ
135	87	ç	167	A7	º	199	C7	╟	231	E7	τ
136	88	ê	168	A8	¿	200	C8	╚	232	E8	Φ
137	89	ë	169	A9	⌐	201	C9	╔	233	E9	Θ
138	8A	è	170	AA	¬	202	CA	╩	234	EA	Ω
139	8B	ï	171	AB	½	203	CB	╦	235	EB	δ
140	8C	î	172	AC	¼	204	CC	╠	236	EC	∞
141	8D	ì	173	AD	¡	205	CD	═	237	ED	φ
142	8E	Ä	174	AE	«	206	CE	╬	238	EE	ε
143	8F	Å	175	AF	»	207	CF	╧	239	EF	∩
144	90	É	176	B0	░	208	D0	╨	240	F0	≡
145	91	æ	177	B1	▒	209	D1	╤	241	F1	±
146	92	Æ	178	B2	▓	210	D2	╥	242	F2	≥
147	93	ô	179	B3	│	211	D3	╙	243	F3	≤
148	94	ö	180	B4	┤	212	D4	╘	244	F4	⌠
149	95	ò	181	B5	╡	213	D5	╒	245	F5	⌡
150	96	û	182	B6	╢	214	D6	╓	246	F6	÷
151	97	ù	183	B7	╖	215	D7	╫	247	F7	≈
152	98	ÿ	184	B8	╕	216	D8	╪	248	F8	°
153	99	Ö	185	B9	╣	217	D9	┘	249	F9	∙
154	9A	Ü	186	BA	║	218	DA	┌	250	FA	·
155	9B	¢	187	BB	╗	219	DB	█	251	FB	√
156	9C	£	188	BC	╝	220	DC	▄	252	FC	η
157	9D	¥	189	BD	╜	221	DD	▌	253	FD	²
158	9E	₧	190	BE	╛	222	DE	▐	254	FE	∙
159	9F	ƒ	191	BF	┐	223	DF	█	255	FF	

Sonderzeichen-Code	Funktion	Sonderzeichen-Code	Funktion
0	NUL (null)	16	DLE (data line escape)
1	SOH (start of heading)	17	DC1 (device control 1)
2	STX (start of text)	18	DC2 (device control 2)
3	ETX (end of text)	19	DC3 (device control 3)
4	EOT (end of xmit)	20	DC4 (device control 4)

Sonderzeichen-Code	Funktion	Sonderzeichen-Code	Funktion
5	ENQ (enquiry)	21	NAK (neg acknowledge)
6	ACK (acknowledge)	22	SYN (synchronous idel)
7	BEL (bell)	23	ETB (end of xmit block)
8	BS (backspace)	24	CAN (cancel)
9	HT (horizontal tab)	25	EM (end of medium)
10	LF (line feed)	26	SUB (substitute)
11	VT (vertical tab)	27	ESC (escape)
12	FF (form feed)	28	FS (file separator)
13	CR (carriage return)	29	GS (group separator)
14	SO (shift out)	30	RS (record separator)
15	SI (shift in)	31	US (unit separator)

ASIC (Application Specific Integrated Circuit)

ASIC ist die englische Abk. f. anwendungspezifischer, integrierter Schaltkreis. Es ist die allgemeine Bezeichnung für einen →Chip, der nur für ganz bestimmte Schaltfunktionen gebaut wurde.

ASPI (Advanced SCSI Programming Interface)

ASPI ist die englische Abk. f. erweiterte SCSI-Programmierschnittstelle. Es handelt sich um eine erweiterte Softwareschnittstelle, zum Ansprechen bzw. Verwalten von SCSI-Geräten (siehe →SCSI).

ASR (Automatic Send and Receive)

ASR ist die englische Abk. f. Automatisches Senden und Empfangen. Bezeichnung für eine Modem-Betriebsart, bei der Daten im Austausch mit einer entsprechenden Gegenstelle automatisch gesendet und empfangen werden.

Asterisk

Bezeichnung für das Sonderzeichen „*", auch Stern genannt. Der Asterisk dient als Platzhalter-Zeichen bei Befehlen und Suchabfragen. Weitere Informationen siehe →Platzhalter-Zeichen.

Astra-Satelliten

Die Astra-Satelliten sind eine Gruppe kleinerer Satelliten für Fernseh- und Rundfunkübertragung (siehe →ADR) in der so genannten geostationären Umlaufbahn, also in 36 km Höhe und damit aus Sicht der Erde bzw. des Empfängers an einer gleich bleibenden, definierten Himmelsposition. Astra-Satelliten senden im Mikrowellenbereich mit einer Frequenz von ca. 11 Gigahertz (GHz). Die hochfrequenten Zeichen haben den Vorteil einer großen Reichweite bei kleinsten Sendeleistungen, sind also optimal für die Distanzen zu den Satelliten, für deren Energieversorgung keine so genannten Atombatterien verwendet werden dürfen.

Die Aussendung im Mikrowellen-Bereich reagiert allerdings empfindlich auf Hindernisse. So werden die Wellen von Regen- bzw. Schneefällen oder Nebel gedämpft, von Fensterscheiben abgeschwächt oder von Gegenständen absorbiert. Mikrowellen verhalten sich ähnlich wie das Licht. Daher ist für den Empfang die „freie Sicht" zum Satelliten notwendig. Auf der anderen

Seite können die Sendewellen durch einfaches Spiegeln mit einer Satelliten-schüssel gebündelt werden.

Zur Empfangsanlage gehört ein Satellitenspiegel mit einem Durchmesser von wenigstens 60 Zentimeter. Außerdem wird ein **LNB** (Low Noise Block oder auch **LNC** [Low Noise Converter]) als Empfangselement bzw. als ei-gentliche Antenne gebraucht sowie ein spezielles Satellitenkabel und ein **Sa-telliten-Receiver**, von dem die Signale an den Fernseher, den Videorekorder und/oder die Stereoanlage geliefert werden. Die vom Satelliten empfange-nen Wellen werden schon an der Antenne zur Vermeidung von Verlusten in Frequenzen unter 2 GHz umgewandelt, wobei der LNB in der Art eines be-sonders rauscharmen Antennenverstärkers dafür sorgt, dass alle Signale problemlos über die hochwertigen Koaxialkabel zum Receiver gelangen.

Die Astra-Satelliten **1A-1D** senden analoge Signale im unteren Gigahertz-Band von 10,7-11,7 GHz (auch Low-Band genannt). In diesem Frequenzbe-reich könnten eigentlich nur 32 Programme gesendet werden. Durch Polari-sation der Mikrowellen in eine horizontale und vertikale Ebene konnte das Angebot allerdings verdoppelt werden. Die beiden neuen Astra-Satelliten **E** und **F** und der noch folgende Astra **G** strahlen digital kodierte Programme im so genannten High-Band aus zwischen 11,7 und 12,75 GHz; dadurch konnte man mehr als 300 digital kodierte Programme unterbringen. Die zum Empfang solcher Programme erforderlichen Dekoder werden bereits auf dem Markt angeboten. Ältere Geräte können durch Austausch des LNB für rund 150-180 DM aufgerüstet werden. Für den Empfang von außerdem ausgestrahlten Pay-TV- und Pay-Radio-Sendern (siehe →DMX) ist allerdings ein zusätzlicher Dekoder (auch oft Settop-Box genannt) notwendig.

Asynchrone Übertragung [asynchronous transfer]

Im Gegensatz zur →Synchronen Übertragung benötigt die Asynchrone Ü-bertragung keinen durch eine zusätzliche Hardwarekomponente vermittel-ten gemeinsamen Takt für Quelle und Ziel. Zur Identifikation der einzelnen Datenelemente (z. B. einzelne Bytes) werden eingebettete Start- und Stopp-bits benötigt, die mit den eigentlichen Nutzdaten übertragen werden.

Asynchroner Cache

Die konventionelle Realisierung eines →Second-Level-Cache bezeichnet man als asynchronen Cache. In der Zusammenarbeit mit einem schnellen →Pentium ist jedoch insbesondere ein →Pipelined-Burst-Cache dringend zu empfehlen.

AT

1) Computer mit der Bezeichnung →IBM-PC/AT der Firma →IBM gaben ei-ner ganzen Generation von Personalcomputern den Namen: AT-Computer oder kurz AT (Abk. f. **A**dvanced **T**echnology, fortgeschrittene Technologie). Bereits die Vorgängergeneration →XT (Abk. f. **Ex**tended **T**echnology, erweiter-te Technologie) wurde nach einem Rechner von IBM, dem IBM-PC/XT be-nannt, wie auch die Bezeichnung →PC auf den ersten Personalcomputer der Firma IBM, den →IBM-PC, zurückgeht. Charakterisiert werden die Rechner der AT-Klasse durch den Prozessor 80286 der Firma →Intel oder einen auf dessen Basis weiterentwickelten Prozessor (80386, 80486, Pentium...) bzw. durch den 16-Bit-ISA-Erweiterungsbus (siehe →ISA), der auch heute noch in AT-Computern Verwendung findet. Deswegen wird der ISA-Bus auch als AT-Bus bezeichnet.

2) Modems der Firma Hayes wurden als Erste durch Befehle angesteuert, die mit der Zeichenfolge AT (Abk. f. **AT**tention, Achtung) eingeleitet werden. Dieser so genannte AT-Befehlssatz wurde mittlerweile von nahezu allen Modemherstellern als Industriestandard akzeptiert und übernommen.

AT&T

Der Konzern AT&T (Abk. f. **A**merican **T**elephone and **T**elegraph Company) ist eine große amerikanische, überregional organisierte Telefongesellschaft, die auch im Bereich der PC-Hardware aktiv war und PCs als Komplettsysteme mit Hard- und Softwarekomponenten zur Datenkommunikation anbot. Die renommierten →Bell Laboratories, aus denen eine Vielzahl der Entwicklungen rund um den →Computer stammen, sind eine Tochterfirma von AT&T.

ATA (Advanced Technology Attachement)

ATA (Abk. f. „erweiterte Anschlusstechnologie") ist die offizielle Bezeichnung für den Festplatten-Anschluss-Standard, der allgemein als →IDE bzw. in seiner Erweiterung als →EIDE bekannt ist. Er wurde von einer →ANSI-Normungsgruppe definiert und zeichnet sich dadurch aus, dass der größte Teil der **Controller-Elektronik** direkt im Laufwerk und nicht mehr auf einer separaten Steckkarte oder dem Mainboard integriert ist. Außerdem werden ATA-Festplatten über das **BIOS** des PCs verwaltet. Anschlüsse für ATA-(IDE)-Festplatten befinden sich mittlerweile standardmäßig auf allen Mainboards. An zwei Anschlüssen können maximal vier Geräte betrieben werden. Dabei muss pro Anschluss immer das erste Geräte als **Master**, das zweite als **Slave** konfiguriert werden.

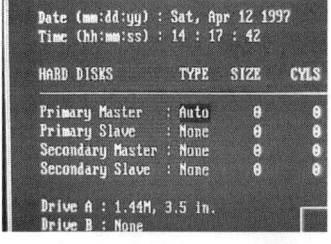

ATA-Festplatten müssen mit ihren technischen Werten im BIOS des PCs angemeldet werden

Die neueste Erweiterung des Standards ist →Ultra-DMA. Ein zu ATA bzw. IDE alternativer Standard mit höherer Leistungsfähigkeit und Flexibilität ist →**SCSI**. Jedoch ist bei SCSI weiterhin ein eigener Controller notwendig und sowohl dieser als auch die entsprechenden Geräte (Festplatten) kosten immer etwas mehr als die für den Massenmarkt bestimmten ATA-Geräte. Gegenüber SCSI haben ATA-Geräte außerdem noch den Nachteil, im Betrieb den Prozessor recht hoch zu belasten (meist 20-60 %), was jedoch durch den neuen Ultra-DMA-Standard etwas entschärft wurde. Eine besondere

Variante von ATA ist →ATAPI zum Anschluss von CD-ROMs und Wechsel-medienlaufwerken.

> **Tipp:** Alle modernen Mainboards besitzen im BIOS eine so genannte AutoDetect-Funktion, um die Werte von ATA-(IDE)-Festplatten automatisch zu erkennen und einzutragen. Diese sollten Sie benutzen. Um zusätzlich beim Booten eine Beschleu-nigung zu erfahren, sollte man im BIOS die Einstellungen für die IDE-Anschlüsse per Hand auf den korrekten Wert für alle Geräte einstellen. In der Grundeinstel-lung „Auto" scannt das BIOS bei jedem Booten die Anschlüsse immer wieder mit Verzögerung auf die angeschlossenen Geräte, was so vermieden werden kann.

```
IDE HDD Block Mode      : Enabled
IDE Primary Master PIO  : Auto
IDE Primary Slave  PIO  : Auto
IDE Secondary Master PIO : Auto
IDE Secondary Slave  PIO : Auto
IDE Primary Master UDMA : Auto
IDE Primary Slave  UDMA : Auto
IDE Secondary Master UDMA: Auto
IDE Secondary Slave  UDMA: Auto
```

Moderne Mainboards bieten zahlreiche automatische Einstellungen für die Konfiguration von IDE-Festplatten inklusive Ultra-DMA-Modus (UDMA). Die Auto-Einstellungen führen beim Booten aber leicht zu einer Verzögerung

ATAPI (**AT**-Bus **A**ttachment **P**acket **I**nterface)

ATAPI (Abk. f. „AT-Bus Anschluss-Paket-Schnittstelle") ist die Bezeichnung für eine besondere Variante des →ATA-Befehlssatzes. Sie dient dem An-schluss von ATAPI-CD-ROMs und -Wechselmedienlaufwerken (z. B. →ZIP-Laufwerken) an die IDE-Schnittstellen des Mainboards. Der ATAPI-Befehls-satz bzw. die entsprechenden Geräte wurden gegenüber dem ATA-Standard dahingehend modifiziert, dass sie nicht wie Festplatten vom →BIOS des PCs erkannt werden, sondern nur über spezielle Treiber vom Betriebssystem an-gesprochen werden. Sie müssen dementsprechend auch nicht im BIOS wie Festplatten eingetragen werden. Einzig der PIO-Modus (soweit unterstützt) sollte im BIOS eingetragen werden.

Durch die ATAPI-Modifikation werden v. a. Probleme mit der Vergabe von Laufwerkbuchstaben und beim Booten vermieden, wie sie entstehen wür-den, wenn die Geräte vom BIOS fälschlich als Festplatten erkannt würden. Die aktuellen Mainboards bzw. BIOS-Versionen können jedoch mittlerweile ATA-Festplatten und ATAPI-Geräte unterscheiden und getrennt behandeln bzw. mit eigenen Funktionen unterstützen. Beispiel ist das Booten von CD-ROM nach der →El-Torito-Spezifikation.

Im Gegensatz zu SCSI-CD-ROMs und Wechselmedien-Laufwerken sind A-TAPI-Geräte zwar meist deutlich billiger, aber verursachen beim Betrieb teilweise bis zu 90 % **Prozessorbelastung**. Dies kann durch die Verwendung eines Busmaster-Treibers reduziert werden. Bei ganz neuen Mainboards und Geräten nach dem →Ultra-DMA-Standard ist die Belastung außerdem fast so niedrig wie bei SCSI.

> **Tipp:** Alte Mainboards kommen mit ATAPI-Wechselmedien-Laufwerken wie dem ZIP oft nicht klar. Diese werden oft trotz „beschnittenem" ATAPI-Befehlssatz fälschlich als Diskettenlaufwerk oder als Festplatte erkannt. Diese funktionieren dann meistens nicht und bringen die Laufwerkbuchstaben-Reihenfolge total durch-

einander. Auch die ersten Windows 95-Versionen hatten mit diesen Geräten Probleme, da keine Treiberunterstützung vorhanden war. Ein BIOS-Update und die Verwendung der neuesten Windows 95/98-Version kann das Problem aber leicht beseitigen.

Atari

Der amerikanische Heimcomputer-Hersteller Atari konnte sich mit seinen Produkten auf dem europäischen Markt gegen die Konkurrenz des PCs und von →Commodore auf Dauer nicht durchsetzen. Das erste Konkurrenzmodell zum →Commodore →C64 war der Atari 800 XL, das Pendant zum →Amiga die nachfolgende, etwas erfolgreichere **Atari-ST**-Baureihe, die 1985 vorgestellt wurde. Mit dem **Atari TT**-Modell, das 1990 auf den Markt gebracht wurde, fand die Entwicklung von Atari-Rechnern schließlich ihr Ende. Die beiden letzten Baureihen des Amiga basierten auf dem damals recht leistungsfähigen 680x0er-Prozessor von Motorola und verwendeten das grafische Betriebssystem **TOS** (Abk. f. The Operating System), das mit der Benutzeroberfläche →GEM arbeitete. Aufgrund der guten Ausstattung für Soundbearbeitung (MIDI-Schnittstelle) wurden die Ataris besonders gern von professionellen Musikern eingesetzt. Aber auch für Computerspiele waren sie v. a. auf dem amerikanischen Markt beliebt.

AT-Befehle [AT-commands]

Anweisungen, die an ein →Modem gerichtet werden, das dem durch die Firma →Hayes gesetzten Standard folgt (und das sind die meisten), nennt man auch AT-Befehle, da sie jeweils mit einem AT (Abk. f. **AT**tention, Achtung) beginnen. Wenn das Modem solche Befehle annimmt, hat es einen Hayes-kompatiblen Befehlssatz. Der Befehl AT DT 1233 z. B. weist das Modem an, die Nummer 1233 nach dem Tonwahlverfahren zu wählen. Um Kommunikationsprogramme, die mit dem AT-Befehlssatz arbeiten, auch an einem ISDN-Anschluss (siehe →ISDN) weiter nutzen zu können, wird er von einigen externen ISDN-Adaptern und ISDN-Karten emuliert. Eine Softwareemulation für ISDN-Karten wird durch so genannte →Fossil-Treiber, die als →Shareware bereitstehen, realisiert (z. B. CFos).

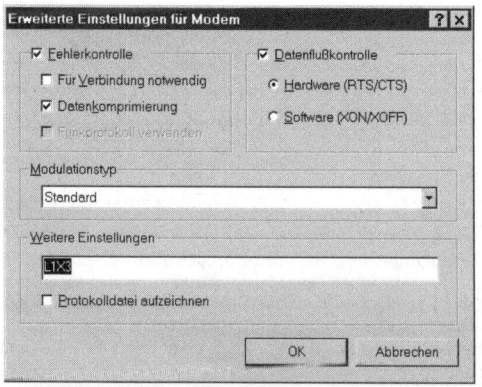

Unter Windows 95/98 kann man über die Systemsteuerung bei den Eigenschaften des Modems AT-Befehle im Feld Weitere Einstellungen eintragen. L1 bewirkt hier ein Leisestellen des Lautsprechers, X3 deaktiviert das Warten auf das Freizeichen

Das beste und wichtigste Beispiel für den Einsatz von AT-Befehlen ist der so genannte **Wahlstring**, also die Befehlsfolge, um sich mit dem Modem z. B. in einen Online-Dienst einzuwählen. Er muss das geeignete **Wahlverfahren** (meist Tonwahl, Befehl *DT*) und die Telefonnummer enthalten. Außerdem ist es evtl. notwendig, bei Betrieb an einer →TK-Anlage das Abwarten auf ein **Freizeichen zu unterdrücken**. Der Befehl hierzu lautet *X3*. Dessen korrekter Einsatz ist einer der häufigsten Fehler beim Betrieb eines Modems. Wenn Ihr Modem nicht rauswählen will, versuchen Sie mal, den Befehl in den Wahlstring einzufügen.

Nachfolgend eine Übersicht der wichtigsten AT-Befehle.

AT-Befehl	Funktion
A	ATA nimmt einen einkommenden Ruf an
%C (0, 1,2,3)	Datenkompression (C0 = keine, C1 = MNP5, C2 = V.42.bis, C3 = MNP5 oder V.42bis)
D	„Dial" Wählen
DT	„Dial Tone" Wählen mit MFW (modernes Ton- bzw. Mehrfrequenz-Verfahren)
DP	„Dial Puls" Wählen mit dem veralteten Pulswahlverfahren
...W	„Wait" Freizeichen vorm Wählen abwarten
... 0W	Amtsholung mit 0 (Null)
... &W	Amtsholung mit Flashtaste
... ,	Pause ca. 2 Sekunden
%E1	Modem stellt sich automatisch auf die Leitungsqualität ein (Neusynchronisation)
%F	„Factory settings" Zurücksetzen aller Einstellungen in den Grundzustand des Herstellers
H	Online-Verbindung abbrechen (auflegen)
L0, L1, L2	Modemlautsprecher leise, mittel, laut
M0, M1, M2	Modemlautsprecher aus, ein bis verbunden, immer an
\N (0-6)	Fehlerkorrekturverfahren (z. B. \N0 = keine, \N3 = Automatische Auswahl des richtigen Verfahrens)
+++ ohne AT	Umschalten in den Befehlsmodus, wenn im Datenmodus (mit AT0 wieder zurück)
0	Rückkehr in den Datenmodus (wenn man zuvor mit +++ in den Befehlsmodus gelangt war)
S0=2	Einkommende Anrufe automatisch beim zweiten Klingeln annehmen
V0, V1	„Verbose" Systemmeldungen: Zahlenwert, Textausgabe
X1	Wählton und Besetzton ignorieren
X3	Wählton ignorieren, Besetzton erkennen (wichtig beim Betrieb über eine Nebenstellenanlage/Tk-Anlage)
X4	Wählton und Besetzton erkennen
Z	Zurücksetzen aller Einstellungen zu denen im Speicher des Modems

Tipp: Die so genannte **Wahlsperre** verhindert bei in Deutschland zugelassenen Modems, dass sich diese bei besetzten Leitungen mehrfach wieder bei derselben Nummer einwählen. Nicht dokumentiert, weil offiziell auch nicht erlaubt, haben die meisten Modems jedoch spezielle AT-Befehle zur Aufhebung der Modem-Wahlsperre. In den Wahl-Befehl eingefügt, kann man so bei Besetztzeichen weiterwählen. Aber wie gesagt, dann verliert man die Postzulassung. Typische Befehle sind z. B. „AT%TCB" oder „AT\%TCB". Bei den bekannten Elsa TQV 28.8-Modems ist der Befehl ATS32=64, bei vielen US-Robotics Sportster Faxmodem-Modellen dagegen ATS40=15. Jedoch haben viele Geräte einen ganz eigenen Befehl. Eine Liste für andere Modems sollte sich im Internet unter der nachfolgenden Adresse finden: *www.geocities.com/SiliconValley/2429/Modem.html*.

AT-Bus-Festplatten

Der Begriff AT-Bus-Festplatten bezeichnet eine Generation von Festplatten, die über einen relativ einfachen Adapter direkt an den AT-Bus (siehe →ISA) angeschlossen und über den ATA-Befehlssatz angesprochen werden (→ATA). Im Gegensatz zu älteren Festplattengenerationen, für die ein aufwendiger →Festplatten-Controller notwendig war, verfügen AT-Bus-Festplatten über eine eigene Platine, welche die Aufgaben des Controllers erfüllt. Man spricht auch von IDE-Festplatten (siehe →IDE, →EIDE, →ATA).

ATM (Asynchronous Transfer Mode, Adobe Type Manager)

1) Das ATM-Verfahren (Abk. f. „asynchroner Übertragungsmodus") ist ein noch im Entwicklungsstadium befindliches Übertragungsverfahren, das die Basis für ein modernisiertes →ISDN sowie für →Backbone-Netze sein soll.

ATM zerlegt alle Daten in sehr kleine →Datenpakete, die durch effektive Methoden über →Switches in einem weit verzweigten Netz zielgerichtet zum Empfänger geleitet werden, ohne andere Leitungen zu belasten.

Bereits die →Übertragungsrate von bis zu 155 MBit/s lässt eine enorme Leistungssteigerung erhoffen. Da die einzelnen →Netzwerkknoten aber nicht mehr um den Datendurchsatz konkurrieren müssen, steht die nominelle Datenübertragungsrate jeder Verbindung voll zur Verfügung. Dadurch erreicht man bereits mit einer nominellen Rate von 25 MBit/s, wie sie in einer bis an die Arbeitsstationen herangeführten ATM-Version realisiert wird, einen höheren Datendurchsatz als mit anderen Verfahren (z. B. Fast →Ethernet, →FDDI), bei denen eine nominelle Rate von 100 MBit/s mit anderen Stationen geteilt werden muss.

2) ATM ist die Abkürzung für den →Adobe Type Manager.

ATRAC (Adaptive Transforming Acoustic Coding)

ATRAC ist die englische Abk. f. adaptives, transformierendes akustisches Kodierverfahren. Es ist die Bezeichnung für das von Sony Anfang der 90er Jahre entwickelte digitale Audio-Kompressionsverfahren, das bei der Mini Disc (MD) zur Verringerung der Datenmenge bzw. zur Erhöhung der Aufnahmekapazität eingesetzt wird. ATRAC steht in Konkurrenz zu MPEG-Audio, wie es z. B. von Philips für die DCC (Digital Compact Cassette), beim Pay-Radio →DMX oder im Internet mit →MP3 eingesetzt wird. Es bietet mittlerweile durch ständige Weiterentwicklung eine sehr hohe Qualität, sodass Klangunterschiede zum Original selbst auf hochwertigen Hi-Fi-Anlagen quasi nicht hörbar sind.

ATRAC erreicht eine etwa **fünffache Datenreduktion**. Dabei handelt es sich um ein Verfahren, das mit Datenverlusten arbeitet, indem z. B. leise Töne in Nachbarschaft zu lauten oder sehr leise Geräusche unterhalb der Hörschwelle bei der Aufzeichnung weggelassen werden (so genannte psychoakustische

Effekte). ATRAC arbeitet mit einer Sampling-Frequenz von 44,1 kHz, die zur Digitalisierung verwendete Datenbreite wurde von anfangs 18 Bit auf 20 und jetzt 24 Bit erhöht.

Auf das 1992 von Sony eingeführte ATRAC 1.0-Verfahren, das noch mit sehr niedriger Qualität zu kämpfen hatte, folgten schnell ATRAC 2.0, 3.0, 3.5, 4.0 und 4.5. Seit ATRAC 3.5 hat die Klangqualität wirklich hochwertiges Hi-Fi-Niveau erreicht, die Unterschiede zu den nachfolgenden Standards sind marginal und kaum hörbar. ATRAC 4.0 unterscheidet sich von 3.5 z. B. nur darin, dass Sony alle Funktionen in einen einzigen Chip integriert hat. Für die Abtastratenwandlung beim Überspielen z. B. von →DAT auf MD bedeutet das sogar einen leichten Qualitätsverlust gegenüber der Nutzung eines hochwertigen externen Wandlers in 3.5-Geräten. Bei ATRAC 4.5 wurde das Frequenzspektrum noch mal geringfügig erweitert, aber ein echter Klangunterschied zu 3.5 ist nicht mehr hörbar. Die Firma Sharp hat mittlerweile auch ein eigenes, zu ATRAC kompatibles Kompressionsverfahren entwickelt, das sie ATRAC 5.0 nennt und das mit bis zu 20 kHz arbeitet. Die Qualität ist zu Sonys ATRAC 4.5 vergleichbar, jedoch sind die Chips deutlich günstiger. Geräte mit Sharp-Chips gibt es von Sharp selbst, Kenwood, Denon und anderen. Sie sind gegenüber den teureren Sony-Geräten ein echter .

Sowohl Sony als auch Sharp lizensieren ihre Technik, sodass mittlerweile Geräte von zahlreichen Herstellern auf dem Markt sind. Nach dem anfänglichen großen Erfolg in Japan ist die Mini Disc auch in Europa mittlerweile ein Boom. Geräte ab ca. 500 DM mit hoher Qualität und viel Komfort machen das möglich. Die Leermedien mit 74 Minuten Aufnahmezeit kosten derzeit ca. 5,– DM.

Trotz anfänglicher Planung bzw. Ankündigung gibt es immer noch keine MD-Geräte für den PC. Obwohl sich die MD optimal zur Vermittlung zwischen Hi-Fi-Anlage und PC anbieten würde. Auch wäre es denkbar, einen ATRAC-Kompressions-Chipsatz auf eine Soundkarte zu integrieren. Allerdings erfüllt das →MP3-Verfahren auf dem PC mittlerweile eine ähnliche Rolle, wenn auch die Portierung auf die Hi-Fi-Anlage (noch?) nicht möglich ist. Es bleibt zu hoffen, dass die Firmen sich hier noch eines anderen besinnen und die Geräte über diese Techniken enger zusammenbringen.

Attribut [(file) attribute]

1) Unter einem Attribut versteht man ein Merkmal, das einer →Datei oder einem →Verzeichnis neben dem Namen oder dem Bearbeitungsdatum vom Betriebssystem zugeordnet werden kann. Datei-Attribute werden im Allgemeinen von Anwendungsprogrammen vergeben. Sie können allerdings die Attribute auch mit entsprechenden Hilfsprogrammen (zumeist Tools genannt, wie etwa Attrib von →MS-DOS, dem →Explorer von →Windows 95/98 oder dem Norton Navigator von →Symantec) einsehen und einzeln verändern.

Unter DOS bzw. Windows werden die folgenden vier Datei-Attribute unterschieden bzw. benutzt. In Klammern sind die ebenfalls sehr gebräuchlichen englischen Bezeichnungen angegeben, sofern sich diese von den deutschen unterscheiden.

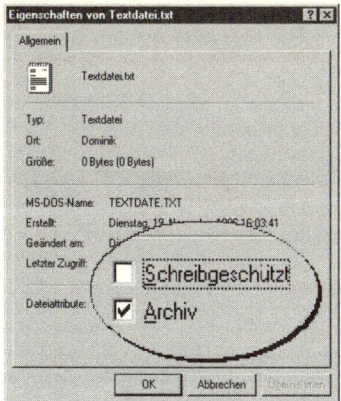

Unter Windows können die Attribut-Einstellungen über die Datei-Eigenschaften jederzeit geändert werden

- **Archiv**: In der Dateianzeige **a** angezeigt. Wird für Backup-Programme verwendet. Beim Backup einer Datei löscht das Backup-Programm das *Archiv*-Attribut, welches vom nächsten Anwendungsprogramm automatisch wieder gesetzt wird, wenn die Datei bearbeitet wurde. Auf diese Weise kann ein Backup-Programm erkennen, ob eine Datei seit der letzten Sitzung verändert wurde und daher erneut gesichert werden muss.
- **Schreibgeschützt (Read-only)**: In der Dateianzeige mit **r** angezeigt. Eine mit diesem Attribut versehene Datei kann von Anwendungsprogrammen nur noch geöffnet und gelesen, aber nicht mehr gespeichert werden. Auch beim Löschen einer solchen Datei erfolgen zumindest Sicherheitsabfragen. Dateien auf CD-ROMs sind z. B. (zusätzlich zu ihrem physikalischen Schreibschutz) auch immer Software-seitig schreibgeschützt, was auch nach dem Kopieren der Dateien auf Festplatte erhalten bleibt. Dies führt manchmal zu Problemen bei der weiteren Bearbeitung solcher Dateien. Wichtige Dokumente, die nicht versehentlich bearbeitet oder gelöscht werden sollen, sollten mit dem Schreibschutz-Attribut versehen werden.
- **System**: In der Dateianzeige mit **s** angezeigt. Dateien oder Verzeichnisse, die für das System besonders wichtig sind und daher weder gelöscht noch verschoben werden dürfen, werden mit dem System-Attribut versehen. Dazu gehören z. B. alle Betriebssystem-Dateien, die zum Booten benötigt werden (IO.SYS und MSDOS.SYS). Windows 95/98 kennzeichnet außerdem einige seiner Unterverzeichnisse mit dem System-Attribut.
- **Versteckt (Hidden)**: In der Dateianzeige mit **h** angezeigt. Mit *Versteckt* gekennzeichnete Dateien werden in der normalen Dateiliste (mit dem DOS-Befehl DIR erstellt oder in einem Windows-Verzeichnisfenster) nicht angezeigt. Das Attribut kann gezielt eingesetzt werden, um eine bessere Übersicht über seine wichtigen Dateien zu erhalten. So kann man z. B. Dateien, mit denen man normalerweise nie arbeitet, per *Versteckt*-Attribut ausblenden, um z. B. alle Text-Dokumente in einem Verzeichnis besser überblicken zu können. Beim Verstecken von Programmen und Treibern ist aber Vorsicht geboten, da das Verstecken zu Problemen bei der Interaktion mit anderen Programmen bzw. Modulen führen kann. Es ist z. B. emp-

fehlenswert, die Dateien →*Config.sys*, →*Autoexec.bat* und →*Command. com* im →Wurzel-Verzeichnis mit dem *Versteckt*-Attribut vor einem versehentlichen Löschen zu schützen.

Das MS-DOS-Programm **Attrib** erlaubt die Anzeige und Veränderung von Datei-Attributen. So ist es z. B. für die Sicherung der Windows 95/98-Systemdateien *System.dat* und *User.dat* notwendig, diese vorher mit dem Befehl *Attrib *.dat -s -r -h* überhaupt für einen Kopiervorgang unter DOS durch Befreiung von den drei Dateiattributen *System, Schreibgeschützt* und *Versteckt* zugänglich zu machen. Derselbe Befehl mit +-Zeichen aktiviert die Attribute wieder.

2) Ein Attribut ist auch ein Merkmal, das einem →Datenfeld in einer →Datenbank zugewiesen werden kann. Die Attribute stellen gewissermaßen die Spaltenköpfe der als Tabelle darstellbaren →Relationen dar. Attribute einer Kundendatenbank sind z. B. die Kundennummer, der Name, der Vorname usw. Der Wertebereich, den ein Attribut annehmen kann, heißt →Domäne. Attribute sind mit einem →Datentyp verbunden, der Datentyp *Numerisch* bewirkt z. B., dass in das entsprechende Feld nur Ziffern und gegebenenfalls das Dezimalkomma eingegeben werden können.

ATX-Formfaktor

Mit dem Kürzel ATX bzw. der Bezeichnung ATX-Formfaktor wird ein neues Layout für PC-→Mainboards, Netzteile und PC-Gehäuse bezeichnet, das auf eine Initiative von →Intel aus dem Jahr 1996 zurückgeht. ATX hat sich mittlerweile auf dem Markt durchgesetzt. Jedoch sind zum Aufrüsten von alten Rechnern mit Standard-Gehäusen (AT bzw. BAT-Design) auch oft noch Boards im klassischen Design zu bekommen.

Die erste ATX-Norm 1.0 liegt mittlerweile in der Überarbeitung 1.2 vor, die Revision 2.0 befindet sich aber immer noch in Vorbereitung. Mainboards, die nach dem ATX-Formfaktor aufgebaut sind, entsprechen in ihren Grund-Abmessungen dem herkömmlichen Baby-AT-Format (**BAT-Boards**), sind aber quasi um 90° gedreht (bzw. die Bauteile darauf). Dabei wurden gleichzeitig die meisten Komponenten an günstigere Positionen versetzt. Normalerweise können ATX-Boards nur in entsprechend kompatiblen ATX-Gehäusen verwendet werden, es sei denn, auf dem Board sind noch zusätzliche Anschlüsse für alte Gehäuse/Netzteile vorhanden.

Der **Sinn hinter ATX** ist einfach: Bei den herkömmlichen BAT-Boards war die Position der einzelnen Komponenten zueinander und zum Lüfter des Computers ungünstig. Bei einem gut bestückten PC kommen sich die Anschlüsse für die Schnittstellen und die Steckkarten in die Quere. Lange Steckkarten können z. T. nicht eingesetzt werden, weil diese sonst mit dem Lüfter des Prozessors zusammenstoßen würden. Der Hauptlüfter des Computers (im Netzteil) liegt so weit vom Prozessor – der ja bekanntlich die meiste Kühlung braucht – entfernt, dass er kaum Effekt hat. Darüber hinaus sind die Schnittstellen-Anschlüsse für das Diskettenlaufwerk bzw. die Festplatte viel zu weit von den Laufwerken entfernt. Und zu guter Letzt kommt man bei einem komplett zusammengebauten PC selten leicht an die Speicherbänke heran.

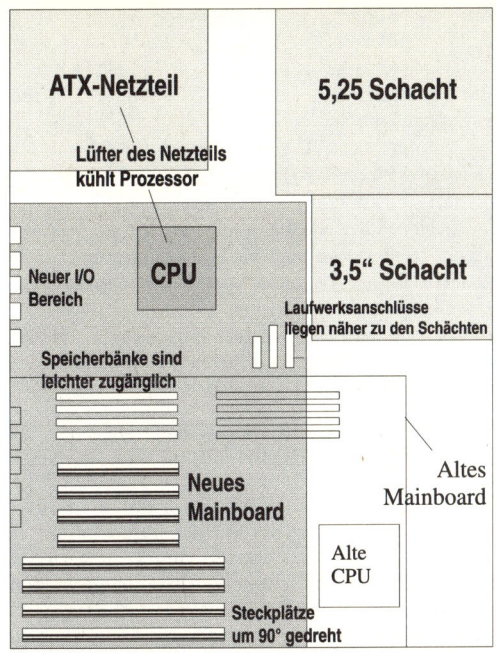

Intel hatte den Dreh raus – ATX-Boards sind mittlerweile Standard auf dem Markt

Beim ATX-Layout wurden all diese Probleme berücksichtigt und deren Lösung zu einem sinnvollen Ganzen kombiniert:

– Die Steckplätze liegen an der Längsseite des Mainboards und sind in ihrer ganzen Länge nutzbar.

– Die Speicherbänke für SIMM- und DIMM-Module sind besser erreichbar.

– Die Anschlüsse für Festplatten und Diskettenlaufwerk erlauben kürzere Kabelwege. Dies ist gerade für die schnelleren EIDE-Modi wichtig, da z. B. die maximale Kabellänge bei →PIO-Mode 4 bzw. →Ultra-DMA nur sehr kurze 45 cm beträgt!

– Das Netzteil soll laut ATX-Spezifikation einen externen Lüfter besitzen, der v. a. den Prozessor besser kühlt. Viele Hersteller weichen aber in diesem Punkt von der Spezifikation ab, da ein derart angebrachter Lüfter auch störend für den Benutzer sein kann. Um Probleme zu vermeiden, sollten Netzteil und Gehäuse vom selben Hersteller sein.

– Der Prozessor liegt direkt am versetzten Netzteil des ATX-Gehäuses und sollte ausreichend von dessen Lüfter gekühlt werden. Im Idealfall ist für den Prozessor nur noch ein passiver Kühlkörper nötig.

– Ein ATX-Netzteil versorgt auch nach der Stromabschaltung am PC-Hauptschalter das Mainboard mit einer Versorgungsspannung. Diese kann vom Hersteller benutzt werden, um den PC z. B. über eine Fax- oder ISDN-Karte bei einkommendem Signal zum Empfang hochfahren zu lassen. Die Versorgungsspannung liegt aber zumeist nicht an den herkömmlichen Steckplätzen an, sondern, wenn überhaupt, an einem speziell dafür vorgesehenen Steckplatz. Auf der anderen Seite muss bei Arbeiten im Inneren eines ATX-PCs unbedingt der Netzstecker gezogen werden. Diese Konditionen ermöglichen es übrigens auch, dass ein ATX-PC softwaremäßig durch ein geeignetes →**Power-Management** vom Betriebssystem heruntergefahren und ausgeschaltet werden kann. Die erweiterten Power-Management-Funktionen von **Windows 98** (→ACPI) sind nur mit ATX-Boards möglich.

– Die ATX-Spezifikation sieht neben der veralteten 5-Volt-Versorgung für das Mainboard auch eine 3,3-Volt-Spannung vor, wie sie von allen modernen Boards ab ca. 1997 verwendet wird. Etwas ältere ATX-Netzteile hatten allerdings nicht immer beide entsprechenden Anschlüsse dafür eingebaut. Mittlerweile ist das Standard.

– Die Boards bieten Platz zum direkten, festen Anbringen der externen Schnittstellen (seriell, parallel, Maus, Tastatur und USB). Daher sind ATX-Boards serienmäßig fest mit diesen Schnittstellen-Anschlüssen bestückt.

Problematisch kann ATX werden, weil in der Spezifikation 1.x das räumliche Zusammenspiel von Mainboard und Gehäuse nicht in allen Bereichen genau geregelt ist. Die exakte Anordnung der direkt auf bzw. am Board angebrachten Schnittstellen-Anschlüsse (für Modem, Maus, Tastatur etc.) ist nicht genormt. Die Gehäusehersteller lassen an der entsprechenden Stelle eine Lücke frei. Die nicht von den Anschlüssen abgedeckten Bereiche müssen anschließend mit einem Abblendblech kaschiert werden (siehe Abbildung). Jedoch ist genau hier das räumliche Zusammenspiel von Gehäuse, Mainboard und diesem Abblendblech nicht genormt, was mit der ATX-Version 2.0 geändert werden soll. Bis dahin muss man beim Kauf einer ATX-Mainboard-Gehäuse-Kombination darauf achten, dass ein passendes Abblendblech mitgeliefert wird (meist vom Mainboard-Hersteller).

Die Position der Anschlüsse am ATX-Mainboard, das umgebende Abblendblech und die Aussparung des Gehäuses müssen genau passend sein

Audiovision [audio vision]

Audiovision ist die allgemeine Bezeichnung für die Kombination aus Tönen und Bildern. Bei Computern wird diese Kombination durch die Verbindung einer →Soundkarte und eines Monitors erreicht.

Auflösung [resolution]

Unter der Auflösung versteht man allgemein die Fähigkeit eines abbildenden Systems, feine Detailstrukturen einer Vorlage abzubilden. Die Auflösung ist ein charakteristisches Merkmal, das durch das Wirkprinzip, die Eigenschaften und die Funktion des Geräts vorgegeben ist. Die Auflösung wird in der Zahl der Linien (oder Punkte) pro Längeneinheit angegeben, die abgebildet werden können. Als Maßeinheit der Auflösung wird meist Punkte pro →Zoll, →dpi (dots per inch) oder Linien pro Zoll (lpi = lines per inch) verwendet.

Im Computerbereich sind abbildende Systeme stets zugleich rasternde Systeme, wie z. B. die so genannten →Scanner, die das Bild in eine →Matrix diskreter Punkte, die →Pixel, zerlegen. Die Auflösung eines solchen Scanners wird wesentlich bestimmt durch die →Abtastrate. Um gute Bilder zu erhalten, muss die Auflösung des Scanners in einem ausgewogenen Verhältnis zum Detailreichtum der Vorlage stehen (siehe →Aliasing). Betrachtet man Ausgabegeräte wie →Bildschirm oder →Drucker, aber auch eine →Pixelgrafik isoliert, versteht man unter der Auflösung die Anzahl von Bildpunkten pro Längeneinheit, in der Buchstaben oder eine Grafik dargestellt werden. Man sagt z. B.:

- Der →Laserdrucker hat eine Auflösung von 600 dpi.
- Der →Monitor hat eine Auflösung von 800 x 600 Punkten (auf der vorgegebenen Bildschirmfläche).
- Das Bild auf der →Photo-CD hat eine Basisauflösung von 768 x 512 Bildpunkten.

Da die wenigsten Ausgabe-Geräte in der Lage sind, echte Farb- oder Graustufen darzustellen, werden diese durch Rasterung simuliert. Je feiner die Auflösung eines Ausgabegeräts, desto mehr Farbabstufungen können dargestellt werden. Wird die Rasterung jedoch zur Abstufung von Farbnuancen optimiert, verringert sich reziprok der Detailreichtum einer Grafik. Zumeist stellt man einen sinnvollen Mittelwert ein. Weitere Informationen siehe →Rastern und →Rasterverfahren.

Aufzeichnungsdichte [record density]
Die Aufzeichnungsdichte bezeichnet die Anzahl der Informationen, die pro Längeneinheit in Schreibrichtung in den →Spuren auf einem →Datenträger gespeichert werden können. Die Aufzeichnungsdichte wird in bpi (bits per inch, Bits pro Zoll) angegeben.

Aufzeichnungsverfahren [record mode]
Mit dem Begriff Aufzeichnungsverfahren bezeichnet man im engeren Sinne das Verfahren zur Kodierung von Daten, das benutzt wird, um sie in der Magnetschicht des Datenträgers (wie →Diskette, →Magnetband, →Festplatte) abzuspeichern. Man unterscheidet das FM-Verfahren (FrequenzModulation), das →MFM-Verfahren (Modifizierte FrequenzModulation) und die verschiedenen Versionen des →RLL-Verfahrens (Run Length Limited), die sich jeweils durch eine charakteristische →Aufzeichnungsdichte auszeichnen.

Ausführbares Programm [executable program]
Unter einem ausführbaren Programm versteht man in Programmdateien gespeicherte Folgen von einzelnen Prozessorbefehlen mit den zugehörigen Datenbereichen, die durch das Betriebssystem in den →Arbeitsspeicher kopiert und durch Übergabe der Startadresse an den Befehlszähler des Prozessors

gestartet werden. Auch das →BIOS und das →Betriebssystem bestehen aus ausführbaren Programmsequenzen bzw. Programmen. Unter →MS-DOS führen die zwei unterschiedlichen Typen von Programmdateien die Erweiterungen .exe oder .com.

Ausgabegeschwindigkeit [output speed]

Die Geschwindigkeit, mit der ein Peripheriegerät Daten ausgeben kann, wird Ausgabegeschwindigkeit genannt. Oft wird der Begriff im Zusammenhang mit Druckern oder Plottern verwendet. Bei Tintenstrahl- und Laserdruckern wird die Ausgabegeschwindigkeit in Seiten pro Minute, bei Nadel- und Typenraddruckern in Zeichen pro Sekunde angegeben.

Ausgangsdatum

Bei der Berechnung von Datumswerten rechnen Tabellenkalkulationsprogramme ein Datum in eine Zahl um. Dabei ist das Ausgangsdatum von großer Bedeutung. Leider verwenden →Apple →Macintoshs (2.1.1904) und →PCs (1.1.1900) unterschiedliche Ausgangsdaten, sodass die Zahlenwerte für ein Datum nicht übereinstimmen und Berechnungen zu unterschiedlichen Ergebnissen führen.

Auslagerungsdatei [swap file]

Die Speicherverwaltung eines modernen PC-Betriebssystems vergrößert den zur Verfügung stehenden →Arbeitsspeicher scheinbar, indem momentan nicht benötigte Speicherbereiche in eine Auslagerungsdatei auf der Festplatte geschrieben und bei Bedarf – im Austausch mit anderen Bereichen – wieder eingelesen werden (siehe auch →Virtueller Speicher). Im PC-Bereich wird statt Auslagerungsdatei auch noch häufig der englische Begriff swap file verwendet. Unter Windows gilt die Faustregel, dass die Größe einer Auslagerungsdatei etwa das Dreifache des vorhandenen Datenspeichers betragen sollte. Ein leichtes Plus an Performance bringt es übrigens, wenn man statt der zumeist eingestellten **temporären**, variablen Auslagerungsdatei eine so genannte **permanente** Auslagerungsdatei erzeugt. Auch unter Windows 95/98 ist dies noch möglich, indem man für die minimale und maximale Größe der Datei gleiche Werte in der Systemsteuerung (Funktion *System*) einträgt.

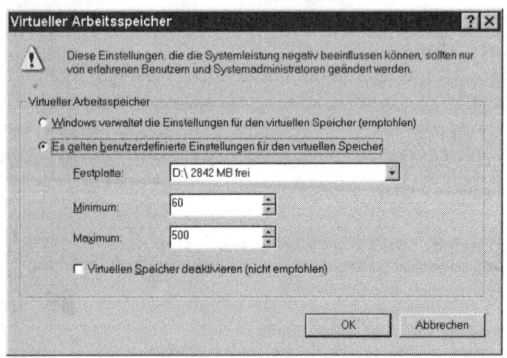

Die Einstellungen zur Konfiguration der Auslagerungsdatei unter Windows 95/98

Ausrichtung [alignment, positioning]

Die unterschiedliche Anordnung von Textzeilen untereinander (bündig mit dem linken Einzug, mit dem rechten Einzug, symmetrisch zur Seitenmitte, bündig mit linkem und rechtem Einzug) wird als Ausrichtung bezeichnet und ist eine Art der →Absatzformatierung. Entsprechend ihrer Anordnung werden die verschiedenen Ausrichtungen linksbündig, rechtsbündig, zentriert und Blocksatz genannt.

Ausschießen

Der Begriff Ausschießen stammt aus der Welt des Druckgewerbes. Beim Buch oder Zeitungsdruck werden bekanntlich keine einzelnen Seiten, sondern immer direkt große Bögen mit mehreren Seiten auf einmal gedruckt. Diese werden später dann gefaltet und in einzelne Seiten zerschnitten. Die Kunst bzw. Rechenaufgabe besteht nun darin, vor dem Druck genau zu bestimmen, wie die einzelnen Druckseiten auf dem Bogen verteilt sein müssen, dass nach dem Falten und Schneiden die Seitenreihenfolge im Buch oder in der Zeitung korrekt ist. Diese Berechnung, also die korrekte Verteilung der Druckseiten auf den Druckbögen, nennt man Ausschießen.

Ausschneiden & Einfügen [cut & paste]

Die Befehle bzw. Operationen *Ausschneiden* und *Einfügen* werden von den meisten Anwendungsprogrammen unterstützt; unter Windows ist dies eine Standard-Funktion. Moderne grafische Benutzeroberflächen wie →Windows ermöglichen dies durch eine globale, für alle Programme bereitstehende →Zwischenablage. Per *Ausschneiden* und *Einfügen* besteht z. B. die Möglichkeit, Textteile oder Grafiken aus einem →Dokument herauszunehmen und sie an anderer Stelle oder in einem anderen Dokument wieder einzufügen.

Austastlücke [vertical blanking interval]

Der Elektronenstrahl in einem Kathodenstrahlröhren-Bildschirm erzeugt das Fernsehbild zeilenweise. Nach jeder Zeile oder nach einem ganzen Bild muss er unter Zeitaufwand zum vorherigen Anfang zurückspringen, was Austastlücke genannt wird. Diese Zeit lässt sich für die Übertragung anderer Daten, z. B. →Videotext oder →Channel Videodat, nutzen. Über einen entsprechenden Dekoder lassen sich so z. B. auch Daten für den PC übertragen.

Auto dial [automatische Wahl]

Unter Auto dial versteht man die **automatische Telefonwahl** mit einem →Modem aus einem Anwendungsprogramm heraus. Der englische Begriff ist auch in deutschen Programmen gebräuchlicher als die deutsche Übersetzung „Automatische Telefonwahl" (wen wundert's bei der Länge). Microsoft →Access beispielsweise bietet extra Routinen, um eine Auto-dial-Funktion in eine Datenbank einbauen zu können. Mit einem grafischen Schalter in ein Formular integriert, kann man so z. B. die Telefonnummer in einer Adressdatenbank direkt per Mausklick vom Computer anwählen lassen.

AutoCAD

AutoCAD heißt ein umfangreiches →CAD-Programmsystem der Firma Autodesk für die Erarbeitung von Konstruktionen in vielen technischen Bereichen. Sie finden die Firma Autodesk im Internet unter der Adresse **www. autodesk.com**.

Autoexec.bat (auto execution batch file)

Autoexec.bat (Abk. f. „automatisch ausgeführte Stapeldatei") ist eine spezielle →Stapeldatei, die beim Start eines →PCs mit dem Betriebssystem →MS-DOS sequenziell abgearbeitet wird. In dieser Stapeldatei können u. a. Umgebungsvariablen definiert und →TSR-Programme gestartet werden. Unter Windows 95/98 wird die *Autoexec.bat* durch die Datei **Dosstart.bat** im *Windows*-Verzeichnis ergänzt. Dort eingetragene Programme werden nur beim Beenden von Windows ausgeführt. Maus- oder Soundkarten-Treiber sollte man also normalerweise lieber dort installieren.

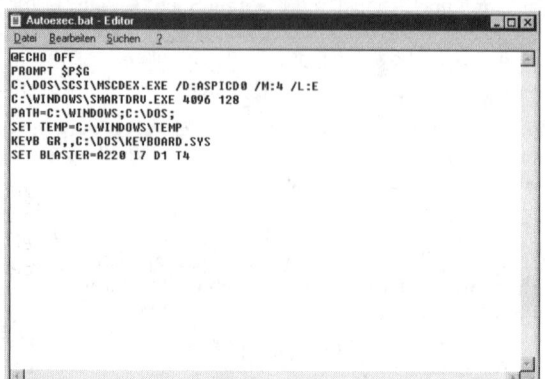

Die Autoexec.bat kann in jedem Texteditor bearbeitet werden

Autoexec.bat (typische Befehle)	Beschreibung
@ECHO OFF	Unterdrückt die Anzeige von DOS-Befehlen
PROMPT PG	Definiert die Anzeige des DOS-Prompt
path c:\windows;c:\dos	Pfadbefehl für wichtige Verzeichnisse
SET TEMP=d:\temp	Definiert das Verzeichnis für temp. Dateien
SET TMP=c:\temp	Definiert das Verzeichnis für temp. Dateien
SET DIRCMD=,/W /P	Vordefinierte Ansicht für den Dir-Befehl
keyb.com gr,,keyboard.sys	Deutscher Tastatur-Treiber für DOS
mscdex.exe /d:aspicd0 /l:e /m:16	DOS-Softwaretreiber für CD-ROMs
smartdrv.exe 2048 2048	Cache-Programm für DOS (nicht Windows!)
mode con codepage prepare=((850) ega.cpi)	Normalerweise überflüssiger Befehl für Zeichensätze unter DOS (erster Teil)
mode con codepage select=850	Zweiter Teil des Zeichensatzbefehls

Autopark

Die heute übliche Autopark-Funktion eines Festplattenlaufwerks bewegt die →Schreib-/Leseköpfe beim Abschalten des Rechners automatisch in die so genannte Parkposition (siehe →Parken) am Rande der Speicherplatten. Dort sind keine Daten aufgezeichnet, sodass eine Berührung der Köpfe mit der

Oberfläche (der gefürchtete →Headcrash) ohne Folgen für die gespeicherten Daten wäre.

Autorensystem

Autorensysteme werden eingesetzt, um Multimedia-Anwendungen zu erstellen. Im Allgemeinen arbeitet ein Autorensystem auf zwei verschiedenen Ebenen: der Autoren- und der Leserebene. Während auf der Autorenebene alle Möglichkeiten zur Gestaltung und Präsentation zur Verfügung stehen, kann in der Leserebene lediglich das erstellte Programm aufgerufen und genutzt werden. Autorensysteme sind prinzipiell offen konzipiert, d. h., sie können unterschiedliches Material als Objekt einbinden bzw. lassen vielfältige Manipulationen (z. B. Bildbearbeitung) und Ablaufstrukturen zu.

Während die ersten Autorensysteme noch programmiert werden mussten, haben sich inzwischen objektorientierte Systeme, die sich intuitiv mit der Maus bedienen lassen, durchgesetzt. Die Basis eines Autorensystems ist eine →Datenbank, in der die unterschiedlichen Objekte und Daten verwaltet werden. Das Autorensystem bindet sie in die Oberfläche und den Programmablauf ein und steuert die Interaktionsmöglichkeiten des Nutzers. Die bekanntesten Autorensysteme sind →**Macromedia Director**, **Authorware** und im Apple-Bereich **Hyperbook**.

AUX (**Auxiliary**)

Ist die englische Abkürzung für Hilfsfunktion, Hilfsmittel. Der Begriff Aux wird z. B. im PC- und Hi-Fi-Bereich für zusätzliche Geräte-Anschlüsse an Verstärkern oder Steckkarten verwendet. Aux-Stecker an einem Verstärker können z. B. für den Anschluss eines Videorekorders verwendet werden.

Avi (**Audio Video Interleave**)

Avi (Abk. f. „paralleles Audio und Video") ist die Erweiterung für kombinierte Video- und Audiodateien, die sich mit der Medienwiedergabe unter →Windows oder mit Video für Windows abspielen lassen.

AVM

AVM ist ein führender Hersteller von aktiven und passiven ISDN-Karten mit Sitz in Berlin. Die bekanntesten Produkte von AVM dürften die passive →ISDN-Karte FritzCard sowie die aktive →ISDN-Karte AVM B1 sein. Vergl. auch →ISDN-Karten.

B:

Mit B: wird bei einem →PC das zweite →Diskettenlaufwerk bezeichnet. Ist nur ein Laufwerk vorhanden, kann sich B: auch darauf beziehen.

Babbage, Charles

Der englische Mathematiker Charles Babbage (1792-1871) wirkte als Professor in Cambridge und war Mitbegründer der Royal Astronomical Association und weiterer Gesellschaften. 1833 begann er mit seinen Arbeiten zu programmierbaren Rechenmaschinen, bei denen die Ideen des lochkartengesteuerten mechanischen Webstuhls von Joseph-Marie Jacquard aus dem Jahre 1805 einflossen. Ihm war es aufgrund der begrenzten technischen Möglichkeiten jedoch nicht vergönnt, eine funktionsfähige Anlage fertig zu stellen.

Howard H. Aiken (siehe →Aiken, Howard H.) wird Jahre später bescheiden behaupten, er habe lediglich die Ideen von Charles Babbage verwirklichen können.

Backbone-Netz [Rückgratnetz]

Ein Backbone-Netz koppelt mehrere Rechnernetze zu einem großen Netz. Ein Backbone-Netz bezeichnet dabei keine spezielle Netzwerktechnologie, sondern die Funktion dieses Teilnetzes. Wenn z. B. auf jeder Etage eines größeren Bürogebäudes ein LAN existiert, können diese durch ein Backbone-Netz miteinander zu einem unternehmensweiten Netz verbunden werden. Auch bei der Verbindung von WANs können Backbone-Netze eingesetzt werden (vergleiche →Netzwerk).

Background [Hintergrund]

Mit Background kann z. B. die Hintergrundfarbe des Bildschirms oder die Ausführung eines Programms im Hintergrund beim →Multitasking gemeint sein.

Backslash [rückwärtiger Schrägstrich]

Als Backslash wird das Sonderzeichen \ bezeichnet, welches im anglo-amerikanischen Sprachraum recht häufig verwendet wird. Unter →MS-DOS und →Windows dient der Backslash zur Abtrennung der Bezeichnungen von →Verzeichnissen. →UNIX verwendet stattdessen den einfachen Schrägstrich / (**Slash**). Auf der deutschen Tastatur wird es durch gleichzeitiges Drücken der Tasten [AltGr]+[ß] eingegeben, der „normale" Slash mit [Umschalt]+[7]. Wer einmal versehentlich den englischen Tastaturtreiber geladen hat, wird den Backslash auf der #-Taste (neben [Enter]) finden. Zur Abbildung und englischen Tastaturbelegung siehe →Tastatur.

Backspace-Taste [Rücktaste]

Die [Backspace]-Taste auf der Rechnertastatur dient zum Löschen des links vom →Cursor stehenden Zeichens. Die [Backspace]-Taste oder [Rück]-Taste ist üblicherweise durch einen nach links weisenden Pfeil gekennzeichnet und befindet sich rechts oben im alphanumerischen Teil einer PC-Tastatur (vergleiche auch →Tastatur). Die Kombination [Alt]+[Backspace] ist in fast allen Windows-Programmen außerdem der Befehl für Rückgängig. Zur Abbildung vergleiche →Tastatur.

Backtracking [Rückverfolgung]

Backtracking ist eine Methode zur Lösung von Problemen. Dazu werden verschiedene Lösungsansätze so lange verfolgt, bis sie in eine Sackgasse oder zur Lösung des Problems führen. Wenn der Lösungsansatz in eine Sackgasse führt, wird der jeweils letzte Schritt zurückgenommen und ein anderer Lösungsweg versucht. Backtracking funktioniert nach dem Prinzip des →Try and error.

Anschaulich erklären lässt sich die Methode des Backtrackings am Beispiel des Irrgartens. Um den Weg durch einen Irrgarten zu finden, entscheidet man sich an jeder Wegscheide systematisch für einen bestimmten Weg, z. B. immer den rechten. Führt der Weg nicht in die Freiheit, bewegt man sich zur letzten Wegscheide zurück und entscheidet sich für einen anderen Weg. Sollte es an einer Wegscheide keinen Weg geben, der nicht in eine Sackgasse führte, bewegt man sich noch eine Wegscheide zurück. Wenn schließlich alle Wege ausprobiert wurden und man sich wieder am Anfang befindet, hat der Irrgarten keinen Ausweg.

Backup [Ersatz, Unterstützung, Datensicherung]

Unter einem Backup versteht man zumeist eine Kopie von Datenbeständen (**Dateisicherung**) auf einem gesonderten →Datenträger, um im Falle der Zerstörung des Dateninhalts oder des Datenträgers selbst lediglich einen geringen Datenverlust zu erleiden. Für den Vorgang des Backups sollten möglichst spezielle →Backup-Programme eingesetzt werden. Backup-Dateien können prinzipiell auf allen Arten von Datenträgern gespeichert werden. Für den PC-Bereich sind insbesondere Bandlaufwerke (so genannte →Streamer) speziell zur Erstellung von Backups konzipiert worden. Um einen möglichst hohen Sicherheitsstandard zu erreichen, setzt man im Allgemeinen verschiedene →Backup-Strategien ein. Das häufigste dürfte aber das selektive Backup sein, bei dem nur eine Teilmenge aller Daten nach einer bestimmten Auswahl (→Selektion) gesichert wird.

Betriebssysteme wie MS-DOS (→DOS) oder →Windows unterstützen Backups durch das so genannte Archiv-Attribut (siehe →Attribut). Jede Datei, die durch ein Programm verändert wurde, erhält das Archiv-Attribut gesetzt; erkennbar in der Anzeige von Datei-Managern. Anhand dieses Attributs erkennt ein Backup-Programm, dass die Datei gesichert werden muss. Wird die Sicherung durchgeführt, löscht das Backup-Programm das Archiv-Attribut wieder. Es kann also bei jedem Sicherungsvorgang anhand des Archiv-Attribut-Status erkennen, ob die Datei zwischen den Backup-Sitzungen verändert wurde und daher gesichert werden muss.

Backup-Programme

Backup-Programme, auch **Sicherungsprogramme** genannt, dienen der Erstellung von Sicherheitskopien des Festplatteninhalts. Während Kopierprogramme Dateien nur in Originalgröße kopieren können und Dateien, die größer sind als eine Diskette, nicht aufgeteilt werden können, ermöglichen Backup-Programme sowohl die Aufteilung großer Dateien auf mehrere Disketten als auch die Komprimierung der Dateien, um Platz zu sparen. Moderne Backup-Programme arbeiten mit den unterschiedlichsten Backup-Medien, sodass auch →Streamer oder →MO-Laufwerke zur Datensicherung eingesetzt werden können. Zusätzlich ermöglichen manche Programme die Erstellung von Backups bestimmter Dateien oder Verzeichnisse/Ordner zu festlegbaren Zeiten, damit der Aufwand für die Datensicherung möglichst in der Mittagspause oder abends anfällt. Bei der Erstellung von Backups ist außerdem das so genannte Archiv-Attribut wichtig, siehe →Backup und →Attribute.

Für →Windows 95/98 und →Windows NT ist darauf zu achten, dass für diese →Betriebssysteme nur spezielle **32-Bit-Backup-Programme** verwendet werden dürfen, die die langen Dateinamen unterstützen. Alte Backup-Programme von DOS oder Windows 3.x dürfen nicht mehr verwendet werden, weil diese die langen Dateinamen nicht mitsichern (die Dateien werden auf die 8+3-Konvention gekürzt). Spätestens beim nächsten Restore-Vorgang würden die langen Dateinamen auch auf der Festplatte überschrieben.

> **Tipp:** Das große Problem aller herkömmlichen Backup-Programme (v. a. derer, die unter Windows laufen) ist, dass man bei einem kompletten Systemcrash erst mal das Betriebssystem wieder lauffähig neu installieren muss, um dann auch das Backup-Programm für die Wiederherstellung der verlorenen Daten aufspielen bzw. benutzen zu können. Außerdem ist eine Sicherung der Boot- bzw. System-Partition mit Windows selbst kaum möglich, da diese während des laufenden Betriebs durchgeführt werden müsste. Die perfekte Lösung hierfür sind so genannte Image-Programme wie z. B. →Drive Image von →PowerQuest. Damit kann man unter →DOS eine komplette Partition in eine so genannte Image-Datei sichern, man spricht auch von spiegeln. Selbst bei einem totalen Systemcrash und Verlust aller Partitionierungsdaten kann man innerhalb weniger Minuten von einer DOS-Boot-diskette aus das komplette System aus diesen Image-Dateien wieder herstellen.

Backup-Strategie

Prinzipiell gibt es bei der Anfertigung eines Backups von Daten zwei Möglichkeiten. Beim **vollständigen Backup** werden alle auf einem Medium befindlichen Dateien ohne Ausnahme gesichert, beim **differenziellen Backup** werden hingegen nur diejenigen Dateien gesichert, die sich seit einem letzten Backup geändert haben. Ob eine Datei seit der letzten Sicherung verändert wurde, erkennt die Backup-Software am Archiv-Attribut. Bei einer Sicherung wird dieses Bit gelöscht und bei jeder Veränderung durch das →Betriebssystem wieder gesetzt.

Um stets mit geringem Aufwand ein möglichst aktuelles Backup zur Verfügung zu haben, empfiehlt sich z. B. die wöchentliche Anfertigung eines vollständigen Backups sowie die tägliche Durchführung eines differenziellen Backups. Auch nach einer grundlegenden Umgestaltung der Datenbestände ist ein vollständiges Backup fällig.

Die Anfertigung von Backups sollte auch stets nach einer geeigneten Methode der **Generationsfolge** stattfinden. Bewährt für hohe Sicherheitsanforderungen hat sich dabei das Prinzip Großvater, Vater und Sohn unter Einsatz von insgesamt zehn Backup-Medien und einem Zyklus von zwölf Wochen:

Jeden vierten Freitag erfolgt ein vollständiges Backup reihum auf die drei Medien mit der Beschriftung: Monat I, Monat II und Monat III. Diese Medien der Großvater-Generation sollten getrennt vom →PC oder Fileserver – gegebenenfalls in einem feuersicheren Safe – deponiert werden. Jeden ersten, zweiten und dritten Freitag erfolgt ebenfalls ein vollständiges Backup reihum auf weitere drei Medien mit der Beschriftung: Freitag I, Freitag II und Freitag III. Auch über die sichere Aufbewahrung dieser Medien der Vater-Generation sollte man sich Gedanken machen. Jeden Montag bis Donnerstag erfolgt lediglich ein differenzielles Backup auf die vier Medien mit der Beschriftung: Montag, Dienstag, Mittwoch und Donnerstag.

Bei nicht so großen Sicherheitsanforderungen reicht das Prinzip **Vater und Sohn** mit lediglich sechs Backup-Medien und einem Zyklus von zwei Wochen: Jeden Freitag erfolgt ein vollständiges Backup wechselnd auf zwei Medien mit der Beschriftung: Freitag I und Freitag II. Jeden Montag bis Donnerstag erfolgt wiederum lediglich ein differenzielles Backup auf die vier Medien mit der Beschriftung: Montag, Dienstag, Mittwoch und Donnerstag.

Bad track table [„Schlechte Datenspur-Tabelle"]

Spuren einer →Festplatte, in denen fehlerhafte →Sektoren aufgetreten sind, werden in der bad track table (abgekürzt **BTT**, Liste der defekten Spuren) vermerkt und nachfolgend bei Speicheroperationen ausgelassen, um Schreib- bzw. Lesefehler zu vermeiden. Heutige Festplattenlaufwerke behandeln defekte Spuren und andere Defekte intern, ohne das →BIOS, das →Betriebssystem oder gar den Nutzer damit zu behelligen.

Ballpoint [„Ballzeiger"]

Der Ballpoint ist ein Zeigegerät, das u. a. bei Notebooks als Alternative für die →Maus verwendet werden kann. Der Ballpoint entspricht weitgehend einer Maus in Stiftform mit der Kugel in der Spitze und den Tasten am Schaft (siehe auch →Trackball).

Bandbreite [band width]

Unter der Bandbreite versteht man den Frequenzbereich zwischen der minimal und maximal nutzbaren Frequenz eines Übertragungsmediums.

Bank [bank]

Eine Bank ist eine Gruppe von Speicherbausteinen, die über eine gemeinsame Leitung angesprochen werden kann. Bei der Erweiterung des Arbeitsspeichers des PCs muss immer mindestens eine Bank vollständig bestückt werden, was früher (beim →IBM-PC von 1981) schon in Schritten von 64 →KByte möglich war. Heute sind Speicherbänke bis 256 →MByte möglich.

Bank Switching [Bankwechsel]

Der Begriff Bank Switching bezeichnet eine einfache Form der →Speicherverwaltung. Dabei wird der Speicher in Speicherbänke (siehe →Bank) oder Partitionen aufgeteilt, die separat verwaltet werden. Es wird die →physische Adresse der Speicherzellen in zwei Teile aufgeteilt, von denen ein Teil die Partition und der zweite Teil die Speicherzellen innerhalb der Partition adressiert.

Basisanschluss [basic connection]

Anschlussvariante an das digitale Telefonnetz →ISDN. Für weitere Informationen und Vergleich der Anschlussarten siehe →ISDN-Anschlussarten.

Basisband-Übertragung [baseband transmission]

Unter Basisband-Übertragung versteht man die Übertragung von →Daten in einem einzigen logischen Übertragungskanal über ein physisches Übertragungsmedium. Diese Art der →Datenübertragung kann die volle →Bandbreite des Übertragungsmediums nutzen und erfolgt i. d. R. →digital.

Batterie [battery]

Eine Batterie ist eine Zusammenschaltung von mehreren galvanischen Elementen oder →Akkumulatoren, die elektrische Energie auf elektrochemischem Wege erzeugen (Umwandlung chemischer Energie in elektrische Energie). Batterien sind zum Betrieb von mobilen Computern nötig (siehe →Notebook). Normalerweise werden dort allerdings wieder aufladbare Batterien, so genannte Akkus, eingesetzt (siehe →Akku).

Baud

Baud, benannt nach Jean Maurice Baudot (1845-1903), einem Inspektor des französischen Telegrafenwesens, ist die Maßeinheit der →Schrittgeschwindigkeit und wird mit **Bd** abgekürzt. Bei einem Modem steht ein Baud für eine Zustandsänderung auf der Datenleitung und damit nicht, wie oft fälschlich angenommen, für ein übertragenes Bit. Vielmehr kann mit jedem Baud mehr als ein Bit übertragen werden. Als Beispiel sollte man sich für ein Baud einen Korb vorstellen, mit dem man ja mehrere Äpfel (die Bits) pro Gang tragen kann.

Baudot, Jean Maurice

Jean Maurice Baudot (1845-1903) war Inspektor des französischen Telegrafenwesens. Er entwickelte einen Telegrafen, der mit Elementen aus fünf Zeichen arbeitete. Geräte dieses Funktionsprinzips waren bis zur Mitte des 20. Jahrhunderts weltweit im Einsatz. Zu Ehren Jean Maurice Baudots wird die Maßeinheit der →Schrittgeschwindigkeit als Baud bezeichnet.

Baudrate

Der Begriff Baudrate wird oft fälschlicherweise (→Baud ist als Maßeinheit der →Schrittgeschwindigkeit definiert) als Maßeinheit für die →Datentransferrate benutzt.

Baumstruktur [tree structure]

Baumstruktur oder kurz Baum bzw. englisch „**tree**" nennt man die logische Struktur einer hierarchisch aufgebauten Informationsmenge, deren grafische Darstellung an einen verästelten Baum erinnert. Das in der Hierarchie oberste Element wird als Wurzel bezeichnet, die letzten Elemente werden Blätter genannt, alle dazwischen liegenden Elemente heißen Knoten.

Ein Beispiel sind die Verzeichnisse auf einem →Datenträger, die in einem →Verzeichnisbaum strukturiert sind. Und im Spezialfall eines binären Baums hat jedes Element maximal zwei Nachfolger. Die Darstellung eines komplexen Entscheidungsprozesses durch eine Baumstruktur nennt man **Entscheidungsbaum**. Und bei →Netzwerken spricht man dann von **Baumtopologie**, wenn eine Mischtopologie vorliegt, die aus mehreren hintereinander geschalteten Segmenten mit →Sterntopologie besteht (vergleiche auch →Netzwerktopologie).

BBS (Bulletin Board System)

Ein BBS (Abk. f. „Schwarzes Brett-System", „Informationssystem") bezeichnet einen Rechner, der über öffentliche Telefonverbindungen zwecks Informationsaustausch von anderen Rechnern per →Modem angewählt werden kann (siehe →Datenfernübertragung). Die hauptsächlich in Amerika übliche Bezeichnung BBS verweist auf die geführten Informations- und Diskussionsforen, die wie ein Schwarzes Brett (engl: bulletin board) für alle angemeldeten Nutzer zugänglich sind. Im Deutschen hat sich eher der Begriff **Mailbox** eingebürgert, der auf den Austausch von →E-Mail unter den Nutzern hinweist. Neben privaten, als Hobby betriebenen, gebührenfreien BBS gibt es auch gebührenpflichtige BBS sowie Systeme für einen streng begrenzten Kreis von Nutzern (z. B. Mitarbeiter oder Kunden einer Firma).

Bcc (Blind Carbon Copy)

Englische Abk. f. „blinde Kohlekopie". Bezeichnung für eine E-Mail-Kopie, bei der der Haupt-Empfänger nicht sieht, dass und an wen eine zusätzliche Kopie der Mail verschickt wurde. Mit einem E-Mail-Programm ist es möglich, mit Hilfe der „Cc"-Funktion (**Carbon Copy**) eine zusätzliche Kopie der Mail an einen weiteren Adressaten zu schicken. Der Haupt-Empfänger im „Von"-Feld kann jedoch bei Erhalt der Mail in dessen Kopf [Mail-Header] sehen, an wen diese zusätzliche Mail verschickt wurde.

Möchte man diese Kopie jedoch möglichst unauffällig verschicken, sodass der Haupt-Empfänger nicht weiß, dass eine zusätzliche Kopie versendet wurde, so kommt die *Bcc*-Funktion zum Einsatz. Hier angegebene Adressaten werden im Mail-Header des Hauptempfänger nicht aufgeführt. Doch vorsichtig: es gilt nicht unbedingt der Umkehrschluss. Denn der Bcc-Empfänger kann hingegen bei den meisten Mail-Programmen sehr wohl in seinem Mailheader sehen, an wen die eigentliche Mail als Hauptempfänger rausgegangen ist. Man könnte in übertragener Analogie also sagen, die *Bcc*-Funktion ist nur „halbblind".

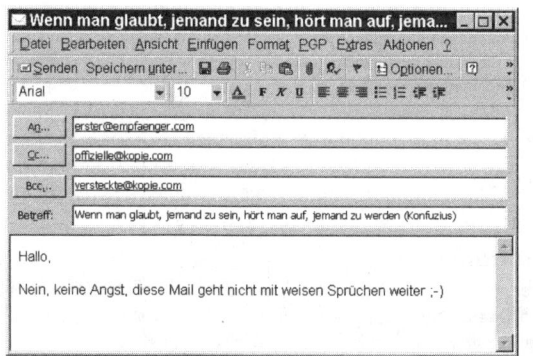

Mit dem Bcc-Feld verschicken Sie die Mail an einen zweiten Empfänger, ohne dass der erste dies mitbekommt

Tipp: Da nicht alle Mail-Programme eine *Bcc*-Funktion haben und diese wie gerade aufgeführt auch nicht problemlos ist, empfiehlt es sich, stattdessen eine Mail mehrfach zu verschicken, wenn man nicht will, dass die verschiedenen Adressaten dies mitbekommen. Da normalerweise alle verschickten Mails im Ordner *Postausgang* eines Mail-Programms liegen, kann man diese von dort aus bequem über die Funktion *Weiterleiten* anschließend eigenständig an einen oder mehrere andere Adressaten erneut versenden.

BCD (Binary Coded Decimals)

(Abk. f. binär kodierte Dezimalziffern). Der BCD-Code ist ein 4-Bit-Code zur Darstellung der Dezimalziffern von 0-9.

BCD	Dezimal	BCD	Dezimal
0000	0	0101	5
0001	1	0110	6
0010	2	0111	7
0011	3	1000	8
0100	4	1001	9

Beamer [Strahler]

Englische Bezeichnung für einen Bildschirmprojektor, der zur Darstellung von Bildern und Präsentationen aus einem Computer auf eine Leinwand verwendet wird. Ein Beamer wird meist an den Ausgang der Grafikkarte angeschlossen und wirft das normalerweise für den Monitor gedachte Bild (z. B. einer Präsentation von →PowerPoint) auf eine Leinwand. In Verbindung mit einem Notebook hat man so ein hochwertiges, flexibles und v. a. mobiles System für Vorträge aller Art (z. B. multimediale Präsentationen). Entsprechende Geräte werden etwa von Polaroid angeboten und liegen derzeit noch in einer Preisdimension oberhalb von 10.000 DM.

Bedienungsfehler [user error/failure]

Fehler, die beim Arbeiten mit dem Computer durch den bedienenden, benutzenden Menschen erzeugt werden, werden allgemein als Bedienungsfehler bezeichnet. Studien haben gezeigt, dass die meisten Fehler am Computer nicht durch fehlerhafte Hard- und Software, sondern durch solche Bedienungsfehler verursacht werden. Als Quelle für Bedienungsfehler kommen verschiedene Ursachen wie Unkenntnis, Nachlässigkeit, Missverständnis oder Missgeschick in Frage. Sie lässt sich aber auch stark durch die Benutzerfreundlichkeit der Hard- und v. a. Software beeinflussen (die so genannte Usability). Damit beruhen Bedienungsfehler letztlich häufig auf für den Menschen unzulänglich programmierter Software. Moderne Programme sollten möglichst so programmiert werden, dass sie mit einer gewissen Intelligenz Bedienungsfehler der Anwender abfangen und/oder korrigieren.

Bedingung [condition]

Im Computerbereich spricht man bei einem Auswahlkriterium für →Daten oder Befehle oft von einer Bedingung. Ein Beispiel ist der Programmbefehl einer bedingten Verzweigung (siehe →Sprung) der Gestalt: Wenn a = b dann gehe zu Ziel.

Beep Code [Peepkode]

Die akustischen Fehlermeldungen des →POST (Abk. f. Power On Self Test, Einschalt-Selbsttest) als Bestandteil des →BIOS werden Beep Code (Piep-Kode) genannt.

Da bei verschiedenen Hardwarefehlern auch die Bildschirmausgabe nicht oder nicht zuverlässig funktionieren kann, können bestimmte Fehler nur durch derartige Piepsignale aus dem PC-Lautsprecher identifiziert werden.

Fehlersignale beim Award-BIOS	
Signal	**Fehlerbeschreibung**
1x kurz	alles okay
2x kurz	leichter Fehler, der per Meldung am Bildschirm meistens angegeben wird. Mit F1 kann man den Bootvorgang fortsetzen oder (je nach Mainboard) ins BIOS gehen.
1x lang, 2x kurz	Fehler beim Ansprechen der Grafikkarte
1x lang, 3x kurz	Fehler beim Ansprechen des Tastatur-Controllers

Fehlersignale beim AMI-BIOS	
Signal	**Fehlerbeschreibung**
1x kurz	Refreshfehler im RAM
2x kurz	Parity-Fehler im RAM
3x kurz	Fehler in den ersten 64 KByte des Speichers
4x kurz	Defekt im Timer-Baustein
5x kurz	Fehler beim Ansprechen des Prozessors
6x kurz	Prozessor-Fehler bei Protected Mode-Test (Gate A20 oder Tastatur-Controller defekt)
7x kurz	Prozessor-Fehler
8x kurz	Fehler bei Ansprechung des Grafikspeichers
9x kurz	Prüfsumme des BIOS stimmt nicht (BIOS evtl. defekt)
10x kurz	Fehler beim Schreib/Lesezugriff auf das CMOS-RAM
11x kurz	Fehler im L2-Cache auf dem Mainboard
1x kurz, 3x lang	Fehler beim Test des DOS- und Extended-Memory
1x lang, 2x kurz	Fehler beim Ansprechen der Grafikkarte (Video-ROM-BIOS defekt)
1x lang, 3x kurz	Fehler beim Ansprechen der Grafikkarte (Video-DAC oder Video-RAM) oder kein Monitor gefunden
1x lang, 8x kurz	Fehler bei Ansprechung des Grafikspeichers
3x kurz, 3x lang, 3x kurz	SOS-Signal, Fehler im Arbeitsspeicher

Befehl [command, instruction]

Unter einem Befehl versteht man die Anweisung an einen Computer zur Ausführung einer bestimmten Operation: dem Transport von →Daten, der logischen oder arithmetischen Verknüpfung von Operanden usw. Befehle werden sequenziell abgearbeitet, wenn nicht durch Sprungbefehle an eine andere Stelle des Programms verzweigt wird.

Befehlsfeld [command field]

Ein Befehlsfeld ist ein Kontrollelement einer grafischen →Benutzeroberfläche, das beim →Anklicken eine bestimmte Aktion auslöst. Befehlsfelder werden auch Schaltflächen oder Buttons genannt, da sie durch ihre dreidimensi onale Darstellung auf der grafischen Arbeitsoberfläche wie Schalter oder Tasten aussehen.

Befehlsfenster

Ein Fenster auf dem Bildschirm zur Eingabe einer Anweisung an ein Programm – z. B. durch Auswahl verschiedener Alternativen – wird Befehlsfenster (siehe →Befehl) genannt.

Befehls-Interpreter/-Prozessor [command processor]

Als Befehls-Interpreter (seltener Befehlsprozessor, manchmal auch Kommandoprozessor oder Shell genannt) werden solche Programme bezeichnet, die Befehlseingaben des Benutzers in Aktionen des Computers umsetzen. Typisches Beispiel für einen Befehls-Interpreter ist das Programm →Command.com, das beim →Booten als →TSR-Programm resident in den Arbeitsspeicher geladen wird. Es überwacht unter DOS ständig die Eingabe des Benutzers und interpretiert bestimmte Befehle bzw. Tastatureingaben, die vorher definiert wurden, als Aktionsaufforderung. Gibt der Anwender etwa die Buchstaben DIR ein, so erkennt der Interpreter dies als Aufforderung, eine Dateiliste des aktuellen Verzeichnisses anzuzeigen. Für weitere Informationen über Command. com und den Ersatz-Interpreter **4DOS** siehe →Command.com.

Befehlssatz [instruction set]

Mit dem Begriff Befehlssatz bezeichnet man die Gesamtheit aller Befehle eines →Prozessors (siehe hierzu →CISC und →RISC-Prozessor) oder einer →Programmiersprache wie z. B. Pascal oder Basic (vergleiche →Programmiersprache).

Belichter [exposure unit]

Bei der Erstellung von Büchern, Zeitschriften, Katalogen usw. erfolgt die Ausgabe der Texte und Bilder über einen Belichter direkt auf Filme für die Druckmaschine. Im Vergleich zu einem →Laserdrucker verfügen Belichter über eine weitaus höhere →Auflösung, die die Wiedergabe von Fotos ohne erkennbares Raster ermöglicht. Zur Textausgabe verwenden Belichter im Allgemeinen 1.270 →dpi, für Fotos werden 2.540 dpi verwendet.

Bell Laboratories

Die Bell Laboratories sind ein privates Forschungs- und Entwicklungsinstitut im Konzern der amerikanischen Telefongesellschaft →AT&T. Der erste →Transistor, die universelle Programmiersprache →C und das Betriebssystem →UNIX sind nur einige Beispiele für bahnbrechende Entwicklungen der Bell Laboratories.

Bemaßung [dimensioning]

Die Bemaßung gibt mit Hilfslinien und einem Zahlenwert Auskunft über die Abmessungen eines Werkstücks o. Ä. in einer technischen Zeichnung. Die Bemaßung kann von einem →CAD-Programm automatisch erstellt oder vom Anwender vorgegeben werden.

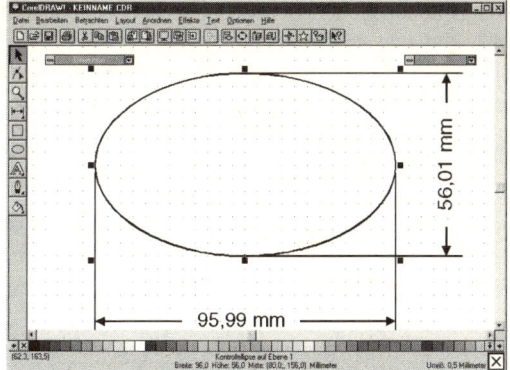

Bemaßungen kann man in Vektor-Programmen wie CorelDRAW durch eingebaute Funktionen besonders leicht erstellen

Benchmark-Test [Geschwindigkeitstest]

Ein Test, der die Verarbeitungsgeschwindigkeit einer Hard- oder Software-komponente durch ein Testprogramm ermittelt, wird Benchmark-Test genannt. Diese Programme oder deren einzelne Komponenten sind i. d. R. speziell auf bestimmte Hardwarekomponenten zugeschnitten: die →CPU, die →Festplatte usw. Die Ergebnisse verschiedener Benchmarkprogramme sind nicht vergleichbar, sondern können nur relative Aussagen liefern.

> **Tipp:** Ein fast als Standard anzusehender Benchmark ist **Sysmark** von der Firma **BapCo**. Die Business Applications Performance Corporation ist eine Nicht-Profit-Organisation von führenden Computerfirmen, die u. a. Benchmarks zum objektiven Geschwindigkeitsvergleich von PCs entwickelt. Der Sysmark-Test ist ein so genannter Anwendungstest, zusammengesetzt aus Modulen verschiedener gängiger Anwendungsprogramme wie →CorelDRAW oder Microsoft →Office, die in einer Art Batch-Verfahren für den Benchmark-Test abgelaufen lassen werden. Es gibt den Test in verschiedenen Versionen, z. B. für unterschiedliche Betriebssysteme (Windows 98, Windows NT etc.) oder aber als allgemeine 32-Bit-Version (Sysmark 32), mit der sich auch die Performance von verschiedenen Windows-Versionen miteinander vergleichen lässt. Der Test ist jedoch kostenpflichtig. Sysmark 32 kostet 99 Dollar, Sysmark 98 dagegen 199. Weitere Informationen und Bestellmöglichkeiten finden Sie im Internet unter *www.bapco.com*. Eine weitere Sammlung guter Benchmark-Programme bietet **Ziff Davis** mit **WinBench** und seinen Ablegern an. Weitere Informationen und die Möglichkeit zum Download finden Sie im Download-Bereich von Ziff-Davis im Internet unter *www.zdplanet.de/download/library/dePAG-wc.htm*.

Benutzerkennung [user ID, user code]

Die Benutzerkennung ist ein eindeutiger Aliasname für einen Nutzer in einem →Datenverarbeitungssystem (einem →Computer oder →Netzwerk). Die Benutzerkennung wird individuell durch den →Systemadministratoren oder einen ihm gleichgestellten Benutzer (z. B. einen Arbeitsgruppen-Manager) vergeben. Neben der Benutzerkennung kann dem einzelnen Benutzer zusätzlich auch noch ein geheimes →Passwort zugewiesen werden, das er ebenfalls bei jeder Anmeldung angeben muss.

Benutzerkonto [user account]

Das Benutzerkonto beinhaltet die Nutzungsberechtigung der Dienste eines Netzwerks für eine bestimmte Person. Der Netzwerk-Administrator teilt demjenigen, der Zugriff auf das Netzwerk benötigt, einen eindeutigen Namen und ein Kennwort zu, mit dessen Hilfe er sich beim →Anmelden eindeutig als nutzungsberechtigt identifizieren kann. Der Benutzername, das Passwort und der Umfang der Nutzungsrechte (Schreib- oder nur Lesezugriff auf bestimmte Rechner, Daten, Festplatten; Rechte, die Reihenfolge in der Druckerwarteschlange zu beeinflussen usw.) werden zusammen als Benutzerkonto bezeichnet.

Benutzeroberfläche [user interface]

Eine Benutzeroberfläche oder Benutzerschnittstelle [**User Interface, UI**] bezeichnet den Teil des →Betriebssystems, der die Kommunikation des Computers mit dem Menschen, dem Nutzer, ermöglicht. Es ist ein System aus Hard- und Software, das dem Benutzer das Arbeiten mit einem Computer nicht nur ermöglichen, sondern auch erleichtern soll. Die ursprünglichste und einfachste ist die **text-** bzw. **zeichenorientierte Benutzeroberfläche**, wie sie z. B. durch einen →Befehls-Interpreter – wie →*Command.com* von →MS-DOS oder *Cmd.exe* unter →Windows NT – vermittelt wird. Siehe hierzu auch weitere Informationen und Abbildung unter →DOS-Prompt.

Eine **grafische Benutzeroberfläche** [Graphical User Interface, **GUI**] erspart dem Anwender i. d. R. die Eingabe von kryptischen Befehlen oder →Kommandos zum Aufruf oder zur Steuerung eines →Programms. Auf dem →Bildschirm sind intuitive grafische Symbole mit unterschiedlichen Funktionen angeordnet, die mit einer →Maus angesteuert werden können und dem Anwender das Erlernen einzelner Befehle und endloser Parameter ersparen.

Wie viele andere bahnbrechende Entwicklungen stammen die Grundidee und erste Realisierungen aus dem berühmten Palo Alto Research Center (→PARC) der Firma →Xerox. Die ersten kommerziell angebotenen →Rechner, die eine mausbedienbare grafische Benutzeroberfläche aufwiesen, waren der Star 8010 von Xerox (1981) sowie der Lisa von →Apple (1983), der Vorläufer des heutigen →Macintosh. Die wohl bekannteste und am weitesten verbreitete grafische Benutzeroberfläche ist →**Windows** von →Microsoft.

BeOS

BeOS ist ein neues, grafisches Multimedia-Betriebssystem für →Intel- und →PowerPC-Prozessoren. Im Gegensatz zu →Windows 95/98 schleppt es aber keine Altlasten aus vergangenen PC-Zeiten wie z. B. DOS-Code mit sich herum, sondern wurde gänzlich neu für die aktuelle Prozessor-Generation des →Pentiums (und aufwärts) entwickelt. Dementsprechend schnell und stabil läuft es auch.

Die aktuelle Version Release 4 (BeOS R4) wird seit Anfang 1999 auch in Deutschland für den günstigen Preis von 139 DM (70 US $, Upgrade von R3 nur 25 US $) vertrieben und ist insbesondere als Multimedia-Betriebssystem für die Verarbeitung von Grafik, Audio und Video ausgelegt. Die Hersteller-

Firma Be gab außerdem Anfang 1999 bekannt, dass PC-Hersteller BeOS 4.0 bei Bündelung (Vorinstallation) mit ihrer Hardware das Betriebssystem vorerst umsonst erhalten können. Seine besonderen Stärken sind neben der hohen Geschwindigkeit und Stabilität v. a. auch eine einfache Bedienung, eine durchgehende Multitaskingfähigkeit sowie die Unterstützung mehrerer Prozessoren. Seine derzeitigen Nachteile (Stand September 1999) sind die noch zu geringe Hardwareunterstützung und die geringe Anzahl an Anwendungsprogrammen, die zudem oft schwer zu beschaffen sind.

BeOS wurde 1990 von Jean-Louis Gassée, einem ehemaligen Präsidenten von →Apple, ins Leben gerufen, als dieser die Firma Be Inc. gegründet hat. Sein Ziel war es, ein ganz neues Multimedia-Betriebssystem zu entwickeln, das nicht die Altlasten vergangener Generationen als Limitierung mitschleppen muss und ganz neue Leistungen bieten sollte.

BeOS ist komplett objektorientiert programmiert, was die Entwicklung und Pflege von Anwendungen für BeOS erleichtern soll. Softwareprogramme für BeOS werden übrigens treffenderweise BeWare genannt, wozu es auch ein eigenes Webangebot gibt (*www.beware.com*), auf dem sich z. B. auch →Sharewareprogramme finden lassen. Eine Besonderheit von BeOS ist außerdem seine Fähigkeit zur „Real-Time"-Bearbeitung, d. h., Daten können in Echtzeit berechnet und verändert und das Ergebnis kann betrachtet werden. Insbesondere für Audio- und Videobearbeitungen bietet das eine optimale Grundlage. Von einigen Herstellern aus diesem Bereich sind entsprechend auch schon Anwendungen für BeOS angekündigt worden, sodass sich BeOS demnächst im Multimedia-Bereich zu einer ernsten Konkurrenz für Microsoft entwickeln könnte. Wer professionell in diesem Bereich arbeitet, sollte sich das neue Betriebssystem unbedingt einmal anschauen. Weitere Informationen findet man im Internet auf den Seiten *www.beeurope.com* und *www. benews.com*. Bestellen kann man BeOS in Deutschland z. B. über Beyond GmbH in 85652 Pliening (Tel.: 08121-9870, *www.beyond.de*) oder unter *www.be-shop.de.*

Bereich [area]

Der Begriff Bereich wird im Zusammenhang mit der →Hardware eines Computers unterschiedlich gebraucht: Im Zusammenhang mit dem →Arbeitsspeicher spricht man von Speicherbereichen, die sich hinsichtlich ihrer Verwendung für Daten oder ausführbare Programme usw. auszeichnen. Unter →MS-DOS können z. B. in den oberen und erweiterten Speicherbereichen keine Programme ausgeführt werden (siehe →EMS, →XMS, →HMA, →UMB). Auch im Zusammenhang mit der Belegung von Speichermedien spricht man von verschiedenen Bereichen, in denen z. B. lediglich Tabellen zur Organisation der gespeicherten Daten enthalten sind (siehe →FAT).

Bericht [report]

Mit Bericht wird die Ausgabe (zumeist Druck) von Daten in einem Datenbank-Programm bezeichnet. Der Begriff ist insbesondere bei Microsoft →Access gebräuchlich und wird z. T. auch von Tabellenkalkulations-Programmen verwendet (→Tabellenkalkulation). Für die Erstellung eines typischen Berichts werden die in Tabellen organisierten Daten durch einen →Filter, eine →Abfrage und/oder eine Berechnung ausgewertet. Die so ermittelten Daten können je nach Programm anschließend noch ähnlich wie in einer Textverarbeitung layoutet werden. Das heißt, ihr Aussehen und ihre Verteilung auf der Druckseite können in gewissen Grenzen z. B. durch die Wahl der Schriftart, -größe und -farbe bestimmt werden. In Access hilft dabei ein so genannter Berichts-Assistent. Das fertige Ergebnis wird dann an den Drucker geschickt, kann z. T. aber auch noch in ein anderes Programm (z. B. eine Textverarbeitung) zur weiteren Überarbeitung und Formatierung exportiert werden.

Berners-Lee, Tim

Tim Berners-Lee gilt als Vater des →World Wide Web (WWW). Er gab am Genfer Forschungszentrum →CERN den Anstoß zur Entwicklung des WWW, indem er im →Internet Dokumente weltweit per →Hyperlinks verknüpfen wollte. Tim Berners-Lee verwirklichte 1989 diese Idee dann erstmals mit dem von ihm erstellten Computerprogramm Enquire. Das WWW konnte sich allerdings erst durch die Definition von →HTML und →URL zu dem weltweiten Informationsnetz entwicklen, das es heute ist.

Bernoulli Box

Bernoulli Box ist der Name eines →Massenspeichergeräts (siehe →Massenspeicher) der Firma Iomega. Als austauschbarer →Datenträger dient ein flexibles Medium in Kontakt zu einer festen Platte, das bei hohen Rotationsgeschwindigkeiten von bis zu 3.000 Umdrehungen pro Minute durch den Bernoulli-Effekt (benannt nach dem Schweizer Physiker Jean Baptiste Bernoulli) stabilisiert wird und mit einem minimalen Abstand an den →Schreib-/Lesekopf herangeführt werden kann. Der Schreib-/Lesekopf schwebt dann in einem Abstand von 0,001 mm über dem Datenträger, was besonders hohe Aufzeichnungsdichten ermöglicht. Bei relativ geringen Außenmaßen verfügt die Bernoulli Box deswegen über eine hohe Speicherkapazität.

Beta-Version

Beta-Version ist die Bezeichnung für eine bereits lauffähige, aber noch nicht für den Vertrieb freigegebene neue Version einer →Hardware oder →Software. Diese Version dient u. a. zum Austesten des Programms und zum Auffinden von versteckten Programmfehlern, welche für die endgültige Version noch bereinigt werden müssen.

> **Tipp:** Der englischsprachige Internetdienst *www.betanews.com* berichtet regelmäßig über aktuelle Beta-Versionen bekannter Softwareprodukte. Wer wissen will, welche Programme in Zukunft auf den Markt kommen und welche Eigenschaften haben, sollte dort regelmäßig vorbeischauen.

Betriebsmittel

Unter Betriebsmitteln oder Ressourcen versteht man alle während des Betriebs nutzbaren Komponenten eines Rechners. Betriebsmittel besitzen für jeden spezifischen →Prozess andere Eigenschaften.

Man unterscheidet zunächst:
- Hardwarebetriebsmittel wie den →Prozessor oder den Speicher
- und Softwarebetriebsmittel wie Programme, Nachrichten usw.

Hinsichtlich der Wiederverwendbarkeit unterscheidet man:
- wieder verwendbare Betriebsmittel wie den Prozessor, den Speicher oder Programme
- und sich verbrauchende Betriebsmittel wie Signale oder Nachrichten.

Betriebsmittel können für einem Prozess
- entziehbar sein wie der Speicher, verschiedene Geräte oder die Rechenzeit
- oder nicht entziehbar sein wie Dateien, der Zugriff auf die Festplatte oder den Drucker.

Betriebsmittel können andererseits auch
- für einen Prozess exklusiv nutzbar sein wie die Rechenzeit oder Signale
- oder durch mehrere Prozesse parallel benutzbar sein wie der Hauptspeicher, Dateien usw.

Betriebsmittelvergabe

Es gibt zwei grundlegende Methoden, die zur Verfügung stehenden →Betriebsmittel den anfordernden →Prozessen zuzuteilen (die so genannte Betriebsmittelvergabe): Es ist zum einen möglich, dass die Prozesse sich kooperativ die vorhandenen Betriebsmittel teilen (siehe →**Kooperatives Multitasking**). Zum anderen kann aber auch das →Betriebssystem die Vergabe der Betriebsmittel zentral steuern und überwachen. Dies erfolgt durch die Anforderung oder Freigabe durch die Prozesse sowie die Zuteilung bzw. den Entzug durch das Betriebssystem (siehe →**Preemptives Multitasking**).

Betriebssystem [operating system]

Das Betriebssystem (abgekürzt **BS**) ist die →Software eines Computers, die das Arbeiten mit dem Rechner durch die Definition von logischen Geräten, Datenstrukturen (Dateien) und Programmen überhaupt erst ermöglicht, steuert, kontrolliert und überwacht. Das Betriebssystem muss demzufolge unbedingt vorhanden sein, damit die →Hardware für beliebige Anwendungen genutzt werden kann. Da der Versuch, das Betriebssystem eines Rechners definieren zu wollen, eher zu unendlichen Abhandlungen führen würde, sollen stattdessen die wichtigsten Komponenten genannt werden, die ein Betriebssystem – je nach konkretem Rechner in unterschiedlichem Maße – enthalten muss:
- Ressourcenverwaltung
- Prozessverwaltung
- Ein-/Ausgabesteuerung und die →Gerätesteuerung
- Dateisystem
- Auftrags-/Sitzungsverwaltung einschließlich der Protokollierung, Messung und Abrechnung
- Benutzeroberfläche
- Sicherheitssystem

Betriebssysteme werden bewertet und verglichen.

Nach der Art des Rechnersystems unterscheidet man zwischen Betriebssystemen für

– den Betrieb am Einzelrechner
– den Betrieb im Rechnerverbund
– den Betrieb im Rechnernetz

Nach den Einsatzanforderungen unterscheidet man zwischen Betriebssystemen für:

– die Stapelverarbeitung
– die Dialogverarbeitung
– die Echtzeitverarbeitung

Nach den Leistungsanforderungen unterscheidet man zwischen Betriebssystemen für:

– den Betrieb am Großrechner
– den Betrieb in der mittleren Datentechnik
– den Betrieb am Personalcomputer (siehe →PC-Betriebssystem)

Nach den Leistungsmerkmalen unterscheidet man schließlich zwischen Betriebssystemen für

– den Single- oder →Multiuser-Betrieb
– den Single- oder →Multitask-Betrieb

Beziérkurve

Beziérkurven sind nach mathematischen Regeln formbare Linien, die für →Vektorgrafiken verwendet werden. Das Besondere an Beziérkurven sind die Knotenpunkte, durch die sie verlaufen und über deren Verschiebung sie geformt werden können.

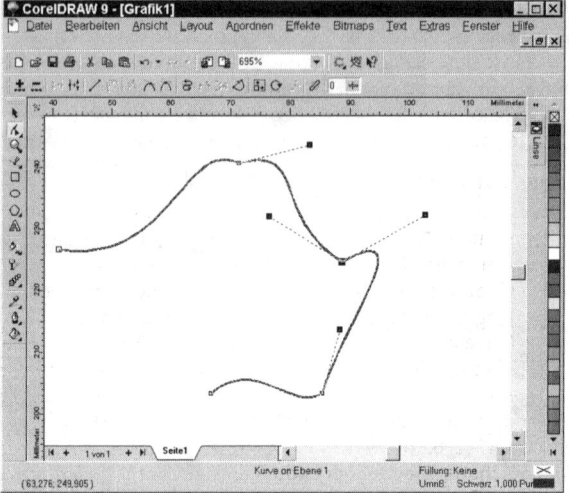

Eine typische Beziérkurve in →CorelDRAW. Wird ein Knoten bearbeitet, so zeigt das Programm immer auch die benachbarten Knoten und seine Verformungshanteln an

Je mehr Knotenpunkte eine Linie hat, desto stärker kann sie an diesen gebogen oder geknickt werden. Um den Winkel und die Art der Verformung (z. B. ob rund oder eckig) an diesen Knotenpunkten genau festlegen zu können, kann man an jedem dieser Punkte eine Art von Angeln oder Hanteln einschalten, über deren Verschiebung man dann feinfühlig den Verlauf der Linie an diesem Knotenpunkt bestimmen kann. Aufgrund dieser Fähigkeiten sind Beziérkurven ein wesentliches Zeichenwerkzeug von modernen Vektorgrafik-Programmen wie →CorelDRAW. Man kann mit ihrer Hilfe eine neue Zeichnung erst mal grob vorzeichnen und anschließend über die Möglichkeiten der Beziérkurve „Fine-Tuning" betreiben. Wichtig ist dabei auch die Fähigkeit, an beliebigen Stellen zusätzliche Knoten hinzuzufügen, andere zu löschen oder Knotenpunkte an den Enden desselben Objekts oder zwei verschiedener miteinander durch eine Linie verbinden zu lassen („verschmelzen" oder „kombinieren" genannt). Das ideale Werkzeug zum Arbeiten mit Beziérkurven ist übrigens ein →Digitalisiertablett.

Bezüge [reference]

Zur Verwendung der Inhalte unterschiedlicher Zellen werden durch die →Adressierung der →Zelle Bezüge hergestellt. Für die Arbeit mit einer Tabellenkalkulation werden **relative** und **absolute Bezüge** unterschieden. Relative Bezüge stellt eine Angabe wie zwei Spalten nach links und drei Zeilen nach oben dar, die beim Kopieren einer →Formel automatisch angepasst wird. Absolute Bezüge werden als Zelladresse verwaltet, die immer gleich bleibt. Verwendung finden absolute Bezüge z. B., wenn verschiedene Kreditangebote verglichen werden: Die Kreditsumme wird nur einmal angegeben und der Bezug auf diese Zelle wird als absoluter Bezug fixiert. Wenn dann die Formel kopiert wird, bleibt der Bezug auf die Kreditsumme immer bestehen.

Bibliothek [library]

Eine Bibliothek ist eine Sammlung von abgeschlossenen Programmteilen, Funktionen oder →Makros für bestimmte, oft wiederkehrende Teilprobleme als Bestandteil eines →Entwicklungssystems, die mitgeliefert, zusätzlich erworben und selbst aufgebaut oder erweitert werden kann.

Bibliotheksdatei [runtime library]

Eine Bibliotheksdatei, oft auch mit dem englischen Begriff runtime library bezeichnet, dient zur Speicherung von Prozeduren und Funktionen, auf die im Rahmen verschiedener Programme zurückgegriffen werden kann (siehe →Bibliothek, →Prozedur, →Funktion, →DLL). Solche Bibliotheksdateien gibt es für alle gängigen Programmiersprachen und werden von vielen Programmen zum korrekten Laufen benötigt. Wenn der Hersteller vergessen hat, die Bibliotheksdateien (meist →dll-Dateien) mitzuliefern, kann das Programm nicht ausgeführt werden. Ein Teil der Bibliotheksdateien wird schon von Windows mitgeliefert, die anderen muss man sich manchmal regelrecht „zusammensuchen" (z. B. im →Internet). Einmal vorhanden, sollte man sich die wichtigsten sichern. Die nachfolgende Tabelle nennt die wichtigsten Dateien, die zu dieser Gruppe gehören.

Runtime-Library	Bemerkung
Ctl3d.dll und verwandte (ctl3d32.dll, ctl3dvs2.dll) und ähnliche	Windows bzw. Microsoft zur Darstellung von 3-D-Strukturen in Dialogfenstern. Existiert in verschiedenen Versionen (16 und 32 Bit und für Windows 95 bzw. NT 4).
bwcc.dll (neue Versionen mit höherer Nummer)	Borland Windows Custom Controll, zum korrekten Darstellen von Programmfenstern, die mit Borland-Programmiersprachen hergestellt wurden.
vb200.dll, vb300.dll, vb400.dll, vb40032.dll etc.	Visual Basic Runtime Library, notwendig zum Ablauf von mit Visual Basic erstellten Programmen
mfc40.dll, mfc42l.dll, msvrct40.dll u. Ä.	Microsoft Foundation Class: Runtime Libraries für Programme, die mit Visual C++ erstellt wurden. Gibt es in verschiedenen Ausführungen/Versionen
msvcrt20.dll	Microsoft Visual C 2.0 Runtime Library
olepro32.dll	OLE-Standard-Library von Windows 95/98

Bidirektional [bidirectional]

Eine Kommunikation oder ein Informationskanal ist bidirektional, wenn die Übertragung von Informationen oder Daten in beide Richtungen möglich ist (siehe →Duplex).

Big Blue

Big Blue ist eine etwas laxe Bezeichnung für den Computer- und Software-konzern →IBM, die auf dessen (frühere) Vorliebe für die blaue Farbe (z. B. des Einbands von Dokumentationen oder des IBM-Logos) anspielt.

BIGFON (Breitbandiges Integriertes Glasfaser-Fernmelde-Ortsnetz)

BIGFON ist das Breitband-Glasfaser-Netz der Telekom, die damit die Möglichkeiten zur Telekommunikation mit Glasfasern (Lichtwellenleitern) testet. Es kann auch als erweitertes ISDN-Netz angesehen werden. Mit diesem System können Telefon-, Text- und beliebige Computer-Daten mit höherer Störsicherheit und Geschwindigkeit übertragen werden, als es bisher im ISDN mit seinen zumeist noch aus Kupfer bestehenden Kabeln möglich ist.

Bildbearbeitung [picture processing]

Einfachste Bildbearbeitung am →Computer zielt auf das Einfügen oder Zusammenfügen von Bildern. Andere Bildbearbeitungsroutinen wirken auf die Intensität in einzelnen Bildpunkten und dienen z. B. der Grauwert- oder Farbkorrektur. Komplexe Bildbearbeitungsroutinen benutzen spezielle Filter, die sich als mathematische Funktionen zur Verknüpfung der Intensitäten benachbarter (oder aller) Bildpunkte darstellen lassen. Ziele sind das Herausfiltern, das Erkennen und die Analyse von Bilddetails.

Bildbearbeitungsprogramm [picture/photo editor]

Ein Bildbearbeitungsprogramm ist ein →Programm, das u. a. zur Nachbearbeitung mit einem →Scanner eingelesener Bilder mit dem Computer dient. Mit Hilfe derartiger Programme können Farbkorrekturen, Formatänderungen oder Montagen vorgenommen, Bildelemente verschoben, kopiert, eliminiert und modifiziert werden. Programme, die weit höheren Anforderungen bis hin zur Analyse und Durchführung von Messungen gerecht werden, nennt man meist Bildverarbeitungsprogramme. **Adobe Photoshop**, **Paint Shop Pro**, **Corel PHOTO-PAINT** oder **Ulead PhotoImpact** sind Beispiele für bekannte Bildbearbeitungsprogramme.

Bildlaufleisten [scroll bars]

Die Bildlaufleisten befinden sich am unteren und rechten Rand des Fensters einer grafischen →Benutzeroberfläche, sofern der Inhalt des Fensters über dessen Begrenzungen hinausragt. Mit Hilfe der Bildlaufleisten kann der Fensterinhalt verschoben werden (→Scrollen) und der momentan nicht sichtbare Teil sichtbar gemacht werden.

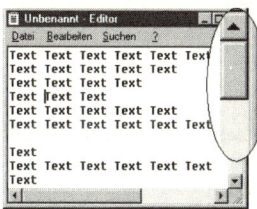

Mit Hilfe der für Windows-Programme typischen Bildlaufleisten können Sie den Dokumentausschnitt →scrollen

Bildröhre [picture oder electron tube]

Die Bildröhre ist eine →Elektronenstrahlröhre, bei der die Elektronenstrahlen durch eine Ablenkeinheit – bestehend aus zwei Spulenpaaren – elektromagnetisch abgelenkt werden, um auf dem Bildschirm das gewünschte Bild zu erzeugen.

Bildschirm [screen, display]

Der Bildschirm ist ein Ausgabegerät, das Texte und Grafiken anzeigt, die durch einen Computer bearbeitet werden. Man unterscheidet u. a. Elektronenstrahlröhren (Bildröhre), Flüssig-Kristall-Bildschirme (siehe →LCD) und Plasma-Bildschirme, jeweils noch einmal unterteilt in Farb- und Monochromsysteme. Weitere Informationen siehe →Monitor.

Bildschirmmaske [screen mask]

Die Bildschirmmaske ist ein wichtiger Bestandteil von Farbbildschirmen (vgl. →Monitor), die nach dem Kathodenstrahlprinzip arbeiten. Die wohl bekannteste und typische Bildschirmmaske ist die so genannte **Lochmaske**. Auf der Innenseite des Bildschirms sind bei ihr für jeden Bildpunkt drei einzelne Leuchtpunkte für die drei Grundfarben angebracht. Kurz davor befindet sich eine dünne metallische Folie, in der sich für jeden Bildpunkt wiederum drei feine Löcher befinden. Die den drei Grundfarben zugeordneten separaten Elektronenstrahlen werden durch die Lochmaske nur auf die jeweils zugehörigen Leuchtpunkte der Phosphorschicht durchgelassen, sodass durch die jeweilige Intensität der Elektronenstrahlen ein farbwertrichtiges Bild entstehen kann.

Bei vielen Bildschirmen wird die Lochmaske auch durch eine **Streifenmaske** aus fein gespannten Drähten (bekannt von der Sony Trinitron- oder Mitsubishi Diamondtron-Röhre) oder durch die von der Firma NEC entwickelte **Schlitzmaske** ersetzt, bei der die Maske, wie der Name schon sagt, schlitzförmige Durchgänge für die Elektronenstrahlen hat. Sie erfüllen prinzipiell die gleiche Aufgabe, haben aber eine etwas bessere Geometrie (siehe Abbildung bei →Monitor) und eine höhere Leuchtdichte. Vergleiche hierzu auch die Informationen und Abbildungen bei →Punktabstand.

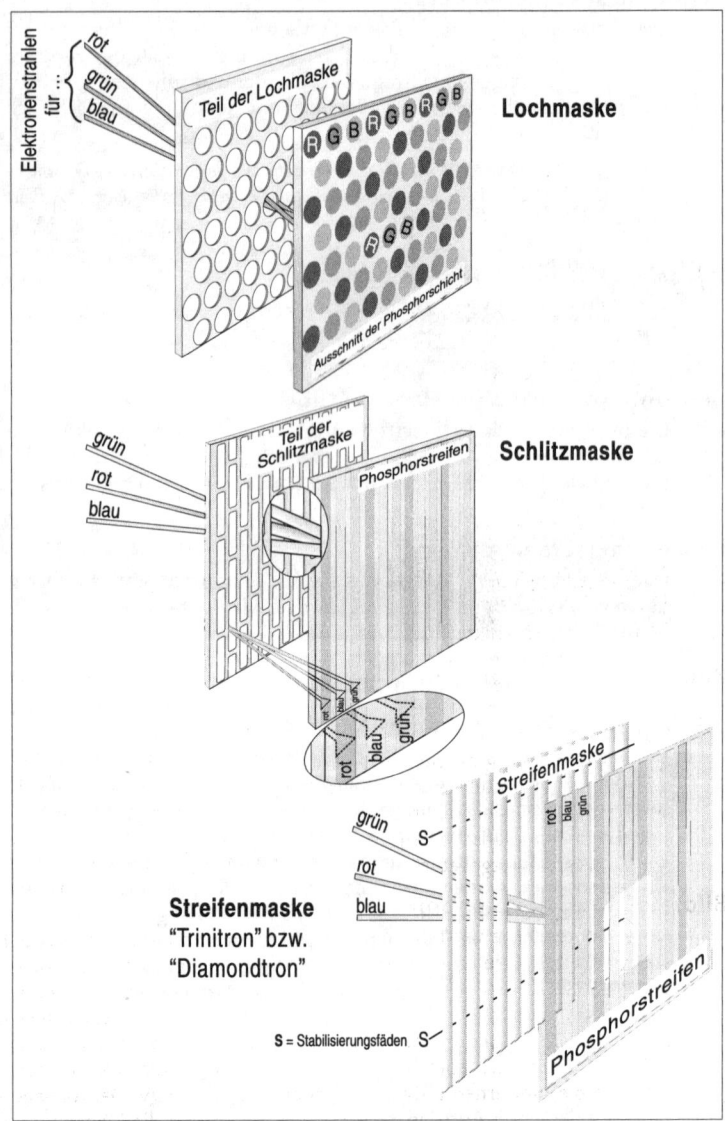

Schematische Darstellung der verschiedenen Bildschirmmasken-Typen moderner Monitore

Bildschirmschoner [screen saver]

Bildschirmschoner sind im →Hintergrund laufende Programme, die Tastatur- und Mausaktivität überwachen und nach einer gewissen, vorwählbaren Zeit der Inaktivität den Bildschirm abdunkeln oder eine Abfolge von Figuren darstellen. Bei früheren monochromen Bildschirmen war das Einbrennen der oft starren Bildstrukturen in die phosphoreszierende Beschichtung des Monitors ein ernstes Problem, das Bildschirmschoner aufkommen ließ. Heutige Farbbildschirme und die variablen Bildschirminhalte bei grafisch orientierten Systemen und Programmen haben Bildschirmschoner eigentlich entbehrlich gemacht, sie haben allerdings als netter Pausenfüller und Sichtschutz überlebt. Quellen für unterhaltsame Bildschirmschoner gibt es viele, z. B. auf zahlreichen Shareware-CDs sowie speziellen Sammlungen, wie dem FunPack von →DATA BECKER oder dem bekannten Programm →After Dark. Aber auch im Internet findet man Bildschirmschoner zum freien Download wie etwa unter der Adresse *www.ratloaf.com.*

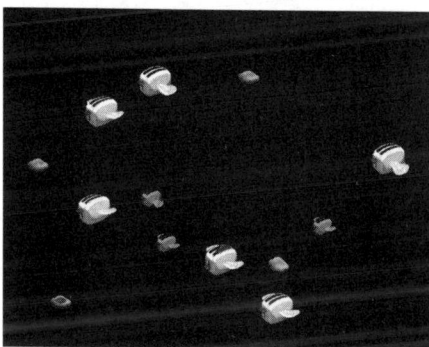

Der wohl bekannteste Bildschirmschoner – Die fliegenden Toaster von →AfterDark

Bildschirmtreiber [graphics driver]

Der Bildschirmtreiber ist eine Software, die die Ansteuerung der →Grafikkarte in Zusammenarbeit mit anderen Soft- und Hardwarekomponenten realisiert. Besonders grafische →Benutzeroberflächen sind auf den Bildschirmtreiber als Schnittstelle zur Hardware angewiesen, um eine Möglichkeit zu bekommen, alle Fähigkeiten der Hardware voll auszunutzen. Bildschirmtreiber für gängige grafische Benutzeroberflächen werden i. d. R. vom Hersteller der Grafikkarte mitgeliefert.

Bildtelefonie [video phoning]

Unter Bildtelefonie versteht man die gleichzeitige Übertragung von Bildern während eines Telefongesprächs. Im Idealfall werden die Bilder mehrmals pro Sekunde aktualisiert, sodass der Eindruck einer Video-Telefonie entsteht. Als eine höhere Stufe von Bildtelefonie kann die →Videokonferenz angesehen werden. Bildtelefonie ist zwar technisch schon seit vielen Jahren möglich, konnte sich aber bisher v. a. wegen hoher Kosten kaum durchsetzen. Erst die modernen Entwicklungen des PC- und EDV-Markts haben der Bildtelefonie einen Auftrieb gegeben. Vorteilhaft für die Übertragung von Bildern ist dabei insbesondere die Bandbreite des verwendeten Telefonnetzes, die erst →ISDN zufrieden stellend liefern konnte. Der PC bietet sich sowohl für die Bildtelefonie als auch für die Videokonferenz an. Das ist theoretisch auch über das Internet möglich, natürlich leidet die Bildqualität unter der geringen Bandbreite entsprechend stark (siehe auch →Netmeeting und →Internettelefonie).

Es gibt mittlerweile eine Reihe von Lösungen, die sich preislich und in der Leistung stark unterscheiden. Wer einfache Bildtelefonie machen will, braucht folgende Dinge:

– Für die Datenübertragung eine →ISDN-Karte oder einen ISDN-Terminaladapter (→a/b-Terminaladapter).

– Zum Aufzeichnen der Bilder eine analoge oder digitale Kamera (z. B. die QuickCam). Wer eine analoge Kamera einsetzt, braucht außerdem eine Framegrabber-Karte (→Framegrabber), um die Bilder für den PC zu digitalisieren. Viele moderne →3-D-Grafikkarten haben solche Framegrabber-Funktionen bzw. Video-In/Out-Anschlüsse mittlerweile aber integriert.

– Eine Software, die das Zusammenspiel von Kamera, ISDN-Gerät und Datenaustausch mit der Gegenstelle steuert, z. B. Microsoft →**Netmeeting** oder CUSeeMe.

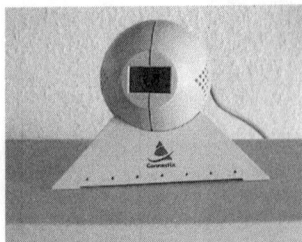

Eine einfache Camera wie die QuickCam von Logibyte wird über den →Parallel-Port oder →USB angeschlossen und kostet ca. 100-200 DM. Die Frameraten sind aber sehr niedrig

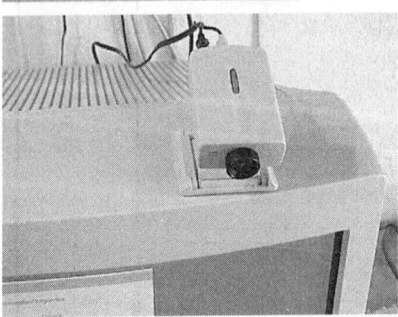

Eine solche analoge Farbkamera von Sony kostet 400-500 DM und braucht zusätzlich eine Framegrabber-Karte

Alle diese Komponenten sind einzeln für Preise von wenigen Hundert Mark zu kaufen und können meist beliebig kombiniert werden. Die reibungslose Zusammenarbeit ist aber nicht garantiert, sondern hängt von den Treibern und der Software ab. Bei hochwertigen Videokonferenz-Systemen, z. B. von Elsa, handelt es sich dagegen meist um abgestimmte Komplett-Lösungen mit entsprechend höheren Preisen, die sich für Privatanwender aber nicht lohnen.

Die deutsche Telekom bietet seit Mitte 1998 für rund 1000 DM das komplett integrierte Bildtelefon T-View 100 an, das vollständig nach dem üblichen H.320-Standard für Bildtelefonie arbeitet. Voraussetzung ist aber auch hier natürlich, dass die Gegenseite das gleiche oder ein hierzu kompatibles Gerät benutzt. Dann kann man aber auf einem etwa postkartengroßen Display in Farbe sein Gegenüber sehen. Das Angebot wird durch etliche neu eingerichtete Dienstleistungen (zumeist nur sehr kostenintensiv über 0190er-Nummern erreichbar) abgerundet. Beispielsweise kann man Wetterauskünfte von verschiedenen Regionen Deutschlands abrufen und über eine auf der Gegenseite installierte Kamera sozusagen einen Blick aus dem dortigen Fenster werfen. Die Leistungsfähigkeit und Bildqualität ist recht gut, v. a. der sehr gute, automatische Weiß- und Helligkeitsabgleich ermöglicht den Einsatz unter verschiedenen Lichtbedingungen. Aufgrund der geringen Größe und Auflösung und der notwendigen Kompression sind der sichtbaren Bildinformation natürlich enge Grenzen gesetzt. Außerdem werden normalerweise beide ISDN-B-Kanäle für die Übertragung benötigt, sodass die Telefongebühren entsprechend hoch sind und man nicht gleichzeitig auf der normalerweise sonst vorhandenen freien Leitung erreichbar ist.

Tipp: Die meisten preisgünstigen PC-Fernsehkarten (z. B. die **WinTV** von **Hauppauge**) lassen sich mit einem Treiber auch für die Bildtelefonie nutzen. Man braucht nur noch eine analoge →Videokamera und eine →ISDN-Karte.

Bildtrommel [picture drum]

Als Bild- oder Drucktrommel wird die lichtempfindliche fotoelektrische Trommel in Laser- oder LED-Druckern (siehe →Laserdrucker) bezeichnet. Beim Drucken wird durch den fotoelektrischen Effekt ein Ladungsbild auf der Bildtrommel erzeugt, das die Farbstoffteilchen aufnimmt. Diese werden auf das Druckmedium übertragen und durch Wärmeeinwirkung fixiert.

Bildwiederholfrequenz [refresh rate]

Die Bildwiederholfrequenz, auch **Monitorfrequenz** genannt, gibt an, wie oft das komplette Bild auf dem →Monitor pro Sekunde neu aufgebaut wird. Je höher diese Frequenz ist, desto weniger ist ein Bildschirmflimmern wahrnehmbar. Für ermüdungsfreies Arbeiten werden Bildwiederholfrequenzen von mehr als 72 Hz empfohlen. Wenn ein Monitor nicht mit der erforderlichen Bildwiederholfrequenz arbeiten kann, wird das Interlace-Verfahren (siehe →Interlace) verwendet, das bei heutigen Monitoren nicht mehr erforderlich ist und gemieden werden sollte.

Horiz. Zeilenfrequenz des Monitors (typisch für...)	Mögliche Bildwiederholfrequenz bei gegebener Auflösung
35 kHz (14 Zoll)	70 Hz bei 640 x 480
38 kHz (14 Zoll)	75 Hz bei 640 x 480
48 kHz (15 Zoll)	96 Hz bei 640 x 480
48 kHz (15 Zoll)	72 Hz bei 800 x 600
64 kHz (15 Zoll)	96 Hz bei 800 x 600
64 kHz (17 Zoll)	80 Hz bei 1024 x 768
82 kHz (17 Zoll)	98 Hz bei 1024 x 768

Horiz. Zeilenfrequenz des Monitors (typisch für...)	Mögliche Bildwiederholfrequenz bei gegebener Auflösung
85 kHz (20 Zoll)	80 Hz bei 1280 x 1024
112 kHz (21 Zoll)	100 Hz bei 1280 x 1024
112 kHz (21 Zoll)	80 Hz bei 1600 x 1200

Binär [binary]

In einem binären (zweiwertigen) System sind genau zwei Zustände möglich, die üblicherweise mit den Ziffern 0 und 1 bezeichnet werden. So kann z. B. eine Speicherzelle in einem Rechner nur die Ziffern 1 oder 0 darstellen. Alle Buchstaben, Sonderzeichen und Dezimalziffern sowie mehrstellige Dezimalzahlen müssen durch mehrstellige Binärcodes dargestellt werden (siehe →ASCII, →Dualsystem, →Bit, →Byte).

Binärzahl [binary number]

Der Begriff Binärzahl wird auch oft als Synonym für →Dualzahl verwendet.

BIOS (Basic Input Output System)

Das BIOS (Abk. f. „einfaches Ein-/Ausgabesystem") ist das grundlegende Systemprogramm eines PCs, das unmittelbar nach dem Einschalten zur Verfügung steht, da es in einem Festwertspeicher (siehe →ROM) auf dem →Mainboard gespeichert ist. Gebräuchlich ist daher auch der Begriff „ROM-BIOS", der aber nur die übliche Speicherform des BIOS meint. Das BIOS ist kein Teil eines Betriebssystems, sondern diesem vorgelagert und sollte für die Zusammenarbeit mit jedem beliebigen →Betriebssystem offen sein. Das BIOS besteht aus zwei wesentlichen Teilen:

Der **erste Teil** des BIOS ist ein Programm, das nach dem Einschalten des PCs automatisch gestartet wird und alle Hardwarekomponenten der Reihe nach testet, initialisiert und gegebenenfalls Fehlermeldungen ausgibt (siehe →**POST**). Zur Initialisierung werden u. a. Speicherbereiche des →CMOS-RAM ausgewertet. Im →Arbeitsspeicher werden Bereiche mit Parametern über die konkrete Ausstattung des PCs zur späteren Verwendung erstellt. Zum Abschluss der Test- und Initialisierungsphase lädt das BIOS den ersten →Sektor des Speichermediums und übergibt die Kontrolle an das dort enthaltene Programm. Auf einer →Diskette befindet sich im ersten Sektor der →Bootsektor mit dem Urlader. Bei einer Festplatte ist im ersten Sektor der Master-Bootsektor mit der Partitionstabelle und einem kleinen Programm gespeichert, das die Partitionstabelle auswertet, den Bootsektor am Anfang der aktiven →Partition sucht, einlädt und die Kontrolle an den dort befindlichen Urlader übergibt. Der **zweite Teil** des BIOS besteht aus einer umfassenden Sammlung von elementaren Programmen, die die Zusammenarbeit zwischen dem →Prozessor und den einzelnen Rechnerkomponenten auf niedrigster Ebene abwickeln. Diese BIOS-Routinen stehen in der Folgezeit allen übergeordneten Programmen, vom Betriebssystem bis hin zu Anwendungsprogrammen, zur Verfügung.

```
                    ROM PCI/ISA BIOS (PI55T2P4)
                       CMOS SETUP UTILITY
                      AWARD SOFTWARE, INC.

   STANDARD CMOS SETUP              SUPERVISOR PASSWORD

   BIOS FEATURES SETUP              USER PASSWORD

   CHIPSET FEATURES SETUP           IDE HDD AUTO DETECTION

   POWER MANAGEMENT SETUP           SAVE & EXIT SETUP

   PNP AND PCI SETUP                EXIT WITHOUT SAVING

   LOAD BIOS DEFAULTS

   LOAD SETUP DEFAULTS

   Esc : Quit                    ↑ ↓ → ← : Select Item
   F10 : Save & Exit Setup       (Shift)F2 : Change Color


             Time, Date, Hard Disk Type...
```

Eingangsbildschirm des AWARD BIOS

Tipp: Aufrufen und Verlassen des BIOS. Bei fast allen PCs aktiviert man das BIOS, indem man beim Booten die ⎣Entf⎦-**Taste** drückt, und zwar während auf dem Bildschirm eine entsprechende Meldung (meist *Press DEL to enter Setup*) erscheint. Alternativ werden oft auch die Tasten ⎣F1⎦, ⎣Strg⎦+⎣F1⎦ oder ⎣Esc⎦ verwendet. Wenn dies nicht funktioniert, versuchen Sie mal, mit gezogenem Tastatur-Stecker zu booten, oft kommt dann eine entsprechende Meldung. Beim **Verlassen** des BIOS müssen Sie daran denken, dass dort fast immer die englische Tastaturbelegung gilt. Sie müssen daher die ⎣Z⎦-Taste drücken, um mit *„(Y)es"* das Verlassen des BIOS bestätigen zu können.

BIOS-Update

Unter einem BIOS-Update versteht man die Prozedur, mit der man eine neue BIOS-Version (siehe →BIOS) in den entsprechenden →EEPROM-Speicher seines PCs einspielt. Dafür braucht man vom Hersteller des →Mainboards nicht nur eine Datei, die die aktuelle Version des BIOS enthält, sondern auch ein spezielles Programm, meist Flash-Utility genannt, mit dem man das EEPROM beschreiben kann. Ein BIOS-Update ist häufig notwendig, weil auch die Software im BIOS fehlerhaft sein kann oder weil neue Hardware auf dem Markt existiert (z. B. ein neuer Prozessor), die mit der alten BIOS-Version nicht richtig läuft.

Noch vor wenigen Jahren war es zur Durchführung eines BIOS-Updates notwendig, auf dem Mainboard die Stromversorgung des EEPROM-Chips manuell von zumeist 5 auf 12 Volt zu erhöhen, um den Speicher so beschreibbar zu machen. Dafür musste meist ein spezieller →Jumper in der Nähe des Chips umgestellt werden. Bei den meisten modernen Boards ist das nicht mehr notwendig. Das Mainboard bzw. der EEPROM-Chip wird durch das Flash-Utility mittlerweile zumeist automatisch in den beschreibbaren Zustand versetzt. Wenn die Umstellung manuell erfolgen muss, müssen Sie unbedingt daran denken, die normalen, alten Einstellungen nach der Durchführung wieder zu aktivieren.

Die Durchführung eines BIOS-Updates ist zumeist kein Problem und birgt auch keine sonderlichen Risiken. Die aktuellen Dateien bzw. Versionen findet man im →Internet auf der →Homepage des Herstellers. Man muss nur peinlich genau darauf achten, auch exakt die richtige Version für das eigene Board zu haben. Die Typenbezeichnung sollte daher sehr genau gekannt werden. Die eigentliche Durchführung erfolgt dann unter DOS, indem man den Rechner mit einer →Bootdiskette startet und dann das BIOS mit dem Flash-Utility bespielt. BIOS-Datei und Utility sollte man dafür zuvor auf die Bootdiskette kopiert haben. Wichtig ist, dass man während der Aktualisierung nicht am PC arbeiten darf und ihn auch nicht ausschalten darf.

Ist die Aktualisierung fehlgeschlagen und lässt sich der Rechner nicht mehr starten, braucht man auch keine besondere Angst zu haben. Zur Not kann man sich beim Händler einen komplett neuen EEPROM-BIOS-Chip besorgen und diesen einfach gegen den alten, defekten austauschen. Die Kosten sollten nur wenige Mark betragen.

BISYNC (BInary SYNchronous Communication)

Das BISYNC-Protokoll (Abk. f. „synchrone Binärkommunikation") dient der synchronen →Datenübertragung (siehe auch →Übertragungsprotokoll).

Bit (Binary digit)

Bit (Abk. f. Binärziffer) ist die Bezeichnung für die kleinste Informations- und Speichereinheit in einem Rechner. Ein Bit kann die Werte 1 und 0 annehmen. Durch die Aneinanderreihung dieser beiden Ziffern kann jede beliebige Information dargestellt werden (siehe →Binär).

Bit/s

Die Maßeinheit der →Datentransferrate ist Bit pro Sekunde – Bit/s.

Bitmap

Ein Bitmap bzw. eine Bitmap-Grafik (auch Raster- oder →Pixelgrafik genannt) ist ein elektronischer Bildtyp, der aus einzelnen Bildpunkten (→Pixel) mit zugehörigen Helligkeits- und Farbwerten zusammengesetzt ist. Eine Bitmap-Grafik kann nicht ohne Qualitätsverlust beliebig vergrößert werden, da dabei die Bildpunkte auch vergrößert werden und die Grafik „klotzig" erscheint. Der Vorteil einer Bitmap-Grafik besteht jedoch darin, dass jeder einzelne Bildpunkt bearbeitet werden kann, was umfangreiche Bildbearbeitungs-Möglichkeiten zulässt.

Bitmap-Grafiken sind z. B. das typische Resultat eines Scanvorgangs (siehe →Scanner) oder das Bild aus einer digitalen Kamera. Im Gegensatz zur Bitmap-Grafik steht die →Vektorgrafik. Die Umwandlung von Bitmap-Grafiken in Vektorgrafiken (die so genannte Vektorisierung) erfolgt durch Tracing-Programme, die die Konturen einer Bitmap-Grafik verfolgen und in Kurven (Vektorobjekte) umwandeln. Ein solches Tracing-Programm ist z. B. Corel-TRACE oder Adobe Streamline.

Das Standard-Bitmap-Format unter Windows ist das so genannte **BMP**-Format; entsprechende Bilder haben sinnigerweise die Dateinamenserweiterung *.bmp* (→Erweiterung). Das BMP-Format kann Schwarzweiß- und Colorbilder mit 1, 4, 8 oder 24 Bit Informationstiefe verarbeiten. Ein echtes Graustufen-Format existiert nicht, obwohl natürlich Bilder mit nur Grautönen im 256-Farbformat dargestellt werden können.

Das Format wird von allen Windows-Programmen beherrscht, ist damit also der unterste gemeinsame Level zum Datenaustausch (ähnlich wie das Windows-Metafile-Format, WMF, bei Vektorgrafiken). Das BMP-Format speichert Grafiken ohne →Datenkompression →Pixel für Pixel und wird u. a. für die Hintergrundbilder der Arbeitsoberfläche →Windows (→Desktop) verwendet. Es hat den Nachteil, aufgrund fehlender Kompression sehr große Dateien zu erzeugen. Der Vorteil ist aber, dass es alle Programme ohne Importfilter einlesen können. Unter der Textverarbeitung Word für Windows können so z. B. Fotos mit den geringsten Problemen und gänzlich ohne Filter eingebunden werden.

Bitnet (Because it's time network)

Das Bitnet (Abk. f. „weil-es-Zeit-ist-Netzwerk") war ein universitäres Computernetz, das ursprünglich aus IBM-Großrechnern (siehe →IBM) bestand, die über Standleitungen miteinander verbunden waren. Bereits vor geraumer Zeit wurde Bitnet mit dem CSNET (Computer and Science Network), einem weiteren universitären Netz, zum CREN (The Corporation for Research and Educational Network) verschmolzen. Basis sind immer noch IBM-eigene Transportprotokolle.

B-Kanal [bearer channel]

Die beiden B-Kanäle (englisch für Bearer = Träger) eines Basisanschlusses stellen die Nutzkanäle im →ISDN dar. Neben den B-Kanälen stellt ein →ISDN-Basisanschluss einen zusätzlichen Steuer- oder →D-Kanal mit 16 KBit/s bereit. Im B-Kanal erfolgt die →Digitale Sprachübertragung mit 64 KBit/s auf der Basis der →Pulse code modulation (in den USA mit 56 KBit/s). Der Datentransfer wird zumeist über die Protokolle der →Verbindungsschicht →ITV-T X.75, HDLC oder auch noch V.110 abgewickelt (siehe →ISDN-Übertragungsstandards).

Während das – wie HDLC auf →SDLC basierende – paketorientierte synchrone →Protokoll X.75 die volle Kapazität eines Kanals mit der →Datentransferrate von 64 KBit/s ausnutzt, arbeitet das →asynchrone Protokoll V.110 mit Transferraten von 9.600-38.400 Bit/s. Theoretisch können auch mehrere V.110-Verbindungen gleichzeitig über einen B-Kanal eröffnet werden, was jedoch praktisch kaum realisiert wird.

Mit der Zusammenfassung zweier B-Kanäle durch ein Protokoll zur →Kanalbündelung kann mit den beiden B-Kanälen eines Basisanschlusses eine Datentransferrate von bis zu 128 KBit/s erreicht werden, was für →Bildtelefonie und →Videokonferenz von Interesse ist.

Blank [Leertaste]

Auch im Deutschen oft unter Computer-Profis verwendete Bezeichnung für die Leertaste der Tastatur. Die Leer- oder Blanktaste ist die unterste breite Taste in der Mitte der Tastatur, die zur Erzeugung eines Leerzeichens dient

Sie wird normalerweise nur mit den Daumen bedient. Zur Abbildung vergleiche →Tastatur.

Blindfarbe [blind color]

Unter einer Blindfarbe versteht man allgemein die Farbe einer Vorlage, für die ein Lichtempfänger nicht sensibilisiert ist. Blindfarben spielen insbesondere bei der Aufnahme farbiger Vorlagen mit einem →Scanner eine Rolle. Schwarzweiß-Scanner arbeiten z. B. üblicherweise mit einer Lichtquelle im grünen Spektralbereich sowie mit Sensoren, die dort das Maximum ihrer Empfindlichkeit haben. Für diese Scanner sind deswegen purpurne Farben einer Vorlage die Blindfarbe. Bei einigen besonders hochwertigen Scannern kann man die spektrale Charakteristik der Lichtquelle jedoch – meist zum roten Spektraldrittel hin – umschalten, wodurch sich als Blindfarbe die Vorlagenfarbe Blaugrün ergibt. Diese Umschaltung erweist sich z. B. dann als hilfreich, wenn Texte auf farbig unterlegten Formularen oder Ähnliches zu erkennen sind.

Block [block]

Kurzbezeichnung für →Datenblock. Gemeint ist eine in sich geschlossene Datenmenge, die z. B. für Datenfernübertragungen oder Bearbeitungen in einem Programm zusammengestellt wird. Ein Block besteht nicht nur aus der eigentlichen Datenmenge (Information), sondern zusätzlichen kontrollierenden Zeichen (z. B. Anfangs- und End-Steuerzeichen). Weitere Informationen siehe →Datenblock.

Blocksatz [grouped style]

Blocksatz ist eine Gestaltungsform von Text, bei der die einzelnen Zeilen des Textes so ausgerichtet werden, dass sie zum linken und rechten Rand bündig abschließen (siehe →Textverarbeitung). Die normalen Textabsätze dieses Buches sind z. B. im Blocksatz formatiert.

Blue book [Blaues Buch]

Der Blue Book-Standard (Blaues Buch) ist eine Ende 1995 von Sony und Philips definierte Norm für die so genannte **CD-Extra**, eine Variante der →CD-ROM, die neben mehreren Audio-Informationsspuren (Audio-Tracks) eine Datenspur (Daten-Track) enthält. Die frühere Bezeichnung für CD-ROMs dieser Art war **CD-Plus**. Die CD-Extra wurde entwickelt, um Audio-CDs mit zusätzlichen Dateninformationen zu versehen (z. B. Texte zum Interpreten, den Liedern etc.), die allerdings nur von einem entsprechenden Laufwerk gelesen werden können. Da die Datenspur im Gegensatz zu früheren Versionen bei der CD-Extra in einer eigenen Session hinter den Audio-Spuren kommt, ist sie für einen herkömmlichen Audio-CD-Spieler gar nicht existent. Bei der CD-Plus konnte es vorkommen, dass ein Audio-CD-Player die Datenspur als Musik zu interpretieren versuchte, was den Boxen der Hi-Fi-Anlage und den Ohren des Zuhörers meistens nicht gerade gut bekam. Wer ein Multisession-fähiges CD-ROM-Laufwerk z. B. im Computer besitzt, kann die Datenspur aber ohne Probleme auslesen.

BNC (Bayonet Nut Coupling)

BNC (Abk. f. Bajonett-Gewinde-Verschluss) ist ein besonderer Anschluss-bzw. Steckertyp, wie er v. a. bei hochwertigen Monitoren verwendet wird. BNC-Stecker haben einen konzentrischen Innenleiter und bis in die Bajonettverriegelung eine Außenabschirmung, sodass sie für Übertragungen störempfindlicher Signale besonders geeignet sind, zumal da sie auch sehr verbindungsstabil und zugfest sind.

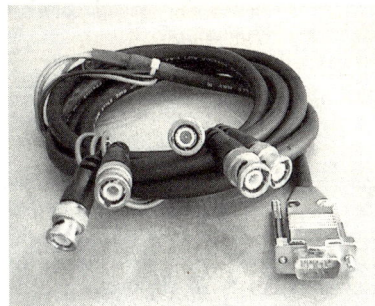

Ein BNC-Kabel zum Anschluss an den Monitor mit fünf Kanälen für die drei Grundfarben (RGB) sowie horizontales und vertikales Steuersignal

B-Netz

1972 als zweites analoges Mobilfunknetz in der BRD nach dem →A-Netz eingerichtet. Verbindungen können schon selbst gewählt werden. Da es noch nicht aus Zellen aufgebaut war, musste ein Anrufer den Standort der gewünschten Mobilstation kennen. Das B-Netz wurde technisch noch zum B1- und B2-Netz weiterentwicklelt, schließlich aber vom heutigen →C-Netz, →D-Netz und →E-Netz abgelöst.

Bookmark [Lesezeichen]

Bookmarks werden hauptsächlich von →Webbrowsern genutzt, um Internetadressen (→URL) zu speichern und später leicht wieder aufrufen zu können. Mit Hilfe spezieller Software (z. B. Bookmark-Manager) können übrigens die Bookmarks vom bekannten →Netscape Navigator und dem →Internet Explorer von Microsoft (dort Favoriten genannt) ausgetauscht werden.

Bookware [Buch-Software]

Kunstwort aus Book und Software, gemeint ist die Bündelung eines Buches mit Programmen auf →Disketten oder →CD-ROM. Im Gegensatz zu einem normalen Computerbuch mit Disketten- oder CD-Beilage steht bei einem Bookware-Produkt die Software im Vordergrund. Bookware-Produkte werden meist über den Buchhandel vertrieben.

Boole, George

Der britische Mathematiker George Boole (1815-1864) war u. a. Schöpfer der zweiwertigen →booleschen Algebra.

Boolesche Algebra/Operatoren [boolean operators]

Die boolesche Algebra definiert die folgenden Operationen mit Hilfe der so genannten booleschen Operatoren and, or und not:

- Konjunktion, die UND- oder →AND-Verknüpfung
- Disjunktion, die ODER- oder →OR-Verknüpfung
- Negation, die →NOT-Verknüpfung

Die Operationen gelten für einen binären Zahlenraum, der mit den Ziffern WAHR (1) und FALSCH (0) aufgespannt wird. Die Ergebnisse der Operationen können durch →Wahrheitstabellen dargestellt werden. Wegen der Analogie zu den Schalterstellungen „Ein" und „Aus" bzw. „Strom fließt" oder „Strom fließt nicht" spielt die boolesche Algebra als →Schaltalgebra bei der Realisierung von Computern und deren Programmen eine wichtige Rolle. Die booleschen Operatoren werden z. B. auch bei →Abfragen in →Datenbanken verwendet.

Booster [Verstärker]

Die Funk-Leistung eines Handys im D-Netz ist auf höchstens zwei Watt begrenzt. Wenn nun zur Übertragung im Auto eine Außenantenne verwendet wird, kommt es leicht zu Sendeverlusten in Höhe von 50 %. Um Verbindungsstörungen durch die jetzt unter Umständen zu geringe Sendeleistung vorzubeugen, kann man einen Sendeleistungs-Verstärker, einen so genannten Booster, in sein Kraftfahrzeug einbauen. Diese Booster können die Sendeleistung auf bis zu fünf Watt erhöhen.

Bootdiskette [Start-Diskette]

Eine →Diskette, von der man ein →Betriebssystem beim PC-Start laden kann, nennt man Bootdiskette. Gebräuchlich ist auch die Bezeichnungen **System-Diskette**, von Windows 95/98 wird der Begriff **Start-Diskette** verwendet.

Der erste →Sektor einer bootfähigen Diskette enthält immer den so genannten Urlader des jeweiligen Betriebssystems, der nach dem Einschalten des Rechners vom →BIOS geladen wird (vergleiche →Bootsektor). Das Urladeprogramm sucht nach den Startprogrammen des Betriebssystems, die bei →MS-DOS in den Dateien *Io.sys* und *Msdos.sys* enthalten sind. Diese wiederum laden das eigentliche Betriebssytem bzw. seine Benutzeroberfläche, die bei →MS-DOS dem Befehls-Interpreter →*Command.com* entspricht. Unter MS-DOS erzeugt man eine Bootdiskette durch den Befehl *sys* (siehe →DOS-Befehle), der die genannten Dateien auf die Diskette kopiert und den Bootsektor erzeugt.

Eine DOS-Bootdiskette sollte neben diesen Start-Programmen die Konfigurationsdateien →*Config.sys* und →*Autoexec.bat* sowie gegebenenfalls weitere Dateien mit Treibern und Systemprogrammen enthalten. Es ist vorteilhaft, auf die Bootdiskette noch weitere Hilfsprogramme wie Viren-Scanner (→Computervirus), →Format-Programm, Texteditor, →ScanDisk und Ähnliches zu kopieren. Wer Hilfsprogramme wie die →Norton Utilities besitzt, findet dort weitere, spezielle Tools, die eine Bootdiskette zu einer Art Rettungsdiskette im Fall von Datenverlusten und/oder Virenbefall machen.

Booten [Starten, Laden]

Unter dem Booten versteht man das Laden und Starten des →Betriebssystems. Booten könnte etwa mit losstiefeln übersetzt werden, wird im Deutschen aber meist als „**Hochfahren**" übersetzt. Das erste Programm des Betriebssystems, das nach den Tests und Initialisierungen des →BIOS abgearbeitet wird, ist der Urlader bzw. das Boot-Programm im →Bootsektor. Wenn der Bootvorgang fehlschlägt, weil z. B. eine wichtige Hardwarekomponenten defekt ist oder aber kein bootfähiges Medium (→Diskette, →Festplatte) vorhanden ist, so gibt das BIOS eine Fehlermeldung [**boot failure**] in Form von Pieptönen und/oder einem Warnhinweis auf dem Bildschirm aus.

Boot-Manager

Ein Boot-Manager ermöglicht beim Booten des Rechners die Auswahl zwischen verschiedenen Betriebssystemen und/oder →primären Partitionen. Quasi eine abgespeckte, reduzierte Variante eines Boot-Managers ist die Dual-Boot-Option der ersten Versionen von Windows 95 (siehe →Dual-Boot). Wenn ein Boot-Manager auf der Boot-Festplatte installiert ist, wird beim Bootvorgang als Erstes ein (textorientiertes, konfigurierbares) Menü angezeigt, das die verschiedenen installierten Betriebssysteme zur Auswahl anbietet. Mit Hilfe der Cursortasten trifft man seine Auswahl und bestätigt mit [Enter]. Anschließend wird das ausgewählte Betriebssystem für diese Sitzung gestartet. Wer öfter mit einem bestimmten System startet, kann diese Präferenz im Boot-Manager einstellen: Nach einer definierbaren Zeitspanne startet der Boot-Manager dann immer dieses bevorzugte System.

Einige Betriebssysteme wie OS/2 oder auch Linux bringen bereits einen eigenen Boot-Manager mit, der sich aber oft in eine eigene Bootpartition zu Beginn der Festplatte installiert (siehe →Partition) und so selbst Platz für ein weiteres Betriebssystem belegt. Es gibt aber auch Softwarefirmen, die eigene, betriebssystemunabhängige Boot-Manager anbieten, wie z. B. das Programm **BootMagic** der Firma →Powerquest, das Bestandteil des bekannten Partitionierungsprogramms →Partition Magic ist.

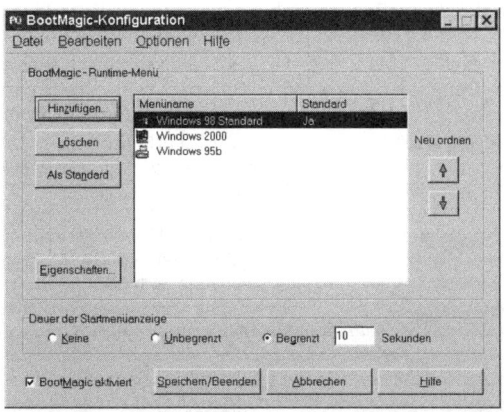

Die Einstellungen von BootMagic lassen sich bequem unter Windows vornehmen und bieten zahlreiche Optionen

BootMagic benötigt keine eigene primäre Partition, sondern hängt sich in den so genannten Master-Boot-Record, sodass es möglich ist, alle primären Partitionen für Betriebssystem zu verwenden. Das Programm wird unter

Windows sowohl installiert als auch konfiguriert und startet anschließend bei jedem Bootvorgang noch vor dem Laden eines Betriebssystems, um die Auswahl zwischen den verschiedenen, auf den →primären Partitionen installierten Betriebssystemen per Maus oder →Cursor-Tasten zu ermöglichen. Trifft man keine Auswahl, so erfolgt nach einer konfigurierbaren Zeitspanne der Start der als „Standard" definierten primären Partition.

Bootsektor [boot sector]

Bootsektor ist die Bezeichnung für einen besonderen Datenbereich, der bei der Formatierung als erster →Sektor einer →Diskette oder primären Festplatten-Partition erstellt wird (vergleiche auch →Festplatte und →Partition). Dieser Bootsektor enthält den so genannten **Urlader [boot strap loader]** des jeweiligen →Betriebssystems, mit dem der Bootvorgang nach dem Durchlauf der →BIOS-Routinen beginnt. Der Urlader wird häufig auch kurz nur als **Lader** oder englisch **Loader** bezeichnet.

Der Ablauf des Bootvorgangs ist im so genannten **Boot** Strap-Protokoll (**BOOTP**) definiert, das im Einzelnen regelt, wie erst die Programmroutinen des Urladers gestartet werden und anschließend von diesen die Kontrolle an die eigentlichen Ausführungsdateien des Betriebssystems (z. B. die grafische Benutzeroberfläche von Windows) übergeben werden. Findet der Urlader keine weiteren Betriebssystemkomponenten, die sich in den Speicher laden lassen, so gibt er eine Fehlermeldung aus und der Bootvorgang stoppt. Bei →MS-DOS und →Windows 95/98 sind die ersten Komponenten des Betriebssystems, die vom Urlader gestartet werden, die Programmroutinen in den bekannten Dateien *Io.sys* und *Msdos.sys*.

Im Unterschied zum Bootsektor gibt es noch den so genannten **Master-Boot-Record**, meist **MBR** abgekürzt, der ganz am Anfang der Festplatte liegt und noch vor dem Bootsektor der primären Partition eingelesen wird. Im MBR liegt die so genannte Partitionstabelle, auf der die Unterteilung der Festplatte(n) in Partitionen vermerkt ist (vergleiche →Partition). In den MBR können sich nur spezielle Programme installieren, die so noch vor dem Booten des Betriebssystems aktiviert werden. Das sind z. B. →Boot-Manager, Mapping-Programme (siehe →Mapping) oder aber spezielle Bootsektor-Viren (siehe →Computervirus).

> **Tipp:** Mit Hilfe der undokumentierten Option */mbr* des DOS-Programms *Fdisk* kann man den MBR eines Datenträgers neu schreiben lassen, um z. B. Bootsektor-Viren zu inaktivieren. Man muss dazu von einem anderen Datenträger aus booten (z. B. von einer Diskette) und von dort aus dann *Fdisk /mbr* aufrufen. Anschließend wird der MBR neu erstellt, was allerdings normalerweise auch den Verlust der dort eingetragenen Daten, und damit aller Daten auf dem Datenträger, bedeutet. Die Festplatte muss daher anschließend mit Fdisk oder besser noch →Partition Magic neu partitioniert und formatiert werden. Dennoch muss man auf diese Methode manchmal zurückgreifen, um eben entsprechende Bootsektor-Viren oder aber Mapping-Programme loszuwerden, die sich ansonsten nicht eliminieren lassen.

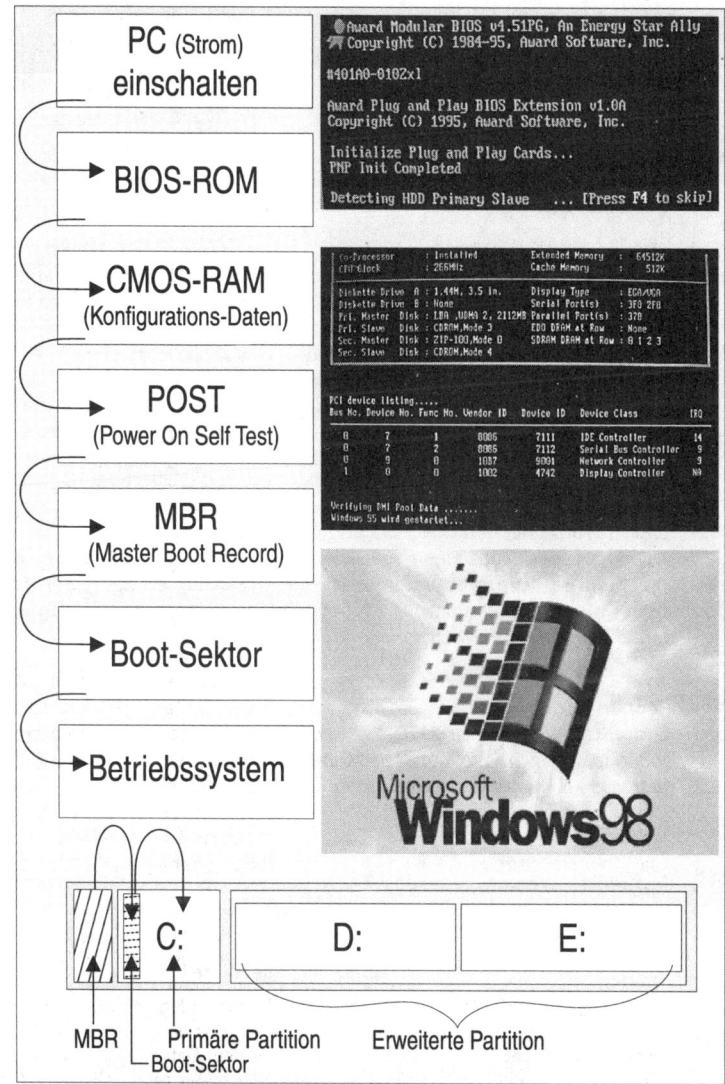

Schematische Darstellung des Boot-Ablaufs eines typischen Windows-PCs. Links sind die einzelnen, im Text erklärten Stufen angegeben, rechts die wichtigsten Bildschirm-Darstellungen während des Bootvorgangs und unten die schematische Struktur einer Festplatte

bpi (bit per inch)

Die Maßeinheit der eindimensionalen Speicherdichte (siehe →Aufzeichnungsdichte) bei magnetischen u. a. Datenträgern ist bpi (Abk. f. Bits pro Zoll).

bps (bits per second)

Die Maßeinheit der →Datentransferrate ist bps (Abk. f. Bits pro Sekunde) oder in der deutschen Schreibweise Bit/s.

Breakpoint [Haltepunkt]

Ein Breakpoint [Haltepunkt] ist eine Stelle in einem →Programm, an der der normale Programmablauf angehalten wird bzw. angehalten werden kann. In der Entwicklungs- und Testphase von Programmen erleichtern solche Haltepunkte dem Entwickler die Lokalisierung von Fehlern, da er nach Anhalten des Programms Informationen über dessen Status abfragen kann (vergleiche auch Programmiersprache).

Breitbandübertragung [wide band transmission]

Unter einer Breitbandübertragung versteht man die Übertragung von Daten auf mehreren logischen Übertragungskanälen über ein einziges physisches Übertragungsmedium.Die →Datenübertragung in jedem der logischen Kanäle kann jeweils nur einen Teil der vollen →Bandbreite des Übertragungsmediums beanspruchen und muss deshalb →analog erfolgen. Zur Aufspaltung bzw. Zusammenführung der logischen Kanäle beim Sender bzw. Empfänger wird je ein →Multiplexer, der nach dem →Frequenzmultiplex-Verfahren arbeitet, benötigt.

Bridge Disc

Eine Bridge Disc ist eine CD, die sowohl in einem herkömmlichen →CD-ROM-Laufwerk als auch in einem CD-I-Player (siehe →CD-I) abgespielt werden kann. Ein Beispiel für eine Bridge Disc ist die →Photo-CD.

Broadcasting [Rundfunk]

1) Broadcasting ist die englische Bezeichnung für Rundfunk, insbesondere Radio. Das Wort Broadcasting findet sich v. a. noch in vielen Abkürzungen für Rundfunkstandards oder Sendernamen wieder. Siehe auch →Digitales Radio.

2) Mit Broadcasting (Ausstrahlung) wird die Verteilung von Nachrichten in einem →Netzwerk an alle oder mehrere Knotenrechner bezeichnet.

Brücke [bridge]

Eine Brücke, oft auch mit dem englischen Begriff **Bridge** bezeichnet, verbindet zwei unabhängige →Netzwerksegmente mit gleichen oder verträglichen →Netzwerkprotokollen und lässt nur die Datenpakete passieren, die an Knoten im jeweils anderen Segment gerichtet sind. Dies ist möglich, da eine Brücke die Informationen der →Verbindungsschicht entsprechend dem →OSI-Schichtenmodell – u. a. die physischen →Netzwerkadressen – auswerten kann.

Btx (Bildschirmtext)

Btx war ursprünglich die Bezeichnung für einen 1980 eingeführten, einfachen, dialogorientierten →Online-Dienst der Deutschen Telekom AG. Durch die Erweiterung mit →E-Mail und einem Zugang zum →Internet wurde auf dessen Basis der aktuelle →Online-Dienst →T-Online geschaffen. Heute versteht man unter Btx im weiteren Sinne das Informationsangebot, das die Deutsche Telekom speziell über T-Online zur Verfügung stellt und für dessen Darstellung man eine entsprechende Software, den T-Online-Dekoder, verwenden muss.

Zur Darstellung der T-Online-Angebote werden momentan zwei Standards verwendet: Einerseits der veraltete und bald abgelöste, textbasierte →CEPT-Standard. Und andererseits der neuere, graphikorientierte →KIT-Standard, der eine menü- und mausbedienbare Benutzerführung erlaubt (vergleiche auch →T-Online). CEPT-basierte Informationen löst die Telekom momentan Schritt-für-Schritt zugunsten von KIT-Darstellungen oder sogar Angeboten im Internet auf. Die beliebten, früher auf CEPT-Basis darstellbaren Support-Foren von T-Online wurden z. B. seit dem 31.3.99 komplett ins Internet gestellt.

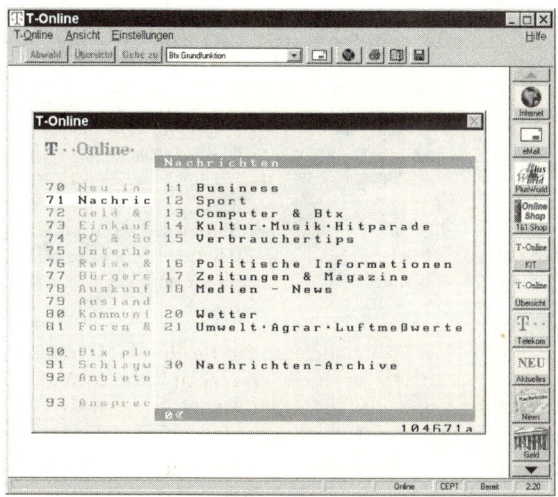

Btx modern: Die Darstellung von CEPT-Informationen im T-Online-Dekoder. Zur Darstellung von KIT-Inhalten und weiteren Informationen siehe →T-Online

Der Begriff BTX wird etwas unpräzise für die Angebote beider Standards benutzt, gehört aber eigentlich nur zu den textbasierten CEPT-Informationen. Zur Darstellung solcher CEPT-Informationen benötigt man eine spezielle Software, den **BTX-Dekoder**. Die entsprechende Funktionalität, zusätzlich ergänzt um die grafische KIT-Darstellung, ist im kostenlos ausgelieferten Dekoder von T-Online bereits enthalten. Es gibt aber noch einige, rein CEPT-basierte und weniger leistungsfähige BTX-Dekoder von anderen Firmen, die z. B. häufig als kostenlose Zusatzsoftware →Modems und →ISDN-Karten beigelegt werden. Es gibt jedoch keine vernünftigen Gründe, auf diese Programme und nicht auf den leistungsfähigeren T-Online-Dekoder zurückzugreifen.

Der urpsrünglich unter dem Namen **BTX-Plus** angebotene, zusätzlich kostenpflichtige Premium-Dienst der Telekom und ihrer Informationspartner wurde Anfang 1999 eingestellt. Die entsprechenden Angebote wurden entweder aufgelöst oder sind nun in den normalen Angeboten von T-Online aufgegangen.

Bubble-Jet [Blasen-Düse]

Das Bubble-Jet-Verfahren ist eine in →Tintenstrahldruckern angewandte Drucktechnik. Dabei wird die Tinte in Düsen durch Heizelemente erhitzt, sodass sich Dampfblasen (bubbles) bilden, die durch ihren Druck kleine Tintentröpfchen aus den Düsen auf das Druckpapier schleudern. Verglichen mit dem →Piezo-Drucker, bei dem die Tintentropfen durch spezielle Piezo-Elemente auf das Papier geschleudert werden, ist die Präzision der Tintentropfen und damit der Druckpunkte beim Bubble-Jet-Drucker nicht optimal. In der Praxis sind moderne Bubble-Jet-Drucker wie z. B. die HP-DeskJet-Serie aber meist von vergleichbarer Druckqualität zu Piezo-Druckern. Deren Druckköpfe lassen sich jedoch einfacher und preisgünstiger herstellen. Die notwendige Erhitzung bis zum Siedepunkt stellt ganz besondere Anforderungen an die Eigenschaften der Tinte, die meist für jeden Drucker speziell entwickelt wurde. Die häufig zum Nachfüllen verwendete normale Tinte erfüllt diese Kriterien nicht und kann den Druckkopf zerstören.

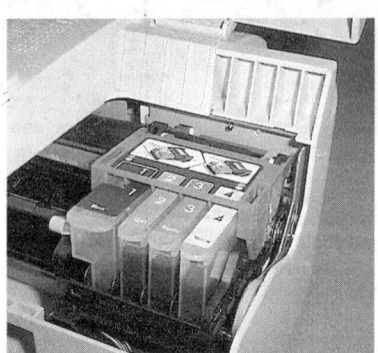

Druckkopf und Tintentanks eines Bubble-Jet-Druckers. Leider nur bei den wenigsten Modellen kann man die Tintentanks für jede Farbe einzeln tauschen (wie hier). Außerdem werden bei vielen Modellen die Tanks und Kopfdüsen gleichzeitig ausgetauscht

Bug/-fix [Wanze, Käfer, Fehler/-korrektur]

Unter einem Bug versteht man allgemein einen Programmfehler, der während der Beta-Testphase (siehe →Beta-Version) nicht entdeckt worden ist und im fertigen, verkauften Produkt immer noch enthalten ist. Die Bezeichnung Bug geht auf die durch Insekten hervorgerufenen Fehler bei elektromechanischen Rechnern (siehe →Rechenmaschine) zurück, in denen Relais als aktive Bauelemente dienten.

Wenn Bugs bekannt werden, erstellen die betroffenen Softwarefirmen (manchmal) Korrekturen in Form der so genannten Bug-fixes, die über Netzwerke, Informationsdienste, Mailboxen und den Handel vertrieben werden. Programme, die solche Bug-fixes ausführen, werden oft auch Patches genannt. Dabei handelt es sich meist um kleine Programme, die i. d. R. unter DOS aufgerufen werden, um beispielsweise eine Reihe von Treibern oder Programm-Dateien im selben Verzeichnis zu verändern (korrigieren).

Burn-in [Einbrennen]

Die Wahrscheinlichkeit des Ausfalls eines Bauelements ist in der Anfangszeit seines Betriebs am höchsten und fällt dann exponentiell ab. In Dauerlauftests, den so genannten burn-in-Tests (Einbrenn-Tests), sollen anfällige Komponenten möglichst bereits beim Hersteller ausfallen und ausgetauscht werden können.

Burst Transmission [Spurt-/beschleunigte Übertragung]

Die Burst Transmission ist eine Hochgeschwindigkeits-Übertragung über einen →Bus. Bei der →Datenübertragung eines großen zusammenhängenden Datenbereichs kann man auf die Übertragung jeder einzelnen →Adresse verzichten und stattdessen lediglich die Anfangsadresse und die Zahl der Datenelemente angeben. Die jeweils sendende Komponente zählt im Burst-Modus dann selbsttätig die Adresse hoch. Bursts spielen im Konzept moderner PCs eine große Rolle, z. B. beim →DMA oder bei der Realisierung von →Cache, siehe →Pipelined-Burst-Cache.

Burst-Cache

Ein →Second-Level-Cache auf dem →Mainboard eines →Pentium, der den →Burst-Modus beherrscht, wird als Burst-Cache oder auch **synchroner Cache** bezeichnet. Der Burst-Modus basiert auf der Ausführung von Bursts (Spurts), bei denen viele aufeinander folgende Daten sehr schnell übertragen werden können, da auf die Übertragung jeder einzelnen →Adresse verzichtet und stattdessen lediglich die Anfangsadresse und die Zahl der Datenelemente übergeben wird. Das Hochzählen der Adressen erfolgt intern im Speicher.

Burst-Modus [Spurt-, beschleunigter Modus]

Der Burst-Modus und insbesondere der →Pipelined-Burst-Modus sind in der letzten Zeit im Zusammenhang mit der Realisierung des →Second-Level-Cache auf dem →Mainboard für den →Pentium diskutiert worden. Diese beiden Modi lassen sich mit den verschiedenen RAM-Typen (mit →DRAM oder →SRAM) realisieren. Beim Burst-Modus können viele aufeinander folgende Datenworte schneller übertragen werden, da auf die Übertragung jeder einzelnen →Adresse verzichtet und stattdessen lediglich die Anfangsadresse und die Zahl der Datenelemente übergeben wird. Das Hochzählen der Adressen erfolgt dann intern im Speicher. Der Pipelined-Burst-Modus besteht demgegenüber in der koordinierten Ausführung mehrerer derartiger Bursts.

Bus [„mehradrige Sammelleitung"]

Ein Bus ist die Zusammenfassung einer Vielzahl von parallelen Leitungen, an die mehrere Funktionsblöcke oder Komponenten eines Rechners angeschlossen sind. Über einen Bus werden unter anderem →Daten und Steuersignale für diverse Funktionen ausgetauscht, Versorgungsspannungen zugeführt usw. Zumeist ist ein Bus untergliedert in →**Datenbus**, →**Adressbus** und →**Steuerbus**. Nachdem einige Erfahrungen gesammelt worden waren, begann man, die Computer mehr als bisher zu systematisieren und in verschiedene funktionale Blöcke zu unterteilen. Langsam rückte man davon ab, die Verbindungsleitungen zwischen ihnen mit Kabelbäumen und undurchdringlichem Drahtgewirr herzustellen. Stattdessen wurden die verschiedenen Systemkomponenten über Bussysteme miteinander verbunden.

Man spricht beispielsweise von einem internen Bus der →CPU (dem →**CPU-Bus**) oder von einem Bus zwischen den einzelnen Komponenten auf dem Mainboard eines PCs (über den heute der Datenaustausch zwischen →CPU, →Arbeitsspeicher u. a. Bauelementen abläuft) usw. Auch der Anschluss peripherer Geräte wird Bus genannt, wenn dieser die Fähigkeit besitzt, eine Vielzahl von Geräten zu verbinden (siehe →**IEC-Bus**, →**SCSI-Bus**). Eine bedeutende Rolle hat auch der →**Erweiterungsbus**. Mit dem ersten →IBM-PC wurde ein solches Bussystem eingeführt, das über insgesamt 62 Leitungen – darunter acht Daten- und 20 Adressleitungen – verfügte. In die Steckverbinder des PC-Busses – man sagt einfach: in den Bus – konnten die entsprechenden Erweiterungskarten mit 62 Kontakten eingesteckt werden.

Mit dem →IBM-PC/AT wurde der PC-Bus um 36 neue Leitungen ergänzt – hinzu kamen u. a. acht Datenleitungen. Die Steckverbinder von diesem **ISA-Bus** (siehe →ISA) waren so konstruiert, dass neben den damals neuen 16-Bit-Karten auch die alten 8-Bit-Karten verwendet werden konnten. Auch bei heutigen Rechnern der AT-Klasse (siehe →AT) wird dieser ISA- oder AT-Bus noch verwendet. Die Einführung eines neuen Bussystems mit 32 Datenleitungen, des →Microchannels, durch IBM mit dem →IBM-PS/2 sowie die erneute Erweiterung des ISA-Busses um 16 Datenleitungen zum **EISA-Bus** (siehe →EISA) konnte nur im High-End-Bereich Bedeutung erlangen. Nachdem mit dem →VESA Local Bus ein 32-Bit-Bus insbesondere für die PC-Grafik eine Gastrolle gespielt hat, ist der **PCI-Bus** (siehe →PCI) mit seiner **Busbreite** von 32 Bit der bestimmende Erweiterungsbus für den PC.

Die Steckleisten auf einem →Mainboard sind je zu einem eigenen Datenbus zusammengefasst. Links schwarz der ISA-Bus, rechts weiß der PCI-Bus

Bus-Maus

Mäuse, die für moderne Computer typischen Zeigegeräte (→Maus), werden entweder über die serielle Schnittstelle oder einen eigenen →Bus angeschlossen bzw. angesprochen. Eine Bus-Maus (auch PS/2-Maus genannt) hat einen kleinen, runden sechspoligen Stecker, der an eine entsprechende Schnittstelle auf dem →Mainboard angeschlossen wird. Bei vielen modernen Mainboards kann ein entsprechender Stecker auch nachträglich über einen Adapter nachgerüstet werden (z. B. bei Platinen der bekannten Firma ASUS). Die Kontaktstifte für den Adapter liegen meist direkt neben dem Tastatur-Anschluss.

Eine Bus-Maus hat gegenüber einer seriellen Lösung einige Vorteile, da sie ruhiger und präziser läuft und eine der seriellen Schnittstellen für andere Verwendungen (z. B. Anschluss eines →Digitalisierungstabletts) frei wird. Nachteilig wirkt sich dagegen aus, dass zur Ansteuerung der Bus-Maus ein eigener →Interrupt (IRQ, meist die Nr. 12) benötigt wird.

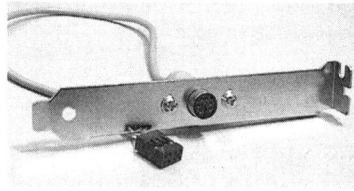

Über ein solches Kabel kann ein Bus-Maus-Anschluss nachgerüstet werden

Und so sieht der fertige Anschluss des Kabels am Mainboard aus

Bus-Topologie

Bei der Bus-Topologie (siehe →Bus) sind alle Knoten eines →Netzwerks an einem einzigen linearen Strang eines Netzwerkkabels angeschlossen, der an seinen Enden durch einen →Terminator genannten Widerstand abgeschlossen wird (siehe →Netzwerktopologie).

Byte

Das Byte ist die Maßeinheit für die Informationsmenge und →Speicherkapazität. Ein Byte entsteht durch die Zusammenfassung von 8 →Bit. Durch ein Byte können insgesamt 256 verschiedene Zeichen dargestellt werden.

BZT [Bundesamt für Zulassungen in der Telekommunikation]

Das BZT ist zuständig für Neuzulassungen in der Telekommunikation. Nur Geräte (z. B. ein →Modem), die eine BZT-Zulassungsnummer tragen, dürfen unmittelbar an das Netz der Telekom angeschlossen werden, da sonst deren Gebrauch unzulässig und strafbar ist.

C:

Mit C: wird bei einem →PC das erste Festplattenlaufwerk bezeichnet (siehe →Laufwerkkennung).

Unter Windows werden die Laufwerkbuchstaben auch grafisch angezeigt (z. B. im Datei-Manager bzw. Explorer)

C128

C128 war die Bezeichnung des Nachfolgemodells des legendären →C64 der Firma →Commodore, welches über einen größeren Arbeitsspeicher verfügte und ein erweitertes Basic als →Programmiersprache bot.

C2-Sicherheitsstandard

Der C2-Sicherheitsstandard ist eine von der amerikanischen Behörde NCSC (National Computer Security Center) festgelegte Norm, die genaue Definitionen über die Beschaffenheit eines vor unerlaubten Zugriffen geschützten Computer-Systems festlegt. Der C2-Standard ist die Grundvoraussetzung, damit ein Computer-System bzw. eine Software von einer amerikanischen Behörde eingesetzt werden kann. Neben C2 gibt es noch die höheren Sicherheitslevel A und B. Das einzige PC-Betriebssystem, das derzeit unter gewissen Bedingungen die C2-Norm einhält, ist →Windows NT.

Eine der Grundvoraussetzungen für das Erreichen des C2-Sicherheitsstandards ist die Überprüfung der Zugriffsberechtigung eines Nutzers z. B. durch entsprechende Passwort-Abfragen. Außerdem muss beim Anmelden gewährleistet sein, dass vor dem Start des Betriebssystems kein speicherresidentes Programm die Passwort-Eingabe ausspionieren kann. Aus diesem Grund muss man z. B. vor der Anmeldung bei Windows NT die Tastenkombination ⎡Strg⎤+⎡Alt⎤+⎡Entf⎤ drücken, die normalerweise ein System neu booten lassen würde. Weitere Vorgaben des C2-Standards sind:

- Die C2-Spezifikation wird nur für die Verbindung aus Hard- und Software vergeben. Windows NT bekommt die C2-Spezifikation z. B. nur in Verbund mit einigen sehr wenigen Computern.
- Auf dem verwendeten PC müssen alle Diskettenlaufwerke deaktiviert sein.
- Die C2-Norm gilt nur für einen Einzelplatz-PC, wird ein Rechner mit Windows NT in einem Netzwerk eingesetzt, verliert es die Spezifikation.
- Jeder Benutzer darf sich nur einmal anmelden können.
- Alle Ereignisse, die die Sicherheit des Systems betreffen, müssen protokolliert und einem einzelnen Benutzer zugeordnet werden können.
- Der Datenschutz muss auf der Datei-, Verzeichnis- und Arbeitsspeicher-Ebene gewährleistet sein. Daher darf bei Verwendung von Windows NT ausschließlich das NTFS-Dateisystem verwendet werden.

C64

Der legendäre C64 ist der in den 80er Jahren entwickelte und weltweit meistverkaufte (allein in Deutschland ca. 1,7 Mill. Stück) Homecomputer der Firma →Commodore. Von den 64 →KByte →Arbeitsspeicher standen 38 KByte für Programme und Anwendungen zur Verfügung. Wie sein Vorgänger, der →PET, lief der C64 unter einem erweiterten Basic von →Microsoft als →Betriebssystem, Benutzeroberfläche und →Programmiersprache in einem. Eine verbesserte und erweiterte Version kam unter der Bezeichnung →C128 auf den Markt, erreichte aber bei weitem nicht die Beliebtheit des C64.

Cache [verstecken (französisch)]

Ein Cache-Speicher oder Cache ist ein Speicher, der zum Zwischenspeichern von →Daten (oder Programmsequenzen) dient. Der Grundgedanke eines Cache besteht darin, dass wenige große Zugriffe auf eine bestimmte Menge von Daten eine geringere Zeitspanne benötigen als eine Vielzahl von kleinen Zugriffen auf dieselbe Datenmenge. Gelingt es nun, aus irgendwelchen Zusammenhängen zu erschließen, welche Daten in der Zukunft benötigt werden, kann man bei Anforderung einiger weniger Datenblöcke gleich eine große Zahl in den Puffer einlesen. Lag man mit der Vorausschau richtig, kann dadurch die Leistung des Computers erhöht werden. War die Annahme falsch, muss man die anderen Datenblöcke erneut einlesen und verliert Leistung. Je besser die Methoden zur Vorausschau sind, desto mehr erhöht ein Cache die Gesamtleistung des Computers.

Bei einem →**Disc-Cache** werden Zugriffe auf die →Festplatte über einen Bereich im Hauptspeicher oder einen internen Cache auf dem →Festplatten-Controller oder im →Laufwerk selbst gepuffert. Beim **Prozessor-Cache** sorgt ein Cache aus schnellen Speicherchips dafür, dass der →Prozessor nicht warten muss, bis einzelne Zugriffe auf den langsameren Hauptspeicher ausgeführt worden sind.

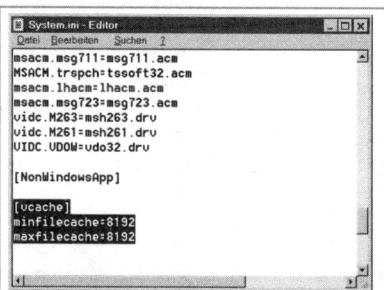

Tipp: Die Festplatten-Cache-Einstellungen von Windows 95/98 kann man nur in der →System.ini vornehmen. Die markierten Werte in der Abbildung bestimmen die obere und untere Cachegröße und sollten identisch sein. Die Werte geben die Speichermenge in KByte an

Cache-Controller

Ein Cache-Controller verwaltet allgemein als →Cache wirkende Speicherbereiche oder Speicherbauelemente.

Ein Beispiel ist der auf dem →Mainboard befindliche Baustein, der den →Second-Level-Cache, in dem Daten für die →CPU bereitgehalten werden, organisiert.

CAD (Computer Aided Design)

CAD (Abk. f. computergestütztes Konstruieren) bedeutet, technische Zeichnungen mit Hilfe eines CAD-Programms zu entwerfen und zu bearbeiten. Die Zeichnungen entstehen also nicht mehr am Reißbrett, sondern im Dialog mit dem Rechner. **CAD-Programme**, wie z. B. →**AutoCAD**, stehen dem Anwender mit Methoden zur Automatisierung und Rationalisierung zur Seite; Teile-Bibliotheken stellen häufig benötigte Konstruktionselemente zur Verfügung. CAD-Programme werden vor allem in Elektrotechnik, Maschinen- und Fahrzeugbau sowie in der Architektur verwendet.

CADD (Computer Aided Design and Drafting)

Der Begriff CADD (Abk. f. computergestütztes Zeichnen und Entwerfen) wird häufig synonym zum Begriff →CAD verwendet.

Caddy [Büchse, Dose]

Ein spezielles Schutzgehäuse, in das eine →CD-ROM eingelegt wird, bevor sie in ein entsprechendes CD-Laufwerk eingeführt wird, heißt Caddy. Während der Einsatz von Caddies vor 2-3 Jahren in professionellen Geräten noch recht häufig war, gibt es mittlerweile fast keine Caddys mehr, sondern nur noch Schubladengeräte auf dem Markt. Bis zuletzt hat nur noch die Firma Plextor solche Geräte hergestellt. Caddies haben den Vorteil, besonders wertvolle CDs vor Verkratzen und Dreck zu schützen und bewirken so eine fehlerfreiere Auslesung. Außerdem sind gerade bei den neuen, schnell drehenden Geräten (über 10 x) die Vibrationen deutlich geringer als bei CD-ROMs mit Schubladen-Mechanik. Dennoch konnten sich Caddies nicht durchsetzen, was sicherlich an den höheren Kosten und der möglichen Unbequemlichkeit liegt.

Ein Caddy mit eingelegter CD. Die Kombination wird mit der klaren Seite nach oben und der aufgedruckten Pfeilmarkierung folgend in den Einzugsschlitz des CD-ROMs eingeschoben

CAE (Computer Aided Engineering)

Ein Oberbegriff für durch einen Computer unterstütztes Arbeiten für Fertigungen und Konstruktionen (durch Ingenieure). Zu Computer Aided Engineering werden auch CAM (Computer Aided Manufacturing) und →CAD (Computer Aided Design) gezählt.

CALL [Rufen]

Das Kommando CALL, das im Befehlssatz vieler →Programmiersprachen vorkommt, dient dazu, zu einer vordefinierten →Adresse im Programm zu springen (man sagt: zu verzweigen), die dort beginnende Befehlsfolge abzuarbeiten, um anschließend (mit dem am Ende der Befehlsfolge zu programmierenden Befehl RETURN) wieder zum folgenden Befehl nach CALL zurückzukehren. Dazu speichert CALL die nachfolgende Adresse in einem →Stapelspeicher. Man bezeichnet CALL deshalb auch als Unterprogrammaufruf.

CallBack [Rückruf]

Mit Callback werden zuerst einmal ganz allgemein Verfahren bezeichnet, bei denen ein Anrufer (Telefon oder Modem) nach kurzem Verbindungsaufbau auflegt und dann von der Gegenstelle zurückgerufen wird. Der Begriff Callback wurde in letzter Zeit aber vor allem durch den gleichnamigen Service von (zuerst ausländischen) Telefongesellschaften bekannt, mit dem man zu den Tarifen dieser Gesellschaft weltweit telefonieren kann. Das klassische Callback-Verfahren etwa bei PCs mit einem Modem wird z. B. zur Sicherheitsprüfung sowie zur Kostenübernahme durch die Gegenstelle verwendet. Ein Außendienstmitarbeiter kann sich z. B. aus einem Hotel zuerst per Zugangscode beim Server seiner Firma anmelden. Nachdem er wieder aufgelegt hat, ruft ihn der Server der Firma zurück und überträgt die angeforderten Daten.

Der Callback-Service von Telekommunikationsunternehmen (wie z. B. die T-Card der „Deutschen Telekom") wird dagegen verwendet, um im Ausland zu den Gebühren des (zumeist heimischen) Telefonunternehmens zu telefonieren; außerdem erfolgt die Abrechnung direkt über den heimischen Telefonanschluss. Man kann daher überall auf der Welt bargeldlos telefonieren. Wer dagegen den Callback-Service einer amerikanischen Telefongesellschaft benutzt, kann z. B. in Deutschland zu den günstigeren US-Tarifen telefonieren. Interessant ist das Callback-Verfahren aber auch zur Umgehung der hohen Gebühren von Handys (→Handy). In der Praxis gestaltet sich das Callback-Verfahren wie folgt: Der Kunde wählt einen Vermittlungscomputer der entsprechenden Telefongesellschaft an, überträgt seine Kennung und legt direkt wieder auf. Anschließend ruft der Vermittlungscomputer zurück und schaltet den Anschluss zur Anwahl einer beliebigen Nummer frei. Der Kunde telefoniert daraufhin im Netz der Callback-Telefongesellschaft.

Call-by-call [„Anruf für Anruf"]

Unter Call-by-Call versteht man die Möglichkeit, durch fallweise Wahl einer bestimmten Vorwahlnummer (Prefix) für jedes Telefongespräch einen anderen Netzbetreiber verwenden zu können. Call-by-call wurde erstmals mit der Zulassung von privaten Netzbetreibern auf dem deutschen Telekommunikationsmarkt 1998 eingeführt und ermöglicht es den Kunden, sich jeweils den preisgünstigsten Anbieter herauszusuchen. Dies gilt vorerst jedoch nur für Ferngespräche.

In der Praxis aktiviert man den jeweils gewünschten Netzbetreiber, indem man seine Prefix-Nummer einfach vor die komplette, eigentliche Telefonnummer beim Wählen eingibt. Beispiel: 01011 ist das Prefix des Netzbetreibers o.tel.o. Wer bisher die Telefonnummer 0211-1234567 gewählt hat, telefonierte nur über die Deutsche Telekom. Wer jetzt 01011-0211-1234567 wählt, verwendet das Netz und damit die Tarife von o.tel.o. Sofern mit dem Netzbetreiber kein besonderer Vertrag geschlossen wurde, erfolgt die Abrechnung dennoch weiter über die Telekom. Auf der normalen Telefonrechnung werden die Gebühren für den privaten Netzbetreiber extra aufgeführt.

Während die meisten neuen, privaten Netzbetreiber auf dem deutschen Markt die Nutzung von Call-by-call ohne eine explizite Anmeldung oder gar Vertragsunterzeichnung bei ihnen ermöglichen, muss man sich bei einigen Firmen registrieren lassen, damit die Prefix-Nummer bei Gebrauch freigeschaltet wird. Jedoch gehen immer mehr Firmen zur freien Nutzung ohne vorherige Anmeldepflicht über, da viele Kunden diese Prozedur scheuen.

Das gegenteilige Verfahren von Call-by-Call ist **Preselection**. Hier schließt der Kunde einen Vertrag mit einem privaten Netzbetreiber ab, sodass automatisch alle Ferngespräche ohne die Notwendigkeit der Wahl eines Präfix direkt über sein Netz gehen. Ortsgespräche können theoretisch auch mit in das Preselection eingeschlossen sein, jedoch werden diese vorerst noch allein oder überwiegend durch die Telekom betrieben. Dennoch ist es auch bei Preselection möglich, durch Eingabe eines entsprechenden Prefix eines anderen Betreibers (oder der Telekom) wieder über ein anderes Netz zu telefonieren. Preselection erspart also nur für einen einzigen Betreiber die Notwendigkeit der Prefix-Vorwahl; der neue Betreiber tritt sozusagen an die frühere Standard-Position der Telekom. Preselection lohnt sich nur dann, wenn der Betreiber wirklich durchgehend für die Zeit der Vertragsdauer die günstigsten Tarife anbietet, was bei der aktuellen Bewegung auf dem Telekommunikations-Markt kaum möglich ist. Call-by-call ist daher für die Masse der Anwender vorerst die beste Lösung. Jedoch muss man jeden Einzelfall bzw. jedes Komplett-Angebot eines Netzbetreibers sorgfältig prüfen.

Nachfolgend eine Tabelle mit den Prefix-Nummern einiger wichtiger Netzbetreiber, aufgeteilt nach Anbietern, die derzeit keine oder noch eine Anmeldung verlangen. Anmelden kann man sich zumeist über die Info-Hotline, manchmal wird man auch automatisch dorthin geleitet, wenn man das Prefix einer Gesellschaft das erste Mal nutzt. Das Prefix der Telekom kommt übrigens nur dann zum Einsatz, wenn man per Preselection einen privaten Anbieter als Standard-Netzbetreiber gewählt hat und dennoch über das Netz der Telekom telefonieren will. Weitere Informationen z. B. über die aktuellen Tarife können Sie auch im Internet auf den Webseiten der jeweiligen Netzbetreiber erfahren. Im Allgemeinen entspricht die Webadresse dem Firmennamen (also z. B. _www.arcor.de_), sodass diese nicht extra angegeben sind. Auf eine Auflistung aktueller Gebühreninformationen wurde verzichtet, weil sich die Tarife ständig im Fluss befinden. Aktuelle Übersichten und Tipps zu den jeweiligen Tarifen findet man außerdem im Internet unter, _www.telefonkosten.com_, _telefontarife.net_ und _www.call-by-call.com_, _www. teltarif.de_, _www.billiger-telefonieren.de_, _roy.my-web.de_, und für Österreich unter _www.billiger-telefonieren.at_.

Vorwahl (Prefix)	Netzbetreiber ohne Anmeldung	Info-Hotline
01011	O.tel.o	01803-1998
01019	Mobilcom	01805-191919
01023	Tesion	0800-7110711
01030	TelDaFax	0800-0103000
01033	Telekom	01114
01050	Talkline	01802-2000
01070	Arcor	0130-7686
01079	Viatel	0800-1817370
01090	Viag Interkom	0800-1090000

Vorwahl (Prefix)	Netzbetreiber mit Anmeldung	Info-Hotline
01013	Tele2	0800-2401013
01014	EWE Tel	01803-252423
01015	RSL Com	0800-1015000
01024	Telepassport	069-75391000
01046	Komtel	0800-9090090
01049	ACC Telekom	0800-12255222
01066	Interoute	0800-6601066
01085	Westcom	0800-0108500

Caller [Anrufer]

Die Bezeichnung Caller steht für einen anrufenden →User in einem →BBS oder →Netzwerkknoten.

CAM (Computer Aided Manufacturing)

Unter CAM (Abk. f. computergestützte Fabrikation) versteht man die rechnergestützte Fertigung, die Verwendung von Computern zur Steuerung von Maschinen. Dazu werden außer einem sehr leistungsfähigen Rechner noch spezielle Schnittstellen benötigt, die mit Hilfe hochspezialisierter Software in der Lage sind, die entsprechenden Maschinen anzusteuern.

Im PC-Bereich gelangt diese Anwendung erst in jüngerer Zeit zu einer gewissen Bedeutung.

Camcorder

Camcorder ist die gängige Bezeichnung für die handelsüblichen, tragbaren Videokameras mit →CCD-Chip-Aufnahmeverfahren. Die Camcorder von Sony werden meistens HandyCam genannt, eine Bezeichnung, die sich als Alternative zu Camcorder ebenfalls eingebürgert hat. Camcorder ermöglichen durch Verwendung eines →Akkus den mobilen Einsatz (Aufnahme). Die neusten Geräte bieten statt einem kleinen Sucher mittlerweile auch immer häufiger einen kleinen Farb-LCD-Bildschirm zur Kontrolle der Aufnahmen.

Als Aufnahme-Verfahren bzw. Standards werden VHS, SVHS sowie Sonys 8-mm- bzw. Hi8-Verfahren verwendet. Die „High"-Verfahren wie SVHS und Hi8 bieten deutlich bessere Qualität, was v. a. wichtig ist, wenn man die Aufnahmen schneiden bzw. nachbearbeiten und anschließend auf einen normalen Videorekorder überspielen will. Die Preise für gute SVHS bzw. Hi8-Geräte sind bereits auf unter 2.000 DM gerutscht.

*Die digitale Sony HandyCam VX700
mit Kassetten als Beispiel für einen
Camcorder*

Seit 1996 gibt es außerdem auch die sehr leistungsfähigen digitalen Camcorder, die zwar einen recht hohen Preis von ca. 3.000-4.000 DM haben (Profigeräte noch deutlich höher), aber dafür ungleich höhere, professionelle Qualität ermöglichen. Über eine eingebaute →Firewire-Schnittstelle können die
digitalen Bilddaten verlustfrei auf den PC überspielt und dort nachbearbeitet
werden. Bei der Aufnahme bzw. Speicherung wird ein →MPEG-ähnliches
Kompressionsverfahren (ca. Faktor 1:5) verwendet und werden echte Einzelbilder auf dem jedoch immer noch magnetischen Band gespeichert. Dadurch eignen sich die Geräte auch zum digitalen Fotografieren besser als
herkömmliche Camcorder.

CAP (Computer Aided Planning)

Englische Abk. f. computerunterstützte Planungsprozesse zur Arbeitsvorbe-
reitung und Fertigungsplanung.

CAPI (Common „ISDN" Application Programming Interface]

Die für eine →ISDN-Karte erforderliche Softwareschnittstelle wird durch
CAPI beschrieben. Die Version CAPI 1.1 ist für das Auslaufmodell nationales
ISDN, CAPI 2.0 hingegen für das neue →Euro-ISDN zuständig. Leider sind
das veraltete CAPI 1.1 und das aktuelle CAPI 2.0 nicht kompatibel. Die zum
Einsatz kommenden ISDN-Kommunikationsprogramme müssen die als Trei-
ber im PC-Speicher residierenden CAPI-Funktionen nutzen können.

CAPI-Port-Treiber

Der CAPI-Port-Treiber der Berliner Firma →AVM wurde entwickelt, um unter Windows 95/98 bzw. NT eine ISDN-Karte als virtuelles Modem ansprechen zu können. Diese Funktion wird von verschiedenen Programmen wie
dem →DFÜ-Netzwerk benötigt, da diese eine ISDN-Karte nicht direkt bzw.
über die →CAPI ansprechen können. Der CAPI-Port-Treiber stellt verschiedene Modem-Typen in der Systemsteuerung zur Verfügung, die unterschiedliche ISDN-Protokolle (z. B. →V.120, →X.75, →HDLC) unterstützen. Er
kann nicht nur für die verschiedenen ISDN-Karten und -Adapter von AVM,
sondern zumeist auch für jede andere ISDN-Karte verwendet werden, die
einen CAPI-Treiber installiert hat. Weitere Informationen siehe auch
→ISDN-Karte.

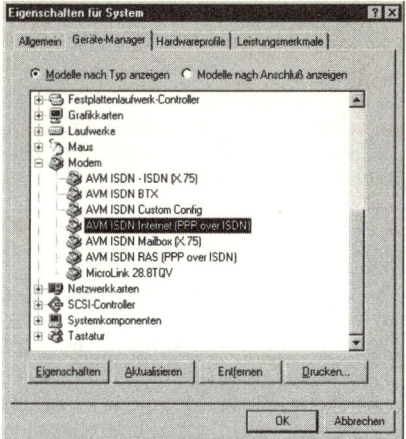

Die virtuellen CAPI-Port-Modems im Geräte-Manager von Windows 95/98

Caps-Lock-Taste [Feststelltaste]

Die Aktivierung der Caps-Lock-Taste bewirkt, dass die im Folgenden einge-gebenen Buchstaben alle groß geschrieben werden, d. h., die →Tastatur ver-hält sich so, als ob die Umschalt-Taste permanent gedrückt würde. Zur Abbil-dung vergleiche →Tastatur.

Cardware

Cardware ist die Bezeichnung für →Software, die frei benutzbar ist (etwa wie →Freeware). Der Autor verlangt kein Honorar, sondern bittet um Zu-sendung einer originellen Postkarte.

Carrier [Trägersignal]

Bezeichnung für das Trägersignal eines →Modems; es schafft die Vorausset-zung für die Kommunikation der Modems untereinander. Auf das Träger-signal werden die zu übertragenden Informationen aufmoduliert. Wenn die Verbindung zwischen zwei Modems steht, erfolgt eine CONNECT-Meldung und die Übertragung kann erfolgen, andernfalls wird eine NO CARRIER-Meldung ausgegeben.

CASE (Computer Aided Systems Engineering)

Unter CASE (Abk. f. computergestützte Systementwicklung) versteht man eine Reihe von theoretischen Modellen und Konzepten für die Entwicklung, den Test und die Wartung von →Software. Integrierte CASE-Werkzeuge un-terstützen den Prozess der Softwareentwicklung von der Analyse der Anfor-derungen bis hin zur Programmierung.

CAV-Verfahren (Constant Angular Velocity)

CAV ist die englische Abk. f. konstante Rotationsgeschwindigkeit. Bei diesem ursprünglich nur bei →Festplatten oder →Disketten, neuerdings auch bei →CD-ROMs eingesetzten Zugriffsverfahren werden die Daten vom Datenträger über eine **konstante Umdrehungsgeschwindigkeit** ausgelesen (bzw. geschrieben).

Da die **Datendichte** auf dem Medium von der jeweiligen Position auf dem Datenträger abhängt (sie ist außen am höchsten), ändert sich bei konstanter Drehgeschwindigkeit auch die Datenübertragungsrate mit der Position des Schreib-/Lesekopfes. Sie ist folglich auf den äußeren Spuren am größten. Bei Festplatten versucht der Controller zum Ausgleich die Daten auf den inneren Spuren dichter zu packen. Bei CD-ROMs ist dies jedoch nicht möglich.

Bei CD-ROMs wurde das CAV-Verfahren erstmals 1996 von Pioneer mit dem ersten 10-fach-Laufwerk eingeführt. Bis dahin wurde mit dem →**CLV**-Verfahren gearbeitet, das durch Variation der Umdrehungs-Geschwindigkeit einen konstanten Datenstrom bewirkt. Bei den neuen, schnellen CD-ROM-Laufwerken wird nur noch CAV oder CLV/CAV gemischt (**Partial CAV**) genutzt.

Aber Vorsicht: Die neuen, hohen Geschwindigkeiten (10-, 12-, 16-, 20-, 24-, 32-, 34-fach etc.) werden nur auf den äußeren Spuren der CD-ROM erreicht und beziehen sich allein auf die **x-fache Datenübertragungsrate** verglichen zum einfachen CD-ROM (150 KByte/s). Nicht also auf die x-fache Umdrehungsgeschwindigkeit, wie oft missverständlich angenommen wird! Denn ein mit 32-facher Umdrehung nach dem CLV-Verfahren arbeitendes CD-ROM würde sonst in den Innenbereichen mit über 16.000 Umdrehungen pro Minute arbeiten müssen, was technisch gar nicht möglich ist. Stattdessen wird mit konstant ca. 6.700 rpm gearbeitet, was jedoch deutlich auf Festplatten-Niveau liegt. Zum Vergleich: Ein Einfach-CD-ROM nach CLV dreht im inneren Bereich mit ca. 500 rpm, im äußeren mit ca. 200 rpm bei konstant 150 KByte/s.

Mit anderen Worten: Die Angaben zu den Hochgeschwindigkeits-CD-ROM-Laufwerken sind missverständlich und können den Kunden leicht täuschen. Die hohen Geschwindigkeiten beziehen sich nur auf die x-fachen Übertragungsraten und werden auch nur in den äußeren Bereichen der CD erreicht! In den inneren Bereichen eines 32-fach CAV-Laufwerks wird meist nur mit ca. 12-facher Geschwindigkeit ausgelesen, was dann kontinuierlich zu den Randbereichen ansteigt. Da die meisten CD-ROMs noch nicht mal vollständig mit Daten gefüllt sind, relativiert sich die angeblich höhere Übertragungsrate wieder deutlich. Ein 16-fach oder 20-fach CAV-Laufwerk kann in den inneren Bereichen langsamer sein als ein 8-fach CLV-Gerät.

Ein großer **Vorteil** von CAV- gegenüber den alten CLV-CD-ROMs ist aber der **schnellere Zugriff**. Da die beim CLV-Verfahren auftretenden Zeitverluste durch ständiges Abbremsen und Beschleunigen der CD entfallen, kann der Zugriff i. d. R. mit knapp unter **100 msec** erfolgen, was früher teilweise doppelt so hoch war. Der **Erstzugriff** nach dem Einlegen einer CD-ROM in eines der aktuellen Hochgeschwindigkeits-Laufwerke dauert jedoch wieder entsprechend länger als bei alten Geräten, da erst lange gewartet werden muss, bis die hohe Geschwindigkeit erreicht ist. **Vibrations-Probleme** sind bei CAV auch geringer, jedoch wird dies durch die höhere Umdrehungsgeschwindigkeit wieder zunichte gemacht.

> **Tipp:** CD-ROM-Laufwerke mit mehr als 16-facher Umdrehungsgeschwindigkeit bringen in der Praxis unter Windows keinen echten Geschwindigkeitsvorteil. Dafür stören meist ein hohes Betriebsgeräusch und Probleme mit Vibrationen. Aufrüsten lohnt nicht, und wenn man ein altes Laufwerk noch kaufen kann, sollte man zugreifen.

CBT (Computer Based Training)

CBT-Konzepte (Abk. f. computergestütztes Lehren) sollen durch den Einsatz von Computern die Handhabung von Lehrmitteln vereinfachen und den Lernerfolg durch Anschaulichkeit erhöhen (siehe auch →Multimedia).

CCD-Elemente (Charge Coupled Device)

CCD ist die englische Abk. f. Ladungs-gekoppeltes Gerät. CCD-Elemente (englisch auch CCD-Arrays genannt) sind Einheiten von lichtempfindlichen Fotodioden, die bei einem →Scanner, einer →Digitalkamera oder →Videokamera zur digitalen Aufzeichnung von Bildern eingesetzt werden. Das von der Bildvorlage reflektierte Licht wird von den CCD-Elementen aufgenommen und in vom Computer auswertbare elektrische Spannungssignale umgewandelt. Bei Scannern werden je nach Bauprinzip die CCD-Elemente entweder von einer Mechanik an der festliegenden Vorlage vorbeigeführt (Flachbettscanner) oder die Vorlagen über eine Motorik am feststehenden CCD-Element (Einzugscanner).

CCITT (Comité Consultatif International Téléphonique et Télégraphique)

Das CCITT (Abk. f. „Internationales Beratungskomitee für Telefon- und Telegraphieangelegenheiten") ist das ständige internationale Komitee, das Standards und Protokolle für die Telekommunikation erarbeitet. Ihm gehören die entsprechenden nationalen Telefongesellschaften an. Das CCITT ist ein Organ der Internationalen Fernmelde-Union (International Telecommunication Union: ITU), die wiederum eine Spezialorganisation der UNO ist. Die Bezeichnung für das CCITT lautet in neueren Dokumenten ITU-T.

CD (Change Directory, Compact Disc)

1) Die CD (Abk. f. „Kompakte Scheibe") ist das zur Zeit meistverbreitete Speichermedium für Musik. Im Gegensatz zur analogen Schallplatte werden auf der 1982 durch Philips und Sony eingeführten Silberscheibe Musik und Klänge →digital gespeichert. Die offizielle Bezeichnung lautet demzufolge auch CD-DA (Compact Disc Digital Audio).

Das Abtasten der spiralförmig aufgezeichneten Audiodaten erfolgt durch einen Laserstrahl in einem CD-Laufwerk; und zwar anders als bei der herkömmlichen Schallplatte von innen nach außen. Maximal können mit dem im →Red Book niedergelegten CD-DA-Standard 78 Minuten Spieldauer erreicht werden. Als CD wird auch die →CD-ROM für den Computerbereich bezeichnet, die drei Jahre später – wiederum von Philips und Sony – eingeführt und deren Standard im Yellow Book niedergelegt wurde. Dieses ursprüngliche Format wurde mittlerweile durch viele weitere „Bücher" ergänzt, wie z. B. →CD-Extra. Der Nachfolger der CD ist die so genannte →DVD.

2) Abkürzung für Change Directory, einen Befehl unter →DOS zum Wechseln von Verzeichnissen. Siehe →DOS-Befehle.

CD-EB (CD-Electronic Book)

Die CD-EB (Abk. f. „Elektronische Buch-CD") ist eine →CD-ROM mit einem Durchmesser von 8 cm, die nicht zum normalen CD-ROM-Standard kompatibel ist und nur in einem speziellen tragbaren Gerät gelesen werden kann. Als Inhalte kommen vorzugsweise Lexika, Wörterbücher usw. in Betracht.

CD-Extra

Das von den Firmen Philips und Sony Ende 1995 vorgestellte CD-Extra-Verfahren kombiniert auf einer CD Audio- und Datenspuren. Es ist im so genannten **Blue Book**-Standard definiert. Spezielle CD-Spieler sollen so neben den Musiktiteln Textinformationen wie z. B. die Namen der Interpreten oder Liedtexte anzeigen können. Im PC eingesetzt ergeben sich neue Möglichkeiten der Kombination von Text, Grafik, Video- und Audioinformationen. Die CD-Extra ist kompatibel zu CD-ROM-Laufwerken und benötigt nur entsprechende Software. Als Partner haben sich neben der Plattenindustrie insbesondere →Apple und →Microsoft eingestellt.

Mit dem Vorläufer der CD-Extra, der **CD-Plus**, gab es anfangs Probleme, weil viele Audio-CD-Player versuchten, die Datenspur als Audio-Informationen zu interpretieren. Das Resultat war weder für die Ohren des Zuhörers noch die Boxen der Hi-Fi-Anlage erfreulich. Ende 1995 wurde daher der Nachfolger der CD-Plus, die CD-Extra, definiert. Hier wird vorgesehen, dass die Datenspur nur noch in einer eigenen Session nach (!) den Audiospuren gespeichert wird. Dies führt dazu, dass herkömmliche Audio-CD-Player diese Datenspur gar nicht mehr sehen und daher auch keine Probleme mehr damit haben. Die Datenspur kann aber von allen Multisession-fähigen CD-ROM-Laufwerken (etwa für den PC) gelesen werden. Alternative Bezeichnungen für die CD-Extra sind Enhanced CD und Enhanced Audio CD.

CD-I

Die CD-I-Norm wurde von der Firma Philips für den multimedialen Unterhaltungsbereich konzipiert. Videofilme, Musik oder Computerspiele werden auf CD-ROM angeboten und können mit einem geeigneten Abspielgerät in hoher Qualität wiedergegeben werden. Ein CD-I-Player ist in der Lage, auch Photo-CDs zu lesen. Das I im Namen steht für interaktiv, was sich darauf bezieht, dass der Benutzer einer solchen CD z. B. Einfluss darauf nehmen kann, in welcher Reihenfolge er die gespeicherten Bilder oder Musikstücke sehen/hören möchte oder welche Teile eines Films er sehen möchte.

Der auf →CD-ROM-Mode 2 basierende Standard für die CD-I wurde 1987 von Philips im so genannten Green Book niedergelegt und diente später als Ausgangspunkt für die CD-ROM/XA-Spezifikation (siehe →CD-ROM/XA).

CD-R (**CD-Recordable**)

Englische Abk. f. „aufnehmbare CD". Mit einem speziellen Gerät, dem →CD-Writer, einmalig beschreibbare CD. Nur noch selten mit dem Begriff →CD-WORM oder CD-WO (**W**rite **O**nce) bezeichnet. Die unbeschriebenen CD-Rs werden im Allgemeinen Sprachgebrauch meistens als „**CD-Rohlinge**" bezeichnet. CD-Rs sind normalerweise in allen herkömmlichen CD-ROM-Geräten auch lesbar. Probleme machen höchstens spezielle Dateiformate, z. B. mit →Packet-Writing erstellte CD-Rs, auf einigen sehr alten Lesegeräten.

Da die Preise für CD-Rohlinge und CD-Writer mittlerweile sehr niedrig sind, gehört die Möglichkeit, eigene CDs zu erstellen, schon fast zur gehobenen Standardausrüstung eines PCs. Laut Pressemeldungen der Industrie wurden allein 1998 in Deutschland rund 80 Millionen Rohlinge verkauft. Was die Technik beim Beschreiben von CD-Rs angeht, siehe →CD-Writer, →UDF und →Packet-Writing.

Cartoon von Glenn M. Bülow

Manche Rohlinge sind einfach unbeschreiblich ...

CD-Rohlinge gibt es in verschiedenen Varianten. Zum einen unterscheiden sie sich durch die verwendeten Farbstoffe, die durch den Laser in ihrem Reflexionsvermögen verändert werden. Hauptsächlich unterscheidet man grüne, blaue, goldene und neuerdings auch silberne Rohlinge. Letztere haben eine besonders hohe Qualität und gutes Reflexionsvermögen, sind aber oft noch etwas teurer. CD-Writer und Rohling sollten im Idealfall aufeinander abgestimmt sein, da der Brenner normalerweise die Laserstrahl-Intensität auf den Typ des verwendeten Rohlings bzw. Farbstoffs kalibriert. Dazu wird entweder in einer unkritischen Zone eine Kalibrierung durch einen Testbrennvorgang durchgeführt oder es werden Kodierungsinformationen aus dem Rohling ausgelesen. Immer mehr Hersteller gehen allerdings dazu über, eigene Farbmischungen herzustellen, sodass die Grenzen zwischen den Typen verschwimmen. Hochwertige Rohlinge zeichnen sich außerdem dadurch aus, dass sie, vom Hersteller bescheinigt, auch hohe Brenngeschwindigkeiten (4x, 6x, 8x) unterstützen.

> **Tipp:** Grüne CD-Rohlinge sollen bei Audio-CDs die besten, blaue die schlechtesten Klangergebnisse liefern. Hörbar sind die Unterschiede aber wohl nur auf High-End-Anlagen. Ursache sind unterschiedliche Reflexionseigenschaften der Rohlinge, die die Abtastsicherheit des CD-Players beeinflussen.

CD-R-FS (CD-R-FileSystem)

Das CD-R-FS ist ein von Sony 1996 entwickeltes, mittlerweile aber veraltetes Dateisystem für CD-Writer, dem das so genannte →Packet Writing zugrunde liegt. Mit seiner Hilfe kann ein beschreibbarer Rohling in einem CD-Writer wie eine Festplatte angesprochen werden; die Daten werden dabei in kleinen Paketen übertragen, was das Risiko von so genannten „buffer underrun"-Fehlern vermeidet.

Dateien können also von der Festplatte auf den CD-Writer durch einfaches Kopieren mit Hilfe eines Datei-Managers, z. B. dem Windows-Explorer, übertragen werden. Auch das Löschen bereits übertragener Dateien ist (virtuell) möglich, solange der CD-Rohling nicht mit einem entsprechenden Brennvorgang abgeschlossen wurde. Natürlich werden bereits auf dem Rohling vorhandene Daten nicht richtig gelöscht, sie werden nur aus der finalen Dateizuordnungstabelle wieder herausgestrichen. Der von ihnen eingenommene Platz kann also nicht wiedergewonnen werden. Das CD-R-FS unterstützte nur CD-Writer von Sony. Die CDs konnten mit einem entsprechenden Treiber aber von anderen CD-ROM-Laufwerken gelesen werden.

Eine Weiterentwicklung bzw. der Nachfolger von CD-R-FS ist →UDF. Bei diesem im Prinzip gleichen Verfahren ist nur das Dateiformat standardisiert und wird mittlerweile von fast allen neuen CD-Writern unterstützt.

CD-ROM (Compact Disk Read Only Memory)

Als CD-ROM (Abk. f. „Compact-Disk-Nur-Lese-Speicher") werden die von den Audio-CDs abgeleiteten Datenträger bezeichnet, die 1985 von Philips und Sony eingeführt wurden (siehe →CD). Eine alternative, aber kaum noch genutzte Bezeichnung ist **OROM** (Optical Read Only Memory). Die Spezifikation der CD-ROM wurde im so genannten Yellow Book niedergelegt. CD-ROMs nutzten ursprünglich nur 2.048 →Byte (Mode 1) bzw. 2.336 Byte (Mode 2) von den bei der CD für Audiodaten genutzten 2.352 →Byte pro Sektor, weil zusätzliche Informationen zur →Fehlererkennung untergebracht werden mussten. Daraus ergab sich eine Gesamtkapazität von typischerweise 682 →MByte (Mode 1). Die Erweiterung zum CD-ROM/XA-Standard (siehe →CD-ROM/XA) auf Basis der CD-I-Spezifikation (siehe →CD-I) erbrachte zwei neue Formate mit 2.024 Byte (Form 1) bzw. 2.324 Byte (Form 2) pro Sektor. Diese Sektortypen können auf einer CD miteinander verschachtelt werden, um Programmdaten und weniger fehleranfällige Audio- oder Videodaten miteinander zu kombinieren.

Ende 1995 stellte Sony mit acht weiteren Herstellern den zu den üblichen CD-ROMs abwärtskompatiblen **DVD-ROM-Standard** als prädestinierten Nachfolger der CD vor. Die DVD kann bis zu 17 GByte Daten fassen. Um dies zu erreichen, wurden Pit-Abmessungen verringert, der Spurabstand verengt und die Wellenlänge des Lasers verkürzt. Weitere Informationen unter →DVD.

Das CD-ROM-Laufwerk gehört inzwischen zur Standardausstattung der PCs, nachdem es ursprünglich für den Multimedia-Bereich (siehe →Multimedia) als Medium zur Speicherung großer Datenbestände entwickelt worden war. Die Technologie der CD-ROM bietet mit ca. 650 MByte Platz für umfangreiche Bilddateien, große Textsammlungen (Lexika etc.) oder Videodateien. Die Daten werden auf einer CD als Folge von Vertiefungen, so genannten Pits, gespeichert. Ein Laserstrahl tastet die Oberfläche der rotierenden CD ab und ein Sensor erfasst die Reflexion des Strahls. Aus der Abfolge der Reflexion bzw. Nichtreflexion wird die Bitfolge ermittelt. CDs können in CD-ROM-Laufwerken nur gelesen werden, zur Herstellung eigener CDs ist ein spezieller →CD-Writer erforderlich, der mit einem Laserstrahl Daten auf CD-Rohlinge brennen kann (→CD-R).

CD-ROM-Laufwerke arbeiten mit unterschiedlichen Drehgeschwindigkeiten, die direkten Einfluss auf die Datenübertragungsrate haben. Von anfänglich 150 KByte/s (Einfachspeed) stieg die Datentransferrate über **Doublespeed** (300 KByte/s) auf **Quadrospeed**-Laufwerke mit 600 KByte/s usw. Nachdem es anfangs schien, als ob die Entwicklung mit **8-fach**-Laufwerken technisch ausgereizt sei, sind mittlerweile sogar **52-fach**-Laufwerke erhältlich. Technisch dürfte bei ca. 64-fach die Grenze der gängigen Schnittstellen zum PC ausgereizt sein. Um die unterschiedlichen Geschwindigkeiten realisieren zu können, verwenden die Hersteller verschiedene Antriebsverfahren, die teils mit konstanter, teils mit variabler Umdrehungsgeschwindigkeit arbeiten (→CLV, →CAV).

Das Ende des „Rotations-Wahnsinns" dürfte jedoch langsam erreicht sein. Zum einen, weil unter Windows eine Drehgeschwindigkeit von über 12-fach kaum noch einen bemerkbaren Unterschied bringt. Zum anderen, weil die →DVD langsam, aber sicher die CD-ROM ablöst. Weitere Entwicklungskosten für CD-ROMs werden sich für die Hersteller daher kaum noch lohnen. Außerdem hat die hohe Rotationsgeschwindigkeit auch ihre Nachteile: Sie steigert zwar die Übertragungsrate, verbessert die Zugriffszeit aber zumeist nur geringfügig oder verschlechtert sie sogar manchmal. Denn im Gegensatz zur →Festplatte verfügt ein CD-ROM-Laufwerk nur über einen Lesekopf, der positioniert werden muss. Außerdem muss die CD erst einmal auf die jeweilige Geschwindigkeit gebracht werden, was für 40-fach natürlich ungleich länger als für 8-fach braucht. Aus diesem Grund arbeiten die meisten neuen Laufwerke aber auch mit variabler Drehzahl, der maximale Wert wird nur in den äußeren Bereichen der CD erreicht.

Ab ca. 8-facher-Geschwindigkeit treten außerdem starke Probleme mit unsymmetrischen CDs auf, die durch aufwendige Antivibrationstechnik ausgeglichen werden muss, was nicht immer funktioniert. Wie bei einem Autoreifen bewirkt die Unwucht starke Vibrationen, die nicht nur störende Geräusche, sondern auch Probleme mit der Mechanik verursachen. Gerade die neuen, sehr hochdrehenden Laufwerke verursachen im Betrieb meist sehr hohe Geräusche; und die Fehlerkorrektur ist auch nur sehr schwer zu gewährleisten. Man kann daher nur den Tipp geben, eher zu einem ausgereiften, langsameren Laufwerk zu greifen und nicht den Geschwindigkeitswahn regelmäßig mitzumachen. Wichtiger als eine 40- oder 50-fache Drehzahl sind Fehlerkorrektur, Betriebsgeräusch und Stabilität. Wer noch ein älteres Laufwerk hat, sollte nur dann aufrüsten, wenn es langsamer als 8-fach ist.

Als Erweiterung von einfachen CD-ROM-Laufwerken gibt es **CD-Wechsler**, die mehrere CDs gleichzeitig in ein Magazin aufnehmen und automatisch wechseln können. Unter Windows erzeugt der entsprechende →Gerätetreiber zumeist einen eigenen Laufwerkbuchstaben für jede CD im Magazin. Das kann allerdings auch etwas nervig sein. CDs können übrigens sehr günstig produziert werden (Produktionskosten bei hohen Stückzahlen mit Verpackung um 1 DM), was zu einer immer stärkeren Umstellung beim Softwarevertrieb führte: Fast alle Programme werden daher mittlerweile nur noch auf CD angeboten, eine Diskettenversion ist oftmals nur gegen Aufpreis erhältlich.

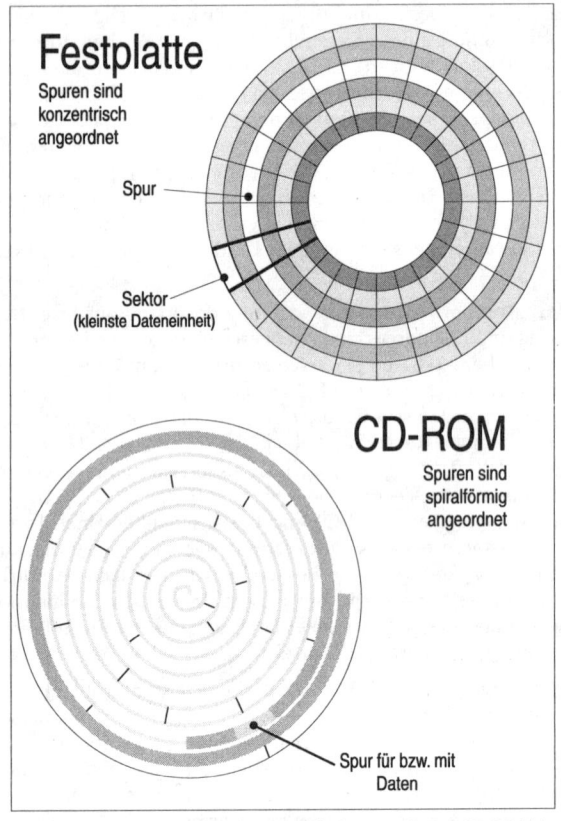

Im Gegensatz zu einer →Festplatte sind die Daten auf einer CD-ROM in einer Spirale angeordnet, die von Innen nach außen gelesen wird

CD-ROM/XA (Compact Disk Read Only Memory eXtended Architecture)

Als CD-ROM/XA (Abk. f. erweiterte CD-ROM-Architektur) wird die Erweiterung der Spezifikation der →CD-ROM auf Basis der CD-I-Eigenschaften (siehe →CD-I) genannt. CD-ROM/XA erbrachte zwei neue Sektorformate mit 2.024 Byte (Form 1) bzw. 2.324 Byte (Form 2) pro Sektor. Diese Sektortypen können auf einer Scheibe miteinander verschachtelt werden, um Programmdaten und weniger fehleranfällige Audio- oder Videodaten miteinander zu kombinieren.

CD-RW (Compact Disk ReWritable)

Englische Abk. f. wieder beschreibbare →CD. früher auch mal CD-E (für erasable) genannt. Gemeint ist die über Jahre erwartete, aber erst im Frühjahr 1997 zur Marktreife entwickelte wieder beschreibbare CD (vergl. →CD-ROM). Die dabei verwendete Phase Change-Technik ist jedoch schon etwas älter und wurde bereits bei →PD-Laufwerken eingesetzt. Zu technischen Informationen über das Verfahren bzw. Material siehe dort. Wesentlicher Unterschied zu PD-Medien ist neben dem anderen Dateiformat, dass CD-RW-Medien nur ca. 1.000-mal wieder beschrieben werden können.

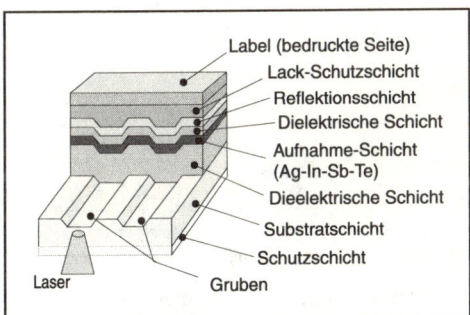

Label (bedruckte Seite)
Lack-Schutzschicht
Reflektionsschicht
Dielektrische Schicht
Aufnahme-Schicht
(Ag-In-Sb-Te)
Dieelektrische Schicht
Substratschicht
Schutzschicht
Laser
Gruben

Die CD-RW ist aus mehr Schichten als eine normale CD-R aufgebaut, inklusive einiger Schutzschichten. Sie wirkt auch äußerlich robuster und kratzfester als normale CD-Rs

Die CD-RW verwendet im Gegensatz zu PD-Laufwerken nicht das Dateisystem des Betriebssystems, z. B. →FAT, sondern ein zu den üblichen CD-Standards kompatibles Format (z. B. →Joliet oder das ISO-9660-Format). Außerdem wird keine Schutzhülle (festes →Caddy) verwendet. Beim Beschreiben gibt es im Prinzip keinen Unterschied zu normalen →CD-Rs, alle CD-RW-Geräte verhalten sich auch wie normale CD-Rekorder und können normale →CD-Rs auch verarbeiten. Einziger Unterschied: Ein CD-RW-Medium kann anschließend auch wieder gelöscht werden.

Da die CD-RW-Medien eine um ca. 70 % verringerte Lichtreflexion als herkömmliche CDs bzw. CD-Rs haben, muss in alle CD-RW-kompatiblen Laufwerke ein kleiner Verstärker für die Leseelektronik eingebaut werden. Dieser nennt sich →AGC, Laufwerke mit diesem Verstärker werden →multiread-fähig genannt. Seit Mitte 1997 hergestellte, einfache CD-ROM-Lesegeräte sind alle multiread-fähig. Beim Kauf eines neuen CD-ROMs sollte man auf diese Fähigkeit achten. Ähnlich ist es bei Audio-CD-Playern, nur solche mit neueren, zumeist hochwertigen Laufwerken von Philips haben einen AGC eingebaut. Prinzipiell ist die CD-RW ansonsten aber auch Audio-CD-fähig. Lediglich beim erneuten digitalen Auslesen von Audio-Informationen kommt es durch die geringere Reflexion leichter zu Lesefehlern als bei normalen CD(-R)s.

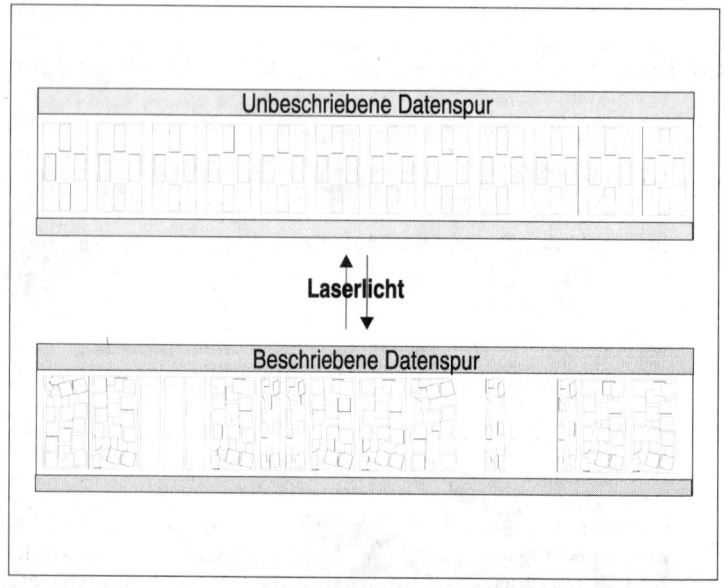

Das Material der CD-RW kann durch Variation des Laserlichts von einem amorphen in einen kristallinen Zustand mit unterschiedlichen Reflexionsvermögen gewechselt werden

CD-RW-Rekorder sind geradezu prädestiniert für den Einsatz mit dem neuen →**UDF**-System (**U**niversal **D**isk **F**ormat). Bei diesem →**Packet-Writing**-Verfahren werden die Daten in kleinen Paketen an den Brenner geschickt und die Laufwerke mit einem speziellen Treiber unter Windows wie ein normales Wechselmedien-Laufwerk angemeldet. Näheres siehe →UDF. CD-RW und UDF ergänzen sich deswegen so gut, weil es mit dem Ende 1997 eingeführten UDF 2.0-Format auch möglich ist, einzelne Dateien bzw. Datenblöcke direkt auf der CD-RW zu überschreiben. Mit der neuen Variante können CD-RWs also auf den ersten Blick wirklich wie ein normales Wechselmedien-Laufwerk eingesetzt werden. Da die Medien jedoch nur ca. 1.000mal überschrieben werden können, wird beim starken Einsatz schnell die Grenze erreicht. Außerdem ist die Schreib-Geschwindigkeit niedrig (bei 2x-Brennern unter 300 KByte/sec) und die Fehleranfälligkeit hoch. UDF ist in der Praxis tatsächlich noch nicht richtig ausgereift. Bei Problemen droht leicht der Verlust aller Daten auf der kompletten CD. CD-RW-Rekorder bzw. -Medien eignen sich bisher noch nicht als ernst zu nehmender Ersatz für richtige Wechselmedien-Laufwerke. Da sollte man schon lieber auf die verwandten →MO-Laufwerke zurückgreifen.

> **Tipp:** Da alle CD-RW-Rekorder auch CD-Rs verarbeiten, bieten sie sich beim Neu-
> kauf statt eines CD-R-Brenners an. Zumal sie mittlerweile keinen besonderen Auf-
> preis mehr kosten bzw. die Funktion in den meisten CD-Writern eingebaut ist. Den
> Einsatz als echtes Wechselmedien-Laufwerk kann man jedoch vergessen (zu lang-
> sam, zu unsicher). Aber sie sind ideal, um Backups von nicht allzu häufig wechseln-
> den Daten anzulegen.

CD-Text

CD-Text ist ein neuer, erweiterter Standard für die Audio-CD (→CD), mit
der sich Text-Informationen über den Titel der CD und der darauf enthaltenen Musikstücke verwenden lassen. Normale Audio-CDs haben bisher ja
keine weiteren, für die Anwender bemerkbaren Informationen neben der eigentlichen Musik enthalten, obwohl der Speicherplatz auf der CD durchaus
ausreichen würde, um einige Textinformationen zusätzlich aufzunehmen.
Der neue, von Sony und Philips entwickelte Standard ermöglicht es jetzt, auf
CD-Text-kompatiblen CD-Playern die entsprechenden Textinformationen
auf dem üblichen Display der Geräte darzustellen.

Die CD-Text-Informationen werden in zwei von acht so genannten Subchannels einer Audio-CD gespeichert, die vom Red-Book-Standard für solche Anwendungen reserviert wurden. Diese Subchannels sind neben den
reinen Musikdaten noch zur Verfügung stehende erweiterte Informations-
bereiche, die beispielsweise im Eingangs- (Leadin) oder Ausgangsbereich
(Leadout) einer CD liegen können. Die zwei Subchannels für CD-Text (R und
W genannt) werden im Leadin-Bereich einer Audio-CD beschrieben, also direkt am Anfang der CD und noch vor den eigentlichen Musikdaten. Ein CD-
Brenner oder Player, der CD-Text-fähig ist, muss nur in der Lage sein, diese
Subchannels gezielt mit Daten zu beschreiben. Prinzipiell ist jedes Gerät dazu
in der Lage, weil der Leadin-Bereich sowieso angelegt bzw. ausgelesen werden muss. Nur stehen hier normalerweise keine sinnvollen Daten, sondern
nur Nullen.

Um CD-Text bei selbst gebrannten CDs (siehe →CD-Writer) nutzen zu können, müssen sowohl der CD-Brenner als auch die verwendete Brenner-Soft-
ware CD-Text unterstützen. Das waren bis zum Herbst 1999 nur relativ wenige, wie z. B. die aktuellen Modelle von Sony oder Hewlett Packard in Verbindung mit der Software WinOnCD 3.6 (oder höher) von CeQuadrat. Eine
andere, empfehlenswerte CD-Text-fähige CD-Brenner-Software ist
CDRWIN der Firma Golden Hawk Technology (*www.goldenhawk.de*).

Andere, ältere CD-Brenner lassen sich evtl. durch ein Firmware-Update CD-
Text-fähig machen. Jedoch muss dann auch eine dazu kompatible Software
verwendet werden. Die Text-Informationen können entweder in die Software manuell direkt eingegeben werden oder aber von einer CD-Text ent-
haltenden Audio-CD ausgelesen werden. Jedoch gilt auch hier, dass dann das
CD-ROM-Laufwerk ebenfalls CD-Text-fähig sein muss (wie z. B. das Plextor
PX-40TS). Im Hi-Fi-Bereich ist eine volle und konsequente CD-Text-Unter-
stützung durch die Hersteller allerdings auch noch nicht gegeben. Abgesehen davon, dass bei weitem nicht jede neue Audio-CD Textinformationen
enthält, ist es beispielsweise auch nicht ohne weiteres möglich, diese Text-

Informationen von einer CD auf eine →MiniDisc (MD) zu überspielen. Diese kann bekanntlich auch Textinformationen zu Titel und Songs speichern, wäre also das ideale Aufnahme-Medium für diesen Standard. Über die normalen Audio-Verbindungskabel ist aber eine Übertragung der Textdaten nicht möglich, sodass hierfür zwischen dem CD-Player und dem MiniDisc-Rekorder eine zusätzliche Datenleitung vorhanden sein muss. Bis zum Herbst 1999 boten das aber nur einige Rekorder/Player-Kombinationen von Kenwood sowie Sony an. Bei Sony wiederum aber nur in Verbindung mit einem PC und einem optionalen Zusatzgerät inklusive Windows-Software, mit dem sich die CD-Text-Daten erst auf den PC und von dort aus wieder auf den MiniDisc-Rekorder übertragen lassen. Weitere Informationen über CD-Text finden Sie im Internet unter *www.cd-text.de*.

CD-V (Compact Disc-Video)

Die CD-V (CD-Video) war eine spezielle Form der →Laserdisc und sollte nicht mit der heutigen Video-CD verwechselt werden. Auf der CD-V, die bereits 1987 in den Markt eingeführt wurde, waren neben den digitalen Audioinformationen analoge Videosignale abgespeichert (siehe →Analog, →digital).

CD-WORM (CD-Write Once Read Many)

CD-WORM (einmal beschreibbare, oft lesbare CD) ist eine besondere, weiterentwickelte Form der →CD-ROM. Diese CDs können vom Anwender einmal beschrieben und dann beliebig oft gelesen werden. Der Schreibvorgang muss auf einem entsprechenden CD-WORM-Laufwerk erfolgen, das Lesen dieser CD ist dann aber auf jedem herkömmlichen CD-Laufwerk möglich.

Praktisch gesehen sind alle CD-Brenner (→CD-R) solche Geräte. Die älteren Modelle der weit verbreiteten Philips-CD-Brenner-Familie werden z. B. unter Windows als WORM-Gerät angesprochen. Echte WORM-Geräte haben gegenüber normalen CD-ROMs einen etwas anderen Befehlssatz. Das heißt, sie werden am Betriebssystem nicht wie normale CD-ROMs angemeldet. Daher ist zum Einlesen von CDs ein spezieller Treiber, meist in Form einer *Vxd*-Datei, notwendig. Dieser Treiber wird vom Hersteller des Geräts oder der CD-Brenner-Software mitgeliefert. Bis auf diese wenigen, älteren Modelle haben CD-WORMs keine Bedeutung mehr, zumal die →CD-RW bzw. →DVD-RAM sowieso die Wachablösung dieser Technik ist.

CD-Writer [CD-Schreibgerät]

Mit einem CD-Writer (umgangssprachlich auch **CD-Brenner** genannt) lassen sich Datenmengen von bis zu 650 MByte auf spezielle, einmal beschreibbare CD-Rs (CD-Rohling, CD-**R**eadable) sichern (brennen). Mittlerweile gibt es auch spezielle Rohlinge, die ca. 700 MByte fassen. CD-Writer gibt es mit unterschiedlichen Schreibgeschwindigkeiten. Einstiegsgeräte mit Preisen von 500 DM aufwärts schreiben mit 4-facher (600 KByte/s), High-End-Geräte für 800-1.000 DM schreiben mit 8-facher (1200 KByte/s) Geschwindigkeit. CD-Writer lassen sich auch als normale CD-ROM-Lese-Laufwerke einsetzen, haben aber wegen der schwereren Schreib-/Lese-Optik eine langsame Zugriffszeit. Außerdem ist die ganze Mechanik empfindlicher gegen Verschleiß und Erwärmung, weswegen der Einsatz auf das Brennen reduziert werden sollte. Die Geräte sollten nach Möglichkeit auch nur gut belüftet, am besten in einem externen Gehäuse, verwendet werden.

Angeschlossen wurden CD-Writer früher fast ausschließlich an die →SCSI-Schnittstelle. Seit 1998 gibt es aber vermehrt ausgereifte Geräte für den →ATAPI-Anschluss, die tatsächlich auch keine Probleme beim Betrieb verursachen. Bei Brenngeschwindigkeiten oberhalb von 4-fach ist es jedoch auch weiterhin ratsam, SCSI zu verwenden. Ebenfalls schon zur Standardausrüstung bei den CD-Writern gehört die →**CD-RW**-Unterstützung, für die man daher auch keinen deutlichen Aufpreis mehr zahlen muss.

Kritisch beim Betrieb von CD-Writern ist, dass der Datenstrom während eines „Brennvorgangs" kontinuierlich vom System zum Brenner fließen muss. Wenn nicht, kommt es zum gefürchteten „**Buffer underrun**". Um das zu vermeiden, sollten das System und die Festplatte eine hohe Geschwindigkeit haben. Bei neueren Rechnern mit aktuellen, schnellen Festplatten ist das aber selbst für 8-fach-Brenner kein Problem mehr.

CD-Rs werden normalerweise nach dem →**ISO 9660-Standard** beschrieben. Dazu ist eine spezielle CD-Writer-Software notwendig, wie z. B. WinOnCD der Firma CeQuadrat (***www.cequadrat.de***), die derzeit wohl beste Brennersoftware auf dem Markt. Stärkster Konkurrent ist der Eazy CD-Creator von Adaptec. Der ISO-9660-Standard gewährleistet eine einheitliche Datenstruktur auf der CD, die eine plattformübergreifende Verwendung ermöglicht (**Crossplatform-CD**, also z. B. auch auf dem Macintosh). Der ISO-9660-Standard hat aber starke Einschränkungen in den Datei- und Verzeichnisnamen bzw. -strukturen. Dateinamen dürfen nur der 8+3-Regel gehorchen (also maximal acht Buchstaben und eine →Erweiterung) und nur aus einem beschränkten Satz von Zeichen benannt werden. Bei den Verzeichnissen sind nur maximal acht Ebenen erlaubt und die Verzeichnisse selbst dürfen keine Namenserweiterungen oder Sonderzeichen enthalten. Um diese Beschränkung (v. a. in bezug auf lange Dateinamen) unter Windows 95 und NT zu umgehen, wurde das →**Joliet-Format** als Erweiterung des ISO-9660-Standards definiert. Beim Joliet-Format sind für Datei- und Verzeichnisnamen fast alle Sonderzeichen erlaubt und diese dürfen bis zu 64 Zeichen lang sein (unter Windows selbst bis zu 255). Außerdem dürfen Verzeichnisse mit mehr als acht Ebenen verwendet werden. Mit dem Joliet-Format beschriebene CD-Rs können jedoch nur unter Windows 95/98 und Windows NT 4.0/5.0 gelesen werden.

Tipp: Achten Sie immer auf die aktuelle →Firmware des Brenners. Im Internet oder direkt vom Hersteller bekommen Sie die neuesten Versionen, die in das Flash-ROM des Brenners eingespielt werden sollten. Dies ist sinnvoll, weil viele CD-Brenner immer noch fehleranfällig sind und die Firmware-Updates bekannte →Bugs ausgleichen.

CeBIT (**Ce**ntrum der **B**üro- und **I**nformations**T**echnik)

Die CeBIT ist die jährlich im Frühjahr in Hannover stattfindende, weltweit größte Computerfachmesse und stellt das deutsche Pendant zur amerikanischen →Comdex dar. Sie wird durch die CeBit-Home ergänzt, die in Konkurrenz zur Berliner **Internationalen Funkausstellung** (**IFA**) auch alle zwei Jahre und im Herbst stattfindet. Die Messetermine sind jeweils in die geraden Jahreszahlen gelegt, an denen die IFA nicht statt findet, sodass es zumindest keine direkte Konkurrenz gibt. Im Gegensatz zur IFA und CeBit setzt die Ce-Bit-Home ihren Ausstellungsschwerpunkt auf Computerprodukte rund um den Heim- und Unterhaltungsbereich. Sie wendet sich damit bewusst an die „normalen" Anwender und nicht wie die CeBit an den Geschäftskunden.

Celeron

Der Celeron (Kodename **Covington** und **Mendocino**) ist ein auf dem →**Pentium II** basierender Prozessor der Firma →Intel, der speziell für das Marktsegment der preiswerten PCs entwickelt wurde. Sein Name stammt von einer Insel im amerikanischen Detroit River. Vom Marktsegment ist der Celeron für „Basic-PCs" (offizieller Intel-Jargon für preiswerte Anwender-PCs) mit dem AMD →K6-2/III als Hauptkonkurrenten platziert.

Es gibt bzw. gab den Celeron in mehreren Varianten. Die erste Version, Kodename Covington, wurde mit 233, 266 und 300 MHz getaktet und verfügte über keinen →Second-Level-Cache (L2-Cache). Das führte zu deutlichen Geschwindigkeitsverlusten, weswegen der Prozessor bei Kunden und Händlern wenig erfolgreich war. Zum Herbst 1998 führte Intel dann den Nachfolger ein, bei dem 128 KByte L2-Cache direkt im Prozessorgehäuse integriert sind (Kodename Mendecino). Die ersten Versionen wurden mit 300 und 333 MHz getaktet. Der 300-MHz-Celeron-Mendecino bekam zur Unterscheidung von seinem L2-Cache-losen Vorgänger ein „A" mit in die Bezeichnung (Celeron 300A). Mittlerweile (Stand 10.99) gibt es den Celeron mit Taktungen bis 500 MHz, noch höhere sind von Intel angekündigt.

Zwar ist der L2-Cache des Celeron gegenüber dem Pentium II auf ein Viertel verringert, wird aber nicht mit halber, sondern mit voller Prozessor-Taktung angetrieben. Unterm Strich verfügt der Celeron bei gleicher Taktung je nach Anwendung über die gleiche bis einige wenige Prozente verringerte Performance. Gegenüber dem Konkurrenten AMD K6-2/III fehlt ihm aber der zusätzliche Befehlssatz zur Beschleunigung von 3-D-Spielen und Multimedia-Anwendungen (3DNow!). Jedoch kann er dies durch eine höhere Performance im für Spiele wichtigen →Fließkomma-Prozessor (Coprozessor, siehe auch →Fließkommadarstellung) ein bisschen wettmachen. Als Prozessor für einen Spiele-PC ist er jedoch nicht die optimale Wahl.

Ein Celeron 333 im bisherigen Pentium II-Design. Die Slot One-kompatible Platine trägt jedoch nur noch die CPU, in der der L2-Cache direkt integriert ist

Um die Produktionskosten für den Celeron weiter zu senken, hat Intel im ersten Quartal 1999 die Bauform des Celerons komplett umgestellt, und zwar auf das vom →Pentium bekannte BGA-Gehäuse. Alle aktuellen Celerons sind jetzt in dieser Bauform, lassen sich aber mit einem entsprechenden, recht preiswerten Adapter auch weiterhin in Slot-One-Mainboards einsetzen, falls man für die Zukunft den Umstieg auf einen schnelleren Pentium III vorhat. Passend zum neuen Gehäuse wurde auch der **Prozessor-Sockel 370** eingeführt, mit dem sich die Produktionskosten bei den Mainboards senken ließen. Der Sockel 370 gleicht bis auf einen fehlenden Kontaktstift (PIN) dem bekannten →ZIF-Sockel 7, der seit Jahren für Pentium-CPUs und kompatible (z. B. auch den AMD K6-2/III) verwendet wird. Langfristig ist vermutlich auch eine Umstellung für den →Pentium III zu erwarten, sobald die Herstellungsverfahren auch hier einen entsprechenden, kompakten Chip mit dem großen, integrierten L2-Cache erlauben.

Ein aktueller Celeron im BGA-Gehäuse sieht äußerlich dem guten alten →Pentium zum Verwechseln ähnlich

Von Seiten des Mainboards läuft der Celeron mit denselben Chipsätzen (siehe →Chipsatz) wie der Pentium II. Üblich ist der 440BX-Chipsatz. Intel hat jedoch speziell für den Celeron eine abgespeckte Variante des 440BX-Chipsatzes, den 440EX, herausgebracht (auch 440BPC genannt). Dieser ist preiswerter, damit ausgerüstete Mainboards verfügen aber über deutlich weniger →Steckplätze (nur drei PCI- und zwei SDRAM-Speicherbaustein-Steckplätze). Außerdem haben sie eine kleinere Bauform, das so genannte MicroATX-Format. Der Nachfolger des EX-Chipsatzes, der 440ZX, soll Ende 1999 auf den Markt kommen und langfristig auch eine Umstellung des Systembusses auf 100 MHz unterstützen. PCs mit diesen „Billig-Chipsätzen" lassen sich jedoch nur noch schwer aufrüsten, sodass man lieber zu einem vollwertigen BX-Mainboard greifen sollte. Diese können außerdem nachträglich mit einem →Pentium III aufgerüstet werden. In der Regel ist dafür höchstens ein BIOS-Update notwendig.

Bei der Konfiguration des →Mainboards ist zu beachten, dass der Celeron einen festen Taktvervielfacher (Multiplier) eingebaut hat. Der Multiplier braucht auf dem Board also nicht eingestellt zu werden. Im Gegensatz zum Pentium II lässt sich der Celeron daher nur durch die Anhebung des externen Systemtakts übertakten, was bei vielen Computerfreaks ein wichtiger Punkt ist. Die meisten Mainboards unterstützen Systembus-Taktungen von 66, 75, 83 und 100 MHz (teilweise auch bisher unrelevante 133 MHz). Jedoch nur bei 66 und 100 MHz wird der →PCI- bzw. →AGP-Bus mit den korrekten 33 bzw. 66 MHz getaktet, sodass man in der Praxis lediglich auf diese Einstellungen zurückgreifen sollte. Da der Celeron von Intel bisher lediglich für 66 MHz Systemtakt spezifiziert ist, kann eine Übertaktung mit 100 MHz zur überhöhten Belastung z. B. durch Überhitzen führen. Ein Celeron 300A wird durch das Hochsetzen von 66 auf 100 MHz zum Celeron 450 MHz, ein Celeron 333 mit 500 MHz getaktet. Während sich eine solche Übertaktung bei guter Kühlung noch mit einigen Modellen des nicht mehr erhältlichen Celeron 300A durchführen ließ, laufen die neuen Modelle des Celeron mit 100 MHz nicht, auch wenn der CPU-Kern des Celeron mit dem eines Pentium II identisch ist. Das Problem bei der hohen Taktung ist der integrierte L2-Cache, der mit voller Frequenz angetrieben wird.

Laut Original-Intel-Spezifikation sollte das Mainboard auch abfragen, um welchen Prozessor- bzw. Celeron-Typ es sich handelt, und die notwendigen Einstellungen zur externen Taktung (ähnlich wie die für Spannung und Multiplier) selbst vornehmen. Viele Hersteller halten sich aber in dem Punkt nicht unbedingt an die Intel-Vorgaben, um ihren Käufern bewusst mehr Einstellungs- bzw. Eperimentiermöglichkeiten zu geben.

CEN (Comité Européen de Normalisation)

CEN ist die Abkürzung für das in Brüssel ansässige, europäische Normungsinstitut. Das CEN ist Mitglied in der →ISO (International Standardization Organization) und IEC (International Electronical Commission) und strebt mit diesen im Verbund eine weltweite Normung an. Die IEC ist mit über 600 Arbeitsgruppen auf dem Gebiet der Elektrotechnik und Elektronik für Normungen zuständig, in Deutschland z. B. DKE und VDE. Das europäische Gegenstück zur IEC ist die CENELC. Dem übergeordnet ist die ISO, der z. B. auch das bekannte deutsche →DIN angehört.

CENELEC (Comité Européen de Normalisation Electrotechnique)

Das Europäische Komitee für Normierung im elektrotechnischen Bereich heißt CENELEC. Als Unterausschuss des →CEN ist der Sitz des CENELEC ebenfalls Brüssel.

Centronics-Schnittstelle/Stecker

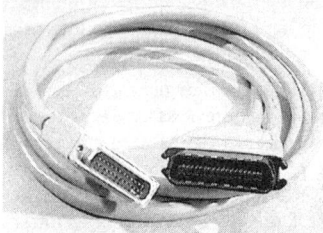

Centronics-Anschluss an der Rückseite eines Druckers

Druckerkabel mit Centronics-Stecker (rechts) und 25poligem LPT-Stecker (links)

Die Centronics-Schnittstelle ist eine alternative Bezeichnung für einen Anschlussstecker an den üblichen Druckern für PCs (→parallele Schnittstelle). Sie wurde nach dem amerikanischen Drucker-Hersteller Centronics benannt, einem Pionier aus der Frühzeit des PCs in den 70er und 80er Jahren.

Es handelt sich um eine 36polige, 8 Datenbit breite →Schnittstelle, die ursprünglich nur zur Verbindung des →Druckers entwickelt wurde und aufgrund ihrer hohen Verbreitung praktisch als Norm anerkannt ist. Der Centronics-Anschlussstecker befindet sich wie gesagt am Drucker (siehe Abbildung). Der entsprechende Stecker der parallelen Schnittstelle am PC hat keine spezielle Bezeichnung, sondern ist ein einfacher →D-Sub-Typ.

CEO (Chief Executive Officer)

Mit der Abk. CEO wird im amerikanischen Sprachraum der oberste Chef eines Unternehmens bezeichnet. Zusammen mit dem COO, Chief Operating Officer, leitet er das Unternehmen. Während der COO mehr für die praktischen Umsetzungen verantwortlich ist, ist der CEO der strategische Chef. Die zwei wohl bekanntesten CEOs im Computerbusiness sind →Bill Gates und Andy Grove, der mittlerweile abgetretene Chef von Intel.

CE-Prüfzeichen/Norm (Communauté Européenne)

Mit dem 1.1.1996 führte die EU ein aufwendiges und kostenintensives Prüfverfahren auf elektromagnetische Verträglichkeit und Störfestigkeit für alle im Handel befindlichen Elektrogeräte ein (gilt insbesondere auch für Computer). Jeder Hersteller muss vor der Markteinführung seine Geräte oder Bauteile auf diese elektromagnetische Verträglichkeit von unabhängigen Instituten prüfen lassen. Nach bestandener Prüfung wird das so genannte CE-Prüfzeichen vergeben, erkennbar an der CE-Plakette auf dem Gerät. Die CE-Richtlinien führten bei der Einführung zu einigen Unsicherheiten bzw. Unzufriedenheiten, weil:

– eigentlich auch alte, noch im Betrieb befindliche Geräte der CE-Norm entsprechen müssen und jeder Anwender für die Störsicherheit seiner nicht geprüften Geräte verantwortlich ist. Solange aber keine nachweisbaren Störungen auftreten, können die Geräte weiter benutzt werden.

– weil theoretisch im Computer-Bereich durch jede Veränderung eines bestehenden, CE-geprüften Systems eine erneute Prüfung auf Störverträglichkeit notwendig wäre. Dies würde aber bedeuten, dass jeder Computer allein schon durch Austausch einer →Steckkarte erneut geprüft werden müsste (mit entsprechenden Kosten). Gerade kleinere Computer-Läden, die von frei konfigurierbaren Geräten leben, wären hiervon betroffen. Mittlerweile gilt die Regelung, dass bei Zusammenstellung eines Computers aus jeweils CE-geprüften Bauteilen von der CE-Verträglichkeit des Gesamtsystems ausgegangen werden kann.

CEPT (Conférence Européenne des Administrations des Postes et des Télécommunications)

CEPT ist die Abkürzung für die Europäische Konferenz zur Koordination des Post- und Telefonwesens. Sie hat verschiedene Standards für die Bereiche der Post und Telekommunikation festgelegt, die europaweit verbindlich sind. Am bekanntesten ist wohl der gleichnamige CEPT-Standard für die Bildschirmdarstellung im →Btx. Der CEPT-Standad wird mittlerweile aber vom →KIT-Standard (**K**ernsystem **I**ntelligenter **T**erminals) ergänzt. Die CEPT zeichnet auch verantwortlich für die Standardisierung von schnurlosen Telefonen (siehe →CT-Standards).

CeQuadrat

CeQuadrat ist eine bekannte Softwarefirma mit Sitz in Aachen, Deutschland, die v. a. durch ihre Produkte für →CD-Writer bekannt ist. Die Software **WinOnCD** gehört zu den besten Programmen dieser Art auf dem Markt und war mehrfacher Testsieger in den gängigen Computerfachzeitschriften. Sie deckt nahezu sämtliche Einsatzbereiche ab, die man mit einer CD erfüllen kann. Ein weiteres, wichtiges Produkt der Firma ist **Packet CD** (siehe →Packet Writing). Im Internet findet man unter ***www.cequadrat.com*** weitere Informationen über die Firma und ihre Produkte.

CERN

Europäisches Forschungszentrum für Teilchenphysik in Genf/Schweiz. Das CERN gilt als die Geburtsstätte des →World Wide Web. Vergleiche hierzu →Berners-Lee, Tim. Die Internetadresse des CERN ist ***www.cern.ch***.

CGA (**C**olor **G**raphics **A**dapter)

CGA (Abk. f. Farbgrafikadapter) ist ein längst veralteter Standard für PC-Grafiksysteme, den eine heutige →Grafikkarte jedoch noch beherrscht.

CGI (**C**ommon **G**ateway **I**nterface)

Mit einem CGI-Script lassen sich Animationen für multimediale Websites erstellen. Ein CGI-Script muss allerdings immer genau auf den entsprechenden Internetserver zurechtgeschnitten sein, auf dem das Programm abläuft.

Channel-Bits

Die Bits auf einer →CD heißen Channel-Bits. Wie herkömmliche Bits werden Channel-Bits als 0 oder 1 interpretiert; wegen der erforderlichen →Redundanz zur →Fehlererkennung und →Fehlerkorrektur bei der CD sind jedoch immer 14 Channel-Bits zur Repräsentation eines Bytes nötig (siehe →Bit, →Byte).

Chaos Computer Club (CCC)

Der bekannte Hamburger Chaos Computer Club (CCC) wurde 1984 von einigen Computerfreaks gegründet, um als Schnittstelle zwischen Hackern, der Industrie und der Gesellschaft zu fungieren. Die Mitglieder des CCC gelten als die klassischen Hacker schlechthin, immer bemüht, Sicherheitslücken und Schwachstellen der Informations-Gesellschaft aufzuspüren und diese publik zu machen. Einmal vierteljährlich erscheint die „**Datenschleuder**" als eigenes Publikationsorgan, das im Internet abzurufen ist (***www.ccc.de***). Das amerikanische Pedant zum deutschen Chaos Computer Club ist die Vereinigung „2600", die unter ***www.2600.com*** ebenfalls vierteljährlich das Ergebnis ihrer neuesten Hacker-Bemühungen präsentiert.

Wer gern kritisch hinter die Dinge schaut, findet hier die richtigen Infos

Wem die heimischen Hacker nicht reichen, schaut mal bei den Kollegen rein

CHAP (Challenge Handshake Authorization Protocol)

CHAP ist die englische Abk. f. „angefordertes Handschlag-Autorisations-Protokoll". Es ist die Bezeichnung für ein Einwahlverfahren in Netzwerk, bei dem das Passwort verschlüsselt übertragen wird. Das dazu gegensätzliche, unverschlüsselte Verfahren ist →**PAP**.

Character [Zeichen]

Character ist die englische Bezeichnung für ein Element aus einem vereinbarten Zeichensatz (siehe z. B. →ASCII), der zur Darstellung von Informationen dient.

Chat- und Hacker-Slang

Als **Chat-Slang** bezeichnet man die bei virtuellen Unterhaltungen (→Chats, →E-Mail) in →Online-Diensten und im →Internet benutzten, meist umgangssprachlichen Abkürzungen und Slogans. Alternative Bezeichnungen für Chat-Slang ist auch „**Net Jargon**" oder „**Talk Jargon**". Bei den Abkürzungen sind so genannte **Akronyme** üblich, d. h. Wortkreationen, die zumeist aus den Anfangsbuchstaben anderer (meist englischer) Wörter zusammengesetzt sind. Beispielsweise „lol" für „laughing out loud" (siehe Tabelle). Oft werden diese Akronyme noch durch Zeichen wie „<>" bzw. „*" eingegrenzt, um sie vom Text deutlich abzuheben (*lol*).

Neben diesen Akronymen und Slogans werden auch so genannte →Emoticons (Smileys) verwendet: grafische Symbole, die mit Hilfe der Satzpunktzeichen der Tastatur erstellt werden und Gefühle ausdrücken (etwa ☺ für Freude). Eine Übersicht dieser Symbole finden Sie unter →Emoticons. Als **Hacker-Slang**, auch →**Computer-Lingo** genannt, werden umgangssprachliche Begriffe und Abkürzungen bezeichnet, die (angeblich) besonders in Kreisen von so genannten Computer-Hackern (→Hacker) verwendet werden. Natürlich sind die Einteilungen nicht besonders scharf und teilweise je nach Betrachter auch etwas willkürlich.

Die nachfolgende Tabelle gibt eine Übersicht der bekanntesten Chat- und Hacker-Ausdrücke, die sich naturbedingt z. T. thematisch überschneiden bzw. je nach „Szene" parallel benutzt werden. Einige weitere, allgemein übliche englischsprachige Begriffe und Akronyme, die dennoch oft im Internet verwendet werden, finden Sie außerdem im Englisch-Deutsch-Glossar dieses Buches.

Begriff	Bedeutung
<bg>	big grin (großes Grinsen)
<g>	grin (grinsen)
<grd>	grinning, running, ducking (grinsen, wegrennen und sich ducken, verstecken)
ACK	Abk. f. acknowledgement, Bestätigung, Anerkennung, im Internet beim Chatten als Bestätigung (Ja) auf Anfragen verwendet
afaic	as far as I'm concerned (soweit es mich interessiert, betrifft)
afaik	as far as I know (soweit ich weiß)
asap	as soon as possible (so bald wie möglich)
asl	age sex language (Alter, Sex, Sprache), typische erste, oft als unhöflich bzw. sexistisch empfundene Frage im Chat zur Person, mit der man sich unterhält
b4	before (bevor, vorher)

Begriff	Bedeutung
bang	Anstelle eines Ausrufungszeichens kann man in einer Mail auch das Wort bang verwenden, um einer Aussage mehr Nachdruck zu verleihen.
barfulour	umgangsprachlich für kotzig, zum Kotzen anregend
bbl	be back later, zu Deutsch etwa: komme bald wieder
bc	before Christ, v. Chr., für veraltete Hard- oder Software
bcnu	be seeing you!, was zu übersetzen ist mit: Wir sehen uns!
bells and whistles	Läuten, Klingen und Pfeifen. Zumeist ironisch gemeinter „Beifall"
bfbi	brute force and bloody ignorance (brutale Gewalt und verdammte Ignoranz)
bfn	Abkürzung für bye for now (Tschüss für heute)
binaries	Bezeichnung für im Internet per Kodierung in ASCII-Daten umgewandelte Binärdaten (Bilder, Programme etc.), die dann per Mail oder im Usenet verschickt werden können
bion	believe it or not (glaube es oder nicht)
bit bucket	Wenn Daten bei einer Datenübertragung verloren gehen, landen sie im bit bucket (Bit-Mülleimer).
bit decay	Wenn ein Programm aus unerfindlichen Gründen nicht mehr funktioniert, sagt man im Hackerslang, es habe bit decay (Bit-Fäule).
blast	sprengen, vernichten, z. B. auch in Computerspielen genutzter Ausdruck
blueboxing	Verfahren zur illegalen, kostenfreien Nutzung des Telefonnetzes. Geht auf ein Gerät mit blauen Gehäuse zurück, mit dem es ein Hacker in den 60er Jahren erstmals die Gebührenzählung der amerikanischen Telefongesellschaft AT&T überlistete.
bot	back on topic (zurück zum Thema)
brb	be right back (bin gleich wieder da)
broket	spitze Klammer (>, <), Kunstwort aus broken bracket = gebrochene Klammern
brs	Die ersten →IBM-PCs hatten einen auffallend großen roten Netzschalter. Seit dieser Zeit ist der brs, der big red switch, zu einem Begriff geworden, der so viel bedeuten soll wie „Schalt den Rechner doch besser aus".
brute force	Methoden oder Programme, die Probleme durch stures Ausprobieren lösen (z. B. Knacken eines Passworts)
btw	by the way (übrigens, nebenbei gesagt)
Bucket	Englisch für Eimer, in dem die Bits verschwinden, wenn sie bei der Datenübertragung verloren gehen
buzz(en)	anrufen, abfragen (z. B. eine Mailbox, eine andere Person im Internet
cfd	call for discussion (Aufruf zur Diskussion)
cfv	call for vote (Aufruf zur Abstimmung)
churn rate	Austritts-, Abspringrate eines Anbieters (z. B. Online-Dienst), also wie viele Anwender wieder kündigen/abspringen
Cracker	Anwender, der bei Anwendungsprogrammen oder Computerspielen den →Kopierschutz entfernt und damit das illegale Kopieren (→Raubkopie) ermöglicht
creeping featurism	Entspricht in etwa dem Deutschen Kunstwort „verschlimmbessern". So lässt sich z. B. komplizierte Software durch ungeeignete Verbesserungen noch unübersichtlicher gestalten (z. B. bei Updates).
crock	Kompliziertes Programm oder System, das auch einfach sein könnte, wenn man es nur geschickter gestaltet hätte
crossposting	Crossposting heißt das Versenden eines Beitrags in mehrere Bretter oder Gruppen von öffentlichen Diskussionsforen. Crossposting sollte möglichst spärlich eingesetzt werden.
crufty	unsinnig, kompliziert, einfach alles, was unangenehm ist
cu	see you (wir sehen uns)

Begriff	Bedeutung
cul8r	see you later (wir sehen uns später)
cybercash	elektronisches, virtuelles Geld für den Internetzahlungsverkehr
cybercop	Cyberpolizist, Polizist im Internet
cybernaut	Kunstwort aus cyber und Astronaut, Bezeichnung für Internetnutzer
cypherpunk	Verschlüsselungsfreak
DAU	Abk. f. Dümmster anzunehmender User. Umgangssprachliches Schimpfwort im Computerbereich für Anwender, die so blöd sind, dass die Maus „Aua" schreit und der Monitor vor Grausen am liebsten wegbucken würde.
Dummy	englisches Umgangswort für Dummkopf, ähnlich dem deutschen Netjargon DAU
Denizen	Teilnehmer im Usenet
dissen	jemanden (in Chats und Newsgroups) verbal stark angreifen, runtermachen, anpöbeln, schmähen, fertig machen
f2f	face-to-face (von Angesicht zu Angesicht, im wirklichen Leben)
fake	Bedeutet so viel wie Lug, Betrug, Täuschung.
faq	frequently asked questions (häufig gestellte Fragen)
flaming	sich aufregen, aufbrausen, gegen jemand mit Worten aggressiv vorgehen (per Mail oder in den Newsgroups)
flood	überfluten, z. B. eine Newsgroup oder Mailbox mit unerwünschten Nachrichten, Werbung etc.
flush	erröten, Schwall (Strom oder Wasser), spülen, am PC im Sinne von „Daten wegspülen" ein Synonym für löschen
foad	fuck off and die (verpiss dich und stirb)
foaf	friend of a friend (der Bekannte eines Bekannten)
follow-up	„Nachfolger", Bezeichnung für eine Antwort auf eine Nachricht in den Newsgroups
Freebie	Kunstwort, bezeichnet freie, kostenlose Programme, Gratissoftware, im Gegensatz zu →Freeware meist nur vom Hersteller vertrieben
fyi	for your information (zu Ihrer Information)
ga	go ahead (mach' weiter)
Garbage	Abfall, Bezeichnung für unsinnige oder überflüssige Daten, durch die z. B. die Kapazität des Arbeitsspeichers verschwendet wird.
gd&r	grinning, ducking and running (grinsen, ducken und wegrennen)
geek	Computernarr, Computerverrückter
gigo	garbage in garbage out, Müll rein, Müll raus oder „wie man in den Wald hineinruft, so ..."
gossip	klatschen, tratschen bzw. Klatsch, Tratsch
gotisch	Bezeichnung für dilettantische Programme
greek(ing) text	umgangsprachlich für Blindtext, Dummytext, Fülltext ohne großen Sinn
grmbl	grumble (brummen, knurrig sein, quengeln)
Hashing	zerhacken, zerkleinern, durcheinander bringen (z. B. zum Verschlüsseln von Daten)
hat	Hut, auch ein Aufsatz bzw. Zusatz von Daten z. B. in einem Dokument
hook (up)	Haken, einhaken, angeln, beim PC auch im Sinne von anschließen, verbinden, z. B. Geräte mit dem PC oder auch den PC mit einem Datennetz
imao	in my arrogant opinion (nach meiner arroganten Meinung)
imho	in my humble opinion (nach meiner bescheidenen Meinung)
Internaut	Kunstwort aus Internet und Astronaut, Beschreibung für Internetbenutzer
iow	in other words, mit anderen Worten, anders gesagt
irl	in real life (im echten, realen Leben)
jack in/out	an-/abmelden, ein-/ausklinken (z. B. in einen Datendienst)

Begriff	Bedeutung
junk mail	unerwünschte „Schrott"-E-Mail, z. B. Werbe-Mail
Kluge	cleverer Programmiertrick, der Bugs beseitigt
knacken	Umgehung eines Schutzsystems z. B. durch Knacken des Passworts, um unberechtigt Software zu nutzen oder in ein Netzwerk einzudringen.
l8r	later (später)
labatyd	life's a bitch and then you die (das Leben ist beschissen und dann stirbt man bzw. das Leben ist kurz und beschissen)
latch (on)	etwas kapieren, verstehen
Lametta	deutscher Hackerslang für unnötiges Drumherum
letterbomb	Briefbombe, übermäßig viele E-Mails, die den Server bzw. den Posteingang sprengen
Löhnware	deutscher Hackerslang für kommerzielle Software (für die man „löhnen" muss)
lol	laughing out loud (lautes Gelächter) oder auch lots of luck (viel Glück)
luser	Zusammengesetzt aus looser und user, ist ein Versager. Damit werden Nutzer bezeichnet, die grundsätzlich alles falsch und dem →SysOp das Leben schwer machen.
mbg	money back guarantee (Geld-zurück-Garantie)
merc	merci (Danke)
mhoty	my hat's off to you (ich ziehe meinen Hut vor dir, alle Achtung)
minzig	deutscher Hackerslang aus minimal und winzig
moby	bezeichnet etwas ganz Großes
mof	matter of fact (Tatsache)
mombi	Moment bitte
mompls	moment please – einen Moment bitte
munchkin	Zwerglein, Jargon für besonders junge Internetanwender, meist im Teenager-Alter
mung	Mutwillig zerstören. Mung ist ein so genanntes rekursives Akronym, d. h., es beinhaltet sich selbst: mung until no good.
myob	mind your own business – kümmere dich um deine eigenen Angelegenheiten
nbd	no big deal (kein großes Geschäft, keine große Sache)
nerd	Synonym von geek, Computernarr, Computerverrückter, Computerabhängiger, der allen negativen Vorurteilen entspricht, aber fachlich viel draufhat
Netizen	Kunstwort aus citizen (Bürger) und Internet, also ein Bewohner bzw. Anwender des Internet
Netnews	Nachrichten aus dem oder über das Internet
Newbie	Neuling, totaler Anfänger am PC oder im Internet
nqa	no questions asked (keine Fragen)
nrn	no reply necessary (eine Antwort ist nicht notwendig)
ntim	not that it matters (es spielt keine Rolle)
number cruncher	Zahlenfresser, Bezeichnung für einen Supercomputer
o.r.	owners risk (etwa: auf eigene Gefahr)
obscure	Unverständlich, unbegreiflich, unbekannt usw. Deutsche Hacker sagen statt obscure auch tiefschwarz.
off topic	Thema verlassen, weg vom Thema (bei einer Diskussion z. B. in den Newsgroups)
ohdh	old habits die hard (alte Gewohnheiten sterben schwer)
oic	oh, I see (oh, ich verstehe)
OO	Ordentlicher Onliner. Hiermit werden normale Online-Teilnehmer bezeichnet, z. B. einer Mailbox.

Begriff	Bedeutung
ootb	**out of the box**, zu Deutsch: gerade erst aus der Kiste, brandneu. Beispiel: this OS release is ootb – diese Betriebssystemversion ist brandaktuell.
ostgotisch	Deutsche Hacker-Bezeichnung für hochgradig dilettantische Programme. Ostgotisch ist die Steigerung von gotisch. Im Englischen sagt man rude.
otoh	**on the other hand** (andererseits)
ottomh	**on the top of my head** (zu allererst)
pessimal	maximal schlecht
pessimize	Auswahl der schlechtesten Problemlösung
phantom	Programm, das im Hintergrund (Speicher) arbeitet; →TSR-Programm
Phreak	Kunstwort aus →freak und →phone. Computerprofi, der Datennetze bzw. Computer per Telefon illegal anzapft
phrog	Bezeichnung für einen unangenehmen Zeitgenossen
Pilot error	Benutzerfehler vom „Piloten" des PCs, Fehler durch Fehlbedienung
plz	**please** (bitte)
pmfbi	**pardon me for butting in** (Entschuldige meinen Einwand)
pmji	**pardon me for jumping in** (Entschuldige, dass ich mich einmische)
posten	Eine Nachricht setzen, z. B. in einer Newsgroup veröffentlichen. Die Nachricht wird manchmal selbst auch als „**Posting**" bezeichnet.
post-mortem dump	Bezeichnung für die Möglichkeit, auf manchen Computern (nicht beim PC) nach einem Absturz nachträglich einen Speicherauszug zur Fehlersuche zu machen
pov	**point of view** (Standpunkt, Gesichtspunkt)
Prestel	**press telephone button** (drücke die Telefontaste)
ptmm	please tell me more (erzähl mir mehr darüber)
ques	**question** (Frage)
quetschen	Komprimieren einer Datei
quick and dirty	Bezeichnung für Produkte (insb. Software), deren Entwicklungszeit zu kurz war, um einwandfrei funktionieren zu können
raka	**Rationalisierung auf Kosten anderer**
random	zufällig, beliebig sowie viele kontextabhängige Bedeutungen wie wahlfrei, wild, ungeordnet, schlecht organisiert, unberechenbar, uninteressant, ziellos, unproduktiv
rape	ein Programm unwiederbringlich zerstören
räuspern	ein Programm, das sich „räuspert", versucht, umständlich Probleme zu lösen. Das englische Pendant heißt buzz.
rave	schwärmen; schwadronieren, über das normale Maß hinaus sich über ein Thema auslassen, nerven, irrereden, schwadronieren
rcvd	received (empfangen)
Real life (RL)	das reale Leben, wie real world die Bezeichnung für die Wirklichkeit
Real name	Realer, echter Name eines Anwenders. Um im Internet Anonymität zu wahren, bevorzugen viele Anwender einen Fantasienamen (Pseudonym).
Real world	Real world ist die Bezeichnung für die Wirklichkeit, also für alles außerhalb des →Cyberspace
rfc	**request for comments**, Aufforderung im Netz/Internet, Vorschläge bzw. Kommentare zu einem Thema zu machen
rfd	**request for discussion**, Aufforderung zur Diskussion im Netz/Internet, z. B. über die Gründung einer Newsgroup
rfq	**request for quotes**, Aufforderung zur Weiterverbreitung einer Meinung
rifa	**retry, ignore, fail, abort?** (erneut versuchen, übergehen, versagen, abbrechen?)
RL	real life (reales, wirkliches Leben, nicht im Internet)
rotfl	**rolling on the floor laughing** (sich auf dem Boden wälzen vor Lachen)

Begriff	Bedeutung
rotflbtc	rolling on the floor laughing biting the carpet (sich auf dem Boden wälzen vor Lachen und in den Teppich beißen)
rsn	really soon now (wirklich bald). Beispiel: backup your files rsn (sichere möglichst bald deine Dateien)
rtfm	read the fucking manual, lies das verdammte Handbuch. Der Begriff ist eine Entgegnung auf „dumme Fragen", die mit einem Blick ins Handbuch zu beantworten gewesen wären.
rude	Roh, unelegant, dilettantisch. Schlechte Programme sind rude. Deutsche Hacker sagen: gotisch – und wenn es noch schlimmer kommt: ostgotisch.
Rumpelstilzchen	deutscher Hackerslang für ein Programm, das unsichtbar im Hintergrund arbeitet, also z. B. ein →TSR-Programm
sacred	Für einen bestimmten Personen oder Themenkreis reserviert. Beispiel: This newsgroup is sacred for pascal programmers (Dieses Schwarze Brett ist für Pascal-Programmierer reserviert).
saugen	Übertragung von Daten aus Mailboxen
Scream	schreien, z. B. durch GROSSBUCHSTABEN in einer Newsgroup, Internetjargon
siso	shit in, shit out (Wer Mist eingibt [in den Computer], erhält auch solchen zurück)
sitd	still in the dark (immer noch im Dunkeln, immer noch nicht klar). Beispiel: tnx for your explanation, but it's sitd (Danke für deine Erläuterung, aber es ist mir immer noch nicht klar).
smop	small matter of programming. Ein Smop-Programm ist sein Geld nicht wert, es ist nicht einmal wert, programmiert worden zu sein.
Smurf	Bezeichnung für „schlumpfige", zu nette Newsgroup-Diskussionsteilnehmer
snafu	situation normal, all fucked up (Operation gelungen – Patient tot)
Sneaker	„Turnschuh", Einschleicher, heimlicher Eindringling in ein Firmennetz
Snert	jemanden anmachen (sexuell), anbaggern
Sniffer	Schnüffler, Programme oder Personen, die andere Daten ausspionieren, auch snooper genannt
Snooper	Schnüffler (Programme oder Personen, die andere Daten ausspionieren), auch sniffer genannt
social engineering	Sozialarbeit. Sich in die Denkweise und das soziale Umfeld eines Users versetzen, um seine Passwörter zu erraten (z. B. den Namen seines Hundes verwenden). Es ist aber auch gemeint, durch geschicktes Taktieren und Befragen Fakten zu sammeln, die Rückschlüsse auf den User und sein Passwort zulassen.
sos	subtract one and do no skip (eins abziehen und nichts dabei auslassen)
spamming	unaufgeforderte, unerwünschte Zusendungen von →E-Mails oder Beiträgen in →Newsgroups. Typische Spams sind z. B. kommerzielle Werbung von Firmen.
spazz	einen großen Fehler machen, etwas gründlich verpatzen
Spoiler	„Verderber", Nachricht oder Person, die anderen die Laune durch Vorenthüllungen verdirbt
Spoofer	Veräppler, Parodist, jemand, der einem anderen falsche Fakten vorspielt, siehe auch →Webspoofing
Spoofing	veräppeln, parodieren, z. B. jemandem eine falsche Internetseite vorgaukeln durch Umleiten der IP-Adressen (Web-spoofing)
Suck	saugen, lutschen, z. B. Daten aus dem Internet
talk	Gespräch. Bezeichnung für einen chat mit genau zwei Teilnehmern.
Talk mode jargon	Unterhaltungs-Modus-Jargon, besondere Ausdrucksweise beim Unterhalten im Internet, z. B. beim →Chatten oder in →Newsgroups

Begriff	Bedeutung
Target	Als Target (auch Senke genannt) bezeichnet man das Ziel einer Datenübertragung. Das Gegenteil ist die Quelle (auch Source genannt).
tba	to be announced (wird bald angekündigt). Beispiel: A new release is tba (eine neue Version wird bald angekündigt).
tbd	to be determined (wird demnächst entschieden)
tbyb	Try before you buy (vor Kauf zu prüfen)
tftt	thanks for the thought (danke für den Gedanken, für die Idee)
Thread	thematischer Faden einer Diskussionsgruppe (Newsgroup)
thx	thanks (Danke!)
tia	thanks in advance (danke im Voraus)
tiefschwarz	Unverständlich, unbegreiflich, unbekannt usw. Das englische Äquivalent ist obscure
time to flash	time to flash (Zeit, Schluss zu machen)
tnx	thanks (danke!)
total loss	total schief gegangen
tourists	Hacker, die sich in friedlicher Absicht in einem System umschauen
Traffic	Verkehr, üblicherweise verwendet, wenn man über den Datenverkehr im Internet spricht („ist aber wieder viel traffic heute")
Trap	Falle, fangen, in eine Falle locken, z. B. verbal in einer Newsgroup
Trap door	Falltür, Hintertür, z. B. in Netzen, um Sicherheitsabfragen zu umgehen, oder als verbale Falle in Newsgroups
Trash	Abfall, Müll, Mülleimer, Papierkorb
Troll	jemanden reinlegen, eine verbale Falle stellen, z. B. in Newsgroups mit mit einem provozierenden wörtlichen „Köder".
ttyl	talk to you later (ich spreche dich später)
twit	umgangsprachlich für Blödmann, Idiot
tyvm	thank you very much (danke vielmals)
u2?	Abkürzung für you too? (du auch?)
ug	user group, Benutzergruppe
UL (urban legend)	wörtlich „städtische Legende", Mythen und spinnerte Geschichten, die überall (v. a. im Internet) erzählt werden
uok?	are you okay? (bist du okay, in Ordnung?)
vanilla	Stinknormal, langweilig. Wird auf alles angewandt: Hardware, Software, User, Essen usw.
wacky	verrückt, komisch
waef	when all else fails (wenn sonst alles schief geht, wenn sonst nichts mehr hilft)
Wannabe(e)	Abkürzung für „want to be", ein Möchtegern, Angeber
Warez	Netjargon für „Waren", gemeint sind meistens Raubkopien von Software
Webzine	im Internet publiziertes Magazin, meist angelehnt an eine real existierende Zeitschrift
wedged	festgefahrenes Programm
wibni	wouldn't it be nice if (wäre es nicht schön, wenn...)
wow	wird anstelle des Ausrufungszeichens verwendet
wrt	with regards to (in Hinsicht auf)
wtf	what the fuck (was verdammt noch mal ...)
wth	what the hell (was zum Teufel)
yhl	you have lost (du hast verloren)
yoyo	Ein System spielt Yoyo, wenn es sehr unstabil arbeitet (mal hoch, mal runter)

Chatten [plaudern, quatschen]

Chatten ist die Bezeichnung für die online geführte Unterhaltung zwischen zwei oder mehreren Benutzern in einem Netzwerk. Gemeint ist auch die Unterhaltung zwischen →SysOp und Anrufer in einer Mailbox (siehe →BBS). Das Internet kennt auch ein eigenes Chatverfahren, das →IRC, welches eigene Programme wie das kostenlose **mIRC** benötigt. Das IRC existierte schon lange vor dem →WWW, wird mittlerweile aber in seiner Bedeutung durch Webbrowser-basierende Chats zurückgedrängt (siehe untere Abbildung). Eine gute Übersicht von Webbrowser-basierenden Chats findet man unter *www.webchat.de.*

> **Tipp:** Wenn das Chatten bei Ihnen nicht funktionieren will, überprüfen Sie doch mal, ob Ihr Online-Dienst oder Firmen-Internetserver mit einem →Proxy arbeitet. Wenn ja, dann unterbindet dieser meistens direkten Datenaustausch wie Chatten oder →Internettelefonie. In den Einstellungs-Optionen Ihres →Webbrowsers können Sie die Proxy-Verwendung deaktivieren.

Checkmarke

Checkmarken sind Häkchen oder Kreuze, die erscheinen, wenn bestimmte Optionen in →Dialogfenstern einer grafischen →Benutzeroberfläche durch Anklicken aktiviert werden.

Chip

Chip oder auch Mikrochip ist die Bezeichnung für ein Plättchen aus dotiertem Halbleitermaterial wie z. B. Silizium, auf dem durch eine Folge von komplizierten Beschichtungs-, Dotierungs- und Ätzprozessen ein integrierter Schaltkreis (siehe →IC) erzeugt wird. Während zu Beginn der technischen Entwicklung am Ende der 50er Jahre lediglich einige wenige Funktionen auf einem winzigen Chip integriert werden konnten, sind die aktuellen Chips zumeist wesentlich größer und enthalten auf einer Grundfläche von einigen cm² bis zu mehrere Millionen einzelner Funktionen. So enthält der Pentium III von →Intel ca. 6 Millionen Transistorfunktionen auf dem Prozessorchip, der mit Leiterbahnen und Strukturen bestückt ist, die eine Breite von 0,25 Mikrometer haben.

Chip-Karte

Chip-Karten sind kleine, auf einer Plastikkarte aufgebrachte, computerlesbare Datenträger. Sie werden z. B. als **Ausweiskarten, Telefonkarten** oder **Kreditkarten** verwendet. Im Gegensatz zu den recht einfachen herkömmlichen Magnetkarten ist bei einer Chip-Karte zusätzlich ein namensgebender Mikroprozessor auf der Karte aufgebracht, teilweise sogar in Verbindung mit einem integrierten Speicherbaustein (dann **SmartCard** oder **MFC** = **m**ultifunktionelle **C**hip-**C**ard genannt). SmartCards können an einer entsprechenden „Tankstation" mit Daten geladen werden. Dieses Prinzip macht man sich z. B. bei den neuen EC-Karten mit **Bargeld-Chip** zunutze: In den Speicher des Chips wird ein gewisser Betrag (meist 400 DM) geladen, der bei einem Händler mit entsprechendem Lesegerät zur Bezahlung als Kleingeld-Ersatz verwendet werden kann. Dabei wird der gewünschte Betrag vom Datenspeicher des Chips auf das Konto des Händlers übertragen. SmartCards werden auch bei modernen Handys eingesetzt. Sie können zusätzlich zu den bereits vom Provider eingetragenen Identifizierungsdaten des Benutzers auch Informationen wie Telefonnummern aufnehmen.

Chip-Karten können universell eingesetzt werden, vom alternativen Zahlungssystem bis hin zu Karten mit Sicherheitscodes für die Sicherung von Zugangsberechtigungen. Spezielle Chip-Karten sind auch die **SIM-Karten** (Subscriber Identification Module), die alle Daten zum Erkennen eines Benutzers gespeichert haben.

Ein typische SIM-Karte für ein Handy, auf der zusätzliche Informationen wie Telefonnummern gespeichert werden können

Chipsatz

In einem Chipsatz sind alle wesentlichen Funktionen, die zur Unterstützung des →Prozessors, des Bussystems usw. auf dem →Mainboard erforderlich sind, in einigen wenigen hochintegrierten Schaltkreisen vereinigt. Er ist verantwortlich für die Koordination aller Komponenten auf dem Mainboard. Also z. B. den Datenaustausch zwischen →CPU und Second-Level-Cache und Arbeitsspeicher oder zwischen den Steckkarten. Neben der →CPU entscheidet die Qualität des Chipsatzes wesentlich über die Leistungsfähigkeit des Computers. Führend bei der Entwicklung neuer Chipsätze für Intel-Prozessoren wie dem →Pentium III ist naturgemäß →Intel selbst. Weitere wichtige Hersteller sind z. B. VIA, SiS und ALI.

Seit Mitte 1997 gibt es erstmals seit langer Zeit auch Chipsätze von der Konkurrenz, die den Produkten von Intel z. T. sogar überlegen sind. Da Intel sein Engagment für Mainboards mit →ZIF-Sockel-7 stark reduziert hat und auf den →Pentium II mit seinem Slot One setzte, konnten Hersteller wie VIA oder SIS optimierte Chipsätze v. a. für →AMD-K6 und →Cyrix 6x86MX entwickeln. Die aktuellen Modelle unterstützen bis zu 100 MHz Systembustakt, haben Ultra-DMA und USB-Support und begrenzen den maximal cachebaren Arbeitsspeicher nicht wie Intel mit seinem 430TX auf 64 MByte. Außerdem ermöglichen diese neuen Chipsätze auch →AGP-Nutzung für System mit ZIF-Sockel-7.

Tipp: Beim Kauf eines Mainboards ist der verwendete Chipsatz die wichtigste Entscheidung. Jedoch ist es hier wie bei vielen Bereichen im Computersektor: Die Entwicklungen gehen rasant vorwärts. Parallel zur Einführung eines neuen Prozessors wie dem →Pentium III, dem →AMD K6-III oder dem →AMD Athlon gibt es auch immer wieder neue Chipsätze. Beim Kauf eines Boards sollten Sie aber v. a. auf die Systemstabilität achten. Die Geschwindigkeitsunterschiede zwischen den Chipsätzen sind zu vernachlässigen. Austattungsmerkmale wie →Ultra-DMA oder →USB gehören außerdem ebenfalls schon zum Standard. Erfahrungsgemäß sind Chipsätze, die schon seit einigen Monaten auf dem Markt sind, ausgereifter und stabiler als die ersten Versionen eines neuen Typs. Derzeit ist der 440BX von Intel für Pentium II, Celeron und Pentium III-Rechner immer noch eine gute Wahl. Für ZIF-7-Boards mit dem AMD K6-2/III bietet sich der ALI Aladin V an. Die kurzfristigen Nachfolger dieser Chipsätze werden wenig wirklich Neues bieten. Ultra-ATA/66 (siehe →Ultra DMA) braucht eigentlich keiner. Ansonsten stehen eine Erhöhung des Speichertakts auf 133 MHz und die Unterstützung von neuen Speichertechnologien wie DDR-SDRAM oder RAMBus an, die aber für den „normalen" Anwender erst Mitte 2000 ein sinnvolles Preis/Leistungsverhältnis erreicht haben werden.

Cinch-Kabel/-Stecker [cinch connector]

Cinch-Kabel bzw. -Stecker, auch **RCA-Stecker** genannt, werden v. a. im Hi-Fi- und Computer-Bereich für die Audio- und Bildübertragung zwischen einzelnen Geräten verwendet. Sie haben die früher in Deutschland weit verbreiteten DIN-Stecker vollständig verdrängt und befinden sich mittlerweile als Standard-Cinch-Anschlüsse auf der Rückseite eines jeden Hi-Fi-Verstärkers oder Kassetten-Rekorders. Beim Standard-Cinch-Kabel bzw. den dazu passenden -steckern hat jeder Kanal des Stereotons eine eigene Leitung und Anschlussbuchse. Sie werden v. a. im Hi-Fi-Bereich verwendet. Beim Mini-Cinch-Anschluss bzw. Stecker sind dagegen beide Kanäle in einen gemeinsamen dünnen Stecker integriert (ca. 15 mm lang und 3 mm breit). Mini-Cinch verwendet man hauptsächlich im Computer-Bereich z. B. auf der Rückseite einer →Soundkarte oder zum Anschluss von Kopfhörern am CD-ROM-Laufwerk. Um z. B. einen Computer mit seiner Soundkarte an die Stereo-Anlage anschließen zu können, braucht man ein Adapter-Kabel von Mini-Cinch auf Standard-Cinch.

Mit einem solchen Adapter-Kabel von Standard-Cinch (rechts) auf Mini-Cinch (links) kann man den PC über die Soundkarten an die Stereo-Anlage anschließen

Cinepak Codec

Cinepak Codec (Abk. f. **Cinepak co**mpressor/**dec**ompressor = Komprimierer und Dekomprimierer von Cinepak) ist ein Verfahren zur Kompression von digitalisierten Videos mitsamt Toninformationen, das von der Firma Super-Mac Technology entwickelt wurde. Früher konnte die →Farbtiefe der Videos 8 oder 16 →Bit, mittlerweile kann sie 24 Bit betragen. Videodateien, die mit dem Cinepak Codec komprimiert wurden, sind an den Erweiterungen *.mov* (QuickTime) oder *.avi* (siehe →*avi*) (Medienwiedergabe unter →Windows) erkennbar.

CISC (Complex Instruction Set Computer)

CISC (Abk. f. Computer mit komplexem Befehlssatz) ist ein mit einem umfangreichen und komplexen →Befehlssatz ausgerüsteter →Prozessor. Unter diese Einordnung fallen auch die 80x86-Prozessoren von →Intel. Im Laufe der Entwicklung von Prozessoren wurden deren Befehlssätze immer umfangreicher und komplexer, um die Leistungsfähigkeit der Prozessoren zu steigern. Diese Entwicklung führte jedoch im Endeffekt nicht zum gewünschten Ergebnis. Einige Experten wiesen bereits vor Jahren darauf hin, dass der entgegengesetzte Weg richtig sei, da rund 80 % der durch die Programme aufgerufenen Befehle lediglich rund 20 % des Befehlsumfangs beträfen. Nach jahrelangem Streit wurde die Idee der →RISC-Prozessoren mit deutlich reduziertem Befehlssatz realisiert.

Cityruf

Funkrufdienst des Diensteanbieters DeTeMobil mit einer monatlichen Grundgebühr zwischen 16 und 44 Mark; die verschiedenen Empfangsgeräte können bis zu 15 Ziffern Zahlencodes oder 80 Textzeichen aufnehmen und mit vier veränderlichen Tönen alarmieren. Über Tonwahl-Telefone können Ziffern eingespeist werden, aber für Texte benötigt man einen Operator, ein →Modem, →T-Online oder das →Internet. Der Operator ist das teuerste mit 1,44 DM/Min., die anderen Verfahren kosten 0,36 DM/Min. Der unterschiedliche Ton zur Alarmierung wird durch eine bestimmte Telefonnummer ausgewählt. Der Cityruf ist in Deutschland, Frankreich, Italien und England flächendeckend zu empfangen und arbeitet mit einem eigenen Sendernetz bei 470 MHz. Ein CityRuf-Empfänger kann sich regional oder überregional anmelden. Während der regionale Empfänger nur in der Rufzone erreichbar ist, für die er angemeldet ist, muss der Absender zum Erreichen eines überregionalen Empfängers dessen Standort (die Superrufzone) kennen und dies bei der Anwahl durch eine entsprechende Kennzahl in der Telefonnummer angeben. Weitere Informationen und Vergleich mit analogen Systemen siehe →Pager.

CityWeb

CityWeb ist die Ende 1996 geprägte Bezeichnung für eine Art „örtliches Internet". Letztlich handelt es sich einfach nur um das Informationsangebot eines →Providers, das auf dem →Internet aufbaut und sich auf einen bestimmten örtlichen Bereich begrenzt. Der Internetprovider eines CityWebs bietet in einer bestimmten Region einen Zugangsknoten zu relativ niedrigen Gebühren an, basierend auf den Internetprotokollen (→PPP, →HTTP). Dabei kann es sich entweder um ein abgeschlossenes →Intranet handeln oder der Provider bietet auch den erweiterten Zugang zum weltweiten Internet. In diesem Fall sind die Informationen zumeist auch von überall her über das Internet anwählbar. Kernpunkt des CityWebs sind aber die regional bezogenen Informationen, die über Webseiten mit einem →Webbrowser vom Kunden mit dem heimischen PC betrachtet werden können.

Ende 1996 ging das erste CityWeb der deutschen **WAZ-Zeitungsgruppe** im Ruhrgebiet in Betrieb (*www.cityweb.de*). Die Auskünfte umfassen nicht nur die eigenen Darstellungen, sondern mannigfache Mitteilungen, z. B. über das

Wetter, Sport, regionale Termine, Fahrpläne, Banken, Börsenkurse, Kino- und Theaterprogramme, Leitartikel der morgigen Zeitung usw. Die City-Webplaner bauen darauf, eine Marktlücke aufgetan zu haben, weil das globale Internet dem Surfer nicht den heimatlichen Nutzen bringt und weil es weniger überschaubar ist.

Das CityWeb sollte ursprünglich bereits 1998 auf ganz Deutschland ausgeweitet werden, bis zum Herbst 1999 war das aber lediglich für Hamburg und Berlin realisiert. Damit liegt der Schwerpunkt nach wie vor auf den Rhein/Ruhr-Bereich und die dort vorhandenen Großstädte wie Essen oder Düsseldorf.

Client [Klient, Kunde]

Eine Hard- und/oder Softwarekomponente, die die Dienste einer als →Server agierenden anderen Komponente im System in Anspruch nimmt, nennt man Client (siehe →Client-Server-Prinzip). Als Client werden gängigerweise auch Programme mit speziellen Internetfunktionen bezeichnet, mit denen man etwa →E-Mail-, →FTP- oder →News-Funktionen durchführen kann.

Client-Server-Prinzip [Kunde-Dienstleister]

Das Client-Server-Prinzip ist ein allgemeines Architekturprinzip moderner Datenverarbeitungssysteme. Einer Reihe von Servern (Dienern) – Einheiten, die bestimmte Dienste erbringen – stehen Clients (Kunden) gegenüber, die diese Dienste in Anspruch nehmen. Entscheidendes Merkmal ist die Autonomie der Clients und Server: Ein Server bietet Dienste an, die unabhängig von den Clients sind, ein Client kann einzig und allein die Dienste in Anspruch nehmen, die ein im System verfügbarer Server ihm anbietet. Nach der Anforderung hat der Client keinen weiteren Einfluss auf die Abarbeitung des Dienstes durch den Server.

Durch das Client-Server-Modell wird z. B. ein Netz von Computern nicht durch die physischen Rechner und deren Einsatzort, sondern durch logische Einheiten und die durch sie geleisteten bzw. empfangenen Dienste beschrieben. Die Aufgabe eines Clients besteht in letzter Instanz darin, eine optimale Benutzerschnittstelle zu realisieren. Für einen Anwender ist es unerheblich, ob die Daten, die er lediglich durch Benennung in seiner Applikation anfordert, lokal oder irgendwo im Netz gehalten werden.

Aus diesen Eigenschaften des Client-Server-Konzepts ergeben sich unmittelbar seine wichtigsten Vorteile: Die angemessene und adäquate Verteilung der Information, die mögliche Integration vielfältiger Dienste für alle Teilnehmer unter einer einheitlichen Software sowie die Flexibilität und die prinzipiell unbegrenzte Skalierbarkeit. Auch reine Software wie z. B. ein →Betriebssystem kann nach dem Client-Server-Prinzip strukturiert sein. Einzelne Komponenten nehmen als Clients Dienste anderer Komponenten, der Server, in Anspruch.

CLIP (Calling Line Identification Presentation)

Mit CLIP (Abk. f. „Identifikationsdarstellung auf der Anrufverbindung") bezeichnet die Telekom einen Anfang 1998 eingeführten Standard für das analoge Telefonnetz (→T-Net), der die Übermittlung der Rufnummer des

Anrufenden ermöglicht. Unterstützt ein analoges Telefon also den CLIP-Standard, so wird in seinem Display die Rufnummer des Anrufenden angezeigt. Jedoch natürlich nur, sofern bei diesem die Rufnummer-Übermittlung auch aktiviert ist. Dies ist z. B. automatisch als Standard vorgegeben bei jedem ISDN-Anschluss und bei allen neuen, ca. ab Mitte 1998 geschalteten Analog-Anschlüssen. Ein Anrufer muss die Rufnummer-Übermittlung explizit deaktivieren, damit sie nicht übertragen wird.

Beim Kauf eines neuen Telefons sollte man gezielt darauf achten, ob es CLIP unterstützt. Besitzt das Telefon außerdem ein eigenes Adressbuch, in dem Namen Telefonnummern zugeordnet werden können, so wird meistens statt der Rufnummer sogar der Name aus dem Adressbuch auf dem Display angezeigt.

Wer analoge, CLIP-fähige Telefone am →ISDN-Telefonnetz betreiben will, muss daran denken, dass hier die Rufnummer-Übermittlung wiederum nach dem ISDN-Standard erfolgt. Ein zwischengeschalteter →a/b-Wandler oder eine →Telekommunikations-Anlage muss daher in der Lage sein, die nach ISDN übermittelte Rufnummer nach CLIP für das analoge Telefon zu „übersetzen". Dies können jedoch nur neue Geräte bzw. solche, die sich Softwaremäßig aufrüsten lassen. Wenn Sie CLIP also mit einer alten Telekommunikationsanlage nutzen wollen, sollten Sie bei Ihrem Händler oder Hersteller nach einem Update für die Betriebssoftware der Anlage fragen.

Clipart [„Symbolgrafiken"]

Mit Clipart wird eine – meist kleinere – Grafik bezeichnet, die relativ häufig verwendet wird. Cliparts sind meist in thematisch geordneten Grafikbibliotheken zusammengefasst (Geschäftsgrafik, Menschen, Flaggen, Einrichtungsgegenstände usw.).

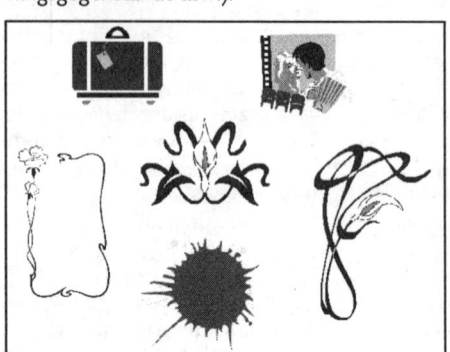

Wer Cliparts dieser oder besserer Art haben will, sollte sich die einzeln käuflichen Clipart-Sammlungen der Firma →Corel anschauen: Zu einem guten Preis-Leistungs-Verhältnis bekommt man viele Tausend Cliparts, Fotos und Fonts.

CLK

CLK (Abk. f. **CL**oc**K**, Uhr) ist die Bezeichnung für das Taktsignal, den →Takt für →Prozessor, →Bus, die →serielle Schnittstelle usw.

CLS (**CL**ear **S**creen)

Der Befehl CLS (Abk. f. „leere(r) Bildschirm") kann in manchen →Programmiersprachen sowie an der Eingabeaufforderung vieler →Betriebssysteme verwendet werden, um den aktuellen Bildschirminhalt zu löschen. Der →Befehls-Interpreter gibt nach Abschluss von CLS wieder die Eingabeaufforderung (den →Prompt) und den →Cursor aus.

Cluster [Ballung, Haufen]

Unter einem Cluster versteht man einen Bereich, den das →Betriebssystem →MS-DOS als kleinste unteilbare logische Zuordnungseinheit für die Speicherung von Dateien auf einem magnetischen Datenträger behandelt. Ein Cluster besteht dabei aus einem oder mehreren →Sektoren. Die Notwendigkeit der Einführung von Clustern ist durch die Art der Verwaltung der Zuordnungseinheiten durch eine einzige Tabelle am Anfang des Datenträgers, der File Allocation Table (siehe →FAT), begründet. Bei Disketten fallen Sektoren und Cluster noch zusammen, da die Anzahl der Sektoren (2.880 auf einer 1,44-MByte-Diskette) noch recht klein ist. Bei einer Festplatte bilden jedoch acht oder weit mehr Sektoren – je nach Größe der Festplatte – ein Cluster. Solange →OS/2 oder →Windows NT das FAT-Systen von DOS benutzen, können sie natürlich nicht umhin, in gleicher Weise Cluster auf Festplatten einzuführen. Das OS/2-eigene High Performance File System (HPFS) oder das New Technology File System (NTFS) von Windows NT haben dies jedoch nicht nötig. Vergleiche auch Informationen und Abbildung bei →Festplatte.

CLV-Verfahren (Constant Linear Velocity)

CLV ist die englische Abk. f. konstant-lineare Geschwindigkeit. Es ist die Bezeichnung für das v. a. früher bei →CD-ROMs standardmäßig eingesetzte Ableseverfahren, bei dem durch Variation der Umdrehungsgeschwindigkeit ein **konstanter Datenstrom** von der CD ausgelesen wird. Da die CD ähnlich einer Schallplatte eine durchgehende, konzentrische PIT-Spur (→PIT) besitzt, muss zum Erreichen eines konstanten Datenstroms die Rotations-Geschwindigkeit der CD vom äußeren zum inneren Bereich linear erhöht werden. Je nach Leseposition führt dies aber im Vergleich zum neuerdings verwendeten →CAV-Verfahren zu Performance-Verlusten, da der Antriebsmotor ständig beschleunigen oder abbremsen muss. CLV ist eigentlich ein Ableger der Audio-CD-Technik, da hier zum gleichmäßigen Abspielen der Musik ja verständlicherweise ein konstanter Datenstrom notwendig ist (sonst würde es ja etwas komisch klingen). Dieses Verfahren wurde dann für die ersten CD-ROM-Laufwerke am Computer übernommen, erreichte dann aber bei Heraufsetzung der Umdrehungsgeschwindigkeiten über 10-fach seine Grenzen. 1996 brachte daher Pioneer als erster Hersteller ein 10x-CD-ROM-Gerät heraus, das die von Festplatten bekannte →**CAV**-Technik nutze. Dabei ist nicht mehr der Datenstrom, sondern die Umdrehungsgeschwindigkeit konstant. Oft arbeiten CD-ROMs je nach Leseposition auch gemischt nach dem CAV- oder CLV-Verfahren (Partial CAV genannt). Alte CD-ROM-Laufwerke bis zu etwa 8-facher Geschwindigkeit haben überwiegend mit CLV gearbeitet, ab 10-fach aufwärts wird CAV oder Partial CAV eingesetzt. Weitere Infos siehe →CAV.

CMOS-RAM

Das CMOS-RAM ist ein Speicher auf dem →Mainboard eines →PCs, in dem wichtige und grundlegende Informationen zur Konfiguration gespeichert werden (siehe auch →RAM). Im CMOS-RAM sind die aktuelle Zeit, das aktuelle Datum, der Typ der installierten →Festplatte usw. zur Auswertung durch das →BIOS gespeichert. Die Parameter im CMOS-RAM werden im →Setup des BIOS aktualisiert und gehen auch beim ausgeschalteten Rechner nicht verloren, weil der Speicher durch eine →Batterie auf dem →Mainboard gepuffert wird (Batteriepufferung).

Mit der CMOS-Technologie (englische Abk. f. **C**omplementary **M**etal **O**xide **S**emiconductor = gegensätzliche Metall-Oxid-Halbleiter) zur Herstellung von integrierten Schaltkreisen (siehe auch →IC und →MOS) ist man in der Lage, eine Vielzahl von Halbleiterbauelementen herzustellen, die sich u. a. durch ihre geringe Leistungsaufnahme und eine große Störungsunempfindlichkeit auszeichnen.

CMY-Farbsystem

Das CMY-Farbsystem (Abk. f. **C**yan, **M**agenta und **Y**ellow) basiert auf der so genannten subtraktiven Farbmischung, bei der die Farben Blaugrün, Purpur und Gelb z. B. durch drei Farbfilter realisiert werden, die jeweils für zwei Drittel des sichtbaren Spektrums des Lichts durchlässig sind (siehe →Farbmodell).

C-Netz

C-Netz ist die Bezeichnung für das dritte analoge Funknetz der Deutschen Telekom (siehe →A-Netz und →B-Netz), das 1985 eingeführt wurde. Die Teilnehmerzahlen sind rückläufig, weil die digitalen Netze (→D1-Netz, →D2-Netz sowie →E-Netz) zur Datenübermittlung vorteilhafter sind. Das C-Netz ist jedoch bundesweit flächendeckend empfangbar und reagiert auf Störungen zumeist weniger anfällig als die neue digitale Konkurrenz. Aufgrund dieser Tatsache und weil es relativ preiswert ist, hat es gerade bei Autotelefonen noch eine hohe Verbreitung.

CNG-Signal (Calling-Ton)

Das CNG-Signal bzw. der **Calling Ton** dient als analoges Erkennungszeichen für eine einkommende (anrufende) Telefax-Übertragung. Es handelt sich um einen charakteristischen Pfeifton von 1100 Hertz (über 0,5 Sekunden), an den sich eine Dreisekundenpause anschließt. Am CNG-Ton erkennt das Empfängergerät, dass es sich um ein Fax handelt. Die so genannten →Faxweichen machen sich den CNG-Ton zunutze, um an einen Anschluss Fax und Telefon bzw. Anrufbeantworter gleichzeitig anschließen zu können. Die Faxweiche unterscheidet am CNG-Signal die Art der einkommenden Anrufe und reicht die Leitung an das richtige Endgerät weiter. Beim →ISDN wurde der CNG-Ton durch die →Dienstekennung ersetzt. An das ISDN-Netz angeschlossene analoge Endgeräte (hier Faxe) bekommen den notwendigen CNG-Ton entweder von einem a/b-Wandler oder einer Tk-Anlage aus der entsprechenden Dienstekennung sozusagen übersetzt.

COAST (**C**ache **On A ST**ick)

Mit COAST (Abk. f. „Cache am Stück") wird ein durch →Intel spezifiziertes Modul zur Aus- und Aufrüstung eines Mainboards mit →Second-Level-Cache bezeichnet. Mit dem auf den ersten Blick wie ein PS/2-SIMM-Modul aussehenden Modul kann sowohl →asynchroner Cache als auch →Burst-Cache oder →Pipelined-Burst-Cache realisiert werden.

Ein Coast-Modul mit →Tag-RAM-Chip (links) zum Aufrüsten des →Second Level Caches auf einem →Mainboard

Code [Kode, Zeichen]

Unter Code versteht man allgemein die Vorschrift für die Darstellung von →Daten, Informationen, Befehlen usw. durch eine vordefinierte Notation. Buchstaben, Ziffern und Sonderzeichen sowie spezielle Steuerzeichen müssen für ihre Verwendung im →Computer durch einen Code dargestellt werden, den dieser handhaben kann. Ein dafür üblicher Code im Bereich des PCs ist der American Standard Code for Information Interchange, kurz →ASCII, der jedem von 256 **Zeichen** eine Zahl zwischen 0 und 255 zuordnet (die im Computer durch einen binären Wert dargestellt – also wiederum kodiert wird). Im Rahmen einer Programmiersprache müssen einzelne Aktionen durch Befehle dargestellt werden, die der Compiler oder Interpreter handhaben kann (vergleiche →Programmiersprache). Innerhalb der Programmiersprache sind für jeden dieser Befehle eindeutige Namen reserviert. Der Sprachumfang und die dabei geltenden Regeln einer Programmiersprache sind dessen Code – den Prozess des Formulierens eines Programms mit Hilfe einer ausgewählten Programmiersprache nennt man daher auch kodieren. Aber auch das in einer bestimmten Programmiersprache formulierte Programm bezeichnet man mit dem Begriff Code: So spricht man z. B. von **Quellcode** (das in der Programmiersprache formulierte Programm) oder von **Objektcode** (ein Zwischenschritt hin zum ausführbaren Programm nach der Übersetzung durch den Compiler) usw.

Codec [**Compressor/Decompressor**]

Der Begriff Codec ist die Abkürzung für **Compressor/Decompressor** oder auch **Coder/Dekoder**. Gemeint sind Programme oder Treiber, die Daten komprimieren und/oder kodieren und diesen Vorgang auch wieder rückgängig machen können (siehe auch →Kompression und →Kodierung). Codecs werden meistens bei der Video- und Audio-Bearbeitung eingesetzt, um die großen Datenmengen zu komprimieren. Dies geschieht auf schnellen Systemen zumeist in Echtzeit, was z. B. für die Betrachtung von komprimierten Videos notwendig ist. Da es eine Vielzahl verschiedener Codecs gibt, muss für die Wiedergabe (Dekompression, Dekodierung) immer derselbe Codec wie für die Herstellung/Aufnahme verwendet werden.

Codepage [Zeichensatz]

Codepages, auch **Ladbare Zeichensätze, umschaltbare Zeichensätze** oder **Kodeseiten** genannt, sind ein definierter Vorrat (→**Zeichensatz**) von Buchstaben, Sonderzeichen und Ziffern, der vom →Computer im Textmodus verwendet werden kann. Da ein →PC intern mit einer Datenbreite von einem →Byte (8 Bit) pro →Zeichen arbeitet, sind maximal 256 Zeichen gleichzeitig verwendbar. Bekannte vordefinierte Zeichensätze sind unter →DOS der →ASCII- und unter →Windows der ANSI-Zeichensatz. Um allgemein auf eine größere Fülle von Zeichen z. B. für die Arbeit mit Fremdsprachen zurückgreifen zu können, wurden verschiedene Zeichensätze definiert, die jeweils bei Bedarf vom →Betriebssystem gewechselt werden können.

Durch den Wechsel des Zeichensatzes kann z. B. die Tastaturbelegung und die damit korrespondierende Bildschirmausgabe von Deutsch auf Portugiesisch umgestellt werden. In Anwendungsprogrammen wird ein ähnliches Prinzip meist durch den Wechsel der Schrift erreicht. So werden z. B. griechische Sonderzeichen in einer Windows-Textverarbeitung durch den Wechsel auf die Schriftart *Symbol* eingebunden. Die Codepage-Funktion von MS-DOS ist für den Betrieb unter Windows nicht mehr notwendig. Wer unter DOS außerdem immer mit derselben Tastaturbelegung arbeitet und auch keine Texte verarbeitet (DOS-Textverarbeitungen sind davon unabhängig), kann ebenfalls auf die Aktivierung der Codepage-Funktion verzichten. Dennoch installiert auch Windows 95 noch die Unterstützung für Codepages in der →*Config.sys* und →*Autoexec.bat* des PCs. Die entsprechenden Zeilen bzw. die korrespondierenden Dateien bzw. Programme können bedenkenlos gelöscht werden (siehe die Befehle unten). Anschließend ist die internationale Standard-Codepage 437 aktiv, mit der es sich ohne Probleme unter DOS arbeiten lässt. Nachfolgend die Codepage-Befehle in der *Config.sys* und *Autoexec.bat*, die Sie löschen können.

Config.sys (überflüssige Codepage-Befehle, ohne →Pfadangabe)

device=display.sys con=(ega,,1)

Autoexec.bat (überflüssige Codepage-Befehle ohne Pfadangabe)

mode con codepage prepare=((850) ega.cpi)
mode con codepage select=850

COM

COM (Abk. f. **COM**munication) ist der Name, den das →Betriebssystem (wie →MS-DOS oder →Windows) des PCs für eine →serielle Schnittstelle benutzt: COM1, COM2, COM3 und COM4 sind dafür reserviert. An COM1 ist meistens die →Maus, an COM2 i. d. R. das →Modem angeschlossen.

com Office

Bei com Office – genauer .com Office (mit Punkt) – handelt es sich um ein früher als **Star Office** bekanntes Softwarepaket für Büroarbeiten des kalifornischen Computer-Riesen →Sun. Es ist vom Funktionsumfang mit Microsoft →Office vergleichbar, jedoch bei einer höheren Integration der Einzelprogramme zu einem Komplett-Paket. Star Office wurde davor seit 1985 von der deutschen Softwarefirma Star Division in Hamburg über mehrere Versionen hinweg entwickelt und als Besonderheit auf alle gängigen Betriebssysteme wie →Windows 3.x, →Windows 95/98, →Windows NT, →OS/2 Warp, →Macintosh, →Linux und sogar Solaris (dem Betriebssystem der Sun-Rechner) portiert. Wichtigster Bestandteil von Star Office war die Textverarbeitung **Star Writer**, die durch andere Programme wie die Tabellenkalkulation Star Calc ergänzt wurde.

Zwischen Sun und Star Division bestand schon länger eine intensive Zusammenarbeit, aber dennoch wurde die Fusion der beiden Firmen von der weltweiten Presse mit Überraschung und besonderer Beachtung aufgenommen. Es wurde allgemein vermutet, dass es sich um eine wichtige strategische Allianz gegen die marktbeherrschende Stellung von →Microsoft handelt. Über die Kaufsumme für Star Division wurde übrigens öffentlich nichts bekannt gegeben. Klar ist aber, dass der bisherige deutsche Geschäftsführer und Gründer von Star Division Marco Börries neuer Vizepräsident und Manager der Abteilung Anwendungssoftware bei Sun wird und die deutsche Softwareentwicklungsabteilung in Hamburg weiter bestehen bleibt bzw. in Zukunft sogar ausgebaut wird.

Obwohl Star Office als direktes Konkurrenzprodukt gegen →Microsoft →Office in allen wichtigen Funktionen vergleichbare, in einigen Bereichen sogar bessere Leistung bot, konnte es dieses bisher nicht mal annähernd von seiner marktführenden Position verdrängen. Nach der Übernahme von Star Division durch Sun im September 1999 könnte sich aber langfristig die Marktbedeutung von Star Office bzw. jetzt com Office deutlich ändern. Neben der sehr hohen Internetintegration bzw. -Funktionalität von Star/com Office könnten zwei wichtige strategische Schachzüge von Sun dafür ausschlaggebend sein: Zum ersten können jetzt nicht mehr nur private, sondern auch kommerzielle Anwender com Office kostenlos von der Sun →Homepage (unter *www.sun.com*) downloaden und benutzen. Schon Star Division bot ja seit Ende 1998 Star Office kostenlos für Privatleute an. Sun setzt diese Politik konsequent im kommerziellen Bereich fort. Ganz wesentlich ist aber die Entscheidung, den Source-Code des Programms offen zu legen und so weltweit anderen Entwicklern die Mitarbeit bzw. Weiterentwicklung von Star Office zu ermöglichen. Mit einem ähnlichen „Open Source"-Konzept wurde ja auch →Linux zu einem ernst zu nehmenden Konkurrenzprodukt für Microsoft. Sun gibt die Kontrolle über die Entwicklung von com Office aber nicht völlig aus der Hand, sondern koordiniert sie mit einem eigenen Lizenzabkommen, durch das die Firma die letztendliche Entscheidung über die Weiterentwicklung behält. Vorerst ist mit dieser Strategie allein über das Programm natürlich kein Geld mehr zu verdienen. Sun operiert hier offenbar strategisch mit einem längerfristigen Plan, bei dem es vor allem darum geht, die Marktposition von Microsoft zu schwächen und gleichzeitig die Kunden über die verwendete Software an die eigenen Entwicklungen im Bereich Internet und Hardware zu binden.

Comdex (**Communications and Data Exposition**)

Die Comdex (Abk. f. „Kommunikations- und Daten-Ausstellung") ist neben der →CeBit die weltweit bedeutendste Computerfachmesse, die zweimal jährlich (im Frühjahr und im Herbst) in den USA stattfindet. Auf ihr sind zumeist die Vertreter der gesamten IT-Branche und alle großen Fachhändler mit Ausstellungen vertreten.

Command.com

Das Programm *Command.com* ist der so genannte →Befehls-Interpreter (auch Kommando-Interpreter oder Shell genannt) des Betriebssystems →DOS bzw. →MS-DOS. *Command.com* stellt eine textbasierte Schnittstelle zwischen Benutzer und Computer dar. Das Programm wird beim Booten automatisch resident in den Arbeitsspeicher geladen (→TSR-Programm) und überwacht von da an alle Tastatureingaben. Entspricht eine Eingabe einem der intern abgespeicherten Befehle, so wird der Interpreter aktiv und führt eine entsprechende Aktion, z. B. einen Kopierbefehl oder das Anzeigen einer Dateiliste, aus. Alle Befehle, die intern im *Command.com* gespeichert sind, werden als so genannte interne Befehle von DOS bezeichnet (z. B. *copy*, *dir* etc.). Alle anderen Befehle müssen über eigene Programme aufgerufen werden, die als *exe*- oder *com*-Dateien vorliegen (z. B. *Xcopy.exe* oder *Format.com*). Der Befehls-Interpreter lässt sich mit dem Befehl *shell* beim Booten auch austauschen. Bekanntestes Beispiel ist das Programm 4DOS, welches einen Befehls-Interpreter mit deutlich erweitertem Befehlsvorrat und Bedienungskomfort darstellt.

Commodore

Das amerikanische Unternehmen Commodore war einer der Pioniere in der Geschichte des →PCs, dessen Produktpalette die gesamte Breite des PC-Bereichs abdeckte. Commodore war u. a. Hersteller des **VC 20**, →**PET**, →**C64** und des →Amiga, vier der beliebtesten Homecomputer überhaupt. Nach dem Bankrott von Commodore wurde die Konkursmasse 1995 vom damaligen Escom-Chef Manfred Schmitt für zehn Millionen US-Dollar aufgekauft (→Escom). Dies schien anfangs das Überleben der Traditionsmarke zu sichern, da Schmitt auch weiterhin PCs unter dem Markennamen Commodore und Amiga über die Handelskette von Escom verkaufen wollte. Nicht zuletzt auch durch die Fehlkalkulationen beim Kauf von Commodore sowie weitere unglückliche Umstände ging allerdings Escom selbst Mitte 1996 in Konkurs. Während das weitere Schicksal des Markennamens Commodore noch ungewiss ist, wurden die weltweiten Marken- und Patentrechte für den Amiga Ende 1996 an die amerikanische Firma Viscorp verkauft. Der Hersteller von Set-top-Boxen für Fernseher (→Set-top-Box) wird die Amiga-Technologie nicht nur (wie bisher schon) für seine Produkte verwenden, sondern beabsichtigt auch weiterhin, Rechner unter dem Namen Amiga weltweit zu verkaufen.

Compaq

Die Firma Compaq – der Name ist abgeleitet von **Compatibility** und **Quality** (Kompatibilität und Qualität) – wurde 1982 gegründet und vertrieb zunächst Nachbauten des →IBM-PCs. Compaq war dabei schon immer einer der technologischen Vorreiter der Branche. So brachte das Unternehmen noch vor →IBM den ersten →PC mit einem 386er →Prozessor von →Intel auf den Markt. Neben einer High-End-Produktlinie vertreibt Compaq auch eine breite Palette von PCs für den Konsumerbereich (→SOHO-Markt).

Im Januar 1998 übernahm Compaq für rund 17 Milliarden DM den Prozessor- und PC-Hersteller DEC (Digital Equipment), womit Compaq neben IBM und Hewlett Packard zu den größten Computer-Firmen weltweit überhaupt aufrückte. Der Jahresumsatz liegt bei rund 40 Milliarden Dollar. Unter *www.compaq.de* können Sie zum Unternehmen und seinen Produkten weitere Informationen bekommen.

COM-Port

Über den COM-Port (serielle Schnittstelle) tauscht ein Computer Daten z. B. mit dem Modem aus. Die Datenübertragung erfolgt seriell, also Bit für Bit. Die Übertragungsgeschwindigkeit über eine serielle Schnittstelle kann zwischen 75 und 115.000 Bit/s liegen.

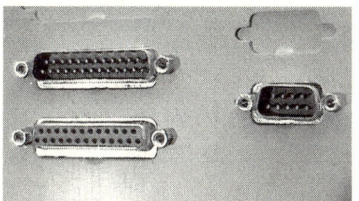

Befindet sich normalerweise an der Rückseite jedes PCs: COM-1-Port (rechts) und COM-2-Port (oben links) zusammen mit dem Druckerport (unten). Moderne ATX-PCs haben zumeist nur noch zwei 9-polige COM-Port-Anschlüsse

Composite-Videosignal

Es handelt sich um ein preiswertes, meist bei Heimcomputern verwendetes Verfahren zur Bildübertragung auf Monitore oder entsprechende Steckkarten, bei dem die Farbinformationen einzeln zusammengebunden (composite) und über eine Leitung an den Bildschirm übergeben werden. Dort werden sie wieder in ihre drei Grundfarben (Rot, Grün, Blau = RGB-Signal) zerlegt. Bedingt durch dieses Verfahren entstehen geringe Farbverfälschungen, die man an minderer Bildqualität bemerkt.

CompuServe

CompuServe, auch **CIS** abgekürzt, ist der Name eines weltweiten, kommerziellen Online-Dienstes mit Internetzugang, →E-Mail, aktuellen Informationen aus Politik und Wirtschaft, Diskussionsforen, Online-Magazinen und Serviceangeboten vieler Unternehmen, insbesondere aus der Computerbranche. Das Unternehmen, früher im Besitz der Firma H&R-Block, wurde Ende 1997 für 1,2 Milliarden Dollar an die Firma WorldCom verkauft. Diese wiederum verkaufte den reinen Online-Dienst-Anteil (aber ohne die weltweite Zugangstechnik bzw. ohne die Knoten) an das bisherige Konkurrenz-Unternehmen AOL. Weitere Informationen dazu siehe →AOL. An der wesentlichen Struktur bzw. den charakteristischen Eigenschaften von CompuServe hat sich dabei jedoch nichts geändert (und soll sich laut übereinstimmender Aussagen von AOL und CompuServe auch in nächster Zeit nichts ändern). CompuServe wird weiterhin der Dienst v. a. für Firmen und berufliche Anwender bleiben, während sich AOL an die Privatleute und Hobby-Nutzer wendet.

CompuServe bietet neben eigenen Inhalten auch einen integrierten Zugriff auf das Internet und hat derzeit weltweit ca. 2,6 Millionen Mitglieder. In Deutschland dürfte die Zahl bei 100-200.000 liegen. Als proprietäre Zugangssoftware wurde früher der so genannte **CIM** bzw. **WinCIM** (Compu-Serve Information **M**anager) bis zur Version 2.01 verwendet. Seit der Ende 1996 eingeführten Version 3.0 wird das Programm nur noch CompuServe genannt. Seine früher →proprietären Angebote im HMI-Standard hatte CompuServe bis Mitte 1999 auf Internettechnologie umgestellt bzw. sind für CompuServe-Mitglieder über eine spezielle, auf →RPA basierende Authentifizierungsfunktion auch direkt vom Internet aus zugänglich. Diese wichtige Umstellung bezeichnete CompuServe mit dem Codenamen "**Red Dog**" (siehe auch Infos unter _http://auth.compuserve.de_).

Im Sommer 1999 wurde schließlich die neueste Version der Zugangssoftware, CompuServe 2000, eingeführt. Damit wurden gleichzeitig die Darstellung modernisiert und in einigen Features an →AOL angepasst, das Angebot erweitert und einige neue Technologien wie z. B. →E-Mail-Unterstützung über →IMAP integriert. Unter anderem ist es jetzt auch – ähnlich wie bei →AOL – möglich, fünf zusätzliche Unteraccounts (z. B. für Familienmitglieder) einzurichten oder andere online befindliche Bekannte über eine Buddy-Liste ausfindig zumachen. Jeder Kunde hat im Augenblick noch (Stand Herbst 1999) die Möglichkeit, sich zwischen der neuen CompuServe 2000-Technologie bzw. -Zugangssoftware oder der alten 3.04-Version zu entscheiden. Mit der festen Umstellung auf CompuServe 2000 wird gleichzeitig auch ein geändertes Abrechnungsverfahren gültig. Nach der ersten An- bzw. Ummeldung für CompuServe 2000 hat der Kunde noch zwei Monate Zeit, seinen Entschluss rückgängig zu machen und wieder mit Compu-Serve 3.04 inklusive dem alten Kostenmodell zu arbeiten. Änderungen bei der Umstellung bzw. Kostenabrechnung bespricht man am besten telefonisch mit der Kunden-Hotline.

Die Kosten für die Nutzung von CompuServe hängen von dem gewählten Kostenmodell und der verwendeten Software ab. Für Nutzer der CompuServe-Versionen bis 3.04 beträgt die monatliche Grundgebühr nach dem ersten Kostenmodell 9,95 US-Dollar bei fünf Freistunden; jede weitere Stunde kostet 2,95 US-Dollar. Alternativ kann man nach einem zweiten Kostenmodell für Vielnutzer bei einer monatlichen Grundgebühr von 24,95 US-Dollar auf monatlich 20 Freistunden zurückgreifen. Jede weitere Stunde kostet dann 1,95 US-Dollar. Wer sein Konto jedoch auf CompuServe-2000-Technologie umstellt, erhält zukünftig seine Abrechnung in DM. In der monatlichen Grundgebühr von 14,95 DM sind 5 Freistunden inbegriffen, jede weitere Stunde schlägt mit 3,95 DM zu Buche. Wer eine Grundgebühr von 39,95 im Monat beim so genannten „Super Value Plan" akzeptiert, bekommt 20 monatliche Freistunden, jede weitere Stunde wird mit 3,20 DM berechnet. Die Abrechnung erfolgt übrigens in beiden Tarifen minutengenau; parallel dazu fallen natürlich immer noch die üblichen Telefonkosten an (siehe Tipp-Kasten). Bei einem hohen Dollarkurs ist der neue Tarif also günstiger als der alte.

In beiden Preisen inbegriffen sind 5 MByte Speicherplatz für die Internetpräsentation einer eigenen Homepage. Zum Vergleich: T-Online und AOL bieten 10 MByte.

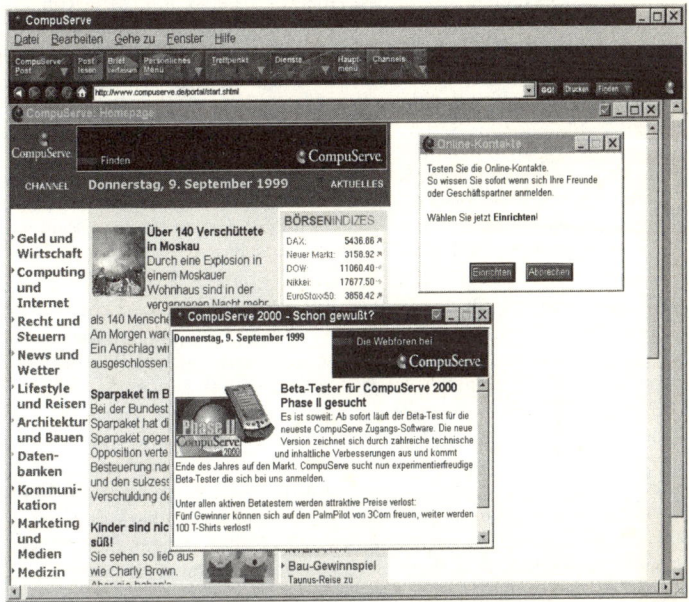

In CompuServe 2000 ist der →Internet Explorer von Microsoft vollständig integriert. Auf die Art hat CompuServe eine nahtlose Verschmelzung von Internet und Online-Dienst erreicht

Tipp: Seit Februar 1999 bietet CompuServe unter der Rufnummer 01088-0191919 bundesweit die **Einwahl zum Ortstarif** an. Die Abrechnung der Telefongebühren erfolgt dabei sekundengenau. Alle gängigen Einwahlprotokolle – analog bis →V.90 (56.000 Bit/s) und ISDN mit X.75 (64.000 Bit/s) – werden unterstützt. Die Einwahl per ISDN in CompuServe funktioniert bei den bekannten ISDN-Karten von AVM (FritzCard) und Teles ohne den bei CompuServe mitgelieferten CFos-Treiber. Dieser braucht also nicht installiert zu werden. Die Karten-Hersteller liefern nämlich eigene Treiber aus, die ein so genanntes virtuelles Modem für CompuServe einrichten. Mit diesem ist die Einwahl über das DFÜ-Netzwerk von Windows 95 möglich.

Die klassische **CompuServe-E-Mail**-Adresse setzte sich ursprünglich aus einer meist 8-10-stelligen Kennnummer (der ID) sowie dem Domain-Namen des Online-Dienstes wie folgt zusammen: **1001234.5678@compuserve.com**. Der Punkt in der CompuServe-ID wird bei E-Mails innerhalb des Online-Dienstes durch ein Komma ersetzt (1001234,5678). Seit Anfang 1997 ist jedoch auch ein zusätzlicher Alias-E-Mail-Name vom Typ **markus.maier@compuserve.com** möglich, den man sich unter dem Kennwort *go register* zuweisen lassen kann. Seit Ende 1997 hat CompuServe neben dem (immer noch weitergeführten) proprietären E-Mail-Verfahren (**CISMail**) auch einen zum Internet-standard (→POP3, →SMTP) kompatiblen E-Mail-Dienst eingerichtet. Dazu wird eine neue E-Mail-Adresse nach dem Typ **markus.maier@csi.com** einge-richtet, Mails an die alte Adresse (markus.maier@compuserve.com) können später an den POP-Mailserver umgeleitet werden. Ist der POP-Mail-Dienst einmal eingerichtet, kann der Alias-E-Mail-Name übrigens nicht mehr geän-dert werden. Für CompuServe-2000-Nutzer sieht die Situation nochmals et-was anders aus. Dort lautet die Mail-Adresse **markus.maier@cs.com** und statt POP3 wird für den Posteingangsserver das moderne →IMAP-Verfah-ren verwendet.

Tipp: Das alte Mail-Protokoll von CompuServe wird auch von den Microsoft-Mail-Programmen →Exchange und →Outlook unterstützt. Mit *go cismail* kann man sich einen entsprechenden Treiber herunterladen. Siehe auch →Exchange.

Die Registrierung für den POP-Mail-Dienst wird komplett über das Internet abgewickelt, wofür im verwendeten Browser zur persönlichen Identifizie-rung am CompuServe-Server ein so genannter Virtual Key installiert sein muss (→RPA-Verfahren). Dabei handelt es sich um einen elektronischen Schlüssel, der die Authentizität des Anwenders sichert. Den entsprechenden Schlüssel kann man sich zuvor mit dem Stichwort *go vkey* downloaden. An-schließend kann man sich im Internet unter der Adresse *www.csi.com/ communications/com pop3mailbox.asp* für die Nutzung des POP-Mailser-verdienstes anmelden (auch über *go popmail* erreichbar). Zuvor muss man sich jedoch unter *go register* einen Alias-Namen eingerichtet haben. Diese erste Anmeldung bzw. Registrierung arbeitet auch nur mit dem Virtual-Key-Verfahren zusammen. Das bedeutet, es können nur Mail-Programme ver-wendet werden, die Virtual Key unterstützen. Das sind zur Zeit z. B. Micro-soft Outlook Express, Outlook 98 oder Eudora ab der Version 3.x. Wer mit einfachen POP3-Mail-Programmen wie z. B. →Exchange arbeiten will, muss auf der Anmeldungsseite zusätzlich die Option *POP3 Mail Settings/ Mail Only Password* auswählen. Dort können Sie dann zusätzlich zum Virtual Key-Verfahren ein Passwort für eine entsprechende Anmeldung am POP3-Server bestimmen. Damit lassen sich dann auch alle anderen, herkömmlichen Inter-net-Mail-Programme nutzen. Allerdings ist die Passwort-Abfrage gegenüber dem Virtual-Key-Verfahren nicht gegen Lausch- bzw. Hacker-Angriffe sicher. Der POP-Mail-Dienst kann parallel zum alten CIS-Mail verwendet werden. Man kann jedoch alle Mails komplett auf den POP-Server umleiten lassen. Hierzu muss man unter der Internetadresse *www.csi.com/communications* die Option *Redirection* und die gewünschten Umleitungsverfahren auswäh-len. Die Adresse des POP3-Servers von CompuServe ist übrigens *pop.site1. csi.com*, die des →SMTP-Servers *smtp.site1.csi.com*.

Für Nutzer von CompuServe 2000 ist diese ganze Prozedur nicht notwendig. Denn bei Einrichtung der bzw. Umstieg auf die neue Software wird das Mail-konto automatisch umgestellt. Man muss sich jedoch erst mal mit einem „freien" CompuServe-2000-Zugangscode – der normalerweise auf den von CompuServe frei z. B. über Zeitschriften verteilten CDs aufgedruckt steht – am Dienst anmelden, bevor man anschließend mit seinen alten, persönlichen

Daten die entsprechenden Umstellungen vornimmt. Der Posteingangserver von CompuServe 2000, der für die Konfiguration eines Mail-Programms notwendig ist, heißt übrigens **imap.cs.com**, der abschickende Server lautet **smtp.cs.com**.

Eine weitere wichtige Änderung beim E-Mail-Service von CompuServe wurde 1997 ebenfalls eingeführt, nämlich die automatische →**MIME-Unterstützung** bei CIS-Mail. Früher konnten binäre Dateianhänge nur innerhalb von CompuServe problemlos verschickt werden; Mails ins oder vom Internet mussten mit anderen Programmen kodiert werden. Mittlerweile unterstützt auch CompuServe automatisch das MIME-Verfahren. Wer über den neuen POP-Mail-Dienst mailt, muss dagegen die i. d. R. implementierten MIME-Funktionen des E-Mail-Programms nutzen.

> **Tipp:** Wer Ihr Passwort kennt, kann sich unter Ihrer Benutzerkennung in den CompuServe-Dienst einwählen und dann auf Ihre Kosten die Online-Angebote nutzen und in Ihrem Namen E-Mails verschicken etc. Halten Sie daher Ihr Passwort vor Dritten geheim. Auch CompuServe-Mitarbeiter werden Sie niemals nach Ihrem Passwort fragen! Vorsichtig sein heißt es auch, wenn Dritte Zugriff auf Systemdateien Ihrer CompuServe-Installation erhalten möchten: Manche Datendiebe spiegeln z. B. vor, CompuServe-Techniker zu sein, und bitten um Zusendung der Datei *CIS.ini*. Geben Sie diese Datei nicht weiter: Darin sind Ihre kompletten Zugangsdaten enthalten!

Computer [Berechner]

Computer (to compute, berechnen) sind Maschinen zur elektronischen Verarbeitung von Daten. Im Unterschied zu Rechenmaschinen, die schon vor Jahrhunderten entwickelt wurden, sind Computer nicht nur für einen einzigen, genau bestimmten Zweck gebaut. Die Idee zu einer solch universell einsetzbaren Maschine hatte als Erster Charles Babbage (siehe →Babbage, Charles). Doch erst im 20. Jahrhundert bauten der deutsche Ingenieur Konrad Zuse (siehe →Zuse, Konrad) und der amerikanische Mathematiker Howard Aiken (siehe →Aiken, Howard) unabhängig voneinander die ersten programmgesteuerten Rechenanlagen. Der Computer arbeitet nach dem Prinzip Eingabe – Verarbeitung – Ausgabe. Daten werden in den Rechner eingegeben und auf vorgeschriebene Weise verarbeitet. Schließlich erfolgt die Ausgabe. Diese Aufgaben werden durch ein →Programm umgesetzt.

Computerfreak [Computer-Begeisterter]

Computerfreak ist das englische Wort für einen von Computern Begeisterten, der einen großen Teil seiner Freizeit angeblich lieber vor dem Bildschirm als mit anderen Menschen verbringt, deswegen allerdings auch über großes Fachwissen verfügt. Computerfreaks werden oft mit →Hackern verwechselt.

Computer-Lingo

Computer-Lingo ist eine Bezeichnung für die Fachsprache der Computerexperten, Freaks und Hacker. Sie wird hauptsächlich beim Chatten im Internet und Online-Diensten verwendet. So wird z. B. bbl für be back later (komme bald wieder) verwendet. Für eine Übersicht der wichtigsten Computer-Lingo-Begriffe siehe →**Chat-und Hacker-Slang**.

Computerspiele [computer games]

Computerspiele für den PC, häufig auch mit dem prägnanteren englischen Begriff **Games** bezeichnet, werden zur Kategorie der Unterhaltungssoftware gezählt. Die Faszination der Computerspiele für viele PC-Nutzer liegt einerseits in ihrer Interaktivität und andererseits in ihrer Vielfalt. Ein weiteres, zunehmend wichtiges Element ist außerdem der Faktor „Kommunikation", bei dem speziell der PC gegenüber anderen Unterhaltungsmedien einen großen Selektionsvorteil hat. Denn Kommunikation bzw. Interaktion mit gleichgesinnten Personen bedeutet für die meisten Menschen eben auch Unterhaltung. Gemessen an der Bedeutung dieses Kommunikationsfaktors kann man Computerspiele in zwei Bereiche, nämlich die eher für Einzelpersonen gedachten **PC-Spiele** auf der einen Seite und die für Personengruppen gedachten interaktiven **Online-Spiele** auf der anderen Seite unterteilen. Die ständig an Bedeutung zunehmenden **Online-Spiele** kann man dabei durchaus als spezielle Weiterentwicklung oder Abwandlung von →Chats und →Newsgroups verstehen, ergänzt um spielerische Elemente. Zur Beschreibung dieser Entwicklung verwenden vor allem die Amerikaner Begriffe wie **Social Games** oder **Entertainment-Communities** [Unterhaltungsgemeinschaften].

Eine klare Trennung zwischen diesen beiden Spielegruppen ist jedoch nicht möglich, da immer mehr PC-Spiele auch interaktiv werden, d. h. also gleichzeitig mehrere Personen mit- bzw. gegeneinander spielen können. Schon früh wurde v. a. in Action-Spielen ein so genannter **Netzwerkmodus** eingebaut, der es in einem lokalen Netzwerk (→LAN) ermöglicht, direkt mit mehreren Teilnehmern gleichzeitig zu spielen. Die Spieler können sich so z. B. gegenseitig mit Waffen jagen oder bei Rennsimulationen um die Wette fahren. Neben einem solchen Netzwerkmodus geht der aktuelle Trend zur Internetanbindung, sodass die Teilnehmer räumlich ungebunden sind. Problematisch ist dabei aber vorerst noch die für die meisten Anwender begrenzte Bandbreite des Internet, da der Zugang fast immer per →Modem oder →ISDN über die Telefonleitung erfolgt. Die Bandbreiten werden sich in Zukunft aber erhöhen und damit auch die Spielemöglichkeiten rasant ansteigen.

Der Trend geht verstärkt zu Online- bzw. Internetspielen, wie sie schon seit Anfang der 80er Jahre mit den so genannten **MUDs** zuerst auf reiner Textbasis realisiert wurden. MUD war der Name des ersten Spiels dieser Art, das 1979 von zwei Programmierern namens Roy Trubshaw und Richard Bartle an der Essex University entwickelt wurde. Der Begriff MUD wird mittlerweile aber oft als Synonym für alle Arten von Online-Spielen verwendet, an dem mehrere Personen interaktiv teilnehmen. Die Abkürzung MUD stand ursprünglich für **M**ulti **U**ser **D**ungeon, was wörtlich übersetzt soviel bedeutet wie „Mehrbenutzer-Verlies". Der Begriff **Dungeon** [Höhle, Verlies] geht wiederum auf ein textbasiertes, netzwerktaugliches Abenteuerspiel namens „Dungeons and Dragons" zurück, das zu der Zeit beliebt war und die Vorlage für MUD stellte. Dort mussten die Spieler in Fantasiewelten gegen Drachen und Monster kämpfen. Seitdem werden virtuelle Spielwelten, in denen Spieler z. B. für ein Rollen- oder Actionspiel interagierten, allgemein oft als Dungeons bezeichnet. Da der Begriff Dungeon aber für so eine Bedeutung nicht sehr glücklich gewählt ist, wird MUD nunmehr oft auch als **Multi User Di-**

mension oder **Multi-User-Domain** übersetzt. Auch im Internet gibt es dazu natürlich zahlreiche Informationen, z. B. unter *www.mud.de*, die Seiten der „Deutschen Gemeinschaft virtueller Welten". Dort finden Sie auch eine Liste aktueller Spiele, die – wie im Computerbereich so üblich – natürlich überwiegend in englischer Sprache sind. Es gibt jedoch auch einige deutschsprachige MUDs.

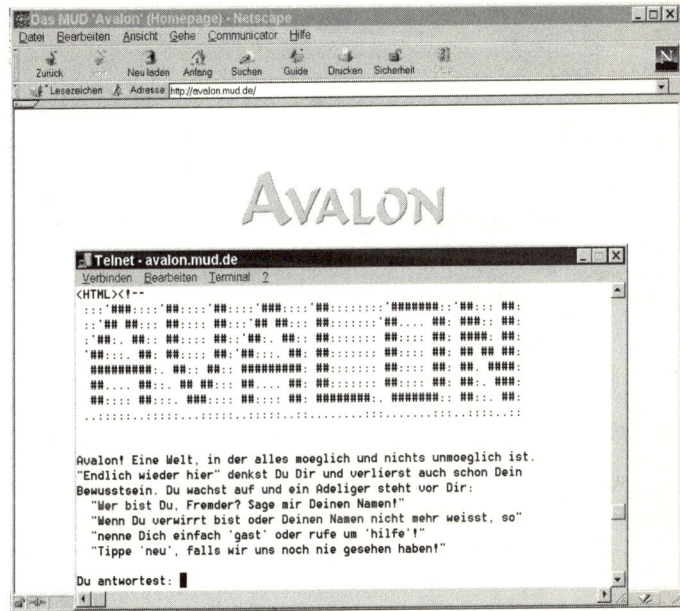

Avalon (http://avalon.mud.de) ist eines der wenigen deutschsprachigen MUDs. Die Bedienung erfolgt textbasiert über den von →Windows mitgelieferten →Telnet-Client

Den typischen MUDs gemeinsam ist, dass sie eine künstlich geschaffene, also virtuelle Welt vorgeben, in der die Teilnehmer nach mehr oder weniger vorher festgelegten Regeln interagieren können. An diesen Spielen können zwar theoretisch unendlich viele Teilnehmer gleichzeitig mitwirken, aber die Leistungsfähigkeit der koordinierenden Server und die Bandbreitenbegrenzung des Internet reduzieren die Zahl durchschnittlich auf 100-200. Die Aufnahme- bzw. Interaktions-Kapazität jedes einzelnen Spielers ist darüber hinaus natürlich noch niedriger. Die meisten spielen während einer Sitzung mit 2-3 Personen, ansonsten verliert man schnell den Überblick. Wenn man so will, kann man MUDs auch als eine Art erweiterten →Chat, verbunden mit einem Rollenspiel, ansehen, denn die Teilnahme bzw. Bedienung erfolgte ursprünglich rein textbasiert. Früher nur unter Verwendung eines →Telnet-Programms, mittlerweile aber auch durch spezielle Programme (MUD-Clients) und/oder Java-Unterstützung (→Java).

Die ersten MUDs spielten in fest vorgegebenen Fantasiewelten, in denen die Teilnehmer in erster Linie nur Monster, teilweise aber auch sich selbst jagen und töten konnten. Ende der 80er Jahre wurden die MUDs dann weiterentwickelt. Ziel war es, die Möglichkeiten der Interaktion zu erhöhen, sodass die Teilnehmer vermehrt Konversation betreiben und die virtuelle Spielewelt selbst gestalten konnten. Das erste Spiel dieser Art war TinyMUD, das 1989 von einem Programmier namens Jim Aspnes entworfen wurde und den Grundstein für eine ganze Reihe von neuen Online-Spiele-Gattungen legte. Diese neuen Spielevarianten bekamen auch schnell eigene, an MUD angelehnte Namen, wie z. B. **MUSE** (**M**ulti-**U**ser **S**imulation Environment), **MUSH** (**M**ulti-**U**ser **S**hared Halluzination), **MOO** (MUD Object Oriented) oder auch **WOO** (**W**eb M**OO**s). Der Begriff MUD wird aber auch weiterhin oft als Oberbegriff für all diese Spieletypen verwendet, zumal die Definitionen für die verschiedenen Untertypen nicht sonderlich eindeutig sind.

Bei den **MUSHs** bekommen die Teilnehmer die Spielewelt nicht einfach mehr vorgesetzt, sondern sollen diese selbst gestalten. Außerdem herrscht nicht mehr das „Jagen und Töten"-Prinzip der alten MUDs, sondern das Ziel ist eben der Aufbau einer vielfältigen Rollenspielwelt. Spielfiguren werden in MUSHs normalerweise nicht getötet und wenn, dann nur mit Zustimmung des Spielers. Bei **MOOs** steht die virtuelle Nachbildung von Räumen und Objekten im Vordergrund, die mit einer speziellen, objektorientierten Befehlssprache erzeugt werden können. So ist es z. B. möglich, durch die verschiedenen virtuellen Räume, Landschaften oder Welten eines MOOs zu „wandern", sich eine eigene, virtuelle Identität zu geben, virtuelle Objekte zu erzeugen und/oder andere Personen zu treffen. MOOs werden im Gegensatz zu MUDs aber weniger zum Spielen eingesetzt, sondern eher zu Kommunikations- und Programmierzwecken. Sowohl die klassischen MUSHs wie auch die MOOs laufen aber weiterhin rein textbasiert ab, alle Befehle werden – zumeist über einen Telnet-Client – per Tastatur eingeben und müssen natürlich vom Spieler beherrscht werden. Die Textbasierung mag auf den ersten Blick für von PC-Spielen verwöhnte Augen als Nachteil erscheinen. Gleichzeitig erhöht sie aber die Anforderungen an die Vorstellungskraft der Mitspieler und weckt so unter Umständen wie ein Buch im Vergleich zum Film die eigene Fantasie. Für alle Spiele gibt es übrigens eine zumeist über den Befehl „help" oder „hilfe" aufrufbare Online-Hilfe.

Wer bei MUDs oder MUSHs mitspielen will, sollte klar zwischen den verschiedenen Rollen und Welten, insbesondere der eigenen realen und der virtuellen im Spiel unterscheiden können. Auch hierfür wurden eigene Begriff geprägt. Mit **OOC** (**O**ut-**o**f-**C**haracter) wird der reale (!) Spieler selbst bezeichnet, der wiederum im Spiel die Rolle des **IC** (**I**n-**C**haracter) übernimmt. Der IC ist also die eigentliche, virtuelle Spielfigur, die vom OOC erzeugt bzw. gesteuert wird. Sie kann und soll in der Fantasiewelt eine ganz eigene Geschichte und einen ganz eigenen Charakter haben, die sich durchaus absichtlich vom OOC unterscheiden soll.

Nachdem die Grafikfähigkeit der PCs und die Bandbreite des Internet in den letzten Jahren ständig zunahm, verwundert es nicht, dass die ursprünglich rein durch Worte „erzeugten" ICs im Laufe der Jahre ein grafisches „Gesicht" bekamen. Diese logische, moderne Weiterentwicklung des textbasierten ICs ist der so genannte **Avatar**. Darunter versteht man die grafische Repräsentation, also die bildhaft-körperliche Gestalt einer Spielfigur in der virtuellen Welt. Durch die Avatars gleichen sich nun wiederum die Online-Spiele mit den (bisher grafisch schon extrem aufwendigen) PC-Spielen an. Sie werden bunt, erhalten 3-D-Darstellung und erleichtern die soziale Interaktion v. a. in Rollenspielen. Avatars wandeln in den Augen der Teilnehmer das Spiel zur virtuellen Welt. Das Erleben bzw. Vorstellen findet nicht mehr nur im Kopf jedes einzelnen Teilnehmers statt, sondern für alle visuell gleichermaßen sichtbar auf dem Bildschirm. Vor Einführung der Bezeichnung Avatar für diese Spielfiguren wurde stattdessen oft auch der Begriff „**Party**" verwendet. Er wurde v. a. für Rollenspiele verwendet, in denen ein Spieler im Gegensatz zu Action-Spielen meist nicht nur eine, sondern gleich mehrere Spielfiguren übernahm.

Drei typische Avatare bei einer virtuellen Kneipenunterhaltung

Bei den neuen Online-Spielen schlüpft jeder Spieler (OOC) in die Rolle seines Avatars, gibt sich das gewünschte Geschlecht und Aussehen, wählt einen bestimmten Charakter und taucht dann in die virtuelle Welt ein, um sich dort mit anderen Avatars wie im richtigen Leben zum Spielen und/oder Unterhalten zu treffen. Wichtig ist dabei, dass die anderen Teilnehmer den Avatar genauso sehen bzw. erleben, wie der dahinter steckende OOC. Avatars können außerdem nicht nur für Spiele, sondern auch für „ernste" Aktivitäten, wie z. B. geschäftliche Treffen verwendet werden. In Zukunft sind etwa Vertragsabschlüsse in Internetbesprechungsräumen denkbar, die durch diese virtuellen Repräsentanten realer Personen ausgehandelt und digital unterschrieben werden. Daran erkennt man schon die Bedeutung dieses neuen Trends.

Das Wort Avatar stammt übrigens aus dem indischen Raum und bezeichnet im Hinduismus die Verkörperung (materialisierte Gestalt) von Göttern, wenn diese auf die Erde hinabstiegen. Der Begriff wurde im Computerbereich bereits relativ früh verwendet, und zwar Anfang der 80er Jahre, als Programmierer des amerikanischen Militärs nach einer treffenden Bezeichnung für die menschlichen Repräsentanten in ihren militärischen Simulationsspielen suchten. Die ersten Online-Spiele mit Avatars für jedermann wurden Mitte der 80er Jahre eingeführt und gelegentlich mit dem Begriff **Habitats** bezeichnet. Das angeblich erste Habitat wurde 1985 von Mitarbeitern der bekannten Filmfirma Lucasfilm entwickelt.

Auch die →Online-Dienste sind natürlich auf dem Gebiet der Online-Spiele, MUDs und Avatars aktiv, allen voran →CompuServe mit dem Klassiker **WorldsAway**, den man über den Befehl _„go away"_ oder mittlerweile im Internet unter _www.worldsaway.com_ (allerdings unter neuer, anderer Leitung) finden kann. Bei diesem Mehrspieler-Online-Adventure wird ein kompletter Kosmos simuliert, in dem die Spieler sich 24 Stunden lang frei in der Stadt Phantasus bewegen, mit anderen Spielern unterhalten und die verschiedensten Gegenstände manipulieren können. WorldsAway bietet Zugang für eine fast unbegrenzte Anzahl an Spielern und wird ständig verbessert; dabei wird den Spielern die Möglichkeit geboten, ihre eigenen Verbesserungsvorschläge einzubringen. Auch die Deutsche Telekom bietet seit September 1999 einen Online-Spieledienst namens **CMGA** (Community of Massive Gaming Agents) (_www.cmga.net_) an, über den viele Spieler gleichzeitig im Internet gegen- bzw. miteinander spielen können. Wer sich für Online-Spiele dieser Art interessiert, sollte einen Blick auf die Übersichtsseiten von Dino-Online bwz. Yahoo zu diesem Thema werfen, da dort alle wichtigen Hyperlinks zusammengefasst sind. Die Adressen sind _www.dino-online.de/seiten/go12so.htm_ bzw. _dir.yahoo.com/Recreation/Games/Computer_Games/Internet_Games_.

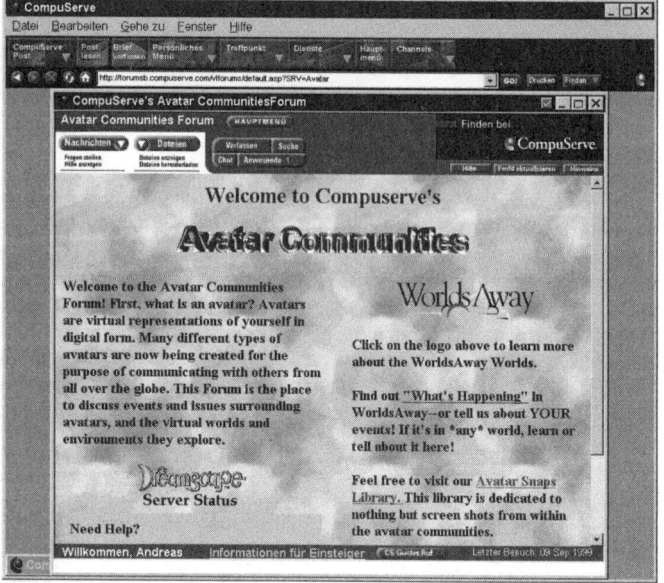

Worlds Away und ähnliche Spiele in →_CompuServe 2000 werden neuerdings auch „Avatar Communities" genannt_

Zurück zu den klassischen (offline) **PC-Spielen**, die bisher überwiegend für einen oder wenige Benutzer entwickelt wurden. Auch was die modernen PC-Spiele heutzutage so bieten, geht weit über das hinaus, was man allgemein unter dem Begriff Unterhaltung versteht, der ja in den Köpfen vieler immer noch stark von der passiven Fernsehunterhaltung geprägt ist. Zur Bedienung der Computerspiele ist meist nicht nur höchste Geschicklichkeit gefragt, sondern auch besondere Konzentrationsfähigkeit, Geduld und Kombinationsgabe.

Der Spiele-Markt ist für die gesamte Entwicklung des Computer-Sektors als „Antriebsmotor" von immenser Bedeutung. Denn es sind die grafisch extrem aufwendigen, mittlerweile komplett in drei Dimensionen arbeitenden Computerspiele, die höchste Anforderungen an die Hardware stellen und die Kunden immer wieder dazu animieren, sich die neuesten und schnellsten PC-Komponenten zu kaufen. Normale Anwendungsprogramme wie Textverarbeitungen oder Datenbanken reizen die moderne PC-Hardware schon lange nicht mehr aus.

Ohne den Spieltrieb der Menschen hätte der PC mit Sicherheit keine so rasante Entwicklung in den letzten Jahren erfahren. Wie groß die Bedeutung dieses Marktsegments ist, geht gut aus einer Umsatzberechnung des VUDs (deutscher Verband der Unterhaltungssoftware) hervor, die das Nachrichten-Magazin „Der Spiegel" im August 1999 veröffentlichte. Danach wurden in Deutschland im ersten Halbjahr 1999 rund 1,4 Milliarden Mark für Unterhaltungssoftware ausgegeben, von denen 48 % allein auf Computerspiele für den PC zurückgehen. Das bedeutet gleichzeitig eine Steigerungsrate von 7,5 %. Den 48 % Computerspielen stehen nur 19 % Unterhaltungs- und Informationsprogramme wie Datenbanken, Lexika, Musiksoftware und Lernsysteme gegenüber. Das zeigt deutlich, worauf die meisten PC-Anwender ihren Schwerpunkt legen.

Besonders beliebt sind anspruchsvolle, aktiongeladene Spiele wie Baller- oder Abenteuerspiele sowie Sport- und Rennsimulationen. Neben grafisch immer aufwendiger gestalteten Szenen und Landschaften reizt viele Spieler offenbar auch die virtuelle Welt von Abenteuer und Gewalt. Manche Computerspiele, wie etwa das bekannte Doom, sind so gewalttätig, dass Sie für den Verkauf an Jugendliche unter 18 Jahren indiziert werden.

Neben dem Trend zu immer mehr Realität in der Handlung und Darstellung spielt natürlich die „Multiuser"-Fähigkeit eine immer größere Rolle. Dies ist zumeist nicht mehr nur auf zwei oder mehr Spieler an einem PC oder im lokalen Netzwerk (→LAN) beschränkt, sondern auch über das →Internet möglich. Auch die neuesten Spielekonsolen, wie **Dreamcast** von Sega, verfügen über ein integriertes Modem, um sich so ins Internet einwählen zu können. Andere Hersteller werden nachziehen; mit der erfolgreichen Spielekonsole von Sony, der **Playstation**, ist es ja auch jetzt schon (Stand September 1999) möglich, gleichzeitig an einem Gerät mit mehreren Spielern zu spielen.

Die Erweiterung zur Internetfähigkeit wird in der nächsten Version der Playstation, die Mitte 2000 auf den Markt kommt, ebenfalls eingebaut sein.

PC-Spiele werden zumeist in verschiedene Gruppen unterteilt, je nachdem, welcher Spielidee sie folgen. Die wichtigsten Genres werden gleich anschließend vorgestellt, eine klare Zuordnung für ein einzelnes Spiel ist aber nicht immer möglich, weil es zwischen den Genres auch Überlappungen gibt. Überhaupt gibt es bei PC-Spielen auch viele Gemeinsamkeiten. Das fängt z. B. bei den **Hardwareanforderungen** an. Moderne Computerspiele sind recht anspruchsvoll, was die Hardwareausrüstung angeht.

Um die neuesten Programme mit genug Spaß spielen zu können, sollte man einen modernen Prozessor wie den →AMD K6-III, →AMD Athlon oder den →Pentium III von Intel verwenden. Denn nur diese verfügen über die erweiterten Multimedia-Befehle, die die Berechnung von 3-D-Darstellungen immens beschleunigen. Das allerdings auch nur dann, wenn Sie die aktuelle Version von →DirectX verwenden, auf das mittlerweile alle aktuellen Spiele aufsetzen. Neben dem Prozessor ist eine aktuelle, leistungsfähige →3-D-Grafikkarte extrem wichtig (siehe auch →AGP). Denn sie bestimmt im Wesentlichen über die Geschwindigkeit und die Qualität der Bildschirmdarstellung.

Wer möglichst realistische 3-D-Effekte liebt, sollte sich im Computerladen auch mal eine so genannte →Shutter-Brille vorführen lassen. Was die übrigen PC-Komponenten angeht, kommt man normalerweise mit den heute üblichen Standardkomponenten aus. Eine gute →Soundkarte mit möglichst guten →Lautsprechern, ein moderner →Joystick bzw. ein →Gamepad oder auch für Autorennen ein Lenkrad (siehe auch →Joystick) sind ebenfalls notwendig. Wenn man beim Kauf der Geräte auf →Force Feedback-Unterstützung achtet, kann man den Spielespaß zusätzlich deutlich erhöhen.

Wenn es ans Spielen geht, sollte man sich mit den wichtigsten Bezeichnungen und üblichen Abläufen einigermaßen auskennen, damit der Blick ins Handbuchs nicht zum Studium ausartet. Bei der Entscheidung gegenüber dem Spieltyp, sollte man sich Gedanken über die grundsätzlichen Ablaufmöglichkeiten machen. Da gibt es zum einen die so genannten **Echtzeitspiele** und zum anderen die **Rundenspiele**. Bei den eher modernen Echtzeitspielen gibt es eine real ablaufende (virtuelle) Spielzeit, innerhalb derer der Spieler seine Aktionen ausführt; Computer und Spieler agieren gleichzeitig. Echtzeitspiele sind typisch für Rollen- und Actionspiel.

Bei den Rundenspielen gibt es dagegen keine an einen Zeitverlauf gekoppelten Handlungen. Der Spieler kann (wenn man so will in Ruhe) seine Aktionen, z. B. einen Spielzug, ausführen und beendet diesen mit einem Befehl. Ein typisches Beispiel wäre ein Schachsimulationsspiel. Aber auch viele Strategiespiele entsprechen diesem Typus.

Da man sich gerade bei vielen Action- und Rollenspielen durch eine komplexe Landschaft oder Szenerie bewegen muss, gilt es, die Orientierung zu behalten. Dazu dient oft eine so genannte **Automapping-Funktion**, die die

Spielumgebung kartografiert. Man kann die erstellte Karte (Automap) zur Betrachtung beliebig zoomen, drehen und teilweise auch beschriften.

Häufig muss man auch so genannte **Puzzles** [Rätsel] lösen. Diese werden oft in Adventure- oder Rollenspielen als Aufgaben gestellt. Dabei handelt es sich meist um Gegenstände (Schlüssel, Hammer, Angel etc.), die man im Laufe des Spiels einsammeln und ins so genannte „Inventar" aufnehmen muss. An anderer Stelle im Spiel benötigt man diese Gegenstände wieder, um eine weitere Aufgabe zu lösen. Zum Beispiel das Öffnen einer Tür mit Hilfe eines zuvor gesammelten Schlüssels. Oder die Kombination von zwei Gegenständen zu einem Werkzeug.

Wichtig sind in diesem Zusammenhang auch die Begriffe **Level** und **Cheat-Modus**. Als Level werden in Computerspielen sowohl die Spielabschnitte als auch die möglicherweise einstellbaren Schwierigkeitsgrade wie auch der aktuelle Spielestatus (Punktstatus) des Spielers bezeichnet. Wenn einem die gestellten Aufgaben in einem Spiel z. B. zu schwierig sind, sollte man den Level herabsetzen.

Eine andere Alternative ist die Eingabe eines so genannten Cheat-Codes bzw. die Aktivierung des Cheat-Modus [von Cheat = lügen, täuschen], was aber nicht bei allen Spielen möglich ist. Dadurch wird der Schwierigkeitsgrad auch gesenkt. Beispielsweise kann bei vielen Action-Spielen nach Eingabe des entsprechenden Cheats über beliebig viele Leben, Waffen oder Munition verfügt werden.

Als **Missionen** bezeichnet man bei Action-Spielen, Simulationen sowie Rollenspielen die Aufgaben, die der Spieler zu lösen hat. Unter einer **Mission-Disk**, **Scenery-Disk** oder auch **Erweiterungsdiskette** genannt, versteht man in diesem Sinne Programme, die zusätzliche Levels oder Missionen für ein Spiel bieten. Mission-Disks gibt es für die meisten Spielgenres. Bei Sportsimulations-Spielen kann eine Mission-Disk z. B. zusätzliche Geländeformationen beim Golfspiel enthalten.

Eine **Kampagne** [campaign] wiederum ist in Simulations- und Strategiespielen entweder die Zusammenfassung einzelner Missionen zu einer Aufgabe oder ein ganz eigenständiger Spielmodus. Beispielsweise muss bei der Kampagne eines Kriegsspiels ein kompletter Feldzug oder Krieg durchspielt werden, anstatt nur ein Aspekt, wie es bei Missionen üblich ist.

Ein **Level-** bzw. **Missions-Editor** schließlich ist ein Programm, mit dessen Hilfe man selbst zusätzliche Levels bzw. Missionen erstellen kann. Entweder sind Level-Editoren bereits im Spiel enthalten oder sie können über das →Internet oder per Diskette vom Hersteller nachträglich bezogen werden.

Nachfolgend werden die wichtigsten Spielegenres noch kurz vorgestellt. Wie schon mal erwähnt, sollte man diese Einteilungen nicht zu streng sehen, weil einige Spiele mehrere dieser Bereiche in sich vereinen können. Die Liste soll einen gewissen Eindruck von der Vielfalt der Computerspiele geben, sodass man sich grob orientieren kann, welcher Spielebereich zu einem passt.

Da auf dem Spielemarkt ca. alle 3 Monate eine neue Generation von Produkten auf den Markt kommt, kann man kaum konkrete Empfehlungen für bestimmte Spiele geben. Bekannte Klassiker wie z. B. „Tomb Raider" oder „The Need for Speed" werden aber meist über viele Generationen gepflegt, sodass man nur nach der aktuellen Version zu suchen braucht. Beim Kauf von Spielen sollte man sich außerdem unbedingt in einem guten Fachgeschäft beraten lassen oder vorher Tests in aktuellen Spielemagazin studieren.

Zu den beliebtesten Klassikern unter den PC-Spielen gehören die **Action-Spiele** [action games], bei denen der Spieler meist in die Rolle einer Person schlüpft und sich mit Hilfe diverser Waffen gegen eine Vielzahl von Gegnern durchsetzen muss. Durch die einfache Bedienung und den unkomplizierten Spielverlauf erfreut sich dieses Genre einer großen Beliebtheit.

Ein bekanntes, typisches Beispiel ist das indizierte **Doom** mit seinen Nachfolgern, das durch seine schnellen 3-D-Routinen und intelligente Levelstruktur das Genre revolutionierte. Das Spielprinzip ist sehr einfach und typisch: Die Umgebung des Spiels wird aus der Sicht einer Person dargestellt und ermöglicht so eine große Involvierung des Spielers in das Spielgeschehen. Ziel ist es, in jedem Level sämtliche Gegner zu töten und den Levelausgang zu finden. Durch Multiplayer-Funktionen können auch mehrere Spieler direkt gegeneinander antreten.

Weitere bekannte, klassische Action-Spiele sind Duke Nukem, Magic Carpet, Rebel Assault, Wing Commander sowie **Tomb Raider** der Firma Eidos mit der bekannten weiblichen Hauptfigur **Lara Croft**, die bei Fans schon regelrechten Kultcharakter hat.

Auf den Webseiten der Firma Eidos (*www.eidos.com*) findet man nicht nur Informationen über aktuelle Tomb Raider-Versionen, sondern auch über das lebende Lara Croft-Modell, mit dem die Firma in Werbemaßnahmen den Kultcharakter von Lara Croft noch steigern will

Adventure-Spiele [Abenteuerspiele] erwarten von den Spielern die Lösung bestimmter Aufgaben in einer anregenden Fantasieumgebung. Eine klare Abgrenzung zu Action-Spielen und/oder Rollenspielen ist übrigens oft nicht möglich, weil sich die Spielegattungen doch sehr ähneln. Bei den Adventure-Spielen schlüpft der Spieler meist in die Rolle einer oder mehrerer Personen, mit deren Hilfe er diverse Rätsel (Puzzle) lösen muss.

Ein typischer Vertreter dieser Gattung ist **The Myst** (mit mehreren Nachfolgeversionen), bei dem der Spieler auf eine ferne Insel entführt wird. In einer grafisch beeindruckend umgesetzten Umgebung muss er in der unbekannten Örtlichkeit zahlreiche intelligente und logische Puzzles lösen. Weitere bekannte Beispiele für Adventure-Spiele sind **The Dig** oder auch **King's Quest**. Letzteres war das erste Adventure mit animierten Spielfiguren, bei dem die Handlung in einem Fantasieland angesiedelt ist, in welchem der Spieler zahlreiche Puzzles lösen muss, um ein Königreich zu retten.

Als **Rollenspiele** bezeichnet man Spiele, bei denen man eine oder mehrere Spielfiguren (Party) übernimmt und dann in einer Fantasy-Welt verschiedene Aufgaben und Missionen erfüllen muss. Im Spielverlauf müssen dabei häufig Kämpfe ausgetragen, Puzzle gelöst und Dialoge mit anderen Personen geführt werden. Besonderes Merkmal von Rollenspielen sind die in der Fantasy-Welt zahlreich vorkommenden „Dungeons" (siehe weiter oben) sowie eine differenzierte Ausarbeitung der Spielfiguren. Normalerweise besitzen diese unterschiedliche Charakterwerte, die sich im Verlauf des Spiels steigern. Bekannte Vertreter des Genres sind: Anvil of Dawn, Das Schwarze Auge, Dungeon Master, Pool of Radiance, The Bard's Tale, Stonekeep sowie der Klassiker dieser Gattung **Ultima**, den es mittlerweile in zahllosen Varianten und Neuauflagen gibt.

Im Gegensatz zu Rollenspielen erfordern **Strategiespiele** v. a. strategisch sinnvolles Handeln zum Erreichen eines vorgegeben Ziels. Diese Spiele sind meist sehr komplex und können viel Zeit in Anspruch nehmen. Eine genauere Klassifikation ist äußerst schwierig, da sich die Spiele in ihrer Funktionsweise stark unterscheiden. Beispielsweise muss bei einem Strategiespiel eine Stadt aufgebaut und verwaltet werden (Sim City) oder ein Volk über mehrere Jahrtausende auf eine höhere Kulturstufe geführt werden (Civilization).

Eine andere Sparte der Strategiespiele widmet sich in erster Linie der kriegerischen Auseinandersetzung. Beispielsweise werden der Erste oder Zweite Weltkrieg als Ausgangsbasis für ein Strategiespiel verwendet (Panzer General). Weiterhin kann man Strategiespiele danach unterscheiden, ob sie auf Runden basieren (u. a. Civilization und Colonization) oder in Echtzeit ablaufen (u. a. Command and Conquer, Warcraft und Dune II). Wenn man so will, fallen unter das Genre der Strategiespiele auch Schachspiele (Fritz, Grandmaster Chess sowie Kasparov's Gambit).

Die bekanntesten Strategiespiele sind: Lemmings (in seinen vielen Varianten), Battle Isle, Civilization, Colonization, Command and Conquer, Die Siedler, Dune, Panzer General, Pirates, Populous, Railroad Tycoon, Sim City und Warcraft. Auch die Spiele-Klassiker →Pac Man bzw. →Tetris können als Strategiespiele betrachtet werden, wenn sie auch viel einfacher als die modernen Spiele sind.

Jump-and-Run-Spiele fordern das Bezwingen eines vorgegebenen Parcours, der mit unterschiedlichen Aufgaben gespickt ist. Der Spieler muss sich − nomen est omen − hüpfend und/oder rennend durch verschiedene Levels bewegen. Dieses Spielgenre ist vor allem auf Geschicklichkeit und gutes Timing ausgelegt. Neben der Bewältigung diverser Plattformen stehen dem Spieler häufig einige Extras zur Verfügung, die im Verlauf des Spiels zu finden sind. Mit diesen kann er sich z. B. seiner Gegner erwehren oder seine physische Erscheinung verändern bzw. verbessern. Typische Vertreter dieser Gattung sind **Pitfall: The Mayan Adventure** und **Earthworm Jim**. Bei Pitfall wird z. B. der Spieler in einen Urwald versetzt, wo er die Rolle von „Harry" übernimmt, der sich von Ast zu Ast hüpfend, Lianen schwingend und über Plattformen springend durch das Spiel bewegen muss. Über ein Dutzend Levels bieten grafische Vielfalt und abwechslungsreiche Animationen.

Ebenfalls auf Geschicklichkeit aufgebaut sind die so genannten **Flipperspiele** [pinball games]. Bei ihnen werden auf dem Bildschirm Flipperautomaten nachgeahmt, wie man sie aus Kneipen und Spielhallen kennt. Die Aufgabe des Spielers ist es, eine oder mehrere Kugeln im Spiel zu halten und dadurch möglichst viele Punkte zu holen. Bei Flippern wird entweder ein Automatenklassiker detailgetreu umgesetzt oder es werden völlig neue Tische entworfen. Häufig können die einzelnen Tische sogar während des aktuellen Spiels gewechselt werden. Bekannte bzw. empfehlenswerte Flipperspiele sind 3D-Ultra-Pinball, Pinball Dreams, Pinball World, Pro Pinball – The Web, Psycho Pinball und Tilt.

Bei einer weiteren, recht beliebten Spielegattung ist auch irgendwo Geschicklichkeit angesagt, jedoch unter zweifelhaften Vorzeichen. Und zwar bei den so genannten „Prügelspielen". Hier geht es immer nur um das eine, nämlich das Gegenüber, eine Spielfigur, durch Karate und Ähnliches „zu bezwingen". In der Regel stehen sich zwei Spielfiguren, die man zu Beginn des Spiels auswählen kann, gegenüber und kämpfen gegeneinander. Der Spieler schlüpft dabei in die Rolle seines Protagonisten und muss mit unterschiedlichen Schlagtechniken seinen Antagonisten bezwingen. Mit besonderen Schlagtechniken, so genannten **Special Moves**, kann man die Chancen zu gewinnen deutlich erhöhen. Um einen solchen Special Move auszuführen, sind aber komplizierte Tasten- bzw. Joystickkombinationen (siehe →Joystick) nötig. Zum Genre der Prügelspiele gehören die folgenden Beispiele: FX-Fighter, One Must Fall: 2067, Warrior und The Way of the Exploding Fist.

Cartoon von Glenn M. Bülow

Neuester Spielehit aus den USA - Der Fluchsimulator

Als **Sportsimulationen** bezeichnet man Computerspiele, bei denen eine bestimmte Sportart nachgeahmt wird. Dabei wird entweder versucht, die Sportart besonders realitätsnah zu simulieren (vor allem bei Golfspielen), oder es werden zugunsten einer besseren Spielbarkeit die Actionelemente betont. Bei einigen Sportspielen sind zusätzlich taktische Elemente integriert. So kann der Spieler bei einigen Sportsimulationen auch die kompletten Aufgaben eines Trainers bzw. Managers übernehmen oder er wird nach kurzen takischen Einstellungen wie Aufstellung etc. sofort ins Geschehen versetzt.

Besonderer Beliebtheit im Genre der Sportspiele erfreuen sich v. a. die Basketball- und Fußballsimulationsspiele. Bei Letzteren schlüpft z. B. der Spieler entweder in die Rolle eines Trainers und Managers oder greift aktiv in das Geschehen auf dem Rasen ein.

Natürlich gibt es auch Fußballsimulationen, die beide Optionen bieten. Bekannte und empfehlenswerte Beispiele für Fußballsimulationen sind: Action Soccer, der Bundesliga Manager, Anstoß, FIFA Soccer sowie Teamchef. Weitere bekannte Sport-Simulationen sind PGA Tour Golf und Links (Golf-Simulationen), NBA Live (Basketball-Simulation) oder NHL Hockey (Eishockey-Simulation).

Ebenfalls in die Gattung der Simulationen gehören die **Rennsimulationsspiele**, bei denen die verschiedensten Arten von Auto-, Motorrad-, Flugzeug- oder Hubschrauber-Rennen simuliert werden (siehe auch →Simulation). Dies kann u. a. ein Formel-1-Rennen (z. B. Formula One Grand Prix), ein Indy-Car-Rennen (z. B. Indy Car Racing), ein Stockcar-Rennen (z. B. Nascar Racing) oder einfach nur ein Rennen auf einer Landstraße sein (z. B. Bleifuß und z. B. Need for Speed). Die Realitätsnähe wird dabei manchmal zugunsten einer besseren Spielbarkeit zurückgestellt. Typischer, bekannter Vertreter der Rennsimulationen mit hoher Realitätstreue ist **Formula One Grand Prix,** das mittlerweile bei vielen zum Kultspiel avancierte. Die Formel-1-Simulation überzeugt durch sehr realistisches Fahrverhalten mit zahlreichen Optionen und realistischer Darstellung. Die Hardwareanforderungen sind aber – wenn man in der bestmöglichen Qualität spielen möchte – wie für diese Spielegattung typisch, sehr hoch. Ein bekannter Vetreter für Rennsimulationen mit anderer Ausrichtung ist **The Need for Speed**. Der Spieler übernimmt hier die Steuerung eines bekannten Sportwagen-Modells wie Lamborghini Diabolo, Ferrari 512 TR oder Porsche 911 Carrera. Das Rennen findet anschließend im „normalen Gelände" wie einer Stadt, im Gebirge oder auf einer Küstenstraße statt. Das Fahrverhalten der Sportwagen wird realistisch simuliert, aber auf der Strecke müssen nicht immer alle Verkehrsregeln beachtet werden, was den Spielspaß eher anhebt. Hier kann man rasen, was das Zeug hält, ohne Rücksicht auf Verkehrsregeln und Polizei. Weitere bekannte Beispiele für Rennsimulationen sind Bleifuß, Indy Car Racing und Nasca-Racing.

Eher bedächtig, aber durchaus anspruchsvoll geht es bei den **Schachsimulationsspielen** zu. Hier kann der ambitionierte Schachspieler gegen den eigenen PC bzw. das entsprechende Programm antreten. Dabei wird das Spielfeld ansprechend am Bildschirm simuliert und der Spielverlauf protokolliert. Zwar erreichen die momentan für den PC erhältlichen Schachspiele (noch!) nicht das Niveau von Weltklassespielern, aber die Schwierigkeitsgrade sind in den letzten Jahren deutlich angestiegen. Die bekanntesten Schachspiele für den PC sind: **Fritz, Grandmaster Chess, Kasparov's Gambit** sowie **Schach!** von DATA BECKER, das sowohl Anfängern als auch Profis ein optimales Spielvergnügen zu einem günstigen Preis bietet.

Computervirus [computer virus]

Ein Computervirus ist keine mystische Erscheinung und kein biologisches Reproduktionssystem wie sein natürlicher Namensvetter, sondern eine von

Menschenhand absichtlich geschaffene Programmsequenz, die – in ein Programm eingepflanzt – sich reproduziert, indem sie das Wirtsprogramm zur weiteren Verbreitung des virulenten Codes veranlasst. Die Unsicherheiten beim Umgang mit Viren fangen schon bei der korrekten Bezeichnung an. Denn es gibt eine gewisse Unklarheit über die korrekte Verwendung des Artikels, also ob es *das* oder *der* Computervirus heißt. Rein vom Ursprung des Worts gesehen (Virus kommt aus dem Griechischen und bedeutet so viel wie *das* Gift) wäre also „*das* Virus" korrekt und so wird es hier im Folgenden auch bezeichnet. Biologische Viren werden im naturwissenschaftlichen Sprachgebrauch auch tatsächlich von den Fachleuten so bezeichnet. Im umgangssprachlichen scheint sich jedoch „*der* Virus" durchzusetzen. Beide Bezeichnungen sind laut Duden korrekt. Zur besseren Unterscheidung von den biologischen Vorbildern schlagen einige Experten vor, nur „*der* Computervirus" zu verwenden, wodurch sozusagen die Not zur Tugend gemacht wird. Letztendlich bleibt es also dem jeweiligen persönlichen Sprachgefühl überlassen, was richtig ist.

Computerviren enthalten neben den „lebensnotwendigen" Routinen zur eigenen Vervielfältigung (Reproduktion) zumeist auch Programmteile, die eine vorgegebene Wirkung auslösen. Das ist im „angenehmsten" Fall nur irgendein Schabernack, z. B. eine auf den Kopf gestellte Bildschirmdarstellung oder eine warnende Meldung, die den Anwender erschreckt. Die ersten Viren dieser Art waren wahrscheinlich die so genannten **ANSI-Viren**, die strenggenommen eigentlich keine richtigen Viren sind. Sie wurden als Textdateien in →Mailboxen verbreitet und enthielten spezielle Folgen von ANSI-Codesequenzen, die mit Monitor, Tastatur und Lautsprecher ihr Unwesen trieben, wenn sie – bei geladenem ANSI-Treiber – mit einem Befehl wie TYPE (→DOS-Befehle) unter DOS angezeigt wurden (vergleiche auch →ANSI-Code). Sie spielen heute keine Rolle mehr.

In den meisten Fällen betreiben Computerviren aber handfeste Sabotage, indem sie Daten bzw. Dateien verändern oder sogar löschen. Das Ziel der meisten Viren besteht primär zwar erst mal darin, in möglichst kurzer Zeit so viele Programme auf so vielen Systemen wie nur möglich zu infizieren, ohne frühzeitig entdeckt zu werden. Früher oder später, zu einem festgelegten Zeitpunkt oder in bestimmten vorgegebenen Situationen, macht das Virus dann aber zumeist mit Nachdruck auf sich aufmerksam. Man spricht in dem Zusammenhang auch von einer digitalen oder Programm-**Zeitbombe**. Diese Bezeichnung lehnt sich an den Begriff „**logische Bombe**" an, unter der man Programme oder Routinen versteht, die z. B. durch einen Mitarbeiter in den Rechner seines Arbeitgebers eingepflanzt werden, um sich so z. B. wegen einer vermeintlich ungerechten Behandlung zu rächen. Die vorgegebene zerstörerische Wirkung entfaltet sich oft erst zu einem bestimmten Datum oder in einer bestimmten Situation. Logische Bomben enthalten im Gegensatz zu Viren keine Routinen zur Reproduktion und sind nicht zur Verbreitung auf andere Systeme bestimmt.

Wenn ein Virus Ihr System infiziert hat, so bemerken Sie dies zumeist am untypischen, merkwürdigen Verhalten Ihres Systems, das sich sonst nicht erklären lässt. Durch einen Virenbefall kann Ihr Rechner z. B. deutlich langsamer werden, plötzlicher Speichermangel auftreten oder es kommt zu Bootproblemen. Manchmal sieht man auch wirre Zeichen oder merkwürdige Meldungen bzw. Veränderungen auf dem Bildschirm. Das können z. B. veränderte Symbole oder Beschriftungen sein. Das typische, aber leider auch schlimmste Zeichen für einen Virusbefall bzw. dessen böswillige Aktion ist der Verlust von Daten auf der Festplatte, z. B. durch selektives Löschen oder sogar komplettes Formatieren der Platte.

Unter diesem Gesichtspunkt kann man solche „bösartigen" Viren auch als **Sabotageprogramme** bezeichnen. Die Motive der Programmierer, solche Sabotageprogramme bzw. Viren herzustellen und in Umlauf zu bringen, reichen von purer Spielerei und dem Wunsch, sich zu „verewigen" bzw. zu beweisen, bis hin zu handfesten Gewinnabsichten. Spezialisten unter diesem Gesichtspunkt sind die so genannten **Cruising-Viren** („Kontaktsuch"-Viren), die ganz gezielt auf bestimmte Daten „losgelassen" werden, um diese zu löschen oder zu manipulieren. Cruising-Viren können sich z. B. in einem Netzwerk von Arbeitsstation zu Arbeitsstation „fortpflanzen", auf der Suche nach speziellen Finanz- und Buchungsprogrammen, um gefälschte Rechnungen oder Zahlungsanweisungen zu erstellen.

Mit den Cruising-Viren verwandt sind die so genannten **Würmer** (englisch: **worm**) und **Trojanischen Pferde** (auch kurz nur **Trojaner** genannt), wenn auch die Namensdefinitionen gerade hier nicht besonders präzise sind. Bei beiden steht das unbemerkte Einschleusen von virulentem Code in ein System oder Netzwerk im Vordergrund. Würmer befallen im Unterschied zu „normalen" Viren keine Wirtsprogramme, sondern haben nur die Aufgabe, sich sozusagen durch ein System oder Netzwerk regelrecht „durchzuwühlen" und sich dabei massenhaft durch Selbstvervielfältigung im Speicher zu vermehren. Mögliche Schadensroutinen stehen da an zweiter Stelle. Sie erzeugen im Arbeitsspeicher eines Rechners mehrfache Kopien ihres gesamten Codes oder auch nur von Teilsegmenten. Und das manchmal so oft, dass ein System durch Speichermangel zusammenbricht.

Trojanische Pferde sind hingegen besondere Programme, die auf das Ausspionieren von Daten (z. B. Passwörtern) spezialisiert sind. Sie werden hierzu in ein System eingeschleust, indem sie diesem bzw. dem Anwender vorgaukeln, sie würden eine andere, nützliche Aufgabe erfüllen, z. B. ein nützliches →Utility sein. Weitere, ausführliche Informationen hierzu siehe →Trojanisches Pferd. Als eine erweiterte, besondere Form von trojanischem Pferd kann man das Spionage-Programm **Back Orifice** ansehen. Das von →Hackern im Sommer 1999 bereits in der zweiten Version veröffentlichte Programm kann sich – z. B. versteckt in scheinbar harmlosen, ausführbaren Dateianhängen von E-Mails – in ein System einschmuggeln und dort alle wichtigen Daten ausspionieren. Einmal aufgerufen, installiert sich Back Orifice unbemerkt im System und überträgt fortan über Netzwerkleitungen oder das Internet alle wichtigen, gewünschten Daten des befallenen Systems an den Absender (Hacker). Auf diese Weise kann ein Hacker die Daten der Festplatte genauso ausspionieren, wie eingetippte Passwörter oder →PINs und →TANs.

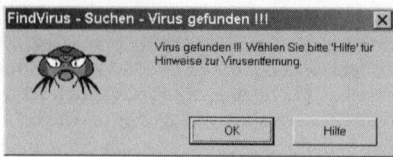

Wenn Ihr Virenscanner eine solche Meldung ausgibt, ist es eigentlich schon zu spät. Bleibt nur zu hoffen, dass der Scanner das Virus ohne Datenverluste entfernen kann

Jede Programmdatei, die ausgeführt oder geöffnet ist, selbst die, nach der lediglich gesucht wird, kann infiziert werden. Die Veränderungen an befallenen Programmen sind unmittelbar nach der Infektion durch ein Virus vorhanden und mehr oder weniger leicht erkennbar. Das Wirtsprogramm kann theoretisch entweder teilweise überschrieben werden oder aber der Virencode wird einfach angehängt, wobei Sprungbefehle an den Eintrittspunkten verändert oder Relokationstabellen umorganisiert werden, um den virulenten Code noch vor dem eigentlichen Programm auszuführen. Viren, die Teile des befallenen Programm-Codes überschreiben, nennt man sinngemäß **überschreibende Viren (overwrite virus)**. Solche, die sich an das Programm anhängen, **Linkviren**, die logischerweise auch den weitaus größten Teil aller Viren ausmachen. Denn überschreibende Viren bewirken in der Regel, dass das befallene Programm seine eigentliche Aufgabe nicht mehr ausführen kann und somit auch die Virusvermehrung stark eingeschränkt ist. Neuere Viren modifizieren nur kleine Bereiche der befallenen Programme und missbrauchen Bereiche auf Datenträgern oder innerhalb von Datenstrukturen des Systems, um sich selbst oder ihre Parameter dort – verborgen vor dem Nutzer – abzulegen. Teilweise werden derartige Bereiche (z. B. defekte →Cluster) selbst erzeugt.

Die erste Aktion eines Virus nach der Infektion ist oft die Installation von residentem Code im Arbeitsspeicher des Rechners, wobei Interrupts auf eigene Routinen verbogen oder neue installiert werden. Dabei werden die regulären Funktionen des Betriebssystems typischerweise oft umgangen. Einmal so in den Arbeitsspeicher geladen, bleibt das Virus so für die gesamte Arbeitssitzung aktiv, auch wenn das Wirtsprogramm nicht mehr verwendet wird. Man spricht in diesem Fall auch von **indirekten Viren**, während **direkte Viren** keinen Code in den Arbeitsspeicher laden, sondern nur dann aktiv sind, solange auch das befallene Programm aufgerufen ist.

Je früher es einem Virus gelingt, sich beim Systemstart zu etablieren, desto größer sind seine Möglichkeiten, die Kontrolle über das System zu erlangen. Für seine Vermehrung kann ein Virus so ziemlich alle Dateien oder Strukturen missbrauchen, die ausführbaren Programmcode enthalten. Die ersten Programme, die – nach Ablauf des unveränderlichen →BIOS – beim Starten des PCs aufgerufen werden, sind die Ladeprogramme des Betriebssystems im →Bootsektor des Startmediums (z. B. Diskette oder Festplatte). Bestimmte Viren können folglich auch diese Bootprogramme befallen und werden daher als **Boot-** auch oder **Bootsektor-Viren** bezeichnet. Da sie bei jedem Startvorgang des PCs aufgerufen werden und auch jede bootfähig gemachte Diskette befallen, haben sie eine besonders große Chance, sich zu verbreiten. Eines der ersten und daher bekanntesten Bootsektor-Viren war das **Michelangelo-Virus**, das seinen Namen dem Umstand verdankt, dass es am 6. März (dem Geburtstag von Michelangelo) jeden Jahres aktiv wurde und zahlreiche Festplattendaten zerstörte. In Abgrenzung zu den Bootsektor-Viren werden Viren, die nur „normale" Dateien befallen, als **Datei-Viren** bezeichnet. Von **Hybrid-Viren** spricht man dann, wenn sowohl eine Infektion des Bootsektors wie auch von regulären Programmen (Dateien) erfolgt.

Viren im →CMOS-RAM, jenem konfigurierbaren Teil des →BIOS, gehören aber ins Reich der Fabel. Die im CMOS-RAM gespeicherten Konfigurationsdaten des PCs können jedoch Ziel eines Virus-Angriffs sein, wie das 1998 erstmals aufgetretene **CIH-Virus** eindrucksvoll bewiesen hat. Denn dies war das erste Virus, das in der Lage war, den Inhalt des CMOS-RAM zu überschreiben. Als Folge kann ein betroffener PC nicht mehr booten und benötigt einen neuen ROM-BIOS-Baustein. Das CIH-Virus war damit das erste, welches nicht nur die Software eines PCs, sondern auch seine Hardware schädigen konnte. Wenn man auch der Genauigkeit halber betonen muss, dass das CMOS-RAM nicht als reine Hardware anzusehen ist und durch ein entsprechendes Gerät leicht wieder mit Daten bespielt werden kann.

Ein neuer, erstmals 1996 aufgetauchter Typ von Virus ist dagegen viel gefährlicher, nämlich die so genannten **Makro-Viren**. Sie befallen keine normalen, ausführbaren Programme mehr, sondern erstmals solche Dokumente, die →Makros enthalten. Makros sind kurze Befehlssequenzen einer Anwendungs-Programmiersprache wie z. B. Visual Basic for Applications (VBA) von Microsoft →Office. Da diese Makrosprachen mittlerweile teiweise sehr mächtig sind, können die Programmierer von Makro-Viren auch auf zahlreiche Funktionen zurückgreifen, um die Viren hochinfektiös und gefährlich zu machen. Makro-Viren sind deswegen so gefährlich, weil sie mit regulären Dokumenten (Texte, Tabelle etc.) ausgetauscht und damit auf andere Rechner übertragen werden. Und Dokumente sind schließlich die weltweit am häufigsten ausgetauschten Daten. Wenn man auch der Genauigkeit halber betonen muss, dass nur solche Typen von Dokumenten befallen werden können, die auch Makroanweisungen in der Datei mit enthalten können. Und das trifft nur auf einige spezielle, neuere Dokumentenformate wie z. B. die von Microsoft Office 97 und 2000 zu. Reine Texte oder z. B. Bilder sind daher nicht davon betroffen. Für weitere, ausführlichere Informationen siehe →Makro-Virus.

Zur **Virusabwehr** gibt es verschiedene Maßnahmen. Die wichtigste von allen ist die Prevention, also das vorzeitige Verhindern einer Infektion durch entsprechende Sicherheitsmaßnahmen. In weiterer Anlehnung an die biologischen Vorbilder spricht man auch von **Immunisierung** [immunization] des PCs, wenn dieser durch bestimmte Techniken vor einem Virusbefall geschützt wird. Gängigstes Verfahren ist die Bildung von →Prüfsummen der Dateien, die von einem Virus befallen werden könnten (z. B. alle ausführbaren Programmdateien). Durch eine ständige Kontrolle der aktuellen Prüfsummen mit einer zu Beginn erstellten Referenzliste kann eine mögliche Infektion sofort erkannt und eine weitere Ausbreitung des Virus unterbunden werden. Derartige Kontrollmechanismen gehen jedoch meistens zu Lasten der Performance. Einen weiteren, ähnlichen Schutz stellen die meisten modernen BIOS-Versionen zur Verfügung. Dort kann zumeist mit dem Befehl

„VIRUS PROTECTION" oder „VIRUS WARNING" eine Routine gespeichert werden, die ständig überprüft, dass der Bootsektor nicht verändert wird bzw. dieses verhindert. Wenn man auf der Festplatte ein neues Betriebssystem aufspielt, muss man die Funktion allerdings ausschalten, weil dann der Bootsektor auch neu beschrieben wird.

Zahlreiche Hersteller bieten mittlerweile **Antiviren-Programme** an, die sehr hilfreich sind und eigentlich auf keinem PC fehlen sollten. Bekannte Beispiele sind: Norton Antivirus, F-Prot oder Dr. Solomon's Antiviral Kit. Sie bestehen meist aus einer Reihe von typischen Einzelprogrammen:

– **Viren-Scanner** sind vielleicht die wichtigsten Komponenten und lassen sich von einigen Anbietern auch einzeln kaufen. Einer der bekanntesten ist der McAfee-ViruScan. Das Programm wird als →Shareware vertrieben und kann so vor dem Kauf getestet werden. Sie können die jeweils aktuelle Version unter der Internetadresse *www.mcafee.com*, in vielen Online-Diensten oder von Shareware-CDs beziehen. Die meisten Viren-Scanner arbeiten mit so genannten **Viren-Signaturen**, das sind für das Virus charakteristische Codesequenzen, die in einer Datenbank gespeichert werden. Der Scanner vergleicht beim Durchsuchen der Datenbestände die vorhandenen Programmcodes ständig auf Übereinstimmung mit den Signaturen in seiner Datenbank. Auf die Art können aber natürlich nur bekannte Viren gefunden werden, zu denen auch eine eindeutige Signatur vorhanden ist. Elementar wichtig ist auch, dass man die Datenbank regelmäßig mit den neuesten Viren-Signaturen →updaten kann, denn die gefährlichsten Viren sind immer die neuen, die noch von keinen oder wenigen Antivirus-Programm erkannt werden. Vor allem an der Qualität dieser Update-Funktionen sollte man ein Antivirus-Programm beim Kauf bewerten.

– So genannte **heuristische Scanner** (Heuristik ist die Wissenschaft von den Methoden, Probleme zu lösen) arbeiten ohne Signaturen und suchen stattdessen nach verdächtigen Programmcodes, die z. B. Lösch- oder Formatierungsbefehle enthalten. Vergleiche hierzu auch →Makro-Virus.

– **Prüfsummen-Programme** verhindern, dass eine durch Viren veränderte Programmdatei ausgeführt wird. Dazu ist jedoch eine ständige oder zumindest in kurzen, regelmäßigen Abständen durchgeführte Kontrolle notwendig.

– Andere Programme, oft „**Virus-Shield**" genannt, versuchen, Viren durch die Überprüfung des Systemverhaltens zu entdecken, z. B., indem Sie unerlaubte oder ungewöhnliche Schreibzugriffe auf die Festplatte unterbinden. Sie müssen dazu resident in den Speicher geladen werden, um den PC ständig überwachen zu können, was natürlich auf Kosten der Performance gehen kann und teilweise auch schon mal die Funktion eingrenzt.

– So genannte **Viren-Cleaner** versuchen, bekannte Viren aus einer befallenen Programmdatei zu entfernen, was angesichts der Vielzahl von Viren und Mutanten und der Unterschiedlichkeit der befallenen Programmdateien oft allerdings nicht möglich ist.

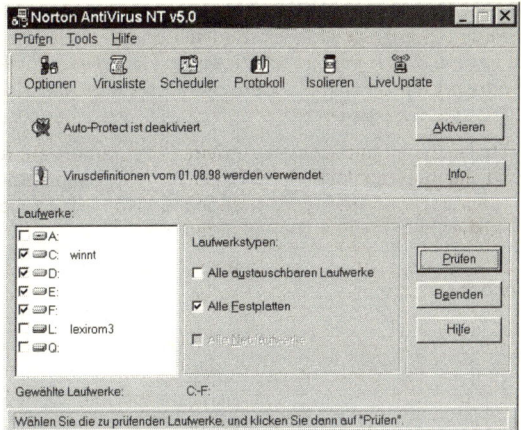

Norton Antivirus bietet als modernes Antiviren-Programm umfassenden Schutz u. a. durch regelmäßige Updates über das Internet an

Neben neuen, unbekannten Viren machen v. a. zwei Sorten von Viren den Antiviren-Programmen zu schaffen, die daher auch besonders gefährlich sind. Das sind zum einen die so genannten **polymorphen Viren** [polymorph = verschiedengestaltig]. Sie gehören zu einer relativ neuen Generation von Viren, die sich selbst bei jeder Aktivierung bis zum letzten Byte modifizieren oder verschlüsseln, sodass Viren-Scanner keine typischen Codesequenzen entdecken können. Die simpelste Methode dazu ist das stochastische [zufällige] Einstreuen von NOP-Befehlen (vergleiche →Null-Befehle) in den eigentlichen Code. Zum anderen sind das die so genannten **Stealth-Viren [Tarnkappen-Viren]**. Diese bereits seit Ende der 80er Jahre bekannten Computervirus-Varianten „gaukeln" einem Viren-Scanner das Ergebnis vor, das dieser erwartet, indem sie die infizierten Dateien scheinbar restaurieren. Betrachtet man diese Varianten, so wird verständlich, warum teilweise von einem regelrechten Krieg, zumindest Wettkampf, zwischen den Programmierern von Viren und Antivirus-Programmen gesprochen wird. Man sollte sich jedoch darüber im Klaren sein, dass selbst das beste Antivirus-Programm immer der aktuellen Entwicklung der Viren hinterherhinkt und somit ein vollständiger Schutz niemals möglich ist. Wer seinen PC bzw. seinen Daten möglichst umfassend schützen möchte, sollte folgende Maßnahmen beachten:

– Benutzen Sie nur lizenzierte Original-Software von renommierten Herstellern. Installieren Sie keine unbekannten Programme, z. B. aus dem Internet. Oder nur dann, wenn Sie diese mit mindestens zwei aktuellen Viren-Scannern überprüft haben und möglichst auf einem „Quarantäne-PC" eine Zeit lang Probe laufen lassen können. Beachten Sie bitte, dass insbesondere die so beliebten Dateianhängen mit „Spaß-Programmen" aus dem Internet, die per Mail verschickt werden, sehr häufig mit Viren verseucht sind. Führen Sie keine ausführbaren Dateianhänge oder Office-Dokumente aus, die Sie per E-Mail erhalten haben, ohne sich genau über deren Herkunft und Virenfreiheit versichert zu haben. Das reine Lesen des E-Mail-Textes ist hingegen ungefährlich.

- Benutzen Sie zum Einsehen von Office-Dokumenten – gerade solche, die Sie von Unbekannten zugeschickt bekommen haben – Dateibetrachter (Viewer), wie es sie z. B. von Microsoft im Internet kostenlos gibt. Alternativ können Sie auch auf professionelle Dateibetrachter wie Quickview-Plus zurückgreifen. Lassen Sie sich jedoch vom Hersteller versichern, dass der Dateibetrachter keine in den Dokumenten enthaltenen Makros ausführt, sondern immer nur die reinen Text- und Grafikdaten anzeigt. Der Dateibetrachter von Microsoft Word für Windows 7.0 war z. B. hinsichtlich dieser Tatsache noch unbedenklich. Ab der Version 7.1 führt der Word-Viewer jedoch auch Makros aus, sodass er als Schutz nicht mehr geeignet ist.

- Verwenden Sie ein gutes Antivirus-Programm und möglichst zwei verschiedenen Viren-Scanner von verschiedenen Firmen.

- Testen Sie aus, inwieweit Sie ein im Hintergrund aktives Virus-Shield-Programm zu sehr bei der Arbeit behindert. Das hängt nicht nur stark vom Programm, sondern auch von der Konfiguration Ihres Rechners ab.

- Lassen Sie ihre Daten durch einen Prüfsummencheck regelmäßig überprüfen. Übrigens deutet die Änderung einer Prüfsumme nicht notwendigerweise immer auf einen Virenbefall hin. Manche ausführbaren Programme ändern ihren Code auch selbsttätig, sodass Sie diese dann von der Überprüfung ausnehmen müssen. Zur Gegenprüfung müssen Sie den Virus-Scanner verwenden.

- Halten Sie immer eine „saubere", nicht Viren-befallene Bootdiskette bereit, die schreibgeschützt ist und auf der Sie möglichst viele Module Ihres Antiviren-Programms zur Ausführung bereithalten. Am wichtigsten ist dabei der Viren-Scanner. Als Alternative zu einer Bootdiskette bietet sich eine weitere, versteckte primäre →Partition in Ihrem Rechner an oder aber ein bootfähiges →Wechselplatten-Laufwerk. Durch das größere Speichervolumen können Sie hier auch mehr Antivirus-Programme installieren.

- Schützen Sie Ihre Daten durch regelmäßiges →Backup auf sicheren, schreibgeschützten Datenträgern. Gerade Disketten mit wichtigen Daten sollten vor dem Einlegen in fremde Rechner immer schreibgeschützt sein, damit sich eventuell auf diesen vorhandene Bootsektor-Viren nicht direkt auf die neue Diskette übertragen, auch wenn diese gar nicht boot-fähig ist.

- Deaktivieren Sie die automatische Ausführung von Programmcodes, wo immer möglich. Zum Beispiel die automatische Makro-Ausführung bei MS-Office (siehe →Makro-Virus) oder aber die →ActiveX- und →Java-Unterstützung in Ihrem →Webbrowser.

- Lassen Sie sich nicht von irgendwelchen Warn- und Falschmeldungen über neue, supergefährliche Viren ins Bockshorn jagen. Gerade im Internet geistern regelmäßig die so genannten **Hoaxes** rum, Märchen über neue Viren oder deren angebliches zerstörerisches Potenzial (mehr Informationen dazu unter →Hoaxes). Bei aller Gefahr durch Viren, aber eine physikalische Zerstörung der Hardware Ihres PCs (z. B. die Technik der Festplatte oder des Monitors) ist nicht möglich. Viren können sich immer nur über Programmcode vermehren und Daten angreifen, in Ausnahmefällen auch spezielle BIOS-Routinen z. B. im CMOS-RAM (siehe weiter oben zum CIH-

Virus). Eine **E-Mail** als solche kann also nicht von Viren befallen werden. Diese können höchstens in Dateianhängen stecken, die man aber ja nicht ausführen muss, wenn man die E-Mail liest.

Und so verhalten Sie sich richtig, wenn Ihr Rechner von einem Virus befallen ist:

– Oberste Regel: nicht in Panik geraten, sondern ruhig bleiben und erst mal den Rechner komplett herunterfahren. Schalten Sie nicht in Panik einfach den Strom aus, sonst gehen dadurch vielleicht noch mehr Daten verloren. Die einzige Situation, in der Sie das tun sollten, ist, wenn das Virus gerade dabei ist, Ihre Daten zu löschen. Nach dem Ausschalten sollten Sie erst mal Informationen sammeln und einen Plan zur systematischen Analyse und Bekämpfung entwerfen. Suchen Sie sich am besten fachkundige Hilfe.

– Spielen Sie mit Ihrem Rechner nicht Versuchskaninchen. Und starten Sie auf keinen Fall Programme von Ihrer Festplatte. Bevor Sie irgendwelche Aktionen machen, muss das Virus aus dem Speicher deaktiviert werden. Das ist nur durch Starten des PCs mit einer virenfreien Bootdiskette sicher möglich.

– Sie sollten mindestens ein gutes, möglichst aber sogar mehrere aktuelle Antiviren-Programme zur Verfügung haben, um nun dem Virus zu Leibe zu rücken. Am besten, sie integrieren den Virus-Scanner direkt auf der Bootdiskette. Stellen Sie zuerst sicher, dass das Virus nicht mehr im Speicher vorhanden ist, danach scannen Sie die Festplatte nach befallenen Programmen. Jeder gute Virenscanner geht automatisch in der Reihenfolge vor.

– Bevor Sie beginnen, das Virus zu entfernen und befallene Programme auszutauschen, sollten Sie unbedingt erst Ihre Daten (Dokumente) von der Festplatte sichern. Beachten Sie bitte, dass bei Makroviren auch solche Dokumente befallen werden können, die Makrocode enthalten können. Diese sollten Sie daher mit großer Vorsicht sichern und anschließend sehr genau auf einen möglichen Befall analysieren.

– Formatieren Sie Ihre Festplatte nur in den äußersten Notfällen, wenn gar nichts mehr hilft und Sie von allen Daten Sicherheitskopien gemacht haben. Wenn Sie einfach die Platte formatieren, sind Ihre Daten erst recht vollständig zerstört. Das hätte das Virus auch nicht besser machen können.

– Wenn Sie eine gute Antivirus-Software verwenden, können Sie versuchsweise deren Reparatur-Funktionen ausprobieren. Erwarten Sie aber keine Wunder, denn diese Aufgabe ist für die Programme wirklich schwer zu erfüllen. Nur, wenn es sich um gut bekannte, einfache Viren handelt, haben Sie eine hohe Erfolgsaussicht.

– Vernichten Sie das Virus lieber selbst, indem Sie möglichst alle befallenen Programme löschen und neu installieren. Wenn Sie die Original-Software noch haben, dürfte dies nur ein Zeitproblem sein.

– Beachten Sie besonders den Bootsektor des Datenträgers. Wenn Ihr Antivirus-Programm einen Bootsektor-Virus nicht selbstständig eliminieren kann, dann müssen Sie entweder den Befehl *sys c:* (für einen reinen Bootsektor-Virus) oder den Befehl *fdisk /mbr* (für einen Virus im Master Boot Record) verwenden (siehe →Bootsektor).

– Seien Sie misstrauisch und überprüfen Sie nicht nur die Festplatte auf Virenbefall, sondern auch alle Datenträger, auf denen Sie weitere Programme oder Sicherungen haben. Besonders bei Makro-Viren ist das sehr wichtig, sonst infizieren Sie sich mit hoher Wahrscheinlichkeit neu.

ComTech

ComTech gehört in Deutschland zu den führenden Computer-Handelsketten. Nach Übernahme der bankrotten Escom-Kette (→Escom) gehörte ComTech neben →Vobis zu den größten deutschen PC-Discountern mit eigener Produktion. Zu den Großkunden von ComTech gehören Firmen wie AEG, Bosch, Edeka, Daimler Benz AG, DEBIS Systemhaus, Stihl oder die Lufthansa. Das Unternehmen wurde 1985 vom damals 26-jährigen Mathematiker Joachim Bäurle mit Sitz in Waiblingen/Stuttgart gegründet. Die von ComTech überwiegend selbst hergestellten PCs wurden bis Ende 1997 unter dem Markennamen **Pacomp** in über 100 eigenen Filialen bundesweit vertrieben. Nach dem Kauf von über 90 Escom-Filialen stieg ComTech nach Vobis dann mit rund 120 Filialen zur Nummer zwei der deutschen Discounter auf. Ende 1997 löste ComTech den PC-Marken-Namen Pacomp aber auf, um zukünftig alle PCs nur noch unter dem Namen ComTech zu verkaufen. Gleichzeitig wurde auch der Markenname Escom aufgegeben, die bisherigen Escom-Filialen in ComTech umbenannt. Im September 1999 kaufte sich schließlich der Telefonbetrieber Mobilcom mit einer 75%igen Beteiligung und seinen ca. 180 Verkaufshops bei ComTech ein, wodurch die größte Handelskette für Internet, Computer und Telekommunikation in Deutschand entstanden ist.

Config.sys (**config**uration **system**)

Die Textdatei *Config.sys*, die im Stammverzeichnis des Boot-Laufwerks gespeichert ist, enthält spezielle **Befehlszeilen**, die beim Start des Betriebssystems →MS-DOS oder Windows 95/98 ausgewertet werden. Sie dienen überwiegend zur **Konfiguration der PC-Hardware**, indem z. B. →**Gerätetreiber** oder Konfigurationsparameter für das Betriebssystem aufgerufen werden. Bei Windows 95/98 ist die *Config.sys* jedoch nicht mehr wirklich notwendig, sondern ist nur noch aus Kompatibilitätsgründen vorhanden. Sie dient nur noch der Konfiguration der DOS-Ebene von Windows. Wer also nur mit Windows 95/98 arbeitet, kann auf die *Config.sys* verzichten. Die wichtigsten Grundbefehle werden hier stattdessen über die Dateien **Io.sys** und →**Msdos.sys** aufgerufen (z. B. Laden des Speicher-Managers *Himem.sys*). In der *Config.sys* können diese Einstellungen unter Windows 95/98 dann normalerweise nicht mehr deaktiviert oder auf kleinere Werte gesetzt werden. Einzige Ausnahme: Man deaktiviert die automatischen Einstellungen der *Io.sys* durch den Befehl „**dos=noauto**" in der *Config.sys*, dann müssen dort aber alle entsprechenden Parameter aufgerufen werden (siehe Tabelle).

Config.sys-Befehle, die unter Windows 95/98 von Io.sys geladen werden		
setver.exe	dos=high,umb	lastdrive=z
himem.sys	files=30	stacks=9,256
ifshlp.sys	buffers=30	fcbs=4

Beim Booten des Rechners werden nach Laden der Dateien *Io.sys* und *Msdos.sys* vom Betriebssystem erst die Befehle der *Config.sys* und dann der *Autoexec.bat* abgearbeitet (sofern vorhanden). Die Art bzw. Syntax der Befehle wird vom jeweiligen Betriebssystem bestimmt und ist in einer Hilfedatei bzw. dem Handbuch dokumentiert. So lädt z. B. der Befehl *„device="* einen Gerätetreiber in der *Config.sys*. Der Befehl *„REM"* (→REM) vor einer Befehlszeile deaktiviert diese wieder. Seit der DOS-Version 6.0 können über die *Config.sys* auch Befehle aufgerufen werden, die früher nur über die *Autoexec.bat* gestartet werden konnten. Bei Laden von →TSR-Programmen hat dies den Vorteil, dass diesen nicht jedes Mal der Umgebungsspeicher zusätzlich zugewiesen wird. Zum Aufrufen von normalen Programmen verwendet man den Befehl *„install="*. Die Variable *„path"* kann über *„set path="* geladen werden (siehe Tabelle). Wird den Befehlen ein *„high"* hintenangestellt (z. B. *devicehigh, installhigh*), so werden diese wenn möglich in den oberen Speicher (→UMA, →XMA) geladen.

Da es sich bei der *Config.sys* um eine normale Textdatei handelt, kann sie mit jedem **Editor** (Edit von DOS oder NotePad von Windows) bearbeitet werden. Die nachfolgende Tabelle enthält eine Sammlung typischer *Config.sys*-Befehle mit einer kurzen Erklärung. Auf Pfad-Angaben (→Pfad) wurde bei den Befehlen verzichtet. Vergleiche auch →*Autoexec.bat*.

Config.Sys (nützliche Befehle)	Bemerkung
device=himem.sys /testmem:off	DOS-Speichermanager
dos=high,umb	Lädt DOS in den hohen Speicher
devicehigh=aspi8dos.sys /d	Treiber für SCSI-Controllerr
devicehigh=aspicd.sys /d:cd001	Treiber für SCSI-CD-ROM
devicehigh=atapi.sys /d:cd001	Treiber für ATAPI-CD-ROM
installhigh=mscdex.exe /d:cd001 /l:e /m:16	DOS-Treiber für CD-ROM
devicehigh=aspidisk.sys	Treiber für SCSI-Wechselplatte
installhigh= keyb.com gr,,keyboard.sys	DOS-Tastaturtreiber (Deutsch)
installhigh=smartdrv.exe 2048 2048	DOS-Software-Cache-Programme
fileshigh=50	DOS-Parameter für Dateizugriff
buffershigh=20,0	DOS-Parameter für Dateizugriff
set path=a:\;c:\windows;c:\command.com	Verzeichnisse für wichtige Dateien
shell=a:\command.com a:\ /e:512 /p	Verzeichnis, wo Command.com ist

connect [verbunden]

Durch die Meldung *connect* bestätigt ein →Modem, dass es die Verbindung mit einem Modem auf der Gegenseite aufgenommen hat.

Connect Time [Verbindungszeit]

Mit der Connect Time wird im Computer-Bereich der Zeitraum bezeichnet, den man →online mit einer Gegenstelle (→Online-Dienst, →Internet, DFÜ-Partner, siehe →Datenfernübertragung) verbunden ist. Zur Verbindung wird ein →Modem oder eine →ISDN-Karte verwendet. Da die Verbindung zumeist über das öffentliche Telefonnetz hergestellt wird, entscheidet die Connect Time über die Gebühren auf der nachfolgenden Telefonrechnung. Die Connect Time sollte also möglichst eine short time sein.

Conrad Electronic

Conrad Electronic GmbH ist nach eigenen Angaben Europas größtes Elektronik-Versandhaus und wurde bereits 1922 gegründet. Conrad bietet eine extrem große Auswahl von Elektronik- und Computer-Bauteilen, -Zubehör und fertigen -Geräten an, die per Katalog oder auch online im Internet (*www.conrad.de*) ausgesucht und bestellt werden können. Gerade auch für den Computer-Bereich bietet Conrad eine riesige Palette von Bau- und Ersatzteilen zum Auf- und Umrüsten an.

Bestellungen kann man bei Conrad 24 Stunden am Tag und an 365 Tagen telefonisch (01805-312111) oder per Fax (01805-312110) aufgeben. In →T-Online wird ebenfalls ein Service angeboten (*conrad#). Besonders interessant ist aber der Internetservice, da das gesamte Conrad-Sortiment online abrufbar und bestellbar ist.

> **Hinweis:** Wenn Sie einen – evtl. auch in diesem Buch beschriebenen – Artikel bei Conrad bestellen möchten, geht dies nur über die interne Bestellnummer. Erkundigen Sie sich bitte über den gedruckten Hauptkatalog oder den Internetservice von Conrad nach der Bestellnummer und den aktuellen Preisen.

Containerdatei [container document]

In einer Containerdatei werden Elemente aus anderen Dateien zusammengefasst, die mit verschiedenen Anwendungsprogrammen erstellt wurden. Containerdateien werden beispielsweise von →Präsentationsprogrammen erstellt, die Informationen aus →Datenbanken, Tabellenkalkulationen, Grafik- sowie Textverarbeitungsprogrammen enthalten können.

Controller [Kontrolleur, Aufseher]

Ein Controller ist im Allgemeinen ein spezieller – programmierbarer oder mit einem fest vorgegebenen internen Programm arbeitender – peripherer →Prozessor, der durch die →CPU des →PCs mit Aufgaben betraut werden kann. Beispiele sind der →Cache-Controller, der DMA-Controller (→DMA) und der →Interrupt-Controller. Mit Controller bezeichnet man jedoch auch komplette Erweiterungskarten des PCs, die notwendig sind, um Peripheriegeräte, wie zum Beispiel ein CD-ROM-Laufwerk, an einen Rechner anzuschließen. Beispiele hierfür sind der →Festplatten-Controller, der →Floppy-Controller und der →SCSI-Controller.

Cookies [Kekse, Plätzchen]

Cookies werden im Internet von den Servern auf den PC des Anwenders (Surfers) übertragen. Sie dienen als eine Art kleiner →Cache für ganz bestimmte, sehr eng vorgegebene Informationen, an der der Server einen Anwender wieder erkennen kann. Praktischer Einsatz erfolgt z. B. beim Online-Shopping, wo ein Server mit Angeboten einen Kunden bei seinem zweiten Besuch anhand des zuvor gesetzten Cookies wieder erkennen kann. Der Cookie dient meist zu nichts mehr als einer Art Kundennummer. Viele weitere Informationen lassen sich schon aufgrund der sehr begrenzten Größe eines Cookies gar nicht ablegen bzw. auslesen. Ein Grund zur Besorgnis über mögliche schwerwiegende Sicherheitsrisiken durch Cookies besteht also nicht. Das betrifft auch die oft geäußerte und zumeist missverstandene Problematik der Wahrung der eigenen Privatssphäre, denn entgegen anders lautender Presseberichte können andere Server nicht über Cookies die Online-Shopping-Aktivitäten eines Anwenders ausspionieren.

Dies wird verständlich, wenn man sich anschaut, wie Cookies eingesetzt bzw. verwaltet werden. Cookies werden in Form sehr kleiner Informations-Einheiten auf dem Rechner des Anwenders gespeichert. Bei →Windows 95/98 und dem →Internet Explorer ist der Speicherort das Unterverzeichnis *Cookies* von Windows selbst, wo jedes Cookie in Form einer kleinen Textdatei abgelegt wird. Netscape verwaltet wiederum alle Cookies gemeinsam in einer Datei namens *Cookies.txt*. Wichtig ist, dass nach den Spezifikationen für Cookies diese nur vom gerade angewählten Server gesetzt werden dürfen und auch nur dieser Server seine eigenen Cookies auch wieder auslesen darf. Nur der →Netscape Navigator besitzt eine zusätzliche Sicherheitsoption in seinen Einstellungen, die garantiert, dass fremde Server (deren Domain man gerade also nicht angewählt hat) nicht versehentlich bzw. verbotswidrig Cookies setzen oder auf diese zugreifen können. Dies könnte z. B. passieren, wenn ein Werbebanner eines fremden Servers, der auf der gerade angewählten Seite eingeblendet wird, versucht, Cookies zu verwenden.

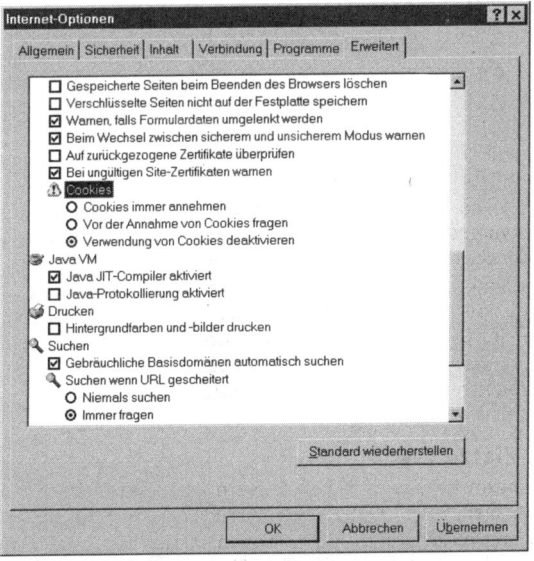

Beim →Internet Explorer von Microsoft wie auch beim →Netscape Navigator kann man die Nutzung von Cookies deaktivieren

Wenn man möchte, kann man jedoch sowohl beim Netscape Navigator als auch beim Internet Explorer die Cookie-Unterstützung komplett ausschalten (siehe Abbildung). Jedoch hat das zur Folge, dass man viele sinnvolle Möglichkeiten und Dienste im Internet nicht mehr oder nur sehr umständlich nutzen kann. Normalerweise ist es sinnvoll, Cookies zu akzeptieren, die Sicherheitsrisiken dadurch sind im Vergleich zum Nutzen gering. Wie gesagt, können andere Server die Informationen der Cookies sowieso nicht ausspionieren, um damit die Aktivitäten des Anwenders zu ermitteln, weil sie an die Informationen entsprechend der Cookie-Spezifikationen gar nicht herankommen, da nur der ursprüngliche Server auf sie zugreifen darf.

Coprozessor [Koprozessor]

Ein Coprozessor unterstützt einen anderen Prozessor bei der Ausführung von speziellen Operationen. Typisches Beispiel ist ein Coprozessor, der die →CPU des PCs bei der Erledigung mathematischer Aufgaben, insbesondere bei arithmetischen Gleitkommaoperationen, unterstützt. Er wird arithmetischer, **numerischer** oder auch **mathematischer** Coprozessor genannt. Seit den Zeiten des 80486-Prozessors der Firma →Intel (siehe →i80x86) ist in den gängigen CPUs für den PC der arithmetische Coprozessor bereits integriert. Die Befehle dieses Coprozessors müssen jedoch durch Anwendungsprogramme speziell angesprochen werden, sonst führen sie zu keiner Beschleunigung. Typischerweise wird er von Tabellenkalkulations- oder CAD-Programmen benutzt. In der Computerbranche werden häufig die Funktionen eines anfänglich teuren, optionalen Coprozessors mit der Zeit in den Hauptprozessor integriert. Auch der Coprozessor der Intel-Prozessoren wurde mit der 486er-CPU „geschluckt", genauso wie die Funktionen von 3-D-Coprozessoren bei Grafikkarten mittlerweile zum Standard-Repertoire neuer Grafikkarten gehören. Dennoch werden wohl immer wieder für spezielle, neue Funktionen erst mal Coprozessoren entwickelt, die die vorhandenen Hardware so lange unterstützen, bis diese wieder als Standard integriert werden.

Corel

Das 1985 von Dr. Mike Cowpland gegründete Softwareunternehmen Corel mit Sitz in Ottawa/Kanada ist durch die Entwicklung von Grafiksoftware zu einem der weltweit größten Unternehmen für Anwendungssoftware geworden. Das wohl bekannteste Produkt der Firma ist das weltweit erfolgreichste Grafikpaket: →CorelDRAW. Es ist eine professionelle Sammlung unterschiedlichster Programme für Vektor-, Pixel- und 3-D-Bildbearbeitung.

Corel brachte schon im Jahr 1992 zeitgleich mit der Veröffentlichung von →Windows 3.0 die erste Grafiksuite auf den Markt. Mit CorelDRAW Version 3.0 gelang es Corel schließlich, sich zu einem weltweit führenden Anbieter von Grafikprogrammen zu etablieren. Der Marktanteil bei Illustrationsprogrammen unter Windows liegt bei rund 85 %.

Im Jahr 1996 erweiterte Corel sein Angebot durch den Kauf des Office-Softwarepakets PerfectOffice von →Novell. Noch im gleichen Jahr wurde eine aktualisierte 16- und 32-Bit-Version 7.0 für Windows 3.x und Windows 95 unter dem Namen →**Corel WordPerfect Suite** auf den Markt gebracht. Das Programmpaket wird mittlerweile wie CorelDRAW regelmäßig in einem einem Zeitabstand von ca. einem Jahr aktualisiert.

Weitere, wichtige Produkte von Corel sind z. B. **CorelVENTURA**, ein professionelles →DTP-Programm (siehe →VENTURA), sowie die **Corel WEB. GRAPHICS Suite**, ein Programmpaket zum professionellen Erstellen von Webseiten im Internet (→Webpublishing), das auch Module von CorelDRAW zur Erstellung von Grafiken enthält.

Nach einer Phase der großen Produkterweiterung versucht sich die Firma seit Mitte 1997 wieder verstärkt auf ihr Kerngeschäft, den Grafik- und Office-Markt, zu konzentrieren. Einige Produkte wie **Corel VisualCADD** und **CorelCAD** wurden an die Grafikfirma IMSI verkauft, die mit Corel eng zusammenarbeitet. Die Titel der **Corel Medica Serie**, eine Sammlung hochwertiger Multimedia-CDs für Angehörige medizinischer Berufe bzw. Patienten, wurde an die Firma I. Hoffmann + Associates Inc. mit Sitz in Toronto, Kanada verkauft. Dieselbe Firma übernahm Mitte 1997 auch die Produkte aus der bekannten Corel CD HOME COLLECTION, die mehr als 60 Titel umfasst.

Bei der Weiterentwicklung seiner Grafik- und Office-Programme legt Corel außerdem einen Schwerpunkt auf die Integration von →**Java**. Damit soll zum einen die Internetanbindung der Anwendungen erhöht werden, zum anderen eine plattformunabhängigere Nutzung ermöglicht werden. Das ursprünglich als eigenständiges Produkt geplante Corel Java Office wurde jedoch nicht weiterentwickelt, sondern das Know-how in die vorhandenen Anwendungen integriert. Bereits seit 1997 ist es z. B. schon möglich, mit Hilfe der Java-Technologie **Barista** Dokumente von Corel-Anwendungen über Java-Applets für das Internet nutzbar zu machen. Weitere Informationen über Corel und seine Anwendungen finden Sie im Internet unter der Adresse *www.corel.ca*.

Corel WordPerfect Suite

Die WordPerfect Suite der kanadischen Softwarefirma →**Corel** ist ein hochwertiges Softwarepaket für den typischen, klassischen Einsatz in einem Büro. Zusammen mit seinen Haupt-Konkurrenten, der →Lotus SmartSuite, dem Microsoft →Office und →Star Office, teilt sich die WordPerfect Suite den Markt der so genannten Office-Programme. Die Hauptkomponenten der WordPerfect Suite sind die Textverarbeitung →**WordPerfect**, die →Tabellenkalkulation **QuattroPro**, das Präsentations- und Zeichenprogramm **Presentations** und in der Professional-Version die →Datenbank **Paradox**. Zusätzlich werden noch viele kleinere Programme mitgeliefert, wie etwa für die Organisation von Informationen und Adressen (Corel Central). Außerdem ist eine große Anzahl an Schriften und →Cliparts im Paket enthalten. Trotz des hohen Leistungsumfangs ist das Programmpaket aber deutlich günstiger als die meisten seiner Konkurrenten.

Die Programme der WordPerfect-Suite wurden früher unter der Bezeichnung **PerfectOffice** von der Softwarefirma →Novell vertrieben und dann Anfang 1996 von Corel aufgekauft. Bereits Mitte 1996 brachte Corel die Programme in der überarbeiteten Version 7.0 auf den Markt, und zwar in einer 16-Bit-Version für Windows 3.x und einer 32-Bit-Version für Windows 95. Seit der Version 7.0 ist die offizielle Bezeichnung für das Programmpaket ohne die Datenbank Paradox **Corel WordPerfect Suite 7**. Im Bundle mit der Datenbank Paradox ist die offizielle Bezeichnung **Corel Office Professional 7**. Mitte 1997 wurden dann die weiterentwickelte **Corel WordPerfect Suite 8** auf den Markt gebracht. Das Bundle dieser Version mit der Datenbank Paradox nennt sich seitdem **Corel WordPerfect Suite Professional**, ist aber in dieser Version 8.0 jedoch nur in englischer Sprache erhältlich. Seit Herbst 1999 steht die Version WordPerfect Suite 2000 in den Verkaufsregalen, bei der

der Schwerpunkt auf einer konsequenten Produktüberarbeitung liegt und weniger auf vielen neuen Funktionen.

Als erstes Office-Paket überhaupt verfügte die WordPerfect Suite bzw. der Vorgänger PerfectOffice über eine anwendungsübergreifende Scriptsprache zur Programmierung von →Makros und über programmübergreifende Anwendungen, so genannte QuickTasks. Diese dienten z. B. der Erstellung eines Geschäftsberichts und erleichterten dem Anwender die Arbeit durch eigenständige Programmwechsel von der Textverarbeitung zur Tabellenkalkulation. Die Leistungsfähigkeit bzw. Qualität der Programme steht denen der Konkurrenz in nichts nach. Im Gegenteil, das Highlight der WordPerfect Suite, die Textverarbeitung →WordPerfect, ist vom Leistungsumfang kaum zu schlagen. Hervorzuheben sind v. a. die exzellenten →DTP-Funktionen, die an echte Layout-Programme locker heranreichen. Auffallend ist auch das Programm Presentations, da es eine einzigartige Kombination aus Präsentations- und Zeichenprogramm ist.

CorelDRAW

CorelDRAW ist das weltweit führende Softwarepaket für alle Arten der Grafikbearbeitung am PC. Es wird von der kanadischen Firma →**Corel** seit Anfang 1992 mit ca. jährlichen Aktualisierungen herausgegeben und liegt derzeit in der Version 9.0 für Windows 95/98 bzw. Windows NT vor. Es ist dabei typisch für Corel, dass die älteren Version von CorelDRAW auch nach Erscheinen einer neuen Version noch zu einem günstigeren Preis erhältlich sind. Dieser Umstand hat neben der hohen Qualität und dem konkurrenzlosen Funktionsumfang sicherlich auch zur weiten Verbreitung von CorelDRAW geführt, weil jeder Anwender, ob Einsteiger oder Profi, die für ihn nach Leistung und Geldbeutel passende Version erwerben kann.

Die Hauptmodule des Programmpakets CorelDRAW 9 sind das Vektorzeichen-Programm **DRAW**, die Bildbearbeitung **Photopaint** und das 3-D-Programm **Dream 3D**. Dazu gehören eine große Anzahl kleinerer Tools rund um Grafikbearbeitung und Verwaltung. Es gibt kaum einen Bereich oder eine Funktion, die CorelDRAW nicht abdeckt.

Die Programmierung der ersten Version von CorelDRAW begann 1987 mit einem vierköpfigen Entwicklerteam auf IBM 286er PCs mit 40 MByte Festplatten und 2 MByte RAM. Da zu dem Zeitpunkt die PCs noch nicht sonderlich grafikfähig waren, wurde das Programm erst mal für einen spezialisierten, engen Markt entwickelt. Eine Besonderheit waren die speziellen WFN-Schriften, die die beschränkten Funktionen der damaligen PCs bzw. Betriebssysteme stark erweiterten. Schriften wie *Bondnoff* und *Charlesworth* wurden nach den Mitarbeitern benannt, von denen sie entwickelt wurden. Die erste Version von CorelDRAW erschien im Frühjahr 1989 für Microsoft Windows 2.11. Ende 1989 wurde bereits die Version 1.1 veröffentlicht, die v. a. Importfilter für andere Grafikformate enthielt.

Die im Herbst 1990 erschienene Version 2.0 brachte dann spezielle Effekte wie „Hülle", „Überblendungen", „Extrusion" und „Perspektive", die es bis dahin in keiner Grafikanwendung gegeben hatte. Der große Erfolg von CorelDRAW setzt jedoch erst 1992 mit der Version 3.0 ein, die das Konzept der Grafiksuite mit vielen verschiedenen Programmkomponenten einführte. CorelDRAW 3 war das erste Grafikpaket für Windows 3.x und eines der ersten Programme, die auf CD-ROM erhältlich waren.

Mit CorelDRAW 4 wurde im Mai 1993 das typische CorelDRAW Look&Feel weiterentwickelt und der Funktionsumfang stark erweitert. Im regelmäßigen Abstand von ca. einem Jahr wurde dann 1994 CorelDRAW 5 und 1995 die Version 6 auf den Markt gebracht. Mit diesen beiden Versionen erreichte CorelDRAW einen nahezu kompletten Funktionsumfang für professionelles Illustrieren bzw. Bildbearbeitung. Mit CorelDRAW 6 wurde auch sehr früh der Umstieg auf die 32-Bit-Welt von Windows 95 durchgeführt. Außerdem wurde das Programmpaket durch neue Anwendungen für 3-D-Animation und -Rendering sowie Präsentationen erweitert. 1996 wurde schließlich auch erstmals die Version 6 auf den Macintosh portiert.

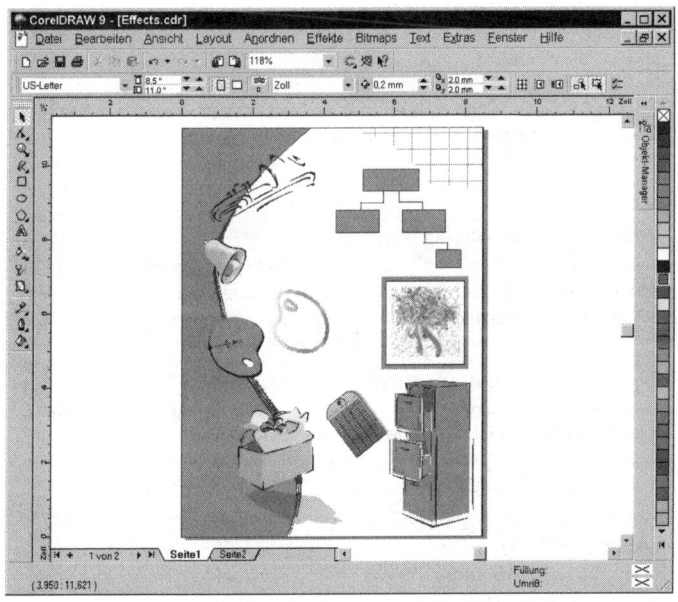

Mit einer riesigen Zahl beeindruckender Effekte verwischt CorelDRAW die Grenzen zwischen Vektor- und Bildbearbeitungsprogramm

Mit CorelDRAW 7 integrierte Corel die →MMX-Technologie von Intel und unterstützte verstärkt das Internet durch entsprechende Import/Export-Möglichkeiten von Grafiken. Außerdem wurde der Funktionsumfang der Bildbearbeitung Photopaint stark verbessert, das auch in englischer Sprache als Einzelversion erhältlich ist. Wie auch schon bei CorelDRAW 7 wurde bei der Version 8 verstärkt auf einfache Bedienung, erhöhte Performance und Stabilität des Programms geachtet. Bei CorelDRAW 8 wurden wesentliche, zuvor separat durchzuführende 3-D-Funktionen direkt in das Hauptprogramm DRAW integriert und natürlich die Internetanbindung ausgebaut.

Die aktuelle Version 9 ist seit Frühjahr 1999 auf dem Markt und bietet neben vielen kleineren Verbesserungen gegenüber der Vorversion eine konsequent weiter optimierte Benutzerführung, erweiterte Spezial-Effekte v. a. für naturrealistische Darstellungen, verbessertes Farb-Management, zusätzliche Import-/Exportfähigkeiten (v. a. auch für Postscript) sowie eine noch stärker integrierte Internetunterstützung. Weitere Highlights sind die starke Verbesserung des PDF-Supports sowie die Programmierfähigkeit mit VBA (vergleiche →Programmiersprache). Zwei zusätzlich mitgelieferte Programme, nämlich der Bitstream Font Navigator zum Verwalten von Schriften sowie Canto's Cumulus Desktop zum Verwalten von Multimedia-Dateien aller Art, erweitern das ohnehin schon riesige Programmpaket von CorelDRAW 9.

Der große Erfolg von CorelDRAW gegenüber anderen Konkurrenten (wie z. B. →Micrografx ABC Graphics Suite, →Macromedia FreeHand, →Adobe Illustrator und Photoshop) beruht neben dem günstigen Preis u. a. auf der einfachen Bedienung, den vielen automatischen Funktionen bzw. Effekten sowie der große Anzahl an mitgelieferten →Tools, →Cliparts und Schriften. Außerdem hat es Corel immer verstanden, durch erfolgreiches Marketing (wie etwa den jährlich ausgetragenen Corel-Wettbewerb mit hohen Prämien für die beste Grafik) das Produkt und die Firma im Handel und beim Kunden bekannt zu machen.

Courier

Courier heißt der von der Schreibmaschine her bekannte Schrifttyp mit konstant breiten Zeichen und →Serifen, der auch bei Druckern häufig als Standardschrift verwendet wird.

CP/M (Control Program for Microcomputers)

Das CP/M (Abk. f. Kontrollprogramm für Mikrocomputer) war ein →Betriebssystem für einen →PC mit den 8-Bit-Prozessoren i8080 von →Intel bzw. →Z80 der Firma Zilog. CP/M, das seit der Mitte der 70er Jahre für rund zehn Jahre unangefochtener Marktführer war, wurde von Gary Kildall, dem Gründer der Firma (Intergalactic) Digital Research entwickelt, die heute in der Firma →Novell aufgegangen ist. Mit CP/M-86 bewarb sich Digital Research erfolglos als Lieferant des Betriebssystems für den ersten →IBM-PC im Jahre 1981.

cpi (characters per inch)

cpi, Abk. f. Zeichen pro Zoll, ist die Maßeinheit für die Dichte gedruckter oder am Bildschirm dargestellter Zeichen (siehe →Drucker).

cps (character per second)

Die Maßeinheit cps (Abk. f. Zeichen pro Sekunde) wird u. a. für die Geschwindigkeit der Ausgabe von Zeichen auf Matrixdruckern oder Bildschirmen oder für die effektive Datenübertragungsrate (siehe →Datendurchsatz, →Datentransferrate) benutzt.

CPU (Central Processing Unit)

Die CPU (Abk. f. zentrale Verarbeitungseinheit oder **Zentraleinheit, Zentralprozessor**) ist der zentrale Prozessor eines Computers. Teile des Prozessors sind das Rechen- und Steuerwerk sowie die Steuereinheit. Das Rechen- und Steuerwerk führt alle Berechnungen durch. Die Steuereinheit ist zuständig für den Datenaustausch zwischen Rechen- und Steuerwerk, Arbeitsspeicher und anderen Systemkomponenten. Der wohl bekannteste Prozessor für den PC ist der →Pentium.

CPU-Architektur

Die CPU-Architektur ist das grundlegende Konzept der →CPU. Durch die Architektur der CPU werden Eigenschaften und Funktionen wie beispielsweise die Wortlänge, die Anzahl der internen Register, der Befehlssatz, das Adressierungsschema usw. festgelegt. Sie hat somit wesentlichen Einfluss auf den Aufbau der Hard- und Software des gesamten Rechners.

CPU-Bus

Mit CPU-Bus wird zum einen das interne Bussystem (siehe →Bus), über welches die einzelnen Funktionsblöcke der →CPU Daten und Steuerinformationen austauschen, bezeichnet. Andererseits wird auch das externe Leitungssystem, das die CPU mit den anderen Komponenten auf dem →Mainboard verbindet, als CPU-Bus bezeichnet.

CRC (Cyclic Redundancy Check)

CRC ist die englische Abkürzung für zyklische Redundanz-Analyse, womit eine Technik zur Fehlerkorrektur bei Datenübertragungen aller Art gemeint ist (z. B. zwischen Festplatte und Computer oder in der →Datenfernübertragung). Das Verfahren beruht auf Prüfsummen, die von den einzelnen Datenblöcken (→Datenblock) vor der Übertragung gebildet und mit übertragen werden. Der Empfänger erzeugt von den empfangenen Datenblöcken erneut Prüfsummen und vergleicht diese mit den Prüfsummen der Quelle. Stimmen diese überein, wurden die Daten korrekt übermittelt. Stimmen die Prüfsummen dagegen nicht überein, wird die Meldung **CRC-Fehler** ausgegeben. Der normale Computer-Anwender wird mit der Meldung CRC-Fehler zumeist konfrontiert, wenn ein Defekt der Festplatte vorliegt (auf gespeicherte Daten kann nicht mehr zugegriffen werden) oder wenn komprimierte Archive (z. B. mit →PKZIP erstellt, siehe auch →Datenkompression) nicht mehr korrekt entpackt werden können.

Creative Labs

Creative Labs ist die Herstellerfirma der Audiokartenfamilie →Sound Blaster. Mit seinen Soundkarten ist es dem Unternehmen gelungen, ein Quasistandard zu etablieren. Technischen Support, Informationen und Musik rund um Creative Labs finden Sie im Internet unter der Adresse ***www.creativelabs.com***.

CrippleWare [„Krüppelsoftware"]

Das englische Kunstwort CrippleWare setzt sich zusammen aus Cripple (Krüppel) und Software. Gemeint sind Programme mit „verkrüppelten", beschnittenen Funktionen. Diese werden z. B. in Form von kostenlosen Demoprogrammen an Anwender zu Testzwecken verteilt, wodurch dieser zum Kauf der funktionstüchtigen Vollversion bewogen werden soll. So sind z. B. oft Druck- oder Speicherfunktionen deaktiviert. Jedoch ist der Test oftmals nicht wirklich aufschlussreich, denn erst wenn sich der Anwender registrieren lässt und den Kaufpreis für das Programm entrichtet, kann er wirklich feststellen, ob das Programm etwas taugt. Crippleware verfehlt eigentlich den Sharewaregedanken (→Shareware).

CRS (Cell Relay Service)

Die englische Abkürzung für sinngemäß etwa Zellübertragungsservice. Es handelt sich um einen Netzwerk-Begriff; CRS-Netzwerkverbindungen z. B. bei hochwertigen Datennetzen (→ATM) sind nach Kriterien wie Leitungsstabilität und Datenbreite eingeteilt. Je nach Anwendung (z. B. bei →Videokonferenzen) kann es notwendig sein, eine CRS-Leitung von gehobener Qualität zu wählen.

CRT (Cathode Ray Tube)

CRT ist die englische Abkürzung für die Elektronenstrahlröhre, die als Bildröhre im →Monitor oder auch im Fernsehgerät ihren Dienst versieht.

CSCW (Computer supported cooperative work)

CSCW ist die englische Abk. f. computerunterstützte Gruppenarbeit, also Teamwork mit Hilfe von PCs und Netzwerken.

CSNET (Computer and Science NETwork)

Das CSNET (englische Abk. f. Computer und Wissenschaftsnetzwerk) war ein Computernetz von amerikanischen Universitäten und hat eine historische Bedeutung im Zusammenhang mit der Entwicklung des →Internet.

CTS (Clear To Send)

CTS (Abk. f. bereit zum Senden) ist die Bezeichnung für eine der Steuerleitungen der standardisierten →seriellen Schnittstelle des →PCs. CTS dient neben →RTS der hardwareseitigen →Flusssteuerung.

CT-Standards (Cordless Telephone)

Unter diesen Standards sind allgemeine Normen für den Betrieb schnurloser Telefone festgelegt. Die europäische Konferenz der Post- und Fernmeldeverwaltungen (→CEPT) hat die entsprechenden Normen CT1, CT1+ und CT2 festgelegt, die den Funkverkehr zwischen Hörer und Basisstation regeln, die mittlerweile aber wieder veraltet sind, weil sie vom neueren →DECT-Standard abgelöst werden.

Telefone nach dem **CT1**-Standard sind eine veraltete Gerätegeneration; ihre Gespräche lassen sich leicht abhören. Der **CT1+ (CT 1plus)**-Standard als Nachfolger von CT1 arbeitet mit 80 Funkkanälen und wie CT1 mit analoger Übertragungstechnik; seine Gespräche lassen sich schon schwieriger abhören, weil sie verschlüsselt werden. Es existieren verschiedene Funkfrequenzen zwischen Handgerät zur Basisstation und Basisstation zum Handgerät. Telefone nach dem **CT2**-Standard arbeiten mit digitaler Übertragungstechnik im Frequenzbereich von 864-868 MHz auf 40 Funkkanälen. Dieser Standard ist hauptsächlich in den Niederlanden und Frankreich beliebt, in Deutschland aber kaum anzutreffen.

CUI (Character User Interface)

CUI (Abk. f. Zeichen-Anwender-Schnittstelle) steht für eine zeichenorientierte Benutzeroberfläche, wie sie z. B. durch die Kommando-Interpreter →Command.com unter →MS-DOS oder Cmd.exe unter →OS/2 bereitgestellt wird. CUI-Programme sind textorientierte Programme.

Cursor [Schreibstellenmarke]

Die Eingabe- oder Einfügemarke bei textorientierten Programmen oder der →Mauszeiger einer grafischen Benutzeroberfläche wird im Englischen als Cursor bezeichnet. Der Cursor kann entweder durch die Maus oder die so genannten Cursortasten (Pfeiltasten) auf der Tastatur bewegt werden. Zur Abbildung vergleiche →Tastatur.

Cyberspace

Die überstrapazierte Bezeichnung Cyberspace steht für jene mit Hilfe des Computers erstellten, dreidimensionalen virtuellen Welten, in die der Anwender mittels eines Datenhelms (siehe →Head mounted display), der der dreidimensionalen Darstellung visueller Informationen dient, eintauchen kann. Ein mit Sensoren versehener übergestreifter →Datenhandschuh ist mit dem System über Kabel verbunden und ermöglicht Steuerungen innerhalb der virtuellen Welt.

cycle [Zyklus]

Der Begriff cycle (Zyklus) wird für Programmteile wie z. B. Programmschleifen (siehe →Schleife) benutzt, die mehrere Male wiederholt werden.

Cyrix

Auf dem Gebiet der PC-Prozessoren hauptsächlich gegen →Intel konkurrierender Chip-Hersteller. Cyrix konnte 1996 mit dem 6x86-Prozessor (Codename M1), der bei geringerem Preis zum →Pentium-Prozessor etwa vergleichbare Leistung bot, erstmals Marktanteile gewinnen. Anfängliche Probleme wie Inkompatibilitäten mit einigen Mainboards oder starke Erhitzung durch zu hohen Stromverbrauch wurden schrittweise durch überarbeitete Modelle (6x86L, ein Dual-Voltage-Prozessor) aus der Welt geschafft. Mitte 1997 wurde der →Cyrix 6x86MX eingeführt, der →MMX-Funktionen und eine deutlich höhere Performance bietet, aber immer noch ein Pentium-Konkurrent für den →ZIF-Sockel-7 ist. Ein weiteres interessantes Produkt von Cyrix ist der MediaGX-Prozessor. Dieser Niedrigpreis-Prozessor auf Pentium-Niveau besitzt eine eingebaute Grafik- und Soundkarte und ermöglicht die Produktion von sehr preiswerten PCs. Entsprechende Rechner produziert z. B. Compaq in der Presario-Reihe.

Ende 1997 fusionierte Cyrix mit dem Halbleiter-Konzern **National Semiconductors** durch eine Aktienübernahme im Wert von 550 Millionen Dollar. Durch den Verkauf hat sich Cyrix vor dem Bankrott retten können, da die Verkaufserfolge der eigenen Prozessoren nicht ausreichend waren. Außerdem kann Cyrix die modernen Produktionsstätten von National benutzen, denn vorher wurden die Prozessoren überwiegend von IBM hergestellt. Erklärtes Ziel der beiden fusionierten Firma ist die Produktion von Prozessoren für „**unter-1000-Dollar**" oder sogar „unter-500-Dollar"-PCs. Geplant sind aber auch Prozessoren und Chips für →NetPC, →Handheld-PC und →**Set-Top-Boxen** z. B. für den Internetempfang über das Fernsehkabel. Schwerpunkt der zukünftigen Entwicklung wird da eher der **MediaGX**-Prozessor als der 6x86MX sein, der aber auch weiterentwickelt werden soll. Anfang 1998 wurden bereits die ersten 6x86MX-Modelle hergestellt, die in 0,25 μm-Technik produziert werden. Das ist die wichtigste Voraussetzung für niedrigeren Stromverbrauch, höhere Taktungen und niedrigere Produktionskosten.

Cyrix/National Semiconductors versuchen damit, ein Marktsegment zu besetzen, das Intel bisher vernachlässigt hat. Jedoch hat der Marktführer mittlerweile auch reagiert und bringt gezielt Produkte für diesen Billig-PC-Bereich auf den Markt. Erstes Produkt dieser neuen Strategie ist der →Celeron-Prozessor. Weitere Informationen über Cyrix finden Sie im Internet unter **www.cyrix.com**.

Cyrix 6x86(MX)

Die beiden von →Cyrix als Pentium-Klone produzierten Prozessoren werden als 6x86 und 6x86MX bzw. mit den Codenamen M1 und M2 bezeichnet. Der 6x86 (M1) wurde 1996 eingeführt und war als Konkurrenz zum Pentium-Classic (P54C) bis 200 MHz Taktung ausgerichtet. Der 6x86MX ist sein Nachfolger und konkurriert mit den Pentium-MMX-Prozessoren von Intel mit Frequenzen von 166 MHz aufwärts. Beide Prozessoren sind im →Integerbereich (relevant für Büroanwendungsprogramme) bei gleicher Taktung einem Pentium überlegen. Bei Spielen und mathematischen Berechnungen, die die Floating-Point-Einheit (FPU, Coprozessor) verwenden, fällt die Leistung aber deutlich gegenüber der Intel-Konkurrenz zurück. Die Leistungsfähigkeit der Prozessoren wird nach dem so genannten **P-Rating** bestimmt (abgekürzt **PR**). Dabei wird die Verarbeitungsgeschwindigkeit im Vergleich zum Pentium mit Hilfe eines Benchmark-Programms ermittelt, das verschiedene, realistische Aufgaben mit Standardprogrammen durchführt. Ein **6x86 PR200+** arbeitet also so schnell wie ein Pentium 200. Das „+" zeigt an, dass zumindest mit Standard-Büroanwendungen die Leistung etwas höher ist. Intern arbeitet der Prozessor allerdings mit einer niedrigeren Taktung (siehe Tabelle).

Bis auf wenige Probleme sind die Cyrix-Prozessoren außerdem voll **Intel-kompatibel**. Neben dem Performance-Nachteil im FPU-Bereich gibt es noch ein kleines **Problem bei der Ansteuerung des** →Second-Level-Cache (L2-Cache). Im Gegensatz zu →AMD darf Cyrix nicht die per Patent geschützten, optimierten Zugriffstechniken des Pentiums verwenden. Stattdessen verwendet die Firma für die Prozessoren ein eigenes Optimierungsverfahren beim Cache-Zugriff, **Linear Burst** genannt. Dieses wird allerdings wiederum nicht von Intel-Chipsätzen (→Chipsatz) unterstützt, aber bei Chipsätzen von Drittherstellern wie SIS oder VIA schon. Dort gewinnen die Cyrix-Prozessoren bei Aktivierung des Linear-Burst-Modus im BIOS noch einmal ca. 5-10 % an Performance. Die ersten Modelle des 6x86 (M1) hatten außerdem manchmal Probleme mit →**Windows NT 4.0**. Das Betriebssystem schaltet den Write-Back-Modus des L1-Prozessor-Caches aus, da dieser empfindlich für Reflektionen auf dem Mainboard ist. Das führt zu starken Performance-

Einbrüchen. Als Alternative bietet Cyrix den Austausch des alten Prozessors oder einen Patch für NT an (DirectNt, siehe Info-Box), der aber zur Instabilität führen kann. Ab Revision 2.7 bzw. dem 6x86L-Typ ist auch dieses Problem behoben.

Der **6x86 (M1)** hatte durch einige Besonderheiten einen starken Einfluss auf die Entwicklung von Mainboards: Da die ersten Modelle unter starker Hitzeentwicklung und Stabilitätsproblemen litten, haben die Hersteller stabilere Spannungswandler (Schaltregler) eingeführt. Aber mit der Revision 2.7 des Prozessors hatte Cyrix auch diese Probleme recht gut im Griff; mit dem **6x86L** wurde erstmals eine Dual-Voltage-Version des Prozessors eingeführt, bei der der Prozessorkern mit 2,8 und der I/O-Teil des Prozessors mit den üblichen 3,3 Volt läuft. Der 6x86L hatte ein optimales Preis-Leistungsverhältnis speziell für Büroanwendungsprogramme wie →Office.

Außerdem führte der M1 als erster Prozessor einen **erhöhten Takt auf dem** →**Systembus** ein. Denn mit dem 6x86-PR200+ wurde der Prozessor erstmals extern mit **75 MHz** betrieben. Um den PCI-Bus dabei nicht zu übertakten (ist normalerweise Systembus durch 2, aber nicht mehr als 33 MHz), wurden spezielle Boards mit asynchroner PCI-Bustaktung eingeführt. Statt mit 37,5 konnte also weiter mit 33 MHz gearbeitet werden. Ohne eine solche asynchrone Steuerung ist mit Instabilitäten zu rechnen. Eine weitere Besonderheit der M1-Prozessoren ist, dass sie nur mit festen →Multipliern von 2 oder 3 arbeiten. Bei der Konfiguration auf dem Mainboard müssen daher normalerweise die Einstellungen für einen P133 oder P200 verwendet werden. Bei Einstellungen von 1,5 oder 2,5 schaltet der Prozessor evtl. auf den einfachen externen Takt runter (66 oder 75 MHz) und läuft viel zu langsam.

Der aktuelle **Cyrix 6x86MX (M2)** wurde hinsichtlich der Performance noch einmal deutlich überarbeitet und zusätzlich mit →**MMX-Funktionen** ausgerüstet. Geschwindigkeitssteigernd wirkt v. a. der von 16 auf 64 KByte vergrößerte L1-Cache. Er ist außerdem ein Dual-Voltage-Prozessor, benötigt also spezielle Mainboards mit zwei Spannungsversorgungen (siehe Tabelle). Vergleicht man ihn bei gleicher Taktung (!) mit Prozessoren von Intel oder AMD, so ist er im Integerbereich derzeit der schnellste Prozessor überhaupt. Er hat aber dieselben Schwächen im FPU-Bereich wie sein Vorgänger, der M1. Cyrix platziert ihn auf dem Markt aber auch weiterhin über das P-Rating und nicht über die reale Taktung. Der 6x86MX eignet sich sehr gut für Büroanwendungen, weniger für Spiele oder Programme mit mathematischen Berechnungen. Aber selbst beim Vergleich nach P-Rating ist er bei Büroanwendungen gut 15 % schneller als der vergleichbare Pentium-MMX oder 5-10 % schneller als ein AMD-K6. Preislich liegt er bisher immer ca. 10-25 % unter dem Niveau der Konkurrenz-Modelle von Intel oder AMD.

> **Tipp: Prozessor-Tuning.** Beide Cyrix-Prozessoren, aber v. a. der M1 lassen sich durch spezielle Programme noch etwas in der Performance verbessern. Optimal ist natürlich v. a., wenn das Mainboard die Linear-Burst-Funktion für den L2-Cache unterstützt.

Die nachfolgende Tabelle stellt die wesentlichen Daten zur Installation der Cyrix-Prozessoren zusammen. Zu beachten ist, dass es bei den meisten 6x86MX-Modellen zwei verschiedene Typen gibt, die sich nach der benötigten Taktung auf dem Mainboard unterscheiden. Aufgrund von Performance- und Stabilitätsgründen sind die Typ1-Modelle (für 66 MHz Systembus) den Typ2-Modellen (60 oder 75 MHz Systembus) vorzuziehen. Darauf ist beim Kauf zu achten, wenn auch viele Händler den Unterschied nicht kennen. Außerdem sollte bedacht werden, dass die Cyrix-Modelle in 0,3 μm Technik hergestellt werden. Dies verursacht bei einer Core-Spannung von 2,9 Volt eine sehr hohe Verlustwärme; mit anderen Worten, die Modelle um oder über 200 MHz realer Taktung werden sehr heiß. Ganz spezielle Kühlkörper und ein Mainboard mit stabiler Spannungsversorgung sind hier notwendig. Aufgrund der mittlerweile aber sehr niedrigen Preise für die Cyrix-Prozessoren sind sie unter Umständen ein guter für alle Bereiche, wo es nur auf die normale Performance für Büro-Anwendungen ankommt.

CPU-Typ	Taktung intern	Taktung extern	Taktungsf aktor	PCI-Bus Taktung	Spannung
Cyrix (M1) 6x86-Pr120+	100	50	2	25	3,3
Cyrix 6x86-Pr133+	110	55*	2	27,5	3,3
Cyrix 6x86-Pr150+	120	60	2	30	3,3
Cyrix 6x86-Pr166+	133	66	2	33	3,4- 3,6
Cyrix 6x86-Pr200+	150	75**	2	33*** oder 37.5	3,4- 3,6
Cyrix 6x86L-Pr200+	150	75	2	33*** oder 37.5	2,8 und 3,3 (Dual Volt.)
6x86MX PR 166 (Typ 1)	133	66	2	33	2,9 und 3,3 (Dual Volt.)
6x86MX PR 166 (Typ 2)	150	60	2,5	30	2,9 und 3,3 (Dual Volt.)
6x86MX PR 200 (Typ 1)	166	66	2,5	33	2,9 und 3,3 (Dual Volt.)
6x86MX PR 200 (Typ 2)	150	75	2	33*** oder 37.5	2,9 und 3,3 (Dual Volt.)
6x86MX PR 233 (Typ 1)	200	66	3	33	2,9 und 3,3 (Dual Volt.)
6x86MX PR 233 (Typ 2)	187	75	2,5	33*** oder 37.5	2,9 und 3,3 (Dual Volt.)
6x86MX PR 266	225	75	3	33*** oder 37.5	2,9 und 3,3 (Dual Volt.)
6x86MX PR 300 (Typ 1)	233	66	3,5	33	2,9 und 3,3 (Dual Volt.)
6x86MX PR 300 (Typ 2)	225	75	3	33*** oder 37,5	2,9 und 3,3 (Dual Volt.)
6x86MX PR 333	250	100	2,5	33	2,9 und 3,3 (Dual Volt.)
6x86MX PR 350	300	100	3	33	2,9 und 3,3 (Dual Volt.)

* braucht spezielle Mainboards mit 55 MHz Systembustakt
** braucht spezielle Mainboards mit 75 MHz Systembustakt
*** nur bei Mainboards mit asynchroner PCI-Bustaktung

DARPA (Defense Advanced Research Projects Agency)

DARPA ist die englische Abk. f. „Agentur für erweiterte Forschungsprojekte zur Verteidigung"; eine Forschungseinrichtung des US-Verteidigungsministeriums, die Ende der 50er Jahre aus der ehemaligen ARPA (Advanced Research Projects Agency) entstanden ist. Die ARPA bzw. DARPA ist deswegen von Bedeutung, weil diese Organisation aus verteidigungsstrategischen Gründen den Vorläufer des Internet, das so genannte ARPAnet, entwickelte. Weitere Informationen siehe →ARPAnet.

DASAT (DAtenkommunikation via SATellit)

DASAT ist die Bezeichnung für die Dienste der Deutschen Telekom zur schnellen Übertragung von →Daten oder Verteilung großer Datenmengen über Satellit.

DATA BECKER

Der Düsseldorfer Computerbuch- und Softwareverlag wurde im Oktober 1980 gegründet; Gesellschafter sind Achim und Harald Becker. Mit ca. 200 Angestellten und einigen Hundert freien Mitarbeitern werden weit über 100 Millionen DM Umsatz pro Jahr erarbeitet. Das Verlagshaus veröffentlicht jährlich ca. 150 Neuerscheinungen und setzt seine Schwerpunkte vor allem auf Computerliteratur, Multimedia-CD-ROMs und einfallsreiche Softwareprodukte. Im Bereich Low-Cost-Software und Computerliteratur ist der Verlag Marktführer in Deutschland. Eine der bekanntesten Reihen aus dem Softwarebereich ist die „Goldene Serie" mit Produkten der verschiedensten Art für 29,95 DM. Bei den Computer-Büchern ist die Reihe „Das Große Buch" ein fest etablierter Markenbegriff. Des weiteren ist DATA BECKER Herausgeber einer der größten PC-Zeitschriften Deutschlands, der „PC Praxis". Neben dieser werden noch die Profi-Zeitschrift „PC-Intern" (monatlich) und die Online-Zeitschrift „Online-Praxis" (vierteljährlich) herausgegeben. DATA BECKER führt außerdem einen Computermegastore in Düsseldorf. DATA BECKER-Produkte werden in vielen Ländern Europas, in Nordamerika und in Teilen Asiens über Partnerfirmen vertrieben.

Der Verlag ist im Internet mit seinem Stammhaus (*www.databecker.de*) sowie den genannten Zeitschriften (*www.pcpraxis.de* etc.) mit umfangreichen Angeboten vertreten. Sie finden dort neben aktuellen Informationen, Bestellmöglichkeiten und Downloads auch das eine oder andere Job-Angebot und haben natürlich die Möglichkeit, mit dem Verlag bzw. den Redaktionen direkt Kontakt aufzunehmen.

Data cartridge [Datenkassette]

Die data cartridge [Datenkassette], oft auch kurz nur **cartridge** genannt, war ursprünglich eine direkt von der bekannten Audiokassette abgeleitete Magnetband-Kassette, die bei Homecomputern, aber auch bei den PCs früherer

Tage als externes Speichermedium verwendet wurde. Heutige spezielle Datenkassetten für die Verwendung in einem →Streamer haben damit kaum noch etwas gemein: Ausgeklügelte Mechanismen zur Führung des Bands, neue Magnetschichten mit einer auf ein Vielfaches gesteigerten →Aufzeichnungsdichte, neue Verfahren zur Datenkodierung usw. ermöglichen im Vergleich zur alten Audiokassette wesentlich höhere Speicherkapazitäten bei höherem →Datendurchsatz und geringerer Zugriffszeit. Es gibt Datenkassetten unterschiedlicher Gestalt, mit unterschiedlichen Bandbreiten und -längen usw.; in Abhängigkeit vom Aufzeichnungsverfahren und der Bandlänge hat eine Datenkassette eine Kapazität von mehreren →GByte.

Datei [file]

Eine Datei (engl. file) ist eine in Analogie zu Kartei gebildete Bezeichnung für die Zusammenfassung von zusammengehörigen →Daten, die als Gesamtheit durch das →Betriebssystem behandelt wird (z. B. durch Vergabe eines eindeutigen Namens), die im →Arbeitsspeicher bearbeitet und auf einem →Datenträger – z. B. einer →Diskette oder →Festplatte – gespeichert werden kann. Der Inhalt einer Datei kann sehr unterschiedlich sein, er kann aus einzelnen strukturgleichen Datensätzen (z. B. Kundenkartei mit Kundendaten wie Name, Kundennummer etc.), aus einzelnen Programmbefehlen oder auch aus einer Aneinanderreihung von Text- und Formatzeichen bestehen.

Dateiende [end of file]

Das Ende einer →Datei wird oft explizit in der Datei durch eine Markierung (z. B. durch das →Steuerzeichen **EOF** (Abk. f. End Of File) angegeben. Das →Betriebssystem ist mit seiner Dateiverwaltung jedoch in der Lage, das Dateiende aus dem Eintrag für die aktuelle Länge zu bestimmen.

Dateiformat [file format]

Das Dateiformat kennzeichnet die Struktur, mit der Daten in einer Datei gespeichert sind. Jedes Programm erwartet seine Dateien in einem bestimmten Dateiformat, auf das oft durch die →Erweiterung geschlossen werden kann. So haben z. B. Dateien mit der Erweiterung .xls das Dateiformat einer Tabelle der Tabellenkalkulation →Excel.

Dateikonvertierung [file conversion]

Unterschiedliche Programme speichern Daten in unterschiedlichen Formaten. Das ist so lange kein Problem, wie die Daten nur im Ursprungsprogramm benötigt werden. Sobald aber ein anderes Programm auf die Daten zugreifen soll, müssen diese ausgetauscht (siehe →Datenaustausch) und gegebenenfalls konvertiert werden. Bei der Dateikonvertierung liegt die Datei hinterher in doppelter Form vor: einmal als Ursprungsdatei und einmal als Resultat der Konvertierung. Da die meisten Programme ihre Daten durch die Erweiterung, die letzten drei Buchstaben nach dem Punkt im Dateinamen, kennzeichnen, kann man die Dateien unterscheiden, denn bei der Konvertierung wird die Erweiterung automatisch an das neue Programm angepasst. Allerdings sind der Konvertierung immer auch bestimmte Grenzen gesetzt, z. B. wenn das Ursprungsprogramm ganz andere Möglichkeiten bietet als das neue. Bei einer Textverarbeitung können auf diese Weise Indexeinträge oder Fußnoten verloren gehen.

Datei-Manager [file manager]

Ein Programm, mit dessen Hilfe man Dateien verwalten (kopieren, verschieben, löschen etc.) kann, wird als Datei-Manager bezeichnet (siehe auch →Windows).

Dateiname [file name]

Mit Hilfe des durch das →Dateisystem eines →Betriebssystems geführten Dateinamens kann eine →Datei auf einem externen Speichermedium abgelegt und wieder aufgefunden werden.

Datei-Server [file server]

Ein reiner Datei- oder auch Fileserver stellt den Arbeitsstationen in einem →Netzwerk Festplattenkapazität zur Datenspeicherung und damit verbundene Dienste zur Verfügung, jedoch keine weiteren Ressourcen, wie z. B. Rechenleistung für die Abarbeitung von Programmen (siehe auch →Client, →Server, →Client-Server-Prinzip).

Dateisystem [file system]

Das auf der Ein-/Ausgabesteuerung aufsetzende Dateisystem eines →Betriebssystems ist erforderlich, um Daten der einzelnen Nutzerprozesse (siehe →Prozess) auf externen Speichermedien ablegen und wiederfinden zu können. Darüber hinaus sind konkurrierende bzw. parallele Zugriffe mehrerer Prozesse auf abgelegte Daten zu ermöglichen. Durch das Dateisystem werden auf den externen Speichermedien Bereiche und Verwaltungsstrukturen (siehe z. B. →FAT) definiert, →Dateinamen eingeführt und den Medien eine →Verzeichnisstruktur aufgeprägt. →Attribute dienen der Spezifikation der Dateien und regeln den →Dateizugriff, der durch Dateioperationen (Erzeugen, Löschen, Öffnen, Schließen, Positionieren, Lesen, Schreiben, Einfügen, Umbenennen usw.) realisiert wird, die den Nutzerprozessen zur Verfügung stehen.

Dateizugriff [file access]

Das Lesen aus einer oder das Schreiben in eine Datei auf einem →Datenträger wird allgemein als Dateizugriff bezeichnet.

DATEL

DATEL-Dienste (Abk. f. **DA**ten**TEL**ekommunikation) ist der Obergriff für die Telekommunikationsdienste (siehe Telekommunikation) der Deutschen Telekom.

Daten [data]

Daten sind zumeist kodierte Informationen mit unterschiedlichstem persönlichem, gesellschaftlichem, kommerziellem, wissenschaftlich-technischem usw. Hintergrund, die aufgenommen, übertragen, aufbereitet, gespeichert, sortiert, verknüpft, ausgegeben usw. – kurz: verarbeitet – werden können, um Zusammenhänge zu erkennen oder zu prognostizieren, Handlungen zu steuern usw. (siehe →Datenverarbeitung). Im engeren Sinne meint man oft aufgezeichnete, gespeicherte oder ansonsten in Bearbeitung befindliche Anwendungsdaten und schließt so u. a. die Daten, die ein Programm zur Verarbeitung von Anwendungsdaten darstellt, oder Parameter usw. aus. Oft wird dabei sogar vom Kontext, in dem die Daten erst Sinn und Funktion erhalten, abstrahiert; Daten werden lediglich als Folgen von Ziffern, Buchstaben und Zeichen gesehen.

Datenaustausch [data exchange]

Unter dem Begriff Datenaustausch versteht man eingrenzend den Austausch von Daten zwischen größeren in sich abgeschlossenen Komponenten, Geräten oder Systemen. Der Austausch von →Daten im Allgemeinsten Sinne ist einer der wichtigsten Prozesse der →Datenverarbeitung, wobei heute stets die Datenverarbeitung mit elektronischen Hilfsmitteln impliziert wird. Daten müssen ständig zwischen den auf unterschiedlichster Ebene angesiedelten Komponenten einer Datenverarbeitungsanlage, zwischen Datenverarbeitungsanlagen und zwischen →Datenverarbeitungssystemen ausgetauscht werden. Für den Datenaustausch sind im Prinzip die Form, die Verfahren und die Abläufe des Austauschs unerheblich; stehen diese im Vordergrund der Betrachtung, verwendet man eher den Begriff →Datenübertragung oder Datentransfer.

Datenbank [data base]

Unter einer Datenbank versteht man eine Sammlung von →Daten (eine so genannte Datenbasis), die im Hinblick auf das zu ihrem Aufbau, der Pflege und Auswertung erforderliche →DatenbankVerwaltungsSystem (DVS) – auch DatenBank-ManagementSystem (DBMS) oder Datenbankprogramm genannt – strukturiert ist. Oft spricht man einfach von Datenbank und meint damit eigentlich das Datenbank-Verwaltungssystem. Datenbanken können durch eine einzige →Datei (die Datenbankdatei), mehrere Dateien auf einem oder auf verschiedenen Computern in einem →Netzwerk repräsentiert werden.

Datenbanken dienen vor allem zur Speicherung und schnellen →Abfrage großer Informationsbestände und deren Aufbereitung in Form von Listen oder Berichten. Diese Abfragen werden mittlerweile meist über **standardisierte Protokolle** wie →SQL oder →ODBC durchgeführt. Informationen werden in Datenbanken zumeist in einer festen Struktur geordnet. Neben der →Baumstruktur einer **hierarchischen Datenbank** sowie neueren Ansätzen →**mehrdimensionaler Datenbanken** bestimmen die →**relationalen Datenbanken** das Geschehen.

Bei einer **relationalen Datenbank** werden die einzelnen Daten in →Datenfeldern gespeichert, die zu →Datensätzen zusammengefasst sind. Mehrere gleichartige Datensätze bilden eine →Relation oder Tabelle. Miteinander in Beziehung (siehe →Referenz) stehende Relationen bilden wiederum die relationale Datenbank.

Datenbank-Client [data base client]

Mit einem Datenbank-Client greift man in einem Netzwerk auf die Dieste eines →Datenbank-Servers zu. Dazu benötigt der lokale Rechner geeignete Client-Software, einen Front-end, (siehe →Client, →Server, →Client-Server-Prinzip).

Datenbank-Entwicklungssystem [data base developer system]

Unter einem Datenbank-Entwicklungssystem versteht man ein →Datenbankverwaltungssystem, das zusätzlich über Werkzeuge verfügt, mit denen kundenspezifische Applikationen erstellt werden können. Diese Werkzeuge bilden zumeist eine komplette Entwicklungsumgebung zum Editieren, Kompilieren, Testen usw. von Programmen. Bei heutigen Systemen (siehe z. B. →Access) ist dies i. d. R. stets der Fall.

Datenbank-Managementsystem (DBMS)

Unter einem DatenBank-ManagementSystem (DBMS) oder →Datenbank-VerwaltungsSystem (DVS) versteht man ein Programmsystem zum Aufbau, zur Pflege und Auswertung von →Datenbanken. Oft spricht man von Datenbank und meint eigentlich das Datenbank-Managementsystem.

Datenbank-Server [data base server]

Ein Datenbank-Server ist ein spezieller Rechner (oder ein Programm auf einem Rechner) in einem →Netzwerk, auf dem eine →Datenbank residiert, auf die durch alle Stationen im Netz mit einer entsprechenden Software als →Client zugegriffen werden kann (siehe →Client-Server-Prinzip).

Datenbanksystem [data base system]

Unter einem Datenbanksystem versteht man die Einheit aus einer strukturierten Datenbasis (der →Datenbank) und dem zu deren Aufbau, Pflege und Auswertung erforderlichen →DatenbankVerwaltungsSystem (DVS). So wie Datenbanken durch eine einzige →Datei, mehrere Dateien auf einem oder auf verschiedenen Computern in einem →Netzwerk repräsentiert werden können, können moderne Datenbanksysteme über ein Netzwerk verteilte Systeme von Datenbank-Servern und deren Clients darstellen.

Datenbankverwaltungssystem [data base management system]

Unter einem DatenbankVerwaltungsSystem (DVS) – auch DatenBank-ManagementSystem (DBMS) oder Datenbankprogramm genannt – versteht man ein Programmsystem zum Aufbau, zur Pflege und Auswertung von →Datenbanken. Oft spricht man von Datenbank und meint eigentlich das Datenbank- Verwaltungssystem.

Die Aufgaben eines Datenbankverwaltungssystems bestehen in

– der **Definition** der Datenstrukturen und der Datenelemente: der Anzahl und der Eigenschaften der Datenfelder, deren Verknüpfungen usw.

– der **Eingabe**, Übernahme, dem Einfügen, Löschen und Editieren von →Daten

– der **Verarbeitung** der Daten im engeren Sinne, dem Filtern, Sortieren, Extrahieren usw.

– der **Ausgabe** oder Übergabe von Informationen

– der Realisierung von **Sicherheitsfunktionen**

Beim am weitesten verbreiteten Typ des Relationalen DatenBank-ManagementSystems (RDBMS) werden Daten in Form von Relationen oder Tabellen strukturiert, die miteinander verknüpft werden können. Bekannte relationale Datenbankverwaltungssysteme im PC-Umfeld sind z. B. →dBASE, →FoxPro und →Access.

Datenblock [data block]

Eine Zusammenfassung von Daten, die vom →Betriebssystem, durch ein Anwendungsprogramm oder durch ein →Übertragungsprotokoll als unteilbare Einheit behandelt wird, nennt man oft Datenblock. Auf einer Festplatte oder einer Diskette werden z. B. durch →MS-DOS so genannte →Cluster als kleinste unteilbare Datenblöcke behandelt.

Datenbus [data bus]

Der Teil eines →Busses, in dem innerhalb eines Chips, einer Computerplatine usw. →Daten zwischen einzelnen Funktionsblöcken oder Komponenten ausgetauscht werden, heißt Datenbus. Durch die Breite des Datenbusses (die Anzahl der gleichzeitig übertragenen Bits) wird die Leistungsfähigkeit wesentlich mitbestimmt. Neben dem Datenbus unterscheidet man noch einen Adressbus und einen →Steuerbus als weitere Bestandteile eines Busses (hinzu kommen gegebenenfalls noch diverse Versorgungs- und Masseleitungen).

Datendurchsatz [data transfer rate, throughput]

Der Datendurchsatz bezieht sich im Gegensatz zur →Datentransferrate (oft auch Bruttodatentransferrate genannt) auf die effektive Übertragungsrate der Nutzdaten und wird demzufolge manchmal auch als Nettodatentransferrate bezeichnet. Während bei der Datentransferrate alle Bits, die pro Zeiteinheit eine Leitung passieren, berücksichtigt werden, finden beim Datendurchsatz redundante Informationen, die z. B. zur Abgrenzung der →Datenblöcke oder als Prüfsumme (siehe →CRC) enthalten sind, keine Berücksichtigung (siehe dazu auch →Übertragungsprotokoll). Der Datendurchsatz wird i. d. R. in →cps (Abk. f. character per second, Zeichen pro Sekunde) angegeben.

Datenexport [data export]

Der Vorgang, bei dem ein →Dokument aus einem Programm in eine hersteller- oder typfremde Anwendung übertragen wird, wird Datenexport genannt. Die Übergabe einer mit einem Tabellenkalkulationsprogramm erstellten Grafik an ein Textverarbeitungsprogramm ist ein Beispiel dafür. Dazu ist i. d. R. ein Konvertierungsprogramm erforderlich, ein so genannter Exportfilter, der das exportierte Dokument für das fremde Programm lesbar macht. Der Datenaustausch zwischen Programmen unterschiedlicher Hersteller gestaltet sich oft schwierig, weil die Entwicklung von Exportsoftware für Konkurrenzprodukte verständlicherweise oft nur eine niedrige Priorität genießt.

Datenfehler [data error]

Fehler, die als Abweichungen von der korrekten Struktur oder Zusammensetzung von →Daten auftreten, nennt man Datenfehler. Datenfehler – z. B. bei Leitungsübertragungen – können zum Verlust von Informationen führen oder z. B. die Unterbrechung einer Programmausführung bewirken.

Datenfeld [data field]

Das Datenfeld oder kurz **Feld** ist ein Element eines →Datensatzes in einer →Datenbank. In gleichen Datenfeldern werden stets Informationen der gleichen Art gespeichert, z. B. der Nachname einer Person. Die Art und Reihenfolge der Datenfelder bestimmt die Struktur der Datensätze. Sie werden vom →Datenbankverwaltungssystem über einen Attribut- oder Feldnamen angesprochen und verwaltet.

Datenfernübertragung (DFÜ) [teleprocessing]

Unter **D**aten**F**ern**Ü**bertragung – abgekürzt DFÜ, versteht man ganz allgemein die →Datenübertragung zwischen elektronischen Datenverarbeitungsanlagen oder Systemen über eine größere Entfernung mit Hilfe von z. B. elektrischen Leitungen, Lichtwellenleitern oder Funkübertragung. Meist bedient man sich dazu eines Anbieters von entsprechenden Datenübertragungsleistungen (gemietete Leitungen oder Wählverbindungen eines öffentlichen Netzes). Im engeren Sinne versteht man unter DFÜ den Zugriff auf öffentlich (oder für eine Gruppe von Nutzern) zugängliche Mailboxen (siehe →BBS) oder auf die Informationsdienste eines Anbieters wie →Btx, →CompuServe, auf eine →Online-Datenbank u. a. Zur DFÜ wird ein spezielles Programm benötigt, z. B. ein →Terminalprogramm oder ein →Btx-Dekoder. Heute dominiert bei der DFÜ noch der Zugriff über das analoge Telefonnetz unter Einsatz von →Modems, der Anteil derer, die digitale ISDN-Verbindungen einsetzen, steigt jedoch ständig.

Datenformat [data format]

Das Datenformat definiert die Art und/oder die Struktur von →Daten. Durch verschiedene Formate lassen sich damit auch →Datentypen definieren. Während z. B. unformatierter Text in einem einfachen Textverarbeitungsprogramm nur durch eine reine Zeichenkette dargestellt wird, werden im Datenformat einer komplexeren Textverarbeitung auch die Formatierung der Zeichen und des Textes festgelegt. Im Datenformat von Grafiken sind z. B. die Anzahl an Bildpunkten und Bildzeilen sowie eventuelle Komprimierungsverfahren festgelegt. Ein Datenformat ist für die gezielte Speicherung und Verarbeitung von Information im →Computer unerlässlich.

Datenhandschuh [data glove]

Als Datenhandschuh bezeichnet man ein Eingabegerät in Form eines mit Sensoren bestückten Handschuhs, das über Kabel mit dem Computer verbunden ist. Mit Hilfe des Datenhandschuhs können Programme, die eine →virtuelle Realität erzeugen, gesteuert und virtuelle Gegenstände erfasst und bewegt werden.

Datenimport [data import]

Der Vorgang, →Daten aus einer typ- oder herstellerfremden Anwendung in das aktuelle Programm zu übernehmen, wird Datenimport oder einfach auch kurz nur „**importieren**" genannt. Datenimport ist somit das Gegenteil zum →Datenexport. Die Übernahme einer mit einem Tabellenkalkulationsprogramm erstellten Grafik in ein Textverarbeitungsprogramm ist ein Beispiel dafür. Für den Datenimport ist i. d. R. eine Software erforderlich, die das importierte →Dokument für das verwendete Anwendungsprogramm lesbar macht, ein so genannter Importfilter.

Datenintegrität [data integrity]

Der Begriff Datenintegrität bezeichnet einen Bestandteil der →Datensicherheit. Im Allgemeinen versteht man unter der Datenintegrität, dass die Programme und Daten im Verlaufe ihrer Bearbeitung gültig und korrekt sind und bleiben.

Datenpaket [data package]

Bei der →Datenübertragung innerhalb eines Netzwerks, bei der →Datenfernübertragung (DFÜ) usw. werden →Daten zumeist in Form so genannter Datenpakete weitergeleitet. Pakete verfügen – in Abhängigkeit vom verwendeten →Übertragungsprotokoll – über einen Kopf (den →Header) mit Adressen von Sender und Empfänger, über einen Kern mit den eigentlichen Informationen sowie über angehängte Prüfsummen (siehe →CRC).

Datenpuffer [data buffer]

Der Datenpuffer ist ein Speicherbereich zum Zwischenspeichern von →Daten bei Schreib- und Lesevorgängen (siehe →Cache). In der →Config.sys kann z. B. angegeben werden, mit wie vielen Pufferbereichen von jeweils 512 Byte das →Betriebssystem →MS-DOS beim Lesen und Speichern von Dateien arbeiten soll.

Datensatz [data set]

Datensatz ist die Bezeichnung für eine Gruppe zusammengehöriger Datenobjekte, die in den einzelnen →Datenfeldern einer →Datenbank gespeichert sind. Die Zusammenfassung erfolgt aus Effizienzgründen oder aus Gründen der Benutzerfreundlichkeit. Durch einen Ordnungsbegriff oder Schlüssel ist jeder Datensatz aus der Vielzahl der Sätze unterscheid- und identifizierbar. Kundennummer, Name und Wohnort usw. als Datenfelder bilden z. B. einen Datensatz innerhalb einer Kundendatei.

Datenschutz [data protection]

Unter dem Begriff Datenschutz versteht man den Schutz personenbezogener →Daten im Prozess der →Datenverarbeitung vor Verlust, Zerstörung, Verfälschung, unbefugter Kenntnisnahme und unberechtigter Verarbeitung. Personenbezogene Daten sind Daten, die sich auf konkrete Personen beziehen oder denen einzelne Personen eindeutig zuzuordnen sind. Rechtliche Grundlage für den Datenschutz ist das aus dem Grundgesetz abgeleitete Grundrecht auf informationelle Selbstbestimmung. Dieses Recht eines jeden Bürgers und die sich daraus ergebenden Pflichten für jede Stelle, die personenbezogene Daten verarbeitet, regelt das →Datenschutzgesetz. Eines der Mittel zur Durchsetzung des Datenschutzes ist die Gewährleistung der →Datensicherheit beim Umgang mit personenbezogenen Daten.

Datenschutzgesetz (BDSG)

Das BundesDatenSchutzGesetz der Bundesrepublik Deutschland (BDSG) wurde 1977 verabschiedet und 1990 grundlegend überarbeitet. Das Gesetz regelt den allgemeinen Umgang mit personenbezogenen Daten und soll deren Missbrauch verhindern. Jedem Bürger werden durch das Datenschutzgesetz seine Rechte in Bezug auf seine personenbezogenen Daten garantiert. In jeder Behörde und jedem privaten Unternehmen, das personenbezogene Daten – ab einem bestimmten Umfang – verarbeitet, sind unabhängige Datenschutzbeauftragte zu bestellen. Datenschutz-Aufsichtsbehörden und Datenschutzbeauftragte der Länder und des Bundes wachen über die Einhaltung des BDSG (siehe auch →Datenschutz). Datenschutzdelikte, wie unberechtigte Zugriffe auf bzw. unbefugte Verwendung von personenbezogenen Daten, werden mit Freiheits- und Geldstrafen geahndet (bis zu zwei Jahren Haft).

Datensicherheit [data security]

Unter Datensicherheit versteht man den Zustand, bei dem →Daten im Prozess der →Datenverarbeitung vor Verlust, Zerstörung, Verfälschung, unbefugter Kenntnisnahme und unberechtigter Verarbeitung geschützt sind. Um den Verarbeitungsprozess in dem Begriff einzubeziehen, spricht man oft von Sicherheit der Datenverarbeitung oder noch allgemeiner von der Sicherheit der Informationsverarbeitung, wobei zumeist auch noch die Sicherheit der Datenträger und Datenverarbeitungsanlagen einbezogen wird, da diese untrennbar mit der Sicherheit der Daten verbunden sind. Die Sicherheit der Informationsverarbeitung umfasst somit drei eng miteinander verbundene Zielsetzungen:

– Die Systeme und Daten müssen verfügbar sein, wenn sie benötigt werden.
– Die Programme und Daten müssen gültig und korrekt sein.
– Die Programme und Daten müssen dem Zugriff Unbefugter entzogen sein.

Datensicherung [backup]

Unter Datensicherung versteht man den Prozess, aber auch die Methoden und Verfahren zur Erlangung bzw. Erhöhung von →Datensicherheit. Im engeren Sinne meint man jedoch die redundante Speicherung (siehe →Backup, →RAID) oder Übertragung von →Daten als Schutz vor Verlust oder Zerstörung, die →Datenverschlüsselung als Schutz vor unbefugtem Zugriff oder die Nutzung einer digitalen Unterschrift als Schutz vor Verfälschung und/oder dem Unterschieben von Daten.

Datenträger [data medium]

Der Begriff Datenträger wird für alle Medien, auf denen →Daten gespeichert und wieder ausgelesen werden können, benutzt. Im Computerbereich sind die magnetischen Datenträger wie z. B. die →Festplatte oder →Diskette am weitesten verbreitet, optische Medien wie die →CD-ROM nehmen aber ständig an Bedeutung zu.

Datentransferrate [data transfer rate, transmission speed]

Die in bps (Abk. f. bits per second, Bits pro Sekunde) oder Bit/s (siehe →bps) gemessene Datentransferrate (auch Datenübertragungs- oder **Übertragungsrate** oder **Übertragungsgeschwindigkeit** genannt) ist ein Maß für die pro Zeiteinheit über eine Medium übertragenen →Daten.

Ausschlaggebend für die Datentransferrate sind die verwendeten Protokolle, die Bandbreite und Qualität (Störsicherheit) der verwendeten Leitungen. Typische Datentransferraten sind z. B. zur Zeit 14.400 – 28.800 bps bei analogen Telefonverbindungen oder 64.000 bps auf ISDN-Leitungen. Bei der →Datenfernübertragung über das heute noch vorherrschende analoge Telefonnetz ist die Datentransferrate eine oft diskutierte Größe, da sie erheblichen Einfluss auf die Höhe der Telefonkosten hat. Sie ist eines der charakteristischen Merkmale der →Übertragungsprotokolle eines Modems.

Die Datentransferrate, die ein →Modem über die Telefonleitung erzielen kann, ist das Produkt aus der Anzahl der verwendeten logischen Informationskanäle und der benutzten →Schrittgeschwindigkeit (für die die Maßeinheit →**Baud** definiert ist). Die Datentransferrate ist auch zu unterscheiden von der Schnittstellengeschwindigkeit, die etwa um den Faktor größer ist, um den gegebenenfalls im Modem eine →Datenkompression stattfindet (→V.42bis). Betrachtet man die effektive Übertragungsrate oder **Nettodatentransferrate** von Computer zu Computer, bei der alle Informationen zur Synchronisation und zur Sicherung der Datenübertragung durch Prüfsummen u. a. nicht mehr einbezogen sind, gelangt man zum →Datendurchsatz. Im Vergleich dazu nennt man die Datentransferrate oft auch **Bruttodatentransferrate** oder **Bruttoübertragungsrate**.

Datentyp [data type]

Der Datentyp beschreibt die Art der →Daten, die in Feldern (siehe →Datenfeld) oder Speichervariablen gespeichert werden. Ein Feld mit dem Datentyp numerisch kann beispielsweise nur Zahlenwerte aufnehmen, während ein Feld mit dem Datentyp Memo Zeichenketten von unbestimmter Länge zulässt.

Datenübertragung [data transfer, communication]

Steht im konkret betrachteten Zusammenhang des Austauschs von →Daten (siehe →Datenaustausch) der Prozess mit den Formen, den Verfahren und Abläufen im Vordergrund, spricht man von Datenübertragung oder Datentransfer, wobei auch hier i. d. R. die elektronische →Datenverarbeitung vorausgesetzt wird. Man unterscheidet zwei Formen:

- →**offline** Datenübertragung – Datenübertragung durch Datenträgeraustausch
- →**online** Datenübertragung – Datenübertragung über elektrische Leitungen, Lichtwellenleiter, Funk- oder Lichtübertragung im freien Raum usw.

Datenverarbeitung [data processing]

Unter Daten**V**erarbeitung, kurz DV, versteht man den Prozess der Erfassung, Eingabe, Übertragung, Aufbereitung, Speicherung, Sortierung, Verknüpfung, Ausgabe usw. von →Daten. Die elektronische Datenverarbeitung (siehe →EDV) ist heute das dabei vorherrschende Verfahren. Dem stehen die Verfahren der manuellen und maschinellen Datenverarbeitung gegenüber, wie sie z. B. bei der herkömmlichen Bürotechnik eingesetzt werden.

Datenverarbeitungssystem [data processing system]

Datenverarbeitungssystem ist die Bezeichnung für die Kombination aus →Hardware und →Software zu einem funktionsfähigen System zur →Datenverarbeitung, wobei vonseiten der Hardware auch ein Netz aus mehreren Datenverarbeitungsanlagen gemeint sein kann.

Datenverschlüsselung [data encryption]

Die Datenverschlüsselung – auch als Kodierung, Data encryption oder →Kryptographie bezeichnet – dient der Verhinderung der unberechtigten Kenntnisnahme von Daten als eine Methode zur Gewährleistung der →Datensicherheit. Es werden im Wesentlichen zwei Verfahren unterschieden:

- Das Versetzungsverfahren, bei dem die Reihenfolge der Zeichen nach einem Algorithmus verändert wird und
- das Ersetzungsverfahren, bei dem die ursprünglichen Zeichen gegen neue aus einem anderen Zeichenvorrat ausgetauscht werden.

Die Regeln bzw. der Schlüssel, nach denen einen solche Verschlüsselung erfolgt, werden auch als Code bezeichnet. Die Datenverschlüsselung kommt besonders häufig bei der →Datenfernübertragung zum Einsatz. Mit Hilfe des Codes kann dann auf der Empfängerseite die verschlüsselte Nachricht wieder entschlüsselt werden. Ein bekanntes Programm zur Verschlüsselung von →E-Mails ist z. B. →PGP.

Datenwort [data word]

Ein Datenwort ist derjenige Wert, der über einen Datenbus (siehe auch →Bus) übertragen werden kann. Die Größe des Datenworts bei einem 16-Bit-Computer beträgt 16 Bit, die eines 32-Bit-Computers entsprechend 32 →Bit.

Datev (**Dat**enverarbeitungsorganisation)

1966 wurde die **Dat**enverarbeitungsorganisation als Dienstleistungsrechenzentrum für die in Deutschland ansässigen steuerberatenden Berufe in Nürnberg gegründet. Es handelt sich um eine Genossenschaft mit etwa 35.000 Mitgliedern; es werden ca. zwei Millionen Finanzbuchhaltungen, etwa sieben Millionen Lohn- und Gehaltsabrechnungen pro Monat durchgeführt. Datev-Mitglieder benutzen rund 200.000 PC, von denen ein Großteil direkt mit dem Rechenzentrum gekoppelt ist, sodass immer von außen auf den Großrechner zugegriffen werden kann. Datev hat ausgedehnte Datenbanken mit mehr als 100.000 Dokumenten aus den Bereichen Steuern, Handel und Gesellschaft und entwickelt auch eigene Software.

Datex (**DAT**a **EX**change)

Der Begriff Datex (Abk. f. Datenaustausch) wird insbesondere für die Online-Dienste der Deutschen Telekom verwendet, die als Kommunikationsdienst und zur →Datenfernübertragung dienen. Siehe auch →Btx und →Datex-P.

Datex-J

Datex-J ist die veraltete Bezeichnung für das Datennetz der Deutschen Telekom AG, das für den Zugang zu →T-Online benutzt wird. Datex-J besitzt in jedem Ortsnetz lokale Zugangsknoten mit einer →Datentransferrate von bis zu 56.400 Bit/s gemäß dem Standard →V.90. Flächendeckend ist auch der Zugang über das digitale ISDN-Netz (siehe →ISDN) mit einer →Datentransferrate von 64.000 Bit/s möglich.

Datex-L

Der Datex-L-Dienst war der Teil des Datex-Telekommunikationsdienstes (siehe →Datex) der Deutschen Telekom AG, der für eine Dialogverarbeitung verwendet werden konnte. Dabei wurde das Verfahren der →Leitungsvermittlung eingesetzt, bei dem wie beim bekannten Telefon temporär ein Kommunikationskanal aufgebaut wurde.

Der Datex-L-Dienst, der mit →ISDN an Bedeutung verloren hat, ermöglichte eine weltweite Datenkommunikation. Er ist per Jahresende 1996 durch die Telekom eingestellt worden und wurde durch Dienste im ISDN ersetzt.

Datex-M

Kommunikation mit hoher Geschwindigkeit gab es mit vertretbaren Kosten bisher nur im Nahbereich. Mit Datex-M bietet die Deutsche Telekom AG ein öffentliches Hochgeschwindigkeits-Netzwerk mit Datentransferraten von bis zu 140 MBit/s.

Datex-P

Datex-P ist der Teil des Datex-Dienstes (siehe →Datex) der Deutschen Telekom AG, der nicht für eine Dialogverarbeitung, sondern für den Transfer größerer Datenmengen verwendet wird. Dabei wird das Verfahren der →Paketvermittlung eingesetzt, bei dem die Daten synchron nach dem Standard →X.25 als →Datenpaket übertragen werden. Der Datex-P-Dienst ermöglicht eine weltweite Datenkommunikation.

dBASE

Das Programm dBASE hat als relationales →Datenbankverwaltungssystem der Firma Ashton Tate die Geschichte des →PCs mitbestimmt. Die erste Version namens Vulcan – benannt nach der Heimat von Mr. Spock vom Raumschiff Enterprise – wurde von C. W. Ratliff innerhalb eines Jahres auf einem i8080-Mikrocomputer programmiert und seit 1980 unter dem Namen dBASE II von H. Lashlee und G. Tate vermarktet.

Innerhalb von drei Jahren wuchs der Umsatz der mit einem Startkapital von 7.500 $ gegründeten Firma Ashton Tate auf 40 Millionen $. Die Versionen von dBASE dominierten mit rund 70 % in den nächsten zehn Jahren den Markt. Durch seine große Verbreitung entwickelte sich dBASE und sein Dateiformat in den Versionen III und IV zu einem allgemeinen Standard für PC-Datenbanken. Mit der Umstellung auf eine Windows-Version kam Ashton Tate jedoch ins Schleudern und wurde im Jahre 1991 von der Firma Borland übernommen. Aber auch mit einer anschließend erstellten Windows-Version konnte die Firma nicht mehr an den alten Markterfolg anknüpfen.

dBASE war eine →relationale Datenbank, die als Datenbanksprache →SQL verwendete und Abfragen nach der query-by-example-Technik (Abfrage durch Beispiele-Technik) ermöglichte. Durch das von einer anderen Firma hergestellte Zusatzprogramm Clipper, das ein komplettes →Datenbank-Entwicklungssystem mit →Editor, →Programmiersprache und Compiler war, wurde zusätzlich die Programmierfähigkeit von dBase so stark erweitert, dass damit komplexe, eigenständige Datenbank-Anwendungen erstellt werden konnten, die stark zum Markterfolg von dBase bzw. Clipper beigetragen haben.

DCC (Digital Compact Cassette, Device Control Characters)

1) Abk. f. Digital Compact Cassette, einen von Philips entwickelten digitalen Nachfolger der herkömmlichen, analogen Audiokassetten. DCC-Geräte arbeiten mit einer dem MPEG-Verfahren (→MPEG) angelehnten Datenreduktion. Trotz ihrer recht hohen technischen Entwicklung und Klangeigenschaften konnte sich die DCC auf dem Markt nicht durchsetzen, was wahrscheinlich am immer noch verwendeten Bandaufzeichnungsverfahren und all seinen Nachteilen liegen dürfte. (insb. dem im Vergleich zu →CD-ROM und →Mini Disc schlechteren Bedienungskomfort). Die DCC wird momentan durch die zunehmend erfolgreichere →Mini Disc vom Markt verdrängt.

2) Abk. f. Device Control Characters. Bezeichnung für Steuerzeichen, mit denen Übertragungsgeräte ein- und ausgeschaltet werden.

DCE (Data Communications Equipment)

Bei der →Datenfernübertragung haben →PC und →Modem eine prinzipiell andere Stellung im Gesamtsystem. Das Modem trägt üblicherweise die Bezeichnung DCE (Abk. f. Datenkommunikationseinrichtung) oder im deutschen Sprachbereich DÜE (Datenübertragungseinrichtung), während der PC gemäß der üblichen Bezeichnung die Rolle eines →Terminals oder →DTE (Abk. f. Data Terminal Equipment, Datenterminaleinrichtung) einnimmt. Im Deutschen spricht man auch von DEE (Datenendeinrichtung). Die Begriffe sind jedoch nicht auf die DFÜ beschränkt; auch bei den Komponenten, die zum Aufbau eines Netzwerks notwendig sind, spricht man von DTE und DCE.

DCS (Digital Communication System)

DCS, oft auch mit Digital Cellular System übersetzt, ist die Bezeichnung für ein digitales Mobilfunksystem, wie es etwa vom →E-Netz verwendet wird. DCS arbeitet nach denselben Prinzipien und Standards wie →GSM (Global System for Mobile Communications, im →D-Netz verwendet), benutzt aber mit 1,8 GHz die doppelte Übertragungsfrequenz. Die Reichweite ist auf 8 km begrenzt (statt 50 km im →D-Netz bzw. bei GSM), wodurch sich gleichzeitig aber auch die notwendige Sendeleistung der Handys verringern lässt (und damit der Stromverbrauch). Da DCS in Europa wesentlich seltener verbreitet ist als GSM, haben Kunden des E-Netzes im Ausland Probleme, einen Provider-Partner für das so genannte →Roaming zu finden.

DDC 2AB (Display Data Channel)

DDC ist die englische Abkürzung für „Anzeige-Daten-Kanal" und wird oft auch als **Digital Control** bezeichnet. Es handelt sich um einen 1995 von der →VESA eingeführten, digitalen Steuerkanal für moderne →Monitore, über den diese dem Betriebssystem bzw. der Grafikkarte ihre technischen Daten mitteilen können. Durch DDC können sich Monitor, Grafikkarte und Betriebssytem verständigen, was v. a. dazu dienen soll, die **maximale Bildwiederholfrequenz** automatisch einstellen zu können. Die entsprechende Funktion muss aber vom Betriebssystem und den Grafikkarten-Treibern unterstützt werden, was derzeit nur unter Windows 95/98 möglich ist. Zur Übertragung des DDC-Signals wird außerdem eine spezielle serielle **Datenleitung** im Monitorkabel benötigt. Bei Verwendung der üblichen 15-poligen IBM-Monitor-Kabel werden zwei der vorhandenen Pins dafür genutzt (zumeist Nr. 12 und 15). Wer jedoch ein →**BNC-Kabel** benutzt, kommt nicht in den Genuss von DDC, weil hier ja nur fünf Leitungen für die Bildsignale zur Verfügung stehen. In der Praxis ist das aber kein Verlust (siehe unten).

Von DDC gibt es mittlerweile **drei Entwicklungsstufen**. Die aktuellste ist DDC 2AB.

DDC 1: Unidirektional, nur der Monitor sendet kontinuierlich Daten an die Grafikkarte, z. B. über seine Bezeichnung und Herstellerkennung, die Bildschirmgröße und die unterstützten Timing-Werte. Eine DDC 1-kompatible Grafikkarte kann diese Daten auswerten und die entsprechenden Werte für die Konfiguration des Treibers übernehmen.

DDC 2B: Der Datenaustausch ist bidirektional. Neben den DDC 1-Informationen werden noch weitere Daten des so genannten Vesa-Display Identification File übertragen, die der Grafikkarte noch mehr Auskunft über den Monitor und seine Spezifikationen geben.

DDC 2AB: Ähnlich der weniger erfolgreichen und heute nicht mehr aktuellen Konkurrenz, dem **Access-Bus**, können von der Grafikkarte nun zusätzlich zu den DDC 2B-Informationen noch Steuerbefehle zur Einstellung des Monitors übertragen werden (Bildlage, Helligkeit, Kontrast etc.).

In der **Praxis** zeigt sich, dass DDC nur höchst selten richtig umgesetzt wird bzw. **nicht funktioniert**. Die meisten Hersteller übertragen per DDC nur die üblichen, viel zu **niedrigen VESA-Standard-Einstellungen** (siehe untere Tabelle). Das führt dazu, dass die maximal mögliche Bildwiederholfrequenz i. d. R. nicht aktiviert wird. Man muss also sowieso selbst Hand anlegen und die Einstellung vornehmen. Hierzu können – sozusagen konkurrierend zu DDC – zum einen die Einstellungen direkt im **Grafikkarten-Treiber** verwendet werden. Dies ist normalerweise auch die beste Lösung.

Darüber hinaus liefern die meisten Hersteller noch eine spezielle Monitor-Informations- bzw. Konfigurationsdatei aus, die *Monitor.inf*. In dieser sind ebenfalls die technischen Daten des Monitors festgehalten und können für die Windows 95/98-eigenen Monitoreinstellungen verwendet werden (siehe Abbildung). Jedoch muss der Grafikkartentreiber dies auch unterstützen. Die meisten Hersteller verwenden aber eigene Einstellungsfunktionen (siehe oben).

Fazit: DDC ist mehr ein Werbegag als von praktischem Nutzen. Die Bildwiederholfrequenz stellt man am besten nach wie vor über die speziellen Funktionen des Grafikkartentreibers ein.

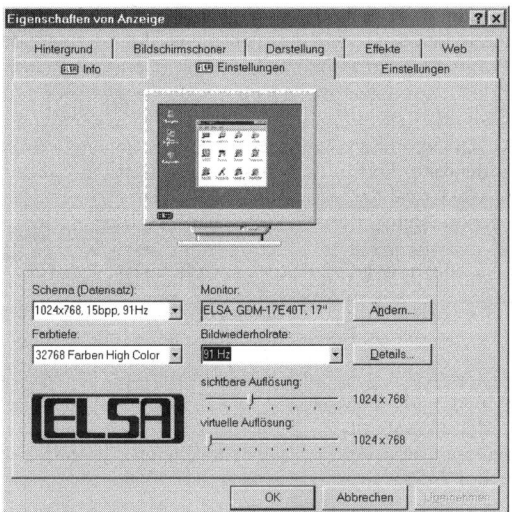

*Die meisten Grafik-
karten ermöglichen die
Einstellung der Bild-
wiederholfrequenz über
eigene Menüs*

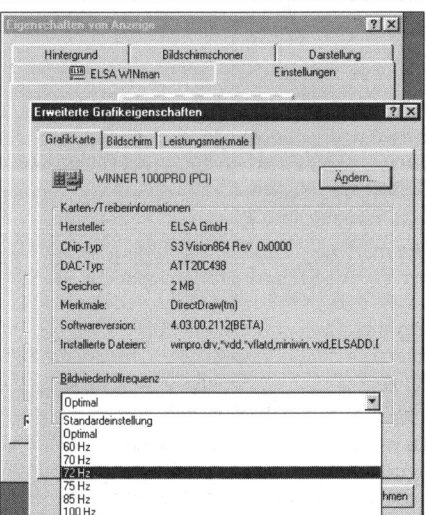

*Ab Windows 95b (OSR2) wird eine
Einstellung der Bildwiederholfrequenz auch direkt im Eigen-
schaften-Dialog der Grafikkarte
ermöglicht. Jedoch muss der Treiber
dies unterstützen*

DDE (Dynamic Data Exchange)

DDE (Abk. f. dynamischer Datenaustausch) ist ein von der Firma →Microsoft definierter Standard für den programmübergreifenden Datenaustausch unter →Windows ab der Version 3.0. DDE ermöglicht eine Verknüpfung von Dateien oder Teilen von Dateien zwischen zwei Anwendungen, die den DDE-Standard unterstützen. Dabei wird zwischen einer Quellanwendung (Server) und einer Zielanwendung (Client) unterschieden, wobei die Zielanwendung eine komplette oder teilweise Kopie der Serverdatei aufnimmt. Werden die Daten in der Quelldatei geändert, so wird diese Information über die Verknüpfung zur Zielanwendung vermittelt und dort dynamisch aktualisiert. Eine DDE-Kommunikation kann aber auch einfach nur zum Austausch von Befehlen und Anweisungen zwischen zwei Programmen verwendet werden. Der DDE-Standard wurde seit der Einführung von →Windows und →OLE wesentlich erweitert.

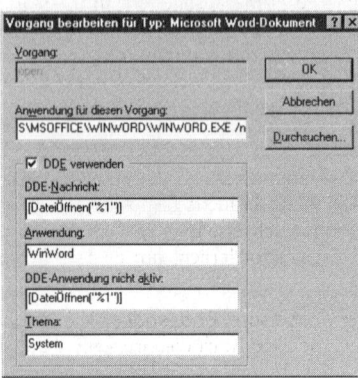

Unter Windows lassen sich DDE-Befehle per Doppelklick aus dem Datei-Manager an Programme übergeben. Die Einstellungen nehmen Sie unter Ansicht/Optionen/ Dateitypen von jedem Verzeichnisfenster aus vor

Debugging [„Entwanzen"]

Debugging bezeichnet den Vorgang der Fehlersuche und -behebung in Programmcodes mit Hilfe eines entsprechenden Analyse-Programms, dem **Debugger**. Ein Bug (englisch für Wanze) ist die Bezeichnung für einen Programmfehler, der auf die Zeit der elektromechanischen Rechenmaschinen zurückgeht, bei denen sich Insekten im Gewirr der Relais einnisteten und bisweilen deren Kontakte störten. Eine alternative oder sinnverwandte Bezeichnung für Debugging ist auch **Patchen** (auch in Bedeutung von →Update, siehe →Patch) oder **Bugfixing** (siehe →Bug/-fix).

DEC (Digital Equipment Corporation)

Die 1957 gegründete Firma DEC mit Sitz in Maynard war lange Jahre nach →IBM die Nummer 2 der Computerindustrie. Im Januar 1998 wurde DEC schließlich von der →**Compaq** für rund 17 Milliarden Mark gekauft bzw. beide Firmen fusionierten. Damit wurde Compaq/DEC nach IBM und Hewlett Packard eine der größten EDV-Firmen der Welt. Interessant für Compaq ist vor allem das weltweite, gut gepflegte Händler-, Support und Kunden-Netz von DEC. Und natürlich das gute Know-how in der Prozessor-Technik.

DEC spielt eine wichtige Rolle im Marktsegment der →Workstations und →Server auf Basis der **Alpha-Prozessoren** (siehe →Alphachip, →RISC-Prozessor). Diese sind den Intel-Prozessoren an Leistung v. a. im →Floating-Point-Bereich überlegen. Außerdem erreicht DEC mit seinen Spitzenmodellen zumeist immer eine deutlich höhere Taktung als Intel. Da Microsoft auch →Windows NT bzw. →Windows 2000 an den Alpha-Prozessor angepasst hat, hat DEC bzw. der Alpha-Prozessor in Zukunft durchaus noch eine gute Marktchance.

Viele Anwender im PC-Bereich dürften mit DEC aber Kontakt über deren Internetsuchservice →**Alta Vista** haben (*www.altavista.com*). Alta Vista, entwickelt vom Digital-Mitarbeiter Lous Monier, ist angeblich die schnellste Search-Engine im Internet und hat täglich einige Millionen Zugriffe (16 Millionen können verarbeitet werden). Die Nutzung ist kostenlos und wird von Compaq/DEC neben dem eigenen Nutzen hauptsächlich als Werbung für die eigene Firma verstanden. Im Januar '99 wurde jedoch bekannt gegeben, dass man Alta Vista als eigenständige Firma ausgliedern und sogar an die Börse bringen will. Die Aktualisierung der Daten erfolgt mit Hilfe eines Softwareroboters (Scooter), der automatisch das Internet nach Informationen absucht und diese für die Search-Engine Alta Vista archiviert. Siehe auch →Internetsuchdienste und →Internetrecherche.

Dekoder (Entschlüsseler)

Ein Dekoder oder **Dekodierer** ist allgemein ein Programm oder System zur Entschlüsselung von Daten. Der Dekoder braucht zum Arbeiten den Code, mit dem die ursprüngliche →Datenverschlüsselung vorgenommen wurde. (Beim Pay-TV ist oft ein TV-Dekoder erforderlich, um in den Genuss der Fernsehprogramme zu kommen).

Ein Dekoder ist auch Teil eines →Prozessors. Er dekodiert die Befehle des Maschinencodes (→Maschinensprache) und führt die einzelnen elementaren Befehle der Verarbeitung zu.

DECT-Standard (Digital European Cordless Telephony)

DECT ist die englische Bezeichnung für einen neueren Standard von schnurlosen Telefonen, der die alten →CT-Standards ablöst. DECT-Telefone bieten gegenüber den alten CT-Telefonen v. a. eine höhere Abhörsicherheit. Gleichzeitig unterstützen sie den so genannten →GAP-Standard, der es ermöglicht, dass die Handgeräte und Basisstationen von verschiedenen Herstellern untereinander kompatibel (also austauschbar) sind.

DECT arbeitet im Frequenzbereich von 1,88-1,9 GHz mit nur zehn Kanälen, kann aber durch Verschachtelung der Daten bis zu 12 Gespräche pro Kanal und bis zu 120 Gespräche pro Empfangsgebiet koordinieren. Auch Telefone, die auf derselben Frequenz senden, stören sich normalerweise nicht, da sie mit zeitversetzten Datenblöcken von 417 Mikrosekunden arbeiten, die durch Funkstillen von 9,6 Millisekunden unterbrochen werden.

An eine DECT-Basisstation können auch schnurlose TAE-Dosen (→TAE) angemeldet werden, an die wiederum Faxgeräte oder Modems angeschlossen werden können. Allerdings beschränkt das Datenwandlungsverfahren die Übertragungsrate zumeist auf 9.600 Bit/s, was lediglich für Faxversand ausreichend ist.

Dedizierter Server [dedicated server]

Ein dedizierter (zugedachter) Server ist ein nur für einen speziellen Zweck bestimmter →Server in einem →Netzwerk. Während ein nichtdedizierter Server (siehe →Non dedicated server) auch als Arbeitsplatzrechner eingesetzt werden kann, wird ein dedizierter Server nur für seine speziellen Aufgaben verwendet. Typische Beispiele sind ein LAN-Server oder Drucker-Server (siehe →Netzwerk).

Default [Standard, Vorgabe]

Im Allgemeinen wird mit dem Begriff default die Vorgabe oder Standardeinstellung eines Parameters in einem →Betriebssystem, einem Anwendungsprogramm oder einer anderen Rechnerkomponente bezeichnet. Ein Beispiel für eine derartige Standardeinstellung ist die Verwendung der US-Tastaturbelegung durch das Betriebssystem →MS-DOS, wenn nicht ausdrücklich ein anderer Tastaturtreiber aktiviert wurde.

Defragmentierung [defragmentation]

Das Defragmentieren (auch Entfragmentieren genannt) ist ein Vorgang, bei dem Dateien, deren Inhalte auf räumlich nicht zusammenhängenden →Cluster eines Datenträgers (zumeist die →Festplatte) verteilt sind, durch Umkopieren wieder zu einem räumlich gemeinsamen Speicherbereich zusammengefügt werden. Mit anderen Worten: Defragmentieren ist das Rückgängigmachen der durch das Betriebssystem bedingten Fragmentierung von Dateien. Das fragmentierte Abspeichern von Dateien ist eine Folge der meisten **Dateisysteme, insbesondere von** →FAT bzw. →FAT32, aber auch von →NTFS. Diese Dateisysteme sind so konzipiert, dass sie beim Abspeichern neuer Daten diese auf die ersten freien Cluster verteilen, auch wenn diese physikalisch nicht zusammenliegen. Da eine Datei zumeist größer als ein Cluster ist, ist es nicht zu vermeiden, dass sie auf verschiedene Cluster aufgeteilt werden muss. Eine fragmentierte Speicherung ist dabei auch kaum zu vermeiden, weil allein durch Löschvorgänge während des normalen PC-Betriebs ständig irgendwo auf der Platte Cluster erneut freigegeben werden, die aber natürlich weiter genutzt werden sollen. Gerade bei einer vollen Festplatte kann der Plattencontroller gar nicht anders, als neue, große Dateien über solche an verschiedenen Stellen freigewordenen Cluster zu verteilen, um sich sozusagen einen größeren Speicherbereich „zusammenzustückeln".

Das Defragmentieren wird durch Hilfsprogramme wie z. B. MS-Defrag oder Norton Speed Disk (siehe →Norton Utilities) durchgeführt und erhöht die Arbeitsgeschwindigkeit sowie die Sicherheit beim Zugriff auf die Daten. Außerdem wird die Mechanik der Festplatte weniger beansprucht, was ihrer Lebensdauer zugute kommt. Aus diesem Grund sollte jede Festplatte in regelmäßigen Abständen defragmentiert werden. Defragmentierungsprogramme sind jedoch eng auf die Hardware und das jeweilige Betriebs- bzw. Dateisystem zugeschnitten und sollten daher mit Vorsicht verwendet werden. Kritisch sind außerdem im Hintergrund laufende Anwendungen und Cache-Programme, sodass Sie eine Defragmentierung am besten ganz alleine, vielleicht über Nacht ablaufen lassen sollten. Unter Windows 3.x sollte normalerweise keine Defragmentierung durchgeführt werden, sondern nur unter reinem DOS. Für Windows 95/98 müssen spezielle Defragmentierungs-Programme verwendet werden, die insbesondere mit den langen Dateinamen und v. a. dem Dateisystem →FAT32 zurechtkommen.

Tipp: →NTFS von →Windows NT ist zwar für eine Fragmentierung nicht so anfällig wie FAT, aber auch hier kann es nach längerem Betrieb zu deutlich spürbaren Einbrüchen in der Festplatten-Geschwindigkeit durch eine Fragmentierung kommen. Da Microsoft selbst kein Defragmentierungs-Tool bei Windows NT 4.0 mitliefert, muss man auf die Produkte anderer Hersteller ausweichen. Das bekannteste dürfte Diskkeeper der Firma Executive Software (*www.executive.com*) sein. Die aktuelle, kostenpflichtige Version gibt es je in einer Ausführung für die NT-Workstation und den NT-Server. Sie bietet vielfältige Optionen, eine automatische Defragmentierung im Hintergrund und eine Defragmentierung der NT-Auslagerungsdatei (Pagingfile, siehe →Auslagerungsdatei). Wer mit einer nur gelegentlichen, manuell zu startenden Defragmentierung auskommt (wie es bei Windows 95/98 ja auch üblich ist), kann sich die →Freewareversion Diskkeeper Lite runterladen (*www.execsoft.com/dklite*). Da Diskkeeper Lite aber weder die Auslagerungsdatei noch die Registry defragmentiert, sollten Sie sich unter *www.sysinternals.com/pagedfrg.htm* das ebenfalls kostenlose Programm PageDefrag besorgen. In der Kombination haben Sie das Defragmentierungs-Problem unter NT erst mal im Griff.

Degaussing [Entmagnetisierung]

Qualitativ hochwertige Monitore haben oft einen Degauß-Schalter, mit dem die Bildröhre entmagnetisiert werden kann, was Farbverschiebungen entgegenwirkt. Der Name wurde von der Maßeinheit Gauß der magnetischen Induktion abgeleitet – benannt nach dem deutschen Gelehrten Carl Friedrich Wilhelm Gauß.

Dekrementieren

Dekrementieren heißt die wiederholte Verminderung des Werts einer Variablen, eines Registerinhalts usw. um einen konstanten vorgegebenen Betrag – meist um den Wert 1. Das Dekrementieren wird z. B. bei Programmschleifen (siehe →Schleife) angewandt.

Dell

Der amerikanische Hersteller Dell (gegründet 1984) war der erste so genannte Direktanbieter auf dem deutschen Markt (1988). Der Unterschied gegenüber vielen anderen Herstellern liegt im Vertriebskonzept: Die Geräte werden direkt, also ohne Zwischenhändler, vertrieben, jedes Gerät wird nach Kundenwünschen auf Bestellung produziert. Die Modelle werden von Dell selbst entwickelt. Das Produktspektrum reicht vom →Notebook über Desktop-Computer bis hin zu Hochleistungs-Servern für den Netzwerkeinsatz (siehe →Netzwerk, →Server). Im Kaufpreis sind ein umfangreiches Serviceangebot sowie eine Hotline-Unterstützung inbegriffen. Die Geräte für den europäischen Markt werden seit 1991 zentral in einem Werk in Irland gefertigt und kundenspezifisch konfiguriert. Dell ist im Internet unter *www.dell.com* vertreten. Von dort kann man auf die spezifischen Angebote der verschiedenen Länder (z. B. für Deutschland) verzweigen.

Demultiplexer

Ein →Multiplexer ist ein Gerät oder eine Komponente zur Zusammenführung mehrerer paralleler Datenströme eines Senders auf die logischen Kanäle eines einzigen physischen Übertragungsmediums. Der Demultiplexer spaltet dementsprechend die übertragenen Signale wieder in parallele Datenströme auf.

DENIC (Network Information Center für DEutschland)

Das DENIC (Abk. f. Netzwerkinformationszentrum für Deutschland) in Karlsruhe ist für die Verwaltung aller →IP-Adressen in der →Domain Deutschland (.de) des Internet zuständig. Dafür wurde ihm durch das SRI Network Information Center, kurz →InterNIC, in Kalifornien ein Bestand von Adressen zugeordnet. Im Gegensatz zu früher können aber mittlerweile keine *de*-Domains bei DENIC mehr reserviert werden, sondern müssen direkt auch im Netz freigeschaltet werden. Damit soll dem Handel mit reservierten Domain-Namen entgegengetreten werden.

DENIC ist eine genossenschaftlich organisierte Domain-Verwaltungs- und Betriebsgesellschaft mit Hauptsitz in Frankfurt/Main. Mitglieder der DENIC können nur Internetprovider werden. Die Leistungen der Gesellschaft sind übrigens rechtlich nicht durch staatliche Gesetze geregelt oder abgesichert. Das heißt, rechtliche Ansprüche auf eine bestimmte Domain oder deren Erhalt lassen sich nur schwer einklagen. Prinzipiell gelten die allgemeinen Geschäftsbedingungen als Richtschnur bei Streitigkeiten z. B. um den Besitz eines Domainnamens, der über das DENIC reserviert wurde. Man sollte bei der Anmeldung eines Domain-Namens also immer darauf achten, dass dieser bei der DENIC auf einen selbst eingetragen ist und nicht auf den Internetprovider, bei dem man seinen Webservice gemietet hat.

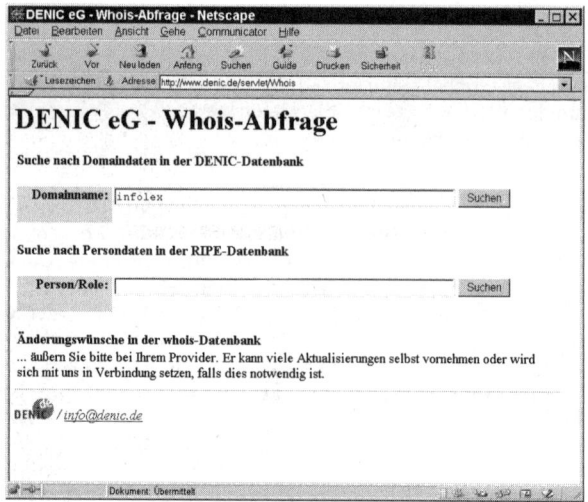

Unter der Internetadresse www.denic.de/servlet/Whois kann man einsehen, welche de-Domains schon vergeben sind

Die Preise für die Anmeldung bzw. Reservierung einer de-Domain bei der DENIC sind sehr unterschiedlich, je nachdem, ob man dies über den Provider oder direkt selbst macht. Der Provider bekommt meist von der DENIC günstigere Konditionen als ein einzelner Kunde und fährt außerdem i. d. R. eine Mischkalkulation bei seinen Preisen. Das heißt, die Kosten für eine Domain-Reservierung werden häufig auf die Gesamtkosten für die Anmietung des Webservices umgeschlagen.

Das DENIC selbst hat seine Preise ab 1. April 1999 um 50 % gesenkt. Endkunden zahlen jetzt bei einer Erstanmeldung nur noch 232 DM, für alle weiteren Folgejahre jeweils 116 DM. Die Kosten sind wie gesagt zumeist günstiger, wenn man die Reservierung über den Provider abwickelt. Jedoch sollte man dabei unbedingt schriftlich aushandeln, dass das Recht an dem Domain-Namen nicht dem Provider gehört (dieser also bei der DENIC nur als Vermittler auftritt!) und man bei einem Wechsel des Providers die Domain-Adresse jederzeit mitnehmen kann. Weitere Informationen bzw. Kontakt zum DENIC bekommen Sie im Internet unter *www.nic.de* sowie telefonisch unter 069-272350.

Density [Dichte]

Der Begriff density wird insbesondere für die Aufzeichnungsdichte von →Daten auf einem →Datenträger verwendet. Er gibt damit die Menge der speicherbaren Information pro Flächeneinheit an. Eine höhere Speicherkapazität bei gleicher Fläche des Datenträgers entspricht somit einer höheren Aufzeichnungsdichte. Bei Disketten werden mittlerweile drei Stufen verwendet: DD (**D**ouble **D**ensity), HD (**H**igh **D**ensity) und ED (**E**xtra **H**igh **D**ensity), von denen allerdings nur die HD-Disketten (siehe →HD) zur Zeit eine Bedeutung haben.

Desktop [„auf dem Tisch"]

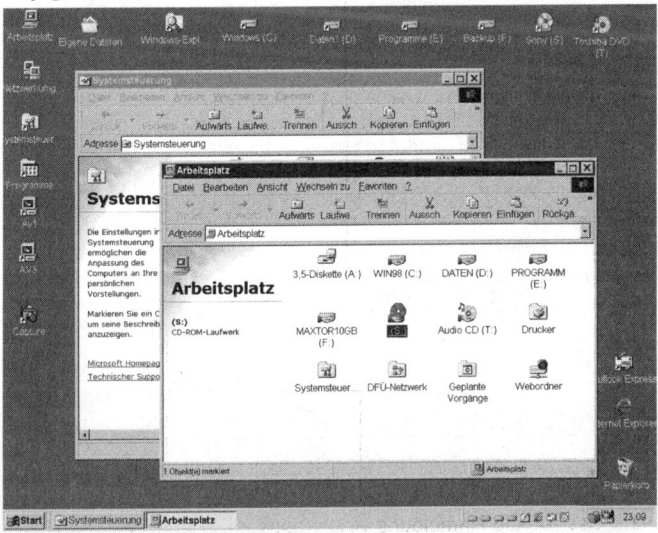

Der typische Desktop von Windows 98 (im Hintergrund) mit Programmfenstern (im Vordergrund) und →Task-Leiste (unten)

Desktop ist die Bezeichnung für einen →PC, der aufgrund seiner Maße mit seinem Gehäuse, →Bildschirm und →Tastatur im Gegensatz zum →Tower auf dem Schreibtisch aufgestellt werden kann (→Notebook). Unter Desktop versteht man aber auch die Arbeitsfläche einer grafischen Benutzeroberfläche wie →Windows oder KDE bei →Linux.

Device [Gerät]

Der Begriff device ist eine allgemeine Bezeichnung für nahezu jede durch eine Funktion oder Anordnung abzugrenzende Einheit in einem →Computer. Zum Ansteuern solcher Einheiten oder Geräte wird vom Rechner oft ein spezifischer →Gerätetreiber benötigt.

Dezimalsystem [decimal system]

Zur Darstellung von Zahlen werden Ziffern eines Zahlensystems verwendet. Das →Zahlensystem unseres Alltags arbeitet mit den zehn Ziffern 0-9. Zahlen, die in diesem Zahlensystem, dem Zehner- oder Dezimalsystem, dargestellt sind, heißen Dezimalzahlen. Computer arbeiten mit einem Zahlensystem, das nur die Ziffern 0 und 1 kennt, dem →Dualsystem.

Dezimalzahl [decimal number]

Wie in jedem Zahlensystem werden Zahlen durch die Aneinanderreihung von Ziffern dargestellt. Dabei kommt jeder Stelle ein Positionswert zu, der mit dem jeweiligen Stellenwert zu multiplizieren ist und sich aus einer Potenz der verwendeten Basis (hier die 10) ergibt. Die Summe der einzelnen Produkte ergibt die Zahl. Im uns allseits geläufigen Dezimalsystem sieht das recht simpel aus: Die Dezimalzahl 1.245 ergibt sich z. B. aus $1 \times 10^3 + 2 \times 10^2 + 4 \times 10^1 + 5 \times 10^0 = 1.000 + 200 + 40 + 5$.

DF1

Der neueste Stand der Technik ist →Digital-Fernsehen, auch DVB genannt. Der erste (allerdings kostenpflichtige) Sender, der diesen Standard benutzte war DF1 der deutschen Kirch-Gruppe, der seit Herbst 1996 sein Programm in Form mehrerer TV- und Radiosendungen über die →Astra-Satelliten ausstrahlte. Eine Einspeisung ins Kabelnetz der Telekom gab es seit Anfang 1999 ebenfalls in einigen Bundesländern. Nachdem DF1 Ende 1997 mit dem bekannten Pay-TV-Sender Premiere fusionierte und Mitte 1999 die Fusion von den Aufsichtsbehörden schließlich genehmigt wurde, werden beide Sender ab dem 1.10.1999 unter der Bezeichnung **Premiere World** gemeinsam ihr digitales Programm anbieten. Langfristig sind monatliche Kosten von ca. 50 DM geplant, zur Einführung liegt der Preis jedoch bei ca. 30-40 DM. .

Im TV-Bereich werden dabei über 30 Sparten-Programme angeboten, die sich in unterschiedliche Pakete mit unterschiedlichen Preisstrukturen aufteilen lassen. Vor allem Sport und Spielfilme sind nur gegen Zusatzkosten zu haben; so werden z. B. bei Cinedom pro Filmtitel sechs Mark Zusatzgebühr fällig. Zum Empfang von DF1 bzw. Premiere World ist ein spezieller, kostenpflichtiger Dekoder notwendig (→Set-top-Box, d-Box). Weitere Informationen unter →Digitales Fernsehen.

DFÜ-Netzwerk

Das DFÜ-Netzwerk von Windows 95/98 und Windows NT 4.0 (englisch auch **RNA** = **R**emote **N**etwork **A**ccess oder **Dial-up-Networking** genannt, bei →Windows NT als **RAS** bezeichnet = **R**emote **A**ccess **S**ervice) ist eine Funktion, die es ermöglicht, per Modem oder ISDN-Karte eine Netzwerkverbindung mit einer entsprechenden Gegenstelle aufzubauen. Dabei werden alle Netzwerkprotokolle oder Verfahren von Windows 95/98 bzw. Windows NT 4.0 unterstützt, für den Anwender macht die Art der Verbindung also keinen Unterschied zu einem herkömmlichen Netzwerk.

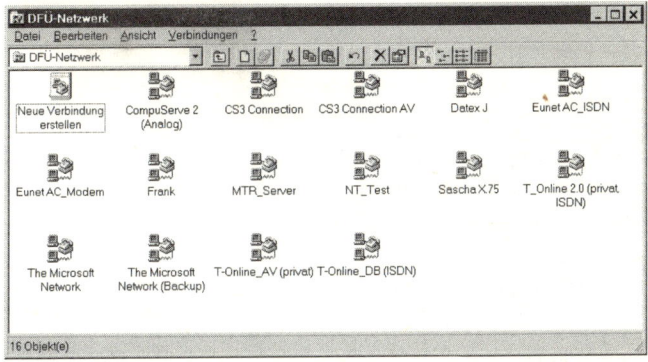

Das DFÜ-Netzwerk ermöglicht es, für jeden Zugang bzw. jede Einwahl eine eigene Konfiguration anzulegen

Das DFÜ-Netzwerk ist nützlich, um sich z. B. von zu Hause in das Firmen-Netzwerk einzuwählen und dort E-Mails abzuholen oder abzuschicken. Man kann auf freigegebene Verzeichnisse oder Drucker wie in einen normalen Netzwerk zugreifen. Außerdem wird das DFÜ-Netzwerk standardmäßig zur **Einwahl in das Internet** mit dem TCP/IP-Protokoll verwendet. Nicht nur beim Einsatz einer ISDN-Karte unter Windows 95/98, sondern auch bei Verwendung von Modems sollte man das DFÜ-Netzwerk mit dem so genannten ISDN-Accelerator-Pack von Microsoft updaten. Ab dem Servicepack 2.5 (OSR 2.5) ist die Version aber schon Bestandteil von Windows 95. Mit diesem Update wird erstmals die Verwendung von →Kanalbündelung ermöglicht. Das Update lässt sich übrigens kostenlos auf dem Internetserver von Microsoft (***www.microsoft.com***) herunterzuladen oder wird von den meisten ISDN-Kartenherstellern bei den Treibern mitgeliefert.

Während bei Windows NT 4.0 die **Server-Funktion** des DFÜ-Netzwerks bereits standardmäßig vorhanden ist (der Rechner dient als Zielrechner für die Einwahl einer Gegenstelle, z. B. ein Server in einem Firmen-Netzwerk), muss dies bei den ersten Versionen von Windows 95 noch nachträglich durchgeführt werden. Dafür ist eine *dll*-Datei notwendig (*Rnaserv.dll*), die auf der Windows 95-CD fast versteckt ist (bei Windows 95a in der *cab*-Datei Nr. 6). Wer das Plus!-Pack von Microsoft erhalten hat, kann die *dll*-Datei per Installationsprogramm auf seine Festplatte kopieren. Der richtige Zielort ist das *System*-Verzeichnis von Windows 95. Bei Windows 95b sowie allen

Nachfolgern wird die Server-Datei automatisch installiert. Genauso auch bei Besitzern einer ISDN-Karte, die mit dem Microsoft ISDN-Accelerator-Pack arbeiten.

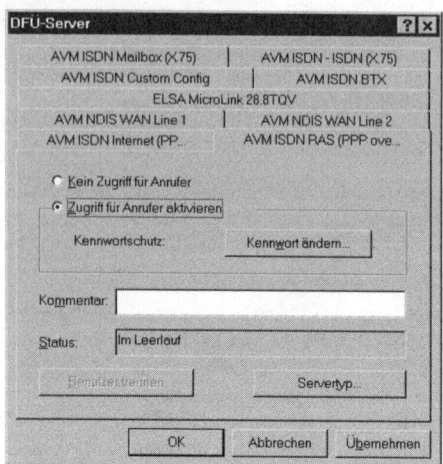

Der DFÜ-Server von Windows 95/98

DHCP (Dynamic Host Configuraton Protocol)

DHCP ist die englische Abk. f. „dynamisches Gastrechner Konfigurationsprotokoll". Gemeint ist damit ein Server-Dienst, mit dem sich →IP-Adressen in einem Netzwerk an Rechner automatisch vergeben lassen, die sich an diesem z. B. durch Einwahl anmelden. →Windows NT bietet z. B. solch eine DHCP-Server-Funktion an, womit andere Rechner, die sich an diesem Netzwerk über das →TCP/IP-Protokoll anmelden, automatisch über eine eigene IP-Adresse in das Netz eingebunden werden können.

Eine entsprechende Prozedur bzw. Funktion dürfte vielen Anwendern von der Einwahl ins Internet bekannt sein. Jedes Mal, wenn man sich per →Modem oder →ISDN bei seinem →Internetprovider einwählt, bekommt man ja eine dynamische IP-Adresse automatisch zugewiesen (also nur für diese Sitzung). Da IP-Adressen immer nur einzigartig sein dürfen, muss auf der Server-Seite ein Dienst dafür entsprechend Sorge tragen und die IP-Adressen dem sich anmeldenden Client entsprechend zuweisen. Bei der Interneteinwahl wird hierfür jedoch das →PPP-Protokoll verwendet. In einem lokalen →Intranet unter Windows NT kommt dagegen das DHCP zum Einsatz. Richtet man einen neuen Client in einem solchen DHCP-gesteuerten Netzwerk ein, so kann man sich bei der Konfiguration des Netzwerks ebenfalls direkt automatisch eine korrekte, einzigartige IP-Adresse zuweisen lassen. Was bei kleinen Netzwerken mit einer überschaubaren Anzahl an Clients noch nicht sonderlich wichtig ist, wird bei größeren Netzwerken leicht absolut notwendig, um den Verwaltungs- bzw. Dokumentationsaufwand möglichst niedrig zu halten und außerdem keine IP-Adressen versehentlich doppelt zu vergeben.

> **Tipp:** Bei der Installation bzw. Konfiguration von Windows NT als normaler Arbeitsplatz-Rechner ganz ohne Netzwerk oder in einem kleineren LAN ist die DHCP-Funktion absolut unnötig bzw. unwichtig. Dennoch fragt Windows NT bei der Netzwerk-Konfiguration regelmäßig danach, ob man die Konfiguration über einen DHCP-Server durchführen möchte. Das sollte man einfach verneinen und bei der Verwendung von TCP/IP als Netzwerk-Protokoll die IP-Nummern von Hand vergeben. Hierzu dienen die bereits beschriebenen, für lokale Intranets reservierten IP-Adressen-Bereiche (siehe →IP-Adresse).

Dhrystone

Der Dhrystone-Test ist ein spezieller →Benchmark-Test, der in erster Linie die Leistung der →CPU beschreibt. Hierzu wird ermittelt, wie oft der Prozessor bestimmte kleine Programme – die so genannten Dhrystones – innerhalb einer Sekunde abarbeiten kann (siehe auch →Whetstone).

Diagnoseprogramm [diagnose program]

Ein Diagnoseprogramm ist ein Programm, das in der Lage ist, verschiedene Funktionsparameter eines Computers zu bestimmen und Fehler in der Hard- oder Software eines Computers aufzuspüren. Besonders wichtig sind z. B. die Belegung von →Interrupts, Port-Adressen und DMA-Kanälen (→DMA). Diese Informationen sind z. B. bei der Nachrüstung von →Steckkarten wie →Soundkarte oder →Modem sehr wichtig, da Interrupt- oder Adresskonflikte zu Systemabstürzen führen können. Ein bekanntes Programmpaket dieser Art sind die →Norton Utilities.

Diagramm [diagram, chart]

Zahlen sind nur in den seltensten Fällen anschaulich und ab einer bestimmten Größe werden die Verhältnisse verschiedener Zahlen zueinander sehr abstrakt. Deshalb verfügen Tabellenkalkulationsprogramme über die Möglichkeit, aus Zahlen Diagramme zu erstellen. Diagramme gibt es in den unterschiedlichsten Formen, die bekanntesten sind **Balken**- [column chart], **Kreis**- bzw. **Torten**- bzw. **Kuchen-Diagramm** [pie chart], **Punkte**- [point chart] sowie **Kurven**- bzw. **Liniendiagramme** [line chart]. Innerhalb der Tabellenkalkulation können solche Diagramme als 2-D- und als 3-D-Darstellung erstellt werden. Die 2-D-Darstellung ermöglicht zumeist eine höhere Ablesepräzision, sieht aber bei weitem nicht so spektakulär aus.

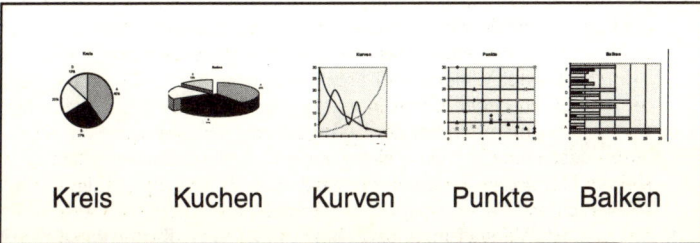

Kreis   Kuchen   Kurven   Punkte   Balken

Die verschiedenen Diagrammtypen und ihre Bezeichnung

Dialogfenster [dialog window]

Ein Dialogfenster (auch fälschlicherweise oft **Dialogfeld** oder **Dialogbox** genannt) ist ein Bildschirmelement zur Bedienung von grafischen Benutzeroberflächen wie z. B. →Windows. Ein Dialogfenster wird vom Programm eingeblendet, wenn für die Ausführung einer Funktion mehrere Optionen vorhanden oder weitere Eingaben zu machen sind. Es handelt sich also um einen Programmteil, der den Dialog mit dem Anwender ermöglicht. Typisches Beispiel ist das Dialogfenster zum Drucken, in dem weitere Einstellungen zur Anzahl der Kopien, der Reihenfolge der Seiten usw. vorgenommen werden können. Hierzu stehen Optionsfelder zur Auswahl oder Textfelder zur Verfügung, in die Einträge gemacht werden können.

DIANE (Direct Information Access Network for Europe)

DIANE (Abk. f. „direktes Informations-Zugangs-Netzwerk für Europa") ist eine Vereinigung von Betreibern von →Datenbanken, die über das →Euro-Net miteinander verbunden sind.

Dienstekennung

Die einzelnen im →ISDN zusammengefassten Telekommunikationsdienste – Fernsprecher, ISDN-Fax, analoges Fax, Datenfernübertragung usw. – werden durch die so genannte Dienstekennung kodiert (auch **SI** = **S**ervice **I**ndicator genannt). Diese wird beim Aufbau der Verbindung über den Steuer- oder →D-Kanal (→D-Kanal/-Protokoll) übertragen und kann zur zielgerichteten Auswahl des speziellen Endgeräts genutzt werden. Dadurch ist eine Mehrfachbelegung der Rufnummern (EAZ beim nationalen oder MSN beim →Euro-ISDN) möglich. Nachfolgend eine Aufstellung der Dienstekennung:

Kennung (Dezimal)	Kennung (Hexadezimal)	Dienst
0	10h	Bildtelefonie
1	01h	Fernsprecher
2	02h	a/b-Dienste (analoges Telefax und Modem-DFÜ)
3	03h	→X.21-Dienst (Terminaladapter)
4	04h	Telefax Gruppe 4 (digital)
5	05h	→Btx (mit 64 KBit/s)
7	07h	Datenübertragung mit 64 KBit/s
8	08h	→X.25-Dienst (Datex-P)
9	09h	Teletex mit 64 KBit/s
10	0Ah	Mixedmode (ASCII Text und Grafiken, Textfax)
13	0Dh	Fernwirken, Telemetrie, Alarmierung
14	0Eh	Grafiktelefon, Fernzeichnen
15	0Fh	zukünftiger Btx-Standard

Digital [digital]

Der Begriff digital bedeutet so viel wie abzählbar und steht im Gegensatz zum Begriff →analog. Während analoge Größen beliebig viele (also unendlich, immer weiter teilbare) Zwischenwerte eines gegebenen Intervalls annehmen können, sind digitale Werte auf eine begrenzte, diskrete Zahl von Zwischenwerten beschränkt. Das Wort digital leitet sich vom lateinischen Wort digitus (Finger) ab, da die Finger von jeher zum Zählen verwendet werden. Die Umwandlung analoger Werte in digitale nennt man digitalisieren (siehe →Digitalisierung); Geräte oder Systemkomponenten, die analoge Werte in digitale umwandeln, heißen →Analog-Digital-Wandler.

Digital Research

Die amerikanische Softwarefirma Digital Research (DR) wurde 1976 von Gary Kildall gegründet. Ein Jahr später veröffentlichte die Firma das sehr erfolgreiche →Betriebssystem →CP/M. Im Jahr 1985 erfolgte die Veröffentlichung der grafischen Benutzeroberfläche →GEM, der aber durch die große Konkurrenz von →Windows kein dauernder Erfolg beschieden sein sollte. Das zu →MS-DOS größtenteils kompatible Betriebssystem →DR-DOS erschien 1989, wurde dann aber 1991 von →Novell aufgekauft und schließlich seit 1994 nicht mehr weiterentwickelt.

Digital-Analog-Wandler [Digital Analogous Converter]

Ein Digital-Analog-Wandler, kurz D/A-Wandler oder auch DAC (von englisch Digital-Analog-Converter), ist ein Bauelement in einem →Computer, das digitale Informationen in ein analoges Signal umwandelt. Ein Digital-Analog-Wandler stellt das Gegenstück zum →Analog-Digital-Wandler dar. D/A-Wandler werden z. B. benötigt, um die digitalen Signale einer Audio-CD hörbar zu machen oder um digitale Informationen als Tonsignal über eine Telefonleitung verschicken zu können (siehe →Modem).

Digitale Kameras [digital camera]

Mit Hilfe digitaler Kameras kann man Fotos auf rein elektronischem Weg erstellen. Zur Belichtung werden statt des herkömmlichen Films so genannte →CCD-Elemente eingesetzt, wie sie auch bei →Scannern benutzt werden. Die zumeist in →TrueColor aufgenommenen Bilddaten werden von einem Speichermedium (Flash-ROM, PCMCIA-Karten etc.) zwischengespeichert und können anschließend in den PC zur Weiterverarbeitung bzw. Ausgabe übertragen werden. Als Schnittstelle zum PC wird zumeist die →parallele Schnittstelle verwendet, manchmal aber auch mit SCSI gearbeitet. Die Qualität der im mittleren Preissegment verkauften Geräte ist mittlerweile gut bis sehr gut, reicht aber immer noch nicht an die des herkömmlichen Fotoemulsions-Verfahrens heran, für das eine Auflösung von 5-6 Megapixel (ca. 2.560 x 2.048 Pixel) notwendig wäre.

1996 war das erste Jahr der digitalen Kameras. Zwar gab es auch davor schon Modelle in verschiedenen Preis- und Leistungsklassen, aber mit der CeBit '96 und dann v. a. der Photokina '96 wurden von fast allen namhaften Herstellern (Canon, Kodak, Fuji, Casio, Sony etc.) neue Modelle mit erstmals vernünftigen Preis-Leistungsverhältnissen für den Massenmarkt herausgebracht. Die momentan erhältlichen Modelle arbeiten i. d. R. mit einer Standard-Auflösung von 1024 x 768 Bildpunkten, viele bieten aber schon Auflösungen von 2,3 Megapixeln (siehe Tabelle). Wer die Kamera für schnelle Schnappschüsse, Kataloge und Webseiten einsetzt, kommt bereits mit einer Auflösung von 800 x 600 Punkten sehr gut klar. Erst, wenn größere Bilder auch auf Fotopapier ausgegeben werden sollen, ist eine deutlich höhere Auflösung wichtig.

Auflösung der Bilder	Pixelanzahl des CCD-Chip	Bemerkung
640 x 480	0.3 Megapixel	für Webbilder ausreichend
800 x 600	0.48 Megapixel	schon für einfache Kataloge, Zeitungen oder Bücher ausreichend
1024 x 768	0.8 Megapixel	optisch bereits sehr gute Qualität
1280 x 1024	1.3 Megapixel	bis auf größeren Fotodruck bereits sehr gut für alle Zwecke
1600 x 1280	2.0 Megapixel	sehr gute Qualität, kaum noch Detailverlust
1800 x 1400	2.3 Megapixel	sehr gute Qualität, auch für größere Objekte, Ausdrucke
2560 x 2048	5.2 Megapixel	Qualitätsstufe des herkömmlichen Emulsionsfilms

Die aufgenommenen Bilder werden überwiegend mit einem verlustreichen Kompressionsformat (z. B. →JPEG) abgespeichert und von einer Optik mit AutoFokus und AutoBelichtung – bei zumeist integriertem Blitz – aufgenommen. Höherwertige Modelle besitzen zusätzliche Fähigkeiten wie LCD-Bildschirm zur Betrachtung der Aufnahmen, Makro-Einstellung, Zoom-Objektiv, Sprachaufzeichnung, einstellbare Auflösung bzw. Kompressionsgrad sowie Aufrüstmöglichkeit mit Speicherkarten. Gerade der letzte Punkt ist bei den hochauflösenden Modellen – aufgrund des hohen Speicherbedarfs der Bilder – ein sehr wichtiger Punkt. Es gibt leider immer noch keinen vereinheitlichten Standard für ein entsprechendes Speichermedium, sodass es eine bunte Vielfalt von verschiedenen Typen gibt. Problematisch ist, dass es zwar mittlerweile durchaus schon kompakte und robuste Medien gibt, aber die Speicherkapazität niedrig bzw. die Preise recht hoch sind. Sony hat Anfang 1999 für seine Kamera-Modelle den so genannten „**Memory-Stick**" eingeführt, der möglicherweise in Zukunft einen neuen Standard stellen könnte. Der Memory-Stick ist etwa so lang wie eine AA-Batterie, aber nur 3 Millimeter flach und arbeitet nach dem Prinzip der →Flashmemorys. Der Memory-Stick speichert derzeit (Stand 10.99) je nach Ausführung zwischen 4,8 bis 16 MByte; Modelle mit mehr Speicherkapazität befinden sich in der Entwicklung. Andere Hersteller verwenden die technisch ähnlichen, aber etwas größeren **Compact Flash-Karten**, die es mit zumeist 7,5 und 15 MByte gibt. Auch relativ stark verbreitet sind die so genannten **Smart Media-Cards**, die meistens mit 8 oder 16 MByte verwendet werden und sehr kompakt sind. Weder bei den Preisen noch bei der Technik kann eines dieser Medien klar als das bessere gelten. Beim Kauf einer Kamera sollte dies also kein wesentliches Entscheidungskriterium sein. Wichtig ist nur, dass das Gerät über eine Speichererweiterungsmöglichkeit verfügt.

Anders sieht es da schon mit der Datenübertragung auf den PC aus. Es gibt zwar für meisten Speichermedien spezielle Leselaufwerke, die man in den PC einbauen kann, diese sind aber viel zu teuer. In der Regel wird die Übertragung per Kabel direkt aus der Kamera vorgenommen, wobei früher die →serielle oder →parallele Schnittstelle eingesetzt wurde. Erst seit Mitte 1999 gibt es vermehrt Modelle, die auf die neue und schnelle →USB-Schnittstelle aufsetzen. Es ist wenig ratsam, sich jetzt noch eine neue Kamera ohne USB-

Unterstützung zu kaufen, da diese zukünftig zur Standardausstattung gehören wird und gerade für Digitalkameras eigentlich prädestiniert ist.

Die Preise der aktuellen Modelle variieren in der Größenordnung von ca. 500-3.000 DM; es gibt jedoch auch Profi-Kameras, die basierend auf klassischen Spiegelreflex-Kameragehäusen mit deutlich höheren Auflösungen arbeiten, dafür aber viele Tausend Mark kosten. Für ca. 1500-2000 DM bekommt man aber schon die jeweils aktuellen Spitzenmodelle des normalen Konsumermarkts, die auch mittlerweile eine beachtliche Leistung zeigen. Neben einer Auflösung von mindestens 1,3 (besser 2,3) Megapixel, Erweiterbarkeit mit Speicherkarten, USB-Anschluss, und schnellem Reaktionsvermögen sind automatische und (!) manuelle Einstellmöglichkeiten für Schärfe und Belichtung besonders wichtig. Profis, die bereits eine herkömmliche, hochwertige Kameraausrüstung besitzen, sollten außerdem darauf achten, dass die Digitalkamera genormte Anschlüsse für herkömmliche Blitzgeräte und Objektive hat, so dass man die digitale Kamera damit erweitern kann.

Ein weiteres Problem ist immer noch der Ausdruck der digitalen Bilder. Während die elektronische Aufnahme und Bearbeitung von TrueColor-Bildern keine Schwierigkeiten mehr bereitet (lediglich die Bildgröße liegt im Schnitt unkomprimiert bei ca. 0,5-2,5 MByte), gibt es für den PC noch immer keine vernünftigen, preiswerten Druckmöglichkeiten, Fotos auch wirklich mit der sprichwörtlichen Fotoqualität ausgeben zu können. Die beste und bekannteste Lösung sind die aktuellen Tintenstrahldrucker, möglichst in den speziellen Fotoversionen, die auf zusätzliche Farben zurückgreifen. Diese erreichen zwar eine beachtliche Qualität, aber nur mit sehr teurem Fotopapier erreicht man halbwegs Fotoqualität. Die Preise für eine solche Ausgabe liegen noch bei weitem über den klassischen Abzügen in einem Fotolabor. Speziell für die Ausgabe von digitalen Fotos gibt es so genannte Fotodrucker auf Thermosublimationsbasis. Auf vorgeschnittenem Spezialpapier in Fotogröße (zumeist 8 x 12 cm) können die Bilder zu Preisen von 1-2 DM pro Stück mit hoher Qualität ausgegeben werden. Die Preise für derartige Drucker liegen bei rund 1.000 DM. Wer auf echtem Fotopapier oder Dia-Film belichten möchte, der hat zwei Möglichkeiten: entweder das Erstellen einer eigenen →Photo-CD mit Hilfe eines →CD-Writers und der anschließenden Bilderstellung in einem Fotogeschäft oder die Belichtung eines herkömmlichen Films über einen so genannten **Film- bzw. Diaprojektor**. Derartige Geräte können z. B. von Polaroid zu Preisen von ca. 10.000 DM bezogen werden, stehen aber auch in vielen Belichtungsstudios zur Verfügung. Eine weitere, interessante Alternative ist die Möglichkeit, seine Bilder über eine professionellen Service ausdrucken zu lassen. Die bekannte Fotofirma Fuji bietet im Internet unter *www.fujifilm.de/print-it.htm* einen digitalen Printservice an, der zwar nicht gerade billig ist, aber sehr hochwertige Ergebnisse liefert.

Digitale Sprachübertragung [digital voice transmission]

Bei der digitalen Sprachübertragung werden analoge Sprachsignale durch das international standardisierte Pulse-code-modulations-Verfahren in digitalen Impulsstrom umgewandelt (mehr Informationen unter →PCM-Verfahren). Die u. a. im →ISDN eingesetzte digitale Sprachübertragung mit 64 KBit/s zeichnet sich durch die Vorteile höherer Reichweite, höherer Sprachqualität und geringerer Störanfälligkeit gegenüber einer analogen Übertragung aus.

Digitale Vermittlungsstelle [digital exchange branch]

Im Telefonverkehr gibt es für den Gesprächsaufbau und die Herstellung von Verbindungen so genannte Vermittlungsstellen, und zwar herkömmliche elektromechanische (analoge) und moderne digitale. Bis Ende 1997 hat die Telekom bundesweit alle analogen Ortsvermittlungen durch digitale Vermittlungsstellen ersetzt, was für den Netzbetreiber Vorteile bei der Wartung und Modernisierung bringt sowie für den Kunden zusätzliche Leistungsmerkmale, die größtenteils denen im →ISDN entsprechen.

Bei den digitalen Vermittlungsstellen unterscheidet die Telekom nach DIVO und DIVF, was für **D**igitale **V**ermittlungsstelle für den **O**rtsverkehr bzw. **D**igitale **V**ermittlungsstelle für den **F**ernverkehr steht. An der DIVO laufen die Teilnehmer-Anschlüsse eines Ortsbereichs zusammen. Gespräche innerhalb dieses Bereichs werden direkt von der DIVO automatisch vermittelt. Ferngespräche werden von der DIVO an die DIVF weitergeleitet, die eine Vermittlungsstelle für Fernleitungen ist.

Auch wer noch analoge Endgeräte besitzt, hat deutliche Vorteile vom Anschluss an einer DIVO. Ein wesentliches Kennzeichen ist die Möglichkeit, statt wie bisher mit dem Impulswahl- (IWV) nun mit dem Tonwahl-Verfahren (MFV) wählen zu können. Außerdem können kostenlos etliche bisher aus dem →ISDN bekannte Leistungsmerkmale beantragt werden wie etwa →Anklopfen oder →Makeln (siehe auch →ISDN-Leistungsmerkmale). Das alte Impuls-Wahlverfahren funktioniert übrigens trotzdem weiter.

Digitales Fernsehen [Digital TV, Digital Video Broadcasting]

Auch beim Fernsehen ist die Zukunft digital und wird mit dem englischen Schlagwort **DVB** (**D**igital **V**ideo **B**roadcasting) bezeichnet. Derzeit strahlt vor allem das →**DF1** der Kirch-Gruppe – seit Herbst 1999 auch **Premiere World** genannt – ihr Programm über die →Astra-Satelliten aus. Insgesamt gibt es schon rund 200 Sender. Bis 2010 wollen alle Sender auf DVB umgerüstet haben und dann zumindest parallel zum alten, analogen Verfahren auch digital ausstrahlen. Das von analogen Übertragungen und Aufzeichnungen her bekannte Farb-Rauschen, besonders in roten oder blauen Farbflächen, ist bei digitalen Übertragungen nicht mehr vorhanden. Außerdem wäre eine terrestrische Ausstrahlung über Sendemasten weniger anfällig für Wetterstörungen. Jedoch gibt es bis jetzt (Herbst 1999) nur eine Aussendung über das Kabelnetz und Satellit. Seit der IFA '99 laufen aber die ersten Feldversuche mit terrestrischer Funkübertragung.

Für die notwendige Kompression der Daten wird das auch von der →DVD bekannte →MPEG2-Verfahren eingesetzt. Allerdings wird hier der normale Ton und auch möglicher →Surround-Sound mit MPEG2 und nicht AC-3 kodiert. Digitales Fernsehen für den herkömmlichen Fernseher ist nur über einen entsprechenden, recht teuren Dekoder empfangbar (d-Box, →Set-top-Box). Die dbox ermöglicht aber nur die Konvertierung der digitalen Signale. Wenn man Pay-TV-Sender wie DF1 bzw. Premiere World verwenden möchte, muss man zusätzlich dafür noch einen eigenen Dekoder bzw. ein zusätzliches Modul in der dBox haben. Wer aber einen PC besitzt, kann sich auch eine DVB-Fernsehkarte kaufen, die ihre Signale über eine Satelliten-Schüssel empfängt. Eine derartige Karte gibt es für rund 500 DM z. B. von Hauppauge (*www.hauppauge.de*) seit Mitte 1999 zu kaufen. Damit kann man dann auch direkt die empfangenen MPEG2-Videos auf der Festplatte speichern. Für den Empfang der über Satellit ausgestrahlten Signale ist natürlich eine entsprechende Empfangsanlage notwendig.

Hintergrund bzw. Motivation des digitalen Fernsehens ist neben der besseren Qualität und Programmvielfalt auch die Möglichkeit, mehr Daten für Zusatzinformationen ausstrahlen zu können. Außerdem sollen damit auch neue Formen der Vermarktung ermöglicht werden. Dabei stehen **Pay-per-View** (man zahlt nur, was man sieht) und **Video-on-Demand** (selektives Anfordern von bestimmten Filmen durch den Zuschauer mit entsprechender Pay-per-View-Abrechnung) im Vordergrund. Ende 1996 kündigten allerdings die öffentlich-rechtlichen Fernsehanstalten (ARD) an, ebenfalls ein digitales Fernsehprogramm zu entwickln, das sogar kostenlos sein soll. Da die Resonanz der Kunden bzw. Zuschauer auf DF1 bisher sehr verhalten war, ist die weitere Entwicklung mit Vorbehalt zu beobachten. Weitere Informationen unter *www.digitales-fernsehen.de* und *www.premiere.de*.

Digitales Radio [Digital Audio Broadcasting, DAB]

Digitales Radio wurde erstmals 1995 mit verschiedenen Standards vorgestellt und bietet gegenüber den herkömmlichen, analogen Systemen nicht nur bessere Qualität und störungsfreieren Empfang, sondern die Möglichkeit, zusätzliche Informationen wie Texte und Bilder mit dem Tonsignal auszusenden. Während →**ADR** (**A**stra **D**igital **R**adio) für stationäre Empfänger (Stereoanlage) über eine Satelittenschüssel gedacht ist, ist das **DAB** (**D**igital **A**udio **B**roadcasting) vor allem für mobile Empfänger (Autoradios) ausgelegt. Aber natürlich kann man es auch zu Hause empfangen.

DAB und der erweiterte Standard **DMB** (**D**igital **M**ultimedia **B**roadcasting) senden parallel zu UKW auf einem Gleichwellennetz. Dies bedeutet für Autofahrer, dass sie nicht mehr ständig die Frequenz wechseln müssen, wenn sie mit dem Auto über längere Strecken unterwegs sind und denselben Sender weiter empfangen wollen. Bei DAB können sechs Programme auf einer Frequenz gleichzeitig übertragen werden. Dabei werden die Informationen eines Programms außerdem ständig kurz hintereinander mehrfach übertragen. Dies ermöglicht es dem Empfängergerät, fehlerhafte Daten zu rekonstruieren und somit einen störungsfreien Klang zu erzeugen.

Mit dem seit Anfang der 90er Jahre in Entwicklung befindlichen und 1995 zur Berliner Funkausstellung erstmals der Öffentlichkeit vorgestellten **DAB** wurde auch der Übertragungsstandard →**MOT** (**M**ultimedia **O**bject **T**ransfer **P**rotocol) eingeführt, der die zusätzliche Übertragung von Texten und Bildern auf einem Display des Empfängergeräts ermöglicht. Zur Zeit laufen in vielen Bundesländern noch Feldversuche mit DAB, bei denen neben den Audio-Signalen die Übertragung der genannten Zusatzinformationen (Nachrichten, kartografische Darstellungen von Staumeldungen etc.) getestet wird. Außerdem wird immer noch an der Weiterentwicklung von DAB bzw.

den Empfangsgeräten gearbeitet. Anfang 1996 wurde von der Deutschen Telekom und der Firma Bosch der neueste Digital-Radio-Standard **DMB** aus der Taufe gehoben. Hier spielen Zusatzinformationen eine noch größere Rolle. Anwendungszwecke sind etwa Verkehrsleitsysteme, wie sie ähnlich schon durch das GPS (**G**lobal **P**ositioning **S**ystem) ermöglicht werden.

Mit der IFA '99 ist die breite Markteinführung von DAB- bzw. DMB-Radios ein gutes Stück weitergekommen. Erstmals sind auch stationäre DAB-Radios für die heimische Hi-Fi-Anlage zu kaufen. Technics bietet z. B. ein solches Gerät für ca. 1500 DM an, das auch gleichzeitig noch herkömmliches UKW empfangen kann. Auch die entsprechenden Geräte fürs Auto kosten zwischen 1.500-2.000 DM, wobei v. a. noch an einer Miniaturisierung der Empfangsteile gearbeitet wird, damit diese nicht in einem Extra-Gehäuse im Kofferraum verstaut werden müssen. Problematisch ist, dass DAB im Bundesgebiet nicht überall empfangbar ist. Bis Ende 2000 ist geplant, dass 80 % von Deutschland abgedeckt sein soll. Spätestens 2008 soll es dann überall empfangen werden.

Digitalisiertablett [digitizing tablet]

Ein Digitalisiertablett, auch **Zeichentablett** oder **Grafiktablett** genannt, ist ein spezielles Eingabegerät, mit dem grafische Vorlagen durch das Nachzeichnen der Konturen mit Hilfe eines speziellen Stifts oder einer Lupe mit Fadenkreuz in digitale Informationen umgewandelt werden können. Unter der Oberfläche des Tabletts befinden sich Sensoren, welche entlang des Wegs Signale aufnehmen und an den →PC weiterleiten. Hochwertige Digitalisiertabletts erreichen eine Auflösung bis zu 2.500 →lpi und sind darüber hinaus **drucksensitiv [pressure sensitive]**, d. h. das Tablett erkennt den mit dem Stift ausgeübten Druck und kann den in einer entsprechenden Software z. B. in die gezeichnete Strickdicke umsetzen.

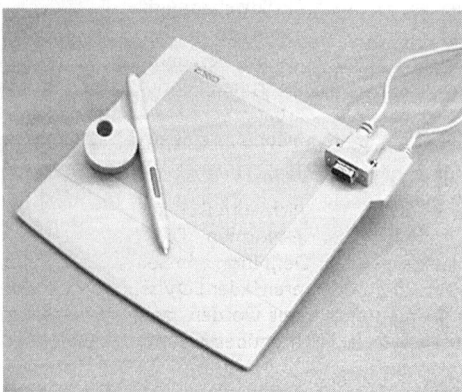

Besonders hochwertige Zeichentabletts bietet der Hersteller Wacom (www.wacom.com) mit der Intuos-Reihe an, hier die DIN-A4-Version

Der wahrscheinlich bekannteste Hersteller für hochwertige Digitalisiertabletts ist die Firma Wacom. Das Einführungs-Tablett ArtPad II wird als DIN-A6-Lösung schon für rund 300 DM angeboten und bietet neben einem schnurlosen Stift mit Radiergummi-Funktion höchste Präzision und Verarbeitung. Für anspruchsvollere Anwender bietet Wacom die Intuos-Tablett-Reihe an. Die Besonderheit hier sind die verschiedenen Tablett-Größen (von A6 bis A3) sowie die zahlreichen Varianten bei den Eingabestiften und Werkzeugen, wie etwa eine 4-D-Maus, einen Sprühstift oder eine hochwertige Fadenkreuzmaus. Auf den größeren Tabletts der Intuos-Reihe kann man außerdem mit zwei Zeichengeräten gleichzeitig auf dem Tablett arbeiten, dessen Zeichenbereich frei einstellbar ist.

Digitalisierung [digitization]

Die Umwandlung von →analogen Signalen in Daten, die →digital, also in Form von diskreten Zahlenwerten, vorliegen, heißt Digitalisierung. Hierfür wird ein analoges Signal, z. B. Schallwellen, von einem Sensor erfasst und durch einen →Analog-Digital-Wandler in diskrete Ziffernfolgen umgewandelt, die die ursprünglichen Eigenschaften möglichst genau beschreiben. Die Digitalisierung ist die notwendige Voraussetzung für die →Datenverarbeitung im Computer, da dieser nur digital arbeiten kann.

DIL (Dual Inline)

DIL ist eine Bezeichnung für eine Chip-Bauart mit zwei Kontakt-Pinreihen. Speicherchips nach DIL-Bauart nennt man →DIMM, die mittlerweile die bisher weit verbreiteten →SIMM (Single Inline Memory Module) mit einer Kontaktreihe ablösen.

DIMM (Dual Inline Memory Module)

DIMM ist die englische Abk. f. „Speichermodule mit zwei Anschlussreihen". Es ist die Bezeichnung für eine neue Bauart von Speicherchips, die z. Zt. die herkömmlichen →SIMMs ablösen. Während die noch weit verbreiteten PS/2-SIMMs eine Kontaktreihe mit 72 Anschlussstiften besitzen, haben die in DIMM-Bauweise hergestellten, neuen SDRAM-Speichermodule 168 Kontakte in zwei Reihen, was einen 64-Bit-Speicherzugriff ermöglicht. Siehe auch Abbildung bei →SDRAM. Dies ist gerade für Pentium-Rechner (und Nachfolger) günstig, da diese mit 64-Bit-Speicherzugriff arbeiten. Während man bei PS/2-SIMMs (bei 486er PCs und frühen Pentium-Rechnern) immer mindestens zwei Module pro Speicherbank (2x32 = 64 Bit) verwenden musste, reicht bei SDRAMs ein einziges Modul pro Speicherbank aus.

DIN (Deutschen Industrie-Normen)

DIN ist die Abkürzung für die ursprünglich vom Deutschen Institut für Normung erlassenen Deutschen Industrie-Normen. Die bekanntesten DIN-Normen sind wohl diejenigen, die zur Definition von Seitenformaten dienen (DIN A4, DIN A5 usw.). Auch für den Bereich der EDV sind von diesem Institut eine Vielzahl von Normen entwickelt worden, beispielsweise für Bildschirmarbeitsplätze und für die Nachrichtenübertragung.

DIP (Dual Inline Package)

Die Bezeichnung DIP (Abk. f. „zweireihiges Gehäuse") steht für eine bestimmte Bauart von Chip-Gehäusen (siehe →Chip), bei denen zwei Reihen von Pins an den Seiten des Gehäuses liegen. Manchmal werden DIP-Bausteine auch als DIL-Chips (Dual Inline) bezeichnet. Im Gegensatz dazu hat ein SIP (Abk. f. Single Inline Package, einreihiges Gehäuse) nur eine Reihe von

Pins, meist an seiner Längsseite. →SRAM in DIP-Ausführung sind z. B. gängige Bausteine zum Aufbau des →Cache im PC.

DIP-Schalter [DIP-switch]

DIP-Schalter sind kleine Schalter in DIP-Gehäusen (siehe →DIP), die im Volksmund oft auch scherzhaft **Mäuseklavier** genannt werden. Zahlreiche Erweiterungskarten sowie einige →Mainboards können über solche Miniaturschalter konfiguriert werden.

Ein typisches Mäuseklavier – 5-fach-Dip-Schalter auf einer ISDN-Karte zur Einstellung von Interrupt und Speicheradresse

DirectX

DirectX ist eine von Microsoft standardisierte Programmschnittstelle, über die entsprechende Treiber unter Windows 95/98 (auch für Windows NT 4.0, allerdings nur bis DirectX 3.0, das im Service Pack 4 und 5 enthalten ist) direkt auf die vorhandene Hardware des PCs zugreifen können. Es wurde v. a. für Spiele entwickelt, um diese unter Windows 95/98 mit ähnlicher Performance wie unter DOS ablaufen lassen zu können.

Entsprechend den unterschiedlichen Hardwarekomponenten in einem PC gliedert sich DirectX in Komponenten für die Grafikkarte (Direct Draw und Direct Video), 3-D-Prozessor (Direct 3D), Soundkarte (Direct Sound), Joystick-Steuerung (Direct Input) und andere auf. Für die beschleunigte Videowiedergabe oder die Darstellung von Overlay-Fenstern (→Overlay-Funktion) ersetzt DirectX (genauer Direct Draw) auch das DCI-Verfahren von Windows 3.x.

Die mit Windows 95 im Sommer 1995 eingeführte DirectX-1.0-Version fand genau wie DirectX 2.0 vom Frühjahr 1996 kaum Beachtung unter den Spieleprogrammierern. Entscheidend war v. a. die geringe Leistungsfähigkeit und Instabilität. Auch DirectX 3.0 vom Sommer 1996 änderte daran wenig. Erst die im Sommer 1997 eingeführte **DirectX-5.0-Version** und der Nachfolger **DirectX 6.x** brachten wesentliche Verbesserungen der Leistung und der Stabilität. Die wichtigsten Neuerungen warendie verbesserte Unterstützung von →3-D-Grafikkarten (Direct 3D), 3-D-Audio (Direct Audio) und der ForceFeedback-Funktion für →**Joysticks**. Mit DirectX 6 wurde außerdem eine Unterstützung für die Multimediaerweiterung →3D-Now! von AMD integriert, was für entsprechende Rechner mit diesem Prozessor einen deutlichen Performance-Schub bringen kann. Im September 1999 wurde schließlich DirectX 7.0 für Windows 95 und 98 freigegeben, das bis auf Verbesserungen in der Stabilität und Geschwindigkeit aber keine wesentlichen funktionellen Neuerungen bietet. Man sollte jedoch für die aktuelle Spielegeneration immer die letzte, neueste DirectX-Version verwenden, um bei der Darstellung und Geschwindigkeit die besten Ergebnisse zu erzielen.

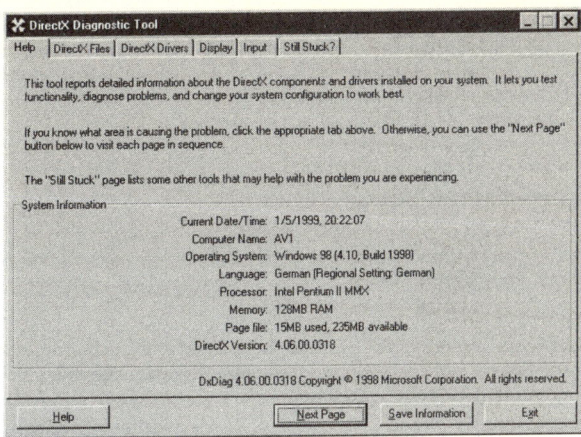

Im Verzeichnis c:\programme\directx\setup findet man die Programme dxinfo.exe und dxtool.exe, die einem detaillierte Auskunft über die DirectX-Version geben

Wer Windows 95b (OSR2) installiert hat, bei dem ist automatisch DirectX 2.0 auf dem System vorhanden. Da es mit teilweise anderen Verfahren/ Schnittstellen (Old Direct Play) arbeitet als DirectX 5.0 und seine Nachfolger, bleibt es bei der Installation einer neuen DirectX-Version in seinen Grundfunktionen erhalten und dient so der Kompatibilität zu alten Windows 95-Spielen, die auf Old Direct Play basieren. Die erste Version von Windows 98 enthielt zur Markteinführung die Version DirectX 5.0, obwohl etwa zeitgleich schon der Nachfolger DirectX 6.0 herauskam. In der zweiten Ausgabe von Windows 98 war schließlich DirectX 6.2 integriert, das mittlerweile aber auch schon wieder überholt ist. Da Sie die jeweils aktuelle Version allerdings kostenlos im Internet unter *www.microsoft.com/directx/ download.asp* →downloaden können, sind derart veraltete Versionen im Betriebssystem kein Problem.

> **Tipp:** Im Internet findet man an verschiedenen Stellen ein kleines Zusatz-Tool für DirectX, das in der Systemsteuerung eingebunden wird und erweiterte Informationen sowie Einstellungsmöglichkeiten für DirectX bietet. Die entsprechende Datei heißt *directx.cpl* und muss nur in das *System*-Unterverzeichnis von Windows kopiert werden. Am besten, Sie suchen nach aktuellen Download-Seiten der Datei, indem Sie den Dateinamen bei →Alta Vista als Suchbefehl eingeben (vergl. →Internetrecherche)

Dirty-Tag-Bit

Das Dirty-Tag-Bit ist ein spezielles Speicherbit, mit dem der Cache-Controller eines Chipsatzes die Aktualität der Daten im →Second Level Cache (L2-Cache) überprüfen kann. Nur mit Hilfe des Dirty-Tag-Bits, das auch **Alt-** oder **Alter-Bit** genannt wird, kann ein L2-Cache im schnellen Write-Back-Modus betrieben werden. Das Dirty-Tag-Bit wird vom Controller für eine Speicherzelle im Cache aktiviert, wenn im Arbeitsspeicher des PCs ein Schreibzugriff auf die Daten erfolgte, die der Cache gepuffert hatte. Ist dies der Fall, so sind die Daten im Cache folglich nicht mehr aktuell und daher „dirty" gleich „schmutzig" bzw. falsch. Da der L2-Cache bzw. Cache-Controller dank des Dirty-Tag-Bits also mitbekommt, wenn Daten im L2-Cache nicht mehr aktuell sind, kann er sich anschließend direkt aktualisieren.

Disabled [ausgeschaltet, verhindert]

Im Computerbereich wird die Bezeichnung disabled als Beschreibung für außer Betrieb gesetzte Funktionen verwendet. Der Gegensatz hierzu ist →Enabled. Diese Bezeichnungen werden z. B. häufig bei der Einstellung der Optionen des →BIOS verwendet.

Disc-Cache

Der Begriff Disc-Cache (siehe →Cache) beschreibt ein Verfahren, mit dem Zugriffe auf Datenträger wie Festplatten und Disketten beschleunigt werden. Hierzu werden →Daten, von denen man annehmen kann, dass sie demnächst oder erneut gebraucht werden, in RAM-Speicherbausteinen (siehe →RAM) zwischengespeichert und bei erneutem Zugriff nicht vom Datenträger, sondern aus diesem schnelleren elektronischen Speicher gelesen. Dabei wird zwischen Hardware-Cache und Software-Cache unterschieden. Beim Ersteren werden spezielle →Controller mit eigenen Speicherbausteinen für den Disc-Cache verwendet, beim Letzteren wird von einer Software ein Teil des Hauptspeichers des →PCs für den Cache eingesetzt. Bekanntester Vertreter dieser Gattung ist das Programm Smartdrive von →Microsoft für DOS und Windows 3.x. Die Leistungsunterschiede beider Verfahren sind im Allgemeinen relativ gering.

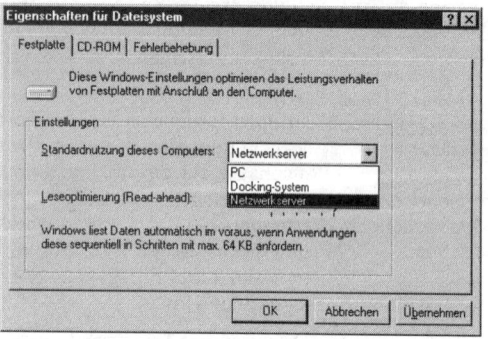

Wer mehr als 32-MByte RAM unter Windows 95/98 hat, sollte die Einstellungen des Disc-Cache im Geräte-Manager auf Netzwerk-Server ändern

Disconnect [Verbindung unterbrechen]

Der Begriff disconnect bezeichnet den Abbruch einer bestehenden Verbindung zwischen zwei Rechnern oder Systemen (siehe →Datenübertragung, →Datenfernübertragung).

Disk Array [„Scheiben-Reihe"]

Unter einem Disk Array versteht man mehrere Festplatten, die durch die →RAID-Technik so zusammengeschaltet werden, dass sie sich für den Anwender wie eine einzige verhalten (nur ein Laufwerk-Buchstabe). Sinn der

RAID-Technik ist die Datensicherheit, indem Daten auf mehreren Festplatten redundant gespeichert bzw. in mehreren Kopien verteilt werden. Datenausfall durch Defekte bei einer einzelnen Festplatte sind somit quasi ausgeschlossen.

Disk/Disc [Scheibe]

Ist die übliche Bezeichnung für **scheibenförmige Datenträger**. Dabei gibt es in der Konvention einen Unterschied zwischen Disk und Disc. Mit **Disk** werden alle nach magnetischem Prinzip arbeitende Datenträger-Scheiben bezeichnet, also z. B. bei →Festplatten oder →Disketten oder Medien für →ZIP-Laufwerke. Der Begriff **Disc** ist wiederum allen Medien mit optischen oder magneto-optischen (→MO-Laufwerke) Verfahren vorbehalten. Daher heißt es auch Compact Disc (→CD-ROM) und nicht Compact Disk.

Disk-at-once [„Scheibe-in-einem"]

Schreibverfahren bei →CD-Writern. Mehrere Tracks einer CD werden an einem Stück auf den CD-Rohling geschrieben. Dies verhindert kurze Pausen zwischen zwei Tracks und ist insbesondere bei der Erstellung von Audio-CDs von Bedeutung. Weitere Informationen siehe →CD-Writer.

Diskette [disk, floppy disk]

Disketten sind auswechselbare, magnetische Speichermedien für den →PC und werden auch als floppy disk (flexible Platte) bezeichnet. Es handelt sich um weiche, flexible (im Gegensatz zur hard disk (harte Platte), der →Festplatte) Kunststoffscheiben, die i. d. R. beidseitig mit einer magnetischen Oberfläche beschichtet und drehbar in einer Plastikhülle eingeschweißt sind. Die üblichen Größen sind das 5¼-Zoll- und das 3½-Zoll-Format, wobei das 5¼-Zoll-Format kaum noch Bedeutung hat. Disketten werden auch nach ihrer Aufzeichnungsdichte (siehe →Density) unterschieden, aus der sich die Speicherkapazität ergibt.

Zum Betrieb werden Disketten in ein entsprechendes, zu den Formaten kompatibles Diskettenlaufwerk eingelegt, in dem ein beweglicher Magnetkopf durch eine Öffnung im Diskettengehäuse auf die sich drehende Magnetscheibe zugreift. Dabei schwebt er, nur wenige Bruchteile von Millimetern durch einen kleinen **Luftspalt** getrennt, über der empfindlichen Magnetoberfläche. Zum Schutz vor Staub und mechanischer Beschädigung ist bei 3½-Zoll-Disketten die Öffnung für den Magnetkopf durch einen Metallverschluss geschützt, der erst im Laufwerk geöffnet wird.

Vor der ersten Verwendung müssen Disketten wie Festplatten einer →Formatierung unterzogen werden, wobei die Magnetschicht in Spuren und Sektoren eingeteilt wird. Aufgrund der geringen Datenübertragungsraten und hohen Zugriffszeiten werden Disketten heute nicht mehr zum Arbeiten, sondern nur noch zur Datensicherung und zum Datentransport verwendet. Im Laufe des Jahres 1996 wurden verschiedene Disketten-Nachfolger bzw. -Alternativen mit höheren Speicherkapazitäten entwickelt und auf den Markt gebracht. Weitere Informationen siehe →Diskettenformat, →LS 120 und ›ZIP-Laufwerk.

Diskettenformat [disk type/format]

Die wichtigsten Diskettenformate sind:

- 5¼-Zoll-Disketten mit 360 KByte und 1,2 MByte (DD und HD)
- 3½-Zoll-Disketten mit 720 KByte und 1,44 MByte (DD und HD)

Im Zuge der Weiterentwicklung der anderen Speichermedien ist die Basiskapazität der Diskette mit 1,44 MByte für die meisten Datenaustausch- und -sicherungsaufgaben zu gering. Das 2,88-MByte-Format hat sich nicht durchsetzen können. Andere Hersteller wie Compaq, 3M, Mitsumi und Iomega haben mittlerweile **Disketten-Nachfolger** mit 120, 130 oder 100 MByte entwickelt, die teilweise abwärtskompatibel zum alten Disketten-Standard sind (siehe →LS 120 MByte und →ZIP-Laufwerk.

Diskettenlaufwerk [disk/floppy drive]

Das Diskettenlaufwerk ist das interne oder externe →Laufwerk eines →PCs, in dem eine auswechselbare →Diskette gelesen und beschrieben werden kann.

Dithering [„zittern, schwanken"]

Dithering ist ein Verfahren zur Bilddarstellung – insbesondere für die Ausgabe auf einem Drucker – durch Simulation der Grau- oder Farbwerte durch Rasterung. Um z. B. mit einem →Laserdrucker, der nur schwarze Punkte drucken kann, dennoch Grauwerte darstellen zu können, wird jeder Bildpunkt weiter in ein Raster von 3x3 Punkten aufgeteilt. Jedem Grauwert wird nun ein geeignetes Punktmuster zugeordnet. Aus entsprechendem Abstand betrachtet erscheint der gesamte Ausdruck des Bilds in Grautönen. Bei einer Aufspaltung jedes Bildpunkts in 3 x 3 kleinere Punkte kann man so acht Graustufen darstellen. Nun nutzt der Drucker aber seine Druckauflösung von beispielsweise 300 dpi nicht mehr zur Detaildarstellung, sondern nur noch 100 dpi. Im Hinblick auf den späteren Ausdruck bieten einige →Scanner und Programme zur →Bildbearbeitung Optionen zum Dithering an.

DIVX

DIVX steht für **Di**gital **V**ideo E**x**press. Dahinter verbirgt sich ein trickreiches Verfahren, mit dem →DVDs mit einer Art digitaler Selbstvernichtung versehen werden. Mit DIVX will die Filmindustrie DVD-Videos auf den Markt bringen, die nur bei mehrfacher Bezahlung eine Mehrfachnutzung zulassen. Durch die Deaktivierung der DVD wird außerdem Raubkopierern das Handwerk erschwert. Das Verfahren arbeitet mit einer Software des US-Elektronikdiscounters Circuit City, das eine Art Verfallsdatum nach Erstgebrauch auf die DVD prägt. Leiht oder kauft sich ein Kunden eine DIVX-DVD und schaut diese auf einem DIVX-fähigen DVD-Player an, so wird die DVD für Abspielungen nach 24 oder 48 Stunden später gesperrt. Mit anderen Worten: Man kann den Film 1-2 Tage nach Erwerb betrachten, danach ist Schluss. Will man später den Film noch mal betrachten, so verbindet sich der DIVX-DVD-Player per Modem mit dem Videoshop und aktiviert gegen Zahlung per Kreditkarte eine weitere Sitzung. Die DVD kann also online gegen einmalige Zahlungen entsperrt werden. Der Begriff „Pay per View" aus dem Digital-Fernsehen passt hier ebenfalls.

Für den Anwender haben DIVX-DVDs nur einen Vorteil: Sie werden in der Anschaffung deutlich günstiger als normale Filme sein bzw. beim Ausleihen in einer Videothek entfällt die Notwendigkeit zum Zurückbringen. Der geringe materielle Wert der DVD-Scheibe (ca. 1 DM) macht es für den Videoverleih auch möglich, nach diesem Prinzip zu arbeiten.

Letztendlich können solche Verfahren aber nicht im Sinne der Anwender liegen, da sie deren Freiräume nicht nur weiter einschränken, sondern zusätzlich auch immer mehr eine Welt der zunehmenden Datenüberwachung unterstützen. Denn schließlich werden die eigenen Sehgewohnheiten so auch von den Firmen immer gespeichert und mit ziemlicher Sicherheit zu Benutzerprofilen für Marketingzwecke (oder Schlimmeres) erstellt. Außerdem bringt DIVX nur wieder einen weiteren Standard ins DVD-Normenwirrwarr und verhindert somit den problemlosen, weltweiten Austausch. Im Internet und in den meisten Fachzeitschriften wird daher größtenteils zum Boykott von DIVX-Geräten und DVDs aufgerufen. Die Filmindustrie ist dagegen von dem Verfahren ziemlich begeistert, wie man sich unschwer vorstellen kann. Schließlich verdient sie hier nicht nur an jeder einzelnen Betrachtung des Films, sondern erhält auch interessante Kundendaten umsonst. DIVX ist jedenfalls kein Schlagwort mehr, sondern bereits Tatsache. Denn die ersten Geräte sind in den USA zumindest schon auf dem Markt.

D-Kanal/-Protokoll [D-channel]

Neben den zwei →B-Kanälen (Nutzkanäle) mit einer →Datentransferrate von 64 KBit/s stellt jeder ISDN-Anschluss einen D-Kanal mit 16 KBit/s zur Übertragung von Steuerungsinformationen bereit (siehe →ISDN). Das in diesem Steuerkanal verwendete D-Kanal-Protokoll beschreibt die unterschiedlichen Verfahren zum Auf- und Abbau der Verbindung und überträgt weitere Informationen, wie z. B. die jeweilige →Dienstekennung und die Rufnummern der Partner. Derzeit existieren in Deutschland zwei D-Kanal-Protokolle: Das von der Deutschen Telekom entwickelte →1TR6 für das so genannte nationale ISDN sowie das neuere →E-DSS1 für den Euro-ISDN-Anschluss. Das von der Telekom im Alleingang eingeführte nationale ISDN wird bis zum Jahr 2000 nicht mehr weiter unterstützt werden, da sich Deutschland dem Allgemeinen europäischen Standard von Euro-ISDN angeschlossen hat.

DLL (Dynamic Link Library)

Die DLL-Technik (Abk. f. „dynamische Verknüpfungsbibliothek") ist eine Softwaretechnik von →Windows, die →Routinen in Form von Objektbibliotheken zur Verfügung stellt, die dynamisch bei Bedarf in das →Betriebssystem oder in ein Anwendungsprogramm eingebunden werden (vergleiche →Programm und →Programmiersprache). Dabei können mehrere Prozesse auf eine einmalig geladene *dll*-Datei zugreifen, wodurch u. a. Speicherplatz gespart wird.

DMA (Direct Memory Access)

Steht für „direkter Speicherzugriff", ein Verfahren, bei dem PC-Komponenten bzw. -Geräte größere Daten-Mengen direkt mit dem →Arbeitsspeicher **ohne Beteiligung des Prozessors** austauschen können. Dies wird über einen eigenen Steuerbaustein, den **DMA-Controller**, koordiniert. DMA dient also der Entlastung des Prozessors, der unter diesen Umständen den Datentransfer nur noch einleiten muss, aber anschließend daran nicht mehr beteiligt ist.

DMA bietet außerdem einen besonders schnellen Datentransfer, da nicht jedes Datenwort einzeln mit Angabe der →Adresse abgefordert wird, sondern eine bestimmte Anzahl von sequenziell folgenden Daten von einer übergebenen Startadresse an. Die Steuerung der Datenübertragung erfolgt über spezielle **DMA-Kanäle**, von denen es in modernen PCs acht Stück gibt. Die ursprünglichen vier 8 Bit breiten Kanäle des Uralt-PCs wurden schon vor Jahren um vier zusätzliche 16-Bit-Kanäle erweitert. Zusammen mit den →Interrupts, I/O- und Speicheradressen werden die DMA-Kanäle auch als „**Ressourcen**" eines PCs bezeichnet. Wie bei Ressourcen üblich, dürfen sie normalerweise nicht doppelt, sondern immer nur von einem Gerät einzeln verwendet werden, was auch für die DMA-Kanäle gilt.

Bei modernen PCs mit →**PCI**- oder →**AGP-Bus** ist es wichtig zu wissen, dass DMA-Kanäle nur noch für den ISA-Bus bzw. alte Grundgeräte des PCs wie etwa das Diskettenlaufwerk verwendet werden. Der PCI-Bus nutzt statt DMA das analoge **Busmastering-Verfahren**. Auch die IDE-Festplatten-Anschlüsse auf dem Mainboard benötigen seit der Anbindung an den PCI-Bus und der Einführung von →PIO-Modes keinen der alten DMA-Kanäle mehr. Dennoch wird der Begriff z. T. weiterverwendet. Bei EIDE-Festplatten spricht man daher auch von **DMA-** oder →**Ultra-DMA/33-Modus**. Damit ist im Prinzip dasselbe Verfahren wie bei den alten ISA-DMA-Kanälen gemeint, jedoch über eine moderne Variante des PCI-Busses, das Busmastering eben, mit eigenem Controller (dem Busmaster-Controller) abgewickelt. Siehe auch →EIDE.

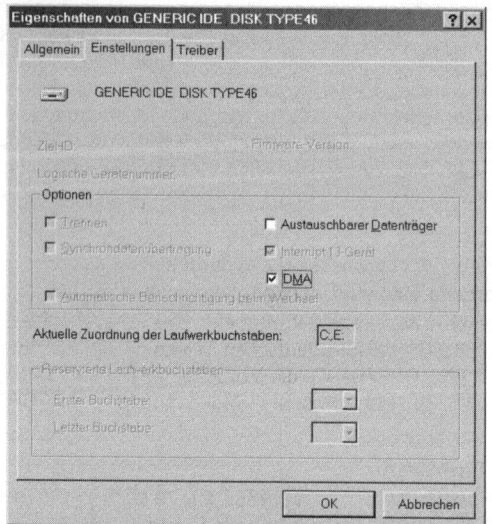

Mit diesen Einstellungen unter den Eigenschaften der EIDE-Festplatten kann man den DMA-Modus (Busmastering) bei Windows 95b/98 aktivieren

> **Tipp:** Seit Windows 95b (OSR2) und natürlich auch bei Windows 98 kann man die DMA- bzw. Busmastering-Unterstützung für EIDE-Festplatten im Geräte-Manager aktivieren (siehe Abbildung). Dadurch wird beim Zugriff auf die Festplatte der Prozessor entlastet. Für alte Windows 95-Versionen muss ein Busmaster-Treiber des Mainboard-Herstellers installiert werden (*Ideatapi.mpd* genannt).

Daher werden die ansonsten knappen DMA-Kanäle eigentlich nur noch von der Druckerschnittstelle (siehe →Parallel-Port-Modus) und den →Soundkarten für den ISA-Bus verwendet.

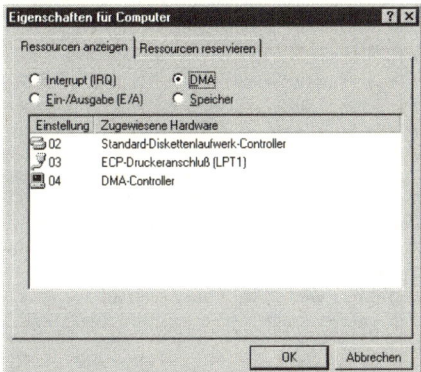

Unter Windows 95/98 können die DMA-Einstellungen des PCs in den Eigenschaften des Geräte-Managers überprüft werden

Die folgende Tabelle gibt eine Übersicht über die typische DMA-Belegung in einem Standard-PC. Die 16-Bit-Kanäle werden auch „**hohe**" (high) Kanäle genannt, die anderen „**niedrige**" (low).

DMA-Kanal	Datenbreite	belegt von
0	8 Bit	frei (z. B. von Soundkarte verwendet)
1	8 Bit	frei (z. B. von Soundkarte verwendet)
2	8 Bit	Diskettenlaufwerk-Controller
3	8 Bit	frei (z. B. für Parallelport mit →ECP/EPP)
4	16 Bit	DMA-Controller
5	16 Bit	frei
6	16 Bit	frei
7	16 Bit	frei

DMB (Digital Multimedia Broadcasting)

Englische Abk. f. „digitaler Multimedia-Rundfunk". Eine Anfang 1996 aus einer Kooperation von Bosch und der Deutschen Telekom entstandener Standard für →digitales Radio. DMB ist wie die Vorläufer DAB und DVB für den Empfang in Autoradios gedacht. Weitere Informationen siehe →Digitales Radio.

DMX (Digital Music Express)

DMX war das erste digitale Pay-Radio in Europa. Für 20 DM pro Monat wurden bis Anfang 1997 über →ADR rund 60 nach Sparten (Jazz, Pop, Klassik etc.) geordnete Musikkanäle ausgestrahlt. DMX hat mittlerweile aber den

Sendebetrieb eingestellt, nicht zuletzt auch wegen geringen Erfolgs. Bis Ende 1997 hieß es, dass die Firma **XTRA Music** die Technik und das Konzept übernehmen würden, und nach Anmietung neuer Satellitenfrequenzen auf Sendung ginge. Mittlerweile wurde aber bekannt, dass alle Reservierungen von ADR-Sende-Kapazitäten abgemeldet seien. Es bleibt abzuwarten, ob es dennoch früher oder später einmal zu einer Neuauflage von DMX kommt. Denn gerade durch den zunehmenden Erfolg von PCs wird das Konzept DMX interessanter, weil die digitalen Audiodaten nach dem **MPEG-Verfahren** (→MPEG) komprimiert und über einen entsprechenden DMX-tauglichen ADR-Receiver mit MPEG-Ausgang digital auf den PC überspielt werden können. Die Sounddateien können dort für die Erstellung z. B. von Audio-CDs weiterverwendet werden. Dazu gibt es entsprechende Steckkarten für den Windows 95/98-PC (die Audio Surfer MPEG der Berliner Firma Soft-Sound), die bei der Aufnahme und Bearbeitung der MPEG-Daten behilflich ist.

Eine Alternative zu DMX bzw. per Rundfunk ausgestrahlten MPEG-Dateien sind die „normalen", digitalen **ADR-Radiosendungen**. Mittlerweile senden über 80 Radiosender ihr Programm digital über Astra aus und es werden immer mehr. Die Qualität erreicht zwar nicht CD-Niveau, liegt aber über dem normalen UKW-Radio. Es bleibt abzuwarten, inwieweit auch das Internet mit Audio-Kompressionsverfahren wie →**MP3** eine Neuauflage von MPEG-Pay-Radio-Sendern wie DMX gerade für PC-Besitzer uninteressanter macht.

D-Netz

Das D-Netz ist ein digitales Mobilfunknetz, dessen analoge Vorläufer das →A-Netz, →B-Netz und →C-Netz waren. Im D-Netz ist alles digitalisiert, die Wählvermittlung, die Übertragung von Sprache und Daten. Verbindungen werden automatisch weitergeschaltet, sobald ein Wechsel von einer Senderversorgung (Empfangsgebiet) zu einer nächsten stattfindet (Handover). Die Empfangsreichweite (Funkzellengröße) ist dabei etwa 50 km (im Vergleich: beim →E-Netz beträgt sie nur 8 km).

Der in Deutschland zur Zeit anhaltende Mobilfunk- bzw. Handy-Boom (→Handy) ist hauptsächlich auf die Entwicklung des D-Netzes zurückzuführen. Maßgeblich war dafür sicherlich auch die Tatsache, dass mit einem Firmenkonsortium rund um Mannesmann Mobilfunk erstmals neben der Telekom ein privater Anbieter von Telekommunikation in Deutschland zugelassen wurde. Während die Telekom mit ihrer Tochter DeTeMobil das so genannte **D1-Netz** betreibt (Vorwahl 0171), wurde das mittlerweile sogar etwas erfolgreichere **D2-Netz** von Mannesmann aufgebaut (Vorwahl 0172). Beide Netze arbeiten allerdings mit derselben Technik und verwenden den Übertragungsstandard →**GSM** (0,9 GHz) bei einer Sendeleistung von maximal 2 Watt. D-Netz-Handys können durch Austausch der →SIM-Karte in beiden Netzen verwendet werden, sind aber nicht zum konkurrierenden →E-Netz (mit DCS-Technik, siehe →DCS) kompatibel.

Für die Vermarktung der Funknetze vergeben die eigentlichen Betreiber Zweitlizenzen an weitere Unternehmen, die so genannten Service-Provider, mit denen der Kunde wiederum seine Verträge abschließt. Die meisten Service-Provider bieten Kunden, die sich für ein oder besser zwei Jahre vertraglich binden, eine recht hohe Provision beim Kauf eines neuen Handys.

DNS (Domain Name Server)

Durch einen DNS (Abk. f. „Domän-Namens-Server") erfolgt die Übersetzung eines symbolischen Namens eines →Hosts im →Internet in die weltweit eindeutige numerische →IP-Adresse. Da man mit den numerischen IP-Adressen kaum vernünftig arbeiten kann, wird den meisten Rechnern ein Name aus zwei oder mehr durch Punkte getrennten Wörtern zugeordnet, die eine sinnvolle Zuordnung erlauben (Domain-Name). Die Zuweisung und Verwaltung dieser Domain-Namen (siehe →Domäne) wird dabei von entsprechenden Institutionen (weltweit das InterNIC, in Deutschland das DE-NIC) übernommen. DNS-Rechner sind im Internet hierarchisch aufgebaut. Kennt ein DNS-Rechner einmal die angeforderte Adresse nicht, so fragt er wiederum beim nächsthöheren DNS-Rechner nach. Der DNS mit der höchsten Priorität steht schließlich beim InterNIC in Kalifornien. Damit diese eventuell langwierige Recherche nicht ständig stattfinden muss, aktualisiert ein DNS-Rechner seine Daten-Tabellen regelmäßig – im Schnitt alle 3-4 Tage – mit denen der nächsthöheren Ebene.

Docking-Station [Andock-Station]

Eine Docking-Station ist eine Gerätekombination, in die sich ein tragbarer Computer (wie ein →Laptop oder ein →Notebook) einschieben und anschließen lässt, sodass das gesamte Gerät wie ein stationärer Rechner verwendet werden kann. Die Docking-Station dient so zur einfachen Verbindung des Notebooks mit hochwertigen stationären Peripheriegeräten wie Monitor und Drucker. Die Docking-Station muss eng auf den tragbaren Rechner abgestimmt sein und ist daher nur für bestimmte Modelle erhältlich. Docking-Station und Notebook sind zusammen i. d. R. teurer als ein vergleichbarer Desktop-Rechner (siehe →Desktop).

DoD (Department of Defense)

Mit DoD (Abk. f. Verteidigungsministerium) ist das US-Verteidigungsministerium gemeint. Das DoD spielt in der Welt der →Computer eine besondere Rolle, weil viele Entwicklungen und Normierungen hier initiiert wurden. Die durch das DoD initiierte Protokollfamilie für lokale und globale Netzwerke →TCP/IP wird aus diesem Grunde auch DoD-Protokollfamilie genannt.

Dokument [document]

Als Dokumente werden in der Datenverarbeitung Texte, Tabellen, Datenbanken, Grafikdateien usw. bezeichnet, die vom Benutzer mit den entsprechenden Anwendungsprogrammen erstellt wurden.

Dolby ProLogic-Surround-Verfahren

Analoges Surround-Verfahren, das im Film und Video-Bereich weit verbreitet ist. ProLogic arbeitet mit zwei Haupt- und zwei Hilfstonkanälen und bietet gegenüber neueren Verfahren wie AC-3 keine besonders gute Qualität. Weitere Informationen und Vergleich mit anderen Verfahren siehe →Surround-Sound-Verfahren.

Domain-Name [Domänname]

Mit Domain wird ein logisches Teilnetz in einem →**Netzwerk** bezeichnet; der Begriff wird v. a. im →Internet genutzt. Im einfachsten Fall handelt es sich bei einer Domain um einen Rechner (Server), der dann über seinen **Domain-Namen** von überall aus dem Netzwerk angesprochen werden kann. Im Internet liegt dem Domain-Namen eine numerische →IP-Adresse zugrunde, die nach dem Domain-Name-System (→DNS) in den „Klartext"-Namen umgewandelt wird (bzw. umgekehrt).

Die Domain-Namensstruktur des →Internet ist hierarchisch aufgebaut. Einer obersten Domain, **Top-Level genannt**, lassen sich weitere Ebenen unterordnen (second level, third level etc.). Die einzelnen Ebenen werden durch Punkte getrennt, die Ebenen von rechts nach links (an den Punkten) gezählt. Bei z. B. der Adresse *www.databecker.de* ist „de" die Top-Level-, „databecker" dagegen die Second Level-Domain. Eine Adresse mit Third-Level-Domain könnte lauten: *www.lektorat.databecker.de*, wobei „*lektorat*" der dritten Ebene entspricht. Bei →E-Mail-Adressen wird als Domain der Teil bezeichnet, der nach dem „@"-Zeichen kommt (also z. B. *avoss@databecker.de*).

Die Top-Level-Domain-Namen werden in zwei große **Gruppen** unterschieden: zum einen die länderspezifischen Domains (wie *de* für Deutschland, *se* für Schweden), auf der anderen Seite öffentliche bzw. kommerzielle Namen, die den Typ der Domain charakterisieren. Derzeit werden die vorhandenen Domain-Namen vom →InterNIC verwaltet; die länderspezifischen werden jedoch in Lizenz des InterNIC von örtlichen Institutionen wie z. B. dem →DENIC in Deutschland geführt.

Die sechs klassischen Top-Level-Domains sollten eigentlich noch im Laufe des Jahres 1998 um weitere **sieben neue Namen** erweitert werden, da das bisherige System an seine Grenze gekommen ist. Die Verwaltung wird wahrscheinlich das **CORE** (Council of Registrars) übernehmen. Derzeit gibt es aber noch Streit über die Durchführung; die für Februar 1998 geplante Einführung ist wegen einer Intervention der US-Regierung gegen das ursprünglich geplante Vergabe-System verschoben worden. Mit einer Einführung ist je nach Einigung frühestens Anfang 2000 zu rechnen. Die Registrierung in den einzelnen Ländern wird wahrscheinlich über Dienstleister vor Ort (in den jeweiligen Ländern) erfolgen, die Kosten sollen bei ca. 90 DM pro Jahr (ca. 200 DM für drei Jahre) liegen. Nachfolgend eine Liste der wichtigsten alten und neuen Domain-Namen:

Die klassischen sechs, typspezifischen Top-Level-Domain-Namen	
com	commercial (kommerziell, Firmen)
edu	educational (Bildungseinrichtungen)
gov	goverment (US-Regierung)
mil	military (US-Militär-Einrichtungen)
net	net (Netz, Internetprovider und Organisationen)
org	organisation (Organisationen, Vereine)

Die neuen, typspezifischen Top-Level-Domain-Namen	
arts	Domains rund ums Thema Kunst
firm	Firmen/Unternehmen aller Art
info	Informationsanbieter/-broker
nom	nominal, für Privatpersonen
rec	recreation, Freizeit, Erholung
shop	alles zum Thema Online-Shopping
web	→WWW spezifische Seiten

Wichtige länderspezifische Top-Level-Domain-Namen			
ar	Argentinien	il	Israel
at	Austria, Österreich	in	Indien
au	Australien	it	Italien
be	Belgien	jp	Japan
bg	Bulgarien	kr	Korea
br	Brasilien	li	Liechtenstein
ca	Kanada	lu	Luxemburg
ch	Schweiz	mx	Mexico
cl	Chile	my	Malaysia
cn	China	nl	Niederlande
cz	Tschechische Republik	nz	Neuseeland
de	Deutschland	ph	Philippinen
dk	Dänemark	pl	Polen
eg	Ägypten	pt	Portugal
es	Spanien	ru	Russland
fi	Finnland	se	Schweden
fr	Frankreich	sg	Singapur
gb	Großbritannien mit Nordirland	tr	Türkei
gr	Griechenland	tw	Taiwan
hk	Hong Kong	ua	Ukraine
hu	Ungarn	uk	United Kingdom, Großbritannien
id	Indonesien	va	Vatikan
ie	Irland	za	Südafrika

Unter **Windows NT** hat der Begriff Domain übrigens eine noch weit reichendere Bedeutung. Durch die Definition von Domains kann ein Netzwerk hierarchisch unterteilt und verwaltet werden. Ein Computer unter Windows NT kann sowohl Mitglied einer Arbeitsgruppe als auch einer Domain sein. Als Mitglied der Arbeitsgruppe kann er mit anderen derselben Gruppe Ressourcen teilen. Die weitere Unterteilung bzw. Organisation in Domains ermöglicht es einem →Administrator, die einzelnen Rechner bzw. Arbeitsgruppen zentral zu verwalten und klare Nuzterrechte zu definieren.

Domäne [domain]

1) Deutsche Übersetzung für den deutlich häufiger benutzen, englischen Begriff **Domain** (→Domain-Name). Entspricht einem logischen Abschnitt in einem Netzwerk, meistens ist das →Internet gemeint. Im einfachsten Fall handelt es sich um einen Rechner (→Server), der über einen →Domain-Namen über das Netzwerk angesprochen werden kann. Weitere Infos siehe →Domain-Name.

2) Wertebereich eines →Attributs in einer →Datenbank. So kann sich z. B. das Attribut Alter in einer Kundendatenbank über die Domäne von 1-100 erstrecken. Das Attribut Farbe in einer Produktdatenbank kann z. B. die Werte Karminrot, Alpinweiß oder Lagunenblau annehmen, wodurch die Domäne dieses Attributs beschrieben ist.

3) Als Domäne wurden auch die **Magnetblasen** bezeichnet, die der Speicherung von Daten auf einem (völlig veralteten) →Magnetblasenspeicher dienen.

Dongle

Ein Dongle, Hardlock oder auch **Kopierschutzstecker** genannt, ist erforderlich, um manche Programme benutzen zu können. Das Programm fragt dazu einen im Dongle gespeicherten Code ab. Kopierschutzstecker stellen ein wirksames Kopierschutzsystem (siehe →Kopierschutz) dar.

Ein Dongle zum Anschließen an die parallele Schnittstelle

Doppelklick [double click]

Bei einem Doppelklick wird die Maustaste schnell zweimal hintereinander gedrückt. Mit dem Doppelklick wird beispielsweise unter →Windows ein Anwendungsprogramm gestartet (siehe →Klick).

> **Tipp:** Entscheidend für die Ausführung der Aktion auf den Doppelklick ist nicht das Anklicken, sondern das Loslassen der Maustaste beim letzten Klick. Hat man sich einmal vertan und merkt es beim Klicken, so genügt es, einfach die Maustaste gedrückt zu halten und die Maus vom Objekt wegzubewegen. Dann wird der Befehl nicht ausgeführt, auch wenn schon geklickt wurde.

DOS (Disk Operating System)

DOS (englische Abk. f. plattenorientiertes Betriebssystem) war ursprünglich die Bezeichnung für ein →Betriebssystem, das von einer →Diskette (oder später einer →Festplatte) geladen werden kann – im Unterschied zu einem solchen, das in einem →ROM residiert, wie wir das noch vom legendären →C64 kennen. Inzwischen ist DOS jedoch zum Synonym für →MS-DOS und alle →PC-Betriebssysteme geworden, die zu diesem weltweit führenden System kompatibel sind. Neben MS-DOS gibt es noch das →PC-DOS von IBM, das aus der Kooperation mit Microsoft resultierte, sowie das russische PT-DOS, das in jüngster Zeit als leistungsfähiges und preiswertes System Furore machte. Das lange Zeit verfügbare Konkurrenzprodukt →DR-DOS von →Digital Research wurde kurze Zeit nach der Übernahme durch →Novell vorerst eingestellt. Mittlerweile hat die Firma Caldera an dem Programm die Rechte erworben und entwickelt es als offenes System weiter.

DOS-Befehle [DOS commands]

Das Betriebssystem →DOS unterscheidet zwei Typen von Befehlen, und zwar die internen und externen. Erste sind fester Bestandteil des →Befehls-Interpreters *Command.com* und können daher jederzeit ohne Start eines besonderen, zusätzlichen Programms aufgeführt werden. Ein typisches Beispiel dafür ist der *dir*-Befehl zur Anzeige von Verzeichnisinhalten. Befehle, die auf einer eigenen ausführbaren Datei (*.com* oder *.exe*) beruhen, werden dagegen als extern bezeichnet. Beispiele hierfür sind *Fdisk* oder auch *Xcopy*. Im Folgenden finden Sie eine kleine Beschreibung der wichtigsten internen und externen DOS-Befehle inklusive aller wichtigen Optionsschalter und – wo sinnvoll – eines Anwendungsbeispiels. Auch in den Zeiten von Windows 98 und Windows 2000 ist es teilweise immer noch sehr nützlich, die wichtigsten DOS-Befehle zu kennen. Spätestens dann, wenn es mit dem Rechner mal Probleme gibt und Sie mit einer herkömmlichen →Bootdiskette unter DOS starten müssen, um auf Ihre Daten zugreifen zu können.

attrib + - r a s h *Dateiname* /s

Der *attrib*-Befehl ermöglicht die Anzeige und Änderung der →Attribute von Dateien. Geben Sie nur *attrib* ein, um die Attribute aller Dateien im aktuellen Verzeichnis einzusehen. Die Kürzel haben folgende Bedeutung:

r	schreibgeschützt
a	Archiv
s	Systemdatei
h	versteckte Datei

Um eines dieser Attribute zu ändern, wird das +-Zeichen (Attribut aktiviert) und das - -Zeichen (Attribut deaktiviert) verwendet.

```
attrib -h +r bootlog.txt
```

Mit Hilfe des Optionsschalters */s* kann außerdem veranlasst werden, das die Dateien aller Unterverzeichnisse des aktuellen Pfads bearbeitet werden. In Zusammenarbeit mit →Wildcards ist es dann sehr einfach möglich, die Attribute mehrerer Dateien gleichzeitig zu ändern:

```
attrib +r texte\*.doc /s
```

So erhalten alle DOC-Dateien innerhalb des Verzeichnisses *texte* das Attribut *Schreibgeschützt*.

cd

Mit Hilfe des Befehls *cd* (change directory = wechsel Verzeichnis) kann das aktuelle Standardverzeichnis geändert werden. Das Standardverzeichnis ist die aktuelle Position innerhalb des Verzeichnisbaums. Abzulesen ist es auch direkt am DOS-Prompt:

```
D:\texte\mai98\>
```

Zeigt der Prompt z. B. diese Angabe, befinden Sie sich auf der Festplatte *D:* im Verzeichnis *texte\mai98*.

Um das Standardverzeichnis zu ändern, reicht die Angabe des gewünschten Verzeichnisses hinter dem *cd*-Befehl. Mit

```
cd c:\windows\system
```

springen Sie in das angegebene Verzeichnis, egal, wo Sie sich gerade befinden. Die Angabe eines Laufwerks ist allerdings nur erforderlich, wenn Sie sich auf einem anderen als dem gewünschten Laufwerk befinden. So können Sie mit

```
cd a:
```

sofort auf das Diskettenlaufwerk springen.

Um im Verzeichnisbaum eine Ebene höher zu klettern, müssen keine langen Verzeichnisnamen angegeben werden.

```
cd..
```

Verwenden Sie dazu vielmehr das Pseudoverzeichnis (..) direkt hinter dem cd-Befehl, das als Platzhalter für beliebige Verzeichnisnamen fungiert. Noch einfacher ist der Weg zurück ins Stammverzeichnis eines Laufwerks. Egal, wie tief Sie sich in der Verzeichnisstruktur hinabbewegt haben, mit

```
cd\
```

springen Sie jederzeit wieder ins Stammverzeichnis zurück. : Das aktuelle Standardverzeichniss beliebiger Laufwerke kann jederzeit abgefragt werden. Geben Sie dazu einfach nur cd (evt. mit dem gewünschten Laufwerkbuchstaben) ein.

```
D:\Texte>cd c:
C:\windows
```

Unterhalb der Eingabezeile wird nun das aktuelle Standardverzeichnis des gewünschten Laufwerks angezeigt.

chkdsk *laufwerk* /f

Um Datenträger auf Fehler zu überprüfen und evtuell zu beheben, kann der Befehl *chkdsk* (check disk=überprüfe Datenträger) bemüht werden, auch wenn dafür heute eigentlich die Verwendung des leistungsfähigeren →ScanDisk empfohlen wird. Wird lediglich *chkdsk* und eventuell ein Laufwerkbuchstabe angegeben, erfolgt eine Überprüfung ohne anschließende Fehlerkorrektur. Diese muss explizit mit dem Optionsschalter */f* angefordert werden.

```
chkdsk c: /f
```

Interessant ist die Möglichkeit, mit *chkdsk* die →Fragmentierung einzelner Dateien abzufragen. Geben Sie dazu den Dateinamen und gegebenfalls einen Pfad an. Da auch die Verwendung von Wildcards möglich ist, können gleich ganze Dateigruppen analysiert werden:

```
chkdsk windows\*.exe
```

cls

Mit Hilfe des Befehls *cls* (clean screen = lösche Bildschirm) wird der gesamte Bildschirminhalt entfernt. Lediglich der Prompt erscheint am oberen Bildschirmrand. Eine ideale Funktion, um auf dem Bildschirm aufzuräumen.

copy *Quelle Ziel* /V /Y

Der Befehl *copy* stellt ein einfaches Werkzeug dar, um einzelne Dateien oder Dateigruppen zu kopieren. Um eine Datei unverändert zu kopieren, geben Sie Dateinamen und evtl. Verzeichnis als Quelle und dann den Zielort an:

```
copy Rechnung\April99.xls a:
```

Diese Befehlsfolge kopiert die Datei *april99.xls* auf Diskette, dabei bleibt ihr Dateiname erhalten. Der Name lässt sich durch Angabe eines neuen Dateinamens jedoch auch ändern:

```
copy Rechnung\April99.xls a:\4_99.xls
```

Soweit sinnvoll lässt sich auf diese Weise auch die Dateiendung ändern, also z. B. von *txt* zu *doc*. Bei der Verwendung einer →Wildcard können mit *copy* auch mehrere Dateien kopiert werden:

```
copy *.doc a:\*.doc
```

So werden alle *doc*-Dateien des Standardverzeichnisses auf Diskette kopiert. Bei Verwendung der Wildcard für Dateiname und -endung könnten sogar alle Dateien eines Verzeichnisses kopiert werden. Schließlich hat *copy* noch zwei Sicherheitsmechanismen eingebaut, die über Optionsschalter aktiviert werden können.

/v	Mit *verify* (überprüfen) werden Original und Kopie nach dem Kopiervorgang verglichen. Treten Unterschiede auf, ist der Kopiervorgang fehlgeschlagen.
/y	Mit /y kann die Bestätigungsaufforderung beim Überschreiben vorhandener Zieldateien deaktiviert werden.

Kleiner: Mit dem *copy*-Befehl können auch mehrere Dateien zu einer gemacht werden:

```
copy kap01.txt+kap02.txt+kap03.txt Master.txt
```

country

Mit Hilfe des Befehls *country* (=Land) kann der von MS-DOS verwendete Landescode definiert werden. Mit Hilfe dieses Codes können Uhrzeit, Datumsangaben, Währungsformate, Dezimaltrennzeichen und Groß- und Kleinschreibung den Gegebenheiten eines Lands angepasst werden. Angewendet werden kann der Befehl nur durch Einbindung in die Konfigurationsdatei →*config.sys*. Die korrekte Syntax für die Einstellung des deutschen Ländercodes lautet:

```
country=049, 850,c:\windows\command\country.sys
```

Nach dem Gleichzeichen folgt zuerst der dreistellige Ländercode – hier *049* für Deutschland. Dann wird mit *850* die gewünschte Codepage angegeben. Abschließend muss noch der Pfad zur Datei *country.sys* angegeben werden.

del /p

Mit Hilfe des *del*-Befehls (delete=löschen) können Dateien von Datenträgern entfernt werden. Geben Sie dazu nach dem *del*-Befehl den gewünschten Dateinamen an.

```
del *.txt /p
```

Da der Einsatz von →Wildcards erlaubt ist, stellt auch das Löschen mehrerer Dateien kein Problem dar. Hier werden alle Textdateien im aktuellen Standardverzeichnis gelöscht. Vor jeder Löschaktion erscheint allerdings erst eine Sicherheitsabfrage (Optionsschalter /p). Beachten Sie, dass versteckte und schreibgeschützte Dateien von *del*-Befehl unberührt bleiben.

deltree /y *Verzeichnisname*

Seit der DOS-Version 6.0 gibt es den Befehl *deltree* (delete tree=lösche Verzeichnisbaum), mit dessen Hilfe ein komplettes Verzeichnis samt Inhalt (Dateien und Unterverzeichnisse) auf einen Schlag entfernt werden kann. Geben Sie dazu hinter dem Befehl einfach den Verzeichnisnamen an. Bei exakter Pfadangabe ist es auch möglich, beliebige Verzeichnisse zu löschen – bei Angabe des Laufwerkbuchstabens auch auf anderen Laufwerken. Üblicherweise erscheint vor dem Löschvorgang eine Sicherheitsabfrage, die auf den Verlust aller Daten aufmerksam macht. Abschalten lässt sich diese Abfrage mit Hilfe des Optionsschalters */y*, der direkt hinter *deltree* folgen muss:

```
deltree /y texte96
```

Aber Vorsicht: In diesem Fall sind die Daten nicht mehr vor versehentlichen Löschaktionen geschützt.

devicehigh

Um bei der Arbeit unter MS-DOS den kostbaren konventiellen Arbeitsspeicher zu sparen, können bestimmte →Gerätetreiber in den Upper Memory (→hoher Speicherbereich) →hochgeladen werden. Dazu ist die Einbindung einer entsprechenden Befehlszeile in die *Config.sys* notwendig:

```
devicehigh=c:\dos\smartdrv.exe
```

Auf diese Weise wird z. B. das Programm *smartdrv.exe* in den hohen Speicherbereich verlagert.

dir /p /w /l /o /s /

Mit Hilfe des Befehls *dir* (directory = Verzeichnis) kann der Inhalt eines Verzeichnisses angezeigt werden. Wird *dir* ohne weitere Angaben verwendet, listet es den Inhalt des aktuell am DOS-Prompt eingestellten Verzeichnisses auf.

```
c:\windows>dir
```

zeigt also den Inhalt des Verzeichnisses *c:\windows*.

Durch Angabe eines Pfads kann aber auch der Inhalt eines beliebigen Verzeichnisses angezeigt werden, ohne dass dafür das aktuelle Standardverzeichnis geändert werden muss. Für die Anzeige eines Unterverzeichnisses reicht die Form

```
dir command
```

wobei *command* der Name des gewünschten Unterverzeichnisses ist. Auch tiefer liegende Verzeichnisse können so erreicht werden, z. B.

```
dir command\mmc
```

Das übergeordnete Verzeichnis lässt sich ohne exakte Angabe des Namens auflisten, indem das Pseudoverzeichnis

```
dir..
```

eingesetzt wird.

Exakte Pfadangaben sind nur erforderlich, wenn sich das Verzeichnis in einem anderen Verzeichnis oder auf einem anderen Datenträger befindet.

```
c:\windows>dir d:\texte
```

zeigt den Inhalt des Verzeichnisses *Texte* auf dem Datenträger *d:*.

Um nur bestimmte Dateien oder Unterverzeichnisse anzuzeigen, kann der Platzhalter * eingesetzt werden.

```
dir kap*.txt
```

listet alle Textdateien eines Verzeichnisses auf, die mit der Buchstabenkombination *Kap* beginnen. Neben diesen einfachen Möglichkeiten bietet der *Dir*-Befehl noch zahlreiche Optionsschalter.

Mit *dir /p* wird der Inhalt eines Verzeichnisses seitenweise auf dem Bildschirm ausgegeben. Passt der Inhalt eines Verzeichnisses nicht auf eine Bildschirmseite, kann so das Durchlaufen der Anzeige verhindert werden. Ein beliebiger Tastendruck zeigt die nächste Seite an.

Die Option *dir /w* eignet sich gut für die Anzeige vieler Datei- bzw. Verzeichnisnamen, da hier jeweils fünf Dateinamen in einer Reihe ausgegeben werden. Auf Angaben wie Erstellungsdatum oder Dateigröße muss in diesem Modus allerdings verzichtet werden.

Interessant ist auch der Schalter */s*. Ist er gesetzt, wird nicht nur das aktuelle Verzeichnis, sondern werden auch dessen Unterverzeichnisse aufgelistet. So kann z. B. nach einer bestimmten Datei gesucht werden:

```
c:\>dir ramdrive.sys /s
```

Mit dieser Angabe werden alle Dateien aufgespürt, die *ramdrive.sys* heißen und sich auf der Festplatte *c:* befinden. Um die Auflistung der Datei- und Verzeichnisnamen weiter zu beeinflussen, stehen noch zwei weitere Schalter zur Verfügung. Mit der Option */o* kann eine Sortierreihenfolge festgelegt werden. Ohne weitere Ergänzungen werden bei Angabe dieses Schalters alle Namen alphabetisch sortiert. Es stehen aber noch weitere Kriterien zur Verfügung.

c	Komprimierungsverhältnis
d	Datum und Uhrzeit
n	Dateiname
s	Dateigröße

Wenn einem Kriterium das - -Zeichen vorangestellt wird, kehrt sich die Sortierreihenfolge dadurch um.

```
dir /od-s
```

In diesem Fall werden die Dateien zuerst nach Datum (die neuste Datei erscheint zuletzt) und dann nach Dateigröße (große Dateien zuerst) sortiert. Schließlich bietet sich noch die Möglichkeit, die Zahl der angezeigten Dateien durch eine Selektion nach bestimmten Datei-Attributen zu verringern. Notwendig ist dafür der Einsatz des Schalters */a*, dem verschiedene Dateiattribute angehängt werden können.

Attribut	Bedeutung
A	Archivflag – weist auf eine Änderung der Datei seit der letzten Sicherung hin.
D	Directory – listet alle Unterverzeichnisse auf.
H	Hidden – zeigt versteckte Dateien an.

Attribut	Bedeutung
R	Read-Only – listet Dateien auf, die nur gelesen, aber nicht geändert oder gelöscht werden können.
S	System – zeigt die im Verzeichnis befindlichen Systemdateien an.

```
dir /ar-h
```

In diesem Beispiel werden alle Dateien aufgelistet, die zwar den Nur-Lesen-Status haben, aber nicht versteckt sind. Auch hier kann also durch ein vorangestelltes -–Zeichen ein Attribut ausdrücklich ausgeschlossen werden. Alle genannten Optionsschalter lassen sich auch gleichzeitig einsetzen.

```
dir *.txt /p /s /od
```

Hier werden alle, auch die in Unterverzeichnissen liegenden, Textdateien seitenweise angezeigt. Dabei werden die in einem Verzeichnis liegenden Dateien nach Datum und Uhrzeit sortiert.

Und noch ein : Der *dir*-Befehl lässt sich durch eine in die →*autoexec.bat* eingebundene Umgebungsvariable dauerhaft Ihren Bedürfnissen anpassen. Dazu muss einfach die Zeile

```
SET DIRCMD= (hier folgen die gewünschten Einstellungen)
```

in die *autoexec.bat* eingebunden werden.

Von nun an brauchen Sie die hier angegebenen Optionsschalter nicht mehr anzugeben. Sinnvoll ist das z. B. für die Option */p*, sodass der Verzeichnisinhalt nie mehr einfach vorbeirauscht.

diskcopy /v

Auch in Zeiten von CD-ROM und DVD ist es immer wieder erforderlich, die Kopie einer Diskette anzulegen. DOS bietet dafür den simplen Befehl *diskcopy*.

```
diskcopy a: a:
```

Hier wird der Kopiervorgang mit nur einem Diskettenlaufwerk durchgeführt. Schneller geht es, wenn zwei Laufwerke gleichen Typs vorhanden sind:

```
diskcopy a: b:
```

In diesem Fall werden die Daten direkt von a: nach b: kopiert, was einen wesentlichen Geschwindigkeitsvorteil bietet. Um auf Nummer sicher zu gehen, kann noch die Option */v* (verify=überprüfen) angegeben werden. Nach dem Kopiervorgang wird dann ein Vergleich zwischen Quell- und Zieldatei durchgeführt. Sind die Dateien nicht identisch, ist die Kopie fehlerhaft. Hinweis: Beachten Sie, das *diskcopy* die Zieldiskette vor dem Kopiervorgang in jedem Fall formatiert, also alle vorhandenen Daten verloren gehen.

echo *on off*

Der Befehl *echo* macht vor allem bei der Arbeit mit →Batch-Dateien Sinn. Üblicherweise werden alle Befehlszeilen beim Ablauf einer Batch-Datei am Bildschirm angezeigt. Dieses Verhalten wird auch als 'Echo' bezeichnet. Mit Hilfe des *echo*-Befehls kann es unterbunden werden:

```
echo off
```

Beim Ablauf einer Batch-Datei erscheint nun keine Anzeige mehr, sie läuft sozusagen im Hintergrund ab. Wird der Befehl bei der Arbeit am Prompt eingesetzt, verschwindet allerdings die Eingabeaufforderung. Schalten Sie in diesem Fall das Echo wieder mit ein:

```
echo on
```

edit /h /r

Nach Eingabe des Befehls *edit* wird ein Zusatzprogramm gestartet, das die Betrachtung und Bearbeitung von Text- und Binärdateien ermöglicht. In diesem Editor stehen praktische Möglichkeiten wie Kopieren oder Suchen und Ersetzen zur Verfügung. Der Editor kann entweder leer (nur *edit* eingeben) oder durch Angabe eines oder mehrerer Dateinamen (bis zu 9) direkt mit den gewünschten Dateien geöffnet werden.

```
edit autoexec.bat /h /r
```

Hier wird die Datei *autoexec.bat* zur Betrachtung aufgerufen. Der Optionsschalter */h* sorgt dafür, das die maximal mögliche Zeilenzahl für die Bildschirmdarstellung genutzt wird – sinnvoll ist das bei der Bearbeitung großer Dateien. Mit dem Schalter */r* werden versehentliche Änderungen an einer Datei verhindert, da sie schreibgeschützt geöffnet wird. Das ist z. B. bei der Betrachtung von Binärdateien zu empfehlen.

fdisk /status

Nach Eingabe des Befehls *fdisk* wird das Festplattenkonfigurationsprogramm FDISK gestartet, mit dessen Hilfe Festplatten partitioniert werden können. Das Programm ist menügeführt und bietet die Möglichkeiten, eine DOS-Partition oder ein logisches DOS-Laufwerk zu erstellen, die aktive Partition festzulegen oder eine Partition bzw. ein logisches Laufwerk zu löschen. Bei Angabe der Option */status* wird nicht das Programm gestartet, sondern eine Tabelle mit den aktuellen Partitionierungsdaten angezeigt. Mit der undokumentierten Option */mbr* kann man den so genannten Master Boot Record eines Datenträgers neu schreiben, vergleiche hierzu →Bootsektor. Weitere Erklärungen zu *Fdisk* sind unter →Partitionen zu finden.

format *laufwerk* /v:Name /q /s /c

Bevor ein Datenträger eingesetzt werden kann, muss er →formatiert werden. Unter DOS wird diese Arbeit mit Hilfe des *format*-Befehls erledigt. Prinzipiell reicht nach dem *format*-Befehl die Angabe eines Laufwerks, um die Formatierung durchzuführen. Doch mit Hilfe einiger Optionsschalter kann der Vorgang genauer definiert werden.

/v:name	weist dem Datenträger nach der Formatierung den angegebenen Namen zu
/q	führt lediglich eine Schnellformatierung (Quickformat) durch
/s	kopiert nach der Formatierung die Systemdateien auf den Datenträger
/c	prüft während der Formatierung als fehlerhaft gekennzeichnete Zuordnungseinheiten

keyb /e

Tastaturen unterscheiden sich von Land zu Land. Damit Sie immer mit der richtigen Tastenbelegung arbeiten, sollten Sie mit Hilfe des Befehls *keyb* die richtige Tastaturbelegung festlegen. Am einfachsten geht das über die Einbindung einer entsprechenden Befehlszeile in die →*autoexec.bat*:

```
keyb gr,,c:\windows\command\keyboard.sys /e
```

Nach dem Befehl *keyb* wird zuerst der Tastaturcode des gewünschten Lands in Form von zwei Buchstaben angegeben. Hier ist das *gr* für Deutschland. Dann muss noch der Pfad zur Tastaturdefinitionsdatei *keyboard.sys* angegeben werden. Abschließend kann über den Optionsschalter /e noch die Verwendung einer erweiterten Tastatur angegeben werden.

label

Mit Hilfe des Befehls *label* kann einem Datenträger ein Name zugewiesen werden. Um den Namen des aktuellen Datenträgers zu ändern, reicht die Angabe:

```
label
```

Danach wird der aktuelle Name des Datenträgers und dessen Seriennummer angezeigt. In der Zeile *Datenträgerbezeichnung* besteht dann die Möglichkeit, einen neuen Namen einzugeben. Dieser kann 11 Zeichen lang sein und darf keines dieser Sonderzeichen enthalten: @ < > ( ) [ ] ^ ; : , . += / \ | * ?

loadhigh

Mit Hilfe von *loadhigh* (→Hochladen) kann ein Programm direkt vom Prompt aus in den →hohen Speicherbereich verlagert werden. Geben Sie dazu nach dem Befehl *loadhigh* Pfad und Namen des gewünschten Programms ein.

md *Verzeichnisname*

Mit dem Befehl *md* (make directory = 'lege ein Verzeichnis an') können neue Verzeichnisse eingerichtet werden.

```
md Verzeichnisname
```

Bei Verwendung dieser Form wird ein Verzeichnis unterhalb des aktuellen Standardverzeichnisses angelegt. Es ist aber auch problemlos möglich, aus dem Standardverzeichnis heraus ein Verzeichnis an beliebiger anderer Stelle zu erzeugen.

```
D:\texte>md \Bilder\Urlaub
D:\texte>md a:\Sicherheit
```

Im oberen Fall wird ein Verzeichnis auf dem gleichen Laufwerk erstellt, deshalb ist eine Laufwerkangabe nicht erforderlich. Achten Sie darauf, das auch vor dem ersten Verzeichnis ein \ steht. Soll ein Verzeichnis auf einem anderen Laufwerk erstellt werden, muss dessen Laufwerkbuchstabe mit angegeben werden (wie im unteren Fall).

MSD

MSD (**M**icrosoft **D**iagnostics) ist ein DOS-Programm, das eine Vielzahl von Systemparametern anzeigt, insbesondere die für den Einbau von Erweiterungskarten relevanten IRQs (siehe →Interrupt-Request), →I/O-Adressen und DMA-Kanäle (→DMA). Bei den Eigenschaften der COM-Ports wird außerdem der verwendete →UART angezeigt.

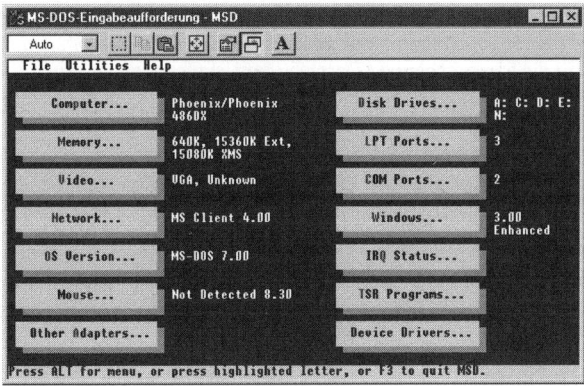

Das DOS-Programm MSD lässt sich auch unter Windows 95/98 in einem Fenster aufrufen, die Messergebnisse können aber beeinträchtigt sein

Path

Mit Hilfe des Befehls *Path* [Pfad] können in der →*Autoexec.bat* oder →*Config.sys* von DOS ein oder mehrere Verzeichnisse in einer Variablen gleichen Namens gespeichert werden. Eine Angabe wird dabei von der nächsten durch ein Semikolon abgetrennt. Beim Aufruf eines Programms, für das kein →Pfad angegeben ist und das nicht im aktuellen Verzeichnis gefunden wird, durchsucht das →Betriebssystem die in dieser Variablen angegebenen Verzeichnisse. Der Befehl

```
PATH=C:\DOS;C:\Windows
```

speichert z. B. das *DOS*- und das *Windows*-Verzeichnis in der Umgebungsvariablen mit dem Namen PATH. Dadurch können alle dort enthaltenen Dateien aufgerufen werden, ohne dass ein Pfad angegeben oder in die Verzeichnisse gewechselt werden muss.

Rd *Verzeichnisname*

Um ein Verzeichnis zu löschen, können Sie den Befehl *rd* (remove directory=entferne Verzeichnis) verwenden. Einzige Bediengung: Das Verzeichnis muss leer sein, darf also keine Dateien oder Unterverzeichnisse enthalten. Wenn Sie sich schon oberhalb des zu löschenden Verzeichnisses befinden, reicht die Angabe des Verzeichnisnamens. In allen anderen Fällen ist eine exakte Pfadangabe erforderlich. Erscheint nach Ausführung des *rd*-Befehls eine Fehlermeldung, sollte der Inhalt des Verzeichnisses mit Hilfe des *dir*-Befehls unter die Lupe genommen werden. Halten Sie dabei vor allem nach versteckten Dateien Ausschau (Option: *dir /ah*).

rem

Mit dem *rem*-Befehl [remark = bemerken] können Kommentare und Erläuterungen in der →*Config.sys* oder einer beliebigen →Batch-Datei eingefügt werden.

```
rem  Hier folgen die Soundkarteneinstellungen
```

Diese Zeile wird beim Abarbeiten nicht berücksichtigt. Nutzen Sie den *rem*-Befehl, um die entsprechenden Dateien übersichtlicher zu gestalten. Der Befehl REM wird vorrangig in Stapeldateien verwendet. In gleicher Weise wirkt die Zeichenfolge REM in der Textdatei →*Config.sys* von DOS, die beim Start des Betriebssystems ausgewertet wird.

smartdrv /x /Laufwerk + - /u /c /r /s

Mit Hilfe des kleinen Zusatzprogramms SMARTDrive kann der Festplattenzugriff bei der Arbeit unter MS-DOS optimiert werden. Dazu werden Lese- und evtl. auch Schreibdaten in einem kleinen Puffer im Arbeitsspeicher abgelegt (→Cache), aus dem sie schnell wieder eingelesen werden können. SMARTDrive kann nur unter MS-DOS gestartet werden, ein Shell-Programm wie Windows darf nicht aktiv sein. Um das Programm aufzurufen, muss am Prompt lediglich *smartdrv* eingebenen werden. Üblichwerweise ist es aber schon über die *Autoexec.bat* eingebunden, sodass es automatisch gestartet wird. Um SMARTDrive zu konfigurieren, stehen eine Reihe von Optionen zur Verfügung. Hier die wichtigsten im Überblick.

/x	deaktiviert das Write-Behind-Caching für alle Laufwerke.
/Laufwerk + -	erlaubt das Anschalten (+) bzw. das Abschalten (-) für jedes einzelne Laufwerk. Ohne + oder - wird für ein Laufwerk nur der Lese-Cache aktiviert.
/u	verhindert das Laden des CD-ROM-Caching-Moduls. Dadurch kann etwas konventieller Speicherplatz gespart werden.
/c	schreibt alle momentan im Schreib-Cache berfindlichen Daten auf die Festplatte.
/r	löscht den Inhalt des Cache-Speichers und startet SMARTDrive erneut.
/s	zeigt eine Statistik über die Arbeit von SMARTDrive.

type

Der Befehl *type* [eintippen, anzeigen] ermöglicht den schnellen Blick in eine Textdatei, ohne dass ein Editor bemüht werden müsste.

```
type brief.txt
```

Auf diese Weise wird der Inhalt der Textdatei *brief.txt* zeilenweise am Bildschirm ausgegeben. Sollte sich die Datei nicht im aktuellen Standardverzeichnis befinden, muss zusätzlich eine Pfadangabe gemacht werden.

Undelete

Beim Löschen einer →Datei auf einem magnetischen →Datenträger wird diese unter →DOS nicht überschrieben. Lediglich der Name wird im Verzeichnis (durch Überschreiben des ersten Zeichens mit einem dafür reservierten Zeichen) versteckt und die verwendeten →Cluster in der →FAT als frei gekennzeichnet. Mit einem geeigneten Programm kann man dies rückgängig machen, falls die Cluster in der Zwischenzeit nicht tatsächlich durch andere Dateien belegt wurden. Das dafür vorgesehene Programm aus dem Lieferumfang von MS-DOS heißt *Undelete* [wiederherstellen]

xcopy *Quelle Ziel* /a /d:datum /e /m /p /s /v /y /-y

Der Befehl *xcopy* ist leistungsfähiger als der einfache *copy*-Befehl, auch wenn die grundsätzliche Syntax gleich ist: Quelle, Ziel und evtuell zusätzliche Parameter angeben. Ein wichtiger Vorteil ist die Möglichkeit, komplette Verzeichnisbäume kopieren zu können:

```
xcopy \bilder\*.* d:\backup\bilder\*.*  /s
```

Durch Verwendung des Optionsschalters */s* werden hier neben allen Dateien auch die Unterverzeichnisse unter Beibehaltung der Verzeichnisstruktur kopiert. Einzige Einschränkung: Die Unterverzeichnisse dürfen nicht leer sein. Sollen auch leere Verzeichnisse mitkopiert werden, müssen Sie *zusätzlich* den Optionsschalter */e* angeben. Neben dieser praktischen Möglichkeit bietet *xcopy* über verschiedene Optionschalter noch weitere Möglichkeiten, den Kopiervorgnag zu beeinflussen.

/a	Nur Dateien mit gesetztem Archivflag werden kopiert. Dabei bleibt das Archivflag erhalten.
/d:datum	Mit Hilfe dieser Option werden nur Dateien kopiert, die am oder nach dem eingestellten Datum erstellt bzw. verändert wurden.
/m	Wie bei */a* werden nur Dateien mit gesetztem Archivflag kopiert. Hier wird das Archivflag jedoch zurückgesetzt.
/p	Jeder einzelne Kopiervorgang muss bestätigt werden.
/v	Mit *verify* (überprüfen) werden Original und Kopie nach dem Kopiervorgang verglichen. Treten Unterschiede auf, ist der Kopiervorgang fehlgeschlagen.
/y	Mit */y* kann die Bestätigungsaufforderung beim Überschreiben vorhandener Zieldateien deaktiviert werden.

Natürlich lassen sich auch hier wieder verschiedene Optionen gleichzeitig einsetzen.

```
xcopy bilder\*.* d:\backup\bilder\*.* /s /e /d:20.07.1999 /v
```

Hier werden alle Dateien und Unterverzeichnisse in den Ordner *Backup\ Bilder* kopiert, die am oder nach dem 20.07.1999 erstellt worden sind. Zum Abschluss des Kopiervorgangs findet außerdem eine Überprüfung statt. Das ist z. B. durchaus sinnvoll, wenn Dateien archiviert werden sollen.

DOS-Prompt[DOS-Befehlszeile, Eingabeaufforderung]

DOS-Prompt bedeutet sinngemäß etwa DOS-Bereitschaftszeichen, DOS-Eingabeaufforderung oder DOS-Befehlszeile. Es ist die allgemein übliche Bezeichnung für die textorientierte →Benutzeroberfläche des →Betriebssystems →DOS. Das DOS-Prompt wird vom →Kommandoprozessor →Command.com erzeugt, der entweder nach dem Booten direkt aktiv ist oder unter →Windows in einem eigenen Fenster aufgerufen werden kann. Bei aktiviertem DOS-Prompt wird dem Benutzer auf dem Bildschirm eine Texteingabe-Zeile angezeigt, die sich auf das aktuelle Verzeichnis bezieht. Durch Eingabe über die Tastatur kann man nun Befehle an das Betriebssystem übergeben (z. B. DIR für die Anzeige des Verzeichnis-Inhalts). Der DOS-eigene Befehl *Prompt* sorgt übrigens für die Anzeige einiger Informationen im DOS-Prompt. Er wird in der →*Autoexec.bat* eingebunden und regelt etwa, dass zu Beginn der Texteingabezeile das aktuelle Verzeichnis mit einem >-Zeichen abgetrennt angezeigt wird (z. B. *C:\ >* oder *D:\ Texte>*). Der Befehl lautet für diesen Fall: PROMPT PG. Vergleiche auch →DOS-Befehle.

Der DOS-Prompt, wie er leibt und lebt. Wer da nicht traurig ist, dass die guten alten Zeiten vorbei sind ... ;-)

Double Density [doppelte Dichte]

Double Density (abgekürzt DD) ist die Bezeichnung für Disketten mit doppelter Speicherdichte (siehe →Density). DD-Disketten im 3½-Zoll-Format haben eine Kapazität von 720 KByte, während 5¼-Zoll-DD-Disketten eine Kapazität von 360 KByte haben. Das DD-Format spielt heute bei Disketten kaum noch eine Rolle und wurde durch das HD-Format (siehe →High Density) verdrängt.

Double sided [doppelseitig]

Double sided wird im Computerbereich z. B. zur Bezeichnung eines Druckvorgangs verwendet, bei dem beide Seiten des Papiers bedruckt werden. Double sided sind aber auch Platinen, wenn sie auf beiden Seiten mit Bausteinen bestückt sind, wie etwa ein →SIMM.

Download [runterladen]

Mit Download wird der Vorgang bezeichnet, von einem anderen Rechner, zum Beispiel einer Mailbox, Daten oder Programme auf den eigenen Rechner herunterzuladen.

Tipp: Das Downloading größerer Daten bzw. Dateien im Internet ist häufig ein großes Problem, wenn die Bandbreiten sehr niedrig sind. Die Standard-Download-Prozeduren der →Webbrowser brechen den Transfer nach kurzer Zeit ab, wenn die Übertragung eine längere „Pause einlegt", weil z. B. der Quellrechner überlastet ist. In solchen Fällen sollte man Spezialprogramme zum Downloading verwenden, die abgebrochene Downloads wieder aufnehmen können. Zwei bekannte und empfehlenswerte Vertreter dieser Gattung, die zur Gruppe der →Sharewareprogramme gehören, sind Go!zilla (*www.gozilla.com*) und GetRight (*www.getright. com*). Wer dagegen ganze Webseiten bzw. Angebote downloaden möchte, sollte zu einem so genannten Webgrabber wie dem Offline Explorer der Firma Metaproducts greifen (*www.metaproducts.com*).

dpi (dots per inch)

dpi (Abk. f. Punkte pro Zoll) ist die Maßeinheit der →Abtastrate bzw. das Auflösungsvermögen grafischer Ein- und Ausgabegeräte, insbesondere von Druckern oder Scannern. →Laserdrucker haben z. B. eine →Auflösung von 300, 600 oder 1.200 dpi, d. h., sie sind in der Lage, auf eine Fläche von einem Quadratzoll (25,4 x 25,4 mm²) 90.000, 360.000 bzw. 1.440.000 einzelne

Punkte zu drucken. Ein VGA-Monitor bildet auf der gleichen Fläche etwa 4.000 Punkte ab, dies entspricht einer Auflösung von ca. 63 dpi.

DPMI (DOS Protected Mode Interface)

DPMI (englische Abk. f. DOS-Schnittstelle für den Protected Mode) ist eine von →Microsoft eingeführte Softwareschnittstelle (siehe →API), die durch das Umschalten der Prozessoren ab einem 386er in den →Protected Mode den nur in dieser Betriebsweise erreichbaren Speicherraum von bis zu 4 GByte RAM – nach entsprechender Übersetzung – Programmen im virtuellen DOS-Modus (siehe →DOS) bereitstellt.

DPMS (Display Power Management Signaling)

DPMS ist die englische Abk. f. „Monitor-Stromspar-Management-Signal". Es ist die Bezeichnung für eine Norm der →VESA und Bestandteil von TCO '92 (→TCO), mit dem das →Power-Management von Monitoren geregelt wird. Ein Monitor, der DPMS unterstützt, kann von der Grafikkarte oder einer entsprechenden Software auf Kommando in einen Stromsparmodus umgeschaltet werden. Meistens geschieht dies in zwei Phasen (Stand-by- and Sleep-Modus), in dem die Energieeinsparung, aber auch die Anschaltzeit entsprechend zunimmt.

Draft-Modus [Schnell-/Konzeptmodus]

Der Draft- oder Konzeptmodus ist eine Betriebsart von Druckern, insbesondere von Nadeldruckern, bei der die Ausgabequalität zugunsten der Druckgeschwindigkeit herabgesetzt wird. Er kann aber auch zur Einsparung von Druckerfarbe, Toner oder Tinte dienen, wenn häufig Dokumente ausgedruckt werden, bei denen das Layout oder der Inhalt überprüft werden müssen, ohne dass es auf die Druckqualität ankommt.

Drag & Drop [Ziehen und Fallenlassen]

Drag & Drop (Ziehen und Fallenlassen) ist die Bezeichnung für eine Bedienungstechnik unter grafischen Benutzeroberflächen wie →Windows. Dabei werden Datenobjekte – wie z. B. Textpassagen oder eine Grafik – mit der Maus erfasst und bei gedrückter Maustaste an eine neue Position verschoben. Durch Loslassen der Maustaste wird das Objekt an seiner neuen Position verankert. Bei Programmen, die →OLE 2.0 unterstützen, erlaubt Drag & Drop auch den Datenaustausch zwischen zwei Anwendungen durch einfaches Verschieben der Objekte über die Programmfenster hinweg. Dabei wird das Datenelement als OLE-Objekt in der Zielanwendung eingebettet. Das Verfahren wird aber auch zur Steuerung von Programmbefehlen verwendet, beispielsweise lassen sich Dateien aus dem Datei-Manager auf das Symbol eines Backup-Programms ziehen, um automatisch gesichert zu werden. Drag & Drop stellt damit eine wesentliche Arbeitserleichterung im Umgang mit der Software dar, weil natürliche Arbeitsvorgänge des Menschen simuliert werden.

DRAM (Dynamic Random Access Memory)

Die für den →Arbeitsspeicher des →PCs verwendeten DRAM-Bausteine (englische Abk. f. dynamischer Speicher mit wahlfreiem Zugriff) sind ein gängiger, preisgünstiger Typ von hochintegrierten Speicherbausteinen, die durch ihre einfache Bauart aus Transistoren und Kondensatoren einen ständigen Refreshzyklus von Auslesen und neuen Einschreibungen benötigen, damit die Information nicht durch die ständige Entladung der Kondensatoren verloren geht. Aufgrund dessen ist die Zugriffszeit von DRAM mit 60-90 ns deutlich höher als die der statischen →SRAM. Bei den wesentlich teureren SRAM-Bausteinen ist kein Refresh nötig, sodass deren Zugriffszeiten bei durchschnittlich 10-20 ns liegen.

Seit langem bekannt und benutzt sind die teureren →**VRAM**-(Video-**RAM**) Bausteine, die sich als spezielle DRAM-Bauelemente mit getrennten Ein- und Ausgabeports insbesondere für den Grafikspeicher eignen.

Die neueren →**WRAM**-(Windows-**RAM**) verbinden die Vorzüge der VRAM-Bausteine mit zusätzlich implementierten Funktionen zur Unterstützung von grafischen Bildtransformationen.

Mit der effektiven Ausnutzung der ohnehin in DRAM-Bausteinen vorhandenen SRAM-Register kann man bei den neueren →**EDO-RAMs** das Zeitverhalten des Arbeitsspeichers in Zusammenarbeit mit dem →Prozessor verbessern.

Bei weiteren Entwicklungen arbeiten die DRAM-Bausteine nicht mehr asynchron, sondern synchron zum Prozessortakt. Diese Variante von DRAM wird als →**SDRAM** bezeichnet.

Mit den verschiedenen RAM-Typen lassen sich der →Burst-Modus oder der →Pipelined-Burst-Modus realisieren, bei denen aufeinander folgende Datenworte durch internes Hochzählen der Adressen bzw. die Ausführung mehrerer derartiger Bursts schneller übertragen werden können.

Einen besonders schnellen Datentransfer mit 8 Bit Breite bietet auch die neuartige RAMbus-Technologie (siehe →RAMbus).

Auch die →**MDRAM**-(Multibank-**DRAM**) Technologie bietet neue Ansätze, die sich neben der Beschleunigung des Datentransfers in einer hohen Ausbeute und der Realisierung angepasster Speichergrößen äußert.

DR-DOS (Digital Research Disk Operating System)

Das →Betriebssystem DR-DOS (englische Abk. f. Digital Research; datenträgerorientiertes Betriebssystem) war nahezu vollständig zu →MS-DOS kompatibel und wurde erstmals 1989 von der Firma →Digital Research veröffentlicht. Die erste Version trug die Nummer 3.4, um anzuzeigen, dass das Programm weiter fortgeschritten war als die damals aktuelle Version 3.3 von →Microsoft. In der Folge lieferten sich Microsoft und Digital Research einen Kampf um höhere Versionsnummern und die Anzahl der mitgelieferten Hilfsprogramme. Nach der Übernahme von Digital Research durch →Novell wurde eine überarbeitete Version von DR-DOS unter dem Namen →Novell DOS 7.0 auf den Markt gebracht. Novell fällte 1994 die Entscheidung, das hauseigene DOS nicht weiterzuentwickeln. Mittlerweile erwarb die Firma Caldera an dem Programm die Rechte und entwickelt es als offenes System weiter.

Dreamworks

Die US-Medien-Firma Dreamworks SKG – benannt nach den Gründern Steven **S**pielberg (Regisseur und Filmproduzent, geb. 1947), Jeffrey **K**atzenberg (Filmstudio-Manager, u. a. bei Disney, geb. 1950) und David **G**effen (Musikproduzent, geb. 1943) – wurde im Oktober 1994 gegründet, um neue innovative Projekte im Multimedia-Bereich (siehe →Multimedia) (Film, Fernsehen, Musik, Computerspiele etc.) zu entwickeln. Durch zusätzliche finanzielle Beteiligung von bekannten Firmen und Personen (z. B. Chemical Bank, Samsung, Microsoft-Mitbegründer Paul Allen) soll ein Gesamt-Investitionsvolumen von rund 2 Milliarden Dollar vorhanden sein. Schlagzeilen im Computermarkt erregte insbesondere ein Joint-Venture-Abkommen von Anfang 1995 mit Microsoft-Chef Bill Gates, das zur Entwicklung von interaktiven Computerspielen und Filmen führen soll (Dreamworks Interactive).

Dreierkonferenz

Dreierkonferenz war bisher ein Leistungsmerkmal im ISDN-Netz (→ISDN-Leistungsmerkmale), wird neuerdings aber auch im analogen Netz der Telekom (jetzt →T-Net genannt) angeboten. Es beschreibt die Möglichkeit, ein Telefongespräch mit zwei Gegenstellen gleichzeitig führen zu können. Mit anderen Worten: In einer Dreierkonferenz kann die Oma der Schwiegertochter und dem Sohn gleichzeitig frohe Weihnachten wünschen (gesetzt den Fall, jeder hat einen eigenen Telefonanschluss zur Hand).

Um eine Dreierkonferenz aufzubauen, wird zu einem bereits vorhandenen Gespräch von zwei Teilnehmern eine dritte Person zugeschaltet. Dazu drückt i. d. R. einer der Beteiligten kurz (weniger als eine Sekunde die Gabel des Telefonapparates (hook flash) und wählt die Nummer des dritten Teilnehmers, der daraufhin am Gespräch teilnehmen kann.

Drive Image

Unter der Bezeichnung Drive Image vertreibt die amerikanische Firma →PowerQuest ein innovatives Festplatten-Utility (→Utility), das als Backup-System für komplette →Festplatten bzw. →Partitionen verwendet werden kann. Das Besondere an Drive Image ist seine Fähigkeit, komplette Partitionen in so genannten Image-Dateien sichern zu können. Eine solche Datei enthält →Cluster für Cluster die komplette Information einer Partition, kann auf einem beliebigen Laufwerk bzw. Speichermedium gespeichert werden und jederzeit wieder zurückgesichert werden. Drive Image wird wie ein Windows 95-Programm bedient, läuft aber komplett unter DOS. Dies hat den großen Vorteil, dass man jedes System von einer Bootdiskette aus sichern bzw. wiederherstellen kann. Es ist einer der großen Nachteile herkömmlicher Windows-Backup-Systeme, dass nach einem „Total-Crash" (Ausfall) des Gesamtsystems Windows erst für die Rücksicherung (Restore) wiederhergestellt werden muss.

Drive Image wurde erstmals im September 1997 auf den Markt gebracht und liegt mittlerweile in der überarbeiteten Version 2.0 vor. Neben den Funktionen zum Erstellen und Wiederherstellen von Image-Dateien besitzt das Programm außerdem alle wichtigen Grundfunktionen, um Partitionen zu erstellen, zu löschen, zu aktivieren oder zu verstecken. Beim Wiederher stellen von Image-Dateien kann eine gesicherte Partition außerdem an geänderte Größenverhältnisse einer neuen Festplatte angepasst werden. Wurde z. B. der Inhalt einer alten 2-GByte-Platte in eine Image-Datei gesichert und soll anschließend auf eine neue Festplatte mit 8 GByte übertragen werden, so passt Drive Image auf Wunsch automatisch oder auch manuell steuerbar die alte Größe auf den neuen, maximalen Festplatten-Platz an.

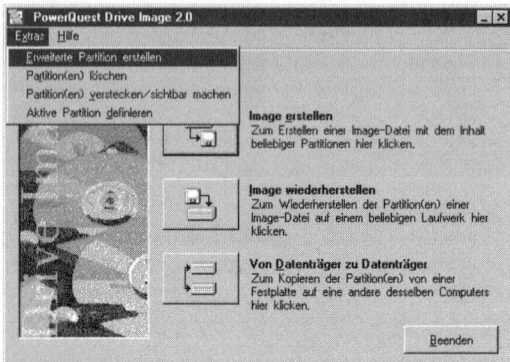

Die Oberfläche von Drive Image entspricht dem Windows 95-Standard. Über das Menü Extras können außerdem Partitionen erstellt, gelöscht, versteckt oder aktiviert werden

Wichtig für den praktischen Einsatz von Drive Image ist, dass man Image-Dateien nur in freien, unpartitionierten und unformatierten Festplatten-Speicher zurücksichern kann. Um eine gesicherte Partition also wiederherzustellen, muss man diese zuvor erst mit Hilfe von Drive Image wieder löschen. Ein Assistent führt aber jeweils durch alle Hauptfunktionen des Programms und macht einen auf die notwendigen Schritte aufmerksam.

Beim Sichern großer Festplatten-Partitionen mit Drive Image braucht man keine Angst um einen möglicherweise zu knappen Speicherplatz für die Image-Datei haben. Denn die erstellten Image-Dateien sind zum einen meistens um einiges kleiner als die gesicherte Partition. Dies wird durch zwei Tricks erreicht: Zum einen sichert Drive Image wirklich nur mit Daten belegte Cluster. Leere Cluster werden nur als vorhanden „notiert". Zum anderen werden die Daten in der Image-Datei beim Sichern effizient auf zumeist 40-50 % ihrer ursprünglichen Größe komprimiert. Besonders nützlich ist auch die Möglichkeit, Image-Dateien in Teilstücke von definierter Größe aufzuteilen (siehe Abbildung). So kann man z. B. eine Aufteilung zu je 650 MByte-Fragmente angeben, was es ermöglicht, diese jeweils einzeln auf eine →CD-R zu sichern. Bei der Wiederherstellung kann das Programm die große Ursprungs-Partition aus den Image-Fragmenten wieder rekonstruieren.

Tipp: Die üblichen Betriebssysteme von Microsoft wie DOS, Windows 95/98 oder Windows NT lassen wichtige Funktionen für die Pflege und Sicherheit der eigenen Daten auf der Festplatte vermissen. Dabei sind diese normalerweise das Wichtigste für einen PC-Benutzer überhaupt. Drive Image ist neben →Partition Magic und den →Norton Utilities eigentlich für jeden Anwender ein Muss, wenn er Datensicherung ernst nimmt. Ein günstiger Preis von jeweils ca. 150 DM und die einfache Bedienung dieser Programme sollten es eigentlich jedem ermöglichen, diese auch zu erwerben und einzusetzen.

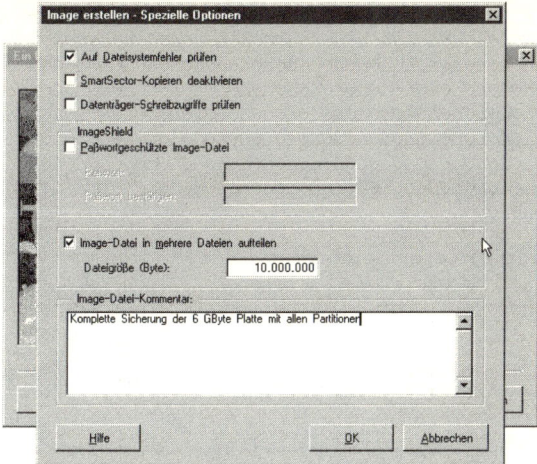

Über dieses Options-Fenster kann man in Drive Image große Partitionen bei der Sicherung in mehrere Teilfragmente zerlegen

Drucker [printer]

Drucker ist die allgemeine Bezeichnung für eine Klasse von peripheren Geräten, die im Computer bearbeitete →Daten in Form von Zahlen, Texten oder Grafiken auf einem Medium – Papier, Folie usw. – ausgeben können. Obwohl heute die Abgrenzung zu den →Plottern fließend geworden ist, werden diese nicht zu den Druckern gezählt. Die verschiedenen Typen von Druckern lassen sich nach unterschiedlichen Kriterien einteilen: Technisch wird meist zwischen →Anschlagdruckern und →Anschlagfreien Druckern unterschieden. Bei Anschlagdruckern, z. B. den **Nadeldruckern**, wird ähnlich wie bei Schreibmaschinen durch den Aufschlag eines Druckelements Farbe von einem Farbband auf das Papier übertragen. Sie werden vor allem für die Erstellung von Ausdrucken mit Durchschlägen verwendet. Außer für einige Spezialbereiche, bei denen es hauptsächlich um die Erstellung von Papierdurchschlägen geht, haben sie auf dem Markt fast keine Bedeutung mehr.

Anschlagfreie Drucker bedienen sich anderer Drucktechniken, z. B. eines Tintenstrahls, die sich durch eine höhere Druckgeschwindigkeit und eine geringere Geräuschentwicklung auszeichnen. Eine andere technische Einteilung ist die Unterscheidung von Seiten- und Zeilendruckern. Bei Seitendruckern, z. B. →**Laserdruckern**, wird immer die ganze Seite im Speicher aufgebaut und in einem Arbeitsgang auf das Papier aufgebracht. Sie benötigen daher i. d. R. einen großen Arbeitsspeicher. Zeilendrucker, z. B. →**Tintenstrahldrucker**, empfangen und drucken die Daten dagegen zeilenweise, wodurch sie einen geringeren Arbeitsspeicher brauchen. Eine besondere Gruppe sind noch die Thermotransfer- und Thermosublimationsdrucker (→Thermodrucker), die v. a. zum Drucken von fotorealistischen Motiven verwendet werden. Hierbei wird die Farbe durch Schmelzen oder Bedampfen aus einer Farbfolie auf das Papier übertragen.

Bis auf die Thermosublimations-Technik arbeiten fast alle heutigen Drucker nach dem Rasterverfahren, bei dem Farb- und Helligkeitsunterschiede durch das Aufbringen von einzelnen Druckpunkten mit unterschiedlicher Größe und Dichte quasi nur dem Auge vorgetäuscht werden. Alle diese Druckobjekte bestehen aus einer Matrix von →Pixeln. Die Bezeichnung Matrix- oder Rasterdrucker wird allerdings meist nur für Nadel- und Tintenstrahldrucker verwendet. Die sich aus diesem Verfahren ergebenden Probleme hinsichtlich der Darstellung von Farb- und Graustufen werden mit dem Verfahren des →Dithering gelöst.

Druckeremulation [printer emulation]

Druckeremulation ist die Fähigkeit eines Druckers, einen anderen nachzuahmen. Trotz der Vielzahl der Druckerhersteller haben sich im PC-Bereich rasch Standards herausgebildet, an die sich die verschiedenen Hersteller anlehnen. Diese Standards stammen noch aus der Zeit, als die Anpassung eines Druckers an ein Anwendungsprogramm eine aufwendige Programmierung notwendig machte. Was lag da näher, als die Drucker untereinander kompatibel zu machen? Für die unterschiedlichen Druckertechniken wurden jeweils Standardtypen gewählt, deren Ansteuerung von den Konkurrenzprodukten nachgebildet – emuliert – wird. Für →Nadeldrucker war das zuerst der IBM Proprinter, später die Epson-Druckersteuerung mit so genannten Escape-Sequenzen. Der typische →Tintenstrahldrucker, den alle emulieren, ist der Hewlett Packard DeskJet. Beim →Laserdrucker setzt Hewlett Packard mit seiner Laserdruckersprache HPPCL den Standard neben →PostScript. HPPCL ist in den letzten Jahren stark weiterentwickelt worden, sodass die typische Emulation HPPCL ist.

Druckersprache [printer language]

Drucker im Allgemeinen und insbesondere neuere Modelle wie →Tintenstrahl- und →Laserdrucker sind so vielfältig und leistungsfähig, dass es erforderlich war, besondere Programmiersprachen zu ihrer Steuerung zu entwickeln, die Druckersprache genannt werden. Zwischen einer Software und dem Drucker vermittelt der →Druckertreiber, der die Anforderungen der Software in die richtigen Druckersprache-Befehle übersetzt und diese an den Drucker sendet. Die wahrscheinlich populärste, leistungsfähigste und geräteunabhängige Druckersprache ist →PostScript. Mit Druckersprachen kann man Seiten, Schriftarten, Schriftgrade und Rasterung von Bildern bestimmen. Die Firma Hewlett Packard hat für ihre (Nicht-PostScript-)Drucker eine eigene Seitenbeschreibungssprache entwickelt: →PCL = Printer Communication Language.

Druckertreiber [printer driver]

Der Druckertreiber ist ein Programm, das die Ansteuerung eines →Druckers durch den →Computer (hinsichtlich der Zeichensätze, Grafikdarstellung, Steuerung usw.) über eine →Druckersprache ermöglicht. Bei der früher üblichen Arbeitsweise mit einzelnen text- oder grafikorientierten Programmen waren die unterschiedlichen Druckertreiber für unterschiedliche Drucker oder Programme (bereitgestellt vom Hersteller des Betriebssystems, des Druckers oder des Anwendungsprogramms) oft Quelle von Fehlern und ein permanentes Ärgernis. So gab es z. B. häufig Probleme mit den deutschen Umlauten, wenn der Druckertreiber falsch gewählt oder eingestellt war. Unter einer grafischen Benutzeroberläche wie →Windows wird für alle Applikationen ein gemeinsamer Druckertreiber verwendet.

Druckkopf [printer head]

Bei Nadel- oder Tintenstrahldruckern (siehe →Drucker) ist der Druckkopf das wesentliche Bauteil, das die Druckfarbe über den Anschlag einzelner Nadeln auf ein Farbband auf das Papier überträgt oder das die Farbe als Tintentröpfchen direkt aufspritzt.

Druckkopf mit Tintenpatronen eines Tintenstrahldruckers

Druck-Server [print server]

Ein Druck-Server ist ein →Server, der nur für die Verarbeitung von Druckaufträgen zuständig ist. Dies ist sinnvoll, weil Druckaufträge i. d. R. sehr viel Rechenzeit verbrauchen.

DRV

Drv (Abk. f. **DRi**Ver, Treiber) ist die gängige Dateinamenerweiterung (siehe →Erweiterung) von Dateien, die als →Gerätetreiber verwendet werden. So wird z. B. die Tastatur unter →Windows über den Treiber *Keyboard.drv* angesprochen.

DSM (Dynamic Scattering Mode)

Der Begriff DSM (englische Abk. f. dynamischer Streuungs-Modus) beschreibt die Arbeitsweise von Flüssigkristallanzeigen (siehe →LCD), bei der durch Anlegung einer elektrischen Spannung die Lichtdurchlässigkeit einer Flüssigkristallschicht durch Lichtstreuung verändert wird.

DSP (Digital Signal/Sound Processor)

DSP ist die englische Abk. f. „digitalen Signal bzw. Ton-Prozessor". Es ist die Bezeichnung für kleine, sehr leistungsfähige Prozessoren, die speziell für die Digitalisierung von analogen Signalen (z. B. Tönen) verwendet werden. DSPs findet man v. a. auf →Soundkarten oder →Modems. Während früher für diese Geräte häufig speziell entwickelte Bausteine eingesetzt wurden, gehen immer mehr Hersteller dazu über, stattdessen hochwertige DSPs zu verwenden. Ihr Vorteil ist es, dass sie frei programmierbar sind und daher durch ein entsprechendes Programm für verschiedene Einsatzzwecke verwendet werden können. Typisches Beispiel sind die so genannten **Soundkarten-Modems**. Auf ihnen arbeitet ein einziger DSP, der sowohl für Soundkarten- als auch Modem-Funktionen genutzt werden kann. DSPs werden aber auch auf speziellen Karten wie etwa dem ELSA PhotoJet verwendet, einer Beschleunigerkarte für Bildverarbeitungsfunktionen.

DSR (Data Set Ready)

Das Signal DSR (Abk. f. „Datenendgerät betriebsbereit") belegt eine der Steuerleitungen der →seriellen Schnittstelle des →PCs.

DSS1

Kurz-Bezeichnung für das D-Kanal-Protokoll (→D-Kanal/-Protokoll) von →Euro-ISDN. Genauer und gebräuchlicher ist daher die Bezeichnung →E-DSS1. Weitere Informationen siehe →E-DSS1.

DSTN-Displays (Double Super Twisted Nematics)

DSTN (manchmal auch DTSN genannt) ist die englische Bezeichnung für eine veraltete Herstellungstechnik von Flachbildschirmen für Notebooks. DSTN-Bildschirme sind recht einfach und preisgünstig herzustellen, ihre Qualität reicht aber bei weitem nicht an die von →TFT-Displays heran. Moderne Notebooks sollten mittlerweile alle mit TFT-Displays ausgerüstet sein. Billige Modelle mit DSTN-Bildschirm sollte man nicht mehr kaufen.

D-Sub

Mit dem Begriff D-Sub oder auch **Sub-D** wird eine im Computerbereich typische Steckerform bezeichnet, die für viele Anschlüsse, z. B. beim Monitorkabel, bei der seriellen und parallelen Schnittstelle oder auch bei Stromsteckern verwendet wird. Der Buchstabe „D" beschreibt die typische D-Form dieser Stecker.

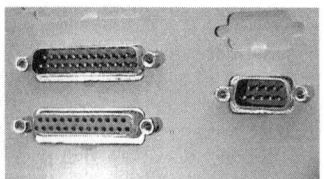

Typische D-Sub-Stecker: die serielle und parallele Schnittstellen eines PCs

DSVD

→Modems der Klasse DSVD (Abk. f. **D**igital **S**imultaneous **V**oice **D**ata) erlauben den Nutzern, während einer Datenübertragung gleichzeitig über die Telefonleitung miteinander zu sprechen. Solche Geräte sind v. a. für die ständig zunehmenden Support-Dienste im EDV-Bereich nützlich, wo man gleichzeitig auf einer Leitung mit dem Kunden sprechen und ihm z. B. Treiber übertragen kann. Erste DSVD-Geräte wurden zur CeBIT '96 vorgestellt und sind z. B. von →ELSA als Steckkkarten-Modem für unter 500 DM erhältlich.

DTE (Data Terminal Equipment)

Bei der →Datenfernübertragung haben →PC und →Modem eine prinzipiell andere Stellung im Gesamtsystem. Der PC führt – gemäß der üblichen Bezeichnung – die Bezeichnung DTE (englische Abk. f. Datenterminaleinrichtung), im Deutschen spricht man auch von DEE (Abk. f. **D**aten**E**nd**E**inrichtung). Das Modem trägt hingegen die Bezeichnung DCE (Abk. f. **D**ata **Com**munications **E**quipment, Datenkommunikationseinrichtung) oder im deutschen Sprachbereich DÜE (Abk. f. DatenÜbertragungsEinrichtung). Siehe dazu auch →DCE.

DTP (Desktop Publishing)

DTP (englische Abk. f. Publizieren am Schreibtisch) ist die gängige Bezeichnung für das Erstellen von Druckpublikationen (Ganzseitendokumenten) mit einem Computer. DTP verlangt besonders leistungsfähige Computer mit entsprechender DTP-Software wie z. B. PageMaker, Quark XPress, Ventura-Publisher oder MS-Publisher. Dabei ist vor allem die exakte Positionierung von Text, Grafiken und Bildern auf der Seite, also die Erzeugung des Layouts, die wichtigste Aufgabe des DTP. Die ursprüngliche Erzeugung der einzelnen Seitenelemente erfolgt meist mit anderen Anwendungsprogrammen, aus denen die Daten dann mit Hilfe von Importfiltern (siehe →Datenimport) übernommen werden. Eine DTP-Datei stellt damit also eine Containerdatei dar, in der Daten verschiedener Herkunft zu einem gemeinsamen Layout verbunden werden. DTP-Programme enthalten meist zusätzlich aufwendige Ausgabeoptionen, um professionelle Druckergebnisse z. B. in einer Druckerei zu ermöglichen. Die Hauptanwendung von DTP dürfte bei der Erstellung von Zeitschriften liegen.

DTR (Data Terminal Ready)

Das Signal DTR (englische Abk. f. Datenterminal bereit) belegt eine der Steuerleitungen einer →seriellen Schnittstelle. Mit dem DTR-Signal wird die Bereitschaft des Terminals zum Empfang von Daten mitgeteilt.

DTS(Digital Theater Systems)

DTS ist die englische Bezeichnung für ein neues, digitales →Surround-Sound-System aus den USA, das vor allem für das Kino entwickelt wurde, mittlerweile aber auch im Heimbereich für Video und Hi-Fi Einzug hält. Seit Anfang 1999 gibt es in den USA die ersten →DVDs und Audio-CDs mit DTS-Surround-Sound zu kaufen.

Ähnlich wie AC-3 (siehe →Surround-Sound-Verfahren) verwendet DTS 5+1 Ton-Kanäle, deren Klangqualität aber aufgrund einer geringeren Datenreduktion, **CAC** genannt, besser ist. Die Datenrate liegt über 1 MBit/sec bei 20 Bit pro Kanal, was einen Frequenzbereich von 20 Hz bis 20 KHz ermöglicht. Lediglich der Basskanal ist auf 20-80 Hz begrenzt. Insgesamt wird ein Dynamikbereich von 96 dB erreicht, sodass bei DTS also jeder Kanal (bis auf Verluste durch die leichte Datenkompression) CD-Qualität hat. Bei AC-3 ist dies nicht ganz der Fall, wenn auch die Klangunterschiede ganz sicher nur mit wirklich guten Hi-Fi-Surround-Sound-Anlagen hörbar sind.

Eine wesentliche Eigenschaft von DTS hat für den Heimbereich überhaupt keine Bedeutung. Denn bei DTS wird der Ton im Kino wesentlich präziser, weil digital, mit der Filmspur synchronisiert. Das ist bei allen anderen Verfahren immer ein Problem. Bei DTS-Filmen kommt der Ton von einer speziellen optischen Disc, die man parallel zum Film ablaufen lässt. Auf dem Film sind ganz spezielle, unsichtbare Synchronisationssignale aufgebracht, die für eine exakt parallele Wiedergabe Sorge tragen.

Um DTS im Heimbereich nutzen zu können, benötigt man einige Voraussetzungen. Sowohl das Wiedergabegerät, normalerweise der DVD-Player
(→Laserdics und CD-Player sind auch möglich), wie auch der Surround-Ver-
stärker müssen DTS unterstützen. Der Player liest das kodierte Signal normalerweise nur aus – sodass hier eigentlich keine besonderen technischen
Voraussetzungen gegeben sein müssen – und übergibt den Datenstrom
durch einen Digitalausgang an den Verstärker (oder →Receiver). Erst dieser
dekodiert das Signal und liefert es dann an seine Endstufen bzw. die Lautsprecher. Die ersten DTS-fähigen DVD-Player und Verstärker bzw. Receiver
sind seit Anfang 1999 zu kaufen, jedoch hat der Standard bei weitem noch
nicht so viel Unterstützung wie AC-3.

Spezielle mehrkanalige DTS-Audio-CDs werden auch schon in kleineren
Stückzahlen produziert. Sie sind aber absolut nicht mit den herkömmlichen
Stereo-CDs kompatibel und benötigen ebenfalls einen DTS-fähigen CD- o-
der DVD-Player. Allerdings sollten so gut wie allen modernen Geräte mit Digitalausgang das DTS-Signal erfassen und ausgeben können, selbst dann,
wenn der Hersteller dies bei etwas älteren Modellen nicht speziell in der Be-
dienungsanleitung angegeben hat (weil damals DTS noch unbekannt war).
Aber Vorsicht!: Wenn man versucht, reine Audio-DTS-CDs oder -DVDs auf
einem Abspielgerät über den analogen Ausgang wiederzugeben bzw. abzu-
hören, bekommt man ein hochfrequentes Störsignal, mit dem man seine
Lautsprecher unter Umständen zerstören kann. Das DTS-Signal kann nur ü-
ber den Digitalausgang an einen DTS-fähigen Verstärker sinnvoll ausgegeben werden. Man sollte also auf keinen Fall versuchen, eine DTS-CD einfach
so auf einem CD-Player wie eine herkömmliche CD wiederzugeben!

Bisher (Stand 10.99) ist es noch unklar, wie sich AC-3 und DTS auf dem
Markt zueinander verhalten werden. AC-3 wird wohl vorerst noch weiterhin
„der" digitale Surround-Standard für die Massen bleiben. Die Industrie hat
bis jetzt auch entsprechend immer angegeben, dass alle veröffentlichten
DVDs immer AC-3-Ton enthalten werden. Wenn überhaupt, soll DTS zusätzlich auf einer DVD vorliegen. Ob das je nach Film und Zusatzinformationen platzmäßig überhaupt möglich ist, sei noch dahingestellt. DVDs, die nur
DTS als Surround-Sound enthalten, soll es angeblich bisher nicht geben.

> **Tipp:** Selbst bei gehobenen Ansprüchen dürfte DTS für den heimischen Video-Spaß
> nicht sonderlich viel bringen. Der Klangunterschied zu AC-3 ist tatsächlich nur über
> die bessere Kompression zu hören. Und der AC-3-Sound auf den meisten DVDs ist
> schon so beeindruckend gut und dynamisch, dass man ihn in normalen Mietwoh-
> nungen nicht ausreizen kann. Um den Klangunterschied von DTS hören zu können,
> benötigt man schon sehr gute, teure Surround-Verstärker und v. a. Lautsprecher.
> Wer keine Anlage im Wert von einigen Tausend Mark besitzt, sollte DTS lieber
> gleich links liegen lassen. Zumal die Zahl der DTS-DVDs ziemlich klein ist. DTS
> wurde vor allem fürs Kino entwickelt und da macht es auch Sinn.

DTS-Faxgeräte (Der Telefax Standard)

Seit der →CeBit '96 werden immer mehr Faxgeräte mit dem DTS-Zeichen
markiert. Solche Faxgeräte sind auf dem neuesten Stand der Technik, sodass
sie untereinander problemlos Verbindungen aufbauen und halten; dieses

Siegel gilt als Konformitätsbescheinigung. DTS-Faxgeräte haben insofern eine Sonderstellung, als ihre Faxdokumente bei Gerichtsverfahren als der Beweis des ersten Anscheins gelten: Da DTS-Geräte untereinander den Versand mit einer Meldung auf dem Faxprotokoll bestätigen, gilt die Sendung als zugestellt, wenn das Faxprotokoll dies entsprechend vermerkt. Wer einen Gerichtseinspruch also per DTS-Fax zugeschickt hat, hat einen gerichtstauglichen Beleg für die Übersendung. Wer den Empfang abstreitet, muss das Gegenteil beweisen. Dennoch müssen Geräte ohne DTS-Siegel nicht qualitativ schlechter sein; es sorgt lediglich für den Beweis einer Prüfung durch den VDMA (Verband der deutschen Maschinen- und Anlagenbauer). Andere oder ältere Geräte können auch ein Überprüfungsattest bekommen, wenn sie von der Telekom speziell kontrolliert wurden.

Dual Voltage [zweifache Spannung]

Die Bezeichnung Dual Voltage wird bei modernen →Prozessoren und/oder →Mainboards verwendet, weil diese zumeist mit zwei unterschiedlichen Versorgungsspannungen betrieben werden. Der →Pentium MMX war der erste Dual Voltage-Prozessor für den Massenmarkt. Er verwendet für den internen Prozessor-Kern (Core) 2,8 Volt, für die externen I/O-Bereiche jedoch 3,3 Volt.

Dual-Band-Handy [Zweiband-Handy]

Unter einem Dual-Band-Handy (vergl. →Handy) versteht man Mobiltelefone, die ihre Daten wahlweise auf zwei Übertragungsfrequenzen, den so genannten „Bändern", übermitteln können. Für die Datenübertragung von Mobiltelefonen werden zwei unterschiedliche Systeme, nämlich →GSM und →DCS verwendet. Ersteres übertragt mit ca. 0,9 GHz, Zweiteres mit der doppelten Frequenz von 1,8 GHz. Beispielsweise verwenden die D-Netze in Deutschland das GSM-Band, die E-Netze dagegen das hochfrequentere DCS-Band. Entsprechend waren die bisherigen Mono-Band-Handys für die jeweiligen Funknetze auch in zwei Ausführungen erhältlich, entweder für das E- oder das D-Netz. Auf die Art war es auch nicht möglich, mit demselben Handy später in ein anderes Netz bzw. zu einem anderen Provider zu wechseln.

Mittlerweile werden aber immer mehr Handys standardmäßig als so genannte Dual-Band-Modelle ausgeliefert bzw. die Preise für entsprechende Modelle fallen. Mit einem solchen Handy kann man also auf beiden Frequenzen (Bändern) telefonieren und alle Netze gleichermaßen nutzen. Gerade für Kunden von E-Plus ist die Anschaffung eines Dual-Band-Handys eine sinnvolle Empfehlung. Denn im Gegensatz zu Deutschland gibt es im Ausland fast nur GSM-Netze. Wer also im Ausland per →Roaming auch mit seinem Handy telefonieren will, ist auf die Nutzung bzw. Vermittlung der dortigen GSM-Netze angewiesen. Und das ist eben nur mit einem Dual-Band-Handy möglich. Wer jedoch Kunde eines D-Netz-Providers ist und das auch bleiben will, braucht sich um diese Probleme keine Sorgen machen.

Dual-Boot [„Zweifach-Start"]

Mit dem englischen Begriff Dual-Boot wird eine Funktion beschrieben, die es einem beim Booten erlaubt, zwischen zwei Betriebssystemen auszuwählen

Dual-Boot wurde auch von den ersten →Windows 95-Versionen (vor dem OSR2 = Windows 95b) unterstützt: Wenn Windows bei der Installation auf einem PC eingerichtet wurde, auf dem schon →DOS als Boot-Betriebssystem vorhanden war, so wurde eine Dual-Boot-Funktion aktiviert. Die Dual-Boot-Option konnte dann beim Booten durch Drücken der F8-Taste aus einem Menü ausgewählt werden. Alternativ kann man dieses Bootmenü aber auch bei jedem Bootvorgang automatisch für einige Sekunden anzeigen lassen. Verantwortlich für die Konfiguration der Dual-Boot-Möglichkeiten von Windows 95 sind die Einstellungen in der Textdatei *Msdos.sys* im →Stamm-Verzeichnis der Boot-Platte. Neben Windows 95 besitzt auch →Windows NT eine Dual-Boot-Funktion, die noch weitreichender konfigurierbar ist und eigentlich schon mehr einem Boot-Manager gleicht. Ein solcher Boot-Manager erlaubt Konfigurationen des Bootvorgangs, die über eine einfache Dual-Boot-Möglichkeit hinausgehen. So ist es mit einem Boot-Manager möglich, zwischen mehreren Betriebssystemen beim Booten wählen zu können.

> **Tipp:** Mit dem Windows 95 OSR2.x wurde die Dual-Boot-Option abgeschafft. Dies liegt an der geänderten Startdatei *Io.sys*. Diese könnte man theoretisch mit Hilfe einer Bootdiskette einer alten Windows 95-Version austauschen. Lizenzrechtlich ist dies jedoch nur erlaubt, wenn man die Lizenzen für beide Windows-Versionen hat. Um die Systemdatei auszutauschen, kopiert man sie mit dem Befehl *„sys c:"* von der Bootdiskette auf die Festplatte.

Dualsystem [dual system]

Zur Darstellung von Zahlen werden Ziffern eines Zahlensystems verwendet. Das Zahlensystem unseres Alltags arbeitet mit den zehn Ziffern 0-9. Zahlen, die in diesem Zahlensystem (dem Zehner- oder Dezimalsystem – siehe →Dezimalzahl) dargestellt sind, heißen Dezimalzahlen. Computer arbeiten dagegen mit einem Zahlensystem, das nur die Ziffern 0 und 1 kennt, dem Dualsystem. Zahlen, die in diesem System dargestellt sind, werden Dualzahlen genannt. Um eine Dezimalzahl in eine Dualzahl umzuwandeln, müssen die einzelnen Ziffernstellen umgerechnet werden.

Der Zahlenwert einer Binärzahl ergibt sich aus der Summe der Positionswerte der einzelnen Ziffern. Der Positionswert einer Ziffer ergibt sich wiederum aus der Multiplikation der Ziffer mit der Zweierpotenz, die ihrer Stellung in der Ziffernfolge (von rechts gesehen) entspricht. So ergibt sich z. B. für die Binärzahl 1110 ein Wert aus $1x2^3 + 1x2^2 + 1x2^1 + 0x2° = 1x8 + 1x4 + 1x2 + 0x1 = 14$.

Dualzahl [dual/binary number]

In einem Computer sind nur zwei Zustände einer Speicherzelle usw. möglich, die üblicherweise mit den Ziffern 0 und 1 bezeichnet werden. Alle Buchstaben, Sonderzeichen und Dezimalziffern sowie Dezimalzahlen müssen durch mehrstellige Binärzahlen dargestellt werden (siehe →Dualsystem, →Binär, →Bit, →Byte). Durch einen derartigen binären Code (siehe u. a. →ASCII, →BCD) dargestellte Zahlen werden als Dualzahlen bezeichnet.

Duplex-Drucker

Ein so genannter Duplex-Drucker ist in der Lage, das Druckmedium beidseitig zu bedrucken. Mit einer so genannten Duplexeinrichtung zu einem Seitendrucker und entsprechender Software wird zuerst ein Papierstapel mit den geraden Seiten bedruckt und danach gewendet, um die ungeradzahligen Seiten zu drucken. Derartige Duplexeinrichtungen sind als Option bei praktisch allen größeren Laserdruckern – insbesondere für den Einsatz im →Netzwerk – zu erhalten. Aus dem Großrechnerbereich kommen Duplex-Drucker, die auf Endlospapier mit zwei separaten Druckwerken arbeiten.

Duplexing [Doppelung]

Unter Duplexing versteht man die Einrichtung eines zweiten Festplattensubsystems (z. B. bei einem Fileserver im Netzwerk), wobei durch das →Betriebssystem alle Daten in beiden Subsystemen aufgezeichnet werden. Bei einem Ausfall eines der beiden Subsysteme ist der komplette aktuelle Dateninhalt auf dem zweiten noch erhalten, sodass das Gesamtsystem im günstigsten Fall ohne Unterbrechung weiterarbeiten kann. Beim Duplexing werden – im Gegensatz zum vergleichbaren Mirroring (→Spiegeln) – die Festplatten über eigene Controller betrieben. Mirroring und Duplexing sind Varianten der RAID-Technologie (siehe →RAID). Mirroring und Duplexing werden durch das →Netzwerkbetriebssystem →NetWare und durch →Windows NT unterstützt.

DV (Digital-Video)

Digitales Video, kurz DV, speichert die Videosignale nicht mehr nach dem analogen System (→Videorekorder), sondern ähnlich der Musik-CD in digitaler Form. Dies ermöglicht bessere Qualität, verlustfreies Kopieren und dauerhaftes Abspielen ohne Verluste. Die Aufzeichung erfolgt auf Bändern in schrägen Spuren – ähnlich wie bei einem →DAT-Rekorder. Das System arbeitet mit dem Datenkompressionsverfahren DCT (**D**iscrete **C**osinus-Transformation), das auch Teil der →M-JPEG-Komprimierung ist. Komprimiert wird jedes einzelne Bild um den Faktor 5. Es ergibt sich dann immer noch ein Speicherbedarf von 3 MByte pro Sekunde. Von DV-Bändern bzw. -Kassetten gibt es zwei Typen: Mini-DV-Kassetten für die →Videokameras (Spielzeit 30/60 Minuten) und Standard-DV-Kassetten für Heimrekorder (bis zu 270 Minuten).

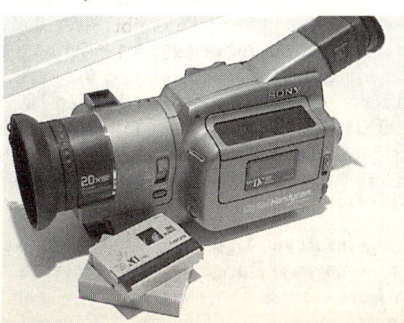

Die Sony Handycam VX700 war die erste digitale Videocamera auf dem Markt

DV-Anschluss

Anschlussbuchse an →DV-Geräten. Für verlustfreies Kopieren von digitalen Videoaufnahmen zwischen zwei (oder mehreren) →DV-Geräten. Der Anschluss entspricht dem 1394-Standard. Weitere Informationen und Abbildung siehe →1394-Standard.

DVD (Digital Versatile Disk)

Die DVD, englische Abk. f. Digital Versatile Disk, früher als Digital-Video Disk bezeichnet, ist der Nachfolger der →CD-ROM und besitzt eine bis zu 25-fach größere Speicherkapazität. Die Namensänderung wurde durchgeführt, weil es die DVD in vielen Varianten für unterschiedliche Einsatzzwecke gibt. Ähnlich wie bei der CD-ROM werden die Standards von einem Normungsgremium definiert, dem DVD-Forum, dem alle führenden Hersteller wie Sony, Philips, Toshiba, Panasonic, Hitachi u. a. angehören. Die wichtigsten DVD-Standards sind:

- **DVD-Video**: zum Abspielen von Kinofilmen mit Hilfe DVD-Videoplayern auf dem heimischen Fernseher. Die DVD-Video wird die alte VHS-Kassette in den Videotheken ersetzen. Zum Schutz gegen Raubkopien soll evtl. das DIVX-Verfahren verwendet werden (siehe →**DIVX**).
- **DVD-ROM**: entspricht der →CD-ROM und wird zum Speichern von PC-Daten verwendet. Haupteinsatzgebiete werden Datenbanken, Multimedia-DVDs und Spiele sein.
- **DVD-Audio**: hochwertiger Audio-Ton-Träger für die heimische Hi-Fi-Anlage. Der endgültige Standard wurde erst Ende 1998 verabschiedet und wird immer noch nicht von allen Firmen (z. B. Sony) unterstützt.
- **DVD-R**: Einmal beschreibbare DVD, entspricht der →CD-R.
- **DVD-RAM** bzw. **DVD+RW**: die mehrfach- bzw. wieder beschreibbare DVD, die sowohl am PC als auch als Videorekorder-Ersatz genutzt werden könnte. Ein endgültiger Standard ist noch nicht verabschiedet, siehe hierzu eigenes Stichwort →DVD-RAM.

Die Entwicklung bzw. erfolgreiche Markteinführung der DVD war anfangs ein Problem, weil sich die beteiligten Firmen nur sehr schwer auf einheitliche Standards einigen konnten. 1996 konnte der engültige DVD-Standard verabschiedet werden, nachdem die beiden bis dahin konkurrierenden Verfahren (**Super-CD** bzw. **DVD 18** von Toshiba/Time Warner bzw. Philips/Sony) kombiniert wurden. 1997 kamen die ersten DVD-Video-Player und DVD-Laufwerke für den PC mit mäßigem Erfolg auf den Markt. 1998 stieg jedoch v. a. in den USA die Nachfrage nach DVD-Laufwerken und Videos stark an, bis Mitte 1999 wurden dort schon rund 2 Millionen DVD-Video-Player verkauft und stehen rund 4.000 DVD-Titel in den Läden. In Deutschland ist zieht der Verkauf etwas verspätet auch an, aber mit nur rund 25.000 verkauften Video-Playern und ca. 1.000 DVD-Titeln bis Ende 1999 ist der Markt entsprechend kleiner.

Technisch können auf der DVD bis zu vier Datenspeicherschichten verwendet werden, bestehend aus maximal zwei Doppelschichten (Layer) auf jeder Seite des scheibenförmigen Datenträgers. Die eigentliche Abmessung des Datenträgers wurde unverändert von der CD-ROM übernommen. Jede Datenspeicher-Schicht kann bis zu 4,7 GByte an Informationen aufnehmen (etwa siebenmal mehr als die CD). Um dies zu erreichen, wurden die →Pit-Abmessungen verringert, der Spurabstand verengt und die Wellenlänge des Lasers verkürzt (650 statt 780 nm). Eine doppelschichtige DVD soll durch die Verwendung eines halbdurchlässigen Materials für die erste Schicht sowie eine feinmechanische Fokussierung des abtastenden Lasers ermöglicht werden. Der Laser muss in der Lage sein, je nach Lesewinkel die erste (oberste) oder zweite (tiefer liegende) Datenschicht abzulesen und dabei gleichzeitig noch die feineren Pits korrekt auszulesen. Aus diesen Umständen wird aber auch deutlich, dass eine DVD gegenüber einer CD-ROM deutlich empfindlicher gegenüber Kratzern oder Verunreinigungen ist. Doppelseitig beschichtete DVDs sind dabei insbesondere kritisch, weil es bei ihnen fast unmöglich ist, sie ohne Hinterlassung von Fingerabdrücken zu berühren.

Bis jetzt gibt es jedoch wenig doppelschichtige DVDs, weil die Herstellung recht aufwendig ist, auch wenn sich gerade diese Variante für moderne, DVD-Videos mit ihren vielen Zusatzinformationen optimal anbietet, da man den Datenträger nicht manuell umdrehen muss (wie bei der zweiseitigen DVD). Die nach der Art der Beschichtung unterscheidbaren DVD-Formate werden mit Nummern bezeichnet. So entspricht die DVD-5 dem üblichen einseitigen Format mit einer Schicht (Layer). DVD-9 besitzt eine Datenseite mit zwei Layern und DVD-10 ist das zweiseitige Format mit einem Layer pro Seite. Beim Einlesen einer DVD-9 kann das DVD-Wiedergabe-Gerät übrigens die Daten kontinuierlich von der ersten zur zweiten Schicht durchlesen, da die Daten der ersten Lage wie gewohnt von innen nach außen, die der zweiten Lage aber von außen nach innen angelegt sind. Wäre das nicht so, müsste die Lasereinheit beim Schichtwechsel wieder ganz zurückfahren, um weiterlesen zu können.

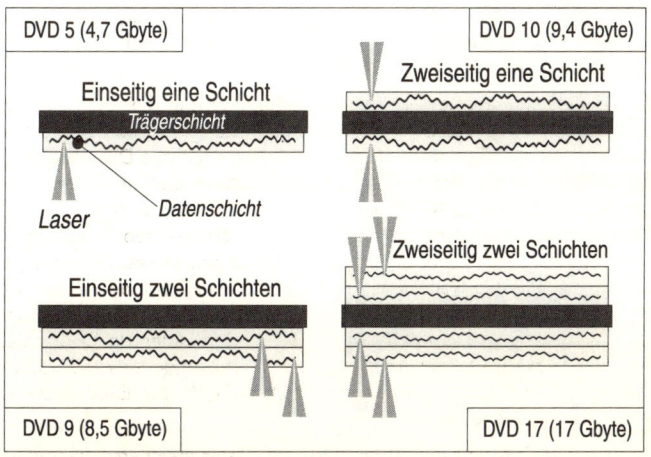

Grafische Darstellung der verschiedenen DVD-Typen

Die hohe Speicherkapazität der DVD wurde v. a. für den Computer- und Video-Markt entwickelt. Insbesondere die Filmindustrie ist an einer Ablösung der veralteten VHS-Kassetten bzw. der relativ erfolglosen →**Laserdiscs** durch die DVD interessiert. Gegenüber dem alten Analogverfahren mit Bandkassetten hat die DVD viele Vorteile: günstigerer Preis, höhere Qualität, bessere Möglichkeiten des Kopierschutzes (→DIVX), genügend Datenspeicher für komplette Filme mit mehrsprachigem →Surround-Sound und Verschleißfreiheit, was für die Videotheken von Interesse ist. Die →DVD-RAM könnte den VHS-Videorekorder ersetzen. Die Vorteile für den Computerbereich liegen auf der Hand: Die größere Speicherkapazität und eine bessere Performance prädestinieren die DVD für zukünftige Programm- und Multimedia-DVDs.

Hinweis: Die Dateninhalte (Filmtracks) einer Video-DVD konnten bisher nicht einfach auf einen anderen Datenträger (z. B. eine Festplatte) kopiert werden. Ein 40-Bit-Verschlüsselungsverfahren namens **C**ontent **S**crambling **S**ystem (CSS) verhinderte das. Im Oktober 1999 wurde die Videoindustrie aber durch Meldungen in der Fachpresse aufgeschreckt, das kundige Hacker im Internet erstmals ein Programm zur Verfügung gestellt hatten, mit dem zumindest einige der CSS-Codes geknackt werden konnten. Was für Privatanwender weniger interessant ist, eröffnet aber professionellen Videopiraten neue, leichtere Wege bei der Erstellung von Raubkopien.

DVD-Abspielgeräte gibt es derzeit in zwei Varianten: den separaten DVD-Video-Player für das Wohnzimmer (Kosten ca. 700-2.000 DM) sowie das DVD-Laufwerk für den PC (Kosten ca. 200-300 DM). Achten Sie beim Kauf eines DVD-Geräts auf die Unterstützung aller CD-Standards, also Audio-CD, CD-ROM, CD-R und CD-RW. Gerade die letzteren beiden werden von preiswerten DVD-Video-Playern zumeist nicht unterstützt; mit Laufwerken für den PC sollte es dagegen keine Probleme geben. Idealerweise sollten auch DVD-RAMs gelesen werden können, in Zukunft sogar DVD+RW-Datenträger. Beides ist aber bisher die große Ausnahme. Aktuelle Laufwerke für den PC sollten DVDs mit mindestens 4-facher, CDs mit möglichst 24-facher Geschwindigkeit lesen. Höhere Drehzahlen sind schon üblich, wobei einfache „DVD-Geschwindigkeit" (1x) einer Datenrate von 1,35 MByte/sec entspricht (also deutlich höher als die 150 KByte/sec bei CD-Laufwerken). CD-RWs werden meist nur mit 4-facher Geschwindigkeit gelesen, weil sonst durch die niedrige Reflexion die Fehlerrate zu hoch ist. Wer noch →Laserdiscs besitzt, sollte sich eines der seltenen **DVD-Laserdisc-Kombi-Geräte** anschaffen.

Der überfällige **Audio-DVD-Standard** für den Hi-Fi-Sektor wurde erst Ende 1998 von einem Firmen-Gremium verabschiedet. Die ersten entsprechenden Geräte wurden zur IFA '99 in Berlin vorgestellt und sind übrigens auch in der Lage, herkömmliche Audio-CDs wiederzugeben. In Zukunft wird es drei Typen von DVD-Playern für den Heimbereich geben: den reinen DVD-Audio-Player für Hi-Fi-Kunden aus dem High-End-Bereich, den gehobenen DVD-Audio-Video-Kombiplayer und den preiswerten, reinen DVD-Videoplayer für den Konsumerbereich. Der DVD-Audio-Standard arbeitet mit einem →PCM-Verfahren von 24 Bit bei einer maximalen Abtastfrequenz von 192 kHz. Damit reicht das Frequenzspektrum theoretisch bis 80 KHz (zum

Vergleich: Die Audio-CD verwendet 16 Bit bei 44,1 kHz Abtastfrequenz und deckt ein Frequenzspektrum von ca. 20 KHz ab). Jedoch wird er vorerst noch nicht von allen wichtigen Firmen unterstützt (Stand 10.99), denn v. a. Sony und Philips wollen stattdessen ein hochwertiges Bitstream-Verfahren durchsetzen (siehe auch →PCM), das eine noch etwas höhere Ton-Qualität ermöglicht, aber nicht mit DVD-Video kombinierbar ist. Das auch **DSD** (**D**irect **S**tream **D**igital) genannte 1-Bit-Digitalisierungsverfahren ermöglicht einen etwas besseren Frequenzumfang von bis zu 100 kHz bei 120 dB Dynamik und dürfte von der Qualität tatsächlich etwas besser als DVD-Audio sein.

Das entsprechende Produkt, die **Super-Audio-CD**, kurz **SACD**, wurde von Sony ebenfalls im Sommer 1999 auf der IFA '99 mit zwei Laufwerken vorgestellt, deren Preise allerdings bei 6.000 bzw. 10.000 DM liegen. Passend dazu gibt es auch schon die ersten 1-Bit-Verstärker, z. B. von Sharp, die auch bereits einen entsprechenden Digital-Eingang für die SACD bieten. Kostenpunkt: vorerst etwa 30.000 DM. Ein Vorteil der SACD-Medien ist, dass sie theoretisch durch ein Zweischichtverfahren als so genannte Hybrid-Discs sowohl (mit niedriger Qualität) in normalen CD-Playern, wie auch in den SACD-Laufwerken abgespielt werden können sollen. Ob solche Hybrid-Discs aber auch wirklich auf den Markt kommen, scheint angesichts der Tatsache, dass sie sehr schwierig herzustellen sind und wohl nur wenige Käufer finden dürften, eher fraglich. Wettbewerbsnachteilig für die SACD ist, dass die meisten Tonstudios bereits auf die zu DVD-Audio kompatible 24-Bit-PCM-Technik umgerüstet haben oder eine entsprechende Umstellung relativ preiswert durchgeführt werden kann. Eine Umstellung auf das DSD-Verfahren für die SACD wäre dagegen viel aufwendiger. Und bekanntlich bestimmt die Musikindustrie über die Zahl der herausgebrachten Titel ganz wesentlich den Erfolg eines Geräte-Standards mit. Dass sich der DVD-Video- und DVD-Audio-Standard außerdem in einem Abspielgerät kombinieren lassen, werden auch die entsprechenden Geräte preiswerter und für den Kunden vielseitiger nutzbar sein. Ein weiteres Manko könnte sein, dass der SACD-Standard zwar ursprünglich auch einen 6-Kanal-Audio-Ton vorgesehen hatte, derzeit aber offenbar doch nur 2-Kanal-Ton (Stereo) unterstützt wird. Die SACD wird daher wohl vorerst nur im Hi-Fi-High-End-Bereich ihre Kunden finden.

Ob man die Unterschiede zwischen der alten CD und den neuen Audio-Standards auf den üblichen „normalen" Hi-Fi-Anlagen überhaupt hört, ist noch ein anderer Punkt. Die Unterschiede zwischen DVD-Audio und SACD werden aber ganz sicher nur auf sehr teuren High End-Anlagen nachvollziehbar sein. Spötter sprechen ohnehin von „Musik für Fledermäuse oder Hunden", denn die unterstützten Frequenzspektren von 80 bzw. 100 KHz liegen im Ultraschall-Bereich, der bekanntlich nur von diesen Tieren wahrgenommen werden kann. Der Mensch mit seinen maximal 20 KHz scheint da eher das schwächste Glied in der ganzen Kette zu sein. In den Tonstudios ist die höhere digitale Auflösung von 24 Bit jedoch sinnvoll, weil sie bei der notwendigen Bearbeitung Klangverluste minimiert. Viele Tonstudios arbeiten sowieso schon seit Jahren mit dieser Technik; erst für die endgültige CD-Erstellung wird auf 16 Bit heruntergerechnet. Bedenkt man, dass die meisten Pop-Musik-CDs auch noch absichtlich dynamikbegrenzt und im Klang Radio-

bzw. Disco-tauglich „geglättet" werden, so stellt das den Sinn der neuen Standards für den Endkunden noch weiter in Frage. Anders ausgedrückt: Schon das Klangspektrum der herkömmlichen CD wurde vom oder für den Verbraucher nur in den wenigsten Fällen ausgeschöpft.

Interessanter ist da schon, dass die neuen Medien auch genügend Speicherplatz bieten, um neben dem hochqualitativen Ton weitere Daten aufzunehmen. Zum Beispiel Textinformationen über Interpret, Titel und Komponist oder Grafiken. Oder es könnten Mehrkanaltechniken verwendet werden, um hochqualitative Surround-Verfahren zu ermöglichen. Tatsächlich sieht der DVD-Audio-Standard auch vor, dass bei einer Verringerung der Abtastrate runter auf 48 KHz bis zu 8 Audiokanäle möglich sind. Zur Ergänzung dieser Möglichkeiten wurde in den DVD-Audio-Standard noch ein Audio-Kompressionsverfahren namens **MLP** integriert, das im Gegensatz zum ATRAC der →MiniDisc oder →MP3 aber keinen Klangverlust verursacht. A-propos MP3: In die gänzlich andere Richtung geht die Idee, das MP3-Verfahren mit der hohen Speicherkapazität der DVD zu verbinden. Würde man eine DVD-Audio mit MP3-Audiodateien bespielen, so hätten darauf ca. 30 000 Minuten Musik Platz, was wiederum für etwa 3 Wochen Dauerberieselung reichen würde. Praktische Ansätze für die Realisierung dieser Idee gibt es aber noch nicht. Der Musik-Industrie sind sowieso alle diese Möglichkeiten nicht ganz geheuer, denn sie befürchtet durch die ganzen neuen digitalen Techniken auch eine Zunahme der Raubkopien, weswegen sie den neuen DVD-Audio-Standards auch mit gemischten Gefühlen gegenübersteht. Wer sich in nächster Zeit also einen DVD-Player kaufen will, der DVD-Audio unterstützt, sollte genau darauf achten, ob er auch alle Möglichkeiten und Unterstandards von DVD-Audio unterstützt (wie z. B. die Mehrkanalfähigkeit oder die MLP-Kompression). Sonst ärgert man sich wahrscheinlich schon bald.

Streit bzw. Probleme mit verschiedenen Standards und Bedenken bei der Musik-/Filmindustrie gab es aber auch bei der DVD-Video. Während beim Format für die Bilddaten noch Einigkeit herrscht, es wird →**MPEG2** verwendet, gab es noch 1998 Streit beim Format des zu verwendenden digitalen Surround-Sounds. Eine DVD-Video enthält nämlich zwei Arten von Ton-Information (siehe Diagramm). Einmal den „normalen" Stereo-Audio-Ton: Für diesen wird der übliche CD-Standard (16 Bit, 44,1 kHz) eingesetzt. Und zum Zweiten einen digitalen Surround-Sound.

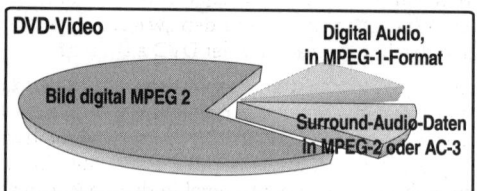

Die DVD bietet jede Menge Platz für neue Medien – Digitales Video nach MPEG, Audio in CD-Qualität und digitalen Surround-Sound nach MPEG-2-Audio und/oder AC-3

Während sich in den USA und Japan das AC-3-Verfahren von Dolby längst auf dem Markt durchgesetzt hatte (vergl. →Surround-Sound-Verfahren), wollte Philips für Europa das qualitativ etwa gleichwertige MPEG2-Verfahren etablieren (und würde es immer noch gern). Der durchaus vernünftige Hintergedanke dabei war, dass MPEG-Ton auch für das zukünftige →digitale Fernsehen verwendet wird, die entsprechenden Wiedergabe-Geräte also auch beide Standards unterstützen würden. Nach einer Entscheidung des DVD-Normungsgremiums von Anfang 1998 dürfen in Europa aber auch AC-3-kodierte DVDs genauso bzw. parallel zu MPEG2-DVDs verkauft werden, was mittlerweile auch zum Standard hier geworden ist. Über die Kompatibilität zum digitalen Fernsehen spricht dabei erst mal keiner mehr. Allerdings zeichnet sich auch hier eine salomonische Lösung ab, denn Ende 1999 kündigten die ersten Privatsender (z. B. Pro7) an, ihr Digitalfernsehprogramm mit AC-3-Surround-Sound auszustrahlen. Damit zeichnet sich ein Trend ab, das MPEG2 als Surround-Sound-Standard evtl. bald überhaupt keine Rolle mehr spielen wird. Die Haltung der öffentlich-rechtlichen Fernsehanstalten (ARD, ZDF) hierzu ist allerdings noch offen.

Wer DVD-Videos mit dem PC wiedergeben will, benötigt für die Entschlüsselung der Videos eine MPEG2-Dekoder-Lösung und – wenn gewünscht – eine Ausgabe-Möglichkeit auf den Fernseher. Ansonsten wird der PC-Monitor für die Darstellung verwendet. Bei ausreichender Rechenpower (Minimum ist ein 300 MHz →Pentium II, →Celeron oder →AMD K6-2) kann man auf eine Hardware-Dekoderkarte, wie sie z. B. in den bekannten Kits der Firma Creative Labs verwendet wird, verzichten. Die gängigen, bisher noch kostenpflichtigen Software-Dekoder wie PowerDVD (*www.cyberlink.com*), XingDVD (*www.xingtech.com*) oder CineMaster (*www.qi.com*) sind auf solchen Rechnern leistungsfähig genug, um ein ruckelfreies Bild mit hoher Qualität zu erzeugen. Die Preise für die Software-Dekoder mit unter 100 DM liegen deutlich unter denen für eine Hardware-Dekoderkarte (ca. 200 DM). Für die TV-Ausgabe mit einem Software-Dekoder benötigt man dann allerdings eine Grafikkarte mit gutem TV-Ausgang. Das digitale AC-3-Ton-Signal für den Surround-Sound kann man über eine Soundkarte mit digitalen (S/PDIF-kompatiblen) Ausgang zu einem AC-3-fähigen Verstärker leiten. Solche Lösungen sind flexibler, da die Software leicht aktualisiert werden kann. Zur Regelung der Länder-Code-Problematik siehe unteren Tipp-Kasten. Im Vergleich zu einem „echten", externen DVD-Player hat eine PC-Lösung den Vorteil, preiswerter zu sein. Nachteilig ist, dass der Bedienungskomfort meist schlechter ist (obwohl es spezielle PC-Fernbedienung zu kaufen gibt) und dass meistens die besonderen Zusatzfunktionen einiger DVD-Videos (z. B. Untertitel, Auswahl mehrsprachiger Versionen etc.) nicht genutzt werden können. Was wiederum gerade den „wahren Cineasten" sehr wichtig sein dürfte und den besonderen Reiz der DVD ausmacht.

Aus dem Wunsch heraus, den weltweiten Verkauf von DVD-Videos kontrollieren zu können, haben die Geräte-Hersteller in Absprache mit der Filmindustrie so genannte **Ländercodes** eingebaut. Diese sollen verhindern, dass sich jemand preisgünstig DVDs z. B. über das Internet in den USA besorgt und sonstwo auf der Welt abspielen kann. Zumal in den USA manche Titel schon auf DVD erscheinen, die hier noch nicht mal in den Kinos angelaufen sind. Häufig auf den DVD-Videos vorhandene, mehrfache Sprachversionen würden einen weltweit offnen Markt zwar erleichtern, aber das liegt offenbar nicht im Interesse der Filmindustrie. Die Codes der verschiedenen Regionen sind in der unteren Abbildung angegeben. Eine beispielsweise in den USA mit Code 1 gekaufte DVD kann also in Deutschland nicht auf einem hier gekauften DVD-Player abgespielt werden, da dieser nur Code-2-DVDs akzeptiert.

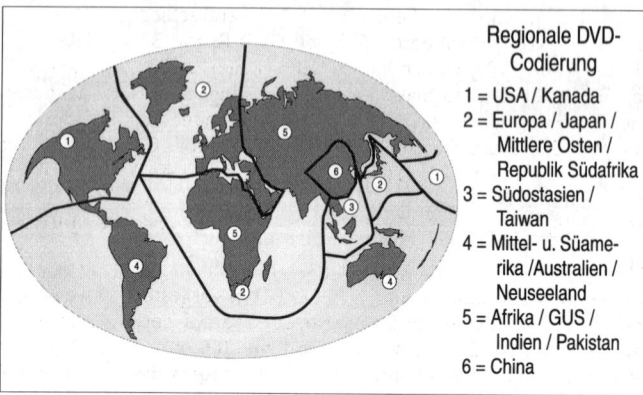

Regionale DVD-Codierung

1 = USA / Kanada
2 = Europa / Japan / Mittlere Osten / Republik Südafrika
3 = Südostasien / Taiwan
4 = Mittel- u. Süamerika /Australien / Neuseeland
5 = Afrika / GUS / Indien / Pakistan
6 = China

Durch die Zuteilung von regionalen Länder-Codes für Video-DVDs wollen die Filmhersteller den Weltmarkt unter Kontrolle behalten

Tipp: Während separate (externe) DVD-Player für den Fernsehanschluss immer auf einen Ländercode festgelegt sind, gibt es bei DVD-Laufwerken für den PC meistens die Möglichkeit, den Ländercode per Software oder Firmware zumindest fünfmal einstellen zu können. Nach der fünften Wahl wird der zuletzt verwendete Ländercode entweder fest in der Firmware des Geräts oder irgendwo versteckt vom Software-MPEG2-Dekoder abgespeichert.Fast alle derzeit (Stand 10.99) erhältlichen DVD-Laufwerke für den PC sind so genannte RPC1-Laufwerke (**R**egional **P**layback **C**ontrol), d. h. sie überlassen die Ländercode-Regelung einer Dekoder-Software. Einige wenige Laufwerke sind aber RPC-2-Geräte (wie z. B. die weit verbreiteten 2x- oder 5x-Laufwerke der älteren Creative-Labs-DVD-Kits), die selbst über ihre Firmware den Ländercode abfragen und nach fünfmaliger Einstellung dauerhaft festlegen. Findige Programmierer bzw. Hacker haben bisher aber für die gängigsten Geräte bzw. Sofware-Dekoder auf dem Markt einen Crack oder Patch entwickelt, mit dem die Ländercode-Festlegung umgangen werden kann. Rechtlich gesehen ist das verboten, praktisch gesehen bedeutet dies jedoch, problemlos DVDs aus den USA anschauen zu können. Einige dieser Patches, geräde für die gängigen Hardware-Dekoderkarten bzw. Kits sind außerdem in der Lage, den meistens in DVDs eingebauten Macrovision-Kopierschutz auszuschalten und sogar eine NTSC-zu-PAL-50-Konvertierung (vergl. →NTSC) durchzuführen.

Ein weiteres, großes Problem für die Musik-/Filmindustrie ist der (fehlende) Kopierschutz für DVD-Videos. Natürlich soll v. a. eine verlustfreie digitale Überspielung verhindert werden. Ein diskutiertes, für den Anwender recht ungünstiges Verfahren ist →**DIVX**, das aber noch nicht zur endgültigen Verwendung kam. Derzeit (Stand 10.99) sind die meisten DVD-Videos noch mit dem von herkömmlichen Videos bekannten Macrovision-Verfahren kopiergeschützt. Macrovision-Kopierschutz-Knacker kann man aber recht günstig bei den meisten Elektronik-Versandhäusern beziehen; das Erstellen von einzelnen Kopien rein für den privaten Gebrauch ist sogar gesetzlich nicht verboten.

Parallel zur DVD werden von den Firmen auch **DVD-Writer** entwickelt; die DVD-R-Norm wurde im September 1997 verabschiedet. DVD-Writer zur Herstellung von einmal beschreibbaren **DVD-Rs** mit 3,95 GByte gibt es bereits seit Ende 1997, jedoch mit Preisen um die 10.000 DM und damit noch lange nicht für den Normalanwender erschwinglich. Es wird auch weiter an einer Erweiterung des ersten Standards gearbeitet, der wie die „richtige" DVD 4,7 GByte pro Datenschicht ermöglichen soll. Gleichzeitig wird auch fieberhaft an einem Kopierschutzverfahren gearbeitet, damit DVDs nicht ohne weiteres auf diese 4,7 GByte DVD-R kopiert werden können. Zum Entwicklungsstand der wieder beschreibaren DVD siehe →DVD-RAM.

DVD-Plus

Von der Firma Sonopress zur IFA '99 in Berlin vorgestellte, zweiseitige Hybrid-Disc, die auf der einen Seite eine CD und auf der anderen eine DVD-Datenspur besitzt. Zur Herstellung wird eine 0,6 mm dicke DVD-Halb-Disc auf eine CD mit 1,1 mm einfach aufgeklebt, sodass die fertige Hybrid-Disc mit einer Dicke von 1,7 mm zwar keiner der beiden Normen exakt entspricht, aber dennoch in den meisten Abspielgeräten wiedergegeben werden kann. Ob die DVD-Plus allerdings einen nennenswerten Marktanteil erringen kann, bleibt erst mal dahingestellt. Als Datenmaterial wird die DVD-Plus wahrscheinlich meistens eine Audio-CD mit zu den Songs gehörenden Video-Clips (auf der DVD-Seite) ergänzen. Also genau das Richtige für die MTV- und VIVA-verwöhnte Jugend.

DVD-RAM

Die DVD-RAM ist die Bezeichnung für die wieder beschreibbare, löschbare →DVD (siehe auch →RAM). Um den einheitlichen Standard für die wieder beschreibbare DVD gibt es bei den am DVD-Konsortium beteiligten Firmen jedoch noch immer keine Einigung. Allen Verfahren gemeinsam ist, dass wie bei →PD-Laufwerken und der →CD-RW eine Phase-Change-Technik benutzt wird. Unterschiede gibt es aber bei der Kapazität, Form bzw. Handhabung und Kompatibilität der Medien

Eine Firmengruppe rund um Panasonic, Hitachi, Toshiba und Pioneer propagiert die bereits seit 1998 verkaufte **DVD-RAM**: Hier werden Medien mit **2,6 GByte** Kapazität pro Seite verwendet; die doppelseitigen Varianten fassen also 5,2 GByte. Nur diese verwenden im Gegensatz zu den kleinen, einseitigen Medien eine Schutzhülle (Cartridge, →Caddy), weswegen sie prinzipiell auf DVD-Player auch nicht abgespielt werden können. Mit den einseitigen 2,6 GByte-Medien wäre das theoretisch vielleicht möglich, aber auch hier unterstützen die allerwenigsten DVD-Laufwerke eine Wiedergabe, da für die niedrigere Reflexion ein besonderer Verstärker eingebaut sein müsste (vergleiche →CD-RW). Die Geräte sind seit Ende 1998 als SCSI-Version erhältlich, haben eine Datenübertragungsrate von ca. 1 MByte/s und lesen natürlich auch normale DVDs, dank eines zweiten, langwelligen Lasers evtl. auch alle CD-Standards (Audio-CD, CD-R, CD-RW)

Eine Firmengruppe rund um Sony, Philips, Ricoh, Yamaha und Hewlett Packard will hingegen den **DVD+RW**-Standard durchsetzen. Hier sind Medien mit einer Kapazität von **3 GByte/Seite** vorgesehen. Im Gegensatz zur DVD-RAM, die teilweise ein Caddy und eine aufwendige Mechanik im Laufwerk braucht, kommt die einfachere DVD+RW immer ohne Schutzhülle aus und kann v. a. auf jedem DVD-Laufwerk gelesen werden. Der Nachteil von DVD+RW ist jedoch, dass der Entwicklungsstand der Geräte gegenüber DVD-RAM hinterherhinkt, entsprechende Geräte wurden erstmals zur IFA '99 vorgestellt und sind wohl erst Anfang 2000 zu kaufen.

> **Tipp:** Einheitlicher Standard hin oder her: Beide DVD-RAM-Lösungen sind selbst schon fast überholt. In den Labors arbeiten die Firmen bereits an Laufwerken/ Medien mit 15-20 GByte Kapazität auf einer Datenträgerschicht. Erreicht wird dies v. a. durch die Nutzung eines blauen Lasers bei ca. 415 nm und/oder die Verwendung mehrerer übereinandergestapelter Datenschichten. Damit rückt auch der DVD-Heimvideorekorder für jedermann in greifbare Nähe.

DVI (Digital Video Interactive/Interface)

DVI ist die englische Abk. f. „digitale Videoschnittstelle". Egal, wie das „I" interpretiert wird, gemeint ist jedenfalls ein von →Intel entwickeltes hochwertiges Echtzeit-Kompressionsverfahren für Videos und Standbilder. Es ist hauptsächlich für die Verbreitung von Videos auf →CD-ROMs gedacht. Für die Digitalisierung und Kompression der Videodaten auf bis zu ein 150stel der ursprünglichen Größe ist ein so genanntes Capture-Board in Form einer eigenen →Steckkarte notwendig, auf dem ein von Intel speziell entwickelter Prozessor vom Typ i705 arbeitet. Mit diesem Verfahren können bis zu 72 Minuten Video auf einer CD-ROM untergebracht werden. Jedoch muss auch für die Abspielung der Videos eine entsprechende Steckkarte für die Dekompression eingesetzt werden, worin sich DVI mit →MPEG gleicht.

DX-Prozessor

Die Bezeichnung 386DX wurde von der Firma →Intel erstmals zur Unterscheidung gegenüber dem Prozessor 386SX eingeführt. Während der 386DX über 32 Daten- und 32 Adressleitungen verfügte, verfügte der Prozessor 386SX lediglich über 16 Datenleitungen, sodass ein 32-Bit-Datenwort in zwei Etappen ein- bzw. ausgegeben werden musste; außerdem wurde die Anzahl der Adressleitungen beim SX-Prozessor auf 24 begrenzt (→i80x86). Während der Prozessor 486DX einen integrierten mathematischen Coprozessor enthält, ist dieser beim 486SX deaktiviert (da er defekt ist, was Intel stets bestritten hat). DX-Prozessoren waren gegenüber den SX-Prozessoren leistungsstärker, aber auch teurer.

E/A [I/O]

Die Abkürzung E/A für **E**ingabe/**A**usgabe wird für ein Teilsystem oder eine Rechnerkomponente, mit dem eine Datenein- und -ausgabe möglich ist, verwendet. Oft wird auch die entsprechende englische Abkürzung →I/O (**I**nput/**O**utput) eingesetzt. Die →parallele Schnittstelle am →PC zum Anschluss eines Druckers ist z. B. eine typische E/A-Schnittstelle.

EAZ (Endgeräte-Auswahl-Ziffer)

Beim →nationalen ISDN wurde jedem Endgeräte eine eigene Ziffer am Ende der eigentlichen Rufnummer zugewiesen (siehe auch →ISDN und →MSN). Somit konnte man ein Endgerät direkt anwählen, indem man die Auswahlziffer an die Telefonnummer anhängte (z. B. 9100-6, 9100-7 etc.). Die EAZ wurde beim →Euro-ISDN durch die →MSN abgelöst (Multiple Subscriber Number). Diese erfüllt im Grunde genau dieselbe Funktion, kann nur für jedes Endgerät völlig unterschiedlich sein. Natürlich sind aber auch weiterhin wie bei EAZ auch einfach nur Nummern-Unterschiede in der letzten Ziffer möglich.

EBONE (European BackBONE)

EBONE (Abk. f. europäisches Rückgrat) ist der Name eines internationalen europäischen Datennetzes (siehe →Backbone-Netz) zur Verbindung nationaler und internationaler Netze von Forschungseinrichtungen.

eBook (Elektronisches Buch)

Ein elektronisches Buch, kurz eBook, ist ein besonderer Computer, der ein herkömmliches Buch ersetzen soll. Dazu bietet es die Möglichkeit, digitalisierte Texte z. B. von CD-ROMs oder aus dem Internet in einen internen Speicher zu landen und auf dem großen Frontdisplay darzustellen. Moderne Display-Techniken machen die notwendige Qualität bei einem vertretbaren Preis erst möglich. Von der Größe her entsprechen die ersten eBooks etwa den Maßen einer DIN-A4-Seite, Variationen sind aber je nach Einsatzzweck bzw. -Ort möglich. Das eBook bietet gegenüber dem herkömmlichen Buch einige Vorteile: So lassen sich Textstellen beliebig kennzeichnen, suchen oder zusammenstellen. Außerdem kann man mit Hilfe von Lesefenstern an mehreren Textstellen gleichzeitig nachschauen. Und nicht zuletzt ist die Menge des gespeicherten Textes allein von der Größe des Speichers abhängig. Theoretisch kann man also in einem eBook eine ganze Bibliothek auf Reisen mitnehmen. Und Nachschub kann man sich jederzeit und von überall aus dem Internet herunterladen. Alles in allem also die ideale Antwort auf die Frage „Was würden Sie auf eine einsame Insel mitnehmen". Nachteile sind natürlich der hohe Preis (um die 2.000 DM) und die Abhängigkeit von einem Stromanschluss, denn die meist mitgelieferten Akkus halten natürlich nur begrenzt lange.

ECC (Error Correction Code)

Unter ECC (englische Abk. f. Fehlerkorrektur-Kode) versteht man ein Verfahren, bei dem ein zusätzliches Speicher-Bit (vergl. →Parity) zur **Korrektur von Speicherfehlern** verwendet wird. Damit die Fehlerkorrektur per ECC aber überhaupt funktionieren kann, müssen jedoch die Speicherbausteine (→DRAM, →SDRAM), das →Mainboard bzw. der →Chipsatz und das →BIOS entsprechend darauf angepasst sein. **ECC-RAMs** kosten außerdem natürlich gegenüber herkömmlichen Speicherbausteinen einen kleinen Aufpreis. Weiterhin ist zu beachten, dass nicht alle Chipsätze ECC-fähig sind. Dies trifft aber z. B. auf die meisten Pentium- und Pentium-II-Chipsätze von Intel zu (z. B. 430HX, 440FX, 440LX).

Speicherbausteine, die zur Fehlerüberprüfung ein zusätzliches, so genanntes **Parity-Bit** verwenden, sind bereits länger bekannt. Bei ECC handelt es sich um eine Weiterentwicklung der Methode, denn beim herkömmlichen Parity-Bit-Verfahren konnte nur beim Einschalten des PCs überprüft werden, ob der Speicherbaustein hardwaremäßig intakt oder defekt ist. Bei ECC können 1-Bit-Fehler dagegen im Betrieb korrigiert und 2-Bit-Fehler zumindest erkannt und dem Betriebssystem gemeldet werden. Dazu wird von jedem achten Speicher-Bit (ein →Byte) eine **Prüfsumme** gebildet und diese in einem neunten Bit gespeichert. Da die eigentliche Speicher-Busbreite bei Pentium- und Pentium-II-Prozessorn 64 Bit breit ist, erhöht sich die Datenbreite bei ECC-RAMs auf 72 Bit. Kommt es nun bei einer erneuten Prüfsummenbildung zur Abweichung vom alten, gespeicherten Wert, so kann der Rechner dies sofort erkennen. Dazu sendet das BIOS einen **Hardware-Interrupt** (NMI, siehe →Interrupt) an den Prozessor, der dann die Fehlerkorrektur ausführen kann.

> **Tipp:** Wer ECC nutzen will, muss dies meistens extra im **BIOS aktivieren**. Dies sollte so eingestellt sein, dass 1-Bit-Fehler ohne Meldung automatisch korrigiert werden, weil es sonst mit den gängigen Betriebssystemen wie bisher zu Abstürzen bei Speicherfehlern kommt. Die Aktivierung von ECC führt allerdings auch zu einer leichten **Performance-Einbuße** von ca. 2-5 %. Wer z. B. bei Servern möglichst hohe Sicherheit haben will, kann von Intel auch spezielle →**Pentium-II-Prozessoren** mit ECC-Korrektur im →Second-Level-Cache erwerben.

Echo [echo]

1.) Das einfachste Verfahren zur →Fehlererkennung bei der →Datenfernübertragung ist das Echo- oder Echoplex-Verfahren, bei dem der Empfänger alle gesendeten Zeichen an den Sender zurücküberträgt.

2.) Befehlsanweisung von →DOS, siehe →DOS-Befehle.

Echtfarbdarstellung [true color display]

Echtfarbdarstellung, engl. →TrueColor, ist die übliche Bezeichnung für die Darstellung von Bildern mit bis zu 16.777.216 verschiedenen Farbtönen. Diese Zahl rührt daher, dass die Bildschirmausgabe mit einer →Abtasttiefe von 24 →Bit betrieben wird, sodass sich insgesamt 2 hoch 24 = 16.777.216 mögliche Farbtöne ergeben. Da das menschliche Auge nur wenige Millionen Farbvariationen voneinander unterscheiden kann, sind die Farbmöglichkeiten der Echtfarbdarstellung mehr als ausreichend. Für weitere Informationen siehe →TrueColor.

Echtzeituhr [real time clock, RTC]

Die Echtzeituhr, meist mit der englischen Abkürzung **RTC** bezeichnet, sorgt im →PC für die Bereitstellung des aktuellen Datums und der Uhrzeit. Durch eine Batterie gespeist, bleibt sie auch nach Ausschalten des Computers in Betrieb. Echtzeituhr und →CMOS-RAM des →BIOS bilden zumeist eine Einheit.

Echtzeitverarbeitung [real time processing]

Der Begriff Echtzeitverarbeitung, auch Realzeitverarbeitung genannt, bezeichnet Datenverarbeitungen, die ohne wesentliche Zeitverzögerung ablaufen, also z. B. die Aufnahme und Echtzeit-Kompression von Videomaterial. Echtzeitverarbeitung bzw. Echtzeitdatenverarbeitung sind von enormer Bedeutung in den Bereichen Flugzeug-, Raketen- oder Maschinensteuerung, da hier die notwendigen Reaktionszeiten z. B. für Steuerungsvorgänge in sehr enge zeitliche Rahmen gesetzt sind. Früher, als die Leistungfähigkeit der Computer eine Datenverarbeitung ohne nennenswertem Zeitverlust noch nicht erlaubte, wurden noch alle Prozesse als Echtzeitverarbeitung bezeichnet, bei denen der Zeitpunkt der Beendigung einer Datenverarbeitung genau vorgegeben war.

ECP [Extended Capability Port]

ECP ist die englische Abk. f. „Anschluss mit erweiterten Fähigkeiten". Es ist die Bezeichnung für einen erweiterten Standard der →parallelen Schnittstelle (auch →LPT genannt), der höhere Datenübertragungsraten und den Anschluss mehrerer Geräte erlaubt. Weitere Informationen und Vergleich mit EPP siehe →Parallel-Port-Modus.

EDI (Electronic Data Interchange)

EDI ist die englische Abk. f. „elektronischer Datenaustausch". Gemeint ist eine Normung für den elektronischen Austausch von Daten und hier insbesondere von Dokumenten. Dokumentenaustausch nach EDI wird heute in vielen Branchen durchgeführt, wobei man sich an von der →ISO definierte Standards hält.

Editor

Der Begriff Editor wird im Computerbereich allgemein für Anwendungsprogramme verwendet, mit denen man Text- oder Grafikdateien zumindest auf einfache Weise bearbeiten kann. Damit sind die meisten gängigen Anwendungsprogramme eigentlich Editoren. Der Begriff wird jedoch insbesondere für einfache Textverarbeitungsprogramme verwendet, die ohne Textformatierungen arbeiten. Solche Texteditoren werden z. B. zur Erstellung von Programmen oder für die Bearbeitung von Konfigurationsdateien wie z. B. der →*Autoexec.bat* eingesetzt.

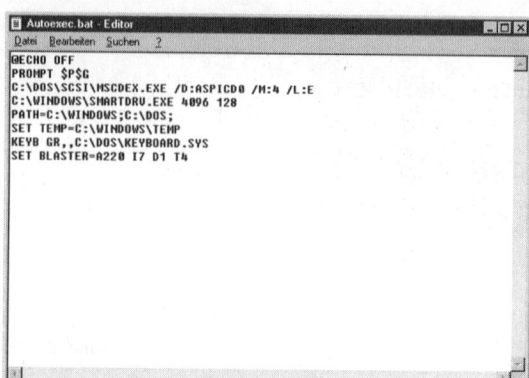

Die Textdatei Autoexec.bat im Editor NotePad von Windows 95/98

EDO-RAM (Enhanced Data Out Random Access Memory)

Unter EDO-RAMs versteht man eine besondere Sorte von →DRAM-Bausteinen für den Arbeitsspeicher des PCs, bei denen die Zugriffsgeschwindigkeit beim Lesen gegenüber herkömmlichen Speicherbausteinen (FP-DRAMs) etwas erhöht ist. Hierzu werden die vorhandenen SRAM-Register der DRAM-Bausteine (siehe →DRAM) zum Puffern der auszugebenden Daten verwendet, was die Zugriffsgeschwindigkeit allerdings nur beim Lesen durch die →CPU erhöht. Die früher oft strapazierte Werbeaussage, man könne bei EDO-RAM auf den →Second-Level-Cache verzichten, ist jedoch glatt gelogen. Auch EDO-RAM benötigt als DRAM einen ständigen Refreshzyklus von Auslesen und neu Einschreiben, damit die Information nicht durch die ständige Entladung der als Speicherzelle verwendeten Kondensatoren verloren geht. Daher können auch sie nicht mit der vollen externen Taktung des Prozessors angesprochen werden, weswegen ein Cache unbedingt notwendig ist. Der Geschwindigkeits-Gewinn durch EDO-RAMs gegenüber FP-DRAMs beträgt ca. 2-3 %, was beim täglichen Arbeiten fast nicht wahrzunehmen ist.

EDO-RAMs spielen bei modernen PCs keine Rolle mehr, weil hier mittlerweile →SDRAMs und demnächst →RDRAMs verwendet werden. Vorteilhaft ist jedoch, dass sie abwärtskompatibel sind. Das heißt, EDO-RAMs lassen sich auch zum Aufrüsten für alte PCs verwenden, die eigentlich nur FP-DRAMs unterstützen. Natürlich haben Sie hier nichts vom Geschwindigkeitsgewinn. Da EDO-RAMs aber mittlerweile zumeist günstiger im Kauf als die völlig veralteten FP-DRAMs sind, lohnt sich eine solche Konstellation schon. Ob Ihr Mainboard bzw. BIOS EDO-RAMs unterstützt, können Sie Ihrem Handbuch entnehmen. Normalerweise muss man im BIOS keinen speziellen Befehl für die EDO-Unterstützung aktivieren, weil dies automatisch erkannt und eingestellt wird. Die übliche Bauweise der SDRAMs, nämlich →DIMM, gibt es übrigens auch bei EDO-RAMs. In diesem Fall können sie leicht mit diesen verwechselt werden, sodass Sie bei einem Kauf auf dem Gebrauchtmarkt bzw. bei einem nicht ganz seriös wirkenden Händler aufpassen sollten, nicht EDO-DIMMs statt SDRAMs „untergejubelt" zu bekommen.

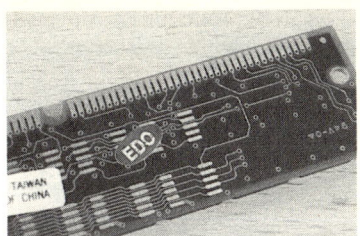

EDO-RAMs sind „von außen" nicht zu erkennen. Man kann die „Echtheit" höchstens an Beschriftungen, Aufklebern oder Funktionstesten im PC erkennen

E-DSS1

Mit E-DSS1 wird das D-Kanal-Protokoll (→D-Kanal/-Protokoll) bezeichnet, das am Euro-ISDN-Anschluss benutzt wird. Dem gegenüber steht das 1TR6-Protokoll, das beim von der deutschen Telekom entwickelten nationalen ISDN eingesetzt wird.

Ein wesentlicher Unterschied zwischen 1TR6 und E-DSS1 in der Praxis ist die Anwahl der →Endgeräte, also Telefone, Telefaxe, Modems etc. 1TR6 arbeitete noch mit so genannten →EAZ (Endgeräteauswahlziffern), bei denen an einer →Tk-Anlage angeschlossene Geräte über eine Hauptnummer (z. B. 90070) und eine nachfolgende spezifische Endwahlziffer (z. B. 1, 2 etc., also 90070-1, 90070-2 etc.) angesprochen werden. Bei E-DSS1 kann dagegen jedes Endgerät durch eine eigene, vollständig unterschiedliche Rufnummer, die MSN (**M**ultiple **S**ubscriber **N**umber), angewählt werden.

Beim Einsatz von ISDN auf dem PC ist auch auf die so genannte →CAPI zu achten, die Softwareschnittstelle zwischen PC und ISDN-Hardware (z. B. eine ISDN-Karte). Während das veraltete CAPI 1.1-Protokoll noch auf 1TR6 zugeschnitten war, ist das neue CAPI 2.0-Protokoll, welches hauptsächlich unter Windows 95/98 zum Einsatz kommt, speziell für die neuen E-DSS1-Funktionen entwickelt worden. Viele ISDN-Karten und ISDN-Programme unterstützen derzeit noch beide Protokolle. Ist dies der Fall, muss meist während der Installation angegeben werden, ob mit 1TR6 oder E-DSS1 gearbeitet werden soll.

Edutainment [„Bildung und Unterhaltung"]

Die Multimedia-Applikationen, die auf das unterhaltsame Vermitteln von Wissen zielen, werden mit dem Kunstwort Edutainment (**Edu**cation and en-ter**tainment**, Bildung und Unterhaltung) bezeichnet (siehe →Infotainment).

EDV [electronic data processing]

EDV ist die Kurzform für **E**lektronische →**D**aten**V**erarbeitung.

EEPROM (Electrically Erasable Programmable Read Only Memory)

EEPROM-Bausteine (Abk. f. elektrisch lösch- und programmierbare Festwertspeicher) sind eine besondere Form eines →ROM. Im Vergleich zum →EPROM, der nur mit entsprechenden Geräten gelöscht werden kann, ist der Löschvorgang beim EEPROM auch im →Computer oder dem Peripheriegerät möglich. Neuerdings werden solche ROM-Speicherbausteine auch als Flash-Memory bezeichnet. Ein typisches Einsatzgebiet von EEPROM ist das →BIOS des →PCs – dann oft auch als Flash-BIOS bezeichnet.

Ein typischer EEPROM-Chip

EGA (Enhanced Graphics Adapter)

EGA (englische Abk. f. verbesserter Grafikadapter) war ein gegenüber →CGA verbesserter Grafikmodus. Er erlaubte die gleichzeitige Darstellung von 16 verschiedenen Farben aus einer Palette von 256 Farben. Die maximale →Auflösung betrug 640 x 350 Pixel. Eine weitere Stärke des EGA-Modus war die gegenüber dem CGA-Standard wesentlich verbesserte Textdarstellung. Der EGA-Modus hat als eine mögliche Betriebsart einer heutigen →Grafikkarte überlebt.

EIDE (Enhanced-IDE)

EIDE (englische Abk. f. verbessertes IDE) ist eine insbesondere von der Firma Western Digital unterstützte Weiterentwicklung des bekannten IDE-Standards (siehe →AT-Bus-Festplatte), der ab 1994 einen verstärkten Einzug in den PC-Markt gefunden hat und sich mittlerweile zum neuen Standard entwickelt hat. Die Leistungsverbesserung wurde durch die Verbreitung der neuen Bussysteme (siehe →Vesa Local Bus, →PCI) und Prozessoren (Pentium) möglich und notwendig.

Mit EIDE wurden folgende Neuerungen eingeführt:

– Unterstützung von Festplatten mit bis zu 8,4 GByte Größe (wurde mittlerweile nochmals erweitert)

– Verwaltung von zwei Steuerkanälen für den Anschluss von bis zu 2 x 2 Festplatten

– Erhöhte Datentransferraten von 11 MByte/s bzw. 16,6 MByte/s (im →Ultra-DMA/33-Modus sogar mit 33 MByte/s).

– Möglichkeit zum →DMA-Transfer

– Möglichkeit zum Anschluss von weiteren Geräten wie →CD-ROM-Laufwerk und →Wechselmedien-Laufwerken, sofern diese die entsprechende Schnittstelle (siehe →ATAPI) unterstützen.

Es besteht jedoch bei EIDE keine wirklich vollständig einheitliche Definition, da einige Firmen wie z. B. Seagate mit eigenen Spezifikationen arbeiten (Fast-IDE, Fast-ATA). EIDE ist abwärtskompatibel zu →IDE, sodass sowohl alte ›IDE-Festplatten an neuen EIDE-Controllern als auch EIDE-Festplatten an alten IDE-Controllern betrieben werden können – natürlich nicht unter Verwendung der neuen EIDE-Eigenschaften. Um eine EIDE-Festplatte vollständig ausnutzen zu können, muss ein entsprechender Controller vorhanden sein und der Rechner ein →BIOS besitzen, das Festplatten größer als 504 MByte (1.024 Sektoren) ansprechen kann (siehe auch →**Mapping**). Alternativ können bei älteren BIOS-Versionen auch spezielle Programme wie

z. B. der Disk-Manager der Firma Ontrack eingesetzt werden, damit die größeren Platten dennoch verwaltet werden können. Die nachfolgende Tabelle gibt die verschiedenen Betriebsmodi an, die im EIDE- bzw. erweiterten →Ultra-DMA-Standard unterstützt werden.

EIDE-Modus	Transferrate MByte/s
PIO 0	3,3
PIO 1	5,2
PIO 2	8,3
PIO 3	11,1
PIO 4	16,6
DMA 0	4,16
DMA 1	13,33
DMA 2	16,66
Ultra-DMA 0	16,66
Ultra DMA 1	25,00
Ultra DMA 2	33,33
Ultra ATA/66	66,66

Ein-/Ausgabesteuerung

Die Ein-/Ausgabensteuerung ist einer der Aufgabebereiche des →Betriebssystems eines Rechners. Sie realisiert durch spezielle →Prozesse die Vergabe und Kontrolle von Rechten zum Zugriff auf Ein-/Ausgabebereiche des →Adressraums an Nutzerprozesse.

Eingabe [input]

Eingabe ist die allgemeine Bezeichnung für alle Vorgänge, mit denen →Daten in den →Computer übernommen bzw. eingegeben werden. Die typische Eingabe erfolgt am →PC z. B. über die →Tastatur oder die →Maus, also mit einem so genannten Eingabegerät (input device). Daten können aber auch von einem externen Speicher (z. B. einer →Diskette) in den PC eingegeben werden. Der Gegensatz zur Eingabe ist die Ausgabe von Daten, bei der diese für den Anwender mit Hilfe eines entsprechenden Geräts, z. B. dem →Monitor oder →Drucker, dargestellt oder in einem externen Speicher abgelegt werden.

Einheit [device]

Hardwarekomponenten des Rechnersystems, wie zum Beispiel →Tastatur, →Bildschirm, →Festplatte, →Diskettenlaufwerk usw., werden oft auch als Einheit bezeichnet.

Einzelblatteinzug [sheet feeder]

Eine Vorrichtung, mit der einzelne Blätter aus einem Papierfach entnommen werden können, um mit einem →Drucker bedruckt zu werden, wird (automatischer) Einzelblatteinzug genannt. Früher nutzte man überwiegend Endlospapier, das anschließend an entsprechenden Perforationen in einzelne Seiten getrennt werden musste, weswegen ein separater Einzelblatteinzug nötig war, um Schreibmaschinenpapier zu verarbeiten. Die meisten aktuellen Tintenstrahldrucker sowie alle Laserdrucker enthalten mittlerweile einen eingebauten Einzelblatteinzug – oft sogar solche, die durch den →Druckertreiber gesteuert unterschiedliche Papiersorten oder Umschläge aus mehreren Kassetten entnehmen können.

Einzelplatzsystem [single user system]

Einzelplatzsystem ist die Bezeichnung für ein Computersystem, an dem im Gegensatz zu einem →Mehrplatzsystem zur gleichen Zeit nur ein Benutzer arbeiten kann. Der →PC ist ein Beispiel für ein Einzelplatzsystem.

Einzelschrittmodus [single step mode]

Im Einzelschrittmodus werden die einzelnen Prozessorbefehle Schritt für Schritt abgearbeitet. Viele →Debugger zeigen auf Wunsch nach jedem ausgeführten Befehl alle Registerinhalte mitsamt Statusregister an. Manche Compiler bieten auch die Möglichkeit, das originale Quellprogramm Schritt für Schritt ablaufen zu lassen, sodass man beispielsweise direkt erkennen kann, an welcher Stelle ein Fehler auftritt (vergleiche →Programmiersprache)

Einzugsscanner [sheed feed scanner]

Einzugsscanner unterscheiden sich von →Handscannern dadurch, dass sie die Vorlage selbstständig einziehen und über die Lichtquelle und die Sensoren bewegen. Da das Blatt aber nicht vollständig aufliegt und dann abgetastet wird, benötigen sie erheblich weniger Platz und mechanische Bauteile als →Flachbettscanner. Aufgrund der im Vergleich zum Flachbettscanner unpräzisen Papierführung sind die Ergebnisse von Einzugsscannern im Allgemeinen schlechter, außerdem können sie nur Einzelseiten verarbeiten.

EISA (Extended ISA)

Englische Abk. f. erweitertes ISA. EISA war ein 32 Bit breites Bussystem (siehe →Bus, →Busbreite), das insbesondere bei Rechnern ab der 386er Klasse, also Rechnern mit einer 32-Bit- →CPU, zum Einsatz kam. Der EISA-Bus war eine direkte Erweiterung des 16 Bit breiten ISA-Busses (siehe →ISA) , der im Gegensatz zum →Microchannel des →IBM-PS/2 auch die alten ISA-Karten aufnehmen konnte und deshalb mit einigen technischen Kompromissen verbunden war.

ELD (Electric Luminescence Display)

ELD ist die englische Abk. f. Elektro-Lumineszenz-Bildschirm. Lumineszenz ist das Leuchten von Stoffen in kaltem Zustand (Gegenteil: Temperaturstrahlung); ein Elektro-Lumineszenz-Bildschirm enthält neben anderen vertikalen und horizontalen Schichten auch eine Leuchtschicht. In diesen Schichten sind beliebige Bildpunkte durch Anlegen von elektrischen Spannungen ansprechbar, sodass das elektrische Feld an diesen Punkten in der Leuchtschicht wahrnehmbares Licht (Elektrolumineszenz) erzeugt. ELDs sind Flüssigkeitskristall-Bildschirme in extrem flacher Bauform. Das Licht leuchtet in den Farben Orange (Hintergrund) und Schwarz; Helligkeiten können gestuft werden.

Elektromagnetische Felder [electromagnetic fields]

Alle Geräte, die Elektrizität für ihre Leistung nutzen, bauen um sich herum elektromagnetische Felder auf. Die Stärke solcher Felder ist vor allem von der Frequenz des elektrischen Stroms abhängig, z. B. beträgt sie bei unserem häuslichen Wechselstrom 50 Hz, also 50mal/s. Bei der Fernsehtechnik und damit auch bei PC-Monitoren werden manche Bauelemente mit mehr als 100.000 Hz betrieben.

Seit dem 1.1.1996 gibt es nach den Richtlinien der Europäischen Union eine neue Norm, die durch das CE-Zeichen (→CE-Prüfzeichen/Norm) mit einem Siegel jedes Gerät kennzeichnet. Solche Geräte sind daraufhin überprüft worden, ob sie die so genannte elektromagnetische Verträglichkeit (EMV) erfüllen. Die Bildung von elektromagnetischen Feldern tritt besonders stark bei herkömmlichen →Bildschirmen auf. Erkennbar z. B. am vom Fernseher gut bekannten statischen Aufladen der Bildschirmoberfläche (knistert bei Berührung).

Aus Sorge über mögliche **gesundheitliche Beeinflussungen** (die noch nicht eindeutig wissenschaftlich belegt sind) wurden mittlerweile in verschiedenen Normen Grenzlinien für so genannte strahlungsarme Monitore definiert. Die bekanntesten sind die →MPR-Norm und →TCO-Norm (siehe auch →Monitorstrahlung und →Strahlungsarm). Bei der Diskussion um die gesundheitlichen Folgen von elektromagnetischer Bestrahlung von Lebewesen (insb. Menschen) wird verstärkt von einer Beeinflussung (Drosselung) der Melatonin-Produktion ausgegangen. Melatonin ist ein Neurohormon der Hirnanhang-Drüse und hat Einfluss auf das Immunsystem sowie den Tag-Nacht-Rhythmus des Menschen. Eindeutige Beweise liegen allerdings nicht vor. Neueste Tierversuchsergebnisse deuten aber eher darauf hin, dass elektromagnetische Felder weniger selbst Krebs erzeugen, sondern vielmehr bereits vorhandene Krebszellen in ihrem Wachstum positiv beeinflussen.

Elektronenstrahlröhre [electron/cathode ray tube, CRT]

Die Elektronenstrahlröhre ist der Hauptbestandteil jedes konventionellen →Monitors oder Fernsehers. Dabei handelt es sich um einen evakuierten Glaskörper, der auf der einen Seite eine Glühkathode und auf der anderen Seite – hinter einer →Bildschirmmaske – die Leuchtschicht des Bildschirms enthält. Die an der Glühkathode austretenden Elektronen werden durch ein elektrisches Feld beschleunigt, gebündelt und mit Hilfe von →Ablenkspulen abgelenkt, sodass periodisch jede Stelle des Bildschirms getroffen und zum Leuchten gebracht wird. Im Zusammenspiel mit der Intensitätsänderung des Elektronenstrahls entsteht so das Bild.

Elektronisches Postfach

Ein elektronisches Postfach ist der persönliche Bereich, in dem eingehende E-Mail-Nachrichten (siehe →E-Mail) für einen Benutzer eines Netzwerks oder einer Mailbox landen.

ELSA

Die ELSA GmbH in Aachen ist einer der führenden Hersteller im Bereich Datenkommunikation und Computergrafik. Tochterunternehmen in Kalifornien und Taiwan tragen zur weltweiten Vermarktung der ELSA-Produkte bei. In den fünf Geschäftsbereichen (Consumer-Kommunikation, Kommunikationssysteme, drahtlose Kommunikation, Multimedia und Grafiksysteme) arbeiten mehrere Hundert Mitarbeiter. Computergrafikprodukte von ELSA werden in den Bereichen Grafikkarten und Monitore eingesetzt. Während die Monitorsysteme vornehmlich für den Bereich →CAD und →DTP gebaut werden, deckt die Grafikkartenpalette die gesamte Bandbreite von Accelerator-Karten bis hin zu Spiele- und Videoplaybackkarten ab.

Zu den bekanntesten Produkten von ELSA im Kommunikationsbereich gehören die weltweit gefragten Modems MicroLink (siehe →Modem) und der moderne Komplex der ISDN-Kommunikation (siehe →ISDN). Daneben bietet ELSA-Videokonferenzsysteme und Funkmodems an. ELSA ist im Internet unter der Adresse **www.elsa.com** mit einem reichhaltigen Angebot an Informationen und aktuellen Treibern vertreten. Downloads können außerdem über einen gleichnamigen FTP-Server durchgeführt werden.

El-Torito-Spezifikation

Die von IBM und Phoenix festgelegte Spezifikation ermöglicht das →Booten von einer CD-ROM. Die Spezifikation stellt eine Erweiterung des ISO 9660-Standards dar und erlaubt es, einen eigenen Bootrecord auf der CD unterzubringen. Der Name stammt übrigens von dem Restaurant „El Torito-Grill" in Irvine, Kalifornien, in dem das Verfahren angeblich auf einer Serviette von den beteiligten Personen entworfen wurde.

Um eine bootfähige CD bzw. →CD-R zu erstellen und nutzen zu können, müssen einige Voraussetzungen erfüllt sein. Zum einen muss die →**CD-Writer-Software** die Funktion unterstützen. Dies ist bei allen neueren, hochwertigeren Programmen wie Adaptecs CD-Creator, WinOnCD oder Gear der Fall.

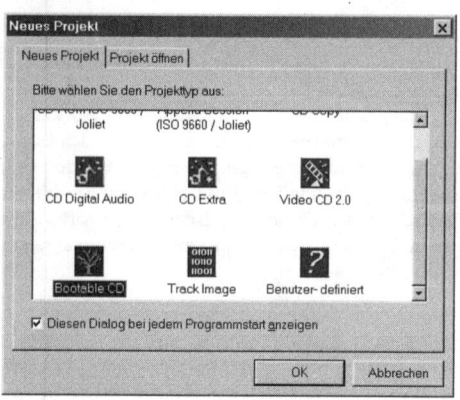

WinOnCD von →CeQuadrat unterstützt die Erstellung von bootfähigen CDs

Zum anderen kann zum Booten bisher nur eine Partition mit **DOS oder Windows 3.x** verwendet werden. Die Bootpartition wird komplett als eigene Session auf die CD übertragen. Zusätzlich zu dieser **Boot-Session** können noch weitere Sessions mit Daten erstellt werden, jedoch nur so, dass diese unabhängig voneinander sind (die TOC-Daten der Boot-Session werden also nicht in die Daten-Session importiert). Wenn folglich von der Boot-Session gebootet wird, ist die Daten-Session nicht sichtbar (und umgekehrt) (vergl. →Multisession).

Dritte und letzte Voraussetzung: Bei →ATAPI-CD-ROMs muss das →**BIOS** des →Mainboards die Funktion unterstützen. Bei SCSI-CD-ROMs gilt dasselbe für das BIOS des Controllers.

Wenn das BIOS die Funktion unterstützt, wird beim Rechnerstart eine bootfähige CD im Laufwerk erkannt

Die wahrscheinlich erste kommerzielle bootfähige CD-ROM war die →Windows NT 4.0 von Microsoft. Jedoch kann hier nicht Windows NT selbst, sondern nur eine DOS-Partition auf der CD gebootet werden. Dies ist aber u. U. praktisch, wenn man NT unter Neuformatierung der Festplatte auf dem PC einrichten will.

Tipp: Beim Erstellen einer bootfähigen CD haben Sie normalerweise die Wahl, die CD wie eine Diskette (als Laufwerk A:) oder wie eine Festplatte (Laufwerk C:) konfigurieren zu lassen. Sie sollten die letzte Option verwenden, denn als „Diskette-Emulation" darf die Spiegelung der Bootpartition auf der CD nicht größer als 1,44 bzw. 2,88 MByte sein (je nach Einstellung der Diskettengröße im BIOS).

E-Mail

Als E-Mail (**elektronische Post**, Abk. auch **EM**) werden ganz allgemein adressierte Nachrichten bezeichnet, die auf elektronischem Wege über lokale oder globale Netzwerke (z. B. →Internet) verschickt werden. Neben Texten können auch beliebige andere Dateien – Bilder, Grafiken, Video- oder Sounddateien, Programme usw. – verschickt werden. Wesentlicher Vorteil einer E-Mail gegenüber der normalen Post (**p-mail**, oft auch als **snail mail**, Schneckenpost, verspottet) ist ihre Geschwindigkeit und die Möglichkeit, Dokumente zur Weiterbearbeitung zu verschicken. Innerhalb weniger Sekunden oder Minuten kann eine Nachricht von Europa nach Amerika oder Asien gelangen.

Die E-Mail-Verschickung über das Internet (**Internet-Mail**) ist das typischste und wahrscheinlich häufigste Beispiel für E-Mail überhaupt. E-Mail an persönliche Empfänger wird dabei auch als PersMail bezeichnet. Nachdem das Internet weltweit einen Boom erfuhr, stellten auch alle →Online-Dienste außer →AOL ihre bisher teilweise proprietären E-Mail-Verfahren auf das Internet-E-Mail-Verfahren (→POP3 und →SMTP) um. Auch AOL verwendet jedoch →SMTP-Server, damit E-Mails mit dem Internet ausgetauscht werden können. Jedoch ist der Server nicht vom Anwender mit externen Programmen nutzbar bzw. ansprechbar.

Um E-Mails mit beliebigen E-Mail-Programmen (wie Eudora oder Outlook Express) betreiben zu können, muss ein Internetprovider oder ein Online-

Dienst einen →**SMTP**-Server zum Verschicken der Mails und einen →**POP3** oder →**IMAP4**-Server zum Empfangen/Downloaden der Mails auf den eigenen PC unterstützen. Meistens besitzen beide Server einen eigenen Namen, manchmal wird jedoch derselbe Name für beide verwendet, die Sie zur Konfiguration Ihres Mail-Programms eintragen müssen. Nachfolgend eine Aufstellung wichtiger Mailserver-Adressen:

Online-Dienst	POP3-Server/IMAP	SMTP-Server
AOL	unbekannt bzw. nicht vorhanden	unbekannt
CompuServe	pop.site1.csi.com (POP3)	smtp.site1.csi.com
	imap.cs.com (IMAP, Comp. 2000)	smtp.cs.com (für CompuServe 2000)
T-Online	pop.btx.dtag.de	mail.btx.dtag.de oder mailto.btx.dtag.de
UUnet	personalmail.de.uu.net	personalmail.de.uu.net

Ein besonderes Problem beim Verschicken von E-Mails ist der meist beschränkte Zeichensatz des verwendeten Datennetzes. Traditionell kann man z. B. im Internet nur Texte verschicken, deren Zeichen aus dem **7-Bit-ASCII-Zeichensatz** stammen (siehe →ASCII). Daher sind bereits deutsche Umlaute und Sonderzeichen wie ß ein Problem in Internet-Mails, da sie dem erweiterten, 8-Bit-ASCII-Zeichensatz entsprechen. Um nun neben Texten mit Sonderzeichen und Umlauten auch binäre Dateien via Mail übertragen zu können, wurden →Kodierungs-Verfahren wie →**UUEncode** oder **Base64** (→MIME) entwickelt. Diese „reduzieren" die 8-Bit-Dateien auf den 7-Bit-ASCII-Zeichensatz (→**Kodierung** genannt). Der umgekehrte Vorgang, die Rückwandlung einer kodierten Mail wird **Dekodierung** genannt. Am gebräuchlichsten ist der →**MIME**-Standard, da er zuverlässig arbeitet und viele erweiterte Optionen bietet, die jedoch auch abwärtskompatibel sind. Alte Mailserver bzw. Programme im Netz kommen so dennoch mit MIME-kodierten Mails beim Verschicken klar. Voraussetzung ist natürlich immer, dass Sender und Empfänger beide dasselbe Kodierungs/Dekodierungs-Verfahren benutzen.

Wer Mails übrigens innerhalb eines →Online-Dienstes mit der dafür vorgesehenen Software verschickt (z. B. →CompuServe oder →AOL), braucht sich um die Kodierung von Mails keine Gedanken zu machen; der Online-Dienst arbeitet entweder intern mit einer höheren Bandbreite oder kümmert sich selbst um das Kodieren und Dekodieren. Wer Mails mit dem bzw. über das Internet austauscht, auch von einem Online-Dienst aus, muss das Problem der →Kodierung beachten. Jedoch unterstützen alle aktuellen Mail-Programme mittlerweile →MIME automatisch, sodass man nur die Einstellungen noch mal überprüfen und gegebenfalls anpassen sollte.

Tipp: Ein gutes Kodierungsprogramm ist WinCode. Es beherrscht sowohl →MIME (Base64) als auch UUEncode. Das Programm konnte man früher im Internet an allen möglichen Stellen downloaden, mittlerweile ist es von den meisten Servern verschwunden, weil es nicht mehr gebraucht wird, da alle aktuellen Mail-Programme →MIME beherrschen. Wer Wincode dennoch braucht, findet es bestimmt auf einem der bekannten Sharewareserver (siehe →Shareware und →Internetrecherche).

Neben dem Kodieren kann man E-Mails auch noch gegen den Zugriff Unbefugter durch **Verschlüsseln** schützen. Das wohl bekannteste Programm hierzu dürfte PGP (**P**retty **G**ood **P**rivacy) sein. Weitere Informationen siehe v. a. →PGP, aber auch →Kryptographie und →Datenverschlüsselung. Was die Verschlüsselung angeht, sollte man sich jedoch nichts vormachen. Anfang 1998 wurde offiziell vom Europaparlament bestätigt, dass insbesondere der amerikanische Geheimdienst NSA systematisch E-Mails (wie Faxe und Telefongespräche) abhört. Offenbar ist eine Verschlüsselung dabei auch kein großes Hindernis, da ziemlich sicher alle gängigen Verfahren von den Geheimdiensten geknackt werden können. Vertrauliche Informationen sollte man also besser per normaler Post verschicken.

Die →**Adressierung** von Mails im Internet erfolgt durch einen Benutzernamen, dem das Sonderzeichen @ (Klammeraffe oder at-Zeichen genannt) sowie der komplette Name des Domain-Servers im Internet folgt (siehe →IP-Adresse und →domain-Name). Der Domain-Server ist die Bezeichnung des Online-Dienstes oder Internetproviders, der die Mails für den Anwender entgegennimmt. Um z. B. eine Nachricht an den Präsidenten der USA zu senden, würde man die folgende Adresse mit der Struktur **nutzer@domain name.xxx** verwenden, wobei xxx für die Domain-Kennzeichnung (Goverment, Commercial etc., siehe →Domain) steht: *president@whitehouse.gov*.

Die Domain-Namen und Beispiels-E-Mail-Adressen einiger wichtiger Online-Dienste und Provider sind:

Online-Dienst oder Provider	Domain-Name	Beispiels-E-Mail-Adresse
CompuServe	compuserve.com	123456.1234@compuserve.com (alt) username@compuserve.com oder username@csi.com
AOL	aol.com	aolname@aol.com
T-Online	t-online.de	username@t-online.de oder telefonnummer@t-online.de
UUnet (Eunet)	uunet.de	vorname@nachname.x.uunet.de (x = Landeskennung oder Ähnliches)

Als E-Mail-Empfänger-Adressen kann man jedoch nicht nur Nutzer aus Fleisch und Blut angeben, sondern auch **Maschinen**: Manche Hosts im Netz bieten Dienste an, die man per E-Mail bestellen oder abbestellen kann. Dazu muss die Mail lediglich einen bestimmten Inhalt bzw. Schlüsselwörter enthalten. Typische Beispiele sind →**Mailing-Lists**, →Archie-Server mit einer Recherche beauftragen oder einen →FTP-Server mit der **Zusendung einer Datei** beauftragen. Gerade die letzte Option wird kaum genutzt, bietet aber große Vorteile. Man spart die oft langsamen Downloads von irgendwelchen Servern und lässt sich eine gewünschte Datei einfach in das E-Mail-Postfach schicken, von wo es meist ja mit maximaler Geschwindigkeit runtergeladen werden kann.

Programme zum komfortablen Erstellen, Abschicken, Empfangen und Verwalten von E-Mails gibt es wie Sand am Meer; die Sharewarewelt ist voll davon. Reine E-Mail-Programme verlieren allerdings etwas an Bedeutung, weil die E-Mail-Funktion immer mehr zum selbstverständlichen Bestandteil von →Webbrowsern oder dem Betriebssystem wird. Die bekanntesten bzw. wichtigsten **E-Mail-Programme** sind →Exchange bzw. Windows Messaging von Windows 95/98 bzw. Windows NT, Microsoft →Outlook und Outlook Express sowie Pegasus und Eudora der Firma Qualcomm. Eudora gilt als das professionellste E-Mail-Programm und unterstützt alle Funktionen, die man von einem Mail-Programm erwartet. →Outlook bietet dagegen noch zusätzliche Termin- und Adressplaner-Funktionen. Dafür sind beide z. T. auch komplex zu bedienen. Die Light-Version von Eudora kann übrigens kostenlos im Internet unter **www.eudora.com** heruntergeladen werden. Die Professional-Version, die ein deutlich höheres Leistungsspektrum bietet, ist dagegen kostenpflichtig.

Wer nur einen WWW-Internetzugang hat bzw. keine E-Mail-Adresse besitzt, kann auf einen der zahlreichen, kostenlosen **E-Mail-Services** im Internet zurückgreifen. Diese bieten im →WWW einen E-Mail-Dienst, der allein mit dem →Webbrowser bedient werden kann. Man kann so E-Mails überall auf der Welt verschicken oder lesen, man braucht nur einen WWW-Zugang mit Browser. Viele der Dienste bieten auch Zusatzleistungen wie zentrale E-Mail-Sammlung aus verschiedenen E-Mail-Accounts oder das **Weiterleiten** von Mails. Manche Dienste haben sich nur auf das Weiterleiten von Mails konzentriert, wie z. B. **Bigfoot**. Über sie kann man sich eine zentrale E-Mail-Adresse mit dem eigenen Namen einrichten (z. B. *vorname.nachname@ bigfoot.com*) und seine Mails z. B. an das Postfach des Online-Dienstes weiterleiten, für das man vielleicht nur einen wenig ansprechenden Adressnamen hat (z. B. *xy001@aol.com*). Natürlich eignen sich solche Dienste auch hervorragend, um **anonyme Mails** zu empfangen, z. T. auch zu verschicken. Das wird häufig für anonyme **Chat-Bekanntschaften** und **Internetflirts** benutzt. Die wichtigsten Mail-Dienste im Internet sind in der nachfolgenden Tabelle aufgeführt. Mittlerweile gibt es aber eine große Zahl solcher Dienste. Eine ausführliche Liste solcher Dienste finden Sie im Internet unter *www. kostenlos.de/internet*. Hotmail ist von diesen Diensten sicherlich weltweit der größte und bekannteste und wurde Anfang 1998 von Microsoft aufgekauft. Die letzten zwei in der Tabelle mit „*" gekennzeichneten Dienste bieten derzeit nur eine Mail-Weiterleitung an, die anderen dagegen auch einen WWW-basierten vollwertigen E-Mail-Account. Bis auf Uni.de, Gmx, neuerdings Yahoo und die deutsche Domain von Bigfoot sind die anderen genannten Dienste in englischer Sprache. GMX ist besonders interessant, weil man seinen Mail-Account im Gegensatz zu den meisten anderen Diensten auch über ein normales POP3-fähiges E-Mail-Programm bedienen kann. Für Yahoo und Hotmail gibt es allerdings seit Anfang 1999 auch das Shareware-programm C-Webmail (*www.cwebmail.com*), mit dem ebenfalls eine Verwaltung der Mails auf dem eigenen Rechner möglich sein soll.

E-Mail-Dienst	Internetadresse
Hotmail	www.hotmail.com
Yahoo	mail.yahoo.com bzw. mail.yahoo.de
Rocketmail	www.rocketmail.com
NetAddress	www.netaddress.com
GMX	www.gmx.net oder www.gmx.de
UNI.DE	www.uni.de
USA.net*	www.usa.net
Bigfoot*	www.bigfoot.com oder www.bigfoot.de

Nachfolgend noch eine Liste von speziellen **Internetsuchdiensten** für E-Mail-Adressen. Normalerweise können dort allerdings nur Personen gefunden werden, die sich dort auch eingetragen haben. Auf der Internetseite _www.klug-suchen.de/dat/Person/Email_ finden Sie eine Auflistung weiterer Suchdienste für Mail-Adressen.

E-Mail-Suchdienst	Internetadresse
Bigfoot	www.bigfoot.de bzw. www.hotmail.de
Four11	www.four11.com
Internet Address Finder	www.iaf.net
Suchen.de	www.suchen.de
Lycos Who-Where	www.whowhere.lycos.com
Yahoo People Search	people.yahoo.com

eMail

Laut Duden nicht ganz korrekt, aber immer noch weit verbreitete Schreibweise für →E-Mail. Gemeint ist die elektronische Versendung von Texten zur Kommunikation über Datennetze. Weitere Informationen siehe →E-Mail.

EMM (Expanded Memory Manager)

Ein EMM (englische Abk. f. Erweiterungsspeicherverwalter) ist ein Programm zur Verwaltung des Arbeitsspeichers nach der EMS-Spezifikation (siehe →EMS), das auf Computern mit Prozessoren ab dem 80386 zur Speichererweiterung unter →MS-DOS eingesetzt werden kann. Der bekannteste EMM ist der im Lieferumfang von →MS-DOS oder →Windows enthaltende Treiber →_Emm386.exe_ (siehe auch →QEMM).

Emm386.exe

Der Speicher-Manager _Emm386.exe_ aus dem Lieferumfang von →MS-DOS und →Windows steht bei einem →PC ab dem 386er Arbeitsspeicher im →Adapter-Segment für die Nutzung durch Gerätetreiber und →TSR-Programme zur Verfügung. Dabei ist EMM386 jedoch auf die Hilfe des Speicher-Managers →_Himem.sys_ angewiesen, der erst die Nutzung der benötigten Blöcke im oberen Speicher ermöglicht (siehe →Oberer Speicher, →UMB). Die zweite Aufgabe von _Emm386.exe_, die heute jedoch kaum noch Bedeutung hat, besteht in der Simulation von →Expansionsspeicher gemäß der Spezifikation →EMS.

Emoticon (emotional icon)

Ein Emoticon (englische Abk. f. „Emotions-Symbol") ist ein Zeichen, mit dessen Hilfe man in einer →E-Mail Mitteilungen in Form von Emotionen ausdrücken kann. Sie werden häufig auch **Smileys** genannt und sollten immer um **90° gedreht** betrachtet werden. So entspricht ein :-) dem herkömmlichen ☺ und ein :-(dem bekannten ☹. Emoticons bestehen nur aus ASCII-Zeichen und können daher in jeden Text eingefügt werden. Mit Hilfe der unterschiedlichsten Zeichenkombinationen, die alle ein kleines Gesicht mit einem anderen Gesichtsausdruck darstellen, lassen sich alle möglichen (und unmöglichen) Gefühlsregungen darstellen. Zusätzlich zu Emoticons werden E-Mails oder ähnliche Texte auch noch mit **Akronymen** (siehe →Chat- und

Hacker-Slang) „aufgepeppt", sodass sich eine fast lebendige Kommunikation damit simulieren lässt.

Nachfolgend eine Aufstellung der wiohtigsten Emoticons. Man sollte dabei bedenken, dass außer den ersten vier oder fünf Emoticons die meisten anderen eher unbekannt und nicht klar definiert sind. Wenn man sie daher nutzt, bitte daran denken, dass nur wenige Personen sie verstehen werden. Natürlich steht es jedem frei, durch die Kombination von Zeichen und Buchstaben selbst eigene Emoticons zu kreieren.

Emoticons	Bedeutung
:-)	lächeln (→ entspricht dem herkömmlichen ☺).
;-)	zwinkern
:-D	etwas mit einem Lächeln sagen
:-(	traurig sein (→ entspricht dem herkömmlichen ☹).
:-/	ernst sein, etwas nicht lustig finden
:->	sarkastisch gemeint
:-7	ironisch gemeint
:'-)	zum Weinen glücklich sein
:-&	sauer oder sprachlos sein
:,-(	weinen
:-o	schockiert
:-O	schreien
:-x	Kuß
@--`,--`,---	eine Rose
:------((((	langes Gesicht ziehen

EMS (Expanded Memory Specification)

Mit dem EMS-Standard (englische Abk. f. Spezifikation des Expansionsspeichers) wurde in Zusammenarbeit mit →Lotus, →Intel und →Microsoft (daher auch **LIM/EMS**) ein Verfahren geschaffen, um die Begrenzung des DOS-Speichers von 640 KByte zu umgehen und RAM-Speicher oberhalb der 1-MByte-Grenze für DOS-Programme zu nutzen. Das Verfahren arbeitet mit je 64 KByte großen Speicherseitenrahmen oder Seitenfenstern (engl. page frame), in die der Arbeitsspeicher oberhalb von 1 MByte aufgeteilt wird. →MS-DOS kann auf diesen ganzen EMS-Speicher zugreifen, indem je ein Seitenfenster in den noch von DOS verwalteten Speicher eingeblendet wird. Für die Nutzung von EMS konnte ursprünglich schon ein 8086-Rechner mit einer entsprechenden Platine und passendem Treiber eingesetzt werden. Ab dem 386er-Prozessor kann ein →EMM (Erweiterungsspeicher-Manager) die Konfiguration des Arbeitsspeichers nach EMS simulieren. EMS ist nur noch für einige ältere DOS-Programme relevant.

Emulation

Emulation bezeichnet allgemein die Nachahmung des Verhaltens einer Komponente der →Hardware oder →Software durch ein anderes Gerät, ein →Programm bzw. einen →Computer. Mit Hilfe entsprechender Programme ist es beispielsweise möglich, ein Programm für den Rechner A auf einem Rechner B zu nutzen, obwohl sich dieser einer anderen Maschinensprache (→Programmiersprache) oder eines anderen →Betriebssystems bedient. Um

z. B. Anwendungsprogramme für →Windows auf einem →Macintosh zu betreiben, muss sich dieser einer Windows-Emulation bedienen.

Emulator

Ein Emulator ist eine Hard- oder Softwarekomponente, die bewirkt, dass sich ein System wie ein anderes verhält. So ist es beispielsweise mit Hilfe eines Softwareemulators möglich, ursprünglich für den →C64 geschriebene Programme auf dem →PC oder einem →AMIGA zu nutzen. Sehr häufig werden auch Druckeremulationen eingesetzt (Epson-, HPGL- oder LaserJet-Emulation).

Enabled [aktiviert, ermöglicht]

Die Bezeichnung enabled steht für Optionen oder Vorgänge, die aktiviert oder erlaubt werden. Typisches Beispiel ist die Aktivierung von bestimmten Optionen im →BIOS des Rechners.

Der Gegensatz hierzu ist →Disabled.

Endlospapier [continuous paper]

Die traditionelle Drucktechnologie seit den Tagen der →Großrechner verwendet Endlospapier, das über eine Randlochung mit den Stachelwalzen eines →Traktors in den Drucker eingezogen wird. Dieses Endlospapier besteht aus 500, 1.000 oder 2.000 verbundenen Blättern, die durch eine Perforation voneinander getrennt werden können. Endlospapier mit gelochtem Randstreifen zum Papiertransport wird im Englischen auch **fanfold** oder **z-fold paper** genannt.

Endlosschleife [infinite loop]

Wenn bei der Formulierung einer Programmschleife keine oder eine falsche Abbruchbedingung verwendet wurde, die nie erreicht werden kann, kann diese nicht mehr verlassen werden. Diese Endlosschleife ist ein typischer und durchaus häufiger Fehler bei der Programmierung.

Energiesparmaßnahmen [power saving]

Energiesparmaßnahmen sollen bei einem →Notebook die netzunabhängige Betriebsdauer verlängern. Dazu zählen das Abschalten der Hintergrundbeleuchtung, des Spindelmotors der →Festplatte und das Heruntersetzen der Taktfrequenz des Prozessors. Siehe auch →Power-Management.

Energy Star

Zeichen der EPA, der amerikansichen Umweltbehörde, für die Einhaltung einer Stromsparnorm. Weitere Informationen siehe →EPA.

E-Netz

Das E-Netz (auch E-Plus genannt), ist ein digitales Mobilfunk-Netz, das in Konkurrenz zum →D-Netz steht. Es wird von den Firmen Thyssen, Deutsche Telekom, Vebacom und Viag Intercom betrieben; die monatlichen Grund- und Gesprächsgebühren sind etwas preisgünstiger als im D-Netz. Das E-Netz arbeitet statt mit →GSM nach dem **DCS-Verfahren** (→DCS), also mit einer doppelten Übertragungsfrequenz von 1,8 GHz. Dies hat zwar den Vorteil, dass die Handys mit einer geringeren Sendeleistung von nur 0,8 Watt auskommen (zum Vergleich: D-Netz-Handys mit 2 Watt), die Reichweite ist dadurch aber auch auf etwa 8 km begrenzt (statt 50 km beim D-Netz). Bei zusätzlichen Störungen durch ungünstige Geländeformationen oder in einigen wenigen sehr entlegenen Gebieten muss man gelegentlich noch mit einem gestörten Empfang rechen. Bis Ende 1997 wurde aber ein nahezu flächendeckender Ausbau schon für das erste E-Netz (E1) erreicht. 1999 ging ein weiteres E-Netz (E2) der Firma Viag Interkom in Betrieb, das durch niedrige Preise, gute Verbindung und vor allem auch hervorragende Sprachqualität vom Start weg recht viele Kunden fand.

Problematisch kann die Verwendung der DCS-Technik für diejenigen sein, die öfter ins Ausland fahren und von dort mobil telefonieren wollen. Da in den meisten europäischen Nachbarländern mit GSM gearbeitet wird, findet der E-Plus-Kunde im Ausland selten einen Partner zum →Roaming (Dienstpartner, die die Übertragung für den heimischen Provider übernehmen und die Gespräche weiterleiten). Zur Lösung dieses Problems muss man so genannte →Dual-Band-Handys verwenden, die sowohl im D- als auch E-Netz senden.

Vorteilhaft am E-Netz sind die zumeist besseren Bedingungen für Datenübertragungen (E-Mail, Faxe) sowie die so genannten Partner-Karten. Mit diesen kann ein Partner ein zweites Handy über dieselbe Abrechnung laufen lassen.

Engine [Motor, Maschine]

Allgemein wird der englischsprachige Begriff Engine für zentrale Programmteile verwendet, die grundlegende Aufgaben im Rahmen eines Anwendungsprogramms erfüllen. So wird z. B. der Teil eines Programms, der für die Grafikausgabe zuständig ist, Grafik-Engine genannt. Der Begriff wird z. B. auch oft im Zusammenhang mit Datenbankprogrammen (→Datenbank) oder anderen Programmsystemen verwendet. Man spricht dann z. B. von einer Datenbank-Engine (z. B. der Jet-Engine von →Access). Eine solche Datenbank-Engine stellt den zentralen Teil des Programms dar, das zur Aufnahme, Verwaltung und Ausgabe der Daten verwendet wird.

Enhanced Audio CD

Enhanced Audio CD oder Enhanced CD ist eine alternative Bezeichnung für →CD-Extra

ENIAC (Electronic Numerical Integrator And Computer)

ENIAC (englische Abk. f. elektronischer numerischer Integrator und Computer) hieß der von John P. E. Eckert in Zusammenarbeit mit W. Mauchly 1945 fertig gestellte erste amerikanische elektronische Rechner. Er war mit 18.000 Elektronenröhren bestückt und beanspruchte mit seinen 30 Tonnen Gewicht eine Fläche von 140 m² (siehe →Computer).

Entertainment [Unterhaltung]

Der Unterhaltungswert vieler Multimedia-Aplikationen ist unbestritten. Diejenigen, die sich voll und ganz auf die Unterhaltung ausrichten – wie z. B. Spiele –, werden unter dem Begriff Entertainment zusammengefasst (siehe →Edutainment, →Infotainment).

Enter-Taste [return key]

Die Enter-Taste der Tastatur eines PCs, auch als Return- oder Eingabe-Taste bezeichnet, generiert das Steuerzeichen CR. Die durch den PC ausgeführte Funktion bei Drücken der Enter-Taste ist mit der der Wagenrücklauftaste (Carriage Return) einer Schreibmaschine zu vergleichen: Die Enter-Taste schließt eine Zeile ab und bewegt den →Cursor in die nächste Zeile. Im Befehlsmodus eines Kommando-Interpreters – z. B. →Command.com von →MS-DOS – dient die Enter-Taste dem Abschluss der Befehlseingabe. Zur Abbildung vergleiche →Tastatur.

Entspiegelung [anti reflection, anti glare]

Die dunkle Glasoberfläche von Monitoren können Reflexionen verusachen, die das Auge stören. Sie entstehen hauptsächlich durch ungünstige (Arbeitsplatz)-Beleuchtung. Verfahren, die dem entgegenwirken, nennt man Entspiegelung. Eine gute Entspiegelung entscheidet ganz wesentlich über die Qualität eines Monitors; sie wird aber nicht – wie häufig irrtümlich angenommen – zur Senkung der Strahlenbelastung eingesetzt (siehe →Strahlungsarm und →Elektromagnetische Felder).

Es werden verschiedene Techniken zur Entspiegelung eingesetzt, von einfachen mechanischen oder chemischen Verfahren, die die Oberfläche aufrauen (um das einfallende Licht diffus zu streuen, was auch zu Unschärfe führt), bis hin zu aufwendigen und entsprechend teuren Verfahren, die z. B. mit Lichtpolarisation arbeiten. Eine Entspiegelung lässt sich durch spezielle Filter z. T. auch nachträglich auf Monitore aufbringen (bzw. vor diesen anbringen). Vor dem Kauf eines Monitors sollten Sie unbedingt die Güte der Entspiegelung überprüfen. Einen guten Eindruck kann man sich verschaffen, wenn man z. B. eine Lampe auf den Schirm richtet. Je diffuser sich das Licht der Lampe auf dem Schirm widerspiegelt, desto besser ist die Entspiegelung des ausgeschalteten Monitors. Gleichzeitig sollte aber die Schärfe des Monitors nicht unter der Entspiegelung leiden. Gerade billige Monitore mit einfacher Entspiegelung wirken oft, als hätten sie einen leichten Schmier auf der Scheibe aufgebracht.

Entwicklungssystem [developer system]

Ein Entwicklungssystem umfasst diejenigen Hard- und Softwarekomponenten, die für das Entwickeln eines Anwendungsprogramms notwendig sind. Dazu zählen beispielsweise Compiler, →Editor und →Debugger, unter Umständen auch Assembler oder Interpreter (vergleiche →Programmiersprache).

EOT (End Of Transmission)

Das →Steuerzeichen EOT (englische Abk. f. Ende der Übertragung) wird u. a. bei der →Datenübertragung an einen →Drucker verwendet, um das Ende einer Übertragung anzuzeigen.

EPA (Environmental Protection Agency)

Englische Abk. f. die amerikanische Umweltschutz-Behörde. Die EPA definierte 1993 Energiesparnormen für Computergeräte, die heute bei den meisten Computern beachtet werden. Die EPA-Norm besagt, dass Rechner und

Monitore im Stromsparbetrieb (siehe →Power-Management) nicht mehr als 30 Watt verbrauchen dürfen. Wird dieser Grenzwert eingehalten, so bekommt das Gerät als entsprechendes Zeichen den Energy Star. Dieser Energy Star und das Logo der EPA sind bei den meisten Computern beim Einschalten (→Booten) kurz auf dem Bildschirm sichtbar.

E-Plus

E-Plus ist die Markenbezeichnung für das deutsche →E-Netz, ein Mobilfunknetz, das mit DCS-Technik arbeitet. Weitere Informationen siehe →E-Netz.

EPP (Enhanced Parallel Port)

EPP ist die englische Abk. f. „erweiterten Parallel-Anschluss". Es ist die Bezeichnung für einen erweiterten Standard der →parallelen Schnittstelle (auch →LPT genannt), der höhere Datenübertragungsraten und den Anschluss mehrerer Geräte erlaubt. Weitere Informationen und Vergleich mit ECP siehe →Parallel-Port-Modus.

EPROM (Erasable Programmable Read Only Memory)

EPROM (englische Abk. f. lösch- und programmierbarer Festwertspeicher) ist ein lösch- und programmierbarer ROM-Baustein (siehe →ROM). Die Löschung erfolgt meist durch UV-Licht. Danach kann der EPROM erneut beschrieben werden. Der Löschvorgang dauert mehrere Minuten, gelegentlich auch bis zu einer Stunde, das Beschreiben dauert je nach Speicherkapazität des Bausteins wenige Sekunden bis Minuten. Ein elektronisch löschbarer PROM wird demgegenüber EEPROM genannt, sieht äußerlich aber identisch zu einem EPROM aus. Für Abbildung siehe →EEPROM.

EPROM-Brenner

Spezielle Programmiergeräte, die eingesetzt werden, um beschreibbare Festwertspeicher wie →EEPROM, →EPROM und →PROM mit Daten zu versehen, werden EPROM-Brenner genannt.

Eps (Encapsulated PostScript)

Eps (englische Abk. f. „eingekapseltes Postscript") ist ein Dateiformat für Grafiken, die in der →Seitenbeschreibungssprache →PostScript abgespeichert werden. Der Unterschied zu normalen PostScript-Dateien besteht darin, dass sich der PostScript-Code bei *eps*-Dateien zwischen einem Prolog und einem so genannten Trailer befindet. Im Prolog ist eingetragen, mit welchem Anwendungsprogramm die Datei erstellt wurde und wie viele Seiten sie umfasst; außerdem sind die Koordinaten der Bounding-Box verzeichnet, über die sich die Größe der Grafik berechnen lässt. Wenn die *eps*-Datei von einem grafischen Anwendungsprogramm erstellt worden ist, kann sich im Prolog auch eine kleine *tiff*-Datei (siehe →*tiff*) befinden (Image-Header), die niedrig auflösend den Inhalt der Grafikdatei abbildet. *Eps*-Dateien lassen sich nicht ohne Hilfsprogramme auf dem Bildschirm darstellen.

Epson

Epson ist ein seit vielen Jahren erfolgreich tätiger Hersteller von Hardwarekomponenten aller Art. Während in den 80er Jahren von Epson noch PCs gebaut wurden, konzentriert sich die Firma heute auf den Drucker- und

Scanner-Markt. In letzter Zeit hatte die Firma insbesondere durch Entwicklung ihrer Tintenstrahldrucker mit Piezo-Drucktechnik (Epson Stylus) großen Erfolg. Die Farbtintenstrahldrucker der Serie Epson Stylus drucken mit bis zu 1440 dpi Auflösung auf Spezialpapier in Fotoqualität. Unter der Adresse **www.epson.com** können Sie weitere Informationen und Treiberupdates bekommen sowie per E-Mail mit der Firma direkt in Kontakt treten.

EPT (Electronic Payment Terminal)

Englische Abk. f. „elektronisches Zahlungsterminal". Bezeichnung für elektronische Bedienungsschalter zur Registrierung, Erfassung und Überprüfung von Kredit- und Scheckkarten, mit denen sozusagen online z. B. in Tankstellen, Warenhäusern, Hotels usw. unbar bezahlt wird. Dieses Terminal hat neben einer Tastatur und einer Datenanzeige einen Einführschlitz für eine →Chip-Karte, über die der Zahlungsverkehr geregelt wird.

Ergonomie [ergonomics]

Zusammengesetzte Bezeichnung aus den griechischen Wörtern Ergon (Arbeit, Werk) und Nomos (Gesetz), die die Wissenschaft von den Arbeitsbedingungen und ihren bestmöglichen Anpassungen zugunsten des Menschen bezeichnet. Ergonomie-Richtlinien sehen es vor, dass Maschinen, Hilfsmittel und Arbeitsumgebungen etc. optimal auf die anatomischen, physischen und physiologischen Bedingungen des Arbeiters zugeschnitten werden.

Gerade **Bildschirmarbeitsplätze** sind aus ergonomischer Sicht recht kritisch, weil z. B. die Körperhaltung für den Menschen ungünstig ist. Für einen ergonomischen Arbeitsplatz gibt es Richtlinien, die Vorschläge über Technik, Gestaltung, Höhe und Ausrichtung von Schreibtisch, Schreibtischstuhl, Beleuchtung, Tastatur und Bildschirm machen. Seit dem 1.1.1997 gelten z. B. auch in Deutschland die Richtlinien der EU über die ergonomische Gestaltung von Bildschirmarbeitsplätzen, die auch eine bestimmte Regelung der Arbeitszeiten vorsehen. Ein Arbeitnehmer kann nun vom Arbeitgeber gesetzlich verlangen, an einem den EU-Richtlinien entsprechenden Bildschirmarbeitsplatz zu arbeiten.

Unter dem Stichwort Ergonomie wurden in letzter Zeit v. a. auch neue **Tastaturen** und **Eingabegeräte** wie Mäuse (→Tastatur, →Maus) entwickelt. Die ergonomische Tastatur, wie etwa das Microsoft Natural Keyboard (Abbildung siehe →Tastatur) ist im Gegensatz zur herkömmlichen leicht gewinkelt, was der anatomischen Haltung der Hände beim Schreiben entspricht. Diese natürliche Handhaltung soll einer als RSI (**R**epetitive **S**train **I**njury) bekannten Erkrankung vorbeugen, die durch Überbelastungen der Hand-Nerven, -Muskeln und -Sehnen bei übermäßigem Tastaturschreiben verursacht wird.

Neben der Hardware wird vermehrt aber auch die **Software** unter ergonomischen Gesichtspunkten betrachtet (Stichwort Usability). Relevant sind etwa Parameter wie intuitive Bedienung, Farbgestaltung, Automatisierung von Arbeitsabläufen, Einweisungs- und Einarbeitungszeiten oder Fehlertoleranzen, bevor es zu Abstürzen oder Datenverlusten kommt.

Error [Fehler]

Der Begriff error wird im Computerbereich als generelle Bezeichnung für alle Arten von Fehlern und Problemen im →Betriebssystem oder bei der Programmausführung verwendet.

Erweiterung [extension]

Die Erweiterung, auch als **Dateinamenserweiterung** oder **Suffix** bezeichnet, ist eine aus (zumeist) drei Buchstaben bestehende Kennzeichnung von Dateinamen unter →MS-DOS und →Windows. Viele andere Betriebssysteme verwenden auch ähnliche Erweiterungen, z. T. aber mit vier oder mehr Buchstaben, einige Systeme kommen aber jedoch auch ganz ohne diese Art der Dateikennzeichung aus bzw. verwenden andere Systeme.

Unter MS-DOS werden Dateien (und Verzeichnisse) jedoch mit einem bis zu acht Buchstaben langen Namen sowie der Erweiterung bezeichnet, die durch einen Punkt abgetrennt ist. Dieses System wurde auch bei Windows 95/98 und Windows NT beibehalten, lediglich die Länge des eigentlichen Dateinamens wurde auf bis zu 255 Zeichen vergrößert. Mit der Erweiterung wird i. d. R. der Dateityp oder das Dateiformat angedeutet: So zeigt der Name *Dokument.txt* z. B. an, dass es sich bei der Datei Dokument um eine Textdatei handelt. Die Erweiterung kann, muss aber nicht vergeben werden, wie es z. B. meist bei Verzeichnisnamen der Fall ist. Unter Windows lassen sich Dateien über die Erweiterung mit Anwendungsprogrammen verknüpfen. Dies ermöglicht einen Start der entsprechenden Anwendung, wenn ein zugehöriges Dokument im Windows-Explorer aufgerufen wird.

> **Tipp:** Unter Windows 95/98 werden die Dateierweiterungen von registrierten Dateien (solche, die Windows einem Programm zugeordnet hat) standardmäßig ausgeblendet. Der Anwender soll offenbar nach dem Willen von Microsoft die Art einer Datei nur an ihrem kleinen Symbol in der Dateiansicht erkennen. Oder vielleicht auch überhaupt nicht? Da die Dateierweiterung bei der Ansicht aber eigentlich nicht weiter stört, dafür aber immer ein wichtiges Plus an Information gibt, sollten Sie die Anzeige einfach wieder aktivieren. Den entsprechenden Befehl finden Sie im Menü *Ansicht* des Arbeitsplatzes bzw. Explorer. Je nachdem, ob Sie den →Internet Explorer installiert haben oder nicht, lauten die dazugehörigen Untermenüs anschließend etwas unterschiedlich. Suchen Sie im Untermenü *Ordneransicht*, Register *Ansicht* nach einem Befehl, der in etwa lautet: *Dateinamenerweiterung bei bekannten Dateitypen ausblenden*, und deaktivieren Sie ihn.

Nachfolgend eine Aufstellung wichtiger Erweiterungen unter DOS bzw. Windows.

Erw.	Text	Binär	Beschreibung
.1st	*		diese Datei soll zuerst gelesen werden.
.386		*	Treiberdatei für Windows im 386er Modus
.ans	*		ANSI-Datei beschreibt die Ausgabe von Zeichen
.arc		*	komprimierte Archivdatei
.arj		*	komprimierte Archivdatei von *Arj.exe* erstellt
.au		*	Sounddatei
.avi		*	Audio-Video, kurzer Filmclip
.bak		*	Back-Up-Datei, Sicherungskopie

Erw.	Text	Binär	Beschreibung
.bat	*		Batch-Datei mit DOS-Befehlen als ASCII-Text
.bin		*	Binärdatei
.bmp		*	Bitmapgrafik
.c	*		Programmcode der Programmiersprache C
.cab		*	Cabinet-Datei, komprimiert, von Microsoft
.cdr		*	CorelDRAW, Vektorgrafik
.cfg		*	Konfigurationsdatei verschiedener Programme
.cgi	*		Common Gateway Interface, ausführbare Datei, die von HTML-Seiten aufgerufen wird
.cif		*	CompuServe Information File oder auch Configuration Information File
.cmd	*		Commanddatei, enthält eine Befehls-Liste, die von einer Anwendung ausgeführt wird
.cnv		*	Konvertierungsmodul, wird von Anwendungen für den Im-/Export von Dateien verwendet
.com		*	Commanddatei, ausführbares Programm
.cpp	*		Programmcode der Programmiersprache C++
.cpt		*	Grafikdatei
.dat	*	*	Daten für Anwendungen
.dbf		*	→dBase-Datenbankformat
.diz	*		Information über eine Datei oder Dateigruppe
.dll		*	Dynamic Linking Library, gemeinsame Objektdatei für Windows-Anwendungen
.doc	*	*	document, Word-Dokument oder ASCII-Text
.dot		*	Document Overlay Template, Word-Vorlage
.drv		*	driver, Treiberdatei
.eps		*	encapsulated Postscript, Grafik oder Druck-Dokument
.exe		*	executable, ausführbares Programm
.fli		*	flick, kurze Videodatei
.fnt		*	font, Zeichensatz
.fon		*	font, Zeichensatz
.gif		*	Graphic Image Format, Grafikdatei
.grp		*	group, Windows 3.x-Programm-Manager-Gruppe
.hlp		*	help, Hilfedatei
.htm	*		Hyper Text Markup Language-Datei im WWW
.html	*		Hyper Text Markup Language-Datei im WWW
.icl		*	icon library, enthält mehrere Windows-Icons
.ico		*	icon, Datei enthält ein Windows-Icon
.img		*	image, Grafikdatei
.inf	*		Information für die Programmausführung oder Installation von Treibern
.ini	*		Initialisierung, enthält Variablen und Parameter für die Ausführung von Programmen
.jpg		*	".jpeg" Joint Photographers Expert Group, komprimierte Grafikdatei
.lha		*	komprimierte Archivdatei mit *Lha.exe* erstellt
.log	*		Log, Protokolldatei
.mdb		*	Microsoft Access-Datenbank-Dokument
.me	*		read me, Liesmich-Datei
.mid		*	Tondatei im MIDI-Format
.mod		*	Tondatei im MOD-Format
.mov		*	movie, Videodatei

Erw.	Text	Binär	Beschreibung
.mpg		*	komprimierte MPEG-Videodatei
.msg	*		message, Nachrichten-Datei, z. B. von Exchange
.obj		*	object file, kompilierter Programmcode
.old	*	*	old, Sicherungskopie einer veränderten Datei
.pal		*	palette, Farbpalette z. B. von Paintbrush
.pas	*		Pascal, Programmcode
.pcx		*	komprimierte Bitmap-Grafik
.pdf		*	Portable Document Format, Datei von Adobe Acrobat
.pic		*	picture, Macintosh Bitmap-Grafik, auch .pict
.pif		*	Program Information File, für den Betrieb von DOS-Programmen unter Windows
.plr	*	*	player, Information von Computerspielen
.ppt		*	Microsoft PowerPoint-Dokument
.ps		*	PostScript-formatierte Druckdatei
.ras		*	Rastergrafikdatei
.rle		*	Grafikdatei
.scr		*	screen saver, Windows-Bildschirmschoner-Datei
.str	*		string, einfache Zeichenkette
.sys		*	Systemdatei
.tga		*	targa, Bitmap-Grafikdatei
.thn		*	thumbnail, Vorschau einer Grafik
.tif		*	Targa Image File Format, Bitmap-Grafik
.tmp	*	*	temporäre Datei
.ttf		*	TrueType-Font, Zeichensataz
.txt	*		einfacher ASCII-Text
.uue	*		mit UNIX to UNIX Encoded kodierte Datei
.vbx		*	Visual Basic Extension, Erweiterung für bzw. von Microsoft Visual Basic
.vga		*	Video Graphics Adapter, Anzeigetreiber
.wav		*	wave, Tondatei im PCM-Format
.wdb		*	Microsoft Works-Datenbank
.wks		*	Microsoft Works-Dokument
.wmf		*	Windows Meta File, Grafikdatei im Vektorformat
.wpg		*	Word Perfect-Grafik im Vektorformat
.wri		*	write, Dokument von Windows Write
.xls		*	Excel Spreadsheet, Microsoft-Excel-Tabelle
.zip		*	Archivdatei von *Pkzip.exe* oder kompatibel

Erweiterungsbus [expansion bus]

Eine besonders wichtige Funktion kommt dem Erweiterungsbus eines Rechners zu, der eine Reihe von Steckverbindern für Erweiterungskarten bereitstellt. Über diese – oft als Bus schlechthin angesehene Einrichtung – verständigen sich die Komponenten des →Mainboards einschließlich der CPU mit den verschiedenen Erweiterungskarten wie Schnittstellen- oder Grafikkarten; er dient dem →Datenaustausch mit der →Festplatte oder dem →Diskettenlaufwerk über die entsprechende Controllerkarte usw. Vergleiche auch Abbildungen und weitere Informationen bei →Bus und →AGP.

Erweiterungsspeicher [extended memory]

Unter Erweiterungsspeicher versteht man den Speicherbereich oberhalb des unter →MS-DOS erreichbaren Bereichs von 1 →MByte. Erst in einem →PC mit einem 286er oder neueren Prozessor kann dieser Bereich im →Protected Mode voll angesprochen werden. Unter DOS wird dieser Bereich nur mit Hilfe von speziellen Treibern (z. B. mit →Himem.sys) für die Speicherung von Daten nutzbar gemacht, wobei das XMS-Protokoll (eXtended Memory Specification), definiert von →Lotus, →Intel und →Microsoft, einen entsprechenden Standard bereitstellt (siehe →EMS).

ESC (escape)

Das Zeichen ESC ist eines der 32 Steuerzeichen im →ASCII-Zeichensatz, das für eine Reihe von Funktionen eingesetzt wird – siehe z. B. →Escape-Sequenz.

Escape-Sequenz

Die standardmäßigen Steuerungsbefehle für einen Drucker (z. B. zum Wechseln des Zeichensatzes oder der Schriftgröße) werden als Escape-Sequenzen bezeichnet, da die jeweilige Folge von mehreren Bytes stets durch das →Steuerzeichen Esc (Escape) eingeleitet wird.

Escom

Die Firma Escom war bis Anfang 1996 nach →Vobis der zweitgrößte Computer-Discounter in Deutschland. Firmengründer und ehemaliger Geschäftsführer Manfred Schmitt hatte Escom seit Ende der 80er Jahre zu einer erfolgreichen Firma mit bundesweit verbreiteten Verkaufsläden ausgebaut. 1995 wurden außerdem auch Handelsketten im europäischen Ausland (z. B. England) aufgebaut. Die Angebote von Escom reichten von einfachem Zubehör bis zu kompletten PCs, die sich vor allem durch niedrige Preise und Bundle-Software, aber auch nicht gerade allerhöchste Qualität auszeichneten. Der Gewinn wurde letztendlich durch entsprechend hohe Umsätze erzielt. Parallel dazu wurde aber für Geschäftskunden mit höheren Ansprüchen ein Tochter-Unternehmen namens Escom Business gegründet sowie hochwertige Computer-Systeme z. B. von Siemens-Nixdorf ins Programm übernommen. Im Jahr 1995 kaufte Manfred Schmitt, der sein Unternehmen weiter auf Expansionskurs führen wollte, die bankrotte Firma →Commodore (siehe auch →Amiga). Bedingt durch diese hohe Investition sowie ein falsch kalkuliertes Weihnachtsgeschäft Ende 1995 gelangte das Unternehmen Anfang 1996 in finanzielle Schwierigkeiten. Der Rücktritt von Manfred Schmitt und die Übernahme der Firmenleitung durch Harald Jost konnten nicht verhindern, dass Escom im Sommer 1996 Konkurs anmelden musste. Im August '96 erwarb die deutsche Computer-Handelskette →ComTech alle Rechte an der Marke Escom und übernahm die 90 besten deutschen Escom-Filialen. Im September '96 wurden außerdem 65 % der französischen Escom-Gesellschaft übernommen. Um den Kunden die positive Veränderung zu signalisieren, wurde der Firmenname in Escom 2001 geändert und alle PCs mit einem umfangreichen Service-Angebot bei günstigen Preisen angeboten. Jedoch schien der Name Escom für die Kunden zu stark an Prestige verloren zu haben, die Filialen waren nicht erfolgreich. Ende 1997 stellte ComTech daher den Markennamen Escom 2001 ganz ein und benannte alle Filialen auf ComTech um.

Esc-Taste [escape key, break key]

Die Esc-Taste (Abk. f. **ESC**ape, flüchten) dient i. d. R. zum Abbruch einer Aktion. Bei Drücken der Esc-Taste sendet die →Tastatur ein entsprechendes Steuerzeichen an den Rechner, das vom Programm ausgewertet werden kann. Unter Microsoft Windows kann ein Dialogfeld mit der Esc-Taste verlassen werden. Zur Abbildung siehe →Tastatur.

ESDI (Enhanced Small Device Interface)

ESDI (englische Abk. f. verbesserte Kleingeräteschnittstelle) war eine vom Festplattenproduzenten Maxtor 1983 präsentierte Festplattenschnittstelle (siehe →Festplatte, →Schnittstelle) für kleine Computer wie den →PC.

Im Vergleich zu einfacheren Schnittstellen (z. B. dem von Seagate 1980 definierten Standard ST-506) erfolgte mit ESDI ein schnellerer Datentransfer von und zu der Festplatte, da diese eine Reihe von Aufgaben übernahm, die vordem durch den PC im Zusammenarbeit mit dem →Festplatten-Controller erledigt werden mussten. Mit ESDI war ein →Datendurchsatz von bis zu 3 →MByte pro Sekunde möglich.

Ethernet

Ethernet, eine Technologie lokaler →Netzwerke, wurde bereits 1973 im **P**alo **A**lto **R**esearch **C**enter (→PARC) der Firma →Xerox entwickelt und 1980 als Produkt von →DEC, →Intel und Xerox vorgestellt. Basis für Ethernet ist das Netzwerkprotokoll CSMA/CD zur Behandlung von →Kollisionen. Bekannt sind die – z. T. nicht kompatiblen Varianten – Ethernet 1.0 (inzwischen kaum noch eingesetzt), Ethernet 2.0 sowie der darauf aufbauende Standard IEEE 802.3. Ethernet wird inzwischen neben dem bekannten gelben Kabel (Thick-Ethernet, da ein dickes →Koaxialkabel mit 50 Ohm Impedanz verwendet wird) auch mit anderen Koaxialkabeln (Thin-Ethernet), Glasfaserkabeln u. a. betrieben. Ethernet erlaubt in den Versionen 2.0 und gemäß IEEE 802.3 eine Übertragungsrate von bis zu 10 →MBit pro Sekunde.

Ethernetkarte

Ethernetkarte ist die Bezeichnung für eine →Steckkarte, die den Anschluss an ein Ethernet-Netzwerk (siehe →Ethernet) ermöglicht.

EULA (End User Licence Agreement)

EULA ist die englische Abk. f. „Endbenutzer Lizenzvereinbarung". Dies ist die von vielen Softwarefirmen verwendete Bezeichnung für den Nutzungsvertrag, den ein Anwender abschließen bzw. akzeptieren muss, wenn der das gekaufte Programm einsetzen möchte. Oftmals wird die EULA zu Beginn einer Installation angezeigt oder liegt der Programmdokumentation bei. Sie braucht normalerweise nicht wie ein normaler Vertrag unterschrieben bzw. bestätigt zu werden, sondern sie gilt automatisch, wenn der Anwender das Programm einsetzt.

Euro-AV

Andere Bezeichnung für die SCART-Steckverbindung, wie sie bei neueren Videos und Fernsehgeräten zur direkten Übertragung von Audio- und Videodaten verwendet wird. Weitere Informationen und Abbildung siehe →SCART.

Euro-File-Transfer (EFT)

Übertragung von Daten zwischen zwei PCs via ISDN nach dem Euro-File-Transfer-Protokoll. Die Daten werden digital mit 64 KBit/s pro Kanal übermittelt und auf dem entfernten PC gespeichert. Je nach Software können auch auf dem entfernten Rechner Dateien zur Abholung bereitgestellt werden. Das Protokoll erlaubt eine Datenkompression nach →V42bis sowie Kanalbündelung, sodass maximal bis zu 300 KBit/s übertragen werden können.

Euro-ISDN

Ein Unterscheidungsmerkmal unterschiedlicher ISDN-Anschlüsse (siehe →ISDN) ist das im D-Kanal eingesetzte Protokoll (→D-Kanal/-Protokoll). Gegenwärtig wird das nationale ISDN, das auf dem D-Kanal-Protokoll 1TR6 der Telekom basiert, durch das Euro-ISDN abgelöst, das das europäische Protokoll E-DSS1 benutzt. Darüber hinaus verfügt Euro-ISDN über eine Reihe zusätzlicher Funktionen wie z. B. den →Euro-File-Transfer.

Ein augenscheinlicher Unterschied zwischen nationalem und Euro-ISDN sind die Rufnummern. Beim nationalen ISDN sind jedem →ISDN-Basisanschluss bereits zehn Endgeräte-Auswahlziffern (EAZ) als letzte Ziffern der Rufnummer zugeordnet, mit denen die Zuordnung einzelner Geräte zu den Diensten erfolgen kann. Im Euro-ISDN übernemen diese Rolle die Mehrfach-Rufnummern (MSN). Jedem Basisanschluss sind eine oder drei Rufnummern zugeordnet, die bei Bedarf – gegen monatliche Gebühr – auf bis zu zehn beliebige MSNs erweitert werden können.

Eine Mehrfachbelegung der EAZ oder MSN ist in beiden Fällen durch die Auswertung der im D-Kanal übertragenen →Dienstekennung möglich.

EuroNet

EuroNet ist der Name des privaten Datennetzes in der EU zur Nutzung der →Datenbanken von →DIANE. Die Bezeichnung EuroNet steht für **Euro**pean **Net**work.

Europe Online (EO)

Europe Online (abgekürzt auch EO genannt) war Anfang 1996 angetreten, neben AOL und CompuServe einer der ganz großen →Online-Dienste in Europa zu werden. Am Aufbau wollten sich ursprünglich viele Firmen wie die deutsche Burda Holding, der US-Telefonkonzern AT&T, der englischen Pearson- und der französischen Matra-Hachette-Verlag beteiligen. Nachdem schon zu Beginn der Planungen einige Firmen (wie der Pearson-Verlag) sich wieder zurückzogen und der Internetboom einsetzte, ging der Dienst letztendlich als voll ins Internet integriertes Angebot Anfang 1996 von Luxemburg aus in Betrieb (Stichwort Content-Provider). Für den Zugang wurde ein Paket aus Interneteinwahl-Software (Trumpet Winsock) und →Netscape Navigator als →Webbrowser angeboten.

Die Grundgebühr war mit etwas unter 10 DM bei zwei Freistunden relativ niedrig, die angebotenen Inhalte vielseitig und dreisprachig (Deutsch, Englisch, Französisch). Viele Inhalte von EO waren auch für Nicht-Mitglieder über das Internet (Adresse ***www.europeonline.com***) erreichbar; die meisten Bereiche waren allerdings den zahlenden Kunden vorbehalten. Diese konnten sich in Deutschland auch über Datex-P nahezu flächendeckend ins Internet einwählen (allerdings mit relativ niedriger Geschwindigkeit).

Leider war dem Internetinformations-Anbieter kein großer Erfolg beschieden. Nachdem sich im Sommer 1996 plötzlich der Hauptgeldgeber, die Burda-Holding, zurückzog, musste Europe Online Konkurs anmelden. Die Ursachen für den geringen Erfolg von EO dürften vielschichtig sein; Gründe lagen sicherlich in der starken Konkurrenz der Mitbewerber (v. a. →AOL) und den ungünstigen Einwahl-Bedingungen über Datex-P.

Im Herbst 1996 wurde allerdings bekanntgegeben, dass der Name Europe Online doch nicht sterben wird. Der ehemalige Provider hat sich zu einem Verein umgewandelt, der sich nun durch eine Mischung von Information und Werbung sowie die kostenpflichtige Internetpräsentation von Firmen finanziert. Unter ***www.europeonline.com*** kann man das vielseitige, mehrsprachige Angebot von Europe Online weiterhin erreichen. Von den deutschen Seiten aus hat man z. B. direkten Zugriff auf die wichtigsten deutschen Tageszeitungen im Internet, Nachrichten, Wettervorhersagen, Kultur und Ähnliches.

Tipp: Derzeit (Stand 10.99) ist Europe Online als ungewöhnlicher Zugangsprovider zum Internet besonders interessant. Ähnlich wie →skyDSL kann man per Satellit Internetinhalte mit erhöhter Geschwindigkeit downloaden (meist 30-400 KByte/s). Der Dienst nennt sich „Internet via the Sky" und kostet 15 Euro im Monat (ca. 30 DM). Alles, was man dazu braucht, ist eine spezielle, digital taugliche Receiver-Karte oder eine digitale →Set-top-Box und natürlich eine ebenfalls digital taugliche Satellitenschüssel. Besonders interessant ist in dem Zusammenhang aber, dass die digitale WinTV-Fernsehkarte (DVB-Karte, siehe →Digitales Fernsehen und →Fernsehkarte) der Firma Hauppauge (*www.hauppauge.de*) dafür verwendet werden kann. Sie kann gleichermaßen zum Empfang von digitalem Fernsehen und dem Europe-Online-Internetdienst verwendet werden. Beachten Sie aber bitte, dass Sie wie bei skyDSL parallel immer noch eine normale Telefonleitung zum Uploading bzw. zur Anwahl der Seiten brauchen. Weitere Informationen finden Sie unter: *www.europeonline.com/iits/start.htm*.

EurOSInet (European OSI-net)

EurOSInet bezeichnet einen Zusammenschluss europäischer Hersteller und Anwender zur Förderung der durch das OSI-Komitee (siehe →OSI) erarbeiteten Standards →offener Systeme.

Even parity [gerade Parität]

Bei der →Datenübertragung z. B. über eine →serielle Schnittstelle oder der Speicherung von →Daten kann als eine einfache Methode der →Fehlererkennung eine →Paritätskontrolle eingesetzt werden. Dabei werden an die sieben oder acht Datenbits eines →Bytes so genannte →Paritätsbits angefügt. Werden diese Paritätsbits so gesetzt, dass die Summe der Bits in jedem

→Datenblock eine gerade Zahl ergibt, so bezeichnet man dies als even parity [**gerade Parität**] (siehe auch →odd parity, →no parity).

Excel [übertreffen, hervortun]

Excel ist der Name des bekannten Tabellenkalkulationsprogramms der Firma →Microsoft, daher oft auch als MS-Excel bezeichnet. Es kann einzeln gekauft werden, wird aber überwiegend als Bestandteil des →Microsoft Office vertrieben. Excel wurde 1985 erstmals für den →Macintosh und 1994 dann auch als Windows-Programm (für →Windows 3.x) angeboten. Es hat sich mittlerweile zum erfolgreichsten Tabellenkalkulations-Programm überhaupt entwickelt und zeichnet sich durch einen großen Funktionsumfang wie auch eine einfache Bedienung aus. Die Hauptkonkurrenzprogramme sind →Lotus 1-2-3 und Quattro Pro (→WordPerfect Suite), die Excel technisch mittlerweile nicht mehr unterlegen sind. Dennoch ist Excel mittlerweile eine Art Standard geworden.

Excel bietet umfangreiche Funktionen zum tabellarischen Bearbeiten von Texten und Zahlen an. Nahezu sämtliche denkbaren mathematischen Funktionen werden unterstützt, um Berechnungen aller Art (kaufmännisch, wissenschaftlich etc.) durchführen zu können. Die Daten können anschließend über ein sehr gutes Diagramm-Modul grafisch dargestellt werden. Vorhandene Layout-Funktionen unterstützen dabei auch eine optisch ansprechende Gestaltung aller Elemente für Ausdrucke und Bildschirm-Präsentationen. Tabellen und Diagramme können außerdem direkt über →DDE oder →OLE in andere Windows-Programme und natürlich insbesondere in die anderen Programme von Microsoft Office (z. B. →Word) übernommen werden. Da Excel auch einfachere →Datenbank-Funktionen besitzt, eignet es sich für kleinere Datenmengen (ca. bis 1.000 Datensätze) auch als Datenbank-Ersatz.

Seit der Version Excel 97, aber insbesondere bei Excel 2000, wurde neben einer Modernisierung der Oberfläche v. a. auf eine verbesserte Assistenten- und Internetunterstützung geachtet. Großartige Erweiterungen im eigentlichen Funktionsumfang wurden nicht durchgeführt, weil Excel wie auch seine Konkurrenzprodukte quasi das Maximum an Funktionalität längst erreicht habt. Zukünftige Weiterentwicklungen werden sich daher mehr auf die Ebene der einfacheren bzw. effizienteren Benutzung konzentrieren. Dazu gehören z. B. Spracherkennung und noch intelligentere Assistenten.

Exchange [Austausch]

Exchange ist der mit den ersten Versionen von Windows 95 ausgelieferte **E-Mail- und Fax-Client** von →Microsoft. Das Programm dient als Kommunikationszentrale für verschiedene E-Mail-Dienste (→E-Mail für →Internet, →CompuServe, →Netzwerk) und eben auch für die Fax-Funktion von Windows 95. Exchange kann über das Symbol *Posteingang* auf dem Desktop aufgerufen werden und stellt zahlreiche, komfortable Funktionen zum Erstellen, Abschicken, Empfangen und Verwalten von E-Mails und Faxen zur Verfügung. Zusätzlich bieten einige Fremdanbieter (z. B. RVS-COM) Kommunikationsprogramme an, die sich über die →MAPI-Programmierschnittstelle in Exchange einklinken und dieses so um weitere Funktionen wie z. B. ›Euro-File-Transfer oder →Anrufbeantworter im →ISDN erweitern. Auf der

Windows 95-CD liegt außerdem ein Programm vor, mit dessen Hilfe man ü-
ber Exchange →CompuServe-E-Mails abschicken und empfangen kann
(**CISMail**). Diese Version ist jedoch veraltet, bei CompuServe kann man sich
die letzte Version 1.1 herunterladen (Kennwort „**go cismail**"). Das Modul unterstützt allerdings nur den alten, proprietären E-Mail-Standard von CompuServe, nicht die neue Internet-Mail-Funktion (siehe auch →CompuServe).

Verwirrend ist, dass die Bezeichnung Exchange mittlerweile von Microsoft
für ein E-Mailserver-Programm unter →**Windows NT** verwendet wird, den
Exchange-Server. Dieser Exchange-Server besitzt gegenüber dem ursprünglichen Exchange-Client von Windows 95 stark erweiterte Funktionen und
dient zum Aufbau eines professionellen Mailservers unter Windows NT. Das
recht teure Programmpaket wird gleichzeitig mit speziell angepassten Ex-
change-Clients für DOS, Windows 3.x, Windows 95 und Windows NT ausgeliefert, die sich allerdings in Aussehen und Funktionalität am ursprünglichen Exchange von Windows 95 orientieren.

Aufgrund der neuen Namensverwendung wurde der ursprüngliche Exchange-Client von Windows mittlerweile auf **Windows Messaging** umbenannt, was bei Windows NT 4.0 und den neueren Windows 95-Versionen
(OSR 2.5) schon der Fall ist (bei Windows 98 dann sowieso). Windows Messaging wird auch nur noch zur Kompatibilität mit alten Microsoft LAN-Netz-
werk-Mail-Funktionen mitgeliefert. Der neue Standard-E-Mail-Client von
Microsoft für Internet-Mail ist dagegen →**Outlook Express**, das ja mit dem
Internet Explorer 4.x ausgeliefert wird. Da Microsoft für die Fax-Funktionen
von Windows 98 außerdem ein Modul des bekannten WinFax von Delrina/
→Symantec eingekauft hat, ist klar, dass der Exchange- bzw. Windows Mes-
saging-Client im Prinzip tot ist. Eine Einarbeitung in das Programm bzw. weitere Nutzung ist also nicht sehr ratsam.

Erschwerend bzw. weiter verwirrend kommt hinzu, dass mit dem Microsoft
Office 97 auch eine stark erweiterte Version von Exchange eingeführt wurde, nämlich →**Outlook**. Dieses Programm ergänzt die Exchange-Funktionali-
tät um Termin-Planer, Adressbuch und Notizblock-Funktionen. Die Namensgleichheit zu Outlook Express ist beabsichtigt, stellt Outlook doch so
was wie die Luxus-Ausführung der Programme dar. Wer E-Mails allein über
Internetprotokolle abwickelt, sollte dafür in Zukunft Outlook Express verwenden. Wer zusätzlich Fax-, LAN-Mail und Terminalplaner-Funktion in einem Programm haben will, sollte zu Outlook greifen.

Exe (Executable)

Die →Erweiterung *exe* (englische Abk. f. ausführbar) kennzeichnet eine Datei als ausführbares Programm. Unter →MS-DOS existieren zwei Formen
von ausführbaren Programmen, die durch den Kommando-Interpreter
→*Command.com* bei Eingabe ihres Namens geladen und gestartet werden:
exe-Programme und *com*-Programme. Während *com*-Programme auf eine
Größe von 64 KByte begrenzt sind und sich alle Adressangaben auf die
Startadresse beziehen, können *exe*-Dateien größer sein. Bei *exe*-Programm-
men handelt es sich um Routinen, die im Speicher verschiebbar sind. Alle absoluten Adressen innerhalb des Programms müssen vor dem Start durch
DOS auf die Startadresse des Programmsegments umgerechnet werden.

Exit [Ausgang]

Exit ist ein unter →DOS gängiger Befehl zum Beenden von Anwendungsprogrammen, während unter Windows eine aufgerufene DOS-Sitzung durch die Eingabe des Befehls EXIT beendet wird.

Expansion box [Erweiterungsbox]

Eine Expansion box dient der Aufnahme von Hardwareerweiterungen, die an ein →Notebook angeschlossen werden sollen, aber im Notebook selbst aus Platzgründen nicht eingebaut werden können (siehe →Docking-Station).

Expansion port [Erweiterungssteckplatz]

Die Steckverbinder des PC-Busses (siehe →Bus) zur Funktionenerweiterung des Computers werden im Englischen auch expansion port (Erweiterungssteckplatz) genannt.

Expertensystem

Expertensysteme sind Programme, die mit den Mitteln der →künstlichen Intelligenz arbeiten. Zunächst wird eine ständig erweiterbare Wissensdatenbank in Form von Wenn-Dann-Aussagen eingegeben. Dann kann das Expertensystem mit Hilfe eines Schlussfolgerungssystems (Interferenzmaschine) Entscheidungen bezüglich eines bestimmten Fachgebiets treffen. Expertensysteme werden z. B. bei der medizinischen Diagnose eingesetzt. Das momentan wohl ehrgeizigste Projekt auf dem Gebiet der Expertensysteme ist Cyc (Abk. f. **CYC**lopaedia), das seit 1984 in Austin, Texas, entwickelt wird. Bisher umfasst die →Datenbank mehr als ein →GByte. Cyc weist den Wissensstand eines 14-jährigen Kinds auf.

Expire-Ware [„verfallende Software"]

Englisches Kunstwort aus **Expire** = verfallen und **Ware** = Erzeugnis. Bezeichnung für →Software, die nur für einen bestimmten Zeitraum nutzungsfähig ist. Es handelt sich zumeist um Demoprogramme, die der Anwender vor dem Kauf der funktionsfähigen Vollversion testen kann. Die meisten Expire-Ware-Programme sind für einen Zeitraum von 30 Tagen voll nutzbar, anschließend aktiviert sich eine Programmroutine (auch scherzhaft Time bomb genannt), die das Programm deaktiviert. In vielen Fällen kann das Programm weiterverwendet werden, wenn vom Anwender das Systemdatum des PCs im →BIOS zurückgestellt wird.

Explorer [Forscher]

Der Explorer ist ein Programm von Windows 95/98, das als Nachfolger des ehemaligen Datei-Managers von Windows 3.x angesehen werden kann. Der Explorer dient der Verwaltung von Dateien und Verzeichnissen auf dem eigenen System. Eine Erweiterung des Explorer um Interneteigenschaften ist der →Internet Explorer.

Um den Explorer aufzurufen, gibt es mehrere Wege: Zum einen findet sich im *Programme*-Menü von Windows 95/98 eine →Verknüpfung auf das Programm. Zum Zweiten befindet sich der Befehl *Explorer* im Kontextmenü des *Arbeitsplatzes* auf dem →Desktop von Windows 95/98, das man mit der rechten Maustaste aktivieren kann. Zum Dritten kann man den Befehl *Ex-*

plorer im Befehl *Ausführen* des *Start*-Menüs von Windows eingeben. Wer eine Tastatur mit Windows 95-Tasten verwendet, kann auch die „Win"-Taste in Kombination mit dem Buchstaben „E" zum Aufrufen drücken.

Das Programm hat ein zweigeteiltes Arbeitsfenster: Im linken Bereich wird die Laufwerk-, Verzeichnis- und evtl. Netzwerkstruktur des Systems angezeigt. Im rechten Teil dagegen stehen die Dateien und Verzeichnisse, die eine Ebene unterhalb der im linken Teil angewählten Bereiche liegen. Eine Teilung der Fenster ist nicht möglich. Wer z. B. beim Kopieren mit mehreren Verzeichnissen gleichzeitig arbeiten will, muss einen weiteren Explorer aufrufen.

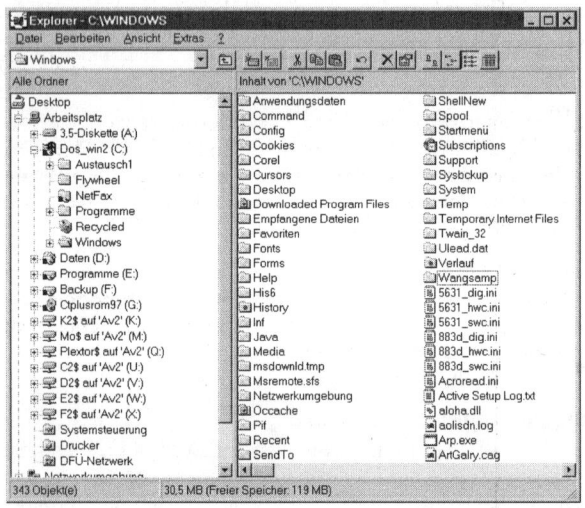

Der Explorer ist nicht gerade ein Ausbund an Bequemlichkeit. Alternativen aus dem →Shareware-Bereich sind empfehlenswerter

Extended memory [erweiterter Speicher]

Unter Extended Memory versteht man allgemein den Speicherbereich oberhalb des unter →MS-DOS adressierbaren Bereichs von 1 →MByte, der bei einem →PC mit 286er oder neueren Prozessoren installiert werden kann. Dieser Bereich ist unter DOS nur mit Hilfe von speziellen Treibern erreichbar, wobei das XMS-Protokoll, definiert von →Lotus, →Intel und →Microsoft, einen entsprechenden Standard bereitstellt (siehe →XMS).

Externer Speicher [external memory]

Ein externer Speicher ist ein Datenspeicher, der nicht im PC integriert ist, sondern ein separates Gerät, das mit einem Kabel über eine geeignete →Schnittstelle angeschlossen ist. Externe Speicher sind z. B externe Disketten-, Festplatten- oder CD-ROM-Laufwerke, RAM-Einheiten (siehe →RAM) usw. Als Schnittstelle sind der angeschlossenen Hardware angepasste (so genannte proprietäre) Schnittstellen oder z. B. die →parallele Schnittstelle des PCs oder im wachsenden Maße auch der →SCSI-Bus gebräuchlich.

Extranet

Ein Extranet ist ein →Intranet, auf das geschlossene Benutzergruppen von außen über das Internet zugreifen können. Es handelt sich also um ein internes Firmen-Netzwerk, das auf der WWW-Technik und dem Internetprotokoll basiert (siehe →TCP/IP) und auf das externe Personen per Internet zugreifen können.

Während ein normales Intranet als ein lokal in sich geschlossenes →Internet bezeichnet werden kann, hat das Extranet also eine Schnittstelle zum Internet und kann damit weltweit erreicht werden. Als Schnittstelle zwischen internem Netzwerk (Intranet) und externem Internet muss aber ein Sicherheitsrechner (→Firewall) stehen, der per Authentifizierung regelt, wer Zugang zum Netzwerk hat oder nicht. Die Datensicherheit kann per Verschlüsselung und Passwort-Abfragen ermöglicht werden. Als Einwahlverfahren wird meistens →PPTP verwendet.

Mit einem Extranet kann eine Firma den Informationsaustausch mit Geschäftspartnern, eigenen Mitarbeitern und Kunden kostengünstig und effizient weltweit ausdehnen. Es lassen sich auf diese Weise auch zwei weit entfernte Intranets per Internet verbinden, wenn z. B. die Verwendung lokaler, direkter Datenleitungen zu aufwendig wäre.

EZine (Elektronic magazine)

Die im →Internet oder durch Online-Dienste wie →**CompuServe** oder →**AOL** angebotenen elektronischen Zeitschriften werden auch EZine (englische Abk. f. elektronisches Magazin) genannt.

FAQ (Frequently Asked Questions)

FAQ ist die englische Abk. f. „oft gestellte Fragen", also Zusammenstellungen häufig gestellter Fragen zu gängigen Problemen, die in Netzwerken oder Mailboxen häufig bereitgestellt werden, um unerfahrenen Anwendern eine Hilfe zu bieten. In den FAQs sind Fragen und meist erschöpfende Antworten zu Hardwarekomponenten, Programmen, Methoden usw. zusammengestellt. Oft bieten FAQs in öffentlichen Diskussionsforen auch ein grundlegendes Informationsspektrum an, mit dessen Hilfe der Anwender sich in das diskutierte Thema einlesen kann, ohne langwierige Konversationen per →E-Mail führen zu müssen.

Farbband [typewriter/cloth ribbon]

Ein Farbband ist eine mit Farbe beschichtete bandförmige Kunststoff- oder Textilfolie (cloth ribbon), die als Farbstoffträger für alle Arten von →Anschlagdruckern dient. Farbbänder sind meistens in Kunststoffkassetten eingeschlossen, in denen sie leicht ausgewechselt werden können, wenn die Farbe verbraucht ist.

Farbbandkassette [typewriter cartridge]

Eine Farbbandkassette ist notwendig, um mit Schreibmaschinen, Typenrad- oder Nadeldruckern Farbe auf Druckpapier aufzutragen. Die Farbe wird durch den Anschlag der Nadeln (bei einem →Matrixdrucker) oder Druckertypen (bei einem Typenraddrucker) auf das Papier gebracht. Bei den Farbbändern unterscheidet man Textilbänder, deren Druckqualität mit der Zeit schlechter wird, und Karbonbänder, die mit gleichbleibender Qualität drucken und meist in Typenraddruckern Verwendung finden.

Farbbildschirm [color display]

Ein Farbbildschirm kann im Gegensatz zu Monochrombildschirmen Farben darstellen. Der gängige Farbbildschirm besitzt eine Bildröhre mit drei Quellen für Elektronenstrahlen, die entsprechend phosphoreszierende Leuchtpunkte nach additiver Farbmischung ansteuern. Durch Mischung der drei Grundfarben Rot, Grün, Blau (siehe →RGB) in unterschiedlicher Intensität lassen sich beliebige Zwischenfarben erzeugen. Der Farbbildschirm ist hinsichtlich seiner Leistungsfähigkeit ganz wesentlich von der Ansteuerung durch die Grafikkarte und der internen Elektronik abhängig.

Farbkorrekturen [color correction]

Meist besteht das Ziel, eine Originalvorlage bei der Darstellung auf einem →Farbbildschirm oder in einem farbigen Ausdruck so farbgetreu wie möglich abzubilden. Dazu kann es notwendig sein, Farbkorrekturen vorzunehmen. Diese Notwendigkeit ergibt sich aus den unterschiedlichen Darstellungseigenschaften von Eingabe-, Bearbeitungs- und Ausgabegerät (siehe →Bildbearbeitungsprogramm). Daneben kann aber auch der Wunsch entstehen, das Original zu verändern oder zu verfremden. Dies ist zum Beispiel dann der Fall, wenn die so genannten Referenzfarben hervorgehoben werden sollen. Das sind die Farben, die wir schnell und leicht erkennen und die besonders dann ins Auge fallen, wenn sie nicht stimmen. Bei Porträts sind dies beispielsweise die Farben der Haut, bei Stillleben könnte es das Grün eines Salatblatts oder die Farbe einer Orange sein.

Farb-LCD

Ein Farb-LCD ist ein →Farbbildschirm oder ein Anzeigeelement auf der Basis eines →LCD, das durch drei getrennte LCD-Elemente je →Pixel (für die Grundfarben) eine farbige Darstellung ermöglicht.

Farbmodell [color system]

Farben sind durch Licht ausgelöste visuelle Empfindungen des Menschen: Blau, Rot, Violett, Grün, Schwarz, Weiß usw. sowie deren vielfältige Mischungen. Physikalisch ist die Farbe charakterisiert durch die Lage im Frequenzspektrum und die Zusammensetzung des Lichts.

Zur Beschreibung der visuellen Empfindungen wurde eine Reihe von Farbmodellen entwickelt, die versuchen, die Empfindungen auf einige wenige Grundfarben und deren Mischung zurückzuführen. Bei der so genannten **additiven Farbmischung** werden Farbreize im menschlichen Auge überlagert: Bei Beleuchtung einer ideal weißen Fläche durch verschiedenfarbige Lichtquellen wirken diese Farbreize gleichzeitig auf das Auge; das Gleiche passiert bei der Überlagerung kleiner, eng beieinander liegender farbiger Punkte. Die Grundfarben der additiven Farbmischung sind Rot, Grün und Blau. Die additive Farbmischung liegt z. B. der Darstellung eines Monitors (siehe →Farbbildschirm) zugrunde.

Die **subtraktive Farbmischung** (siehe →CMY-Farbsystem) tritt demgegenüber auf, wenn z. B. weißes Licht nacheinander durch Farbfilter hindurchgeht, die einzelne Bereiche des Spektrums herausfiltern. Die drei Grundfarben sind Blaugrün, Purpur und Gelb, die z. B. durch drei Farbfilter realisiert werden können, die jeweils für zwei Drittel des sichtbaren Spektrums durchlässig sind. Beim Mehrfarbdruck wirkt i. d. R. eine Kombination von additiver und subtraktiver Farbmischung: Die einzelnen Farbpunkte werden teilweise nebeneinander gedruckt und führen zu sich überlagernden Farbreizen im Auge (additive Farbmischung), teilweise werden jedoch auch Farbpunkte übereinander gedruckt (subtraktive Farbmischung).

Farbpalette [color palette]

In der EDV wird mit Farbpalette die Auswahl von bestimmten Farben aus einer umfassenden Menge von Farbtönen bezeichnet, mit denen ein Bild ausgedruckt oder am Bildschirm dargestellt wird. Durch den Wechsel der Farbpalette, eine Auswechslung aller vorkommenden Farben, lässt sich ein Bild mit einem Schritt komplett umfärben. So wird z. B. unter →Windows meistens im so genannten 8-Bit-Farbmodus gearbeitet, bei dem 256 ausgewählte Farben gleichzeitig dargestellt und für die Arbeitsoberfläche verwendet werden können. Diese Auswahl ist in der Standardfarbpalette definiert und kann in der Systemsteuerung geändert werden. Ein →Bitmap bringt jedes Mal seine eigene Farbpalette mit, die jeweils im Anfangsteil der Datei definiert ist, die aber auch durch geeignete Bildbearbeitungsprogramme verändert werden kann.

Farbreduktion [color reduction]

Unter Farbreduktion oder Reduktion der →Farbtiefe versteht man die Reduzierung der Informationen eines Bilds, die für die Darstellung der drei Grundfarben zur Verfügung stehen. Dies kann für die Speicherung, die Verarbeitung, die Anzeige oder die Ausgabe eines Bilds erforderlich oder vorteilhaft sein. Für ein Bild mit einer →Farbtiefe von 24 Bit müssen z. B. bis zu 16,7 Millionen Farbnuancen zur Darstellung zur Verfügung stehen. Derartige Bilderdateien sind jedoch sehr groß und können zudem auf manchen gängigen Computern, die nur über eine 8-Bit-Farbdarstellung (256 Farben) verfügen, nicht angezeigt werden. Um beide Probleme zu umgehen, kann man mit einem entsprechenden Programm zur Bildbearbeitung (siehe auch →Bildbearbeitungsprogramm) eine Reduktion der Farbtiefe von 24 Bit auf 8 Bit durchführen. Dazu stellen diese Programme eine →Farbpalette der im Originalbild am häufigsten verwendeten Farben zusammen.

Farbscanner [color scanner]

Ein Farbscanner ist ein →Scanner, der nicht nur Helligkeitsunterschiede, sondern auch Farben erkennen kann. Auch diese Scanner gibt es in verschiedenen Bauformen, wobei im PC-Bereich Hand- und Flachbettscanner relevant sind. Zur Unterscheidung der Farben in einer Vorlage müssen Farbscanner diese in drei separaten Kanälen einscannen, die den drei Grundfarben – Rot, Grün und Blau – der additiven Farbmischung entsprechen. Ältere Farbscanner – so genannte **Triple-Pass-Scanner** (Drei-Durchgang-Scanner) – bilden die Grundfarben durch dreimaliges Scannen mit jeweils im Strahlengang eingefügten Farbfiltern. Moderne Farbscanner tasten Bilder in einem Arbeitsgang ab.

Es gibt verschiedene Möglichkeiten, die Erfassung der drei Farbkanäle in einem derartigen **Single-Pass-Scanner** (Ein-Durchgang-Scanner) zu realisieren, die sich durch charakteristische Vor- und Nachteile unterscheiden:

– eine Empfängerleiste und drei stroboskopisch aufleuchtende Farblichtquellen (Xenon-Lampen oder LED-Elemente mit Filtern)

– drei parallele Empfängerleisten auf einem Chip mit vorgeschalteten integrierten Filtern

– drei parallele Empfängerleisten auf einem Chip und Farbzerlegung durch ein Prisma

Farbtemperatur [color temperature]

Die Farbtemperatur ist eine Größe, um Leuchtquellen wie Lampen oder Monitore nach ihrer Lichtqualität bzw. den Farbeigenschaften zu klassifizieren. Dabei wird das durchschnittliche Wellenlängenspektrum des ausgestrahlten Lichts in Bezug zur Oberflächentemperatur eines erhitzten Körpers gesetzt. Ab einer bestimmten Temperatur beginnen die meisten Substanzen ja zu glühen und Licht auszusenden. Je höher die Temperatur, desto heller und kurzwelliger ist das ausgestrahlte Licht. Bei niedriger Temperatur (ca. 1.500 Kelvin) wird im langwelligen, roten Bereich ausgestrahlt, bei hohen Temperaturen im kurzwelligen, blauen Bereich (10.000 Kelvin). Zwischen dem blauen und roten Bereich wird jedoch weißes Licht ausgestrahlt. Die Temperatur wird in Kelvin (K) angegeben, wobei Null Kelvin dem absoluten Gefrierpunkt (-273,15 °C) entspricht.

Farbtemperaturen werden v. a. bei Monitoren und bestimmten Lampen (Leuchtstoff, Halogen u. a.) verwendet. Rötlich gelbes Licht entspricht etwa 3.000 K, weißes Tageslicht ca. 6.500 K und ein blauer Himmel ca. 10.000 K. Hochwertige Monitore bieten normalerweise die Möglichkeit, die Farbtemperatur fließend oder in Stufen anzupassen. Hohe Kelvin-Werte erhöhen dabei z. B. den Kontrast bei der Textverarbeitung. Niedrigere Kelvin-Werte wirken dagegen entspannender auf die Augen bei allen übrigen Arbeiten. Die Anpassung der Farbtemperatur ist aber v. a. für Grafiker wichtig, die sehr farbgenaue Arbeiten erstellen müssen.

Farbtiefe [color depth]

Die Farbtiefe einer →Grafikkarte bzw. eines →Monitors gibt an, wie viele Farben auf dem Bildschirm dargestellt werden können. Sie ist abhängig von der gewählten →Auflösung und dem verfügbaren Speicherplatz auf der Grafikkarte (siehe Tabelle). Die Farbtiefe eines →Scanners gibt in analoger Weise an, wie viele Farben je →Pixel durch ihn aufgenommen werden können (siehe →Abtasttiefe). Für die Farbtiefe wird entweder die Anzahl der verfügbaren Farben oder der pro →Pixel verwendeten Bits angegeben (z. B.: 1 Bit pro Pixel entspricht 2 Farben, 8 Bit pro Pixel entsprechen 256 Farben und 24

Bit entsprechen 16.777.216 Farben). Die nachfolgende Tabelle gibt den auf einer Grafikkarte mindestens notwendigen Grafikspeicher an, um bei einer bestimmten Auflösung mit der angegebenen Farbtiefe arbeiten zu können. Als Faustregel kann gelten, dass 4 MByte Grafikspeicher für TrueColor (16,7 Millionen Farben) bei 1024 x 768 Punkten Auflösung reichen, 2 MByte dagegen nur bei 800 x 600 Punkten. Über 1024 x 768 Punkten muss man 8-MByte-Karten kaufen, da Zwischengrößen meistens nicht erhältlich sind. Die Werte in der Tabelle müssen in der Praxis noch um ein gutes Stück nach oben korrigiert werden, weil die Grafikkarte ja noch zusätzlichen Speicher für weitere Funktionen braucht.

Mindestens benötiger Grafikspeicher für die angegebene Farbtiefe und Auflösung					
Farbtiefen	640 x 480	800 x 600	1024 x 768	1280 x 1024	1600 x 1200
16 Farben, 4 Bit	150 KByte	240 KByte	390 KByte	650 KByte	960 KByte
256 Farben, 8 Bit	300 KByte	480 KByte	780 KByte	1,3 MByte	1,9 MByte
65536 Farben, 16 Bit	600 KByte	960 KByte	1,5 MByte	2,6 MByte	3,8 MByte
16,7 Mio. Farben, 24 Bit	900 KByte	1,4 MByte	2,3 MByte	3,9 MByte	5,7 MByte
4,29 Bio. Farben, 32 Bit	1,2 MByte	1,9 MByte	3,1 MByte	5,2 MByte	7,6 MByte

FAT (File Allocation Table)

Die FAT (englische Abk. f. **Dateizuordnungstabelle**) ist ein typisches Kennzeichen des Dateiverwaltungssystems von →MS-DOS, das daher auch FAT-System genannt wird. Die FAT stellt eine Art Inhaltsverzeichnis von Disketten und Festplatten dar: Für jeden →**Cluster** auf dem →**Datenträger** existiert ein Eintrag in der FAT. Alle freien, reservierten oder gesperrten Cluster werden durch einen speziellen Code im korrespondierenden Eintrag gekennzeichnet.

Alle anderen Einträge in der FAT stellen die verketteten Verweise auf Cluster mit Teilen von Dateien dar. Ein Dateieintrag verweist zunächst auf den ersten Cluster; darin wird auf den nächstfolgenden verwiesen, bis durch einen speziellen Code das Ende der Datei angezeigt wird.

DOS versucht beim Schreiben einer Datei, beieinander liegende Cluster zu belegen. Klappt das aus Platzmangel nicht, können die belegten Cluster quer über den Datenträger verstreut liegen. Dieser Effekt, die so genannte →**Fragmentierung,** ist einer der Hauptnachteile des FAT-Dateisystems.

Ein anderer Nachteil ist, dass Beschädigungen der FAT zum totalen Verlust aller Daten auf dem Datenträger führen können. Daher legt DOS aus Sicherheitsgründen die FAT in zwei Kopien am Anfang jedes Datenträgers ab. Mit Hilfe spezieller Programme wie z. B. den Norton Utilities können Beschädigungen der FAT häufig wieder repariert werden.

Ein weiteres Kennzeichen des FAT-Dateisystems ist die so genannte Undelete-Möglichkeit: Wird eine Datei unter DOS gelöscht, wird sie nicht physisch überschrieben, sondern es werden lediglich ihr Dateieintrag als gelöscht (durch Überschreiben des ersten Zeichens des Namens) und die durch sie belegten Cluster in der FAT als frei gekennzeichnet. Solange diese anschließend noch nicht neu beschrieben werden, kann die Löschung der Datei mit bestimmten Hilfsprogrammen wieder aufgehoben werden (siehe →Undelete).

FAT32

FAT32 ist ein relativ neues Dateizuordnungssystem, das im Herbst 1996 mit einer überarbeiteten Version von Windows 95, dem so genannten Windows 95b oder auch OEM-Service Pack 2 = OSR2 genannt, eingeführt wurde. Es ist der Nachfolger des mittlerweile veralteten FAT bzw. FAT16-Dateisystems (siehe auch →FAT und →Partition). Offiziell wird FAT32 von Microsoft jedoch nur ab dieser Windows 95b-Version, Windows 98 und →Windows 2000 unterstützt. Wer andere Betriebssysteme benutzt, kann entweder auf FAT32-Laufwerke nicht zugreifen oder braucht spezielle Treiber, die von Drittherstellern angeboten werden müssen. Für die beiden wichtigen Alternativ-Betriebssysteme, →Linux und Windows NT 4.0, gibt es jedoch solche Treiber, die je nach Ausführung nur den Lese-, manchmal auch Schreibzugriff auf FAT32-Partitionen ermöglichen (siehe →Windows NT). Für Kompatibilität und Sicherheit solcher Treiber will natürlich niemand garantieren.

FAT32 ermöglicht es, unter Windows 95 Festplatten-Partitionen mit **mehr als 2 GByte** zu verwalten (bis 2 Terabyte). Gleichzeitig wird gegenüber FAT16 die Cluster-Größe (→Cluster) deutlich verringert, was bewirkt, dass der Platz auf der Festplatte besser ausgenutzt wird. Leider besteht bei Windows 95b (wohl aber bei Windows 98) keine direkte Update-Möglichkeit vom alten 16-Bit-FAT-System. Wer auf FAT32 umsteigen will, muss seine Festplatte komplett mit dem mitgelieferten, neuen FDISK partitionieren und anschließend mit FAT32 formatieren. Dabei gehen alle vorhandenen Daten dieser Partition verloren. Bei Windows 98 wird ein Programm mitgeliefert, das ohne Datenverluste bzw. Neuformatierung FAT16- in FAT32-Laufwerke umwandeln kann, aber nicht umgekehrt. Eine wesentlich bequemere und in beiden Richtungen funktionierende Alternative ist der Einsatz des Programms **Partition Magic** von →PowerQuest (siehe auch zweiten, unteren Tipp-Kasten und →Partition).

> **Tipp:** Über den DOS-Befehl *format* von Windows 95b kann die Cluster-Größe der FAT32-Partition beim Erstellen festgelegt werden. Dazu dient der →Schalter **/z:n**, wobei *n* immer das ganzzahlige Vielfache von 512 Byte ist. Um also eine Cluster-Größe von empfehlenswerten 8 KByte einzustellen, müssten Sie Ihre Partitionen mit dem Befehl **format /z:16** formatieren.

FAT32 hat aber auch **Nachteile**: Zum Beispiel beim Einsatz von FAT32 auf manchen älteren Notebooks kann es zu Problemen kommen. Beim Hochfahren der Festplatte aus dem Stromsparmodus kommt es unter Umständen zu Verzögerungen, die im schlimmsten Fall zu Datenverlusten führen können. Nachteilig an FAT32 ist auch seine etwas geringere Geschwindigkeit; die kleinere Cluster-Größe bedeutet auch einen höheren Verwaltungsaufwand. Abhilfe kann eine Heraufsetzung der Cluster-Größe schaffen (mit Format oder Partition Magic). Bei modernen, schnellen Festplatten sind die Unterschiede aber kaum signifikant. Problematischer an FAT32 kann es da schon sein, dass einige ältere, speziell für FAT16 entwickelte →Gerätetreiber und Softwareprogramme (z. B. Festplatten-Tools) nicht mehr verwendet werden dürfen. Probleme kann es z. B. mit →Framegrabber-Karten zum Einfangen von Videos geben. Jedoch sollten alle Hersteller mittlerweile ihre Treiber überarbeitet haben und ein entsprechendes Update anbieten. Wer einen SCSI-Controller verwendet, sollte außerdem sichergehen, dass dieser die →Int13-Extension unterstützt. Ansonsten kann der Controller evtl. nicht von FAT32-Festplatten booten.

> **Tipp:** Das Programm Partition Magic von PowerQuest erlaubt nicht nur das Verwalten, Vergrößern, Verschieben und Löschen von Partitionen, sondern auch das Konvertieren von FAT16 auf FAT32 und zurück. Und das alles ohne Datenverlust. Das ist echte Programmierer-Magie! Siehe auch →Partition. Während bei Partition Magic Version 3 die Konvertierung noch durch eine Änderung der Cluster-Größe zugewiesen wurde, besitzt Partition Magic 4 speziell für diese Konvertierung einen eigenen Menüpunkt bzw. ermögicht es, direkt beim Erstellen einer neuen Partition zwischen FAT16 und FAT32 bequemer zu wählen. Außerdem gibt es das Programm jetzt auch in einer echten 32-Bit-Windows-Version (neben der DOS-Version).

Fax [facsimile, fax, telefax]

Fax ist die umgangssprachliche Abkürzung für das lateinische Wort facsimile (ähnlich machen) und wird auch **Telefax** oder Fernkopie genannt. Der Begriff Fax wird für die elektronisch über eine Telefonleitung verschickte grafische Kopie eines Briefs verwendet, manchmal aber auch für die dazu eingesetzten Geräte (Faxkarte, Faxgerät). Beim Faxen wird eine Vorlage Punkt für Punkt als Bild erfasst und das Signal anschließend mit Hilfe eines →Modems über die Telefonleitung an den Empfänger verschickt. Das Empfangsgerät kann aus dem Signal ein Abbild des Originals erstellen.

Externe Faxgeräte sind meist Kombigeräte, die im Wesentlichen aus einem →Scanner zur Abtastung des Originals, einem Modem zum Verschicken der Kopie und einem →Drucker zur Ausgabe von empfangenen Faxen bestehen. Dagegen kann das Faxen mit dem PC mit Hilfe von Faxkarten oder Faxmodems papierlos erfolgen, da hier die Umwandlung der Originalseite in das grafische Faxabbild von einem speziellen →Druckertreiber übernommen wird, der das Faxmodem direkt ansteuert.

Beim Faxen werden vier Gruppen der Übertragung unterschieden, von denen die veralteten Standards der Gruppe 1 und 2 keine Bedeutung mehr haben. Die Gruppe 3 definiert den Versand über das analoge Telefonnetz mit einer Auflösung von 200 x 100 oder 200 x 200 →dpi. Bei der Gruppe 4 verwendet man die digitale Übertragung über ISDN, bei der eine Auflösung von 400 x 400 dpi möglich ist.

Fax-Gruppen [fax groups]

Die verschiedenen für Telefaxe existierenden Übertragungsnormen bzw. Gerätetypen werden als Fax-Gruppen bezeichnet. Am bekanntesten dürfte die Fax-Gruppe 3 sein, da diese für die herkömmlichen, analogen Faxgeräte gilt. Die Fax-Gruppe 4 definiert dagegen die Übertragungsnorm für ISDN-

Telefaxgeräte. Die Spezifikationen der einzelnen Faxgruppen in der Übersicht:

- **Fax-Gruppe 1 und 2**: veraltete Verfahren, die nicht mehr verwendet werden.
- **Fax-Gruppe 3 (G3)**: Seit 1980, analoges Telefax mit maximal 14.400 Bit/s, kompatibel mit herkömmlichen Faxgeräten, aber auch Faxmodems. Auflösung 200 x 100 oder 200 x 200 dpi mit maximal 64 Graustufen. Die Übertragung einer DIN-A4-Seite braucht durchschnittlich etwa eine Minute.
- **Fax-Gruppe 4 (G4)**: Digitales ISDN-Telefax mit 64.000 Bit/s (→ISDN). Auflösung 400 x 400 dpi mit 64 Graustufen; die Übertragung einer DIN-A4-Seite dauert ca. 10-20 Sekunden. Um Faxe nach G4 zu übertragen, müssen auf beiden Seiten G4-kompatible Geräte am ISDN-Netz angeschlossen sein. Da G4-Faxgeräte sehr teuer sind, konnten sie sich bisher kaum verbreiten. Allerdings wird der G4-Standard zunehmend am PC von entsprechender Software für die Faxübertragung per ISDN-Karte verwendet.

Fax-Klassen [fax classes]

Damit Faxmodems der Gruppe 3, die also von einem PC aus gesteuert werden, reibungslos Daten austauschen können, wurden vom Normungsgremium →CCITT bzw. jetzt →ITU die notwendigen Befehlssätze zu den so genannten Fax-Klassen zusammengefasst. Die Fax-Klassen definieren also, mit welchen AT-Befehlen ein Modem für die Fax-Übertragung vom PC angesteuert werden muss. Die Art der unterstützten Fax-Klassen lässt sich zumeist durch den AT-Befehl *AT+FCLASS=?* abfragen. Derzeit werden drei Klassen unterschieden:

- **Fax-Klasse 1**: Ältester Standard, bei dem der größte Teil der Steuerung vom PC und nicht dem Modem übernommen wird. Nachteilig ist die hohe Prozessorbelastung während der Übertragung. Positiv ist aber, dass man mit einem Modem der Klasse 1 auch so genannte binäre Faxe übersenden kann, die der Empfänger-PC als Datei zur Weiterverarbeitung erhält. Diese Funktion wird von einigen neueren Faxprogrammen wie etwa WinFax Pro oder →Exchange von Windows 95 unterstützt.
- **Fax-Klasse 2**: Vorläufer von Fax-Klasse 2.0. Etliche Hersteller hatten vor der endgültigen Definition der Fax-Klasse 2.0 schon Modems mit den neuen, erweiterten Befehlssätzen auf den Markt gebracht bzw. sich auf einen gemeinsamen Standard geeinigt. Die Klasse 2 ging dann in die von der ITU verabschiedete Norm 2.0 auf. Die meisten modernen Faxmodems auf dem Markt unterstützen Fax-Klasse 2 und 2.0.
- **Fax-Klasse 2.0**: Die von der ITU verabschiedete Fax-Klasse 2.0 ist zwar noch abwärtskompatibel zu Klasse 1 (Klasse-2-Modems können mit Klasse-1-Modem Faxe austauschen), besitzt aber einige wichtige Neuerungen. Zum einen wurden Fehlerkorrektur- und Datenkompressions-Verfahren eingeführt, zum anderen übernimmt hier das Modem zur Entlastung des PCs einen großen Teil der Verarbeitungsschritte selbst. Übertragungen nach Klasse 2.0 sind im Allgemeinen schneller und sicherer, allerdings können keine binären Dateien übertragen werden (wie bei Klasse 1).

Faxmodem [faxmodem]

Faxmodem heißt ein →Modem, das sowohl zur →Datenfernübertragung als auch zur Übertragung von Faxsendungen (siehe →Fax) geeignet ist (was natürlich auch eine Form der Datenfernübertragung ist). Im Faxbetrieb nutzt ein Faxmodem die Übertragungsprotokolle CCITT V.29 oder V.17 mit einer →Datentransferrate von bis zu 14.400 →bps. Zur Ansteuerung des Faxmodems ist ein spezielles Programm erforderlich, welches bei modernen Betriebssystemen (z. B. →Windows) sogar das Senden und Empfangen von Daten und Faxsendungen ermöglicht, während andere Programme aktiv sind (Hintergrundbetrieb). Die meisten Hersteller liefern bei ihren Faxmodems mittlerweile einfache Versionen solcher Faxprogramme mit. Wer Bedarf für eine professionellere Lösung hat, sollte zum Klassiker unter den Faxprogrammen, WinFax Pro von Symantec, greifen. Siehe auch Abbildung bei →Modem.

Fax-Polling [Fax-Wahl, Fax-Abfrage]

Fax-Polling, auch als **Fax-on-Demand** bezeichnet, beschreibt ein Verfahren, bei dem man auf eine Datenbank zugreifen und sich Dokumente per Fax übertragen lassen kann. Hierzu wählt man sich über ein Fax-Polling-fähiges Faxgerät (→Tonwahl-Verfahren) oder ein parallel zum Fax angeschlossenes Telefon bei einem entsprechenden Dienstleister ein und lässt sich per Ansagetext zum gewünschten Fax-Dokument führen. Die Auswahl erfolgt durch Drücken der entsprechenden Tonwahl-Taste am Telefon bzw. Faxgerät. Ist die Auswahl erfolgt, überträgt der Dienstleister das Dokument per Telefax auf das heimische Faxgerät.

Faxweiche [fax switch]

Mit Hilfe von aktiven bzw. passiven Faxweichen kann man einkommende Anrufe nach Fax- bzw. Telefongespräch unterscheiden und diese auf das richtige Endgerät weiterleiten. Eine Faxweiche ist immer dann notwendig, wenn mehrere Geräte (Telefon, Fax, Anrufbeantworter) zusammen an einem Anschluss hängen bzw. in einem Gerät vereinigt sind. Faxweichen werten den so genannten Calling-Ton aus (siehe →CNG-Signal), mit dem sich ein anrufendes Faxgerät im Allgemeinen zu erkennen gibt. Eine aktive Weiche ist in der Lage, einkommende Gespräche direkt ohne eigentliche Annahme des Gesprächs an das richtige Endgerät weiterzuleiten. Eine passive Weiche dagegen muss das einkommende Gespräch erst annehmen, um das Signal auf einen CNG-Ton zu überprüfen. Währenddessen wird dem Anruf mit einem künstlichen Klingelsignal vorgegaukelt, es hätte noch keiner abgenommen. Handelt es sich um ein Telefongespräch und leitet die passive Faxweiche dieses auf das parallel angeschlossene Telefon um, so entstehen für den Anrufer auch bei Nichtabheben der Gegenstelle mindestens eine Gebühreneinheit, weil die Faxweiche das Gespräch zur Überprüfung abnehmen musste.

FBAS (FarbBild-Amplituden-Signal)

Das FBAS dient zur Ansteuerung eines Farbbildschirms (Standardvideosignal). Alle Farb- u. Helligkeitsinformationen werden gemeinsam über eine Leitung geschickt, was im Allgemeinen aber keine besonders gute Bildqualität mit sich bringt. Sehr viele Homecomputer (wie z. B. der legendäre →C64) benutzten FBAS, um das erzeugte Bild auf einem Fernseher (siehe →Fernsehen) oder speziellen Monitor darzustellen. IBM-kompatible →PCs arbeiten hingegen mit dem RGB-Signal (siehe →RGB) (wobei die Signale auf fünf Leitungen für die Intensität im roten, grünen und blauen Kanal sowie für Horizontal- und Vertikalfrequenz aufgeteilt sind).

FDDI (Fiber Distributed Data Interface)

FDDI (englisch Abk. f. Schnittstelle für mit Lichtleitern übertragene Daten) ist eine Hochgeschwindigkeits-Netzwerktechnologie für lokale Netzwerke, die weitgehend auf den Grundlagen des →Token-Ring-Verfahrens von →IBM basiert.

Das 1986 erstmals vorgestellte FDDI ist eine Entwicklung, deren Hauptziel darin bestand, die bis dahin verfügbaren LAN-Technologien (siehe →Netzwerk) mit einer →Datentransferrate von bis zu 16 MBit/s auf 100 MBit/s zu erweitern. Neben IBM waren eine Vielzahl von Herstellern (Rockwell, Fibronics, →AMD u. a.) an der Entwicklung und entgültigen Standardisierung durch das ANSI-Komitee (siehe →ANSI) beteiligt.

FDDI unterstützt neben der zu Token Ring analogen →Ring-Topologie auch die →Bus-Topologie oder →Sterntopologie und ist durch unterschiedliche Koppelelemente mit jeweils integrierten Sicherheitsfunktionen flexibel und sicher.

Feature Connector

Der Feature Connecter (auch VGA-Output Connector genannt) ist ein mittlerweile veralteter 26-poliger Anschlussstecker zur Verbindung von Grafik- und Multimedia-Karten. Er dient, natürlich verbunden über ein entsprechendes Kabel, zur Datenübertragung zwischen z. B. einer Video- und einer Grafikkarte, um etwa auf dem Monitor ein Overlay-Bild zur Videobetrachtung einblenden zu können. Das dabei verwendete Verfahren funktioniert ähnlich wie das vom Fernsehen bekannte Blue-boxing, bei dem ein gleichmäßig eingefärbtes Hintergrundbild der Grafikkarte durch das Vordergrundbild der Videokarte ersetzt wird.

Der Feature-Connector auf einer Grafikkarte ist nichts weiter als eine 26-polige Steckerleiste

Feature Connector werden nicht mehr häufig verwendet, weil die technischen Spezifikationen eng begrenzt sind. So ist eine Overlay-Einblendung nur bei 256 Farben, niedrigen Auflösungen und Bildwiederholfrequenzen möglich.

Fehlerbehandlung [error treatment]

Mit Fehlerbehandlung bezeichnet man die Fähigkeiten eines Programms, Fehler erkennen, abfangen und beheben zu können, wodurch der Gefahr eines Programmabsturzes (siehe →Absturz) vorgebeugt wird. Fehler beim Ablauf eines Programms können ihre Ursachen in einer falschen Benutzung durch den Anwender, in einem Fehler der zu bearbeitenden Daten oder in einem Programmierfehler haben.

Fehlererkennung [error recognition]

Als Fehlererkennung werden Methoden und Verfahren zur Erkennung von →Datenfehlern bezeichnet. Bei der →Datenübertragung oder der Speicherung von →Daten aufgetretene Fehler können durch redundante Prüfsummen erkannt werden. Das einfachste Verfahren zur Fehlererkennung ist das →Echo- oder Echoplex-Verfahren, bei dem der Empfänger alle Zeichen an den Sender zurücksendet. Ein weiteres einfaches Beispiel ist die →Paritätskontrolle, die mit einzelnen →Prüfbits eine Fehlererkennung für einzelne Zeichen ermöglicht.

Fehlerhafter Sektor [bad sector]

Ein →Sektor auf einem magnetischen Datenträger, der einen Fehler in der magnetisierbaren Schicht enthält, der fehlerhaft formatiert wurde oder auf den aus anderen Gründen nicht korrekt geschrieben bzw. von dem nicht korrekt gelesen werden kann, wird als fehlerhafter Sektor bezeichnet. Bereits auf der Ebene des →BIOS werden fehlerhafte Sektoren durch die Fehlererkennung mit →CRC erkannt. Bei einer Formatierung unter einem →Betriebssystem oder bei der Prüfung mit einem entsprechenden Hilfsprogramm können fehlerhafte Sektoren gekennzeichnet und von der weiteren Datenspeicherung ausgeschlossen werden. Derartige Hilfsprogramme (z. B. der legendäre Disk Doctor der →Norton Utilities) sind oft in der Lage, trotz BIOS-Fehlermeldung Daten, die möglicherweise korrekt sind, noch aus diesen Sektoren zu lesen.

Fehlerkorrektur [error correction]

1) Fehlerkorrektur ist die Bezeichnung für die Wiederherstellung korrekter (d. h. fehlerfreier) →Daten. Je nach Verfahren werden die Fehler sofort korrigiert oder erst dann, wenn kein Arbeiten mehr möglich ist (siehe z. B. →Datensicherheit, →RAID).

2) Die Fehlerkorrektur bei der →Datenübertragung folgt der →Fehlererkennung und erfolgt zumeist durch das wiederholte Senden von einzelnen →Datenblöcken oder →Datenpaketen.

Fehlertoleranz [error/fault tolerance]

Fehlertoleranz bezeichnet die Fähigkeit von Systemen, Fehlfunktionen oder Bedienungsfehler abzufangen. Eine Möglichkeit zum Aufbau fehlertoleranter

Systeme besteht darin, wichtige Komponenten mehrfach anzulegen und deren Zusammenwirken durch geeignete →Algorithmen zu unterstützen (siehe z. B. →RAID). Auch gute Software sollte durch entsprechende Programmierung von Abfragen und Standardwerten auf eine hohe Fehlertoleranz gegenüber Fehlbedienungen des Anwenders ausgelegt sein.

Fenster [window]

Der Begriff Fenster, oft wird auch die englische Bezeichnung window benutzt, bezeichnet einen rechteckigen, von einem Rahmen begrenzten Arbeitsbereich eines Programms auf dem Monitor. Aus der Verwendung von Fenstern für die Darstellung von Programm- und Dokumentarbeitsflächen sowie für Bedienungselemente (siehe →Dialogfenster) resultiert auch der Name von →Windows von →Microsoft. Fenster sind typische Kennzeichen von grafischen →Benutzeroberflächen, die meist mit der Maus verschoben oder skaliert werden können. Damit soll die herkömmliche Arbeitsoberfläche eines Schreibtischs mit Dokumenten und verschiedenen begrenzten Arbeitsflächen simuliert werden. Die **Fenstertechnik**, also die Programmbedienung mit Hilfe von Fenstern, erlaubt es, gleichzeitig mit mehreren Elementen oder Arbeitsprozessen auf dem Bildschirm zu arbeiten (siehe →Multitasking). Die Arbeitsprozesse lassen sich mit den Fenstern für den Anwender ordnen und einfacher überblicken. Sie erleichtern außerdem den schnellen Wechsel zwischen den Programmen und den Austausch von Daten zwischen den Dokumenten.

Fernabfrage [remote control facility]

Mit Hilfe der Fernabfrage lassen sich aus der Ferne die auf dem heimischen Anrufbeantworter gespeicherten Nachrichten von einem beliebigen Telefon aus abhören. Hierzu ruft man den Anrufbeantworter von irgendwoher einfach an und übermittelt einen Zugangscode über zuvor definierte Tonsignale. Anschließend kann man den Anrufbeantworter über weitere Tonsignale per Telefon fernsteuern. Die Tonsignal-Steuerung erfolgt entweder mit einem tonwahlfähigen Telefon (→Tonwahl-Verfahren) oder über einen kleinen Fernabfrage-Sender, mit dem man die Tonsignale über die Sprechmuschel des Telefons an den Anrufbeantworter durchgeben kann.

Praktisch ist die Fernabfrage-Möglichkeit auch zur Aktivierung der Raumüberwachung. Wer Angst vor Einbrechern hat oder wissen will, ob die Kinder schon schlafen, kann von überall her eben mal in die Wohnung „hineinhorchen". Da die Zugangscodes der meisten Anrufbeantworter allerdings auch sehr ähnlich bzw. leicht zu knacken sind, ist die Aktivierung der Fernabfrage-Funktion am Anrufbeantworter natürlich auch immer mit Datenschutz-Risiken verbunden.

Fernschreiber [teletype, TTY]

Ein Fernschreiber ist ein Gerät (äußerlich einer Schreibmaschine ähnlich), mit dem Nachrichten direkt über ein spezielles Datennetz (Telex) übermittelt werden können. Die wichtigsten Steuerfunktionen – wie z. B. der Wagenrücklauf – eines Fernschreibers, der zu Urzeiten der →Computer tatsächlich als Ein- und Ausgabegerät fungierte, haben sich über das →Terminal bis hin zu unserem heutigen →PC erhalten.

Fernsehen [television, TV]

Fernsehen ist die Aufnahme und Wiedergabe von bewegten Bildern, deren Übertragung auf funktechnischem oder kabelgebundenem Weg erfolgt. Nach der Umwandlung der Helligkeitswerte oder Farbtöne in elektrische Signale in einer Fernsehkamera werden diese über Kabel oder als Radiowellen übertragen und durch den Empfänger, den Fernseher, in die ursprünglichen Helligkeitswerte und Farbtöne (siehe →PAL und →NTSC) rückverwandelt. In der heute noch vorherrschenden PAL-Technik stellt der Bildschirm – synchron zum Sender – das Bild in 625 Zeilen mit jeweils ca. 830 Bildpunkten dar. Um Flimmern zu reduzieren, arbeiten heutige Geräte mit einer →Bildwiederholfrequenz von 50 Hertz. Dabei wird das so genannte Zeilensprungverfahren (siehe →Interleave) angewandt, d. h., jede Sekunde werden nur 50 Halbbilder abgetastet, also jeweils nur jede zweite Zeile.

Fernsehkarte [TV-card]

Eine Fernsehkarte ist eine →Steckkarte, mit der man auf dem Computerbildschirm ein Fernsehbild darstellen und zumeist auch Videotext empfangen kann. Eine eigenständige Fernsehkarte ist normalerweise für den →PCI-Bus ausgelegt, trägt einen deutlich sichtbaren Empfangstuner auf der Platine und hat auf der Außenseite Anschlüsse für Antenne, Video und Ton. Die Möglichkeit, ein Fernsehbild auf dem PC darzustellen, wird aber nicht nur über reine Fernsehkarten ermöglicht. Es gibt mittlerweile auch →Grafikkarten, die eine solche Funktionalität entweder direkt fest eingebaut haben oder aber per Zusatzmodul nachrüstbar sind. Eine reine Fernsehkarte ist gegenüber solchen Lösungen zumeist zwar etwas teurer, dafür aber flexibler, weil sie nahezu mit jeder Grafikkarte auf dem Markt zusammenarbeitet.

Moderne Fernsehkarten verwenden fortschrittliche Funktionen des PCI-Bus, um ihre Daten ohne Zutun des Hauptprozessors direkt an die Grafikkarte zu übertragen. Jedoch müssen für diese aufwendige Technik die Hardware und die Treiber der Grafikkarte diese Funktion ebenfalls unterstützen. Dies tun jedoch fast alle modernen Karten. Lediglich einige ältere Modelle (z. B. mit dem S3-Chip 968) haben Probleme bei diesem auch als Busmastering bezeichneten Verfahren. Das bedeutet in der Praxis, dass zwischen der Grafik- und der Fernsehkarte keine direkte Kabelverbindung bestehen muss, wie dies früher z. B. mit dem →Feature Connector bei einigen alten Modellen für den ISA-Bus noch war.

Etwas anders sieht es bei der Audio-Ausgabe aus. Die meisten Karten haben einen eigenen Audio-Ausgang mit dem für PC-Karten zumeist üblichen Mini-Klinken-Stecker. An diesen kann man dann ein eigenes Paar PC-Lautsprecher anschließen. Zumeist ist das aber keine gute Lösung, da man nicht zwei Lautsprecher-Paare hat bzw. nutzen will und das vorhandene Paar ja höchstwahrscheinlich an der →Soundkarte angeschlossen bleiben soll. Außerdem möchte man ja auch die Lautstärke über die üblichen Windows-Audio-Kontrollelemente steuern. Daher schleift man mit einem zumeist beiliegenden kleinen Kabel den Ausgang der Fernsehkarte in den Eingang der Audiokarte ein. Diese Lösung hat nur den Nachteil, dass man dadurch den zumeist einzigen Audio-Eingang der Soundkarte für andere Geräte verliert. Oder man muss eben umstöpseln.

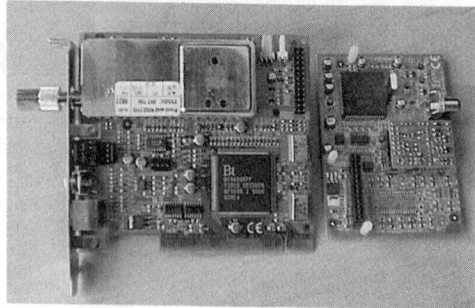

Die miroVideo PCTVpro ist eine typische, moderne Fernsehkarte mit Booktree-Chip. Oben links ist der große Fernsehtuner zu erkennen, rechts das Aufsteck-Radio-Modul

Das Fernsehbild kann normalerweise sowohl in einem skalierbaren, eigenen Windows-Fenster als auch als Vollbild (ohne Fensterrahmen) dargestellt werden. Dabei sollte jedoch beachtet werden, dass die in Europa zumeist übliche Fernsehnorm →PAL nur eine Auflösung von 768 x 576 verwendet. Die meisten Computermonitore arbeiten aber normalerweise mit deutlich größeren Auflösungen (z. B. 800 x 600 oder 1024 x 768). Bis zur PAL-Auflösung kann das Fernsehbild immer skaliert werden. Ob es darüber hinaus noch vergrößert werden kann, hängt von den Treibern der Fernsehkarte und dem optimalen Zusammenspiel mit der Grafikkarte ab. Denn für jede weitere Vergrößerung müssen Pixel interpoliert werden, was der Qualität des Bilds zumeist auch nicht sonderlich gut tut. Eine andere Alternative ist die fensterlose, alleinige Darstellung im Vollbild. Dabei werden die dargestellten Pixel zumeist vergrößert, um ein formatfüllendes Bild hinzubekommen. Also ähnlich, wie der Monitor ja auch arbeitet, wenn er kleinere Auflösungen von z. B. 640 x 480 formatfüllend darstellt.

Typische Anschlüsse auf dem Slot-Blech einer Fernsehkarte. Bis auf den Audio-Ausgang sind alle anderen Anschlüsse nur Eingänge (für Video und Antenne)

Eine Ausgabe des Bilds der Fernsehkarte an einen normalen Fernseher oder Videorekorder ist bei den regulären Karten meistens nicht ohne weiteres möglich. Normalerweise besitzen Fernsehkarten nur Eingänge zum Anschließen von Antennenkabel, →Composite-Videosignal und evtl. noch S-Videosignal (siehe →Hosiden-Anschluss), jedoch keine Ausgänge (siehe obere Abbildung). Wer dennoch das Bild auf dem Fernseher sehen will, braucht entweder einen so genannten VGA-to-TV-Converter (zumeist eine externe Box, teuer und selten mit guter Qualität) oder aber eine Grafikkarte mit TV-Ausgabe. Von der Bildqualität sollte man sich jedoch nicht zu viel versprechen, sie liegt zumeist unter dem Original-Bild eines Fernsehers oder Videorekorders.

Beim Kauf einer Fernsehkarte sollten man auf folgende wichtige Eigenschaften achten, die eigentlich schon Standard sein sollten:

– Guter Treibersupport und gute Applikationen, die regelmäßig überarbeitet werden. Am besten sollten diese im Internet zum Download angeboten werden. Dies bieten nur Markenfirmen wie →Terratec, Pinnacle Systems (Miro) und Hauppauge

– Stereo-Ton-Ausgabe für das Fernsehbild. Das ist sehr wichtig, weil der Klangunterschied sehr deutlich zu hören ist

– Anschluss für Videokamera bzw. -Rekorder sowohl über Cinch-Kabel (→Composite-Videosignal) als auch über das hochwertige S-Video-Kabel (→Hosiden-Anschluss)

– möglichst eine zumindest nachkaufbare Fernbedienungs-Unterstützung. Denn wenn man wirklich mal wie herkömmlich „ferngucken" will, bedient sich der PC vom Sofa ohne Fernbedienung nicht so gut

– Den größten Teil des Markts bestimmen Karten mit dem so genannten Booktree-Chip, den es in zwei Varianten (Typ 848 und 878) gibt. Die Unterschiede zwischen den Typen sind nicht relevant. Jedoch gibt es fast nur für Karten mit dem Booktree-Chip auch Programme anderer Hersteller bzw. eine weit reichende Unterstützung durch Zusatzprogramme (siehe unteren Tipp-Kasten dazu). Karten oder Fernsehmodule, die auf den Eigenentwicklungen von Grafikkarten-Herstellern beruhen oder z. B. Tuner von Philips verwenden, sind da problematischer. Die drei gerade oben genannten Firmen verwenden aber alle Booktree-Chips.

– Bei Interesse gibt es von den meisten Firmen auch Topmodelle mit integriertem Radio-Tuner oder ein Radio-Modul zum nachträglichen Aufstecken. Die Mehrkosten dafür liegen bei ca. 50-100 DM. Je nach Karte ist der Radioempfangsteil direkt mit in die Karte integriert und die Anschlüsse befinden sich alle gemeinsam auf einem Slotblech (z. B. bei Hauppauge) oder aber das Radio wird als eigenes Modul aufgesteckt. Letzteres hat den Vorteil, dass man es zumeist nachträglich kaufen und seine Karte damit aufrüsten kann. Der Nachteil ist, dass dann meistens ein zusätzliches Slotblech für die Anschlüsse des Radios gebraucht wird. Und das bedeutet bei den meisten PCs einen besetzten Steckplatz auf dem ISA- oder PCI-Bus.

– Wer an →digitalem Fernsehen interessiert ist und eine digitaltaugliche Satellitenschüssel besitzt, sollte statt mit einer herkömmlichen Fernsehkarte vielleicht lieber mit einer DVB-Karte liebäugeln. Von Hauppauge gibt es die WinTV DVB-Karte z. B. seit Mitte 1999 für ca. 500 DM zu kaufen. Damit ist es nicht nur möglich, digitales Fernsehen im MPEG2-Format (vergleiche auch →DVD, →MPEG und →Video-CD) zu empfangen, sondern auch über den Satelliten ausgestrahlte Internetdaten. Siehe hierzu →Europe Online und →skyDSL.

Tipp: Fernsehkarten sind seit Mitte 1998 ein Verkaufsrenner. Grund sind die Tools von →Hackern, die den Verschlüsselungscode von Pay-TV-Sendern wie Premiere knacken. Diese Programme laufen übrigens am besten auf Karten mit Booktree-Chip. Der Verschlüsselungs-Code der Pay-TV-Sender wurde jedoch eigentlich nicht richtig „geknackt" (ist also nicht bekannt), sondern die Programme berechnen durch reine Rechenpower aus den verzerrten Daten des verschlüsselten Pay-TV-Bilds das korrekte Ursprungsbild. Grundlage ist die Tatsache, dass die verwendeten Verschlüsselungsverfahren hauptsächlich nur auf eine „Durcheinanderwürfelung" von Bildpunkten bzw. Zeilen beruhen. Und die genannten Programme bringen nur wieder Ordnung in das Bild-Chaos. Natürlich braucht man dafür auch einen leistungsfähigen Rechner, um ein flüssiges, farbiges Bild mit korrektem Ton zu bekommen. Ein Pentium 200 ist aber schon ausreichend. Wer eine Grafikkarte mit Fernsehausgang hat, kann dann Premiere kostenlos (aber illegal!) auf seinem Fernseher anschauen. Vorausgesetzt natürlich, der PC steht in der Nähe des Fernsehers. Die entsprechenden Programme z. B. mit den Namen Pubs, MoreTV oder FreeTV gibt es im Internet auf zahlreichen „Free-TV-Seiten" zum Runterladen. Ein gut formulierter Suchbefehl in den gängigen Internetsuchdiensten bringt einen meist schnell zu den ständig wechselnden Adressen (siehe →Internetrecherche). Man sollte jedoch bedenken, dass die Verwendung dieser Programme eindeutig strafbar ist! Und es dürfte nicht lange dauern, bis die Fernsehsender außerdem geeignete Gegenmaßnahmen ergreifen werden.

Festplatte [harddisk, harddrive, HD]

Der Begriff Festplatte wird synonym zu Festplattenlaufwerk verwendet und meint den kompletten peripheren →Massenspeicher eines →PCs.

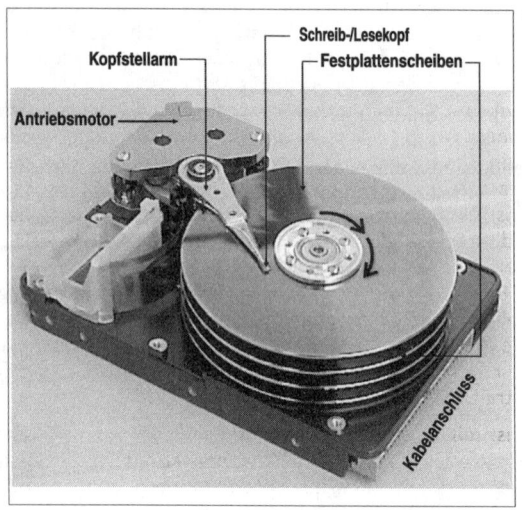

Die verschiedenen Komponenten einer modernen Festplatte, von der das äußere Schutzgehäuse entfernt wurde. Achtung: Durch diese Maßname wird eine Festplatte unbrauchbar!

Eine Festplatte weist eine deutlich höhere Kapazität als eine →Diskette auf und realisiert deutlich höhere →Datentransferraten und kürzere Zugriffszeiten als ein →Diskettenlaufwerk. Die Datenträger – die eigentlichen Festplatten – bestehen aus einem Stapel magnetisierbar beschichteter Aluminiumscheiben, die i. d. R. mit Geschwindigkeiten von 4.800 bis 10.000 U/min um eine zentrale Achse gedreht werden.

Der Plattenstapel und die gesamte Mechanik befinden sich in einem gegen Staub und Feuchtigkeit dicht abgeschlossenen Gehäuse. Auf die Oberfläche der Scheiben mit den gespeicherten Daten wird mit winzigen →Schreib-/Leseköpfen zugegriffen, die in Kopfträgern auf die Zinken eines kammartigen Trägers montiert sind, welche zwischen die Magnetplatten eingreifen. Durch die Bewegung des Kamms kann im Zusammenwirken mit der Drehung des Plattenstapels jede Position auf den Oberflächen der Platten erreicht werden.

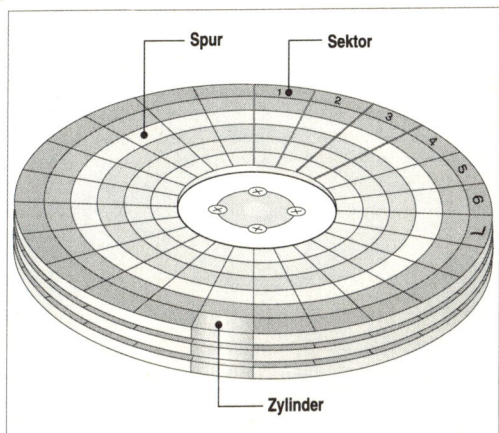

Die Magnetschicht einer Festplatte wird in konzentrische Spuren, Zylinder (dreidimensionale Aneinanderreihung der Spuren über den Plattenstapel) und Sektoren unterteilt. Vergleiche auch →Cluster und →Sektoren.

Durch die aerodynamische Gestaltung der Kopfträger schweben die Schreib-/Leseköpfe in einem Abstand von Bruchteilen eines Millimeters über den Plattenoberflächen. Um das Aufsetzen der Schreib-/Leseköpfe auf die Plattenoberfläche (den gefürchteten →Headcrash) zu verhindern, müssen eine Vielzahl von konstruktiven Maßnahmen realisiert werden. Moderne Festplatten haben i. d. R. Speicherkapazitäten von 4-30 →GByte und realisieren Zugriffszeiten von ca. 10 ms. Die Standardgröße für Einsteiger-PCs liegt mittlerweile bei 8-GByte-Platten. Festplatten werden nach der Baugröße (5¼ Zoll, 3½ Zoll oder 2 Zoll) sowie nach der Art des Controllers unterschieden, der die Ansteuerung des Systems sowie die Datenübertragung zum →Prozessor regelt. Gängige Verfahren sind →IDE bzw. als Nachfolger →EIDE und →Ultra-DMA sowie →SCSI.

Für die Zukunft ist mit einem weiteren, kontinuierlichen Anstieg der Speicherdichte bei Festplatten zu rechnen. Die Kapazität der Einsteigerplatten verdoppelt sich ca. einmal im Jahr. Zur Steigerung der Kapazität und Leistungsfähigkeit verwenden die Hersteller verschiedene Techniken. Zum einen wird die Datendichte auf den Medien erhöht, wozu v. a. auch neue →Schreib-/Lesekopf-Technologien beitragen. Die bis 1997 noch üblichen MR-Köpfe (**M**agneto **R**esistiv) wurden mittlerweile meist durch die leistungsfähigeren GMR-Modelle (**G**iant **M**agneto **R**esistiv) ersetzt. In der Entwicklung befinden sich außerdem schon Laserköpfe, deren Strahlen über mikroskopische Ablenkspiegel zur Datenspeicherung eingesetzt werden. Aber vor allem führt auch eine Erhöhung der Umdrehungsgeschwindigkeit zum Performance-Anstieg. Umdrehungsgeschwindigkeiten von 5.400 U/min sind jedoch für normale Anwender-PCs immer noch am häufigsten und bieten einen optimalen Kompromiss aus Leistung, Wärmebildung und Lautstärke. Festplatten mit 7.200 und 10.000 U/min sind jedoch auch schon häufig, werden oft heißer und störend laut. Vor allem durch die Nutzung so genannter hydrodynamischer Flüssigkeitslager kann aber das Lautstärke- und Überhitzungsproblem bei den höheren Drehzahlen in den Griff bekommen werden.

> **Tipp:** Seit der Einführung von →Ultra-DMA ist die Marktbedeutung von SCSI-Festplatten für normale Anwender-PCs sehr stark zurückgegangen. Schnelle Ultra-DMA-Festplatten mit Kapazitäten über 10 GByte sind mittlerweile günstig zu haben und ideal für einen „normalen" Arbeits-PC. Empfehlenswert sind v. a. die Modelle von Maxtor und IBM. SCSI lohnt sich nur noch für Server oder beim Anschluss vieler SCSI-Peripherie-Geräte. Wer Festplatten über 8 GByte verwenden will, muss darauf achten, dass er ein neueres BIOS mit den so genannten →INT13-Extensions besitzt. Evtl. kann ein →BIOS-Update helfen. Achten Sie auch darauf, dass viele ältere Festplatten-Hilfsprogramme (Utilities) häufig nur Platten bis 8 GByte unterstützen.

Festplatten-Controller [harddisk-controller]

Der Festplatten-Controller ist eine Komponente des Computers, die für die Steuerung einer →Festplatte zuständig ist und die →Datenübertragung zwischen der Festplatte und den übrigen Komponenten realisiert. Der Festplatten-Controller befand sich bei älteren Festplatten meist auf einer eigenen →Steckkarte. Bei AT-Bus-Festplatten (siehe →IDE und →EIDE) befindet sich der größte Teil des Controllers bereits auf der Elektronikplatine der Festplatte, der (E)IDE-Adapter (zumeist auf dem →Mainboard integriert) realisiert im Wesentlichen nur noch die Übertragung der Daten. Demgegenüber haben SCSI-Controller (siehe →SCSI) eine hohe Intelligenz und können bis zu sieben Festplatten oder andere Peripheriegeräte gleichzeitig ansteuern.

Festplatten-Komprimierer [harddisk compressor]

Festplatten-Komprimierer ist die Bezeichnung für ein Programm, das die Ausnutzung der Kapazität einer →Festplatte durch eine Komprimierung der Daten erhöht. Beim Schreiben auf die Festplatte werden die Daten komprimiert, beim Lesen entsprechend dekomprimiert. Durch dieses Verfahren lässt sich die Speicherkapazität einer Festplatte – je nach Art der abgespeicherten Daten – nahezu verdoppeln (siehe →Datenkompression).

Festwertspeicher

siehe →ROM; löschbarer Festwertspeicher: siehe →EPROM; programmierbarer Festwertspeicher: siehe →PROM

Fetch-Zyklus [„Hol-Zyklus"]

Fetch-Zyklus ist die Bezeichnung für die erste Phase einer Befehlsabarbeitung durch einen →Prozessor, die den Abruf des Befehls aus dem →Arbeitsspeicher und dessen Übertragung in die Prozessorregister beinhaltet.

Fido-Netz [FidoNet]

Das Fido-Netz ist ein weltweites privates Computernetz, das hobbymäßig betrieben wird. Das Netz dient hauptsächlich zum Austausch von Nachrichten, die privat (Mails) oder öffentlich (Diskussionsforen) sein können. Private Nachrichten haben nur einen einzigen Empfänger, öffentliche Nachrichten können über thematisch gegliederte Diskussionsforen (Echos) theoretisch alle Netzteilnehmer erreichen. Die Teilnahme am Netz als Nutzer oder →Point ist i. d. R. ohne Probleme möglich. Viele Mailboxen (→BBS) sind an das Fido-Netz angeschlossen. Das Fido-Netz wurde 1984 von Tom Jennings' und John Madill in den USA gegründet und nach Jennings Hund benannt. Weltweit hat das Fido-Netz über 35.000 Knoten und eine sehr viel größere, unbestimmbare Anzahl von Nutzern und Points.

Wer am Fido-Netz teilnehmen will, muss sich – ähnlich wie bei den meisten Computerbereichen – mit einer Vielzahl von zumeist englischen Ausdrücken und Abkürzungen auseinander setzen. Um sich am Fido-Netz anzumelden, muss der Nutzer sich mit Passwort und Benutzerkennung anmelden. Das dazu verwendete Protokoll nennt sich **EMSI** (**E**lectronic **M**ail **S**tandard **I**dentification, englische Abk. f. Standardidentifikation für E-Mail). Unter **Policy** versteht man unter anderem die Zusammenstellung von Regeln für das Verhalten im →Fido-Netz. Und **BossNode** ist die Bezeichnung für einen einzelnen Knoten im →Fido-Netz, der für einen Point die Nachrichten sammelt und auf Abruf (**Request**) bereitstellt. Ein Point ist demgegenüber ein Nutzer, der ein Fido-Minimalsystem mit einem →Mailer installiert hat. Er pollt (ruft sie ab) bei seinem BossNode die Nachrichten in einem kompakten Paket und kann sie dann bequem offline bearbeiten. Neben den normalen, persönlichen Mails, auch **Matrixmails** genannt, kann der Nutzer auch so genannte **Crashmails** bekommen. Das sind persönliche Nachrichten, die direkt an das Empfängersystem, an dem der Adressat angemeldet ist, gesendet wurden und nicht erst den möglichen Umweg über andere Mailboxen genommen hat. Die Mailboxstruktur zur Verteilung von Mails und Diskussionbeiträgen im Fido-Netz nennt sich übrigens **BBR** (Abk. f. **B**ack**B**one-**R**ing, Rückgratring).

FIFO-Puffer (First In First Out)

Ein FIFO-Puffer ist ein Pufferspeicherbereich (siehe →Puffer), in dem die Daten nach dem FIFO-Prinzip (englische Abk. f. zuerst rein, zuerst raus) abgelegt werden. Dabei werden die zuerst eingeschriebenen Informationen oder Parameter auch zuerst ausgelesen.

File

File ist der englische Begriff für Akte, Ordner oder Datei (siehe auch →Datei).

File access

Lesende und schreibende Zugriffe auf →Dateien werden als file access (Dateizugriff) bezeichnet.

File Sharing (Dateiteilung)

File Sharing ist die Bezeichnung für den gemeinsamen und gleichzeitigen Zugriff mehrerer Prozesse, Programme oder Anwender auf ein und dieselbe →Datei. Durch Maßnahmen wie z. B. die →Datensatzsperrung ist dabei jedoch die →Integrität der Datei zu sichern.

Filetransfer

siehe →Datenübertragung, →FTP, →Euro-File-Transfer

Filter [filter]

Ein Filter wird angewandt, wenn man sich aus einer →Datenbank nur eine bestimmte Untergruppe anzeigen lassen möchte. Damit arbeitet der Filter ähnlich wie eine →Abfrage, wird aber nicht gespeichert.

Finanzsoftware

Wenn Sie Ihr Girokonto regelmäßig prüfen, Ein- und Ausgaben erfassen und regelmäßige Zahlungen verwalten wollen, kann Ihnen eine Finanzsoftware wie Quicken oder Money diese Mühen weitgehend abnehmen. Solche Programme bieten aber zusätzlich noch die Möglichkeit, Homebanking über den →Online-Dienst →T-Online, das ehemalige Btx-System, durchzuführen. Nach Eingabe Ihrer Kontendaten und der Bereitstellung des Kontenzugangs durch Ihre Bank baut das Programm mit dem →Modem eine Verbindung zu T-Online auf und überträgt Ihre Überweisungen oder fragt Ihren Kontenstand ab.

FINGER

Mit Hilfe des Kommandos FINGER, das auf einigen Rechnern im →Internet zur Verfügung steht, kann man die E-Mail-Adresse (siehe →E-Mail) eines Partners ermitteln. Jedoch steht dieser Befehl nur für →UNIX-Rechner zur Verfügung und ist ziemlich veraltet bzw. wird kaum noch verwendet. FINGER wird mit Angabe des realen Namens an den entsprechenden →Host gesendet: z. B. FINGER Karl Mueller@host.domain. Hat man Erfolg, nennt der Host den Benutzernamen – z. B. karl.m sowie den Realnamen, das Verzeichnis sowie den letzten Termin der Anmeldung. Mit FINGER kann man auch eine Liste aller angemeldeten oder aller momentan aktiven Nutzer sowie Informationen über den Status von Programmen auf einem Host einholen. Da man mit FINGER doch recht intime Informationen erhält und so einigen Unsinn treiben kann, haben manche Hosts aus Sicherheitsgründen dessen Nutzung unterbunden.

Firewall [Feuerwand]

Die englische Bezeichnung Firewall wird für spezielle Rechner in Netzwerken verwendet, die das unautorisierte Eindringen (Einwählen) von fremden Personen und/oder die Übertragung ungewollter Daten verhindern. Sie sind also eine Art digitaler Schutzwall, der z. B. ein internes Netzwerk (→Intranet) zum Internet abschirmt.

> **Tipp:** Das Sharewareprogramm @guard stellt einen kleinen Firewall für normale Arbeitsplatz-PCs dar. Damit kann sich jeder, der das Internet nutzt, vor vielen Angriffen schützen. Weitere Informationen finden Sie im Internet unter *www.atguard. com*.

Firmware

Als Firmware bezeichnet man Software, die der Hersteller auf Festwertspeichern (siehe →ROM) festgelegt hat. Firmware findet sich auf nahezu allen Systemebenen eines Computers und seiner peripheren Komponenten (siehe →Hardware).

First-Level-Cache

Als First-Level-Cache bezeichnet man den in einem →Prozessor integrierten →Prozessor-Cache, der für eine Beschleunigung der Arbeit der →CPU sorgt. Seit dem 486er ist in den Prozessoren der Firma →Intel (siehe →i80x86) ein derartiger →Cache integriert. Neben diesem First-Level-Cache ist i. d. R. noch ein weiterer Cache außerhalb des Prozessors auf dem →Mainboard installiert, der als →Second-Level-Cache bezeichnet wird.

Fixiereinheit [fixing unit]

Bei einem →Laserdrucker müssen die lose auf das Papier aufgebrachten Farbstoffteilchen durch ein Heizsystem bei ca. 100 °C geschmolzen – fixiert – werden. Die dazu notwendige Einrichtung wird Fixiereinheit genannt.

F-Kodierung

Bei den von der Telekom seit 1989 verwendeten TAE-Telefonanschlüssen (siehe →TAE) gibt es zwei verschiedene Belegungen der Buchsen und Stecker: zum einen für Telefone und zum anderen für Anrufbeantworter, Faxgeräte, Modems usw. Um diese nicht zu verwechseln, sind sie durch einen kleinen Steg mechanisch kodiert, der ein Einstecken eines jeweils falschen Steckers verhindert. Die Buchse und der Stecker für ein Telefon führen die Bezeichnung F-Kodierung, während der Anschluss für die Nichttelefone die Bezeichnung N-Kodierung erhielt.

Diese 3-fach-TAE-Dose besitzt in der Mitte einen Stecker mit F-Kodierung, außen befinden sich dagegen N-kodierte Anschlüsse

Flachbett-Plotter

Der Flachbett-Plotter ist ein spezieller Bautyp eines →Plotters, bei dem das Medium, das Papier oder die Folie, auf einer ebenen Fläche aufgelegt wird. Der Plotterstift kann durch ein Transportsystem an jeden Punkt der Fläche bewegt, abgesenkt und wieder angehoben werden. Im Gegensatz zu Rollen-, Walzen- oder Trommel-Plottern wird die Papierbahn selbst nicht bewegt.

Flachbettscanner [flatbed scanner]

Bei einem Flachbettscanner – auch Tischscanner genannt (siehe →Scanner) – wird die Vorlage wie bei einem Kopiergerät auf eine Glasplatte aufgelegt und eingescannt. Dadurch ist eine wesentlich höhere Präzision und Bildqualität erreichbar als bei einem mit der relativ unruhigen Hand geführten →Handscanner.

Flachbildschirm [flat screen]

Ein Flachbildschirm ist ein →Bildschirm, der im Gegensatz zu herkömmlichen Bildröhren keine gewölbte, sondern eine flache Mattscheibe besitzt. Durch diese Bauweise werden Verzerrungen in den Randbereichen vermieden. Heutzutage werden die meisten Flachbildschirme nach der TFT-Technik hergestellt. Weitere Informationen siehe →TFT-Displays.

Flag [Markierung, Flagge]

Als Flag wird eine zweiwertige Variable im →Arbeitsspeicher oder in einem →Register bezeichnet, welche als Hilfsmittel zur Kennzeichnung bestimmter Zustände benutzt werden kann. Ein Flag kann gesetzt, gelöscht oder ausgelesen werden. Flags werden im →Prozessor und bei der Programmierung vielfältig eingesetzt: Ein Flag kennzeichnet z. B. bei arithmetischen Berechnungen den Übertrag oder den Überlauf. Mit der Einführung von Flags kann auch bei der Programmierung gearbeitet werden, um z. B. das Vorliegen einer Fehlerbedingung in einem Segment an ein anderes Programmsegment zu übermitteln.

Flaming [brennend, verdammt]

Englische Bezeichnung für das Reizen, Herausfordern, Zurechtweisen und/ oder z. T. auch unflätige Beschimpfen von anderen Personen im Internet z. B. beim Chatten (→Chat), über →E-Mail (Schimpf-E-Mail) oder über Nachrichten in einer Newsgroup. Wer z. B. in einer Newsgroup Aushänge macht, die Mitnutzer z. B. als sexistisch oder rassistisch empfinden, kann als Reaktion ein Flaming auf sich ziehen. Dies kann sich in entsprechend zurechtweisenden Gegennews oder auch über Schimpf-E-Mails bis hin zu massiver „Bombardierung" mit E-Mail äußern (Mailbombs).

Flash Memory [Blitzspeicher]

Flash Memory ist die Bezeichnung für einen von der Firma →Intel entwickelten Typ eines →ROMs, der elektronisch sowohl beschrieben als auch gelöscht werden kann (siehe →EEPROM).

Flattersatz [ragged left]

Flattersatz ist eine Gestaltungsform von Texten, bei der die einzelnen Zeilen des Textes so ausgerichtet werden, dass sie nur zum linken (linksbündig) oder nur zum rechten (rechtsbündig) Textrand bündig abschließen, sodass immer an einem der beiden Ränder die Zeilen in unterschiedlichem Abstand zum Satzspiegel umbrochen werden, also flattern. Flattersatz entsteht bei zentrierter Textausrichtung an beiden Rändern des Textes (siehe →Textverarbeitung).

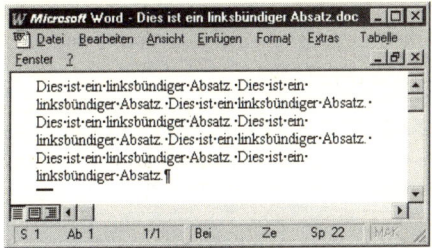

Dieser Absatz in der Text-verarbeitung →Word wurde mit Flattersatz formatiert

Fließkommadarstellung [floating point representation]

Fließkommadarstellung, auch Gleitpunkt-, Fließpunkt- oder Gleitkommadarstellung genannt, ist die Bezeichnung für eines der Zahlenformate in einem →Computer. Die Verwendung von Gleitkommazahlen erlaubt das Rechnen mit gebrochenen Zahlen und größeren Zahlenräumen. Während bei Festpunktzahlen (Integer; auch Festkommazahlen genannt) nur ganzzahlige Werte zugelassen sind, bestehen Gleitkommazahlen aus drei Komponenten: der →Mantisse (m), der Basis (b) und dem Exponenten (a). Sie haben somit folgende Form: m x b^a. Beispiel einer dezimalen Gleitkommazahl: 9,87654321 x10^14= 987654321000000. Ein arithmetischer →Coprozessor (floating point processor) ist in der Lage, Operationen mit Gleitkommazahlen direkt auszuführen. Ansonsten müssen – z. B. durch den Compiler – die Operationen mit Gleitkommazahlen in Unterprogrammen in solche mit ganzzahligen Werten umgesetzt werden (vergleiche →Programmiersprache).

Fließtext [continuous text]

Bei der →Textverarbeitung umfasst der Fließtext den Körper eines Textes, der ohne Unterbrechung durch einen manuellen Zeilen- oder Absatzwechsel eingegeben wird.

Flimmerfreiheit [flicker free]

Monitore, die mindestens 72 Hz Bildwiederholfrequenz schaffen, werden allgemein als flimmerfrei bezeichnet. Da dieser Wert aber ohne gleichzeitige Angabe der dabei eingestellten Auflösung kaum relevant ist, ist der entsprechenden Werbeaussage von Herstellern wenig Beachtung zu schenken. Das Erreichen von Flimmerfreiheit bei 640 x 480 Punkten Bildschirmauflösung ist heutzutage schon absolut selbstverständlich. Wesentlich aussagekräftiger ist die horizontale Zeilenfrequenz eines Monitors (gemessen in kHz). Diese ist die wichtigste Größe zur Bestimmung der →Bildwiederholfrequenz.

Floating point arithmetic

Floating point arithmetic ist die englische Bezeichnung für arithmetische Operationen mit Gleitkommazahlen (siehe auch →Fließkommadarstellung).

Floppy

Floppy, Floppy-Disk oder Soft-Disk (flexible Scheibe) ist die englische Bezeichnung der →Diskette. Oft wird auch das Diskettenlaufwerk einfach als Floppy bezeichnet.

Floppy-Controller

Der Floppy-Controller ist der →Controller zur Ansteuerung des Disketten-laufwerks und zur Durchführung des Datentransfers zwischen →Disketten-laufwerk und anderen Komponenten des →PCs. Der Floppy-Controller bil-det zumeist eine Einheit mit dem →Festplatten-Controller oder ist auf dem →Mainboard integriert.

Floptical (floppy und optical)

In einem Floptical-Laufwerk (englische Abk. f. flexibel und optisch) werden die Informationen genau wie auf einer →Diskette magnetisch aufgezeichnet, der →Schreib-/Lesekopf wird aber zusätzlich durch ein Servosystem mit ei-nem Laserstrahl an auf dem →Datenträger aufgebrachte konzentrische Mar-kierungen geführt. Dadurch ist – im Vergleich mit herkömmlichen Disketten – eine wesentlich höhere Spurdichte (siehe →Spur) möglich. Ein Floptical-Laufwerk kann herkömmliche 3½-Zoll-Disketten sowie die speziellen FODs (Abk. f. Floppy Optical Disc) mit einer Kapazität von 20,8 MByte lesen und beschreiben. Auf die FODs werden schon bei deren Herstellung zusätzlich die konzentrischen Markierungen mit einem Laserstrahl aufgebracht.

Flugsimulator [flight simulator]

1) Als Flugsimulator bezeichnet man Computerspiele, bei denen mehr oder minder wirklichkeitsgetreu die Rolle eines Piloten übernommen wird (siehe →Simulation). Man kann dabei zwischen möglichst realitätsnahen Spielen wie z. B. Flight Unlimited und solchen unterscheiden, bei denen zugunsten einer leichteren Zugänglichkeit der Schwierigkeitsgrad sowie die Komplexi-tät der Steuerung frei skalierbar sind und die einige Details des Fliegens ver-nachlässigen, um mehr Actionelemente einzubauen (Aces of the Pacific, A-ces over Europe, Apache Longbow, Gunship, Strike Commander, Eurofighter 2000, Comanche, US Navy Fighters sowie Top Gun – Fire at Will!).

Die Simulation der Flugzeuge im MS-Flugsimulator ist sogar bis ins letzte Detail des Cockpits realistisch

Der **Microsoft Flight Simulator** ist der wohl umfangreichste und bekannteste Flugsimulator für den PC. Schon seit den 286er-Generationen war er bekannt und wurde über die Jahre hin immer weiter ausgebaut und verbessert. Die realistische Simulation der Flugmöglichkeit und Steuerung der unterstützten Flugzeuge (Segelflugzeug, Cessna, Learjet etc.) zeichnet ihn aus. Das Programm lief anfangs nur unter DOS, wurde aber schnell auf Windows 95 portiert, was v. a. der Grafik zugute kommt. In der 1998er Version wurden nicht nur neue Modelle wie z. B. ein Hubschrauber, sondern auch eine Unterstützung der neuen →Joysticks mit Kraft-Rückkopplung (ForceFeedback) sowie verbesserte 3-D-Darstellung integriert. Im Spätherbst 1999 wurde die aktuelle Version 2000 eingeführt.

Eine Besonderheit des MS-Flugsimulators ist, dass er über Zusatzpacks mit Flugzeugen oder Szenarien (Landschaften, Flugplätze) erweitert werden kann. Ein anderer, bekannter und realistischer Flugsimulator für den PC ist Fly! (*www.flyfly.de*).

2) Ein „echter" Flugsimulator gehört auch zu den wichtigsten Ausbildungs- und Trainingsgeräten in der modernen Luftfahrt. Die angehenden Piloten werden nicht nur lange vor dem ersten realen Start auf dem Simulator ausgebildet, sondern auch für die aktiven Piloten ermöglicht der Flugsimulator die Umstellung auf neue Flugzeuge oder das gezielte Training komplexer Landeanflüge. Der Flugsimulator besteht aus einem realistischen Cockpit, das auf einer Projektionsfläche entsprechende Szenarien anzeigt. Der Blick entspricht zwar nicht dem realistischen Ausblick, aber durch die realistischen Bewegungen, die eine Hydraulik in Echtzeit simuliert, entsteht sehr schnell der Eindruck eines tatsächlichen Flugs. Im Cockpit selbst befinden sich alle Elemente und Anzeigen, die sich auch im Cockpit des Originalflugzeugs finden. Nur so ist ein Training für bestimmte Flugzeugtypen möglich.

Der Flug im Flugsimulator unterscheidet sich nur im Ausblick von einem tatsächlichen Flug zum entsprechenden Flughafen. Alle Umwelteinflüsse wie Nebel, Regen oder Turbulenzen werden umgesetzt und das virtuelle Flugzeug verhält sich absolut realistisch. Lande- und Bremsvorgänge werden durch die Steuerung der Simulatorkapsel derart realistisch simuliert, dass selbst Fehler beim Aufsetzen der Maschine nachgeahmt werden. Piloten absolvieren zweimal pro Jahr Trainingsflüge im Flugsimulator; dazu kommen zusätzliche Trainingseinheiten zum Erhalt bestimmter Landeerlaubnisse (z. B. Hongkong). Flugsimulatoren bestehen aus zwei unterschiedlichen Komponenten: Die Steuerungs- und Anzeigeelektronik vermittelt das Bild des Flugs im Cockpitfenster, koordiniert Flugsituation und Verhalten des Flugzeugs, die Hydraulik realisiert die verschiedenen Bewegungen des Flugzeugs in Echtzeit, setzt z. B. Bremsmanöver in Bewegung um.

Flussdiagramm [flow chart]

Ein Flussdiagramm, manchmal auch **Ablaufdiagramm** genannt, ist ein grafisches Hilfsmittel, das die Funktionen eines Programms in Einzelschritten durch grafische Symbole zur Visualisierung des Programmablaufs dargestellt. Insbesondere die Ein- und Ausgabe von →Daten oder Sprünge können so leicht überschaut, entworfen, kontrolliert und dokumentiert werden. Dabei wird dargestellt, wie die Daten, die für eine bestimmte Problemstellung relevant sind, organisiert sind, um so eine Basis für eine optimale Programmerstellung zu erhalten.

Flusssteuerung [flow control]

Mit Flusssteuerung bezeichnet man ein Verfahren, das die →Datenübertragung zwischen zwei Systemen oder Geräten – auch mit unterschiedlicher Verarbeitungsgeschwindigkeit – steuert. Der Datenfluss wird unterbrochen, wenn der →Puffer des langsameren Geräts keine Daten mehr aufnehmen kann. Sind die Daten aus dem Puffer verarbeitet, wird signalisiert, dass die Übertragung fortgesetzt werden kann. Eines der möglichen Verfahren zur Flusssteuerung einer →seriellen Schnittstelle mittels →Software ist das so genannte →XOn/XOff Verfahren. Eine Steuerung über die →Hardware kann demgegenüber durch die Signalleitungen →RTS und →CTS der seriellen Schnittstelle erfolgen.

FM-Synthese (FrequenzModulations-Synthese)

Die meisten →Soundkarten verfügen über einen Chip, der die FM-Synthese beherrscht, bei der mehrere elektrische Schwingungen überlagert und so Klänge mit unterschiedlicher Klangfarbe erzeugt werden können.

Font [Zeichensatz, Schrift]

Mit Font bezeichnet man den Zeichensatz einer Schriftart. Früher war es notwendig, für jedes Ausgabegerät und für jede Schriftgröße einen eigenen Font zur Verfügung zu stellen. Seit Einführung der →Seitenbeschreibungssprache →PostScript ist es möglich, Schriftgrößenveränderungen ohne Qualitätsverlust vorzunehmen. Die Schriften werden nicht mehr Punkt für Punkt, sondern als Vektoren (siehe →Vektorgrafik) gespeichert. Microsoft führte z. B. mit TrueType geräteunabhängige Schriften in Windows ein; somit stehen Vektorschriften nun auch für Bildschirme und preiswerte Drucker zur Verfügung. In Drucker sind Schriften eingebaut, die sich per Steckmodul erweitern oder auch von Datenträgern laden lassen.

Font Editor [Schriftbearbeitungsprogramm]

Ein Font-Editor ist ein Programm zur Verwaltung, Änderung oder Erstellung von →Zeichensätzen.

Form feed [Seitenvorschub]

Ein Seitenvorschub ist der →Papiervorschub eines Druckers zum Anfang der nächsten Seite. Der Seitenvorschub erfolgt durch das Senden des Steuerzeichens →FF (Form Feed) an den Drucker oder durch Drücken einer speziellen Taste am Drucker.

Mit Form Feed (**Seitenvorschub**) wird der Transport des Druckmediums zum Anfang der nächsten Seite bei einem →Drucker bezeichnet. Zur Steuerung dieser Funktion dient das →Steuerzeichen FF. Der Seitenvorschub kann auch mit einer entsprechende Taste am Drucker direkt ausgelöst werden.

Format [format]

Formate regeln den Aufbau und die Anordnung von →Daten. Durch sie werden der Datentyp festgelegt und die Anordnung der Daten auf einem Datenträger bestimmt (siehe →Datenformat). Ein Textformat legt fest, wie Texte dargestellt werden. Zum Textformat gehören Angaben wie Schriftart, Schriftgröße, Schriftschnitt (z. B. kursiv oder fett), Zeilenabstand, Einrückung. Ein Dateiformat bestimmt, in welcher Weise Daten in eine →Datei geschrieben werden. Die Datei kann i. d. R. nur mit Anwendungsprogrammen gelesen werden, die das bestimmte Dateiformat verstehen; eine andere Einlesemöglichkeit ist der →Import.

Formatierung [formatting]

1) Die Vorbereitung von Datenträgern zur Speicherung von →Daten nennt man Formatierung. Bei magnetischen Datenträgern wie einer →Diskette oder →Festplatte wird die Magnetschicht in konzentrische Spuren eingeteilt, die sich wiederum in Sektoren unterteilen. Diese magnetischen Spuren ermöglichen dem →Betriebssystem die Verwaltung der Dateien auf dem Datenträger. Für die Formatierung werden spezielle Formatierungsprogramme verwendet, wie z. B. das Programm *Format* von →MS-DOS. Festplatten müssen vor der ersten Verwendung einer so genannten →Low Level-Formatierung unterzogen werden, bei der eine erste Unterteilung der Magnetschicht vorgenommen wird. Die Low Level-Formatierung wird bei modernen Festplatten bereits vom Hersteller durchgeführt.

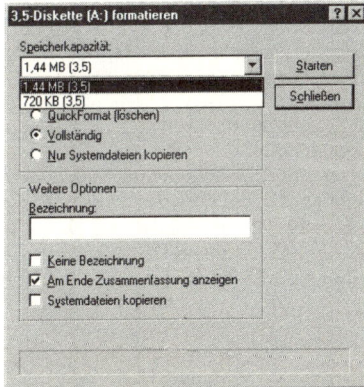

Die Zeiten kryptischer Formatierungs-Befehle sind unter Windows dank übersichtlicher Dialogfenster vorbei. Und wer eine Diskette schon mal formatiert hatte, sollte einmal Quickformat ausprobieren

2) Unter dem Begriff Formatierung versteht man aber auch die Gestaltung von Text in einer →Textverarbeitung. Typische Formatierungen sind die Ausrichtung des Textes z. B. im Blocksatz oder die Verwendung von Schriftattributen wie fett und kursiv.

Formel [formula]

Der Begriff Formel wird im Computerbereich für eine Arbeitsanweisung verwendet, die einer definierten Befehlssyntax (siehe →Syntax) gehorcht. Formeln werden z. B. in einer →Tabellenkalkulation eingesetzt, um Berechnungen mit den dort abgespeicherten Zahlen durchzuführen. Im Prinzip muss jede Arbeits- oder Rechenanweisung für den →Prozessor in einer Formel angegeben werden, damit dieser die Anweisung fehlerfrei versteht.

Formular [form]

In einem Formular oder einer Maske können →Datensätze komfortabel angezeigt, hinzugefügt oder bearbeitet werden. Im Gegensatz zu einer Tabelle wird in einem Formular nur jeweils ein Datensatz gezeigt (siehe auch →Datenbank).

Forum

Forum ist eine gebräuchliche Kurzbezeichnung für Diskussionsforen, wie es sie z. B. bei →Online-Diensten oder im →Internet bzw. →Usenet gibt. Bei →CompuServe z. B. gibt es mehr als 600 verschiedene Foren, welche jeweils einem bestimmten Thema zugeordnet sind.

FOSSIL (Fido Opus SEADog Implementation)

Die weit verbreiteten Fossil-Treiber realisieren eine insbesondere im →Fido-Netz und für fidokompatible Kommunikation gebräuchliche Implementation der Treiber für die seriellen Schnittstellen unter →MS-DOS. Diese Implementation ist erforderlich, weil ein →PC zwar über serielle Schnittstellen verfügt, das →Betriebssystem sie jedoch mehr als dürftig behandelt. Inzwischen wurden Fossil-Treiber zum Quasistandard für Kommunikation über →Modem im PC-Umfeld. Mailer unter einem Betriebssystem wie →Windows benötigen jedoch keinen FOSSIL, da sie selbst leistungsfähige Treiber für die seriellen Schnittstellen bereitstellen. Auch die Softwareemulation einer seriellen Schnittstelle sowie der AT-Befehle (siehe →AT-Befehlssatz) eines Modems für eine →ISDN-Karte wird wegen der Nutzung der FOSSIL-Schnittstelle als Fossil-Treiber bezeichnet.

FoxPro

Das Datenbankprogramm FoxBase war ein erfolgreicher Mitbewerber von →dBASE im Bereich der PC-Datenbanken und weitgehend dazu kompatibel (→Datenbank). Im Jahre 1992 wurde der Entwickler und Hersteller von FoxBase, die Firma Fox Software, für 175 Millionen US Dollar von →Microsoft aufgekauft. Unter neuer Leitung wurde FoxBase zu dem →Datenbanksystem FoxPro weiterentwickelt.

FPU (Floating Point Unit)

FPU (Abk. f. Gleitkommaeinheit) ist die englische Bezeichnung für den arithmetischen →Coprozessor in einem Rechner. Mit der FPU können wesentlich schneller Aufgaben mit Fließkommazahlen berechnet werden als mit der →CPU, die nur ganzzahlige Werte kennt.

Fragmentierung [fragmentation]

Fragmentierung ist die bruchstückhafte, verstreute Speicherung von Daten auf einem Datenträger und eine Folge des FAT-Dateisystems (siehe →FAT) von →MS-DOS. Weitere Informationen zu Fragmentierung und zur Möglichkeit, diesen Vorgang wieder rückgängig zu machen, siehe →Defragmentierung.

Fraktal [fraktal]

Die Begriffe Fraktal und fraktale Geometrie wurden in den 70er Jahren vom Mathematiker B. Mandelbrot eingeführt. Fraktale Geometrien beschäftigen sich – im Unterschied zur euklidischen Geometrie – nicht mit einfachen Formen wie Gerade, Kreis, Würfel, Kugel usw., sondern mit komplexeren Gebilden, wie sie ähnlich auch in der Natur vorkommen: im Adernetz eines Blatts, in der Oberfläche eines Gebirges oder in der Küstenlinie eines Meeres.

Ein Fraktal besitzt folgende Haupteigenschaften:

– Die **Selbstähnlichkeit:** Jeder kleine Ausschnitt ähnelt – bei entsprechender Vergrößerung – dem gesamten Objekt: So ähnelt die Struktur eines vergrößerten Ausschnitts eines Berggipfels dem gesamten Gebirge selbst, während demgegenüber z. B. der Ausschnitt einer Kugeloberfläche bei wachsender Vergrößerung mehr und mehr einer ebenen Fläche ähnelt.

– Die **gebrochenzahlige Dimensionalität:** Die Dimension der Oberfläche eines Gebirges z. B. liegt zwischen 2 (Fläche) und 3 (Körper).

Fraktale gewannen dadurch an Bedeutung, dass man mit ihrer Hilfe komplexe Naturerscheinungen mathematisch erfassen und mit einem Computer modellieren konnte. Fraktale haben z. B. eine Bedeutung bei der Modellierung von unregelmäßig geformten Oberflächen oder Objekten, aber auch bei der Komprimierung von Dateien (→Fraktale Bildkompression).

Fraktale Bildkompression [fraktal picture compression]

Die von der Firma Iterated entwickelte fraktale Bildkompression ist ein ungewöhnliches und leistungsfähiges Kompressionsverfahren zur Reduzierung des Speicherbedarfs von Bitmap-Bildern (siehe →Datenkompression). Es arbeitet ähnlich dem JPEG-Verfahren (→JPEG) mit Verlusten, erreicht aber bei größerem Kompressionsgrad eine viel bessere Qualität des Bilds und verwendet ein gänzlich anderes Kompressionsprinzip. Es arbeitet mit einen speziellen Algorithmus, der auf mathematische Verfahren aus der Fraktal-Forschung (→Fraktal) zurückgeht. Das Herstellen (Komprimieren) eines entsprechenden Bilds ist sehr rechenzeitintensiv, die anschließende Dekompression der Bilder für ihre Bearbeitung oder Anzeige liegt dagegen im üblichen Zeitrahmen. Iterated bietet Module zur Anzeige fraktal komprimierter Bilder kostenlos z. B. über seinen Internetserver an. Es gibt Varianten zur Einbindung als →Plug-In in den Internet Explorer oder →Netscape Navigator, denn fraktale komprimierte Bilder sind aufgrund ihrer hohen Qualität bei gleichzeitig geringer Größe optimal für das →Internet geeignet. Eine Besonderheit fraktal komprimierter Bilder fällt bei deren Betrachtung über das Internet auf: Bei der Anzeige wird das Bild aus einer unscharfen Vorstufe langsam immer deutlicher aufgebaut (progressive Darstellung).

Frame

1) Der Begriff frame (Rahmen) ist ein für viele Bereiche verwendeter Begriff, der meistens einen Ausschnitt aus einer größeren Datenmenge meint. Häufig wird der Begriff frame zur Bezeichnung eines einzelnen Bilds einer Filmsequenz verwendet. Daher auch die Bezeichnung →Framegrabber für eine Hardwarekarte, die Einzelbilder aus einer Videosequenz einfangen und abspeichern kann. Bei der →Datenfernübertragung kennzeichnet ein frame einen →Datenblock, also eine zusammenhängende Übertragungseinheit. Im Bereich des →DTP bezeichnet ein frame eine einzelne Seite einer Publikation.

2) Die Frame-Technologie (Rahmen) wird zur besseren Gliederung von In-halten auf Webseiten im Internet genutzt (→World Wide Web, →Home-page). Frames ermöglichen das Unterteilen einer Seite in mehrere Bereiche. Die Frames können einzeln angesprochen und geändert werden. Man kann so z. B. eine Menüleiste erzeugen, die dann auf allen Internetseiten an der gleichen Stelle erscheint.

Framegrabber [Bildschnapper]

Der Framegrabber digitalisiert einzelne Bilder und stellt diese zur Weiterbe-arbeitung auf einem PC zur Verfügung. Diese können dann mit entsprechen-der Software gespeichert oder gedruckt werden. Ein moderner Vertreter ist Snappy von Logitech. Siehe auch →Video-Grabbing

Freelance Graphics

Freelance Graphics ist das Präsentationsprogramm der Firma Lotus. Mit ihm lassen sich Pläne, Berichte und Prognosen erstellen und auf Papier, Over-head-Folien, Dias oder dem Bildschirm präsentieren. Bei der Erstellung von Freelance Graphics wurde besonderer Wert auf die Möglichkeit zur Bearbei-tung von Präsentationen durch mehrere Mitarbeiter gelegt (Stichwort TeamComputing). Freelance Graphics ist ein Bestandteil des Softwarepakets →Lotus-SmartSuite. Es dürfte neben dem Präsentationsprogramm Power-Point von →Microsoft (Bestandteil des Microsoft →Office) das am meisten benutze Präsentationsprogramm auf dem Markt sein. Es zeichnet sich u. a. durch eine besonders leichte Bedienung trotz großen Funktionsumfangs aus.

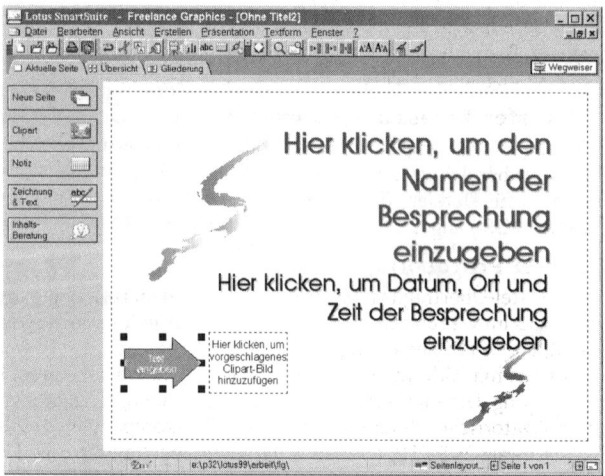

Die Benutzeroberfläche von Lotus Freelance. Das Programm unterstützt den Anwender weitreichend durch Vorlagen und Hilfselemente

Freeware [„Freie Software"]

Freeware ist die Bezeichnung für Programme, die urheberrechtlich geschützt sind, aber – zumeist durch private Anwender – kostenlos kopiert, weitergegeben und benutzt werden dürfen. Vergleiche auch →Shareware.

Frequenzmultiplex-Verfahren [frequency-division multiplexing]

Beim Frequenzmultiplex-Verfahren erfolgt die Aufspaltung eines physischen Übertragungsmediums in mehrere logische Übertragungskanäle durch die Aufteilung der gesamten →Bandbreite des Mediums in mehrere Frequenzbereiche. Jedem der zur Übertragung anstehenden parallelen Datenströme wird durch die →Multiplexer auf der Sender- und Empfängerseite eines der Frequenzbänder zugeordnet. Das Frequenzmultiplex-Vefahren ermöglicht nur analoge →Datenübertragung, da die einzelnen eng begrenzten Frequenzbänder keine digitale Übertragung erlauben (siehe →Analog). Neben dem Frequenzmultiplex-Vefahren kennt man noch das →Zeitmultiplex-Verfahren.

Friktionsantrieb

Im Gegensatz zu einem →Traktor mit Stachelwalzen werden die Seiten bei einem →Einzelblatteinzug mittels eines so genannten Friktionsantriebs eingezogen, der sich die Reibung von Gummiwalzen zunutze macht (Friktion = Reibung).

Front-end

Als Front-end bezeichnet man spezielle Komponenten – z. B. eine Software für einen →Datenbank-Client, mit dem man auf die durch einen Applikations-Server – z. B. durch einen →Datenbank-Server – bereitgestellten Dienste zugreifen kann. (siehe →Client, →Server, →Client-Server-Prinzip).

FTAM (File Transfer Access and Management)

Die Abkürzung FTAM (englische Abk. f. Zugriff und Verwaltung von Dateiübertragungen) bezeichnet ein durch die →ISO standardisiertes →Übertragungsprotokoll für Dateien, das in der obersten Schicht im OSI-Schichtenmodell (siehe →OSI) angesiedelt und etwa analog zum →FTP ist.

FTP (File Transfer Protocol)

FTP (Abk. f. Datei-Übertragungs-Protokoll) ist ein →Übertragungsprotokoll für Dateien, das im weltumspannenden Internet oder in lokalen Netzen eingesetzt wird, die →TCP/IP als Netzwerkprotokoll benutzen. Ein **FTP-Server** stellt im Internet mit Hilfe von FTP Dateien zum Download auf andere Rechner zur Verfügung. Um dieses Angebot nutzen zu können, braucht man (neben dem obligatorischen Internetzugang) ein FTP-kompatibles Programm (z. B. die Shareware WS-FTP, aber auch der Netscape Navigator ist FTP-fähig) und eine Zugangsberechtigung zum FTP-Server. Einige öffentliche Server z. B. von Universitäten oder Support-Server von Computer-Firmen erlauben oft auch einen anonymen Zugang, d. h. ohne spezielle Passwörter oder Zugangscodes (→anonymous FTP). Als Benutzername verwendet man dann seine E-Mail-Adresse, als Kennwort dient meist *anonymous*. Die Internetadresse (→URI) eines FTP-Servers beginnt immer nach dem Schema *ftp://* (z. B. *ftp://ftp.microsoft.com*).

FTP-Server verwalten ihre Daten meist in einer dem PC ähnlichen Verzeichnisstruktur, wobei bestimmte Verzeichnisnamen immer wieder verwendet werden. Verzeichnisse namens *PUB* (public) sind z. B. allgemein zugänglich, Verzeichnisse namens *Upload* dienen dem Speichern von Daten vom User aus. Im Stammverzeichnis des FTP-Servers findet sich fast immer eine Textdatei mit einer Auflistung der Verzeichnisstruktur und der dort enthaltenen Dateien. Außerdem gibt es oft auch Benutzerregeln und FAQ-Listen zum Herunterladen.

FTZ

Das FTZ (Abk. f. FernmeldeTechnisches Zentralamt) vergab die Zulassungen für alle Geräte, die an das deutsche Postnetz angeschlossen werden sollten. Heutiger Nachfolger dieser Institution ist das Bundesamt für Zulassung in der Telekommunikation (siehe →BZT).

FTZ-Nummer (FernmeldeTechnisches Zentralamt-Nummer)

Alle Geräte, die unmittelbar an das Telefonnetz der Deutschen Telekom AG angeschlossen werden sollen, sowie die unterschiedlichsten Sender und Empfänger elektromagnetischer Wellen mussten früher die FTZ-Nummer (siehe →FTZ) tragen, die mittlerweile BZT-Nummer (siehe →BZT) heißt. In einer Zulassungsprüfung wird getestet, ob beim Betrieb die Funktionstüchtigkeit anderer Geräte im Telefonnetz oder z. B. von Radios oder Fernsehern beeinträchtigt wird und ob die Vorschriften hinsichtlich der verwendeten Frequenzbereiche eingehalten werden. Erst nach bestandener Prüfung, die durch die Vergabe einer BZT-Nummer bestätigt wird, darf ein Elektrogerät in der Bundesrepublik Deutschland in Betrieb genommen werden.

Fujitsu

Der 1935 gegründete japanische Elektronik-Konzern Fujitsu gehört in seinem Heimatland zu den größten und erfolgreichsten PC-Herstellern überhaupt. Mit weltweit 165.000 Mitarbeitern (Europa: 23.000) wurde 1996 ein Jahresumsatz von rund 54 Milliarden DM bei 910 Millionen DM Gewinn erwirtschaftet. In Europa ist die Firma besonders als Hersteller von hochwertigen →Festplatten und →MO-Laufwerken bekannt. Weniger bekannt ist dagegen, dass Fujitsu auch komplette PCs für den europäischen Markt produziert, so z. B. rund 330.000 Stück in einem eigenen deutschen Werk. Bis zum Jahr 2000 plant Fujitsu, seine europäische Marktposition von der derzeit siebten auf die dritte Position zu verbessern. Fujitsu ist im Internet unter der Adresse ***www.fujitsu.de*** vertreten.

Fullduplex-Betrieb [full duplex operation]

Fullduplex (die englische Bezeichnung für „**Vollduplex**") ist eine Beschreibung für Datenübertragungsverfahren, bei denen empfangene und gesendete Daten gleichzeitig übertragen werden. Typische Beispiele wären das Telefonieren oder das gleichzeitige Aufnehmen und Wiedergeben von Ton über eine Soundkarte. Der Gegensatz zu Fullduplex ist das so genannte →**Halfduplex**-Verfahren, bei dem Senden und Empfangen nur wechselseitig über einen Datenkanal geht (auch **Simplex**- oder **Halbduplex**-Betrieb genannt).

Von **Extended-Fullduplex** spricht man v. a. bei Soundkarten, wenn diese bei der Aufnahme und Wiedergabe gleichzeitig mit unterschiedlichen Sampling-Frequenzen arbeiten können. Zum Beispiel könnte im Extended-Fullduplex-Betrieb die Aufnahme einer analogen Soundquelle mit CD-Qualität (44,1 kHz, 16-Bit) erfolgen, die gleichzeitige Kontroll-Wiedergabe auf den PC-Lautsprechern aber mit niedrigerer Qualität (22 kHz, 8-Bit).

> **Tipp:** Wer →Internettelefonie z. B. mit →Netmeeting betreiben will, sollte unbedingt auf die Fullduplex-Fähigkeit der Soundkarte achten. Nicht alle Soundkarten sind v. a. hardwaremäßig wirklich fullduplex-, geschweige denn extended fullduplex-fähig. Manche Karten gleichen fehlende Hardwareunterstützung zwar mit Softwaretricks über die Treiber aus, wie etwa ältere Sound-Blaster-Karten, aber das Ergebnis gleicht dann doch eher einem klassischen Funkverkehr als einem Telefongespräch. Bei neueren Karten sollte hardwaremäßige Fullduplex-Unterstützung eigentlich selbstverständlich sein.

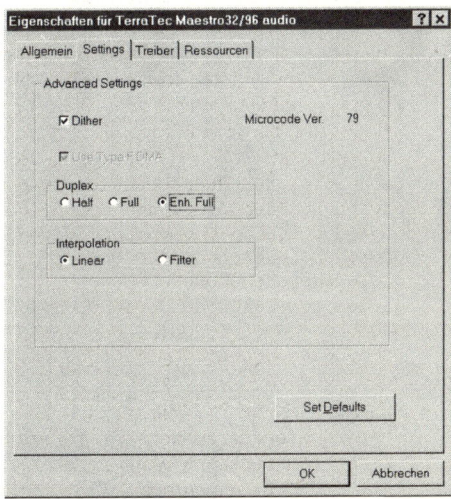

Die Fullduplex-Einstellungen vieler Soundkarten werden im Geräte-Manager von Windows 95/98 vorgenommen

Füllzeichen [filling characters]

In einem →Datenfeld, dessen Inhalt die vorgesehene Zeichenanzahl nicht erreicht, wird der übrig gebliebene Freiraum mit Füllzeichen aufgefüllt. Oft werden dazu Leerzeichen verwendet.

Funk-Maus [cordless radio mouse]

Funk-Mäuse sind Mäuse ohne Schwanz, pardon, ohne Schnur (→Maus). Die Datenübertragung bei dieser Variante der PC-Eingabegeräte erfolgt nicht über ein Kabel, sondern über einen im Mausgehäuse integrierten kleinen Funksender. Dieser wird von einem relativ frei positionierbaren Empfänger aufgenommen, der die Daten wiederum über ein herkömmliches Kabel an die →serielle Schnittstelle oder den Bus-Maus-Anschluss (→Bus-Maus) weitergibt. Das Prinzip gleicht der Infrarot-Maus, nur ist hier kein Sichtkontakt zwischen Maus und Empfänger notwendig und die Störfestigkeit ist höher. Der Vorteil für den Anwender liegt klar auf dem Mauspad: kein Gezurre und Gezerre mehr am sich ewig verheddernden Mauskabel. Freie Fahrt für frei Mäuse heißt das Motto auf dem Schreibtisch von PC- und Tier-Liebhabern.

Während die Ende der 80er Jahre erstmals gebauten Funk-Mäuse noch mit niedrigen Datenübertragungsraten, Störungen und hohen Fertigungskosten zu kämpfen hatten, sind moderne Funk-Mäuse (etwa die Cordless Mouse von LogiTech) kaum teurer als ihre normalen Artgenossen, aber genauso leistungsfähig. Wer's ganz bequem mag, kann sich sogar in den Entspannungssessel zurücklehnen und mit dem LogiTech Surfman durch freies Gestikulieren im Raum dem Mauszeiger zeigen, wo's langgeht. Das optimale Werkzeug auch für angehende Professoren, die den Multimedia-Laptop mit Projektor (→Beamer) einem schnöden Overhead-Projektor vorziehen.

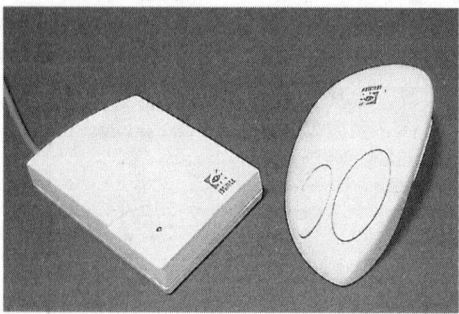

Eine typische Funk-Maus mit ergonomischem Design von der Firma LogiTech. Der Empfänger kann irgendwo unter dem Tisch aufgestellt werden

Funktion [function]

In der Mathematik ist eine Funktion eine Operation, die einem veränderlichen Ausgangswert jeweils genau einem Funktionswert zuordnet (z. B. y = 2x + 3). Analog dazu bezeichnet man in der Programmierung als Funktion einen in sich abgeschlossenen Programmteil, an den ein Wert (eine Variable, eine Zahl o. Ä.) übergeben wird, der diesen Wert verarbeitet und der dann ein Ergebnis zurückliefert (siehe auch →Formel).

Funktionstasten [function keys]

Als Funktionstasten wird das Set von zwölf Tasten am oberen Rand der herkömmlichen PC-Tastatur (→MF2-Tastatur) bezeichnet. Zur Abbildung vergleiche →Tastatur. Sie sind mit F1-F12 beschriftet und je nach Programm mit verschiedenen Funktionen belegt. Während die Funktionstasten unter →DOS noch ein trostloses, weil kaum beachtetes Dasein fristeten, wurden sie bei modernen Programmen bzw. Betriebssystemen wie z. B. unter →Windows 95/98 durch teilweise Mehrfachbelegungen richtig ausgereizt. Funktionstasten aktivieren die ihnen zugeordneten Programmfunktionen entweder durch einfachen oder gleichzeitigen Druck mit den [Alt]-, [Strg]- oder [Umschalt]-Tasten. Auch hier sind wieder Mehrfachkombinationen (z. B. [Strg]+[Alt]+[F10]) möglich. Da sich dies natürlich wieder kaum einer merken kann, erschließt sich der Sinn aller Tastenbelegungen zumeist nur dem Programmierer. Ein stiefmütterliches Dasein fristen übrigens auch heute noch in vielen Programmen die $\boxed{\text{F11}}$- und $\boxed{\text{F12}}$-Tasten, da diese vor einigen Jahren noch nicht auf allen Tastaturen vorhanden waren.

Zum Glück gibt es unter Windows 95/98 mittlerweile einige Funktionstasten-Belegungen, die sich als Standard durchzusetzen beginnen. Nachfolgend eine kleine Auflistung, die allerdings leider nicht für alle Windows 95/98-Programme gilt:

$\boxed{\text{F1}}$	Aktiviert die Hilfe-Funktion
$\boxed{\text{F2}}$	Umbenennen eines angewählten Objekts (z. B. Dateiname im Explorer)
$\boxed{\text{F3}}$	Suchen-Funktion
$\boxed{\text{F4}}$	Wiederholen der letzten Funktion
$\boxed{\text{F10}}$	Menüleiste anwählen
$\boxed{\text{Alt}}$+$\boxed{\text{F4}}$	Programm beenden
$\boxed{\text{Ctrl}}$+$\boxed{\text{F4}}$	Dokumentfenster schließen
$\boxed{\text{Ctrl}}$+$\boxed{\text{F6}}$	Zwischen mehreren aktiven Dokumentfenstern wechseln

Funkzellen-Netz

Um die Reichweite von Funktelefon-Systemen zu vergrößern, können diese zu überlappenden Zellen zusammengeschaltet werden. Jede Zelle wird von einer Basisstation gesteuert, die sich nur innerhalb dieses Bereichs um die Übertragung kümmert. Wandert ein Funktelefonnutzer (siehe →Handy) von einer Funkzelle zur nächsten, so übernimmt die jeweils andere Basisstation die Datenübertragung (→Roaming genannt), was entsprechend die Reichweite des Funktelefonnetzes erhöht. Funkzellen-Netze werden heutzutage bei allen überregionalen Funktelefon-Systemen (→D-Netz, →E-Netz) verwendet, können aber auch mit einem DECT-Telefonsystem für den Heimbereich durch Zusammenschaltung mehrerer Basisstationen aufgebaut werden (siehe →DECT-Standard, →GSM, →DCS und →Roaming).

Fuse [Sicherung]

Ein Fuse ist eine Vorrichtung in elektrischen Stromkreisen, die diese vor Schäden aufgrund zu hoher Stromstärke schützen soll. Überschreitet der Strom eine bestimmte Stärke, so wird die Sicherung zerstört, wodurch die Stromzufuhr unterbrochen wird. Derartige Sicherungen werden auch in →ICs verwendet, jedoch nicht zum Schutz des Schaltkreises, sondern als definierte Sollbruchstelle: Sollte sich ein Teil des Chips beim Funktionstest als fehlerhaft herausstellen, kann mit Hilfe eines genau definierten Stroms diese Sollbruchstelle zerstört werden, um den defekten Teil zu deaktivieren. Der Rest des Bausteins kann dann noch als abgespeckte Version verkauft werden.

Fuß-/Endnoten [foot-/end- note]

Fuß- und Endnoten sind Anmerkungen oder ergänzende Hinweise zu einer Textstelle, die am Ende einer Seite (Fußnote) oder eines Dokuments (Endnote) gesammelt werden. Fuß- und Endnoten sind meist durch eine hochgestellte Ziffer oder ein hochgestelltes →Sonderzeichen kenntlich gemacht. Die meisten (halb)professionellen Textverarbeitungsprogramme bieten bequeme Möglichkeiten zur Eingabe von Fußnoten, die normalerweise automatisch durchnummeriert werden können.

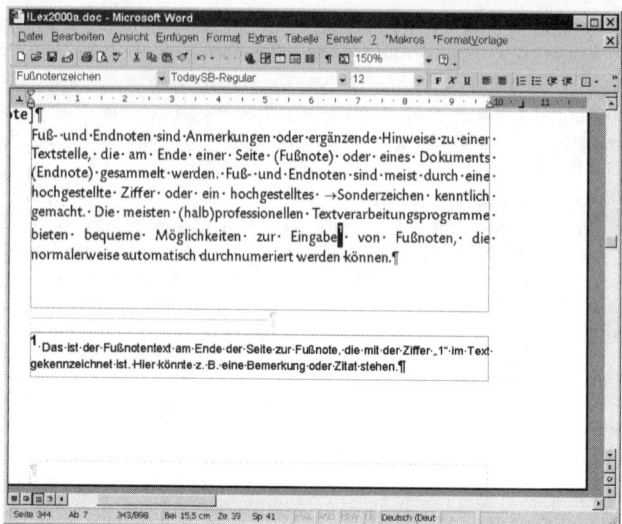

Textverarbeitungen wie hier →Word bieten komfortable Funktionen zum Erstellen und Verwalten von Fuß- und Endnoten

Fußzeile [footer]

Die Fußzeile ist eine separate Zeile am unteren Rand einer Textseite, die neben der aktuellen Seitenzahl auch einen beliebigen Text enthalten kann.

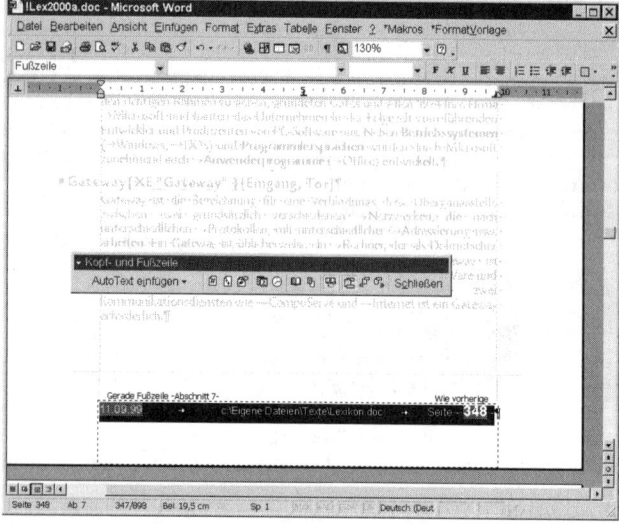

Fußzeilen (hier in der Textverarbeitung →Word) können zum Einbinden von Datum und Seitenzahlen auf jeder Seite verwendet werden

Die Gestalt der Fußzeile kann für das gesamte Dokument oder für einen Bereich des Dokuments vorgegeben werden – gegebenenfalls in zwei Varianten für die jeweils linken und rechten Textseiten.

Fuzzy-Logik [„unklare, verschwommene" Logik]

Die Fuzzy-Logik (fuzzy = unklar, verschwommen) kann als Erweiterung der booleschen Logik (siehe →boolesche Algebra/Operatoren) angesehen werden, die zusätzlich zu den Werten WAHR und FALSCH auch Zwischenwerte wie mehr, weniger, einige oder viele annehmen kann. Je wahrscheinlicher die Richtigkeit einer Aussage wird, desto mehr nähern sich die (absoluten) Werte der Zahl 1, ansonsten der 0. Die Fuzzy-Logik wird in Bereichen eingesetzt, bei denen Entscheidungen aufgrund einer kontinuierlichen Änderung der Situation getroffen werden müssen. Dazu gehören beispielsweise das langsame und sanfte Abbremsen eines Zugs oder die automatische Scharfstellung eines gefilmten Videobilds.

Game-Karte [Spielekarte]

Die Game-Karte (Spielekarte) ist eine Erweiterungskarte, auf der sich ein →Gameport befindet.

Gamepad [„Spielpaddel"]

Ein Gamepad, auch **Paddle** genannt, ist hinsichtlich seiner Funktion ein dem →Joystick ähnliches Eingabegerät für →Computer. Ein Gamepad wird für besondere Computerspiele verwendet, wie z. B. Hit&Run-Spiele. Dabei können Objekte mit Hilfe von beweglichen Hebeln oder Knöpfen bewegt werden. Mit Hilfe von weiteren Knöpfen werden entsprechende Funktionen im Computerspiel aktiviert, wie z. B. die Beschleunigung bei einem Rennauto. Einige Gamepads ermöglichen zwei Teilnehmern das Spielen.

Ein typisches Gamepad, hier von der Firma Microsoft

Gameport [Spieleanschluss]

Der Game-Port (Spieleanschluss) ist eine →Schnittstelle, die das Anschließen eines →Joysticks an einen →Computer ermöglicht. Homecomputer (wie

z. B. der →C64) waren ab Werk mit einem Game-Port ausgestattet. In den heutigen →PCs erfolgt der Anschluss eines Joysticks durch die Installation einer →Game-Karte oder einer →Soundkarte mit Game-Port.

Gameport- (links) und Audio-Anschlüsse (rechts) auf der Rückseite einer Soundkarte

Gamma-Korrektur [gamma correction]

Die Gamma-Korrektur, auch Tonwert-Korrektur genannt, wird bei der Bildverarbeitung am PC zum Ausgleich von Helligkeitsunterschieden bzw. Problemen bei der Helligkeitsdarstellung verwendet. Die meisten Drucker können Farbnuancen nicht wie ein Monitor über den ganzen Farbbereich linear korrekt darstellen. Vor allem untere und mittlere Farbtöne werden oft zu dunkel dargestellt. Dies liegt zum einen an der Unfähigkeit, echte Halbtöne darstellen zu können (→Halbton-Verfahren), zum anderen aber auch am so genannten →Tonwert-Zuwachs. Zum Ausgleich werden bei der Bildverarbeitung die dunklen und mittleren Töne um einen gewissen Faktor, den Gamma-Wert aufgehellt. Grafisch lässt sich dies am besten durch die Veränderung der Gradationskurve (Helligkeitsverteilung vor und nach der Bearbeitung) darstellen. Ein Gamma-Wert von 1 entspricht keiner Veränderung; größere Werte hellen das Bild auf, Werte kleiner 1 dunkeln es ab. Die ganz hellen Bildtöne bleiben von der Manipulation unbeeinflusst.

Eine Gamma-Korrektur kann nicht nur auf ein Bitmap-Bild aufgebracht, sondern bereits beim Scannen zur automatischen Kalibrierung eingesetzt werden. Außerdem sollte jeder Monitor durch eine Gamma-Korrektur auf eine korrekte Helligkeitsdarstellung eingestellt werden. Hierzu bietet nahezu jedes Bildbearbeitungsprogramm eine Gamma-Korrektur-Einstellung für den Monitor an, die nicht mit der Gamma-Korrektur einer Bitmap-Datei verwechselt werden darf.

GAP-Standard (General Access Profile)

GAP ist die englische Abk. f. „generelles Zugangsprofil", einen Kompatibilitäts-Standard für schnurlose Heim-Telefone, der es ermöglicht, Basisstation und Handgeräte von verschiedenen Herstellern benutzen zu können. Der GAP-Standard wurde mit der DECT-Norm (→DECT) für schnurlose Telefone eingeführt und ist fester Bestandteil der 1997 in Kraft getretenen DECT-Norm 3.0.

Gassenbesetzt

Wenn im ISDN-Netz (→ISDN) beide B-Kanäle gleichzeitig für Datenübertragungen verwendet werden, sagt man, die Leitung ist gassenbesetzt. Verständlicher wäre vielleicht die (nicht verwendete!) Bezeichnung doppelt besetzt. Wer etwa mit seinem Modem online ist und gleichzeitig über die ISDN-Karte einen →Euro-File-Transfer laufen hat, sieht auf dem Display des ISDN-Telefons die Meldung gassenbesetzt, wenn er gleichzeitig versucht, auch noch zu telefonieren.

Gastzugang [access for guests]

Ein Anwender, der zum ersten Mal oder nicht regelmäßig an einem →Netzwerk oder einer →Mailbox teilnimmt, kann trotzdem begrenzte Zugriffsmöglichkeiten bekommen, indem er sich als Gast anmeldet. Dieser Gastzugang wird im Allgemeinen dazu genutzt, einen Antrag auf Erteilung eines regulären Zugangs zu stellen.

Gates, Bill

Bill (William Henry III) Gates (*1955) ist Präsident der Firma →Microsoft und gleichzeitig der mittlerweile erfolgreichste amerikanische Unternehmer, zumindest am Reichtum gemessen (geschätztes Vermögen Ende 1996 rund 15 Milliarden US-Dollar). Noch als Student entwickelte Bill Gates mit seinem Freund Paul Allen das Programm **Basic** für einen der ersten Rechner, der den Namen →PC verdiente, den Altair 8800 (mit einem i8080 →Prozessor von →Intel), der ab Januar 1975 verkauft wurde. Basic war →Betriebssystem, Benutzeroberfläche und →Programmiersprache in einem und ermöglichte die Bedienung des Rechners, ohne – wie bei allen seinen Vorgängern – mit einzelnen Bits und Bytes zu hantieren. Um ihren Aktivitäten den richtigen Rahmen zu geben, gründeten Gates und Allen 1974 ihre Firma →Microsoft und bauten das Unternehmen in der Folgezeit zum führenden Entwickler und Produzenten von PC-Software aus. Neben **Betriebssystemen** (→Windows, →DOS) und **Programmiersprachen** wurden durch Microsoft zunehmend auch →**Anwenderprogramme** (→Office) entwickelt.

Gateway [Eingang, Tor]

Gateway ist die Bezeichnung für eine Verbindungs- bzw. Übergangsstelle zwischen zwei grundsätzlich verschiedenen →Netzwerken, die nach unterschiedlichen →Protokollen, mit unterschiedlicher →Adressierung usw. arbeiten. Ein Gateway ist üblicherweise ein →Rechner, der als Dolmetscher zwischen den verschiedenen Netzwerkwelten wirkt. Ein Gateway ist erforderlich, wenn z. B. zwischen Netzwerksegmenten unter →NetWare und DECnet vermittelt werden soll. Auch zwischen zwei Kommunikationsdiensten wie →CompuServe und →Internet ist ein Gateway erforderlich.

Gateway 2000

Das 1985 auf einer Farm in South Dakota gegründete Unternehmen Gateway 2000 gehört zu den am schnellsten wachsenden Firmen der PC-Branche. In den Vereinigten Staaten ist Gateway der führende Direktanbieter von PC-Komplettsystemen, in Europa ist Gateway seit 1993 in Dublin/Irland präsent. In Dublin werden die Gateway-Computer für Europa produziert. Das Unternehmenskonzept mit Direktvertrieb und umfangreichen Service- bzw. Garantieleistungen entspricht generell dem Konkurrenten Dell, der als Erster den Sprung nach Europa wagte. Gateway produziert PCs auf Bestellung, unterhält also kein Lager mit Fertigprodukten. Deshalb kann ein derartiger Direktanbieter ein sehr hohes Innovationstempo erreichen. Gateway 2000 ist mit einem gelungenen Internetangebot unter der Adresse *www.gateway 2000.com/home* zu finden.

GBit (GigaBit)

GBit ist ein Vielfaches der Maßeinheit →Bit für die Informationsmenge und →Speicherkapazität. 1 GBit = 1.024 MBit = 1.048.576 KBit = 1.073.741.824 Bit.

GByte (GigaByte, GB)

GByte oder GB ist ein Vielfaches der Maßeinheit →Byte für die Informationsmenge und →Speicherkapazität. 1 GByte = 1.024 MByte = 1.048.576 KByte = 1.073.741.824 Byte.

GDI-Drucker [Graphic Device Interface]

Unter GDI (englische Abk. f. Grafische-Geräte-Schnittstelle) versteht man in erster Linie eine Softwareschnittstelle unter Windows zur Anzeige von Daten auf dem Monitor. GDI kann aber auch dazu verwendet werden, die Ausgabedaten für Drucker aufzubereiten, denn letztendlich handelt es sich hier wie auch bei der Monitordarstellung um nichts anderes, als um die Erzeugung von Bildern mit Hilfe von Punktrastern. Der GDI-Schnittstelle ist es sozusagen egal, ob die Ausgabe Punkt für Punkt auf dem Monitor oder über den Drucker auf einem Blatt Papier erfolgt.

GDI-Drucker, typischerweise Laser- und Tintenstrahldrucker, verwenden also den **Windows-PC** zur Berechnung der Druckdaten. Daher benötigen sie im Idealfall auch keinen eigenen Prozessor oder Druckerspeicher. Natürlich sind beide zum Empfangen von Daten und Steuerinformationen bzw. zum Puffern derselben notwendig, aber sie müssen bei weitem nicht so leistungsfähig wie bei normalen Druckern sein. Der große Vorteil liegt auf der Hand: GDI-Drucker lassen sich deutlich **preiswerter** produzieren (ca. 300-500 DM im Vergleich zu klassischen Druckern). Der Nachteil dürfte aber auch schnell klar sein: Die Ausgabegeschwindigkeit hängt stark von der PC-Performance ab und außerdem kann der Ausdruck nur unter Windows (Version 3.x, 95, 98) erfolgen. Auch unter **Windows NT** ist der Anschluss nur mit speziell angepassten Treibern möglich, da NT die GDI-Schnittstelle von Windows 95/98 nicht richtig unterstützt. Ähnliches gilt für den **Ausdruck unter DOS**: Er ist entweder nur in einem DOS-Fenster unter Windows möglich, oder wenn der Drucker eine zusätzliche Emulation z. B. für einen HP-LaserJet unterstützt.

Eine Art Weiterentwicklung bzw. Konkurrenzentwicklung zu GDI ist **Printgear** von Adobe. Es arbeitet nach einem ähnlichen Prinzip, nämlich dass also die Druckaufbereitung überwiegend vom PC übernommen wird, sodass preiswertere Drucker hergestellt werden können. Printgear beruht auf einem reduzierten, vereinfachten Befehlssatz von Adobes →**PostScript**. Die Druckdaten werden vom PC aufbereitet und als kompakte Objekte an den Drucker übertragen. Dort übernimmt jedoch ein eigener Prozessor im Gegensatz zu GDI die Seitenrasterung. Die Firma →**NEC** hat mit den Laserdruckern-Modellen Superscript 860 und 1260 die ersten Printgear-Drucker auf den Markt gebracht, die mit einer Druckgeschwindigkeit von 8 bzw. 12 Seiten pro Minute schon beachtliche Leistung liefern. Dennoch sind die Geräte deutlich preisgünstiger als vergleichbare klassische Laserdrucker. Theoretisch sind mit Printgear auch Modelle mit 24 Seiten/Minute möglich, sodass noch weitere Entwicklungen zu erwarten sind. Ein weiterer großer Vorteil von Printgear ist, dass der Ausdruck, entsprechende Treiber vorausgesetzt, nicht nur unter Windows 95/98, sondern auch DOS oder Windows NT erfolgen kann.

Gedruckte Schaltung [printed circuit]

Gedruckte Schaltung ist die allgemeine Bezeichnung für ein Gebilde aus isolierendem Trägermaterial, auf das Leiterbahnen zur Verbindung diverser elektronischer Bauelemente aufgebracht wurden. Als Technologie kam in der Vergangenheit das Aufdrucken eines leitenden Materials mittels Siebdruck zum Einsatz. Derartige gedruckte Schaltungen waren u. a. auch die Vorläufer heutiger →ICs, dabei wurden einzelne salzkorngroße →Transistoren, Widerstände usw. auf kleine Keramikplättchen mit aufgedruckten Leitbahnen aufgebracht. Heute werden insbesondere Computerplatinen (siehe →Platine) – trotz vollkommen abweichender Technologie – als gedruckte Schaltung bezeichnet. Das isolierende Trägermaterial wird hier (in zumeist mehreren Schichten) mit Kupferfolie kaschiert, mit Fotolack beschichtet, entsprechend belichtet, entwickelt und anschließend geätzt, um die Leiterbahnen zur Verbindung der ICs und anderer Bauelemente zu erzeugen.

GEM (Graphics Environment Manager)

GEM (englische Abk. f. grafischer Umgebungs-Manager) war die Bezeichnung für eine von der Firma →Digital Research in den 80er Jahren eingeführte grafische →Benutzeroberfläche für →Atari und DOS-Rechner. Ähnlich wie →Windows arbeitete GEM mit der Fenstertechnik, setzte auf →MS-DOS auf und diente als Arbeitsplattform für speziell entwickelte Programme. Aufgrund des Erfolgs von →Windows wurde GEM für →PCs vom Markt verdrängt und nicht mehr weiterentwickelt.

GEMA (Gesellschaft für musikalische Aufführungsrechte)

GEMA, die Gesellschaft für musikalische Aufführungsrechte und mechanische Vervielfältigungsrechte, ist die Bezeichnung für eine 1933 gegründete Verwertungsgesellschaft von Urheberrechten mit Sitz in Berlin (damals STAGMA genannt). Als geschäftsmäßige Verwertungsgesellschaft für Urheberrechte nimmt die GEMA anstelle der eigentlichen Inhaber bzw. Urheber deren Rechte (Nutzungsrecht, Einwilligungsrecht, Vergütungsansprüche etc.) bei Aufführungen, Sendungen oder Vervielfältigungen wahr und vertritt diese. Die GEMA erteilt z. B. einzelne oder pauschale Genehmigungen für Sendungen im Hörfunk oder Fernsehen oder wacht über die Vervielfältigungsrechte bei der Verwendung von Tonträgern. Sinn der GEMA ist eine allgemeine Vergütung für die Urheber von musikalischen Werken, damit diese auch aus der Abstrahlung ihrer Werke im Rundfunk oder der privaten Vervielfältigung auf bespielbaren Tonträgern Einnahmen erhalten können. So wird z. B. vom Kunden beim Kauf einer Leer-Kassette für Audioaufnahmen auf dem heimischen Tapedeck jedes Mal eine gewisse Gebühr an die GEMA entrichtet. Die GEMA zahlt schließlich an die Besitzer der eigentlichen Urheberrechte (z. B. die Interpreten) eine entsprechende Entschädigung, die sich nach der Zahl der Veröffentlichungen des Werkes richtet.

Analog zur GEMA gibt es auch Verwertungsgesellschaften für Urheberrechte in anderen Bereichen. Beispielsweise die **VG Wort** (Verwertungsgesellschaft Wort) mit Sitz in München, die sich um die Urherberrechte von schriftstellerischen Arbeiten kümmert. Die Gesellschaft zur Verwertung von Leistungsschutzrechten mbH in Hamburg hat die entsprechenden Aufgaben für Künstler und Schallplattenfabrikanten.

Gender changer [Geschlechtsumwandler]

Als gender changer werden kleine →Adapter bezeichnet, mit denen sich männliche →Stecker (die mit den Pins) in weibliche – und umgekehrt – umwandeln lassen, um bei nicht normgerechten Kabeln oder Geräteanschlüssen eine Verbindung herstellen zu können.

Gerät [device]

Als Gerät bezeichnet man allgemein eine Komponente der →Peripherie eines →Computers.

Geräteadresse [device address]

Die Geräteadresse – auch als Gerätename bezeichnet – ist die logische, vom →Betriebssystem verwaltete Bezeichnung für periphere Komponenten oder Geräte, wie Erweiterungskarten oder →Drucker. Mit Hilfe der Geräteadresse können diese Geräte für Ein- und Ausgaben eindeutig angesprochen werden. Typische Geräteadressen unter →MS-DOS sind COM1 und COM2 (siehe →COM) für die beiden ersten →seriellen Schnittstellen sowie LPT 1 (siehe →LPT) oder →PRN für die →parallele Schnittstelle (siehe auch →Adresse, →I/O-Adresse).

Geräte-Manager [device manager]

Der Geräte-Manager ist ein wichtiges Programm-Modul von Windows 95/98, mit dem man die in einem PC installierte Hardware sehr gut kontrollieren kann. Der Geräte-Manager wird über das zweite Register *Geräte-Manager* des Dialogfensters *Eigenschaften für System* (bei Windows 98 *„Eigenschaften von System"*) aufgerufen. Dieses Dialogfenster kann man üblicherweise wiederum über zwei Arten starten: Entweder man ruft mit der rechten Maustaste das Menü *Eigenschaften* des Symbols *Arbeitsplatz* auf dem Windows-Desktop auf oder man wählt das Symbol *System* in der →Systemsteuerung von Windows. Das erste Verfahren geht zumeist schneller und bequemer.

Die einzelnen, im Geräte-Manager aufgeführten Treiber bzw. Geräte sind zumeist nach Oberbegriffen wie *Laufwerke* oder *Netzwerkkarten* baumartig zusammengefasst. Erst wenn man auf das Pluszeichen vor einem Eintrag klickt, werden die Untergruppen aufgeklappt, sodass man die Einträge zu den einzelnen Geräten sehen kann. Über die vier Schaltflächen *Eigenschaften*, *Aktualisieren*, *Entfernen* und *Drucken* kann man nach Anwahl eines Eintrags die entsprechenden Aktionen ausführen. *Eigenschaften* zeigt einem z. B. Informationen über die Treiber und Ressourcen-Vergabe eines Geräts an. Durch *Aktualisieren* startet man die Hardwareerkennung von Windows

erneut, sodass neue oder nach dem Starten von Windows erst eingeschalte-
te Geräte aktiviert werden. Dies ist v. a. bei SCSI-Geräten wie z. B. einem
Scanner nützlich, um diese auch nachträglich und ohne Neustart des Systems
einschalten und direkt nutzen zu können.

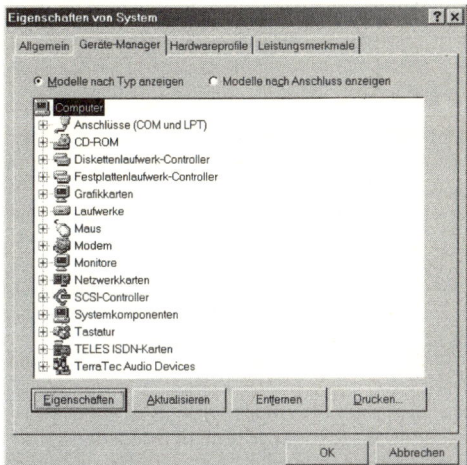

*Der Geräte-Manager von
Windows 95/98 im Dialog-
fenster Eigenschaften von
(für) System. Hier werden alle
Geräte aufgeführt, die
Windows erkannt hat bzw.
unterstützt*

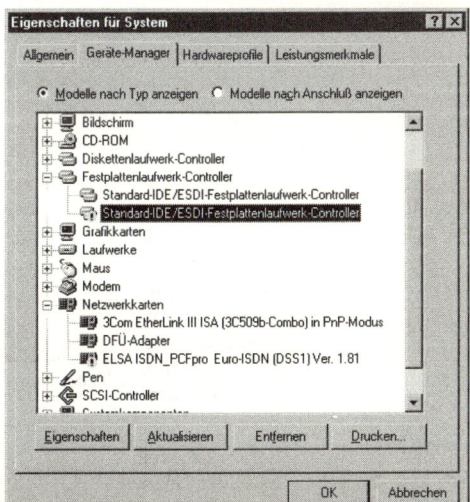

*Probleme wie z. B. Interrupt-
Konflikte mit einzelnen
Geräten zeigt der Geräte-
Manager zumeist als Aus-
rufezeichen oder rotes Kreuz
an. Siehe auch →Interrupt-
Sharing*

Über *Entfernen* kann man den Treiber eines eingebundenen Geräts aus dem
System löschen. Dies funktioniert allerdings nur dann richtig, wenn der Hersteller durch eine entsprechende, daran gekoppelte Deinstallationsroutine
die komplette Entfernung der Treiberdateien unterstützt. Über den Befehl

Drucken kann man sich eine Übersicht der installierten Geräte und/oder Systemeinstellungen ausdrucken lassen.

Tipp: Der Geräte-Manager ist ein absolut wichtiges, unentbehrliches Hilfsmittel von Windows 95/98. Bei Hardwareproblemen sollte man immer hier zuerst nach möglichen Fehleranzeigen und/oder Ressourcen-Konflikten suchen (siehe auch →Ressourcen, →Interrupt, →Interrupt-Konflikt und →Interrupt-Sharing). Um den Geräte-Manager jederzeit direkt aufrufen zu können, können Sie ihn als eigenes Symbol über eine Verknüpfung z. B. in das Start-Menü oder auf den Desktop legen. Hierzu brauchen Sie nur die Befehlszeile „*C:\Windows\Control.exe Sysdm.cpl, System,1*" in die Eigenschaften der Verknüpfung einzutragen und dem ganzen noch ein ansprechendes Symbol zuzuweisen.

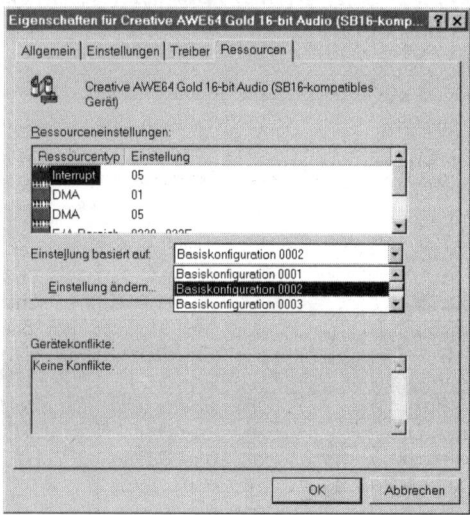

Über die Eigenschaften eines Geräts kann man teilweise, wenn der Treiber dies unterstützt, die Ressourcen-Einstellungen noch manuell ändern

Gerätesteuerung [device control]

Für den Benutzer muss sichergestellt sein, dass die an einen Rechner angeschlossenen peripheren Geräte in adäquater Weise und auch bei konkurrierendem Zugriff paralleler Nutzungsprozesse (siehe →Prozess) störungsfrei genutzt werden können. Diese Aufgabe, die Gerätesteuerung, wird vom →Betriebssystem und den →Gerätetreibern erfüllt.

Gerätetreiber [device driver]

Allein die physische Verbindung vom →Computer zu einem Gerät ermöglicht noch nicht dessen Nutzung. Dazu bedarf es eines speziellen →Programms, eines so genannten Gerätetreibers – kurz auch nur **Treiber** genannt –, das die Ansteuerung z. B. des →Druckers oder des Streamers unter dem benutzten →Betriebssystem ermöglicht.

Germany.net

Germany.net ist ein Internetzugangs-Provider der Firma Callisto GmbH, die wiederum eine 100%ige Tochter der bekannten Telefonnetz-Firma o.tel.o ist. Unter der Bezeichnung Germany.net (*www.germany.net*) bietet Callisto seit Ende 1994 einen kostenlosen Internetzugang an. Der Teilnehmer trägt lediglich die Telefongebühren zur Einwahl, die seit dem 2.8.1999 über die bundesweit zum Ortstarif erreichbare Rufnummer 01011 01912 2000 möglich ist. Es werden die üblichen Dienste eines Internetproviders wie E-Mail oder eigene Newsgroups und Chatforen angeboten. Für die Erstellung einer eigenen Homepage stehen jedem Teilnehmer 10 MByte Speicherplatz zur Verfügung. Das kostenlose Angebot wird v. a. über Werbung bzw. das Anbieten von Diensten Dritter finanziert. Neben diesem kostenlosen Angebot für Privat-Leute bietet Germany.net aber auch professionelle Einwahl- und Standleitungs-Zugänge für Firmen an.

Geschachtelt

Programme nennt man geschachtelt, wenn von einem →Hauptprogramm auf Unterprogramme zugegriffen wird. Je nach Grad der Schachtelung können die Unterprogramme ihrerseits wieder auf Unterprogramme zugreifen.

Geschäftsgrafik [business chart]

Als Geschäftsgrafik oder Präsentationsgrafik wird die grafische Aufbereitung von →Daten unter Verwendung von →Diagrammen, Texten, →Tabellen und Bildern bezeichnet. Geschäftsgrafiken werden häufig im Wirtschaftsbereich zur Veranschaulichung von komplexen Zahlenmaterialien (Bilanzen, Tendenzen) verwendet, woher sich der Begriff Geschäftsgrafik erklärt. Zur Erstellung von Geschäftsgrafiken gibt es eine große Fülle spezialisierter →Präsentationsprogramme wie z. B. **Harvard Graphics** oder **PowerPoint**. Bei den von ihnen erstellten Dokumenten handelt es sich i. d. R. um →Containerdateien, in die die verschiedenen Elemente einer Geschäftsgrafik aus den ursprünglich verarbeitenden Programmen importiert werden.

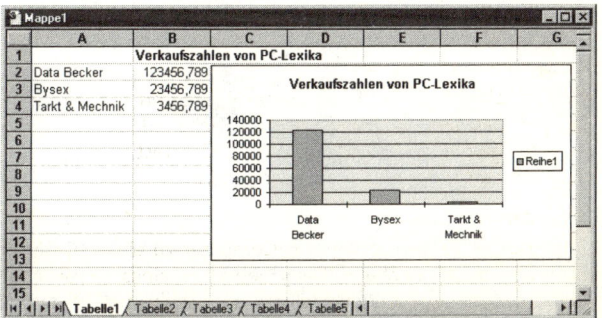

Geschäftsgrafiken lassen sich komfortabel mit modernen Tabellenkalkulationen wie etwa →Excel erstellen

Geschlossene Benutzergruppe [closed user group]

In einem →Netzwerk können geschlossene Benutzergruppen (engl. closed user groups) gebildet werden, die die Möglichkeit haben, untereinander Nachrichten oder →Dateien auszutauschen, die nicht für andere Teilnehmer zugänglich sein sollen.

Geviert

Ein Geviert ist eine typografische Maßeinheit. Ein Geviert einer bestimmten Schriftart und -größe entspricht der Breite des Buchstabens m in der jeweiligen Schrift. Die Maßeinheit wird in der →Typografie beispielsweise verwendet, um Abstände und Einrückungen anzugeben.

GFlops (Giga- Floating Point Operations Per Second)

GFlops ist ein Vielfaches der Maßeinheit Flops (englische Abk. f. Gleitkommaoperationen pro Sekunde) zur Beurteilung der Leistungsfähigkeit eines →Computers. Ein GFlop steht für 1.073.741.824 Gleitkommaoperationen pro Sekunde, bei denen es sich, wie der Name schon sagt, um Berechnungen nur unter Verwendung von Gleitkommazahlen handelt (vergleiche →Fließkommadarstellung).

GIF (Graphics Interchange Format)

Das →Dateiformat GIF (englische Abk. f. Grafikaustauschformat) wurde für geräteunabhängige Bilder (→Bitmaps) der Firma →CompuServe entwickelt. Es unterstützt Grafiken mit **16 und 256 Farben sowie Graustufen**, aber im Gegensatz zu den meisten anderen Formaten wie etwas →JPEG keine Echtfarben (TrueColor). Zur Verkleinerung der Dateigröße (→Kompression) wird das →LZW-Verfahren genutzt. Dass die resultierenden Grafiken bei recht hoher Qualität dennoch ziemlich klein sind, werden GIF-Grafiken v. a. im Online-Bereich (→**Internet**) verwendet. Sie sind neben JPEG-Dateien (für TrueColor-Bilder) die typischen Grafiken auf →Webseiten. Aus lizenzrechtlichen Gründen wird das GIF-Format gerade durch das erweiterte →*png*-Format (**P**ortable **N**etwork **G**raphics) ersetzt. Außerdem sind JPEG-Bilder immer noch die am häufigsten verwendete Alternative im Internet. Jedoch fehlen hier Animation und Transparenz (siehe nächsten Punkt).

Es gibt drei besondere Varianten von Gif-Bildern: die so genannten →**animierten Gifs**, **transparenten Gifs** und **interlaced Gifs**. Bei animierten Gifs werden mehrere Bilder zusammengespeichert und wie ein kleiner Film im →Webbrowser abgespielt. Bei **transparenten Gifs** (**GIF89a-Format**) kann eine der 256 Farben auf transparent geschaltet werden. Normalerweise ist dies der (einheitliche) Hintergrund, wodurch nur noch die zentralen Objekte sichtbar sind. Mit dieser Funktion wird ein sonst vorhandener Nachteil gegenüber Vektorbildern ausgeglichen, die ja immer transparent und ohne viereckigen Hintergrund frei positionierbar sind. Transparente *gif*s werden v. a. im Internet zur Publikation auf →Webseiten (→Homepage, →World Wide Web, →Internetpublishing) verwendet, da sie sich so homogener auf der Seite einfügen lassen. Würde immer der rechteckige, z. B. weiße Hintergrund dargestellt werden müssen, so sähe dies ziemlich hässlich und unprofessionell aus. **Interlaced Gifs** entsprechen schließlich in ihrer Funktion dem

progressive JPEG-Format, denn die Bilder werden so bei der Anzeige im Webbrowser langsam von einer schlechten Basisdarstellung zum vollwertigen Bild aufgebaut. Das erhöht zwar die Dateigröße ein bisschen, ermöglicht aber, schon beim Betrachten im Netz einen Eindruck vom Bild zu bekommen, bevor es vollständig runtergeladen wurde. Bei Desinteresse kann der Download gestoppt werden.

Übrigens ... Gif steht, wie jetzt klar sein sollte, nicht, wie im Internet gerüchteweise und als Anspielung auf die vielen pornografischen Seiten behauptet, für Girls in Files.

Giga

In der Naturwissenschaft bezeichnet das Präfix Giga das 10^9-fache einer physikalischen Größe, in der →EDV dagegen den Vorfaktor 1024 * 1024 * 1024. Ein →GByte sind also 1.073.741.824 Byte, ein Gigawatt lediglich 1.000.000.000 Watt.

Gigabit

Ein **Gigabit** (abgekürzt GBit) ist ein Vielfaches der Maßeinheit →Bit für die Informationsmenge und →Speicherkapazität. 1 GBit = 1.024 MBit = 1.048.576 KBit = 1.073.741.824 Bit.

Gigabyte

Ein **Gigabyte** (abgekürzt GByte oder GB) ist ein Vielfaches der Maßeinheit für die Informationsmenge und →Speicherkapazität. 1 GByte = 1.024 MByte = 1.073.741.824 Byte.

Glasfaserkabel [glass fiber]

Glasfaserkabel, auch als LichtWellenLeiter (abgekürzt LWL) bezeichnet, sind ein modernes Übertragungsmedium, das auf Basis optischer Wirkprinzipien arbeitet. Ein Glasfaserkabel besteht aus einer ca. 0,1 mm dünnen Glasfaser, in der →Daten mit hochfrequenten Lichtimpulsen weitergeleitet werden. Es besitzt einen inneren Glaskern, der von einem äußeren Glasmantel mit einem anderen Brechungsindex umhüllt ist. Durch diesen Aufbau wird ein durch den Kern laufender Lichtimpuls durch Totalreflektion am äußeren Mantel auf seiner Bahn gehalten. Das Glasfaserkabel ist die Grundlage für alle modernen Kommunikationstechniken (siehe →Information Highway), da es gegenüber dem herkömmlichen Kupferkabel viele Vorteile hat. Hier sind insbesondere das geringere Gewicht, die Abhörsicherheit und die höhere →Bandbreite für die Übertragung zu nennen. Nachteilig wirken sich dagegen die Schwierigkeiten bei der Herstellung von Abzweigungen und Verbindungen und die höheren Produktions- und Verarbeitungskosten aus.

Glasfasernetzwerk [glass fiber network]

Glasfasernetzwerk ist die Bezeichnung für ein sehr schnelles und sicheres →Netzwerk auf der Basis von Glasfaserkabeln. Dabei werden die Daten in Form von modulierten Lichtwellen über →Glasfaserkabel übertragen.

Glidepad

Als Glidepad, **Touchpad** oder auch **Trackpad** werden spezielle Eingabegeräte für den PC bezeichnet, die zur Steuerung des Mauscursors mit einer berührungsempfindlichen Folie arbeiten. Man fährt über diese Folie mit der Fingerkuppe hinweg und bewegt dadurch den Cursor über den Bildschirm. Ein Mausklick wird durch kurzes Antippen der Folie oder durch Drücken von zusätzlich vorhandenen Tasten erreicht. Glidepads werden v. a. bei Notebooks eingesetzt, wo sie eine Maus vollständig ersetzen. Es gibt entsprechende Geräte aber auch für den normalen PC zu kaufen (siehe Abbildung). Das Arbeiten mit einen Glidepad ist ziemlich gewöhnungsbedürftig und ist auch weniger exakt als mit einer Maus. Zeichnen oder feine Markierungsarbeiten sind daher nur schlecht möglich.

Für den normalen PC gibt es solche externen Glidepads, die statt einer Maus genutzt werden können

Gliederung [structure]

Eine Gliederung ist ein Hilfsmittel zur Strukturierung eines Textes, das ähnlich wie das Inhaltsverzeichnis eines Buches mit mehreren Ebenen (Über- und Unterordnung) funktioniert. Unter die Gliederungspunkte werden die dazugehörigen Texte geschrieben.

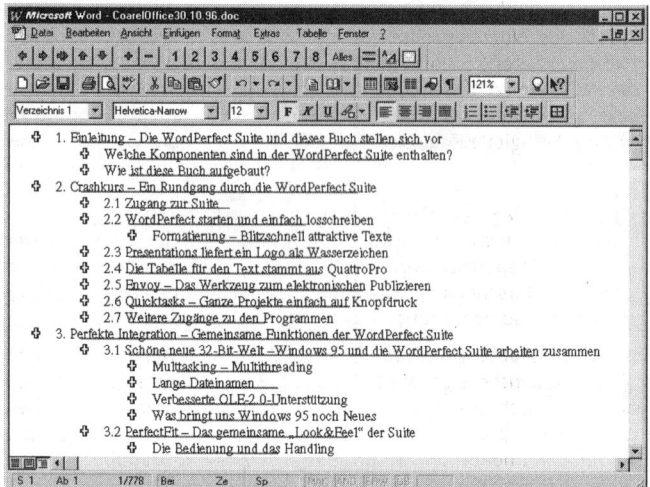

In modernen Textverarbeitungsprogrammen wie hier →Word kann man Textstruktur in der Gliederungsansicht komfortabel bearbeiten

Durch die Gliederungsfunktionen, die innerhalb des Gliederungsmodus einer →Textverarbeitung zur Verfügung gestellt werden, können die Gliederungspunkte mitsamt dazugehörigen Texten unproblematisch und übersichtlich ganz nach Wunsch verschoben oder innerhalb der Überschriftenhierarchie anders eingestuft werden.

Gopher [„Taschenratte"]

Gopher ist der Name eines kleinen wieselartigen Tiers, das in Nordamerika beheimatet ist und verzweigte Tunnelsysteme gräbt. Ein Gopher ist auch das Maskottchen der University of Minnesota. Gopher – entwickelt an der University of Minnesota – ist ein mitlerweile veralteter Dienst im →Internet zum Auffinden von Dateien und Texten. Man konnte sich mit Gopher in den Dateiverzeichnissen und von Server zu Server zu Informationen durchgraben und Dateien mit →FTP zum heimischen Rechner übertragen. Gopher arbeitete mit dem Suchprogramm →VERONICA zusammen. Spezielle, grafische Gopher-Clients erledigten das Durchforsten der Dateistrukturen und Server (des Gopher-Raums) sowie wunschgemäß die Dateiübertragung in einen grafisch orientierten Dialog. Doch man kann auch seinen →Webbrowser bemühen, um dies zu erledigen.

GPS (Global Positioning System)

GPS ist die Abk. f. globales Positionierungssystem. Es ist die Bezeichnung für ein System zur Standortbestimmung z. B. von Schiffen und Autos. Seit Anfang 1996 erobern kompakte GPS-Geräte als elektronische Verkehrsleitsysteme für Autos den Markt durch immer niedrigere Preise. Zur Ortsbestimmung verwendet das GPS-System Peilsender, die z. T. stationär am Boden, z. T. aber als Satelliten in der Erdumlaufbahn arbeiten. GPS wurde ursprünglich für militärische Zwecke vom US-Verteidigungsministerium entwickelt; für die private Nutzung sollten daher die Ortsbestimmungen auch auf wenige Hundert Meter beschränkt bleiben. Derzeit wird aber mit verschiedenen Zusatzsystemen (z. B. DGPS, D für Differential) an einer genaueren Positionierung gearbeitet. Als Korrekturdaten für die genaue Ortsbestimmung könnten z. B. digitale Radiosignale von DAB verwendet werden (siehe →Digitales Radio).

Grabbing [packen, ergreifen]

Grabbing ist ein nicht sehr präzise gefasster Begriff, der das allgemeine Aufnehmen und Abspeichern von Bildern mit dem →Computer bezeichnet. Zur genaueren Unterscheidung wird meist zwischen dem Screen-Grabbing, Frame-Grabbing und dem Motion-Grabbing unterschieden.

Beim Screen-Grabbing werden mit Hilfe spezieller Programme Bildschirmfotos (auch Screenshots genannt) gemacht, d. h., der gesamte oder Teile des Inhalts des Bildschirms werden in einer Grafikdatei festgehalten. Insbesondere unter →Windows ist das Screen-Grabbing recht komfortabel und wird meist zur Dokumentation von Programmabläufen in Handbüchern und Anleitungen eingesetzt.

Beim Frame- und Motion-Grabbing werden dagegen die Bildinformationen aus externen, analogen Videosequenzen digitalisiert und so dem Computer zur Weiterverarbeitung zugänglich gemacht. Dabei werden entweder Einzelbilder in Form von normalen Grafikdateien abgegriffen und gespeichert (Frame-Grabbing) oder komplette Sequenzen als digitale Videos digitalisiert (Motion-Grabbing). Hierzu werden entsprechende PC-Steckkarten (Framegrabber, Motiongrabber, z. B. FAST Movie-Machine, Miro DC-Serie) verwendet, an die die Videoquellen angeschlossen werden. Während das Frame-Grabbing mittlerweile relativ einfach und kostengünstig eingesetzt werden kann, ist das vollständige Digitalisieren von ganzen Videosequenzen aufgrund der enormen Datenfülle zur Zeit noch ein aufwendiges, hardwareintensives und daher teures Unterfangen. Zur Kompression der digitalen Videosequenzen werden verschiedene Verfahren eingesetzt, von denen M-JPEG und insbesondere →MPEG eine verstärkte Bedeutung zukommt.

Grafik [graphic, image]

Grafik ist die allgemeine Bezeichnung für alle bildhaften Darstellungen wie beispielsweise Zeichnungen oder Fotos. Auch einzelne Bilddateien werden im Computerbereich als Grafiken bezeichnet. Grundsätzlich können Grafiken als →Vektorgrafik oder als →Pixelgrafik abgelegt sein.

Grafikauflösung [graphic resolution]

Die Grafikauflösung gibt die Anzahl der Bildschirmpunkte an, die für eine Grafik zur Verfügung stehen. Je höher die →Auflösung ist, desto besser ist die Detailtreue und Realitätsnähe der Darstellung. Mit steigender Auflösung benötigt die →Grafikkarte mehr →Speicher. Typische Auflösungen sind: 640 * 480, 800 * 600 und 1.024 * 768 Bildpunkte).

Grafik-BIOS

In einem Grafik-BIOS (Basic Input Output System) sind die grundlegenden →Routinen enthalten, die für die grafische Ausgabe auf dem →Bildschirm benötigt werden. Vergleiche →BIOS.

Grafikfarbtiefe

Die Grafikfarbtiefe gibt an, wie viele Farben mit einer →Grafikkarte dargestellt werden können. Die →Farbtiefe wird entweder direkt angegeben (256 Farben) oder durch die Anzahl der →Bits, die für die Farbdarstellung benötigt werden (8 Bit: 256 Farben, 16 Bit: 65.536 Farben [HighColor], 24 Bit: 16,7 Millionen Farben – fotorealistische oder TrueColor-Darstellung [siehe →TrueColor]). Je mehr Farben dargestellt werden sollen, desto mehr →Speicher benötigt die Grafikkarte.

Grafikkarte [graphics card]

Die Grafikkarte ist eine Hardwarekomponente (→Steckkarte) des →Computers, die zur Aufbereitung und Darstellung aller →Daten, die für die Bildschirmausgabe von Bedeutung sind, verwendet wird. Sie wird auch als →Videokarte oder Grafikadapter bezeichnet. Die Grafikkarte bestimmt alle wesentlichen Parameter der Bildschirmausgabe wie →Auflösung, →Bildwiederholfrequenz, Farbanzahl sowie die Geschwindigkeit der Darstellung und sollte an die Leistungsfähigkeit des →Monitors angepasst sein. Heutige Grafikkarten bestehen im Wesentlichen aus einem Grafikprozessor, einem eigenen →Arbeitsspeicher (wobei →DRAM, →EDO-RAM, →VRAM, →WRAM

→SDRAM oder →MDRAM zum Einsatz kommen) sowie einem so genannten RAMDAC, ein →Digital-Analog-Wandler, der die digitalen Computerdaten in analoge Signale für den →Bildschirm umwandelt. Grafikkarten für Flachbildschirme (z. B. TFT-Displays) brauchen keinen RAMDAC, wenn die Bilddaten direkt über einen (bisher nicht genormten) Digitalanschluss an den Monitor übertragen werden. Die Größe des Bildspeichers einer Grafikkarte bestimmt, welche →Auflösung bei welcher →Farbtiefe dargestellt werden kann. Karten mit den heute mindestens üblichen 4 →MByte Speicher können z. B. 16,7 Millionen Farben (→TrueColor) bei einer Auflösung von 1024 x 768 Punkten darstellen. Für 3-D-Funktionen ist jedoch meistens die doppelte Speichermenge notwendig, sodass hier 8 MByte Speicher zur Grundausstattung gehören. Siehe auch →3-D-Grafikkarte für Abbildung und weitere Informationen.

> **Tipp:** Reine, mittlerweile veraltete 2-D-Grafikkarten brauchen normalerweise keinen eigenen Interrupt. Wenn man im →BIOS des PCs die Interrupt-Zuweisung für einen PCI-Slot deaktivieren kann, kann man den IRQ also für andere Geräte verwenden. Die aktuellen →**3-D-Grafikkarten** benötigen aber meist einen IRQ für die 3-D-Funktionen. Bei →**AGP-Grafikkarten** muss man außerdem beachten, dass diese sich den IRQ mit dem benachbarten (ersten) PCI-Slot teilen. Wenn beide Karten (im ersten PCI-Steckplatz und die AGP-Grafikkarte) einen Interrupt benötigen, muss der PC ein Interrupt-Sharing unterstützen (siehe →Interrupt).

Grafikmodus [graphics mode]

Im Gegensatz zum →Textmodus wird im Grafikmodus jedes →Pixel des →Bildschirms einzeln angesteuert. Die meisten →Grafikkarten beherrschen mehrere Grafikmodi, die sich in der →Auflösung und in der Anzahl der Farben unterscheiden.

Grafikprogramme [graphic programs]

Immer dann, wenn Sie mit dem →PC eine Zeichnung anfertigen wollen, benötigen Sie ein Grafikprogramm. Diese →Programme ermöglichen sowohl das Malen als auch das Zeichnen und Konstruieren mit der →Maus bzw. dem Grafiktablett. Grafikprogramme arbeiten nach zwei verschiedenen Konzepten: Nach Bitmaps orientierte Programme ermöglichen das Malen wie mit einem Buntstift (siehe →Bitmap), die Ergebnisse sind jedoch nur begrenzt vergrößer- oder verkleinerbar. Vektororientierte Programme fordern ein eher collagenartiges Vorgehen und vielfältige Vorüberlegungen, entschädigen aber für den Mehraufwand mit perfekter Veränderbarkeit (siehe →Vektorgrafik). Konstruktionsprogramme, die aus dem Bereich →CAD kommen, ermöglichen darüber hinaus die Erstellung von bemassten Zeichnungen usw. Bekannte Grafikprogramme sind →Paintbrush, →CorelDRAW, Visio und Designer.

Grafikspeicher [graphics memory]

Der Grafikspeicher ist der Arbeits- oder Bildspeicher einer →Grafikkarte. Die Größe des →Arbeitsspeichers bestimmt, welche →Auflösung bei welcher →Farbtiefe dargestellt werden kann. Heute gängige Karten können beispielsweise mit 2 →MByte →RAM 16,7 Millionen Farben (siehe TrueColor) bei einer Auflösung von 800 x 600 Punkten darstellen.

Grafikstandard [graphics standard]

Die durch Hersteller geprägte Norm für die Fähigkeiten und das Verhalten von →Grafikkarten wird als Grafikstandard bezeichnet. Nur durch eine allgemein akzeptierte Norm ist es z. B. möglich, dass →Monitore eines Herstellers an einer Grafikkarte eines anderen Herstellers betrieben werden können. Auch für die Softwareproduzenten ist die Standardisierung der verschiedenen →Grafikmodi unverzichtbare Bedingung, um ein Produkt auf verschiedenen Rechnern gleichermaßen lauffähig zu erhalten. Die größte Verbreitung hat mittlerweile der →SVGA, der zu den wichtigsten älteren Grafikstandards wie →CGA oder →EGA abwärtskompatibel ist.

Grauimport [illegal import]

Grauimport heißt der durchaus legale Import von Markengeräten – an den regulären Vertragshändlern vorbei – über Kanäle des internationalen Markts. Die Abwicklung des Imports geht dabei nicht schwarz, also illegal, aber auch nicht weiß, also komplett legal, vonstatten, woraus die Bezeichnung Grauimport resultiert. Grau importierte Geräte (z. B. →Computer) werden i. d. R. wesentlich günstiger an den Endverbraucher abgegeben, wobei aber erheblich reduzierte Garantieleistungen gewährt werden, teilweise wird sogar die Reparatur oder der Service an Grauimportgeräten durch den Originalhersteller verweigert.

Graustufendarstellung [gray scale view]

Bei der Graustufendarstellung werden farbige Bilder dadurch dargestellt, dass die verschiedenen Farbtöne durch unterschiedliche Graustufen (d. h. unterschiedliche Helligkeitsstufen) simuliert werden. Diese Art der Darstellung kam bei →monochromen Monitoren zur Anwendung.

Green PC [Grüner PC]

Mit Green PC werden Computer bezeichnet, bei deren Herstellung auf besondere Umweltverträglichkeit geachtet wird. Außerdem sollte ein Green PC den modernen Richtlinien der →Ergonomie gerecht werden, was insbesondere einen strahlungsarmen und flimmerfreien Monitor voraussetzt. Wichtig beim Green PC sind seine Recycling-Fähigkeit und der weitgehende Verzicht auf giftige Lösungsmittel bzw. andere schädliche Substanzen beim Herstellungsprozess.

Großrechner [mainframe computer]

Als Großrechner wird eine Datenverarbeitungsanlage mit großer Rechenleistung bezeichnet, die im Gegensatz zu einem →PC den Platz eines ganzen Raums (oder mehr) für sich beansprucht. An einen Großrechner können Tausende von →Terminals angeschlossen werden. Der →Arbeitsspeicher umfasst mehrere Hundert →MByte, die →Speicherkapazität mehrere Terabyte. Großrechner sind der traditionelle Rechnertyp, der vom Beginn des Computerzeitalters bis zum Ende der 70er Jahre im Mittelpunkt der →Datenverarbeitung stand. Typische Beispiele für Großrechner aus diesem Zeitraum sind die Rechnersysteme IBM 360 (1964) und IBM 370 (1970). Der

Großrechner hat gegenüber kleineren Rechnern und Computernetzen erheblich an Bedeutung verloren (Downsizing). Heute wird er hauptsächlich als Zentralrechner in einem großen →Netzwerk bzw. als Spezialrechner eingesetzt.

Groupware [„Gruppen-Software"]

Das Kunstwort Groupware (aus **group**, Gruppe, und Software) ist ein nicht klar definierter Sammelbegriff für alle Programme, die die Zusammenarbeit von Arbeitsgruppen in einem →Netzwerk ermöglichen oder erleichtern. Hierfür werden auch oft die Begriffe computer aided teamwork (computergestützte Gruppenarbeit) oder workgroup computing (Computerarbeit in Arbeitsgruppen) verwendet. Groupware-Programme erlauben es, →Daten innerhalb einer Arbeitsgruppe auszutauschen und gemeinsam zu bearbeiten. Typische Komponenten sind Programme zum Verschicken von →E-Mails, eine Dokumentenverwaltung und der gemeinsame Terminplaner. Das Programm Notes der IBM-Tochter →Lotus ist ein bekannter Vertreter der Gattung Groupware.

GS (Geprüfte Sicherheit)

Das GS-Logo findet sich auf einer Vielzahl von Komponenten und Geräten auch im PC-Bereich. Mit diesem Zeichen gekennzeichnete Geräte sind von den entsprechenden Berufsgenossenschaften, dem VDE oder dem TÜV auf ihre elektrische Betriebssicherheit geprüft worden.

GSM (Global System for Mobile Communications)

GSM ist die englische Abk. f. „globales System zur mobilen Kommunikation". Es ist die Bezeichnung für ein digitales Funktelefon-System, wie es z. B. in Deutschland vom →D-Netz verwendet wird. GSM-Handys (→Handy) arbeiten bei der Übertragung zur Basisstation im Frequenzbereich von 890-915 MHz (Unterband, Mikrowellen-Bereich), die umgekehrte Übertragung erfolgt mit 935-960 MHz (Oberband). In jedem dieser Bänder existieren 124 Kanäle, von denen die deutschen Netzbetreiber (Telekom D1 und Mannesmann D2) jeder 62 benutzen. Durch geschicktes, zeitversetztes Senden (Zeitschlitze) können pro Kanal gleichzeitig bis zu acht Gespräche übertragen werden. Im Gegensatz zum DCS-Verfahren (→DCS) des E-Netzes, das mit der doppelten Übertragungsfrequenz von 1,8 GHz arbeitet, haben GSM-Handys eine Reichweite von rund 50 km (E-Netz-Handys nur 8 km). Dafür benötigen sie allerdings auch eine höhere Sendeleistung von 2 Watt.

Seit der 1995 eingeführten GSM Phase 2 ist auch die Nutzung typischer Leistungsmerkmale für digitale Telefon-Netze möglich (siehe auch →ISDN): Konferenzschaltung, Anklopfen, Makeln etc. Dafür ist allerdings zumeist eine entsprechende Berechtigungskarte vom Provider notwendig. Wer GSM-Handys zur Datenübertragung verwenden will, sollte beachten, dass die maximale Übertragungsrate auf 9.600 Bit/s beschränkt ist. Zwar könnte die Funkübertragung theoretisch mehr leisten, aber zusätzlich übertragene Steuerfunktionen und Fehlerschutzcodes begrenzen die für reine Daten nutzbare Bandbreite.

Haarlinie [hairline]

Haarlinie ist u. a. die Bezeichnung für die dünnste Linie, die – in Abhängigkeit von der →Auflösung – auf einem →Bildschirm oder einem →Drucker ausgegeben werden kann (siehe auch →Aliasing).

Hacker [hacker]

Als Hacker werden allgemein Anwender bezeichnet, die vielfältige Kenntnisse im Umgang mit dem →Computer besitzen und sich häufig damit beschäftigen. Der Begriff stammt vom englischen „to hack" (hacken), womit das Herumhacken auf der →Tastatur gemeint ist. Der Begriff wird häufig für Personen verwendet, die sich per →Datenfernübertragung unrechtmäßig Zugang zu den Datenbeständen von Firmen, Behörden etc. verschaffen. Motive dafür sind Neugier, die Faszination durch das technisch Machbare sowie das Aufzeigen von Schwachstellen; auch kriminelle Motive sind nicht auszuschließen. Hacker verwenden (angeblich) für viele Dinge und Abläufe in der EDV eine eigene Sprache bzw. Syntax, den so genannten Hacker-Slang oder auch Computer-Lingo genannt. Dies vermischt sich mit den aus dem Internet bekannten Wortschöpfungen, wie sie z. B. beim Chatten oder in Newsgroups verwendet werden. Eine beispielhafte Aufstellung von Hacker-Begriffen siehe →Chat- und Hacker-Slang.

Cartoon von Glenn M. Bülow

Die ersten, kläglichen Einbruchversuche in fremde Datensysteme gaben den Hackern ihren Namen

Halbbyte [halfbyte, nibble]

Die Unterteilung eines →Byte in zwei 4 →Bit große Teile ergibt Halbbytes. Bei →binär dargestellten Dezimalzahlen stellt das erste Halbbyte, der so genannte Zonenteil, das Vorzeichen und das zweite Halbbyte, der so genannte Ziffernteil, den Wert dar.

Halbleiterspeicher [semiconductor memory]

Halbleiterspeicher (engl. semiconductor memory) sind auf einer Halbleitertechnologie basierende Speicherbausteine und werden heute ausschließlich als →Arbeitsspeicher im →PC und allen anderen Rechnern (siehe →Rechner) eingesetzt. Die wichtigsten Charakteristika sind die kurze Zugriffszeit sowie die immer weiter fortschreitende Miniaturisierung, die die Kosten pro Speichereinheit sinken und die verfügbare →Speicherkapazität in den Systemen steigen lässt.

Als eine erste Unterscheidung von Speicherchips lassen sich Festwertspeicher (ROM, Abk. f. Read Only Memory, Nur-lese-Speicher) und Schreib-/Lese-Speicher, so genannte RAM-Bausteine (Abk. f. Random Access Memory, freier Zugriffsspeicher) unterscheiden. Für Letztere war das Merkmal des wahlfreien Zugriffs namensgebend. Bei RAM kann man weiter unterscheiden zwischen statischem RAM (siehe →SRAM), der die Informationen auch ohne regelmäßige Auffrischung behält, und dem dynamischen RAM (siehe →DRAM), bei dem die Informationen zyklisch (siehe →Refresh, →Refreshzyklus) wieder aufgefrischt werden müssen. (siehe zu diesem Thema auch →ROM, →RAM, →PROM, →EPROM)

Halbton-Verfahren [halftoning]

Das Halbton-Verfahren wird bei Monochrom-Druckern verwendet, um Graustufen bzw. Zwischenfarben durch Rasterung zu erzeugen. Da Monochrom-Drucker (z. B. →Laser- und →Tintenstrahl-Drucker) keine echten Grauwerte, sondern nur entweder Schwarz oder Weiß drucken können, muss ein farblicher Zwischenwert (Halbton) durch unterschiedlich dichtes Setzen von Druckpunkten simuliert werden. Nur wenige Drucker – wie etwa die →Thermosublimationsdrucker – sind tatsächlich in der Lage, echte Graustufen bzw. Halbtöne zu erzeugen. Entscheidend bei der Erzeugung von Halbtönen durch einen Monochrom-Drucker ist einerseits seine physikalische Auflösung in →dpi als auch das verwendete Rasterverfahren (Rasterfrequenz, in lpi). Über den Zusammenhang von dpi, lpi, Rasterung und Halbtonzellen siehe →lpi.

Halten einer Verbindung [hold on line]

Im ISDN-Telefonnetz (→ISDN) können bestehende Gesprächsverbindungen durch Eingabe eines entsprechenden Befehls am Telefon in der Vermittlungsstelle gehalten (geparkt) werden. Das Halten einer Verbindung ist notwendig, um z. B. mit einem weiteren, einkommenden (anklopfenden) Anrufer zu sprechen (→Makeln) oder eine →Dreierkonferenz einzuleiten.

Handbuch [manual]

Das Handbuch ist die eigentlich unverzichtbar zu jeder Hard- und Softwarekomponente (siehe →Hardware, →Software) gehörende Dokumentation

bzw. Anleitung. Immer mehr Hersteller liefern zu ihrer Software kein ge-
drucktes Handbuch mehr aus, sondern verwenden elektronische Formen, so
genannte Online-Handbücher (vergleiche →Hilfefunktion), oder verzichten
sogar ganz darauf. Dies reduziert einerseits die Kosten und schont die Umwelt. Andererseits lässt sich in Online-Handbüchern nicht so gut parallel zum
Programm lesen bzw. arbeiten. Wenn auch die Suche in ihnen leichter fällt
bzw. schneller geht. Als typische Formate für Online-Handbücher werden
mittlerweile überwiegend HTML und Adobe Acrobat (PDF) verwendet.

Handheld-PC [„Handcomputer"]

Handheld-PCs (abgek. **HPC**, neuerdings auch **PDA** für „Personal Digital As-
sistant" oder **Wallet-PC** genannt) sind eine Form von kleinen, etwa hand-
großen Computern, die sich durch ihre Bauform und Software an einen herkömmlichen PC anlehnen. Die ersten Handheld-PCs hatten zumeist noch
keine Tastatur, typisches Beispiel sind das Newton Messagepad oder der
PalmPilot von →U.S.Robotics. Die neueste Generation der Handheld-PCs
wird v. a. von →Windows CE dominiert. Sie besitzen i. d. R. eine PC-ähnliche
Tastatur und zumeist zusätzlich noch eine Stiftsteuerung. Als Klassiker unter
den Handheld-PCs mit Tastatur kann der **Psion** gelten, der aber nicht mit
Windows CE, sondern eigener Software läuft. Vergleiche auch →Palmtop.
Ein Handheld-PC wird hauptsächlich zum Verwalten von Adressen und Terminen verwendet. Außerdem können kleinere Datenbanken und Informationen in Form von einfachen Texten und Tabellen verwaltet werden. Eine
Zugangsmöglichkeit zum Internet z. B. zum Austausch von E-Mails gehört
mittlerweile ebenfalls zum Repertoire eines guten Handheld-PCs wie natürlich die Datenaustausch-Möglichkeit mit dem echten PC.

Handscanner [hand held scanner]

Ein Handscanner ist die einfachste und preiswerteste Bauform eines →Scan-
ners, die nur ein kleines Gehäuse besitzt und von Hand über die zu scannen-
de Vorlage geführt werden muss. Dabei wird die relative Position der Bildpunkte durch die Bewegung einer Rolle oder Walze aufgenommen. Durch
die unzureichende manuelle Führung des Handscanners wird das Bild oftmals verzerrt dargestellt. Auch die gängige Breite von nur ca. 10 cm bildet
eine Einschränkung. Sowohl Graustufen- (üblich sind 256 Graustufen) als
auch Farbhandscanner (bis zu 16,7 Mio Farben) sind im Angebot (siehe
→Graustufendarstellung).

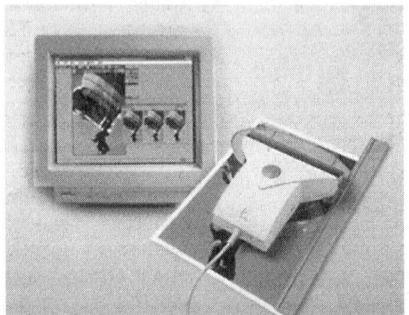

Ein Handscanner von LogiTech

Handy [cellular/mobile phone]

Als Handy wird ein schnurloses →Telefon bezeichnet, das über ein Funktelefonnetz Verbindung zu anderen Telefonnetzen hat und dabei nur noch geringe Abmessungen aufweist (Taschenformat). Wichtig für die Produktion kleiner und leistungsfähiger Handys war die Entwicklung leistungsfähiger Akkus, die mittlerweile aber zur Verfügung stehen (siehe →Akku). Handys gibt es für das →D-Netz (2 Watt Sendeleistung, Funkübertragung nach →GSM) und →E-Netz (0,8 Watt Sendeleistung, Funkübertragung nach →DCS). Schnurlose Telefone für den Hausgebrauch, die über eine eigene Basisstation mit dem herkömmlichen Telefonnetz verbunden sind, werden normalerweise nicht Handys genannt. Sie arbeiten entweder nach dem veralteten →CT-Standard oder dem aktuellen →DECT-Standard.

Die heutige Generation von Handys ist zwischen 150 und 300 Gramm schwer und kann bis über 200 Stunden empfangsbereit sein (mit einer Akku-Ladung, Standard ist ca. 100 Stunden). Bei den aktiven Gesprächszeiten sind bis zu zehn Stunden möglich (Standard sind ca. acht Stunden). Neben der Möglichkeit zum reinen Telefonfunkverkehr erlauben die meisten Handys mittlerweile auch das Faxen sowie die Übertragung von binären Daten aller Art (→E-Mails etc.). Hierzu erfolgt meist der Anschluss über einen Adapter mit einer PCMCIA-Karte (→PCMCIA) an ein →Notebook oder einen vergleichbaren tragbaren Computer. Immer mehr Modelle verwenden aber auch eine Infrarot-Schnittstelle zur Datenübermittlung. Die Übertragung von Textnachrichten nach dem →**SMS-Standard** beherrschen mittlerweile alle D- und E-Netz-Handys.

Der neueste, zum Herbst 1999 eingeführte Standard bei Handys ist WAP (**W**ireless **A**pplication **P**rotocol). Damit wird die Übertragung von textbasierten Internetinhalten und natürlich auch E-Mails auf das Display des Handys ermöglicht. Der Nutzen des mittlerweile für alle Netze angebotenen Service hängt aber davon ab, wie viele Anbieter welche Informationen bereitstellen. Im D2-Netz wird z. B. ein spezieller InfoChannel eingerichtet, der mit Informationen aus verschiedenen Online-Redaktionen „gefüttert" wird. Im Vordergrund werden Anwendungen wie →Homebanking, das Lesen von Farplänen, Staumeldungen, Wetterbericht und der leichtere Austausch von →E-Mails stehen. Aber auch der Abgleich von Terminkalendern und Telefonbüchern z. B. mit dem PC, einem →Handheld-Organizer oder einer Datenbank im Internet ist denkbar. Auf den Nutzer kommen aber, wie zu erwarten, Kosten für den Erhalt der Informationen sowie für die notwendige Telefonverbindung zu. Eine größere Zahl an Handys, bei denen WAP auch richtig funktioniert, wird es aber erst ab dem Jahreswechsel 1999/2000 geben.

Die Gesellschaft für Deutsche Sprache hatte 1996 übrigens erfolglos eine Initiative gestartet, um eine deutsche Alternative zum von den Sprachhütern ungeliebten Wort Handy zu finden. Die Alternativvorschläge (Minifon, Mobifon, Anrufli, Calli, Akser, Poteko etc.) fanden aber nicht die Zustimmung der Juroren. Es wird also bei Handy bleiben. Unter Insidern ist allerdings längst bekannt, dass der Begriff Handy aus dem Schwäbischen kommt. Dort nämlich fragten sich die ahnungslosen Bewohner bei der ersten Begegnung mit Besitzern schnurloser Telefone „Hän' di kein Kabel?". Wer ins Ausland reist, sollte außerdem beachten, dass der Begriff Handy – mag er auch noch so amerikanisch klingen – dort nicht bekannt ist. Im englischsprachigen Raum sind vielmehr die Bezeichnungen "cellular phone" bzw. in der Kurzform "cell phone" oder "mobile phone" üblich.

Das erst seit Oktober 1999 lieferbare Handy 7110 von Nokia ist weltweit das erste mit wirklich funktionierender WAP-Unterstützung

Hangup [aufhängen]

Hangup ist die Bezeichnung für das Auftreten eines Programmfehlers, der dazu führt, dass ein →Programm oder eine Aktion nicht mehr beendet werden kann und der →Computer keine Eingaben mehr annimmt. Mögliche Ursache kann z. B. eine →Endlosschleife sein.

Hardcopy [„harte Kopie"]

Hardcopy, auch **Screenshot** („Bildschirmschuss") oder **Capture** („einfangen") genannt, bezeichnet das Einfangen der Bildschirmdarstellung, die unter →DOS im Textmodus durch Fehlen einer Zwischenablage direkt auf den Drucker ausgegeben wird. Unter der grafischen Bildschirmdarstellung von →Windows wird ein Screenshot als →Bitmap in die →Zwischenablage kopiert, sodass die Grafik von anderen Programmen z. B. zur Softwaredokumentation verwendet werden kann. Sowohl im Textmodus unter MS-DOS wie auch unter Windows lässt sich eine Hardcopy vom kompletten Bildschirm einfach über die Taste [Druck] erzeugen. Unter Windows ist es zusätzlich möglich, durch Drücken der Tastenkombination [Alt]+[Druck] nur das gerade aktive Fenster einzufangen. Wer Funktionen über diese einfachen Möglichkeiten hinaus haben will, kann auf eine Fülle von speziellen Screenshot-Programmen zurückgreifen. Viele Grafikprogramme wie z. B. →CorelDRAW liefern entsprechende Capture-Programme mit. Mit diesen kann man die eingefangenen Bildschirmdarstellungen direkt als Dateien in unterschiedlichen Grafikformaten auf die Festplatte speichern lassen, automatisch nummerieren und teilweise auch direkt bearbeiten lassen. Gerade im Bereich der →Shareware gibt es eine große Fülle von Screenshot-Programmen.

Harddisk-Recording [Festplattenaufnahme]

Beim Harddisk-Recording werden durch den →PC auf der →Festplatte als →Massenspeicher Audio- oder Videodaten aufgezeichnet. Aufgrund der mittlerweile sehr hohen Geschwindigkeit, →Speicherkapazität und der guten Digitalisierungsqualität der entsprechenden Steckkarten (siehe →Soundkarte, →Videokarte) eignet der PC sich zunehmend als flexibles System zur Aufnahme von Audio- oder Videodaten. Da moderne Festplatten bereits Größen von einigen →Gigabyte erreichen, ist die vollständige Abspeicherung einer Audio-CD (ca. 680 MByte) oder von längeren Videosequenzen technisch kein Problem mehr. Der PC bietet dabei gegenüber den klassischen Medien (meist Magnetbänder) nicht nur den Vorteil des schnellen, beliebigen Zugriffs auf die Daten, sondern kann auch, durch den Einsatz von spezieller Software, in ein digitales Bearbeitungsstudio für Ton- und Videosequenzen umgewandelt werden. Diese digitale Verarbeitung von Audio- und Videosequenzen mit dem →Computer nimmt daher nicht nur im Profi- sondern auch im Heimbereich ständig zu.

Hardware [„harte Ware", Eisenwaren, Metallwaren]

Hardware ist die Bezeichnung für die Gesamtheit aller physischen Komponenten eines Computersystems. Das Pendant zur Hardware ist die →Software, die für die Nutzung der Hardware erforderlich ist (siehe auch →Firmware).

Hardware-Cache

Als Hardware-Cache wird die Realisierung eines →Festplatten-Cache durch spezielle →Festplatten-Controller mit eigenen Speicherbausteinen bezeichnet. Im Gegensatz dazu wird bei einem →Cache durch ein →Programm ein Teil des →Arbeitsspeichers für den Cache benutzt. Die Leistungsunterschiede beider Verfahren sind im Allgemeinen jedoch relativ gering.

Hardware-Check [Hardwaretest]

Hardware-Check ist die übliche Bezeichnung für eine Vielzahl unterschiedlicher Tests, die z. B. beim Start des →Computers mit dem →POST des →BIOS ausgeführt werden, um die Funktionsfähigkeit der →Hardware zu überprüfen.

Hauptmenü [main menu]

Das Hauptmenü ist in der Menütechnik als das →Menü definiert, welches nach dem Programmstart erscheint und von dem aus in die weiteren Menüs (so genannte Untermenüs) verzweigt werden kann bzw. von dem aus die Hauptfunktionen des →Programms aufgerufen werden können.

Hauptprogramm [main program]

Das Hauptprogramm ist jener Programmteil, der beim Programmstart die Kontrolle erhält und von dem aus zu verschiedenen Unterprogrammen verzweigt wird. Das Hauptprogramm übernimmt dabei die zentrale Steuerung aller Programmfunktionen und kontrolliert das Zusammenspiel der Programmteile.

Hauptspeicher [conventional/main memory]

Der Hauptspeicher umfasst den gesamten →Speicher, auf den der →Prozessor direkt zugreifen kann. Dazu gehören der →**Arbeitsspeicher** (siehe auch →RAM) und einige **Festwertspeicher** (siehe →ROM), die Programme und

→Daten für interne Aufgaben enthalten (siehe →BIOS). Nicht zum Hauptspeicher gehören →Massenspeicher (wie z. B. die →Festplatte) oder der Speicher auf der →Grafikkarte.

Hauptverzeichnis [root directory]

Das Hauptverzeichnis, auch **Stamm**- oder **Wurzelverzeichnis** genannt, ist dasjenige Dateiverzeichnis, das in der →Verzeichnisstruktur an erster (oberster) Stelle steht. Unterhalb des Hauptverzeichnisses existieren die einzelnen Unterverzeichnisse, die in ihrer Gesamtheit den →Verzeichnisbaum bilden.

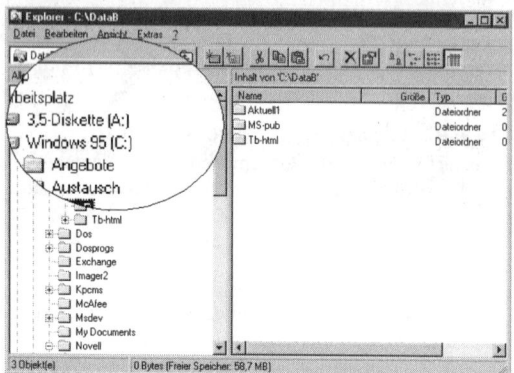

Das Root- oder Hauptverzeichnis – hier nimmt der Verzeichnisbaum eines Datenträgers seinen Ursprung

Hayes

Die meisten →Modems, die im Handel angeboten werden, folgen dem so genannten Hayes-Standard. Sie werden daher auch als Hayes-kompatibel bezeichnet. Dies geht zurück auf eine amerikanische Modem-Firma gleichen Namens, die seit Ende der 70er Jahre auf dem Markt ist und die so genannten →AT-Befehle erfunden hat. Hayes hat damit einen Standard im Computermarkt etabliert, der weltweit übernommen wurde und seit Jahrzehnten Bestand hat. Hayes selbst konnte aber offensichtlich nicht bei den modernen Entwicklungen auf dem Kommunikationsmarkt mithalten und meldete im Januar 1999 Konkurs an.

Wenn Sie für Ihr Modem keinen eigenen Treiber haben oder in der Konfigurationsliste eines Programms bzw. des Betriebssystems keine direkte Unterstützung finden, sollten Sie versuchen, das Modem als Standard-Hayes-Modem (mit der gleichen →Datentransferrate wie das eigene) zu konfigurieren. Aufgrund des zumindest für die Grundfunktionen standardisierten Hayes-AT-Befehlssatzes sollten Sie damit so ziemlich jedes Modem ans Laufen bekommen.

HBCI (Homebanking Computer Interface)

Die Abkürzung HBCI steht sinngemäß für „Computerschnittstelle für Heimbank-Geschäfte" und bezeichnet eine gemeinsame Plattform für Anbieter von Finanzdienstleistungen in Internet und Online-Diensten, die vom Zentralen Kreditausschuss (ZKA, einer Organisation der Bundesverbände deutscher Kreditinstitute) entwickelt wurde.

Bei HBCI handelt es sich um einen offenen Internetstandard, d. h., die Technologie als solche ist für jedermann frei verfügbar. Zentrale Punkte in der Konzeption sind die verschlüsselte Datenübertragung (wobei die jeweils aktuellsten Verschlüsselungsverfahren zum Einsatz kommen) sowie der Schutz des Gesamtsystems vor Hackern und Viren. Da HBCI auf die Visualisierung der zu übertragenden Daten verzichtet, wird neben der Übertragungssicherheit auch die dabei erreichte Geschwindigkeit erhöht.

Um z. B. über den Online-Dienst →AOL via HBCI auf Ihr Konto zugreifen zu können, erhalten Sie von Ihrer Bank eine spezielle Chipkarte sowie ein entsprechendes Kartenlesegerät zum Anschluss an den Computer. Über die auf der Karte gespeicherten Zugangs- und Schlüsselinformationen werden Ihr Kontozugang eingerichtet sowie Ihre Bankaufträge beim Online-Versand chiffriert. Transaktionsnummern sind somit überflüssig.

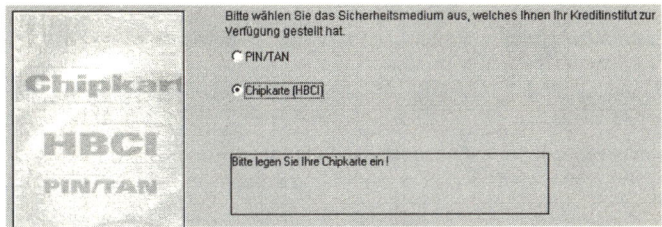

Bitte wählen Sie das Sicherheitsmedium aus, welches Ihnen Ihr Kreditinstitut zur Verfügung gestellt hat.

○ PIN/TAN

◉ Chipkarte (HBCI)

Bitte legen Sie Ihre Chipkarte ein !

Bei der Nutzung von HBCI erfolgt die Legitimation der Zugriffe über eine Chipkarte

Weiterführende, detaillierte Informationen zum HBCI-Standard lassen sich aus dem →WWW abrufen: Unter der Adresse *www.hbci-zka.de/index.html* hält das Informatikzentrum der Sparkassenorganisation die komplette Spezifikation des HBCI-Standards online verfügbar. Ein interessantes HBCI-Kompendium finden Sie auch auf der Homepage von Kurt Haubner unter *members.aol.com/sxsigma/hbci.htm*.

HDTV (High Definition TeleVision)

HDTV (englische Abk. f. Hochdefiniertes Fernsehen) ist eines der Konzepte für eine zukünftige digitale Fernsehnorm, welche über eine erheblich höhere →Auflösung als bisherige Systeme und über das Seitenverhältnis 16:9 verfügt, das dem Gesichtsfeld des Menschen besser angepasst ist als das bisherige.

Headcrash [Kopfzusammenstoß]

Mit Headcrash wird das unbeabsichtigte Aufsetzen eines →Schreib-/Lesekopfes einer →Festplatte auf die Oberfläche des Datenträgers bezeichnet. Ein Headcrash führt wegen der hohen Umdrehungsgeschwindigkeiten der Plattenstapel (4500-7200 U/min) unweigerlich zur Zerstörung der Oberfläche (und der dort befindlichen →Daten) sowie zumeist auch des Schreib-/Lesekopfes selbst. Der Schreib-/Lesekopf schwebt auf einem Luftpolster nur Bruchteile eines Millimeters über der Oberfläche der Scheiben, ohne diese zu berühren. Dies wird durch die aerodynamische Form des Kopfträgers, die perfekte Ebenheit und exakte Ausrichtung der Platten, die exakte Ausführung der Lager des Plattenstapels und des Kamms mit den Schreib-

/Leseköpfen, die vollständige Kapselung der gesamten Mechanik gegen Staub und Feuchtigkeit sowie weitere Maßnahmen erreicht. Trotz dieser vielen Vorkehrungen kann es dennoch durch massive Erschütterungen zu einem Headcrash kommen. Daher ist – insbesondere während des Betriebs – Vorsicht geboten. Alle modernen Festplatten haben eine so genannte Autopark-Funktion (siehe →Parken, →Autopark), die die Köpfe beim Ausschalten über Plattenbereiche ohne gespeicherte Daten bewegt (siehe →Landen, →Landezone). So würden bei einer Berührung des Kopfes mit der Oberfläche wenigstens keine Daten zerstört.

Header [Kopfbereich]

Unter einem Header versteht man allgemein den Kopfbereich einer Datenstruktur, in dem Strukturinformationen, Adressen oder andere Organisationsdaten enthalten sind. Im Header einer Programmdatei (siehe →Programmiersprache) im *exe*-Format (siehe →*exe*) sind z. B. jene Verwaltungs- und Strukturinformationen enthalten, die das →Betriebssystem zur Anordnung der einzelnen verschiebbaren (relozierbaren) Programmteile im →Arbeitsspeicher benötigt. Der *exe*-Header heißt demzufolge auch Relokationstabelle.

Im Header eines →Datenpakets sind – in Abhängigkeit vom verwendeten →Protokoll – Adressen für Sender und Empfänger sowie weitere Informationen abgelegt. Die Header werden jeweils von der Schicht im →Netzwerkknoten ausgewertet, von der sie beim sendenden Knoten stammen. Bei der →Datenfernübertragung werden einer Nachricht (siehe u. a. →E-Mail) Header vorangestellt, die wie ein Umschlag administrative Informationen enthalten: die Adressen des Empfängers und des Absenders, den Zeitpunkt, wann die Nachricht abgesandt wurde, den Weg, den sie zurückgelegt hat usw.

Headset [„Kopfsatz"]

Unter einem Headset versteht man eine Kombination aus Kopfhörer und Mikrofon, die auf dem Kopf so getragen werden kann, dass man damit freihändig telefonieren kann. Headsets werden meistens mit einer Ohrmuschel und einem Bügelmikrofon verwendet, das unmittelbar vor dem Mundwinkel positioniert wird. Headsets mit zwei Ohrmuscheln sind selten und werden immer dann eingesetzt, wenn man sich von Umgebungsgeräuschen abschotten möchte. Ansonsten ist Headset mit einem Ohr zumeist auf Dauer angenehmer im Tragekomfort und erleichert einem beim Betrieb noch die Kommunikation mit der Umwelt. Zur Befestigung am Kopf wird entweder ein großer Bügel benutzt, der über den Kopf greift, oder aber ein kleiner, mit dem man das Headset einfach hinter das Ohr klemmt. Headsets wurden früher fast nur im professionellen Telefonie-Bereich (z. B. Call-Center) eingesetzt. Durch die Einführung von Spracherkennungs-Systemen beim PC und →Internettelefonie kommen Headsets aber auch beim PC zunehmend in Mode. Beim Kauf eines Geräts für Spracherkennung sollte man darauf achten, dass es spezielle Modelle für die Spracherkennung gibt, die Umgebungsschall herausfiltern können.

Auch für die beliebten →DECT-Telefone von Siemens gibt es ein Headset für ca. 100 DM. Es kann während eines Gesprächs einfach unten aufgesteckt werden

Damit erreicht man wesentlich bessere Resultate, auch wenn diese natürlich deutlich teurer sind. Ein gutes Headset kostet ab 100 DM aufwärts; Modelle für ca. 250 DM sind durchaus ratsam und aufgrund der genannten Funktionen eine sinnvolle Anschaffung.

HealthNet (Gesundheitsnetz)

HealthNet ist der Name einer medizinischen →Datenbank in →CompuServe.

Hercules

Hercules ist ein bekannter amerikanischer Hersteller u. a. von Erweiterungskarten für den PC. Bekannt wurde das Unternehmen vor allem durch die so genannte **Hercules-Karte**, eine monochrome →Grafikkarte, die einen neuen Grafikstandard für den IBM-PC kreierte. Bei einer Auflösung von 700 x 348 Bildpunkten sowie einer sehr guten Textdarstellung war die Hercules-Karte eine echte Alternative zum damals von IBM angebotenen Bildschirmadapter →MDA für ausschließliche Textdarstellung oder zum verhältnismäßig teuren Grafikadapter →CGA.

Hertz (Hz)

Das Hertz (abgekürzt Hz) ist die Maßeinheit der Frequenz und wurde zu Ehren des deutschen Physikers Heinrich Rudolf Hertz (1857-1884) benannt. Ein Hertz entspricht einer Schwingung pro Sekunde: 1 Hz = 1/s

Heterogenes Netzwerk [heterogeneous network]

In einem heterogenen Netzwerk sind unterschiedliche Systeme, wie z. B. →Rechner verschiedener Hersteller, Rechner mit unterschiedlichem →Betriebssystem, unterschiedlichem →Übertragungsprotokoll usw. miteinander verbunden (siehe →OSI-Schichtenmodell, →Brücke, →Router, →Gateway, →Switch).

Hewlett Packard (HP)

Die 1939 als Familienunternehmen gegründete amerikanische Firma Hewlett Packard – kurz HP – ist heute einer der großen Hersteller einer breiten Palette elektronischer Systeme der Rechentechnik, vom →PC bis hin zu Workstations und Systemen der Netzwerk- und →mittleren Datentechnik (siehe auch →Workstation, →Netzwerk). Von HP ging eine Vielzahl von Innovationen aus. Ein Merkmal der Geräte von HP ist auch die exzellente Fertigungsqualität. Einem breiten Kreis von Anwendern ist HP seit den 70er Jahren durch die populären Taschenrechner zum Begriff geworden. Heute sind die bekanntesten Produkte die →Tintenstrahldrucker, →Plotter und →Laserdrucker. Auch Hewlett Packard hat im Internet ein eigenes Informations-Angebot unter der Adresse ***www.hewlett-packard.com*** zu bieten.

Hex dump

Als **Speicherausdruck** bzw. hex dump bezeichnet man den (ursprünglich auf Papier ausgedruckten) Inhalt eines Speicherbereichs der alle Informationen in hexadezimaler Form enthält. Ein hex dump wird auch benutzt, um die →Steuerzeichen einer Druckdatei darzustellen.

Hexadezimalsystem [hexadecimal system]

Zur Darstellung von Zahlen werden Ziffern eines Zahlensystems verwendet. Das →Zahlensystem unseres Alltags arbeitet mit den zehn Ziffern 0-9. Zahlen, die in diesem Zahlensystem (dem Zehner- oder Dezimalsystem – siehe →Dezimalzahl) dargestellt sind, heißen Dezimalzahlen. Das hexadezimale (griech. sechzehn) Zahlensystem, kurz auch **Hex** genannt, benutzt demgegenüber sechzehn Ziffern, die durch die Zeichen 0-9 und A-F dargestellt werden. Mathematisch gesehen besteht der Unterschied zwischen den beiden Zahlensystemen also darin, dass das Hexadezimalsystem mit der Basis 16 und das Dezimalsystem mit der Basis 10 arbeitet.

Hexadezimalzahl [hexadecimal number]

Hexadezimalzahlen werden zur einfacheren Darstellung von →Dualzahlen verwendet (siehe →Hexadezimalsystem). Mit einer zweistelligen Hexadezimalzahl lässt sich z. B. ein komplettes →Byte, also eine achtstellige Dualzahl, darstellen. Da es aber bestimmten Zahlen, wie etwa der Zahl 13, nicht anzusehen ist, ob ihr das Hexadezimalsystem oder das Dezimalsystem zugrunde liegt, versieht man die hexadezimalen Zahlen mit einem entsprechenden Kürzel. In der →EDV wird ihr dazu ein kleines h oder x vorangestellt, um Verwechslungen mit Dezimalzahlen oder Buchstaben zu vermeiden. So entspricht z. B. h12 der Dezimalzahl 18. Nachfolgend eine Umrechnungstabelle zwischen Dezimal-, Dual- und Hexadezimal-Zahlen:

Dezimal	Dual	Hexadezimal	Dezimal	Dual	Hexadezimal
1	1	1	30	11110	1E
2	10	2	31	11111	1F
3	11	3	32	100000	20
...	...	...	...	...	...
9	1001	9	255	11111111	FF
10	1010	A	256	100000000	100
11	1011	B	257	100000001	101
...	...	...			
15	1111	F			
16	10000	10			
17	10001	11			
...	...	...			

HFS (Hierarchical File System)

HFS (englische Abk. f. hierarchisches Dateisystem) ist das Dateiverwaltungssystem des →Apple →Macintosh.

HGC (Hercules Graphics Card)

Der Standard HGC (Abk. f. Hercules Grafikkarte) hat als eine der vielen möglichen Betriebsarten einer heutigen →Grafikkarte überlebt (siehe →Hercules).

Hidden files

Hidden files (Englisch für versteckte Dateien) werden →Dateien genannt, die das →Betriebssystem →MS-DOS oder →Windows usw. durch ein →Attribut so kennzeichnet, dass sie nicht bei allen Aktionen (wie z. B. beim Befehl DIR) angezeigt und bearbeitet werden. Weitere Informationen siehe →Attribut.

HiFD (High Density Floppy Disk)

Die HiFD wurde als Nachfolger für die klassische 3,5"-Diskette von Sony und Fuji entwickelt und Ende 1998 auf den Markt gebracht. Die Laufwerke können auf den neuen, diskettenähnlichen Medien bis zu 200 MByte speichern und sind gleichzeitig in der Lage, herkömmliche Disketten zu lesen und zu beschreiben. Somit wären HiFD-Laufwerke also in der Lage, das herkömmliche Diskettenlaufwerk komplett zu ersetzen. Die HiFD-Technik ist ein direkter Konkurrent zur →LS-120, die sich bis jetzt noch nicht so richtig auf dem Markt durchsetzen konnte. Gegenüber der LS-120 zeichnet sich HiFD durch eine größere Speichermenge (200 statt 120 MByte pro Medium) und eine höhere Geschwindigkeit aus. Nachteil beider Systeme ist aber, dass die verwendete Magnettechnik kostenintensiv ist, die Medienpreise liegen bei ca. 25 DM, und keine hohe Datensicherheit bietet.

Bedenkt man die großen Datenmengen auf modernen PCs und die Notwendigkeit einer möglichst hohen Datensicherheit, so sind andere Systeme wie das →ZIP-Laufwerk oder v. a. →MO-Laufwerke attraktiver. Es ist fraglich, ob sich HiFD daher als Massenprodukt noch durchsetzen kann. Weitere Informationen findet man im Internet unter *www.sony-europe.com/cons/datamedia/hifd*.

Hi-Fi (High Fidelity)

Hi-Fi ist die englische Kurzbezeichnung für „hohe Treue", einen Standard für die elektroakustische Wiedergabe mit hoher Klangtreue. Die Erfüllung des Hi-Fi-Standards bei Audio für den PC war bisher nicht sehr erfolgreich. Moderne Soundkarten erfüllen zwar schon recht hohe Ansprüche, allerdings kann ein Multimedia-PC noch lange keine Hi-Fi-Anlage ersetzen. Dies ändert sich aber langsam (zumindest was die Qualität bei der digitalen Audioverarbeitung betrifft). Seit 1997 gibt es Soundkarten im Preissegment deutlich unter 1.000 DM, die digitale Ein- und Ausgänge besitzen (z. B. die EWS 64 der Firma →Terratec). Damit ist im Gegensatz zu den alten, analogen Verbindungen ein verlustfreier, hochqualitativer Anschluss an die Hi-Fi-Anlage möglich. Für die Verarbeitung von Hi-Fi auf dem PC war bisher auch der beschränkte Festplatten-Platz ausschlaggebend. Schließlich verbrauchen die

Daten-Informationen einer Audio-CD rund 680 MByte Speicher. Die mittlerweile gesunkenen Preise für Festplatten und v. a. auch für →CD-Writer haben der Audiobearbeitung mit Hi-Fi-Qualität am PC allerdings einen großen Auftrieb gebracht. In Zukunft wird der PC immer mehr mit der Hi-Fi-Anlage verschmelzen bzw. diese ergänzen (siehe auch Digitales →Radio und →DMX).

High density [hohe Dichte]

High Density (abgekürzt **HD**) ist die Bezeichnung für →Disketten mit hoher →Speicherkapazität bzw. auch für die entsprechenden →Diskettenlaufwerke. Disketten mit hoher Schreibdichte können 1,2 →MByte (5¼-Zoll-Diskette mit 96 →tpi) oder 1,44 MByte (3½-Zoll-Diskette mit 135 tpi) →Daten aufnehmen.

High memory [Hoher Speicher]

High memory (hoher Speicher; kurz auch **HMA** für **H**igh **M**emory **A**rea) ist das 64 →KByte große Speichersegment direkt oberhalb der ersten 1024 KByte des →Arbeitsspeichers, das von →MS-DOS ab der Version 5.0 bei PCs mit Prozessoren ab dem →80286 verwendet werden kann. Dieser Speicherbereich wird durch den →Speicher-Manager →*Himem.sys* von DOS angesprochen. Anschließend können Teile des →Betriebssystems durch den Befehl DOS=HIGH in den oberen Speicherbereich ausgelagert werden, sodass der konventionelle Arbeitsspeicher (die ersten 640 KByte, siehe →konventioneller Speicher) für die Ausführung von →Programmen entlastet wird. Siehe hierzu auch →A20-Leitung/-Gate und →UMA und →XMS.

High resolution [hohe Auflösung]

High Resolution (abgekürzt HiRes) ist die Bezeichnung für eine Bildschirmauflösung (siehe →Auflösung) oberhalb von 800 x 600 →Pixel.

High Sierra

Mit High Sierra wurde die 1985 im High Sierra Hotel in Nevada zwischen einer Reihe von Herstellern vereinbarte Spezifikation für das Dateisystem von →CD-ROMs bezeichnet. Inzwischen ist der Vorschlag im Standard →ISO 9660 aufgegangen. Da die Informationen auf CD-ROMs anders als auf magnetischen →Datenträgern abgelegt werden, musste hierfür ein neuer Standard definiert werden. Dabei wurden die besonderen Bedingungen der CD-ROM-Technik – wie z. B. die Notwendigkeit eines speziellen Fehlerkorrekturverfahrens – berücksichtigt.

HighColor [„viele Farben"]

HighColor (oder HiColor) ist die Bezeichnung für Bilder mit 32.768 bzw. 65.536 Farben. Das bedeutet, dass die Bilder eine →Farbtiefe von 15 oder 16 →Bit haben. Obwohl HighColor nicht die Qualität von →TrueColor erreicht, können durch →Farbreduktion sehr realitätsnahe Ergebnisse erzielt werden.

Hilfefunktion [help function]

So gut wie alle modernen →Programme bieten eine elektronische Hilfefunktion – meist auch kurz nur Hilfe oder **Online-Hilfe** genannt – zur Erläuterung ihrer Funktionen. Die Hilfe kann bei Windows-Programmen in jeder Situation mit der Taste F1 (vergleiche Abbildung bei →Tastatur), einem eigenen Menübefehl (normalerweise mit „?" gekennzeichnet) und/oder über eine Schaltfläche aufgerufen werden. Bei Fehlbedienung wird bei manchen Programmen auch automatisch eine Hilfe – z. B. in Form eines Assistenten – aktiviert, der Tipps für das weitere Vorgehen gibt. Vergleiche auch →Kontextbezogene Hilfe und →Lernprogramm.

Hilfslinien [help lines]

Hilfslinien dienen in →Grafikprogrammen zur Ausrichtung von Objekten, die sonst nach Augenmaß geschehen müsste. Die Darstellung der Hilfslinien auf dem →Bildschirm kann i. d. R. ein- oder ausgeschaltet werden. Bei der Ausgabe auf dem →Drucker werden die Hilfslinien nicht mitgedruckt.

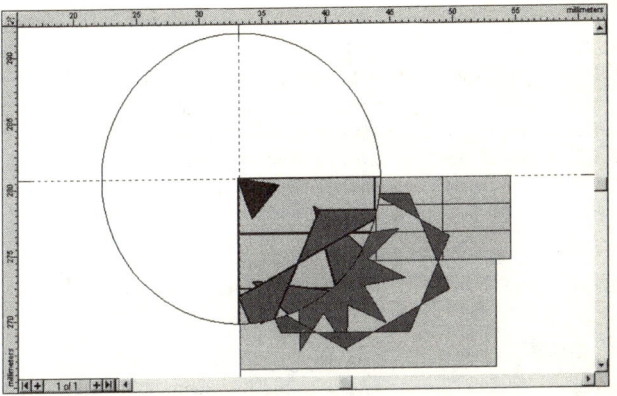

An der zentralen, horizontalen Hilfslinie (gestrichelt) lassen sich in einem Grafikprogramm die Objekte ausrichten

HIMEM.SYS (high memory system driver)

Himem.sys ist der Dateiname eines →Speicher-Managers, der mit →MS-DOS sowie →Windows ausgeliefert wird. *Himem.sys* ermöglicht den Zugriff auf den →High Memory-Bereich (HMA) und verwaltet den restlichen Erweiterungsspeicher nach der Extended-Memory-Spezifikation (siehe →XMS). **XMS-Speicher** ist für die Arbeit mit Windows unbedingt notwendig, sodass der *Himem.sys*-Treiber zur Ausführung von Windows aktiviert sein muss.

> **Tipp:** Mit Windows 95b (OSR2) wurde ein fehlerhafter Himem.sys-Treiber ausgeliefert, der viel zu viel konventionellen Hauptspeicher verbrauchte. Es gibt aber auf der Homepage von Microsoft ein →Patch für dieses Problem. Sie können leicht rausfinden, ob Sie betroffen sind, wenn Sie unter DOS den Befehl „*mem /c /p*" eingeben. Darauf werden Ihnen die speicherresidenten Programme mit dem von ihnen verbrauchten Speicher angezeigt. Wenn Himem.sys dort mit mehr als 40 KByte aufgeführt ist, sollten Sie sich den Patch besorgen.

Hintergrund [background, wallpaper]

Mit Hintergrund kann z. B. die Hintergrundfarbe des →Bildschirms oder die Ausführung eines →Programms im Hintergrund beim →Multitasking gemeint sein.

Hintergrundbild [background picture]

Grafische →Benutzeroberflächen wie →Windows stellen auf dem →Bildschirm eine Umgebung dar, die in ihrer Funktionalität einem Schreibtischarbeitsplatz nachempfunden ist (siehe →Desktop). Auf dieser Arbeitsoberfläche werden alle →Programme in Form von →Fenstern ausgeführt, sodass die Arbeitsfläche gewöhnlich im →Hintergrund liegt. In vielen Benutzeroberfächen wie z. B. bei →Windows kann diese Arbeitsoberfläche mit einem →Bitmap als Hintergrundbild nach dem Geschmack des Anwenders gestaltet werden.

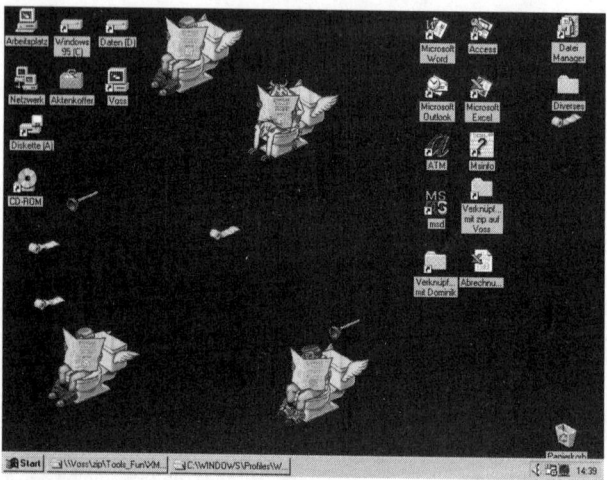

Machen Sie's sich doch gemütlich – Hintergrundbilder für den Windows 95/98-Desktop gibt es für jeden Geschmack

Hintergrundprogramm

Ein Hintergrundprogramm ist ein →Programm, welches zur Zeit nicht vom Benutzer bedient wird, jedoch ohne Benutzereingaben im Hintergrund weiterarbeitet (siehe →Multitasking). Hintergrundprogramme laufen zumeist mit geringer Priorität und werden demzufolge nur dann abgearbeitet, wenn →Rechenzeit zur Verfügung steht (z. B. wenn das Vordergrundprogramm auf eine Benutzereingabe wartet). Oft bezeichnet man das Programm im aktiven →Fenster als Vordergrundprogramm und alle anderen als Hintergrundprogramme. Eine Art von Hintergrundprogrammen sind auch →TSR-Programme unter →MS-DOS. Sie werden in den →Arbeitsspeicher geladen und bei bestimmten Ereignissen aktiv. Häufig verwendete TSR-Programme übernehmen z. B. die automatische, unbeaufsichtigte Sicherung von →Daten von der →Festplatte auf einen →Streamer.

Hit [Zugriff, Treffer]

Treffen die durch ein Cache-Programm (siehe →Cache) gemachten Annahmen über künftig – z. B. durch den →Prozessor – abgeforderte →Daten zu, hat der →Cache einen Treffer (engl. hit) gelandet. Werden die benötigten Daten jedoch nicht im Cache gefunden, spricht man von einem Miss.

Hoaxes [Gerücht, Tratsch"]

Mit dem Begriff Hoaxes sind im Computerbereich Falschmeldungen zumeist über Viren gemeint, die insbesondere im Internet als E-Mail-Warnungen verschickt werden. Warnungen wie „Wer eine E-Mail mit dem Betreff -- xyz - - empfängt und diese downloaded, dessen Festplatte wird direkt vom anhängenden Virus zerstört" gehören in das Reich der Märchen, sind eben typische Hoaxes. Meistens wird als angeblicher Absender eine seriöse Firma, z. B. IBM, angegeben, um der Mail mehr Glaubwürdigkeit zu geben.

Es gibt aber keine E-Mail-Viren, da E-Mails nur aus (kodiertem) ASCII-Text bestehen. Natürlich kann an eine E-Mail ein Programm (und damit auch ein Virus) als Dateianhang gehängt werden, aber dieses kann nur dann aktiv werden, wenn man den Anhang abspeichert und ausführt. Dass aber unbekannte Programme nicht ohne Prüfung mit einem Viren-Scanner gestartet werden sollen, sollte jedem bekannt sein.

Wer sich für Hoaxes interessiert bzw. die eine oder andere lustige Meldung lesen will, sollte unter *http://ciac.llnl.gov/ciac/CIACHoaxes.html* im Internet nachschauen. Dort hat das amerikanische Energie-Ministerium sämtliche bekannten Hoaxes aufgelistet.

Hochformat [portrait layout/format/mode]

Allgemein bezeichnet man die vertikale Seitenausrichtung (von Dokumenten und sonstigen Unterlagen) als Hochformat (siehe →Querformat).

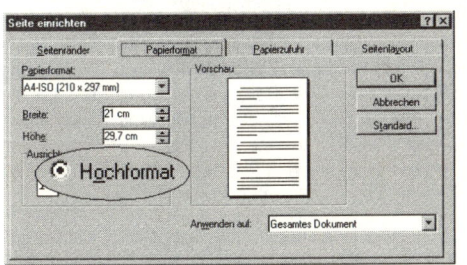

In den meisten Programmen können Sie das Seitenformat in einem entsprechenden Dialog einstellen

Hollerith, Hermann

Hermann Hollerith (1860-1929), Sohn deutscher Einwanderer, war erfolgreicher amerikanischer Erfinder und Bergbauingenieur. Er entwickelte ein elektromechanisches System zum Sortieren und Zählen unter Verwendung der →Lochkarte, dem ersten maschinell einsetzbaren →Datenträger. Mit 43 derartigen Zählmaschinen wurden im Jahre 1890 innerhalb von vier Wochen die Ergebnisse der 11. Volkszählung in den USA ausgewertet. Um 1890 gründete Hermann Hollerith ein Unternehmen, welches – nach Vereinigung mit einigen anderen Firmen – im Jahre 1924 den Namen International Business Machines – →IBM – erhielt.

Hollerith-System

Das Hollerith-System ist ein nach Hermann Hollerith (1860-1929, siehe →Hollerith, Hermann) benanntes System zur maschinellen Auswertung von in Lochkarten eingestanzten →Daten (siehe →Lochkarte). Der verwendete Lochkarten-Code wird entsprechend auch Hollerith-Code genannt.

Ein historisches Lochkarten-System noch Hollerith

Homebanking [„Bankgeschäfte von zu Hause aus"]

Homebanking bezeichnet das Erledigen von Bankgeschäften von „zu Hause" aus, z. B. mittels →Telefon oder →PC (wird es via PC über eine →Online-Verbindung erledigt, nennt man es dementsprechend auch „Online-Banking"). So können mittels Kennwort (am Telefon) oder per →Online-Dienst mit Bankzugang z. B. Kontostände abgefragt, Überweisungen veranlasst, Daueraufträge eingerichtet usw. werden.

Unangefochtener Standard im Online-Banking ist der größte deutsche Online-Dienst →T-Online. Nahezu jede deutsche Bank stellt darüber Finanzdienstleistungen zur Verfügung. Viele Banken bieten ihren Kunden dabei sogar kostenlos so genannte Container-Zugänge, die nur Zugriff auf die bank-eigenen Angebote ermöglichen. Neben →T-Online betreibt seit Ende 1998 auch →AOL ein eigenes Homebanking-System. Im Gegensatz zu T-Online wird dies jedoch bislang erst von sehr wenigen Banken unterstützt (welche dies sind, können Sie in AOL unter dem Kennwort „ALLE BANKEN" abrufen).

Zudem liefert AOL nicht – wie T-Online – eine eigens entwickelte Software mit, sondern eine speziell angepasste Variante des Homebanking-Programms StarMoney. Andere auf dem Markt erhältliche Finanzprogramme wie Microsoft Money oder Quicken greifen für ihre Homebanking-Funktionalität zumindest in den aktuellen Versionen noch ausschließlich auf T-Online zurück.

Manche Banken bieten auch einen eigenen, von einem Online-Dienst unabhängigen Zugang an, vor allem über das →Internet (z. B. Deutsche Bank 24 oder Comdirect).

Zur Sicherung des Homebanking-Zugriffs gegen unberechtigte Nutzer hat T-Online ein Legitimationssystem aus Zahlencodes, PIN und TAN genannt, eingeführt. Hierbei erhalten Sie von Ihrer Bank eine vierstellige Ziffernfolge, den so genannten PIN-Code (die Abkürzung steht für "persönliche Identifikationsnummer").

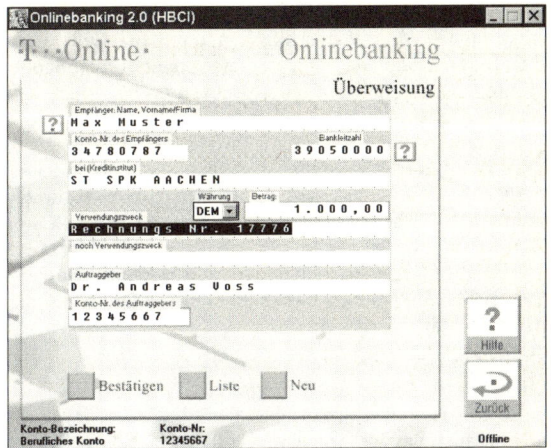

Ein Überweisungs-formular in der Online-Banking-Software von T-Online

Durch Eingabe dieses Codes zusammen mit Ihrer Kontonummer weisen Sie sich gegenüber dem Bankrechner als rechtmäßiger Nutzer aus. Sie können dann beispielsweise den Kontostand abfragen oder sich einen Kontoauszug ausdrucken lassen. Tatsächliche Transaktionen sind durch eine weitere Sicherheitsstufe geschützt: Jede einzelne muss durch Eingabe einer weiteren, diesmal sechsstelligen Codenummer bestätigt werden, der so genannten "TAN" (Abkürzung für "Transaktionsnummer"). Von Ihrer Bank erhalten Sie dazu eine ganze Liste mit TAN-Codes, von denen jeder einzelne nur für eine einzige Transaktion gültig ist und danach nicht mehr genutzt werden kann.

Im Internet werden die Daten zudem verschlüsselt übertragen. Dazu gibt es dort sowohl Softwarelösungen (z. B. X-Presso von Brokat als →Plug-In für den →WWW-Browser) als auch Hardwarelösungen (z. B. über Chip-Karten oder mit einem →Dongle, z. B. dem MeChip). AOL geht noch einen Schritt weiter und unterstützt als einer der ersten Anbieter bereits den neuen →HBCI-Standard, aber auch T-Online bietet mittlerweile HBCI-Unterstützung an.

Um Ihr Online-Konto vor gefährlichem **Missbrauch** zu schützen, gehen Sie wie folgt vor: Das kombinierte Sicherheitssystem aus PIN und TANs schützt Ihr Konto vor unberechtigtem Zugriff. Allerdings sollten Sie dabei ein paar Punkte beachten: Wer Ihre PIN und TANs kennt, kann sich unbeschränkt an Ihrem Konto bedienen. Daher sollten Sie dem Schutz dieser Zahlen gesondertes Augenmerk zukommen lassen. Achten Sie bei jedem neuen TAN-Block darauf, dass Sie den Umschlag in ungeöffnetem Zustand erhalten, und notieren Sie sich Ihre Geheimnummern nicht an Orten, auf die auch böswillige Dritte Zugriff haben könnten. Nutzen Sie die von der Bank gelieferte

PIN nur als Eröffnungskennung zum ersten Zugriff und ändern Sie diese dann ab. Dies können Sie direkt im Online-Service der Bank vornehmen.

Auch später sollten Sie Ihre PIN sicherheitshalber regelmäßig ändern. Viele Homebanking-Programme verwalten Ihre Kontodaten zusammen mit allen Zugangsinformationen – von der Anschlusskennung bei T-Online bis zu Ihrer PIN und den TANs. Lassen Sie sich von dieser angebotenen Bequemlichkeit nicht verführen! Jeder, der dann Zugriff auf Ihren PC erhält, kann sich von Ihrem Konto bedienen. Niemand außer Ihnen selbst hat ein Recht darauf, Ihre PIN zu erfahren. Kein Mitarbeiter Ihrer Bank wird sie jemals nach Ihrer PIN fragen! Beantworten Sie daher niemals telefonische oder schriftliche Anfragen zu Ihrer PIN – egal, welche überzeugenden Argumente der scheinbare Bankberater vorbringt. Am besten sichern Sie Ihren PC komplett durch ein Passwort. Wenn dies ins BIOS eingetragen wird, kann niemand mehr den PC hochfahren, der das Geheimwort nicht kennt. Die Einstellungen des BIOS erreichen Sie bei den meisten PCs durch Druck auf die Taste "F1"oder "Entf" beim Start des Systems.

Doppelt genäht hält besser: Jede gute Finanzsoftware (sowohl das T-Online-eigene Homebanking-Modul als auch Programme wie Quicken oder MS-Money) bietet einen Passwortschutz. Neben dem Passwort für das Gesamtsystem sollte damit auch das Finanzprogramm selbst durch ein Passwort geschützt werden – natürlich durch ein anderes als das im BIOS eingetragene. Müssen Sie einmal Dritten Zugriff auf Ihr System geben – womöglich noch unbeaufsichtigt, beispielsweise bei Reparaturen durch den Händler – ist besondere Vorsicht angeraten. Am besten kopieren Sie die komplette Homebanking-Software auf einen externen Datenträger (z. B. ein Streamer-Band, eine ZIP-Diskette oder ein MO-Medium) und löschen das Original von der Festplatte. Achten Sie darauf, dass die Sicherheitskopie funktionsfähig ist, damit es bei der Rücksicherung später keine bösen Überraschungen gibt. Und denken Sie daran, dass unter Windows 95 gelöschte Dateien nicht komplett entfernt werden, sondern erst mal im Papierkorb landen. Diesen müssen Sie dann separat leeren.

Homepage [„Heimseite"]

Die Homepage ist die Eingangsseite eines Internetdienstes (siehe →Internet) im →WWW (Abk. f. World Wide Web, weltweites Netz), mit dem der Anwender zuerst konfrontiert wird, wenn er sich mit einem entsprechenden →Programm über das Internet mit einem entfernten WWW-Dienst verbindet. Mittlerweile wird der Begriff aber auch für die Empfangsseiten von anderen, vergleichbaren Online-Systemen verwendet, wie z. B. für den Startbildschirm des Microsoft-Netzwerks (MSN) (siehe →Microsoft, →Netzwerk). Im Internet ist eine Homepage, wie alle WWW-Seiten, eine multimediale Informationsseite, die mit Hypertext_Links (Querverweisen) zu anderen WWW-Seiten oder Internetdiensten verbunden ist. Auf diese Weise kann man einfach von einer Seite zu weiteren Informationen verzweigen.

Home-Position

Als Home-Position (Heim-Position) wird die Position bezeichnet, die der →Cursor beim Start des →Betriebssystems oder eines →Programms einnimmt. Bei einer →Textverarbeitung ist die Home-Position z. B. das erste Zeichen der ersten Zeile auf der ersten Seite. Um zur Home-Position zu gelangen, wird die [Pos1]-Taste (amerikanische →Tastatur) bzw. die Tastenkombination [Strg]+[Pos1] (deutsche Tastatur) benutzt. So kann man z. B. bei langen Textdateien schnell wieder an den Textanfang gelangen. Vergleiche Abbildung bei →Tastatur.

Homeshopping („von zu Hause aus einkaufen")

Der Begriff Homeshopping, auch Teleshopping genannt, bezeichnet das Einkaufen von handelsüblichen Waren durch Bestellung vom heimischen →PC aus über →Online-Dienste oder das →World Wide Web. Hierfür wird eine Online-Verbindung (siehe →Online) mit dem Zentralcomputer beispielsweise eines Versandhandels hergestellt.

Hosiden-Anschluss [hosiden connector]

Der Begriff Hosiden-Anschluss ist die alternative Bezeichnung für die 5-poligen, runden Video-Anschlüsse von Hi8- und →S-VHS-Geräten. Man findet ihn normalerweise an →Camcordern, um diese mit einem kleinen, handlichen Kabel bzw. Stecker an den Fernseher anschließen zu können. Aufgrund der kleinen Abmessungen des runden Hosiden-Anschlusses erfreut er sich auch auf vielen Computer-Steckkarten mit hochwertigem Fernsehanschluss großer Beliebtheit.

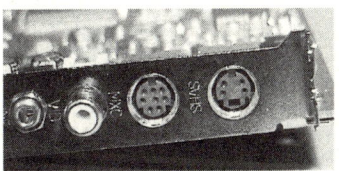

Eine Videokonferenz-Karte mit SVHS-Hosiden-Anschluss (ganz rechts)

Host [Gastgeber, Hauswirt, Moderator]

Host ist die Bezeichnung für einen leistungsfähigen →Rechner (oft ein →Großrechner), der in einem →Netzwerk aufgrund seiner hohen Rechen- und →Speicherkapazität in der Lage ist, den angeschlossenen Rechnern →Rechenzeit, Speicherkapazitäten und →Daten zur Verfügung zu stellen.

Host Adapter

Bezeichnung für Geräte oder Steckkarten, die als Controller für andere, angeschlossene Geräte dienen. Zum Beispiel ein →SCSI-Controller (SCSI-Hostadapter), der den SCSI-Bus steuert (vergleiche →SCSI).

Hotline [„heiße Verbindung/Draht"]

Die Hotline ist eine Serviceleistung von diversen Hard- und Softwareherstellern (siehe →Hardware, →Software). Hotline bedeutet so viel wie heißer Draht und steht für eine Telefonnummer, unter der ein Kunde sich Rat einholen kann, wenn Fragen zum oder Probleme mit einem Produkt auftauchen.

Hotmail [„heiße Mail"]

Hotmail ist ein kostenloser E-Mail-Dienst im Internet, der komplett über das →WWW abgewickelt wird. Man braucht daher nur einen →Webbrowser und einen Netzzugang, um mit Hotmail Mails zu empfangen und zu verschicken. Hotmail finanziert sich komplett über Werbung, sodass keine Kosten für den Anwender auftreten. Im Gegenteil, jeder kann sich nach Belieben und auch anonym soviel Mail-Accounts einrichten, wie er möchte. Kündigen kann man einen Account aber derzeit noch nicht direkt. Offiziell wird ein Account automatisch gelöscht, wenn man ihn 90 Tage nicht verwendet (also auch nicht nach Mails schaut). In der Praxis hat sich gezeigt, dass man dafür teilweise noch etwas länger warten muss.

Wie groß die Bedeutung von Hotmail ist, wird aus der Tatsache ersichtlich, dass →Microsoft den Dienst Anfang 1998 komplett aufgekauft hat. Mit einigen Millionen registrierten Kunden gehört Hotmail zusammen mit →Yahoo zu den weltweit größten Anbietern. Der Dienst ist recht einfach zu bedienen, auch ein deutsches Angebot ist seit Mitte 1999 verfügbar. Die Geschwindigkeit ist je nach Uhrzeit und Internetzugang allerdings wegen der starken Frequentierung von Hotmail teilweise ziemlich langsam. Weitere Informationen und die Adressen anderer, vergleichbarer Anbieter finden Sie unter →E-Mail. Hotmail selbst findet man im Internet unter ***www.hotmail.com*** bzw. ***www.hotmail.de.***

> **Tipp:** Mit der Version 5.0 des →Internet Explorer wird in Outlook Express ein →Plug-In mitgeliefert (vorerst im Beta-Stadium, Stand 10.99), mit dem über das Programm eine Offline-Verwaltung von Hotmail-Mails möglich ist. Allerdings nur, wenn gleichzeitig ein neuer Account angemeldet wird. Alte Accounts lassen sich (vorerst noch) nicht umstellen. Ein noch Anfang 1999 als Shareware erhältliches Tools namens C-Webmail, mit dem das ebenfalls möglich sein sollte, ist leider nicht mehr verfügbar. Wie wichtig eine derartige Offline-Verwaltung sein kann, zeigte ein im August 1999 von schwedischen Hackern offen gelegtes Sicherheitsproblem von Hotmail. Den Hackern war es gelungen, den Zugang zum Dienst zu „knacken": Für etwa einen Tag lang gab es im Netz eine Seite, von der aus sich jeder ohne Passwortabfrage in einen Hotmail-Account einwählen konnte. Es kam infolgedessen auch zu einigen indiskreten Enthüllungen in der Presse von einzelnen prominenten Personen, die Hotmail für „private" Vergnügungen verwendet hatten. Mittlerweile hat Microsoft das Sicherheitsloch aber angeblich wieder geschlossen. Fragt sich nur, wann der nächste Hacker eine Hintertür findet. Durch die Offline-Verwaltung kann man sich wenigstens so weit absichern, dass empfangene und verschickte Mails nicht auf dem Hotline-Server, sondern nur dem eigenen PC gespeichert werden.

HPFS (High Performance File System)

Das HPFS (englische Abk. f. Hochleistungsdateisystem) ist das →Dateisystem von →OS/2. Aufgrund der Nutzung →binärer Suchbäume (siehe →Baumstruktur) anstelle einer zentralen Dateiverwaltungstabelle ermöglicht HPFS eine weitgehend unfragmentierte (siehe →Fragmentierung) Speicherung auch großer →Dateien, was es insbesondere auf großen →Festplatten wesentlich leistungsfähiger als das ältere →FAT von →DOS macht. Außerdem ermöglicht HPFS die Nutzung von Datei- und Verzeichnisnamen, die länger sind als die sonst üblichen acht Zeichen für den Namen plus drei Zeichen für die Endung. Mit der eigenständigen Weiterentwicklung von OS/2 durch →IBM wurde auch das bereits in Zusammenarbeit mit →Microsoft entstandene HPFS weiterentwickelt.

HPFS386

Das HPFS386 (Abk. f. **H**igh **P**erformance **F**ile **S**ystem **386**, Hochleistungsdateisystem 386) ist das →Dateisystem für LAN-Server mit dem →Betriebssystem →OS/2, das über die Eigenschaften von →HPFS hinaus die in einem LAN (→Netzwerk) erforderlichen Sicherheitsfunktionen für den Dateizugriff bietet (analog zu →NTFS).

HPGL (Hewlett Packard Graphic Language)

Die HPGL (englische Abk. f. Hewlett-Packard-Grafiksprache) ist eine von der Firma →Hewlett Packard entwickelte Sprache zur Beschreibung von →Vektorgrafiken, die z. B. verwendet wird, um einen →Plotter anzusteuern. HPGL hat sich zu einem Standard für den Austausch von Grafikdateien u. a. bei CAD-Programmen (siehe →CAD) entwickelt.

HTML (HyperText Markup Language)

Die HTML (englische Abk. f. Hypertext-Auszeichnungssprache) ist eine so genannte Seitenbeschreibungssprache für die Darstellung von Informationen (Webseiten) im →**WWW** des →**Internet**. Der bisherige Standard HTML 3.2, der auch von den →**Browsern** →**Netscape Navigator** und →Internet Explorer bis zur Version 4.0 unterstützt wird, wurde Anfang des Jahres 1998 vom →**W3C** auf die Version 4.0 erweitert. HTML geht ähnlich wie die Erweiterung →**XML** auf die Dokumentenbeschreibungssprache →**SGML** zurück, stellt also eine Art Untermenge davon dar. HTML besteht aus einer Folge von **ASCII-Zeichen** (siehe →ASCII), die vom →Webbrowser als Formatierungsbefehle für die Seitengestaltung übersetzt werden. Die Befehle werden als so genannte →**Tags** (Fähnchen, Markierungen, daher auch **Markup Language**) in das Dokument eingesetzt. Die wichtigsten Tags sind in der nachfolgenden Tabelle aufgeführt.

Man braucht zum Anzeigen von HTML-Dokumenten normalerweise einen →**Webbrowser**. Mittlerweile verstehen aber auch viele Anwendungsprogramme (z. B. Textverarbeitungen) HTML und können sogar solche Seiten selbst erzeugen. Neben den klassischen Formatierungsbefehlen für Texte und Tabellen gibt es im HTML-Befehlssatz auch noch Anweisungen, mit denen Objekte (Grafiken, Sounddateien etc.) in die Seite eingebunden werden können. Ein besonders wichtiges Kennzeichen von HTML sind die Befehle für **Hypertext-Verbindungen** (siehe →Hypertext), mit denen man zu anderen Elementen des aktuellen Dokuments oder zu anderen Dokumenten irgendwo im Netz verzweigen kann. Diese Funktion hat dem WWW durch die gegenseitige Verknüpfung von HTML-Dokumenten seinen Namen gegeben (→World Wide Web = Weltweites Spinnennetz).

Der HTML-Standard wird ständig erweitert. Für die Standardisierung ist jedoch das →W3C zuständig, dem die entsprechenden Vorschläge z. B. von Firmen (zumeist Netscape oder Microsoft) unterbreitet werden. Die aktuelle

Version **HTML 4.0** bietet mit dem Hauptziel, HTML-Seiten multimedialer, internationaler und bedienungsfreundlicher zu machen, u. a. folgende wichtige Neuerungen:

- Definition von Stylesheets, eine Art erweiterte Tabelle
- Texte und Sounddateien sollen zur Beschreibung von Bildelementen verwendet werden können
- Die Befehle für Formulare, Tabellen und Frames wurden verbessert. Bei Tabellen lassen sich z. B. jetzt Spalten zusammenfassen.
- Die Einbindung externer Script-Sprachen wie JavaScript oder VB-Script wurde dahingehend verbessert, dass jetzt dynamische Updates der HTML-Seiten möglich sind

> **Tipp:** Wer selbst HTML-Seiten erstellen will (→Webpublishing), kann in jedem Editor die Befehle per Hand eintragen. Programme wie FrontPage oder HoTMetaL Pro erlauben mittlerweile aber eine bequeme, grafische →WYSIWYG-Gestaltung. Im Internet findet man viele, z. T. sehr gute Anleitungen zu HTML, z. B. unter *www.aisl.com.au/html4beginner* und *www.netzwelt.com/selfhtml*.

Nachfolgend eine **Aufstellung** der wichtigsten **HTML-Tags**:

Bezeichnung, Typ	Tag-Syntax
Absatz, neuer Absatz	\<p>
Ausrichtung, arbeitet mit verschiedenen Tags z. B. \<p>,\<h1> ... \</h1>, \<table ...>, \<img src ...>	\<[**tag**] align = left ... /[**tag**]> center right
Beginn, Ende der **Hypertextseite**	\<html> ... \</html>
Beginn, Ende des **Hypertextkopfteils**	\<head> ... \</head>
Beginn, Ende des sichtbaren **Inhalts**	\<body> ... \</body>
Bilder einfügen (ist die Bilddatei im gleichen Verzeichnis wie die HTML-Seite, ist eine Pfadangabe nicht nötig)	\<img src="[**Pfad**] **Bilddatei**">
Farben Die Farben von Schriftsätzen und des Hintergrunds werden für die Farbanteile Rot, Grün, Blau in Hexadezimal (Werte **0-9** und **A-F**) festgelegt. Siehe →Schriftfarbe, →Hintergrundfarbe	color="**#RRGGBB**" #000000 = Schwarz #FF0000 = Rot #00FF00 = Grün #0000FF = Blau #FFFFFF = Weiß
Größe: Breite in Pixel oder % des Anzeigefensters, **Höhe** in Pixel oder % des Anzeigefensters arbeitet mit verschiedenen Tags z. B.: \<table ... >, \<img src .. >	\<[**Tag**] width=[**Zahl**] oder [**Zahl**]% >
Hintergrundfarbe, Zahl in Hex	\<body bgcolor=#**RRGGBB**>
Hintergrundgrafik	\<body background="**Bilddatei**">
Hintergrundmusik, Infinite heißt Endlosschleife (muss zwischen \<head ... /head> platziert werden)	\<bgsound src="**Sounddatei**" loop=[**zahl**] oder **Infinite**>

Liste, ordered list, nummerierte Liste	\<ol>
	   \<li> Listeneintrag \</li>
	   \<li> Listeneintrag \</li>
	 \</ol>

Bezeichnung, Typ	Tag-Syntax
Liste, unordered list, type ist die Art des **Aufzählungszeichens**, Listeneinträge wie bei <ol> mit <li> ... </li>	<ul type=circle> ... </ul> disc square
Präformatierter Text	<pre> ... </pre>
Rahmen, Dicke in Pixel, arbeitet mit verschiedenen Tags z. B. <table ...>, <img src ...>	<**[Tag]** border=**[Zahl]**>
Schriftfarbe, Zahl in Hex	<font color=#**RRGGBB**> ... </font>
Schriftgöße, Standardschriftgöße	<basefont size=**[1-7]**> ... </basefont>
Schriftgöße, verändern	<font size= **[+1]**; oder **[-1]**>

Tabelle: Anfang ... Ende
    neue Zeile ... Zeilenende
    Kopfzelle
    Datenzelle
	<table> ... </table>
	<tr> ... </tr>
	<th> ... </th>
	<td> ... </td>

Titel des Browser-Fensters	<title> ... </title>
Trennlinie, Länge in Pixel o. %, Stärke in Pixel	<hr width=**[Zahl]** oder **[Zahl]%** size=**[Zahl]**
Überschriften 1. bis 6. Ordnung	<h1> ... </h1>; <h2> ... </h2> bis <h6> ... </h6>
URL (http:// ist die URL-Art, weitere URL-Arten sind: ftp://, file://, gopher://, telnet://	**http://Server(domain name)/ Verzeichnis/Datei"**
Hyperlinks Verweisziel (Anker) festlegen Verweis auf Anker Verweis auf locale Datei (eventuell mit Pfad) Verweis auf beliebige Datei im Internet	<a name="Ankername" ... </a> <a href="Ankername">Verweistext </a> <a href="[Pfad] Dateiname"> Verweistext</a> <a href="URL">Verweistext</a> Verweistext kann auch Bilder der Form <img src="Bilddatei"> enthalten

Zeichen fett
    kursiv
    blinkend
    unterstrichen
    große Schrift
    kleine Schrift
    tiefgestellt
    hochgestellt
	<b> ... </b>
	<i> ... </i>
	<blink> ... </blink>
	<u> ... </u>
	<big> ... </big>
	<small> ... </small>
	<sub> ... </sub>
	<sup> ... </sup>

Zeilenumbruch an dieser Stelle	
Zentrieren beliebiger Elemente	<center> ... beliebige Elemente ... </center>
Zitat	<cite> ... </cite>

HTML-Editor [HTML-Editor]

Ein HTML-Editor ermöglicht die komfortable Bearbeitung von HTML-Dokumenten (siehe →HTML), indem er das Dokument während der Bearbeitung schon so darstellt, wie es später auf dem Bildschirm des →Webbrowsers zu sehen sein wird. Obwohl ein HTML-Dokument nur aus **ASCII-Zeichen** (siehe →ASCII) besteht und deswegen natürlich mit jedem beliebigen Texteditor bearbeitet werden kann, ist dabei die Interpretation und Verarbeitung der im Text sichtbaren Steuerzeichen natürlich recht schwierig, weswegen sich die Verwendung eines HTML-Editors oder HTML-Konverters empfiehlt. Bekannte HTML-Editoren sind Hotmetal Pro, FrontPage, oder DreamWeaves von MacroMedia.

HTTP (HyperText Transfer Protocol)

Das →Übertragungsprotokoll HTTP (Abk. f. Hypertextübertragungsprotokoll) dient der Übertragung von HTML-Dokumenten (siehe →HTML) im →WWW.

Hub [Nabe, Mittelpunkt]

Als Hub wird ein Gerät bezeichnet, mit dessen Hilfe die →Rechner eines →Netzwerks in Sterntopologie (siehe →Netzwerktopologie) aufgebaut sind. Im Hub sind im einfachsten Fall die Adern der sternförmig zusammenlaufenden →Kabel miteinander verbunden.

Huffmann-Kompression [Hufmann-compression]

Die Huffmann-Kompression ist ein Verfahren zur Kompression von →Daten (siehe auch →Datenkompression). Die Huffmann-Kompression wird z. B. in der →Datenfernübertragung im Protokoll →MNP 5 verwendet.

Hybrid [hybrid]

Hybrid ist die allgemeine Bezeichnung für gemischt, aus zwei Teilen verschiedener Herkunft bestehend, und wird in vielfältigen Zusammenhängen benutzt – z. B. →Hybridcomputer, Hybridsprache (vergleiche →Programmiersprache).

Hybridcomputer [hybrid computer]

Hybridcomputer oder Hybridrechner waren →Computer, die Analog- und Digitalrechner in sich vereinigten. Hybridrechner waren auch in der Vergangenheit äußerst selten und wurden wie die Analogrechner überwiegend im naturwissenschaftlich-technischen Bereich eingesetzt (z. B. für die Simulation von Zusammenhängen). Mit dem Siegeszug der Digitaltechnik haben sowohl Analogrechner als auch Hybridrechner ihre Daseinsberechtigung nahezu verloren.

Hyperlink [„Über-Verbindung"]

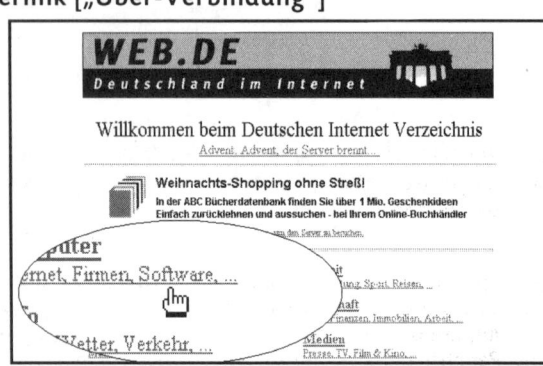

Die meisten Webbrowser wechseln bei Anwahl eines Hyperlinks den Mauszeiger auf ein Hand-Symbol

Die Verweise in einem →Hypertext auf andere Textstellen, Medien oder Dokumente werden als Hyperlinks oder kurz Links (Verbindungen) bezeichnet. Sie erzeugen innerhalb eines Dokuments oder zwischen mehreren Dokumenten eine hierarchische Informationsstruktur. Die Aktivierung eines als Link markierten Elements (z. B. durch →Anklicken mit der →Maus) führt zu einer verbundenen Textstelle, einer →Tabelle, einem Bild usw. Interne Querverweise in einem Text ermöglichen es, ohne den gesamten Text lesen zu müssen, schnell zu weiteren Informationen zu verzweigen und wieder zum Ausgangspunkt zurückzugelangen.

Hypertext [hypertext]

Mit Hypertext wird ein System von Texten und anderen Dokumenten, →Datenbanken, →Grafiken, Bildern, Tönen, Videos usw., bezeichnet, das in einem →Dokument oder zwischen mehreren Dokumenten ein hierarchisches System von Verweisen einführt. Die Aktivierung eines als Verweis markierten Elements (z. B. durch einen →Doppelklick mit der →Maus) führt zu einer verbundenen Textstelle, einer Tabelle, einem Bild usw. Interne Querverweise in einem Text ermöglichen es so, ohne den gesamten Text lesen zu müssen, schnell zu weiteren Informationen zu verzweigen und wieder zum Ausgangspunkt zurückzugelangen. Im Konzept des Hypertextes ist es jedoch völlig unerheblich, ob die Verweisziele innerhalb der aktuellen →Datei, in einer anderen Datei auf dem eigenen →Rechner oder irgendwo auf einem anderen System in einem →Netzwerk zu finden sind – gegebenenfalls muss das →Programm zum Lesen von Hypertext, der so genannte Browser, das Einlesen der entsprechenden lokalen Datei oder die →Datenübertragung der entfernt gespeicherten Datei veranlassen. Elementare Funktionen eines Hypertext-Systems kann man in der Hilfefunktion von →Windows und entsprechender Anwendungsprogramme kennen lernen. Zur Höchstform läuft Hypertext jedoch als Basis des multimedialen Dienstes →WWW im →Internet auf.

I/O

Begriffe, die mit I/O (Abk. f. Input/Output, Eingabe/Ausgabe) beginnen, beziehen sich auf Vorgänge oder Komponenten, die für die Eingabe oder die Ausgabe von →Daten zuständig sind.

I/O-Adresse

Für Peripherie-Komponenten eines Computers stehen eine ganze Reihe von I/O-Adressen (Input/Output, auch **E/A-Adresse für** Eingabe/Ausgabe, **I/O-Ports** oder **Output-Ports** genannt) zur Verfügung, die für spezielle →Register in den Peripheriegeräten stehen, an die →Parameter und →Daten übergeben bzw. übernommen werden können (siehe auch →Adresse).

Über den Zugriff auf diese Register wickelt das →BIOS bzw. →Betriebssystem alle notwendigen Aktionen zur Kommunikation mit der Komponente ab. Zusammen mit den →Interrupts, DMA-Kanälen (→DMA) und →Speicher-Adressen werden die I/O-Adressen auch als **Ressourcen** eines PCs bezeichnet.

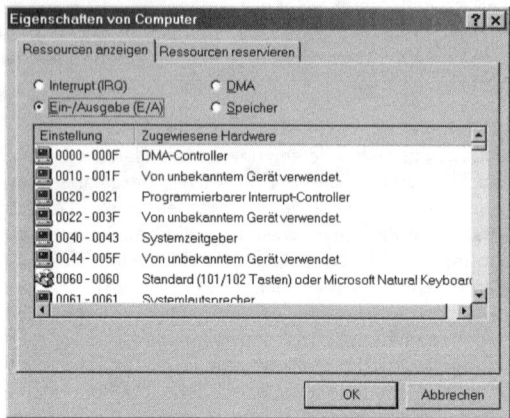

Unter Computer/ Eigenschaften zeigt der Geräte-Manager von Windows 95/98 die E/A-Adressbelegung an

Bei der **Installation** von neuen Geräten oder →Steckkarten im PC ist unbedingt darauf zu achten, dass sich die I/O-Adressen nicht überschneiden bzw. doppelt verwendet werden. Dies führt ansonsten meistens zum →Absturz (**Ressourcen-Konflikt** genannt). Unter Windows 95/98 kann man im →**Geräte-Manager** die belegten I/O-Adressen einsehen (siehe Abbildung) und die Adresszuweisungen für die meisten Geräte nachträglich ändern. Die folgende Tabelle gibt eine Übersicht über die typische I/O-Adressen-Belegung in einem Standard-PC:

Die nachfolgende Tabelle zeigt die I/O-Adress-Bereiche, die in typischen PCs belegt sind.

I/O-Adresse	Normalerweise belegt von ...
000H-01FF	von verschiedenen Mainboard-Komponenten fast durchgehend belegt
0170-0177	Zweiter EIDE-Controller (Festplatte)
0180-0184	ISDN-Karte (variabel, je nach Typ)
01F0-01F7	EIDE-Controller (Festplatte)
0201-0208	Gameport (Joystick-Anschluss, variabel)
0220-022F	Soundkarte, Audioteil (variabel, aber besser nicht ändern)
0278-027F	LPT2 (zweiter Druckeranschluss, normal nicht vorhanden, variabel)
02F8-02FF	COM2 (serielle Schnittstelle, über BIOS evtl. änderbar)
0300-031F	ISDN-Karte (variabel, je nach Typ)
0330-0331	Soundkarte, MIDI-Teil (variabel, aber besser nicht ändern)
0376-0376	Zweiter EIDE-Controller (Festplatte)
0378-037F	LPT1 (Druckeranschluss), über BIOS evtl. zu ändern
03B0-03DF	Grafikkarte (evtl. je nach Typ anders)
03F2-03F5	Diskettenlaufwerk-Controller
03F6-03F6	EIDE-Controller (Festplatte)

I/O-Adresse	Normalerweise belegt von ...
03F8-03FF	COM1 (serielle Schnittstelle) über BIOS evtl. zu ändern
04D0-04D1	PCI-Bus
0534-0537	Soundkarte, Audioteil, je nach Karte variabel
0778-077F	LPT1 (Druckeranschluss),
0CF8-0CFF	PCI-Bus
D800-D8FF	SCSI-Controller (PCI), je nach Karte variabel
E000-E03F	Netzwerkkarte (PCI), je nach Karte variabel
E800-E80F	Dualer EIDE-Controller (Festplatte)

I/O-Prozessor

Der I/O-Prozessor ist ein spezieller →Prozessor, der in Zusammenarbeit mit der →CPU die Steuerung und die Überwachung für Ein-/Ausgabe-Vorgänge übernimmt. Nachdem ein derartiger Prozessor von der CPU angesteuert wurde, können dessen Aktivitäten parallel zu den internen Vorgängen der CPU ablaufen (siehe z. B. →DMA).

i80x86

Die →Prozessoren der Familie i80x86 des amerikanischen Chipherstellers →Intel bilden ein Kernstück der Erfolgsgeschichte des →PCs. Nachfolgend eine Aufzählung der wichtigsten Prozessor-Typen:

1. Im Jahr 1978 erschien der erste Prozessor der Familie, der **i8086**. Mit 29.000 Transistorfunktionen war er einer der ersten echten 16-Bit-Prozessoren mit 16-Bit-Registern (siehe →Register), 16-Bit-Datenbus (siehe →Datenbus) sowie einem 20-Bit-Adressbus (siehe →Adressbus) auf einem →Chip. Die →Adressierung des 1 →MByte großen Adressraums erfolgte dabei durch eine 16-Bit-Segmentadresse sowie eine 4-Bit-Offset-Adresse (siehe →Segmentierung). Die Taktfrequenz von anfänglich 4,77 →MHz wurde später bis auf 10 MHz erhöht.

2. Im Jahre 1979 erschien dann die „Sparvariante" des i8086, der **i8088**, mit einem auf 8 Bit reduzierten Datenbus. Der i8088 ließ sich somit mit den bereits aus der 8-Bit-Technik vorhandenen peripheren Bauelementen kombinieren. Dieser Prozessor wurde im ersten →IBM-PC aus dem Jahre 1981 eingesetzt, der den PC-Boom auslöste. Die Taktfrequenz von anfänglich 4,77 MHz wurde auf bis zu 8 MHz erhöht.

3. Nach dem **i80186**, der für die PC-Geschichte von untergeordneter Bedeutung war, erschien im Jahre 1982 der **i80286** (**286er** genannt), der ebenfalls mit 16-Bit-Registern, 16-Bit-Datenbus, aber einem 24-Bit-Adressbus zur Adressierung von maximal 16 MByte Arbeitsspeicher aufwartete. Als neuen Arbeitsmodus führte der 286er den →Protected Mode ein. Die 134.000 Transistoren des 286er wurden seinerzeit durch eine Taktfrequenz von 6-12 MHz zu neuen Höchstleistungen angetrieben. Der i80286 war das „Herz" des 1984 vorgestellten →**IBM-PC/AT**.

4. Der im Jahre 1985 vorgestellte **i80386** (**386er** genannt) läutete bei Intel die 32-Bit-Ära ein. Mit 275.000 Transistorfunktionen wurde ein Prozessor mit 32-Bit-Registern, 32-Bit-Datenbus sowie einem 32-Bit-Adressbus auf einem Chip realisiert. Die Adressierung des 4 GByte großen Adressraums konnte segmentiert oder unsegmentiert erfolgen, wobei eine integrierte →MMU ein →Paging unterstützte. Die Taktfrequenz reichte von anfänglich 16 MHz bis zu 40 MHz. Im Jahre 1986 war es die Firma →Compaq, die einen ersten 386er PC, den Deskpro 386/16, vorstellte. IBM folgte erst ein Jahr später mit einem versuchten Befreiungsschlag gegen die Hersteller von Nachbauten (Clones), den PCs der Serie →IBM-PS/2 mit dem →Betriebssystem →OS/2.

5. Im Jahre 1988 erschien mit dem **i80386SX** der erste **SX-Prozessor** von Intel mit einem auf 16 Bit reduzierten Datenbus, der als preiswertere Variante den erfolgreichen Trick des i8088 auf höherer Ebene wiederholen sollte. Zur Unterscheidung erhielt der ursprüngliche Prozessor i80386 den Zusatz DX.

6. Der **i80486DX** mit einer Taktfrequenz von 33 MHz aus dem Jahre 1989 läutete eine weitere Etappe ein: Er besaß einen integrierten →Coprozessor, der bisher stets als separates Bauelement (unter der Bezeichnung i80x87) erworben werden musste. Bis auf wenige Details entsprach der 486er ansonsten jedoch einem 386er.

7. Mit dem **i80486SX** mit 25 MHz wurde eine SX-Prozessor-Variante ohne funktionsfähigen Coprozessor auf den Markt geworfen, die den unteren Preisbereich der 486er Rechner abdeckte.

Die Linie der **486er** wurde noch eine Weile weitergeführt: 1992 wurde der i80486DX2 mit interner Taktverdopplung auf 66 MHz und 1994 der i80486DX4 mit interner Taktverdreifachung auf 75 bzw. 100 MHz vorgestellt, die einen nochmaligen Leistungsschub erbrachten. Den 486er bauten viele Firmen wie →AMD oder →Cyrix als Nachbauten (Klone) mit Taktfrequenzen von 120 MHz und mehr nach.

8. Im Jahre 1993 folgte die Vorstellung des →**Pentium** mit den bekannten 32-Bit-Registern und dem 32-Bit-Adressbus – jedoch mit einem 64-Bit-Datenbus. Die 3,2 Millionen Transistoren des Pentium werden mit einer Taktfrequenz von 60 bis 266 MHz angetrieben. Im Januar 1997 brachte Intel eine wesentliche Überarbeitung des Pentium heraus: den **P55C**. Die **MMX-Technologie** (→MMX) und ein verdoppelter Prozessor-Cache sorgten für noch einmal deutlich erhöhte Performance. Die MMX-Technologie wurde von vielen Fachleuten als ähnlich bedeutender Technologie-Schritt wie die Entwicklung des i80386 angesehen. Mit der Einführung des zweiten Nachfolgers, dem →Pentium III, wurde die Produktion des Pentium von Intel im Laufe des Jahres 1999 eingestellt.

9. Der Nachfolger des Pentium, der →**Pentium Pro**, erschien im Herbst 1995. Augenfälligstes Merkmal des voll auf die Ausführung von 32-Bit-Programmen ausgerichteten Prozessors ist die Integration des 256 oder 512 KByte großen →Second-Level-Cache im Schaltkreisgehäuse. Unter 16-Bit-Betriebssystemen (auch Windows 95/98) ist die Leistungsfähigkeit eines Pentium Pros der eines gleich getakteten Pentiums nicht wesentlich überlegen (teilweise sogar langsamer). Die volle Leistungsfähigkeit kann er erst mit Betriebssystemen wie →Windows NT entwickeln. Die Taktfrequenzen des Pentium Pro-Prozessoren liegen bei 150, 180 und 200 MHz.

10. Als Nachfolger oder Fusions-Produkt des Pentiums und Pentium Pro kann der →**Pentium II** (Codename Klamath), →**Celeron** (Codename Covington und Mendecino) und →**Pentium III** angesehen werden. Vereinfacht gesehen handelt es sich beim Pentium II um einen Pentium Pro-Prozessor-Kern, dessen 16-Bit-Funktionen verbessert wurden und der mit MMX-Befehlen erweitert wurde. Der Prozessor sitzt beim Pentium II zusammen mit dem L2-Cache, der mit halber Prozessortaktung betrieben wird, auf einer eigenen Platine und wird in einen speziellen Steckplatz, den Slot One, eingesteckt. Beim Celeron fehlt jedoch der L2-Cache, was den Prozessor um ca. 20 % ausbremst. Der Pentium III entspricht im Wesentlichen dem Pentium II, wurde aber um ca. 70 zusätzliche Multimedia-Befehle erweitert und besitzt wie der Celeron einen integrierten L2-Cache. Weitere Informationen siehe →Pentium II, →Celeron und →Pentium III.

IBFN (Integriertes Breitband-FernmeldeNetz)

Das IBFN ist ein Projekt der Telekom, welches als Erweiterung von →ISDN angesehen werden kann. Dieses Konzept soll es ermöglichen, einen Haushalt über eine installierte Leitung auf der Basis eines Lichtwellenleiters (siehe →Glasfaserkabel) mit allen von der Telekom angebotenen Kabeldiensten (u. a. →Datenübertragung, →Telefon, Bildtelefon, Rundfunk und →Fernsehen) zu versorgen.

IBM (International Business Machines)

Der Weltkonzern IBM (englische Abk. f. Internationale Büromaschinen) mit Hauptsitz in Armonk N.Y. ist mit seinen weltweit agierenden Tochterfirmen der größte Produzent von Büromaschinen, kompletten EDV-Anlagen (siehe →EDV), Computer-Peripherie (siehe →Peripherie) und →Software.

Viele innovative Entwicklungen und Produkte der EDV-Branche sind mit dem Namen IBM untrennbar verbunden. Das Unternehmen wurde 1911 in den USA gegründet und trägt seit 1924 den heutigen Namen. Vorläufer war die 1896 in New York von Hermann Hollerith (siehe →Hollerith, Hermann) gegründete Tabulating Machine Corporation. Auf den Arbeiten von Hermann Hollerith aufbauend begann IBM zunächst mit einfachen mechanischen Rechen- und Sortiermaschinen und unterstützte später u. a. die Arbeiten von Howard Aiken (siehe →Aiken, Howard), einem Pionier auf dem Gebiet der Elektronenrechner. Im Jahre 1952 brachte IBM folgerichtig den ersten →Computer auf den Markt. In den 60er und 70er Jahren schrieb IBM mit seinen legendären Rechnersystemen IBM/360 unter dem →Betriebssystem OS/360 sowie IBM/370 unter OS/370 Computergeschichte. Bei der Herstellung und im Verkauf von →Großrechnern sowie deren Peripherie und →Software besaß IBM lange Jahre ein unangefochtenes Monopol.

Mit der Entwicklung des →IBM-PC sowie dessen Nachfolger →IBM-PC/AT und →IBM-PS/2, deren →Betriebssystemen →DOS und →OS/2, die anfangs in enger Zusammenarbeit mit der Firma →Microsoft entstanden, machte sich IBM auch im PC-Bereich einen Namen, konnte jedoch die anfängliche Vormachtstellung auf diesem Gebiet nicht aufrechterhalten. Zu lange an der Struktur der Großrechner festhaltend, verpasste IBM die aufkommende Welle der Mikrorechner und verlor das Monopol in der Computerbranche. Inzwischen ist IBM in breiten Kreisen der Bevölkerung weniger durch seine Computer bekannt als durch die Weiterentwicklung des PC-Betriebssystems OS/2 (v. a. mit den Varianten →OS/2 Warp Version 3 und 4 (siehe →OS/2 Warp 4)). IBM ist neben der Fertigung von Großrechnern, PCs und Notebooks auch weiterhin stark bei der Prozessor-Fertigung aktiv. So ist IBM z. B. an der Entwicklung und Vermarktung des →**Power-PCs** und des **Cyrix-Prozessors 6x86** beteiligt. Das umfangreiche Internetangebot von IBM ist über die Homepage-Adresse *www.ibm.com* bzw. *www.de.ibm.com* zugänglich.

IBM-Kompatible [IBM compatible]

Mit dem Begriff IBM-Kompatible sind →PCs gemeint, die weitgehend baugleich mit den jeweiligen PCs der Firma →IBM sind. Auf ihnen können die gleichen →Programme laufen und es lassen sich sich die gleichen Hardwarekomponenten (siehe →Hardware) einbauen bzw. anschließen. Hauptmerkmal eines IBM-kompatiblen PCs sind →Prozessoren der Familie →i80x86 von →Intel. Andere PC-Systeme sind beispielsweise →Macintosh, →Amiga und →Atari.

IBM-PC

Der IBM-PC war der erste von der Firma →IBM angebotene Personalcomputer (siehe →PC). Mit dem IBM-PC wurde im Jahre 1981 das →Betriebssystem →MS-DOS der Firma →Microsoft ausgeliefert. Dieser →PC war so erfolgreich, dass er schnell von anderen Anbietern kopiert und diese Kopien zum Teil günstiger als das Original verkauft wurden. Merkmale des IBM-PCs waren der 8088-Prozessor (siehe →Prozessor) der Firma →Intel, ein 64 →KByte großer →Arbeitsspeicher und ein eigens für diesen PC entwickeltes →BIOS.

IBM-PC/AT

Die Hauptmerkmale des 1984 vorgestellten Rechners IBM-PC/AT (AT = Advanced Technology, fortgeschrittene Technologie) von →IBM waren der 80286-→Prozessor der Firma →Intel, eine maximale Größe des →Arbeitsspeichers von 16 →MByte, eine →Festplatte mit 10 oder 20 MByte, ein 5¼-Zoll-→Diskettenlaufwerk für 1,2-MByte-→Disketten und gegenüber dem alten →IBM-PC ein erweiterter Rechnerbus mit einer Datenbreite von 16 Bit (siehe →ISA, →Bus). Die →Computer IBM-PC/AT gaben einer ganzen Generation von Personalcomputern den Namen AT-Rechner (siehe →AT).

IBM-PS/2

Die Hauptmerkmale des 1987 als Nachfolger des →IBM-PC/AT vorgestellten IBM-PS/2 (PS/2 = Personal System/2) waren der vollkommen überarbeitete Rechnerbus (siehe →Microchannel), der VGA-Grafikstandard (siehe →VGA) sowie das →Betriebssystem →OS/2. Auch heute sind noch weiterentwickelte Systeme aus der PS/2-Familie im Angebot. Der PS/2-Rechner von IBM brachte bei vielen Anschlusssystemen und Steckern neue, erweiterte Standards auf den Markt, die sich auch für den normalen PC-Markt durchsetzen konnten. Viele Anwender kennen Begriffe wie PS/2-Maus oder

PS/2-SIMM, ohne sich über den Bezug zum IBM-PS/2 bewusst zu sein (siehe →PS/2, →Bus-Maus und →SIMM).

IC (Integrated Circuit)

IC ist die englische Abkürzung für einen auf einem →Chip integrierten kompletten elektronischen Schaltkreis, der in einer komplizierten Folge von Beschichtungs-, Strukturierungs-, Ätz- und Dotierungsprozessen im Verbund auf einer Scheibe aus dotiertem Halbleitermaterial (oft Silizium, aber auch Gallium-Arsenid u. a.) hergestellt wurde. Die fertigen Chips werden – noch auf der Scheibe – getestet, dann vereinzelt, in einem Gehäuse eingeschlossen und kontaktiert. Oft bezeichnet man aber auch das derart fertig verkappte Bauelement als IC oder Chip. Die möglichen Funktionseinheiten eines IC reichen von logischen Schaltelementen über →Speicher (siehe →RAM, →ROM) bis hin zu den →Mikroprozessoren.

Icon [Symbol, Sinnbild]

Ein Icon ist ein kleines Symbol, mit dem unter grafischen →Benutzeroberflächen, wie z. B. →Windows, →Programme gestartet oder Befehle erteilt werden können. Meist entspricht der Bildinhalt des Icons mehr oder weniger dem Programm oder dem Befehl (Stift für ein Textverarbeitungsprogramm, Ausrufezeichen für das Ausführen einer Abfrage unter MS-Access, eine Malpalette für das Starten eines Malprogramms).

Icons auf dem Desktop von Windows 95/98 dienen zum Aufrufen von Programmen oder internen Funktionen (z. B. Arbeitsplatz)

ICQ (I seek you)

ICQ, englisches Wortspiel für „Ich suche dich", ist der Name eines speziellen Internetkommunikations-Programms, das ursprünglich Ende 1996 von vier jungen Israelis unter dem Firmennamen Mirabilis Ltd. entwickelt wurde. Mirabilis wurde dann nach dem extrem großen Erfolg von ICQ im Juni 1998 vom Online-Dienst →AOL aufgekauft und entsprechend umbenannt. Das Programm ICQ ermöglicht es, mit anderen im →Internet befindlichen Personen direkt zu kommunizieren (→chatten, Dateiaustausch u. Ä.). Man bezeichnet solche Tools, die es mittlerweile auch von anderen Firmen gibt, als **Web-Pager** (vergl. →Pager), weil Sie einem automatisch mitteilen, ob eine beim Web-Pager-Dienst registrierte Person gerade ebenfalls online ist oder nicht und den direkten Datenaustausch zwischen diesen ermöglichen. Es war relativ nahe liegend, dass ICQ und AOL sehr gut zusammenpassen würden, weil AOL mit der so genannten **Buddy-Liste** (buddy = Kumpel) bzw. dem **AOL Instant Messenger** eine ähnliche Funktion direkt für einen begrenzten Teil seines Online-Dienstes bzw. das ganze Internet anbot. Nur war ICQ mit einigen Millionen Anwendern bereits viel erfolgreicher. Anfang 1999 waren rund 25.000.000 Menschen bei ICQ angemeldet.

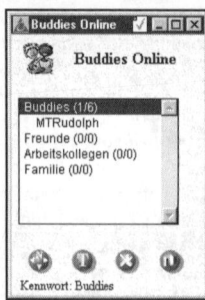

AOL-Mitglieder können innerhalb von AOL mit den Buddies eine ähnliche Funktion nutzen wie mit ICQ im Internet

Grundlage der ICQ- bzw. Web-Pager-Funktion ist ein spezieller, hochleistungsfähiger **Internetserver**, an dem sich alle ICQ-Teilnehmer anmelden müssen. Jede Person bekommt eine eigene ICQ-**Identifikationsnummer** (**UIN** = **U**niversal **I**nternet **N**umber) und wird in einem Nutzerverzeichnis eingetragen. Zusätzlich gibt es die Möglichkeit, weitere persönliche Daten wie E-Mail- oder Homepage-Adresse im Nutzerverzeichnis abzuspeichern, sodass diese von anderen abgefragt werden können. Ist einem die UIN bzw. ICQ-Nummer einer registrierten Person bekannt, so kann man aber v. a. das eigene ICQ-Modul so konfigurieren, dass man automatisch eine Meldung erhält, wenn diese Person im Internet ist. Nach der Benachrichtigung kann man einen Kontakt aufnehmen und in Echtzeit direkt kommunizieren (chatten, Dateien und Nachrichten austauschen, telefonieren etc.). Natürlich kann man in die Benachrichtigungsliste auch mehrere Personen aufnehmen. Anmeldung und Nutzung des ICQ-Service sind übrigens kostenlos.

Die Funktionen des ICQ-Clients sind recht einfach und schlicht gehalten. Im linken Fenster werden die gewünschten Kontakte eingetragen, das andere zeigt eine aktive Chatsitzung

Die ICQ-Server vermitteln anschließend den direkten Datenaustausch (z. B. Chatten) zwischen den Anwendern, dienen also quasi als Kommunikations-Plattform. Dabei handeln die Hochleistungs-Server von ICQ einige Hunderttausend Anwender bzw. Anfragen gleichzeitig, was eine enorme Leistung ist. ICQ war nach eigenen Angaben die erste Firma, die gleichzeitig über 500.000 Online-Anwender verarbeitete. Auf einer ICQ-Verbindung können auch andere Programme wie Internettelefonie oder Konferenz-Programme aufsetzen. So gibt es z. B. eine direkte ICQ-Unterstützung für →**Netmeeting**.

ICQ-Clients gibt es unter anderem für Windows, Macintosh und Unix-Rechner, sodass einer weltweiten Kommunikation bzw. Verbreitung nichts im Wege steht. Außerdem bietet es auch einen Multi-User-Modus, sodass man komplette Konferenzen abhalten kann. ICQ selbst läuft dabei im Hintergrund und verbraucht kaum Netzressourcen. Mitte 1997 wurden als zusätzliche Leistung von Anwendern gesteuerte Interessen-Listen und Chat-Räume eingerichtet, die sich ebenfalls sehr großer Beliebtheit erfreuen.

Fazit: Wer „in" im Internet sein will, hat eine ICQ-Nummer. Oder man sollte zumindest einen guten Grund zur Ablehnung angeben können, wenn man plötzlich von allen möglichen Bekannten und Arbeitskollegen nach seiner ICQ-Nummer gefragt wird. Weitere Informationen, die Möglichkeit zur Anmeldung und natürlich den aktuellen ICQ-Client (der laufend überarbeitet wird) finden Sie im Internet unter *www.icq.com*.

ID (IDentification)

Mit ID (Abk. f. Identifizierung) wird eine Zahl oder ein Name bezeichnet, an dem ein →Computer, ein Gerät, eine Person oder ein Vorgang eindeutig zu erkennen ist.

1) Die SCSI-ID kennzeichnet auf einem SCSI-Bus jedes Gerät durch eine Nummer, die nur einmal vergeben werden darf. Die ID wird am Gerät mit einem Schalter eingestellt. Weitere Informationen siehe →SCSI-ID.

2) An einem Computer oder Netzwerk können Personen durch eine ID eindeutig gekennzeichnet werden. Die ID entspricht hier i. d. R. einem →Passwort. Dies wird z. B. benutzt, um jeder Person an einem Einzelplatz-PC spezifische Arbeitsumgebungen einzustellen. Im Netzwerk wird über die ID die selektive Zugangsberechtigung geregelt.

IDE (Integrated Drive Electronics)

IDE (englische Abk. f. integrierte Laufwerkelektronik) ist die Bezeichnung für einen weit verbreiteten Typ von PC-Festplatten (siehe →PC, →Festplatte), bei dem der größte Teil der Steuerelektronik (der →Controller) direkt in das →Laufwerk eingebaut ist. Dadurch ist der Anschluss solcher Festplatten an den →Computer relativ einfach und kostengünstig möglich. IDE-Festplatten werden auch häufig als AT-Bus-Festplatten (siehe →ISA) bezeichnet und können nach dem am Ende der 80er Jahre eingeführten Standard bis zu 528 →MByte groß sein. Da beim gleichzeitigen Betrieb von zwei IDE-Festplatten auch zwei Controller aktiv wären, muss eine der Platten als so genannte Master- und die andere als Slave-Platte eingestellt werden, bei der der Controller ausgeschaltet und die Steuerung von der Master-Platte übernommen wird (siehe →Master, →Slave).

IDE-Festplatten sind gegenüber SCSI-Festplatten (siehe →SCSI) etwas preisgünstiger und haben eine vergleichbare Leistung. Daher sind sie mittlerweile der am weitesten verbreitete Festplattentyp. Die ursprüngliche IDE-Spezifikation wurde erst 1993 zum noch nicht ganz einheitlichen Enhanced IDE-Standard (siehe →EIDE) erweitert, der den Betrieb weiterer Geräte wie →Streamer und →CD-ROM-Laufwerk sowie Festplatten mit mehr als 528 MByte erlaubt.

IDE-Festplatte

Eine IDE-Festplatte (siehe →IDE) ist eine →Festplatte, bei der der →Festplatten-Controller im Wesentlichen im Festplattenlaufwerk integriert ist. Eine derartige →Festplatte wird auch als →AT-Bus-Festplatte bezeichnet. Die IDE-Technik ist inzwischen zu →EIDE weiterentwickelt worden.

IEC-Bus

Der IEC-Bus oder IEEE-488-Bus ist ein von der Firma →Hewlett Packard entwickeltes Bussystem (siehe →Bus) zum Anschluss von bis zu 15 Geräten über ein →Kabel an einen →Computer. Der IEC-Bus ist insbesondere im Bereich der Ansteuerung und Datenauswertung von Messgeräten sowie im Bereich der Medizintechnik auch heute noch weit verbreitet. Der Bus führte ursprünglich die Bezeichnung HP-IB (Abk. f. **H**ewlett **P**ackard **I**nterface **B**us, Hewlett-Packard-Schnittstellenbus) bzw.GP-IB (Abk. f. **G**eneral **P**urpose **I**nterface **B**us, Allzweck-Schnittstellenbus) – je nachdem, ob die Geräte von der Firma HP stammten oder nicht – und wurde später durch das IEC (International **E**lectrotechnical **C**ommission, Internationale Elektrotechnische Kommission) und das IEEE (Institute of Electric and Electronic Engineers, Institut der Elektro- und Elektronikingenieure) zum international gültigen Standard erhoben.

IEEE (Institute of Electrical and Electronic Engineers)

Die amerikanische Ingenieurorganisation IEEE (englische Abk. f. Institut der Elektro- und Elektronikingenieure) spielt bei der Förderung der Forschung und Entwicklung sowie bei der Erarbeitung von Standards auf dem Gebiet der →EDV eine entscheidende Rolle und hat durch ihre Mitglieder aus aller Welt große internationale Bedeutung.

IEEE-802-Modell

Das durch die →IEEE geschaffene 802-Modell, das mit dem →OSI-Schichtenmodell konform ist, geht näher auf die Verhältnisse in einem lokalen →Netzwerk ein. Es definiert Standards jedoch lediglich für die OSI-Schichten 1 und 2, die →physikalische Schicht und die →Verbindungsschicht. Zur genaueren Darstellung der Verhältnisse in einem LAN wurde die Verbindungsschicht in zwei Teilschichten aufgespalten:

1) Die untere MAC-Teilschicht (Abk. f. **M**edia **A**ccess **C**ontrol sublayer, Schicht für die Kontrolle des Medienzugriffs) beschreibt den gemeinsamen und konkurrierenden Zugriff der →Computer auf die →physikalische Schicht und somit auf das →Netzwerkkabel.

2) Die obere LLC-Teilschicht (**L**ogical **L**ink **C**ontrol sublayer, Schicht für die Kontrolle logischer Verbindungen) ermöglicht einen sicheren Datenaustausch.

Die populärsten IEEE-Standards für die MAC- und LLC-Teilschicht fixierten und erweiterten die Netzwerktechnologien →Ethernet und →Token Ring.

Image Map [„Bildkarte"]

Image Map ist die Bezeichnung für eine zusammengestellte Grafik auf einer Internetseite (→Homepage, →World Wide Web), deren einzelne Elemente mit einem Hyperlink verknüpfbar sind. Typisches Beispiel ist die grafische Darstellung einer Landkarte (z. B. von Europa), auf der durch Anklicken einzelner Länder ein Hyperlink mit spezifischen Informationen zu diesem Land aktiviert werden kann. Image-Maps lassen sich relativ einfach von verschiedenen Grafik-Programmen, →HTML-Editoren oder speziellen Tools (z. B. der Shareware MapThis) erstellen.

IMAP4 (Internet Message Access Protocol 4)

IMAP4 ist die englische Abk. f. „Internetnachrichten Zugangsprotokoll 4" ein neues, erweitertes Protokoll, das die Übertragung von →E-Mails von einem Internet-Mailserver zum Anwender definiert. Es soll als Nachfolger des veralteten →POP3 eingeführt werden und bietet v. a. Vorteile bei der Mail-Verwaltung auf dem Internet-Mailserver. Der Anwender kann mit IMAP4 im Gegensatz zu POP3 seine Mails schon auf dem Server verwalten, ohne sie vorher auf seinen PC runterladen zu müssen. Mails können z. B. vorher eingesehen, gelöscht, verschoben und/oder in Ordner organisiert werden. Bisher haben aber leider nur die wenigsten →Internetprovider und →Online-Dienste ihr Mailprotokoll auf IMAP umgestellt. Einer der ersten ist jedoch →CompuServe mit seiner aktuellen Version CompuServe 2000. Weitere Informationen finden Sie im Internet unter ***www.imap.org***.

Impuls [impulse]

In der Physik und in der Technik versteht man unter einem Impuls im weitesten Sinne einen Vorgang, dessen Werte nur in einer kurzen Zeitspanne von Null abweichen. Man spricht so von Spannungsimpulsen, Lichtimpulsen usw. (Im engeren Sinne ist der Impuls hingegen eine physikalische Bewegungsgröße, die z. B. in der klassischen Mechanik als das Produkt aus Masse und Geschwindigkeit definiert ist.) In der Anfangszeit der Übertragung von Informationen über ein physisches Medium, z. B. über den elektrischen Doppelleiter bei der Telegrafie, wurden die Informationen in der Tat durch kurze, klar voneinander abgegrenzte und hochfrequente elektrische Impulse dargestellt. Zwischen Sender und Empfänger wurde ein →Code (z. B. der Morse- oder einer der Telegrafencodes) vereinbart, der jeder Folge von Impulsen eine Information (z. B. ein →Zeichen) zuordnete. Obwohl man bei den heutigen Verfahren zur →Modulation beileibe nicht mehr von einzelnen Impulsen sprechen kann, hat sich der anschauliche Begriff dennoch erhalten und man sagt, die Information würde durch elektrische oder Lichtimpulse dargestellt, um sie über elektrische Leitungen oder →Lichtwellenleiter zu übertragen.

Impulswahl-Verfahren [pulse dialing]

Impulswahl (abkürzt auch **IWV**) heißt das Wahlverfahren bei der Telekommunikation, bei dem die Ziffern einer Telefonnummer als eine Folge von Kurzschlussimpulsen (ursprünglich mit der Wählscheibe) kodiert werden. Bei der Wahl über ein Telefon oder bei Verwendung eines Modems mit Lautsprecher hört man die elektrischen Impulse für die Ansteuerung der Wählrelais (beispielsweise klickt es dreimal, wenn die Ziffer 3 gewählt wird).

Das Impulswahlverfahren ist veraltet und wird auch in Deutschland mittlerweile wegen der Umstellung auf digitale →Vermittlungsstellen nicht mehr verwendet. Das alternative →Tonwahl-Verfahren ist besonders in den USA sehr verbreitet und kodiert die zu wählenden Ziffern durch verschiedene Frequenzen (die man als Töne in der Muschel oder im Lautsprecher des Modems hört; siehe →Tonwahl-Verfahren).

IN (Individual Network e.V.)

Der IN ist ein Verein in Deutschland, der seinen Mitgliedern einen kostengünstigen privaten Zugang zum →Internet anbietet.

Inch [Zoll]

Inch oder Zoll ist in den USA eine gesetzliche Maßeinheit der Länge. 1 Zoll entspricht 2,54 cm. Längenangaben im Bereich der →Computer werden wegen der Vormachtstellung amerikanischer Firmen weltweit oft in Zoll angegeben.

Indeo

Indeo ist ein Verfahren zur Komprimierung (siehe →Kompression) von digitalisierten Videos mitsamt Toninformationen. Das bekannteste dürfte die Version Indeo R 3.20 sein, die von den meisten Multimedia-CDs für Video-Darstellung verwendet wird. Die →Farbtiefe der Videos beträgt 24 Bit bei einer maximalen Auflösung von 320 x 240 Punkten. Für die Herstellung (Framegrabbing) solcher Filme bietet Intel eine eigene Framegrabber-Karte an (siehe →Video-Grabbing), die mit dem Video-Prozessor i705 arbeitet. Mittlerweile gibt es aber eine neue, erweiterte Version 5.0, die deutlich bessere Bildqualität bietet, aufgrund des Erfolgs von →MPEG aber wenig Bedeutung hat.

Index [index]

Innerhalb einer →Datenbank wird ein Index benutzt, um bestimmte Informationen schneller auffinden zu können. Dabei erfüllt ein Index in etwa die Rolle eines Stichwortverzeichnisses in einem Buch, er speichert die Position und erleichtert so das Auffinden des Begriffs. In einer Adressdatenbank wird der Index beispielsweise auf das Namenfeld gesetzt, sodass dieses Feld schneller durchsucht werden kann, weil bei der Suche zuerst im sehr viel kleineren Index die Position des gesuchten Namens nachgeschaut wird.

Indextabelle [index table]

Als Indextabelle wird eine →Tabelle bezeichnet, die die Zuordnung eines Ordnungsbegriffs, eines Indexes oder Schlüssels, zur physischen →Adresse eines Datenobjekts oder eines Befehls enthält. Indexdateien werden zur Dateiorganisation eingesetzt. Neben der sequenziellen Dateiorganisation (fortlaufende Nummerierung der Datensätze), der direkten Dateiorganisation (jeder Datensatz enthält eine Adressinformation in Form eines Ordnungsbegriffs), der gestreuten Dateiorganisation (der Zugriff erfolgt nach der mathematischen Bestimmung der Adresse über den Ordnungsbegriff) und der geketteten Dateiorganisation (jeder Datensatz enthält einen Verweis auf die Adressen eines oder mehrerer Datensätze) werden bei indizierten Formen der Dateiorganisation die indexsequenzielle und die hierarchisch indexsequenzielle Dateiorganisation unterschieden. Bei der indexsequenziellen Dateiorganisation wird eine einzige lineare Indextabelle benutzt, während die hierarchisch indexsequenzielle Dateiorganisation mit mehreren hierarchisch strukturierten Indextabellen arbeitet.

Indizierung [indexing]

Mit Indizierung wird die Erstellung eines →Indexes bezeichnet. Der Index speichert für ein bestimmtes Kriterium (z. B. Postleitzahl, Nachname) die Position der einzelnen Datensätze innerhalb einer →Datenbank. Dadurch wird die Suchzeit nach einem indizierten Kriterium drastisch verkürzt.

Informatik

Die Informatik – Kunstwort aus den Begriffen **Informat**ion und Tech**nik** – ist die Wissenschaft, die sich mit der Aufbereitung und Verarbeitung von Informationen beschäftigt (Erfassen, Übermitteln, Ordnen, Umformen usw.). Gegenstände der Informatik sind vor allen Dingen die Entwicklung von →Hardware und →Software sowie der Einsatz von →Computern zur Informationsverarbeitung.

Information Broker [Informations-Händler]

Die Bezeichnung Information Broker (auch Info Broker genannt) lehnt sich an den Broker an, die englische Bezeichnung für Börsenmakler. Es ist eine Person, die gegen Gebühren mit Informationen handelt. Info Broker sind eine Schöpfung des modernen Informationszeitalters und ohne Computer, Datennetze und Datenbanken nicht denkbar. Dem Beruf des Info Brokers werden für die Zukunft gute Marktchancen vorausgesagt; derzeit soll es in Deutschland aber nur einige Dutzend geben. Zum Info Broker kann im Prinzip jeder werden, der in der Lage ist, gewünschte Informationen aus klassischen und v. a. den neuen elektronischen Medien wie dem →Internet zu besorgen, auszuwerten und für den Kunden entsprechend aufzuarbeiten. Als positive Grundlage kann ein Hochschulstudium und das Wissen über den Umgang mit Computern und Datennetzen angesehen werden. Vorteilhaft dürfte außerdem die Spezialisierung auf bestimmte Themengebiete sein.

Information Highway [„Informations-Autobahn"]

Der Information Highway, auch Information Superhighway genannt, ist ein in den USA geprägter Begriff, der meist mit **Datenautobahn** übersetzt wird. Gemeint ist die Verwendung von (Hochgeschwindigkeits-) Datennetzen zum effizienten elektronischen Informationsaustausch zwischen →Computern, welche ursprünglich in den USA vor allem für den Datenaustausch zwischen Schulen, Universitäten und Regierungseinrichtungen vorgesehen war. Als erste Stufe des Aufbaus des Information Highway kann das →Internet angesehen werden, obwohl es mit seiner meist noch relativ geringen Leistungsfähigkeit durch die häufige Verwendung herkömmlicher Telefonleitungen zur Zeit erst den Beginn der möglichen Entwicklung darstellt. In den USA ist der Ausbau des Information Highway zu einem strategischen Ziel des Staates deklariert worden und wird entsprechend gefördert. Geplant sind Breitbandnetze mit hoher Kapazität auf Glasfaserbasis (einige →MByte pro Sekunde). Auch in Deutschland wird zur Zeit z. B. mit dem Ausbau des ISDN-Netzes (siehe →ISDN) ein wichtiger Schritt in Richtung leistungsfähiger Übertragungsmedien vollzogen. Der Information Highway soll z. B. moderne Telekommunikationen, interaktives Fernsehen, Video on demand (fernabrufbare Videofilme) und den effizienten Datenaustausch zwischen entfernten Computern ermöglichen.

Infotainment (**Information and entertainment**)

Die Multimedia-Applikationen, die auf das unterhaltsame Vermitteln von Informationen zielen, werden mit dem Kunstwort Infotainment (englische Abk. f. Information und Unterhaltung) bezeichnet (siehe →Edutainment).

Infrarot-Maus [cordless infrared mouse]

Eine Infrarot-Maus sendet ihre Positionsdaten mittels einer Infrarot-Leuchtdiode zu einem Sensor, der in einem separaten Baustein oder im Rechnergehäuse eingearbeitet ist. Dadurch entfällt das sonst oft sehr lästige →Kabel (siehe →Maus).

Ini-Datei

Über eine Initialisierungsdatei – wegen der üblichen →Erweiterung .*ini* kurz *ini*-Datei genannt – werden fest vorgegebene →Parameter und Einstellungen an ein oder mehrere →Programme übergeben.

Initiale [initial]

Die Initiale ist ein Gestaltungselement für Texte, bei der das erste →Zeichen eines →Absatzes besonders hervorgehoben wird (wie hier der Buchstabe D). Eine Initiale erstreckt sich größenmäßig oft über mehrere Zeilen und hat eine mehrfach größere Breite gegenüber dem gleichen Zeichen im restlichen Absatz.

Initialisieren [initialize]

Das Herstellen eines betriebsbereiten Zustands bei einer Komponente eines Computers (egal, ob Hard- oder Software) wird als Initialisieren bezeichnet (siehe →Computer, →Hardware, →Software). So ist z. B. die Initialisierung eines →Modems die Einstellung auf bestimmte Vorgaben (Datenkompression, Fehlerkorrektur etc.) vor der Übertragung.

Init-String [„Initialisierungs-Zeichenkette"]

Init ist die Abkürzung für Initialisierung. Der Init-String ist eine Kette von Steuerbefehlen (→AT-Befehle), mit denen ein Modem oder eine ISDN-Karte für die Datenübertragung initalisiert wird. Mit Hilfe dieser Befehle schaltet man das Übertragungsgerät z. B. in den Empfangsmodus oder bewirkt die Anwahl einer Gegenstelle. Init-Strings werden i. d. R. aus so genannten →AT-Befehlen zusammengestellt. Ein typischer Init-String, um z. B. mit einem analogen Modem aus einer →telekommunikations-Anlage die Nummer 0211-12345 anzuwählen, wäre:

ATX3DT0,0211-12345 (Anwahl der Zielnummer mit Tonwahl (DT), ohne Warten auf das Freizeichen des Telefonnetzes (X3) und mit Verwendung der Amtsholungsziffer 0 für die Tk-Anlage).

Inkrementieren

Unter dem Begriff inkrementieren versteht man einen Vorgang, bei dem der Wert einer Variablen regelmäßig um einen festen Betrag (das Inkrement) erhöht wird. Bei der →Programmierung wird diese Technik häufig verwendet, um Vorgänge zu zählen bzw. bestimmte Anweisungen n-mal zu wiederholen.

Inprise

Softwarefirma, die sich sich früher **Borland** nannte und hauptsächlich auf die Entwicklung von Programmiersprachen und Tools spezialisiert hat. Inprise/Borland gehörte jahrelang zu den größten Softwarefirmen im Computerbereich, musste aber in letzter Zeit große Rückschläge einstecken. Nach dem relativ erfolglosen Versuch, sich gegen Microsoft mit Standard-Applikationen wie Paradox, →dBASE und Quattro Pro auf dem Office-Markt zu etablieren, konzentriert sich die Firma nun wieder verstärkt auf ihr früheres Kerngeschäft: Programmiersprachen, Entwicklungs-Tools, aber noch weiterhin die Datenbank dBase. Bis auf dBase wurden alle Standard-Applikationen mittlerweile wieder verkauft. Die bekanntesten Programmier-Tools von Inprise/Borland sind Turbo Pascal und die objektorientierte, grafische Windows-Umsetzung Delphi, das auch als Konkurrenz gegen Microsofts Visual Basic antritt (vergleiche →Programmiersprache). Nach relativ großen finanziellen Verlusten im Jahr 1996 war erst nicht klar, ob die Firma überhaupt überleben würde. Die Konzentrationsbemühungen auf Delphi, C++ und dBase waren aber erfolgreich und mittlerweile hat die Firma auch nach der Umbenennung ihres Namens im professionellen Bereich recht guten Erfolg.

Input device [Eingabegerät]

Ein Input device ist ein Gerät zur →Eingabe von Daten in den →Computer (z. B. die →Tastatur, ein →Scanner u. a.).

Input/output

Input/Output (abgekürzt: I/O, Eingabe/Ausgabe, E/A) wird einer Vielzahl von Begriffen vorangestellt, die sich auf die →Eingabe oder →Ausgabe von Informationen beziehen.

Installation [installation, setup]

Installation ist die Einrichtung von →Software oder →Hardware auf einem System. Der entsprechende Vorgang wird **installieren** genannt. Die Installation von Software geschieht, indem das neu zu installierende Anwendungsprogramm von einem **Installations- bzw. Setup-Programm** von einer **Installations-Diskette** oder **Installations-CD** auf die →Festplatte kopiert wird. Dabei wird das Anwendungsprogramm auf die Hardware und die Bedürfnisse des Anwenders abgestimmt. Meist ist ein Installationsprogramm mit *Setup* oder *Install* zu starten. Der Benutzer bekommt vom Installationsprogramm genaue Anweisungen. Oft besteht die Möglichkeit, die Installation **benutzerdefiniert** (Auswahl von Treibern oder zu installierenden Programmteilen) oder standardmäßig (Installation mit Standardwerten) auszuführen. Bezüglich der Hardware meint Installation den Anschluss neuer Komponenten wie beispielsweise →Drucker, →Scanner, →Soundkarten oder →CD-ROM-Laufwerke an den →Computer. Unter Umständen müssen die Komponenten durch →Gerätetreiber dem →Rechner bekannt gemacht werden.

Int13-Extension [„Unterbrechung-13-Erweiterung"]

Unter der Bezeichnung Int13-Extension, auf Deutsch etwa „Interrupt 13-Erweiterung", versteht man einen erweiterten Befehlssatz des →BIOS, um neue, große →Festplatten und aktuelle Dateisysteme wie →FAT32 nutzen zu können. Der Software-Interrupt 13 (kurz Int13 genannt, vergleiche auch →Interrupt) des BIOS von →Mainboards bzw. →SCSI-Controllern ist die Schnittstelle, über die bei einem PC die Festplatten angesteuert werden. Zwar nutzen viele neue Betriebssysteme wie →Windows 98 oder →Windows NT bzw. →Windows 2000 nach dem →Booten ihre eigenen Befehle bzw. Treiber, um die Festplatte anzusprechen, aber zum Booten, bei der Installation oder im Notfall-Modus (abgesicherter Modus) müssen auch sie immer wieder auf BIOS-Befehle zurückgreifen, um die Festplatte ansprechen zu können. Die Int13-Befehle sind also weiterhin notwendig.

Der ursprüngliche Befehlssatz älterer BIOS-Versionen reichte nicht aus, um Festplatten über 8 GByte Größe ansprechen zu können. Daher wurden die so genannten Int13-Extensions eingeführt, die eine entsprechende Erweiterung darstellen und es somit wieder möglich machen, Platten über 8 GByte komplett nutzen zu können. Die Int13-Extensions sind außerdem auch notwendig, um von Festplatten mit →FAT32 fehlerfrei booten zu können, weil FAT32 ebenfalls auf die erweiterte Unterstützung großer Festplatten aufbaut.

Wenn Sie eine Festplatte mit mehr als 8 GByte in Ihren Rechner einbauen wollen, müssen Sie darauf achten, dass Ihr Mainboard bzw. Ihr SCSI-Controller diese Int13-Extension hat. Ansonsten „sieht" Ihr PC von der großen Platte nur die ersten 8 GByte. Dem BIOS des Mainboards kann man die Int13-Extensions zumeist nur daran ansehen, dass bei der „Auto-Detection" (automatischen Parameter-Erkennung der IDE-Festplatte) für Platten über 8 GByte die korrekten Werte eingetragen werden. Einen eigenen Eintrag gibt es zumeist nicht. Bei manchen SCSI-Controllern findet sich jedoch im BIOS ein eigener Menü-Punkt, mit dem die Int13-Extensions sogar ein- bzw. ausgeschaltet werden können (siehe Abbildung). Bei Mainboards sind die Int13-Extensions ca. seit 1996 standardmäßig im BIOS eingebaut. Wenn Sie noch ein älteres Board ohne Int13-Extension haben, hilft evtl. ein BIOS-Update. Bei SCSI-Controllern gibt es die Erweiterung z. T. schon etwas länger. Bei den bekannten Controllern der Firma Adaptec (z. B. Typ 2940) sind die Int13-Extensions seit der BIOS-Version 1.23 eingebaut. Aber auch hier ist es bei einigen Controller-Typen möglich, ein BIOS-Update aufzuspielen. Sehen Sie dazu in Ihrem Handbuch nach.

Im BIOS vieler →SCSI-Controller findet man einen eigenen Eintrag für die Int13-Extension-Unterstützung, die bei kleinen Platten auch abgeschaltet werden kann

Integer [ganze Zahl]

Integer ist die Bezeichnung für eine ganze Zahl ohne Nachkommastellen. Der Begriff Integer wird insbesondere in der Programmierung für ganzzahlige →Variablen verwendet (vergleiche →Programmiersprache).

Integrierte Pakete

Integrierte Pakete stammen noch aus der Zeit vor →Windows. Damals war Datenaustausch nur über →Konvertierungsprogramme bzw. Dateifilter möglich, sodass für die vielfältigen Aufgaben im Büro Programmpakete entwickelt wurden, die verschiedene Programme miteinander in einem →Programm verknüpften. Auf diese Weise konnten →Daten aus der →Datenbank direkt in das Kalkulationsprogramm übernommen werden oder als Adressstamm für einen →Serienbrief dienen. Es gibt zwar auch unter Windows integrierte Programmpakete (z. B. Works), aber die Aufgaben werden inzwischen von den Einzelprogrammen der →Office-Pakete übernommen, deren Datenaustauschmöglichkeiten die problemlose Weitergabe zwischen den Programmen ermöglichen.

Integrität [integrity]

Unter Integrität versteht man, dass alle zu einem →Datenverarbeitungssystem gehörenden Hard- und Softwarekomponenten einwandfrei funktionieren und die →Daten korrekt sind und im Verlauf der →Datenverarbeitung korrekt bleiben. So sorgen z. B. bei Datenbankprogrammen entsprechende Sicherheitsfunktionen dafür, dass beim Auftreten von Fehlern bei der Bearbeitung die →Daten wieder in den Zustand vor der Bearbeitung zurückversetzt werden (siehe →Transaktion und →Datenbank).

Intel

Das 1968 von Andy Grove, G. Moore u. B. Noyce gegründete amerikanische Unternehmen Intel zur Herstellung integrierter Schaltkreise ist mittlerweile eines der weltweit führenden und erfolgreichsten Unternehmen auf dem Gebiet der Mikroelektronik. Erste Erfolge waren die 1968/69 entwickelten RAM-Chips (siehe →RAM), die die Ferritkernspeicher in →Großrechnern ablösten und zur Verkleinerung der Abmessungen und Reduzierung der Kosten führten, die Entwicklung der ersten →EPROMs im Jahre 1971 und der ersten →**Mikroprozessoren** vom Typ 4004 im Jahre 1971. Spätere Prozessoren der Familie →i80x86 wurden die Basis der Erfolgsgeschichte des →PC. Heute ist Intel der führende Entwickler und Hersteller einer breiten Palette von Mikroprozessoren wie z. B. des →Pentium und →Pentium II, von PC-Chipsätzen und Speicherbausteinen. Außerdem ist die Firma 1998 mit dem **i740-Prozessor** erstmals in den Markt der →3-D-Grafikkarten-Prozessoren eingestiegen. Der derzeitige →CEO von Intel, Andy Grove, gilt ähnlich wie Bill Gates (→Gates) von Microsoft als einer der einflussreichsten Männer der Branche bzw. Amerikas. Er wurde 1997 vom bekannten Magazine Times zum Mann des Jahres gewählt. Im Internet versucht sich Intel unter der Adresse *www.intel.com* von seiner besten Seite zu zeigen.

IntelliSense (**intelligence and sensibility**)

Der Begriff IntelliSense wurde von der Firma Microsoft erstmals mit der Version 95 von Microsoft →Office eingeführt und anschließend verstärkt für innovative, Intelligenz-ähnliche Funktionen neuer Microsoft-Programme und Hardwarekomponenten verwendet. Es handelt sich um ein Kunstwort aus Intelligence (Intelligenz) und Sensitivity (Sensibilität). Unter IntelliSense-Funktionen versteht Microsoft z. B. automatisch erscheinende Infoboxen, wenn man mit der Maus über einem Symbol schwebt oder die zahlreichen AutoFunktionen in →Word wie *AutoKorrektur* oder *AutoFormat*. Diese erkennen gewisse Text- oder Situationsbedingungen selbstständig und aktivieren daraufhin eine vorgegebene, zumeist zusätzlich noch konfigurierbare Funktion (z. B. das automatische Korrigieren von vorher definierten, falsch geschriebenen Wörtern).

INTELSAT (International Telecommunications Satellite)

INTELSAT ist die Abk. f. die internationale Fernmeldesatelliten-Organisation, bestehend aus 125 Mitgliedstaaten mit Sitz in Washington D. C. Diese Organisation betreibt global in über 170 Ländern ein Netz von derzeit 19 Satelliten und mehr als 800 Bodenstationen bzw. -antennen, die v. a. der Telekommunikation dienen. INTELSAT-Satelliten werden zu nicht-militärischen Zwecken als Übertragungssysteme für Fernsehen, Telefon, Fax, E-Mail und Videokonferenzen verwendet. Ein weiterer Ausbau des INTELSAT-Netzes ist geplant.

Interaktion [interaction]

Der Begriff Interaktion bedeutet im Allgemeinen ein aufeinander bezogenes Handeln mehrerer Personen und wird auch oft im Zusammenhang mit dem Ablauf eines →Programms gebraucht.

Das Programm reagiert auf eine Eingabe des Anwenders und wird in Abhängigkeit von der Eingabe in eine bestimmte Richtung weitergeführt. Bei einem →Lernprogramm können z. B. bei Abfragen des Lerninhalts je nach Lösung der Aufgaben Kapitel wiederholt oder übersprungen werden.

Interaktiv [interactive]

Bei einer interaktiven oder dialogorientierten Arbeitsweise werden Arbeiten an einem Rechnersystem im Dialog, d. h. unter Berücksichtigung von Ereignissen oder Eingaben des Nutzers, durchgeführt (siehe →Interaktion). Die interaktive Arbeitsweise ist heute zum Standard geworden (siehe →Stapelverarbeitung).

Intercast (Internet and Broadcast)

Das Kunstwort Intercast ist eine Kombination aus →Internet und Broadcast, der englischen Bezeichnung für Rundfunk/Fernsehen. Damit ist also die Vermischung von Internet und Fernsehen (genauer: Kabelfernsehen) gemeint. Denkbare Anwendungen und Realisierungen von Intercast sind zahlreich, jedoch ist die Umsetzung v. a. in Deutschland noch nicht weit fortgeschritten. Zur Zeit bieten nur die Sender ZDF und DSF über das Kabelnetz Intercast-Informationen. Das Hauptproblem bei Intercast, also der Datenübertragung über das Fernsehkabel, ist, dass die normalerweise so wichtige Interaktivität des Internet verloren geht, da Daten nur einseitig empfangen werden können. Als Abhilfe könnte der Anwender sich theoretisch parallel zur „Empfangsleitung" des Fernsehkabels auch eine „Sendeleitung" über das Telefonnetz per →Modem oder →ISDN-Karte aufbauen. Aber das ist zumindest in Deutschland noch nicht realisiert.

Intercast kann man derzeit nur in Verbindung mit einer →Fernsehkarte, z. B. von Miro oder Hauppauge, und dem Intercast-Viewer von Intel empfangen bzw. anschauen. Eigentlich wollte Microsoft in Deutschland auch das Inter-cast-kompatible Programm WebTV in Windows 98 integrieren, aber dieser Plan wurde vor der Auslieferung offenbar doch verworfen. Es bleibt zu hoffen, dass WebTV demnächst doch noch mit einem Update (Servicepack) von Windows 98 eingeführt wird.

Die genannten Intercast-Sender in Deutschland übertragen hauptsächlich Kurznachrichten (News, Programmhinweise etc.), die im Intercast-Viewer auf dem Windows-Desktop neben dem Fernsehbild automatisch angezeigt werden. Hier besteht eine gewisse Verwandschaft zur →Push-Technologie im Internet, bei der auch Daten aktiv von einem Anbieter zum Empfänger „rübergedrückt" und über einen speziellen Viewer angezeigt werden. Die aktuellste Version des Intercast-Viewer sowie weitere Informationen zu Intercast bekommt man im Internet unter *www.intercast.de*.

Intercast sollte nicht mit der neuen so genannten Kabelmodem-Technik verwechselt werden. Kabelmodems werden speziell für die breitbandige Datenübertragung per Fernsehkabel entwickelt und sollen möglichst auch eine Übertragung in beide Richtungen (→Fullduplex-Betrieb) erlauben oder aber parallel zum Empfang über das Fernsehkabel eine Sendeleitung über das Telefonnetz erlauben. Bisher ist eine praktische Anwendung bzw. Realisierung für den Massenmarkt aber noch nicht umgesetzt.

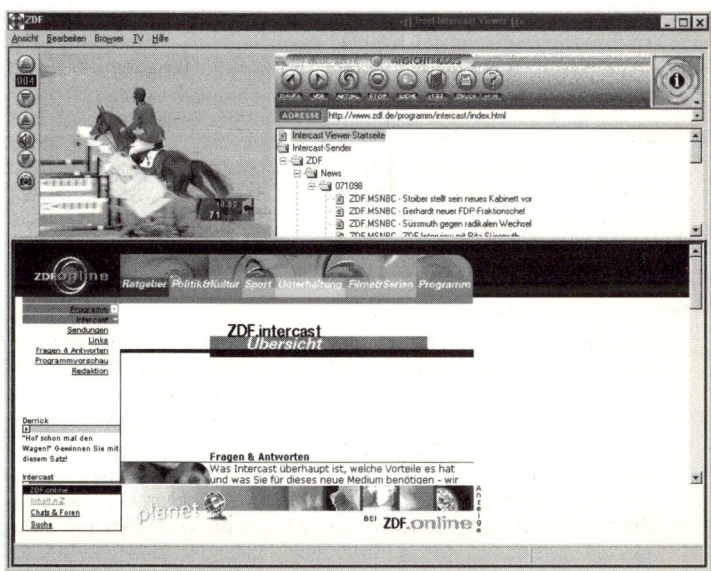

Der Intercast-Viewer zeigt ähnlich einem WWW-Browser parallel zum Fernsehbild Zusatzinformationen an, die per HTML über das Kabel verschickt werden

Interface [Schnittstelle]

Ein Interface ist eine Hardware- oder Softwarekomponente (im letzteren Fall spricht man auch von einem Softwareinterface), welche den Austausch von Funktionen oder →Daten zwischen Hardware- bzw. Softwarekomponenten ermöglicht. An einer Schnittstelle werden also Daten in genormter und deswegen für andere Komponenten verständlicher Form zur Verfügung gestellt. Um z. B. einen →Drucker oder ein anderes →Gerät an einen →Computer anschließen zu können, müssen beide Seiten eine gleichartige oder kompatible Schnittstelle besitzen. Damit ein →Programm an ein anderes Daten übergeben oder Funktionen des anderen Programms aufrufen kann, müssen beide Programme über eine geeignete Schnittstelle – z. B. →API – miteinander kommunizieren usw. Um Komponenten eines Herstellers mit denen anderer Hersteller kombinieren zu können, müssen die jeweiligen Schnittstellen den unter den Herstellern vereinbarten Standards entsprechen, die im Idealfall durch ein nationales (siehe z. B. →ANSI) oder internationales (z. B. →ISO) Gremium definiert wurden.

Interlace [verflechten, verweben]

Das bereits aus der Fernsehtechnik bekannte **Halbbild**- oder Interlace-Verfahren war in den Zeiten, als weder eine erschwingliche →Grafikkarte noch ein bezahlbarer →Monitor mit hinreichend großer Leistung betrieben werden konnte, ein übliches Verfahren zur Bildausgabe. Hierbei wurden von der Grafikkarte jeweils die geraden und anschließend die ungeraden →Zeilen als Halbbilder im Wechsel übertragen. Trotz nominell hoher →Bildwiederholfrequenz kann man je nach Blickwinkel und subjektivem Empfinden ein deutliches Flimmern wahrnehmen. Bei heutigen Systemen lassen sich auch mit Non-Interlaced-Verfahren (siehe →Non Interlaced) hohe Bildwiederholfrequenzen erreichen, sodass das Interlace-Verfahren nicht mehr erforderlich ist und gemieden werden sollte.

Interleave [auslassen]

Mit Interleave wurde ein Verfahren zum beschleunigten →Zugriff auf Festplattensektoren (siehe →Festplatte, →Sektor) bezeichnet. Ausgangspunkt war die Tatsache, dass wegen der hohen Umdrehungsgeschwindigkeit der Plattenstapel in den Laufwerken einerseits und der geringen Übertragungsrate über das →Interface, den →Bus bis z. B. in den →Arbeitsspeicher andererseits nicht mehrere physisch benachbarte Sektoren nacheinander gelesen oder geschrieben werden konnten: Waren die Daten eines Sektors übertragen, hatte sich der Plattenstapel inzwischen weitergedreht. Es musste erst wieder eine volle Umdrehung abgewartet werden, um den nächsten sequenziell folgenden Sektor zu lesen oder zu schreiben. Das bremste die Gesamtleistung eine →Festplatte im →Computer noch zusätzlich aus. Daher kam man auf die Idee, die logisch aufeinander folgenden Sektoren einer →Datei nicht physisch sequenziell aufzuzeichnen, sondern jeweils immer einen oder mehrere Sektoren auszulassen, sodass die gesamte Leistung von Computer und Festplatte optimal war. Dieses Verfahren nannte man Interleave oder Sektorversatz. Die Größe des Sektorversatzes, den man im Zusammenhang mit der →Low Level-Formatierung angeben konnte, wurde Interleave-Faktor genannt. Bei den heutigen Festplatten, Festplatten-Controllern und Computern ist ein Interleave nicht mehr erforderlich.

Interleaving

Interleaving bezeichnet ein Architekturprinzip des Arbeitsspeichers in einem →PC. Die →Datenwörter werden im →Arbeitsspeicher so aufgeteilt, dass zwei logisch folgende Datenwörter nicht unmittelbar nacheinander aus einem RAM-Bereich (siehe →RAM) geholt werden müssen.

Internet

Das Internet ist heute ein Welt umspannendes →Netzwerk von →Computern, das aus einer Reihe großer internationaler und nationaler Subnetze sowie regionaler und lokaler Netze besteht, die eine einheitliche Netzwerktechnologie, die Übertragungsprotokolle der TCP/IP-Familie (siehe →TCP/IP), verwenden.

Keimzelle des heutigen Internet war das →**ARPAnet**, mit dem amerikanische Wissenschaftler des US-Verteidigungsministeriums Ende der 60er Jahre ursprünglich vier Computer an entfernten Standpunkten verbanden. In den folgenden Jahren schlossen sich immer mehr Universitäten und Forschungseinrichtungen an. Nach Abspaltung des rein militärischen MilNet im Jahre 1983 erfolgte ab 1986 der durch Steuergelder finanzierte Aufbau des →NSFNet, einer schnellen Verbindung zwischen den Supercomputern an fünf amerikanischen Universitätsstandorten. Durch die Verknüpfung mit ähnlichen Projekten anderer Staaten wurde das Welt umspannende Internet geschaffen, dem sich mehr und mehr auch international tätige Großunternehmen mit eigenen Welt umspannenden Netzen anschlossen.

Noch vor wenigen Jahren war das Internet nur wenigen Insidern bekannt. Mittlerweile sind jedoch ca. 30 Mio. Nutzer im Internet miteinander verbunden und jeden Monat kommen Hunderttausende hinzu. Im Internet steht eine Vielzahl von **Diensten** zur Verfügung, mit denen man nahezu jedes Informationsbedürfnis befriedigen kann:

1. Der wohl am häufigsten benutzte Dienst im Internet ist →**E-Mail**, das Versenden elektronischer Nachrichten zu potenziell Millionen von Partnern rund um die Welt.

2. Eine weitere wichtige Säule des Internet ist das →**Usenet**, in dessen nahezu 10.000 Themenbereichen, den →Newsgroups, alle nur denkbaren Diskussionsthemen öffentlich diskutiert werden.

3. Mit →**Telnet** kann man sich wie mit einem →Terminalprogramm an einem entfernten →Rechner einwählen, um dort Programme abzuarbeiten oder in →Datenbanken zu recherchieren.

4. Zur Übertragung von beliebigen Dateien dient →**FTP**. Zumeist wird damit auf öffentliche Bereiche entfernter FTP-Server zugegriffen. Um die schier unübersehbare Menge an Dateien überblicken zu können, dient →Archie als globales Inhaltsverzeichnis. Archie durchsucht regelmäßig die Dateibereiche einer Vielzahl von FTP-Servern und gibt Auskunft aus der mit den Suchergebnissen erstellten →Datenbank.

5. Auch →**WAIS** ist eine Art Volltextsuche im Internet, mit deren Hilfe unzählige im Netz vorhandene Dokumente nach Stichwörtern durchsucht werden können.

6. Mit den Suchdiensten →**Gopher** und →**VERONICA** kann man sich selbst durch einen →Verzeichnisbaum von →Server zu Server vorarbeiten, um gewünschte Informationen und Dateien ausfindig zu machen und zu übertragen.

7. Das neueste und attraktivste Werkzeug im Internet ist jedoch das multimediale →WWW, das World Wide Web (Weltweites Netz). WWW basiert auf der Idee, dass sich eine große Informationsmenge wie die des Internet am besten mit Hilfe von →Hypertext strukturieren lässt, dessen Verbindungen direkt zu weiteren Text- oder Datenelementen führen – egal, ob sich diese im aktuellen Dokument oder auf einem weit entfernten Server im Netz befinden.

Internet Explorer

Der Internet Explorer (abgk. IE) ist der kostenlos erhältliche →Webbrowser der Firma Microsoft. Ursprünglich als Pendant bzw. Konkurrent zum bekannten →Netscape Navigator entstanden, lieferte er mit der Version 4 auch ein Update für die Oberfläche (den →Desktop) von Windows 95 und Windows NT. Der Windows-Desktop kann damit zum **Active Desktop** erweitert werden, wobei Laufwerkansichten und Ordner in Webdarstellung angezeigt werden können und sich alle Symbole mit einfachem Klick (wie auf Webseiten, ein Doppelklick ist nicht mehr notwendig) aufrufen lassen. Die Funktionen sind durchaus hilfreich bzw. arbeitserleichternd, brauchen aber eine gewisse Umgewöhnungszeit. Die Active Desktop-Unterstützung ist übrigens im einzeln erhältlichen IE 5.0 nicht mehr enthalten. Wer also auf z. B. Windows NT 4 den Active Desktop mit dem IE 5 nutzen möchte, muss zuvor noch den IE 4 installieren. In der ersten Version von →Windows 98 wurde der IE 4.0 integriert; in der zweiten Ausgabe von Windows 98, die im Sommer 1999 ausgeliefert wurde, ist dagegen wie auch in →Windows 2000 der IE 5.0 integriert.

Das Internetpaket des Explorer bietet in der Standardinstallation neben dem reinen Webbrowser (der alle wichtigen Standards wie →HTML, JavaScript, →Java und Microsoft-Eigenentwicklungen wie Dynamic HTML oder →ActiveX unterstützt) mit Multimedia-Erweiterungen auch den E-Mail- und News-Client **Outlook Express**. In der vollständigen Installation kommen zudem die Internetkonferenzsoftware →**NetMeeting**, die Webpublishing-Software **FrontPage Express** (der „kleine Bruder" des bekannten FrontPage von Microsoft), der Webpublishing-Assistent von Microsoft, der Microsoft MediaPlayer für →Streaming Video sowie Microsoft Chat zur Teilnahme an Live-Talkrunden im Internet hinzu. Viele neuere Programme, insbesondere die von Microsoft (wie z. B. Outlook 98/2000), benötigen zwingend die Installation des Internet Explorer, sodass man teilweise gar nicht darum herumkommt, ihn zu installieren. Jedoch kann man ihn auch unter Windows 98 – zumindest mit einigem Aufwand bzw. unter Zurhilfenahme von speziellen Tools – auch wieder größtenteils deinstalllieren. Oder zumindest bei Nichtgefallen die meisten Active-Desktop-Funktionen deaktivieren.

Tipp: Welcher der bessere Browser ist, nämlich der →Netscape Navigator oder der IE, ist fast schon ein Glaubenskrieg. Bei den Anwenderzahlen hat der IE aber das Rennen schon gewonnen. Jedenfalls ist auch der IE nicht ohne Programmierfehler und „Sicherheitslöcher". Microsoft versucht jedoch meist, für bekannt gewordene Probleme einen →Patch auf seinen Internetseiten (siehe Abbildung) zur Verfügung zu stellen. Sie sollten dort regelmäßig nachschauen und ein Update durchführen. Online-Assistenten helfen Ihnen dabei, Ihre vorhandene Konfiguration zu überprüfen und die notwendigen Dateien zu überspielen.

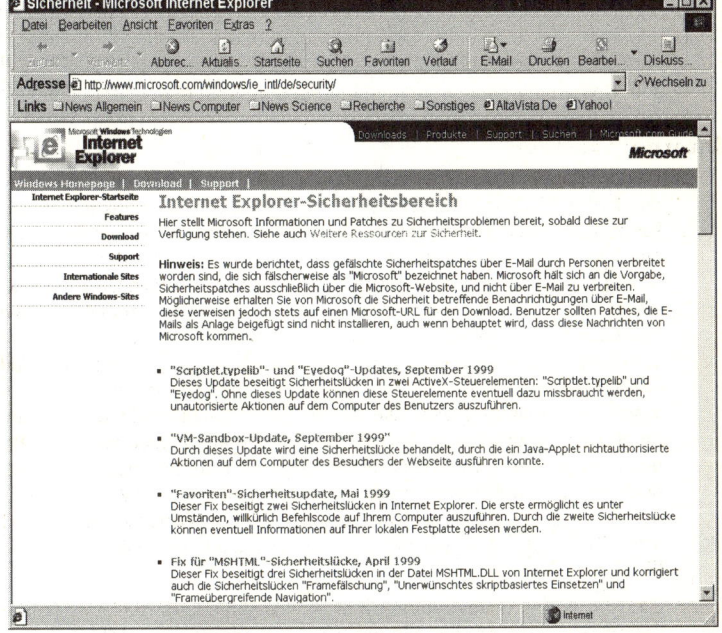

Unter der Adresse www.microsoft.com/windows/ie_intl/de/security sollten Sie regelmäßig nach Sicherheitsupdates für den Internet Explorer schauen

Internet-by-call [Internet-auf-Anruf]

Unter Internet-by-call versteht man die Dienstleistung eines Internetproviders, sich nur unter Erstattung der Telefongebühren direkt in das Internet einwählen zu können. Im Gegensatz zu herkömmlichen Providern muss man neben den Telefonkosten also keine weitere Gebühr für die Internetnutzung als solche zahlen oder gar eine monatliche Grundgebühr erstatten, wie das v. a. bei den →Online-Diensten üblich ist. Bei einigen Anbietern entfällt sogar eine besondere Anmeldung, man benutzt einfach ein universelles Passwort bzw. eine universelle Benutzerkennung (Anmeldename) und wählt sich über eine zumeist bundesweit einheitliche Telefonnummer ein. Bei den Providern, bei denen eine Anmeldung notwendig ist, erhält man dann dafür auch nicht nur spezifische Zugangsdaten, sondern auch eine eigene E-Mail-

Adresse und teilweise sogar kostenlosen Speicherplatz für eine eigene Homepage.

Es waren vor allem die freien, privaten Telefonfirmen wie Acor, Mobilcom oder Teldafax, die Internet-by-call seit Ende 1998/Anfang 1999 auf breiter Front in Deutschland einführten (vergleiche auch →Call-by-Call und →Telefontarife). Grundlage dieser Dienstleistung ist natürlich die Möglichkeit, auf Telefonnetze bzw. Einwahlknoten mit günstigen Konditionen und bundesweit einheitlicher Einwahlnummer zurückgreifen zu können. Derzeit (Stand 10.99) bieten die günstigsten Anbieter einen Preis von 3-4 Pf/Min. an, teilweise aber nur zu bestimmten Zeiten oder besonderen Bedingungen wie festgelegten Stundenkontingenten. Zum Vergleich: Bei Verwendung des Telekom-Netzes zahlt man tagsüber ca. 8 Pfennig/min im Ortstarif. Die Preise sind aber natürlich laufend in Bewegung, v. a. seit dem →AOL für den 1.10.99 (bei allerdings 9,99 DM Grundgebühr/Monat) einen Minutenpreis von 3,99 Pfennig anbietet und auch →T-Online noch mal die Kosten gesenkt hat. Es ist damit zu rechnen, dass man Anfang 2000 für 2-3 Pfennig die Minute ins Internet kommt.

Bei der Auswahl des richtigen Internet-by-Call-Anbieters sollte man aber nicht nur auf den günstigsten Preis achten. Denn es gibt z. T. große Unterschiede in der Geschwindigkeit. Die Einwahlnummern der günstigsten Anbieter sind häufig auch aufgrund zu großen Andrangs überlastet. Zum Zeitpunkt der Drucklegung diese Buches (Herbst 1999) konnten besonders Teldafax (*www.telda.net*) und Uunet mit *„knUUt-by-Call"* mit guter Leistung überzeugen, auch wenn sie nicht die günstigsten Angebote haben. Über die jeweils aktuellen Anbieter bzw. Tarife können Sie sich im Internet auch auf folgenden Seiten informieren: *www.pampow.de/bycall.htm,f7.parsimony. net/forum8938* (Diskussions-Forum!), *www.online.de/home/callbycall/ intbycall.html* und *internet-by-call.org*.

Eng verwandt mit Internet-by-call ist übrigens die Zugangsmöglichkeit über eine so genannte **Flatrate**. Darunter versteht man eine Einheitsgebühr, mit der sowohl die Telefon- wie auch Internetkosten bei anschließend unbegrenzter Nutzung abgegolten sind. Wenn man so will, so eine Art Standleitung, in die man sich nur dennoch hin und wieder „einwählen" muss. Manche Flatrate-Modelle sehen auch ein maximales Zeitlimit, also eine begrenzte Stundenzahl für die Gebühr vor. Flatrates sind in Amerika und einigen anderen Ländern längst üblich. In Deutschland wurden 1999 von einigen Anbieter auch immer mal wieder Versuche gestartet, bisher aber hat keiner kostendeckend arbeiten können bzw. ist aufgrund von technischen Problemen gescheitert. Die Telefonfirma Mobilcom kündigte im Oktober 1999 jedenfalls an, zumindest in einigen größeren Städten eine Flatrate bis Jahresende einführen zu wollen. Es bleibt zu hoffen, dass es im Jahr 2000 mit der Flatrate endlich etwas einfacher und kostengünstiger wird, in Deutschland länger im Internet zu verweilen. Informationen über aktuelle oder geplante Flatrate-Angebote finden Sie im Internet unter der Adresse *www.flatrate.de*. Unter *www.ungetaktet.de* hat sich Mitte 1999 eine Initiative gebildet, die versuchen möchte, die Flatrate-Einführung in Deutschland zu unterstützen.

Internetprotokoll (IP)

Das Internetprotokoll, oft auch einfach nur mit der Abkürzung IP bezeichnet, ist ein wesentlicher Bestandteil der Protokollfamilie →TCP/IP. Das IP ist ein verbindungsloses und ungesichertes Protokoll, das verantwortlich ist für die Aufspaltung der →Datenpakete, die über das →Netzwerk übertragen und am Ziel wieder zusammengefügt werden. Das IP ist auch für die →Adressierung im Netz durch Quell- und Zieladresse (siehe →IP-Adresse) verantwortlich.

Internetprotokolle [internet protocols]

Unter dem Oberbegriff Internetprotokolle wird eine Sammlung von Kommunikationsprotokollen zusammengefasst, die die komplette →Datenübertragung im →Internet regeln und auch als DoD-Protokollfamilie (siehe →DoD) bezeichnet werden. Das klassische Internetprotokoll „IP" ist nur eines von mehreren Internetprotokollen insgesamt.

Internetprovider [Internet provider]

Wenn man nicht das Glück hat, als Student oder Mitarbeiter einer Universität kostenlosen Zugriff auf das →Internet zu erhalten, muss man die Dienste eines Internetproviders, neudeutsch auch Internetzugangsserviceanbieter genannt, in Anspruch nehmen. Der Provider ermöglicht einem die Einwahl per →Modem, →ISDN-Karte oder den dauerhaften Zugang über Standleitung in das Internet. Erfolgt die Verbindung zum Internet per Wahlleitung (über das Telefon, also keine Standleitung), so muss sich der Kunde jedes Mal über einen Benutzernamen und ein Passwort am Server des Providers anmelden. Dabei wird ihm für die jeweilige Sitzung immer eine neue (dynamische) →IP-Adresse zugewiesen. Die entsprechende Prozedur wird unter Windows mit Hilfe des →DFÜ-Netzwerks durchgeführt. Kunden mit einer Standleitung sind zumeist über eine →Ethernet-Karte mit dem Internet verbunden und haben eine feste IP-Adresse. Die häufigste Dienstleistung eines Providers ist der Zugang zum →WWW. Normalerweswe ermöglicht ein Provider aber auch die Nutzung von →E-Mail mit einer eigenen Adresse und stellt einen Server für die beliebten →Newsgroups zur Verfügung.

Die Dienste, die man beim Provider in Anspruch nimmt, lässt sich dieser natürlich bezahlen. Die Kosten für den Internetzugang sind dabei je nach Leistung und Anbieter sehr unterschiedlich. Ein Preis- und Leistungsvergleich ist unbedingt anzuraten. In den großen Computerzeitschriften werden regelmäßig die wichtigsten Provider einem Vergleichstest unterzogen. Alternativ zu den klassischen Anbietern lassen sich auch die →Online-Dienste wie →CompuServe, →AOL oder →T-Online als Vermittler für den Zugang zum Internet verwenden. Gegenüber einem reinen Provider bieten sie weitere, eigene Inhalte und Dienstleistungen an, sind aber oft bei den reinen Internetmerkmalen (z. B. E-Mail, Newsgroups, Geschwindigkeit des Internet) etwas schwächer. Für den Privatanwender sind AOL oder T-Online sicherlich eine gute Möglichkeit, um ins Internet zu kommen. Alternativ bietet sich aber auch einer der großen, preiswerten und leistungsfähigen Provider wie z. B. →UUnet an. Genau wie die großen Online-Dienste bietet auch UUnet eine bundesweite Einwahl zum Ortstarif an. Darüber hinaus sind die Leistungen im reinen Internetbereich zumeist besser als bei den Online-Diensten. Bei einer Entscheidung für oder gegen einen bestimmten Provider bzw. Online-Dienst sollte man also unbedingt genau abwägen, welche Dienstleistung man genau und in welchem Umfang benötigt.

Im Internet finden Sie unter *www.internet-provider.org* eine Auflistung bundesdeutscher Internetprovider, die nach Telefonnummern (Vorwahl) sortiert sind. So können Sie neben den bekannten, großen Providern und Online-Diensten noch weitere aus Ihrem Ortsbereich in Betracht ziehen. Da alle Online-Dienste sowie viele große Internetprovider aber mittlerweile eine bundesweite Ortseinwahl-Nummer anbieten, ist es nicht mehr so wichtig, den Provider nach diesem Kriterium auszuwählen. In vielen Großstädten gibt es außerdem von den privaten Telefongesellschaften zunehmend interessante Komplett-Angebote, bei denen die Gebühren für Internet und Telefon mit einer monatlichen Pauschale abgegolten werden. Da sich die Angebote laufend ändern, lohnt es sich, hierzu die aktuelle Computerpresse zu studieren.

Internetpublishing [„Veröffentlichung im Internet"]

Als Internetpublishing oder auch **Webpublishing** bezeichnet man das Erstellen und Bereitstellen von Informationen im →World Wide Web. Hierzu werden so genannte Web- bzw. Internetseiten mit Hilfe der Seitenbeschreibungssprache →HTML erstellt. Auf diesen Seiten können neben Text auch Tabellen, Grafiken, animierte →GIFs, anderen multimediale Elemente oder sogar kleine Programme (siehe →Java) dargestellt werden. Die Internetseiten lassen sich außerdem durch Rahmen (→Frames) in mehrere Bereiche aufteilen. Diese Bereiche können dann einzeln geändert werden, ohne dass man eine ganze Seite neu aufbauen muss.

Theoretisch lässt sich eine HTML-Datei mit jedem Texteditor (recht mühsam) per Hand erstellen, mittlerweile gibt es aber für diese Aufgaben eine Fülle spezieller Programme (→HTML-Editoren), die teilweise echtes →WYSIWYG erlauben. Neben zahlreichen Sharewareprogrammen gibt es auch professionelle Software mit größerem Leistungsumfang und vielen Vorlagen (z. B. MS-FrontPage oderHoTMetaL). Um Webseiten interaktiv zu gestalten, wird die Programmiersprache →Java oder die ActiveX-Technologie (→ActiveX) verwendet.

> **Tipp:** Es gibt im Internet eine ganze Reihe von Anbietern, die kostenlos bzw. gegen geringe Einblendung von Werbebannern Speicherplatz für Webpublishing zur Verfügung stellen. Der wohl bekannteste Service ist von Geocities. Mehr Infos unter *www.geocities.com*. Eine Auflistung weiterer Anbieter finden Sie unter *www.kostenlos.de*.

Nachfolgend noch eine Liste von kostenlosen Tools und Diensten, die beim Webpublishing nützlich sind:

Webpublishing: günstige oder kostenlose Dienstleistungen, Tools, Hilfen etc.	
CGI-Scripte, Infos und Archive	www.worldwidemart.com/scripts www.xwolf.com www.scripts.org
Chat-Module, kostenlose für Homepage	www.parachat.com www.homechat.de
Counter, kostenlose	www.countermania.de/stat beseendb.looksmart.com/hitcounter/index.html www.webcounter.goweb.de www.webhits.de
Diskussionsforum, eigenes, kostenlos	beseendb.looksmart.com/board/index.html www.megaforum.de
Domain, eigene, leicht zu merkende (URL-Redirection Services)	www.home.pages.de www.come.to
Domain-Abfrage (InterNIC und DeNIC)	www.networksolutions.com/cgi-bin/whois/whois www.denic.de/servlet/Whois
Gästebuch, kostenlos	saturn.guestworld.tripod.lycos.com www.guestbook.de www.info-serve.de/gast/index.phtml
HTML-Kompendium in Deutsch (SelfHTML)	www.teamone.de/selfhtml
Java, Infos und Applets	javaboutique.internet.com www.gamelan.com java.seite.net
Homepage-Links automatisch überprüfen lassen (Prüf-Roboter)	www.netmechanic.com www.websitegarage.com
Mailing List, eigene	www.coollist.com
Animierte Gifs, professionelle Galerie	www.multimedia.de/bittner
Suchdienste, automatisch Anmeldung für alle wichtigen	www.submit-it.com www.broadcaster.co.uk

Internetrecherche

Mit den richtigen Methoden lässt sich im Internet mittlerweile fast jede Information finden. Jedoch sollte man eben wissen, wie. Neben allgemeinen Richtlinien muss man außerdem verstehen, möglichst effizient die Datenbank eines Suchdienstes abzufragen. Leider hat jedoch fast jeder Internetsuchdienst seine eigene Befehlssyntax für die Suchabfrage. Aber auch wenn es bei diese Abfragen keine Norm gibt, verwenden doch viele Suchdienste zumindest in Teilen eine ähnliche Syntax. Am Beispiel eines der größten und schnellsten Suchdienste im Internet, →**Alta Vista** (*www.altavista.com* und *www.altavista.de*) werden nachfolgend die wichtigsten Regeln bzw. Befehle mit erklärenden Beispielen aufgeführt. Die Befehle gelten auch für eine deutsche Variante von Alta Vista, **Fireball** (*www.fireball.de*), obwohl man auch in der internationalen Version von Alta Vista gezielt nur nach deutschen Seiten suchen kann (und das meist mit besserem Ergebnis als in Fireball). Seit Frühjahr 1999 gibt es schließlich auch die rein deutsche Version von Alta Vista unter *www.altavista.de*.

Vor der Erklärung bzw. Nutzung der Befehlssyntax für Alta Vista sollten Sie jedoch die allgemeinen Grundregeln einer effizienten Recherche im Internet kennen:

- **Suchbegriffe genau eingrenzen, Syntax beachten**: Wer die Abfrage-Syntax eines Suchdienstes genau kennt, kann die Suche wesentlich effizienter gestalten. Zu spezielle Befehle bzw. zu lange, komplizierte Suchwörter können aber auch Treffer ausgrenzen. Die Syntax eines Suchdienstes ist meistens hinter einem „Hilfe-Button" versteckt, den die meisten Anbieter irgendwo auf der Homepage untergebracht haben. Ansonsten gibt es im Netz einige gute Anleitungen, wie Sie effizient recherchieren. Zwei der besten Seiten sind: *www.klug-suchen.de* und *www.suchfibel.de*.
- **Erweiterte Suchmöglichkeiten verwenden**: Viele Suchdienste bieten erweiterte Suchbefehle an (Stichwörter: „advanced options" etc.), bei denen man besser mit Verknüpfungen und Ausschlüssen arbeiten kann.
- **Die Sprache beachten**: Sowohl bei der Wahl der Wörter als auch bei dem zu durchsuchenden Bereich sollte man die verwendete Sprache beachten. Viele Dienste wie Alta Vista bieten an, ihre Suche z. B. nur in deutschen Webseiten durchzuführen.
- **Unterschied Suchmaschine und Katalog/Index-Dienste beachten**: Neben den reinen Suchdiensten wie Alta Vista gibt es auch so genannte Katalog- bzw. Index-Dienste (z. B. **Yahoo**). Hier sind die Informationen hierarchisch strukturiert. Von Musik über Rock kommt man zum Stichwort Elvis und findet eine Linkliste.
- **Mehrere Suchdienste ausprobieren**: Die Suchdienste sind im Ergebnis z. T. sehr unterschiedlich. Die Dienste haben jeweils verschiedene Stärken.
- Bei wichtigen Recherchen sollten Sie mehrere Suchmaschinen „anzapfen". So genannte **Metasuch-Dienste** können das automatisieren. Drei der besten Metasucher sind **MetaGer** (*meta.rrzn.uni-hannover.de*), **Web Crawler** (*www.webcrawler.com*) und **All4One** (*www.all4one.com*). Unter *www.klug-suchen.de* finden Sie neben einer Suchmöglichkeit Suchdienste aller Art, außerdem auch weitere Tipps zur Recherche im Internet sowie eine Suchmöglichkeit nach Suchdiensten. Eine Liste der wichtigsten Metasuch-Dienste finden Sie unter →Internetsuchdienste.
- **Metasuch-Programme verwenden**: Wenn Sie weder Mühe noch Geld scheuen, um zu möglichst optimalen Suchergebnissen zu kommen, können Sie auch eines der mittlerweile häufigeren **Metasuch-Programme** verwenden, die ähnlich wie die Metasuch-Dienste für Sie eine Anfrage direkt an mehrere Suchmaschinen rausgeben und auswerten. Im Unterschied zu den Metasuch-Diensten im Internet sind die Programme aber teilweise in der Lage, die zurückgemeldeten Daten auszuwerten. So werden z. B. doppelt bzw. mehrfach gefundene Seiten aussortiert. Perfekt funktioniert das natürlich nie und man geht so auch das Risiko ein, Suchergebnisse zu verlieren. Eines der bekanntesten Metasuch-Programme ist Webferret der Firma Ferretsoft (*www.ferretsoft.com/netferret/index. html*). Das Programm gehört zu einer ganzen „Familie" von Suchprogrammen, z. B. auch für E-Mail-Adressen. Außerdem gibt es eine kostenlose →Freewareversion zum Testen.

Nachfolgend die genaue Befehlssyntax von Alta Vista bzw. Fireball. Durch die geschickte Verwendung dieser fortgeschrittenen Abfragemöglichkeiten können Sie wesentlich schneller zu besseren Ergebnissen kommen und außerdem teure Online-Zeit sparen. Bei der fortgeschrittenen Suche in Alta Vista sollten Sie folgendermaßen vorgehen:

- **Groß-Kleinschreibung**: Am besten, man verwendet **nur Kleinbuchstaben**, denn dann wird nach Groß- und Kleinbuchstaben gleichermaßen gesucht. Bei Verwendung nur eines Großbuchstabens wird automatisch nur nach der exakten Schreibweise gesucht. Beispiele siehe untere Tabelle.

- **Unabhängige Begriffe mit mehreren Wörtern**: Gibt man mehrere Wörter wie normal geschrieben ein, so werden alle Seiten gesucht, die **mindestens einen der Begriffe** enthalten (also die größte gemeinsame Menge). Da dies meist unerwünscht ist, sollten Sie lieber mit den nachfolgenden Befehlen arbeiten.

- **Zusammenhängende Begriffe mit mehreren Wörtern (Phrasen)**: Sucht man eine exakte Phrase, also eine zusammenhängende Wortkombination, so setzt man diese am besten in Anführungszeichen. Alternativ kann man auch „Link-Zeichen" verwenden, die Wörter bzw. Ziffern zu einer gemeinsamen Phrase verbinden. Das sind Unterstriche, Trennstriche, Kommas und Punkte. Bei der Phrasensuche werden nur Seiten gefunden, die exakt die Wortkombination in der angegebenen Reihenfolge haben. *„Max und Moritz"* findet also nur Seiten mit exakt dieser Wortreihenfolge.

- **Wörter definitiv einschließen bzw. kombinieren**: Sucht man Wortkombinationen bzw. will ein Wort aus mehreren definitiv einschließen, so setzt man ein Pluszeichen („+") vor das gewünschte Wort. Dabei muss das **Leerzeichen** beachtet werden: ohne Leerzeichen aber mit Plus (*Max+Moritz*) werden die Wörter in der angegebenen Reihenfolge gesucht. Mit Leerzeichen dagegen alle Seiten, die irgendwo sowohl das eine als auch andere Wort stehen haben (*+Max +Moritz*). Beispiele siehe auch untere Tabelle.

- **Wörter definitiv ausschließen (Schnittmenge)**: Mit einem Minuszeichen vor einem Wort in einer Wortkombination kann man eine Schnittmenge bilden. *rockmusik -elvis* findet alle Seiten zur Rockmusik, aber nicht solche, die das Stichwort „Elvis" enthalten. Aber Achtung: Wenn kein Leerzeichen vor dem Minus erscheint, wird es als „Link-Zeichen" für die Definition einer Phrase angesehen (siehe vorletzten Punkt). Bei Verwendung des Minus-Befehls also immer auf die Leertaste davor achten.

- **Nach „echten" Textinhalten suchen**: Wer nach einem bestimmten Begriff sucht und sicher sein will, dass dieser auch wirklich im Fließtext einer Seite (als normales Textelement und nicht z. B. als Hyperlink oder Image-Tag) auftaucht, sollte den Suchbefehl *„text"* verwenden. Mit *text:elvis* findet man also nur Seiten, auf denen das Wort Elvis auch als echter Text im Inhalt verwendet wurde. Ähnlich suchen die verwandten Befehle *image*, *link*, *anchor*, *applet* und *url* nach Begriffen in anderen, Nicht-Text-Elementen. Weiteres siehe untere Tabelle.

- **Nach dem Titel einer Webseite suchen**: Man kann nach in der Titelleiste des Webbrowsers angezeigten Wörtern suchen. Die meisten Firmen haben z. B. in der Titel-Zeile ihrer Homepage ihren kompletten, korrekten Namen stehen. Das Suchwort muss dazu nach „title:" angegeben werden (z. B. *title:elvis*). Auch hier gelten wieder Minus- und Pluszeichen für Ausschluss bzw. Einschluss.

- **Nach einer Top-Level-Domain suchen**: Wer nach einer bestimmten Top-Level-Domain sucht, kann den Befehl „*domain:*" verwenden. So findet „*domain:gov*" alle Seiten der US-Regierung (Government), also z. B. *www.whitehouse.gov*. Man kann den Befehl gut in Kombination mit anderen Suchparametern verwenden, um z. B. das Suchergebnis nach einem Objekt auf alle deutschen Server zu begrenzen.

- **Nach Wörtern in Second-Level-Domain (und niedriger) suchen**: Eine Erweiterung des „domain"-Suchbefehls ist der Befehl „*host*". Damit kann man Wörter unterhalb der Top-Level-Domain (also alles links vor der Top-Level-Domain Stehende) suchen. Wer also z. B. alle deutsche Webseiten finden will, die das Wort „Music" im Domainnamen führen (z. B. *www.rock.music.plattenladen.de*), verwendet den Suchbefehl: *+host:music +domain:de*.

- **Nach Wörtern in der kompletten URL suchen**: Wer ein Wort in der kompletten URL sucht, also inklusive Domain bzw. Host-Namen, Pfad- und möglicherweise Dokumentenname, muss den Befehl „*url:*" verwenden (vergl. →URL). Wer also z. B. im Internet nach einer Webseite sucht, die das Dokument „Geheim.htm" anzeigt, verwendet den Suchbefehl „*url:geheim.htm*" Die letzten zwei Wörter müssen selbst nicht mit Anführungsstrichen als Phrase verbunden werden, weil der Punkt als Linkzeichen dasselbe bewirkt. Wer jedoch ein Dokument „Geheim und brisant.htm" sucht, sollte Anführungszeichen verwenden (z. B. *url:"geheim und brisant.htm"*).

Die nachfolgende Tabelle fasst die genannten Befehle noch mal kurz zusammen und führt einige weitere, zumeist seltener gebrauchte Suchbefehle auf.

Suchbeispiel	Bemerkung (Klein-/Großschreibung ist gleichwertig, wenn Suchbefehl klein)
Moritz	findet „Moritz", aber nicht „moritz" (wenn groß geschrieben, wird Schreibweise beachtet)
moritz	findet „Moritz" und „moritz" (Groß-/Kleinschreibung ist im Ergebnis egal)
mor*	findet alle Seiten, auf denen Wörter mit der Anfangssilbe „mor" enthalten sind. Das Sternchen dient wie beim PC als →Wildcard und steht für ein beliebiges Wortende
max moritz	findet alle Seiten, die „Max" und / oder „Moritz" enthalten
„max und moritz"	findet Seiten, die nur exakt die Wortkombination in Anführungsstrichen enthalten (Phrasensuche). Siehe auch nächsten Punkt
max_und_moritz	findet nur die exakte Wortkombination „max und moritz" (Großschreibung ist egal). Unterstriche, Trennstriche, Kommas und Punkte wirken verbindend und ermöglichen wie Anführungsstriche die Suche nach Phrasen.
max+moritz	findet alle Seiten mit „Max" und „Moritz" exakt in der Reihenfolge (Leerzeichen beachten!)
max +moritz	findet nur Seiten, die „Moritz" enthalten. Seiten, die auch noch „Max" enthalten, werden an den Anfang des Suchergebnisses gestellt (Leerzeichen beachten!)
+max +moritz	findet nur Seiten, die sowohl „Max" als auch „Moritz" enthalten (Leerzeichen beachten!).
+max -moritz	findet nur Seiten, die „Max" enthalten, aber nicht auch noch „Moritz" (Leerzeichen beachten!)

Suchbeispiel	Bemerkung (Klein-/Großschreibung ist gleichwertig, wenn Suchbefehl klein)
text:elvis	findet Seiten, die das Wort „Elvis" als echtes Textelement (Inhalt) auf der Seite hat, also nicht in einem Link, einem Image-Tag oder der URL
image:elvis	findet Seiten, die eine Grafik mit dem angegebenen Dateinamen enthalten (also z. B. elvis.jpg)
link:ruvo	findet das Suchwort (sollte ein Domainname sein) in Hyperlinks, listet also alle Seiten auf, die auf den angegebenen Domainnamen verweisen
anchor:ruvo	findet Text, der gleichzeitig ein Hyperlink ist. Im Beispiel Hyperlinks, die z. B. lauten: „Klicken Sie hier, um zu www.ruvo.com zu wechseln"
title:elvis	findet Webseiten mit dem Wort „Elvis" in der Titelleiste
domain:de	findet Seiten mit der angegebenen Top-Level-Domain, also z. B. de (alle deutschen Seiten), com (alle kommerziellen Seiten), org, net und so weiter
host:elvis	findet Webseiten mit dem Wort „Elvis" in der Domainadresse (z. B. _www.elvis.com_), also alles vor den Top-Level-Domains (com, de, org, net und so weiter)
url:elvis	findet Webseiten mit dem Wort „Elvis" im URL-Namen, also sowohl dem Domain-Namen als auch möglichen Pfaden und Dokumentnamen
applet:counter	findet Java-Applets mit dem angegebenen Suchnamen, hier also z. B. einen Besucherzähler

Internetsuchdienste [Internet search engine]

Internetsuchdienste, oft auch mit dem englischen Begriff „search engines" bezeichnet, sind besondere Service-Angebote im →World Wide Web, mit deren Hilfe man unbekannte Informationen im Internet finden kann. Zumeist wird dabei selbst wiederum in WWW-Angeboten gesucht, es gibt aber auch Suchdienste für andere Internetdienste (→E-Mail, →FTP, →Newsgroups, →Mailing-Lists etc.) oder ganz „normale" Datenbanken, wie z. B. Telefon- oder Fahrplanauskünfte.

Die meisten Internetsuchdienste arbeiten für den Anwender kostenlos und finanzieren sich entweder durch Werbung oder arbeiten ehrenamtlich. Um eine Suchanfrage an eine Search-Engine zu richten, wählt man deren Internetadresse an und gibt den gewünschten Begriff in ein mehr oder weniger komfortables Suchformular ein.

Die meisten Search Engines erlauben dabei mit Hilfe einer speziellen Befehlssyntax auch komplexe Abfragen (siehe →Internetrecherche). Nachdem der Server seine Datenbestände abgefragt hat, erhält man bei WWW-Suchdiensten eine Liste von Internetadressen (→URLs), auf die man per Hyperlink wechseln kann. Günstig ist es in solchen Fällen, mit mehreren offenen Fenstern des Browsers zu arbeiten, sodass man die Übersicht der Suchergebnis in einem, ein angewähltes Einzelergebnis in einem anderen Fenster betrachten kann.

Die nachfolgende Tabelle bietet eine Auswahl wichtiger Suchdienste für Informationen im WWW (WWW-Suchdienste wie z. B. →Alta Vista) sowie für andere Internetdienste oder allgemeine Datenbanken und Internetauskunft-Dienste. Für eine Übersicht von Suchdiensten für **E-Mail-Adressen** siehe →E-Mail. Vergleiche außerdem →Archie.

WWW-Suchdienste (deutsche)	URL-Adressen
Alta Vista (deutsche Variante)	altavista.de
Acoon	www.acoon.de
Aladin	www.aladin.de
Deutscher Crawler	www.crawler.de
Deutsches Internet Verzeichnis	web.de
Dino	www.dino-online.de
Eule	www.eule.de
Excite (Deutscher Ableger)	www.excite.de
Fireball	www.fireball.de
Focus Netguide	netguide.de
Lycos-Deutsch	www.lycos.de
Spider	www.spider.de
Yahoo-Deutsch	www.yahoo.de

WWW-Suchdienste (internat.)	URL-Adressen
Alta Vista	www.altavista.com
Excite-US	www.excite.com
Hotbot	www.hotbot.com
Infoseek	infoseek.go.com
Lycos-US	www.lycos.com
Microsoft Network Suchdienst	search.msn.com
Yahoo-US	www.yahoo.com
Webring	www.webring.com

Meta-Suchdienste (WWW)	URL-Adressen
All4One	www.all4one.com
Apollo 7	www.apollo7.de
Metasearch	metasearch.com
Multimeta	www.multimeta.com
Parabot	www.parabot.de
Suchen.com	www.suchen.com
WebCrawler	www.webcrawler.com www.go2net.com/search.html
MetaGer	www.metager.de

Suchmaschinen-ähnliche Dienste	URL-Adressen
Site Searcher (durchsucht Inhalte EINES Webanbieters/Domain)	boulter.com/sitesearcher
Xtel-Finder (Internetverzeichnis über Telefonnummern der Anbieter finden)	http://www.xtel.de/
Suchmaschinen-Suchdienst „Klug-Suchen"	www.klug-suchen.de

Internetsuchdienste (Nicht WWW-Dienste)	URL-Adressen
Domain-Datenbank, Abfrage-Möglichkeit	InterNIC: www.networksolutions.com/cgi-bin/whois/whois DENIC: www.denic.de/servlet/Whois www.checkdomain.com

Internetsuchdienste (Nicht WWW-Dienste)	URL-Adressen
FTP-Downloadquellen (siehe auch →Archie)	ftpsearch.lycos.com
Mailing Lists	www.liszt.com
Mailing-List & Newsgroup	www.reference.com
Newsgroups und -Inhalte	www.dejanews.com, www.altavista.de, www.altavista.com, extra.newsguy.com/
Newsserver-Suchdienst (freie)	www.muenz.com
Remark (früher Supernews): sucht WWW-Newsgroups	www.remarq.com

Internetdatenbanken (Auskünfte, Personen etc.)	URL-Adressen
Aktien-Auskünfte	www.wallstreet-online.de (Infos, Newsletter) www.consors.de (Infos, Diskussionsforen) www.finanztreff.de (eigenes Aktien-Portfolio) www.investornet.de
Autos, Kraftfahrzeuge	www.autocity.de www.kfz.de www.schwacke.com
Bibliotheken, Deutsche	www.hbz-nrw.de/hbz/germlst
Branchenbücher, Firmeninfos (Gelbe Seiten u. Ä)	www.branchenbuch.com www.gelbe-seiten.de www.flix.de (Branchenindex) www.yellowmap.de www.firmendatenbank.de
Bücher und ähnliche Medien	www.amazon.com bzw. www.amazon.de www.bol.de www.libri.de www.buchkatalog.de www.zvab.com www.gutenberg.aol.de
Einkaufen (Shopping)	www.shop.de www.shopping24.de www.schnaeppchenjagd.de www.testfinder.de
Fachleute, Ratschläge:	www.wer-weiss-was.de www.forengruppe.de www.anwalt-suche.de www.steuerberater-suchservice.de www.guter-rat.de
Infospace – Allgemeiner Suchdienst für Menschen, Orte, Dinge	www.infospace.com
Job-Angebote	www.jobpilot.de/index.phtml www.stellenmarkt.de www.jobs.zeit.de www.sueddeutsche.com/indexa.html www.computerjobs.de www.wdr.de/jobs www.jobrobot.de www.jobworld.de

Internetdatenbanken (Auskünfte, Personen etc.)	URL-Adressen
Medizin-Informationen & Lexikon	www.lifeline.de/index.html www.drweil.com www.infomed.org www.medizin-forum.de
Musik und MP3-Songs	www.musicsearch.com www.moving-mind.de mp3.lycos.com www.mp3.com/music
News, Tagesmeldungen	www.newsaktuell.de www.newsroom.de de.news.yahoo.com/schlagzeilen www.usatoday.com
Personen-Suche (Whitepages)	home.netscape.com/netcenter/whitepages.html
Software & Treiber-Downloads	www.download.com www.filez.com www.drivershq.com www.top-download.de www.Freeware.de
Support, PC-Hilfe	www.supportnet.de technet.microsoft.com www.spotlight.de/forenxxl/home.htm
Telefon- und Postleitzahlen	www.teleauskunft.de www.etv.de www.goldeneseiten.co.at/telefon.htm (Internationale Telefonbücher) plz.postconsult.de (PLZ-Verzeichnis)
Telefontarife	www.telefonkosten.com telefontarife.net www.call-by-call.com www.teltarif.de www.billiger-telefonieren.de
Übersicht Internetdatenbanken	www.pkds.net/free.html
Übersicht Internetprovider, nach Vorwahl	www.internet-provider.org
Übersicht kostenlose Internetdienstleistungen	www.kostenlos.de
Verkehrsauskunft, Reise	Fahrpläne **Deutschen Bahn**: www.bahn.de/fahrplan.htm oder: bahn.hafas.de **Flughafen Frankfurt**, Info-System: www.frankfurt-airport.de **Reiseplanung** (Routenplanung): www.reiseplanung.de www.travel-order.de www.hrs.de (Hotelreservierung, weltweit) www.varta-guide.de (Varta Hotel-Führer) www.ovalis.de/service/routenplaner.htm www.reiseroute.de www.falk-online.de **Staumeldungen**: www.rp-online.de/stau www.verkehr-nrw.de www.wdr.de/radio/verkehr www.verkehrslage.de

Internetdatenbanken (Auskünfte, Personen etc.)	URL-Adressen
Wetterauskunft	www.wetter.de www.donnerwetter.de worldweather.net www.rainorshine.com
Wetter, Webkameras (Web-Cams)	www.geo.de/reisen/webcams/index.html cirrus.sprl.umich.edu/wxnet/wxcam.html
Wirtschafts-Informationen (zumeist kostenpflichtig)	www.genios.de www.gbi.de www.dialogweb.com
Wörterbücher, Rechtschreibung	www.duden.de www.eb.com dict.leo.org www.travlang.com/languages
Wörterbücher, englisch	dict.leo.org rivendel.com/~ric/resources/dictionary.html www.ora.com/reference/dictionary/
Zeitungsartikel bzw. -Archive	www.paperball.de (Suchmaschine) www.qualitysearch.mckinsey.de (Suchmaschine) www1.zeit.de/bda/int/zeit/nacht/archive.html www.welt.de/archiv www.taz.de/~taz/etc/search.html

Internettelefonie [internet telephony]

Über das →Internet kann man mit Hilfe geeigneter Software auch Telefongespräche zwischen zwei oder mehreren mit dem Internet verbundenen PCs führen. Voraussetzung ist, dass jeder Teilnehmer eine Soundkarte mit →Lautsprecher und →Mikrofon hat und ebenfalls mit dem Internet verbunden ist. Außerdem sollten alle Beteiligten dieselbe Software verwenden (z. B. Microsoft →**Netmeeting,** CoolTalk oder Internet-Phone). Es sind allerdings internationale Standards für Internettelefonie in Arbeit.

Internettelefonie funktioniert derzeit zwar nur mit bescheidener Qualität und oft vielen Störungen, ermöglicht aber das weltweite (!) Telefonieren zum Ortstarif (je nach Einwahlknoten). Um allerdings überhaupt eine Verbindung mit dem gewünschten Gesprächspartner im Internet aufnehmen zu können, muss man entweder dessen →IP-Adresse kennen oder die beteiligten Personen müssen sich auf einem speziellen Internetserver einwählen, der anschließend zwischen den vorhandenen Personen vermittelt. Da sich die meisten Anwender per Modem in das Internet einwählen, ist ihre IP-Adresse i. d. R. bei jeder Sitzung anders und außerdem nicht direkt ohne spezielle Software (wie etwa *Winipcfg.exe*) ersichtlich. Daher arbeiten die meisten Internettelefonie-Programme nach dem Server-Prinzip.

Eine wichtige Voraussetzung für richtiges Internettelefonieren (also gleichzeitige Sprech- und Hörmöglichkeit) ist die →**Fullduplex**-Fähigkeit der Soundkarte. Das heißt, die Karten müssen gleichzeitig aufnehmen und wiedergeben können. Ansonsten erinnern die Abläufe an das CB-Funken: Reden kann immer nur einer, der andere muss zuhören. Weitere Informationen hierzu siehe →Fullduplex.

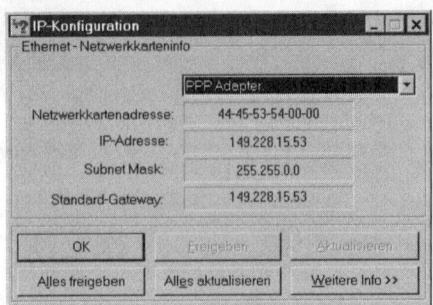

Mit Winipcfg (Windows IP-Config) kann man seine aktuelle IP-Adresse auslesen. Das Programm befindet sich im Windows-Verzeichnis

Tipp: Wenn die Internettelefnie bei Ihnen nicht funktionieren will, überprüfen Sie doch mal, ob Ihr Online-Dienst oder Firmen-Internetserver mit einem →Proxy arbeitet. Wenn ja, dann unterbindet dieser meistens direkten Datenaustausch wie →Chatten oder Internettelefonie. In den Einstellungs-Optionen Ihres →Webbrowsers können Sie die Proxy-Verwendung deaktivieren.

InterNIC (Internet Network Information Center)

Das SRI Network Information Center (SRI-Netzwerkinformationszentrum), kurz InterNIC, ist ein privatwirtschaftlich geführter Verein mit Sitz in Kalifornien, der die →**IP-Adressen** aller weltweit im →Internet zusammengeschlossenen →Rechner verwaltet.

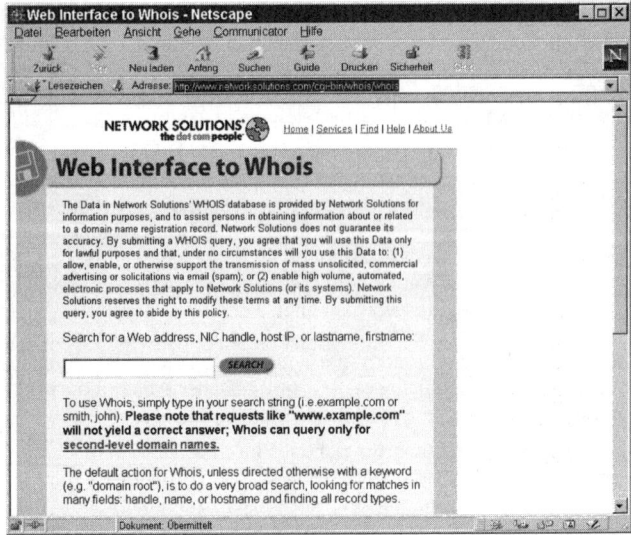

Ob und welche Domain-Namen beim InterNIC schon reserviert sind, kann man im Internet unter www.networksolutions.com/cgi-bin/whois/whois abfragen

Die IP-Adresse muss jeweils eindeutig vorgegeben sein, um eine eindeutige →Adressierung zu gewährleisten. Außerdem ermöglicht das InterNIC die Registrierung der **Domain-Namen** *com, net, org* und *edu* für Privatpersonen und/oder Organisationen (weitere Infos siehe →Domain-Namen). Die Reservierung einer *com*-Domain kostet derzeit ca. 100 US Dollar auf zwei Jahre; eine *de*-Domain über →DENIC ist dagegen zumeist etwas teurer. Zur Reservierung eines Domain-Namens braucht man allerdings einen Webspace-Provider, der die Anmeldung an das InterNIC weiterleitet.

Neben den klassischen vier Domain-Namen für Einrichtungen oder Firmen, die vom InterNIC verwaltet werden, gibt es noch für jedes Land eine eigene Domain, z. B. *de* für Deutschland (siehe →Domain-Namen). Diese landesspezifischen Domain-Namen werden unter Lizensierung des InterNIC von entsprechenden örtlichen Institutionen der jeweiligen Länder verwaltet. In Deutschland ist das das →**DENIC** in Karlsruhe.

Eigentlich sollten schon im Laufe von 1998 neue, zusätzliche Domain-Namen wie *firm* oder *info* eingeführt werden (siehe →Domain-Namen). Jedoch konnten sich die entsprechenden Organisationen bisher noch nicht auf ein einheitliches Registrierungsverfahren einigen. Es bleibt zu hoffen, dass dies jedoch bald in die Tat umgesetzt wird.

Interrupt [Unterbrechung]

Unter einem Interrupt versteht man die Unterbrechung des aktuellen →Prozesses durch die →CPU bei Vorliegen einer entsprechenden Anforderung, die Verzweigung zu einer entsprechenden →Routine, der Interrupt-Service-Routine, mit der die Anforderung abgearbeitet wird, sowie die anschließende Rückkehr zum unterbrochenen Prozess. Man unterscheidet prinzipiell zwischen Anforderungen von Interrupts, die ihre Ursache in der peripheren →Hardware haben, und Interrupt-Anforderungen, die ihre Ursache in der →Software, einem gerade ablaufenden →Programm, haben. Man spricht deshalb kurz von Hardware-Interrupts und Software-Interrupts.

Zur Entgegennahme von Interrupt-Anforderungen der Hardware (**Hardware-Interrupt**) besitzen die Prozessoren →i80x86 zwei separate Eingänge: den **NMI-Pin** (Abk. f. **N**on-**M**askable **I**nterrupt, nichtmaskierbarer Interrupt), der für Fehlerbedingungen der Hardware mit höchster Priorität (z. B. einen Paritätsfehler im →RAM) vorbehalten ist, sowie den **INTR**-Pin, an den alle anderen Interrupt-Anforderungen (siehe →Interrupt-Request) peripherer Komponenten über einen →Interrupt-Controller geleitet werden. Über diesen werden z. B. die Anforderungen vom →Festplatten-Controller, →Floppy-Controller oder anderer Interface-Karten (z. B. der seriellen Schnittstelle mit der →Maus) geleitet. Siehe auch →Interrupt-Request.

Software-Interrupts haben demgegenüber ihre Ursache in bestimmten Programmen, z. B. dem →BIOS, dem →DOS oder einem Anwenderprogramm. Sie werden explizit durch spezielle Befehle des Maschinencodes (siehe →Programmiersprache) ausgelöst oder durch den Prozessor selbst bei Fehlerbedingungen generiert.

Interrupt-Controller

Der Interrupt-Controller dient dazu, die von peripheren Komponenten aus-gelösten Interrupt-Anforderungen (siehe →Interrupt-Request) hinsichtlich ihrer Priorität zu bewerten und als (Hardware-)→Interrupt an den →Prozessor weiterzuleiten.

Interrupt-Ebene [interrupt layer]

Die unterschiedlichen Interrupt-Anforderungen von peripheren Hardware-komponenten (siehe →Interrupt-Request) werden durch den →Interrupt-Controller mit unterschiedlicher Priorität – der jeweiligen Interrupt-Ebene – behandelt. Durch die feste Vorgabe von bestimmten IRQs zu wichtigen peri-pheren Komponeneten wird sichergestellt, dass diese bevorzugt abgearbei-tet werden.

Interrupt-Konflikt [interrupt conflict]

Wenn zwei oder mehrere Geräte dieselbe IRQ-Leitung (siehe →Interrupt-Request) auf dem →Bus zum →Interrupt-Controller benutzen, wird das als Interruptkonflikt bezeichnet. Es kommt dann meist zu Störungen bis hin zum Systemabsturz.

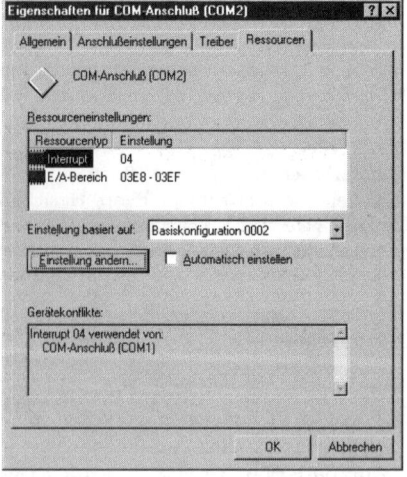

Im Geräte-Manager von Windows 95/98 können Interrupt-Konflikte sofort erkannt und zumeist auch wieder geändert werden

Interrupt-Request [Unterbrechnungs-Anfrage]

Ein Interrupt-Request, oft mit der Abkürzung **IRQ** bezeichnet, ist ein Signal, das von einer peripheren Komponente eines →PCs über spezielle Datenlei-tungen mit Hilfe des Interrupt-Controllers an die →CPU gesendet wird, wenn eine bestimmte Anforderung – z. B. zum Datentransfer – vorliegt. In-folge des →Interrupts sichert der →Prozessor seine aktuell in Bearbeitung befindlichen →Daten und wendet sich dem anfordernden Gerät zu. So be-nutzt z. B. das →Diskettenlaufwerk einen IRQ, um die Daten über den →Bus zu übertragen.

> **Tipp:** Die IRQ-Datenleitungen werden mit den DMA-Kanälen (→DMA), →I/O-Adressen und →Speicher-Adressen als **Ressourcen** eines PCs bezeichnet, weil sie nur in begrenzten Mengen vorliegen (siehe untere Tabelle). IRQs können normalerweise nicht gleichzeitig benutzt werden (was **Sharing** genannt wird). Dies gilt insbesondere für alle Geräte, die am →ISA-Bus angeschlossen sind. Bei Geräten des **PCI-Bus**, z. B. PCI-Steckkarten, ist ein →Interrupt-Sharing dennoch prinzipiell möglich, da der →Interrupt-Controller des PCI-Bus dies grundsätzlich unterstützt.

Bei den IRQ-Datenleitungen gibt es zwei weitere Besonderheiten: Sie werden nach **niedrigen 8-Bit-** sowie **hohen 16-Bit**-IRQs unterschieden und haben eine **Rangreihenfolge**. Wenn zwei Karten gleichzeitig einen IRQ aussenden, wird dem Gerät der Vorrang gegeben, dessen IRQ eine höhere Priorität hat. Die ersten PCs bis zur XT-Generation hatten nur acht IRQ-Datenleitungen mit 8-Bit-Breite (IRQ 0-7). Mit Einführung des AT-Rechners (→i80x86) wurden acht weitere 16-Bit-IRQs eingeführt (IRQ 8-15), die über den alten **IRQ 2**, der vom Interrupt-Controller belegt wird, wie durch eine Art Fenster angesprochen werden.

Da die oberen IRQs 8-15 nur über 16-Bit-Signale angesprochen werden können, stehen diese auch nur **16-Bit-ISA und den 32-Bit-PCI-Karten** zur Verfügung. Alte 8-Bit-ISA-Karten, wie sie z. B. noch für Scanner, Radio- oder Schnittstellen-Karten verwendet werden, können nur die unteren 8-Bit-IRQs nutzen. Die aus diesen Bedingungen sich ergebende **Rangfolge der IRQs** in einem PC ist wie folgt: 0, 1, 2, **8**, **9**, **10**, **11**, **12**, **13**, **14**, **15**, 3, 4, 5, 6, 7 (die oberen 16-Bit-Interrupts sind fett markiert). Wie der unteren Tabelle zu entnehmen ist, sind davon einige schon fest von bestimmten PC-Komponenten belegt.

> **Tipp:** Die Rangreihenfolge der IRQs sollte man bei der Zuweisung für wichtige Steckkarten beachten. Beispielsweise sollte man einem SCSI-Controller mit hohem Datenverkehr den ersten **freien** 16-Bit-IRQ zuweisen, also möglichst **IRQ 9** oder **10**.

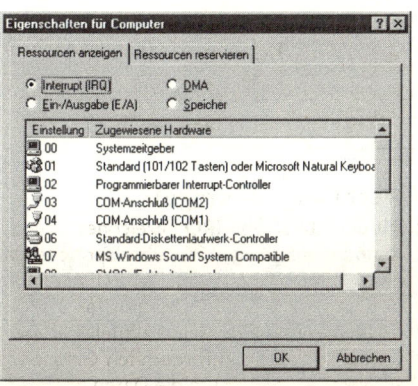

Über den Geräte-Manager von Windows 95/98 (Befehl Computer/Eigenschaften) können Sie sich die belegten IRQs anzeigen lassen

IRQ	Standard bzw. empfohlene Belegung
0	Systemzeitgeber, fest vergeben
1	Tastatur-Controller, fest vergeben
2	Interrupt-Controller, fest vergeben
3	COM 2 (serielle Schnittstelle), evtl. über das BIOS veränderbar
4	COM 1 (serielle Schnittstelle), evtl. über das BIOS veränderbar
5	frei, i. d. R. für Soundkarte oder →LPT 2 verwendet
6	Diskettenlaufwerk, fest vergeben
7	LPT 1 (Druckerschnittstelle), evtl. über das BIOS veränderbar, aber nicht ratsam
8	CMOS Echtzeituhr, fest vergeben
9	frei, i. d. R. für Soundkarte (MIDI-Teil) verwendet
10	frei, z. B. für SCSI-Karte
11	frei, z. B. für ISDN-Karte
12	bei Verwendung einer PS/2-Maus fest vergeben, ansonsten frei
13	Numerischer Coprozessor, fest vergeben
14	Erster EIDE-Controller, bei SCSI-Nutzung im BIOS freischaltbar
15	Zweiter EIDE-Controller, bei SCSI-Nutzung im BIOS freischaltbar

Interrupt-Sharing [„gemeinsame Interrupt-Nutzung"]

Unter Interrupt Sharing versteht man die Möglichkeit, dass sich zwei oder mehr Geräte in einem PC einen →Interrupt teilen können. Dies ist jedoch nur unter besonderen Bedingungen möglich, weil eigentlich ein Interrupt-Sharing ursprünglich bei der Definition von Interrupts nicht vorgesehen war. Auf älteren PCs ist dies auch normalerweise nicht möglich; versuchen dennoch mal zwei Geräte, denselben Interrupt zu nutzen, kommt es i. d. R. zum →Absturz des PCs (→Interrupt-Konflikt).

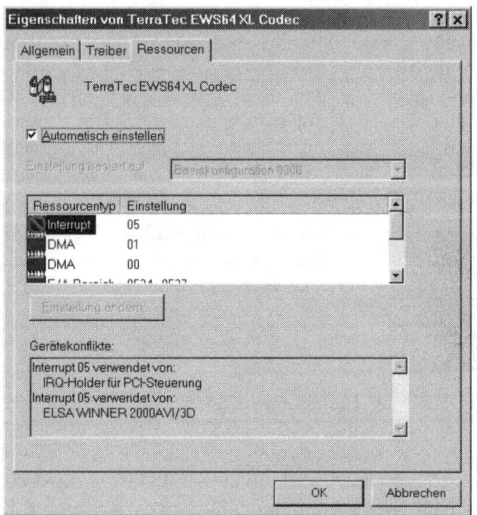

Nicht alle Geräte und schon gar nicht ISA-Karten unterstützen ein Interrupt-Sharing. Bei gleicher Belegung kommt es im günstigsten Fall noch zu solchen Fehlermeldungen

Auf neueren PCs wird jedoch für den PCI-Bus (→PCI) ein PCI-Controller verwendet, der in der Lage ist, zwei oder sogar mehr PCI-Geräte mit demselben Interrupt zu verwalten. Dies ist möglich, weil der PCI-Bus intern eigentlich gar nicht mehr mit den herkömmlichen Interrupts arbeitet, sondern eigene Datenleitungen zur Unterbrechung der Prozessorarbeit (INT#A bis INT#D) verwendet. Nur aus Kompatibilitätsgründen zu gängigen Betriebssystemen bzw. BIOS-Versionen werden die PCI-Unterbrechungen auf die bekannten IRQs um- und an die CPU weitergeleitet. Für den Anwender sieht daher die IRQ-Nutzung auf dem PCI-Bus normalerweise wie gewohnt aus, lediglich ein Sharing ist unter Umständen möglich.

Voraussetzung für ein erfolgreiches Interrupt-Sharing ist, dass einerseits das Mainboard dies unterstützt. Weiterhin müssen das Betriebssystem und auch die Treiber der Karte darauf ausgelegt sein, ansonsten kommt es wie bisher auf alten Systemen zu Konflikten, auch wenn diese dann evtl. nicht immer (wie früher üblich) zu einem sofortigen Absturz führen. PCs ab ca. 1997 mit Windows 95b, Windows 98 oder Windows NT sollten ein Interrupt-Sharing unterstützen, sofern auch die Treiber der jeweiligen Karte dies ebenfalls vorsehen. Bei älteren Rechnern hilft evtl. auch ein Update des BIOS, des Betriebssystems und der Treiber. Aber auch wenn ein Interrupt-Sharing theoretisch ohne Probleme möglich scheint, sollte man sich vergegenwärtigen, dass damit die Bearbeitungsrate bzw. der maximale Datendurchsatz einer Steckkarte herabgesetzt werden kann. Man sollte also bei wichtigen, datenintensiven Steckkarten, z. B. einem SCSI-Controller, kein Sharing aktivieren.

Bei Grafikkarten sollte man bedenken, dass ein Interrupt zumeist nur für die zusätzlichen 3-D-Funktionen notwendig ist. Allerdings bestehen viele aktuelle 3-D-Grafikkarten für den →AGP-Bus auf einem eigenen Interrupt, der auch nicht mit anderen Karten geteilt werden darf. Es ist in dem Zusammenhang wichtig, dass der erste PCI- und der →AGP-Steckplatz eines modernen Mainboards zwangsweise immer denselben Interrupt verwenden. Stecken hier also zwei Karten, die beide einen Interrupt brauchen, so kommt es automatisch zum Sharing. Da wie gesagt viele 3-D-Grafikkarten unter solchen Bedingungen nicht fehlerfrei arbeiten, empfiehlt es sich, die Nutzung des ersten PCI-Steckplatzes zumindest sorgfältig zu überprüfen. Ein Sharing mit den IDE-Anschlüssen auf dem Mainboard, also Interrupt 14 und 15, ist üblicherweise übrigens auch nicht möglich.

```
PNP OS Installed   : Yes
Slot 1 (RIGHT) IRQ : NA
Slot 2 IRQ         : NA
Slot 3 IRQ         : 11
Slot 4 (LEFT) IRQ  : NA
PCI Latency Timer  : 32 PCI Clock
```

Im PnP- and PCI-Setup des Award-BIOS einiger Mainboards kann man die Interrupt-Vergabe für jeden Steckplatz (Slot) festlegen. NA bedeutet ausgeschaltet

Das Interrupt-Sharing bzw. die Zuweisung bestimmter Interrupts auf einen PCI-Steckplatz wird im →BIOS des →Mainboards eingestellt (siehe Abbildung). Leider ermöglichen nur wenige Hersteller (wie z. B. Asus) das manuelle Einstellen von Interrupts pro PCI-Steckplatz im BIOS. Dabei ist das eine sehr wichtige Eigenschaft eines Mainboards. Die meisten anderen Boards verwenden „Auto"-Einstellungen, überlassen es also dem BIOS und evtl. Windows, die Interrupts zu vergeben. Ob Ihr Windows-9x-System Interrupt-Sharing unterstützt, können Sie leicht im →Geräte-Manager erkennen. Finden Sie dort unter *Computer / Eigenschaften* neben dem Interrupt-Eintrag einiger Geräte selbst noch einen Eintrag von Windows (*IRQ-Holder für PCI-Steuerung*), so ist dies ein Hinweis darauf, dass Windows bei diesen Geräten in Zusammenarbeit mit dem BIOS komplett die Steuerung der Interrupt-Vergabe und möglicher Konflikte übernommen hat (siehe Abbildung).

Eine wichtige Kontrolle sind auch die Bootmeldungen des BIOS, bei denen auf neueren Boards immer eine Belegung der PCI-Steckplätze und deren Interrupt-Zuweisung kurz aufgeführt wird. Durch einen Druck auf die (Pause)-Taste kann man die Angaben beliebig lange auf dem Bildschirm festhalten.

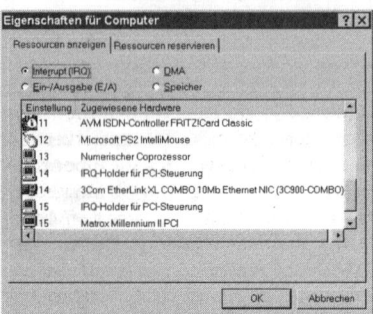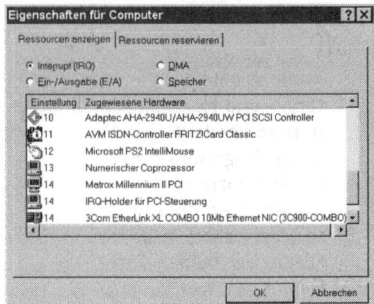

Derselbe PC, einmal links ohne und rechts mit Interrupt-Sharing auf dem IRQ 14. Windows 95 bzw. 98 übernimmt hier die Interrupt-Steuerung

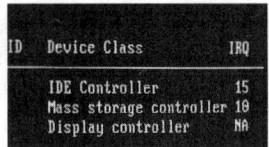

Neuere Mainboards zeigen beim Booten kurz eine Tabelle an, in der die Belegung der PCI-Steckplätze sowie der Interrupt-Zuweisungen angezeigt wird

Intranet

Als Intranet bezeichnet man ein (unternehmens-)internes →Netzwerk, das sich der gleichen Technik wie das Welt umspannende →Internet bedient. Im Gegensatz zu diesem ist hier der Zugang auf eine bestimmte Personengruppe begrenzt. Ein Intranet kann, muss aber nicht mit dem Internet verbunden sein. Intranets werden zunehmend für Firmen interessant, weil sie einige Vorteile gegenüber klassischen Netzwerken haben:

– Die Protokolle sind etabliert und stabil, wenn auch nicht sehr leistungsfähig. Sie werden aber von nahezu allen Betriebssystemen auf unterschiedlichsten Plattformen unterstützt.

– Die Kommunikation kann auf verschiedenste Arten (FTP, E-Mail, WWW) erfolgen. Insbesondere die erweiterten Fähigkeiten des World Wide Web für grafische Darstellungen bietet so kein anderes Netzsystem.

– Die Anbindung einzelner Rechner aus einem Intranet ans Internet ist sehr einfach, weil alle Protokolle identisch sind.

- Mit →Java und dem →NetPC wurden zwei gänzlich neue und preiswerte Lösungen entwickelt, die das dezentralisierte, stark teamorientierte Arbeiten im Netzwerk mit völlig neuen Möglichkeiten unterstützen.
- Es gibt eine Fülle von Programmen, die das Arbeiten im Intranet unterstützen.
- Die Einwahl externer Mitarbeiter aus dem Internet in das firmeneigene Intranet ist weltweit über Telefonleitungen zum Ortstarif möglich (wenn das Intranet selbst ans Internet angeschlossen ist).

Vergleiche auch →IP-Adresse zur korrekten Konfiguration von Rechnern in einem Intranet.

Intuit

Intuit ist eine amerikanische Softwarefirma, die das bekannte Finanzverwaltungs- und Homebanking-Programm **Quicken** in der zur Zeit aktuellen Version 98 herstellt. Seit 1996 wird auch ein hierzu kompatibles Steuerverwaltungs-Programm (Quicken Steuer) angeboten. Quicken ist gegenüber dem Konkurrenzprodukt Microsoft-Money vor allem in den USA deutlicher Marktführer. Anfang 1995 geriet die Firma in die Schlagzeilen, weil →Microsoft versuchte, Intuit aufzukaufen. Da das amerikanische Kartellamt in der Fusion der beiden Firmen eine zu starke Machtkonzentrierung auf diesem Gebiet sah, wurde die Übernahme nicht gestattet und Microsoft nahm sein Angebot zurück. In Internet ist Intuit mit der Adresse ***www.intuit.com*** präsent.

Invertieren [invert]

Als Invertierung wird eine Umkehrung der Darstellung von Schriftzeichen, Grafiken usw. bezeichnet. Wenn z. B. schwarze →Zeichen auf weißem →Hintergrund dargestellt werden, erscheinen die Zeichen bei der inversen Darstellung weiß auf schwarzem Hintergrund.

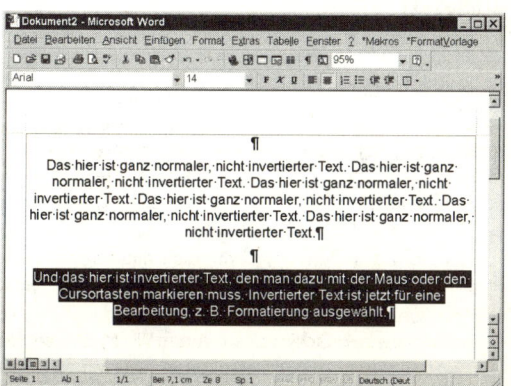

Durch Invertieren werden in den meisten Programmen markierte Objekte – wie hier Text in →Word – dargestellt

Iomega

Iomega ist schon seit Jahren als Hardwarehersteller v. a. für →Streamer tätig. Richtig bekannt und erfolgreich wurde Iomega allerdings erst durch das

1995 eingeführte →**ZIP-Laufwerk**, ein →Wechselmedium-Laufwerk mit knapp 100 MByte Speicherplatz pro spezieller 3½-Zoll-Diskette. Ein weiteres, erfolgreiches Produkt von Iomega ist das JAZ-Laufwerk, sozusagen der große Bruder des ZIP-Laufwerks mit 1-GByte- und 2-GByte-Medien. Allen Benutzern, die mehr Informationen und Support von Iomega über das Internet suchen, dient die Adresse *www.iomega.com*.

IOS (Input/Output System)

Das IOS (englische Abk. f. Ein-/Ausgabe-System) ist eine Komponente des →Betriebssystems, welches für die Steuerung der Ein-/Ausgabe-Vorgänge über entsprechende Standardgerätetreiber zuständig ist. Bei →MS-DOS ist es im Wesentlichen in der Datei *Io.sys* enthalten.

IP-Adresse [IP-address, dot address]

Die IP-Adresse (Abk. f. Internetprotokoll-Adresse) ist eine eindeutige, numerische →Adresse, die jedem →Rechner in einem Netzwerk zugewiesen wird, das mit dem Protokoll →TCP/IP arbeitet. Bekanntestes Beispiel für ein solches Netzwerk ist das Welt umspannende →Internet. IP-Adressen können aber auch in einem lokalen TCP/IP-Netzwerk, einem →Intranet vergeben werden, wo sie ebenfalls jeden Rechner individuell kennzeichnen und so den koordinierten Datenaustausch erst möglich machen. Jede komplette IP-Adresse ist eine 32-Bit-Zahl, die sich wiederum aus vier 8-Bit-Zahlen (Oktetts) zusammensetzt, die durch Punkte voneinander getrennt werden. Folglich können für jede der vier Stellen einer IP-Adresse Zahlen von 0-255 verwendet werden (entspricht 2 hoch 8). Insgesamt gibt es 2 hoch 32, also rund 4 Milliarden Kombinationen. Zwei typische Beispiele für IP-Adressen wären 129.147.5.50 oder 255.255.255.0.

Zur besseren Orientierung bzw. Handhabung teilt man diese riesige Menge aller IP-Adressen noch in drei Gruppen ein, die so genannten **Klassen** (englisch: **classes**), die mit den Buchstaben A-C gekennzeichnet werden. Sie werden allein über den Bereich des ersten Oktetts definiert (siehe Tabelle). Für jede Klasse gibt es außerdem eine so genannte **Subnetz-Maske** (englisch: **subnet mask**). Die Subnetz-Maske definiert über die Zahlen 255 und 0 den Teil einer IP-Adresse, der zu einem gemeinsamen **Subnetz** zusammengefasst wird. Ein solches Subnetz ist ein in sich zusammenhängender Netzwerkbereich innerhalb des Internet oder Intranets, in dem alle Rechner dieselbe Subnet-Nummer verwenden und sich nur in dem Teilbereich der IP-Adresse unterschieden, der zur Kennzeichnung der einzelnen Rechner verwendet wird (z. B. das letzte Oktett). Die Bereiche einer IP-Adresse, die in der zugehörigen Subnetz-Maske mit der Zahl 255 gekennzeichnet sind, definieren die gemeinsame Subnetz-Adresse. Die Teile, die mit 0 gekennzeichnet sind, kennzeichnen dagegen den individuellen IP-Bereich des jeweiligen Arbeitsrechners (vergleiche die Tabelle). Oder mit anderen Worten: Die Subnetz-Adresse ist der Teilbereich einer IP-Adresse, über den man „Gruppen" (Subnetze) definieren kann. Alle Rechner innerhalb dieses Subnetzes haben einen (über die Subnetz-Maske) klar definierten ersten Teil der IP-Adresse gemeinsam und unterschieden sich nur im hinteren Teil.

IP-Adressen-Klasse	Bereich des ersten Oktetts	Subnetz-Maske
Klasse A	1-126	255.0.0.0
Klasse B	128-191	255.255.0.0
Klasse C	192-223	255.255.255.0

Nur innerhalb eines Subnetzes können Daten übrigens direkt von Rechner zu Rechner geschickt werden. Um Daten aber zwischen verschiedenen Subnetzen „routen" zu können, muss ein so genannter →Gateway installiert werden. Beim Aufbau eines Intranets sollte man also möglichst versuchen, alle Rechner innerhalb eines gemeinsamen Subnetzes unterzubringen. Beispiele: Werden in einem Intranet IP-Adressen der Klasse C verwendet, so sollte man eine gemeinsame Subnet-Adresse bei allen Rechnern verwenden, bei der die ersten drei Oktetts gleich sind, also z. B. 197.106.97.x. Über das vierte Oktett werden die einzelnen Arbeitsplatz-Rechner individuell gekennzeichnet (im gerade verwendeten Beispiel mit „x" gekennzeichnet). Umgekehrt: Lautet die IP-Adresse eines Rechners 178.97.223.15, so gehört er zur IP-Klasse B. Die Subbnetz-Adresse, also der Teil der IP-Adresse, der das Subnetz defniert, ist hier über die ersten zwei Oktetts kennzeichnet (entsprechend der Subnetz-Maske 255.255.0.0). Im Beispiel gehört der Rechner also zu einem Subnetz mit der Nummer „178.97.x.x". Seine eigene, individuelle Kennzeichnung ist „x.x.223.15".

Alle weltweit im Internet verwendeten bzw. reservierten IP-Adressen werden durch eine zentrale Stelle, das SRI Network Information Center (siehe →InterNIC) in Kalifornien verwaltet, da gewährleistet sein muss, dass nicht versehentlich zwei Rechner dieselbe Adresse bekommen. Bei der riesigen Zahl an Möglichkeiten bzw. Computern im Netz kann man sich vorstellen, was für ein Aufwand dahinter steckt. Zur besseren Handhabbarkeit werden die IP-Adressen im Internet jedoch zumeist durch leichter merkbare →Domain-Namen ersetzt (z. B. www.infolex.de).

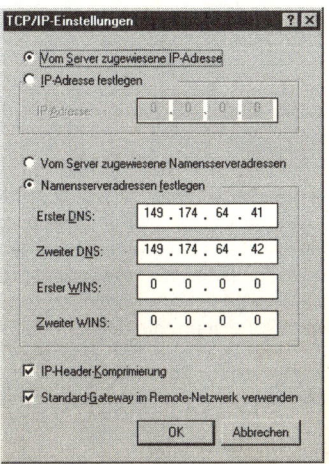

Im DFÜ-Netzwerk von Windows 95/98 können die IP-Adressen von DNS-Servern eingestellt werden, was zumeist aber nicht notwendig ist

Die „Übersetzung" der numerischen IP-Adressen in den Domain-Namen erfolgt durch spezielle Server nach dem →DNS-Verfahren (**D**omain **N**ame **Sys**tem). In der Praxis bedeutet das, dass man einen Rechner im Internet bzw. →WWW nicht durch Angabe seiner IP-Adresse, sondern seines Domain-Namens in der Adress-Zeile des →Browsers anwählt. Jedoch gilt die IP-Adresse selbstverständlich auch weiterhin und kann zum direkten Anwählen benutzt werden.

Unter einer **dynamischen IP-Adresse** versteht man die Zuweisung einer zeitweiligen IP, wie sie i. d. R. von den →Online-Diensten bzw. →Internetprovidern an die Kunden bei der Einwahl per Modem oder ISDN vergeben wird. Da ein normaler Online-Nutzer nur jeweils für die Zeit der Einwahl mit dem Internet verbunden ist, wäre es unsinnig, jedem Online-Teilnehmer seine eigene, feste (statische) IP-Adresse zuzuweisen, ganz zu schweigen von der Tatsache, dass dafür wahrscheinlich schon bald nicht mehr genügend Adressen vorhanden wären. Stattdessen bekommt man also für jede Sitzung eine temporäre (dynamische) IP zugewiesen. Diese werden zumeist aus einem bestimmten IP-Bereich genommen, der im Internet ansonsten für „feste" Netz-Rechner nicht verwendet wird.

Solche Bereiche von „reservierten" IP-Adressen gibt es auch für die Verwendung in lokalen →Intranets. Sie sind im Internetstandard RFC 1597 definiert. Egal, ob man ein kleines TCP/IP-Netzwerk zu Hause oder ein großes Intranet in einer Firma aufbaut, man sollte hier auf diese reservierten IP-Adressen zurückgreifen.

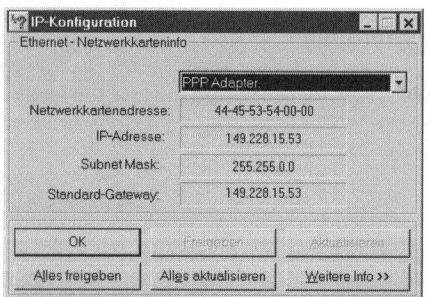

Mit Winipcfg (Windows IP-Config) kann man seine aktuelle, dynamische IP-Adresse auslesen. Das Programm befindet sich im Windows-Verzeichnis

Ist man nämlich gleichzeitig mit dem Internet verbunden (was ja oft der Fall ist), so werden so „Kollisionen" mit dort verwendeten IP-Adressen vermieden. Sollten sich umgekehrt doch einmal Datenpakete aus Ihrem IP-Netzwerk ins Internet verirren, so können dort Server die „Fehlleitung" an den nicht korrekten IP-Adressen erkennen und diese Datenpakete herausfiltern. Bei den reservierten IP-Adressen handelt es sich um die folgenden Bereiche: 10.x.x.x, 172.16.x.x bis 172.31.xx und 192.168.x.x. Vor allem Letztere werden häufig für kleinere, lokale Netzwerke in Büros oder von Privat-Personen verwendet. Für den Platzhalter „x" können Sie die oben genannten Zahlenbereiche von 0-255 einsetzen. Bedenken Sie bei der Nutzung des letzten Bereichs, dass hier ein Subnetz über die ersten drei Oktetts bestimmt wird (Subnetz-Maske 255.255.255.0). Sie sollten also in Ihrem kleinen Intranet allen Rechnern die gleichen ersten drei Oktetts vergeben, damit sie im selben Subnetz liegen. Über das vierte Oktett bleiben Ihnen dann noch 256 Kombinationen (0-255) für eine entsprechend gleich große Zahl an Arbeitsrechnern. Wollen Sie noch mehr Rechner vernetzen, greifen Sie auf die kleineren IP-Adressen zurück, wo die Subnetz-Maske nur zwei oder gar ein Oktett groß ist.

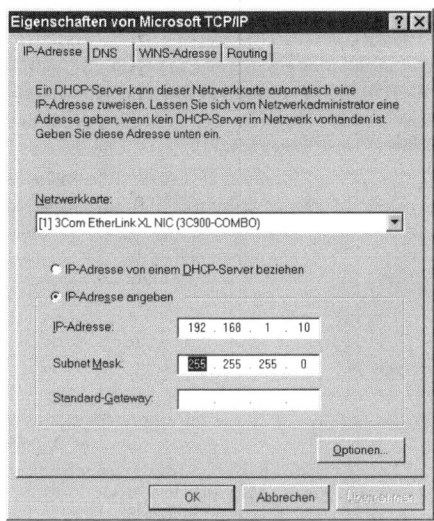

Windows NT verlangt bei der Vergabe einer IP-Adresse in einem TCP/IP-Netzwerk zwingend die Definition der Subnetz-Maske. Normalerweise wird der korrekte Wert aber automatisch vorgegeben, wenn man die IP-Adresse einträgt

IPX (Internet Packet EXchange)

Das IPX (englische Abk. f. Internetpaketaustausch) ist der Name des bei →NetWare verwendeten →Übertragungsprotokolls. Es ist in der 3. Schicht im →OSI-Schichtenmodell angesiedelt und sorgt für die Aufspaltung der zu übertragenen →Daten in →Datenpakete und deren anschließende Zusammenführung. Das IPX ist auch für die →Adressierung und das Finden eines optimalen Übertragungswegs im →Netzwerk verantwortlich. Als **IPX/SPX** bezeichnet man die Erweiterung des →Übertragungsprotokolls IPX um das Zusatzprotokoll SPX, welches eine gesicherte und verbindungsorientierte Paketübertragung gewährleistet. Das IPX/SPX-Protokoll wird v. a. bei →NetWare verwendet.

IRC (Internet Relay Chat)

Abk. f. Internet Relay Chat. Bezeichnung für ein weltweites Internetprotokoll zum →Chatten, also eine Art schriftliche Unterhaltung über die Tastatur. Mit einer IRC-Software muss man sich auf einem IRC-Server einloggen und kann dort dann in einen zu Verfügung stehenden Gesprächskanal wechseln. Diese Kanäle behandeln meist bestimmte Themengebiete. Dort trifft man dann auch weitere IRC-Teilnehmer, mit denen man sich per Tastatur austauschen kann.

IrDA (Infrared Data Association)

IrDA ist die Bezeichnung für einen auf Infrarot basierenden und folglich kabellosen Schnittstellen-Standard, von dem es jedoch mittlerweile verschiedene Spezifikationen bzw. Erweiterungen gibt. Über eine IrDA-Schnittstelle können z. B. Daten zwischen dem Drucker und PC oder Notebook und PC einfach per Sichtkontakt ausgetauscht werden. Die meisten modernen →Mainboards und auch viele neuere Drucker sowie →Notebooks und →Handheld-PCs haben entweder bereits eine eigene IrDA-Schnittstelle oder lassen sich aufrüsten (siehe Abbildung). Gerade bei Notebooks und Handheld PCs setzt sich IrDA immer mehr durch, hier sind im Gegensatz zum herkömmlichen PC die Sendegeräte meistens direkt eingebaut, sodass der drahtlose Druckerauftrag oder ein Netzwerk-Kontakt möglich ist.

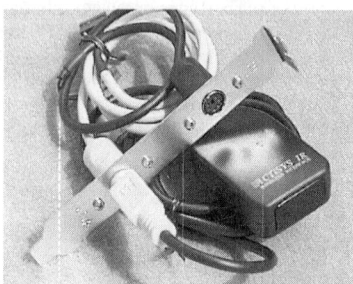

Die meisten modernen Mainboards können mit so einem IrDA-Kit nachträglich zur Infrarot-Übertragung befähigt werden. Kosten: ca. 30 DM

Eine leistungsfähigere Alternative zum IrDA-Standard stellen die neuen →Funknetze nach dem IEEE-802.11-Standard dar. Sie haben insbesondere den Vorteil, dass hier kein Sichtkontakt zwischen den Geräten notwendig ist.

```
Onboard FDC Controller   : Enabled
Onboard FDC Swap A & B    : No Swap
Onboard Serial Port 1     : COM1,3F8H
Onboard Serial Port 2     : COM2,2F8H
Onboard Parallel Port     : 378H/IRQ7
Parallel Port Mode        : Normal
ECP DMA Select            : Disabled
UART2 Use Infrared        : Disabled

Onboard PCI IDE Enable    : Primary
```

Die Infrarot-Übertragung ist bei PCs im →BIOS normalerweise deaktiviert (disabled). Durch die Aktivierung verlieren Sie jedoch den →COM2-Port

ISA (Industry Standard Architecture)

Die Bezeichnung ISA (englische Abk. f. Industrie-Standard-Archtiktur) bezieht sich in erster Linie auf die inzwischen genormte Bauart des Erweiterungsbusses (siehe →Bus), der erstmals mit dem →IBM-PC/AT der Firma →IBM vorgestellt wurde. Dieses ursprünglich erst 8-Bit-, dann 16-Bit-Bussystem war – trotz einiger technischer Probleme – eine Grundlage des Erfolgskonzepts der IBM-kompatiblen →PCs, das durch eine Vielzahl von Herstellern aufgegriffen wurde und so eine Massenbasis erhielt. Um der technischen Entwicklung Rechnung zu tragen, wurde durch IBM im Jahre 1987 die Klasse der →IBM-PS/2 gemäß der →MicroChannel Architecture (MCA) eingeführt, deren Bus mit dem Namen Microchannel auf 32 Bit erweitert und prinzipiell umgestaltet. Im Gegensatz zum ISA-Bus war dieser Bus jedoch nicht durch andere Hersteller frei verwendbar. Mit dieser Maßnahme hoffte IBM, wieder einen erheblichen Anteil im PC-Geschäft zu erlangen. Im Gegenzug erweiterte ein Konsortium aus Firmen den ISA-Bus zum 32-Bit-EISA-Bus (siehe →EISA), der auch alte ISA-Karten aufnehmen konnte. Sowohl MCA- als auch EISA-PCs führten jedoch ein relatives Schattendasein und wurden durch PCs mit dem von Intel entwickelten PCI-Bus verdrängt. Vergleiche auch Informationen und Abbildungen bei →Bus und →AGP.

> **Hinweis**: Der ISA-Bus stirbt aus. Die neuesten PC-Spezifikationen von Intel und Microsoft sehen vor, dass neue PCs demnächst komplett ohne ISA-Steckplätze auskommen. Es wird auch langsam Zeit, denn der Bus ist wirklich total veraltet. Aktuelle Mainboards haben oft schon nur noch 1-2 ISA-Steckplätze, dafür aber 5-6 PCI. Beim Kauf eines neuen Mainboards sollten Sie solche Typen nehmen, die möglichst wenig ISA-Steckplätze haben. Es sei denn, Sie besitzen noch wichtige ISA-Karten. Beim Neukauf von Steckkarten sollten Sie möglichst nur noch PCI-Versionen kaufen. Auch die letzten „hartnäckigen" ISA-Kartentypen, nämlich Sound- und ISDN-Karten, gibt es mittlerweile als PCI-Versionen für zumeist keinen oder geringen Aufpreis. Hauptvorteile in der Praxis: schneller, leichtere Installation und die Möglichkeit des →Interrupt-Sharings.

ISDN (Integrated Services Digital Network)

Im ISDN (englische Abk. f. Dienste integrierendes digitales Netzwerk) werden alle Telekommunikationsdienste zur Übertragung von Sprache und →Daten in einem einheitlichen digitalen Netz vereinigt und durch neue Eigenschaften und Leistungsmerkmale ergänzt. Die einzelnen zusammengefassten Telekommunikationsdienste – Fernsprechen, ISDN-Fax, analoges Fax, Datenfernübertragung usw. – werden durch eine →Dienstekennung kodiert und den einzelnen speziellen Endgeräten zugeführt.

ISDN bringt neben der höheren Reichweite und besseren Sprachqualität durch die digitale Sprachübertragung eine geringere Störanfälligkeit sowie eine wesentliche Erhöhung der →Datentransferrate. Ein →ISDN-Basisanschluss als kleinster möglicher ISDN-Anschluss besitzt bereits zwei Nutz- oder →B-Kanäle mit einer Datentransferrate von jeweils 64 KBit/s, die durch →Kanalbündelung eine Datenübertragung mit bis zu 128 KBit/s ermöglichen. Über einen Steuer- oder D-Kanal mit 16 KBit/s erfolgt die Übertragung der Steuerinformationen zum Auf- und Abbau der Verbindung sowie weiterer Informationen, wie z. B. die jeweilige Dienstekennung und die Rufnummern der Partner (→D-Kanal/-Protokoll).

Ein Unterscheidungsmerkmal unterschiedlicher ISDN-Anschlüsse ist das im D-Kanal eingesetzte →Protokoll. Das veraltete nationale ISDN, das auf dem →D-Kanal-Protokoll 1TR6 der Telekom basiert, wurde mittlerweile durch →**Euro-ISDN** abgelöst, das das europäische Protokoll E-DSS1 im D-Kanal benutzt. Dennoch ist auch Euro-ISDN für die Datenübertragung auf Dauer schon wieder veraltet. Der Nachfolger heißt ADSL bzw. allgemein xDSL (siehe →ADSL).

Bei der Einrichtung eines ISDN-Basisanschlusses wird durch die Telekom ein kleines Kästchen, der so genannte NetzTerminator (NT), installiert, in dem die Signale auf der von der Vermittlungsstelle kommenden Zweidrahtleitung auf die 4 Leiter der →S₀-Schnittstelle umgewandelt werden. An dieser Schnittstelle können nun eine ISDN-Telefonanlage oder mehrere einzelne Endgeräte angeschlossen werden. Im letzten Fall spricht man auch vom →S₀-Bus.

Der Anschluss eines →PCs an einen ISDN-Basisanschluss erfolgt zumeist über eine interne →**ISDN-Karte** oder einen externen →ISDN-Adapter. Solange eine Vielzahl von Mailboxen oder Online-Diensten nur analoge Zugänge anbieten, besteht jedoch noch kein Grund, sein altes →Modem wegzuwerfen: Über einen →a/b-Wandler werden die analog kodierten Daten am Ausgang des Modems wieder in digitale – nun passend für ISDN – umgewandelt. Externe Kombigeräte vereinigen ein Modem und einem nachgeschalteten a/b-Wandler mit einem ISDN-Adapter. Auch die Kombination einer ISDN-Karte mit integriertem Modem und a/b-Wandler ist verfügbar.

ISDN-Adapter

Als ISDN-Adapter bezeichnet man ein externes Gerät, mit dem ein PC an einen ISDN-Anschluss (siehe →ISDN) angeschlossen werden kann. Wenn man so will, also eine externe →ISDN-Karte. Siehe zur weiteren Unterscheidung auch →ISDN-Terminaladapter. Herkömmliche ISDN-Adapter wurden meist wie analoge →Modems über die serielle Schnittstelle mit →AT-Befehlen angesprochen. Neuere Geräte verfügen auch über Anschlussmöglichkeiten für →USB und werden über einen CAPI-Treiber (→CAPI) angesprochen. Je nach Gerät können beide Fähigkeiten auch gemeinsam vorhanden sein, was den ISDN-Adapter damit natürlich zum universell einsetzbaren Gerät macht. Problematisch kann lediglich sein, dass die verwendete Schnittstelle zum PC (früher meist die serielle) nicht genügend Bandbreite für eine ISDN-Kanalbündelung zulässt. Man kann das durch die Verwendung von USB oder aber einer speziellen, schnelleren Schnittstellen-Karte umgehen.

Das TL V.34 von ELSA (siehe Abbildung) ist das klassische Beispiel für einen ISDN-Adapter. Das Gerät wird an die serielle Schnittstelle angeschlossen, hat keine CAPI-Unterstützung und wird nur über AT-Befehle angesprochen. Ein gleichzeitig integrierter V.34-Modemchip ermöglicht die komplette Kompatibilität zur herkömmlichen analogen Welt. Die Wandlung auf ISDN-Signale übernimmt das Gerät automatisch.

Das TL V.34 von Elsa eignet sich v. a. für Mailboxbetreiber, da es eine direkte Kommunikation mit ISDN-Karten und analogen Modems erlaubt

Versteht der ISDN-Adapter jedoch AT-Befehle für Modems, so ist es dadurch möglich, herkömmliche, analoge Kommunikationsprogramme weiter zu nutzen. Klassisches Beispiel hierfür sind →Fax- und →Terminalprogramme. Da mittlerweile aber für fast alle Online-Bereiche CAPI-fähige Softwareprodukte zu erwerben sind, dürfte es besser sein, ein kostengünstiges Update der Software anstatt eines teuren ISDN-Adapters zu kaufen. Ein typisches Beispiel für ein CAPI-fähiges, sehr leistungsfähiges Terminalprogramm ist z. B. ZOC for Windows 95, das es als →Shareware gibt.

Der neueste Trend bei ISDN-Adaptern ist die Integration von Funktionen, die man sonst nur von →Telekommunikations-Anlagen (TK-Anlage) kennt. Also z. B. das Vermitteln von Gesprächen innerhalb eines Büros. Solche Geräte nennen sich dann oft auch **ISDN-Controller** oder **-Commander**. Die anschließbaren Endgeräte müssen aber i. d. R. analoge Geräte sein, weil der ISDN-Adapter gleichzeitig als →a/b-Wandler dient und eine Integration dieser Funktionen auf ISDN-Ebene wohl zu teuer wäre. Bestes Beispiel für diese neue Geräte-Generation ist das externe Gerät **FritzX-PC** von →AVM. Für ca. 400-500 DM bekommt man hier eine universelle Lösung für kleinere Büros, denn das Gerät ist in Verbindung mit einem PC gleichzeitig ein externer ISDN-Adapter mit CAPI-Unterstützung, a/b-Wandler zum Anschluss von vier analogen Endgeräten, Faxgerät, Anrufbeantworter und TK-Anlage, da zwischen diesen Endgeräten mit typischen Funktionen vermittelt werden kann. Das heißt, FritzX-PC ermöglicht das gezielte Anrufen einzelner Apparate, das Makeln, Verbinden usw. Über die CAPI-Unterstützung können Sie außerdem alle typischen →ISDN-Softwareprogramme verwenden. Mitgeliefert wird das Programmpaket Fritz!, bei dem Fax, Anrufbeantworter, Terminalprogramm, EuroFileTransfer usw. integriert sind. Die Einwahl ins Internet ist natürlich über die CAPI-Unterstützung mit Hilfe eines →CAPI-Port-Treibers auch problemlos möglich.

Die Anschlüsse von FritzX-PC auf der Rückseite verdeutlichen seine vielfältigen Funktionen. Neben Strom- und ISDN-Kabeln können vier analoge Endgeräte wie Fax, Modem oder Telefon zusätzlich verwaltet werden

ISDN-Anschlussarten

Im →ISDN gibt es mehrere Anschlussarten mit unterschiedlichen Funktionen. Die erste Ebene ist die Unterscheidung zwischen Basis- und Primärmultiplex-Anschluss. Diese Grundanschlüsse der ersten Ebene können auf einer zweiten Ebene in Mehrgeräte- und Anlagenanschluss unterteilt werden. Der Mehrgeräte-Anschluss wiederum gliedert sich auf der dritten Ebene in Einfach-, Standard- und Komfortanschluss. Während auf den ersten beiden Ebenen deutliche technische Unterschiede auch hinsichtlich der Leitungen vorliegen, unterscheidet sich die dritte Ebene im Wesentlichen nur noch in den zur Verfügung gestellten →ISDN-Leistungsmerkmalen. Vergl. auch →B-Kanal und →D-Kanal. Nachfolgend eine Übersicht der Anschlussarten.

Basis- oder Primärmultiplex-Anschluss: Die Unterscheidung nach Basis- oder Primärmultiplex-Anschluss ist quasi die erste Ebene der Anschluss-Differenzierung. Der für die meisten Anwender übliche **Basisanschluss** bietet eine S_0-Schnittstelle mit zwei B-Kanälen (64 KBit) und einem D-Kanal (16 KBit). Er kann auf der zweiten und dritten Ebene (siehe nachfolgend) noch in verschiedenen Varianten gewählt werden. Ein **Primärmultiplex-Anschluss** ist nur etwas für Firmen mit hohem Kommunikationsbedarf: Er bietet 30 B-Kanäle (mit 64 KBit) und einen D-Kanal (mit 64 KBit). Die Endgeräte (Tk-Anlagen) werden hier über eine S_{2M}-Schnittstelle angeschlossen. Den Primärmultiplex-Anschluss gibt es nur als Anlagen-Anschluss.

Mehrgeräte- oder Anlagen-Anschluss: Die Unterscheidung zwischen diesen Anschlussarten entspricht sozusagen der zweiten Ebene der Anschlussdifferenzierung. Sie ist aber nur relevant für den Basisanschluss. Dieser kann als Mehrgeräte-Anschluss oder Anlagen-Anschluss ausgeführt sein. Der **Mehrgeräte-Anschluss** ist der typische Anschluss, wie er von den meisten Kunden verwendet wird. An die beiden B-Kanäle des Basisanschlusses können bis zu zwölf Endgeräte angeschlossen und von diesen bis zu acht gleichzeitig betrieben werden. Es können maximal 10 Rufnummern verwendet werden. Der Basisanschluss ist außerdem in drei Anschlussvarianten auf der dritten Ebene unterschieden (siehe unten). Der **Anlagen-Anschluss** ist mehr für kleinere Betriebe mit höherem Telefonaufkommen. An den S_0-Bus können nur Telekommunikations-Anlagen angeschlossen werden, die wiederum Basisanschlüsse für Endgeräte zur Verfügung stellen. Bis zu acht solcher Geräte können angeschlossen und von diesen nur zwei gleichzeitig benutzt werden. Der Anlagen-Anschluss bietet den Vorteil, dass man mit ihm bis zu 99 Durchwahlnummern verwenden kann.

Einfach-, Standard- und Komfort-Anschluss: Die Kombination Basis-Mehrgeräte-Anschluss kann auf der dritten Ebene noch nach den unterstützten Leistungsmerkmalen unterschieden werden. Sie unterscheiden sich dementsprechend um ca. 5-10 Mark in der monatlichen Grundgebühr. Die preisgünstigste Variante, der Einfach-Anschluss, entspricht schon fast einem herkömmlichn Analog-Anschluss: eine Telefonnummer und stark begrenzte ISDN-Leistungsmerkmale. Er wird nur von den wenigsten Kunden verwendet. Standard- und Komfort-Anschluss sind dagegen schon relevanter. Sie unterscheiden sich nicht nur in 5 DM Grundgebühr, sondern auch darin, dass nur beim Komfort-Anschluss alle ISDN-Leistungsmerkmale zur Verfügung stehen (z. B. Gebührenübermittlung am Gesprächsende oder →Anrufweiterschaltung). Bei beiden Anschlussarten bekommt der Kunde aber standardmäßig drei Telefonnummern, die er gegen weitere fünf DM Grundgebühr bis auf zehn erweitern kann.

ISDN-Karte [ISDN card]

Eine praktische und kostengünstige Möglichkeit, den ISDN-Anschluss über den PC zu nutzen, erfolgt über die Verwendung von ISDN-Karten. Man unterscheidet v. a. **passive ISDN-Karten** (Kosten: ca. 100-200 DM), die den →Prozessor des PCs für die Aufbereitung der Daten benutzen, sowie **aktive ISDN-Karten**, die einen eigenen Prozessor und eigenen Speicher mitbringen (Kosten: einige Hundert DM).

Der Prozessor der aktiven Karte übernimmt bei rechenintensiven Aufgaben (z. B. dem Versand eines analogen Faxes) die Datenaufbereitung und entlastet somit die →CPU des →PC. Aktive →ISDN-Karten sind vor allem für ISDN-Netzwerkverbindungen oder ISDN-Fax-Server gedacht. Aktive ISDN-Karten entlasten den Rechner z. B. beim Faxen jedoch nur, wenn die verwendete Software die Karte auch **entsprechend unterstützt** und den auf ihr integrierten Prozessor ansteuert. Ansonsten erreicht man dieselbe CPU-Belastung wie mit passiven Karten. Die Geschwindigkeit der Datenübertragung ist sowieso auf beiden gleich, bis auf den Vergleich beim Faxen vielleicht. Für normale Anwendungen auf einem Einzelplatz-PC reicht eine passive Karte vollkommen aus, nur im Falle der hohen Belastung des Rechners durch andere Aufgaben im →Netzwerk oder einer →Multitasking-Umgebung ist die teurere aktive Karte sinnvoll.

Die Kombination einer ISDN-Karte mit integriertem →Modem und nachgeschaltetem →a/b-Wandler vereinigt die Vorteile der neuen Technik mit der für den Zugriff auf analoge Gegenstellen erforderlichen konventionellen Technik. Solche Karten nennt man auch **hybrid** oder **semiaktiv**. Eine ISDN-Karte macht zumeist spezielle Software erforderlich. Die Softwareschnittstelle wird durch →CAPI (**C**ommon ISDN →**API**) beschrieben. Die Version CAPI 1.1 ist für den auslaufenden Standard „nationales ISDN", CAPI 2.0 hingegen für das aktuelle →Euro-ISDN zuständig. Leider sind CAPI 1.1 und CAPI 2.0 nicht kompatibel, d. h., dass Programme jeweils für eine der CAPI-Schnittstellen geschrieben sein müssen. Die meisten ISDN-Karten-Hersteller bieten aber Treiber mit einer so genanntten „Dual-CAPI" an, die beide Versionen unterstützt. So können ältere CAPI-1.1- und neue CAPI-2.0-kompatible Programme gleichzeitig genutzt werden. Jedoch sollten mittlerweile die meisten Programme auf CAPI 2.0 umgestellt sein, sodass man sich bei Problemen ein Update für die Software besorgen sollte.

Mit den ISDN-Karten werden meistens spezielle **ISDN-Kommunikationsprogramme** (Fax, Anrufbeantworter, Mailbox-Einwahl etc., typisches Beispiel: **Fritz!** von AVM) ausgeliefert, die direkt auf die im PC-Speicher residierenden →CAPI-Treiber zugreifen können. Um aber auch herkömmliche, analoge Kommunikationsprogramme, die ISDN nicht direkt unterstützen, verwenden zu können, gibt es spezielle Treiber, die eine Art Übersetzung der Nicht-ISDN-Befehle auf CAPI-Anweisungen durchführen (z. B. den →AT-Befehlssatz eines →Modems). Solche Treiber werden →Fossil-Treiber genannt, die auch als →Shareware verfügbar sind.

Auch bei ISDN-Karten erfolgt der Umstieg auf PCI. Dies hat keinen Vorteil bei der Geschwindigkeit, erleichtert aber die Installation und ermöglicht evtl. ein →Interrupt-Sharing. Oben die bekannte FritzCard von AVM als ISA, unten als hochintegrierte PCI-Version

Dies ist jedoch selten notwendig, denn die großen Hersteller wie AVM bieten für ihre Karten auch eigene Programme bzw. Treiber an, die direkt zu einer Art Modem-Emulation fähig sind. Bestes Beispiel ist der bekannte →CAPI-Port-Treiber von AVM, der zumeist auch mit den ISDN-Karten anderer Hersteller läuft. Über diese Modem-Emulation können analoge Programme auf die ISDN-Karte wie auf ein Modem per AT-Befehle zugreifen. Wichtigster Einsatzzweck ist das →DFÜ-Netzwerk von Windows 95/98 und NT, das nämlich keine direkte CAPI-Unterstützung eingebaut hat.

> **Tipp:** Microsoft als amerikanische Firma unterstützt den europäischen CAPI-Standard nicht, sondern bietet für den Online-Zugang per ISDN-Karte eine eigene Treiber-Architektur als Lösung an. Über die so genannten NDIS-Treiber (network driver inferface specification) kann eine ISDN-Karte wie eine Netzwerk-Karte direkt vom Betriebssystem angesprochen werden. Eine CAPI ist nicht notwendig. Die meisten Hersteller, wie auch AVM, liefern auch solche NDIS-Treiber mit ihren Karten aus. Wenn jedoch sowieso für andere ISDN-Programme ein CAPI im System geladen wurde, ist es ausreichend und sinnvoller, ohne NDIS zu arbeiten und auf die CAPI-Modem-Emulation zu setzen (also z. B. den CAPI-Port-Treiber zu verwenden). Zumal dieser effizienter arbeitet.

Eine Alternative zur ISDN-Karte kann auch ein externer →ISDN-Adapter sein, der oft wie ein Modem mit den AT-Befehlen angesprochen werden und so leichter mit herkömmlichen Kommunikationsprogrammen betrieben werden kann. Solche Lösungen ohne CAPI-Unterstützung sind aber aufgrund neuer ISDN-Softwareprogramme kaum noch notwendig oder höchstens für Mailbox-Betreiber interessant. Neuere ISDN-Adapter besitzen zumeist auch eine CAPI und bieten oft auch kleine Telefonanlagen-Funktionen. Ein typisches Beispiel ist das Gerät FritzX-PC von AVM. Weitere Infos siehe →ISDN-Adapter.

ISDN-Leistungsmerkmale [ISDN features]

Das ISDN stellt verschiedene Leistungsmerkmale zur Verfügung. Je nach Anschlussart sind diese teilweise kostenlos verfügbar (siehe →ISDN-Anschlussarten). Die meisten der Merkmale sind übrigens mittlerweile auch im analogen Netz verfügbar (T-Net), wie z. B. Rufnummernübermittlung oder Anklopfen. Jedoch muss man für die meisten dieser Zusatzdienste einen monatlichen Zusatzbetrag zahlen, der die Kostenvorteile des analogen Anschlusses schnell wieder zunichte macht. Außerdem muss man natürlich auch ein entsprechendes Telefon dafür haben und an einer →digitalen Vermittlungsstelle angeschlossen sein. Die wichtigsten, ursprünglich reinen ISDN-Merkmale sind:

Rufnummernübermittlung: Die Telefonnummer des Anrufers wird auf dem Display des ISDN-Telefons angezeigt, sofern dieser aus einem digitalen Netz anruft. Dieses Merkmal gehört zum ISDN-Standard und ist kostenlos. Seit 1996 kann auf Antrag auch die Rufnummer von analogen Anschlüssen übertragen werden, wenn der Teilnehmer direkt an einer →digitalen Vermittlungsstelle angeschlossen ist.

Rufnummernübermittlung unterdrücken: Wenn es gewünscht wird, kann die eigene Rufnummer bei ausgehenden Gesprächen unterdrückt werden. Der Angerufene kann dann nicht erkennen, wer da anruft. Dieses Leistungsmerkmal muss freigeschaltet sein.

Geschlossene Benutzergruppe: Mit diesem (kostenpflichtigen) Merkmal kann man den Kreis der anzurufenden Teilnehmer auf bestimmte Telefonnummern beschränken. Es können dann nur noch die Gesprächspartner angerufen werden, die in der geschlossenen Benutzergruppe freigeschaltet sind.

Gebührenanzeige: Während oder nach einem Gespräch werden die Gebühren (in Einheiten oder DM) für das Gepräch angezeigt. Dieses Leistungsmerkmal muss freigeschaltet sein. Die Gebührenanzeige nach Beendigung des Gesprächs ist im Komfort-Anschluss enthalten.

Anklopfen: Ein weiterer Anrufer wird während eines Gesprächs durch ein Signal im Hörer bemerkbar gemacht. Sie können dann zu dem Anrufer wechseln (→Makeln) oder diesen ablehnen. Der Gesprächspartner auf der ersten Leitung wird solange gehalten (geparkt). Auch diese Funktion gibt's mittlerweile im analogen Netz.

Anruf-Weiterschaltung: Sie können alle Gespräche, die an Ihre Telefonnummer gehen, an ein anderes Telefon (z. B. Mobiltelefon) weiterleiten. Es gibt mehrere Varianten der Anruf-Weiterschaltung: ständige Anrufweiterschaltung, Anrufweiterschaltung bei Besetzt, Anrufweiterschaltung bei Nichtmelden (i. d. R. nach fünf Rufen).

Umstecken während einer Verbindung: Sie können ein Gespräch kurzzeitig unterbrechen, um Ihr Telefon zu wechseln oder in eine andere Anschlussdose zu stecken. Das Gespräch muss dann wieder aufgenommen werden.

Dreierkonferenz: Wenn Sie eine Dreierkonferenz einleiten, können Sie gleichzeitig mit zwei weiteren Gesprächspartnern telefonieren. Diese müssen keinen ISDN-Anschluss haben und können sich auch unterhalten. Dieses Leistungsmerkmal muss freigeschaltet sein.

ISDN-Software [ISDN Software]

Um mit einer ISDN-Karte arbeiten zu können, benötigen Sie entsprechende ISDN-Software. Diese bieten z. B. Fax-Funktionen, Anrufbeantworter oder →Euro-File-Transfer an. Da die meisten Hersteller ihren ISDN-Karten mittlerweile gute und recht vollständige Software-Bundles beilegen, sind „freie" ISDN-Programme meistens für professionelle Anwendungen ausgelegt. Außerdem bietet natürlich auch der →Sharewaremarkt reichlich ISDN-Software.

Das wohl bekanntestes Beispiel für ein solches ISDN-Software-Bundle ist **Fritz!** von →AVM. Das Programm wird mit den ISDN-Hardwareprodukten von AVM, wie etwa der →ISDN-Karte „FritzCard", ausgeliefert. Es liegt sowohl als 16- wie auch 32-Bit-Version vor und läuft damit unter allen Windows-Versionen. Es deckt quasi die gesamte Palette der Möglichkeiten einer ISDN-Software ab, da jeweils Module für Fax, Euro-File-Transfer, Anrufbeantworter, Telefonie, BTX oder direkte Datenübertragung mit Mailboxen mitgeliefert werden. Alle Module sind sehr einfach zu bedienen und beschränken sich auf die wichtigen Funktionen, sodass auch Einsteiger den Überblick bewahren können. Das Programm wird regelmäßig gepflegt, Updates können von AVM z. B. im Internet (_www.avm.de_) bezogen werden.

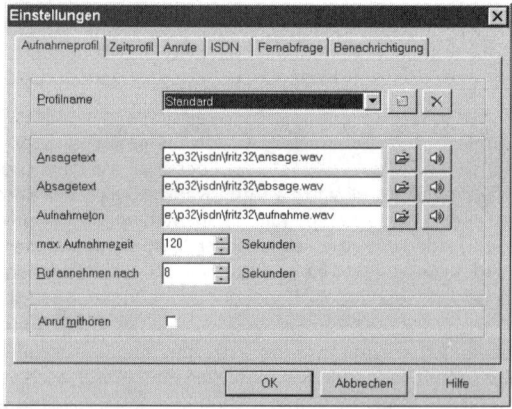

In den neueren Versionen von Fritz liefert AVM auch ein leistungsfähiges Anrufbeantworter-Modul aus. Dieses unterstützt frei konfigurierbare Zeitprofile und die Zuordnung auf die angerufene →MSN

Professionelle ISDN-Software für den allgemeinen Büroeinsatz bietet z. B. Ositron an (_www.ositron.de_). Das Programmpaket „Ositron ICS" bietet neben den üblichen Einsatzgebieten wie Faxen und Dateitransfer noch spezielle Funktionen, die professionellen Nutzern gerecht werden. Dazu gehören z. B. genaue Protokollierung und Journale, verschlüsselte Übertragungen oder weit reichende Netzwerk-Funktionen. ICS deckt quasi den gesamten Bereich dessen ab, was man mit einer ISDN-Karte tun kann. Außerdem bietet Ositron eine leistungsfähige Software zum ISDN-Transfer mit →Macintosh-Rechnern an.

Tipp: Wer eine professionelle Anrufbeantworter-Software sucht, sollte einen Blick auf den „Win-Anrufbeantworter" von Volker Garske werfen. Es gibt quasi nichts, was dieser Anrufbeantworter nicht könnte. Herausstechendes Merkmal dürfte sein, dass man jedem Anrufer, der seine Rufnummer übermittelt, auch einen eigenen Begrüßungstext zuordnen kann. Das Programm ist Shareware und lässt sich über eine feste Demoversion ausgiebig testen. Eine feste Homepage im Internet gibt es (noch) nicht. Am besten Sie suchen bei Interesse nach aktuellen Download-Stellen durch die Sucheingabe von „+Garske +Winanruf" (siehe →Internetrecherche).

Beim Einsatz von ISDN-Software ist v. a. darauf zu achten, über welche Schnittstelle die ISDN-Hardware angesprochen wird. In Deutschland bzw. Europa ist die CAPI-Schnittstelle (→CAPI) verbreitet, in den USA werden ISDN-Karten zumeist über einen NDIS-Treiber angesprochen. Bei der CAPI-Unterstützung muss außerdem auf die Versionsnummer geachtet werden. Manche Software läuft nur auf der veralteten CAPI 1.1, was insbesondere unter Windows 95 zu Problemen führen kann. Wer eine ISDN-Karte mit dualer CAPI (Versions-Unterstützung 1.1 und 2.0) hat, kann sich in solchen Fällen glücklich schätzen.

ISDN-Terminaladapter [ISDN terminal adapter]

Die Begriffe ISDN-Terminaladapter oder auch einfach nur „ISDN-Adapter" sind nicht klar definiert und werden sowieso kaum noch verwendet, da die Geräte auch nicht mehr so viel im Einsatz sind. Neuere Bezeichnungen wie „ISDN-Controller" oder „ISDN-Commander" setzen sich dafür zusätzlich auf dem Markt durch. Vergleiche hierzu auch →ISDN-Adapter.

Zumeist versteht man unter einem ISDN-Terminaladapter ein Gerät, das eine Schnittstellen- und Bitratenanpassung der digitalen Signale eines ISDN-Anschlusses an die Erfordernisse eines speziellen Endgeräts realisiert. Was sich so kompliziert anhört, ist praktisch gesehen besser zu verdeutlichen: Ein typischer ISDN-Terminaladapter ist ein →a/b-Wandler, der den Anschluss analoger Endgeräte – alte Telefone, Faxgerät, →Modem etc. – an einem ISDN-Anschluss ermöglicht. Dabei werden die analogen Signale der alten Geräte auf die digitalen des ISDN-Netzes übersetzt, wobei natürlich nicht alle der →ISDN-Leistungsmerkmale genutzt werden können. In dem Sinne gleicht ein a/b-Wandler bzw. Terminaladapter auch einer →Telekommunikationsanlage. Von dieser spricht man aber nur, wenn drei und mehr Geräte angeschlossen sind und unter diesen mit speziellen Funktionen auch vermittelt werden kann. Neuere →ISDN-Adapter kombinieren die Funktionen eines Terminaladapters, einer Telekommunikations-Anlage und einer ISDN-Karte oft, sodass sich Unterscheidungen verwischen.

Tipp: Der Kauf eines ISDN-Terminaladapters lohnt sich nur dann, wenn Sie beim Umstieg auf ISDN unbedingt Ihre alten, analogen Telefone, Anrufbeantworter oder Faxgeräte weiterbetreiben wollen und die Ausgabe für eine der angesprochenen, modernen →ISDN-Adapter wie FritzX-PC scheuen. Mehr als 200 DM sollten Sie für den a/b-Wandler aber nicht ausgeben. Außerdem sollten Sie darauf achten, dass er die neue →CLIP-Funktion des analogen Telefonnetzes (→T-Net) unterstützt. Diese ermöglicht es nämlich, bei neueren, analogen Telefonen wie im ISDN-Netz die Telefonnummer des Anrufenden im Display zu sehen. Gerade Geräte, die vor 1999 gebaut bzw. entwickelt wurden, unterstützen CLIP häufig nicht. Sie sollten da also vorsichtig sein.

Neben dem ISDN-Terminaladapter gibt es übrigens noch andere Typen von Terminaladaptoren, die z. B. den Anschluss von Endgeräten an andere Datennetze, z. B. →X.21, →X.25, Teletext usw. ermöglichen. Für die Praxis eines PC-Nutzers haben diese aber kaum eine Bedeutung.

Ein preisgünstiger, verbreiteter Terminaladapter ist die ITA 2ab-Box von Teles. Über zwei Haupt-Anschlüsse können durch Mehrfachstecker bis zu sechs analoge Geräte betrieben werden

ISDN-Übertragungsstandard [ISDN transmission protocolls]

ISDN-Daten werden im →B-Kanal mit Hilfe verschiedener Übertragungsstandards (Protokolle) übermittelt:

HDLC (**H**igh-level **D**ata **L**ink **C**ontrol): Das durch die →ISO standardisierte HDLC (englische Abk. f. hoch entwickelte Datenverbindungssteuerung) ist ein →Übertragungsprotokoll der →Verbindungsschicht (siehe →OSI-Schichtenmodell), das auf eine Entwicklung von →IBM, das →SDLC, zurückgeht. Es erkennt Übertragungsfehler und korrigiert diese, indem der Datenfluss gesteuert wird. Das fortschrittliche HDLC wird meist bei Übertragungen mit 64 KBit eingesetzt und ist eine direkte Alternative zu X.75.

X.75: Das in der →Verbindungsschicht angesiedelte paketorientierte, synchrone und international genormte Protokoll X.75 gehört wie HDLC zur →SDLC-Familie und nutzt die volle Kapazität von ISDN mit 64 KBit/s aus. Im Gegensatz zu HDLC hat es in den Paketen einen größeren →Header eingebaut, der die Übertragungssicherheit erhöht. Es wird v. a. zum Download aus Mailboxen verwendet.

V.110: Das amerikanische, veraltete Protokoll V.110 überträgt im asynchronen Modus standardmäßig 9.600-19.200 Bit/s. Manche Hersteller erweitern dies auf bis zu 38.400 Bit/s, im synchronen Modus sind bis zu 56 KBit/s möglich. Das V.110-Protokoll reduziert die →Datentransferrate durch die Einfügung von Füllbits, um auch mit langsameren Endgeräten klarzukommen. Theoretisch können auch mehrere V.110-Verbindungen gleichzeitig über einen B-Kanal eröffnet werden, was jedoch praktisch kaum realisiert wird.

V.120: Wie V.110, jedoch mit zusätzlicher Komprimierung und Fehlerkorrektur. Damit sind 38,4 KBit/s möglich.

ISO (International Organization for Standardization)

Die ISO (englische Abk. f. Internationale Normierungsorganisation) wurde nach dem 2. Weltkrieg mit dem Ziel gegründet, die Normung im umfassenden Sinne im internationalen Rahmen zu fördern. Der ISO gehören aus etwa 90 Ländern stammende nationale Normenorganisationen an, u. a. das Deutsche Institut für Normung e.V., DIN. Der europäische Ableger der ISO ist das →CEN. Im Rahmen der →Datenverarbeitung wurden durch die ISO eine Vielzahl von Einzelnormen und Normenkatalogen erarbeitet. Durch normierte Referenzmodelle, wie das →OSI-Schichtenmodell, wurde ein wesentlicher Beitrag zur Entwicklung von →Hardware und →Software geleistet.

ISO 9660

Der internationale Standard der →ISO für die Dateiaufzeichnung auf →CD-ROM wird mit ISO 9660 bezeichnet.

ISONET (ISO Network)

Das ISONET oder World Wide Information Network on Standards – der Name ISONET verweist auf ISO und Network – ist ein weltweites →Netzwerk für Normen.

Iteration [iteration]

Unter Iteration (lat. = Wiederholung) versteht man ein mathematisches Verfahren, bei dem durch die mehrmalige Wiederholung eines →Algorithmus eine schrittweise Annäherung an den gesuchten Wert erfolgt. Hierbei ist das Ergebnis des vorhergehenden Durchgangs Grundlage für den nächsten Durchlauf. Innerhalb eines Programms wird die Iteration durch eine →Schleife realisiert (siehe auch →Rekursion).

ITT (International Telegraph and Telephone)

Der amerikanische Hardwarespezialist ITT ist spezialisiert auf Systeme für den Telefonverkehr und die →Datenfernübertragung.

IWV

IWV ist die Abk. f. Impulswahl-Verfahren. Es ist die Bezeichnung für eine veraltete Technik, mit der die Nummern beim Telefonieren gewählt werden. Weitere Informationen siehe →Impulswahl-Verfahren und →Tonwahl-Verfahren.

Jacquard, Joseph-Marie

Der Franzose Joseph-Marie Jacquard (1752-1834) erfand 1805 die Jacquard-Maschine, eine Webmaschine, mit der sich Gewebe in verschiedenen Techniken und Mustern herstellen ließen. Zur Steuerung der Maschine wurde zum ersten Mal eine →Lochkarte eingesetzt. Die so genannten Jacquard-Karten wurden mit einer Klaviaturmaschine erstellt, mit der man die Musterzeichnung in Lochkarten umsetzen kann.

Jam [Gedränge, Verstopfung]

Der Begriff Jam beschreibt ein Kontrollverfahren, mit dem in bestimmten →Netzwerken der gleichzeitige, mehrfache Zugriff auf einzelne Geräte verhindert wird. Greifen Benutzer etwa gleichzeitig auf eine Komponente des Netzwerks zu (z. B. ein →Modem), so kommt es zu einer Kollision. Als Resultat senden die Endgeräte ein bestimmtes Bitmuster aus, das Jam, um die Kollision im Netz anzumelden.

JANET (Joint Academic NETwork)

JANET ist ein Universitätsnetz in Großbritannien (siehe →Netzwerk).

Java

Java ist ein →Softwareentwicklungssystem der Firma →Sun, das es gestattet, Plattform-unabhängige Programme zu entwickeln und Internetinhalte (HTML-Dokumente, siehe →HTML) mit zusätzlicher Funktionalität auszustatten. Das können z. B. interaktive Animationen, eingebettete Applikationen, 3-D-Modelle usw. sein. Java ist eine richtige, objektorientierte Programmiersprache, die insbesondere Elemente zur Gestaltung multimedialer Anwendungen enthält. Ein Java-Programm wird in dem an C bzw. C++ erinnernden Quellcode geschrieben und mit einem Compiler in einen Zwischencode, ein so genanntes **Applet**, übersetzt (vergleiche →Programmiersprache). Zum Ausführen des Applets wird für jedes konkrete Rechnersystem ein Interpreter benötigt. Mit Java sollten nicht die **Script-Sprachen JavaScript** (vom →Netscape Navigator) und **VB-Script** (vom →Internet Explorer) verwechselt werden. Diese sind eine Art Makrosprache, die vom Webbrowser interpretiert, also Schritt-für-Schritt abgearbeitet werden. Java-Applets sind dagegen echte, kompilierte Programme. Die Namensgleichheit zwischen Java und JavaScript ist reine Willkür der Erfinder, die beiden Techniken haben nichts miteinander zu tun!

Im Internet wird ein Java-Applet in einem HTML-Dokument direkt oder als →**Hyperlink** eingefügt. Beim Öffnen des Dokuments durch den Empfänger mit einem speziellen →Webbrowser, der einen Java-Interpreter enthält, wird automatisch aus dem Applet der konkrete Maschinencode (siehe →Programmiersprache) erzeugt, und das generierte →Programm wird gestartet. Dieses beginnt nun mit seinen Ausgaben auf dem →Bildschirm, dem Soundsystem usw. und wartet auf Eingaben des Anwenders. Durch die Implementation von Protokollen der TCP/IP-Familie (siehe →TCP/IP) können die aus den Applets generierten Programme auch über das →Netzwerk miteinander kommunizieren, womit sich weitere ungeahnte Möglichkeiten eröffnen.

Java ist mittlerweile für alle wichtigen Rechner-Plattformen verfügbar und natürlich auch in allen wichtigen aktuellen →Webbrowsern integriert. Die anfänglich große Euphorie und Aufregung rund um Java und seine theoretischen Möglichkeiten haben sich aber wieder gelegt. Viele große Softwarefirmen, wie etwa Corel, die erst angekündigt hatten, in Java auch komplette Anwendungen (z. B. Office-Programme) zu programmieren, haben zumeist einen Rückzieher gemacht. Java-Programme sind nämlich recht komplex zu erstellen und laufen relativ langsam. Java wird daher bevorzugt in Form kleinerer Problemlösungen im Internet sowie zukünftig wohl auch für die Steuerung von Multimedia-Hardware aus der Unterhaltungselektronik verwendet.

Im Internet sind naturgemäß jede Menge Informationen über Java abrufbar. Sie finden diese am besten auf der Homepage von Sun (*java.sun.com*) und auf der so genannten Gamelan-Site (*www.gamelan.com*).

JAZ-Laufwerk

Das JAZ der Firma Iomega gehört zu den →Wechselmedien-Laufwerken und kann als „großer Bruder" des bekannten →ZIP-Laufwerks angesehen werden. Das JAZ ist als interne oder externe SCSI-Variante erhältlich und verwendet in der ersten Version magnetische 1-GByte-Medien (JAZ-Disk). Seit Frühjahr 1998 ist das **JAZ 2-Laufwerk** erhältlich, dass mit 2-GByte-Medien arbeitet, aber auch noch die alten Medien verarbeiten kann. Gleichzeitig wurde bei dem neuen Laufwerk der Cache auf 512 KByte verdoppelt und die Performance auf bis zu 40 % verbessert.

Das JAZ zeichnet sich v. a. durch seine sehr hohe Performance aus, die an Festplatten-Niveau heranreicht. JAZ-Laufwerke können sogar zum →Booten von Betriebssystemen oder zum Videoschneiden (→Videobearbeitung) verwendet werden. Nachteilig am JAZ sind sein hohes Laufgeräusch, der standardmäßig nach einigen Minuten aktivierte Sleep-Modus und die gegenüber →MO-Laufwerken geringere Datensicherheit.

Jini

Mit dem Begriff Jini wird eine neue, auf →Java basierende Netzwerk-Technik bezeichnet, die die Firma →Sun entwickelt hat. Jini ist keine Abkürzung, sondern nach einer arabischen Mythengestalt namens Dschinn benannt, einem Geist, der seine Gestalt wechseln kann. Jini ist als Basistechnik für die elektronische Wohn- und Arbeitswelt von morgen geplant, indem es den problemlosen Datenaustausch und die kinderleichte Vernetzung von elektronischen Geräten aller Art (Computer, Unterhaltungselektronik und Haushaltsgeräte) steuert. Jini wird es endlich ermöglichen, dass alle elektronischen Geräte miteinander für den Anwender problemlos kommunizieren können. Durch Jini kann beispielsweise eine Videokamera genauso problemlos an einen PC angeschlossen werden wie ein Fernseher, ein MiniDisc-Rekorder oder ein Kühlschrank. Der PC erkennt das angeschlossene Gerät dank raffinierter Verständigungsprotokolle automatisch und aktiviert die notwendigen Treiber, um es nutzen bzw. steuern zu können.

Durch Jini sollen komplizierte Treiber-Installationen und Hardwarekonfigurationen wegfallen und Computer sowie andere moderne elektronische Geräte endlich für jedermann kinderleicht zu bedienen sein. Durch Jini wird der Computer aber auch in seiner Bedeutung reduziert und all die Geräte um Computer-Funktionen aufgewertet, die bisher damit nicht viel zu tun hatten. Also beispielsweise Geräte der Unterhaltungselektronik, Videorekorder oder eben auch Haushaltsgeräte.

Jini ist keine Zukunftsmusik mehr, sondern schon weit entwickelt und wurde mittlerweile von einer großen Zahl führender Elektronikkonzerne weltweit als neuer Standard akzeptiert. Sun hat, um maximale Kompatibilität zu ermöglichen, den Code von Jini veröffentlicht und beabsichtigt, entsprechende Nutzungslizenzen sehr günstig zu vergeben. In den einzelnen Geräten wird Jini dann durch spezielle, kostengünstige Platinen integriert werden. Damit wird es in Zukunft möglich sein, dass man einen Videorekorder spielend leicht vom Fernseher aus programmiert oder eine defekte Tiefkühltruhe automatisch einen Notdienst anruft. Oder eine Videocamera Einzelbilder selbstständig direkt auf einem Drucker ausgeben kann, ohne dass dafür ein Computer notwendig wäre.

Der neue Standard von Sun ist deswegen auch so bedeutend, weil er genau wie →Java völlig unabhängig von einem Betriebssystem ist und außerdem voraussichtlich die bisherige Allein- bzw. Vormachtstellung des PCs im Elektroniksektor reduzieren wird. Insbesondere →Microsoft kann das nicht recht sein, weil hierdurch seine marktbeherrschende Position als Betriebssystem-Hersteller gebrochen werden könnte. In einer „Jini-Zukunft" spielen Windows und Microsoft-Standards eben keine Rolle mehr bzw. haben keinen entscheidenden Einfluss auf die Entwicklung neuer Technologien. Eine erste Reaktion von Microsoft war die Veröffentlichung eines Konkurrenz-Standards zu Jini, **Universal Plug & Play** genannt. Jedoch handelt es sich dabei vorerst nur um einen theoretischen, nicht sehr weit entwickelten Entwurf, der außerdem bei den Hardware- und Elektronikherstellern kaum noch große Chance auf Unterstützung finden wird, da Jini bereits angenommen und lizenziert wurde.

Job [Arbeitsauftrag]

Bei den früheren →Großrechnern mussten eine oder mehrere abzuarbeitende Aufgaben mit den zugehörigen Programmen und Eingabedaten sowie allen erforderlichen Dienstprogrammen zu einem geschlossenen Job zusammengestellt werden, der dann in einem Lauf am →Rechner abgearbeitet werden konnte. Der Begriff Job hat sich seit jener Zeit erhalten und bezeichnet ein oder mehrere Programme, aber auch einzelne zusammengehörige Teilaufgaben, die am Rechner automatisch – nicht in der heute zumeist üblichen dialogorientierten Arbeitsweise – abgearbeitet werden. Insbesondere bei der Datenausgabe über einen →Drucker verwendet man den Begriff Job. So spricht man z. B. davon, man habe am →PC oder im →Netzwerk einen Druckjob (print job) ausgelöst.

Jobs, Steve

Steve Jobs gilt als einer der wichtigsten Entwickler und Visionäre des PC-Zeitalters. Der 1955 in San Francisco geborene Jobs gründete 1976 in der elterlichen Garage zusammen mit Steven Wozniak die Firma Apple Computer (→Apple). Nachdem er 1985 die Firma Apple verließ, gründete er das Unternehmen →Next-Computer, das Ende 1996 mit Apple aber wieder fusionierte. Weitere Informationen siehe →Apple und →Next-Computer.

Joliet-Format [Joliet format]

Das Joliet-Format ist eine Erweiterung des →ISO-9660-Standards für die Erstellung von einmal beschreibbaren CDs. CD-Rohlinge, die mit dem Joliet-Format hergestellt wurden, können Datei- und Verzeichnisnamen von bis zu 64 Zeichen enthalten. Sie sind allerdings nur auf Windows 95/98- und Windows NT-Rechnern lesbar. Wer versucht, derartige CDs z. B. unter DOS anzusprechen, bekommt nur eine Readme-Datei angezeigt, die auf das Joliet-Format und seine Probleme mit Nicht-Windows 95-Systemen hinweist.

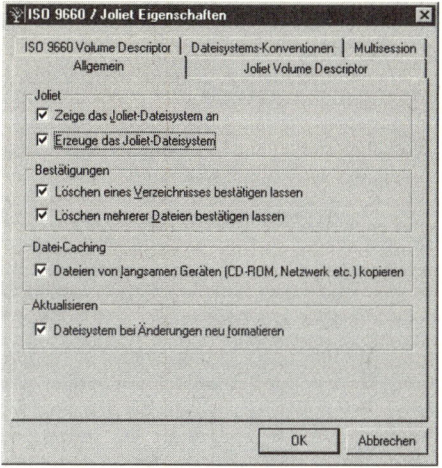

Die Unterstützung des Joliet-Formats ist bei CD-Brenner-Programmen mittlerweile Standard. Die Einstellungen werden in den Optionsmenüs zur CD vorgenommen

Joystick [„Spaßstock", Steuerknüppel]

Der Joystick ist ein Eingabegerät, das dem Steuerknüppel eines Flugzeugs nachempfunden ist. Ein Joystick verfügt wie eine →Maus über Tasten, die mit bestimmten Funktionen belegt werden können. Joysticks werden zur Steuerung von Spielen (z. B. Flugsimulatoren) verwendet. Der Standardanschluss für einen Joystick ist der →**Gameport**, der sich u. a. auch auf einer →Soundkarte befinden kann. Alternativ kann man auch eine →**Gamecard** mit meistens zwei Anschlüssen verwenden.

Varianten des Joysticks sind **Flugknüppel** (für Flugsimulatoren), **Lenkräder mit Pedalen** (für Autorennspiele) oder die →Gamepads, die für →Jump& Run-Spiele verwendet werden. Man unterscheidet außerdem noch zwischen den (herkömmlichen) **analogen** und den **digitalen** Joysticks, wobei Letztere nur unter Windows unterstützt werden.

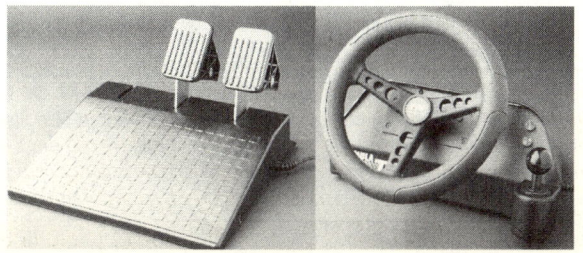

Die Lenkrad-Pedal-Kombination Formula T2 von Thrustmaster ist das bekannteste Modell seiner Art auf dem Markt

Während die Funktionen digitaler Joysticks direkt über eigene, digitale Steuersignale angesprochen werden, wird bei analogen Joysticks mit so genannten Achsen und Knöpfen gearbeitet. Die **vier Achsen X1, X2, Y1 und Y2** definieren die Bewegungsfreiräume. Zusätzlich werden noch **vier Standard-Knöpfe** unterstützt. Wohlgemerkt, das gilt nur für analoge Joysticks, obwohl digitale Joysticks aus Kompatibilitätsgründen z. B. für DOS-Spiele diese Funktionen auch zusätzlich noch unterstützen. Weitere Knöpfe oder Funktionen können nur über spezielle, Nicht-Standard-Funktionen oder eben durch eine komplett digitale Steuerung integriert werden. Die Begrenzung der analogen Joysticks kommt durch den →Gameport zustande, der nur maximal diese vier Achsen und Knöpfe abfragen kann.

Bei der Konfiguration sollte man die verwendeten Achsen und Knöpfe kennen, die je nach Joystick unterschiedlich sind. Einfache **Standard-Joysticks** verwenden meist nur **zwei Achsen (X1 und Y1)** sowie **zwei Knöpfe**. Da die meisten Spiele mit vier Knöpfen arbeiten, reicht das meist schon nicht mehr aus. Ein zusätzlicher **Schubregler bzw. Schubhebel** wird i. d. R. über die **Y2-Achse** angesprochen.

Bestimmte Joystick-Typen (Thrustmaster und FCS-kompatible Modelle), verwenden die Y2-Achse auch zur Ansteuerung des so genannten **Coolie-Hats**. Das ist ein knopfförmiger Vierwegschalter an der Spitze eines Joysticks, der in alle vier Richtungen zum Steuern oder Feuern bewegt werden kann. Da die Y2-Achse ansonsten für die Schubregelung verwendet wird, ist bei diesen Joysticks eine zusätzliche Schubregelung nicht mehr möglich. Bei den so genannten **CH-kompatiblen Joysticks** wird dagegen der Coolie-Hat nicht über die Y2-Achse, sondern über Signale der vier Knöpfe gesteuert. Damit ist eine parallele Schubregelung möglich. Dafür sind die Funktionen der Knöpfe begrenzt, was aber der Coolie-Hat übernehmen kann.

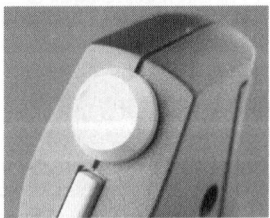

Ein solcher Schubregler ist für Flug- und Autosimulationen optimal

Der Coolie-Hat-Schalter an der Spitze eines Joysticks

Ruderpedalen für Flugsimulatoren verwenden meist die X2-Achse für die Schubkontrolle über die Pedalen. **Lenkräder** für Rennwagen-Simulationen nutzen dagegen überlicherweise die X1-Achse zum Lenken und die Y1-Achse für die Gas- und Bremspedalen. Je nachdem, welchen Joystick-Typ Sie haben, müssen Sie diese also als zwei-/vierachsig im Programm anmelden und die Achsen einzeln für die Funktionen konfigurieren.

Wichtig bei der Installation bzw. Konfiguration eines Joysticks ist v. a. die **Kalibrierung**. Das heißt, die Knöpfe müssen auf die Funktionen zugewiesen und die Mittelstellung bzw. der Ausschlag des Steuers bestimmt werden.

DOS-Spiele haben jeweils eine eigene Kalibrierungs-Funktion, Windows dagegen eine zentrale Einstellung in der →Systemsteuerung. Auf dem Rechner sollte möglichst →**DirectX** installiert sein, weil dieses erweiterte Funktionen für Joysticks mitbringt.

> **Tipp:** Die Originaltreiber von Windows gewähren nicht bei allen Joystick-Modellen immer zitterfreie Bewegungen. Sie sollten in jedem Fall die neueste DirectX-Version installieren und auch mal das kostenlose Joystick-„Antizitter"-Tool CTFJ der Firma Thrustmaster ausprobieren. Dieses kann man sich im Internet unter _www. thrustmaster.com_ im Bereich _Support/Files & Utilities_ herunterladen.

Mit DirectX 5.0, im Modul Direct Input, wurde eine ganz neue Joystick-Funktion eingeführt: das so genannte **ForceFeedback**. Damit ist eine Kraftrückkoppelung vom PC auf den Joystick gemeint. Wenn dieser entsprechende Motoren eingebaut hat, kann der Joystickhebel Beschleunigung, Bremsen oder auch Rattern übertragen. Zusätzlich kann der Joystick z. B. beim Abfeuern von Maschinengewehren Sound ausstoßen. Problematisch ist nur, dass bei den bisherigen Modellen (siehe Bild) diese erweiterten Funktionen über dieselben Steuerleitungen am Gameport der Soundkarte übertragen werden, die auch vom →**MPU-401** der Soundkarte verwendet werden. Die Folge: Der Joystick **blockiert die MIDI-Funktionen** der Soundkarte. Abhilfe schafft nur der Anschluss an einer speziellen Game-Card oder ein Adapterkabel des Herstellers. Da die meisten neuen Spiele aber sowieso keine MIDI-Funktionen mehr verwenden, sondern den Sound über Wave-Dateien ausgeben, kann man zumeist mit dem Problem gut leben.

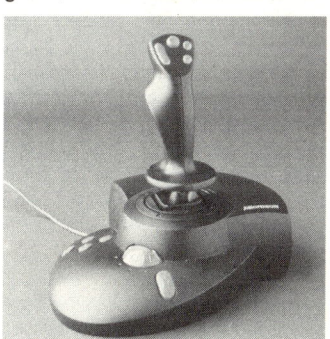

Der Sidewinder Force Feedback von Microsoft unterstützte als erster seiner Art die neuen Kraftrückkopplungsfunktionen. Aber Vorsicht: Bei Dauerspielen können die Vibrationen zu Irritationen der Gelenke und Nerven führen

JPEG (Joint Photographic Experts Group)

JPEG (englische Abk. f. Vereinigte Fotoexperten-Gruppe) ist ein Standard für die →Kompression von digitalen Bildern, der 1991 als ISO-Norm definiert wurde (→ISO). Das Format unterstützt nur **Graustufen-Bilder** (8 Bit, 256 Graustufen) und **TrueColor** (24-Bit, 16,7 Millionen Farben). Die Grafiken sind durch die →Datei-Erweiterung _jpg_ gekennzeichnet. Sie sind neben GIF-Bildern (→GIF) das typische Grafikformat im Internet. Im Gegensatz zu GIF, das für einfache Grafiken mit 256 Farben eingesetzt wird (Symbole, Schaltflächen), werden _jpg_-Bilder überwiegend für Fotos genutzt. Der Nachteil von JPEG ist jedoch, dass es nicht wie bei GIF-Bildern animiert werden kann und auch keinen transparenten Hintergrund unterstützt (vergl. →GIF).

Die →Datenkompression von JPEG wird hauptsächlich dadurch erreicht, dass ähnliche Farben als ein gemeinsamer Farbton abgespeichert werden. Dabei gehen jedoch Informationen verloren; JPEG ist also eine so genannte lossy-compression (**verlustreiche Kompression**). Der Kompressionsgrad kann i. d. R. auf einer **Skala von 0-100** eingestellt werden, wobei hohe Zahlen eine höhere Qualität, aber geringere Kompression bedeuten. Ein Wert von 90 führt meist noch nicht zu sichtbaren Verlusten, ab 70 wird es dann schon deutlich sichtbar. Noch kleinere Werte sollte man i. d. R. nicht verwenden. Farbbilder sind übrigens weniger kritisch als Graustufenbilder. Gegenüber Windows-Bitmap-Bildern (*.bmp*) sind JPEG-Grafiken ca. zehnmal kleiner.

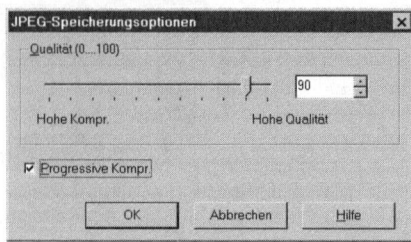

Die JPEG-Einstellungen beim Abspeichern einer Grafik in einem typischen Bildbearbeitungs-Programm

Eine Erweiterung des JPEG-Standards ist **JPEG++**, was jedoch nur noch sehr selten genutzt wird. Dabei können getrennte Kompressionen für den Hinter- und den Vordergrund eines Bilds gewählt werden. Eine zweite Erweiterung ist das so genannte **progressive JPEG-Format**. Ähnlich wie das interlaced Gif-Format (→Gif) werden solche *jpg*-Bilder beim Betrachten einer Webseite in aufeinander folgenden Schritten aufgebaut. Dadurch erhält man schon während des Ladevorgangs einen Eindruck von dem Bild, da sich die Qualität fortlaufend erhöht, und kann z. B. vorzeitig abbrechen. Progressive *jpg*-Bilder sind etwas größer als normale JEPGs und können auch nicht immer von allen Bildbetrachtungs- oder Bildbearbeitungs-Programmen verarbeitet werden (siehe obere Abbildung). Für möglichst große Kompatibilität sollte man daher darauf verzichten.

> **Tipp:** Die Bildbearbeitung →**PhotoImpact** von Ulead besitzt einen **JPEG-Smart-Saver**. Unterstützt durch einen Schieberegler und eine Vorschau-Funktion kann man die Kompression einer JPEG-Grafik auf ein optimales Verhältnis von Dateigröße zu Qualität einstellen. Effizienter geht's kaum noch.

Jumper [Springer]

Jumper sind kleine, meist von einer Kunststoffisolierung umgebene zweipolige Steckbrücken, mit denen sich bestimmte Komponenten auf einem →Mainboard, einer Erweiterungssteckkarte oder Festplatte aktivieren, deaktivieren oder umkonfigurieren lassen. So müssen beispielsweise zum Einstellen von →Interrupts einer (älteren) →Grafikkarte Jumper umgesteckt werden. Bei vielen SCSI-Festplatten werden Jumper benutzt, um die →SCSI-ID oder →SCSI-Terminierung festzulegen (siehe →SCSI).

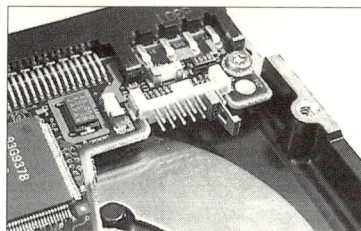

Ein Jumper (rechts, grau) auf der Unterseite einer SCSI-Festplatte zur Einstellung der SCSI-Terminierung

K

K

K (Abk. f. Kilo) entspricht im Computerbereich dem Faktor 1024 (z. B. →KBit, →KByte).

Kabelbaum [cable harness]

Kabelbaum nennt man ein Bündel mehrerer isolierter →Kabel, die miteinander verbunden sind und von welchen einzelne Kabelenden – Ästen gleich – ausgehen. Kabelbäume waren in früheren Geräten und Rechnern üblich. Heute dominieren Flachbandkabel.

Kabelfernsehen [cable TV]

Im Gegensatz zum Empfang über die Antenne ist beim Kabelfernsehen (es wird allerdings auch Hörfunk übertragen) jedes Haus mit einem Kabel an eine entsprechende Kopfstation angeschlossen. Die Vorteile des Kabelfernsehens sind ein besserer Empfang und eine größere Programmvielfalt, die jedoch mit zusätzlichen Gebühren erkauft werden müssen (siehe auch →Fernsehen).

Kabelnetz [cable TV network]

Als Kabelnetz bezeichnet man das von der Telekom unterhaltene Netz zur Verteilung von Rundfunk- und Fernsehsendungen, das wegen der mangelnden Anzahl an verfügbaren terrestrischen Sendefrequenzen eingeführt wurde.

Kalibrierung [calibration]

Unter Kalibrierung versteht man allgemein das genaue Anpassen bzw. Maßnehmen eines Prozesses oder Werkstücks an bestimmte Vorgaben. Im Computerbereich werden Kalibrierungen an verschiedenen Stellen eingesetzt, um Geräte oder Programme an bestimmte Vorgaben, z. B. Farbreinheit, anzupassen.

Festplatten verwenden z. B. eine Kalibrierung, um thermische Ausdehnungen und damit mögliche Positionierungsfehler zu kompensieren. Bei Scannern, **Druckern, Monitoren** und **Bildbearbeitungsprogrammen** wird eine Kalibrierung eingesetzt, um die Farbtreue von der Originalvorlage bis zum Ausdruck auf allen Bearbeitungsebenen zu bewahren. Bei →**CD-Writern** kann der Laserstrahl eine Kalibrierung in einem ganz bestimmten Bereich der →**CD-R**, dem **Power Calibration Area** (**PCA**), durchführen, um die Laserstrahl-Intensität auf die Eigenschaften des Mediums optimal anzupassen.

Kaltgerätekabel

Das Kaltgerätekabel ist ein standadisiertes →Kabel (und Steckersystem), mit dem viele →Computer, →Monitore und →Drucker mit dem elektrischen Netz verbunden werden.

Ein typisches Kaltgeräte-Stromkabel, wie es für Computergeräte oft verwendet wird

Kaltstart [reset, cold boot]

Man spricht von einem Kaltstart, wenn der →Computer eingeschaltet (siehe →Booten) oder durch das Drücken der Reset-Taste (siehe →Reset) in den Anfangszustand zurückversetzt wird. Dabei werden alle wesentlichen Komponenten des →PCs getestet (siehe →POST) und →initialisiert. Der Kaltstart ist beim Betrieb eines Rechners oft dann notwendig, wenn sich ein →Programm hoffnungslos aufgehängt hat (siehe →Hangup) und auch ein →Warmstart nicht mehr durchgeführt werden kann.

Kanalbündelung [channel bundling]

Mittels Kanalbündelung kann man bei →ISDN beide →B-Kanäle zur Datenübertragung nutzen. Die Daten werden dann mit 128 KBit/s übertragen. Bei gleichzeitig aktivierter Datenkompression sind bis zu 300 KBit/s möglich. Es enstehen jedoch auch die doppelten Verbindungsgebühren; eine Kanalbündelung ist also nicht billiger, sondern spart nur Zeit. Kanalbündelung mit Hilfe des →DFÜ-Netzwerks von Windows 95 ist übrigens bei allen Versionen vor dem OSR 2.5 (ab Herbst 1997) erst dann möglich, wenn das MS ISDN-Accelerator-Pack 1.1 (oder höher) installiert wurde. Es kann kostenlos vom Microsoft Internetserver heruntergeladen werden. Die Version des DFÜ-Netzwerks der ersten Windows 95-Versionen waren standardmäßig nicht zur Kanalbündelung fähig, lassen sich aber eben über dieses Programm updaten.

Kapazität [capacity]

Kapazität ist die Bezeichnung für die Leistungsfähigkeit eines Gesamtsystems, von Komponenten oder Geräten der →Peripherie. Der Begriff Kapazität wird insbesondere im Zusammenhang mit dem zur Verfügung stehenden

Speicherplatz auf einem →Datenträger oder im →Arbeitsspeicher usw. verwendet.

Kaufmännische Software [business Software]

Die Sammelbezeichnung kaufmännische Software umfasst den breiten Bereich vom elektronischen Kassenbuch bis hin zur betriebswirtschaftlichen Anwendung. Einen breiten Raum nehmen die unterschiedlichen Programme für Selbstständige, Freiberufler und Kleingewerbetreibende ein. Die Bedürfnisse dieser Gruppen lassen sich relativ leicht mit Datenbankanwendungen (siehe →Datenbank) realisieren. Solche Anwendungen umfassen zumeist Einnahmen/Ausgaben, Abschreibungen, Auftrags- und Lagerverwaltung sowie die Gewinn-und-Verlust-Ermittlung. Die wichtigsten betriebswirtschaftlichen Kenndaten lassen sich problemlos errechnen. Kaufmännische Anwendungen für den Mittelstand und größere Unternehmen werden im Allgemeinen an die unternehmensspezifischen Belange angepasst, denn dort fallen nicht nur weitaus größere Datenmengen an, sondern es gibt immer auch unterschiedliche Modelle in der Personalverwaltung, der Anlageverwaltung und den verschiedenen Planungssystemen.

KBit

KBit (Abk. f. Kilo**Bit**) ist ein Vielfaches einer Maßeinheit für die Informationsmenge und →Speicherkapazität. 1 KBit = 1024 →Bit

KBit/s

KBit/s ist ein Vielfaches der Maßeinheit der →Datentransferrate, ebenso wie bps (Abk. f. **b**its **p**er **s**econd = Bits pro Sekunde) oder Bit/s. 1 KBit/s = 1024 Bit/s

KByte

KByte oder KB (Abk. f. Kilo**Byte**) ist ein Vielfaches einer Maßeinheit für die Informationsmenge und →Speicherkapazität. 1 KByte = 1024 →Byte

Kennsatz [label]

Kennsatz ist die Bezeichnung für eine Datenstruktur, welche die Verwaltungs- und Strukturinformationen eines →Datenträgers oder einer →Datei enthält (siehe auch →Header).

Kermit

Kermit – benannt nach dem Frosch der Muppet-Show – ist eines der ältesten →Übertragungsprotokolle mit relativ geringer →Datentransferrate. Da Kermit manchmal das einzige Übertragungsprotokoll ist, das von →Großrechnern angeboten wird, findet es auch heute noch Verwendung. Auch einige programmierbare Taschenrechner verwenden Kermit, um den Datentransfer zu realisieren.

Kernel [Kern]

Der Kernel ist der zentrale Teil eines →Betriebssystems, der die wesentlichen Funktionen realisiert und sich zur →Laufzeit immer im →Arbeitsspeicher des Computers befinden muss. Er erledigt die Hauptaufgaben und lädt bei Bedarf externe →Routinen nach, die für spezielle Aufgaben benötigt werden.

Kerning

Kerning oder **Unterschneiden** ist eine typografische Gestaltungstechnik, bei der der Abstand zwischen den Schriftzeichen von der Gestalt der jeweils benachbarten Schriftzeichen abhängt. Ziel des Kernings ist ein besonders harmonisches Schriftbild. Dabei kommt es z. B. bei benachbarten Schriftzeichen V und A oder T und o zur Überlappung der umschreibenden Rechtecke, woraus sich der Name Unterschneiden erklärt. In den meisten Programmen für →DTP oder →Textverarbeitung können die so genannten Kerning-Paare angegeben und kann deren Abstand festgelegt werden.

Vanille-Creme
Vanille-Creme

Beispieltext mit (unten) und ohne (oben) Kerning

Kettung

Als Kettung bezeichnet man eine Technik, die bei →Datensätzen oder bei →Befehlen angewandt wird, um eine höhere Ausführungsgeschwindigkeit zu erzielen. Bei Datensätzen z. B. wird für die Kettung im so genannten Kettfeld die physische →Adresse (Zeiger) anderer Datensätze hinterlegt. Je nach Verkettungsart nennt man das Vorwärts-, Rückwärts- oder Mehrfachkettung, je nachdem, ob zwei oder mehr Datensätze miteinander verknüpft sind. Durch die Kettung kann die Verarbeitungsgeschwindigkeit einer →Datenbank erhöht werden, da beim Einlesen eines Datensatzes schon bekannt ist, wo der nächste Datensatz zu finden ist, sodass diese Adresse nicht erst ermittelt werden muss.

Keyboard [Tastatur]

Keyboard ist die englische Bezeichnung für Tastatur. Der Begriff wird allerdings nicht nur für die normale PC-Tastatur verwendet, die nur zur Eingabe von Zahlen und Buchstaben dient, sondern auch für elektronische Musiktastaturen (Klaviertastaturen), die z. B. über eine MIDI-Schnittstelle an einen Computer angeschlossen werden (siehe →Tastatur und →MIDI).

Keylock [„Schlüssel verschließbar"]

Über den Keylock-Schalter, der von einem kleinen Schlüssel betätigt wird, lässt sich die →Tastatur elektrisch vom →Rechner trennen. Auf diese Weise soll der Fremdzugriff auf den Rechner verhindert werden. Leider verfügen fast alle No-Name-Computer sowie viele der Markengeräte über das gleiche Schloss und unterlaufen somit die Absperrwirkung.

Keyword [Schlüsselwort]

Ein Keyword (Schlüsselwort) ist ein reserviertes Wort einer →Programmiersprache, das nicht in Variablennamen verwendet werden darf. Dies sind z. B. alle Namen der Standardgerätetreiber und Befehle.

Kilobyte

Kilobyte (KByte oder KB) ist ein Vielfaches einer Maßeinheit für die Informationsmenge und →Speicherkapazität. 1 KByte = 1024 →Byte.

KIT (Kernsystem Intelligenter Terminals)

Der alte, an der Bilddarstellung eines Fernsehgeräts orientierte CEPT-Standard (siehe →CEPT), der für →Btx gebraucht wurde, wird gegenwärtig durch den neuen KIT-Standard ergänzt. Mit dieser Technologie finden ansprechende Grafik sowie maus- und menügeführte Bedienung Eingang in die Angebote von →T-Online. Entsprechende Dekoder-Programme sind unter der Bezeichnung KIT-Dekoder verfügbar. Der bekannteste KIT-Dekoder ist der T-Online-Dekoder der Deutschen Telekom bzw. des Tochterunternehmens Online Pro. Weitere Informationen siehe →T-Online.

Klicken [click]

Das Drücken einer der Tasten der →Maus wird als Klicken oder als Klick bezeichnet. Durch Klicken (oder einen →Doppelklick) können, je nachdem, an welcher Position sich der →Cursor befindet, bestimmte Aktionen auf grafischen Benutzeroberflächen (wie z. B. →Windows und KDE von →Linux) oder in entsprechenden Programmen aktiviert werden (siehe →Benutzeroberfläche).

> **Tipp:** Entscheidend für die Ausführung der Aktion auf den Klick ist nicht das Anklicken, sondern das Loslassen der Maustaste beim Anklicken. Hat man sich einmal vertan und merkt es beim Klicken, so genügt es, einfach die Maustaste weiter gedrückt zu halten und die Maus vom Objekt wegzubewegen. Dann wird der Befehl nicht ausgeführt, auch wenn schon geklickt wurde.

Knoten [node]

In einem →Netzwerk ist ein Knoten ein einzelner Computer oder ein anderes Gerät, das ans Netz angeschlossen ist. Im →Fido-Netz bezeichnet man die Knoten auch als **nodes**.

Koaxialkabel [coaxial cable]

Ein Koaxial-Antennen-Kabel

Ein Koaxialkabel, auch Coaxialkabel oder Koax-Kabel genannt, ist ein metallisches Leitersystem. Dabei ist ein innerer Leiter (die Seele) von einem äußeren Leiter schlauchartig umgeben. Beide Leiter sind durch ein Dielektrikum (meist eine Plastikschicht) voneinander und nach außen durch einen entsprechenden Kunststoffmantel isoliert. Im Gegensatz zu anderen Kabeln – etwa dem elektrischen Doppelleiter – garantiert dieser Aufbau eine geringe elektromagnetische Abstrahlung und hohe Störsicherheit. Koaxialkabel werden u. a. zur Datenübertragung zwischen den Computern in einem →Netzwerk oder für die moderne Telekommunikation eingesetzt.

Kodierung [(en)coding]

Bei der Kodierung von Information wird prinzipiell erst mal der Zeichensatz (Code), mit dem die Information vermittelt wird, durch einen anderen ersetzt. Ist der zweite, neue Zeichensatz nicht allgemein bekannt, so kann eine Kodierung auch zum **Verschlüsseln** von Nachrichten verwendet werden (auch **Chiffrierung** genannt).

Kodierungen finden z. B. im →Internet Verwendung bei der Verschickung von →E-Mails. Typische Verfahren sind hier →**UUencode** und →**MIME**. Hier dient die Kodierung nicht dem Verschlüsseln, sondern lediglich der Tatsache, dass der normale 8-Bit-ASCII-Zeichensatz des PCs im Internet zum Verschicken von Informationen nicht verwendet werden kann, da das übliche Verschickungsprotokoll (→SMTP) nur mit 7 Bit arbeitet. Siehe auch →**Codec**.

Kollision [collision]

Als Kollision wird das Zusammentreffen von →Datenpaketen bei der Übertragung in einem →Netzwerk bezeichnet. Sendet jeder →Netzwerkknoten unabhängig von allen anderen seine Datenpakete, kommt es zur Kollision, wenn zur Laufzeit des Datenpakets auch ein anderer Knoten zu senden beginnt. Die unterschiedlichen Netzwerktechnologien versuchen, Kollisionen zu vermeiden, indem stets nur ein Knoten in vorgegebener Reihenfolge senden darf (siehe →Token) oder indem das Übertragungsmedium durch den sendewilligen Knoten abgehört wird und bei Kollisionen beide Knoten erst nach zufällig gewählten Zeiten einen neuen Versuch unternehmen.

Komfortanschluss

Anschlussvariante an das digitale Telefonnetz →ISDN. Für weitere Informationen und Vergleich der Anschlussarten siehe →ISDN-Anschlussarten.

Kommando [command]

Ein Kommando ist eine Zeichenfolge, die ein →Betriebssystem oder ein Anwendungsprogramm veranlasst, eine bestimmte Funktion auszuführen. Häufig werden für den Begriff Kommando auch die Begriffe Anweisung oder Befehl (siehe →Befehl) benutzt. Bei grafischen →Benutzeroberflächen werden Kommandos durch das Anklicken (siehe →Klicken) von →Icons oder Menüeinträgen aufgerufen. Das hat den Vorteil, dass die Kommandos nicht mehr auswendig gelernt bzw. im →Handbuch nachgeschlagen werden müssen.

Kommando-Interpreter/-Prozessor [command intepreter]

Ein Kommando-Interpreter (auch →Befehls-Interpreter/-Prozessor genannt) wie etwa die Datei →Command.com von →MS-DOS ist ein Bestandteil des →Betriebssystems, der als Schnittstelle zwischen Benutzer und Computer dient und dessen eingegebene Befehle auf mögliche Aufforderungen zu Aktionen (Befehle) interpretiert. Weitere Informationen siehe →Befehls-Interpreter/-Prozessor.

Kommunikation [communication]

Kommunikation ist allgemein der Austausch von Informationen bzw. die Verständigung (von Menschen) untereinander. Im Computerbereich bezeichnet man mit Kommunikation u. a. den Austausch von →Daten zwischen zwei oder mehreren Komponenten, Geräten oder Systemen (siehe u. a. auch →Datenübertragung, →Datenfernübertragung, →Netzwerk, →Bus, →Kabel). Der Begriff Kommunikation ist jedoch auch als technischer Begriff sehr allgemein gefasst und bezieht z. B. die Übertragung von Sprache, Ton und Bildern mit ein.

Kommunikationsprogramm [communication program]

Ein Kommunikationsprogramm ist ein →Programm oder ein Programmsystem, das die Datenkommunikation zwischen Rechnern in einem lokalen oder globalen →Netzwerk abwickelt. So baut z. B. ein →Terminalprogramm die Verbindung zum →Host auf, emuliert ein →Terminal des Hostrechners und stellt Protokolle zur Übertragung von Dateien (z. B. →Kermit, →XModem, →YModem oder →ZModem) bereit (siehe auch →Übertragungsprotokoll). Unter dem Begriff Kommunikationsprogramm kann man auch Programme bzw. Module des Betriebssystems zusammenfassen, die z. B. den Zugriff auf das →Internet ermöglichen. Das wohl bekannteste ist das DFÜ-Netzwerk von Windows 95/98 bzw. NT.

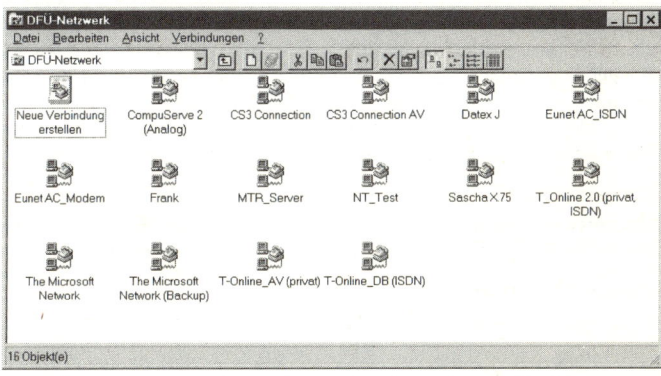

Das DFÜ-Netzwerk von Windows 95/98 erlaubt nicht nur den Zugriff auf das Internet, sondern auch auf das Firmennetzwerk oder den PC des Freundes

kompatibel [compatible]

Der Begriff kompatibel (verträglich) bezeichnet die Verträglichkeit von Hard- oder Softwarekomponenten. Häufig wird im EDV-Bereich auch die englische Bezeichnung **compatible** verwendet. Hardwarekomponenten oder Software, die für einen bestimmten →Rechner entwickelt wurden, können auch für einen kompatiblen →Computer eines anderen Herstellers, der im Detail durchaus abweicht, verwendet werden. Arbeitet eine Hard- oder Software mit anderen Produkten nicht zusammen, so spricht man entsprechend von **inkompatibel** (incompatible). Um das zu vermeiden, werden einerseits Normen und Standards von unterschiedlichen Gremien geschaffen (z. B. →ISO, →ANSI, →IEEE, →DIN). Andererseits setzen sich häufig aber auch die Technolgien bestimmter, erfolgreicher Firmen als Quasistandards durch, die dann von anderen Herstellern oft übernommen werden.

Als **abwärtskompatibel** bezeichnet man →Hardware oder →Software, wenn diese mit den entsprechenden Vorgängerversionen verträglich ist. Von **aufwärtskompatibel** spricht man dementsprechend dann, wenn eine Hard- oder Software auch mit entsprechenden Nachfolgermodellen oder Nachfolgerversionen verträglich oder zu ihnen →kompatibel ist

Komplement

Das Komplement einer Zahl ist deren Ergänzung zur nächsthöheren Potenz der Basis des zur Darstellung verwendeten Zahlensystems. Im →Dezimalsystem ist z. B. 18 das Komplement zu 82, weil $10^2-82=18$. Im Dualsystem ist z. B. 11 das Komplement zu 1101, weil $2^5-1101=11$. Komplemente werden eingesetzt, um negative Zahlen im →Rechner abzubilden oder um eine Addition auf eine Subtraktion zurückzuführen.

Kompression [compression]

Als Kompression bzw. **Daten-Kompression** bezeichnet man Verfahren, bei denen mit Hilfe von speziellen →Algorithmen der Datenumfang reduziert wird. Bei einer Datenübertragung wird so Übertragungszeit gespart und bei Dateien eine geringere Dateigröße erreicht. Das gängige Grundprinzip der Kompression ist die Eliminierung von →**Redundanzen.** So werden z. B. einander folgende, gleichartige Zeichen durch einmalige Nennung des Zeichens sowie die Anzahl der Zeichen dargestellt (00000001 = 6x0,1).

Zur Kompression werden entsprechende Programme oder Programmodule verwendet. Ein typisches Kompressionsprogramm für Dateien ist →**PKZIP**, ein typisches Kompressionsverfahren für Online-Datenübertragungen →**V.42bis** bzw. →**MPR-Norm.** Der **Kompressionsfaktor** gibt das Verhältnis der Datengröße von den komprimierten zu den unkomprimierten Daten (Dateien) an. Komprimierte Daten müssen natürlich zur Verwendung wieder durch eine Umkehrung des Vorgangs **dekomprimiert** werden.

Der Faktor, um den der Umfang einer Datei reduziert werden kann, ist stark vom Inhalt (nämlich den vorhandenen Redundanzen) abhängig. Sehr gut lassen sich Text- und Bilddateien komprimieren. Bei manchen Dateiformaten für Bilder ist bereits eine Kompression einbezogen (siehe z. B. →Tiff, →JPEG). Man unterscheidet darüber hinaus auch noch nach:

- **lossy** (verlustbehaftete) und **stable** bzw. **lossless** (verlustfreier) Kompression

- **symmetrischer** und **unsymmetrischer** Kompression.

Bei der **lossy-Kompression** gehen Informationen verloren, dafür ist der Kompressionsgrad viel höher. Sie wird nur bei Bildern und Sound, aber nicht bei Texten verwendet. Typisches Beispiel sind →JPEG und →MPEG, da bei Bildern und Video leichte Verluste akzeptabel sind, wenn der gesamt-visuelle Eindruck erhalten bleibt. Bei der **stable-Kompression** gehen keine Informationen verloren, dafür ist der Kompressionsgrad auch begrenzt. Typische Beispiele sind →PKZIP, →Tiff oder →LZW-Kompression. Diese Verfahren werden hauptsächlich für Texte und ähnliche Dokumente, aber auch für Bilder und Programme verwendet.

Bei **symmetrischen Algorithmen** sind Zeit- und Rechenaufwand für die Kompression und Dekompression gleich. Das gilt für die meisten Verfahren. Bei **unsymmetrischen Verfahren** dauert die Erstellung (Berechnung) der komprimierten Daten deutlich länger als die Dekompression. Beispiele dafür sind die →**MPEG-Formate** für Videodateien und die →**fraktale Bildkompression**. Unsymmetrische Kompressionen erzielen meist durch aufwendige Rechenverfahren hohe Kompressionsraten, was v. a. bei **Videodaten** sehr wichtig ist, weil hier sehr umfangreiche Datenmengen anfallen. Weitere Informationen siehe →**MPEG**.

Komprimierungsprogramm [compression program]

Ein →Programm, das zur →Kompression von Daten genutzt wird, um z. B. Speicherplatz oder Übertragungskapazität zu sparen, nennt man Komprimierungsprogramm. Häufig wird aber auch der umgangssprachliche Begriff „Packer" verwendet. Die →Datenkompression kann vom Anwender durch den expliziten Aufruf eines Programms oder durch ein →Online-Komprimierungsprogramm erfolgen. Bekannte Komprimierungsprogramme sind z. B. →LHA, →PKZIP, WinZip oder →ARJ.

Cartoon von Glenn M. Bülow

Ein Packer beim Komprimieren eines Datenpakets.

Kondensator [capacitor]

Der Kondensator ist ein elektrisches Bauelement, das im Prinzip aus zwei Platten mit einem dazwischenliegenden Dielektrikum besteht. Die Kapazität eines Kondensators bewirkt die Speicherung elektrischer Ladungen oder die Dämpfung von elektrischen Schwingungen. Kondensatoren als Einzelbauelement – z. B. für den Einsatz in einem Netzteil eines →PCs – werden in verschiedenen Ausführungen hergestellt: **Wickel-Kondensatoren** bestehen aus aufgewickelten Aluminiumfolien mit einer dazwischenliegenden Schicht eines Dielektrikums (Papier oder Kunststoffolie) oder auch aus einer mit Metall bedampften Dielektrikumschicht. **Elektrolyt-Kondensatoren** enthalten eine Aluminiumfolie (Pluspol), die durch Behandlung mit Chemikalien (Formieren) eine sehr dünne Oxydschicht erhalten hat, der Elektrolyt in einem saugfähigen Material bildet den Minuspol. Beim **Glimmer-Kondensator** dient eine feine Glimmerschicht als Dielektrikum und sorgt für eine hohe Durchschlagsicherheit. Kondensatoren können auch innerhalb eines →ICs durch eine Folge von Aufdampf-, Strukturierungs- und Ätzprozessen erzeugt werden. Sie sind z. B. im →DRAM für die Speicherung der Informationen in Form von Ladungen verantwortlich.

Konfiguration [configuration]

Die spezielle Ausstattung eines Computersystems mit Komponenten der →Hardware und →Software wird als Konfiguration bezeichnet.

Konjunktion

Die Konjunktion ist eine der Operationen in der →booleschen Algebra. Besser bekannt ist die Konjunktion unter der Bezeichnung →AND-Verknüpfung.

Konsole [console]

Mit dem Begriff Konsole wurde v. a. früher das Bedienungspult eines Großrechners bezeichnet, das aus einem Bildschirm und einer Tastatur besteht. Heutzutage wird der Begriff Konsole aber überwiegend für spezielle Spielcomputer (Playstations) verwendet, wie sie z. B. von Sony hergestellt werden. Es handelt sich zumeist um eine Einheit aus dem Gehäuse des Spielcomputers und Joystick-ähnlichen Eingabegeräten, die i. d. R. an den heimischen Fernseher angeschlossen werden.

Unter →MS-DOS ist Konsole auch die Bezeichnung für die Einheit aus Tastatur und Monitor (Ein-Ausgabe-Einheit).

Konstante [constant]

Ein festgelegter Wert – eine Zahl, eine Zeichenkette usw. – heißt Konstante. Dabei handelt es sich im Allgemeinen um eine →Variable, die durch Deklaration einmalig festgelegt wird und danach nicht mehr verändert werden kann.

Kontextbezogene Hilfe [context sensitive help]

Eine kontextbezogene Hilfe ist eine →Hilfefunktion von Anwendungsprogrammen, die gezielte Informationen zu der Aktion gibt, die der Benutzer gerade ausführen will. Ruft man z. B. in einem Programm zur →Textverarbeitung die Hilfefunktion aus dem Dialogfeld *Drucken* auf, so erhält man eine unmittelbare Hilfestellung zum Thema Drucken. Kontextbezogene Hilfen sind ein Kennzeichen moderner Anwendungsprogramme, insbesondere unter grafischen →Benutzeroberflächen wie →Windows.

Kontrast [contrast]

Als Kontrast bezeichnet man die visuelle Unterscheidbarkeit verschiedener Flächen. Je höher der Kontrast ist, desto deutlicher erscheint der Unterschied zwischen Hell und Dunkel. Während der Kontrast bei vielen Geräten mehr oder weniger fest eingestellt ist (z. B. beim →Drucker mit der Deckung durch die Druckfarbe), kann er beim →Bildschirm leicht reguliert werden.

Kontrollbit [control bit]

Als Kontrollbit bezeichnet man häufig ein →Bit an einer bestimmten Position in einem →Register, welches abgefragt werden kann, um zu prüfen, ob eine bestimmte Funktion abgearbeitet oder unterdrückt werden soll bzw. ob diese Funktion ausgeführt wurde.

Kontur [outline]

Unter einer Kontur versteht man allgemein den Umriss bzw. die Abgrenzung einer Fläche durch eine Linie. Die Kontur spielt z. B. eine Rolle in der Bildbearbeitung (siehe →Bildbearbeitungsprogramm) oder als Umrisslinie eines Textzeichens (Konturschrift).

Konventioneller Speicher [conventional/base memory]

Als konventionellen Speicher bezeichnet man bei einem →PC den Speicherbereich unterhalb von 640 →KByte. Für →MS-DOS ist die Unterteilung in konventionellen Speicher und andere Speicherbereiche von großer Bedeutung.

Konvergenz [convergence]

Bei einem Monitor bezeichnet man als Konvergenz das korrekte Aufeinandertreffen der drei Elektronenstrahlen für die Grundfarben Rot, Gelb und Blau (siehe →RGB) innerhalb einer Farbbildröhre. Stimmt die Konvergenz nicht, werden z. B. weiße Linien und Flächen mit Farbsäumen umrandet.

Konverter [converter]

Ein Konverter ist ein Frequenzwandler in der Radio- und Fernsehtechnik (siehe auch →Fernsehen).

Konvertierung [conversion]

Als Konvertierung bezeichnet man die Umwandlung von →Daten in ein anderes →Format, ohne dabei den Inhalt der Daten zu ändern. Eine Konvertierung ist z. B. erforderlich, wenn die zu bearbeitenden Daten in einem Format vorliegen, welches vom verwendeten →Programm nicht unterstützt wird. Die Konvertierung kann mit Hilfe eines separaten →Konvertierungsprogramms oder durch eine Importfunktion bzw. Exportfunktion erfolgen (siehe auch →Datenimport, →Datenexport). Auch die Umwandlung des Datenformats eines Rechnersystems in das eines anderen – z. B. die Umwandlung des Datenformats des →PCs in das des →Macintoshs – wird als Konvertierung bezeichnet.

Konvertierungsprogramm

Als Konvertierungsprogramm bezeichnet man ein →Programm, welches zur →Konvertierung von →Daten benutzt wird. Häufig sind Konvertierungsroutinen in Anwendungsprogrammen integriert (siehe auch →Datenimport, →Datenexport).

Kooperatives Multitasking [cooperative multitasking]

Im Falle der kooperativen →Betriebsmittelvergabe insbesondere des Betriebsmittels Prozessor spricht man von kooperativem Multitasking, wie es z. B. bei →Windows 3.x realisiert wurde.

Koordinate [coordinate]

Koordinaten sind Bezugsmaße, mit deren Hilfe man Positionen im zwei- oder dreidimensionalen Raum festlegen kann. Koordinaten werden z. B. zur Darstellung von →Diagrammen verwendet, bei denen die verschiedenen Dimensionen durch senkrecht zueinander stehende Koordinatenachsen (x, y, z) symbolisiert werden.

Kopf-/Fußzeilen [header, footer]

Kopf- und Fußzeilen sind Zeilen, die am oberen oder unteren Rand einer Seite gesetzt sind. Zum Beispiel können Kopf- oder Fußzeilen die Seitenangabe eines Dokuments enthalten. Textverarbeitungsprogramme enthalten i. d. R. eine Funktion, mit der sich Kopf- und Fußzeilen gesondert formatieren lassen (siehe auch →Formatierung und →Fußzeile zu Abbildung).

Kopieren [copy]

Unter dem Begriff Kopieren versteht man allgemein die Vervielfältigung von →Daten, →Dateien oder →Datenträgern wie z. B. einer →Diskette.

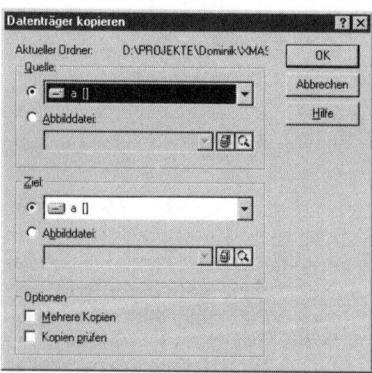

Unter Windows ist das Kopieren von Disketten dank einfacher Dialogfenster ein Kinderspiel

Kopierprogramm

Als Kopierprogramm bezeichnet man ein →Programm zum →Kopieren (Vervielfältigen) von →Disketten, das meist zum Lieferumfang eines →Betriebssystems gehört. Insbesondere im Bereich der →Utilities und der →Shareware sind Kopierprogramme zu finden, die meist komfortabler sind, mehr Optionen anbieten und mehrere Datenträgerformate unterstützen.

Kopierschutz [copy protection]

Kopierschutz werden Verfahren genannt, die das unberechtigte →Kopieren von →Software (siehe →Raubkopie) verhindern sollen. Kopierschutzverfahren beruhen auf Hardwarekomponenten wie einem →Dongle oder auf Softwaremaßnahmen. So kann z. B. durch ein spezielles Installationsprogrammm nur eine bestimmte Anzahl von →Installationen zugelassen werden. Softwaremaßnahmen können jedoch meist umgangen werden, sodass viele Hersteller heute wieder auf diese Methoden verzichten, die zusätzliche Kosten verursachen und unkomfortabel in der Handhabung sind.

Korrekturverfahren [correction procedures]

Korrekturverfahren kennt man auf den unterschiedlichsten Systemebenen eines Computers. Bei der →Datenübertragung oder der Speicherung im →Arbeitsspeicher bzw. auf einem magnetischen →Datenträger usw. werden verschiedene Mehoden der →Fehlererkennung eingesetzt. Normalerweise bestehen die darauf aufsetzenden Verfahren zur Korrektur darin, dass die →Daten bei fehlerhafter →Parität oder fehlerhaftem →CRC erneut gelesen oder übertragen werden, um so den Fehler zu korrigieren. Erst wenn die vorgegebene Anzahl von Wiederholungen erfolglos überschritten wird, meldet das →Gerät, das →BIOS oder das →Betriebssystem (wie z. B. →MS-DOS und →Windows), den Fehler und bricht die Funktion ab.

Korrespondenzdrucker [correspondence quality printer]

Als Korrespondenzdrucker bezeichnete man →Drucker, die ein für die Korrespondenz ausreichendes Schriftbild erzielen konnten. Vor einigen Jahren musste noch auf ein solches Merkmal geachtet werden, da Drucker für einen →PC – im Vergleich zu Schreibmaschinen – häufig eine nur geringe Druckqualität aufweisen konnten. Eine sehr gute Druckqualität, anfangs auch **Letter Quality** [Brief Qualität], abgekürzt **LQ** gennant, ist heute bei nahezu allen Druckern, unabhängig von der verwendeten Technologie (siehe →Nadeldrucker, →Tintenstrahldrucker, →Laserdrucker), der Normalfall – es sei denn, man benutzt einen speziellen Entwurfsmodus zur Einsparung von Tinte, →Toner oder →Farbband.

Krause, Kai

Der Mitte der 70er Jahre von Deutschland nach Santa Barbara/Kalifornien ausgewanderte Kai Krause gilt als einer der bedeutendsten Entwickler und Visionäre im Computermarkt. Er ist Chef der amerikanischen Softwarefirma Metatools mit rund 200 Mitarbeitern, die so innovative Grafikprogramme wie Kai's Power Tools, Bryse oder Goo entwickelt haben. 1997 expandierte das Unternehmen außerdem durch die Fusion mit dem bekannten Grafikspezialisten Painter. Die von Kai Krause entwickelten Programme zeichnen sich durch neuartige, innovative Bedienungskonzepte aus, die z. T. auch ganz neue Möglichkeiten der Grafikverarbeitung ermöglichen. **Bryse** ist etwa ein Programm zur Erzeugung künstlicher, dreidimensionaler Landschaften mit dem PC. Das Spaß-Programm **Goo** (auf Deutsch „Schmieren") erlaubt es, Bilder (insbesondere Personenportraits) durch einfaches Bearbeiten mit der Maus zu verzerren. Wer will, kann so der Mona Lisa eben mal ein breites Grinsen verpassen.

Das schon als Klassiker zu bezeichnende Programm **Kai's Power Tools** wird als so genanntes →Plug-In in Grafikprogramme wie Photoshop oder Photo-Impact eingebunden und bietet zahlreiche Effekte und Filter zur automatischen Bearbeitung bzw. Veränderung von Bitmap-Bildern. Der wohl bekannteste Effekt der Power Tools ist das so genannte **Page Curl**, hei dem das Bild auf eine sich an einer Ecke aufrollenden Seite projiziert wird. Ein solches Bild dürfte mittlerweile fast jeder (wenn auch unbewusst) auf Werbeseiten oder Computer-Animationen gesehen haben.

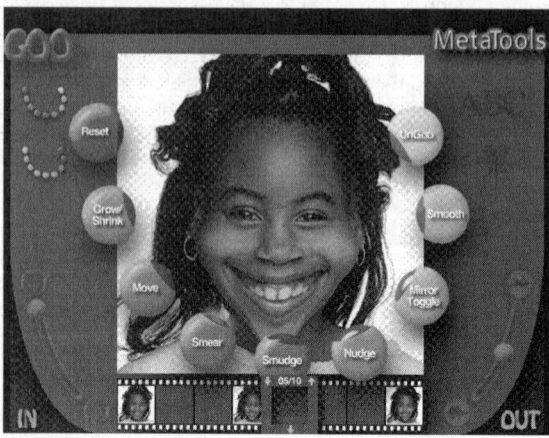

Die Oberfläche des Bildbearbeitungsprogramms Goo

Kryptographie [cryptography]

Kryptographie ist der Sammelbegriff für alle Verfahren, um →Daten durch Verschlüsselung (siehe →Datenverschlüsselung) vor der Kenntnisnahme durch Unbefugte zu schützen (siehe →Datenschutz). Dazu werden die Daten unter Verwendung von →Algorithmen verschlüsselt, das heißt durch Verknüpfung mit anderen Daten verändert, vertauscht oder ausgetauscht. Häufig wird dazu ein →Passwort verwendet. Bei den heutigen Verschlüsselungsmethoden würde eine Entschlüsselung von Daten ohne das entsprechende Passwort selbst mit aktuellen Hochleistungsrechnern mehrere Jahre dauern. Die Sicherheit eines Verschlüsselungsverfahrens ist somit von der Verfügbarkeit leistungsfähiger →Rechner abhängig: Der noch vor Jahren als sicher geltende Data Encryption Standard (DES), der von →IBM für das US-Verteidigungsministerium entwickelt wurde, gilt z. B. unter heutigen Bedingungen als nicht mehr sicher genug.

Die Verschlüsselung von Daten kann auch von der →Hardware, u. a. von einem so genannten **Clipper-Chip**, übernommen werden, um z. B. in der →Datenfernübertragung den sicheren Austausch von Informationen zu gewährleisten. Ein bekanntes Beispiel hierfür ist der **Me-Chip** des Münchener Herstellers ESD. Es handelt sich dabei um einen speziellen Verschlüsselungschip, der v. a. für das →Homebanking im Internet eingesetzt wird. Er bietet ein sehr hohes Sicherheitsniveau gegen Datenspionage, weil bei diesem System die Tastatur an den Verschlüsselungschip angeschlossen ist und die Daten schon bei der Tastatur-Eingabe verschlüsselt werden. Selbst manipulierte Tastatur-Treiber sind daher nicht mehr in der Lage, persönliche Codes (→PIN, →TAN) abzufangen.

Sozusagen die Kehrseite der normalen Kryptographie bzw. Verschlüsselung ist die **Kryptanalyse**, also die Analyse chiffrierter →Daten zum Zweck ihrer

Dechiffrierung. Also letztendlich eine vornehme Umschreibung für das Knacken eines Codes. Kryptographie ist gerade heute in Zeiten von →Internet und →E-Mail ein sehr wichtiger Faktor, mit dem sich auch Privatleute beschäftigen sollten. Denn Nachrichten, die unverschlüsselt über das Internet verschickt werden, können dort im Klartext ohne Probleme von Fremden gelesen werden. Von daher sind unverschlüsselte E-Mails eher mit einer Postkarte, denn einem Brief mit Umschlag zu vergleichen. Schutz gegen neugierige Augen bieten Verschlüsselungsprogramme, von denen das wohl bekannteste →PGP sein dürfe, das speziell für die Verschlüsselung von E-Mails entwickelt wurde. Aber auch der →S/MIME-Standard bietet die Möglichkeit, E-Mails zu verschlüsseln.

Künstliche Intelligenz [artifical intelligence, AI]

Die Künstliche Intelligenz (kurz KI) bezeichnet ein Forschungsgebiet, das sich mit der Erforschung der Grundfunktionen menschlicher Intelligenz und darauf aufbauend mit der Entwicklung intelligenter technischer Systeme (in Form von →Hardware und/oder →Software) beschäftigt. Die Forschung im Bereich der KI hat zwar einige Erfolge in Form von →Expertensystemen erzielt, ist aber vom eigentlichen Ziel noch weit entfernt. Man geht heute davon aus, dass es in absehbarer Zeit nicht möglich sein wird, Systeme zu entwickeln, die im eigentlichen Sinne als intelligent bezeichnet werden können.

Kurrent

Kurrent ist die Bezeichnung für eine Schriftart (siehe →Schriften), die einer flüssigen Schreibschrift ähnelt.

Kursiv [italic]

Bei einer kursiven →Schrift sind die →Zeichen nach rechts geneigt, wie am *diesem Beispiel* zu sehen. Kursive Schrift wird häufig für die Hervorhebung von Wörtern benutzt (z. B. Fremdwörter und Fachbegriffe in Publikationen oder Kommandos und Befehle in Programmierhandbüchern).

Kybernetik [cybernetics]

Kybernetik ist ein Begriff, der 1948 durch Norbert Wiener geprägt wurde und Steuerungs- sowie Regelfunktionen beschreibt. Die Kybernetik untersucht die Verwandtschaft zwischen biologischen und technischen Vorgängen – zwischen →Prozessen, die vom menschlichen Gehirn, und solchen, die von →Computern gesteuert werden – und führt sie auf gleiche Grundprinzipien zurück. Dazu gehören die **Informationstheorie**, welche die →Kommunikation von Wahrnehmungen und Signalen behandelt, und die **Regeltechnik**. Die Kybernetik ist daher auf den verschiedensten Gebieten (Biologie, Technik, Soziologie und Wirtschaft usw.) mit Erfolg einsetzbar.

L

Laden [load]

Damit →Programme ausgeführt oder →Daten verarbeitet werden können, müssen sie vom jeweiligen externen →Speicher gelesen und in den →Arbeitsspeicher des Computers geschrieben werden. Dieser Vorgang wird als Laden bezeichnet. Für das Laden eines Programms ist der so genannte Lader des →Befehls-Interpreters im →Betriebssystem zuständig (siehe →Bootsektor).

Landezone

Als Landezone bezeichnet man den Bereich einer →Festplatte, in den der →Schreib-/Lesekopf (bei neueren Festplatten automatisch beim Abschalten) zum Schutz der Magnetplatte durch das so genannte →Parken bewegt wird (siehe →Landen, →Autopark, →Headcrash).

LAN-Server [LAN-server]

Als LAN-Server bezeichnet man einen Rechner, der bestimmte Funktionen in einem Netzwerk ausführt und Dienste anbietet. Man unterscheidet →Datei-Server, →Druck-Server, Applikations-Server, Zugangs-Server (Firewall), Kommunikations-Server u. a. Einige Netzwerkbetriebssysteme für den Aufbau lokaler Netze (siehe →Netzwerk) arbeiten mit einem →dedizierten Server, auf dem das →Netzwerkbetriebssystem und die notwendigen Hilfsprogramme zum Betrieb des Netzwerks residieren. Dieser Server wird oft LAN-Server genannt. Der LAN-Server ist meist zugleich Datei-Server und bedient auch andere Peripheriegeräte (siehe →Peripherie), die für alle Netzbenutzer zugänglich sein sollen (z. B. ein →Modem oder ein →CD-ROM-Laufwerk).

LapLINK

LapLINK heißt ein Programm zur →Datenübertragung zwischen zwei →PCs via Kabel. Die Verbindung erfolgt dabei über die →serielle Schnittstelle, die →parallele Schnittstelle oder eine ISDN-Karte.

Laptop [„Auf dem Schoß"]

Laptop ist die Bezeichnung für kleine, transportable Computer, die über eine →Batterie oder ein →Netzteil betrieben werden können. Anhand seiner Abmessungen (A4 und größer) und seines Gewichts (ca. 4-7 kg) ist er etwa zwischen einem →Portable und einem →Notebook einzuordnen. Der Laptop kann z. B. auf einer Unterlage wie einem Tisch oder auf dem Schoß bedient werden. Dazu wird der Laptop, der im Wesentlichen aus einem Gehäuse mit →Tastatur und einem flachen Monitor mit Flüssigkristallanzeige besteht, aufgeklappt. Der Laptop ist im Wesentlichen durch die kleineren und leichteren Notebooks abgelöst worden. Ein weiterer Trend geht in Richtung der noch kleineren Handheld-Computer (siehe →Handheld-PC).

Ein modernes Notebook mit →TFT-Display und →Glidepad

Laserdisc [laserdisc]

Die 30 cm große Laserdisc, im Deutschen auch als **Bildplatte** bezeichnet, ist im Prinzip aufgebaut wie eine →CD-ROM. Die deutlich größere Abmessung wird aber dazu verwendet, um Videodaten auf ihr abzuspeichern. Dabei ist allerdings nur der Stereoton wie auf einer CD-ROM digital mit 16 Bit aufgezeichnet, die Videodaten dagegen analog. Die Informationen sind in Form kleiner Löcher auf einer spiralförmigen Spur abgelegt, die mit einem Laser abgetastet wird. Aus Kompatibilitätsgründen befinden sich außerdem zusätzlich die Audioinformationen noch einmal analog und in Mono auf der Platte. Zum Abspielen von Laserdiscs sind entsprechende, nicht sehr weit verbreitete Laufwerke notwendig, die allerdings i. d. R. auch herkömmliche Audio-CDs abspielen können.

Da die europäische PAL-Fernsehnorm gegenüber der amerikanischen NTSC-Norm einen größeren Datenbedarf hat, ist auf den europäischen Laserdiscs kein Platz mehr für Surround-Verfahren nach der AC-3-Norm (→Surround-Sound-Verfahren). Einzig das keinen zusätzlichen Speicherplatz verbrauchende Dolby ProLogic-Verfahren kann bei PAL-Laserdiscs dem vorhandenen Audio-Stereo-Signal noch untergemischt werden. Laserdiscs sind aufgrund ihres geringen Erfolgs und der schon jetzt überholten Technik eine aussterbende Spezies. Der Nachfolger steht auch schon fest: die →DVD. Da es jedoch viele Kinoliebhaber gibt, die größere Sammlungen von Laserdiscs haben, bieten einige wenige Firmen auch DVD-Laserdisc-Kombi-Geräte an.

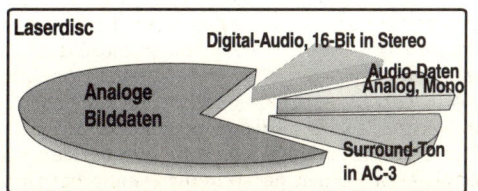

Nur amerikanische NTSC-Laserdics haben noch genügend Speicherplatz für Surround-Daten nach dem AC-3-Verfahren

Laserdrucker [laser printer]

Der Laserdrucker ist ein →anschlagfreier Drucker, der Ausdrucke in höchster Qualität (mit einer →Auflösung von 300-1200 →dpi) und hoher Geschwindigkeit (im Bürobereich bis zu 20, im Produktionsbereich bis zu 400 Seiten pro Minute) ausgeben kann. Das auszugebende Druckbild für eine komplette Seite wird im Speicher des Laserdruckers zunächst vollständig aufbereitet (daher auch die Bezeichnung Seitendrucker) und durch einen Laserstrahl oder eine Zeile von →LED (man spricht dann auch von einem LED-Drucker) Punkt für Punkt auf die Oberfläche einer →Bildtrommel belichtet. An den belichteten Stellen der Bildtrommel entstehen elektrische Ladungen, an denen die Partikel eines Farbstoffpulvers (des →Toners) aufgenommen werden. Die Tonerpartikel werden anschließend auf das Papier oder die Folie übertragen und in einer →Fixiereinheit durch kurzzeitige Erwärmung (bis zu 200 °C) fixiert.

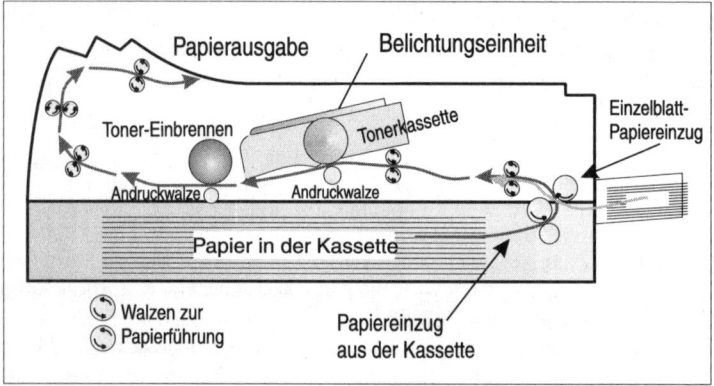

Schematischer Aufbau und Papiertransport eines typischen Laserdruckers. Anhand der Papierführung kann man erkennen, dass bei Papier aus der unteren Papierkassette meistens die Unterseite, bei Papier aus dem Einzelblatteinzug meistens die Oberseite bedruckt wird

Laufwerk [drive]

Laufwerk ist die Sammelbezeichnung für externe →Massenspeicher wie z. B. ein →Diskettenlaufwerk, eine →Festplatte, eine →Wechselmedien-Laufwerk oder ein →CD-ROM-Laufwerk. Das Laufwerk kann fest in den →PC integriert oder über ein Kabel an ihn angeschlossen sein.

Laufwerk, virtuelles

Als virtuelles Laufwerk bezeichnet man eine →RAM-Disk, da der dafür verwendete Teil des →Arbeitsspeichers sich gegenüber dem →Betriebssystem wie eine →Festplatte verhält. Virtuelle Laufwerke sind sehr schnell, da auf den →Arbeitsspeicher wesentlich schneller als auf eine Festplatte zugegriffen werden kann. Bei der Arbeit mit virtuellen Laufwerken sollte man jedoch beachten, dass die gespeicherten Daten beim Beenden des Betriebssystems verloren gehen.

Laufwerk-Cache [drive cache]

Der Laufwerk-Cache oder Disc-Cache ist ein →Cache, für den ein schneller RAM-Speicher (siehe →RAM) entweder direkt im Festplattenlaufwerk, auf dem →Festplatten-Controller oder im →Arbeitsspeicher des →PCs zur Verfügung gestellt wird. Durch den Cache können sowohl lesende als auch schreibende Zugriffe auf die Festplatte beschleunigt werden. Auch der Zugriff auf →Disketten oder →CD-ROMs kann durch einen Cache beschleunigt werden, wobei man auf lesende Zugriffe beschränkt ist.

Laufwerkkennung [drive code/letter]

Laufwerkkennungen sind eindeutige Bezeichnungen, die das →Betriebssystem verwendet, um auf bestimmte Datenträger (→Disketten, →Fesplatten, →RAM-Disks, →CD-ROMs usw.) zugreifen zu können. Die Laufwerkkennung setzt sich unter →DOS oder →Windows aus einem Buchstaben und einem Doppelpunkt zusammen. Mit A: wird auf das erste →Diskettenlaufwerk, mit C: auf die erste →Festplatte zugegriffen. Laufwerkkennungen wie X:, Y: und Z: werden zumeist in →Netzwerken vergeben.

Laufzeitfehler [runtime error]

Als Laufzeitfehler bezeichnet man Fehler, die erst zur →Laufzeit von →Programmen auftreten. Ein typisches Beispiel ist die Division durch 0 bei komplexen Berechnungen, die der Compiler bei seinen Prüfungen nicht feststellen kann. Ein solcher Fehler führt oft zum →Absturz von Programmen (vergleiche →Programmiersprache).

Lautsprecher [speaker]

Lautsprecher – häufig auch umgangssprachlich einfach nur **Boxen** genannt – sind Tonwiedergabesysteme, die üblicherweise Klang dadurch erzeugen, dass ein Elektromagnet die von der Tonquelle (Soundkarte, CD-Player, Radio etc.) kommenden elektrischen Klanginformationen über eine Membran in hörbare Luftschwingungen überträgt. Lautsprecher gehören seit der Einführung von →Multimedia auch am PC zur Standardausrüstung, wobei die Ansprüche mittlerweile durchaus im Bereich der üblichen →Hi-Fi-Norm liegen, wenn auch die auf den meisten Schreibtischen herrschenden Platzprobleme der Lautsprechergröße eine gewisse Grenze setzen. Wer wirklich guten Klang haben möchte, kann mit Hilfe eines Cinch-Adapter-Kabels (→Cinch), das es in jedem besseren Hi-Fi-Geschäft und Media-Markt gibt, seinen PC auch über die Soundkarte an die Hi-Fi-Anlage anschließen. Diese muss dafür aber natürlich in räumlicher Nähe liegen. Die dabei gelegentlich auftretenden Brummschleifen durch elektrische Masseprobleme lassen sich durch Verwendung eines so genannten Mantelstromfilters beseitigen, den man ebenfalls in jedem guten Hi-Fi-Geschäft oder bei Elektronik-Versendern wie Conrad (_www.conrad.de_) bekommen sollte.

Lautsprecher lassen sich in Abhängigkeit von der verwendeten Verstärkung in zwei Gruppen, nämlich die passiven und aktiven Systeme, einteilen. **Passive Lautsprecher** [passive speaker] – wie im Hi-Fi-Bereich üblich – haben keinen eigenen, eingebauten Verstärker, **aktive Lautsprecher** [activ speaker] dagegen schon. Sie sind im PC-Bereich üblich, da die normalen Soundkarten mit ihren geringen Verstärkerleistungen (meist nur 2-4 Watt) nur sehr kleine passive Lautsprecher antreiben könnten. Aktive Lautsprecher benötigen dementsprechend aber auch einen eigenen Stromanschluss.

Vorsicht – Aktivboxen sind in engen Stadtwohnungen kaum zu halten.

Cartoon von Glenn M. Bülow

Gerade auch im PC-Bereich sind die so genannten **Subwoofer** [Basslautsprecher] üblich. Da ja auf den meisten Schreibtischen für Lautsprecher mit großen Bassmembranen kein Platz ist, hat man die Basswiedergabe in ein eigenes Gehäuse ausgelagert, das man bequem unter oder neben den Tisch stellen kann. Denn Subwoofer profitieren von der Tatsache, dass das menschliche Ohr tieffrequente Töne (ca. zwischen 5 und 150 Hz) räumlich nicht genau orten kann. Es ist also relativ egal, von wo die Basswiedergabe erfolgt. Sie wird eher subtil als Gesamtklangeindruck wahrgenommen.

Hochwertige, moderne Computer-Lautsprecher bestehen daher mittlerweile fast immer aus einem Paar Stereolautsprechern für die mittleren und hohen Frequenzen, die auf den Schreibtisch gestellt werden und eben einem einzelnen Subwoofer, der dann unter dem Tisch Platz findet. Schon recht gute Hi-Fi-Qualität bekommt man in Preisbereichen von ca. 300-400 DM geboten. Besonders wichtig ist in diesem Zusammenhang, dass die beiden hochfrequenten Standlautsprecher unbedingt magnetisch abgeschirmt sein müssen, da sie sonst bei dem zumeist in unmittelbarer Nähe stehenden →Monitor zu Farbverfälschungen führen können, die auch dauerhaft sein können. Speziell für den Anschluss am PC produzierte Lautsprechersysteme sollten mittlerweile aber alle über eine ausreichende Abschirmung verfügen. Lautsprecher, die aber für den Hi-Fi-Bereich oder den Anschluss an einen Walkman entwickelt wurden, sind dagegen in der Regel nicht entsprechend abgeschirmt und sollten daher am PC nicht verwendet werden (oder nur mit genügend Abstand zum Monitor).

Layer [Schicht, Ebene]

Unter einem Layer versteht man bei CAD- und Grafikprogrammen (siehe auch →CAD-Programm) eine Zeichnungsebene. Mit der Technik der Zeichnungsebenen wird das Zeichnen unter Verwendung von Folien am Entwurfstisch nachgeahmt. Die verschiedenen Elemente einer Zeichnung werden einzelnen Ebenen zugeordnet, als würden sie auf übereinander liegenden Folien gezeichnet. Die einzelnen Ebenen mit ihren Elementen können nun ein- oder ausgeblendet werden, je nachdem, ob eine Detail- oder Gesamtsicht sinnvoll ist. Ungewollte Veränderungen können verhindert werden, indem nur jeweils eine Ebene für Veränderungen freigegeben wird. Die Arbeit in Zeichnungsebenen erleichtert insbesondere die Arbeit mit komplexen Zeichnungen.

Layout [Anordnung, Grundriss, Entwurf]

Layout ist die Bezeichnung für die Gestaltung einer Seite eines Dokuments usw. Der Begriff umfasst z. B. die Positionierung von Bildern und Grafiken auf einer Seite, die →Formatierung von Textelementen wie Fließtext, Überschriften, Aufzählungen usw. Das Layout spielt eine besondere Rolle beim →DTP, bei dem spezielle Layoutprogramme wie z. B. PageMaker eingesetzt werden.

LCD (Liquid Crystal Display)

LCD (englische Abk. f. Flüssigkristallanzeige) ist die bekannte alphanumerische oder grafische Anzeige bei einer Vielzahl von elektronischen Geräten. LCD-Bauelemente bestehen aus zwei mit einzelnen transparenten Elektroden versehenen Glasscheiben, zwischen denen eine kristalline Flüssigkeit eingeschlossen ist. Durch die Elektroden werden elektrische Felder aufgebaut, die das Verhalten der Flüssigkeit lokal derart verändern, dass ein entsprechendes Bild sichtbar wird. Im PC-Bereich – insbesondere beim →Laptop oder →Notebook – dient ein großes LCD-Bauelement wegen der geringen Leistungsaufnahme und Abmessungen als →Bildschirm. Bei manchen LCD-Bildschirmen dient eine zusätzliche Hintergrundbeleuchtung (Passiv-Display) der Verbesserung des Bilds. In jüngster Zeit wird allgemein zu einem Aktiv-Display (siehe →TFT-Displays) übergegangen. Für den Einsatz als PC-Bildschirm wurde die LCD-Technik in den letzten Jahren durch den Einsatz neuer Materialien und Wirkprinzipien wesentlich weiterentwickelt. Heute sind brilliante Monochrom- oder Farbdarstellungen beim Notebook möglich, die vor Jahren noch undenkbar waren.

LCR (Least Cost Routing)

Unter LCR (englische Abk. f. „Geringste-Kosten-Vermittler"), versteht man ein Verfahren, das bei der Telekommunikation automatisch immer die günstigste Verbindungsart heraussucht. Seitdem in Deutschland wie den meisten anderen Ländern auch verschiedene Telefongesellschaften (siehe →Telefontarife) mit unterschiedlichen Gebühren auf dem Markt sind, bieten sich LCR-Systeme an, um jeweils die möglichst günstigsten Betreiber bzw. Tarife beim Telefonieren nutzen zu können.

Hierzu werden spezielle **LCR-Geräte** verwendet, entweder extern oder in →TK-Anlagen integriert, die zwischen dem Telefon und dem Telefonnetz geschaltet sind. Wählt man nun eine Telefonnummer, so ermittelt das LCR-Gerät anhand der Nummer und seinen intern abgespeicherten Daten über die Tarife der verschiedenen Telefonbetreiber, welche Leitung (Route) am günstigsten ist, und stellt automatisch die Verbindung her.

> **Tipp:** Bisher haben LCR-Geräte noch viele 100 bis deutlich über 1000 DM gekostet. Da sich die Tarife der Telefongesellschaften ständig ändern, muss man auch zusätzlich regelmäßige Aktualisierungsinformationen kaufen. Seit Frühjahr 1998 gibt es jedoch immer mehr auch preiswerte Geräte in der 100-DM-Preislage z. B. von Telejet/ICO. Ein kritischer Vergleich von Leistung und Kosten für ein LCR-Gerät ist also sehr empfehlenswert.

Lead-in [„Einleitung"]

Der Bereich der inneren Spuren einer CD mit einer Breite von 4 mm wird lead-in genannt. Dieser Bereich, der dem eigentlichen Datenbereich vorgelagert ist, enthält u. a. das Inhaltsverzeichnis der CD (TOC, Abk. f. **Table Of Contents**, genannt).

Lead-out [„Ausleitung"]

Der Bereich auf einer CD nach dem eigentlichen Datenbereich wird als lead-out bezeichnet. Dieser Bereich befindet sich am äußeren Rand der CD und ist ca. 1 mm breit.

Leerwert [blank values]

Leerwerte sind datentypspezifische (siehe →Datentyp) Einträge, die ein Feld, eine Speichervariable oder einen Ausdruck als leer kennzeichnen. Leerwerte sind aber keinesfalls fehlende Daten. So ist beispielsweise FALSE der Leerwert für logische Daten und 0 der Leerwert numerischer Daten.

Leitungsvermittlung [circuit switching]

Als Leitungsvermittlung bezeichnet man ein Verfahren, das die Kommunikation zwischen zwei →Netzwerkknoten in einem großen →Netzwerk durch den einmaligen Aufbau der Verbindung für das anstehende Kommunikationsbedürfnis ermöglicht.

LEO (Link Everything Online)

Der Name LEO steht für ein Suchsystem im →Internet, das mit einem →Webbrowser unter der →URL **_www.leo.org_** zu finden ist. LEO durchsucht FTP-Server (siehe →FTP), →Usenet Newsgroups und das →WWW nach den gewünschten Informationen und ist insbesondere auch Einsteigern zu empfehlen.

Lernprogramm [educational program]

Mit einen Lernprogramm bzw. als **Lernsoftware** werden Programme bezeichnet, mit deren Hilfe man bestimmte Inhalte bzw. Fähigkeiten mit Unterstützung des Computers erlernen kann. Die Bandbreite erstreckt sich dabei von der Schulung in bestimmten Computerprogrammen bis hin zu Sprachen, Mathematik oder den Inhalten der Führerscheinprüfung (siehe

→CBT). Unter dem Stichwort →**Multimedia-CDs und Lernsoftware** sind einige Beispiele für Lernsoftwareprogramme beschrieben.

Lesefehler [read error]

Unter Lesefehler versteht man einen Fehler, der beim Übertragen von →Daten von einem externen →Speicher in den →Arbeitsspeicher auftreten kann. Ursachen für einen Lesefehler können z. B. mangelhafte →Datenträger oder →Kabel sein. Da Lesefehler zu unbekannten Daten führen, werden oft umfangreiche Methoden zur →Fehlererkennung und Fehlerbeseitigung (siehe →Korrekturverfahren) eingesetzt. Festgestellt werden kann er z. B. durch ein Verfahren zur →Fehlererkennung mittels einer →Prüfsumme.

Lesestift [read stick, bar code stick]

Ein Lesestift ist ein kleiner →Scanner in Form eines Stifts, der zum Einlesen von Strichcodes genutzt wird. Dazu wird der Lesestift, der über eine Lichtquelle und einen Lichtempfänger verfügt, über die Vorlage geführt, wobei die Informationen durch die unterschiedliche Reflexion der aufgedruckten Striche aufgenommen werden können.

Leuchtdiode [Light Emitting Diode, LED]

Eine Leuchtdiode ist eine Diode, die beim Anlegen einer Spannung Licht definierter spektraler Zusammensetzung aussendet. Leuchtdioden werden mit sehr kleinen Abmessungen hergestellt und besitzen eine hohe mechanische Stabilität. Die Anwendungsbreite von Leuchtdioden ist sehr breit: Statusanzeigen bei Monitoren oder anderen Geräten, LED-Zeilen in speziellen →Laserdruckern, Datenübertragung bei →IR-Mäusen oder beim Einsatz von Glasfaserkabeln usw.

Die LED auf der Platine eines SCSI-Hostadapters dient zur Kontrolle der Aktivitäten auf dem SCSI-Bus (siehe →SCSI)

Level [Ebene, Niveau]

1) Der Begriff Level wird in Anwendungsprogrammen und beim Zugriff auf Netzwerke oder →BBS vielfältig verwendet – u. a. zur Kennzeichnung von Schwierigkeitsgraden in →Lernprogrammen oder zur Einstufung von Zugriffsrechten für Benutzer einer →Mailbox oder eines →Netzwerks.

2) In Spielen wird der Begriff Level für den Schwierigkeitsgrad, Spieleabschnitt oder Status einer Person verwendet. Siehe →Computerspiele.

Lexmark

Der Drucker-Hersteller Lexmark wurde von ehemaligen Mitarbeitern der Druckerentwicklung von →IBM gegründet und konnte sich innerhalb kürzester Zeit einen Namen mit hochwertigen →Laser- und in letzter Zeit auch →Tintenstrahl-Druckern machen. Lexmark-Drucker zeichnen sich i. d. R. durch ein sehr gutes Preis-Leistungs-Verhältnis und hohe Zuverlässigkeit aus. Während anfänglich v. a. Drucker für den Büromarkt entwickelt wurden, versucht die Firma in letzter Zeit, etwa mit preiswerten Tintenstrahldruckern das untere Marktsegment zu erobern. Natürlich ist auch Lexmark mit der Adresse *www.lexmark.de* im Internet vertreten.

LHA

LHA ist ein populäres →Komprimierungsprogramm, das für eine Vielzahl von Rechner-Plattformen zur Verfügung steht (z. B. für →MS-DOS und →Windows). LHA ist in der Lage, sowohl einzelne als auch mehrere Dateien in einem Arbeitsgang zu komprimieren. Auch die Erstellung von selbstentpackenden Archiven, bei denen das Archiv in Form einer ausführbaren Datei (im *exe*-Format [siehe →*exe*]) gespeichert wird, ist möglich. LHA ist →Shareware und kann vor der endgültigen Nutzung ausgiebig getestet werden.

Lichtgriffel [light pen]

Ein Lichtgriffel oder Lichtstift ist ein Eingabegerät, das in Verbindung mit Bildschirmen, die eine Elektronenstrahlröhre verwenden, eingesetzt werden kann. Ein lichtempfindliches Element im Lichtgriffel empfängt die Lichtblitze der punktweise aufleuchtenden Bildelemente auf dem Bildschirm und leitet die entsprechenden Signale sowie die Signale der gedrückten Tasten an den Computer weiter. Aus dem Zusammenfallen dieser Signale mit dem punktweisen Aufbau des Bilds kann durch einen geeigneten →Treiber die aktuelle Position des Lichtgriffels bestimmt werden. Dadurch kann man mit dem Lichtgriffel ähnlich wie mit einer →Maus den →Cursor steuern oder eine Auswahl in einem →Menü vornehmen.

LIFO-Puffer (Last In First Out)

Ein LIFO-Puffer (englische Abk. f. „zuletzt rein, zuerst raus") ist ein Pufferspeicher, aus dem die →Daten, die zuletzt eingeschrieben wurden, zuerst ausgelesen werden. Der anschauliche Begriff Keller- oder →Stapelspeicher wird dem Prinzip ebenfalls gerecht (siehe als Gegensatz →FIFO-Puffer).

Linearer Videoschnitt

Die Videoaufzeichnungen liegen beim linearen Videoschnitt auf einem Band hintereinander. Man muss erst an die entsprechende Stelle spulen. Der lineare Videoschnitt ist also das klassische, analoge Schneideverfahren. Weitere Informationen siehe →Videobearbeitung.

Link [Verknüpfung]

Verknüpfung von einer Internetseite auf eine andere Seite oder Datei. Kurzfom der eigentlichen Bezeichnung →Hyperlink.

Linotype-Hell

Die deutsche Firma Linotype-Hell mit Sitz in Eschborn bei Frankfurt geht zurück auf den Erfinder Ottmar Mergenthaler (1854-1899), dessen Satzmaschine „Linotype" 1886 die **Drucktechnik** revolutionierte. Sie galt damals als die größte Erfindung für die Druckkunst seit 400 Jahren. 1990 erfolgte der Zusammenschluss mit der vor allem auf Farbreproduktion spezialisierten Firma Hell zu Linotype-Hell. Linotype-Hell setzte in den letzten Jahren Standards in der **Druckvorbereitung** und im Desktop-Publishing (siehe →DTP).

1996 bot Linotype-Hell erstmals auch preiswerte Scanner für den Bereich der Hobby- und Office-Anwender an, um das Know-how der Profigeräte auch für Einsteiger erschwinglich zu machen. Unter anderem wurden auch Produkte für die Firma →Vobis unter dem Highscreen-Label hergestellt und über Vobis-Filialen vertrieben. Das Angebot wurde außerdem durch eine über 2.000 Schriften umfassende, weltweit renommierte Schriftenbibliothek (→Schriften) abgerundet. Dazu gehören weltbekannte Schrifttypen wie Univers, Frutiger, Helvetica, Optima oder Times.

Obwohl Linotype-Hell im Bereich der Druckvorstufe Weltmarktführer war und eine umfangreiche Produktpalette vom →Scanner (bis A3-Format) über Grafiksysteme wie das DaVinci Sprint für die Silicon-Graphics-Standardplattform Indigo (→Silicon Graphics) bis hin zur Ausgabe auf **Belichtern** (z. B. das DrySetter-System, welches ohne Chemikalien zur Entwicklung auskommt) besaß, ging der Aktienkurs des Unternehmens seit Beginn der 90er Jahre ständig nach unten. Ende 1996 kam das Unternehmen in finanzielle Schwierigkeiten, was schließlich zur Übernahme durch die Heidelberger Druckmaschinen AG im August 1996 führte. Als Nachfolger wurde schließlich im Mai 1997 die Firma Heidelberg CPS GmbH (**C**olour **P**ublishing **S**olutions) gegründet, die sich weiterhin auf die Herstellung von Scannern, Softwareprodukten für die Farbseparation sowie Multimedia-Produkte konzentriert. Die Firma ist im Internet unter der Adresse ***www.linotype.de*** zu finden.

Linux

Linux ist ein frei verfügbares 32-Bit-→Betriebssystem für den →PC auf der Basis von →UNIX. Ursprünglich wurde Linux von Linus Thorwald aus Finnland als studentisches Übungsprojekt programmiert, was letztendlich auch zu seinem Namen geführt hat. Inzwischen programmieren aber Tausende weiterer Enthusiasten und Profis rund um die Welt an der Weiterentwicklung von Linux. Dennoch hat Linus Thorwald immer noch die Hauptkontrolle über den eigentlichen Linux-Kernel, sozusagen das Herz des Betriebssystem, behalten. Linux ist inzwischen sehr stabil und braucht den Vergleich mit einem kommerziellen Betriebssystem nicht zu scheuen. Im Gegenteil, denn der Erfolg von Linux nimmt seit 1998 extrem zu, was v. a. an seiner großen Funktionsvielfalt, Stabilität und Geschwindigkeit liegt.

Immer mehr Hersteller bieten so genannte „Linux-Distributionen" an (z. B. SUSE), womit installationsfertige Zusammenstellungen von Linux mit allen notwendigen Treibern, Zusatzprogrammen und Anleitungen gemeint sind. Diese sind jedoch zumeist kostenpflichtig, wenn auch die Preise deutlich unter dem liegen, was z. B. Microsoft für →Windows NT verlangt. Außerdem bieten auch immer mehr Hardwarehersteller komplett vorkonfigurierte Server mit Linux als Betriebssystem für spezielle Anwendungen z. B. im →Internet an, was eine klare Konkurrenz gegen den →Windows NT-Server und das Back Office von Microsoft ist.

Für Microsoft bedeutet Linux mittlerweile eine offenbar ernst zu nehmende Gefahr. 1998 kamen interne Microsoft-Berichte bzw. Einschätzungen an die Presse, die das bestätigen (so genannte Halloween-Dokumente). Letztendlich wird v. a. der Markterfolg von →Windows 2000 bestimmen, wie groß die Gefahr bzw. die zukünftige Bedeutung von Linux wirklich sein wird. Das so genannte Open-Source-Konzept von Linux, also die Offenlegung des Programmiercodes (Source-Codes), ist offenbar das entscheidende Erfolgsrezept, dem Microsoft einfach nichts entgegenzusetzen hat.

Auch für viele Privatanwender wird Linux immer interessanter, wenn es auch ganz klar v. a. als Server-Betriebssystem prädestiniert ist und für Einsteiger immer noch zu kompliziert ist. Während Linux selbst keine grafische Oberfläche hat, gibt es mittlerweile verschiedene so genannte **X-Windows**-Systeme. Das sind Unix- bzw. Linux-kompatible „Aufsätze" (Frontends), die dem Betriebssystem eine grafische Oberfläche verleihen, wie man sie von →Windows 95/98 her kennt. Das wohl bekannteste X-Windows-Programm für Linux ist **KDE**. KDE besitzt eine Benutzeroberfläche, die der von Windows 95 sehr ähnelt, jedoch deutlich mehr Eigenschaften und Konfigurationsmöglichkeiten bietet. Eine weitere Alternative zu KDE ist Gnome, das seit März 1999 in der Version 1.0 vorliegt. Es kann kostenlos im Internet unter _www.gnome. org/gnome-1.0_ heruntergeladen werden. Für die grafischen Linux-Oberflächen, insbesondere dem weit verbreiteten KDE,gibt es eine große Fülle von Anwendungs-Programmen, die wohl den gesamten Bereich der PC-Nutzung abdecken. Mehrere komplette Büropakete (Office-Anwendungen) sind mittlerweile auch auf Linux portiert, z. B. Star Office bzw. jetzt →com Office für Linux oder aber die →WordPerfect Suite von Corel. Meistens ist es auch hier so, dass die Programme wie Linux zumindest an Privatanwender kostenlos abgegeben werden. Berufliche Anwender müssen aber – wenn überhaupt – meist auch nur einen relativ geringen Preis zahlen.

Listenfeld [listbox]

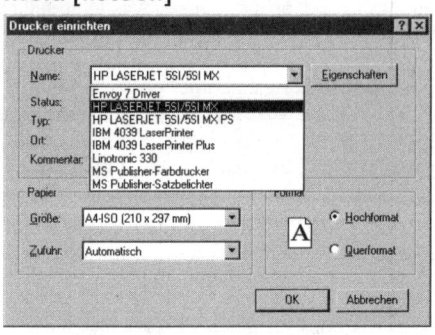

Listenfelder in Dialogfenstern ermöglichen die Auswahl zwischen verschiedenen Optionen

Ein Listenfeld ist ein Element zur Bedienung von grafischen →Benutzeroberflächen und Anwendungsprogrammen. In einem Listenfeld werden dem Anwender verschiedene Optionen zur Auswahl dargestellt. Listenfelder dienen z. B. in Programmen zur Textverarbeitung zur einfachen Auswahl von Schriftgröße und Schriftart.

Listing [Liste, Ausdruck, Auflistung]

Der englische Begriff Listing wird bei der Programmierung häufig für den Ausdruck der Befehle und Anweisungen des Quellcodes verwendet (vergleiche →Programmiersprache). Listings dienen zur Fehlersuche und Dokumentation.

Lizenz [license]

Unter einer Lizenz für →Software versteht man die Genehmigung, diese (auf einem Rechner oder auf einer bestimmten Anzahl von Rechnern im Netzwerk) zu installieren und zu nutzen. Die unberechtigte Weitergabe wird durch die Lizenzvereinbarung [licencse agreement] eindeutig untersagt und ist strafbar (siehe →Raubkopie).

LocalTalk

LokalTalk (auch LocalTalk Link Access Protokol, LLAP) ist die Netzwerktechnologie, die durch die Firma →Apple bereits mit dem ersten Mac-Rechner (siehe →Mac) im Jahre 1984 ausgeliefert wurde. LocalTalk wurde für eine einfache und benutzerfreundliche Verknüpfung der Rechner in kleinen lokalen →Netzwerken entwickelt. Es arbeitet mit einem seriellen Bus und einer recht geringen Übertragungsrate von 230,4 KBit/s. Der Zugriff auf das →Netzwerkkabel erfolgt durch ein Verfahren, das →Kollisionen durch Abstimmung der sendewilligen Stationen vermeidet (das **CSMA/CA-Verfahren**). Die Adressvergabe für die einzelnen Computer erfolgt dynamisch durch automatische Abstimmung der Rechner beim Booten.

Lochkarte [punched card]

Das Prinzip der von Joseph-Marie Jacquard zur Steuerung seiner mechanischen Webstühle entwickelten Lochkarte wurde von Hermann Hollerith (siehe →Hollerith, Hermann) erfolgreich für den ersten maschinell einsetzbaren →Datenträger verwendet.

Eine Lochkarte war eine Karte aus Karton, die Informationen in Form von maximal zwölf eingestanzten Löchern in 80 Spalten enthielt. Jede Karte konnte so 80 verschiedene Zeichen aufnehmen. War eine Information länger, so musste sie auf mehrere Karten aufgeteilt werden. Während des gesamten Prozesses vom Ablochen der Informationen über den Transport der Karten bis hin zum Einlegen in den →Lochkartenleser musste die exakte Reihenfolge der Karten eingehalten werden, da sonst keine korrekten Ergebnisse bei der Auswertung zu erhalten waren. Die Lochkarte wurde durch die Entwicklung von →Magnetband und →Magnetplatte vollständig ersetzt.

Eine Lochkarte, wie sie zur Volkszählung 1910 verwendet wurde

Lochkartenleser [punched card reader]

Ein Lochkartenleser war ein Gerät, welches zum Einlesen der →Lochkarten verwendet wurde. Nach dem Einlegen der Lochkartenstapel in ein Eingangsmagazin wurden diese mechanisch oder optisch ausgewertet und in der so genannten Wartestation abgelegt. Die eingelesenen Informationen wurden sofort vom Rechner geprüft. War die Information nicht korrekt, wurde die Lochkarte aus der Wartestation in ein Sonderablagefach (zur späteren Prüfung) ausgesteuert, andernfalls aus der Wartestation in das Ablage-Magazin transportiert.

Lochstreifen [punched tape]

Ein Lochstreifen war neben der →Lochkarte ein externes Speichermedium altehrwürdiger →Computer. Die Bits für Daten und Programme wurden in ein langes, schmales Papierband gestanzt, das der Rechner einlesen konnte. Im Gegensatz zur Lochkarte war der Lochstreifen auch ein Medium zur Datenausgabe (für die spätere Dateneingabe bei einem erneuten Rechnerlauf oder die Datenübergabe an einen anderen Rechner).

Log-Datei [log-file]

In einer *log*-Datei werden →Daten, die während des Ablaufs bestimmter Vorgänge am Computer anfallen, aufgezeichnet. So arbeiten Datenbankprogramme häufig mit einer *log*-Datei, in der alle Änderungen an den Datensätzen während einer Sitzung aufgezeichnet werden, um die Datensätze bei auftretenden Fehlern wiederherstellen zu können (→Datenbank).

Logik [logic]

Logik ist eine Wissenschaft, die sich mit den Gesetzmäßigkeiten, Strukturen und den Formen des Denkens befasst. Dabei geht es in erster Linie um folgerichtiges Denken, das sich formal (durch einen →Algorithmus) beschreiben lässt. Da formale Logik i. d. R. mit den Wahrheitswerten wahr und falsch arbeitet, die sich gut auf Bit-Ebene (siehe →Bit) abbilden lassen, hat sie große Bedeutung auf dem Gebiet der Computertechnik gewonnen.

Logische Adresse [logical address]

Unter einer logischen Adresse versteht man die Speicheradresse, die im Befehl eines Maschinenprogramms angegeben ist. Diese muss nicht mit der →physischen Adresse übereinstimmen. Durch die →Speicherverwaltung des Rechners kann eine →Adressentransformation von einer logischen in die physische Adresse erfolgen. Logische Adressen werden eingeführt, um Programme schreiben zu können, die durch das →Betriebssystem an einen beliebigen Speicherplatz geladen werden können, und um den Programmierer von der Berücksichtigung der realen Speicherorganisation zu entlasten. In diesem Zusammenhang spricht man auch von einer relativen Adresse (siehe →relative Adresse).

Logische Adressen werden auch eingeführt, um den →Arbeitsspeicher eines Rechners optimal ausnutzen zu können und um Adressenkonflikte und unzulässige Zugriffe auf fremde Speicherbereiche in einer Multitask-Umgebung (siehe →Multitask) zu verhindern. Mit Hilfe von logischen Adressen ist es auch möglich, den Arbeitsspeicher eines Rechners virtuell durch Auslagerung von Speicherinhalten auf Massenspeicher zu vergrößern. In diesem Zusammenhang bezeichnet man eine logische Adresse auch als →virtuelle Adresse.

Logische Verknüpfung

Logische Verknüpfung ist der Sammelbegriff für boolesche Verknüpfungen zwischen →Daten wie AND, OR usw. (siehe →boolesche Algebra/Operatoren).

Logisches Laufwerk

Als logisches Laufwerk bezeichnet man eine vom →Betriebssystem vorgenommene Unterteilung eines physischen Festplattenlaufwerks in mehrere separate Bereiche, denen je ein eigener Laufwerkbuchstabe zugewiesen wird. Unter →MS-DOS können logische Laufwerke nur in einer erweiterten Partition einer Festplatte eingerichtet werden. Weitere Informationen siehe →Partition.

Logitech

Die Firma Logitech (kurz auch Logi genannt), ist für ihre innovativen Produkte im Bereich →Mäuse, →Scanner und →Joysticks bekannt. Im Unterschied zu →Microsoft verfügen die Logi-Mäuse standardmäßig über drei Knöpfe, sodass die mittlere Taste über den hauseigenen Treiber mit bestimmten Funktionen belegt werden kann. Für →Notebooks ohne eigenen Trackball hat Logi verschiedene →Trackballs konzipiert, die man an das Notebook anklemmen oder auf den Schreibtisch legen kann. Als Hersteller von Scannern hat sich Logi vor allem auf →Handscanner spezialisiert, bietet aber inzwischen auch einen →Einzugsscanner an.

Lokale Variable [local variable]

Als lokale Variable bezeichnet man eine →Variable, die nur innerhalb eines Unterprogramms, einer →Funktion oder einer →Routine definiert ist. Man benutzt lokale Variablen, um bei der Programmierung der einzelnen Programmteile hinsichtlich der Bezeichnungen für Variablen keinen allzu großen Restriktionen zu unterliegen. Um in allen Programmteilen auf die gleiche Variable zugreifen zu können, muss diese als **globale Variable** deklariert werden (vergleiche →Programmiersprache).

Loop through cable [„durchgeschliffenes Kabel"]

Mit einem so genannten loop through cable werden im PC zumeist zusätzliche Grafik- bzw. Videokarten in den Signalweg zwischen Grafikkarte und Monitor eingeschleift. Typisches Anwendungs-Beispiel sind die bekannten →Voodoo-Karten der ersten und zweiten Generation (Voodoo 1, 2), die als reine 3-D-Karten in den PC eingebaut wurden. Dazu wurde mit einem kurzen Loop through cable der Ausgang der Grafikkarte an den Eingang der Voodoo-Karte angeschlossen. Der Monitor wiederum wurde an der Voodoo-Karte angeschlossen. Dasselbe Verfahren wird z. B auch von MPEG-Karten (→MPEG) verwendet, die zur Darstellung von Videos am PC eingesetzt werden (z. B. für die →DVD-Wiedergabe).

Die Verwendung einer solchen Verkabelung ist recht einfach, hat aber einen Nachteil: Das Grafiksignal für den Monitor wird etwas geschwächt und störanfälliger, sodass die Bildqualität leiden kann. Bis zu einer Auflösung von 1024 x 768 Punkten und Bildwiederholfrequenzen bis 80-90 Hz sieht man zumeist keinen Unterschied. Bei hohen Auflösungen mit hohen Bildwiederholfrequenzen kann es aber zu deutlichen Einbußen in der Bildqualität (Störungen, Unschärfe) kommen. Zum Glück sind entsprechende Kabel bzw. Lösungen nur noch selten bzw. immer nur Zwischenlösungen. Reine 3-D-Grafikkarten gibt es z. B. kaum noch, vielmehr werden die Funktionen direkt in die Grafikkarten-Prozessoren integriert (siehe →3-D-Grafikkarte).

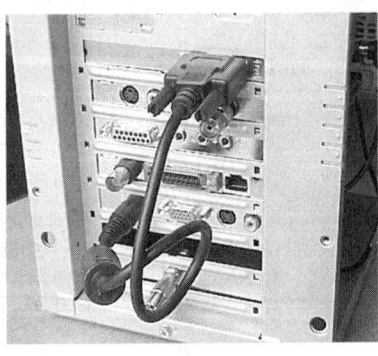

Loop through cable einer Voodoo-2-Karte (unten), das mit der Grafikkarte (oben) verbunden ist. Der Monitor kommt an den freien Ausgang der Voodoo-Karte

Löschen [delete, erase]

Beim Löschen von →Daten werden diese entweder physisch – also z. B. durch ein beliebiges Bitmuster oder mit neuen Dateninhalten – überschrieben oder lediglich logisch – z. B. durch Markieren und Überschreiben der Verweise auf die Speicherstellen – gelöscht.

Lotus

Lotus ist ein 1982 gegründetes, amerikanisches Softwareunternehmen, das vor allem durch die →Tabellenkalkulation **Lotus 1-2-3** (zunächst für →MS-DOS, später für →OS/2 und →Windows), das Textverarbeitungsprogramm **AmiPro** für Windows und OS/2 (jetzt Lotus Word Pro) und das E-Mail-Programm **cc:Mail** (→E-Mail) bekannt geworden ist. Ende der 80er/Beginn der 90er Jahre hatte Lotus außerdem mit dem DOS-Programm **Symphony** eines der ersten integrierten Programmpakete als Vorläufer der heutigen Office-Programme auf dem Markt. Seine Einzelprogramme bündelte Lotus mittlerweile auch zu einem Office-Paket namens Lotus →**SmartSuite**, das sich großer Beliebtheit erfreut.

Eines der heute am bekanntesten und innovativsten Programmsysteme von Lotus ist die →Groupware **Lotus Notes**, die für eine Vielzahl von Netzwerken und Arbeitsplatzrechnern verfügbar ist. Lotus wurde 1995 als selbstständiger Geschäftsbereich von →IBM übernommen und zum Träger der strategischen Entwicklungslinie von IBM für PC-Software. Da darf natürlich auch eine Internetpräsentation nicht fehlen, die mit der Homepage unter der Adresse *www.lotus.com* beginnt.

Lotus 1-2-3

1-2-3 ist das Tabellenkalkulationsprogramm der Firma →Lotus. Man kann es als echten Klassiker unter den wichtigen Softwareprogrammen bezeichnen, weil es unter DOS mit das erste Tabellenkalkulationsprogramm und sehr erfolgreich war. Mittlerweile ist seine Marktbedeutung aber zurückgegangen. Mit Lotus 1-2-3 lassen sich Daten berechnen und in Diagrammen präsentieren. Bei der Entwicklung von Lotus 1-2-3 wurde besonderer Wert auf die Möglichkeit zur Bearbeitung von Tabellen durch mehrere Mitarbeiter gelegt (siehe →Arbeitsgruppe). 1-2-3 ist ein Bestandteil des Softwarepakets →Lotus SmartSuite.

Lotus Organizer

Der Lotus Organizer ist ein Terminplaner der Firma →Lotus, er kann einzeln gekauft oder als Bestandteil der →Lotus SmartSuite erworben werden. Die aktuelle Version Organizer 2000 kam im Januar 1999 auf den Markt und bietet neben Detailverbesserungen u. a. eine überarbeitete Gruppenterminplanung. Mit dem Organizer lassen sich Termine und Adressen eines oder mehrerer Benutzer besonders leicht und komfortabel verwalten. Der Lotus Organizer ist weltweit einer der erfolgreichsten elektronischen Terminplaner für den PC, was nicht zuletzt an seiner ansprechenden grafischen Gestaltung liegt, die einem realen Terminplaner nach FiloFax-Typ nachgebildet wurde.

Lotus SmartSuite

Die Lotus SmartSuite ist das integrierte Office-Paket der amerikanischen Softwarefirma →Lotus, das neben einigen weiteren, kleineren Programmen aus den folgenden Hauptkomponenten besteht: der Textverarbeitung **Word**

Pro, dem Präsentationsprogramm **Freelance**, der Datenbank →**Approach**, der Tabellenkalkulation **1-2-3** sowie dem Termin- und Adressplaner **Organizer**. Es ist recht beliebt und konnte (nach Angaben von Lotus) weltweit gegen den Hauptkonkurrenten Microsoft →Office einen Marktanteil von ca. 20 % erringen. Der zunehmende Erfolg der Lotus SmartSuite liegt nicht nur daran, dass es bei vielen Herstellern von PCs und Notebooks als Bundle-Software mitgeliefert wird, sondern weil es gegenüber der Konkurrenz etliche Besonderheiten z. B. beim Arbeiten im Team hat. Außerdem arbeitet es mit dem bei Firmen beliebten Lotus Notes nahtlos zusammen.

Die SmartSuite zeichnet sich neben einem professionellen Leistungsspektrum, leichter Bedienung und günstigem Preis durch folgende Punkte aus: einheitliches Aussehen und Bedienung der Programme, freie Konfigurierbarkeit von Symbolleisten und Tastaturbefehlen sowie v. a. weit reichende Unterstützung von Funktionen, die hauptsächlich für Firmen interssant sind: Teamarbeit und weit reichende Internetunterstützung. Außerdem ist eine anwendungsübergreifende Programmierung mit LotusScript möglich. Für viele Firmen dürfte auch die optimierte Zusammenarbeit mit →**Lotus Notes** ein wichtiger Grund zum Kauf der SmartSuite sein. Im Frühjahr 1996 brachte Lotus die Version **SmartSuite '96** heraus, bei der außer 1-2-3 und dem Organizer alle Programme auf 32-Bit-Code für Windows 95 und NT umgestellt wurden.

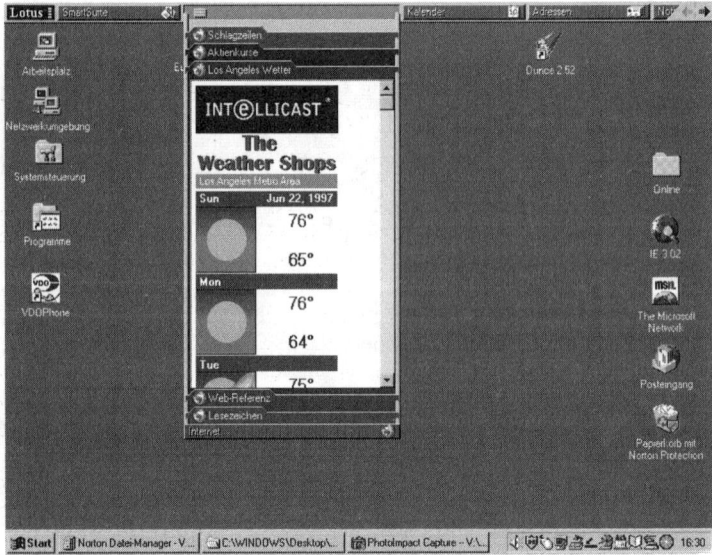

Das Lotus SmartCenter auf dem Windows-Desktop mit aufgeklappter Schublade für den Internetwetterbericht

Bei den Nachfolge-Versionen **SmartSuite 97** bzw. **SmartSuite Millennium Edition**, mittlerweile auch vollständig in 32-Bit programmiert, wurden v. a. die

Teambearbeitungs- und Internetfunktionen konsequent weiter ausgebaut. Mit der Millennium Edition wurde außerdem ein neues Programm eingeführt: FastSite. Dabei handelt es sich um eine Art Internet-Publisher, der vorhandene Lotusdokumente in Form ganzer, strukturierter Websites ins Internet stellen kann. Zur Konvertierung wird HTML oder ein →Java-basierendes Dokumentenformat verwendet (jDoc).

Ein weiteres Highlight der SmartSuite ist das **Lotus SmartCenter**. Es ist eine Art Programm- und Dokument-Manager in Form einer frei auf dem Desktop positionierbaren Bedienungsleiste. Programme, Dokumente und Funktionen sind in aufklappbaren Schubladen versteckt, die durch Mausklick bedient werden. Durch eine starke Internetintegration können Wetterberichte, Börsennachrichten oder Nachrichten-Meldungen in die Schubladen eingeblendet werden.

Low byte [„niederwertiges Byte"]

Bei 16-Bit-Computersystemen wird ein 16-Bit-Wort in zwei 8 →Bit große Teile zerlegt. Das dabei entstehende rechte →Byte nennt man low byte.

Low Level-Formatierung [„Formatierung auf niedriger Ebene"]

Das Formatieren eines Datenträgers auf niedrigster Ebene wird als Low Level-Formatierung oder **Vorformatierung** bezeichnet. Dabei werden auf die magnetisierbare Oberfläche die Spuren und Sektoren mit den entsprechenden Verwaltungsinformationen geschrieben. Das Low Level-Format ist das Format auf der Ebene des →BIOS eines →PCs. Darauf aufbauend muss ein →Betriebssystem wie →MS-DOS oder →Windows ein spezifisches Format aufbauen, wobei die Verwaltungsstrukturen (siehe z. B. →FAT, →Cluster) des Dateisystems u. a. eingerichtet werden.

Bei einer →Diskette werden bei der Ausführung des Programms *Format* übrigens immer beide Formatierungen ausgeführt. Bei ganz alten →Festplatten musste man mit einem speziellen Programm, das im →BIOS des →Mainboards oder Festplatten-Controllers als eigener Befehl gespeichert war, zunächst die Vorformatierung, dann die Partitionierung mit *Fdisk* (siehe →Partition) und anschließend die eigentliche Formatierung des Betriebssystems mit dem *Format*-Befehl ausführen.

Heutige Festplatten (siehe →IDE, →EIDE oder →SCSI) werden immer low level-formatiert ausgeliefert, sodass dieser Arbeitsschritt für den Anwender entfällt. Eine erneute Low Level-Formatierung mit einem entsprechenden Programm kann bei manchen Platten sogar zu Schäden führen, weil auf versteckten, speziellen Sektoren manchmal wichtige Informationen für den Festplatten-Betrieb abgelegt sind. Werden diese bei der Low Level-Formatierung zerstört, arbeitet die Platte nicht mehr korrekt. Einige Festplatten verweigern sich manchmal sogar einer Low Level-Formatierung. Bei den aktuellen ist eine Low Level-Formatierung zumeist zwar unnötig, aber auch ungefährlich, wenn man ein gutes Programm dafür verwendet (siehe Tipp-Box). Notwendig kann es jedoch schon mal sein, wenn z. B. die komplette Partitionierungs-Struktur zerstört wurde. Oder aber mögliche Hardwaredefekte an der Oberfläche der Platte erkannt und als beschädigte Sektoren gekennzeichnet werden sollen. Oder aber auch aus Datenschutzgründen, wenn man seine alte Festplatte zum Verkauf weitergeben möchte.

> **Tipp:** Um Ihre Festplatte Low Level zu formatieren, brauchen Sie spezielle Programme. Während früher diese Funktion noch in einigen BIOS-Versionen vorhanden war, findet man das auf neueren Mainboards nicht mehr. Entsprechende Tools findet man aber im Internet, z. B. über die Suchabfrage +"low level format" +utility (siehe →Internetrecherche). Maxtor bietet ein solches Programm für IDE-Festplatten auf seinem FTP-Server zum Download an (*ftp://ftp.maxtor.com/pub/ide/llfutil.exe*). Ein entsprechendes Tool für →SCSI-Festplatten finden Sie unter *www.advansys.com/support/fmtscsi.htm*; jedoch bieten einige SCSI-Controller diese Funktion noch über ihr BIOS. Diese Formatierungen dürfen nur unter DOS und in einem Arbeitsgang durchgeführt werden. Und natürlich werden dabei ALLE Daten vollständig gelöscht.

Lpi (Lines per inch)

Lpi ist die englische Abk. f. „Zeilen pro Zoll". Es ist wie das bekanntere →dpi (dots per inch) eine Maßeinheit, die die Rasterung beim Druckvorgang kennzeichnet. Im Deutschen wird für lpi auch oft der unpräzise Ausdruck **Rasterfrequenz** verwendet. Während dpi zumeist für die physikalische Auflösung von Scannern und Druckern benutzt wird, ist lpi ein Maß für das verwendete Rasterverfahren beim Ausdrucken von Bildern (Fotos). Zwischen der verwendeten Rasterfrequenz und den maximal darstellbaren **Graustufen** gibt es bei Monochrom-Druckern (z. B. Laserdruckern) eine Beziehung: Physikalische Auflösung in dpi/Rasterfrequenz in lpi = Größe der erzeugbaren Halbtonzelle. Die Halbtonzelle entspricht der Rastereinheit, die zur Darstellung eines Grautons verwendet wird. Da ein Monochrom-Drucker ja keine echten Grautöne darstellen kann, müssen diese durch Rasterung simuliert werden. Eine Halbtonzelle kann also von 15 x 15 schwarzen Pixeln (100 % Schwarz) bis 15 x 15 weißen Pixeln (100 % Weiß) in der Anzahl schwarzer Pixel variieren. Um 50 % Grau zu erzeugen, wird die Halbtonzelle zur Hälfte mit weißen und schwarzen Pixeln gedruckt.

Beispiel: Druckt ein 1200-dpi-Laserdrucker mit 80 lpi, so lässt sich damit eine Halbtonzelle von 15 Pixeln Kantenlänge darstellen (1200/80 = 15). Damit sind 225 Graustufen (15 x 15 Pixel) darstellbar, wobei jeder Grauwert durch eine Halbtonzelle von 15 Pixeln Kantenlänge repräsentiert wird. Erhöht man die Rasterfrequenz (z. B. auf 120 lpi), verringert sich die Anzahl der Graustufen (z. B. auf 100), gleichzeitig wird aber die Detailgenauigkeit (Schärfe) des Bilds durch eine verkleinerte Halbtonzelle (10 x 10 Pixel) besser. Ein guter Kompromiss zwischen optimaler Graustufendarstellung und Detailschärfe des Bilds ist eine Rasterfrequenz von 100 dpi, wie sie von den meisten Druckern voreingestellt ist oder auch von vielen Grafikprogrammen verwendet wird. Bei einem 600-dpi-Laserdrucker sind so 36 Graustufen darstellbar (600/100 = 6, macht eine Halbtonzelle von 6 x 6 = 36), ein 1200-dpi-Drucker erreicht dagegen schon 144 Graustufen (1200/100 = 12, macht eine Halbtonzelle von 12 x 12 Pixeln).

LPT

LPT (Abk. f. **L**ine **P**rin**T**er) ist die Bezeichnung des durch das →Betriebssystem →MS-DOS oder →Windows definierten Standardgerätetreibers für einen Drucker. Es werden drei derartige Standardgerätetreiber reserviert: LPT 1: (auch mit →PRN bezeichnet), LPT 2: und LPT 3:. Siehe auch →Parallel-Port-Modus.

LS 120

Die geringe Speicherkapazität der üblichen 3½-Zoll-Disketten hat zu verschiedenen Lösungsansätzen geführt: Während Iomega auf die →ZIP-Laufwerke setzt, nutzt die LS-120-Technik das bekannte Diskettenformat für eine Neuentwicklung mit 120 MByte Speicherkapazität. Die entsprechende Laufwerks- und Medientechnik ist eine Gemeinschaftsentwicklung von Compaq, Matsushita (Markenname Panasonic) und 3M und wird **LS 120** oder neuerdings auch **SuperDisk** genannt. LS steht für **L**aser **S**ervo, da die Spurführung mit Laser-Technologie verbessert wurde. Die Laufwerke sind bootfähig, wenn im Rechner ein angepasstes BIOS vorhanden ist (sollte bei allen aktuellen Mainboards der Fall sein). Der **Preis** für die Laufwerke, vorerst nur als ATAPI-Version, liegt bei ca. 200 DM, für die Medien bei 20-25 DM. Die Preise sind allerdings für den Massenmarkt viel zu teuer, da z. B. ein herkömmliches Diskettenlaufwerk nur 50 DM kostet.

Der Schreib-/Lesekopf arbeitet mit sehr viel schmaleren Spuren, sodass sich die Erhöhung der Kapazität schon aus ihrer größeren Anzahl ergibt. Die dazu notwendige Präzision wird dadurch erzielt, dass sich auf der Magnetscheibe optische Spuren befinden, die mit einer Laserdiode abgetastet werden. Neben der höheren Spurdichte wird die Leistungssteigerung durch Erhöhung der Rotationsgeschwindigkeit erzielt: Mit 720 Umdrehungen pro Minute rotiert die Diskette etwa eineinhalbmal so schnell wie das Original. Dennoch ist die LS 120 für moderne Computer viel zu langsam. Insbesondere beim Arbeiten mit herkömmlichen Disketten, die von den LS 120-Laufwerken ja auch verwendet werden können, ist die Geschwindigkeit z. T. sogar langsamer als von herkömmlichen Diskettenlaufwerken.

Aufgrund der viel zu geringen Geschwindigkeit, der geringen Datensicherheit und den relativ hohen Preisen v. a. für die Medien hat die LS 120 bisher nur eine geringe Marktbedeutung. Einige Firmen wie Compaq bauen in einige ihrer PCs entsprechende Laufwerke ein, aber gerade auf dem freien Markt findet die LS 120 kaum Beachtung. Hier wird verständlicherweise lieber zum →ZIP-Laufwerk gegriffen, von dem mittlerweile auch gebootet werden kann. **Mein dazu:** Finger weg und lieber zu einem ZIP-Laufwerk oder sogar direkt einem →MO-Laufwerk mit 3.5 Zoll und 600 MByte greifen.

LSB (Least Significant Bit)

Das niederwertigste →Bit in einem →Byte wird als LSB bezeichnet.

LSI

Die Bezeichnung LSI (Abk. f. **L**arge **S**cale **I**ntegration) bezieht sich auf ein Integrationsniveau von →ICs.

Die Etappen der LSI sind:
- LSI im engeren Sinne:
  1.000-10.000 Transistorfunktionen pro →Chip
- →VLSI (**V**ery **L**arge **S**cale Integration):
  10.000-1.000.000 Transistorfunktionen
- →ULSI (**U**ltra **L**arge **S**cale Integration):
  1.000.000-100.000.000 Transistorfunktionen
- GLSI (**G**iant **L**arge **S**cale Integration):
  mehr als 100.000.000 Transistorfunktionen

Lüfter [ventilator, cooler]

Ein Lüfter kühlt das →Netzteil, den →Prozessor oder andere Bauteile in einem PC durch Zuführung von Umgebungsluft. Es handelt sich um einen kleinen Ventilator, der über eine eigene Stromversorgung verfügt. Vielen Anwendern ist der Lüfter als unliebsamer Bestandteil des PCs bekannt, weil er neben der Festplatte die größte Lärmquelle am Computer ist. Insbesondere billige Exemplare fangen nach einigen Betriebsstunden häufig an zu brummen. Grund hierfür sind zumeist minderwertige Nadellager und keine hochwertigen Kugellager für die Antriebsachse des Ventilators. Wem seine Nerven also lieb sind, der sollte lieber von Anfang an 10-20 DM mehr für einen höherwertige Lüfter mit Kugellagerung ausgeben.

Typischer Netzteillüfter eines PCs

Typischer Prozessorlüfter für einen →Pentium mit eingebauter Alarmfunktion. Die Kabel an der Rückseite dienen zum Strom- bzw. Lautsprecher-Anschluss

Diese gibt es z. T. auch mit einer Temperaturregelung, die über einen Temperaturfühler ermittelt, ob der Lüfter überhaupt aktiviert werden muss. Eine zusätzliche, sinnvolle Option bei hochwertigeren Prozessorlüftern ist eine eingebaute Alarmfunktion. Der Lüfter wird hier in das Signal zum PC-Lautsprecher eingeschleift. Sobald der Ventilator einmal ausfallen sollte oder der Prozessor aus irgendeinem anderen Grund eine kritische Temperaturgrenze überschreitet, wird über den PC-Lautsprecher ein Signalgeräusch ausgegeben (meist eine kleine Melodie gespielt).

Tipp: PCs, die vollständig mit Steckkarten und evtl. auch noch mehreren Festplatten voll besetzt sind, werden sehr schnell zu heiß. Da reicht der Standardlüfter des Netzteils kaum noch aus. Beim Electronic-Versender →Conrad (*www.conrad.de*) findet sich ein breites Sortiment an Zusatzlüftern für alle möglichen Bauteile und Regionen des PCs. Ein Einbau ist zwischen die Slots, zwischen Laufwerke oder am Gehäuse möglich.

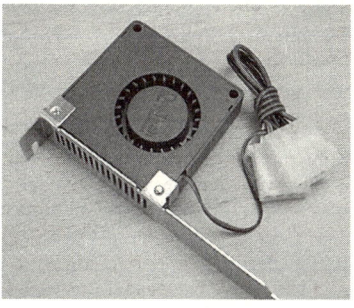

Gerade moderne →3-D-Grafikkarten überhitzen leicht. Solche Slot-Lüfter können da Abhilfe schaffen (erhältlich bei →Conrad, Best. Nr. 99 87 10-44)

Lycos

Mit Lycos steht ein sehr hilfreiches Suchsystem im →Internet zur Verfügung. Das Lycos-System – mit einem →Webbrowser unter dem →URL **www.lycos.de** zu finden – durchsucht viele FTP- und Gopher-Server (siehe →FTP, →Gopher), →Usenet Newsgroups und das →WWW nach den gewünschten Informationen.

M

Der Vorsatz M (Abk. f. die Vorsilbe **M**ega) für die Maßeinheiten →Bit oder →Byte entspricht dem Faktor 1.048.576 (siehe →MBit, →MByte). Allgemein entspricht Mega jedoch dem Faktor 1.000.000.

Macintosh

Der Macintosh – kurz und liebevoll **Mac** genannt – ist eine Familie von →PCs, die von der Firma →Apple mit einem ersten Modell im Jahre 1984 auf den Markt gebracht wurde. Hauptmerkmale des Macintosh waren lange Jahre die Prozessoren 680x0 der Firma →Motorola und die einzelnen Versionen der ersten kommerziell erfolgreichen grafischen →Benutzeroberfläche. Die Macintosh-Oberfläche wies lange vor →Windows die für alle **grafischen Benutzeroberflächen** typischen Merkmale wie Mausbedienung, Menübedienung, →**Drag & Drop** usw. auf.

Seit 1994 baut Apple in die neuen PowerMacs Prozessoren der PowerPC-Serie ein. Seit 1996 gibt es nur noch Macs mit →PowerPC-Chip. Während der Mac mit einem Marktanteil von unter 5 % in Deutschland nur eine geringe Rolle für Grafik- und DTP-Spezialisten spielt (jedoch in diesem Segment quasi zum Werkzeug der Wahl wurde), ist der Marktanteil in den USA deutlich höher. Dazu hat v. a. auch der große Erfolg des so genannten iMacs beigetragen, der eine kleine, preiswerte Variante des PowerPC ist. Nach starken finanziellen Schwierigkeiten in den Jahren 1996 und 1997 hat sich Apple 1998 und 1999 wieder erholt und durch innovative neue Produkte zugelegt. Wesentlichen Anteil daran dürfte die Rückkehr des ehemaligen Gründers Steve Jobs (→Jobs, Steve) in die Führungsetage haben. Weitere Informationen siehe auch →Apple.

Macromedia

Macromedia ist eines der führenden Unternehmen in den Bereichen →Multimedia, WWW-Publishing (→WWW) und Computergrafik. Neben dem →Autorensystem Director und dem Grafikprogramm Freehand entwickelt Macromedia Bildbearbeitungs- und Schriftverwaltungssoftware. Eine wichtige Innovation für das →World Wide Web ist die Shockwave-Technologie, die eine Darstellung von Animationen und Videosequenzen als Director-Anwendungen im Internet in guter Qualität bei hoher Kompression und dadurch verkürzten Ladezeiten bietet. Shockwave ist in den Webbrowser →Netscape Navigator ab der Version 2.0 und im →Internet Explorer von Microsoft ab der Version 4.0 integriert. Auch →Online-Dienste wie →CompuServe haben Shockwave lizensiert. Mehr Informationen über Macromedia und Shockwave erhalten Sie im Internet unter **www.macromedia.com**.

Magnetband [magnetic tape]

Das Magnetband ist eine mit einer magnetisierbaren Schicht versehene bandförmige Kunststofffolie, die als →Datenträger genutzt wird. Die Aufzeichnung von →Daten auf einem Magnetband war beim →Großrechner überaus wichtig. Heute werden Magnetbänder vorrangig für die Datensicherung eingesetzt. In einem →Streamer werden Magnetbandkassetten in bis zu 72 parallelen →Spuren beschrieben. Bei einem DAT-Streamer wird das aus der Unterhaltungselektronik bekannte Schrägspurverfahren angewandt.

Magnetblasenspeicher [magnetic bubble memory]

Als Magnetblasenspeicher bezeichnete man ein veraltetes, nichtflüchtiges →Speichermedium, bei dem die Daten in mikroskopisch kleinen (ca. 1-3 µm) magnetisierbaren Domänen, so genannten Blasen, gespeichert werden. Die schon in den 60er Jahren entwickelte Technik konnte sich jedoch aufgrund der komplizierten und kostenintensiven Herstellung nicht durchsetzen, obwohl sie eine sehr hohe →Aufzeichnungsdichte bei hoher Zugriffsgeschwindigkeit bietet.

Magnetkarte [magnetic card]

Unter einer Magnetkarte versteht man eine Plastikkarte, auf der ein kurzes Stück eines Magnetbands (siehe →Magnetband) aufgetragen ist. Auf diesem →Datenträger kann eine geringe Menge von →Daten gespeichert werden.

Die Daten können mit einem speziellen Gerät – dem **Magnetkartenleser** – eigenständig oder am Computer geschrieben und gelesen werden. Magnetkarten sind z. B. als Eurocheque-Karten für Geldautomaten oder an der Supermarktkasse geläufig.

Magnetplattenspeicher

Magnetplattenspeicher ist der Oberbegriff für →Massenspeicher, die →Daten auf (einer oder mehreren) magnetisierbar beschichteten rotierenden Scheiben speichern. Magnetplattenspeicher sind z. B. die →Festplatte oder die →Diskette.

Magnetspeicher [magnetic memory]

Magnetspeicher ist der Oberbegriff für →Massenspeicher, die →Daten auf magnetisierbar beschichtete →Datenträger speichern. Magnetspeicher sind z. B. die →Festplatte, die →Diskette, das →Magnetband und die →Magnetkarte.

Mail-Bomb [Nachrichten-Bombe]

Mail-Bomb ist die englische Umschreibung für das „Bombardieren" von einzelnen Personen oder Mailservern mit einer ganzen Flut von E-Mail-Sendungen. Da die Daten- und Rechnerkapazität der Empfänger zumeist begrenzt ist, kann dies zum Erliegen der normalen Funktionen kommen. Die elektronische „Bombe" hat in diesem Fall ihre Wirkung gezeigt. Mail-Bomben werden von manchen Anwendern mit Absicht erzeugt, um z. B. eine „Strafmaßnahme" gegen einen in Ungnade gefallenen User oder Internetbetreiber durchzuführen. Es kann als eine moderne Form von Vandalismus, Boykott oder Protest angesehen werden.

Mail-Bomben entstehen häufig aber auch (wahrscheinlich) unbeabsichtigt z. B. beim massenhaften, automatisierten Abschicken von Werbe-E-Mails an mehrere Zieladressen. Der Mailserver, der diese Mail-Flut bearbeiten soll, kann dabei schon mal in die elektronischen Knie, Verzeihung, Schaltkreise gehen. Wenn nun auch noch einige Mail-Adressen falsch sind, kommt die Werbeflut teilweise zum Server wieder zurück: der reinste Bumerang-Effekt. Dass derartige Aktionen den kompletten E-Mail-Service eines großen Online-Dienstes lahm legen können, zeigte Ende 1996 das Beispiel T-Online. Ein Anbieter hatte riesige Mengen von Werbe-Mails über den Online-Dienst verschickt und damit das ganze System für längere Zeit völlig zum Erliegen gebracht.

Mailing Lists

Mailing Lists bieten im →Internet einen ähnlichen Informationsdienst in Diskussionsforen an wie das →Usenet in seinen Newsgroups. Sie sind mit Verteilerschlüsseln für Rundbriefe via →E-Mail zu vergleichen, die von einem Moderator an interessierte Teilnehmer verschickt werden. Mit einer Internet-Mail (siehe →Internet) kann man sich in einen solchen Verteiler aufnehmen lassen. Hat man ein Thema abonniert, findet man unter seinen eingehenden Mails alle dazu geführten Diskussionsbeiträge und ist der Mühe enthoben, die das Durchforsten einer →Newsgroup im Usenet kostet. Oft ist das Niveau der Beiträge auch erheblich höher.

Mailmerge

Der Begriff Mailmerge steht für die Funktion eines Textverarbeitungsprogramms, die es ermöglicht, auf der Basis eines Textes und einer Liste (oder →Datenbank) mit Adressen Serienbriefe zu erzeugen (siehe →Serienbrief).

Mail-Reader

Als Mail-Reader wird eine Client-Software bezeichnet, mit der man E-Mail-Nachrichten (siehe →E-Mail) im Netz empfangen, lesen und schreiben kann.

Mailserver [mail server]

Mailserver ist die Bezeichnung für einen →Server in einem →Netzwerk, über den die E-Mail-Kommunikation (siehe →E-Mail) der Netzteilnehmer abgewickelt wird. Er verfügt über die notwendigen Programme und Kapazitäten (z. B. Speicherbereiche, in denen die Mails der Teilnehmer abgelegt werden). Auch die Verteilung der Mails an die entsprechenden Teilnehmer wird vom Mailserver gesteuert.

Mainboard [Hauptplatine]

Das Mainboard – auch **Motherboard** oder **Hauptplatine** genannt – ist die zentrale →Platine eines →PCs. Auf ihm befinden sich neben der →CPU alle zur Ansteuerung des Prozessors, des →Arbeitsspeichers, der Bussysteme (siehe →Bus) für den →Datenaustausch und für die Steuerung erforderlichen Komponenten: der DMA-Controller (→DMA), der →Interrupt-Controller, die Taktgeber, der →Cache-Controller usw. Diese Komponenten sind heute weitgehend in einem so genannten →**Chipsatz** zusammengefasst. Damit ist der Chipsatz die wesentliche Komponente eines Mainboards, die seine Qualität bzw. Leistungsfähigkeit bestimmt. Zusammen mit dem BIOS und natürlich den mechanischen Steckplätzen/→Prozessor-Sockeln bestimmt er auch, welcher Prozessor auf dem Board eingesetzt werden kann.

Auf dem Mainboard befinden sich auch das →BIOS und die →Echtzeituhr mit dem →CMOS-RAM. Zur Erweiterung des PCs befinden sich auf dem Mainboard auch die Steckplätze der unterstützten Erweiterungsbusse (siehe →ISA, →Microchannel, →EISA, →VESA Local Bus, →PCI und →AGP), die Steckleisten für die DRAM-Bauelemente (siehe →DRAM) des Arbeitsspeichers und die Sockel für die →SRAM des Prozessor-→Caches. Bei den modernen Mainboards im →ATX-Design sind neben dem obligatorischen →Floppy- und →Festplatten-Controller auch →serielle und →parallele Schnittstellen fest auf dem Board integriert. Außerdem gehören zwei →USB-Anschlüsse mittlerweile auch zum Standard. Bei einigen Mainboards werden auch andere Komponenten wie →Grafikkarte, →SCSI-Controller oder →Soundkarte integriert, was die Gesamtkosten für ein solches System herabsetzt. Jedoch ist die Qualität dieser Komponenten oft dürftig, sodass man beim Kauf eine solchen Mainboards vorsichtig sein sollte. Wichtig ist, dass sich solche Zusatzkomponenten auch immer wieder deaktivieren lassen, damit man mit Steckkarten aufrüsten kann.

Ein modernes Mainboard für Windows 98 oder Windows NT bzw. →Windows 2000 sollte mindestens folgende wichtigen Eigenschaften haben bzw. Funktionen unterstützen:

- →ATX-Format mit →ACPI-Unterstützung für Windows 98/2000
- →Ultra-DMA-Support für aktuelle Festplatten, mindestens für Ultra DMA 33, besser auch für Ultra-DMA-66
- →USB-Anschlüsse direkt auf dem Board
- ein frei konfigurierbares →BIOS, in dem insbesondere die →Interrupt-Einstellungen für alle Steckkarten konfiguriert werden können
- Unterstützung von →SDRAM-Speicherbausteinen
- Unterstützung von variabel einstellbaren Systembustaktungen bis mindestens 100, besser 133 MHz. PCI- und AGP-Bus sollten dabei möglichst unabhängig vom Systembus asynchron weiter auf 33 bzw. 66 MHz betrieben werden können
- Unterstützung der Einschaltfunktion über die Tastatur
- möglichst fünf PCI- und nur zwei ISA-Steckplätze. In naher Zukunft wird ISA gar nicht mehr unterstützt
- BIOS-Update-Möglichkeit per Flash-ROM und Support durch neue BIOS-Versionen im Internet

Auf der nächsten Doppelseite finden Sie eine schematische und eine fotografische Abbildung eines typischen modernen Mainboards mit Slot One für →Celerons, →Pentium II und →Pentium III. Durch Vergleich der schematischen Zeichnung mit der dazugehörigen Fotografie können Sie anhand der Nummern die typischen, wichtigen Bauteile eines Mainboards zuordnen.

Majuskel

Majuskel (lat. major = größer) ist die Bezeichnung für Großbuchstaben – im Unterschied zu Minuskel für die kleinen Buchstaben (siehe auch →Textverarbeitung).

Makeln

Makeln ist ein typisches Leistungsmerkmal digitaler Telefonnetze und wird von der Telekom allen Nutzern von ISDN, in neuerer Zeit aber auch analogen Teilnehmern im →T-Net zur Verfügung gestellt. Es ist die Bezeichnung für das Umschalten zwischen zwei Gesprächspartnern, mit denen man gleichzeitig verbunden ist. Der gerade nicht in der aktiven Leitung befindliche Gesprächspartner wird währenddessen „geparkt", wobei →Wartemusik die Pause etwas versüßen kann (oder auch nicht).

Makro [macro]

Makros werden verwendet, um immer wiederkehrende Befehle und Routinen zu erleichtern. Muss eine längere Folge von Anweisungen und Befehlen immer wieder eingegeben werden, kann man diese zu einem Makro zusammenfassen, das dann wie ein einziger Befehl gestartet werden kann. Makros in Anwendungsprogrammen bestehen aus Folgen von Befehlen, die durch Makroprogrammierung oder durch die Aufzeichnung von Aktionen in einem Lernmodus erzeugt werden. Makros können aber z. B. auch Bestandteil der Arbeit mit einem Assembler sein. Der Assembler identifiziert vorgegebene Programmsequenzen über einen zugewiesenen Namen und fügt diese bei der Erzeugung des ausführbaren Programms an der Stelle des Namens ein (vergleiche →Programmiersprache).

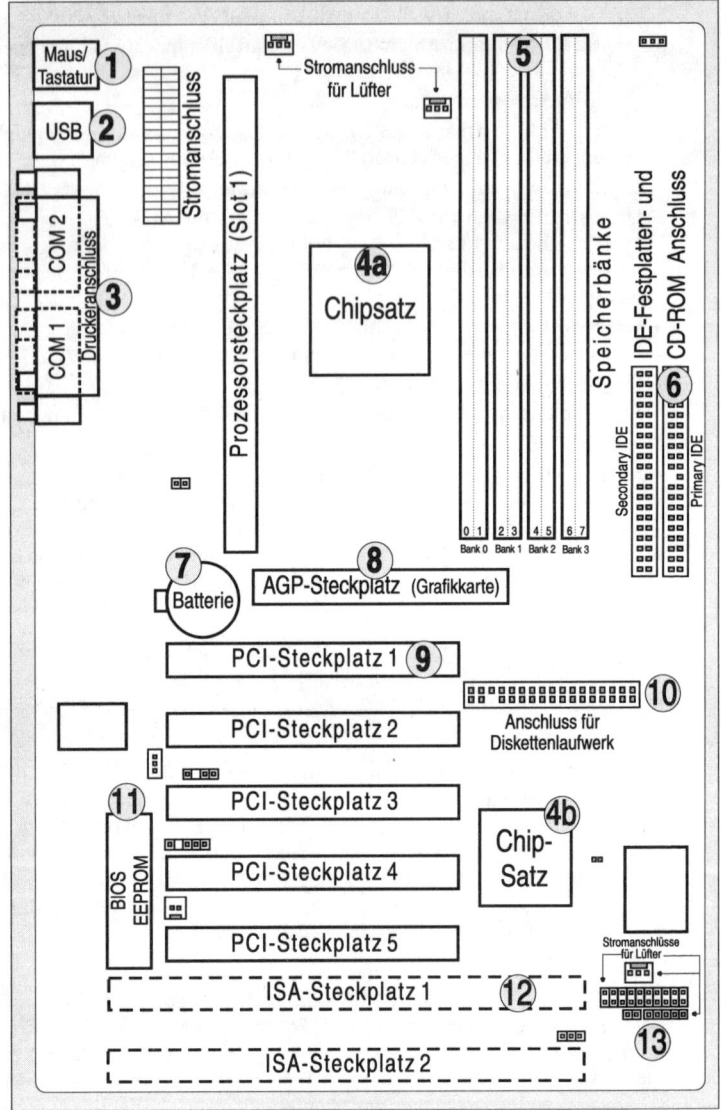

1. Maus/Tastatur
2. USB
3. COM 2 / COM 1 / Druckeranschluss
   Stromanschluss
   Stromanschluss für Lüfter
   Prozessorsteckplatz (Slot 1)
4a. Chipsatz
5. Speicherbänke
   Bank 0 · 0 1 · Bank 1 · 2 3 · Bank 2 · 4 5 · Bank 3 · 6 7
   IDE-Festplatten- und CD-ROM Anschluss
6. Secondary IDE / Primary IDE
7. Batterie
8. AGP-Steckplatz (Grafikkarte)
9. PCI-Steckplatz 1
10. Anschluss für Diskettenlaufwerk
    PCI-Steckplatz 2
    PCI-Steckplatz 3
11. BIOS EEPROM
4b. Chip-Satz
    PCI-Steckplatz 4
    PCI-Steckplatz 5
    Stromanschlüsse für Lüfter
12. ISA-Steckplatz 1
13.
    ISA-Steckplatz 2

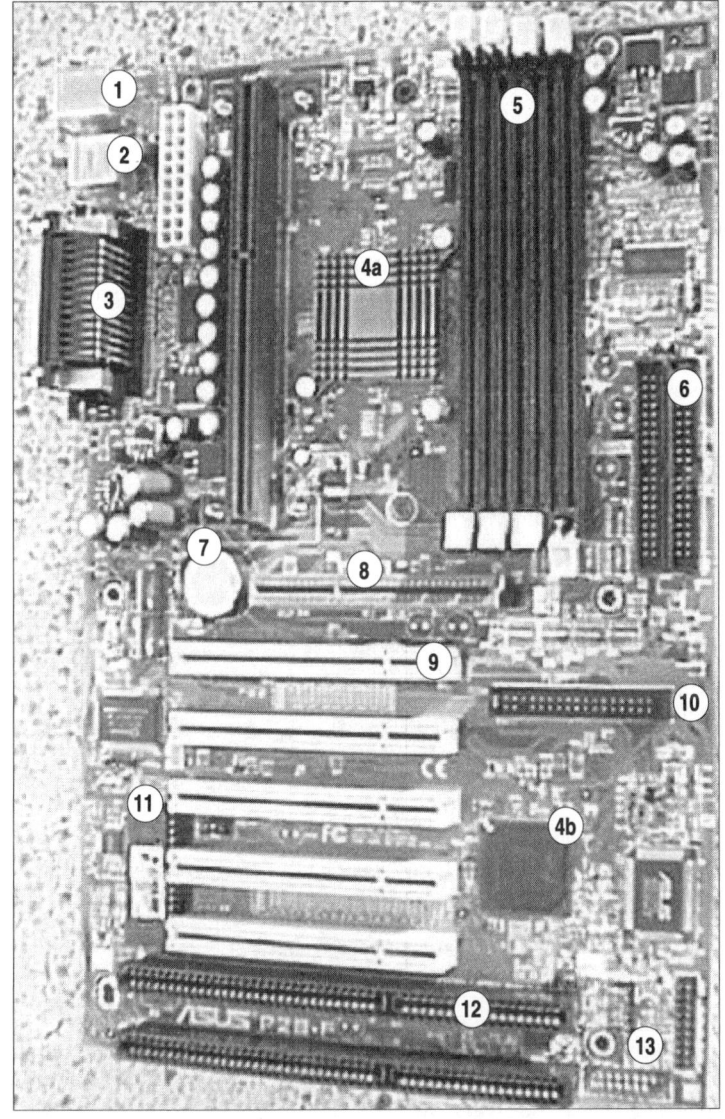

Makrobibliothek

Makrobibliothek ist die Bezeichnung für eine Datei, in der →Makros abgespeichert sind.

Makrofunktion

Unter Makrofunktion versteht man die Möglichkeit, innerhalb eines Programms eine Folge oft benutzter Befehle als so genanntes →Makro zu speichern und später mit einem einzigen Kommando auszuführen.

Makrotypografie

Makrotypografie ist eine fachspezifische Bezeichnung aus der Sprache der Grafik-Designer. Man meint damit die Wahl und Platzierung von Art und Größe von Schriften, die in Zeitungen, Zeitschriften, Büchern, Broschüren, auf Plakaten, Plattencover, TV-Texten usw. Verwendung finden sollen. Eingeschlossen ist das Gesamtarrangement einer Seite oder eines Druckwerks, also das Verhältnis von Farb- zu Schwarzdruck, von Überschriften zu Langtexten und von Text und Bild (siehe →Mikrotypografie).

Makro-Virus [macro virus]

Eine relativ neue Gattung von Schadenssoftware machte erstmals 1997 unter dem Namen Makro-Viren Schlagzeilen. Die in Dokumenten eingebetteten Schadensroutinen, die bereits beim Öffnen im jeweiligen Programm aktiv werden können, kann man als moderne Nachfahren der archaischen →ANSI-Viren ansehen. Möglich ist diese Gattung von Computerviren durch die Verfügbarkeit mächtiger Makrosprachen, die insbesondere in Windows-Applikation zur Verfügung stehen. Die erste Generation von Makro-Viren trat daher auch wenig erstaunlich beim bekannten Textverarbeitungs-Programm →Word auf. Die Programmiersprache WordBasic machte es möglich. Mittlerweile sind auch Varianten für →Excel oder →Word Pro bekannt geworden. Die Einführung von VBA (→VB) in →Office 97 hat die Gefahr von Makro-Viren bzw. deren mögliches Schadenspotential nochmals deutlich erhöht.

Grundsätzlich sollte klar sein, dass Makro-Viren sich nicht an normale **Textdokumente** anhängen, sondern nur an **Dokumentvorlagen**. Denn nur in diesen können Makros gespeichert werden. Eine Ausnahme ist das Dateiformat von Microsoft Word 97 und Word 2000 für Windows, bei dem jetzt Makros auch direkt mit den Textdokumenten abgespeichert werden können (früher nur bei Dokumentvorlagen möglich). Tückisch dabei ist, dass bei den meisten Textverarbeitungen die →Erweiterung von Dokumentvorlagen mit denen von Texten identisch sein kann (wie bei Word). Ein ahnungsloser Anwender kann also leicht eine infizierte, umbenannte Dokumentvorlage unter der Annahme öffnen, es handle sich um ein Textdokument. Da Dokumentvorlagen Text genauso speichern können wie ein normales Textdokument, ist der Unterschied auch nach dem Öffnen nicht direkt erkennbar. Der enthaltene Makrovirus infiziert in aller Regel anschließend die Stamm-Dokumentvorlage (*Normal.dot* bei Word) und verbreitet sich von da aus weiter. Oft verbiegt der Makrovirus auch nachfolgend alle Speicherbefehle für Textdokumente so, dass diese automatisch als Dokumentvorlagen gespeichert werden; womit die Verbreitung des Virus gesichert wäre.

Wer sichergehen will, keine Makro-Viren zu bekommen, sollte fremde Texte vor dem Öffnen mit geeigneten Befehlen der Textverarbeitung auf ihre tatsächliche Struktur untersuchen. Normalerweise können eine Dokumentvorlage und in ihr gespeicherte Makros problemlos als solche erkannt werden, wenn man z. B. unter Word den Inhalt der Datei mit dem Befehl *Datei/Dokumentvorlage/Organisieren* untersucht. Als zusätzlichen Schutz sollte man die Datei *Normal.dot* schreibschützen (→Attribut) und eventuell eine der z. B. von Microsoft, aber auch anderen Firmen vertriebenen Anti-Makro-Viren-Routinen in Word einbauen.

> **Tipp:** Einige Programme bieten einen integrierten Virenschutz, der aber nicht immer 100%ig sicher arbeitet. Alle großen Anti-Viren-Programme wie z. B. Dr. Solomons Antivirus besitzen Viren-Scanner, die auch bekannte Makro-Viren erkennen. Alternativ oder zusätzlich empfiehlt sich der Einsatz eines **heuristischen Viren-Scanners** wie **F/Win**. Diese untersuchen die Dokumente nach gefährlichem Code, z. B. Formatierungs- oder Löschbefehlen. Sie können damit auch noch unbekannte Viren erkennen, wenn auch die Erkennungsrate nicht unbedingt so hoch wie bei klassischen Scannern ist. F/Win kann man im →Internet unter *www.cyberbox.de/fwin/download.htm* downloaden.

Mantisse

Als Mantisse bezeichnet man denjenigen Teil einer Gleitkommazahl, der Ziffern und Vorzeichen der dargestellten Zahl enthält (siehe →Fließkommadarstellung).

Mapping [Planung, Zuordnung]

1) Mapping bezeichnet das Zuordnen eines Laufwerknamens zu einem Netzwerkverzeichnis unter →NetWare. Diese Zuordnung ist notwendig, damit ein anderer Computer auf dieses Netzwerkverzeichnis zugreifen kann.

2) Mapping ist auch die Bezeichnung für Verfahren, mit denen auf modernen PCs die erweiterte Größe moderner **Festplatten** für das Betriebssystem DOS übersetzt werden. Normalerweise übernimmt das das BIOS, z. T. aber auch spezielle Softwaretreiber. Der Hintergrund: DOS und auch alte BIOS-Versionen können nämlich bei Festplatten nur maximal 1.024 Zylinder, 16 Köpfe und 63 Sektoren verwalten. Daraus ergibt sich bei einer festgelegten →Sektorgröße von 512 Byte eine Begrenzung von 504 MByte (1.024 x 16 x 63 x 512 = 528.482.304 Bytes = 504 MByte). Moderne BIOS-Versionen unterstützen drei verschiedene Verfahren zum Ansprechen von Festplatten: **Normal, Large und LBA**. Bei Normal wird überhaupt kein Mapping-Verfahren durchgeführt, sondern die Festplatte nach dem uralten Verfahren bis 504 MByte angesprochen. Dies ist auch nur für Festplatten bis zu der Größe relevant. Large entspricht der häufiger genutzten Bezeichnung **CHS** und ist ein veraltetes Mapping-Verfahren, das nur für bereits damit konfigurierte, alte Festplatten angewendet werden sollte. LBA ist dagegen das momentan verwendete, aktuelle Verfahren für große Festplatten (über 504 MByte). Alle aktuellen Mainboards bzw. BIOS-Versionen bieten mittlerweile eine so genannte **Auto-Detect-Funktion** an, mit der das BIOS das optimale Mapping-Verfahren bzw. die Festplatteneinstellungen selbst ermittelt und einträgt. Die Einstellungen werden dann im →CMOS-RAM des PCs gespeichert.

Bei →**SCSI-Festplatten** übernimmt übrigens dieselbe Funktion das BIOS des SCSI-Controllers.

Marke

Eine Marke erlaubt es, direkt zu einer durch sie bezeichneten Stelle in einem Text oder Programm zu gelangen. Dabei kann es sich z. B. um eine Textmarke handeln, die in umfangreichen Dokumenten verwendet wird. Bei der Programmierung werden Marken zumeist als Ziele für Sprungbefehle eingesetzt (vergleiche →Programmiersprache).

Markieren [mark, highlight]

Markieren bezeichnet das Kennzeichnen von Text, Feldern, Grafikbereichen usw. Die markierten Objekte können dann mit entsprechenden Funktionen (Kopieren, Verschieben usw.) bearbeitet werden.

Markierungskästchen [checkbox]

Markierungskästchen sind kleine Quadrate, mit denen Objekte oder Optionen im Rahmen einer grafischen →Benutzeroberfläche oder eines Anwendungsprogramms zur Auswahl markiert werden können.

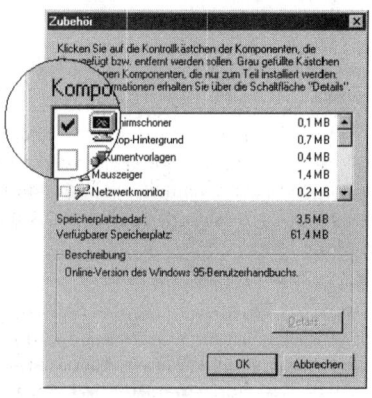

Markierungskästchen werden z. B. bei Installationen verwendet, um eine Auswahl angebotener Optionen zu treffen

Maske [mask]

Innerhalb eines Anwendungsprogramms ist eine Maske ein vorgegebener Bereich, in den Daten eingegeben werden können. Eingabe- und Beschreibungsfelder sind meist farblich unterschieden. In →Windows sind die →Dialogfenster Eingabe- oder Bildschirmmasken.

Maskenlayout

Das Maskenlayout ist eine der drei Darstellungsformen von Tabellen. Im Maskenlayout wird jeweils nur ein Datensatz dargestellt, wobei die Datenfelder (siehe →Datenfeld) untereinander angeordnet werden.

Massenspeicher [mass storage]

Massenspeicher ist ein Sammelbegriff für Speichergeräte und →Datenträger mit einer hohen →Speicherkapazität, auf denen →Daten auch im stromlosen Zustand erhalten bleiben. Dazu zählen u. a. die →Festplatte, die →Diskette, die →CD-ROM, die MO-Disk (siehe →MO-Laufwerke) und das →Magnetband.

Master [master]

Master ist die Bezeichnung für Geräte (z. B. eine →Festplatte) oder Computer, die die Steuerung eines anderen Geräts oder Computers übernehmen können. Bei **AT-Bus-Festplatten** (siehe →IDE, →EIDE, →ATA) wird eine als Master, die andere am gleichen Kanal als →**Slave** konfiguriert. Dabei übernimmt der Controller des Masters die Steuerung und übergibt die vom →Bus kommenden Anforderungen an den Slave weiter. Auch ein Computer, der einen anderen über Direkt- oder Telefonleitung fernsteuert, wird als Master bezeichnet.

Matrix [matrix]

Der Begriff Matrix bezeichnet u. a. die regelmäßige Anordnung von Elementen. Oft wird wird der Begriff im Zusammenhang mit der punktförmigen Aufnahme oder Ausgabe durch →Scanner oder →Drucker bzw. Bildschirme verwendet. Oft spricht man auch von einer Punktmatrix. Ein →Matrixdrucker stellt z. B. Text und Grafik durch in Zeilen und Spalten geordnete Punkte dar (siehe →Drucker, →Tintenstrahldrucker).

Matrixdrucker [matrix printer]

Matrix- oder Rasterdrucker sind →Drucker, die Zeichen, Grafik usw. aus einzelnen Punkten einer →Matrix zusammensetzen. Durch die hohe →Auflösung neuerer Matrixdrucker (z. B. →Tintenstrahldrucker und →Nadeldrucker) sind die einzelnen Bildpunkte mit bloßem Auge kaum noch zu erkennen. Insbesondere beim →Laserdrucker, der ebenfalls nur einzelne Punkte druckt, fallen diese derart wenig auf, dass man Laserdrucker nicht mit dem Begriff Matrixdrucker in Verbindung bringt.

MAU (Multistation Access Unit)

Die logische und elektrische Ringstruktur eines Token-Ring-Netzwerks (siehe →Token Ring) wird körperlich als Stern mit einem MAU oder auch MSAU (englische Abk. f. „Multistations-Zugangs-Einheit") genannten Gerät im Zentrum ausgeführt. Wie bei einem →Hub unterscheidet man aktive oder passive MAUs, je nachdem, ob durch sie eine Verstärkung des Signals stattfindet oder nicht. Der Anschluss der einzelnen Computer an die MAU erfolgt durch zwei (in einem Kabelmantel vereinigte) Doppelleitungen (siehe →Netzwerkkabel). Ein Leitungspaar dieser Lobe-Kabel genannten Verbindung dient zum Empfangen, das andere zum Senden der Daten. Ist kein Computer am Lobe-Anschluss angeschlossen (oder das Kabel defekt), wird der Ring durch die MAU geschlossen. Über zwei Ring-Interfaces können an eine MAU weitere MAUs angeschlossen werden, wobei stets ein aktiver Ring sowie ein zusätzlicher Sicherungsring mit einem Kabel mit zwei doppelten Leitersträngen zu schließen ist. Die MAU ist dadurch in der Lage, Fehler durch einzelne Kabelunterbrechungen zu korrigieren, indem Fehlerstellen – soweit möglich – ausgeklammert werden und der Ring über den Sicherungsstrang geschlossen wird.

Maus [mouse]

Die Maus ist ein Eingabegerät für den →Computer, dessen Bewegung auf einer Unterlage (meist einem →Mauspad) mechanisch und/oder optisch aufgenommen wird und zur Steuerung des Mauszeigers (siehe →Mauszeiger) auf dem →Bildschirm dient. Die Maus simuliert die Handbewegungen des Benutzers, sodass man auf die Funktionen „zeigen" kann. Dazu befindet sich an der Unterseite der mechanischen Maus eine Rollkugel, deren Bewegungen als Signale über ein Kabel oder drahtlos (über Infrarotstrahlung oder per Funk) an den Computer weitergeleitet werden, wo sie von einem →Maustreiber verarbeitet werden. Auch das Drücken der Maustasten wird so registriert. Die Maus ist vor allem bei grafischen →Benutzeroberflächen ein nützliches Hilfsmittel, um die verschiedenen Optionen komfortabel auszuführen (siehe →Drag & Drop, →Klicken).

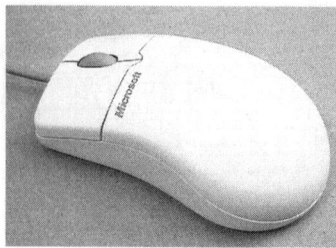

Die Entwickler der MS-Intellimouse hatten keineswegs ein Rad ab – das Rädchen dient zum Scrollen und Zoomen und ist eine großartige Hilfe

Mausgeschwindigkeit [mouse speed]

Mit Mausgeschwindigkeit wird der – meist im →Maustreiber einstellbare – Übertragungsfaktor zwischen der Bewegung von →Maus und →Mauszeiger bezeichnet. Häufig lässt sich auch eine dynamische Mausgeschwindigkeit definieren: Bei langsamen Mausbewegungen kann man den Cursor durch die langsame Cursorbewegung sehr genau positionieren; bei schnellen Mausbewegungen werden sehr weite Strecken mit dem Cursor zurückgelegt, ohne dass die Maus übermäßig weit bewegt werden muss.

Mauspad [mousepad]

Das Mauspad dient als Unterlage für die Maus neben der Tastatur

Als Mauspad bezeichnet man eine kleine Unterlage (meist aus Kunststoff oder Schaumgummi), die aufgrund ihrer Oberfläche (im Gegensatz zur Oberfläche eines Tischs) besonders geeignet ist, um eine →Maus darauf zu bewegen. Da viele Mäuse die Bewegungen mechanisch (mit einer Kugel) aufnehmen, muss die Unterlage besonders griffig sein. Bei Mäusen, die die Bewegungen optisch aufnehmen, befindet sich auf der Oberfläche des Mousepads ein Raster.

Maustreiber [mouse driver]

Der Maustreiber ist ein →Treiber, der die von der →Maus kommenden Signale verarbeitet und dem →Betriebssystem übermittelt. Er gehört fast immer zum Lieferumfang einer Maus, oft ist er aber auch im Betriebssystem enthalten. Die Maus lässt sich – je nach Hersteller – über den Maustreiber hinsichtlich der verwendeten →Schnittstelle und weiterer Parameter, wie der →Mausgeschwindigkeit, konfigurieren. Unter →MS-DOS kann der Maustreiber als Gerätetreiber in der →*Config.sys* oder als →TSR-Programm in der →*Autoexec.bat* installiert werden.

Mauszeiger [mouse pointer]

Durch Bewegung der →Maus wird der Mauszeiger auf dem Bildschirm positioniert. In grafischen Benutzeroberflächen besitzt der Mauszeiger zumeist die Form eines Pfeils. Durch Bewegen des Mauszeigers auf eine Schaltfläche und durch nachfolgendes Anklicken einer Maustaste lassen sich Befehle ausführen. Viele moderne Programme verfügen daüber hinaus über eine Drag & Drop-Funktion (siehe →Drag & Drop): Hält man nach der Markierung eines Objekts die linke Maustaste gedrückt, besteht die Möglichkeit, durch Ziehen des Mauszeigers das Objekt an einer anderen Stelle zu platzieren.

MBit

MBit (Abk. f. Megabit) ist eine Maßeinheit für die Informationsmenge und →Speicherkapazität. 1 MBit = 1.024 →KBit = 1.048.576 →Bit.

Mbps

Mbps (Abk. f. **M**ega**b**it **p**ro **S**ekunde) ist eine Maßeinheit für die →Datentransferrate. 1 Mbps = 1024 →bps

MByte

MByte oder **MB** (Abk. f. Megabyte) ist eine Maßeinheit für die Informationsmenge und →Speicherkapazität. 1 MByte = 1.024 →KByte = 1.048.576 →Byte.

MCGA (**M**ulti**C**olour **G**raphic **A**rray)

MCGA (Abk. f.) ist ein veralteter →Grafikstandard, der bei einer →Auflösung von 640 x 480 Bildpunkten mit 16 Farben und bei 320 x 200 Bildpunkten mit 256 Farben arbeitete. Bei modernen Grafikkarten sind heute wesentlich höhere Auflösungen mit mehr Farben möglich, doch der MCGA-Modus hat häufig als eine mögliche Betriebsart unter →DOS von heutigen →Grafikkarten überlebt und wird z. B. von DOS-basierten Computerspielen verwendet.

MCI (**M**edia **C**ontrol **I**nterface)

MCI (englische Abk. f. „Medien-Kontroll-Schnittstelle") ist die Bezeichnung für eine herstellerunabhängige und systemübergreifende Softwareschnittstelle (siehe →API). Diese wurde in Zusammenarbeit der Firmen →Microsoft und →IBM als Standard für die Nutzung multimedialer Hardwarekomponenten (siehe →Multimedia, →Hardware) wie →Soundkarte, →CD-ROM-Laufwerk und →Overlay-Karte entwickelt.

MCI WorldCom

Das amerikanische Unternehmen MCI WorldCom, entstanden aus der Fusion der beiden namensgebenden Firmen, gehört neben AT & T zu den größten, weltweit operierenden Telekommunikationsfirmen überhaupt. Der Umsatz betrug 1998 über 30 Milliarden US $ und nach eigenen Angaben werden ca. 40 % des weltweiten Internetverkehrs über die Datennetze von MCI WorldCom übertragen.

Der deutsche Sitz von MCI WorldCom liegt in Frankfurt/Main, der weltweite Hauptsitz in Jackson, Mississippi (USA), von wo aus die weltweiten Kommunikationsdienstleistungen koordiniert werden. Für den Internetgeschäftsbereich gibt es eine eigenständige Tochterfirma, die sich UUnet nennt und insbesondere in Deutschland einer der führenden →Internetprovider ist (weitere Infos siehe →UUnet). Weltweit ist UUnet der größte Internetprovider überhaupt und bietet Dienstleistungen mit einem kompletten Spektrum für Privatleute bis Großfirmen an.

MCI WorldCom wird seine Position auf dem deutschen Markt in Zukunft noch stark ausbauen, was sich Anfang 1999 z. B. schon durch die Inbetriebnahme des zweiten eigenen Glasfaser-Citynetzes in Düsseldorf zeigte (nach Hamburg). Geplant sind u. a. weitere Citynetze in Berlin, Köln, München und Stuttgart. Derzeit richten sich daraus resultierende Angebote aber nur an Geschäftskunden.

Die deutsche Service-Hotline von MCI WorldCom ist 01803/118811, weitere Informationen findet man außerdem im Internet unter *www.wcom.de*.

MD (Mini Disc, Make Directory)

1) MD ist die englische Abk. f. **M**ini **D**isc. Gemeint ist der von Sony entwickelte, wieder beschreibare 2,5-Zoll-Datenträger für Audio-Aufnahmen im Hi-Fi-Bereich. Weitere Informationen siehe →Mini Disc und →ATRAC.

2) MD ist ein interner DOS-Befehl (→*Command.com*) und steht für **M**ake **D**irectory, also die Erzeugung eines Verzeichnisses. Der Befehl *md texte* erzeugt im angewählten Verzeichnis also das Unterverzeichnis *texte*.

MDA (Monochrome Display Adapter)

MDA (englische Abk. f. einfarbiger Anzeigeadapter) bezeichnete einen Grafikstandard für →PCs, der ausschließlich für Textdarstellung geeignet war; er arbeitete mit je 80 Zeichen in 25 Zeilen.

MDBMS

Mehrdimensionale **D**aten**B**ank-**M**anagement**S**ysteme – MDBMS – (siehe →Mehrdimensionale Datenbank) legen im Gegensatz zu den derzeit vorherrschenden **R**elationalen **D**aten**B**ank-**M**anagement**S**ystemen – RDBMS – (siehe →Relationale Datenbank) ein besonderes Augenmerk auf die mehrfachen Dimensionen eines →Attributs und ermöglichen so präzisere Informationen für den betrieblichen Entscheidungsprozess.

MDRAM (Multibank DRAM)

MDRAM (Abk. f. Multibank →DRAM)ist eine besondere Technologie zur Herstellung von DRAM-Bausteinen für den →Arbeitsspeicher des →PCs oder den Grafikspeicher auf einer →Grafikkarte. Diese Technik bietet neue Ansätze durch eine Aufspaltung des Speichers in eine Vielzahl von 32 KByte großen Speicherbänken, die einzeln getestet und passend zusammengeschaltet werden können. Neben einer hohen Ausbeute und der Möglichkeit zur Realisierung angepasster Speichergrößen bietet MDRAM durch eine ausgeklügelte Interleave-Technik (siehe →Interleaving) eine Beschleunigung des Datentransfers. MDRAMs wurden besonders für die mittlerweile veralteten Grafikkarten mit dem Grafikprozessor ET6000 verwendet und ermöglichten diesen Karten eine ungewöhnlich hohe Performance.

Megabit

Megabit (MBit) ist eine Maßeinheit für die Informationsmenge und →Speicherkapazität. 1 MBit = 1.024 →KBit = 1.048.576 →Bit.

Megabit-Chip

Als Megabit-Chip bezeichnet man einen DRAM-Chip (siehe →DRAM, →Chip), der eine →Speicherkapazität von einem →Megabit aufweist.

Megabyte

Megabyte (Kurzform MByte oder MB) ist die Maßeinheit für die Informationsmenge und →Speicherkapazität. 1 MByte = 1.024 →KByte = 1.048.576 →Byte.

Die Größenangabe Megabyte wird häufig falsch eingesetzt, um gerade bei Datenträgern mit zu hohen Werten „werben" zu können. Grundlage der Verwirrung ist, dass Megabytes manchmal nicht nur nach dem (korrekten) →binären, sondern dem (falschen) →dezimalen Zahlensystem gemessen werden. Nach dem binären System ist ein Megabyte gleich 1.024 KByte und damit 1.048.576 Byte (1.024 x 1.024). Oder anders ausgedrückt: 1 KByte sind nicht 1.000 Byte (nach dem dezimalen System), sondern eben 2 hoch 10 Byte; und 2 hoch 10 sind 1.024 und eben nicht 6.000. Um bei der Dimension zu bleiben: Wenn nun ein Hersteller die Größe seines Datenträgers mit 1048 (dezimalen) KByte angeben würde, so entspricht dies auf dem PC tatsächlich nur 1024 (binären) KByte. Die falsche dezimale Angabe ist also irreführend zu groß angegeben. Bei Verwendung der MByte-Dimension sind die Unterschiede noch deutlicher.

Als Faustregel kann man sich merken, dass bei der korrekten, binären Verwendung von KByte, MByte und GByte immer kleinere Werte herauskommen, also wenn man Tausend, eine Million oder eine Milliarde Byte meint (also dezimale Potenzen verwendet). Viele Hersteller geben die Größe ihrer Datenträger nur zu gern in dezimalen Potenzen z. B. als Million Byte an, was beim Umrechnen auf die binären „Mega"-Byte eben einen deutlich kleineren Wert ergibt. Typisches Beispiel sind die so genannten 640er →MO-Laufwerk-Medien, die in Wirklichkeit nur rund 600 MByte nutzbaren Speicherplatz haben. Den korrekten, binären Megabyte-Wert kann man normalerweise jedoch recht schnell korrigieren, indem man die angegebenen dezimalen Werte zweimal durch 1,024 teilt.

Mehrdimensionale Datenbank [multi dimensional data base]

Seit jeher hat jedes →Attribut einer →Datenbank mehrere Dimensionen. So hat z. B. der Umsatz Bezug zu einen bestimmten Produkt, zu einem Verkaufsgebiet, zu einem bestimmten Zeitraum usw. Bei der Datenmodellierung für eine →relationale Datenbank werden diese jedoch als →Redundanzen in den Hintergrund gestellt. Neuere Entwicklungen mehrdimensionaler Datenbanken und mehrdimensionaler DBMS (MDBMS) legen jedoch ein besonderes Augenmerk auf die Dimensionen und ermöglichen so präzisere Informationen für den betrieblichen Entscheidungsprozess.

Mehrfachrufnummer (Multiple Subscriber Number)

Relativ selten verwendete Bezeichnung für die Abkürzung MSN, die im ISDN-Netz verwendeten Telefonnummern zur Kennzeichnung eines angeschlossenen Endgeräts. Für weitere Informationen siehe →MSN, →EAZ und →ISDN.

Mehrfrequenzbildschirm

Mehrfrequenzbildschirme können aufgrund ihres technischen Aufbaus mehrere unterschiedliche Horizontal- und →Bildwiederholfrequenzen realisieren. Im einfachsten Fall müssen diese Frequenzen eingestellt werden (z. B. am Gerät oder durch ein Programm), besser sind jedoch so genannte →Multiscan-Monitore, die sich automatisch auf beliebige Frequenzen (innerhalb ihrer Leistungsgrenzen) einstellen können.

Mehrfrequenzwahl-Verfahren [tone dialing]

Abk. **MFV**. Andere Bezeichnung für das moderne **Tonwahl-Verfahren**, bei dem im Telefonnetz Nummern durch Tonsignale unterschiedlicher Frequenz gewählt werden. Weitere Informationen siehe →Tonwahl.

Mehrgeräteanschluss

Anschlussform an das digitale Telefonnetz →ISDN. Weitere Informationen und Vergleich mit anderen Anschlussarten siehe →ISDN-Anschlussarten.

Mehrplatzbetrieb

Beim Mehrplatzbetrieb arbeiten Benutzer, die mit entsprechender →Peripherie (Monitor und Tastatur) ausgestattet sind, an lediglich einem Rechner mit verschiedenen Programmen. Häufig wird dafür das Betriebssystem →UNIX eingesetzt (siehe →Multiuser).

Mehrplatzsystem

Ein Mehrplatzsystem ist ein System (häufig ein Abteilungsrechner) inklusive der entsprechenden →Peripherie (Monitore und Tastaturen), an dem unter einem geeigneten →Betriebssystem (siehe →Multiuser) im →Mehrplatzbetrieb gearbeitet werden kann.

Mehrzweckregister

Ein Mehrzweckregister ist ein bestimmtes Register in einem →Prozessor oder im →Arbeitsspeicher, das im Gegensatz zu den normalen Registern für unterschiedliche Aufgaben jeweils anders konfiguriert werden kann.

Meldung [message, report]

Die Ausgabe einer Information zum Betriebszustand des Computersystems an den Benutzer nennt man Meldung. Dabei kann es sich um eine Meldung von der →Hardware, vom →Betriebssystem oder von einem Anwendungsprogramm handeln. Im Allgemeinen wird eine Meldung bei Störungen der Hard- oder der Software ausgegeben, um dem Benutzer Hinweise zu möglichen Risiken und die Möglichkeit zur Behebung von Fehlern zu geben.

Memory protection [Speicherbereichsschutz]

Memory protection ist eine notwendige Funktion der →Speicherverwaltung, die dafür sorgt, dass Programme nicht auf bereits belegte Speicherbereiche zugreifen.

Memory-Effekt [memory effect]

Nur beim Nickel-Cadmium-(NiCd) →Akku tritt der so genannte Memory-Effekt auf, der immer dann entstehen kann, wenn der Akku vor seiner vollständigen Entleerung bereits wieder (auf)geladen wird. In dieser Situation entstehen kleine Kristalle auf der Elektrode. Wird dieser Vorgang häufig wiederholt, so gruppieren sich die Kristalle Schicht um Schicht auf der Elektrode, wodurch der Akku seine Leistungsfähigkeit einbüßt. Die Spannungsdifferenz kann bis zu 300 mV betragen, sodass sehr früh die so genannte Abschaltspannung des Geräts unterschritten wird. Diesen Memory-Effekt kann man nur verhindern, wenn der Akku vor jedem Ladevorgang entladen worden ist.

Menü [menu]

Unter einem Menü versteht man eine Zusammenstellung von Befehlen und Optionen in einer Liste, die zur Bedienung von Programmen verwendet wird. Menüs werden heute zumeist in eine →Menüleiste integriert und sind dort über themenbezogene Oberbegriffe abrufbar. Die Befehlsliste eines Menüs wird meist durch →Anklicken mit einer →Maus oder auch über einen Tastaturbefehl (Menübefehl) geöffnet.

Der am häufigsten verwendete Typ ist dabei das so genannte Dropdown- oder →Pulldown-Menü, bei dem die Liste nach unten herunterklappt. Die aufgeführten Menübefehle lassen sich anschließend mit der Maus oder über Tastaturkürzel aktivieren. In modernen Anwendungsprogrammen werden zunehmend auch kontextsensitive Menüs eingesetzt, die sich durch Anklicken eines Objekts mit der rechten Maustaste aktivieren lassen. Die Bedienung von Programmen mit Hilfe von Menüs hat sich insbesondere im Zuge der starken Verbreitung von MS-Windows durchgesetzt.

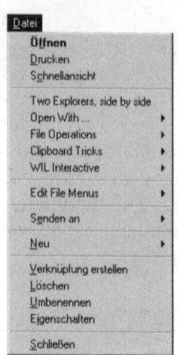

Das Pulldown-Menü Datei findet sich in jedem Windows-konformen Programm

Menüleiste [menu bar]

Die Menüleiste stellt eine Zusammenfassung von →Menüs dar. Sie befindet sich meist am oberen oder am unteren Bildschirmrand. Durch das Anwählen eines Menünamens (durch →Klicken mit der →Maus oder durch Drücken einer Tastenkombination) öffnet sich das Menü (ein →Pulldown-Menü oder ein →Popup-Menü), sodass man Kommandos oder Befehle ausführen bzw. ein weiteres Menü oder einen Dialog aufrufen kann. Eine Variante der Menüleiste stellt die Symbolleiste dar, in der die Menüpunkte oder Befehle durch Symbole dargestellt werden. Die Menüleiste ist das zentrale Bedienungsinstrument einer grafischen →Benutzeroberfläche.

Merced

Merced ist der Codename für den noch in der Entwicklung befindlichen 64-Bit-Prozessor von →Intel, der – wie Anfang Oktober 1999 bekanntgegeben – in der endgültigen Version aber **Itanium** heißen wird. Der Prozessor soll Mitte 2000 auf den Markt kommen und erst mal nur für hochwertige →Server verwendet werden. Normale Desktop-Systeme werden dagegen vorerst weiter auf dem →Pentium III und →Celeron von Intel basieren. Der Merced wird in Kooperation mit →Hewlett Packard hergestellt und soll neue Leistungsdimensionen bei Prozessoren erschließen. Microsoft wird zum Merced wahrscheinlich auch eine 64-Bit-Version von →Windows NT herausbringen.

Merge [verbinden, verschmelzen]

Merge, das Zusammenfügen von →Daten oder →Dateien, ist eine wichtige Funktion vieler Programme. Sie wird z. B. bei der →Serienbrieffunktion eingesetzt.

Merkmalanalyse [character recognition]

Die Merkmalanalyse ist neben der →Mustererkennung das wichtigste Verfahren zur optischen Erkennung von Buchstaben durch Computer (siehe →OCR). Die Merkmalanalyse ist zunächst einmal die Suche nach charakteristischen Formen von Buchstaben. Typisch für das Vorgehen ist die Klassifizierung in einem stufenweisen Prozess: Zunächst erfolgt z. B. die Unterscheidung in offene (C, E, F), geschlossene (B, D, O) und Mischformen (A, P, R).

Anschließend erfolgt eine feinere Unterteilung. Der Buchstabe p kann zum Beispiel charakterisiert werden als geschlossener Linienzug mit einer links angefügten senkrechten Linie mit Unterlänge; der Buchschabe H lässt sich unverwechselbar an den beiden senkrechten Linien mit voller Höhe und einer verbindenden waagerechten Linie erkennen. Die Trefferquote der OCR-Programme ist stark von der Eindeutigkeit der verwendeten Merkmale sowie von deren Empfindlichkeit gegenüber einer Degeneration der Zeichen abhängig. Kritisch ist insbesondere das Auftrennen oder Zusammenwachsen von Elementen: Ein n kann schnell als a oder o angesehen werden, wenn die eine →Serife die andere berührt, ein e wird leicht zu einem c.

Message

Message ist die englische Bezeichnung für →Meldung, Nachricht (siehe auch →Mail). Die Abkürzung für Message ist msg.

Messwerterfassung [data acquisition]

Im Rahmen der Messwerterfassung werden zu messende physikalische Größen mit geeigneten Aufnehmern (den →Sensoren) →analog erfasst und als elektrische Signale weitergegeben, gegebenenfalls verstärkt und mit einem →Analog-Digital-Wandler in digitale Werte umgewandelt. Anschließend können diese →Daten im Computer weiterverarbeitet, ausgegeben oder zur Steuerung verwendet werden. Die Messwerterfassung ist somit eine Phase der Steuerung technischer Prozesse durch den Computer.

MFlops (Million Floating point operations per second)

Die Maßeinheit MFlops (englische Abk. f. „Millionen Fließkomma-Operationen pro Sekunde") gibt die Leistungsfähigkeit eines Computers in Bezug auf Fließkommaoperationen an (siehe auch →GFlops).

MFM (Modified Frequency Modulation)

MFM (modifizierte Frequenzmodulation) ist ein veraltetes Aufzeichnungsverfahren bei →Festplatten unter 40 MByte und wird heute nur noch bei Disketten eingesetzt. Bei Festplatten wurde das MFM-Verfahren durch verschiedene Varianten des RLL-Verfahrens (siehe →RLL) abgelöst.

MFV

MFV ist die Abk. f. Mehrfrequenzwahl-Verfahren. Es ist eine alternative Bezeichnung für das so genannte Tonwahl-Verfahren, das beim Telefonieren die Nummern über unterschiedliche Tonfrequenzen wählt. Weitere Informationen siehe →Tonwahl-Verfahren.

MHz (Megahertz)

MHz ist die Abkürzung für Megahertz, ein Vielfaches der Einheit für die Frequenz, das →Hertz. 1 MHz = 1.000.000 /s (z. B. Prozessor-Zyklen pro Sekunde).

Microchannel

Der Microchannel (MicroChannel Architecture oder auch kurz einfach MCA) ist ein von →IBM mit der Computerserie →IBM-PS/2 eingeführtes und mittlerweile aber völlig veraltetes Bussystem. Gegenüber dem ISA-Bus (siehe →ISA) erfuhr Microchannel eine nicht unbeträchtliche Überarbeitung und Leistungssteigerung. Dieser Vorteil wurde allerdings durch fehlende Kompatibilität zum bestehenden ISA-Bus erkauft. Die Verwendung des Busses für andere Hersteller war zudem mit erheblichen Lizenzgebühren an IBM verbunden. Auf diese Weise sollten Nachbauten erschwert werden. IBM selbst hat sich längst vom MCA-Bus verabschiedet und verwendet in seinen PCs die üblichen Bussysteme (→ISA, →PCI, →AGP).

Micrografx

Der texanische Softwarehersteller Micrografx ist Spezialist für Grafikprogramme. Die Firma wurde in den 80er Jahren mit dem Vektorzeichen-Programm Designer für Windows groß, verlor dann aber gegen den Hauptkonkurrenten →Corel deutlich an Marktbedeutung. Mit dem Umstieg von Designer 3.1 auf Designer 4.0 verlor Micrografx viele Kunden, da das ursprünglich sehr stabile und schnelle Programm in der neuen Version deutlich langsamer, schwerer zu bedienen und fehlerhafter wurde. Mit der ABC-Grafics Suite (bestehend aus den 32-Bit-Versionen des Designer, dem Bildbearbeitungsprogramm Picture Publisher und dem ABC Flowcharter) konnte Micrografx diese Probleme zwar beheben, aber eine verstärkte Marktposition konnte trotz attraktivem Preis und hoher MS-Office-Kompatibilität vorerst nicht erreicht werden. Ende 1998 kündigte die Firma den konsequenten Abschied von Produkten für den niedrigpreisigen Consumer-Markt an und wird zukünftig nur noch hochpreisige bzw. hochwertige Grafikprogramme für Geschäftsanwendungen erstellen. Die neue Grafik-Produkt-Palette wird unter dem Oberbegriff „iGrafx" geführt. Wer an weiteren Informationen über Micrografx oder an direktem Kontakt zur Firma interessiert ist, dem sei die Internetadresse **www.micrografx.com** ans Herz gelegt.

Microsoft

Das US-Softwareunternehmen Microsoft mit Sitz in Redmond wurde 1974 von Bill →Gates und Paul Allen gegründet. Eines der bekanntesten Produkte war das →Betriebssystem →MS-DOS, das 1981 mit dem →IBM-PC (unter dem Namen →PC-DOS) ausgeliefert wurde. Es folgten weitere Produkte – die Benutzeroberfläche →Windows, die Textverarbeitung →Word für Windows, die Tabellenkalkulation →Excel, das Betriebssystem →Windows NT usw. –, die allesamt dazu beigetragen haben, dass sich Microsoft zum weltweiten Marktführer im Bereich der PC-Software entwickelte und Bill Gates mit einem geschätzten Privatvermögen von mehreren Milliarden Dollar zum reichsten Mann Amerikas wurde.

Mit →Windows 95 brachte Microsoft eine grundlegende Überarbeitung von DOS und Windows als 32-Bit-Betriebssystem heraus, das im Juni 1998 schließlich in einer aktualisierten Version als Windows 98 erschien. Insbesondere die gelungene Benutzeroberfläche von Windows 95 bzw. seinem Nachfolger →Windows 98 hat zu seinem Erfolg beigetragen. Ende 1996 wurde diese Benutzeroberfläche auch auf →Windows NT 4.0 und das Betriebssystem →Windows CE für tragbare Minirechner (→Handheld-PC) übertragen. Auch das neueste Produkt von Microsoft, →Windows 2000, basiert auf der Benutzeroberfläche von Windows 95.

Neben Software wird Microsoft verstärkt auch im Hardwarebereich aktiv (u. a. mit der Microsoft-Maus, einer ergonomischen →Tastatur (Natural Keyboard) oder einem →Joystick (SideWinder). Gleichzeitig übernimmt Microsoft durch die Festsetzung von Standards bzw. die gezielte Unterstützung bestimmter Hardware in seinen Betriebssystemen eine regulierende Stellung auf dem Markt ein. So hat das Unternehmen z. B. mit den PC97- und PC98-Standards erstmals komplette Richtlinien für die Ausstattung moderner PCs gegeben, die laufend für die aktuelle, nächste Rechnergeneration überarbeitet werden. Ähnliches versucht Microsoft auch im Internet, wo es probiert, neue Standards bei →HTML durchzuführen oder eigene Funktionen wie →ActiveX gegen →Java zu positionieren.

Die zunehmende Vormachtstellung von Microsoft ist mittlerweile auch der amerikanischen Regierung bzw. dem Justizministerium (DOJ) aufgefallen. Durch richterliche Beschlüsse wurden dem Unternehmen z. B. bei der Integration des →Internet Explorer in das Betriebssystem →Windows Grenzen gesetzt. Möglicherweise wird es in Zukunft (Stand Herbst 1999) auch zu kartellrechtlichen Konsequenzen bis hin zu einer Aufteilung des Konzerns kommen.

Weitere Informationen über Microsoft und seine Produkte, Support-Informationen und viele kostenlose Download-Angebote finden Sie im Internet unter der Adresse *www.microsoft.com*. Die europäischen, nationalsprachigen Angebote von Microsoft ruft man jedoch besser über die Spiegel-Server unter der Adresse *www.eu.microsoft.com* auf. Der deutschsprachige Service ist unter *www.eu.microsoft.com/germany* zu erreichen.

MIDI (Musical Instruments Digital Interface)

MIDI (englische Abk. f. „digitale Schnittstelle für Musikinstrumente") ist ein Standard, der die Kommunikation zwischen elektronischen Musikinstrumenten mit Tongenerator (z. B. Synthesizer) untereinander und auch mit dem →Computer über digitale Steuerdaten definiert. Dabei wird vom MIDI-Standard nicht nur die Funktion der Geräte beschrieben, sondern auch die Art und die Übertragung von instrumentalen Klangereignissen. Klanginformationen werden in einer Breite von 8 Bit als MIDI-Nachrichten übertragen. Sie kodieren z. B. die Klangeigenschaften, die Lautstärke bzw. Anschlagstärke sowie Anfangs- und Endpunkt des Signals. Im Gegensatz zu herkömmlichen, digitalen Toninformationen, wie z. B. auf einer →CD, werden hier also nicht die eigentlichen Musikdaten bzw. digitalisierten Klänge übertragen, sondern wesentlich kompaktere Steuerdaten (MIDI-Kanal, Tonhöhe, Tondauer, Lautstärke etc.), die dann etwa einen MIDI-Tongenerator (Synthesizer) dazu bringen, den geforderten Klang abzuspielen. MIDI kann insgesamt zur Übertragung, Aufzeichnung wie auch zur Erzeugung von Klängen verwendet werden. Bei der Tonerzeugung wird auf gespeicherte **Samples** zurückgegriffen, die kurze Ausschnitte (Proben) eines natürlichen Klangs (z. B. eines Instruments) sind und in den so genannten MIDI-Kanälen organisiert werden. Aus diesem Sample können dann durch Berechnung bzw. Abwandlung viele weitere Klänge erzeugt werden. Die Klangqualität von MIDI bei der Tonerzeugung hängt also ganz wesentlich auch von der Qualität der Samples ab.

Auf dem Computer findet man MIDI bzw. MIDI-Samples zumeist auf →Soundkarten. Im so genannten →Wavetable, auch als Wavetable-Board nachrüstbar, sind die MIDI-Samples gespeichert. Normalerweise werden 0,5-4 MByte Sample-Speicher eingesetzt. Besitzt eine Soundkarte keinen Wavetable-Speicher, so können MIDI-Klänge nur künstlich und mit schlechter Qualität über den FM-Synthesizer der Karte erzeugt werden. MIDI-Musik wurde früher bei vielen Spielen v. a. unter DOS zur Erzeugung instrumentaler Hintergrundmusik verwendet. Hauptgründe waren die geringe Prozessor-Belastung bei der Wiedergabe und natürlich der sehr geringe Speicherplatz der Soundinformationen im Vergleich zu normalen digitalen Klängen nach dem →PCM-Verfahren. Bei neueren Spielen findet man immer weniger MIDI-Klänge, da durch den Einsatz von →CD-ROMs und →DVD der Speicherplatz nicht mehr so begrenzt ist und auch die Prozessorbelastung mit modernen Prozessoren nicht so kritisch ist. Eine Soundkarte mit MIDI-Wavetable-Funktion zu kaufen lohnt daher eigentlich nur noch für Musiker. Für eine professionelle Anwendung, wie das Komponieren am PC oder der Notensatz auf Basis über ein Masterkeyboard, über einen Blaswandler oder über ähnliche Geräte eingespielter Noten, führt an MIDI jedoch kein Weg vorbei.

Externe MIDI-Geräte, z. B. ein Keyboard oder ein Synthesizer, werden mit dem PC über eine MIDI-Schnittstelle übertragen. Diese findet sich standardmäßig im →Joystick-Anschluss (Gameport) einer Soundkarte integriert. „Echte" Musiker verwenden aber nicht diese meist minderwertigen Anschlüsse auf einer Soundkarte, sondern eine eigene Steckkarte, ein MIDI-Interface. Um externe MIDI-Geräte an den Gameport einer Soundkarte anzuschließen, benötigt man noch ein spezielles, genormtes Kabel, den **MIDI-Adapter** (siehe Abbildung). Bei Verwendung einer echten MIDI-Interface-Karte ist er nicht notwendig.

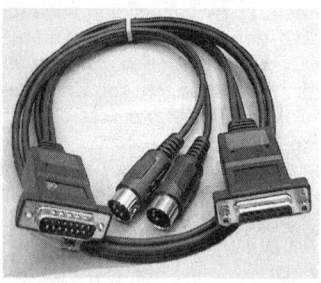

*Über ein solches MIDI-Adapterkabel lassen sich
externe MIDI-Geräte wie Keyboards an die
Soundkarte des PCs anschließen*

Zur Vermeidung von Inkompatibilitäten zwischen verschiedenen MIDI-Geräten wurde **General MIDI** definiert (kurz **GM**), eine Erweiterung des ursprünglichen MIDI-Standards. Hier werden die 128 synthetischen Instrumente des Tongenerators und ein Drumkit genau numerisch definiert und lassen sich selektiv über einzelne MIDI-Kanäle ansprechen. Dabei können auch Steuerbefehle wie Lautstärke, Position, Nachklang oder Ausdruck übertragen werden. Eher nur für Musiker von Bedeutung ist noch **GSMIDI (General Synthesizer)**, eine von der Firma Roland definierte Erweiterung von

General MIDI mit 197 Instrumenten und zehn Drumkits. Für normale Multimedia-Anwendungen oder Spiele ist die GS-MIDI-Erweiterung jedoch von untergeordneter Bedeutung.

Um die MIDI-Funktionen bzw. Klänge auf Soundkarten anzusprechen, braucht ein Programm eine entsprechende Schnittstelle. Neben Hersteller-eigenen und dem so genannten MIDI-Mapper unter Windows hebt sich hier die →**MPU-401**-Schnittstelle der Firma Roland hervor. Sie ist ein v. a. für DOS-Spiele nahezu verbindlicher Standard. Wenn eine Soundkarte keine MPU-401-Schnittstelle hardwaremäßig unterstützt, können DOS-Spiele normalerweise keine MIDI-Klänge abspielen. Windows-Programme brauchen diese Schnittstelle meistens nicht mehr, sie verwenden den MIDI-Mapper, den der jeweilige Windows-Treiber der Soundkarte installiert hat. Über den MIDI-Mapper können die einzelnen MIDI-Samples gezielt angesprochen werden.

MIDI-Kanal [MIDI channel]

Der MIDI-Standard (siehe →MIDI-Standard) verwaltet bis zu 16 MIDI- bzw. Datenkanäle, auf denen Musiksignale von bis zu 16 angeschlossenen Instrumenten angesteuert werden können. Schließt man mehr Instrumente an und verwenden hier z. B. zwei Instrumente den gleichen Kanal, so spielen beide Instrumente gleichzeitig.

Mikrocomputer [micro computer]

Ein Microcomputer ist ein genereller Begriff für Rechner kleiner Bauart, die für einzelne Anwender gedacht sind. Der →PC stellt einen Typ eines Mikrocomputers dar. Das Gegenteil eines Mikrocomputers ist der →Großrechner, wie er z. B. in Rechenzentren verwendet wird.

Mikrofon [microphone]

Das Mikrofon ist ein elektro-akustisches Gerät zur Umwandlung von Schallwellen in elektrische Signale. In dem in altehrwürdigen Telefonen enthaltenen Kontakt- oder Kohlemikrofon bewegen die Schallwellen eine Membran und verdichten damit dahinter liegende Kohlekörner. Der sich dadurch verändernde elektrische Widerstand wird zur Erzeugung von Stromschwankungen benutzt. Für hochwertige Übertragungen, z. B. beim Rundfunk, wird das Kondensatormikrofon verwendet, in dem die Membran mit einer Metallplatte einen →Kondensator bildet.

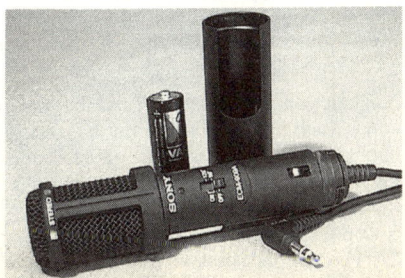

Im Gegensatz zu billigen dynamischen Mikrofonen besitzen hochwertige Mikrofone für den PC einen eingebauten Verstärker, der über eine Batterie gespeist wird

In einem Kristallmikrofon befindet sich ein Kristall, der durch den so genannten piezoelektrischen Effekt mechanische Spannungen in elektrische Spannungen umwandelt. Mikrofone können z. B. an die →Soundkarte angeschlossen werden. Die Aufnahmen können dann mit Hilfe des Computers gespeichert oder bearbeitet werden.

Mikroprozessor [microprocessor]

Ein auf einem →Chip integrierter Schaltkreis (siehe →IC), der die Funktionen eines kompletten →Prozessors enthält, wird Mikroprozessor genannt. Oft beschränkt sich die Bezeichnung – wie beim Begriff Prozessor selbst – auf den Zentralprozessor oder die →CPU eines Rechners. Die für den →PC wichtigsten Mikroprozessoren stammen heute von den Firmen →Intel (die Familie →i80x86), →AMD und →Motorola (die Familie 680x0).

Mikrotypografie

Wie →Makrotypographie eine Bezeichnung aus der Fachsprache der Grafik-Designer. Wenn die Makrotypographie – die Anordnung von Schriften „im Großen" – festgelegt ist, beginnt die Arbeit an der Mikrotypographie beim Schriftenarrangement „im Kleinen". Damit sind Zeilenabstände, Buchstabenabstände (Sprünge), Wortabstände u. Ä. gemeint, aber auch das Einbringen zusätzlicher Leerzeilen, Rasterflächen, Schriftfarben u. Ä.

Millisekunde [millisecond]

Die Millisekunde ist eine Tausendstelsekunde. In Millisekunden wird die Zugriffzeit einer →Festplatte angegeben.

MIME (Multipurpose Internet Mail Extensions)

Der MIME-Standard (englische Abk. f. Vielzweck-Internet-Mail-Erweiterungen) ermöglicht es, an →E-Mails im Internet beliebige binäre Dateien (Grafiken, Sounds, Textdokumente, Tabellen etc.) anzuhängen. Es ist eine Erweiterung des ursprünglichen Internetkodierungsstandards RFC 822 (siehe →RFC) und selbst im **RFC 1521** dokumentiert. MIME kümmert sich dabei nicht nur einfach um die →Kodierung von Mails, sondern unterscheidet auch die Art der Dateianhänge in **7 verschiedene Multimedia-Typen** (text, image, video, audio, message, application, multipart). Diese Information über den MIME-Type einer Datei können dann nicht nur entsprechende Mail-Programme, sondern auch Browser auswerten und so die Datei z. B. direkt beim Empfang mit einem entsprechenden →Plug-In abspielen. Dennoch ist MIME abwärtskompatibel zu alten Mail-Programmen oder Internetrechnern, da diese nur die für sie relevanten Informationen der alten Kodierung auszuwerten brauchen (auswerfen können).

Hintergrund für die Notwendigkeit von MIME ist die Tatsache, dass im Internet für die Übertragung von E-Mails bekanntlich nur der begrenzte **7-Bit**-ASCII-Zeichensatz zur Verfügung steht (siehe →ASCII, →E-Mail und →Kodierung). Daher müssen Mails mit dem üblichen **8-Bit**-Zeichensatz (z. B. bei Verwendung von Umlauten und „ß" im Text) oder mit 8 Bit binären Dateianhängen kodiert werden (→Kodierung). Das heißt nichts anderes, als dass binäre Informationen oder Zeichen aus dem oberen Teil des ASCII-Zeichensatzes in eine eindeutige Sequenzfolge von 7-Bit-ASCII-Zeichen umgewandelt werden. Beispielsweise „ü" in „ue" oder besser „u#", da „ue" nicht wirklich eindeutig reziprok auch „ü" bedeutet. Beim Empfänger wird der Vorgang umgekehrt, also dekodiert. Für die **Sonderzeichen** wird tatsächlich folgende Kodierung verwendet, die bei Problemen dann auch schon mal per Hand (Suchen & Ersetzen) korrigiert werden kann: ä, ö, ü und ß werden als **=E4, =F6, =FC und =DF** dargestellt. Ein weiterer Nebeneffekt der MIME-Kodierung: Zeilen werden automatisch nach **76 Zeichen** umbrochen.

Für die eigentliche Kodierung wird beim MIME-Standard das **Base64-Verfahren** statt des veralteten →UUEncodes verwendet. Base64 ist also nur eine Teilmenge des MIME-Standards, nämlich der Kodierungs-Algorithmus. In manchen Programmen zur Dekodierung von Mails (z. B. WinCode) wird jedoch nur mit diesem Begriff gearbeitet, was oft zur Verwirrung führt. Der Name Base64 rührt daher, weil 64 der 128 Zeichen des für Mails erlaubten 7-Bit-ASCII-Zeichensatzes zur Kodierung der (8-Bit)-Dateien und Texte verwendet werden. Damit reduziert sich der Zeichensatz der resultierenden, kodierten und im Internet verschickten Mails selbst wiederum auf 64 Zeichen (6 Bit). Die Größe einer Mail nimmt durch das Kodieren übrigens je nach Typ um ca. 30-50 % zu. Weitere, vertiefende Informationen über MIME findet man im Internet *http://faqs.colombianet.net/mail/mime-faq/top.html* (die MIME-FAQs) bzw. *http://www.hunnysoft.com/mime* (die MIME-Info-Page). Beide Seiten sind jedoch in Englisch.

Die meisten **E-Mail-Programme** sind in der Lage, Mails automatisch mit MIME zu kodieren bzw. zu dekodieren. In seltenen Fällen übernimmt der Provider oder der Online-Dienst die MIME-Kodierung, wie z. B. →CompuServe bei seiner veralteten, proprietären E-Mail (im WinCIM bzw. CompuServe 3.x/4.x).

> **Tipp:** Probleme mit MIME können entstehen, wenn Sender und Empfänger für die Kodierung mit unterschiedlichen **Zeichensätzen** (**Charsets**) arbeiten. Jedoch bieten nicht alle Mail-Programme die Option, den Zeichensatz einzustellen. Die meisten UNIX-Systeme im Netz arbeiten mit **ISO-8859-1**, ansonsten wird meistens der **US-ASCII**-Zeichensatz verwendet.

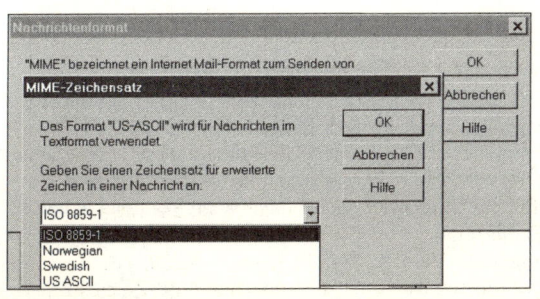

Die Einstellung des MIME-Zeichensatzes (Charset) wird beispielsweise von Microsoft →Exchange bzw. →Outlook und Windows Messaging unterstützt

Mini Disc (MD)

Die Mini Disc ist eine von Sony 1992 eingeführte neue Generation von Geräten für die digitale Aufzeichnung und Wiedergabe von Audio-Informationen. Mini-Disc-Geräte verwenden 2½-Zoll-Disketten mit magnetoopti-schem Aufzeichnungs- und Wiedergabe-Verfahren und sollen zukünftig die herkömmliche Kompaktkassette im Hi-Fi-Bereich ablösen. Die begrenzte Speicherkapazität der Mini Discs wird durch ein verlustreiches Kompressi-onsverfahren, das →ATRAC, ausgeglichen. Erhältlich sind derzeit MDs mit 60 und 74 Minuten Aufzeichnungs-Kapazität. Mini Disc-Geräte gibt es mitt-lerweile in fast allen Größen und Preisklassen. Angeboten werden portable Geräte (Walkman-Ersatz), Autoradio-Kombinationen und hochwertige Ge-räte für die heimische Stereoanlage. Nachdem die Mini Disc erst in Japan und den USA ein großer Verkaufserfolg war, hat der Boom mittlerweile auch in Europa und v. a. Deutschland eingesetzt. Günstige, sehr leistungsfähige Geräte schon ab ca. 400 DM dürften der Hauptgrund dafür sein. Technische Voraussetzung für die mittlerweile hochwertige Klangqualität war aber erst die Einführung von →ATRAC mit der Version 3.5.

Eine typische Mini Disc mit 74 Minuten Aufzeichnungsdauer. Das Medium ist in eine schützende Hülle (Caddy) eingeschlossen

Minitel

Name des französischen Gegenstücks zum deutschen →Btx bzw. →T-Online. Minitel hat eine wesentlich größere Verbreitung, geringere Preise und ist einfacher als T-Online.

Minuskel

Der Begriff Minuskel steht für einen kleinen Buchstaben (siehe →Majuskel).

MIPS (Million Instructions Per Second)

MIPS (englische Abk. f. Millionen Befehle pro Sekunde) ist die Maßeinheit eines Benchmark-Tests, der die Anzahl der in einer Sekunde von der →CPU ausgeführten Befehle angibt (siehe →Benchmark-Test). Ein Vergleich der MIPS-Werte verschiedener Prozessorfamilien kann aufgrund des unter-schiedlichen Befehlssatzes nur zu einer ungenauen Vorstellung von der Leis-tungsfähigkeit führen.

Miro

Der deutsche Hardwarehersteller Miro produzierte bis 1997 Geräte für den Grafik-, Video- und Soundkarten-Markt sowie Telekommunikationsproduk-te (Modems und ISDN-Karten). Einer der wichtigsten Hauptkonkurrenten war →Elsa. Nachdem die Firma die Geschäftsjahre 1995 und 1996 mit Verlusten beenden musste, wurde Anfang 1997 eine starke Neuorientierung des Unternehmens durchgeführt. Das Unternehmen wurde in die unabhängige **Miro Display GmbH** und **Miro Media GmbH** aufgesplittet. Erstere wurde außerdem an den koreanischen Monitorhersteller KDS verkauft, der aber unter dem Label Miro Display auch weiterhin in Deutschland Monitore und v. a. TFT-Displays produziert. Die Miro Media GmbH konzentriert sich ganz auf das Grafik- und Spiele-Karten-Geschäft. Alle anderen Aktivitäten im Soundkarten- oder Modem/ISDN-Kartenbereich wurden komplett eingestellt. Die ehemaligen Miro-Produkte zur →Videobearbeitung wurden von der Firma Pinnacle Systems übernommen, die die meisten Produkte aber noch weiter unter dem Markennamen „miroVIDEO" vertreibt. Beispiele dafür sind das sehr interessante miroVIDEO Studio 400, die bekannte miroVIDEO DC30 oder die →Fernsehkarte miroVIDEO PCTV. Sie können die Miro-Nachfolge-Firma Miro-Displays unter *www.mirodisplays.de* im Internet erreichen; das Angebot von Pinnacle Systems finden Sie unter *www.pinnaclesys.de*.

MIT (Massachusetts Institute of Technology)

Das 1961 gegründete MIT ist die renommierteste und bekannteste technische Universität der USA. Studenten und Professoren des MIT haben wesentlichen Anteil an den entscheidendsten Entwicklungen auf dem Gebiet der →Hardware und →Software von Computersystemen unterschiedlichster Klassen. Einer der bekanntesten Persönlichkeiten und Publizisten des MIT ist Nicholas Negroponte.

Mitbenutzer

Ein Mitbenutzer ist ein Anwender von →T-Online etc., der kein Vertragsverhältnis mit der Telekom abgeschlossen hat, aber von einem T-Online-Teilnehmer für die Benutzung autorisiert wurde. Für jeden eingetragenen Mitbenutzer wird eine zusätzliche Gebühr von der Telekom erhoben.

Mixed-mode CD

Die Mixed-mode CD ist eine →CD-ROM nach dem klassischen Standard, die sowohl Audio- als auch Datenaufzeichnungen enthalten kann.

M-JPEG

M-JPEG ist ein Kompressions-Verfahren, das in Verbindung mit der →Videobearbeitung genutzt wird. Im Gegensatz zum →MPEG wird bei M-JPEG jedes digitalisierte Bild komprimiert und abgespeichert. Siehe auch →JPEG und →Datenkomprimierung.

MMU (Memory Management Unit)

Die MMU (englische Abk. f. Speicher-Management-Einheit) ist eine Hardwareeinheit, zumeist im →Mikroprozessor integriert, die die →Speicherverwaltung entsprechend dem Paging-Verfahren (siehe →Paging) unterstützt. Seit dem 386er enthalten die Prozessoren der Familie →Intel 80x86 eine MMU.

MMX (MultiMedia eXtension)

MMX ist die größte Architektur-Erweiterung für Intel-Prozessoren seit dem 386er-Prozessor Ende der 80er Jahre (→Intel, →i80x86). Die Abkürzung steht wohl für MultiMedia eXtension, obwohl der Hersteller Intel dies offiziell nicht bestätigt, da ansonsten der Begriff nicht rechtlich geschützt werden könnte. Die MMX-Technologie ist eine Erweiterung des Prozessor-Befehlssatzes, der insbesondere zur schnelleren Bearbeitung von Bild-, Sound- und Videodateien gedacht ist. Sie wurde als Erstes im Januar 1997 in Form der neuen Pentium-Prozessoren (Codename P55C) auf dem Markt eingeführt und danach auch im →Pentium II übernommen. Der neue Pentium P55C wurde aber nicht nur hinsichtlich MMX überarbeitet, sondern bietet auch durch weitere Eigenschaften (verdoppelter Cache, überarbeitete Sprungvorhersage-Einheit, vier statt zwei Schreibpuffer etc.) eine gegenüber dem Vorgänger deutlich verbesserte Leistung. Für weitere Informationen zum P55C und dem MMX-Overdrive-Pentium siehe →Pentium.

Die verbesserte Performance von MMX wird durch 57 neue Befehle erreicht, die die bei Sound- und Bilddateien oft auftretenden 8 oder 16 Bit langen Daten über acht neue MMX-Register mit je 64 Bit Breite bearbeiten können. Wesentlich für die erhöhte Geschwindigkeit bei der Bearbeitung solcher Daten ist die Möglichkeit der Parallelverarbeitung, einzelne Befehle können gleichzeitig auf mehrere Daten angewendet werden (SIMD = Single Instruction Multiple Data). Ein MMX-Prozessor kann so z. B. mehrere Pixel einer Grafik gleichzeitig mit demselben Befehl bearbeiten. Um die verbesserte Performance für die Bildausgabe auch entsprechend umsetzen zu können und die Arbeitsteilung zwischen Prozessor und Grafikkarte zu optimieren, hat Intel außerdem einen neuen Hochgeschwindigkeitsbus für Grafikkarten eingeführt, den →AGP (Accelerated Graphics Port). AGP und MMX haben direkt jedoch nichts miteinander zu tun, sondern sind nur zwei Entwicklungen von Intel, um in Zukunft v. a. im Unterhaltungsbereich (Computerspiele) leistungsfähigere Rechner anbieten zu können.

Allein die Anwesenheit eines MMX-Prozessors macht jedoch noch keine normale Software schneller. Nur wenn die Softwareentwickler auch tatsächlich durch relativ aufwendige Programmierung die MMX-Befehle nutzen, kann auch tatsächlich ein Geschwindigkeitsvorteil um den Faktor 4-5 erreicht werden. Eines der ersten Programme, das MMX-Befehle benutzt, war die Version 4.0 der Bildbearbeitung Adobe Photoshop (→Adobe). Aber auch Microsoft hat eine MMX-Unterstützung in die Direct 3-D-Komponenten von →DirectX ab der Version 3.0 eingebaut. Da die MMX-Befehle über die Fließkomma-Einheit des Prozessors (FPU) abgewickelt werden, stehen sie allerdings quasi in Konkurrenz zu herkömmlichen arithmetischen Berechnungen. Der Entwickler muss bei paralleler Benutzung beider Funktionen die Software also sorgsam abstimmen, um nicht durch Konkurrenz der beiden Verfahren die möglichen Geschwindigkeitsvorteile wieder zu verlieren.

In der Praxis hat sich bis jetzt jedoch gezeigt, dass MMX nicht viel mehr als ein Werbegag war und ist. Es gibt kaum Programme, die speziell nur auf MMX-Prozessoren laufen und die meisten Programme verwenden MMX-Routinen für nur ganz wenige Funktionen. Die Leistungssteigerung in der

Praxis z. B. bei Computerspielen liegt außerdem deutlich unter dem, was werbemäßig versprochen wird. Eine schnelle →3-D-Grafikkarte mit Voodoo-II-Chipsatz bringt z. B. wesentlich größere Verbesserungen bei der Bildqualität und Geschwindigkeit. Außerdem behindert sich MMX gerade bei Computerspielen durch die Konkurrenz zur FPU so stark, dass unterm Strich kaum ein Vorteil herauskommt. Das scheint auch Intel bewusst gewesen zu sein, denn mit dem →Pentium III wurde eine Erweiterung der SIMD-Funktionen um zusätzliche 70 Befehle eingeführt. Die Bezeichnung dafür ist nicht wie ursprünglich mal geplant MMX2, sondern **ISSE** (Internet Streaming SIMD Extensions). Wie auch bei MMX gilt, dass die Vorteile von ISSE nur dann zur Geltung kommen, wenn man entsprechende Software verwendet. Unter Windows 9x ist dies durch die →DirectX-Schnittstelle ab der Version 6.1 zumindest grundsätzlich möglich. Problematisch ist aber, dass der Intel-Konkurrent AMD mit 3D-Now! einen Konkurrenz-Standard zu ISSE schon ein halbes Jahr vor Intel auf dem Markt eingeführt hat und sich nun Softwarehersteller und Anwender mit beiden Standards rumschlagen müssen (→AMD K6-2/III). Wirkliche Vorteile von den neuen Befehlen haben sowieso hauptsächlich nur diejenigen Anwender, die moderne Computerspiele einsetzen. Normale Anwendungs- und Internetprogramme können dagegen nur wenig Vorteil aus den Funktionen ziehen und tun es häufig noch nicht einmal.

Mnemonic code [Mnemonischer Kode]

Mnemonic code ist die Bezeichnung für einen →Code, in dem vorwiegend Ausdrücke verwendet werden, deren Bedeutung durch die verwendete Buchstabenfolge leicht behalten werden kann. Man baut sich durch die Verwendung eines mnemonischen Codes also Eselsbrücken. Ein typisches Beispiel für einen mnemonischen Code ist der Assemblercode, bei dem die Prozessorbefehle durch mnemonische Buchstabenkürzel bezeichnet werden (vergleiche →Programmiersprache).

Mnemonik [mnemonic]

Die Mnemonik oder Mnemotechnik ist eine Technik, die Lerninhalte für den Menschen schneller zugänglich machen soll. Die **Mnemotechnik** beruht auf der Erkenntnis, dass die Leistung des menschlichen Gehirns durch Assoziation erhöht werden kann. Im Bereich der Programmierung ist mit Mnemonik gemeint, dass für einen Befehl der Maschinensprache ein Begriff geprägt wird, der für die Programmierung in Assemblercode leicht behalten werden kann (vergleiche →Programmiersprache).

Mnemonische Adresse

Bei der Programmierung werden häufig mnemonische oder symbolische Adressen verwendet (z. B. Namen für Variablen, Felder), die sich aufgrund ihrer Bezeichnung auf ihren Zweck zurückführen lassen. Diese Form der Bezeichnung nennt man mnemonische Adressierung (siehe →Mnemonik und →Programmiersprache). So kann man z. B. ein Feld, das die Vornamen von Personen aufnehmen soll, mit VNAME bezeichnen.

MNP (Microcom Network Protocol)

Hinter der Bezeichnung MNP steht eine Reihe von Übertragungsprotokollen (siehe →Übertragungsprotokoll) für die →Datenfernübertragung über →Modems, die durch die Firma Microcom entwickelt und von anderen Herstellern als Industriestandard übernommen wurden. Die MNP-Standards haben später Eingang in die Empfehlungen des →CCITT gefunden. Einige Bedeutung haben heute noch MNP 4 zur Erkennung und Behebung von Fehlern und MNP 5 mit zusätzlicher →Datenkompression. Die Datenkompression erhöht die effektive Übertragungsgeschwindigkeit (siehe →Datendurchsatz) drastisch. Bereits komprimierte Dateien werden erkannt und nicht nochmals komprimiert.

Mobilfunk [mobil communication]

Der Mobilfunk ermöglicht das schnurlose, mobile Telefonieren. Die verwendeten Telefone werden heute zumeist →Handy genannt. Der Mobilfunk wurde v. a. für Autotelefone entwickelt, hat diesen ursprünglichen Anwendungsbereich aufgrund des sehr großen Erfolgs in den letzten Jahren aber bei weitem überschritten. Das erste flächendeckende und leistungsfähige Mobilfunk-Netz war das analoge →C-Netz, das der Nachfolger des technisch noch nicht sehr ausgereiften →A-Netzes und →B-Netzes war. Inzwischen ist das analoge Netz aber von den digitalen Mobilfunknetzen (D-, E-Netze) fast vollständig verdrängt. Weitere Informationen siehe →Handy, →D-Netz, →E-Netz, →GSM und →DCS.

Mode [Betriebsart, Modus]

Mode ist ein vielfältig eingesetzter Begriff, der z. B. für die verschiedenen Betriebsarten von Geräten wie →Bildschirm, →Drucker, →Modem verwendet wird.

Mode 1/Mode 2

Im klassischen CD-ROM-Standard (siehe →CD-ROM) wird zwischen Mode 1- und Mode 2-Sektoren unterschieden (siehe →Sektor). Mode 1-Sektoren sind für fehlerempfindliche Daten, wie z. B. Programme und Daten, Mode 2-Sektoren für weniger empfindliche Informationen vorgesehen. Bei Mode 1-Sektoren werden gegenüber Mode 2-Sektoren weitere 280 Byte für die Fehlererkennung und -korrektur verwendet.

Modem (Modulator-Demodulator)

Mit einem Modem können Daten vom Computer über das Telefonnetz übertragen werden. Ein Modem kann genutzt werden, um Faxe zu schicken, Dateien oder E-Mail zu versenden oder das →Internet zu nutzen. Das Modem ist ein Gerät, das digitale elektrische Signale (eine Folge von Spannungsänderungen) an der →seriellen Schnittstelle eines Rechners in analoge elektrische Signale (eine Folge von Amplituden- oder Frequenzänderungen einer Trägerfrequenz) umformt. Diese analogen Signale können über das Telefonnetz übertragen und durch ein Modem auf der Gegenseite in digitale Signale zurückverwandelt werden. Modem ist ein Kunstwort, das aus den beiden Funktionen des Geräts, der Modulation und der Demodulation, abgeleitet ist. Man unterscheidet zwei Bauformen von Modems: Interne Modems sind als PC-Steckkarten ausgelegt, die ihre serielle Schnittstelle gleich mitbringen und keine zusätzliche Spannungsversorgung brauchen, da sie über den Rechner-Bus versorgt werden. Externe Modems sind separate Geräte, die eine externe Spannungsversorgung brauchen und mit einer seriellen Schnittstelle des Rechners verbunden werden. Externe Modems sind universeller und nicht auf die Anwendung mit PCs beschränkt. Lautsprecher, LED-Kontrollämpchen oder gar LCD-Anzeigen, die diverse Betriebszustände im Klartext anzeigen, gehören zu den normalen Ausstattungsmerkmalen.

Moderne Modems wie hier ein US Robotics 56K Professional Message Modem sollten über eine →V.90-Unterstützung verfügen sowie evtl. eigenen Speicher haben, um auch dann noch Faxe und Anrufe zu empfangen, wenn der PC ausgeschaltet ist

Modul [module]

Ein Modul ist im Bereich der →Hardware ein Bauteil, das in Kombination mit anderen Bauteilen oder größeren Einheiten (z. B. einem →Mainboard) für bestimmte Funktionen innerhalb eines Computers zuständig ist. Aufgrund seiner Größe und durch genormte Anschlüsse kann es jederzeit durch andere Module (auch anderer Hersteller) ausgetauscht werden, um einen Defekt zu beheben oder ein leistungsfähigeres Modul zu verwenden. Solche Module sind z. B. eine →Festplatte, eine →Grafikkarte, ein →Prozessor, ein →Controller usw. Moderne →PCs werden in Modulbauweise aufgebaut. Auch im Softwarebereich werden Module verwendet. Das sind eigenständige Programme oder Programmteile, die nur wenige spezielle Aufgaben erfüllen (siehe →Programmiersprache). Auch →Prozeduren werden häufig als Module bezeichnet.

Modulation [modulation]

Unter Modulation versteht man in der Nachrichtentechnik das Aufprägen eines Signals auf eine hochfrequente Trägerschwingung durch die Beeinflussung von Amplitude, Frequenz oder Phase (Amplitudenmodulation, Frequenzmodulation, Phasenmodulation). Im Empfänger muss die Nachricht durch eine dem verwendeten Modulationsverfahren entsprechende Demodulation zurückgewandelt werden (siehe →Modem).

Moiré

Als Moirémuster oder kurz Moiré werden beim Scannen einer Vorlage Bilddetails bezeichnet, die keine Entsprechung in der Bildvorlage haben. Ursache für Moirémuster ist das →Aliasing bei der Aufnahme eines Bilds mit zu geringer →Auflösung. Auch beim Drucken eines →Rasterbilds können Moirémuster entstehen, wenn das Raster des Bilds mit dem des Druckers wechselwirkt. Derartige Moirémuster kann man sich veranschaulichen, wenn man zwei Gitterstrukturen auf transparenten Folien mit gering unterschiedlichen Linienabständen – um einen kleinen Winkel zueinander geneigt – übereinander legt.

MO-Laufwerke (Magneto-Optische-Laufwerk)

Ein MO-Laufwerk (englisch Abk. f. **M**agneto-**O**ptical **D**rive, MOD) ist ein moderner externer →Massenspeicher mit wechselbaren Medien. Die Speicherung der →Daten im MO-Laufwerk basiert auf dem magneto-optischen Effekt, durch den ein Material unter dem Einfluss eines Magnetfelds seine optischen Eigenschaften ändert. Der →Datenträger eines MO-Laufwerks ähnelt äußerlich der bekannten →CD. Auf dem Trägermaterial ist – geschützt durch entsprechende transparente Schutzschichten – eine MO-Schicht aufgebracht.

Durch einen Laserstrahl wird beim Schreiben der Daten die MO-Schicht punktweise erwärmt (ca. 200°C) und durch ein konstantes Magnetfeld beeinflusst. Das Schreiben erfolgt dabei in drei Phasen: Erst werden gewissermaßen die Nullen geschrieben, dann – bei umgepoltem Magnetfeld – die Einsen. Zum Abschluss wird der Dateninhalt noch einmal geprüft. Deshalb dauert bei Standard-MO-Laufwerken das Schreiben der Daten rund dreimal so lange wie das spätere Auslesen. Das Lesen der Daten erfolgt – analog zu einem CD-ROM-Laufwerk – durch einen Laserstrahl geringerer Leistung.

1996 kamen die ersten MO-Laufwerke den Markt, bei denen der Schreibvorgang mit speziellen Medien in einem Arbeitsgang durchgeführt werden kann. Er ist damit zwar immer noch langsamer als der Lesevorgang, eine deutliche Performance-Steigerung ist bei diesen Laufwerken, deren Technik **LIMDOW** genannt wird (**L**ight **I**ntensitiy **M**odulation **D**irect **O**verdrive), aber dennoch vorhanden. Gleichzeitig konnte die Speicherkapazität der 3½-Zoll-Medien von bisher 230 auf 600 und 1999 schließlich 1300 MByte erhöht werden. Zu beachten ist dabei, dass die Größenangaben der Hersteller immer gut 10% zu hoch sind, die „angeblichen" 640-MByte-Medien fassen z. B. nur 600 MByte. 5¼-Zoll-Medien haben dagegen eine Speicherkapazität von 1,3, 2,6 und 5,2 GByte. Es ist zu beachten, dass für die Nutzung der LIMDOW-Technik auch spezielle Medien, „**Overwrite**" genannt, eingesetzt werden müssen, die rund 10 % teurer sind als die normalen. Diese haben zwar die gleiche Kapazität, sind beim Schreiben aber eben langsamer.

MO-Laufwerke werden gern im professionellen Bereich als Backup-Medien verwendet, weil sie im Gegensatz zu Band-Medien einen wahlfreien Zugriff auf die Daten ermöglichen und weil sie außerdem besonders stabil gegen äußere Einflüsse wie Temperaturschwankungen und Magnetfelder sind. Außerdem sind die Medien-Preise pro Megabyte Speicherkapazität sehr günstig. Nachteilig sind die immer noch hohen Preise der Laufwerke (3½-Zoll ca. 600 DM, 5¼-Zoll zumeist 1500 bis über 2.000 DM) und die z. T. starke Wärmeabgabe der Laufwerke (v. a. bei den 5 ¼-Laufwerken, die einen externen Betrieb mit zusätzlichem Lüfter ratsam machen. Die 3 ½-Laufwerke der neuesten Generation haben jedoch kaum noch Temperatur-Probleme.

Ein 3½-MO-Overwrite-Medium. Deutlich ist der sektorierte Datenträger im schützenden Caddy-Gehäuse zu erkennen

Monitor [monitor, display]

1) Der Monitor (auch →Bildschirm) ist ein einfarbiges (monochromes) oder mehrfarbiges (polychromes) Ausgabegerät für den →Computer. Ein Monitor ist im Prinzip vergleichbar mit einem Fernsehgerät ohne Empfangsteil, wobei die Bildqualität eines modernen Monitors weit über der eines Fernsehers liegt. Monitore werden in verschiedenen Größen hergestellt: 14-Zoll-, 15-Zoll-, 17-Zoll-, 19-Zoll-, 20-Zoll- und 21-Zoll-Bilddiagonale.

Wichtig bei der Nutzung eines Monitors sind dessen ergonomische Parameter:

— Eine möglichst geringe elektrostatische und elektromagnetische Strahlung sorgt für minimale Belastung. Die meisten Monitore werden nach den schwedischen Normen MPR II oder TCO 92 bis TCO 99 als strahlungsarm eingestuft (siehe →MPR-Norm und →TCO-Norm).

— Eine hohe →Bildwiederholfrequenz von mindestens 75 lässt das Bild nahezu flimmerfrei erscheinen, während bei Bildwiederholfrequenzen unterhalb von 70 Hz das Flimmern mit dem menschlichen Auge im Allgemeinen deutlich wahrgenommen wird.

Vergleiche auch →Bildschirmmaske und →Punktabstand.

2) Unter Monitor versteht man im Bereich der Software ein Steuerprogramm, das als Teil eines Betriebssystems die Abarbeitung von →Programmen überwacht.

(Abbildungen siehe nächste Doppelseite)

Monitorabschaltung [video off]

Monitore benötigen Strom, und zwar unabhängig davon, ob man wirklich arbeitet oder gerade Pause macht oder ein →Bildschirmschoner aktiv ist. Deshalb verfügen moderne Monitore über die Monitorabschaltung, eine spezielle Form des →Power-Management (englisch auch Power-save-Funktion genannt). Diese schaltet den Monitor nach einer definierbaren Zeit zuerst in einen Stand-by-Modus und anschließend in einen Sleep-Modus. Die Energieaufnahme wird dabei schrittweise auf zumeist erst 30 Watt und dann 5-10 Watt reduziert. Zur automatischen Aktivierung der Monitorabschaltung gibt es verschiedene Verfahren. Ein weit verbreiteter Standard ist das →DPMS.

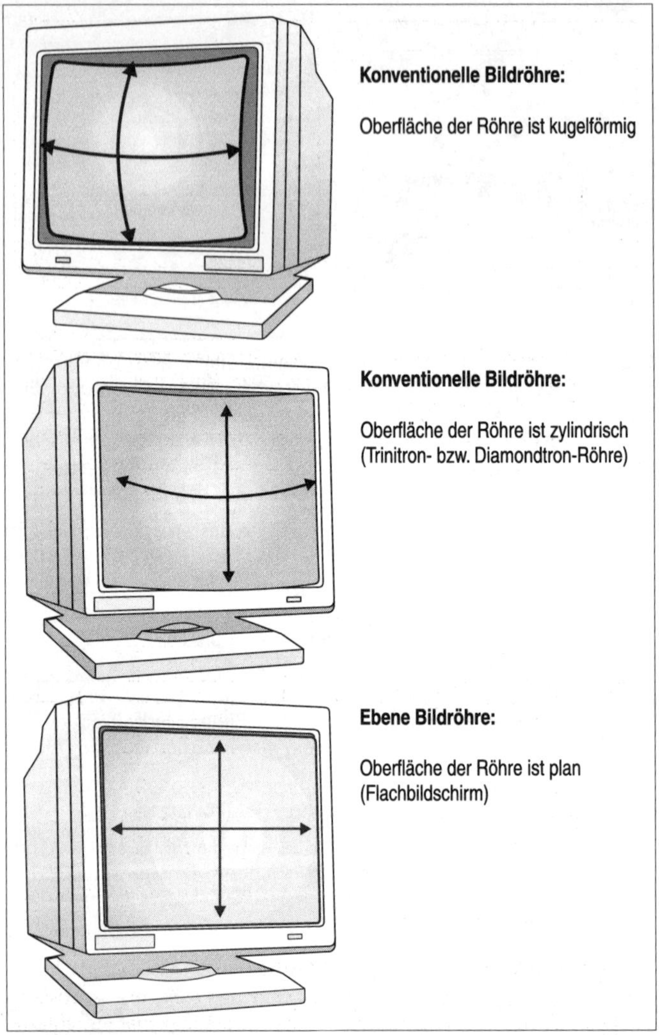

Konventionelle Bildröhre:

Oberfläche der Röhre ist kugelförmig

Konventionelle Bildröhre:

Oberfläche der Röhre ist zylindrisch
(Trinitron- bzw. Diamondtron-Röhre)

Ebene Bildröhre:

Oberfläche der Röhre ist plan
(Flachbildschirm)

Schematische Darstellung der drei momentan aktuellen Bildröhrentypen. Während die konventionelle Bildröhre mit Lochmaske kugelig gewölbt ist, sind Monitore mit Trinitron oder Diamondtron-Röhre nur noch in der horizontalen leicht gewölbt (zylindrisch). Die neueste Generation mit Bildröhren von Mitsubishi erreicht durch optische Tricks und unterschiedliche Glasdicken eine völlig flache Bildröhre wie ein →TFT-Display

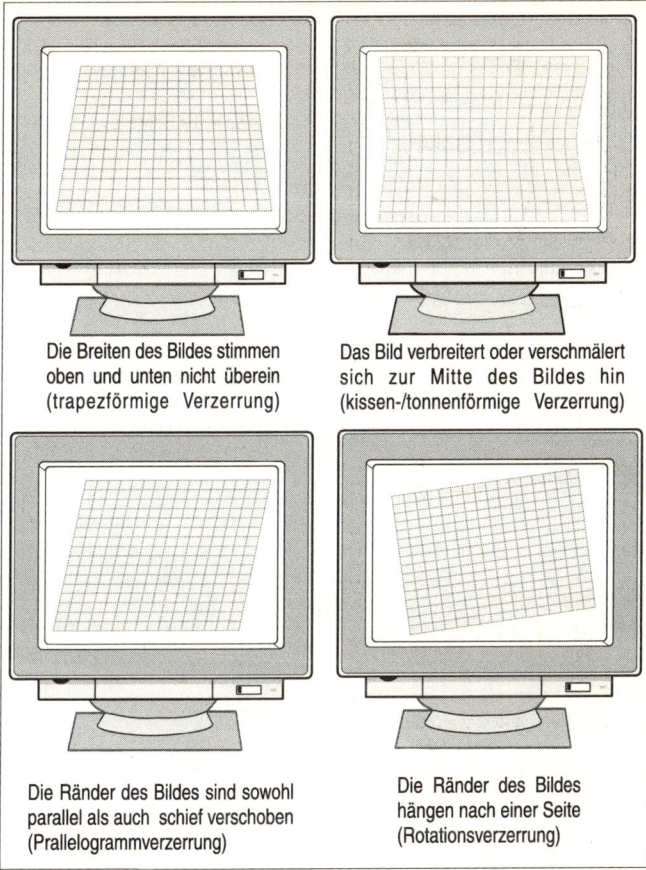

Die Breiten des Bildes stimmen oben und unten nicht überein (trapezförmige Verzerrung)

Das Bild verbreitert oder verschmälert sich zur Mitte des Bildes hin (kissen-/tonnenförmige Verzerrung)

Die Ränder des Bildes sind sowohl parallel als auch schief verschoben (Prallelogrammverzerrung)

Die Ränder des Bildes hängen nach einer Seite (Rotationsverzerrung)

An einem modernen Monitor sollten mindestens die vier hier dargestellten Verzerrungen korrigiert werden können.

Monitorstrahlung [monitor radiation]

Zur Begrenzung der vom Monitor ausgehenden elektromagnetischen Strahlung gibt es verschiedene Normen, in denen die maximale Strahlung festgelegt ist. Die wichtigsten Normen sind die MPR-II-Norm (siehe →MPR-Norm), die von nahezu allen Monitoren erreicht wird, und TCO 92 bis TCO 99 (→TCO-Norm). Monitore, die der jeweils aktuellsten TCO-Norm entsprechen, sind allerdings zumeist immer etwas teurer als entsprechende Modelle, die sich an der vorherigen Norm orientieren.

Monochromer Bildschirm [monochrom display]

Bei einem monochromen Bildschirm werden Text oder Abbildungen einfarbig auf einem andersfarbigen Hintergrund dargestellt (z. B. Weiß oder Orange auf Schwarz). Der Monochrombildschirm wurde als reiner Textbildschirm bei den ersten →PCs eingesetzt, als an Grafik und Farbdarstellung (wegen des hohen Preises) noch nicht zu denken war. Heute werden monochrome Bildschirme zumeist nur noch für spezielle Anwendungen (z. B. Kassenterminals) eingesetzt. Auf einigen Monochrombildschirmen war es möglich, einzelne Farben in Graustufen umzusetzen (ähnlich wie bei LCD-Bildschirmen [siehe →LCD]).

Mooresches Gesetz [Moore's law]

Als Mooresches Gesetz bezeichnet man die von Gordon Moore (ehemaliger Geschäftsführer von →Intel) im Jahre 1968 aufgestellte These, dass sich die Anzahl der Transistorfunktionen (siehe →Transistor) auf einem →Prozessor ca. alle 1,5 Jahre verdoppeln lässt.

Morphing [körperliche Umwandlung]

Morphing ist ein englisch-griechisches Kunstwort, das im Computerbereich die schrittweise Umwandlung eines Abbilds oder einer Gestalt in ein anderes Abbild bzw. eine andere Gestalt beschreibt. Zum Morphing werden spezielle Programme (siehe →Programm) verwendet, mit denen sich z. B. das als Grafikdatei vorliegende Gesicht einer Person in mehreren Umwandlungsschritten in das einer anderen Person umwandeln lässt. Auch die Verwandlung eines Tierkopfes in ein menschliches Gesicht ist ein typisches Morphing-Beispiel. Morphing-Programme sind mittlerweile so leistungsfähig geworden, dass sie solche Umwandlungen als stufenlos und kontinuierlich erscheinen lassen. Auf diese Weise lassen sich mit dem Computer beeindruckende Animationen erzeugen, die sich gerade im Fernseh- und Filmbereich immer größerer Beliebtheit erfreuen (z. B. in Videoclips).

MOS (Metall-Oxide Semiconductor)

Englische Abk. f. Metall-Oxid-Halbleiter. Bezeichnung für einen vielfach verwendeten Metalloxid-Halbleiter, der in vielen Unterarten bei Halbleiter-Schaltelementen eingesetzt wird. MOS-Chips bestehen aus einem Festkörper, auf den Metallschichten und Metalloxidschichten aufgedampft sind. Mit dieser Technologie lassen sich integrierte Schaltkreise von mittlerer bis zu höchster Integrationsdichte mit geringem Aufwand produzieren. MOS-Chips werden in verschiedenen Typen (NMOS, PMOS, CMOS) unterschieden. CMOS-Chips dürften den meisten Anwendern bekannt sein, denn sie werden zur Speicherung der PC-Konfiguration im so genannten →BIOS verwendet.

MOSFET (Metal-Oxide Semiconductor Field Effect-Transistor)

Bei MOS-Transistoren (englische Abk. f. Metalloxid-Halbleiter-Feldeffekt-Transistor) handelt es sich um eine verbreitete Art von Transistoren bei hochintegrierten MOS-Chips (→MOS), die aufgrund des so genannten Feldeffekts auch ohne Strom geschaltet werden können.

MOT (Multimedia Object Transfer Protocol)

MOT ist die englische Abk. f. Multimedia-Objekt-Übertragungsprotokoll. Es ist die Bezeichnung für einen genormten Übertragungsstandard von Multimedia-Diensten im digitalen Rundfunk (→Digitales Radio, DAB). Durch

MOT ist es möglich, im DAB nicht nur wie herkömmlich Ton-Informationen zu übertragen, sondern auch Zusatzinformationen wie Texte und Bilder, die auf dem Display eines geeigneten Empfängers angezeigt werden können.

Motorola

Das bereits im Jahre 1928 gegründete amerikanische Unternehmen Motorola ist einer der führenden Hersteller von Mikroprozessoren (u. a. der Familie 680x0) mit RISC- und CISC-Architektur (siehe →RISC-Prozessor, →CISC). Die Prozessoren von Motorola werden vor allem in die Geräte der Firma →Apple (siehe →Macintosh) eingebaut. Motorola hat in Zusammenarbeit mit →Apple und →IBM den →PowerPC-Chip entwickelt.

MP3 bzw. 4

Mit dem Namen MP3, manchmal fälschlich auch MPEG3 genannt, wird ein ISO-standardisiertes Verfahren zur Kompression von Musik bezeichnet. Der Algorithmus dazu wurde vom Fraunhofer-Institut in Erlangen, Deutschland, entwickelt (*www.iis.fhg.de*). Bei MP3 handelt es sich ähnlich wie bei →ATRAC, das von der →Mini Disc verwendet wird, um ein so genanntes psychoakustisches Verfahren, bei dem also nicht hörbare Teile der Musik zur Reduktion der Datenmenge entfernt werden. Es handelt sich also um eine so genannte lossy compression (siehe →Kompression). Als Basis von MP3 werden herkömmliche Wave-Dateien verwendet, die je nach gewünschter Qualität in verschiedenen Stufen komprimiert werden können. Bis zu einer Kompression von 1:12 ist die Qualität von MP3-Dateien noch auf CD-Niveau. Auf einer herkömmlichen CD könnte man also ca. 15 Stunden MP3-Musik unterbringen.

Zum Abspielen von MP3-Dateien braucht man spezielle Programme wie WinAmp, die die Dateien wieder dekomprimieren. Ähnlich wie beim verwandten →MPEG-Verfahren ist die Kompression/Dekompression asymmetrisch, d. h., das Herstellen von MP3-Dateien dauert ungleich länger als das Abspielen. Letzteres braucht jedoch auch einen schnellen Pentium-Rechner, damit die Musik ohne Verzögerung bzw. Stottern wiedergegeben werden kann.

MP3-Dateien machen im Internet zur Zeit regelrecht Furore. Aufgrund der geringen Größe und hohen Qualität eignen sie sich ideal zum Downloaden von Musikdateien. Viele Raubkopierer nutzen dies und stellen ganze Plattensammlungen zum Download ins Netz, was der Musikindustrie natürlich ein großer Dorn im Auge ist. Daher wird derzeit auch am Nachfolger von MP3, nämlich MP4 gearbeitet, der v. a. auch eine Art Raubkopierschutz bieten soll. Es ist jedoch zu vermuten, dass dies entweder dann das Ende dieses Standards bedeutet oder aber alternative Verfahren, die es mittlerweile auch gibt, von den Anwendern bevorzugt werden.

Wer unter dem Stichwort „MP3" in einer Internetsuchmaschine nachschaut, bekommt mittlerweile riesige Mengen an Links. Auf eine Auflistung von MP3-Suchmaschinen, die es im Internet mittlerweile zahlreich gibt, wurde hier verzichtet, weil die Rechtslage mit der Musikindustrie noch zu unklar ist. Viele dieser Musikmaschinen ermöglichen es auch, illegal kopierte Songs herunterzuladen. Sie sollten dies bei der Nutzung solcher Dienste bedenken.

MPC (Multimedia Personal Computer)

MPC (auch Multimedia-PC genannt) bezeichnet den von führenden Firmen der Computerbranche festgelegten Mindeststandard, den ein →PC für Multimedia-Anwendungen erfüllen muss. Der 1991 definierte Standard MPC Level 1 ist mittlerweile völlig veraltet. Und auch MPC Level 2 von 1993 schreibt als Mindestanforderungen unter einen veralteten PC mit 80486-SX-Prozessor (25 MHz), VGA-Grafikkarte mit →HighColor, eine 16-Bit-Soundkarte, 4 oder besser 8 MByte Arbeits- sowie 160 MByte Festplatten-Speicher vor. Wichtiger Bestandteil ist auch ein Multisession-fähiges CD-ROM-Laufwerk (siehe →Multisession) mit einer Datenübertragungsrate von 300 KByte/s (Doublespeed). Aber auch der letzte Standard, MPC Level 3 von 1996, kann der aktuellen Hardwareentwicklung nicht Rechnung tragen. Empfohlen werden ein PC mit mindestens 75 MHz, 8 MByte RAM, 540 MByte Festplatte, 4x CD-ROM (CD-ROM XA-Multisession-fähig), 16-Bit-Soundkarte mit MIDI-Unterstützung und bei der Grafikkarte eine Wiedergabe-Fähigkeit von Videos nach dem →MPEG1-Standard.

MPEG (Moving Pictures Expert Group)

Der von der Arbeitsgruppe MPEG (englische Abk. f. Expertengruppe für bewegte Bilder) definierte MPEG-Standard basiert primär auf einem speziellen Verfahren zur →Datenkomprimierung für bewegte Bilder (Videos, Computeranimationen). Es gibt jedoch auch eine MPEG-Definition für die →Kompression von Audiodateien, da diese ja schon allein Bestandteil von Videos sind. Ein leistungsfähiges Kompressionsverfahren ist besonders bei der Speicherung von Videos notwendig, da deren digitale Verarbeitung enorme Datenmengen erzeugt, die mit normalen Rechnern und Speichermedien nicht zu bewältigen sind. Das MPEG-Verfahren erreicht sehr hohe Kompressionsraten, indem fast ausschließlich nur die Veränderungen in Bildfolgen gespeichert werden. Der MPEG-Standard unterscheidet verschiedene MPEG-Normen (derzeit 1-4), von denen für den PC-Anwender derzeit v. a. die Standardnormen MPEG 1 und MPEG 2 von Bedeutung sind. Die MPEG-2-Norm ermöglicht erstmals eine hohe, über dem normalen Fernsehbild liegende Qualität und wird z. B. im professionellen Bereich (Fernsehen), aber auch von der DVD-Video vewendet (siehe →DVD).

Aufwendige und immer noch recht teure **MPEG-Kompressionskarten** (Encoder-Karten) untersuchen die Bildabfolgen der Videos auf Übereinstimmungen oder Ähnlichkeiten hin und entfernen diese dann als überflüssige Daten (**lossy Kompression**, bewirkt Datenverluste). Das Erstellen der MPEG-Dateien dauert dabei ungleich länger als das anschließende Dekomprimieren (**unsymmetrische Kompression**). Zur Wiedergabe von MPEG-Videos und Audiodateien braucht man einen entsprechenden **MPEG-Dekoder**. Diesen gibt es in zwei Ausführungen: einmal als Softwarelösung in Form eines Treibers (zumeist für die Medienwiedergabe von Windows) und einmal in Hardwareform als Steckkarten oder Erweiterungsmodule für die Grafikkarte. Da die Dekompression von MPEG-Dateien ein sehr großer Rechenaufwand ist, liefern nur jeweils die leistungsfähigeren PCs mit aktuellen Prozessoren und Grafikkarten eine ausreichende Geschwindigkeit, um die gerade akutelle MPEG-Version per Software wiedergeben zu können. Bei langsameren

Rechnern ist nicht nur die Bildqualität schlecht, sondern es gehen auch einzelne Bilder (Frames) bei der Wiedergabe verloren. Für die softwaremäßige Dekodierung von MPEG1-Filmen ist mindestens ein Pentium 90, für die Wiedergabe von MPEG2-Filmen mindestens ein Pentium II 333 notwendig. Entsprechende MPEG-Dekoderkarten liefern zumeist aber immer noch ein besseres und flüssigeres Bild als Softwarelösungen. MPEG-Dekoderkarten für MPEG1-Filme sind aber so gut wie ausgestorben, da die Softwarelösungen und notwendige Rechenpower mittlerweile mehr als ausreichend vorhanden ist. Dekoderkarten für MPEG2-Filme haben derzeit (Stand Herbst 1999) aber noch eine wichtige Marktbedeutung. Häufig werden sie zusammen mit einem DVD-Laufwerk im Bundle verkauft. Einen großen Vorteil haben Dekoderkarten aber gegenüber einer Softwarelösung immer dann, wenn sie über einen speziellen Fernsehanschluss (TV-Out) verfügen. Unter diesen Bedingungen kann man den PC wie einen Videorekorder zum Abspielen von MPEG-Filmen verwenden. Während die allerersten MPEG1-Dekoderkarten ihre Daten mit der Grafikkarte noch über den →**Feature Connector** oder ein so genanntes Loop-through-Kabel austauschten, setzte sich schnell ein kabelloser Datentransfer per DCI bzw. Direct Draw (siehe →DirectX) über den PCI-Bus des Rechners durch. Entsprechende Karten gab es z. B. von ELSA (ELSA Motion). Grafik- und MPEG-Karte müssen in diesen Fällen aber gut aufeinander abgestimmt sein. Bei MPEG2-Dekoderkarten ist das Verfahren mittlerweile üblich. Oder aber es erfolgt sowieso direkt eine Ausgabe an den Fernseher.

Für die Videobearbeitung am PC ist das MPEG-Verfahren nicht so gut geeignet, weil hier keine einzelnen Bilder gespeichert werden. Dementsprechend ist ein bildgenauer Schnitt auch kaum oder nur unter sehr großem Aufwand möglich. Für die →Videobearbeitung wird daher das MJPEG-Verfahren (→MJPEG) eingesetzt.

MPR-Norm

Der schwedische Rat für Messtechnik und Prüfung (inzwischen SWEDAC) entwickelte zum ersten Mal eine Vorschrift für die Messung und die Grenzwerte für →strahlungsarme →Monitore. Die zunächst herausgegebene Vorschrift wurde MPR I genannt und 1990 durch die heute aktuelle Fassung MPR II ersetzt. Die Vorschrift MPR II enthält Grenzwerte für bestimmte elektrostatische und elektromagnetische Kenngrößen, die in 50 cm Entfernung vom →Bildschirm in drei Ebenen an 16 Messpunkten zu ermitteln sind. MPR II ist mittlerweile weltweit akzeptiert und wurde in entsprechende nationale Normen umgesetzt. Heute erfüllen alle neuen Monitore mindestens die Bedingungen von MPR II. Gebräuchlicher ist mittlerweile jedoch die →TCO-Norm.

MPU 401 (**Micro Processing Unit**)

MPU ist die englische Abk. f. kleine Verarbeitungseinheit. Der MPU 401 im speziellen ist eine von der Firma Roland geschaffene, standardisierte Schnittstelle für MIDI, wie sie etwa auf Soundkarten eingesetzt wird. Wenn auf einer Soundkarte ein entsprechender MPU 401 installiert ist, können Sie mit dieser Karte ohne Probleme Programme betreiben oder Hardware anschließen, die auf die MIDI-Funktion der Karte zugreifen wollen (etwa Spiele mit MIDI-Sound-Unterstützung oder Keyboards). Dies ist besonders dann wichtig, wenn es sich noch um eine Standard-Soundkarte ohne eigene MIDI-Funktion handelt und diese Karte mit einem MIDI-Tochter-Board aufgerüstet werden soll. Ohne hardwaremäßig vorhandenen MPU 401 kann man das MIDI-Tochter-Board aber zumeist mit keinem Spiel ansprechen. Manche Karten bieten statt einem hardwaremäßig implementierten MPU 401 z. B. eine Softwarelösung in Form eines Treibers an, aber sie erreichen damit niemals die notwendige breite Kompatibilität eines MPU 401.

MSB (Most Significant Bit)

Das MSB ist das Bit mit der höchsten Wertigkeit in einem →Byte. Bei der binären Darstellung von Zahlen bestimmt das MSB u. a., ob ein Wert positiv oder negativ ist.

MSCDEX

Die Datei *Mscdex.exe* ist ein →Treiber für ein →CD-ROM-Laufwerk unter →MS-DOS, der in die Konfigurationsdatei →*Autoexec.bat* eingebunden wird. Mit Hilfe dieses Treibers kann das CD-ROM-Laufwerk wie eine Festplatte angesprochen und gelesen werden.

Nachfolgend noch an einem Beispiel die Befehle, wie der *Mscdex*-Treiber zusammen mit einem Hardwaretreiber für ein →ATAPI-CD-ROM in der →*Config.sys* aufgerufen wird (der erste Befehl ist der Hardwaretreiber). Die letzte Befehlszeile kann ohne *install=* auch in der →*Autoexec.bat* aufgerufen werden.

```
device=atapi.sys /d:cd001
install=mscdex.exe /d:cd001 /l:e /m:16
```

MS-DOS (Microsoft Disk Operating System)

Das von der Firma →Microsoft entwickelte →Betriebssystem (vergleiche →DOS) wurde ab 1981 mit dem →IBM-PC unter dem Namen →PC-DOS ausgeliefert und später von Microsoft unter dem Namen MS-DOS für die Vielzahl der PC-Nachbauten (Clones) vertrieben.

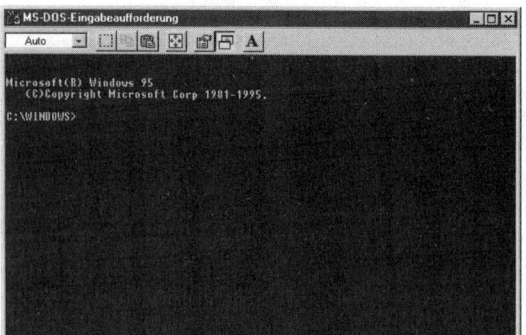

Die DOS-Box von Windows 95/98 – MS-DOS ist voll in das grafische Betriebssystem integriert

MS-DOS ist weltweit noch immer eines der am meisten genutzten PC-Betriebssysteme. Auf ihm basieren zahllose Programme für praktisch alle Anwendungsgebiete. Außerdem bildet es immer noch die Basis für die grafische Benutzeroberfläche →Windows. Unter Windows 95/98 hat Microsoft die aktuelle Version 7.x von DOS integriert. Die letzte, eigenständige Version von MS-DOS war dagegen 6.22.

MSI (MediumScale Integration)

MSI war ein Integrationsgrad von integrierten Schaltkreisen (siehe →IC). Mehrere Hundert Elemente wurden auf einem MSI-Baustein zusammengeschaltet.

MSN (Multiple Subscriber Number)

1) Abk. f. Multiple Subscriber Number (**Mehrfachrufnummern**). Bezeichnung für die unterschiedlichen Telefonnummern eines Euro-ISDN-Anschlusses (siehe →ISDN). Beim Standard-Basisanschluss von ISDN werden jedem Teilnehmer drei MSN zugewiesen, die er beliebig auf seine Endgeräte (Telefon, Fax, PC) verteilen kann. Die MSN ist das Pedant zur →EAZ des alten, →nationalen ISDN, nur dass sich hier die Nummern nicht nur in den letzten Ziffern unterscheiden, sondern vollständig verschieden sein können.

> **Tipp:** Anfang 1998 hat die Telekom die bisherige Gebühr von 5 DM monatlich für eine zusätzliche MSN erlassen. Man kann nun bis zu sechs weitere Nummern kostenlos erhalten. Wenden Sie sich für weitere Informationen an die Telekom-Hotline.

2) Abk. f. MicroSoft Network, den ursprünglichen Online-Dienst der Firma →Microsoft. MSN startete im August 1995 weltweit mit der Einführung von Windows 95 und war nur über dieses Betriebssystem erreichbar. Der reine Online-Dienst wurde 1998 eingestellt; unter der Bezeichnung MSN führt Microsoft ein allgemeines Informationsangebot im Internet (*www.msn.com* bzw. *www.msn.de*). Der ursprüngliche MSN-Client für die Einwahl in den Online-Dienst war eine Standardkomponente von Windows 95. Die Einwahl konnte per →Modem oder →ISDN-Karte erfolgen, wobei das →DFÜ-Netzwerk von Windows 95 verwendet wurde. MSN hatte Ende 1996 weltweit angeblich 1,6 Millionen Mitglieder; in Deutschland waren es wohl weniger als 100.000. Gegenüber der Konkurrenz von →AOL, →CompuServe oder →T-Online konnte MSN weder durch Inhalte noch durch Preise überzeugen. Ein weiteres Problem für viele Anwender war, dass die Zahlung nur über Kreditkarte möglich war.

In den USA wurde MSN Mitte 1999 von Microsoft mittlerweile wieder aufgelebt. Vor allem durch attraktive Pauschalangebote konnten viele Kunden gewonnen werden. Im Laufe des Jahres 2000 ist auch für Deutschland bzw. Europa eine Wiedereinführung von MSN geplant.

MTBF (Mean Time Between Failures)

Der Wert MTBF ist eine für beliebige technische Komponenten, Geräte oder Systeme oft angegebene Größe, die eine Aussage zur statistischen Fehlerhäufigkeit trifft. Der Begriff gibt anschaulich die Zeit an, die durchschnittlich vergeht, bevor ein Fehler oder Ausfall auftritt. In Bezug auf die →Datensicherheit ist die Angabe der MTBF für Speichermedien (siehe →Speichermedium) oder Speichergeräte wesentlich. So ist z. B. eine MTBF von 10.000 Stunden Bestandteil der MPC-Spezifikation (siehe →Multimedia-PC) für ein →CD-ROM-Laufwerk.

Multi I/O-Karte

Eine Erweiterungskarte für den →PC, auf der mehrere Schnittstellen vereinigt sind, wird als Multi I/O-Karte bezeichnet. Die heute noch in vielen PCs gebräuchlichen Multi I/O-Karten enthalten i. d. R. neben einem Festplatten- und Floppy-Disk-Controller eine →parallele und zwei →serielle Schnittstellen sowie einen →Gameport.

Multi-CD-ROM

Als Multi-CD-ROM wird eine spezielle →Crossplatform-CD bezeichnet, die von der Firma Sony für →MS-DOS und den →Apple- →Macintosh entwickelt wurde.

Multilayer [Mehrschicht]

Die multilayer technique ist die heute gebräuchliche Technologie zur Herstellung von Leiterplatten, bei der durch ein Sandwich-Verfahren mehrere Leiterbahnebenen übereinander angeordnet werden können. Diese Technologie ist eine der Voraussetzungen zur Herstellung kompakter elektronischer Geräte. Ein →Mainboard besitzt z. B. vier, fünf oder noch mehr derartiger Leiterbahnebenen.

Multimedia

Eine allgemeine Definition des Begriffs „Multimedia" ist schwierig, da jeder Hersteller eigene Definitionen liefert, um seine Produkte bestmöglich am Markt zu platzieren. Multimedia könnte als der allgemeine Oberbegriff für das Zusammenwirken von Texten, Grafik, Tönen, Animationen, Videosequenzen u. a. innerhalb einer Applikation am Computer verstanden werden. Oft jedoch spricht man bereits von Multimedia, wenn nur zwei oder mehrere multimediale Bestandteile zusammen wirken. So wird z. B. die Ausgabe von Tondateien bei bestimmten Ereignissen einer Anwendung bereits mit dem Begriff „Multimedia" belegt. Auf dem Hardwaresektor konnte man sich auf Mindestanforderungen für Multimedia-PCs (siehe →Multimedia-PC und →MPC) einigen.

Multimedia-CDs und Lernprogramme

Multimedia-CDs und Lernprogramme (letztere auch geläufig unter dem Stichwort →CBT = Computer Based Training) benutzen den Computer und seine multimedialen Funktionen (→Multimedia), um dem Benutzer Informationen und Unterhaltung am PC zu bringen. Dabei werden alle Multimedia-Elemente heutiger PCs ausgiebig genutzt: Text, Grafik, Töne, Animationen und Videosequenzen. Die →CD-ROM ist dabei aufgrund ihres geringen Produktionspreises und der hohen Speicherkapazität das Verbreitungsmedium der Wahl. Ein entscheidendes Kriterium für Programme dieser Art ist ihre Interaktivität (→Interaktiv), d. h., der Anwender kann steuern, welche Informationen er zu welcher Zeit erhält.

Es gibt mittlerweile auf dem Markt eine große Vielzahl von Multimedia-CDs und Lernprogrammen. Die folgende Auswahl stellt einige typische, bekannte Programme vor.

DATA BECKERS Großes Lexikon ist ein modernes multimediales Lexikon auf CD, das nicht nur viele Informationen, sondern auch Unterhaltung bietet. So wurden z. B. zusätzlich zur Haupt-CD auf einer zweiten CD viele weitere Videodokumente beigelegt. Das Programm bietet Stichwort-Suche und Hyperlink-Verknüpfung auf alle Themen eines modernen Lexikons. Gegenüber Vergleichsprodukten zeichnet es sich nicht nur durch den geringen Preis aus, sondern v. a. auch durch den sehr umfangreichen EDV-Teil, da dieser nicht zuletzt auch auf diesem Buch basiert. Die Oberfläche ist sehr ansprechend gestaltet und einfach zu bedienen. Seit Anfang 1999 gibt es auch eine →DVD-Version.

Microsoft Cinemania bietet jede Menge Informationen zum Thema Kino. Neben zahlreichen Filmkritiken enthält Cinemania Biographien zu Schauspielern und Regisseuren. Das Programm wird durch Bilder, Soundtracks, Dialoge und Videos aufgelockert. Die CD wird jährlich überarbeitet. Seit der Version 97 gibt es außerdem eine Update-Möglichkeit über das Internet.

Microsoft Music Central ist ein großes Sammelwerk zu allen möglichen Richtungen der Unterhaltungsmusik. Es gibt kaum einen Interpreten, der nicht auf der CD mit einer kompletten Diskographie und Hintergrundinformationen zu finden ist. Auch hier gibt es seit der Version 97 eine Update-Möglichkeit über das Internet.

Microsoft LexiROM ist ein wertvolles, multimediales Nachschlagewerk, basierend auf verschiedenen Rechtschreib- und Lexikabänden. Enthalten sind nicht nur die drei wichtigsten Duden (Rechtschreibung, Fremdwörter, Synonyme), sondern außerdem ein Englisch-Deutsch/Deutsch-Englisch-Wörterbuch von Langenscheidt sowie das komplette dreibändige Meyers Lexikon. Die Stichwort-Suche ist gezielt nur in einzelnen oder über alle enthaltene Werke möglich. Natürlich gibt es genauso Querverweise per →Hyperlink wie multimediale Elemente (Ton, Videos). Zwar gehört die CD zu den teuersten Multimedia-Werken auf dem Markt, sie ist aber für alle, die Texte erstellen, sehr interessant und ihr Geld wert.

Microsoft Encarta ist eine multimediale Enzyklopädie, die alle Möglichkeiten des Mediums CD-ROM gut ausnutzt. Das leider nicht ganz preiswerte Werk bietet allgemeine Informationen über die Welt, Wissenschaft, Geschichte und vieles mehr. Lediglich der Bereich EDV ist etwas dürftig abgehandelt. Dafür entschädigt eine riesige Sammlung von Fotos, Tondokumenten und Videos, die alle über eine ansprechende und komfortable Oberfläche mit guter Suchfunktion erreichbar sind.

Stephan Hawkings CD **Eine kurze Geschichte der Zeit**, erschienen im Systhema-Verlag, basiert auf dem gleichnamigen Bucherfolg des weltbekannten Physikers. Es ist genau das richtige für alle Fans von Schwarzen Löchern, unendlichen Weiten und fernen Galaxien. Die z. T. schwer verdauliche, weil komplexe Materie der Astrophysik wird durch Illustrationen, Bilder und Videos auch Laien anschaulich erklärt. Wem das Buch zu trocken und zu schwer verständlich ist, der sollte vielleicht lieber zur CD mit Multimedia-Unterstützung greifen.

Multimedia-PC

Unter der Bezeichnung **Multimedia-PC**, kurz MPC, wurde von verschiedenen Firmen – u. a. →Microsoft – eine Spezifikation für →PCs und deren Komponenten für den Einsatz von →Multimedia erarbeitet. Weitere Informationen siehe →MPC.

Multiplex-Betriebsart [multiplex mode]

Die Multiplex-Technik, die der Multiplex-Betriebsart zugrunde liegt, ist ein Verfahren zur mehrfachen Nutzung eines Übertragungswegs durch Aufspaltung in mehrere (logische) Kanäle (siehe auch →Multiplexer). Beim Frequenzmultiplex-Verfahren werden die Kanäle durch mehrere Übertragungsfrequenzen gebildet. Das Zeitmultiplex-Verfahren überträgt demgegenüber die parallelen Kanäle – aufgesplittet in kleine Zeitscheiben – wechselseitig nacheinander.

Multiplexer

Ein Multiplexer ist eine Komponente oder ein Gerät, das die Zusammenführung mehrerer paralleler Datenströme eines Senders auf entsprechende logische Kanäle eines einzigen physischen Übertragungsmediums bzw. die Aufspaltung der übertragenen Signale in die parallelen Datenströme beim Empfänger realisiert. Manchmal unterscheidet man auch zwischen einem Multiplexer für das Zusammenführen und einem →Demultiplexer für das Aufspalten von Datenströmen. Man unterscheidet prinzipiell zwischen dem →Frequenzmultiplex-Verfahren und dem →Zeitmultiplex-Verfahren. Je ein Multiplexer nach dem Frequenzmultiplex-Verfahren wird bei der →Breitbandübertragung auf der Seite des Empfängers bzw. des Senders benötigt.

Multiplier [Multiplikator, Faktor]

Der Begriff „Multiplier" wird im Computerbereich im Zusammenhang mit der Taktung von →Prozessoren verwendet. Der Multiplier gibt den Faktor an, mit dem ein Prozessor die externe Taktung des →Systembusses in seine eigene umsetzt. Zum Beispiel wird ein 200-MHz-Pentium extern mit 66 MHz betrieben, verwendet also den Multiplier 3.

Multiprocessing

Multiprocessing ist die Bezeichnung für die Fähigkeit eines Betriebssystems, mit einem Mehrprozessor- oder →Multiprozessorsystem arbeiten zu können. Durch ein derartiges →Betriebssystem können die anstehenden Aufgaben auf die einzelnen Prozessoren verteilt werden. Arbeiten die Prozessoren unabhängig voneinander, spricht man vom symmetrischen Multiprocessing, wenn einer der Prozessoren die anderen steuert, spricht man hingegen vom asymmetrischen Multiprocessing. Ein Betriebssystem, das symmetrisches Multiprocessing unterstützt, ist z. B. →Windows NT.

Multiprozessorsystem

Ein Multiprozessor- oder **Mehrprozessorsystem** ist ein Computer, der über mehrere Prozessoren verfügt. Diese arbeiten entweder unabhängig voneinnander (symmetrisches System), oder es gibt einen Prozessor, der die anderen steuert (asymmetrisches System). Normalerweise benutzen die Prozessoren denselben →Arbeitsspeicher und sind durch einen →Bus miteinander verbunden. Durch ein entsprechendes →Betriebssystem (z. B. →Windows NT) können die Aufgaben auf die Prozessoren verteilt werden. Genutzt werden Multiprozessorsysteme z. B. in der →Bildbearbeitung (für Zeichentrick- oder SF-Filme), bei der hohe Geschwindigkeit gefragt ist, um Bildsequenzen zu bearbeiten. Allerdings gibt es bis jetzt nur wenig →Software, die ein Mehrprozessorsystem unterstützt.

Multiread [Vielfach Lesen]

Der Begriff „multiread" wird für CD-ROM und DVD-Laufwerke verwendet, die auch in der Lage sind, die neuen wiederbeschreibbaren Phase Change Medien zu lesen (siehe auch →PD-Laufwerke). Da diese Medien ein geringeres Reflexionsvermögen haben, können herkömmliche Laufwerke sie nicht lesen. Multiread-fähige Laufwerke haben jedoch einen kleinen Verstärker eingebaut (→AGC), der das schwache Signal wieder lesbar macht.

Bei CD-ROMs sind Multiread-fähige Laufwerke in der Lage, die →**CD-RW**-Medien zu lesen. Bei DVD-Laufwerken sind ebenfalls CD-RWs gemeint, zusätzlich aber auch die neuen DVD-RAM bzw. DVD+RW-Medien (siehe →DVD-RAM).

Multiscan-Monitor

Einen Monitor, der verschiedene Grafikstandards mit jeweils unterschiedlichen Bild- und Zeilenfrequenzen wiedergeben kann, nennt man Multiscan-Monitor. Auch die Möglichkeit der Umschaltung zwischen analogen und digitalen Eingangssignalen gehört zu seinen Leistungsmerkmalen.

Multisession-Betrieb/-Fähigkeit

Der Multisession-Betrieb eines CD-ROM-Laufwerks steht im Zusammenhang mit der Entwicklung der →Photo-CDs. Da diese in mehreren Sitzungen beschrieben werden müssen, muss ein **Multisession-fähiges** →CD-ROM-Laufwerk in der Lage sein, die in mehreren Sitzungen erstellten CD-Abschnitte lesen zu können. Man kann eine einzelne Session wie eine kleine virtuelle CD auf der CD betrachten. Jede Session hat einen ein- und ausleitenden Teil (Lead-in, Lead-out). Beim Erstellen einer neuen Session müssen vom →CD-Writer-Programm die Inhaltsdaten der vorherigen Session importiert werden, damit auf die Inhalte beider Sessions zugegriffen werden kann. Einige veraltete CD-Writer-Programme waren dazu nicht in der Lage. In diesem Fall musste mit einem speziellen Programm, einem Multisession-Mounter, jeweils zwischen den verschiedenen Sessions einer CD umgeschaltet werden. Bei modernen Geräten (CD-Writer und Laufwerke) bzw. Writer-Programmen ist Multisession-Fähigkeit mittlerweile selbstverständlich.

Multisync (**Multisynchronisation**)

Mulitsync ist eine von der Firma NEC verwendete Bezeichnung für Mehrfrequenzbildschirme einer bestimmten Baureihe. Multisync ist auch die umgangssprachliche Bezeichnung für einen →Multiscan-Monitor.

Multitasking [„mehrere Aufgaben bearbeiten"]

Multitasking – manchmal auch Multiprogramming oder Multiprogrammbetrieb genannt – dient der Erhöhung der Leistungsfähigkeit eines Computers durch die gleichzeitige Abarbeitung verschiedener Tasks (Aufgaben) eines oder mehrerer Programme. **Multitasking-fähig** muss dabei das Betriebssystem sein, nicht die Hardware als solche.

Ausgangspunkt war die Überlegung, dass die →CPU häufig auf Nutzereingaben oder auf Peripheriegeräte warten muss, da diese hinsichtlich ihrer Verarbeitungsgeschwindigkeit wesentlich langsamer sind. Diese Wartezeit wird beim Multitasking genutzt, um die Rechenleistung der CPU in den Wartezeiten anderen wartenden Tasks zur Verfügung zu stellen. Die Bearbeitung der Tasks läuft dabei jedoch nur scheinbar gleichzeitig ab, da der Prozessor zu einer Zeit jeweils nur eine Operation ausführen kann. Die einzelnen auf die Abarbeitung wartenden Tasks kommen daher – in kleine Zeiteinheiten (so genannte Zeitscheiben) aufgespalten – nacheinander zur Ausführung. Die Steuerung des zeitlichen Ablaufs übernimmt ein für Multitasking geeignetes →Betriebssystem mit seinem so genannten →Scheduler, der jedem Task reihum eine gewisse Zeit am Prozessor zuweist, wobei zusätzlich vorgegebene Prioritäten berücksichtigt werden können.

Betriebssysteme mit der Fähigkeit zum Multitasking fanden sich in der Vergangenheit nur bei Großrechnern oder Systemen der mittleren Datentechnik. Mit dem verstärkten Einsatz von →UNIX, seit einigen Jahren auch bei →Windows, findet Multitasking verstärkt auch im PC-Bereich Anwendung. Während →Windows 95/98 aber nur begrenzt Multitasking-fähig sind, ist →Windows NT ein echtes Multitasking-System. Multitasking ist übrigens auch die Grundvoraussetzung für die Nutzung eines Computers durch mehrere Nutzer, den Multiuser-Betrieb (siehe →Multiuser).

Multithreading [„mehrere Fäden bearbeiten"]

Unter Multithreading versteht man das →Multitasking auf der Ebene der →Threads.

Multiuser [Mehrbenutzer]

Ein Multiuser-System ist ein Rechnersystem, das gleichzeitig von mehreren Anwendern mit voneinander unabhängigen Aufgaben und Programmen benutzt werden kann. Die Fähigkeit zum →Multitasking ist dabei unverzichtbar, ebenso wie das Vorhandensein mehrerer Arbeitsplätze mit den notwendigen Ein- und Ausgabegeräten (siehe →Terminal).

Murphy's Law [Murphys Gesetz]

Edward A. Murphy Jr. erlangte Ruhm als Erfinder einer Lebensregel, die unter dem Begriff Murphys Gesetz bzw. Murphy's Law bekannt geworden ist. Murphy testete 1949 für die U.S. Air Force, wie viel Belastung der Mensch bei hohen Beschleunigungen aushalten kann. Für den Test mussten an den Versuchspersonen 16 Elektroden angebracht werden. Beim Anschluss der unbeschrifteten Elektroden gab es zwei Möglichkeiten, von denen eine falsch war. An einer Versuchsperson wurden alle Elektroden falsch angeschlossen. Dies entsprach einer Wahrscheinlichkeit von 1 zu 65.536.

Als Murphy davon erfuhr, prägte er Murphy's Law, das man folgendermaßen formulieren könnte: Wenn es zwei oder mehr Wege gibt, etwas zu tun, und einer dieser Wege zu einer Katastrophe führen kann, dann wird jemand diesen Weg wählen. Die gebräuchlichere, weil kürzere Fassung lautet: Was schief gehen kann, wird auch schief gehen. Auf einen speziellen Fall bezogen kann Murphys Gesetz (zweiter Ordnung) beispielsweise lauten: Ein frisch zubereitetes Honigbrötchen fällt, umso wahrscheinlicher mit der Honigseite nach unten auf den Teppichboden, je leckerer es ist und je mehr man gerade den allergrößten Appetit darauf hat.

Mustererkennung [pattern recognition]

Unter dem Begriff „Mustererkennung" fasst man eine Reihe von Verfahren zusammen, die es erlauben, beliebige Muster (Zeichen, Handschrift, Bilder bzw. Fotos von Personen, Sprache usw.) zu identifizieren. Relativ weit fortgeschritten ist diese Technik bei der Zeichenerkennung (siehe →OCR), bei der Standardzeichensätze in Kombination mit einer Rechtschreibprüfung sehr genau erkannt werden können. Weit schwieriger gestaltet sich die Erkennung von Handschrift und gesprochener Sprache aufgrund mehrerer möglicher Bedeutungen von Wörtern (erreichbare Genauigkeit heute ca. 95-98 %). Die Mustererkennung komplexerer Muster bleibt bislang den →Expertensystemen vorbehalten, da nur sie über entsprechende →Kapazität (u. a. zur Speicherung von Vergleichsmustern und zur genügend schnellen Verarbeitung) und über speziell dafür entwickelte Programme verfügen.

Nachladen [reload]

Nachladen ist die Bezeichnung für das nachträgliche Einlesen von Programmteilen oder Daten (in Form einer →Datei), wenn der →Arbeitsspeicher nicht genug Platz bietet, um alle Daten auf einmal aufzunehmen.

Nachleuchtzeit [afterglow time]

In einer Elektronenstrahlröhre (siehe →Bildschirm) werden die einzelnen Bildpunkte durch Anregen fluoreszierender Stoffe mit einem Elektronenstrahl erzeugt. Die Zeit, die diese Stoffe nach dem Auftreffen des Elektronenstrahls weiter leuchten, wird als Nachleuchtzeit bezeichnet (ca. 0,1 s). Einerseits vermindert eine merkliche Nachleuchtzeit das Flimmern, andererseits führt aber eine zu große Nachleuchtzeit zu verschwommenen Bildern und Streifen.

Nachrichtenvermittlung [message switching]

Als Nachrichtenvermittlung bezeichnet man ein Verfahren, das die Kommunikation zwischen zwei →Netzwerkknoten in einem großen →Netzwerk durch schrittweises Senden und Zwischenspeichern von kompletten Nachrichten realisiert.

Nadeldrucker [pin writer]

Nadeldrucker bestimmten über Jahre hinweg die PC-Drucktechnik, denn sie lieferten bei hoher Geschwindigkeit mit 24 Nadeln ein ansehnliches Schriftbild bei gleichzeitiger Erstellung von bis zu sieben Durchschlägen – allerdings bei hoher Geräuschentwicklung. Im Gegensatz zu den →Laserdruckern und →Tintenstrahldruckern gehören Nadeldrucker zusammen mit den Typenraddruckern zu den so genannten Impact- oder →Anschlagdruckern. Die große Schwäche der Nadeldrucker ist der Grafikdruck, denn die Verwendung eines Farbbands bei zeilenweisem Vorschub führt leicht zu Streifenbildung und blassen Grautönen. Außerdem ist die mögliche →Auflösung durch den Druckkopf bzw. die Nadeldicke begrenzt. Als Farbdrucker konnten sich die Nadeldrucker wegen ihrer recht blassen Farbwiedergabe nicht durchsetzen. Die meisten Nadeldrucker verarbeiten Papier standardmäßig als Endlospapier über den so genannten Traktor. Endlospapier lässt sich sehr leicht als selbstdurchschreibendes Mehrfachpapier herstellen und die Steuerung des Papiers über den Traktor sorgt für eine recht hohe Präzision beim Bedrucken der Durchschläge. Zum Bedrucken von anderen Medien (z. B. Ausweise) gibt es spezielle Flachbettdrucker, die die Medien von oben bedrucken und eine Beschädigung durch die Walzen vermeiden.

Moderne Nadeldrucker, wie hier der Epson FX-980, haben auch in heutigen Zeiten noch ihre Daseinsberechtigung. Sie werden überall dort eingesetzt, wo Durchschläge notwendig sind. Typische Einsatzbereiche sind Arztpraxen und Behörden

NAK

NAK (Abk. f. **N**egative **AcK**nowledge) ist wie ACK (Abk. f. **Ack**nowledge) ein spezielles →Steuerzeichen, das für den Quittungsbetrieb (siehe →Quittung) einer →Schnittstelle eingesetzt werden kann.

NAND-Verknüpfung

Die NAND-Verknüpfung ist eine der Operationen der →booleschen Algebra, die eine Verbindung aus Negation (siehe →NOT-Verknüpfung) und Konjunktion (siehe →AND-Verknüpfung) darstellt.

Nanosekunde

Eine Nanosekunde ist eine milliardstel Sekunde (10^{-9}).

Nationales ISDN

Nationales ISDN (auch 1TR6 genannt) wurde von der Deutschen Telekom als eigener nationaler ISDN-Standard entwickelt und seit 1985 eingesetzt. Es entspricht dem auf dem D-Kanal zur Steuerung der Datenübertragung eingesetzten Protokoll. Nach der europaweiten Einigung auf das D-Kanal-Protokoll E-DSS1 (→Euro-ISDN) wird 1TR6 von der Telekom nicht mehr beim Neuanschluss angeboten. Vorhandene 1TR6-Anschlüsse müssen bis zum Jahr 2000 umgerüstet sein, was allerdings relativ problemlos möglich ist.

NC-Steuerung (Numeric Control)

Die NC-Steuerung ist ein am →MIT entwickeltes Konzept zur Steuerung von Produktionsmaschinen. Das Grundprinzip der NC-Steuerung besteht darin, dass alle erforderlichen Informationen zur Herstellung bestimmter Produkte (z. B. über die Produktionsmaschine selbst, das Werkzeug und das zu bearbeitende Werkstück) in Form von →Daten bereitgestellt, von der Steuerung (einem speziellen Computer) interpretiert und durch entsprechende periphere Komponenten umgesetzt werden. Die Daten bestehen aus einzelnen numerischen Werten, deren Bedeutung durch vorangestellte Buchstaben kenntlich gemacht wird (DIN 66025).

NDA (Non Disclosure Agreement)

NDA (englische Abk. f. Nicht-Bekanntgabe-Übereinkunft) bezeichnet eine Vereinbarung zur Nichtoffenlegung (beispielsweise von Betriebsgeheimnissen).

NEC

Im PC-Markt ist die um 1900 gegründete Firma NEC (Nippon Electronic Company) spätestens durch die Erfindung des Begriffs „Multisync" für die hauseigenen →Monitore einem breiten Publikum bekannt geworden. Daneben stehen unzählige NEC-Drucker, die die wichtigsten Drucktechniken abdecken: →Nadeldrucker, →Laserdrucker und →GDI-Drucker. NEC ist zudem in weiteren Bereichen der Computer- und Elektroindustrie (von →PCs und →CD-ROM-Laufwerken bis hin zu elektronischen Bauteilen und →ICs) aktiv. Einen Schwerpunkt bildet auch der Kommunikationsbereich, in dem NEC mit Mobil- und Satellitentelefonen vertreten ist. Da darf natürlich auch die Internetpräsentation unter der Adresse *www.nec.com* bzw. *www.nec.de* nicht fehlen.

Negation

Negation ist eine wichtige Operation der →booleschen Algebra, besser bekannt als →NOT-Verknüpfung.

Negative Logik [negative logic]

Bei der Realisierung eines logischen Zusammenhangs durch einen elektronischen Schaltkreis bezeichnet man diesen auch als logischen Schaltkreis oder kurz Logik. Wird dabei der Wert WAHR (1) durch eine negative Spannung, z. B. durch einen negativen Pegel von -5 V, dargestellt, spricht man von negativer Logik (siehe →positive Logik).

NetBEUI (NetBIOS Extended User Interface)

NetBEUI (Abk. f. Netzwerk-BIOS erweiterte Benutzerschnittstelle) ist ein einfaches und schnelles →Netzwerkprotokoll, das seit Mitte der 80er Jahre eingesetzt wurde und durch alle aktuellen Netzwerkprodukte von Microsoft von →Windows 3.x über Windows 95/98, →Windows NT Workstation bis hin zum NT-Server unterstützt wird. Der entscheidende Nachteil von Net-BEUI in einer heterogenen Umgebung ist, dass es kein →Routing unterstützt.

NetBIOS

Das NetBIOS ist eine weit verbreitete Softwareschnittstelle in lokalen →Netzwerken. NetBIOS unterstützt längerfristige Verbindungen und unterzieht den Datentransfer wichtigen Fehlerkontrollen. Um einen →PC an ein →Netzwerk anschließen zu können, erweiterte IBM im Jahre 1984 das →BIOS um die I/O-Funktion einer Netzwerkkarte. NetBIOS unterstützt die wichtigen Netzwerktechnologien →Token Ring, →Ethernet und →Arcnet. Unterstützung erfährt es auch von den üblichen Netzwerkbetriebssystemen wie →NetWare oder →Windows NT.

NetFind

Im →Internet gibt es eine Reihe von NetFind-Servern, in die man sich via →Telnet, →Gopher oder mit einem →Webbrowser einwählen kann, um anhand von Namen und Schlüsselwörtern die E-Mail-Adresse (siehe →E-Mail) eines bestimmten Nutzers, aber auch Listen von Hosts in einem bestimmten Gebiet usw., abzufragen. Am nächsten liegt für deutsche Anwender der Net-Find-Server *http://netfind.icm.edu.pl/netfind_eng.html* in Polen.

Netiquette (Internet Etiquette)

Netiquette ist ein zusammengefügtes Kunstwort aus Network und Etikette. Gemeint ist das korrekte Verhalten in einem Netzwerkverbund wie dem →Internet oder in einer →Mailbox. Verstöße gegen die Netiquette können zum Ausschluss von der Teilnahme führen. Gelegentlich wird statt Netiquette auch der englische Begriff **„Rules"** [Regeln] verwendet.

Die Netiquette-Regeln orientieren sich an den allgemeinen, als „höflich" geltenden Umgangsformen. Andere Personen beleidigen, verleumden, lügen etc. sind klare Verstöße gegen die Netiquette. In Diskussionsforen (→Newsgroups) gilt außerdem die Regel, dass in Großbuchstaben geschriebene Äußerungen als „Schreien" interpretiert werden, was bei den angesprochenen Personen natürlich nicht gern gesehen wird.

Netmeeting (Internet-Meeting)

Internettelefonie- und -Conferencing-Software von Microsoft. Dieses kostenlose Programm ermöglicht die direkte Kommunikation und den Datenaustausch auf verschiedenen Ebenen (Ton, Bild, Text, Grafik) über das Internet. Siehe auch →Internettelefonie. Die aktuelle Version kann einzeln oder zusammen mit dem →Internet Explorer von der Homepage von Microsoft (*www.microsoft.com*) in verschiedenen Sprachversionen heruntergeladen werden. Es gehört außerdem seit dem OSR 2.x (Windows 95b) zum Lieferumfang von Windows 95 bzw. Windows 98 und dem →Internet Explorer.

Netmeeting ist eine echte Conferencing-Software, d. h., es bietet mehr als nur reine Internettelefonie. Das Programm unterstützt bei einer 1:1-Konferenz (also mit nur zwei Personen) direkten Ton- und Video-Austausch. Die Qualität hängt wesentlich von der Bandbreite ab. Voraussetzung ist natürlich ein entsprechend mit →Mikrofon, →Soundkarte, →Videokamera und →Framegrabber-Karte ausgerüsteter PC. Zusätzlich kann Text über ein Chat-Modul (→Chatten) ausgetauscht werden. Ein so genanntes Whiteboard, eine Art virtuelle Tafel, erlaubt das gemeinsame Zeichnen für alle Konferenzbeteiligten. Netmeeting unterstützt auch echte Konferenzen mit mehreren Personen, dann ist jedoch weder Ton- noch Video-Austausch, sondern nur Chatten und Whiteboard möglich. Außerdem erlaubt Netmeeting den direkten Transfer von binären Dateien (z. B. Bildern) von Teilnehmer zu Teilnehmer. Eine weitere, wichtige Funktion ist die Möglichkeit, aktive Programme auf dem anderen Rechner fernzubedienen. Diese müssen dafür vom Konferenzteilnehmer aber explizit freigegeben sein.

Voraussetzung für eine Netmeeting-Konferenz ist, dass die Gesprächspartner über ein Netzwerk mit TCP/IP-Protokoll verbunden sind. Um die Verbindung aufzubauen, muss man entweder die →IP-Adresse des gewünschten Partners kennen (siehe Tipp) oder man trifft sich auf einem der vielen Treffpunkt-Server (user location server), die von Microsoft oder auch anderen Firmen eingerichtet wurden (z. B. *ils.microsoft.com* oder *ils.four11.com*). Auf diesen werden die Teilnehmer in einer Liste aufgeführt, aus denen man den Gesprächspartner auswählen und dann anrufen kann. Für weitere Informationen und Download-Möglichkeiten siehe auch *www.netmeeting.de*.

> **Tipp:** Netmeeting funktioniert auch problemlos in einem lokalen Netzwerk (→LAN), wenn den Netzwerkkarten das TCP/IP-Protokoll zugewiesen wird. Die eigene IP-Adresse, notwendig um angerufen zu werden, findet man mit dem Programm *Winipcfg.exe* im Windows-Verzeichnis (siehe Abbildung und weitere Informationen bei →IP-Adresse). Diese muss man dann dem Gesprächspartner nur noch kurz telefonisch mitteilen.

NetPC (Network-Computers)

Über das Konzept des so genannten Netzwerk-Computers (NetPC, auch NC oder Internet-PC [IPC]) wird immer noch heftig diskutiert. Die einen sehen in ihm einen adäquaten →Client für den Zugriff auf das weltweite →Internet, die anderen befürchten eher die Rückkehr der dummen →Terminals. Die Idee des NetPCs bekam erstmals 1996 durch den Erfolg der Internetprogrammiersprache →Java großen Aufwind. Insbesondere in den USA – wo die Internetbandbreite deutlich höher ist und viel mehr →Intranets genutzt werden – sehen viele Firmen für NetPCs eine Marktchance. Es bleibt abzuwarten, wie der Markt auf diese neuen Möglichkeiten reagieren wird. Die ersten NetPCs wurden als Ergänzung für den Fernseher in den USA bereits für weit unter 1.000 Dollar eingeführt und hatten recht guten Erfolg. Jedoch hat sich das NetPC-Konzept bis jetzt für Firmen als noch nicht vorteilhaft durchsetzen können. Für Privatanwender insbesondere in Deutschland dürfte die Frage nach dem Sinn eines NetPCs allerdings leicht zu beantworten sein: erst mal abwinken.

Netscape

Das von Marc Andreesen und Jim Clark (ehemaliger Chef und Mitbegründer von →Silicon Graphics) im April 1994 gegründete Unternehmen Netscape gehörte 1995/96 zu den absoluten Shooting-Stars der Softwarebranche. Der Börsengang der kleinen Softwarefirma geriet zum Medienspektakel, da die Aktien aufgrund der hohen Erwartung vieler Anleger in ungeahnte Höhen stiegen. Vor allem durch die starke Konkurrenz von →Microsoft wurde der Höhenflug der Firma aber mittlerweile stark gebremst. 1997 machte Netscape erstmals sogar Verluste (rund 115 Millionen Dollar). Ende 1998 wurde es schließlich von →AOL aufgekauft.

Bekanntestes Produkt von Netscape ist der →**Netscape Navigator**, der mittlerweile zum **Netscape Communicator** erweitert wurde. Die Firma macht mit diesem Programm jedoch kein Geld mehr, sondern nur noch mit dem Verkauf ihres Internet/Intranetservers sowie der Betreuung und Beratung von Firmen bei der Internet/Intranetsutzung (→Internet, →Intranet). Weitere Infos siehe →Netscape Navigator.

Netscape Navigator/Communicator

Der Netscape Navigator der Firma →Netscape war ursprünglich ein reiner →Webbrowser. Also ein Programm zum Betrachten von mit →HTML erstellten Informationsseiten (Webseiten) im →WWW des →Internet. Der Netscape Navigator hat sich mittlerweile durch zahlreiche Erweiterungen zu einer Allround-Programmsammlung rund um alle wichtigen Funktionen des Internet erweitert. Die komplette Programmsammlung wurde zwischenzeitlich auf **Netscape Communicator** umbenannt, allein das eigentliche „Browser-Hauptprogramm" heißt weiter Navigator. Lange Zeit war der Navigator ein Quasi-Standard auf fast allen Rechner-Plattformen. Durch das starke Engagement von Microsoft bei der Entwicklung und kostenlosen Verteilung des →**Internet Explorer** als Konkurrenzprodukt wurde der Marktanteil des Navigators (bzw. Communicator) aber stetig zurückgedrängt.

Neben den Fähigkeiten zur Betrachtung von Webseiten unterstützt der Navigator auch das →FTP-Protokoll zum Downloaden von Dateien aus dem Internet. Die komplette Communicator-Suite besteht außerdem aus weiteren Programmen zum Arbeiten mit →E-Mails, →Newsgroups oder zum Erstellen einfacher Webseiten. Seit der Version 2.0 kann der Navigator außerdem →Java-Applets ausführen. Durch so genannte Plug-Ins (→Plug-In), kleine Programm-Module anderer Anbieter, kann der Navigator um nahezu beliebige Funktionen erweitert werden. Plug-Ins werden v. a. für multimediale Erweiterungen des Navigators verwendet, z. B. zur Darstellung bzw. Wiedergabe von Videos, Sounddateien oder Grafikdateien aller Art.

Der Konkurrenzkampf zwischen den beiden Firmen um die Vormachtstellung im Internet wird auch als **Browser-Krieg** bezeichnet. Als eine bedeutende Reaktion auf den wachsenden Erfolg des Internet Explorer von Microsoft hat Netscape Anfang 1998 mit der kostenlosen Freigabe des Communicator reagiert. Das gilt jedoch nur für die Standard- und erweiterte Version (Navigator und Communicator), die Professional-Version ist weiterhin kostenpflichtig. Eine wirkliche Besonderheit ist außerdem die angebliche Freigabe des Quellcodes. Jedoch betrifft dies nur gewisse Bereiche des Programms, weil viel Code auch von anderen Firmen lizenziert wurde. Hintergrund dieser Freigabe ist der Erfolg des Betriebssystems →Linux, das hierdurch vor allen Dingen von der großen Marktmacht von →Microsoft unabhängig wurde, weil weltweit viele Programmierer aus zumeist freien Stücken an der Weiterentwicklung arbeiten.

Ob es allerdings auch weiterhin bei dieser Freigabe bzw. Lizenzpolitik bleibt, ist fraglich, seitdem nämlich Ende 1998 der große Online-Dienst →AOL die Firma Netscape für ca. 4,2 Millionen Dollar gekauft hat. AOL war dabei offenbar weniger an der Browser-Technologie als vielmehr am Erfolg des wichtigen Internetdienstes Netcenter von Netscape interessiert. Mit monatlich einigen Millionen Besuchern ist Netcenter eines der großen, so genannten Zugangsportale im Internet (vergl. →Startseite). Und damit natürlich ein wichtiger Schlüssel zum Kundenkontakt (für Werbung) und natürlich auch zum Neugewinn von Kunden. An dem ganzen Geschäft ist auch die Firma →Sun indirekt beteiligt. In einem gegenseitigen Abkommen hat sich Sun verpflichtet, Netscape-Server-Software zu verbreiten, während AOL auf Suns Programmiersprache →Java für die Entwicklung von weiteren Online-Diensten und evtl. Nicht-PC-Geräten setzen wird.

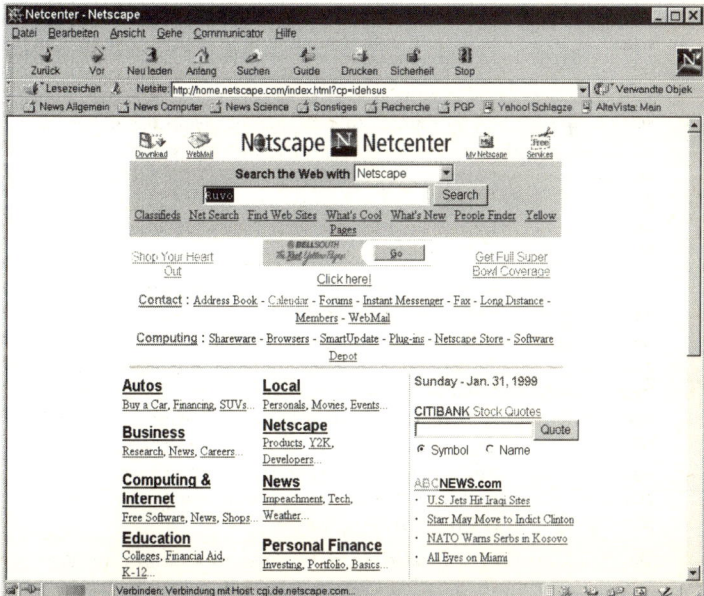

Der Netscape Navigator mit der Netcenter-Seite. Rechts oben sieht man die Schaltfläche „verwandte Objekte" der Smart-Browsing-Funktion (siehe Tipp)

Der Schlüssel zum Erfolg in der Zukunft heißt Online-Shopping, also Einkaufen im Internet und bei Online-Diensten. AOL, Netscape und Sun sind hier eine starke Allianz eingegangen. Und obwohl diese „Allianz" wohl durchaus auch direkt gegen die Marktmacht von Microsoft gerichtet ist, wird AOL wohl vorerst nicht den Netscape Navigator, sondern auch für AOL 4.0 weiterhin Microsofts →Internet Explorer verwenden. Ob sich das mit der aktuellen AOL-Version 5.0 geändert hat, konnte bis zum Zeitpunkt der Drucklegung diese Buches von AOL noch nicht erfahren werden. Es ist aber zu vermuten, dass sich daran erst mal nichts ändern wird. Das Schicksal bzw. die weitere Entwicklung des Netscape Navigator bleibt also auch in Zukunft spannend.

> **Tipp:** Sicherheit am PC ist wichtig, erst recht beim Browsen. Mit der Version 4.06 des Netscape Navigators wurde das Smart-Browsing eingeführt, wodurch einem zu einer gerade aktiven Seite verwandte Informationen angezeigt werden. Diese Funktion ist aus Datenschutz-Gründen nicht unbedenklich und lässt sich zum Glück in den Optionen des Browsers abschalten. Außerdem sind die Ergebnisse häufig nicht gerade treffsicher. Netscape bietet außerdem gegenüber dem Internet Explorer die Möglichkeit an, bei der Steuerung von →Cookies noch mal genau festzulegen, dass diese wirklich auch nur von dem Server wieder ausgelesen werden dürfen, die ihn auch gesetzt haben (wie es die Cookie-Richtlinien eigentlich auch vorsehen). Das verhindert das missbräuchliche Auslesen Ihrer Daten.

NetWare

NetWare war eines der ersten „echten" Netzwerkbetriebssysteme (siehe →Netzwerkbetriebssystem) für PC-basierte LANs von der Firma →Novell. NetWare wurde als File-Server-Betriebssystem für den Multiuser-Betrieb (siehe →Multiuser) entwickelt und wird seit seiner Markteinführung 1983 von weit mehr als 4 Millionen Benutzern an rund 500.000 Novell-File-Servern eingesetzt. NetWare verfolgt einen gänzlich anderen Ansatz als jene Netzwerkbetriebssysteme, die auf dem →Server als Anwendung unter →MS-DOS liefen und die mittlerweile völlig vom Markt verschwunden sind. Wegen seiner großen Leistungsfähigkeit und Verbreitung ist NetWare im PC-basierten LAN neben →Windows NT und neuerdings auch →Linux als wichtiger Standard anzusehen. Als →Netzwerkprotokoll unterstützt NetWare das eigene IPX/SPX (→IPX) sowie alle gängigen →Netzwerkprotokolle anderer Hersteller. Neben der Variante als File-Server-Betriebssystem für den →dedizierten Server existiert auch eine NetWare-Version für ein Peer-to-peer-Netzwerk (siehe →Peer-to-peer), bei der der Server weiterhin als Arbeitsstation – als →nicht dedizierter Server – Verwendung finden kann.

Netzstruktur [network structure]

Die →Netzwerktopologie, der räumliche bzw. funktionale Aufbau eines →Netzwerks, könnte auch als Netzstruktur bezeichnet werden. Die Netzwerktopologie beeinflusst wesentlich das Verhalten bei Erweiterungen, dem Ausfall von Übertragungsmedien oder von →Netzwerkknoten usw.

Netzteil [power supply]

Das Netzteil schließt den Rechner oder Peripheriegeräte wie →Drucker oder →Scanner an das Stromnetz an und wandelt die gelieferte Wechselspannung in Gleichspannung um. Über das Netzteil des Computers werden einzelne

Komponenten wie →Mainboard, →Festplatte, →Diskettenlaufwerk, aber auch →Tastatur und →Maus mit Strom versorgt.

Das Netzteil eines PCs lässt sich bei Defekt, z. B. wenn der Lüfter brummt, leicht komplett austauschen. Man muss allerdings alle Kabel, auch die zum Mainboard, lösen. Auf keinen Fall darf man das Netzteil selbst auseinander nehmen, da hier durch restliche Überspannungen Lebensgefahr droht

Netzwerk [network]

Ein Rechnernetzwerk, **Rechnernetz** oder kurz **Netz** besteht aus zwei oder mehreren Rechnern, die – üblicherweise durch direkte Leitungen – miteinander verbunden sind; über Softwarekomponenten können sie miteinander kommunizieren. Die Nutzer eines Netzwerks können sich die Ressourcen der Computer (Festplatten, CD-ROM-Laufwerke, Drucker ... bis hin zu den Prozessoren) teilen. Die Vorteile des Netzbetriebs sind:

– die Aufhebung von Speicherplatzbeschränkungen einzelner Computer

– der erleichterte Austausch von Daten zwischen den Computern

– das Senden und Empfangen von elektronischer Post (siehe →E-Mail)

– die Einsatzmöglichkeit netzwerkfähiger Programme, die sich in ihrer Gesamtheit verhalten wie eine Multiuser-Anwendung (siehe →Multiuser) an einem leistungsfähigen →Großrechner

– die Kosteneinsparung durch die Einsatzmöglichkeit einfach ausgestatteter Arbeitsplätze und die gemeinschaftliche Nutzung aufwendiger peripherer Geräte

– die Kosteneinsparung durch leichtere Softwareverteilung und Softwarepflege

– die mögliche Erhöhung der →Datensicherheit durch eine zentrale →Datensicherung

Man spricht von einem **lokalen Netzwerk** oder **LAN** (Abk. f. **L**ocal **A**rea **N**etwork), wenn die im Netz verbundenen Computer auf eine geringe räumliche Ausdehnung begrenzt sind, also z. B. das Gebäude einer Firma. Dies dürfte neben dem →Internet der häufigste Fall von Vernetzung sein. Nach den veralteten Bestimmungen des mittlerweile ja nicht mehr geltenden staatlichen Postmonopols waren LANs früher in Deutschland zwangsweise auf das Gelände eines Unternehmens oder einer Niederlassung begrenzt. LANs wurden daher meist eingesetzt, um die PCs einer Arbeitsgruppe innerhalb eines Gebäudes oder eines Stockwerks miteinander zu verbinden. Doch auch bei den heute bestehenden Möglichkeiten zum Aufbau von unternehmens- oder konzernweiten Netzen wird man einzelne LANs nicht über Gebühr ausdehnen. Aus technischen und sicherheitsrelevanten Gründen sollten größere

Netze lieber durch den Zusammenschluss von einzelnen, in sich geschlossenen LANs (LAN-Inseln) gebildet werden.

Um ein LAN aufzubauen, benötigt man als →Hardware zumindest:

– einen →Computer, der als →Server seine Ressourcen oder →Betriebsmittel zur Verfügung stellen kann

– einen Computer, der als →Client oder Arbeitsstation die angebotenen Ressourcen des Servers nutzen kann

– Neben Netzwerken mit →dedizierten Servern kann man aber auch Netzwerke nach dem Peer-to-peer-Verfahren (siehe →peer-to-peer) aufbauen, bei denen jeder Computer gleichberechtigt ist und daher sowohl als Server als auch als Client agieren kann.

– je eine →Netzwerkkarte für jeden angeschlossenen Computer

– ein Netzwerkmedium – z. B. eine Kabelverbindung zwischen den Computern (siehe →Netzwerkkabel). Seit Anfang 1999 gibt es aber auch die Möglichkeit, preiswerte Netzwerke auf Funkbasis aufzubauen. Die entsprechenden Standards wurden zwischenzeitlich von der Industrie verabschiedet und entsprechende Netzwerkkarten sind auch für Privatanwender erschwinglich. Davor war die Vernetzung per Funk nur durch teure, professionelle Richtfunkanlagen möglich. Die ersten Funknetzwerkkarten erreichen jedoch noch nicht ganz die Leistung von herkömmlichen 10 MBit-Karten, sodass man sich die Verwendung gut überlegen sollte.

Als →Software benötigt man für ein LAN:

– ein →Netzwerkbetriebssystem wie z. B. →NetWare oder ein netzwerkfähiges →Betriebssystem wie z. B. →Windows 95/98, →Windows NT oder →Linux.

– geeignete Treiber für die →Netzwerkkarte und Netzwerkprotokolle

– netzwerkfähige Applikationen

Im Laufe der Entwicklung lokaler Netzwerke wurden verschiedene →Netzwerktopologien und Übertragungsmedien sowie eine Vielzahl von Verfahren für die →Datenübertragung und den Zugriff auf das Netzwerkmedium (vergleiche auch →Kollision) entwickelt. Zuerst weit verbreitet hatten sich die Netzwerktechnologien →Ethernet von →Xerox und →Token Ring von →IBM. Später haben sich nationale und internationale Gremien wie die →ISO und das →IEEE bemüht, die verschiedenen Netzwerkkonzepte zu systematisieren. Ein Mittel dazu war das →OSI-Schichtenmodell sowie die Erarbeitung einer Vielzahl von Standards – z. B. auf der Basis der Verfahren Ethernet und Token Ring. Mittlerweile scheint sich aber auch in lokalen Netzwerken immer mehr das im Internet verwendete →TCP/IP durchzusetzen, sodass man bei modernen LANs schon oft nur noch von →Intranets redet.

Werden für ein Netzwerk weitreichende Verbindungen der Telekommunikation genutzt, um Computer bzw. kleinere LANs an entfernten Standorten oder auf der ganzen Welt miteinander zu verbinden, spricht man von einem globalen Netzwerk oder **WAN** (Abk. f. **W**ide **A**rea **N**etwork). Wenn die im WAN verbundenen Rechner oder Netzwerkbereiche über verschiedene Technologien verfügen, dann muss man mit speziellen Techniken bzw. Geräten wie →Brücken, →Router oder →Gateways für Schnittstellen sorgen.

In Anlehnung an die Begriffe LAN und WAN bezeichnet man ein Netzwerk als **MAN** (Abk. f. **M**etropolitan **A**rea **N**etwork, Netzwerk im Großstadtgebiet) wenn es auf einen urbanen Ballungsraum (z. B. eine Stadt) begrenzt ist. Es liegt damit in der räumlichen Ausdehnung zwischen einem LAN und WAN. Der Begriff „MAN" wird allerdings reaiv selten verwendet.

Netzwerkadresse [network address]

Damit man die einzelnen Computer in einem →Netzwerk eindeutig identifizieren und ansprechen kann, wird jedem eine eindeutige Adresse zugewiesen, die Netzwerkadresse. Physische Adressen können in der →Netzwerkkarte per Software vorgegeben oder bei alten Karten auch durch →Jumper eingestellt werden. So vergibt z. B. das →IEEE für alle →Netzwerkkarten für →Ethernet einen ersten, Hersteller abhängigen Teil von 3 →Byte, der durch 3 Byte zu einer vollständigen, weltweit eindeutigen Adresse ergänzt wird. Die physische Adresse eines Adapters dient zur Adressierung in der →Verbindungsschicht (siehe →OSI-Schichtenmodell), genauer in der MAC-Teilschicht (siehe →IEEE-802-Modell), und wird daher auch MAC-Adresse genannt. Da man jedoch mit derartigen Zahlen kaum arbeiten kann, werden diese in höheren Schichten durch logische Adressen und Namen ersetzt.

Netzwerkbetriebssystem [Network Operating System, NOS]

Das →Programm, das eine Mittlerfunktion zwischen dem →Betriebssystem der einzelnen PCs und den Anwendungsprogrammen ausübt und für einen sinnvollen Betrieb im →Netzwerk sorgt, wird meist als Netzwerkbetriebssystem oder **NOS** bezeichnet. Es enthält alle für die Verwaltung eines Netzwerks notwendigen Funktionen und Hilfsprogramme. Marktführer im Bereich der PC-Netzwerkbetriebssysteme war lange Zeit →NetWare, das aber starke Konkurrenz von →Windows NT und neuerdings auch von →Linux bekommt. Das Netzwerkbetriebssystem wird z. B. auf einem →Server im Netzwerk installiert. Der →Netzwerk-Administrator steuert und überwacht damit den gesamten Netzbetrieb, er kann u. a. neue Benutzer und Benutzergruppen einrichten, Zugangsberechtigungen festlegen und Druckerwarteschlangen konfigurieren. Den Netzteilnehmern ermöglicht das Netzwerkbetriebssystem den Zugriff auf gemeinsame Datenbestände und Peripheriegeräte.

Netzwerkdrucker [network printer]

Auf einen Netzwerkdrucker können verschiedene Arbeitsstationen im →Netzwerk zugreifen. Um einen Drucker netzwerkweit verfügbar zu machen, gibt es verschiedene Möglichkeiten:

− Die Arbeitsstation, an die der Drucker angeschlossen ist, stellt zugleich Dienste als →Druck-Server im Netz bereit.

− Ein →dedizierter Rechner im Netz arbeitet als Druck-Server und bietet Druckdienste an.

− Moderne Netzwerkdrucker werden direkt als →Netzwerkknoten im Netz eingebunden, der enthaltene Prozessor nimmt die Aufgaben eines Druck-Servers wahr.

Netzwerkkabel [network cable]

Zur Verbindung von Computern in einem LAN haben sich im Wesentlichen drei Typen von Netzwerkkabeln durchgesetzt:

- das →**Koaxialkabel** aus zwei isolierten koaxialen Kupferleitern, wobei man im LAN zwei verschiedene Varianten, das dicke Kabel (thicknet coaxial cable, siehe →yellow cable) sowie das dünnere BNC-Kabel (thinnet coaxial cable), verwendet. Vernetzungen mit Koaxialkabel haben den Vorteil, dass man keinen →Hub benötigt, um mehrere Rechner miteinander zu verbinden. Da die Kabel per T-Stück an den Netzwerkkarten von einem PC zum nächsten weiterverbunden werden können, ist so eine problemlose, direkte Verkabelung möglich. Gleichzeitig ist aber kein gerichteter Datenaustausch zwischen einzelnen Rechnern im Verbund möglich, wie es ein Hub realisiert. Außerdem ist die elektrische Abschirmung von Koaxialkabeln nicht so gut, sodass die Kabellänge begrenzt ist.

- das →**Twisted Pair-Kabel** aus vier isolierten Kupferdrähten, die paarweise miteinander verdrillt sind, wobei man zwischen dem einfachen ungeschirmten UTP- und dem geschirmten STP-Kabel mit einer zusätzlichen metallischen Abschirmung jedes Leiterpaars unterscheidet. Als Anschlussverbindung wird normalerweise der auch als →Westernstecker bekannte RJ45-Stecker verwendet. Twisted Pair-Kabel werden nicht wie Koaxialkabel per T-Stück an der Netzwerkkarte weitergeleitet, sondern können immer nur direkt zwei Geräte miteinander verbinden. Sobald man also mehr als zwei Rechner miteinander vernetzen will, muss man bei Twisted Pair auf einen →Hub zurückgreifen.

- die verschiedenen Varianten von →**Glasfaserkabeln** als moderne optische Übertragungsmedien, die jedoch für lokale Netzwerke eine untergeordnete Rolle spielen.

Im Vergleich zu den Netzwerkkabeln spielen ungebundene Übertragungsmedien (Funkwellen, Infrarot, Laserlicht, Mikrowellen) im Netzwerk noch eine eher untergeordnete Rolle. Netzwerkkarten mit Funkübertragung sind seit Anfang 1999 jedoch auch für Privatanwender bzw. kleinere Firmen zu attraktiven Preisen zu bekommen. Die Datenübertragungsrate liegt bisher aber noch unter denen einer 10-MBit-Karte, sodass sich damit im Vergleich zu den ebenfalls mittlerweile recht preiswert erhältlichen 100-MBit-Karten keine sehr leistungsfähigen Netzwerke aufbauen lassen. Es ist jedoch sicher nur eine Frage der Zeit, bis die Bandbreite bei der Funkübertragung dementsprechend gesteigert wird.

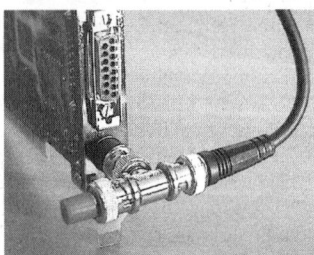

BNC-Anschluss für Koaxialkabel an einer Netzwerkkarte. Das Kabel steckt auf einem T-Stück-Adapter mit Endwiderstand (links), weil hier die Kette zu Ende ist

Netzwerkkarte [network card]

Eine Netzwerkkarte, auch **Netzwerkadapter** genannt, ist eine →Steckkarte, mit der man einen Rechner an ein Netzwerk anschließen kann. Klassischerweise geschieht dies über ein →Netzwerkkabel, seit Anfang 1999 gibt es aber auch Netzwerkkarten, die Funkwellen zur Datenübertragung verwenden (→Netzwerkkabel).

Die Netzwerkkarte enthält u. a. die Software zur Realisierung der jeweiligen Netzwerktechnologie wie →Ethernet, →Token Ring oder →ARCnet, Pufferspeicher für die Datenübertragung, die Anschlussbuchsen für das →Netzwerkkabel sowie die nötigen Bestandteile zur Konfiguration der Karte. Zusätzlich zur Netzwerkkarte müssen noch spezielle →Treiber und →Programme in den →Arbeitsspeicher des Rechners geladen werden.

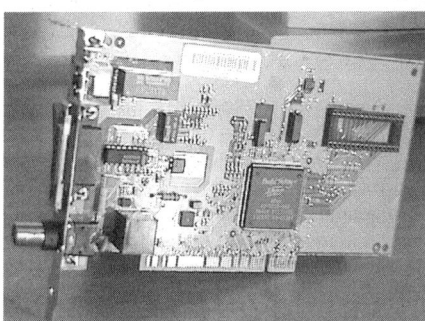

Eine typische Netzwerkkarte von 3COM mit BNC- und Ethernet-Anschlüssen

Netzwerk-Management [network management]

Das Netzwerk-Management umfasst alle Tätigkeiten und Funktionen, die für die Installation und den Betrieb eines Netzwerks notwendig sind. Dazu gehören u. a. der Anschluss neuer Geräte, die Einrichtung neuer Benutzerrechte, die Kontrolle und Sicherung des Betriebs des Netzwerks usw. Das Netzwerk-Management wird vom →Netzwerk-Administrator durchgeführt.

Netzwerk-PC

Gängiger ist die Bezeichnung Internet-PC bzw. die Abkürzung NetPC. Gemeint ist ein hauptsächlich auf das Arbeiten mit und im Internet angepasster, v. a. preiswerter PC. Weitere Informationen siehe →NetPC.

Netzwerkprotokoll [network protocoll]

Ein →Protokoll bezeichnet allgemein einen Satz von Regeln, der die →Datenübertragung zwischen zwei Komponenten (zwei Komponenten eines Rechners, zwei Programmen oder zwei Rechnern in einem →Netzwerk usw.) realisiert und sicherstellt. So wie zwei Menschen die gleiche Sprache sprechen müssen, um sich zu verstehen, benötigen zwei Rechner im →Netzwerk ein gemeinsames Protokoll zur Verständigung. Derartige Netzwerkprotokolle werden – angepasst an die jeweilige Aufgabe – in jeder der sieben Schichten des →OSI-Schichtenmodells benötigt. Als Netzwerkprotokolle bezeichnet man jedoch eingrenzend die Protokolle, die im Wesentlichen in der Netzwerk- und Transportschicht (der 3. und 4. OSI-Schicht) angesiedelt sind. Sie sind verantwortlich für die Übernahme, die gegebenenfalls notwendige Aufspaltung und das Verpacken der von den oberen Schichten gelieferten Datenpakete, das →Routing über das Netzwerk, die Sicherung der Übertragung sowie für das anschließende Aufbereiten und Zusammenfügen der Pakete beim Empfänger. Die wichtigsten aktuellen Netzwerkprotokolle sind IPX/SPX (→IPX), →TCP/IP und →NetBEUI.

Netzwerkschicht [network layer]

Die dritte Schicht des →OSI-Schichtenmodells ist die Netzwerkschicht. Eine ihrer Hauptaufgaben besteht in der Umwandlung der logischen Adressen und Namen der oberen Schichten in die physischen Adressen (siehe →Netzwerkadresse), die Ermittlung des Wegs durch das Netzwerk und die Lösung von Verkehrsproblemen im Netzwerk durch →Routing und →Switching. Gegebenenfalls erfolgt in der Netzwerkschicht auch eine Aufspaltung und Reassemblierung von →Datenpaketen.

Netzwerksegment [network segment]

Als Netzwerksegment bezeichnet man einen Teil eines →Netzwerks, der durch keinerlei Koppelelemente wie →Repeater, →Brücken, →Router, →Switches oder →Gateways unterbrochen ist. Für ein Netzwerksegment gelten eine Reihe von Beschränkungen, die aus der Deformation und Dämpfung der Signale entlang des →Netzwerkkabels, den möglichen →Netzwerkadressen usw. resultieren.

Netzwerksoftware [network Software]

Zu einem →Netzwerk gehört – neben der →Hardware für die physische Verbindung der Computer – auch eine Netzwerksoftware oder besser ein Softwarepaket, das die Unterstützung der Hardware, die Verwaltung der Benutzerkonten und die Nutzung der Netzwerk spezifischen Funktionen (siehe →E-Mail, die Einrichtung eines Netzwerkdruckers, das Bereitstellen von Ressourcen auf fremden Rechnern) ermöglicht. Diese nennt man üblicherweise →Netzwerkbetriebssystem. Neben eigenständigen Netzwerkbetriebssystemen wie Novell →NetWare beinhalten moderne Betriebssysteme wie →UNIX, →Windows 95/98 oder →Windows NT bereits umfangreiche Softwarekomponenten, die Betrieb, Verwaltung und Nutzung eines Netzes ermöglichen.

Netzwerktopologie [network topology]

Die einzelnen Computer in einem →Netzwerk, ob →Server oder →Client bzw. Arbeitsstation oder sonstiges Gerät, bezeichnet man allgemein als →Netzwerkknoten oder kurz Knoten (node). Die Art und Weise, wie diese Knoten in einem Netzwerk miteinander verbunden sind, bezeichnet man als Netzwerktopologie.

Für die Verbindung mehrerer Knoten im LAN haben sich **drei Grundstrukturen** durchgesetzt:

– Bei der **Bus-Topologie** hängen alle Knoten an einem einzigen linearen Strang des →Netzwerkkabels, der an seinen Enden durch einen →Terminator genannten Widerstand abgeschlossen wird.

– Bei der **Stern-Topologie** werden alle Knoten jeweils mit einem Kabelstrang an ein zentrales Gerät, einen so genannten →Hub angeschlossen, der als passives Gerät die Leiter einfach verbindet oder als aktiver Hub zusätzlich Verstärker- und Filterfunktionen übernehmen kann.

– In der **Ring-Topologie** werden die Knoten an einen Leitungsring angeschlossen, in dem die Informationen kreisen (siehe →Token Ring). Diese logische und elektrische Ringstruktur wird als Stern mit einem →MAU (Abk. f. **M**ultistation **A**ccess **U**nit) genannten Gerät im Zentrum verwirklicht.

Neben diesen Grundstrukturen werden noch Misch- oder Hybridtopologien (eine Kombination aus Sternen und/oder Bussen und/oder Ringen) unterschieden, zu denen auch die Baum-Topologie gezählt werden kann.

Netzwerkzugang [network access/account]

Netzwerkzugang ist die Bezeichnung für die Möglichkeit, sich als Benutzer in einem Netzwerk anzumelden. Für den Netzwerkzugang müssen die technischen Voraussetzungen (→Netzwerk und/oder →Modem, →Treiber usw.) vorhanden sein. Beim →Anmelden muss man über einen →Account mit Nutzerkennung und ein entsprechendes Passwort für das Netz verfügen.

Neumann, John von

Der amerikanische Mathematiker ungarischer Abstammung John von Neumann (eigentlich Johann Baron von Neumann, 1903-1957) begann 1944 mit der Konstruktion des Rechenautomaten EDVAC (Abk. f. **E**lectronic **D**iscrete **V**ariable **A**utomatic **C**omputer), der erst 1952 fertiggestellt wurde. Sein Ziel bestand darin, eine flexible Speicherprogrammierung zu schaffen, die der Maschine selbstständige logische Entscheidungen ermöglichte. Die durch ihn postulierten Grundregeln der Architektur eines Computers haben bis heute für die überwiegende Zahl von Rechnern Gültigkeit (siehe →Von-Neumann-Rechner).

Neuromancer

Neuromancer ist der Titel eines Sience-fiction-Kultbuches von William Gibson. In diesem Roman wurde der Begriff →Cyberspace geprägt.

Neuronales Netz

Neuronales Netz ist die Bezeichnung für ein Netz von Mikroprozessoren (siehe →Mikroprozessor), mit dem versucht wird, den Aufbau und die Funktionsweise des menschlichen Gehirns mit seinen Neuronen (Gehirnzellen) nachzubilden. Während im menschlichen Gehirn jedoch etwa 100 Milliarden Neuronen zusammenwirken, ist es bisher erst gelungen, einige Hundert Prozessoren zusammenzuschalten.

Neustart [reboot, restart]

Als Neustart bezeichnet man das erneute Starten des Rechners, bei dem das →Betriebssystem neu geladen wird (siehe →Kaltstart, →Warmstart, →Booten). Ein Neustart kann entweder über einen entsprechenden Befehl des Betriebssystems durchgeführt (bei Windows 95/98 im *Start*-Menü) oder aber über die Tastenkombination ⌷Strg⌷+⌷Alt⌷+⌷Entf⌷ (→Warmstart) erzwungen werden. Das Drücken der Reset-Taste am PC-Gehäuse (→Kaltstart) ist die dritte Möglichkeit. Dabei gehen allerdings alle nicht gespeicherten Daten verloren.

Newsgroup [Nachrichtengruppe]

Newsgroups, kurz auch News, ist die Bezeichnung für Computer unterstützte Diskussionsgruppen, die in Form von virtuellen schwarzen Brettern organisiert sind. Newsgroups dienen dem Nachrichtenaustausch (siehe →News und →Newsreader). In Netzen oder Mailboxen verwendet man manchmal auch kongruent die Begriffe „Brett", „Gruppe", „Echo", „BBS" oder „Bulletin Board".

Newsgroups können zwar prinzipiell in beliebigen Netzen oder Systemen eingerichtet werden, aber der Begriff wird heute eigentlich nur noch synonym für das Newsgroup-System →**Usenet** im Internet verwendet. Es handelt sich dabei um Tausende von hierarchisch organisierten Diskussionsgruppen, an denen man mit einem →Newsreader teilnehmen kann, wenn er das entsprechende Protokoll (→NNTP) unterstützt. Die Themen sind wie gesagt hierarchisch aufgeteilt, wobei es im Augenblick acht große Hauptgruppen (Big Eight genannt) gibt, die allerdings selbst noch nicht sonderlich aussagekräftig sind. Darüber hinaus gibt es noch länderspezifische oder firmenspezifische Newsgroups.

Newsgroup, Top-Level	Beschreibung
alt	alternativ, ungewöhnliche, kontroverse Themen
comp	Computerthemen
misc	miscellaneous, verschiedene, nicht kontroverse Themengruppen
news	Neuigkeiten, Nachrichten über die Newsgroups selbst
rec	recreation, alles zu Erholung, Hobby, Kunst, Kultur, Sport
sci	science, Wissenschaftsthemen
soc	social, soziale Themen
talk	meist politisch orientierte Diskussionen
de	Deutschland
us	USA

Die **Hauptgruppen** (top levels) sind weiter thematisch unterteilt, die Aufteilung zu den nächsten Ebenen wird durch Punkte abgetrennt; z. B. *de.markt.arbeit.biete* oder *microsoft.public.de.german.win98.allgemein*. In seinem Newsreader-Programm kann man sich aus der riesigen Liste die interessanten Diskussionsgruppen aussuchen und „abonnieren". Anschließend werden vom Programm nur noch diese angezeigt. Innerhalb der Diskussionsgruppen kann man dann Nachrichten lesen und je nach Wunsch auf diese antworten. Die Antworten werden hierarchisch an die ursprüngliche Nachricht angehängt, sodass ein Diskussionsfaden (**thread**) entstehen kann. Bei der Beantwortung sollte man jedoch die allgemein gültigen und in besonderen Gruppen ausgehängten Verhaltensregeln beachten (**Netiquette**), weil man sonst leicht mit Beschimpfungen (**flaming**) überzogen wird.

> **Tipp:** Zunehmend werden die Newsgroups vom klassischen Usenet ins WWW verlagert. Mit Hilfe spezieller Software können Diskussionsforen längst auch auf einem WWW-Server erstellt werden, an denen jeder teilnehmen kann, der einen →Browser hat. Zumal die →HTML-Programmierung eine ansprechendere Oberfläche und

Benutzerführung als im Usenet erlaubt. Die WWW-Diskussionsforen erfreuen sich immer größerer Beliebtheit, während sich im Usenet immer weniger Leute, zumeist Computerfreaks, treffen. Die nachfolgende Tabelle nennt einige bekannte deutsche WWW-Diskussionsforen.

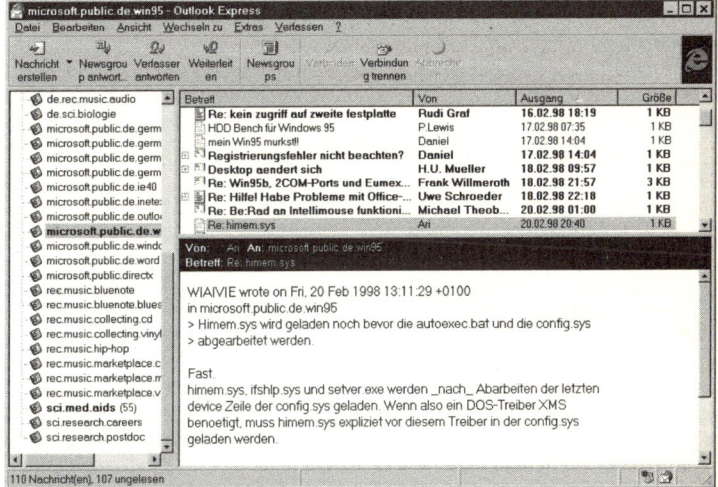

Newsgroups in Microsoft Outlook Express. Links ist die Liste der abonnierten Themen zu erkennen, rechts oben die Beiträge (Threads) pro Thema. Unten ist das Anzeigefeld für einzelne Nachrichten

WWW-Diskussionforum	Internetadresse (→URL)
Foren der Zeitschrift Brigitte	www.brigitte.de
Foren der Zeitschrift CHIP	www.chip.de/community
Foren der Zeitschrift FOCUS	forum.focus.de/H/HF/HFB/hfb.htm
Foren der Zeitschrift SPIEGEL	www.spiegel.de/forum
Foren der Zeitschrift Allegra	www.allegra.de/message/preindex.html
Medizin-Foren	foren.medizin-forum.de
Parsimony	www.parsimony.net/forum
Politik-Forum Deutschland	www.megaforum.de/cgi-bin/rlist01.pl?f=2&r=1
Spotlight	www.spotlight.de/forenxxl/home.htm

Newsreader [Nachrichtenleser]

Als Newsreader bezeichnet man Programme, mit denen man →Newsgroups lesen kann. Dies bezieht sich typischerweise auf die Unterstützung der Internet-Newsgroups (→Usenet), die Programme müssen also das Internet-News-Protokoll →NNTP unterstützen.

Newsreader gehören mittlerweile zur Standardausstattung eines jeden besseren →Webbrowsers wie z. B. →Netscape Navigator oder →Internet Explorer. Das bei letzterem mitgelieferte Programm **Outlook Express** von →Microsoft ist gleichzeitig auch ein Programm für →E-Mails und empfehlenswert. Ein alternatives, sehr häufig genutztes Programm aus der Shareware-szene ist **Free Agent** von der Firma Forte. Die „Free"-Version kann von Privatleuten kostenlos benutzt werden. Es gibt zu dem Programm noch eine leistungsfähigere, professionelle Version, die sich nur Agent nennt, aber für alle Anwender kostenpflichtig ist.

NexGen

NexGen war eine Anfang der 90er Jahre gegründete amerikanische Firma, die zuerst unter Beteiligung von →IBM zum Intel-Standard kompatible Prozessoren (siehe →Intel) auf Pentium-Niveau herstellte. Als Erstes wurden die preiswerten RISC-Prozessoren NexGen 586/80 und NexGen 586/90 entwickelt, die bei etwas niedrigerem Preis in ihrer Leistungsfähigkeit etwa dem Intel Pentium 75 bzw. Pentium 90 entsprachen. Sie wurden im Zeitraum 1995/96 verkauft, konnten aber keine rechte Marktbedeutung erlangen. Da die NexGen-Prozessoren nur Befehls-, aber nicht Pin-kompatibel zum Pentium waren, wurden die entsprechenden →Mainboards für den Betrieb der Prozessoren ebenfalls von NexGen geliefert. Die ersten dieser Boards waren alle noch mit dem VESA Local Bus ausgerüstet, Boards mit PCI-Bus wurden zwar noch entwickelt, hatten dann aber keine rechte Bedeutung mehr. Denn: NexGen fusionierte 1996 mit dem ehemaligen Konkurrenten →**AMD**. Aus der Kooperation der beiden Firmen ist mittlerweile der →AMD K6 entstanden, der Intel Konkurrenz im Marktsegment der hochwertigen Pentium-Prozessoren macht.

NEXT-Computer

Als NEXT-Computer bezeichnete man Computer der Firma NEXT (bzw. aktueller Name NEXT-Software), die von Steve Jobs (dem ehemaligen Mitbegründer der Firma →Apple) 1985 gegründet wurde. Diese Computer arbeiteten mit dem objektorientierten →Betriebssystem NextStep, einem auf →UNIX basierenden System mit einer objektorientierten Benutzeroberfläche. Es beruhte auf dem ursprünglich an der Carnegie-Mellon-Universität entwickelten Mach-Kernel. Die letzte Version 4.0 von NextStep lief auf verschiedenen Prozessoren wie etwa denen von →Intel, der Motorola 68xxx-Familie, Sun SPARC-Workstations und RISC-Prozessoren (aber noch nicht für PowerPCs). Die stark objektorientierte und plattformübergreifende Struktur von NextStep war geradezu prädestiniert für die Intra- und Internetanforderungen moderner PCs, was wohl auch der ehemaligen Stammfirma von Steve Jobs, →Apple, aufgefallen war. Denn im Dezember 1996 übernahm Apple die NEXT-Software mitsamt Chef Steve Jobs für 400 Millionen US-Dollar.

Nicht dedizierter Server

Als nicht dedizierter Server (non dedicated server) wird ein →Server im →Netzwerk bezeichnet, der nicht nur Funktionen und Dienste innerhalb des Netzwerks wahrnehmen kann, sondern auch noch für die direkte Arbeit eines Nutzers mit Applikationen bereitsteht.

Nicht linearer Videoschnitt

Die Videoaufzeichnungen liegen beim nicht linearen Videoschnitt auf einem Medium mit direktem Zugriff (z. B. →Festplatte) vor. Man kann auf jede beliebige Szene sofort zugreifen. Der nicht lineare Videoschnitt wurde erst durch die digitale Bearbeitung im PC möglich. Weitere Informationen siehe →Videobearbeitung.

NIL

Der in einigen →Programmiersprachen definierte Variablentyp (siehe →Variable) NIL, der keinen existierenden Speicherbereich anspricht, wird verwendet, um Daten zu löschen.

Nintendo

Das japanische Unternehmen Nintendo hat u. a. mehrere Spielekonsolen (zum Anschluss an Fernsehgeräte), den GameBoy (eine Spielekonsole im Taschenrechnerformat) und die Super-NES-Konsole entwickelt. Unter anderem schuf Nintendo einige weltberühmte Computerspielfiguren: die Super-Mario-Brüder, zwei Klempner-Geschwister, die gemeinsam Jump and Run-Spiele zu bestehen haben. Das Unternehmen besteht seit 1889. Seit 1983 ist Nintendo im Videospielmarkt aktiv.

NLQ

NLQ (Abk. f. **N**ear **L**etter **Q**uality) ist eine Bezeichnung für die Qualität des Textausdrucks bei →Matrixdruckern, insbesondere bei 9-Nadeldruckern. Normalerweise wird beim NLQ-Druck jedes Zeichen mit einem gewissen senkrechten Versatz noch einmal gedruckt, wodurch sich eine höhere Punktdichte ergibt. Heutzutage ist dieses Druckverfahren überholt.

NMI (Non Maskable Interrupt)

Der NMI (englische Abk. f. nicht maskierbarer Interrupt) ist ein spezieller Interrupt-Eingang (siehe →Interrupt) der →Prozessoren der Firma →Intel, der nicht durch Software maskierbar, d. h. nicht beeinflussbar ist. Das NMI-Signal ist beim Design eines Rechners für Hardwareereignisse höchster Priorität, z. B. Paritätsfehler (siehe →Parität) im →Arbeitsspeicher, oder dem drohenden Ausfall der Stromversorgung vorzubehalten.

Arbeitsspeicher-Chips, die nach dem →EEC-Fehlerkorrekturverfahren arbeiten, können einfache NMI-Fehler auffangen und korrigieren. Voraussetzung ist allerdings, dass das Betriebssystem und das BIOS diese Funktion ebenfalls unterstützen.

NNTP (Network News Transfer Protocol)

NNTP (englische Abk. f. Netzwerk-Nachrichten-Übertragungs-Protokoll) ist das im →Internet verwendete Protokoll zum Übertragen von →Newsgroups (→Usenet). Natürlich kann das Protokoll auch in →LANs und →WANs verwendet werden, solange diese mit dem Internetnetzwerkprotokoll (→TCP/IP) arbeiten. Programme, mit denen man am Usenet teilnehmen kann, müssen NNTP unterstützen und werden →Newsreader genannt.

No parity [keine Parität]

Bei der →Datenübertragung über eine →serielle Schnittstelle oder der Speicherung von →Daten kann als eine einfache Methode der →Fehlererkennung eine →Paritätskontrolle eingesetzt werden. Dabei werden an die sieben oder acht Datenbits eines Datenblocks (siehe →Datenblock), so genannte Paritätsbits (siehe →Paritätsbit), angefügt. Die Paritätsprüfung ist durch leistungsfähigere Verfahren (siehe →Übertragungsprotokoll) überflüssig geworden (siehe →Odd parity, →Even parity). Wird die Paritätskontrolle nicht durchgeführt, spricht man von no parity.

Node address [Knotenadresse]

Node address ist das Erkennungszeichen einer einzelnen Station (siehe →node) in einem →Netzwerk. Sie wird zur Datenübertragung innerhalb des Netzwerks verwendet, um Absender und Empfänger eindeutig zu kennzeichnen.

Non dedicated server

Als non dedicated server (nicht dedizierter Server) wird ein →Server im →Netzwerk bezeichnet, der neben seinen Funktionen und Diensten für das Netzwerk auch noch für die Arbeit mit Anwendungsprogrammen genutzt werden kann.

Non interlaced [nicht verflochten]

Non interlaced meint, dass ein Bild auf dem →Bildschirm ohne Zeilensprungverfahren und damit flimmerfrei dargestellt werden kann (siehe →Interlace). Heutzutage arbeiten die meisten Grafikkarten und Bildschirme non interlaced.

Normalform

Bei einer →relationalen Datenbank wird die Datenmodellierung durch ein Regelwerk unterstützt, bei dem die so genannten Normalformen eine große Rolle spielen.

- Bei der ersten Normalform wird gefordert, dass die →Attribute einer →Relation (Tabelle) hinsichtig ihres →Datentyps bzw. der Aufgabenstellung elementar sind. So wird z. B. zu fordern sein, dass die Adresse eines Kunden in der Adresstabelle in die Attribute „Name", „Vorname", „Straße", „Postleitzahl", „Ort" usw. aufgeteilt wird.

- Bei der zweiten Normalform wird darüber hinaus gefordert, dass die einzelnen Datensätze einer Tabelle durch einen →Primärschlüssel eindeutig unterscheidbar sind. Dieser Primärschlüssel könnte z. B. eine Kundennummer sein.

- Die dritte Normalform fordert weiterhin, dass die Datenbank in eine Haupttabelle mit dem Primärschlüssel und eine oder mehrere Nebentabellen mit dem Primärschlüssel als Referenzfeld aufzuspalten ist. Ziel dieser Aufspaltung ist die Minimierung von →Redundanzen. Diese Aufspaltung ist z. B. erforderlich, wenn jeweils zu einem Firmenkunden mehrere Ansprechpartner mit deren individuellen Daten vorliegen. In der Hauptrelation oder Haupttabelle sollten die firmenrelevanten Daten – Name, Rechtsform, Straße, Postleitzahl, Ort usw. – sowie die Kundennummer als

Primärschlüssel, in einer Nebentabelle jedoch alle Daten der Ansprechpartner aller Firmen – jeweils mit der Kundennummer als →Referenz –
abgelegt werden. Weitere Tabellen zu den einzelnen Aufträgen, Artikeln,
Lagerbeständen usw. – jeweils wiederum mit einem geeigneten Referenz-
attribut – können sich dem anschließen.

Norton Utilities

Die Norton Utilities, benannt nach dem Programmierer Peter Norton
(→Norton, Peter), sind eine nahezu unentbehrliche Sammlung von Hilfs-
und Schutzprogrammen für den PC. Sie werden von der Firma →Symantec
vertrieben und sind im Bereich der Tools (Hilfsprogramme) Marktführer.
Die Norton Utilities gab es zuerst in einer Version für das Betriebssystem
DOS. Da viele der enthaltenen Funktionen (Formatierung, System-Editor,
Defragmentierung, Wiederherstellung von Datei- und Verzeichnisstruktur,
Sicherung der FAT etc.) sehr systemnah arbeiten, hatte sich eine Portierung
auf Windows zuerst lange hingezogen, was schließlich dann aber für Win-
dows 95 gelang. Seit Herbst 1999 wird die neue Version Norton Utilities 4.5
für Windows 95/98 Version 2000 vertrieben. Für Windows NT 4.0 gibt es
dagegen eine ganz eigenständige Version. Die aktuelle Version der Norton
Utilities bietet als wichtige Neuerung unter anderem das Programm Norton
System Check an. Dieses fasst alle Dienstprogramme der Norton Utilities unter einem Assistenten zusammen, sodass man in einem Arbeitsgang einen
Komplett-Check des Systems durchführen kann. Außerdem lassen sich jetzt
wichtige Programme wie der Disk Doctor direkt von der CD ohne Installation starten, was bei einem Komplett-Absturz des Systems häufig notwendig
bzw. hilfreich ist. Hat man ein bootfähiges CD-ROM-Laufwerk (→El Torito-
Standard), kann man nach einem Absturz auch von DOS aus das Rettungs-
programm Norton Emergency aufrufen. Der Rescue Recovery-Assistent ermöglicht es, ein beschädigtes System von ZIP- oder JAZ-Laufwerken wieder
herzustellen, auf denen zuvor eine Rescue Disk angelegt wurde. Weiterhin
wurde die Überprüfung der →Registry mit dem Modul WinDoctor deutlich
verbessert. Dabei werden v. a. überflüssige Einträge gelöscht, was der Boot-
geschwindigkeit zugute kommt. Mit Hilfe des neuen Programms WipeInfo
kann man Dateien und Ordner auf der Festplatte sicher durch Überschreiben löschen. Der Connection Doctor schließlich überprüft alle Systemkomponenten und Modems, die für eine Online-Übertragung notwendig sind.

Nachfolgend noch eine Auswahl der klassischen Komponenten der Norton
Utilities, die in der aktuellen Version auch größtenteils überarbeitet bzw.
verbessert wurden:

– **Disk Editor**: zum direkten Bearbeiten von Daten auf einem Datenträger
  (Festplatte, Diskette etc.). Mit dem Disk Editor können Profis sogar die
  Partitionstabelle reparieren oder einzelne Cluster bearbeiten.

– **Disk Doctor**: erkennt und repariert Fehler in Datei- und Verzeichnisstruktur von Festplatten. Ersetzt damit das Windows-eigene Programm Scan-
  Disk.

– **Speed Disk**: zur Defragmentierung der Festplatte. Ersatz für das Windows-
  eigene Programm Defragmentierung.

– SpeedStart: beschleunigt den Start von Programmen

- ZIP Rescue: erstellt eine Bootdiskette mit Hilfe eines →ZIP-Laufwerks
- WinDoctor: findet Fehler im System und repariert diese auf Wunsch
- CrashGuard: kann bestimmte →Abstürze (Schutzverletzungen) auffangen und dann unter Umständen das Abspeichern von offenen Dokumenten noch ermöglichen
- **Diagnostics**: zur Analyse und Überwachung des PCs.
- **System Genie**: zur Konfiguration bzw. Änderung einiger Windows-Einstellungen, die standardmäßig nicht vorgesehen sind.

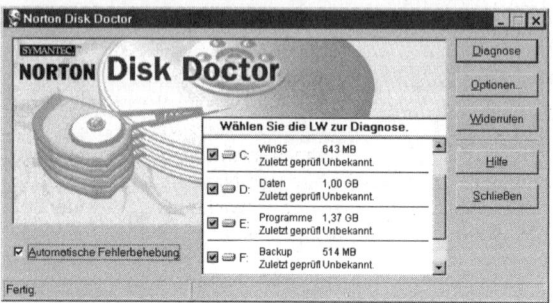

Der Norton Disk Doctor zur Reparatur von Datenfehlern ist das Kernprogramm der Norton Utilities

NOR-Verknüpfung

Die NOR-Verknüpfung ist eine Operation der →booleschen Algebra, die eine Verbindung aus Negation (siehe →NOT-Verknüpfung) und Disjunktion (siehe →OR-Verknüpfung) darstellt.

Notebook [Notizbuch]

Als Notebook bezeichnet man die aktuelle Klasse transportabler →PCs, die über einen Akku, Batterien oder ein Netzteil betrieben werden und über einen LCD-Bildschirm verfügen. Gegenüber dem →Laptop zeichnet sich das Notebook durch seine wesentlich geringere Größe (A4 und kleiner) sowie sein deutlich vermindertes Gewicht aus (ca. 2-4 kg). Notebooks werden auch von →Apple angeboten. Damit steht den Apple-Fans die Nutzbarkeit des Macintosh unter dem Namen PowerBook tragbar zur Verfügung.

Ein modernes Notebook mit TFT-Display und Glidepad

NotePad [Notizblock]

1) Ein NotePad ist ein kleiner tragbarer →PC ohne →Tastatur, der über ein Display verfügt, über das →Daten eingegeben werden können.

2) NotePad ist der Name eines einfachen Texteditors von Windows.

NOT-Verknüpfung

Die NOT-Verknüpfung oder Negation ist eine Operation der →booleschen Algebra, die einen Wert in sein Gegenteil umwandelt: WAHR (1) in FALSCH (0), FALSCH (0) in WAHR (1).

Novell

Novell ist ein 1983 gegründetes amerikanisches Softwareunternehmen und Pionier in der Entwicklung lokaler PC-Netzwerke. Wichtigstes Produkt ist das derzeit in der Version 5.0 vorliegende →NetWare (siehe →Netzwerkbetriebssystem). Großen Erfolg hat man auch mit der speziell für kleinere Firmen ausgelegten →Intranetsoftware IntraNetware. Novell war lange Jahre Marktführer im Netzwerkbereich und entwickelte sich zu einem der größten Softwarehersteller der Welt. Mit spektakulären Übernahmen von Firmen wie →WordPerfect (mit →PerfectOffice) oder Digital Research (mit DR-DOS, später →Novell DOS) versuchte Novell-Chef Robert Frankenberg, die Firma gegen Microsoft zu einem weltweit führenden Softwareunternehmen aufzubauen. Nachdem die erhofften Markterfolge im Office-Markt ausblieben, Novell sein DOS 7.0 vom Markt nahm und Microsoft mit dem NetWare-Konkurrenten →Windows NT immer mehr an Marktbedeutung gewann, musste Frankenberg Anfang 1996 seinen Hut nehmen. Novell konzentriert sich seitdem wieder auf das Kerngeschäft Netzwerk und verkaufte die PerfectOffice-Suite Anfang 1996 an →Corel. Das Internet als weltweites Netzwerk spielt natürlich gerade für Novell eine zentrale Rolle, wovon man sich auf der Homepage unter der Adresse ***www.novell.com*** selbst überzeugen kann.

Novell DOS

Das →Betriebssystem Novell DOS war der Nachfolger von →DR-DOS, nachdem →Digital Research von →Novell übernommen worden war. Novell DOS erschien 1994 und war fast vollständig kompatibel zu →MS-DOS, erlaubte aber zusätzlich →Multitasking, den Aufbau eines →Peer-to-peer-Netzwerks und die Überwindung der 1-MByte-Speichergrenze für DOS-Programme. Noch 1994 gab Novell bekannt, dass Novell DOS nicht weiterentwickelt werden würde, weil der notwendige Markterfolg trotz technischer Überlegenheit gegen MS-DOS ausblieb.

Novell NetWare

Netzwerkbetriebssystem der Firma Novell. Novell NetWare ist eines der marktführenden Netzwerk-Betriebssysteme , verliert aber Marktanteile an den Hauptkonkurrenten →Windows NT von Microsoft und seit 1998 auch zunehmend an→Linux. Weitere Infos siehe →NetWare.

NREN (National Research and Education Network)

Das NREN (englische Abk. f. nationales Forschungs- und Bildungs-Netzwerk) ist ein amerikanisches Forschungs- und Bildungsnetzwerk, das sich auf →NSFnet stützt und damit Bestandteil des Internet ist.

NSFnet (National Science Foundation Network)

NSFnet ist der Name eines Datennetzes der National Science Foundation (NSF), einer wissenschaftlich arbeitenden Stiftung, die sich u. a. mit Supercomputern beschäftigt. Das NSFnet ist ein wesentlicher Bestandteil des →Internet.

NTBA (Netz-Terminator-Basisanschluss)

NTBA ist die Bezeichnung für die Übergangsstelle von der ISDN-Leitung der Telekom an den Hausanschluss. An den NTBA lassen sich via S_o-Bus bis zu acht ISDN-Endgeräte anschließen. Er stellt nicht nur die notwendige Versorgungsspannung und den Abschlusswiderstand für den ISDN-Bus zur Verfügung, sondern besitzt außerdem die Anschlussklemmen für den Anschluss der ISDN-Endgeräte.

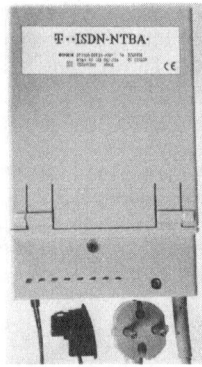

Macht optisch ja nicht viel her, aber an ihm nimmt der ISDN-Bus seinen Anfang: der steckbare NTBA mit TAE-Anschluss

> **Tipp:** Während der NTBA früher von einem Telekom-Techniker immer kostenpflichtig installiert werden musste (zumeist als Wandmontage), gibt es mittlerweile auf Anfrage im T-Punkt-Laden einen kostenlosen, **steckbaren NTBA**, der direkt an eine vorhandene TAE-Dose des alten Telefonanschlusses angeschlossen wird (ohne notwendige Wandmontage). Er hat an der Rückseite zwei →Westernstecker sowie unter einer Klappe Schraubanschlüsse für den direkten Anschluss von ISDN-Kabeln. Diese Lösung ist deutlich preisgünstiger und praktischer als die herkömmliche.

NTFS (New Technology File System)

Das NTFS (Abk. f. Neue-Technologie-Dateisystem) ist das →Dateisystem von →Windows NT, das den Einsatz langer Namen für Dateien und Verzeichnisse zulässt sowie mit erweiterten Attributen aufwartet, die insbesondere für die Sicherheitsfunktionen für den Dateizugriff am lokalen Rechner sowie im Netzwerk erforderlich sind. Aufgrund der Nutzung binärer Suchbäume (siehe →Baumstruktur) und der wenig fragmentierten Speicherung auch großer Dateien ist NTFS insbesondere auf großen Festplatten wesentlich leistungsfähiger als das antiquierte →FAT von →DOS und auch das neuere →FAT32. NTFS basiert auf dem in Zusammenarbeit zwischen →IBM und →Microsoft entwickelten →HPFS für →OS/2.

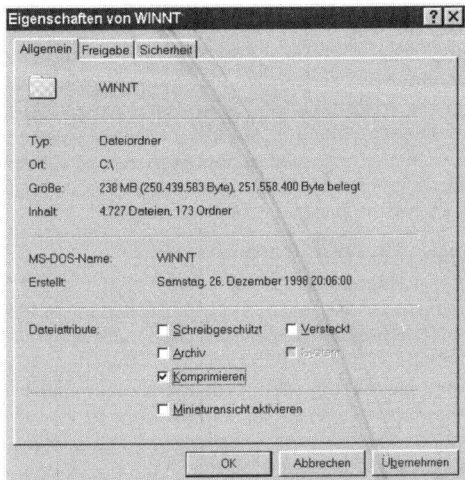

Nur auf einer NTFS-Partition findet man in den Eigenschaften einer Datei oder eines Ordners erweiterte Befehle wie Komprimieren oder Sicherheitseinstellungen

In der Praxis erweist sich NTFS als gleichermaßen leistungsfähig wie oft auch problematisch. Theoretisch sind Festplatten bzw. Partitionen von 2 hoch 64 Byte = 16 Trillionen Byte verwaltbar. Praktisch hat Windows NT aber schon mit Festplatten über 8 GByte Probleme, weil es die →Int13-Extension nicht richtig unterstützt. Mit dem Servicepack 4 hat Microsoft neue Festplatten-Treiber eingeführt, die das Problem beheben. Eine Limitierung bleibt damit aber immer noch, dass nämlich eine NTFS-Bootpartition nicht mehr als 4 GByte groß sein kann. Dies liegt am Setup-Programm von NT, das eigentlich ein DOS-Programm ist und nur →FAT-Partitionen mit maximal 4 GByte anlegen kann. Und selbst hier wird getrickst, denn eigentlich unterstützt FAT nur 2 GByte große Partitionen. Durch die Verdoppelung der regulären Cluster-Größe von 32 auf 64 KByte ist dieser „Trick" aber möglich. Beim ersten Booten von NT nach der Installation wird die FAT-Partition dann nach NTFS konvertiert. Es ist jedoch mit Hilfe des Programms →Partition Magic möglich, die Größe der NTFS-Partition nachträglich ohne Neuformatierung beliebig zu vergrößern. Überhaupt sind Partition Magic und →Drive Image eine ideale Ergänzung, ja fast unverzichtbare Ergänzung für Windows NT.

Tipp: Sie können auch nachträglich jede FAT-Partition in NTFS ohne Neuformatierung bzw. Datenverlust konvertieren. Allerdings nicht mehr umgekehrt (also rückgängig). Dazu dient der NT-Befehl, der in der DOS-Eingabeaufforderung von NT eingegeben werden muss. Die Syntax lautet: *convert x: /fs:ntfs.* Wobei *x:* für den Laufwerkbuchstaben steht.

Viele Anwender scheuen sich vor der Benutzung von NTFS auch aus dem Grund, dass man normalerweise auf die NTFS-Partitionen von einem Windows 95/98-System oder gar einer DOS-Bootdiskette nicht mehr zugreifen kann. Gerade bei einem Systemabsturz kann dies ein großes Problem sein, weil man dann normalerweise nur mit einer Bootdiskette an die Dateien auf der Festplatte herankommt. Glücklicherweise gibt es von anderen Herstellern als Microsoft entsprechende Treiber bzw. Programme, mit denen der Zugriff auf NTFS auch unter den genannten Bedingungen möglich ist. Weitere Informationen und einen kostenlosen Treiber, um lesend von DOS aus auf NTFS zugreifen zu können, finden Sie im Internet unter *www.sysintern als.com/ntfs20.htm*. Seit Ende 1999 gibt es dort auch einen kostenpflichtigen NTFS-Treiber (lesend und schreibend) für Windows 9x (*www.sysintern als.com/ntfs98.htm*). Vergleiche außerdem →Windows NT.

NTSC (National Television System Committee)

NTSC (englische Abk. f. nationales Television-System-Komitee) ist die Bezeichnung für die amerikanische Fernsehnorm, die im Unterschied zur deutschen →PAL oder dem französischen SECAM mit 525 →Zeilen und 30 Vollbildern pro Sekunde arbeitet. Daraus ergibt sich eine Bildwiederholfrequenz von 60 Hz (PAL zeichnet bei 50 Hz jeweils 25 Bilder mit 625 Bildzeilen pro Sekunde).

Möchte man amerikanische NTSC-Videos oder →DVDs hier in Europa bzw. Deutschland wiedergeben, muss das entsprechende Wiedergabe-Gerät eine so genannte NTSC-zu-PAL-Konvertierung beherrschen. Bei dieser Konvertierung müssen nicht nur die Bildzeilen umgerechnet, sondern auch die leicht unterschiedlichen Farbsignale konvertiert werden. Beim Kauf eines Videorekorders mit NTSC-Wiedergabe-Fähigkeit sollte man darauf achten, dass dieser auch definitiv auch die Tonausgabe in Hi-Fi-Qualität unterstützt (sofern überhaupt prinzipiell vorhanden). Einige, v. a. preiswertere Hi-Fi-Rekorder-Modelle geben nämlich bei NTSC-Wiedergabe den Ton nur über die schlecht klingenden Monospuren wieder.

Eine Überspielung von NTSC-Videos (bzw. DVDs) auf einen PAL-Videorekorder ist dennoch meistens nicht möglich, weil i. d. R. die Bildwiederholfrequenz von 60 Hz nicht auf die notwendigen 50 Hz von PAL reduziert wird (so genannte PAL-50-Konvertierung). Während die meisten Fernseher gegenüber einem solche hochfrequenteren Eingangssignal tolerant sind, verweigern Videorekorder damit die Aufnahme. Einige ältere oder technisch nicht so hochwertige Fernseher können bei Zuspielung des zu PAL-60 konvertierten Signals mit Zeilenlauf oder anderen Bildstörungen reagieren. An manchen Fernsehern gibt es zur Unterdrückung dieser Störungen entsprechende Einstellmöglichkeiten.

Nur echt Multinorm-Rekorder oder spezielle Hardware ist in der Lage, ein NTSC-60-Signal nach PAL-50 so zu konvertieren, dass es auch auf einem PAL-Rekorder aufgenommen werden kann. Wer für den PC ein DVD-Video-Kit mit Dekoderkarte oder Software verwendet, findet im Internet unter Umständen entsprechende Software, mit der sich so eine Konvertierung durchführen lässt. Die Hersteller unterstützen diese „Manipulationen" normalerweise aber nicht.

NUA (Network User Address)

Die NUA (englische Abk. f. Netzwerkbenutzeradresse) ist ein Code für die Teilnahme am Datex-P-Dienst (siehe →Datex-P). Dies kann beispielsweise die so genannte Datenrufnummer unter Datex-P sein.

NUI (Network User Identity)

NUI (englische Abk. f. Netzwerk-Benutzer-Identität) ist die Benutzeridentität und Zugangsberechtigung für einen Teilnehmer im →Netzwerk, unter der dieser sich beim System →anmeldet.

Nullmodemkabel

Eine einfache Möglichkeit, zwei Computer für einen einfachen →Datenaustausch miteinander zu verbinden, ist ein so genanntes Nullmodemkabel. Mit diesem Kabel werden die seriellen Schnittstellen zweier Rechner verbunden, wobei innerhalb des Kabels die Datensende- und -empfangsleitungen vertauscht sind, sodass mit Hilfe eines einfachen Steuerungsprogramms Daten mit stark begrenzter Geschwindigkeit übertragen werden können.

Null-Operation

Die Null-Operation, auch **NOP** abgekürzt, ist ein Befehl der Maschinensprache (→Programmiersprache), der keine Operation ausführt und keine Register verändert. Mit der Null-Operation hat man bei der Assembler-Programmierung die Möglichkeit, einen Platzhalter zu kodieren oder in einem Programmteil nachträglich Sequenzen zu überschreiben. Diese Methode ist vor allem in der Testphase eines Programms sehr nützlich.

Nullunterdrückung [zero suppression]

Nullunterdrückung ist eine automatische Funktion in Anwendungsprogrammen, die dafür sorgt, dass bei der Darstellung von Zahlen „führende Nullen" nicht angezeigt werden. Die „führenden Nullen" werden bei der Speicherung von Zahlen immer der eigentlichen Zahl hinzugefügt, um die ganze Feldlänge (des Felds, in dem die Zahl gespeichert wird) zu besetzen.

Numerische Daten [numeric data]

Numerische Daten werden in erster Linie für Rechenoperationen verwendet. Solche →Daten enthalten ausschließlich Zahlen und eventuell Dezimalkommas.

Nutzkanal

Jeder →ISDN-Basisanschluss stellt zwei Nutz- oder →B-Kanäle mit einer maximalen →Datentransferrate von jeweils 64 KBit/s sowie einen Steueroder →D-Kanal mit 16 KBit/s bereit.

Oberer Speicher [upper memory]

Als oberer Speicher oder →Adapter-Segment bezeichnet man den 384 →KByte großen Bereich des →Adressraums oberhalb des →konventionellen Speichers, der beim Entwurf des →IBM-PC für den Bildschirmspeicher, das →BIOS sowie für Hardwareerweiterungen reserviert wird. Die Belegung des oberen Speichers durch →RAM oder →ROM erfolgt i. d. R. nicht kontinuierlich. Je nach PC und Hardwareausstattung werden Blöcke belegt oder bleiben frei. Diese Blöcke werden als →UMB (Abk. f. **U**pper **M**emory **B**locks) bezeichnet. Nicht benutzte UMBs können durch spezielle Hardware, durch den Speicher-Manager moderner Prozessoren oder mit speziellen Treibern (z. B. *Emm386.exe* aus dem Lieferumfang von →MS-DOS und →Windows) vom Betriebssystem verwendet werden. Durch das Laden von Gerätetreibern oder residenten Programmen in UMB kann im konventionellen Speicher Platz für Anwendungsprogramme geschaffen werden.

Objekt [object]

Ein Objekt ist eine zusammengehörige, in sich geschlossene Einheit. Ein Objekt ist stets in Bezug auf seine Aufgabe oder Funktion zu definieren. Bei der Programmierung (→Programmiersprache) ist ein Objekt eine Einheit von Daten und Programmcode, mit dem die Daten manipuliert werden. Unter →Windows wird der Begriff „Objekt" auch für eine zusammenhängende Einheit von Daten verwendet, die in einer Quellanwendung erarbeitet und in das Dokument einer Zielanwendung eingefügt werden (siehe →OLE).

Objektorientiert [object orientated]

1) Eine objektorientierte Benutzeroberfläche ist eine relativ neue Methode der Kommunikation mit einem →Computer über dessen →Betriebssystem oder ein Anwendungsprogramm, die über die Idee einer grafischen →Benutzeroberfläche hinausgeht. Unter einem Objekt wird eine Sammlung von Informationen und zugehörigen Methoden verstanden: Ein Datenobjekt enthält Anwendungsdaten wie z. B. einen Text, eine Grafik, ein Bild usw. und ist mit den jeweiligen Methoden zu deren Bearbeitung verbunden; ein Programmobjekt enthält einen Code, d. h., Programme, Befehle, Anweisungen usw. Objekte sind selbstständig und beeinflussen sich nicht gegenseitig. Daten- und Programmobjekte werden auf dem →Desktop (der ebenfalls ein Objekt ist) in eine hierarchische Abhängigkeit gestellt und durch geeignete →Piktogramme – →Icons genannt – symbolisiert. Jedem Datenobjekt kann ein Programmobjekt zugeordnet werden. Ein Text z. B. symbolisiert ein Programm zur Textverarbeitung, ein Bild ein Programm zur Bildbearbeitung; beide sind mit dem Objekt zum Ausdrucken – dem Druckerobjekt – verbunden. Objektorientierung ermöglicht eine bessere Strukturierung der Arbeit und damit einen besseren Überblick, da sie weitgehend der menschlichen Arbeitsweise entspricht. Das zugrunde liegende Programm analysiert

stets den konkreten Kontext der Abarbeitung und stellt jeweils nur die Aktionen zur Verfügung, die im gegebenen Kontext sinnvoll sind. Auf diese Aktionen kann u. a. über ein Kontextmenü zugegriffen werden, das mit der rechten Maustaste aktiviert wird. Eine konsequent objektorientierte Benutzeroberflächen ist z. B. die Oberfläche von →Windows 95 / 98.

2) Objektkorientierte Programmierung, siehe →Programmiersprache.

OCR

Mit Hilfe von OCR-Verfahren – **O**ptical **C**haracter **R**ecognition – kann ein →Computer die Bilddatei (siehe z. B. →Bitmap) eines gedruckten Textes (bei der die einzelnen Textzeichen durch Bildpunkte dargestellt sind) in eine Textdatei (bei der jedes Zeichen durch einen bestimmten Code – z. B. im ASCII-oder ANSI-Zeichensatz – dargestellt ist) überführen (siehe →ASCII, →ANSI). Eine gedruckte Textvorlage wird zunächst mit einem →Scanner in eine Grafikdatei und anschließend mit einem OCR-Programm in eine Textdatei umgewandelt; diese wiederum kann mit einem Textverarbeitungsprogramm weiterverarbeitet werden.

> **Tipp:** Ein empfehlenswertes, günstiges OCR-Programm mit exzellenter Erkennungsrate ist FineReader. Das Programm wird in Rußland von Abby hergestellt und in Deutschland in der meistens ausreichenden Standardversion für etwas mehr als 100 DM vertrieben. Seit der Version 4.0 unterstützt FineReader auch die Übernahme von Formatierungen und Tabellen aus der Vorlage und exportiert fertige Texte im gängigen →Word für Windows-Format. Weitere Informationen finden Sie im Internet unter *www.mitcom.de*.

OCR-Schrift [OCR font]

OCR-Schrift ist die Bezeichnung für nach →DIN festgelegte →Schriften, die durch einfache und wenig leistungsfähige Texterkennungssysteme (siehe →OCR) erkannt werden können. Während die beiden Schriften OCR-A und OCR-B für gedruckte Zeichen (in so genannter Maschinenschrift) verwendet werden, ist die Schrift OCR-H ein Vergleichsmuster zur Erkennung von handgeschriebener Blockschrift (in Großbuchstaben).

ODAPI (**O**pen **D**atabase **A**pplication **P**rogramming **I**nterface)

ODAPI ist eine Softwareschnittstelle (siehe →API), die die Kommunikation zwischen Datenbankprogrammen (→Datenbank) und Anwendungsprogrammen gewährleisten soll.

ODBC (**O**pen **D**atabase **C**onnectivity)

Unter ODBC (englische Abk. f. offene Datenbank Verbindung) versteht man eine 1992 von der Firma →Microsoft entwickelte Softwareschnittstelle, die den Zugriff aus einem Anwendungsprogramm auf unterschiedliche →Datenbanken gewährleisten soll.

Odd parity [ungerade Parität]

Bei der →Datenübertragung über eine →serielle Schnittstelle, der Speicherung von →Daten usw. kann als eine einfache Methode der Fehlererkennung eine →Paritätskontrolle eingesetzt werden. Dabei werden an die sieben oder acht Datenbits eines Datenblocks so genannte Paritätsbits (siehe →Paritäts-bit) angefügt. Werden diese Paritätsbits so gesetzt, dass die Summe der Bits in jedem →Byte eine ungerade Zahl ergibt, bezeichnet man dies als odd pari-ty (ungerade Parität) (siehe →Even parity, →No parity).

OEM (Original Equipment Manufacturer)

OEM (englische Abk. f. Original-Ausstatter-Hersteller) war ursprünglich die Bezeichnung für den Hersteller bzw. Entwickler eines Geräts oder einer Komponente und wurde später auf Hersteller bezogen, die Geräte aus den Komponenten anderer Hersteller zusammensetzen. Solchen Herstellern wurden zumeist besondere Konditionen eingeräumt. Mittlerweile wurde der Begriff auch auf Software erweitert.

Offene Architektur [open architecture]

Ein Computersystem, dessen Architektur so gestaltet ist, dass sich leicht – und für jeden Hersteller realisierbar – Erweiterungen durch zusätzliche Kom-ponenten einfügen lassen, hat eine offene Architektur. Eine solche Architek-tur kann sowohl hinsichtlich der Hard- als auch der Software vorliegen. Eines der Erfolgsrezepte des →PCs war dessen offene Architektur, die es z. B. je-dem Hersteller erlaubte, Erweiterungskarten für den PC zu bauen und zu vertreiben bzw. Anwendungssoftware zu erstellen und anzubieten.

Offenes System [open system]

Als offenes System bezeichnet man ein Computersystem, das aufgrund sei-ner Architektur, des grundlegenden Aufbaus seiner Hard- und Software-komponenten – insbesondere hinsichtlich der →Schnittstellen – gemeinsam anerkannten Standards folgt. Bei einem derartigen offenen Computersystem eines Herstellers ist es demzufolge relativ einfach, periphere Geräte eines anderen Herstellers – wie z. B. Drucker usw. – anzuschließen. Die Realisie-rung offener Systeme ist insbesondere wichtig im Bereich der →Kommuni-kation, wenn es gilt, Computersysteme unterschiedlicher Hersteller und un-terschiedlicher interner Architektur miteinander zu heterogenen →Netz-werken zu verknüpfen. Zur Erarbeitung allgemeiner Standards für offene Systeme vom →PC bis hin zum Superrechner wurde durch die International Standard Organisation →ISO die Arbeitsgruppe Open Systems Interconnec-tion – kurz →OSI – eingerichtet. Seit seiner Gründung im Jahre 1977 be-müht sich das OSI-Komitee, diesen Zielstellungen gerecht zu werden. Ein erster und wichtiger Schritt war die Veröffentlichung des OSI-Referenz-modells für offene Systeme, oft auch →OSI-Schichtenmodell genannt.

Office [Büro]

Office ist das bekannte Programmpaket der Firma Microsoft für Büroanwen-dungen. Es besteht in der Standardversion aus der Textverarbeitung →Word, der Tabellenkalkulation →Excel, dem Präsentationsprogramm →PowerPoint und dem Mail- bzw. Groupware-Programm →Outlook. Zur Professional-Version gehört außerdem noch die Datenbank →Access dazu. Seit der im Sommer 1999 erschienenen Version Office 2000 bundelt Micro-soft in der so genannten Premium-Version außerdem noch das neue Zeichenprogramm PhotoDraw sowie das Internet-Publishing-Programm Front-Page dazu.

Mit Office stellt Microsoft den weltweiten Marktführer im Bereich der Büroanwendungsprogramme. Seit der Version Office 95 werden die auch einzeln erhältlichen Bestandteile des Pakets stärker als Office-Version denn als Einzelprogramm gekauft. Die Programme zeichnen sich nicht nur durch eine große Leistungsfähigkeit aus, sondern bieten auch eine nahezu identische Benutzeroberfläche. Auch der Datenaustausch zwischen den Programmen funktioniert reibungslos, was für viele ein wesentlicher Kaufgrund ist. Die Konkurrenz hat allerdings auch nicht geschlafen bzw. mittlerweile bei der Funktionalität und dem Bedienungskomfort aufgeholt. Hauptkonkurrenten sind →com Office von Sun (früher Star Office), die →WordPerfect Suite von Corel sowie die →Lotus SmartSuite.

Die im Januar 1997 veröffentlichte Version Office 97 wurde neben einer gewissen Oberflächen-Kosmetik (Stichwort „Flat-look" im World Wide Webdesign) v. a. auf Internetanbindung getrimmt. Die Dokumente aller Programme lassen sich per Filter in HTML-Code umwandeln. Word kann sogar als →HTML-Editor zum →Internet-Publishing eingesetzt werden, jedoch erfüllt dies nur einfachste Ansprüche. Außerdem ist aus allen Programmen das Öffnen und Speichern von Dateien per →FTP möglich, was in der Büropraxis zumeist aber so gut wie keine Bedeutung bzw. Anwendung hat. Wie bei Microsoft üblich, werden auch zu Office regelmäßig Zwischen-Updates, so genannte Service-Packs, herausgegeben, von denen es für Office 97 zwei Stück gibt. Diese beheben v. a. bekannte Fehler und führen einige Neuerungen ein. Wer außerdem das bei Office 97 mitgelieferte Programm →Outlook 97 benutzt, sollte möglichst ein Update auf die Version Outlook 98 durchführen, weil diese wesentlich in Funktion und Stabilität überarbeitet wurde.

Das seit Juli 1999 erhältliche Office 2000 bietet – abgesehen von den zwei zusätzlichen Programmen PhotoDraw und FrontPage – bei den klassischen Funktionen für Büroaufgaben wenig Neuerungen. Dies ist auch kaum möglich, weil dieser Funktionsumfang bei allen Office-Programmen ausgereizt ist (auch bei den Konkurrenten). Es wurden hauptsächlich Änderungen bzw. Verbesserungen an der Bedienung und Oberfläche, der Internetunterstützung und der Möglichkeit zur Teamarbeit vorgenommen. Im Vordergrund stand dabei das Bestreben, den Anwender beim Arbeiten zukünftig möglichst nur noch mit den Funktionen zu konfrontieren, die er auch wirklich benötigt. Das Installationsprogramm bietet daher jetzt noch mehr Auswahlmöglichkeiten für Unterfunktionen an, die auf Wunsch auch dann erst automatisch nachinstalliert werden, wenn man sie benötigt. Eine ähnliche Änderung hat man auch bei den Bedienungsmenüs eingeführt. Diese zeigen jetzt beim ersten Anklicken nur noch die Befehle, die am wichtigsten sind und/oder die man als letztes benutzt hat. Erst durch Klick auf einen Doppelpfeil am Ende der Menüs klappt die komplette Befehlsliste auf.

Neben einer durchaus bemerkbaren Steigerung der Arbeitsgeschwindigkeit und der erweiterten →Zwischenablage, die jetzt auch mehrere Informationen (Texte, Grafiken etc.) gleichzeitig aufnehmen kann, ist das Highlight die nochmals stark erweiterte Unterstützung des Internet. Alle Office-Dokumente können nun direkt im HTML-Format exportiert werden bzw. unterstützen HTML wie ein eigenes Dateiformat. Und das unter Erhalt möglichst aller Formatierungen. Office 2000-Dokumente können also direkt im Internet oder →Intranet publiziert werden. Eine intergrierte →Spracherkennung wie beim Konkurrenten Lotus SmartSuite ist in Office 2000 aber nicht enthalten, was aber aufgrund der immer noch nicht ausgereiften Technik verschmerzbar ist. Fazit: Wer Office nur für klassische Büro-Aufgaben wie Briefe Schreiben einsetzt, weder im Internet publizieren, noch Dokumente in Arbeitsgruppen mit mehreren Personen bearbeiten will, kann auf den Umstieg zu Office 2000 erst mal wohl noch verzichten. Im Vergleich zur 97er Version macht das Arbeiten mit Office 2000 aber durchaus wieder mehr Spaß. Die aufgeräumten Menüs und die verbesserte Geschwindigkeit sind da im Alltag teilweise wichtiger, als irgendwelche exotischen Zusatzfunktionen für das Internet.

Office-Paket [Office packages/suites]

Office-Pakete sind Zusammenstellungen solcher Programme, die für typische Büroarbeiten verwendet werden, wie →Textverarbeitung, →Tabellenkalkulation, →Datenbank und →Präsentationsprogramme. Sie verfügen über eine weitgehend einheitliche Bedienung und können durch kompatible Dateiformate leicht (z. B. über →OLE) Daten austauschen. Die Zusammenstellung des Pakets erfolgt unter dem Aspekt der Preisreduzierung (die Programme dürfen nicht einzeln verkauft werden) und der umfassenderen Nutzbarkeit im Bürobereich.

Das erste wirklich marktbedeutende Office-Paket (Microsoft Office 4.0) wurde Anfang der 90er von Microsoft durch die Bündelung der bis dahin überwiegend einzeln verkauften Windows-Programme →Word 2.0, →Excel 4.0, →PowerPoint 4.0 und →Access 1.1 auf den Markt gebracht. Mittlerweile hat sich die Marktlage deutlich zugunsten der Office-Pakete verschoben: Rund 80 % aller Einzelprogramme werden derzeit mit einem Office-Paket verkauft. Andere Firmen wie Novell bzw. Corel (→Perfect Office, jetzt →Corel WordPerfect-Suite), Lotus (mit der →SmartSuite) und Sun (mit →com Office, früher Star Office) zogen schnell nach. Dennoch befindet sich zumindest in Deutschland der größte Teil des Office-Markts in den Händen von Microsoft.

Offline [„ohne Verbindung"]

Man spricht ganz allgemein von offline, wenn keine physische Datenverbindung besteht, sondern →Daten z. B. durch Datenträgeraustausch übertragen werden. Offline bezeichnet auch den Zustand bei dem — oft mit einem Kontrollsignal angezeigt — zwischen zwei EDV-Geräten keine Verbindung (mehr) besteht und keine Daten übertragen werden können. Der Gegensatz zu offline ist →online.

Offline-Reader

Als Offline-Reader bezeichnet man ein Programm, das aus einer →Mailbox oder dem →Internet vorher festgelegte Daten abruft, um sie →offline — ohne bestehende Verbindung — zu lesen und zu beantworten, ohne dafür Gebühren (in Form von Telefonkosten, Online-Gebühren usw.) bezahlen zu müssen.

Oktalsystem [octal system]

Zur Darstellung von Zahlen werden Ziffern eines Zahlensystems verwendet. Das uns geläufige Zahlensystem arbeitet mit den zehn Ziffern 0-9. Zahlen in diesem Zahlensystem (dem Zehner- oder →Dezimalsystem) heißen Dezimalzahlen. Computer arbeiten im Prinzip mit einem Zahlensystem, das nur die Ziffern 0 und 1 kennt, dem →Dualsystem. Zahlen in diesem System werden →Dualzahlen oder Binärzahlen genannt. Das Oktalsystem benutzt hingegen die Ziffern 0-7 und arbeitet mit der Basis 8. Es kann u. a. verwendet werden, um Zahlen aus dem Dualsystem vereinfacht darzustellen (z. B. für Speicheradressen), meist wird dafür jedoch das →Hexadezimalsystem verwendet.

OLE (**O**bject **L**inking **A**nd **E**mbedding)

OLE (Abk. f. Objekt Verknüpfung und Einbettung) ist ein von →Microsoft für den Datenaustausch von →Programmen unter →Windows entwickeltes Verfahren, bei dem Daten aus einer Quellanwendung in das Dokument einer Zielanwendung eingefügt werden und dabei dennoch mit der ursprünglichen Anwendung verknüpft bleiben.

OLE baut direkt auf →**DDE** auf und stellt eine wesentliche Erweiterung dieser Technik dar. Mit Hilfe von OLE können Mischdokumente erzeugt werden, bei denen die gemischten Daten jeweils weiterhin mit ihrem Ursprungsanwendungsprogramm bearbeitet werden können. Typisches Beispiel ist die Einfügung eines Diagramms aus MS-Excel in ein Textdokument von MS-Word (vergleiche →Office). Das Diagramm kann direkt aus dem Textdokument heraus mit MS-Excel bearbeitet werden und die Veränderungen werden automatisch in Word übernommen. Bei verknüpften Objekten (**Linking**) wird eine bereits auf dem Datenträger bestehende Datei in Form einer Kopie in das Zieldokument eingefügt. Bei eingebetteten Objekten werden die Ursprungsdaten vollständig ins Zieldokument eingefügt und mit diesem zusammen gespeichert, eine eigene Speicherung auf dem Datenträger findet nicht statt. Dieses Verfahren hat den Nachteil, dass es sehr speicherintensiv ist, die entsprechenden Mischdokumente können eine sehr hohe Dateigröße erreichen.

Der 1994 eingeführte OLE-2.0-Standard erhöht gegenüber OLE 1.0 im Wesentlichen den Bedienungskomfort und ermöglicht verschachtelte Objekte. Besonders hervorzuheben ist das so genannte in place editing, das eine direkte Bearbeitung der verknüpften Daten im Mischdokument erlaubt. Hierzu werden nach der Aktivierung des Objekts die Menüs und Symbolleisten der Zielanwendung gegen die der Quellanwendung ausgetauscht. Anwendungen, die OLE 2.0 unterstützen, ermöglichen außerdem eine Verknüpfung der Daten per →Drag & Drop.

Onboard [„auf dem Board, Platine"]

Als onboard werden (zusätzliche) Funktionseinheiten bezeichnet, die sich auf dem →Mainboard befinden (so heißt es z. B.: S3-Grafik onboard) oder darauf integrieren lassen (so lautet z. B. eine Aussage: erweiterbar bis zu 128 MByte onboard).

Online [„mit Verbindung"]

Von online spricht man, wenn eine physische Datenverbindung besteht, über die eine →Datenübertragung erfolgt. Damit kann z. B. das Arbeiten im →Netzwerk oder mit einer →Online-Datenbank gemeint sein. Ein typischer Online-Betrieb ist z. B. auch das Schreiben einer →E-Mail, während man mit einem →BBS, einem Online-Dienst wie z. B. →CompuServe, →AOL verbunden ist. Bei der Datenfernübertragung wird zur Kosteneinsparung oft ein Offline-Betrieb eingesetzt (siehe →Offline-Reader). Mit dem Zusatz online werden auch Programme oder Programmkomponenten versehen, die eine Aufgabe im Hintergrund ausführen, wie z. B. ein →Online-Komprimierungsprogramm. Online bezeichnet auch den Zustand, wenn zwischen zwei EDV-Geräten – z. B. dem →Drucker und dem →PC – eine aktive Verbindung besteht und Daten übertragen werden können. Der Gegensatz zu online ist →offline.

Online-Datenbank [online data base]

Unter einer Online-Datenbank versteht man eine →Datenbank, die gleichzeitig für mehrere Anwender per →Datenfernübertragung erreichbar ist.

Online-Dienste [online service/provider]

Als Online-Dienste bezeichnet man die großen kommerziellen Anbieter von Informationen und Daten, die in einem eigenen Netz Angebote bereitstellen. Beispiele sind →CompuServe, →AOL oder →T-Online. Alle Online-Dienste dienen mittlerweile auch als Internetprovider.

Online-Komprimierungsprogramm

Ein Online-Komprimierungsprogramm bezeichnet ein →Komprimierungsprogramm, das alle Daten, die auf eine →Festplatte oder eine →Diskette geschrieben werden sollen, vor dem Schreiben komprimiert und beim Lesen dekomprimiert. So kann man Speicherplatz auf dem →Datenträger sparen, ohne ständig manuell komprimieren oder dekomprimieren zu müssen. Diesem Vorteil steht (je nach verwendetem Mikroprozessor) ein Verlust an Arbeitsgeschwindigkeit und freiem Arbeitsspeicher entgegen. Zudem ist die →Datensicherheit gefährdet, da, abhängig vom verwendeten Online-Komprimierungsprogramm, schon ein einziger Fehler auf der Festplatte reichen kann, um alle Daten irreparabel zu verlieren.

Open Access

Das vom Gründer der kalifornischen Firma SPI, Peter Eichhorst, entwickelte Programm Open Access vereinigte 1984 als erstes „integriertes" Programmpaket unter einer einheitlichen →MS-DOS-Oberfläche die Komponenten →Datenbank, Grafikprogramm, →Tabellenkalkulation, →Textverarbeitung, Terminplanung und →Datenfernübertragung. Open Access wurde Vorbild für eine Vielzahl gleichartiger Anwendungen wie Lotus Symphony und MS-Works.

Opera

Opera ist ein →Webbrowser, der zwar von der Funktionsvielfalt mit dem →Netscape Navigator oder →Internet Explorer nicht konkurrieren kann, dafür aber schnell, klein und benutzerfreundlich ist. Die Version 3.6 von Mitte 1999 bietet eine vollständige Tastatur-Bedienung und die volle Unterstützung von →HTML 4.0 sowie mittlerweile auch von →Java. →ActiveX wird dagegen immer noch nicht unterstützt. Dafür ermöglicht Opera aber besonders das Arbeiten mit mehreren, gleichzeitig geöffneten Browser-Fenstern (Webseiten), wobei der geringe Speicherbedarf sich besonders vorteilhaft bemerkbar macht. Opera kann man als ca. 1 MByte große Datei im Internet von der Adresse *www.operasoftware.com* downloaden und als →Shareware kostenlos testen.

Operand

Mit Operand werden die durch eine Operation zu verknüpfenden →Daten bezeichnet.

Operation [operation

Als Operation wird die Ausführung eines Befehls (siehe →Befehl) verstanden; manchmal werden die Begriffe „Operation" und „Befehl" auch synonym verwendet.

Operator [operator]

1) Als Operator wird eine mathematische Rechen- oder Zuordnungsvorschrift bezeichnet, die auf bestimmte Operanden (Zahlen, Funktionen usw.) angewandt wird und als Ergebnis gleichartige oder verschiedenartige Größen ausgibt. Der Operator wird zumeist durch ein Symbol bezeichnet, das oft mit dem Operator selbst identifiziert wird. Arithmetische Operatoren sind z. B. die Addition (symbolisiert durch das Zeichen +), die Subtraktion (symbolisiert durch das Zeichen -) usw. Logische Operatoren werden durch die Symbole NOT, AND, OR, XOR usw. bezeichnet. Vergleichsoperatoren werden z. B. durch die Zeichen „größer als", „ungleich" usw. bezeichnet.

2) Operator ist andererseits auch die Bezeichnung für eine Person, die einen Computer oder ein System bedient (siehe →SysOp).

OPL

OPL ist die Bezeichnung für eine von der Firma Yamaha hergestellte Chip-Serie, die zur Klangerzeugung auf Soundkarten verwendet wird. Der momentan zumeist eingesetzte Chip OPL 3 verwendet die →FM-Synthese zur synthetischen Klangerzeugung. Er ist mittlerweile als Standard für Soundkarten anzusehen (z. B. auf den Sound Blaster-16-Karten) und löste den weniger leistungsfähigen OPL 2-Chip ab, der noch keinen Stereoklang unterstützte. Der OPL 2 wurde Ende der 80er Jahre erstmals von der Firma AdLib für Soundkarten eingesetzt, nachdem er ursprünglich eigentlich für Mini-Keyboards vorgesehen war. Der neue OPL 4-Chip unterstützt zusätzlich die Wavetable-Synthese (siehe →Wavetable), bei der Instrumente nicht mehr synthetisch erzeugt werden, sondern bei der auf digitalisierte Klänge (Samples) zurückgegriffen wird, die in Speicherbausteinen (meist →ROM) auf den Soundkarten gespeichert sind.

Optical Disc
siehe →CD-ROM-Laufwerk, →MO-Laufwerk und →Disk/Disc

Opto-Elektronik [opto-electronic]
Der Begriff „Opto-Elektronik" bezeichnet einen Bereich der Elektronik, in dem optische und elektronische Wirkprinzipien in Bauteilen kombiniert werden. Opto-elektronische Bauelemente werden z. B. bei der →Datenübertragung über →Lichtwellenleiter benötigt, um elektrisch kodierte Signale in optisch kodierte umzuwandeln und umgekehrt.

Orange book
Das so genannte Orange book enthält die Standards für die beschreibbare →CD-ROM.

Organizer [Organisator]
Die unterschiedlichen Programme zur Verwaltung von Adressen und Terminen am PC werden unter der Bezeichnung „Organizer" zusammengefasst. In ihrer Funktionalität sind sich die Programme recht ähnlich: Nahezu alle stellen bei der Terminverwaltung einstellbare Alarmfunktionen bereit und ermöglichen die Einmaleingabe regelmäßiger Termine. Adressen können beliebig kategorisiert, sortiert, verwaltet und ausgedruckt werden. Der wichtigste Vorteil von Organizern besteht in der relativ großen Datensicherheit, denn während der Verlust eines Kalenders immer auch den Verlust aller eingetragenen Adressen nach sich zieht, können die Adressbestände eines Organizers – wie alle Computerdaten – beliebig oft gesichert werden. Im →Netzwerk können Organizer die Terminplanung für Gruppenaktivitäten wie Besprechungen erheblich erleichtern, indem sie die Terminpläne der Gruppenmitglieder miteinander vergleichen und Freiräume ermitteln. Komplexere Programme lassen zusätzlich noch eine Raum- und Ressourcenverwaltung zu.

Origin [Ursprung]
Origin ist die Bezeichnung für eine Art Absenderzeile unter einer E-Mail-Nachricht (siehe →E-Mail) oder unter einem Beitrag am virtuellen schwarzen Brett, die z. B. nähere Angaben zum Absender oder eine witzige Floskel enthalten kann.

OR-Verknüpfung [Oder-Verknüpfung]
Die OR-Verknüpfung oder Disjunktion ist eine Operation der →booleschen Algebra, die dann ein Ergebnis WAHR (1) ergibt, wenn ein Operand oder beide Operanden den Wert WAHR (1) haben. Haben beide Operanden den Wert FALSCH (0), erhält man das Ergebnis FALSCH (0).

OS/2 (Operating System /2)
OS/2 ist der Name eines grafisch orientierten →Betriebssystems von →IBM. OS/2 arbeitet mit 32 Bit und unterstützt →Multitasking. Ursprünglich wurde OS/2 in Kooperation mit →Microsoft als Nachfolger von →MS-DOS entwickelt und erstmals 1988 zusammen mit der Produktlinie →IBM-PS/2 auf den Markt gebracht. Nachdem Microsoft sich aus der Kooperation löste und mit der Weiterentwicklung von →Windows eigene Wege verfolgte,

wurde OS/2 eigenständig von IBM als Konkurrenz zur Kombination aus DOS und Windows weiterentwickelt. OS/2 unterstützt neben den 16-Bit-Anwendungen der Vergangenheit und den neuen 32-Bit-Anwendungen (für die Versionen 2.0 und höher) auch DOS- und Windows-Anwendungen.

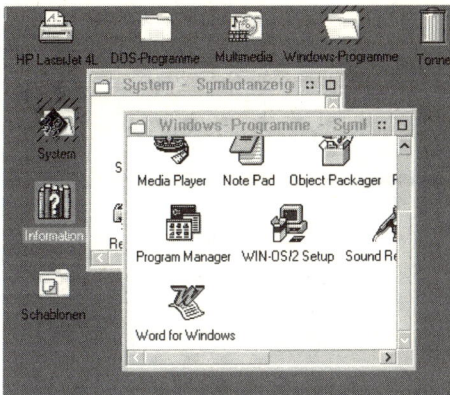

Der Desktop von OS/2 Warp

Mit der Version 3.0, auch **OS/2 Warp** genannt, versuchte IBM erstmals, das Betriebssystem auf dem Massenmarkt einzuführen, was allerdings gegen die Konkurrenz von Microsoft mit Windows bzw. Windows 95 nicht gelang. Im Herbst 1996 wurde der Nachfolger von Warp 3, die Version 4.0, auf den Markt gebracht. OS/2 Warp 4 bietet als Highlights neben einer überarbeiteten Oberfläche im 3-D-Look, vielen Detailverbesserungen und Fehlerbereinigungen v. a. eine integrierte Sprachsteuerung, die aber modernen Ansprüchen nicht mehr gerecht werden kann. OS/2 hat auf dem Massenmarkt keine Bedeutung mehr, sondern wird von IBM nur noch für wenige Großkunden wie Banken und Versicherungen unterstützt bzw. weitervertrieben.

OS/2 LAN-Server

Mit dem vom LAN-Manager von →Microsoft abstammenden OS/2 LAN-Server führt →IBM die bewährte Linie des auf →OS/2 aufsetzenden →Netzwerkbetriebssystems fort und positioniert sich als direkter Konkurrent zu →NetWare von →Novell, →Windows NT von Microsoft und →Vines von Banyan. Die Stärke des OS/2 LAN-Server besteht insbesondere in der Einbindung von Applikations-Servern, was weit über die Realisierung einfacher Datei- und Print-Dienste im Netz hinausgeht. Von IBM selbst sowie von weiteren Herstellern stehen eine Reihe von Server-Applikationen zur Verfügung: Kommunikations-Server, →Datenbank-Server, Internetserver, System-Management-Server, Transaction-Server, Groupware-Server usw. Der OS/2 LAN-Server arbeitet mit einer Vielzahl weiterer Server unter →UNIX, NetWare oder Windows NT sowie Großrechnern transparent zusammen. Als Clients werden →PCs unter →DOS, →Windows 3.x, →Windows für Workgroups, →Windows 95/98, →Windows NT, OS/2 sowie →Macintosh-Rechner unter MacOS unterstützt, die auch unter sich sich – dank Peer-to-peer-Funktionalität (siehe →Peer-to-peer) – Ressourcen teilen können. Mit dem OS/2 Warp-Server wurde das Basisbetriebssystem OS/2 Warp mit dem OS/2 LAN-Server und weiteren abgestimmten und aktualisierten Softwarekomponenten zu einem Komplettpaket verbunden, dem als Client vorzugsweise →OS/2 Warp Connect gegenübersteht.

OS/2 Warp 4

OS/2 Warp Version 4 (während der Betaphase unter dem Codenamen **Merlin** geführt) ist die Bezeichnung für die letzte Version des OS/2-Betriebssystems von →IBM (siehe →OS/2). Es wurde im Herbst 1996 nach langer Entwicklungszeit als Nachfolger des bekannten **OS/2 Warp** bzw. →OS/2-Warp Connect auf den Markt gebracht. Neben den bereits von **Warp 3** bekannten Funktionen zeichnete sich Warp 4 u. a. durch folgende Eigenschaften aus:

- Überarbeitete Oberfläche (→Desktop) im 3-D-Design, die sich z. T. an den Desktop von →Windows 95 anlehnt.
- Integrierte Sprachunterstützung: Durch das integrierte Programm IBM Voice Type kann OS/2 über ein →Mikrofon und eine Soundkarte per Sprachbefehl gesteuert werden. Die Funktion benötigt jedoch einen hohen Lernaufwand und erfüllt nicht mehr moderne Ansprüche bzw. die Leistung vergleichbarer, frei verkäuflicher Produkte.
- Weitreichende Netzwerk- und Internetfunktionen.
- Integration bzw. Unterstützung von Java.
- Der Netscape Navigator für OS/2 als Webbrowser (allerdings nur zum nachträglichen Download aus dem Internet, nicht standardmäßig im Lieferumfang enthalten).
- Keine Unterstützung für 32-Bit-Windows 95- bzw. NT-Software.
- Unterstützung von OpenDOC als Alternative oder Weiterentwicklung von Microsofts →OLE.

OS/2 Warp Connect

Als OS/2 Warp Connect wurde die 1996 herausgebrachte letzte Version des PC-Betriebssystems →OS/2 bezeichnet, die so optimiert und erweitert wurde, dass eine für damalige Verhältnisse herausragende Leistung auch in mannigfaltigen Netzwerkumgebungen voll zum Tragen kam. OS/2 Warp Connect bot zusätzlich Peer-to-peer-Funktionalität (siehe →Peer-to-peer) in Verbindung mit dem →OS/2 LAN-Server, →Windows für Workgroups, →Windows NT usw. Anbindungsmöglichkeiten als Client bestehen an die meisten Netzwerkbetriebssysteme wie z. B. LAN-Server oder →NetWare. Über die Komponente LAN Distance war die Anbinung an ein LAN über Fernverbindung via →Modem, →ISDN oder →X.25 möglich. Durch die Komponente TCP/IP für OS/2 V.3.0 und dem überarbeiteten Internet Access Kit wurden die Anbindung an das →Internet, an LAN unter →TCP/IP sowie die Möglichkeit zum Aufbau von Peer-to-peer-Netzen unter OS/2 auf der Basis von TCP/IP erweitert bzw. geschaffen.

OS/2 Warp-Server

Mit dem OS/2 Warp-Server wurde das Basisbetriebssystem →OS/2 Warp mit dem →Netzwerkbetriebssystem →OS/2 LAN-Server und weiteren ab-

gestimmten und aktualisierten Softwarekomponenten zu einem Komplett-
paket verbunden, dem als Client vorzugsweise →OS/2 Warp Connect gege-
nüberstand.

OSD (On Screen Display)

Unter einem OSD, die englische Abk. f. Auf-dem-Bildschirm-Anzeige versteht man ein Bildschirmmenü, mit dem sich die meisten modernen Monitore bedienen lassen.

OSI (Open Systems Interconnection)

Die Arbeitsgruppe OSI wurde im Jahre 1977 durch die International Standard Organisation →ISO zur Erarbeitung allgemeiner Standards für →offene
Systeme vom PC bis hin zum Superrechner eingerichtet. Ein erster und wichtiger Schritt des OSI-Komitees war die Veröffentlichung des OSI-Referenz-
modells für offene Systeme, oft auch →OSI-Schichtenmodell genannt.

OSI-Schichtenmodell [OSI layer model]

Das OSI-Schichtenmodell (auch OSI-Referenzmodell oder ISO-Referenzmo-
dell genannt) ist ein von der →OSI entwickeltes Modell; es sorgt für die Klassifizierung und Festlegung der Prinzipien und Funktionen der →Datenüber-
tragung in einem →Netzwerk in unterschiedlichen Systemebenen oder
Schichten. Das OSI-Schichtenmodell ist in sieben Schichten (layer) organisiert, die man in drei anwendungsorientierte, zwei transportorientierte und
zwei hardwareorientierte Schichten unterteilen kann.

Die anwendungsorientierten Schichten enthalten alle Funktionen für den
Aufbau und den Abbau einer Sitzung, für die Darstellung der Daten und für
anwendungsnahe Grundfunktionen (z. B. Daten- und Dateiübertragung).
Dazu gehören: die →**Applikationsschicht** (application layer) als oberste oder
siebte Schicht, die →**Präsentationsschicht** (presentation layer) als sechste
Schicht und die →**Sitzungsschicht** (session layer) als fünfte Schicht. Die
transportorientierten Schichten enthalten Funktionen für die Wegbestim-
mung (siehe →Routing, →Switching) sowie den Verbindungsaufbau in einem Netz. Hierzu zählen: die →**Transportschicht** (transport layer) als vierte
Schicht und die →**Netzwerkschicht** (network layer) als dritte Schicht.

Die hardwareorientierten Schichten enthalten schließlich alle Komponenten
und Funktionen für die physische Realisierung der Datenübertragung sowie
für deren Synchronisation und Sicherung. Hierher gehören: die →**Verbindungsschicht** (data link layer) oder Sicherungsschicht als die zweite Schicht
sowie die →**physikalische Schicht** (physical layer) als unterste oder erste
Schicht.

Eines der wichtigsten Prinzipien des OSI-Modells besteht darin, dass die in
einer Schicht angesiedelten Funktionen nur auf Dienste zugreifen können,
die durch die darunter liegenden Schichten angeboten werden. Diese stellen
ihrerseits wiederum Dienste für die Funktionen in der übergeordneten
Schicht bereit (siehe →Client-Server-Prinzip). Dadurch kann prinzipiell sichergestellt werden, dass konkrete Hard- und Softwarekomponenten, die
die Funktionen einer oder mehrerer Schichten realisieren, mit anderen kon-
formen Komponenten zusammenarbeiten können.

Daten, die von einer Applikation durch die einzelnen Schichten gesendet werden, werden von diesen möglicherweise in kleinere →Datenpakete aufgespalten und in adäquate Informationen in Form von Headern (siehe →Header) und Trailern (siehe →Trailer) gepackt. Auf der Empfängerseite erfolgt – in umgekehrter Weise – das Auspacken und Auswerten der schichtspezifischen Informationen sowie das Zusammenfügen der Pakete zu entsprechend größeren. Auf der Basis der schichtspezifischen Informationen kommuniziert jede der Schichten eines Computers mit der gleichen Schicht des entfernten Computers. Eine physische Datenübertragung erfolgt jedoch nur in der untersten, der physikalischen Schicht. Die Regeln der Kommunikation zwischen gleichen Schichten werden →Protokoll genannt. Ein mit dem OSI-Modell weitgehend konformes Modell wurde durch die →IEEE unter Beachtung der existierenden Technologien für LAN geschaffen (siehe →IEEE-802-Modell). Die untersten beiden Schichten des OSI-Modells werden zumeist durch eine Netzwerktechnologie – wie z. B. im LAN durch →Ethernet, →Token Ring oder →ARCnet – realisiert. Es folgen Netzwerkprotokolle (siehe →Netzwerkprotokoll) wie →NetBEUI, IPX/SPX (→IPX) oder →TCP/IP, die die Schichten 3 und 4 realisieren. Die oberen Schichten 5, 6 und 7 werden – oft eng an die Netzwerkprotokolle geknüpft – durch die weiteren Komponenten eines Netzwerkbetriebssystems (siehe →Netzwerkbetriebssystem) oder netzwerkfähigen →Betriebssystems sowie die netzwerkfähigen Applikationen realisiert.

Oszillator [oszillator]

Ein Oszillator ist ein System oder eine Komponente, die periodisch wiederkehrende Zustände annimmt. Im →PC sind hiermit zumeist die Quarz-Taktgeber für den Systemtakt oder für die eingebaute Uhr usw. gemeint.

Oughtred, William

Der britische Mathematiker William Oughtred (1575-1660) erfand eine Rechenscheibe und einen Rechenstab. Sein mathematisches Hauptwerk war „Clavis mathematicae".

Outline [Außenlinie]

→Beispiel

Bei den so genannten Outline-Schriften werden die äußeren Umrisslinien eines Zeichens abgebildet; die Schrift wirkt dadurch wie ausgehöhlt (siehe →Textverarbeitung).

Outlook [Ausblick]

Das Programm Outlook der Firma →Microsoft ist wichtiger Bestandteil des Programmpakets →Office, aber auch separat erhältlich. Es stellt eine Kombination aus E-Mail-Programm und einem so genannten PIM, einem Personal Information Manager dar. Das heißt, mit Outlook kann man auch Adressen, Termine, Aufgaben, Notizen und Kontakte verwalten. Eine Journal-Funktion kann außerdem die eigenen Aktivitäten und die von Microsoft-Programmen auf dem eigenen PC protokollieren, was jedoch die Performance des Rechners teilweise recht stark beeinflusst. Man sollte sie daher i. d. R. ausschalten.

Bei den E-Mail-Funktionen bietet Outlook so ziemlich alles, was ein modernes Mail-Programm beherrschen muss, lediglich eine →IMAP-Unterstützung – wie sie das Mail-Programm Outlook Express des →Internet Explorer bietet – fehlt auch noch in der 2000er Version. Dafür können aber mehrere E-Mail-Konten bzw. Postfächer durch die Verwendung von Profilen völlig getrennt von einander verwaltet und Postein- und -ausgänge über sehr leistungsfähige Regel-Assistenten automatisiert werden. Natürlich lassen sich auch beliebige Ordnerstrukturen anlegen, in denen man abgelegte Mails oder andere Informationen mit einer Suchfunktion wieder aufspüren kann. Standardfunktionen wie automatische Kodierung nach →MIME oder →U-Uencode oder die Unterstützung von →S/MIME-Standard gehören natürlich ebenfalls zum Programmumfang.

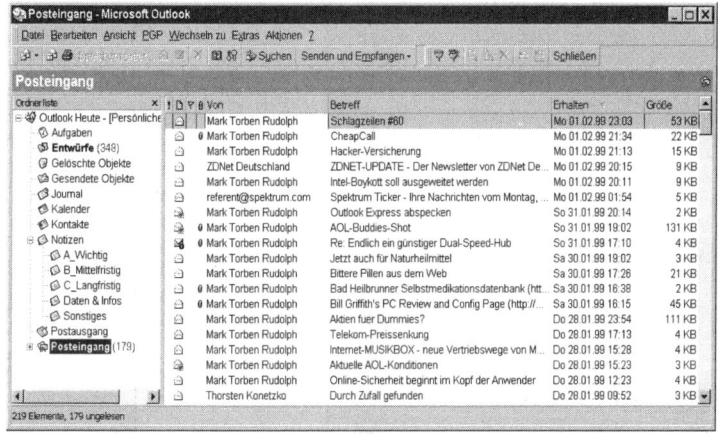

Die Oberfläche von Outlook ist je nach dem verwendeten Aufgabenschwerpunkt, wie hier z B. als E-Mail-Client, frei konfigurierbar

Eine Besonderheit von Outlook ist seine Fähigkeit, in einem lokalen →Netzwerk als Client für die LAN-Mail-Funktion von Microsoft zu dienen. Einerseits werden dazu alle Grundfunktionen des alten Microsoft-Mail-Protokolls unterstützt, die bereits in Windows 95/98 eingebaut sind und die auch schon der Vorgänger →Exchange unterstützte. Kleine Arbeitsgruppen können so ohne Kauf irgendwelcher Zusatzsoftware einen E-Mail-Dienst im LAN aufbauen. Wer übrigens unter Windows 98 diese Funktion noch nutzen möchte, muss den Mail-Dienst aus einem Extra-Verzeichnis der CD nachträglich installieren, denn bei der Standardinstallation ist er nicht mehr dabei. Richtig professionell aber wird es, wenn man Outlook als Client in einem →Windows NT-Netzwerk mit dem Exchange-Server von Microsoft einsetzt. In dem Fall wird Outlook komplett teamfähig, sodass z. B. eine Sekretärin mit dem Chef einen gemeinsamen Terminkalender verwalten kann. Oder aber ein Arbeitsteam einen gemeinsamen Besprechungstermin finden kann, weil sich die Terminkalender aller Teilnehmer im Netz abgleichen lassen. Mit diesen Möglichkeiten versucht Microsoft hauptsächlich, gegen das starke Konkurrenzprodukt Lotus Notes aufzuschließen.

Interessant an Outlook ist auch die Möglichkeit, weitere, auch fremde E-Mail- bzw. Kommunikationsdienste einbinden zu können. Mit Hilfe von speziellen →Plug-Ins ist es möglich, weitere Funktionen einzubauen. So integriert sich z. B. das in Windows 95/98 enthaltene Faxmodul genau wie das bekannte Faxprogramm WinFax-Pro auf Wunsch als eigener Dienst in Outlook. Oder man kann über das Programm CIS-Mail CompuServe-E-Mails nach dem klassischen, proprietären Protokoll verwalten (vergleiche →CompuServe). Outlook lässt sich so zu einer richtigen Kommunikationszentrale unter Windows ausbauen. Vorteilhaft ist es auch, dass Outlook seine Mails und Daten alle zusammen in einer großen Container-Datei (Postfachdatei) abspeichert, die man sogar mit einem Passwort schützen kann. Man kann seine Daten so nicht nur schützen, sondern v. a. auch mit mehreren Postfach-Dateien gleichzeitig arbeiten. Jede dieser Dateien erzeugt im linken Ordnerfenster eine eigene Ordnerliste, sodass man dadurch z. B. fein säuberlich private und berufliche Aktivitäten, Termine und Mails in getrennten Container-Dateien (mit der →Erweiterung *.pst) abspeichern kann. Nur jeweils eine, nämlich die als „Persönlicher Ordner" angemeldete Hauptdatei muss immer geladen sein. Weitere Postfachdateien können jederzeit geöffnet oder geschlossen werden.

Tipp: Wer noch die mittlerweile stark veraltete Version Outlook 97 einsetzt, sollte unbedingt wenigstens auf die fehlerbereinigte Version Outlook 98, besser noch auf Outlook 2000 updaten. Die Kosten dafür sind relativ gering und lohnen sich auf jeden Fall.

Overdrive-Prozessor [„Schnellgang"-Prozessor]

Der Begriff des Overdrives wurde von →Intel für spezielle →Pentium-Prozessoren eingeführt, mit denen sich ältere Rechner aufrüsten lassen. Entsprechende Prozessoren von Intel sind aber kaum noch erhältlich, andere Hersteller wie Kingston oder Evergreen bieten aber noch vom Prinzip vergleichbare Modelle auf der Basis von Pentium-kompatiblen Prozessoren an. Ein Overdrive-Prozessor besteht aus einer modernen →CPU, die so modifiziert wurde, dass sie auf alte →Mainboards gesteckt werden kann. Typische Probleme bei der Verwendung moderner Prozessoren auf alten Boards treten bei der Spannungsversorgung und der Taktumsetzung auf. Daher werden die meisten Overdrive-Prozessoren mit einem fest montierten Spannungadaptor und i. d. R. mit einer festen Taktumsetzung (vergl. →Multiplier) ausgeliefert. Siehe hierzu auch →Prozessor-Upgrade.

Beim Kauf eines Overdrives sollte man beachten, dass der Preis fast immer genauso hoch oder sogar noch höher ist als eine entsprechende normale CPU mit neuem Mainboard. Außerdem ist die Geschwindigkeitssteigerung oft recht bescheiden, zumal wenn auf dem Board nicht die maximale externe Taktung auf dem →Systembus (zumeist 66 MHz) eingestellt wurde. Overdrives sind normalerweise nur für Leute interessant, die vor dem Austausch eines Mainboards zurückschrecken und denen die höheren Ausgaben dafür lieber sind.

Overlay [überlagert]

Die Overlay- oder Überlagerungs-Technik ist eine Methode, Speicher sparende Programme zu schreiben. Dabei benutzen mehrere Programmmodule, die nicht gleichzeitig benötigt werden, den gleichen Speicherbereich im →Arbeitsspeicher. Im Grunde benutzt die in modernen Programmen – vom →Betriebssystem bis zum Anwendungsprogramm – angewandte DLL-Technik (**D**ynamic **L**ink **L**ibrary) von →Windows die bereits lange bekannte Overlay-Technik in neuer Perfektion.

Overlay-Karte

Mit Hilfe einer Overlay-Karte, auch Overlay-Board genannt, lassen sich Signale aus externen Videoquellen (Videorekorder, Videokamera usw.) durch Überlagerung des VGA-Bilds in Echtzeit auf dem PC-Monitor darstellen. Die meisten Overlay-Karten besitzen auch eine Framegrabber-Funktion (→Framegrabber), die es ermöglicht, Einzelbilder in digitalisierter Form abzuspeichern.

Pac Man

Pac Man basiert auf einer einfachen Spielidee, avancierte aber aufgrund seiner Faszination innerhalb kurzer Zeit zum Kultspiel. Der Spieler muss seine Figur (Pac Man) durch ein Labyrinth steuern und dabei Gegenstände aufsammeln. Außerdem befinden sich im besagten Labyrinth auch einige Monster, bei deren Berührung Pac Man ein Leben verliert. Nur durch die Aufnahme eines bestimmten Objekts mutiert die Spielfigur und kann seinerseits die Monster fressen. Die zahlreichen Levels sind durch einen zunehmenden Schwierigkeitsgrad gekennzeichnet.

Packer

Als Packer bezeichnet man Programme, mit denen Dateien gepackt (siehe →Packen, →Datenkompression), d. h. komprimiert, werden können. Bekanntestes Beispiel für einen Packer ist →PKZIP.

Packet Writing [Packet-schreiben]

Unter Packet Writing, manchmal auch als **Incremental Writing** (inkrementelles Schreiben) bezeichnet, versteht man ein neues Verfahren, mit dem ein →CD-Writer auf einen CD-Rohling (→CD-R und →CD-RW) so zugreifen kann, als wäre es ein normales Datenlaufwerk mit wahlfreier Schreibmöglichkeit. Der Name leitet sich aus der Tatsache ab, dass dabei die Daten in kleinen Paketen auf den CD-Rohling geschrieben werden.

Die bisherigen, üblichen Verfahren von CD-Writer-Programmen übertragen die Daten auf einen CD-Rohling in einem kontinuierlichen Datenstrom, der während des ganzen Brennvorgangs nicht abbrechen darf, weil sonst der

Rohling nicht mehr zu gebrauchen ist (so genannter **Buffer underrun**-Fehler). Die Daten werden außerdem direkt im üblichen ISO- oder Joliet-Format auf den CD-Rohling geschrieben und die CD durch Anlegen der Inhaltstabelle (→TOC) erstellt bzw. abgeschlossen. Dieser ganze Vorgang verlangt außerdem die Verwendung eines speziellen CD-Writer-Programms wie z. B. WinOnCD von →CeQuadrat.

Bei Packet Writing werden die Daten dagegen inkrementell („in diskreten Einheiten zunehmend") in kleinen, kaum störanfälligen Paketen auf den Rohling geschrieben. Die Verzeichnisstruktur der CD wird während des Packet Writing-Prozesses mit Hilfe eines speziellen Treibers in einem eigenen Dateiformat, dem **UDF** (Univeral **D**isc Format) verwaltet. Der UDF-Treiber ermöglicht es, den CD-Writer unter Windows wie ein normales Datenmedium anzusprechen. Für das Betriebssystem sieht der CD-Writer also wie z. B. eine normale Festplatte aus. Infolgedessen kann man auch die normalen Verzeichnisfenster bzw. den →Explorer von Windows verwenden, um Daten auf den CD-Rohling zu schreiben. Spezielle CD-Writer-Programme sind also nicht mehr notwendig. Dies gilt jedoch nur für die Erstellung von Daten-CDs.

UDF ermöglicht es auch, dass man Dateien auf dem Rohling **umbenennen** oder **löschen** kann. Auf CD-R-Rohlingen ist dies natürlich nur virtuell möglich, die Daten bleiben auf dem Medium weiter gespeichert, werden nur lediglich in der Inhaltstabelle geändert. Ab der Version 2.0 von UDF ist es bei Verwendung eines CD-RW-Writers (siehe →CD-RW) auch möglich, Dateien direkt physikalisch auf dem CD-RW-Medium zu löschen bzw. umzubenennen.

Ein mit UDF beschriebener CD-Rohling kann jedoch nicht auf einem normalen CD-ROM-Laufwerk gelesen werden. Dafür bieten die entsprechenden Treiber bzw. Programme aber die Möglichkeit an, eine UDF-verwaltete CD-ROM in das übliche ISO oder Joliet-Format umzuwandeln.

Das erste Packet-Writing-Verfahren wurde von Sony 1996 für seine eigenen Brenner mit dem proprietären Dateisystem **CD-R-FS** eingeführt. Nach der Standardisierung von UDF als allgemeines Dateiformat sollten jetzt theoretisch alle CD-Writer mit einem UDF-Programm bzw. Treiber zusammenarbeiten können, der Packet Writing hardwaremäßig unterstützt. Dies gilt allerdings für die meisten aktuellen Geräte auf dem Markt. Die bekanntesten UDF-Programme sind **Direct CD** von →Adaptec sowie **Packet CD** von →CeQuadrat, die jedoch noch nicht frei käuflich sind, sondern vorerst nur als OEM-Versionen beim Kauf einem CD-Writer beiliegen.

Jedoch zeigt die **Praxis**, dass die Technik bisher noch nicht absolut narrensicher bzw. ausgereift ist. Trotz Standardisierung von UDF müssen bisher die Programme und CD-Writer sehr genau aufeinander abgestimmt werden. UDF-CDs lassen sich nicht auf Rechnern weiterverwenden, die ein anderes Programm einsetzen. Kommt es außerdem beim Schreiben auf dem Rohling z. B. durch einen Medium-Defekt zu einem Fehler, besteht wie immer bei CD-R(W)s die Gefahr, dass alle Daten verloren sind. Damit eignet sich ein CD-Writer mit Packet Writing definitiv noch nicht als Ersatz für „richtige" Wechselmedium-Laufwerke wie z. B. ein →ZIP- oder →MO-Laufwerk. Das

Ganze wird natürlich noch durch die Tatsache verstärkt, dass die Datenübertragungsgeschwindigkeit von CD-Writern sehr niedrig ist.

Page [Seite]

Der Begriff „Page" wird im EDV-Bereich für vielfältige Zusammenhänge oder Elemente verwendet: für eine Seite im engeren Sinn (Druckseite, Bildschirmseite), zur Bezeichnung von →ladbaren Zeichensätzen oder für die Bereiche des Arbeitsspeichers usw.

Page frame

Ein Page frame (Speicherfenster) wird z. B. bei →EMS benutzt.

Pager [Funkrufempfänger]

Pager ist der allgemein gebräuchliche, englische Ausdruck für einen kleinen Funkruf-Empfänger. Funkruf-Dienste (Paging-Dienste) wie Scall, Skyper oder Quix machen es möglich, auf einem kleinen Empfänger mit Signaltönen, Nummerncodes oder kurzen Texten benachrichtigt zu werden. Die Übertragung ist gegenüber Funktelefonen einseitig, d. h., man kann nur angerufen werden. Dafür entfallen i. d. R. aber für den Empfänger auch die Kosten (bis auf die Anschaffung des Empfängers), lediglich der Sender muss eine Gebühr im Sekundentakt oder pro Nachricht bezahlen (Stichwort calling party pays). Pager stellen somit eine preiswerte Alternative zum →Handy dar und erfreuen sich gerade bei jungen Leuten einer großen Beliebtheit. Pager sind außerdem beliebt, weil sie aufgrund ihrer Größe in jede Tasche passen und als reine Empfänger auch in Krankenhäusern und technischen Einrichtungen verwendet werden dürfen (Handys müssen dort zumeist ausgeschaltet werden). Ähnlich wie bei manchen Handys können einkommende Signale je nach Gerät nicht per Tonsignal, sondern diskret durch **Vibration** signalisiert werden.

Zwischen Sender und Empfänger (Pager) werden dieselben Übertragungstechniken genutzt, und zwar mit dem nahezu weltweiten Standard **POCSAG** (**P**ost **O**ffice **C**ode **S**tandardisation **A**dvisory **G**roup). Deshalb können Pager weniger Hersteller (Philips, Motorola) für alle möglichen Netze verwendet werden, weil die digitalen Nachrichten mit 512, 1.200 oder 2.400 Bit/s übertragen werden. Jede gefunkte Nachricht enthält die Anschrift des Geräts (Capcode), sodass eine gezielte Anwahl einzelner Pager möglich ist. Ein gemeinsamer Capcode in den Empfangsgeräten einiger Funkrufbetreiber hat den Vorteil, dass alle Pager dieses Netzes für allgemeine Durchsagen verfügbar sind. Der Empfang ist je nach Provider nicht immer flächendeckend möglich. Beim Verreisen müssen die Pager an die Basisstation des neuen Zielorts zumeist extra angemeldet werden, automatisches →**Roaming** ist selten möglich. Eine Besonderheit unter den Paging-Diensten stellt **Omniport** dar. Zur Übertragung von Alarmtönen oder einem 12-Ziffer-Code wird das RDS-System (→**RDS**) der Rundfunksender im UKW-Netz verwendet. Daher ist der Empfang aber auch bundesweit problemlos möglich.

Mit Hilfe von Pagern werden nicht nur Personen in Rufbereitschaft bei Notfällen benachrichtigt, sondern es lassen sich auch technische Anlagen durch Pager besser warten: Bei auftretendem Defekt verschicken die zu überwachenden Anlagen selbst einen Funkruf an das Wartungspersonal. Einige Ärzte entlasten ihre Wartezimmer z. B., indem die Patienten mit einem Pager auf Einkaufsbummel gehen können. Naht der Termin, wird der Patient per Funkruf benachrichtigt. Die Einsatzmöglichkeiten sind beliebig groß.

In Deutschland gibt es sieben wichtige Paging-Dienste (siehe untere Tabelle). Der erste Paging-Dienst wurde in Deutschland 1974 mit dem noch heute in Betrieb befindlichen **Eurosignal** eingeführt (derzeit noch ca. 100.000 Teilnehmer). Es wurde v. a. von Ärzten, Feuerwehrleuten und ähnlichen Personen verwendet, die permanent erreichbar sein müssen. Eurosignal-Empfänger können von jedem Telefon aus angerufen werden, weil nur Signaltöne und keine Nummerncodes oder Textnachrichten übertragen werden. Jeder Empfänger hat vier Rufnummern, die mit einem eigenen Alarmton signalisiert werden. Der Empfang ist in Deutschland, Schweiz und Österreich flächendeckend; wobei Deutschland in drei Rufzonen unterteilt ist, an die man sich beim Ortswechsel anmelden muss.

Alle Funkruf-Dienste lassen sich grob in drei Gruppen unterteilen:

— Dienste, die nur **Alarmtöne** über eine bestimmte Nummer aktivieren

— Dienste, die (eventuell zusätzlich zu Alarmtönen) **Nummerncodes** übermitteln

— Dienste, die (eventuell zusätzlich zu Alarm und Nummerncodes) auch **Texte** übermitteln

Je nach gebotenem Leistungsumfang unterscheiden sich die Dienste bzw. entsprechennden Geräte in der monatlichen Grundgebühr (von kostenlos bis ca. 40 DM) bzw. dem Kaufpreis (von knapp unter hundert bis einige Hundert DM). Die nachfolgende Tabelle stellt verschiedene Paging-Dienste mit einigen wichtigen Merkmalen zusammen:

Leistungsmerkmale	Euro-signal	Scall	Skyper	Telmi Fun	Quix	Cityruf
Monat. Grundgebühr in DM	23	-	ca. 8-20	-	0 bis 9,90	16-44
Gerätepreise in DM (ca.)	1200	80-150	ca. 100	ca. 100-150	ca. 80-400	ca.80--280
Bundesweit (Rufzonen)	+ (3)	+/-	+/-	nein	+/-	+
Nur Alarmton über eventuell mehrfache Rufnummern	4	-	-	-	+	4
Nummercode (Länge)	-	+ (15)	+ (80)	+	+ (80)	+ (15)
Textnachrichten (Zeichen)	-	-	+ (80)	+ (80)	+ (80)	+ (80)
Zusatzinfos	-	-	+	+	+	-
Sprachbox	-	+	-	+	+	-
Anwahl per Operator	-	-	+	+	+	+
Anwahl per Telefon	ja	+	-	+	+	+
Daten per Modem	-	+	+	-	+	+

Paging [„mit Seiten arbeiten"]

Paging ist ein Verfahren zur →Speicherverwaltung; seine Basis ist die Aufteilung sowohl des physischen Adressraums des Computers als auch des logischen Adressraums eines Prozesses in eine Vielzahl gleich großer, relativ kleiner (typischerweise 4 oder 8 KByte) Bereiche. Diese werden im physischen →Adressraum als Kacheln (frames) und im logischen Adressraum als Selten (pages) bezeichnet. Die →Adressierung erfolgt jeweils durch eine Kachel- bzw. Seitennummer und ein Offset innerhalb einer Kachel bzw. Seite. Die Zuordnung der logischen Seiten zu den physischen Kacheln erfolgt völlig transparent durch eine spezielle Einrichtung auf dem →Mainboard oder im →Prozessor, die →MMU, auf der Basis einer hierarchisch aufgebauten Tabelle. Die konkrete Realisierung dieses Grundprinzips bei den Prozessoren der Familie 80x86 ab dem 386er von →Intel sieht angesichts einer Vielzahl verketteter Register und Listen natürlich weitaus komplizierter aus. Die Realisierung →virtuellen Speichers auf der Basis der relativ kleinen Seiten konstanter Größe ist relativ einfach realisierbar und wird bei verschiedenen Versionen von →UNIX, bei →IBMs →OS/2 seit der Version 2.0, im erweiterten Modus von →Windows 3.1x, Windows 95/98 und auch von →Windows NT benutzt.

Paintbrush [Pinsel]

Paintbrush ist ein zu →Windows gehörendes, einfach strukturiertes Zeichenprogramm, das im Vergleich zu anderen Zeichenprogrammen einen extrem geringen Leistungsumfang hat. Der Nachfolger unter Windows 95/98 heißt Paint und wurde um eine wichtige Funktion „kürzer gemacht": Der PCX-Import-Filter musste dran glauben. Seit Windows 95b (OSR2) liefert Microsoft zusätzlich ein erweitertes Bitmap-Programm namens Imaging mit, das v. a. zum Bearbeiten von empfangenen (grafischen) Faxseiten gedacht ist.

Paket [package, packet]

Innerhalb eines Netzwerks werden Daten in Form von Paketen (siehe →Datenpaket) weitergeleitet. Pakete verfügen – in Abhängigkeit vom verwendeten Protokoll – über eine bestimmte Größe, eine Adresse und einen Absender sowie Prüfinformationen.

Paketvermittlung [packet switching]

Die Paketvermittlung ist eine Technik zur →Datenübertragung in einem Netz. Hierbei werden die zu übertragenden Daten in eine Vielzahl von →Datenpaketen einer bestimmten Länge aufgeteilt. Die Reihenfolge und der Bestimmungsort der Datenpakete werden durch Steuerinformationen festgelegt, die in jedem einzelnen Paket enthalten sind. Spezielle Steuerpakete dienen dem Aufbau der Verbindung. Im Gegensatz zur →Leitungsvermittlung wird zwischen den Partnern keine feste Leitung geschaltet; die einzelnen Datenpakete eines Datenstroms können je nach Auslastung des Netzes über verschiedene Wege und in vertauschter Reihenfolge zum Ziel gelangen. Bei der Paketvermittlung können die Übertragungseinrichtungen im Netz gleichzeitig von mehreren Prozessen genutzt werden, wobei die einzelnen Paketströme ineinander verschachtelt werden.

PAL/PALplus (Phase Alternation Line)

PAL ist die englische Abk. f. Phasenwechsel pro Zeile. Es ist die Bezeichnung für eine Anfang der 60er Jahre für die deutsche Firma Telefunken von Walter Bruch entwickelte Farb-Fernsehnorm, die in den meisten europäischen (Ausnahme z. B. Frankreich mit SECAM) und vielen anderen Ländern (z. B. China oder Brasilien) eingesetzt wird. Die PAL-Norm arbeitet mit einem Bild im 4:3-Verhältnis, aufgebaut aus 625 Zeilen, 833 Pixeln pro Zeile und 50 Halbbildern pro Sekunde. Das bei 50 Hz eigentlich unvermeidbare, deutliche Flackern des Bilds wird durch etwas nachleuchtende Bildröhren ausgeglichen. In diesem Punkt unterscheidet sich ein Fernseher z. B. vom Computer-Monitor. Die Farb- und Helligkeitsinformationen werden bei PAL zusammen moduliert auf das übrige Bildsignal aufgetragen und beim Empfang im Fernseher wieder demoduliert. Dies ermöglichte bei der Markteinführung 1967 eine Abwärtskompatibilität zu den vielen vorhandenen Schwarzweißfernsehgeräten.

Im Auftrag von ZDF und ARD wurde Anfang der 90er Jahre von einem Firmenkonsortium (u. a. Nokia, Philips, Grundig, Thomson) der PAL-Nachfolger **PALplus** entwickelt; die erste Vorstellung war auf der Funkausstellung 1993. PALplus arbeitet mit einem schärferen Bild, einer erhöhten Auflösung pro Zeile mit weniger Farbstörungen an Kanten und Mustern (**Color Plus**-Verfahren) und verwendet das Format 16:9. Letzteres hat zwei Vorteile: Es entspricht genauso den menschlichen Sehgewohnheiten wie dem Breitbandformat von Kinofilmen. Wie bei der Einführung von PAL stand auch hier die Abwärtskompatibilität im Vordergrund: PALplus-Sendungen sollten – wenn auch mit Einbußen – auf einem normalen Fernseher empfangen werden können. In dieser Hinsicht ist PALplus als Kompromisslösung anzusehen, die nicht mit zukünftig geplanten Fernsehnormen wie HDTV mithalten kann.

Bei PALplus-Sendungen werden zusätzliche Bildzeilen (**Helper** genannt) dem Bild hinzugefügt. Sie dienen einer höheren Auflösung, zeigen also nicht „mehr" Bild. Diese können von einem herkömmlichen Fernseher nicht gelesen werden, sodass eine PALplus-Sendung auf diesen mit schwarzen Balken oben und unten dargestellt wird (nur noch 432 Bildzeilen). Ein PALplus-Fernseher dagegen (mit eingebautem PALplus-Dekoder) stellt mit diesen zusätzlichen Bildzeilen ein formatfüllendes, schärferes 16:9-Bild mit 525 Zeilen dar. Natürlich muss hierfür die Bildröhre auch im entsprechenden Format vorliegen. Der Unterschied in der Auflösung ist allerdings erst bei 70-cm-, besser 80-cm-Fernsehern deutlich sichtbar. Wer einen externen PALplus-Dekoder (ca. 600-1.000 DM) an einen alten PAL-Fernseher anschließt, kann die Helper-Zeilen zwar dekodieren, bekommt primär aber zuerst ein anamorphes Bild (nach oben und unten auseinander gezogen). Nur wenn der Fernseher eine so genannte 16:9-Umschaltung hat, kann er das anamorphe Bild in das richtige Format zusammenstauchen. Auf einem PAL-Fernseher mit 16:9-Umschaltung und PALplus-Dekoder hat man dann zwar wieder oben und unten schwarze Streifen, das eigentliche Bild ist aber deutlich schärfer (575 Zeilen statt 430 in der Höhe). Die Information über die Ausstrahlung in PALplus wird einem Fernseher übrigens über ein Signalbit in der Videotext-Zeile 23 mitgeteilt.

PALplus-Geräte und v. a. -Sendungen sind noch nicht stark verbreitet. Die Vorteile sind gegenüber den Kosten für die meisten Kunden nicht sehr deutlich. Außerdem wirkt sich ein gestörter Empfang bei PALplus viel stärker aus, was eigentlich den Einsatz auf Kabelfernsehen beschränkt. PALplus-Sendungen werden in Deutschland fast nur von den öffentlich-rechtlichen Rundfunkanstalten (ARD, ZDF) bei Spielfilmen und vom Pay-TV-Sender Premiere ausgestrahlt. Die meisten Privatfernsehsender halten sich mit der PALplus-Unterstützung noch zurück. Finster sieht es auch bei →Laserdiscs und Leihvideokassetten aus: von PALplus quasi keine Spur. Eine Neuanschaffung von PALplus-Geräten lohnt daher eigentlich nur für Premiere-Kunden. Zukünftige Digital-Fernsehnormen könnten PALplus außerdem ebenfalls überflüssig machen.

Palmtop [auf der Handfläche]

Ein Palmtop ist ein Computer, der zwar eine nahezu komplette Tastatur bietet, zugleich aber auf der Handfläche Platz finden kann. Die Eingabe erfolgt dennoch zumeist beidhändig. Palmtops werden vor allem zur Verwaltung von Adressen und Terminen als Ersatz für Kalender und Adressbücher eingesetzt, sodass sie im Allgemeinen Datenaustauschmöglichkeiten zu stationären PCs bzw. Notebooks (siehe →Notebook) bieten.

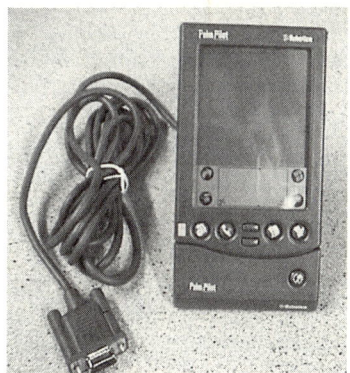

Der PalmPilot von →U.S.R. Robotics ist der derzeit erfolgreichste Palmtop-Rechner

Panasonic

Der große japanische Elektrokonzern **Matsushita** vertreibt seine Geräte für den Hi-Fi-, Video- und EDV-Bereich unter dem Markennamen Panasonic. Panasonic ist im PC-Bereich hauptsächlich durch seine CD-ROM-Geräte und Phase-Change-Wechselmedien-Laufwerke (→PD-Laufwerke) bekannt. Im Internet präsentiert sich Panasonic unter der Adresse *__www.panasonic.com__*.

PAP (Password Authorization Protocol)

PAP ist die englische Abk. f Passwort-Autorisations-Protokoll. Es ist die Beschreibung für ein Verfahren, bei dem man sich per Passwort-Überprüfung in ein Netzwerk einwählt. Im Gegensatz zum →CHAP-Verfahren erfolgt mit PAP die Anmeldung nicht verschlüsselt, sodass →Hacker z. B. bei der Anmeldung das Passwort bzw. persönliche Daten ausspionieren könnten.

Papierführung

Die Papierführung sorgt für die exakte Führung des Druckmediums (z. B. Papier oder Folie) durch den →Drucker. Bei der für Laserdrucker üblichen s-förmigen Papierführung durchläuft das Druckmedium z. B. zwei Walzen. Dies ist jedoch für das Drucken auf festerem Karton, Umschlägen, Bögen mit Klebeetiketten oder Folien ungeeignet.

Papiervorschub [paper/form feed]

Als Papiervorschub bezeichnet man den Vorschub des Druckmediums im Drucker. Der Papiervorschub beim Drucken erfolgt schrittweise – entsprechend den zu druckenden Punktzeilen – oder kontinuierlich zur Übernahme des auf der →Bildtrommel aufgebauten Bilds. Bei Matrixdruckern kann man auch einen Papiervorschub (schrittweise oder in Abständen der aktuell eingestellten Textzeile oder Seite) direkt auslösen.

Parallel [parallel]

Eine →Datenübertragung wird als parallel bezeichnet, wenn mehrere Daten gleichzeitig übertragen werden (siehe →Parallele Schnittstelle). Der Gegensatz zu parallel ist →seriell.

Parallele Schnittstelle [parallel interface, printer port]

Ursprünglich entsprach die parallele →Schnittstelle des →PCs einem vom Hersteller Centronics für die Ansteuerung von Druckern gesetzten Standard, sie wird daher auch Centronics-Schnittstelle (siehe →Centronics-Schnittstelle) genannt. Der Centronics-Stecker befindet sich jedoch am Drucker, nicht am PC.

Die parallele Schnittstelle erlaubt heute jedoch die parallele Übertragung von Daten in beide Richtungen mit weit höheren Geschwindigkeiten (→Datentransferraten) als früher. Im PC-Design sind maximal drei parallele Schnittstellen (unter dem →Betriebssystem →MS-DOS oder →Windows mit LPT 1: bis LPT 3: bezeichnet) möglich. Für die Ansteuerung der parallelen Schnittstelle gibt es mittlerweile auch erweiterte Verfahren (→ECP, →EPP). Für einen Überblick siehe →Parallel-Port-Modus.

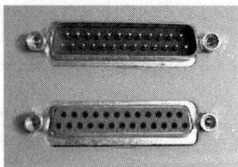

Parallele (unten) und serielle (oben) Schnittstelle auf der Rückseite eines PCs

Parallel-Port-Modus [parallel port mode]

Die →parallele Schnittstelle des Computers wird mittlerweile nicht mehr einfach nur zum simplen Drucken verwendet. Neue, bidirektionale Druckverfahren und Geräte wie Wechselmedien-Laufwerke (z. B. →ZIP-Laufwerke) oder →Scanner und →Digitalkameras werden zunehmend an den so genannten Parallel-Port angeschlossen. Dies verlangte nach einer Überarbeitung der vorhandenen Parallel-Port-Standards. Mit dem PS/2-Rechner führte IBM die erste Überarbeitung ein. Der mittlerweile als Standard geltende **LPT-Modus** arbeitet mit 8 Bit, bidirektional und erreicht Datenübertragungsraten von etwa 300 KByte/s (etwa wie ein Doublespeed-Laufwerk). Zur Steigerung der Performance wird außerdem Busmastering verwendet, also die Möglichkeit, die Daten ohne Prozessor-Belastung direkt in den Arbeitsspeicher zu transferieren.

Aus einer Arbeitsgruppe von →Intel, Zenith und Xircom entstand 1992 der erste erweiterte Parallel-Port-Modus, der **EPP-Standard** (Enhanced Parallel Port). Dem entsprechenden EPP-Komitee gehören heute viele weitere Hersteller an. Mit EPP sind Datenübertragungsraten von bis zu 2 MByte/s möglich; das entspricht einem Netzwerk oder einer langsameren Festplatte. Um EPP nutzen zu können, müssen allerdings spezielle Kabel vorhanden und die Schnittstelle muss mit entsprechenden Schaltungen ausgerüstet sein. Ein Nachrüsten vorhandener Parallel-Port-Schnittstellen ist nicht möglich. EPP ist aber vollständig abwärtskompatibel, herkömmliche Drucker können problemlos angeschlossen werden. Umgekehrt können bis zu 64 externe EPP-Geräte einzeln an einer Schnittstelle adressiert werden, Umschalter sind also nicht mehr notwendig.

Eine weitere, noch leistungsfähigere Überarbeitung war dann der **ECP**-Standard (Extended Capability Port), der Ende 1992 von →Hewlett Packard und →Microsoft definiert wurde. ECP hat ähnlich technische Daten wie EPP, besitzt zusätzlich aber noch eine →FIFO-Steuerung. Durch den integrierten FIFO-Puffer, wie er auch bei seriellen Schnittstellen verwendet wird, kann der Datenaustausch an der Schnittstelle zwischengepuffert werden. Dies verhindert Datenverluste, wenn der Prozessor z. B. gerade mit einem Zugriff auf die Festplatte beschäftigt ist. Mit ECP kann die Datenübertragungsrate auch in Abhängigkeit von Störungen (z. B. durch schlechte Kabel) gesteuert und Fehler korrigiert werden. Extern sind bis zu 128 Geräte über eine eigene Kennung ansprechbar, wobei eine zusätzliche RLE-Datenkompression für weitere Performance-Gewinne sorgt.

Neuere →Mainboards unterstützen mittlerweile alle ECP und EPP. Der Modus der parallelen Schnittstelle wird dabei im →BIOS des Rechners umgeschaltet. Allerdings gibt es nur wenige Geräte, die diese erweiterten Fähigkeiten auch wirklich richtig ausnützen. Zwar arbeiten die meisten neueren Drucker bidirektional und nutzen einige Fähigkeiten von EPP oder ECP, aber für simples Drucken reicht der Standard-LPT-Modus i. d. R. aus. Anders sieht es aus, wenn man Wechselmedien-Laufwerke (etwa ein →ZIP-Laufwerk) oder CD-ROM-Laufwerk über den Parallel-Port anschließt. Hier kann eine Umstellung auf EPP bzw. ECP deutliche Performance-Steigerung bewirken. Windows 95/98 erkennt die im BIOS aktivierten Modi übrigens automatisch per →Plug & Play und installiert automatisch die richtigen Treiber.

Die Verwendung von EPP bzw. ECP hat übrigens auch ihre Schattenseiten. Während man im Standard-LPT-Modus für einfaches Drucken zumeist nur eine Port-Adresse braucht (→I/O-Adresse), reserviert der Rechner bei den erweiterten Modi einen der kostbaren →Interrupts (zumeist IRQ 7) und DMA-Kanäle (→DMA, zumeist DMA 3). Windows 95 (ab der B-Version, OSR2) und Windows 98 reservieren aber unabhängig vom im BIOS eingestellten Modus sowieso den IRQ 7 für den Parallel-Port, sodass es hier keinen Vorteil mehr bringt, im BIOS einen langsameren Modus als ECP einzustellen. Normalerweise unterstützen die BIOS-Versionen im ECP-Modus automatisch auch immer EPP.

```
Onboard FDC Controller    : Enabled
Onboard FDC Swap A & B    : No Swap
Onboard Serial Port 1     : COM1,3F8H
Onboard Serial Port 2     : COM2,2F8H
Onboard Parallel Port     : 378H/IRQ7
Parallel Port Mode        : ECP+EPP
ECP DMA Select            : 3
UART2 Use Infrared        : Disabled
```

Die Einstellungen für den Parallel-Port-Modus werden im BIOS des PCs vorgenommen

Parameter [parameter]

Optionen und Variablen werden im Computerbereich oft als Parameter bezeichnet. Durch einen Parameter kann z. B. ein Programmaufruf oder ein Betriebssystem-Befehl genauer spezifiziert werden. In den meisten Fällen wird hierzu der Parameter in Form eines Schrägstrichs mit einem Buchstabenkürzel oder einer Zahl hinter das Kommandoende gesetzt. So ruft der Befehl *Word /m Datei1* das Programm Word (siehe →Word für Windows) mit der entsprechenden Datei auf.

PARC (Palo Alto Research Center)

Die amerikanische Firma →Xerox hat insbesondere mit den Entwicklungen ihres Forschungszentrums PARC (englische Abk. f. Palo Alto Forschungszenter) Computergeschichte geschrieben. Das →Ethernet, eine Technologie für lokale Netze, die grafische →Benutzeroberfläche, die →Maus und der →Laserdrucker sind nur einige der Entwicklungen des PARC.

Parität [parity]

Als Parität wird die Quersumme eines Bytes (siehe →Byte) bezeichnet; sie kann entweder 1 oder 0 sein. Die Parität wird zur →Fehlererkennung in der →Datenübertragung oder zur Speicherung von →Daten eingesetzt. Hierbei wird jedem Byte ein weiteres, also neuntes →Bit zugeordnet, das die Parität der ersten acht Bit enthält.

Paritätsbit [parity bit]

Das Paritätsbit, auch **Fehlerbit** genannt, dient der →Datensicherheit. Mit Paritätsbits arbeitet man beispielsweise bei der →Datenübertragung, aber auch bei der Speicherung von →Daten im →Arbeitsspeicher. Das Paritätsbit wird den einzelnen Datenblöcken (oft 1 Byte = 8 Bit) nach bestimmten Regeln hinzugefügt.

Dem PC-Anwender dürfte das Paritätsbit am ehesten beim Kauf von Arbeitsspeicher begegnen. Während früher fast alle →SIMMs und auch einige →DIMMs mit einem Paritybit-Baustein ausgerüstet waren, fehlt dieser bei neueren Modulen fast immer. Bei Speichermodulen mit Parity kann der Computer beim Booten die Intaktheit der Speicherbausteine mit dem **Speichertest** im BIOS überprüfen. Und während des Betriebs können auftretende **Speicherfehler** erkannt, aber nicht korrigiert werden. Es kommt also dennoch in diesen Fällen zu einem Absturz. Die Fertigungsqualität der heutigen Speichermodule ist allerdings so gut, dass zu deren Funktionsüberprüfung auf das Paritybit verzichtet werden kann. Und auch die Möglichkeit der Fehlerüberprüfung macht ohne besondere Hardware- und Softwareunterstützung (wie bei neueren Pentium Pro-Rechnern) keinen Sinn, da es bei einem Speicherfehler auf normalen PCs sowieso nur zum Absturz kommt. Wer also keinen speziellen Prozessor mit Möglichkeit zur Korrektur von Speicherfehlern besitzt (vergl. →ECC), kann getrost auf ein Paritätsbit verzichten.

Paritätskontrolle [parity control]

Die Paritätskontrolle ist ein einfaches Verfahren der →Fehlererkennung bei der →Datenübertragung oder bei der Speicherung von →Daten, das auf der Einfügung und Überprüfung von Paritäts- oder Prüfbits (siehe →Parität, →Paritätsbit) für jedes →Byte beruht. Sollte in einem Byte ein Fehler auftreten, weicht das übertragene Paritätsbit vom aktuell berechneten ab. Durch die Paritätskontrolle können allerdings nur einzelne Bitfehler erkannt werden, da sich zwei Bitfehler in einem Byte in der Parität wieder aufheben könnten. Das Auftreten eines Doppelfehlers ist allerdings sehr unwahrscheinlich.

Parken [parking, landing]

1) Der →**Schreib-/Lesekopf** einer modernen →Festplatte schwebt auf einem Luftpolster nur Bruchteile eines Mikrometers über der Oberfläche der Scheiben, ohne diese zu berühren. Dies wird durch die aerodynamische Form des Kopfträgers, die perfekte Ebenheit und Ausrichtung der Platten, die exakte Ausführung der Lager des Plattenstapels und des Kamms mit den Schreib-/Leseköpfen, die vollständige Kapselung der gesamten Mechanik gegen Staub und Feuchtigkeit und andere Maßnahmen erreicht. Trotz dieser vielen Vorkehrungen kann es dennoch durch massive Erschütterungen zu einem →Headcrash kommen. Daher ist – insbesondere während des Betriebs – Vorsicht geboten. Um diesen Headcrash beim Abschalten und im abgeschalteten Zustand (z. B. beim Transport) zu verhindern, musste man vor einigen Jahren seine Festplatte noch durch den Aufruf eines gesonderten Programms parken. Die heute bei allen Geräten übliche Autopark-Funktion bewegt die Schreib-/Leseköpfe beim Abschalten automatisch in die so genannte Parkposition am Rande der Speicherplatten. Dort sind keine Daten aufgezeichnet, sodass eine Berührung der Köpfe mit der Oberfläche ohne Folgen (für die gespeicherten Daten) wäre.

2) Bei einem **ISDN-Anschluss** können Sie ein Gespräch parken, um z. B. zu einem weiteren, gerade anklopfenden Gesprächspartner umzuschalten (→Anklopfen, →Makeln). Der Teilnehmer hört währenddessen einen Hinweistext, dass die Verbindung gehalten wird. Siehe auch →ISDN-Leistungsmerkmale.

Parser

Der Parser ist ein Sprachanalysator, der u. a. als Bestandteil eines Compilers (siehe →Programmiersprache) seine Dienste tut. Als Parsing wird die schrittweise Analyse der Syntax einer Sprache durch den Parser bezeichnet.

Partition [partition]

Eine physische →Festplatte kann in logische Bereiche, so genannte Partitionen, unterteilt werden. Den Vorgang nennt man **partitionieren**. Welche und wie viele Partitionen auf einer Festplatte vorhanden sind, wird am Anfang der Festplatte in der **Partitionstabelle** im so genannten Master Boot Record (kurz **MBR**) abgespeichert, die beim Booten vom PC als erstes eingelesen wird (vergleiche auch →Bootsektor). Da dort nur Platz für maximal vier Einträge ist, ist die maximale Zahl von Partitionen pro Festplattenlaufwerk eben damit auch auf vier beschränkt.

> **Tipp:** Mit Hilfe des →Sharewareprogramms Partition Manager kann man die maximale Zahl von vier Partitionen pro Laufwerk auf bis zu 31 erhöhen. Das Programm verwaltet hierzu mehrere Versionen der Partitionstabelle und ermöglicht es so, dass man mit vielen verschiedenen Betriebssystemen parallel auf einer Festplatte arbeiten kann. Jedoch ist die korrekte Handhabung aufgrund der Komplexität der Materie und möglichen, schwerwiegenden Auswirkungen auf gespeicherte Daten nur etwas für Profis. Partition Manager kann im Internet unter _www.users.inter com.com/~ranish/part_ als Testversion downgeloadet werden. Sollte es dort nicht mehr zu finden sein, finden Sie es sicherlich auf den meisten Sharewareseiten im Internet (→Shareware).

Man unterscheidet zwischen **primären** und **erweiterten Partitionen**. Primäre Partitionen sind „primär" bootfähig und werden beim Booten als Erstes mit einem **Laufwerkbuchstaben** versehen (vor den erweiterten Partitionen und in der Reihenfolge der vorhandenen Festplatten). Erweiterten Partitionen kann im Gegensatz zu primären kein Laufwerkbuchstabe direkt zugewiesen werden, sondern sie müssen zuerst nochmals in **logische Laufwerke** unterteilt werden. Im einfachsten Fall braucht man aber einer erweiterten Partition natürlich auch nur ein logisches Laufwerk zuweisen. Bei der Vergabe von Laufwerkbuchstaben werden logische Laufwerke wie gerade schon angesprochen nach den primären Partitionen berücksichtigt bzw. nummeriert. Sind mehrere Festplatten mit logischen Laufwerken vorhanden, erfolgt auch hier die Vergabe nach der Reihenfolge bzw. den Prioritäten in der Hardwareanmeldung des BIOS, d. h. Master-Laufwerke vor Slave, IDE1-Controller vor IDE2 usw.; bei SCSI-Festplatten entscheidet die SCSI-ID (vergl. auch →SCSI-ID, →ATA und →Master).

Normalerweise verwendet man eine primäre Partition zum Booten des Betriebssystem, z. B. von →DOS oder →Windows 95/98. Dazu wird am Beginn der Partition beim Booten der so genannte →Urlader geladen, der dort vom Betriebssystem bei der Installation abgespeichert wurde. Erweiterte Partitionen werden dagegen normalerweise für Dokumente und Programme benutzt und sind nur indirekt bootbar. Das heißt, in diesen kann zwar ein Betriebssystem wie Windows NT seine Systemdateien auslagern, aber für den Urlader und die Bootkonfigurationsdateien ist nach wie vor mindestens eine primäre Partition auf der Festplatte notwendig.

Eine **praktische Einsatzmöglichkeit** der Partitionierung liegt v. a. in der **Ordnung von Daten**, indem z. B. Daten, Programme und Betriebssystem jeweils eine eigene Partition bekommen. Das erleichtert nicht nur die Übersicht, sondern auch ein →Backup. Der **ursprüngliche Sinn** des Partitionierens ist jedoch der, dass ältere Betriebssysteme bzw. →Dateisysteme wie →FAT nur eine bestimmte, **maximale Speichergröße** verwalten konnten. Ist eine Festplatte größer als dieses Limit, muss sie in kleinere, passende Partitionen unterteilt werden. Windows 95/98 ist z. B. mit dem FAT16- (→VFAT) Dateisystem nicht in der Lage, Partitionen über **2 GByte** zu verwalten. Erst seit der Einführung von →FAT32 bei Windows 95b (OSR2) sind Partitionen im TByte-Bereich möglich (wie bei →NTFS von Windows NT). Darüber hinaus kann man durch die Verwendung von kleineren Partitionen die Cluster-Größe (→Cluster) verringern, was den Festplattenplatz effizienter ausnutzt. Bei Dateisystemen wie FAT32 oder NTFS spielt das aber keine große Rolle mehr, weil hier die Cluster-Größe auch bei großen Partitionen schon relativ klein ist (durchschnittlich 2-8 KByte).

Auf einer Festplatte, von der gebootet werden soll, muss immer mindestens eine primäre Partition vorhanden sein. Außerdem können, wie oben schon angeschnitten, immer nur maximal **vier unabhängige Partitionen** auf einer Festplatte vorhanden sein, wobei außerdem maximal immer nur eine erweiterte Partition möglich ist. Von den so maximal möglichen vier primären Partitionen eines Laufwerks darf jedoch immer nur eine auch wirklich „aktiv" (bootfähig) sein. Die anderen primären Partitionen müssen **versteckt** werden. Welche Partition als aktiv gesetzt ist, steht in der Partitionstabelle des MBR. Werden zwei oder mehr primäre Partitionen zwangsweise aktiv gesetzt (was nur mit speziellen Programmen möglich ist), weiß der PC nicht, von welcher er booten soll, und einige Betriebssysteme (wie z. B. →OS/2) bekommen Probleme bei der Verwaltung dieser Partitionen. Als Resultat droht in diesem Fall Datenverlust, sodass man also gut auf diese Zusammenhänge achten sollte, wenn man mit mehreren primären Partitionen arbeiten will.

```
PQ Boot -- Version 1.0
Copyright (c) 1994-1996 PowerQuest Corporation
Alle Rechte vorbehalten


===================== Festplatte 1 =====================
ID  Datenträger   Typ        Status          Größe   Belegt  Frei(MB)
    ----------    -------    -------------    -----   ------  --------
 1  *:            FAT        Primär           299.2   299.2    0.0
▶2  C:            FAT        PrimärBootfähig   299.3   299.3    0.0
 3  *:            FAT        Primär           299.3   299.3    0.0


Wählen Sie die zu bootende Betriebssystempartition
mit Hilfe einer der obigen Partitions-IDs aus.

ID eingeben:
```

Das Programm PQBoot, Bestandteil von →Partition Magic Version 3, listet alle primären Partitionen eines Laufwerks auf, zeigt die aktive (bootfähige) an (hier Nr. 2) und bietet an, eine andere Partition als aktiv zu setzen. Die restlichen werden versteckt

Funktionen zur Partitionierung und Aktivierung bzw. zum Verstecken von Partitionen bieten mittlerweile viele verschiedene Programme. Der Klassiker ist **Fdisk** von MS-DOS bzw. Windows 95/98. Bei Windows NT ist eine entsprechende Routine in das Setup-Programm eingebaut. Fdisk ist jedoch sehr spartanisch und bietet so gut wie keinen Komfort, sondern beschränkt sich auf die wesentlichen Grundfunktionen. Alle Änderungen an vorhandenen

Partitionen (außer das Festlegen, welche aktiv ist) führen automatisch zu Datenverlust. Fdisk kann Partitionen weder in der Größe noch in der Position auf der Platte ändern, noch formatieren, noch zwischen FAT16 und FAT32 konvertieren. FAT32 wird ab Windows 95b jedoch in der Art unterstützt, dass beim Anlegen neuer Partitionen zwischen dem alten und neuen Dateisystem ausgewählt werden kann (beim ersten Start von Fdisk). Da mittlerweile einige Alternativ-Programme auf dem Markt sind, kann von der Benutzung von Fdisk nur abgeraten werden.

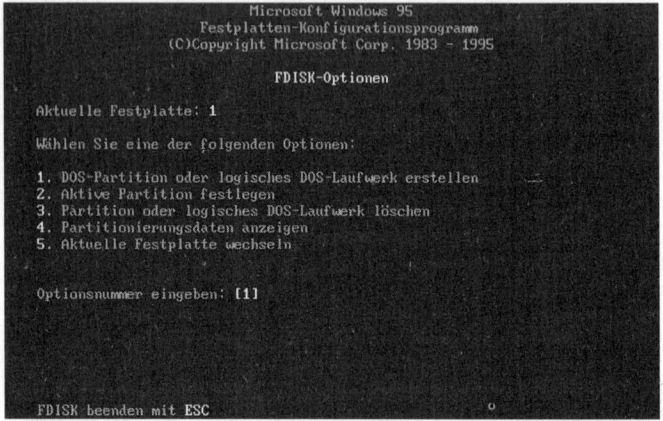

Die Benutzeroberfläche von Fdisk stammt noch aus dem Steinzeitalter des PCs. Die Befehle werden über die Eingabe der Optionsnummer aufgerufen

Die wohl beste Alternative zu Fdisk ist das Programm **Partition Magic** von →Powerquest. Seit der Version 4.0 liegt es sowohl in einer DOS- als auch Windows-Version vor. Mit Partition Magic können Partitionen angelegt und nachträglich ohne Datenverlust manipuliert werden. Es bietet wesentlich mehr Funktionen als Fdisk, ist einfacher zu bedienen und eröffnet ganz neue Möglichkeiten. Weitere Informationen siehe →Partition Magic.

Tipp: In der Praxis empfiehlt es sich, Partitionen v. a. auch zur besseren Organisation von Daten und Programmen einzusetzen. Allgemein bewährt hat sich eine Aufteilung in drei Partitionen (Laufwerkbuchstaben C:, D: und E:). Diese können auf einer (großen) oder auch mehreren Festplatten verteilt werden, wobei Letzteres einen kleinen Geschwindigkeitsvorteil beim Zugriff auf die Daten hat. Diese Dreiteilung bietet mehrere Vorteile und bringt mehr Übersicht. Die nachfolgende Aufstellung verdeutlicht dies:

– Die Dreiteilung entspricht den drei großen Gruppen von Dateien, die man auf einem PC hat: Betriebssystem, Dokumente (persönliche Daten) und Programme. Jede Gruppe bekommt „ihren" Laufwerkbuchstaben. Am besten C: für das Betriebssystem, D: für die Dokumente und E: für die Programme (übrige Anwendungssoftware).

– Ist nur eine Festplatte vorhanden, sollte C: eine primäre Partition sein. D: und E: werden als logische Laufwerke in einer gemeinsamen erweiterten Partition angelegt.

– Sind zwei Festplatten vorhanden, erzeugt man auf Platte 1 die primäre Partition
C:, auf Platte 2 die primäre Partition D:. Das Laufwerk E: entsteht aus einer erweiterten Partition auf Platte 1, der nur ein logisches Laufwerk zugewiesen wird.
– Die Auslagerungsdatei des Betriebssystems auf C: sollte auf dem Laufwerk D:
abgelegt werden, weil dies deutliche Performance-Vorteile bietet.
– Durch die strikte Trennung von Dokumenten und Programmen/Betriebssystem
lässt sich ein Backup wesentlich leichter ausführen. In Verbindung mit dem Programm →Drive-Image kann man z. B. die Partition des Betriebssystems in eine
Image-Datei sichern, die es bei einem Virenbefall oder Absturz ermöglicht, das
System in wenigen Minuten von einer Bootdiskette aus wieder voll einsatzbereit
zu haben.
– Wenn gewünscht, können mehrere primäre Partitionen „C:" auf der ersten Festplatte angelegt werden. Jedoch darf nur eine davon aktiv sein. Bei der beschriebenen Aufteilung sind also neben der ersten „C:"-Partition noch zwei weitere
möglich; die vierte Partition wird von der erweiterten besetzt. Auf die beiden zusätzlichen primären Partitionen können andere Betriebssysteme oder Konfigurationen aufgespielt werden, die aber immer nur wechselseitig genutzt werden
können. Vorteil: Von jeder dieser primären C:-Partitionen kann unabhängig auf
die Laufwerke D: und E: zugegriffen werden. Anwendungssoftware und Dokumente müssen nicht in mehreren Kopien vorhanden sein (lediglich die Stammdateien des Betriebssystems).
– Um tatsächlich mit mehreren primären Partitionen parallel arbeiten zu können,
sollte man unbedingt ein entsprechendes Softwarehilfsprogramm wie →Partition Magic benutzen. Alternativ bietet sich auch die Nutzung eines →Boot-Managers an.

Partition Magic

Partition Magic ist ein innovatives Programm der amerikanischen Firma
→PowerQuest, das in den letzten Jahren auf dem PC-Markt für Furore gesorgt hat, weil es bisher ungeahnte Möglichkeiten für die Manipulation von
Festplatten und Partitionen ermöglicht (vergl. auch →Partition). Partition
Magic ersetzt sozusagen das Programm Fdisk von DOS, bietet aber darüber
hinaus einen wesentlich erweiterten Funktionsumfang. So können Partitionen nicht nur einfach angelegt, gelöscht oder formatiert, sondern nachträglich auch noch umfangreich manipuliert werden. Und zwar zumeist ohne
dass der vorhandene Datenbestand angegriffen wird.

Mit Hilfe von Partition Magic ist es u. a. möglich, vorhandene Partitionen in
ihrer Größe zu ändern, zu verschieben, zu kopieren, von primär in erweitert
(und umgekehrt) umzuwandeln sowie teilweise auch das Dateisystem zu
konvertieren (z. B. von FAT16 nach →FAT32 und umgekehrt). Das Programm unterstützt außerdem alle gängigen Dateisysteme auf dem Markt, also auch NTFS oder das Dateisystem von →Linux und →OS/2. Außerdem ist
es leicht möglich, mehrere primäre Partitionen auf einem Laufwerk anzulegen und diese für die Nutzung mehrerer Betriebssysteme zu verwalten (auf
aktiv bzw. versteckt zu konfigurieren). Darüber hinaus gehört zum Lieferumfang von Partition Magic u. a. noch ein leistungsfähiger Boot-Manager
sowie ein Programm, mit dem sich Softwarekonfigurationen nach der Veränderung von Laufwerkbuchstaben (z. B. Verschiebung um einen Buchstaben nach oben) entsprechend korrigieren lassen.

Die aktuelle Version von Partition Magic ist Version 4, bei der das Programm umfangreich überarbeitet wurde. Neu ist z. B., dass das Programm jetzt sowohl als DOS- wie auch als Windows-Version für Windows 95/98 und NT vorliegt. Die DOS-Version entspricht in Aussehen und Bedienung der Windows-Version und ermöglicht auch dann noch den Zugriff auf den PC, wenn das System nicht mehr starten will bzw. ganz neu eingerichtet werden muss. Besitzer von Festplatten über 8 GByte müssen unbedingt auf Version 4 updaten, da ältere Versionen diese Größen nicht unterstützen. Ein besonders angenehmer Vorteil bei der Bedienung der Version 4 ist außerdem die eingebaute „Batch"-Funktion. Alle vorgenommenen Änderungen werden vom Programm nämlich erst mal nicht real ausgeführt, sondern in eine Befehlsliste gespeichert. Dem Anwender wird aber grafisch das entsprechende Ergebnis schon angezeigt und auf Plausibilität überprüft. So lassen sich umfangreiche Manipulationen vorher schon mal testweise durchspielen. Erst am Ende aktiviert der Anwender extra die Ausführung der Befehlsliste, die von Partition Magic dann in einem Rutsch abgearbeitet wird.

> **Tipp:** Ein Verwandter von Partition Magic, ebenfalls von PowerQuest, ist das Programm →Drive Image. Beide Programme ergänzen sich optimal, um als Anwender die komplette Kontrolle über das eigene System zu bekommen und seine Daten optimal sichern zu können. Bei einem günstigen Preis von ca. 150 DM sollte Partition Magic eigentlich zu jedem PC wie das Betriebssystem gehören. Wer es einmal benutzt hat und seine Vorteile kennt, wird es nicht mehr missen wollen. Übrigens: Mittlerweile reihenweise auftauchende Konkurrenzprodukte bieten bisher weder den Funktionsumfang noch den Bedienungskomfort des Originals.

Pascal, Blaise

Der Franzose Blaise Pascal (1623-1662) war Mathematiker, Philosoph und Physiker. Bereits mit 16 Jahren stellte er eine Arbeit über Kegelschnitte fertig. Ab 1642 arbeitete er an der Rechenmaschine Pascaline, die addieren und subtrahieren konnte. Die Maschine arbeitete auf der Basis von Zahnrädern. Außerdem entdeckte er das Gesetz der kommunizierenden Röhren und die Verwendbarkeit eines Barometers zur Höhenmessung. Das fragmentarisch gebliebene Hauptwerk Pascals heißt „Pensées" (herausgegeben 1669; deutsche Ausgabe „Gedanken").

Passer

Bei der drucktechnischen Herstellung von Farbbildern wird die Farbseparation angewandt. Es werden z. B. vier verschiedene Farbauszüge in aufeinander folgenden Druckvorgängen übereinander gedruckt. Eine korrekte Wiedergabe des Originals kann nur dann stattfinden, wenn jeder dieser Farbauszüge exakt positioniert ist. Um dies beim Andruck (Test) oder während der Herstellung einer Serie überprüfen zu können, werden am Rand der Druckbogen die so genannten Passer oder Passermarken gedruckt. Diese sind derart gestaltet, dass der Versatz der Farbauszüge direkt abgelesen werden kann (siehe auch →Farbmodell).

Passives Routing [passive routing]

Passives Routing ist die Bezeichnung für die Übertragung von Daten innerhalb eines vermaschten →Netzwerks anhand eines vorgegebenen Pfads, der im Header der Datenblöcke enthalten ist. Beim aktiven Routing wird im Gegensatz dazu der kürzeste, schnellste, billigste oder nächstbeste Weg für jedes einzelne →Datenpaket während der Übertragung ermittelt.

Passphrase

Passphrase ist der Begriff für eine Kombination von mehreren Passwörtern zur Erhöhung der →Datensicherheit.

Passwort [password]

1) Mit einer Passwortabfrage kann der Zugriff zu einem →Computer, einem →Netzwerk, auf ein →Programm oder auf →Daten auf einfache Weise begrenzt werden, um so dem Anspruch der →Datensicherheit gerecht zu werden. Jedes Mal wenn ein Benutzer Zugriff zu einem Computer oder Netzwerk, auf ein →Programm oder auf →Daten erhalten möchte, muss er eine Zeichenkette eingeben, die genau mit einer vorgegebenen geheimen Zeichenkette, dem Pass- bzw. auch **Kennwort**, übereinstimmen muss. Sollte die eingebene Zeichenkette – gegebenenfalls nach einer begrenzten Anzahl von Wiederholungen – nicht mit dem Passwort übereinstimmen, wird kein Zugriff gewährt. Weitere Informationen zum Schutz eines PCs über ein Passwort siehe →System-Passwort.

2) Als Passwort (password) bezeichnet man einen Begriff, den der Spieler bei einem erfolgreichen Abschluss einer Mission oder eines Levels erhält. Dieses muss dann (wenn ein Spiel zwischenzeitlich abgebrochen wurde) nach einem erneuten Start eines Spiels eingegeben werden, um an der gleichen Stelle weiterspielen zu können. Passwörter werden vor allem bei Action- und Strategiespielen verwendet.

Patch [Flicken]

Die Beseitigung von Fehlern in einem →Programm oder einer →Datei wird als Patchen bezeichnet. Fehler in →Software oder Dateien werden dabei i. d. R. durch direkte Manipulation oder den Austausch des Programmcodes (siehe →Code) mit Hilfe eines Patches oder einer Patch-Datei behoben. Der Vorgang des Patchen wird auch oft mit dem englischen Begriff „Bugfixing" (→Bug/-fix) bezeichnet.

Pattern [Muster]

Der Begriff „Pattern" wird in unterschiedlichen Zusammenhängen benutzt, insbesondere in den Forschungs- und Entwicklungsarbeiten zur künstlichen Intelligenz (siehe →künstliche Intelligenz). Verfahren der →Mustererkennung (pattern recognition, pattern matching) spielen z. B. eine große Rolle bei →OCR und Sprachanalyse.

PC (Personal Computer)

Als PC (englische Abk. f. persönlicher Computer) bezeichnet man eine Klasse von Mikrocomputern, die ursprünglich als Arbeitsinstrument für einen einzelnen Nutzer konzipiert war. Nach der Vorstellung des →IBM-PC im Jahre

1981 wurde der Name PC mehr und mehr auf die dazu kompatiblen Computer angewandt; andere Hersteller setzten sich in der Folgezeit bewusst von der Bezeichnung PC ab, um die Unterschiede ihrer Produkte zu den IBM-kompatiblen PCs zu betonen. Der massenhafte Einsatz von PCs leitete in den Unternehmen eine neue Phase der Dezentralisierung der EDV ein: Immer mehr Aufgaben im Breich der Datenverarbeitung werden von den Mitarbeitern in eigener Regie ausgeführt. Mit der wachsenden Leistungsfähigkeit der PCs, der Vernetzung der vormals isolierten PCs zu lokalen Netzwerken und der Verknüpfung der LAN-Inseln zu unternehmensweiten Netzwerken hält dieser Prozess der Dezentralisierung gegenwärtig mit großer Dynamik an. Heute reicht das von PCs abgedeckte Anwendungsspektrum vom billigen Hobbycomputer, mit dem vorwiegend gespielt wird, bis hin zum hochwertigen Rechner, der für nahezu alle kommerziellen und wissenschaftlich-technischen Zwecke eingesetzt werden kann. PCs bestehen im Wesentlichen aus einem Komplettsystem mit der Zentraleinheit, eingebauten Diskettenlaufwerken, Festplatten und CD-ROM-Laufwerken, der Tastatur und dem Bildschirm; ergänzt wird dieses Komplettsystem zumeist durch Peripheriegeräte wie Drucker, Scanner usw.

PC Card

Die im Jahre 1994 erfolgte aktuelle Erweiterung des PCMCIA-Standards (siehe →PCMCIA) wird künftig unter dem Namen PC Card weiterentwickelt. Unter anderem erfolgte dabei die Einführung der Versorgungsspannung von 3,3 V, die Erweiterung auf einen 32 Bit breiten →Datenbus sowie die Vereinheitlichung der bereits von einigen Herstellern angebotenen Multifunktionskarten.

PC Praxis

Die Zeitschrift PC Praxis gehört zu den führenden Computerzeitschriften auf dem deutschen Markt und wird monatlich vom →DATA BECKER-Verlag in Düsseldorf herausgegeben. Die behandelten Themen orientieren sich an „normalsterblichen" Anwendern, die sich schnell und unterhaltend über neueste Trends auf dem PC-Sektor informieren wollen. Ein großer Praxis-sowie Tipps & Tricks-Teil rundet das Angebot ab und macht die Zeitschrift für alle aktiven Anwender interessant. Im Internet ist die PC Praxis unter der Adresse *www.pcpraxis.de* vertreten. Neben Informationen zum Verlag und der Zeitschrift allgemein werden aktuelle Downloads (wie etwa besprochene →Sharewareprogramme und Listings) angeboten.

PC-Betriebssystem

Das →Betriebssystem ist auch bei einem →PC die →Software, die die wesentlichen Arbeiten durch die Definition von logischen Geräten, Datenstrukturen (Dateien) und Programmen überhaupt erst ermöglicht, steuert, kontrolliert und überwacht. Das Betriebssystem muss demzufolge unbedingt vorhanden sein, damit die →Hardware für beliebige Anwendungen überhaupt erst nutzbar gemacht werden kann.

Beispiele für PC-Betriebssysteme sind →MS-DOS, →OS/2, →UNIX, →Windows NT und →Windows 95/98 sowie →Linux.

Das auf dem – in einem permanenten →ROM residierenden – →BIOS eines PCs aufsetzende klassische Betriebssystem →MS-DOS besteht z. B. aus:

– dem →Bootsektor, mit dem Urlader
– der Systemdatei *Io.sys*, die auf dem BIOS aufbauend u. a. die Standardgerätetreiber für →Diskettenlaufwerk, →Festplatte, →Bildschirm und Tastatur usw. enthält sowie die logischen Geräte COM1: und COM2:, LPT 1: = PRN usw. definiert
– der Systemdatei *Msdos.sys*, die den eigentlichen Kern des Betriebssystems darstellt und die die DOS-Funktionen (in Form von DOS-Interrupts) zur Datei- und Programmverwaltung usw. enthält
– dem →Befehls-Interpreter →*Command.com*, der ein einfaches Interface zum Nutzer bereitstellt, um Befehle (wie z. B. *Copy* zum Kopieren von Dateien) abzuarbeiten und Programme aufzurufen

Darüber hinaus sind eine Reihe von speziellen Gerätetreibern, Programmen und zugehörigen Parameterdateien auf den Betriebssystemdisketten zu finden.

PC-DOS

PC-DOS ist die Bezeichnung des →Betriebssystems für die →PCs der Firma →IBM. PC-DOS wurde in enger Zusammenarbeit mit →Microsoft entwickelt und erstmals mit dem →IBM-PC im Jahre 1981 vorgestellt. Durch Microsoft wurde in der Folgezeit das – im Wesentlichen gleichwertige – →MS-DOS als Betriebssystem für IBM-kompatible PCs anderer Hersteller ausgeliefert.

PCI (Peripheral Component Interconnect)

PCI (englische Abk. f. Peripherie-Komponenten-Zwischenverbindung) ist ein von →Intel als leistungsfähigere Alternative zum →VESA Local Bus (VLB) entwickeltes Bussystem. Der PCI-Bus fand insbesondere mit der Markteinführung der Pentium-Prozessoren schnelle Verbreitung, da der VLB dessen erhöhte Leistungsfähigkeit nicht mehr vollständig ausnutzen kann. Der PCI-Bus ist jedoch unabhängig vom verwendeten Prozessor und kann daher auch für andere Systeme (z. B. auch für Apple Macintosh) eingesetzt werden. Der PCI-Standard in der aktuellen Version 2.0 hat eine maximale Übertragungsrate von 132 MByte/s bei einer Datenbreite von 32 Bit. Die am Bus anliegende Taktfrequenz liegt zwischen 25 und 33 MHz. In Verbindung mit dem entsprechenden →BIOS erlaubt PCI eine automatische Konfiguration von Steckkarten (siehe →Plug & Play). Wie auch schon der VLB, hat der PCI-Bus seine Hauptbedeutung für Erweiterungskarten mit hohem Datendurchsatz wie z. B. Grafikkarten oder Festplatten-Controller. Die in Vorbereitung befindliche PCI-Spezifikation 2.1 wird bei einer verdoppelten Datenbreite von 64 Bit Übertragungsraten von bis zu 264 MByte/s unterstützen. Vergleiche auch Abbildungen und weitere Informationen bei →Bus und →AGP.

PCL (Printer Command Language)

1) Die von →Hewlett Packard entwickelte →Seitenbeschreibungssprache PCL (englische Abk. f. Druckerkommando-Sprache) formatiert den Text auf einer Seite mit Befehlen zu Randeinstellung, Zeilenabstand, Seitenende,

Schriftstil usw. und steuert die Abarbeitung der einzelnen Druckjobs (siehe →Job). In der 1990 eingeführten Version PCL 5 wurde die Beschreibungssprache →HPGL für Vektorgrafiken und spezielle Schrifteffekte einbezogen worden. 1996 wurde PCL 6 eingeführt, das v. a. Verbesserungen bei der Geschwindigkeit und dem Speicherverbrauch der Druckanweisungen brachte. Im Bereich normaler Büroanwendungen ist PCL dem →PostScript vorzuziehen, da der Druck meistens schneller erfolgt, allerdings ist die Rasterung von Grafiken und die Darstellung feiner, komplexer Strukturen nicht ganz so gut.

2) Die Programmiersprache PCL (Abk. f. Personal Computer Language) (vergleiche →Programmiersprache).

PCMCIA (Personal Computer Memory Card Int. Association)

PCMCIA (englische Abk. f. Internationale Vereinigung der Hersteller von PC-Speicherkarten) sind Steckkarten, die nur etwa so groß sind wie Scheckkarten: Länge 8,5 cm, Breite 5,4 cm, Höhe 3,3, 5 oder 10 mm. Zu den Herstellern, die sich auf diesen Standard geeinigt haben, gehören u. a. →Intel, →Apple, →IBM und →Microsoft. Als PCMCIA-Karten – insbesondere eingesetzt bei →Notebooks – werden u. a. Modems, Faxkarten, Festplatten und Soundkarten angeboten.

Eine ISDN-Karte in PCMCIA-Ausführung

Die PCMCIA-Norm beinhaltet die Festlegung für die Abmessungen, die Kontaktbelegungen und die logischen Funktionen: PCMCIA 1.0 (1990); PCMCIA 2.0 (1991); PCMCIA 2.01(1992) und PCMCIA 2.1 (1993). Jeweils fast ein Jahr später wurden die Definition der Treibersoftware sowie weitere Präzisierungen (z. B. für →IDE Funktionen) hinzugefügt. Im Jahre 1994 erfolgte die aktuelle Erweiterung des Standards, der künftig unter dem Namen PC Card weiterentwickelt wird.

Moderne Notebooks besitzen zumeist mindestens einen recht unscheinbaren PCMCIA-Einschubslot an der Seite

Unter anderem erfolgte die Einführung der Versorgungsspannung von 3,3 V, die Erweiterung auf einen 32 Bit breiten →Datenbus sowie die Vereinheitlichung der bereits von einigen Herstellern angebotenen Multifunktionskarten.

PCM-Verfahren (Pulse Code Modulation)

PCM (englische Abk. f. Puls-Kode-Modulation) ist ein Verfahren zur Darstellung von →analogen Signalen durch →digitale Daten. Das PCM-Verfahren wird z. B. bei der →digitalen Sprachübertragung im →ISDN oder auch für die Digitalisierung von Audio-Informationen auf dem PC bzw. im Hi-Fi-Bereich (DAT-Rekorder, Audio-CD) eingesetzt. Beim PCM-Verfahren werden die analogen Daten mit einer regelmäßigen Frequenz und definierten Datenbreite abgetastet und jedes Abtastergebnis als Datenwort abgespeichert. Die Wortlänge des Datenworts ist dabei z. B. für die Audio-CD 16 Bit lang. Im Gegensatz zu PCM arbeiten moderne Verfahren nicht mehr mit Datenwörtern, sondern wandeln das Analogsignal in einen kontinuierlichen Datenstrom (Bitstrom) um. Dabei werden bei jeder Abtastung nur die Unterschiede zum vorherigen Signal abgespeichert. Die Bitstrom-Technik muss allerdings zur Erreichung ihrer besseren Qualität mit deutlich höheren Abtastfrequenzen arbeiten. Für eine neue DVD-Audio-Norm (siehe →DVD) haben Philips und Sony beispielsweise die Verwendung von 64 mal 44,1 kHz vorgeschlagen. Dies würde einen Frequenzgangumfang von 100 kHz bei 120 dB Dynamik ermöglichen.

P-Code

Der P-Code ist der Zwischencode bei der Übersetzung mit einem Compiler, der nicht für einen realen, sondern für einen virtuellen, gedachten →Prozessor erzeugt wird (vergleiche →Programmiersprache). Für die Erzeugung eines Objektprogramms für einen konkreten Rechner ist dann nur noch ein einfaches Übersetzungsprogramm, ein Interpreter erforderlich. Der P-Code ist somit durch geeignete Interpreter für beliebige Prozessoren adaptierbar. Der P-Code wurde als gemeinsamer Zwischencode der Sprachen der P-System-Software entwickelt. Unter diesem P-System versteht man mehrere Compiler für die Pascal-Dialekte –Turbo Pascal (vergleiche →Inprise und →Programmiersprache), UCSD-Pascal (University of California San Diego), usw. – die alle Module in der Zwischensprache des →P-Code erzeugen.

PCX

PCX ist die Dateinamenserweiterung (siehe →Erweiterung) von →Pixeldateien, die nach einem Format der Firma ZSoft gespeichert sind. Dieses Format wird auch als Paintbrush-Format bezeichnet, da es von dem gleichnamigen bekannten Grafikprogramm als Dateiformat verwendet wird. Das PCX-Format wurde laufend weiterentwickelt und liegt daher in mehreren Versionen vor.

PD-Laufwerke (phase change)

PD ist die englische Abk. f. Phasen-Wechsel-Laufwerk. Es handelt sich um Wechselmedien-Laufwerke, deren Datenträger mit einem Material arbeiten (Tellur-Selen-Verbindung), das je nach Erhitzungsgrad durch einen Laser seinen Zustand von regelmäßig geordnet nach amorph (ungeordnet) verändert. Dieser Phasen-Wechsel führt zu einem unterschiedlichen Reflexionsverhalten, das beim Lesen als Dateninformation interpretiert werden kann. Das Material kann über 500.000 Löschvorgänge problemlos verarbeiten und könnte in Zukunft als Basis für die wiederbeschreibbare CD (→CD-RW) dienen.

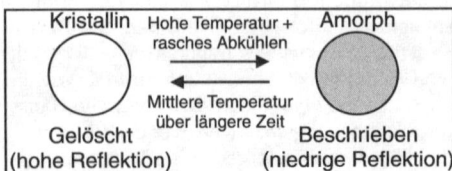

Das Prinzip des PD-Verfahrens: Die Aufnahme-Schicht kann zwei Aggregatzustände mit unterschiedlichen Reflexions-Eigenschaften annehmen. Je nach Laserbestrahlung kann man die Zustände wechseln

Die ersten PD-Laufwerke bzw. -Medien wurden 1996 von →Panasonic mit einer Kapazität von 650 MByte und einem Preis von rund 1.000 DM auf den Markt gebracht. Anfang 1998 wurde auch ein Gerät von TEAC in der Preisregion von 500 DM eingeführt. Beide Geräte sind auf dem Markt aber quasi nicht mehr vertreten und höchstens als dann meist sehr preiswerte Restposten erhältlich. Das besondere ist, dass diese Laufwerke nicht nur entsprechende wiederbeschreibbare PD-Medien verarbeiten, sondern gleichzeitig als 4-fach-CD-ROM-Gerät fungieren können. Um dies zu ermöglichen, wurde für die PD-Medien dasselbe Format wie für die CD-ROM gewählt. Einer schnellen Verbreitung der zukunftsträchtigen PD-Technik stand bisher v. a. die Tatsache im Wege, dass normale CD-ROM-Laufwerke keine PD-Medien lesen können, da diese nicht die für CD-ROMs notwendigen 70 % Lichtreflexion aufweisen. Außerdem werden die Medien für PD-Laufwerke mit dem normalen Dateisystem des Betriebssystems beschrieben, also wie jedes andere Wechselmedium auch, aber nicht mit den für CD-ROMs entwickelten Dateisystemen.

Nur eine Art besondere Variante der PD-Laufwerke sind die CD-RW-Geräte (→CD-RW). Bei ihnen werden die ansonsten technisch nahezu identischen Medien nach den Spezifikationen für CD-ROMs beschrieben. Zum Ausgleich der geringen Reflexion beim Lesen ist in die Geräte ein kleiner Verstärker (→AGC) eingebaut, der die Empfindlichkeit der Leseelektronik erhöht. Die meisten neuen CD-ROM-Laufwerke (aber erst sehr wenige Audio-CD-Player) sind ebenfalls mit so einem Verstärker ausgerüstet und können daher CD-RW-Medien auch lesen (→multiread).

PDN (Public Data Network)

PDN ist die Bezeichnung für ein öffentliches Datennetz (siehe auch →Netzwerk).

PD-Software (Public Domain)

PD-Software wird durch den Urheber der Allgemeinheit zur freien Nutzung zur Verfügung gestellt. PD-Software darf frei kopiert, weitergegeben und genutzt werden. Ein überwiegender Anteil der PD-Software stammt aus dem universitären Bereich der USA und wurde im Rahmen entsprechender Forschungsprojekte durch Mittel des Staatshaushalts finanziert. Ergebnisse, die durch die Allgemeinheit finanziert wurden, dürfen nicht kommerziell verwertet, sondern müssen der Allgemeinheit frei zur Verfügung gestellt werden.

Peer-to-peer [Gleichgestellte-zu-Gleichgestellte]

In einem Peer-to-peer-→Netzwerk sind die miteinander verbundenen →Computer im Wesentlichen gleichberechtigt. Alle Rechner können gleichermaßen sowohl als →Server als auch als →Client fungieren. Der Begriff „Peer-to-peer" wurde für Netzwerke ohne dedizierte Server (siehe →nicht-dedizierter Server) geprägt. Im Gegensatz dazu stehen Netzwerke mit einem (oder mehreren) →dedizierten Server, bei denen zumindest das →Netzwerkbetriebssystem auf einem dedizierten Server residiert.

Pen-Computer [Stift-Computer]

Ein Pen-Computer wird statt mit →Tastatur oder →Maus mit einem Stift (Pen) bedient. Dazu werden mit dem Stift Bedienelemente (→Icons oder →Menüs usw.) auf einer Bedienfläche berührt, die auch gleichzeitig als Anzeigefläche des Geräts dient. Ein Pen-Computer ist z. B. der Apple Newton, der jedoch eine kleinere Anzeige-/Bedienfläche als das zumeist übliche A4-Format hat.

Pentium

Den Nachfolger des 486er Prozessors aus der Prozessorfamilie →i80x86 wollte die Firma →Intel ursprünglich i80586 nennen. Da sich eine Zahl allerdings nicht rechtlich schützen lässt und Nachahmer ihre Prozessoren auch als 586er hätten bezeichnen können, benannte Intel den 1993 eingeführten Prozessor mit einem Namen, der rechtlich geschützt ist: **Pentium**, gelegentlich auch **P5** abgekürzt. Für die Nachfolger des Pentiums wurden ebenfalls schutzfähige Name gewählt, nämlich →Pentium Pro, →Pentium II und →Pentium III bzw. →Celeron. Anfang 1997 brachte Intel einen überarbeiteten Pentium unter dem Codenamen **P55C** heraus, der den bisherigen P54C ablöste (bisheriger Pentium 90, 100, 133, 166 und 200). Hervorstechendste Merkmale war der von 16 auf 32 KByte verdoppelte L1-Prozessor-Cache und die neue MMX-Technologie (→MMX). Weiterhin wurde der Schreibpuffer von zwei auf vier vergrößert, eine neue Sprungvorhersage-Einheit vom Pentium Pro übernommen und einige weitere Überarbeitungen vorgenommen. Die Verbesserungen sorgen allein schon (ohne MMX) für 15-20 % verbesserte Leistung gegenüber dem Vorgänger. Bei Einsatz von MMX-unterstützender Software (Sound-, Bild- und Videoverarbeitung) werden zusätzliche Leistungssteigerungen von 200-400 % angegeben. Anwender können ihren alten P54C-Pentium gegen einen neuen P55C austauschen, wenn ihr Board über eine duale Spannungsversorgung des Prozessors mit 2,8 und 3,3 Volt verfügt.

Alternativ kann man jedoch auch einen Zwischenadapter kaufen, der die notwendige duale Spannung zur Verfügung stellt. Ein solches Modell bekommt man beispielsweise von →Conrad (*www.conrad.de*). Weitere Informationen hierzu siehe →Spannung.

Ein Pentium MMX-233. Die CPUs werden mittlerweile auch in anderen Gehäuseformen als den ersten Pentiums produziert

Wer eine entsprechende Aufrüstung durchführen will, sollte sich jedoch beeilen. Denn Intel will die Pentium-Produktion voraussichtlich Ende 1999 endgültig einstellen und nur noch →Celerons und →Pentium III (bzw. deren Nachfolger) herstellen. Allerdings kann man zum Aufrüsten auch auf die Konkurrenzprozessoren von AMD zurückgreifen (siehe →AMD K6-2/III). Das allerletzte, schnellste Modell des Pentiums, das in der fortschrittlichen 0,25 μm Technik hergestellt wird, läuft unter dem Kodenamen **Tillamok** und wird nicht für Desktop-PCs, sondern nur noch für Notebooks produziert. Der schnellste Pentium für Desktop-PCs ist das Modell mit 233 MHz.

Die nachfolgende Tabelle fasst die wichtigsten Parameter zusammen, mit denen die gängigsten Pentium-Modelle auf dem Mainboard konfiguriert werden mussten.

Prozessor	CPU-Freq. in MHz	Systembus Freq. in MHz	Multiplier (Takt-Vervielfacher)	Spannung in Volt
Pentium 90	90	60	1,5	3,3
Pentium 100	100	66	1,5	
Pentium 120	120	60	2	3,3 (Std)
Pentium 133	133	66	2	3,3 (Std)
Pentium 150	150	60	2, 5	3,3 (Std)
Pentium 166	166	66	2, 5	3,3 oder VRE
Pentium 200	200	66	3	3,4-3,6 (VRE)
Pentium 166 MMX	166	66	2, 5	2,8 und 3,3 (Dual-Volt.)
Pentium 200 MMX	200	66	3	2,8 und 3,3
Pentium 233 MMX	233	66	3,5 (oder 1,5)	2,8 und 3,3

Pentium II

Der Pentium II ist der 1997 eingeführte Nachfolge-Prozessor zum →Pentium und →Pentium Pro der Firma →Intel. Bei dem auch mit dem Codenamen **Klamath** bezeichneten Prozessor handelt es sich um eine Art Fusionsprodukt des Pentium MMX und des Pentium Pro. Eine gegenüber den Vorgängern wichtige Eigenschaft ist das geänderte Design: Prozessor und **512 KByte** →**Second-Level-Cache** (L2-Cache) sind gemeinsam auf einer Steckkarte (Prozessor-Platine) untergebracht, die wiederum in einem Plastikschutzgehäuse (**SEC-Kassette** = **S**ingle **E**dge **C**ontact) verborgen und mit einem Kühlköper versehen wird. Die ganze Konstruktion wird dann in einen speziellen Steckplatz, den **Slot One**, gesteckt. Der L2-Cache wird mit der halben

Prozessor-Taktung angetrieben und ist damit unabhängig vom Systembus des →Mainboards. Das neue Design ermöglicht eine gegenüber dem Pentium Pro kostengünstigere Produktion, ist aber für den Massenmarkt offenbar immer noch zu teuer. Daher wird Intel langfristig beim Pentium II oder seinem Nachfolger, dem →Pentium III, wohl zurück zum BGA-Design des Pentiums und einem entsprechenden Prozessor-Sockel wechseln, wie es beim Pentium II-Ableger Celeron schon geschehen ist (siehe →Celeron).

Vom einem Pentium II, eingesteckt im Slot One, sieht der Anwender dank Plastikschutzbox und Lüfter nicht viel. Wie man sieht, ist der Materialaufwand ziemlich hoch

Eine weitere Entwicklung bzw. Produktionssteigerung beim Pentium II ist von Intel ab dem Frühjahr 1999 aber nicht mehr geplant, weil zum 28.2.99 offiziell der Pentium III als Nachfolger eingeführt wurde. Mittelfristig wird es daher wohl nur noch den →Celeron für Basis-PCs und den Pentium III für High-End-PCs geben. Nachfolgend einige wichtige Daten zum Pentium II, den es mittlerweile in vielen Varianten gibt (bzw. gab):

– Die →CPU des Pentium II basiert auf einem überarbeiteten, verbesserten **Pentium-Pro-Kern**. Dabei wurde v. a. dessen Schwäche beim Ausführen von 16-Bit-Programmen ausgeglichen. Zusätzlich wurde der Pentium II mit den →**MMX**-Befehlen des Pentium MMX ausgestattet. Der Pentium II kommt also mit aktueller Windows 95/98-Software gut klar und gewinnt unter Windows NT gegenüber einem Pentium noch mal richtig an Performance.

– Der integrierte, doppelte →Prozessor-Cache (**L1-Cache**, je einer für Daten und Instruktionen) wurde gegenüber dem Pentium Pro von 8 auf 16 KByte erhöht.

– Der **Slot One**-Steckplatz mit seinen 242 Anschlusskontakten sollte nach dem Willen von Intel den ZIF-Sockel-7 der herkömmlichen Pentium-Mainboards vom Markt verdrängen und zum neuen Standard werden. Da der Slot One patentiert ist, konnte die Konkurrenz diesen nicht für eigene Entwicklungen bzw. Anpassungen übernehmen. Mittlerweile scheint aber selbst Intel aus Kostengründen vom Slot One wieder Abschied zu nehmen. Die Umstellung auf das alte BGA-Design des Pentium in Verbindung mit dem Sockel 370 (siehe →Celeron) ist langfristig auch für den Pentium II bzw. seinen Nachfolger geplant.

Der Slot One des Pentium II-Prozessors erinnert stark an einen Steckplatz für Speichermodule oder Steckkarten

- Wie beim Pentium Pro kann vom System-BIOS beim Booten **Microcode** in den Prozessor geladen werden, der z. B. später die Korrektur von Prozessorfehlern per Software erlaubt.

- Während beim Pentium Pro noch **Multiprozessor-Nutzung** mit bis zu vier CPUs möglich ist, kann man beim Original-Pentium II nur mit zwei Prozessoren gleichzeitig arbeiten. Über eine erweiterte Multiprozessor-Fähigkeit verfügt der Pentium II-Ableger →**Xeon.**

- Durch die Integration des L2-Caches auf der Prozessor-Karte arbeitet der Pentium II mit zwei verschiedenen, unabhängigen Datenbussen, dem L2-Cache-Bus und dem externen Systembus des Mainboards. Diese von Intel als **DIM-Architektur** (**D**ual **I**ndependent **B**us) bezeichnete Technik ist gerade bei komplexen, datenintensiven Anwendungen stark geschwindigkeitsbeschleunigend. Im Gegensatz zu einem alten Pentium, wo der L2-Cache an den Systembus gekoppelt ist, kann der Pentium II dadurch jederzeit unabhängig vom Systembus mit dem L2-Cache Berechnungen durchführen. Außerdem steigt mit der wachsenden Prozessortaktung auch die Taktung des L2-Caches. Beim →Celeron, einem Ableger des Pentium II, ist der (allerdings verkleinerte) L2-Cache direkt im Prozessor integriert und wird mit voller Taktung angetrieben.

- Erst die DIM-Architektur macht die neuen →**AGP-Schnittstelle** für 3-D-Grafikkarten sinnvoll, da sich Prozessor und AGP-Karte den Systembus nicht so oft teilen müssen. Daraus ergibt sich im Vergleich, dass AGP auf einem Mainboard für den alten Pentium ziemlich wenig nutzt. Erst ein Pentium II mit möglichst 100 MHz Systembustaktung macht AGP überhaupt sinnvoll bzw. brauchbar. Und auch hier bringt AGP nur etwas für Programme, die große Mengen Texturen in den Arbeitsspeicher auslagern müssen.

- Der anfängliche Chipsatz für Pentium II-Mainboards war der 440LX (vergl. →Chipsatz). Aber erst der im Frühjahr 1998 vorgestellte 440BX konnte die ganze Performance des Pentium II ausnutzen. Insbesondere ermöglichte er erstmals 100 MHz Systembustaktung, die für Pentium II-CPUs ab 350 MHz notwendig sind. Gegenüber einem herkömmlichen Pentium-PC bringt eine Steigerung des Systembusses von 66 auf 100 MHz jedoch nur geringe Vorteile für den Speicherzugriff; lediglich die CPU-Taktung erhöht sich natürlich entsprechend. „Schuld" ist die DIM-Architektur des Pentium II. Lediglich der →AGP-Bus profitiert von der höheren Taktung. Problematisch ist jedoch, dass man spezielle 100 MHz-geeignete →SDRAM-Speicherbausteine haben muss.

– Die ersten Versionen des Pentium II wurden noch in der veralteten **0,35-μm-Technik** hergestellt. Von diesen gibt es Modelle mit 233, 266 und 300 MHz Taktung. Ab dem **Pentium II-333** (Codename **Deschutes**) werden die Prozessoren in der **0,25-μm-Technik** hergestellt. Zukünftig (evtl. aber direkt für den Pentium III) ist die Umstellung auf 0,18 μm geplant, womit dann auch die Produktionsumstellung auf das kostengünstigere BGA/Prozessor-Sockel-Design erfolgen dürfte. Die feineren Herstellungstechniken reduzieren die Stromaufnahme der CPU und damit auch die Erwärmung des Chips deutlich. Erst dadurch sind höhere Taktungen möglich.

– Bei der 0,25 μm-Pentium-II-Variante (**Deschutes**) wurde außerdem das L2-Cache-Design überarbeitet. Dadurch fällt der Leistungssprung vom 300 zum 333 MHz-Modell etwas geringer aus, aber der L2-Cache kommt auch mit Taktfrequenzen von über 400 MHz klar, was mit dem alten Design nicht möglich war. Außerdem wurde die maximal ansprechbare Speichermenge von ursprünglich 512 MByte auf 4 GByte heraufgesetzt. Diesen Wert konnte vorher schon der →Pentium Pro verwalten, sodass der Pentium II erst ab dieser Variante mit seinem Vorgänger aufschließen konnte. Diese großen Speichermengen sind übrigens für professionelle Server absolut nicht unüblich.

Der Pentium II wurde von Intel bereits 1998 in **verschiedenen Varianten** für drei große Marktsegmente aufgesplittet. Durch die Einführung des Pentium III wird der Pentium II selbst im High-End-Bereich abgelöst, im Massenmarkt-Segment wird der Celeron die Nachfolge (v. a. im BGA/Sockel 370-Design) antreten. Damit ist der Pentium II also seit Frühjahr 1999 ein Auslaufmodell, ein Kauf kann eigentlich nicht mehr empfohlen werden.

Die drei von Intel beschriebenen Marktsegmente bzw. Zielgruppen kennzeichnen die Strategie bzw. Zukunft der Pentium II-Technik nochmals deutlich (Stand Herbst 1999):

– Der **Basis-PC**: Beruhte früher auf den niedrig getakteten Versionen des Pentium II, mittlerweile auf dem „abgespeckten" Pentium II-Ableger →**Celeron**. Damit sollen Einstiegs-PCs in der 1.500 DM-Klasse bestückt werden, die für private oder einfache Büroanwendungen geeignet sind.

– Der **Performance PC** für höhere Ansprüche: Beruhte früher auf dem klassischen Pentium II mit 266-350 MHz und Slot One-Mainboards. Der Preisrahmen soll bei 1.500-3.500 DM liegen. Nachfolger werden auch hier die hochgetakteten Versionen des Celeron bzw. vorerst noch die letzten Pentium II-Versionen sein.

– Der Hochleistungs-PC (**Enthusiastic-PC**) ist für Anwender mit den höchsten Ansprüchen gedacht. Hier werden die neuen Pentium III-Modelle mit 450 MHz aufwärts eingesetzt. Anfangs noch auf dem Slot One, später vielleicht auch auf dem erweiterten Slot Two. Dieser soll preislich über 3.500 DM liegen.

Seit dem Frühjahr 1998 gibt es auch den ersten Versionen des Pentium II für Notebooks mit 233 und 266 MHz. Diese sind in einem eigenen, speziellen Gehäuse gefertigt und besonders stromsparend bzw. wenig Wärme produzierend. Die neueste Version des mobilen Pentium II, eingeführt im zweiten Quartal 1999, läuft unter dem Codenamen **Dixon**, hat ähnlich wie der →Celeron einen integrierten L2-Cache (aber mit 256 KByte) und läuft vorerst mit 333 und 366 MHz. Damit sind Notebooks möglich, deren Performance denen eines normalen Desktop-PCs nicht mehr wesentlich nachsteht. Wenn auch die Kosten für den mobilen Pentium II für seine Leistung eigentlich zu hoch sind.

Pentium III

Der Pentium III (Codename Katmai) ist der neueste Prozessor der Firma →Intel und wurde als Nachfolger des →Pentium II offiziell am 28.2.1999 vorgestellt bzw. zum Verkauf freigegeben. Gegenüber dem Pentium II wurde der Befehlssatz um 70 so genannte SIMD-Befehle erweitert, die ähnlich wie MMX zur beschleunigten Bearbeitung von Multimedia-Daten (Audio, Video, Grafiken, 3-D-Darstellung) dienen sollen. Weitere Infos hierzu siehe →MMX. Teilweise wird dieser erweiterte SIMD-Befehlssatz auch als MMX2 bezeichnet, der offizielle Name ist aber **ISSE** (Internet **S**treaming **S**IMD Extensions). Durch diese Bezeichnung will Intel unterstreichen, dass man einen bedeutenden Vorteil gerade für Multimedia-intensive Internetanwendungen sieht. Mit dem 3DNow!-Befehlssatz bietet Intels Hauptkonkurrent AMD im →AMD K6-2 bzw. K6-III ebenfalls ähnliche, erweiterte Funktionen zur Beschleunigung von Multimedia-Anwendungen und Computerspielen. Jedoch ist es AMD gelungen, seine 3DNow!-Prozessoren schon rund ein halbes Jahr vor Intels Pentium III auf dem Markt zu etablieren und bereits eine breite Unterstützung seines Befehlssatzes bei Spieleherstellern und Microsoft zu bekommen. Intel muss hier erst noch aufholen, obwohl schon zur Markteinführung beispielsweise einige aktuelle Spracherkennungsprogramme (IBM ViaVoice 98, Dragon Natural Speaking 3.5, Photoshop) ISSE-Befehle verwenden können.

Der Pentium III beruht ansonsten auf dem Pentium II-Konzept: 512 KByte L2-Cache, der jedoch direkt im Prozessor integriert ist und mit voller Taktung angetrieben wird, sowie ein externer Systembus von 100 MHz ermöglichen Taktfrequenzen von anfangs 600 MHz. Modelle mit höherer Taktung (666 und 733 MHz) sollen bis Ende 1999 folgen (Codename Coppermine), genauso wie für Ende 1999 auch mobile Versionen für Notebooks mit über 400 MHz angekündigt sind. Bei den Mainboards werden vorerst die üblichen Pentium II-Boards mit Slot One und 440BX-Chipsatz verwendet. Die meisten älteren Pentium II-Boards mit BX-Chipsatz sollten sich durch ein einfaches BIOS-Update (siehe →BIOS) auf einen Pentium III aufrüsten lassen. Voraussetzung ist natürlich, dass das Board und die Speicherbausteine die 100 MHz Systemtaktung unterstützen. Zukünftig wird der Pentium III das obere und der →Celeron das untere, niedrigpreisige Marktsegment abdecken; der Pentium II wird mittlerweile von Intel auslaufen gelassen.

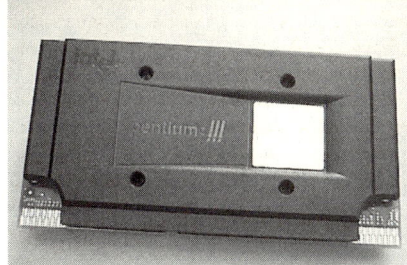

Rein äußerlich gleicht der Pentium III seinem Vorgänger fast bis aufs Haar. Eine Seite ist mit einer Plastikabdeckung versehen, auf die Rückseite wird dann der Kühlkörper montiert

Wer den Pentium III mit einer ganz frühen Version von →Windows 98 einsetzen will, wird evtl. Probleme haben, weil die Original-Version des Betriebssystems den Prozessor nur als Pentium II erkennt und →DirectX bis zur (integrierten) Version 6.0 den erweiterten Befehlssatz nicht unterstützt. Microsoft bietet aber schon entsprechende Updates für Windows bzw. DirectX an. Seit Mitte 1999 gibt es ja auch die zweite Ausgabe von Windows 98, die diese Probleme nicht mehr hat. Man sollte beim Kauf eines neuen Pentium III-PCs also darauf achten, dass man eine entsprechend akutelle Version von Windows 98 erhält oder im Internet auf den Seiten von Microsoft (*www.microsoft.com*) nach entsprechenden →Patches Ausschau hält.

Eine wichtige Besonderheit bzw. Neuigkeit am Pentium III ist seine interne Seriennummer (ID). Durch einen technischen Trick ist es Intel gelungen, dass jeder Prozessor sich seine eigene, unverwechselbare Seriennummer erstellt, an der er bzw. der mit ihm laufende PC eindeutig erkannt werden kann. Das soll v. a. für Einkäufe über das Internet (Stichwort Online-Shopping, E-Commerce) verwendet werden, damit sich Anwender elektronisch leichter identifizieren bzw. anmelden können. Die Prozessor-ID kann mit Hilfe eines bestimmten Prozessor-Befehls von jedem Programm ausgelesen werden. Es ist aber auch möglich, die Funktion im BIOS explizit auszuschalten. Die ID bringt aber nicht nur neue Möglichkeiten, sondern auch Risiken aus Sicht des Datenschutzes mit sich. Theoretisch ist es über die ID z. B. Anbietern im Internet möglich, einen eingewählten Rechner sofort zu identifizieren. Online-Surfer würden sozusagen im Netz überall ihren digitalen Fingerabdruck hinterlassen. Die Erstellung von Persönlichkeits- und Zeit- bzw. Nutzungsprofilen wird damit zumindest theoretisch leicht möglich gemacht. Die gleichzeitig sinnvolle Möglichkeit, über die Prozessor-Nummer Fälschern und Dieben das Handwerk zu legen, will Intel aber nicht wahrnehmen. Dazu müsste eine Datenbank aufgebaut werden, in der die Prozessor-Nummern mit den registrierten Besitzern aufgeführt werden. Dieser Aufwand scheint der Firma aber zu hoch zu sein.

Bei Ankündigung der neuen Fähigkeiten des Pentium III haben Daten- und Verbraucherschützer v. a. in den USA direkt Alarm geschlagen. Einige Organisationen haben sogar zum Boykott aufgerufen und mindestens ein Bundesstaat der USA erwägt, den Verkauf des Pentium III sogar zu verbieten. Aufgrund dieser negativen öffentlichen Reaktion hat Intel sich entschlossen, den Prozessor im Grundzustand mit deaktivierter Prozessor-ID-Funktion auszuliefern (ursprünglich war es umgekehrt geplant). Die Anwender müssen also bewusst von Hand im BIOS die Funktion aktivieren, um für sie positive Möglichkeiten der ID nutzen zu können. Leider kann diese Umstellung nicht unter Windows mit Hilfe eines Programms erfolgen, sondern für jede Umstellung ist ein erneutes Booten des PCs notwendig, was dem gelegentlichen Online-Shopping im Internet und dem dabei vielleicht teilweise sinnvollen, wahlweisen Einsatz der ID gewisse Grenzen setzt. Mit Hilfe spezieller Tricks bzw. Programmfunktionen ist es jedoch (entgegen den ursprünglichen Angaben von Intel) sogar auch während des Betriebs möglich, die abgeschaltete Seriennummer wieder zu aktivieren und auszulesen. Die bekannte Computerzeitschrift c't entdeckte diese Möglichkeit direkt zu Beginn der Auslieferung des Pentium III und brachte Intel damit in eine peinliche Lage. Als Lösung bietet sich an, dass die Mainboard-Hersteller über eine entsprechende Anpassung des BIOS einen solchen Missbrauch verhindern sollen. Ob dies aber überhaupt und dauerhaft möglich ist, darf bezweifelt werden.

> **Tipp:** Ein schneller Umstieg von einem Celeron oder Pentium II auf den Pentium III ist nicht unbedingt notwendig. Wie kritisch man außerdem die Funktion der Prozessor-ID nimmt, mag jeder für sich selbst entscheiden. Ohne spezielle Software, die die neuen Multimedia-Befehle nutzt, ist er bei gleicher Taktung kaum schneller als ein gleichgetakteter Pentium II oder Celeron. Bei 2-D-Applikationen (z. B. →Office) ist sogar ein gleichgetakter →AMD K6-III etwas schneller und noch kostengünstiger (von Prozessor und Mainboard!). Noch mehr gilt das für den →AMD-Athlon, der bei gleicher Taktung dem Pentium III überlegen ist und daher Intel richtig Konkurrenz macht. Vorausgesetzt, es gelingt AMD, hochwertige Mainboard-Chipsätze für den Athlon anzubieten. Denn gerade bei den Chipsätzen hat Intel noch deutlich die Nase vorn. Da wie für neue Intel-Prozessoren üblich die Preise für die schnellsten Modelle überproportional hoch sind, lohnen sich die jeweiligen Top-Modelle des Pentium III für „Normalsterbliche" kaum, zumal die Taktungen bis 600 MHz keine so dramatische Performance-Steigerung bringen. Interessanter wird der Pentium III, wenn Taktungen von deutlich über 600 MHz und 133 MHz Systembus eingeführt werden, obwohl er sich v. a. hier gegen den Athlon behaupten muss.

Pentium Pro

Nach dem →Pentium hieß Intels Nachfolger in der →i80x86 Prozessorfamilie Pentium Pro, der allerdings mittlerweile veraltet ist. Augenscheinlichstes Merkmal des Prozessors war die Integration des 256 oder 512 KByte großen →Second-Level-Cache im Schaltkreisgehäuse. Allererste Exemplare waren mit 133 MHz getaktet, doch die Megahertz-Schraube wurde von →Intel schnell auf 150, 180 und 200 MHz gedreht. Der Pentium Pro realisierte die einzelnen Arbeitsschritte durch RISC-Befehle (siehe →RISC-Prozessor). Im Gegensatz zum Pentium erfolgt die Abarbeitung der über große Pipelines gepufferten Befehle (superpipelining) nicht streng nach der Reihenfolge, sondern es setzt bereits hier eine erste Optimierung (out-of-order pipelining) ein. Durch das Umfunktionieren (register renaming) einzelner →Register erfolgt eine weitere Optimierung. Aufgrund seines Designs bevorzugt der Pentium Pro eindeutig 32-Bit-Instruktionen und spielt seine Performance erst bei 32-Bit-Betriebssystemem wie →Windows NT aus, wenn auf diesen 32-Bit-Programme ausgeführt werden. Alte Programme für →DOS- und →Windows mit 16 Bit laufen auf dem Pentium Pro langsamer als auf 16-Bit-Rechnern. Auch Windows 95/98 ist mit seinen noch überall vorhandenen 16-Bit-Routinen nicht das richtige Betriebssystem für den Pentium Pro. Erst die stärkere Verbreitung von Windows NT 4.0 brachte auch für den Pentium Pro mehr Markterfolg, v. a. für die Modelle mit 200 MHz. Eingesetzt werden diese jedoch seltener für Einzelplatz-PCs, sondern mehr für →Server. Denn aufgrund seiner hervorragenden Multiprozessor-Fähigkeit, die über der des →Pentium II liegt, eignet sich der Pentium Pro gerade für rechenintensive Multitasking-Anwendungen. Mit der Einführung des →Xeon und →Pentium III sind die Tage des Pentium Pro mittlerweile aber endgültig gezählt.

Beim Pentium Pro ist der Second-Level-Cache mit dem eigentlichen Prozessor in einem Gehäuse integriert, was die Produktionskosten aber stark in die Höhe trieb

Performance-Test [performance test]

Mit einem Performance-Test kann die Leistungsfähigkeit eines Computersystems oder seiner Komponenten ermittelt werden. Hierzu gibt es spezielle Programme, die nach bestimmten Kriterien, wie zum Beispiel den Zugriffszeiten der →Festplatte, die Leistungsfähigkeit bestimmen.

Peripherie [peripherals]

Die Peripherie eines Computers bilden diejenigen Geräte, die primär der Ein- und Ausgabe von Daten, sowie der Speicherung von Daten auf externen →Datenträgern dienen. Zur Standardausrüstung eines heutigen →PCs gehören: eine →Festplatte, ein →Diskettenlaufwerk, ein →Bildschirm, eine →Maus, eine →Tastatur sowie ein →Drucker.

PET (Personal Electronics Transactor)

Der PET war einer der ersten PCs auf dem Markt. Er wurde Ende der 70er Jahre von der Firma →Commodore hergestellt. Zur Ausstattung des PET gehörten 8 KByte →Arbeitsspeicher, ein eingebauter Monitor und ein Kassettenlaufwerk als externer →Datenträger. Der PET wurde vom →C64 abgelöst.

PGP (Pretty Good Privacy)

PGP ist die englische Abk. f. ziemliche gute Privatsphäre, ein Programm zur effektiven →Datenverschlüsselung im Internet. Es wurde von dem Amerikaner **Philip Zimmermann** entwickelt und wird von der Firma **Network Associates** – einem Konglomerat des Antivirus-Spezialisten McAfee und des Netzwerk-Spezialisten Network General – im Internet unter der Adresse **www.pgp.com** vertrieben. Die derzeit (Stand 10.99) noch aktuelle, internationale Freewareversion 6.02 kann unter *ftp://ftp.de.pgpi.com/pub/pgp/ 6.0/6.0.2i* runtergeladen werden. Sie entstand durch das Einscannen des gedruckten Source-Codes, der aufgrund einer Lücke im bisher strengen amerikanischen Exportgesetz über Kryptographie-Programme legal exportiert werden darf. Die neue Version 6.5.1 ist zwar seit Sommer 1999 auch schon erhältlich, jedoch nur als US-Version, die zudem noch keine Plug-Ins für die aktuellen Mail-Programme von Microsoft enthält und außerdem das nützliche Zusatzprogramm PGPdisk nicht enthält. Es ist daher im Augenblick (Stand 10.99) noch ratsam, weiterhin mit der 6.02i-Version zu arbeiten.

PGP ist eine Art Konkurrenzprodukt zum Standard →S/MIME. Gegenüber diesem hat es den Vorteil, (für Privatanwender) kostenlos zu sein und außerdem einen deutlich höheren Sicherheitsgrad zu haben. Nachteilig im Vergleich zu S/MIME ist, dass PGP kein allgemeiner Standard ist und daher nicht so breit von den gängigen Mail-Programmen unterstützt wird. Außerdem ist es für die meisten Anwender aufgrund seiner größeren Komplexität nicht so einfach zu bedienen. Vor allem aber sind die Schlüssel nicht automatisch zertifiziert, wie dies bei S/MIME der Fall ist (siehe weiter unten zur Erklärung dazu).

Unter dem Slogan „Kryptographie für die Massen" ist PGP wahrscheinlich das bekannteste und sicherlich eines der besten Verschlüsselungsprogramme überhaupt. Gegenüber S/MIME besitzt es eine deutlich höhere Sicherheit allein dadurch, dass der Anwender sich seine Schlüssel (Kodes) selbst erstellt und nicht von einer Institution ausstellen lässt. Denn da diese im Besitz des Private Keys sind, können sie diesen theoretisch auch selbst verwenden oder an andere weitergeben (z. B. Geheimdienste, Staatsanwaltschaft). PGP wird hauptsächlich als eine Art elektronisches Briefkuvert verwendet, d. h. als Datenschutz für →E-Mails. Unter einem Großteil der heute verschickten E-Mails und News-Artikel findet sich die Information *PGP key on request* (*PGP-Schlüssel auf Anfrage*) oder *PGP signed message*, was soviel bedeutet wie „durch PGP authentifiziert". Mit PGP lassen sich aber auch Dateien auf der eigenen Festplatte verschlüsseln oder Daten sicher löschen, indem sie mit einem Zufallscode blind überschrieben werden.

Für die meisten gängigen Betriebssysteme existieren eigene PGP-Varianten. Ab Version 5.0 bietet PGP eine grafische Oberfläche für Windows 95, NT 4.0 und Mac-Rechner. Auf anderen Systemen wird das Programm wie die älteren Versionen auch per Kommandozeile gesteuert. Für viele E-Mail-Programme stehen zudem Zusatzprogramme (→Plug-Ins) zur Verfügung, die eine bequemere Verschlüsselung von Mails mit PGP erlauben. Seit der Version 6.0 lieferte Network Associates für die bekanntesten Mail-Programme Plug-Ins schon mit (z. B. Outlook Express, Outlook, Eudora oder Netscape Messenger). Bei der Interaktion zwischen der englischen PGP- und der deutschen Outlook Express 4.0-Version gibt es jedoch Probleme, die dazu führen können, dass Outlook Express nicht mehr läuft. Ein entsprechendes →Bugfix bzw. eine Lösungsmöglichkeit ist auf den Internetseiten für die internationale PG-Version dokumentiert (_www.pgpi.org/doc/bugs/win_). Für Outlook Express 5.0 gibt es zur Zeit (Stand 10.99) noch kein Plug-In bzw. Bugfix.

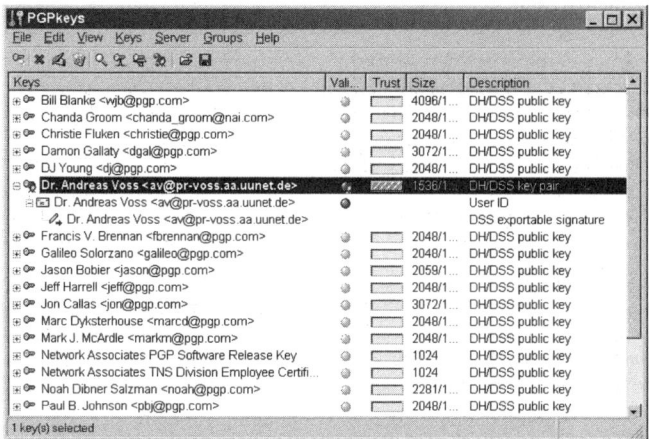

Der Bedienungskomfort von PGP ist mittlerweile sehr gut. Eigene und fremde Schlüssel werden z. B. in einem übersichtlichen „Schlüsselbund" verwaltet

Die weltweite Verbreitung und Nutzung von PGP ist rechtlich nicht ganz geklärt. Die US-Regierung versuchte bis zum Herbst 1999, durch entsprechende Gesetze die Nutzung leistungsfähiger amerikanischer Verschlüsselungstechnologien außerhalb der USA zu unterbinden, was für den Programmierer Philip Zimmermann schon zu einigem Ärger geführt hatte. Network Associates bot daher bisher internationale Versionen zum Export aus den USA nur mit abgeschwächter Sicherheitsstärke (Bitlänge des Verschlüsselungscodes bis 40 Bit, beim Public Key-Verfahren bis 512 Bit) an.

Dennoch war zumeist schon wenige Tage nach dem Erscheinen einer neuen offiziellen PGP-Version eine illegal exportierte Kopie der vollständigen US-Version auf FTP-Servern außerhalb der Vereinigten Staaten zu finden. Außerdem war es erlaubt, den Quellcode in gedruckter Form zu exportieren, was dazu genutzt wurde, ihn legal auszuführen und in einem anderen Land anschließend durch Einscannen und Schrifterkennung wieder zurückzuverwandeln. Die internationale Version von PGP durfte daher von jedermann heruntergeladen und für nicht kommerzielle Zwecke ohne Kosten genutzt werden – sofern nicht das Heimatland des jeweiligen Anwenders die Verwendung „starker" Kryptographieverfahren generell untersagt. Und dies geschieht durchaus: Viele Staaten verbieten die Verwendung solcher Programme und speziell von PGP (z. B. Frankreich). Der Hintergrund ist einfach: Die Staatsgewalt bzw. Geheimdienste wollen auch weiterhin die Möglichkeit haben, den Datenverkehr im Internet genauso wie den normalen Telefonverkehr aus Sicherheitsgründen abhören zu können.

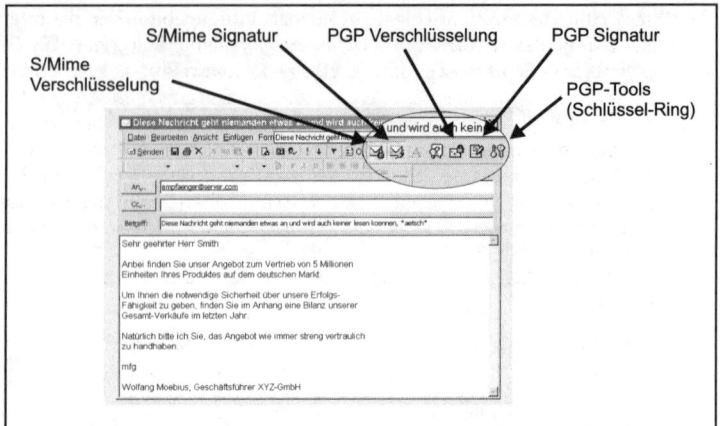

Durch ein Plug-In bindet sich PGP 6.x z. B. direkt in →Outlook ein. Neben den bereits vorhandenen Symbolen für →S/MIME stehen nun auch die PGP-Befehle direkt zur Verfügung

Vor der Verwendung von PGP, insbesondere im kommerziellen Bereich, sollte man sich also genau über die rechtlichen Rahmenbedingungen erkundigen bzw. eine offiziell für das Land zugelassene Version bei Network Associates kaufen. Weitere Informationen findet man im Internet unter *www.nai.com*, *www.pgp.com* und *www.pgpi.org*.

Hinweis: Im September 1999 kündigte die US-Regierung an, die bisherigen strengen Auflagen für den Export von Kryptographie-Programmen etwas zu lockern. Für Programme, die mit bis zu 64-Bit-Codes arbeiten, ist überhaupt keine Genehmigungspflicht mehr notwendig. Aber auch Programme mit höherer Sicherheitsstufe bzw. Bitlänge dürfen unter bestimmten Umständen ausgeführt werden. Sie müssen einem Amt der US-Regierung zur Prüfung vorgelegt werden und die Handelswege müssen überwacht werden, über die Software nach dem Export verbreitet wird. Länder, die unter Boykott bzw. dem Verdacht der Terrorismus-Unterstützung stehen, sind weiterhin vom Export ausgeschlossen. Parallel wurde ein Programm gestartet, mit dem es den Geheimdiensten ermöglicht werden soll, hochwertigere Verschlüsselungsprogramme leichter zu knacken.

PGP arbeitet auf der Basis eines so genannten **Public/Private-Key**-Algorithmus mit zwei verschiedenen Schlüsseln zum Chiffrieren und Dechiffrieren einer Datei. Das Ganze ist recht leicht verständlich, wenn man sich das Schlüssel-Schloss-Prinzip vor Augen hält. Der Private-Key entspricht dem Schlüssel, der Public Key dem Schloss. Möchte man nun verschlüsselte Mails verschicken, verteilt man seinen Public Key (das Schloss) an alle Mail-Partner bzw. macht ihn auf andere Art frei zugänglich. Mit Hilfe dieses „Schlosses" können diese nun die Mail „verschließen" (verschlüsseln) und verschicken. Nur der Besitzer des Private Keys (des Schlüssels) ist anschließend wieder in der Lage, die Mail zu lesen (das Schloss zu öffnen). Grundprinzip dieses Verfahrens ist es also, den Public Key (das Schloss) möglichst allen frei zugänglich zu machen, den Private Key aber sicher im persönlichen Gewahrsam zu halten und auf keinen Fall jemals rauszugeben. Zur Sicherheit wird der Einsatz des Private Key (also das Entschlüsseln erhaltener Mails, bzw. das „Öffnen des Schlosses") noch durch eine Passwort-Abfrage gesichert. Wichtig für das Verständnis bzw. den praktischen Einsatz ist außerdem die Tatsache, dass jeder Public oder Private Key ganz eng an den Namen und die E-Mail-Adresse einer Person gekoppelt ist. Ändert eine Person also ihre E-Mail-Adresse, muss sie sich ein neues Key-Paar erstellen. Mit dem alten Public Key können Mail-Partner keine verschlüsselten Mails mehr an die neue Adresse verschicken, PGP „streikt" dann mit einer Fehlermeldung beim Versuch, dies doch zu tun.

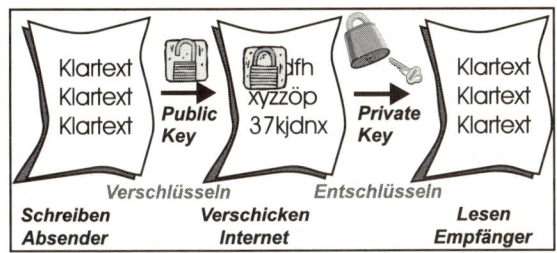

Das Anwendungsprinzip von PGP. Die Mail wird vom Absender mit dem Public Key des Empfängers verschlüsselt und verschickt. Nur der Empfänger kann mit seinem Private Key die Mail wieder entschlüsseln

Die Verbreitung des Public Key kann man durch simples Verschicken des Kodes per Mail bewerkstelligen oder aber den Key auf einem der zahlreichen **Key Server** hinterlegen. Diese Server werden z. B. von Network Associates eingerichtet und sind direkt aus der aktuellen PGP-Version erreichbar. Durch Eingabe des Namens oder der E-Mail-Adresse kann man den Key einer gewünschten Person leicht finden und anschließend in seinen eigenen „Schlüsselbund" übernehmen. Ein Problem dabei ist jedoch die „Verifizierung", also die Gewährleistung, dass der Public Key auch wirklich der gewünschten Person gehört und nicht vielleicht absichtlich unter falschem Namen dort hinterlegt wurde (oder aus Gründen einer Namensgleichheit). Bei →S/MIME besteht dieses Problem nicht so krass, weil dort die Schlüssel von einer Firma ausgegeben und zertifiziert werden. Da man bei PGP sich aber seine Schlüssel selbst erstellt, besteht hier grundsätzlich der Bedarf nach einem zusätzlichen Überprüfungs- bzw. Verifizierungsverfahren. Um das zu ermöglichen, lassen sich Keys entweder von anderen Personen (z. B. Bekannten) gegenzeichnen und damit verifizieren oder aber von so genannten **Trust-Centern** zertifizieren. Es besteht so die Möglichkeit, einem Schlüssel einen so genannten Trust-Level (Vertrauensgrad) zuzuweisen, der im PGP-Programm bzw. auf dem Key-Server auch entsprechend angezeigt wird (siehe Abbildung). Und schließlich kann man in den neuesten Versionen von PGP auch an seinen Public Key ein digitales Foto von sich selbst anhängen, ähnlich also wie ein Foto auf einer Kreditkarte.

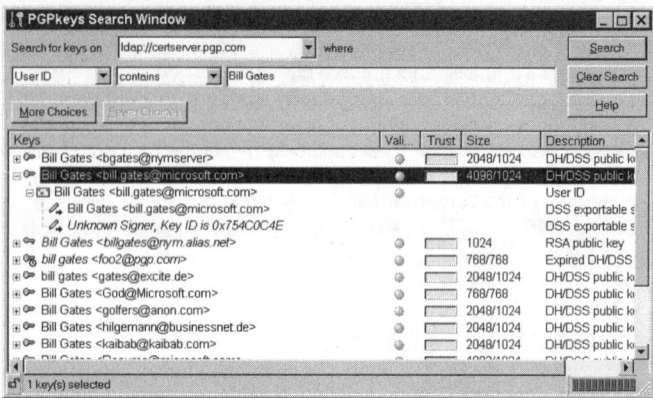

Mit dem Modul PGP-Keys kann man Mail-Adressen und Public Keys gewünschter Personen einfach auf dem ausgewählten Key-Server finden

Neben der reinen Verschlüsselung kann man das Private/Public-Key-Verfahren auch zur **digitalen Unterschrift** (**Signatur**) von Mails verwenden. Dies sollte nicht mit dem herkömmlichen Begriff →"Signatur" einer Mail verwechselt werden, denn darunter versteht man im Allgemeinen lediglich einen beliebigen Slogan oder eine Zeichenkette, die man als eine Art „normale" Unterschrift unter eine Mail hängen kann. Die Begriffsdefinitionen sind da nicht ganz eindeutig. Die digitale Signatur mit Hilfe von PGP ist im Gegensatz zur „normalen" Signatur aber wesentlich leistungsfähiger, denn sie kann nicht nur eindeutig nachweisen, dass diese Mail von dem jeweiligen Absender stammt. Sie kann auch die Korrektheit der Mail garantieren. Das Prinzip ist einfach: Der Absender verwendet diesmal seinen Private Key, um seine (!) Identität beim Empfänger nachzuweisen. Mit Hilfe des Private Key wird aus der Mail eine Prüfsumme erstellt, die außerdem die Korrektheit der Mail garantiert. An die so digital signierte Mail wird eine kurze Kode-Sequenz als Anhang gehängt und diese an den Empfänger verschickt. Dieser wiederum kann mit Hilfe des ihm vorliegenden Public Key des Absenders überprüfen, dass die Mail erstens vom dazu passenden Absender stammt und zweitens die Prüfsumme korrekt ist, also die Mail zwischenzeitlich nicht geändert wurde. Eine entsprechende Mail kann vereinfacht in etwa so aussehen. PGP kennzeichnet die Signatur-Sequenz eindeutig, sodass das PGP-Programm (PGP-Tools) des Empfängers die Überprüfung einfach durchführen kann.

Hinweis: Bedenkt man die Art der Mail-Übertragung im Internet und wie viele Personen deswegen Mails theoretisch mitlesen könnten, verwundert es, dass Verschlüsselung nicht längst weiter verbreitet ist. Unverschlüsselte Mails im Internet zu verschicken ist öffentlicher als eine Postkarte. Es kommt fast einem Aushang auf einer Litfasssäule gleich. Dennoch verschicken immer noch die meisten Anwender aus Unwissenheit, Bequemlichkeit und auch wohl einem Schuss Blauäugigkeit unverschlüsselte Mails. Man sollte außerdem berücksichtigen, dass Geheimdienste wie das amerikanische NSA systematisch den Internet- bzw. E-Mail-Verkehr abhören und viele Regierungen auch in der europäischen Union Verschlüsselung verbieten oder zumindest stark einschränken wollen. Die konsequente Verschlüsselung von Mails z. B. mit PGP wird daher von vielen Seiten auch als ein politischer Akt bzw. Zeichen zur Wahrung von demokratischen und persönlichen Grundrechten angemahnt. Denn diese sind im digitalen Zeitalter bzw. dem Internet besonders gefährdet. Verschlüsselung ist einfach die Wahrung der Privatsphäre beim Mail-Kontakt genau wie beim normalen Briefverkehr ein Grundrecht jeder Person. Verzichten Sie nicht darauf!

```
-----BEGIN PGP SIGNED MESSAGE-----
Hash: SHA1

Dies ist der eigentliche Mailtext.
Dies ist der eigentliche Mailtext.

-----BEGIN PGP SIGNATURE-----
Version: PGPFreeware 6.0 for non-commercial use <http://www.pgp.com>
iQA/AwUBNi5U9dNK7nHDn88eEQI1nACffYME9fVA5xvuUY5fBc4bLrnDkFYAnix1+j68
IGe699QF5g31AL+xDZEv=UGSn
-----END PGP SIGNATURE-----
```

Phonem [phoneme]

Mit dem Begriff „Phonem" wird in der Linguistik (Sprachwissenschaft) das kleinste, bedeutungsunterscheidende Element in einer gesprochenen Sequenz bezeichnet. Ein Phonem ist bedeutungsunterscheidend, aber nicht bedeutungstragend. So unterschieden sich die Wörter „Hund" und „Mund" im Phonem „H" bzw. „M".

Die korrekte Erkennung von Phonemen ist für die →Spracherkennung am Computer besonders wichtig, da gerade diese oft Probleme bereitet.

Photo-CD

Die Photo-CD (PCD) wurde von Kodak entwickelt. Sie ist in der Lage, bis zu 100 Bilder in verschiedenen →Auflösungen zu speichern, die man mit einem speziellen Gerät oder (mit entsprechender Software) am →PC betrachten und für die weitere Verwendung bearbeiten kann. Normalerweise werden die Bilder in der **Basisauflösung (Base resolution)** von 768 x 512 verwendet, was der →PAL-Auflösung eines europäischen Fernsehers entspricht. Alle anderen Formate auf der Photo-CD stellen ein Vielfaches dieser Auflösung dar.

Damit der Kunde Bilder zu verschiedenen Zeiten auf seine Photo-CD speichern kann, werden diese im →**Multisession-Verfahren** hergestellt. Zum Lesen von Photo-CDs, die in mehreren Durchgängen beschrieben werden können, ist daher ein Multisession-fähiges →CD-ROM-Laufwerk erforderlich, das dem aktuellen XA-Standard entspricht. CD-ROMs und Photo-CDs sind durch ihre Farben zu unterscheiden. Während die Oberfläche der CD-ROM silbrig ist, hat die Photo-CD eine goldfarbene Reflexionsschicht.

Physikalische Schicht [physical layer]

Als physikalische Schicht wird die unterste oder erste Schicht des →OSI-Schichtmodells bezeichnet. Diese Schicht transportiert die rohen, als Bitstrom dargestellten Daten sowie alle Informationen der höheren Schichten −

kodiert durch Spannungspegel oder elektromagnetische Wellen usw. – über das →Netzwerkkabel oder ein sonstiges Medium. In dieser Schicht sind alle Fragen der Kodierung der Informationen durch geeignete Signale zu behandeln.

Physische Adresse [physical address]

Die physische Adresse ist die reale →Adresse eines Speicherplatzes oder eines Geräts in einem konkreten Computersystem.

Pica

Pica ist eine nicht proportionale Schriftart mit einer Schriftgröße von 10 Zeichen pro Zoll (10 →cpi).

Piezo-Drucker

Bei den →Tintenstrahldruckern unterscheidet man zwei technische Grundprinzipien: das Bubble-Jet-Verfahren (u. a. von →Hewlett Packard favorisiert) und das Piezo-Verfahren (von der Firma Epson verwendet). Beide Druckverfahren erreichen mittlerweile annähernd gleiche Druckqualität. Der bei den Piezo-Druckern genutzte piezoelektrische Effekt tritt bei einer bestimmten Art von Kristallen auf: Wird an einem derartigen piezoelektrischen Kristall eine elektrische Spannung angelegt, reagiert dieser mit einer mechanischen Spannung, die zu einer Formveränderung führt. Wird andererseits eine mechanische Spannung ausgeübt, reagiert der Piezo-Kristall mit der Erzeugung einer elektrischen Spannung. Im Piezo-Drucker wird die Formänderung von Piezo-Kristallen in den winzigen Düsen dazu benutzt, um die Tinte in kleinen Tröpfchen auszutreiben. Im Gegensatz zu den Piezo-Druckern arbeiten die Bubble-Jet-Drucker mit kleinen Heizelementen in den Düsen, die die Tinte kurzzeitig erhitzen; durch den Dampfdruck wird ein Tintentropfen ausgetrieben.

Piktogramm

Ein Bildsymbol, das möglichst intuitiv verständlich ist, wird als Piktogramm oder auch →Icon bezeichnet. Piktogramme stellen ein Programm oder eine Funktion als grafisches Symbol dar und erleichtern somit die Bedienung. Sie sind ein typisches Merkmal grafischer Benutzeroberflächen (→grafische Benutzeroberfläche), da sie Symbole zum Aufrufen von Programmen oder Dateien per Maus-Doppelklick darstellen. Als Piktogramme werden aber auch allgemein kleine Symbole bezeichnet, die z. B. bei Drucksachen (Bücher, Zeitschriften, Plakate) eine sofort verständliche, symbolische Aussage haben. Typisches Beispiel wäre das „non smoking"-Zeichen oder ein ☏-Symbol für das Telefon.

Weg damit! – Dieses Piktogramm des Windows 95/98-Desktop spricht für sich selbst

Papierkorb

PIN (Personal Identification Number)

PIN (englische Abk. f. persönliche Identifikationsnummer) ist ein geheimer Zugangscode, der vor allem beim Computer unterstützten Bankverkehr von

Bedeutung ist (siehe →Homebanking). Durch die PIN kann sich jeder Benutzer beim Kontakt mit seiner Bank identifizieren und sich so vor Missbrauch schützen.

PING (Packet INternet Groper)

PING (englische Abk. f. Internet-Packet-Ertaster) ist ein →Programm, mit dessen Hilfe die Verfügbarkeit eines entfernten →Computers in einem TCP/IP-Netzwerk (siehe →TCP/ IP) getestet werden kann.

PIO (Programmed Input/Output; Parallel Input/Output)

Die Abkürzung PIO wird für zwei völlig unterschiedliche Begriffe und Sachverhalte benutzt:

1) PIO (Abk. f. Programmed Input/Output) bezeichnet eine der vielen Möglichkeiten zum **Datentransfer** über den PC-Erweiterungsbus →ISA und dessen Nachfolgern, bei denen die →CPU des PCs selbst für die →Datenübertragung der einzelnen 8- oder 16-Bit-Datenwörter (siehe →Bit) sorgen muss (vergleiche →DMA). Bei einer herkömmlichen →AT-Bus-Festplatte (siehe auch →IDE) wurde der langsamste PIO-Mode 1 gewählt. Neuere Festplatten können nach der aktuellen Spezifikation des →EIDE-Standards auch im schnelleren PIO-Mode 3 oder 4 mit dem Rechner kommunizieren. Die allerneueste Erweiterung von EIDE, →Ultra-DMA, macht die PIO-Modi allerdings mittlerweile bei neuen Festplatten überflüssig bzw. unnütz. Weitere Informationen und eine Tabelle mit den Daten der verschiedenen PIO-Modi siehe →EIDE. Vergleiche auch →Ultra-DMA.

2) Der PIO-Schaltkreis oder kurz PIO (Abk. f. Parallel Input/Output) ist ein spezieller →IC- oder →Mikroprozessor, der als wichtigster Bestandteil einer →parallelen Schnittstelle die parallele Ein- und Ausgabe von →Daten mit peripheren Geräten – z. B. dem →Drucker – abwickelt.

Pipe [Röhren]

Als Pipes bezeichnet man ein Konzept der Interprozesskommunikation, das man sich als eine Art Verbindungsröhre zwischen zwei oder mehreren →Prozessen vorstellen kann. Dabei unterscheidet man zwischen Server- und Client-Prozessen (siehe →Client-Server-Prinzip). Pipes kennen nur eine Regel, das FIFO-Prinzip (First In First Out) (siehe →FIFO-Puffer). Man unterscheidet unbenannte (anonymous pipes) und benannte Pipes (named pipes). Eine typische Anwendung von unbenannten Pipes ist die Ausgabeumleitung, bei der ein Server-Prozess sein Ergebnis in eine Pipe stellt und ein anderer →Prozess, der Client-Prozess, dieses als Eingabe verwendet. Benannte Pipes funktionieren fast wie →Dateien (ohne Dateien zu sein), die von den beteiligten Prozessen erzeugt, geöffnet, geschrieben, gelesen usw. werden können. Pipes wurden erstmals extensiv bei →UNIX verwendet und fanden nachfolgend in vielen →Multitasking-→Betriebssystemen Eingang. Einen schwachen Abglanz von Pipes kann man sogar unter →MS-DOS finden, bei dem die Ausgabe einer Anwendung nach deren Beendigung (!) in die Eingabe einer anderen Anwendung umgeleitet werden kann. Dies wird jedoch durch den →Befehls-Interpreter über temporäre Dateien auf einem Massenspeicher realisiert.

Pipeline-Burst-Cache

Im Gegensatz zum früher verwendeten synchronen Cache wird bei modernen Pentium- und Pentium Pro-PCs (→Pentium, →Pentium Pro) der →Second-Level-Cache (L2-Cache) nur noch im schnelleren Pipeline-Burst-Modus ausgeführt. Die entsprechenden L2-Caches werden daher Pipeline-Burst-Cache oder auch kurz einfach **PB-Cache** genannt.

Der Pipeline-Burst-Modus besteht in der koordinierten Ausführung mehrerer Bursts, bei denen viele aufeinander folgende Datenwörter schneller übertragen werden können, da auf die Übertragung jeder einzelnen →Adresse verzichtet wird; stattdessen wird lediglich die Anfangsadresse und die Zahl der Datenelemente übergeben. Das Hochzählen der Adressen erfolgt intern im Speicher.

Pivot-Tabelle

Mit einer Pivot-Tabelle können Sie unterschiedliche Inhalte, die in einer Tabelle eigentlich nicht übersichtlich dargestellt werden könnten (z. B. die Umsatzzahlen für verschiedene Produkte in unterschiedlichen Filialen über mehrere Jahre), mit veränderlichen Perspektiven anzeigen lassen. So können Sie als Perspektive zuerst ein Produkt über mehrere Jahre in den einzelnen Filialen betrachten und dann die Darstellung dahingehend verändern, dass für ein Jahr alle Produkte in allen Filialen gezeigt werden (siehe auch →Tabellenkalkulation).

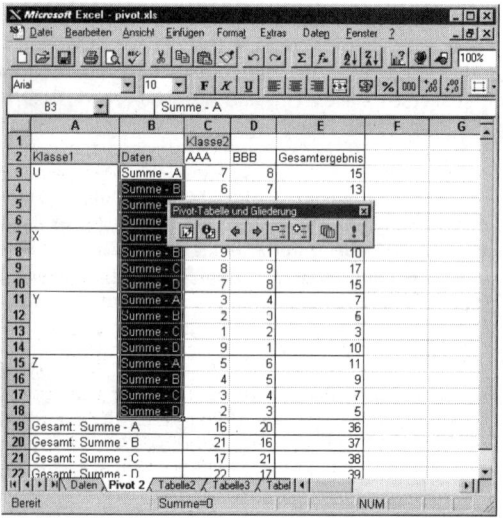

Pivot-Tabellen teilen Daten nach Gruppen ein und ermöglichen dann das Sortieren nach verschiedenen Kriterien

Pixel [Bildpunkt]

Das Pixel – eine Wortzusammensetzung aus picture und element – ist das kleinste Element einer Raster- oder Pixeldatei, die zur Speicherung eines Bilds benutzt wird (siehe →Pixelgrafik). Im einfachsten Fall hat ein Pixel zwei mögliche Zustände (1 →Bit), mit der es z. B schwarz oder weiß dargestellt werden kann. Bei aktuellen Grafikanwendungen können die Pixel über 16 Millionen Farbnuancen (24 Bit – je 8 Bit für die drei Grundfarben) mit einer →Auflösung von mehr als 10.000 Bildpunkten haben.

 *Ein stark vergrößerter Ausschnitt aus einem Bitmap-Bild – deutlich ist der Aufbau aus einzelnen, quadratischen Pixeln erkennbar*

Pixelgrafik [pixel image, bitmap]

Aus einer →Matrix von →Pixeln zusammengesetzte Grafiken werden allgemein als Pixel- oder **Rastergrafiken** bezeichnet. Werden die grafischen Elemente im Speicher und für die Bearbeitung durch linienhafte Konturen dargestellt, spricht man im Gegensatz dazu von Vektorgrafiken (die freilich zur Ausgabe auf dem Bildschirm oder dem Drucker wieder in Pixelgrafiken umgewandelt werden).

PKZIP

PKZIP ist das wahrscheinlich bekannteste Kompressionsprogramm (siehe →Datenkompression), zu dem es mittlerweile viele nach demselben Prinzip arbeitende Pendant gibt (RAR, ARJ, LHA etc.). Mit Hilfe von PKZIP kann man beliebige Dateien in so genannte komprimierte Archive verpacken (**ZIP-Dateien**), deren Dateigröße in den allermeisten Fällen kleiner als die der Originale ist. Von PKZIP erzeugte Archive tragen zumeist die Erweiterung *.zip*. PKZIP wird zur Verringerung der Speichergröße von Dateien eingesetzt, wenn diese z. B. →online über Datennetze verschickt werden oder einfach auf einem Datenträger nicht mehr genügend Speicherplatz vorhanden ist. Zur Kompression der Daten sucht PKZIP mit Hilfe eigener Algorithmen (→Algorithmus) nach redundanten Informationen in der Quelldatei, um diese gegen entsprechende Kurzcodes zu ersetzen. Beim entgegengesetzten Vorgang der Dekompression wird dieser Ablauf rückgängig gemacht: Aus der gepackten Archivdatei können die Original-Dateien wieder extrahiert werden. Der Umfang des erreichbaren Kompressionsgrads hängt dabei ganz wesentlich vom Inhalt der vorliegenden Daten ab. Je größer die Redundanz, desto stärker die Kompression. Textdateien lassen sich daher zumeist stärker komprimieren als Programmdateien.

PKZIP gab es lange nur in einer Ausführung für →DOS. Die DOS-Version besteht neben dem Kompressionsprogramm *Pkzip.exe* aus etlichen Zusatzprogrammen – z. B. zum Dekomprimieren (*Pkunzip.exe*) oder zum Erzeugen so genannter selbstentpackender Archive. Seit 1996 gibt es PKZIP auch in einer **Version für Windows** (16 Bit) und speziell für Windows 95/98 (32 Bit). Außerdem gibt es eine Fülle von zu PKZIP kompatiblen Hilfsprogrammen, wie etwa das bekannte **WinZip**.

Der Name PKZIP wurde v. a. im Zeitraum 1997/98 immer wieder mit einem Computervirus in Verbindung gebracht, weil angeblich im Internet Dateien mit der Bezeichnung „PKZIP Version 3.0" kursieren sollten, die in Wirklichkeit nicht die neueste Version des beliebten Programms, sondern ein Computervirus sein sollten. Entsprechende Meldungen wurden weltweit per

E-Mail von Anwender zu Anwender geschickt und tauchen auch heute noch gelegentlich wieder auf. Tatsache ist jedoch, dass es ein solches Virus nicht gegeben hat bzw. gibt, sondern, dass es sich hierbei um eines der so genannten →Hoaxes handelt.

Plasma-Bildschirm [plasma display]

Der Plasma-Bildschirm (abgekürzt auch PDP = Plasma Display Panel) besitzt keine übliche Bildröhre, sondern ist aus zwei zusammenliegenden Glasplatten konstruiert, zwischen denen sich ein Neon-Argon-Gasgemisch befindet. In jeder Glasplatte sind parallel angeordnete Drähte eingelassen. Da die Drähte senkrecht zueinander aufgebaut sind, entsteht ein Gitter. Durch Zuführen einer Spannung in einem senkrechten und waagerechten Draht entsteht nach Wunsch an jedem Kreuzungspunkt ein elektrisches Feld, das durch eine Gasentladung auf dem Bildschirm einen Lichtpunkt erzeugt. Plasmabildschirme produzieren scharfe, flimmerfreie und helle (nur monochrome) Bilder bei einer Schirmtiefe von weniger als zehn Zentimetern. Ihre Produktion ist kostenintensiv. Da sie verhältnismäßig viel Strom verbrauchen, sind sie eigentlich nur für netzbetriebene Geräte geeignet.

Platine

Eine Platine oder auch Leiterplatte ist eine Kunststoffplatte, die als mechanischer Träger für elektronische Bauteile dient und – in zumeist mehreren E-benen – Leitungsbahnen enthält. Diese Leiterbahnen werden meist durch chemische Ätzverfahren strukturiert. Platinen werden über Sockel, Steckleisten oder durch direktes Einlöten mit Chips und anderen elektronischen Bauelementen bestückt und stellen das Grundelement dar, aus denen ein →PC oder andere elektronische Systeme modular aufgebaut sind. Die bekannteste und wichtigste Platine bei einem PC ist das so genannte →Mainboard oder die Hauptplatine, die unter anderem den →Prozessor und den →Arbeitsspeicher trägt. Auf dieser Hauptplatine werden weitere Platinen als separate Steckkarten in die entsprechenden Kontaktleisten des Erweiterungsbusses (siehe →Bus) eingesteckt.

Plattenspiegelung

Ist bei Computersystemen (z. B. im →Netzwerk von Banken usw.) eine hohe →Datensicherheit von Bedeutung, greift man oft auf die Methode der Plattenspiegelung zurück. Dabei werden die Daten auf zwei separaten Festplatten in identischer Weise aufgezeichnet. Die Plattenspiegelung ist die erste Stufe einer Anordnung von mehreren Festplatten (man spricht auch von Disk-Arrays), wobei die Daten mit →Redundanzen verzahnt auf mehreren Festplatten aufgezeichnet werden (siehe →RAID).

Plattform [platform]

Mit Plattform oder auch Systemplattform meint man die Basis von Hard- und/oder Software, die für die Ausführung einer bestimmten →Software oder für die Einbeziehung einer bestimmten Komponente der →Hardware erforderlich ist. So spricht man z. B. davon, dass die →Grafikkarte Hercules Dynamite für die PC-Plattform vorgesehen ist oder das Programm →Excel sowohl für die PC- als auch für die Macintosh-Plattform erhältlich ist. Oft geht man jedoch noch weiter ins Detail und bezieht auch die Anforderungen an einen konkreten →Prozessor (mindestens eine 386er-Plattform), ein bestimmtes →Betriebssystem (für die →MS-DOS- oder →Windows-Plattform), einen →Arbeitsspeicher, die →Auflösung des Bildschirms usw. mit ein.

Plotter [Stiftzeichengerät]

Ein Plotter ist ein peripheres Ausgabegerät für einen →Computer, das speziell für die Ausgabe von Zeichnungen bei →CAD und analogen Anwendungen eingesetzt wird. Die klassische Arbeitsweise eines Plotters ist die eines Stift-Plotters, bei dem ein oder mehrere (verschiedenfarbige oder unterschiedlich breite) Schreibstifte relativ zu einem Medium (Papier oder Folie) in zwei senkrecht zueinander liegenden Richtungen bewegt, angehoben und abgesenkt werden. Wird statt des Stifts ein Messer eingesetzt, spricht man von einem Schneid-Plotter, mit dem z. B. große Buchstaben oder Logos für Werbezwecke ausgeschnitten werden können.

Bei den Stift-Plottern unterscheidet man grob zwischen Flachbett-Plottern einerseits und Trommel- oder Walzen-Plottern andererseits. Bei Ersterem wird das Medium auf einer ebenen Unterlage (üblicherweise im Format A4-A0 – oder auch noch größer) fixiert und die Stifte werden in zwei Achsen bewegt, abgesenkt bzw. angehoben. Bei einem Trommel- oder Walzen-Plotter wird eine der Bewegungsrichtungen durch die Bewegung des Mediums über eine dickere Trommel oder eine dünnere Walze realisiert, wobei der Vorschub des Mediums durch Stachel- oder Friktionswalzen erfolgt. Das Medium wird – bei einer langen Bahn – auf beiden Seiten mit Rollen auf- bzw. abgerollt oder hängt – bei einem kleineren Bogen – frei herunter.

Die zweite Gruppe von Plottern ähnelt hinsichtlich der Wirkprinzipien einem →Laserdrucker (auch als elektrostatischer Plotter bezeichnet) oder auch einem →Tintenstrahldrucker. Der Unterschied zu diesen besteht i. d. R. darin, dass die Zeichnungen auf einem Endlosmedium ausgegeben werden, das auf einer Rolle bereitgestellt wird. Schriften in großer Vielfalt sowie eine Vielzahl von Sonderzeichen werden zumeist im Plotter selbst durch einen Zeichengenerator erzeugt. Für die Ansteuerung eines Plotters haben sich die verschiedenen Versionen der HPGL (Abk. f. **H**ewlett **P**ackard **G**raphics Language) quasi als Standard etabliert.

Plug & Play [Einstöpseln und Spielen]

Plug **&** Play ist ein Schlagwort aus dem Computerbereich, das überwiegend von den Firmen →Intel und →Microsoft propagiert wird. Das Plug & Play-Verfahren soll die selbstkonfigurierende Erweiterung von PCs mit Peripheriegeräten und Steckkarten ermöglichen und damit die Bedienungsfreundlichkeit von PCs wesentlich verbessern. Es wurde insbesondere für Rechner mit dem PCI-Bus entwickelt und wird von Windows 95/98 weitgehend unterstützt. Plug & Play-fähige Erweiterungen müssen nach den vorgegebenen Spezifikationen entwickelt werden und eine hohe Eigenintelligenz aufweisen. Vollständiges Plug & Play ist allerdings schwer zu erreichen, weil alle Komponenten des Rechners vom →Mainboard, dem →BIOS bis zum →Betriebssystem darauf eingestellt sein müssen. Mit dem Verfahren soll es in Zukunft jedem Anwender möglich sein, ein neues Bauteil wie z. B. eine Soundkarte problemlos in seinen Rechner einzubauen, wobei der Rechner in Interaktion mit dem Betriebssystem die korrekte Konfiguration und Aktivierung der Karte übernimmt. Beim Ausbau der Karte werden die entsprechenden Treiber automatisch wieder entfernt.

Plug-In [„einstecken"]

Erweitert die →Internetbrowser (Netscape, MS-Internet Explorer) durch zusätzliche Funktionen. Bekannte Plug-Ins sind z. B.so genannte Viewer, mit denen man ungewöhnliche Grafikformate (z. B. Dateien von →CorelDRAW) darstellen kann. Die Plug-Ins sind für die jeweiligen Browser unterschiedlich. Achten Sie daher darauf, für welchen Internetbrowser Sie das Plug-In laden.

Plus!-Pack

Das Plus!-Pack der Firma Microsoft ist eine Erweiterung für das Betriebssystem Windows 95/98. Es wurde erstmals mit Windows 95 auf den Markt gebracht und enthielt für rund 100 DM auf einer CD zahlreiche Zusatz-Tools und Gimmicks aller Art (Bildschirmschoner, Desktop, Mauszeiger, Schriften etc). Nur wenige der Programme auf der CD sind aber wirklich nützlich; seit der Version Windows 95b (OSR2) sind die wichtigsten Funktionen des ersten Plus!-Pack im Betriebssystem fest integriert. Lediglich die Spiele und Desktop-Themen können noch ein Kaufanreiz sein.

So ist etwa der im Plus!-Pack mitgelieferte Server für das →DFÜ-Netzwerk auch auf der Cab-Datei Nr. 6 der Original-Windows 95-CD zu finden. Der auf dem Plus!-Pack mitgelieferte →Internet Explorer ist mittlerweile total veraltet, die jeweils aktuelle Version kann kostenlos im Internet heruntergeladen werden. Nützlich ist das so genannte System-Programm, das einen zeitgesteuerten Aufruf weiterer Programme (z. B. Defrag oder ScanDisk) ermöglicht. Seit Windows 98 ist aber auch dies ein fester Bestandteil des Betriebssystems. Außerdem befindet sich im Plus!-Pack ein Programm zur besseren Darstellung von Schriften auf dem Bildschirm (nur ab 65.000 Farben) und eine erweiterte Version des Festplatten-Kompressions-Tools DriveSpace. Beides wurde in den überarbeiteten Version von Windows 95 sowie Windows 98 integriert bzw. wird vom Dateisystem →FAT32 nicht mehr unterstützt. Auch zu Windows 98 gibt es ein Plus!-Pack, das allerdings eine nur geringe Bedeutung hat. Nützliche bzw. wichtige Programme werden nicht mitgeliefert, sondern überwiegend Bildschirm-Hintergründe, Schriften und ähnliche Erweiterungen.

PM

PM wird als Abkürzung für Personal Mail, also eine persönliche E-Mail-Nachricht (siehe →E-Mail), benutzt.

Point [Punkt]

Der Begriff „Point" wird im EDV-Bereich in vielen Zusammenhängen verwendet, z. B. für die einzelnen Druckpunkte eines Druckers. Point ist auch das gängige Maß für die Schriftgröße. Der typographischen Maßeinheit des Points entsprechen 0,35277 Millimeter oder 1/72 Zoll. Im Deutschen ist Punkt das Synonym für den Didot-Punkt, der im Setzerbereich Anwendung findet und dessen Einheit 0,375 Millimeter beträgt. Typisch für Bücher und Zeitschriften sind Schriftgrößen von 8-10 Point bei Fließtext. Points werden auch die Nutzer des →Fido-Netzes genannt, die in der Hierarchie des Netzes ganz „unten" stehen. Der Point kann die vom ihm ausgewählten Nachrichten bei der Mailbox, bei der er angemeldet ist und bei der sie gesammelt und komprimiert werden, automatisiert abrufen.

Pointer [Zeiger]

Als Pointer bezeichnet man eine →Variable, die die →Adresse einer anderen Variablen enthält.

Pollen [abfragen]

Beim Pollen wird der Funktionszustand von Peripheriegeräten abfragt (siehe →Abfragetechnik).

Polling [abfragen]

Der englische Begriff „Polling" bedeutet soviel wie „abfragen". Der Begriff wird z. B. für den Vorgang verwendet, bei dem man sich mit einem **E-Mail-Programm** auf dem Mailserver einwählt, um seine angekommenen E-Mails abzufragen. Oder beim Stichwort →**Fax-Polling**, bei dem man mit Hilfe eines Faxgeräts Informationen per Telefax von einem Anbieter abrufen kann.

Polnische Notation

Mit polnischer oder **U**mgekehrt **P**olnischer **N**otation – kurz **UPN** – bezeichnet man eine Schreib- bzw. Eingabeweise von arithmetischen Ausdrücken, die auf den polnischen Mathematiker Jan Lukasiewicz (1878-1956) zurückgeht. In Verbindung mit einem →Stapelspeicher (siehe auch →LIFO-Puffer) können damit auch mehrfach verschachtelte Ausdrücke ohne Klammern dargestellt werden. Jede Eingabe eines Operanden legt diesen auf einen Stapel, jede Eingabe eines Operators nimmt die beiden obersten Operanden, verknüpft sie (als zweiter →Operand fungiert der oberste, als erster Operand der zweitoberste) und legt das Ergebnis wieder auf den Stapel. Für den Ausdruck (a+b)*(c-d) müssen z. B. die Operanden a, b und anschließend der →Operator + eingegeben werden; danach folgen die Operanden c und d und dann die Operatoren - und *. Für den Ausdruck a+b*(c-d) lautet die Eingabe hingegen: a, b, c, d, - , * und abschließend +. Die umgekehrt polnische Notation war zu Zeiten der elektronischen Taschenrechner das typische Kennzeichen der Geräte von →Hewlett Packard. Nach wie vor arbeiten jedoch Compiler mit diesem Verfahren, um arithmetische Ausdrücke aufzulösen (vergleiche →Programmiersprache).

POP3 (**P**ost **O**ffice **P**rotocol 3)

POP3 ist die englische Abk. f. Postbüro-Protokoll 3, das von seinem Entwickler, Joyce K. Reynolds, im Internetdatenblatt RFC 918 festgelegt wurde. Es ist die Bezeichnung für ein Protokoll, das die Übertragung von →**E-Mails** von einem Internet-Mailserver zum Anwender (Empfänger) regelt. Ein POP3-Server speichert einkommende Mails erst einmal auf seiner Festplatte zwischen und überträgt sie erst, wenn der Anwender diese durch eine geeignete POP3-kompatible Software abfragt. Das dazu passende Protokoll zum

Verschicken von E-Mails nennt sich →SMTP. Die Weiterentwicklung von POP3 ist →IMAP4.

Bis auf →AOL arbeiten mittlerweile alle →Online-Dienst mit POP3 beim E-Mail-Verkehr. Man kann hier daher beliebige Internet-Mail-Programme verwenden und ist nicht mehr auf die meist schlechten Clients der Online-Dienste angewiesen. Weitere Informationen siehe →E-Mail, →IMAP4 und →SMTP.

Popup-Menü [Aufklapp-Menü]

Ein Popup-Menü klappt im Gegensatz zum →Pulldown-Menü nach oben auf, wenn es aktiviert – z. B. angeklickt – wird. Ein Popup-Menü wird oft als Kontextmenü an einer beliebigen Stelle des Bildschirms eingesetzt und bietet eine aktuelle Auswahl an Befehlen oder Optionen.

Port [Anschlussstelle]

Port ist die allgemeine Bezeichnung für Übergabestellen von →Daten oder →Adressen wie z. B. →I/O-Adresse. Doch auch →Schnittstellen für Peripheriegeräte an einem Computer werden als Port bezeichnet: Man spricht so z. B. vom seriellen Port, vom parallelen Port (siehe →serielle Schnittstelle, →parallele Schnittstelle) oder vom →Gameport.

Portieren

Der Begriff „Portieren" wird für die Übertragung bzw. Anpassung von →Software an einen anderen Rechnertyp oder ein anderes →Betriebssystem verwendet. Die Portierung bedarf normalerweise einer aufwendigen Umstellung des Programmcodes, der für die neue Arbeitsumgebung angepasst werden muss. Neuere Software wird deshalb immer mehr in speziellen höheren Programmiersprachen (z. B. →C) geschrieben, die eine leichte Portierung auf andere Systeme erlauben. Typisches Beispiel ist z. B. die Portierung des Betriebssystems →Windows NT von Computern mit Intel-Prozessoren auf Rechner mit dem PowerPC-Prozessor (siehe →PowerPC-Chip). Anwendungsprogramme können aber auch zwischen verschiedenen Betriebssystemen portiert werden, z. B. die Übertragung von Macintosh-Software auf →Windows.

Portrait-Format [landscape layout]

Englische Bezeichnung für die Hochformat-Ausrichtung des Druckpapiers in Computerprogrammen. Die dazu gegensätzliche englische Bezeichnung für Querformat ist **Landscape**. Das Portrait-Format ist die normalerweise übliche Druck- und Leseausrichtung von DIN- oder US-Letter-Format-Papier, bei der die langen Seiten des Papiers hoch stehen.

Positive Logik [positive logic]

Bei der Realisierung eines logischen Zusammenhangs durch einen elektronischen Schaltkreis bezeichnet man diesen auch als logischen Schaltkreis oder kurz Logik. Werden dabei die Werte WAHR (1) durch eine positive Spannung, z. B. durch einen positiven Pegel von +5 V, dargestellt, spricht man von positiver Logik (siehe →Negative Logik).

POST (Power On Self Test)

Beim Start des Computers muss u. a. die POST-Routine, ein Bestandteil des →BIOS, durchlaufen werden, bei der alle wesentlichen Hardwarekomponenten getestet werden. Fehlermeldungen der POST-Routine werden in Form von akustischen Signalen, dem →Beep Code, ausgegeben. Vergleiche auch →Bootsektor.

PostScript

PostScript ist eine spezielle →Programmiersprache, die von der Firma →Adobe insbesondere zur Ansteuerung von Druckern entwickelt wurde. PostScript beschreibt Inhalt und Aussehen aller Elemente einer Seite (Text, Vektorgrafiken, Bilder) durch hardwareunabhängige Anweisungen und wird deshalb auch als →Seitenbeschreibungssprache bezeichnet.

Im Jahre 1984 wurde der PostScript-Level 1 definiert, der 1991 mit der Level-2-Spezifikation erweitert wurde. Im Dezember 1996 veröffentlichte Adobe dann schließlich die neuen PostScript-Level-3-Spezifikationen, die u. a. erweiterte Möglichkeiten beim Farbdruck versprechen sowie Netzwerk- und Druck-Funktionen näher zusammenbringen werden (insbesondere für das →Internet). Eine besondere, befehlsreduzierte Form von PostScript ist **Printgear**, das zur Produktion kostengünstiger Drucker verwendet wird (vergleiche →GDI).

Ausgabegeräte sind i. d. R. spezielle PostScript-Laserdrucker oder Belichtungsmaschinen, die durch entsprechende Prozessoren und einen erweiterten Arbeitsspeicher die Anweisungen von PostScript interpretieren und ausführen können. Mit Hilfe von Software-PostScript-Interpretern kann die Ausgabe aber auch auf normalen Druckern erfolgen.

Besondere Bedeutung kommt den PostScript-Schriften zu, die eine hochqualitative Darstellung erlauben. PostScript-Schriften können mit Hilfe des Programms **Adobe Type Manager** auch unter Windows für die Bildschirmdarstellung und den Ausdruck auf allen grafikfähigen Druckern verwendet werden. Das Prinzip der skalierbaren Vektorschriften wurde von →Windows 3.1 mit der Einführung von **TrueType-Schriften** übernommen; hier wird lediglich ein anderes Format verwendet, das allerdings nicht dieselbe Qualität erreicht. PostScript wird aufgrund seiner hohen Leistungsfähigkeit bei allerdings auch höheren Kosten überwiegend im professionellen Bereich eingesetzt, z. B. bei der Erstellung von Druckerzeugnissen im Buch- und Zeitschriften-Druck mit Hilfe von →DTP.

Power down [herunterfahren, ausschalten]

Power down bezeichnet das Abschalten oder den Ausfall der Stromversorgung bei einem →Computer. Im Idealfall sollten im System Vorkehrungen getroffen werden, um in diesem Moment noch wichtige Register- und Pufferinhalte (siehe →Puffer) zu sichern bzw. Dateien zu schließen, d. h. in einem definierten Zustand zu verlassen.

Power glitch [Stromausfall]

Power glitch ist der Ausdruck für einen Stromausfall. Glitch heißt eigentlich glitschen, gleiten und bezeichnet somit einen Ausrutscher. Ein Stromausfall führt zum sofortigen →Absturz des Rechners, sofern kein Notaggregat einspringt. Gegen einen plötzlichen Stromausfall kann man sich mit einer Notstrom-Versorgung schützen (siehe →USV).

PowerBook

PowerBook heißt die Notebook-Variante (siehe →Notebook) des →PowerMac von →Apple, die den →PowerPC als →Prozessor enthält.

Power-Management [Stromverwaltung]

Unter dem Begriff „Power-Management" versteht man Maßnahmen, um den Energiebedarf eines Geräts, z. B. eines PCs, zu reduzieren. Dabei werden einzelne Komponenten, die nicht benötigt werden, abgeschaltet. So können z. B. im →Notebook die Hintergrundbeleuchtung des Displays und der Spindelmotor der Festplatte abgeschaltet sowie der Prozessortakt herabgesetzt werden. Auch z. B. ein →Laserdrucker kann in einen energiesparenden Modus versetzt werden, wenn er eine vorgegebene Zeit nicht angesprochen wird. Im PC-Bereich gibt es für das Power-Management verschiedene Normen, wie etwa →APM, →DPMS oder →ACPI.

PowerMac

Ein PowerMac ist der 1994 vorgestellte Nachfolger des →Macintosh von Apple. Der entscheidende Unterschied ist die Verwendung eines anderen Prozessors: des PowerPC-Prozessors, der leistungsfähiger als die Motorola-Prozessoren der Macintoshs ist. Mittlerweile hat der PowerMac die ursprünglichen Macintosh-Rechner völlig ersetzt und wurde im unteren Marktsegment durch den iMac ergänzt.

PowerPC-Chip

Der PowerPC-Chip ist ein sehr leistungsfähiger RISC-Prozessor (siehe →RISC) für PCs, der von den Firmen →Apple, →IBM und →Motorola gemeinsam entwickelt wurde. Power steht dabei als Abkürzung für **P**erformance **o**ptimisation **w**ith **e**nhanced **r**isc. Der in verschiedenen Taktfrequenzen verfügbaren aktuellen PowerPC-Chip hat ein dem Pentium-III-Prozessor von Intel vergleichbares Leistungsspektrum bei gleicher Taktung. Der PowerPC-Chip wird von Apple als Nachfolger der Motorola-Prozessoren vom Typ 680x0 in alle neuen Macintosh-Rechner eingebaut (PowerMac). Alte Macintosh-Programme werden dabei nahezu ohne Geschwindigkeitsverlust vom Macintosh-Betriebssystem emuliert. Auch Windows-Software kann auf dem PowerPC mit Hilfe einer Softwareemulation in der Geschwindigkeitsklasse eines Intel →Pentium-Prozessors verwendet werden.

Aufgrund ihrer hohen Leistungsfähigkeit werden Macintosh-Rechner sowie PowerPCs vor allem im professionellen Bereich eingesetzt, wie z. B. bei Anwendungen in der Forschung oder in der Sparte Grafik/Design.

PowerPoint

PowerPoint ist das unter Windows laufende Präsentationsprogramm der Firma →Microsoft (siehe →Präsentationsprogramme für weitere, allgemeine Informationen). PowerPoint liegt derzeit in der Version 8.0 und 9.0 (auch PowerPoint 97 bzw. PowerPoint 2000 genannt) als für Windows 95/98 und

Windows NT 4.0 optimiertes 32-Bit-Programm vor. Es unterstützt Multitasking, lange Dateinamen und hat eine Windows 95/98-konforme Bedienung. Außerdem können PowerPoint-Dokumente über →HTML ins →Internet exportiert werden. PowerPoint ist einzeln erhältlich, wird aber überwiegend als Bestandteil von Microsoft →**Office** vertrieben.

PowerPoint zeichnet sich durch folgende Fähigkeiten aus: einfache Bedienung durch die Office-typische Oberfläche, weit reichende Hilfe durch Assistenten, volle Integration in Microsoft Office und **Datenaustausch** mit →Word, →Excel oder →Access. Seit PowerPoint 97 können Grafiken übrigens erstmals über Feldbezüge ohne Speicherung im Dokument aufgenommen werden. Das führt bei Verwendung von komprimierten Bildern (z. B. mit →JPEG) zu deutlich verringertem Platzbedarf für Präsentationen, die bei alten Versionen leicht viele Megabyte groß werden konnten. Nur für Programmierer und Systemadministratoren dürfte außerdem wichtig sein, dass ab der Version 97 auch die anwendungsübergreifende **Programmierbarkeit** durch **V**isual **B**asic for **A**pplications (VBA, siehe →Programmiersprache) möglich ist. Bei PowerPoint 9.0 aus dem Office 2000 wurden im Wesentlichen die Internetfunktionen sowie die Oberfläche bzw. Bedienung nochmals überarbeitet, sodass ein Update nicht für alle Anwender notwendig ist.

PowerQuest

Die amerikanische Firma PowerQuest Corporation mit Hauptsitz in Orem, Utah (USA) wurde 1993 von Eric J. Ruff gegründet und brachte im März 1995 erstmals ihr bekanntestes und wichtigstes Produkt →Partition Magic heraus. Weitere Softwareprodukte sind →Drive Image, Drive Copy, Lost & Found, EasyRestore sowie ServerMagic. Alle diese Programme gehören zur Gruppe der Festplatten- und Dateisystem-Utilities und zeichnen sich durch besonders innovative Ideen und hohe Qualität aus, weswegen bisher auch über 20 Preise in der internationalen Computerpresse gewonnen wurden.

Insbesondere durch den starken Erfolg von →Partition Magic, einem bis dahin gänzlich neuartigen und sehr nützlichen Tool zur Erstellung und Verwaltung von Festplatten-Partitionen, ist PowerQuest in den letzten Jahren enorm gewachsen. 1999 gehörte PowerQuest mit über 200 Mitarbeitern zu einem der fünf am schnellsten wachsenden Softwarehersteller in den USA und rangiert unter den 500 erfolgreichsten Softwarefirmen weltweit überhaupt. Etwa die Hälfte des internationalen Umsatzes wird dabei in Deutschland gemacht, da alle wichtigen Programme auch in einer deutschen Version vorliegen.

Weitere Informationen über PowerQuest kann man über den üblichen Weg (PowerQuest Corporation, 1359 North Research Way, Bldg. K, Orem, UT 84097, Tel: +1-801-437-8900, Fax: +1-801-226-8941) oder über das Internet unter *www.powerquest.com* erhalten.

ppm (page per minute)

Die Angaben eines Herstellers zur Leistungsfähigkeit seiner →Laserdrucker erfolgt in englischen Handbüchern manchmal in der Maßeinheit ppm, die englische Abk. f. Seiten pro Minute.

PPP (Point to Point Protocol)

Das PPP (englische Abk. f. Punkt-zu-Punkt-Protokoll) ist ein modernes Protokoll zum Anschluss eines Rechners an das →Internet über serielle Verbindungswege, das im Vergleich zu →SLIP variabler, sicherer und leistungsfähiger ist. Von einem →PC wählt man sich mit einem entsprechenden Programm bei einem fest im Internet etablierten →Host ein. Der Zugriff auf die Netzressourcen – von →Telnet über →FTP, →Gopher, →VERONICA, →Archie bis hin zum →WWW – erfolgt über die entsprechende Client-Software, die bei Windows 95/98 bereits im Lieferumfang des Betriebssystems enthalten ist.

PPTP (Point to Point Tunneling Protocol)

PPTP ist die englische Abk. f. Punkt-zu-Punkt-Tunnel-Protokoll, ein von der Firma →Microsoft entwickeltes Verfahren zum Aufbau eines sicheren Datenverbindungskanals, mit dem man über ein erstes, „verbindendes bzw. vermittelndes" Netzwerk auf ein zweites, zumeist lokales Netzwerk zugreifen kann.

In der praktischen Anwendung wählt man sich zur Verwendung von PPTP zuerst in ein Netzwerk ein, dass mit dem IP-Protokoll arbeiten muss; im Regelfall ist dies das →Internet (siehe →TCP/IP). Zur Einwahl wird bei Windows 95/98 bzw. Windows NT das →DFÜ-Netzwerk verwendet. Über diese Verbindung wird dann eine zweite spezielle Verbindung (der Kanal bzw. Tunnel) hergestellt, die das Netzwerk-Protokoll des zweiten Ziel-Netzwerks verwendet (z. B. →NetBEUI oder →IPX). Über diesen Kanal kann man dann auf das zweite Netzwerk zugreifen, das i. d. R. ein lokales (Firmen-)Netzwerk ist. Mit anderen Worten: PPTP ermöglicht es, von irgendwo auf der Welt über das Internet sicher auf ein lokales Firmennetzwerk zuzugreifen, auch wenn dieses mit einem anderen Protokoll als das Internet arbeitet. Die für die Dauer der Einwahlverbindung aufgebaute Netzwerkverbindung zwischen Anwenderrechner und lokalem Netzwerk nennt man **Virtuelles Privates Netzwerk** (kurz →VPN).

PPTP verwendet das bekannte →PPP-Einwahlverfahren, um Zugriff auf das Internet oder auch ein anderes, IP-kompatibles Netzwerk herzustellen. Mit Hilfe des →TCP-Verfahrens erfolgt dann im zweiten Schritt die Verbindung mit dem Server des zweiten, lokalen Netzwerks. Dieser Server, auch **Tunnel-Server** genannt, muss natürlich auch wiederum mit dem Internet (bzw. dem IP-kompatiblen Netzwerk generell) verbunden sein, um die Verbindung bzw. den Datentunnel zu ermöglichen. Er stellt also eine Art Brücke dar.

Der **Daten-Tunnel** ist nach Aufbau aller Verbindungen als **abgesicherter Kanal** zwischen Anwenderrechner und Tunnel-Server in die Internet-PPP-Verbindung eingebettet. Der Tunnel besteht dabei aus zwei Verbindungen, einer **Kontroll-** und einer **Datenverbindung**. Über die Kontrollverbindung wird mit dem Tunnel-Server des zweiten Netzwerks kommuniziert. Die Datenverbindung transportiert schließlich die eigentlichen Daten der Netzwerkverbindung (zwischen Anwenderrechner und zweiten, lokalen Netzwerk). Eine solche Einbindung eines Protokolls in ein anderes wird als **Tunneling** bezeichnet. Die anderen Protokolle, die getunnelt werden können, sind entweder →NetBEUI, →IPX oder →TCP/IP. Wichtig ist auch, dass sich die übertragenen Daten zur Erhöhung der Sicherheit verschlüsseln lassen.

PPTP ist von →Client-Seite her im →DFÜ-Netzwerk von →Windows 98 sowie in →Windows NT 4.0 bereits integriert. Windows 95 lässt sich über das DFÜ-Netwerk-Update 1.2 um PPTP-Fähigkeit erweitern. Als →Server kann derzeit nur Windows NT 4.0 fungieren. Der in Windows 95 OSR2 und Windows 98 integrierte DFÜ-Server vermag zwar eine gewisse Server-Funktionalität bereitzustellen, jedoch ist keine PPTP-Unterstützung in diese Richtung integriert.

Präsentationsprogramm [presentation program]

Trockene Zahlen oder →Organigramme können mit einem Präsentationsprogramm für die Darstellung vor einem größeren Publikum aufbereitet werden. Zur Präsentation zählt man die Darstellung kurzer, prägnanter Textinformationen genauso wie die Darstellung der Umsatzentwicklung in Form eines Balkendiagramms. Für die Präsentation mit Hilfe eines Computers bieten Präsentationsprogramme programmgesteuerte Effekte an, die von einer Darstellung (Folie bzw. Dia) zur andern überleiten. Bekannt sind Präsentationsprogramme wie HarvardGraphics, Microsoft PowerPoint und Lotus Freelance.

Moderne Präsentationsprogramme wie etwa Microsoft →PowerPoint sind wahre Multimedia-Meister. Die mit ihrer Hilfe erstellte Präsentationsdatei ist eine Art Sammelcontainer für Dokumente und Daten aller Art, die aus anderen Programmen importiert werden: Texte, Tabellen, Abbildungen, Vektorgrafiken, Bitmap-Bilder, Videos und Sounds. Präsentationsprogramme sind also weniger zum Erzeugen eigener Datenbestände, sondern eher zum Aufbereiten bereits vorhandener gedacht. Alle Daten werden für einen Vortrag ansprechend – mit Farben und Verläufen hinterlegt, mit grafischen Elementen wie Rahmen und Aufzählungspunkten etc. versehen – auf einzelnen Seiten für die Ausgabe als Overheadfolie, Dia oder Bildschirmseite aufbereitet. Besonders interessant und alle Möglichkeiten eines Multimedia-PCs nutzend, ist die **Bildschirm-Präsentation** oder auch treffend **Bildschirm-Show** genannt. Hier dient der Bildschirm des PCs bzw. das Display des Notebooks für die Darstellung der im Präsentationsprogramm erstellten Bildschirm-Seiten. Die Programme unterstützen die Show dabei durch Animationseffekte, Soundunterlegung und Videowiedergabe. Um eine solche Bildschirm-Show auch einem größeren Publikum im Vortrag zeigen zu können, gibt es entweder die Möglichkeit, ein abnehmbares Notebook-Display auf einen Overheadprojektor zu legen oder einen so genannten →Beamer (Bildprojektor) für die Leinwand-Projektion der Computerbilder am PC anzuschließen.

Präsentationsschicht [presentation layer]

Die Präsentationsschicht als sechste Schicht des →OSI-Schichtenmodells hat die Aufgabe, die unterschiedlichen Daten- und Darstellungsformate der über das →Netzwerk verbundenen Computer mit ihren Applikationen ineinander umzuwandeln.

Precompensation [Vorkompensation]

Der Wert der Precompensation war einer jener internen Parameter, die man bei früheren Festplatten kennen und im →Setup des →BIOS einstellen musste. Er bezog sich auf die unterschiedliche Vormagnetisierung (BIAS) in inneren und äußeren Zylindern mit naturgemäß unterschiedlicher Aufzeichnungsdichte. Die heutige Generation von Festplatten kommt ohne diese Eingaben aus.

Preemptives Multitasking [preemptive multitasking]

Für die Vergabe des wichtigen Betriebsmittels (siehe →Betriebsmittelvergabe) Prozessor ist beim so genannten preemptiven Multitasking der →Scheduler des →Betriebssystems verantwortlich.

Prellen

Beim Anschlagen der Tasten auf der →Tastatur werden Kontakte betätigt. Die dabei ausgelösten, dynamisch durchaus unterschiedlichen Einschaltvorgänge können dazu führen, dass die entsprechenden Signale im Rechner mehrfach erkannt werden — man sagt: die Tasten prellen. Um Fehlfunktionen oder falsche Eingaben zu vermeiden, muss das Prellen durch entsprechende interne Schaltungen in der Tastatur unterdrückt werden.

Preprozessor

Als Preprozessor bezeichnet man ein Programm oder eine Programmkomponente, die Daten aufbereitet. Preprozessoren realisieren z. B. die Import- bzw. Exportfunktion zwischen zwei oder mehreren Anwendungsprogrammen.

Preset

Optionen oder →Parameter, die vom Hersteller eines Geräts, eines Computers oder eines Programms auf einen bestimmten Wert eingestellt wurden, werden mit dem Begriff „Preset" (Voreinstellung) belegt.

Preview

Preview heißt eine Funktion, die das vorwegnehmende Betrachten des Endergebnisses — z. B. des Ausdrucks — ermöglicht. In einer →Textverarbeitung kann man sich so z. B. einen Brief ansehen und ggf. Korrekturen vornehmen.

Primärmultiplexanschluss

Anschlussform an das digitale Telefonnetz →ISDN. Weitere Informationen und Vergleich zu anderen Anschlussarten siehe →ISDN-Anschlussarten.

Primärschlüssel [primary key]

Unter einem Primärschlüssel versteht man ein →Attribut oder die Verbindung mehrerer Attribute. Der Primärschlüssel dient dazu, die einzelnen →Datensätze in einer →Relation (Tabelle) einer →relationalen Datenbank eindeutig zu unterscheiden.

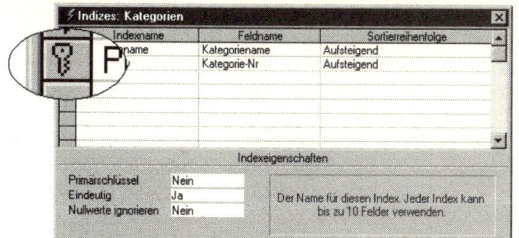

Mit einem Primär-schlüssel versehene Datensätze einer Tabelle aus →Access werden mit einem Schlüsselsymbol markiert

Priorität [priority]

Die Vorgabe von Prioritäten dient zur Steuerung verschiedener gleichzeitig anstehender Aufgaben entsprechend ihrer Wertigkeit.

1) Ein →Betriebssystem kann beim →Multitasking, bei dem mehrere Aufgaben zur Abarbeitung anstehen, mit Prioritäten arbeiten, um dem →Prozess mit der größten Wertigkeit die meiste Systemzeit zuzuweisen.

So arbeitet z. B. →OS/2 mit vier Prioritätsklassen mit je 32 Prioritätsstufen. Diese kann der Programmierer einer Applikation seinem Programm und dessen Teilen (den so genannten Threads) zuordnen:

– time critical ist die höchste Prioritätsklasse für zeitkritische Prozesse. Hier sollte kein Anwendungsprogramm laufen.

– forground: Diese Klasse sollte Programmen vorbehalten werden, bei denen es auf schnelle Reaktion ankommt oder die bevorzugt die →CPU erhalten sollen (z. B. Programme zur →Datenfernübertragung oder →Netzwerkdienste).

– normal/default: In dieser Klasse sollten normale Applikationen laufen.

– idle: Hier sollten nur unwichtige Prozesse laufen, die Zeit haben.

Solange ein Prozess in einer höheren Klasse die CPU benötigt, kommt kein Prozess einer tieferen Klasse zum Zuge. Prozesse auf einer tieferen Stufe werden im Fall der dynamischen Prioritätsveränderung von OS/2 kurzzeitig angehoben, um auch mal CPU-Zeit zugeteilt zu bekommen.

2) Der Interrupt-Controller (siehe →Interrupt) eines →PC gibt z. B. die Anforderungen von Hardware-Interrupts (siehe →Interrupt-Request) entprechend ihrer vorgegebenen Priorität an den →Prozessor weiter.

3) Bei der →Programmierung einer Anwendung kann man bei der Auswertung von möglicherweise gleichzeitig auftretenden Ereignissen selbst Prioritäten implementieren.

PRN (Printer)

PRN bezeichnet den unter →MS-DOS oder →Windows standardmäßig verwendeten Drucker. Synonym zu PRN wird auch die Bezeichnung LPT 1 verwendet.

Profiler [Profil-Ersteller]

Ein Profiler ist ein Programm, mit dem man ein anderes Programm wie mit einem →Debugger ablaufen lassen kann, um das Laufzeitverhalten einzelner

Module zu untersuchen. Auf der Basis der so gewonnenen Informationen kann man die Module optimieren, die sich als „Flaschenhals" erweisen.

Program counter

Der Befehlszähler – program counter – ist ein →Register der →CPU, das jeweils die Adresse des nächsten auszuführenden Befehls enthält.

Programm [program]

Ein Computerprogramm – kurz Programm – ist eine Folge von Anweisungen und Definitionen in Maschinensprache oder einer höheren →Programmiersprache, die den →Computer in die Lage versetzen, bestimmte Aufgaben im Bereich der →Datenverarbeitung zu übernehmen. Programme werden auch als →Software bezeichnet. Der Bearbeiter, der ein Programm erstellt, heißt Programmierer; seine Tätigkeit heißt Programmieren (vergleiche →Programmiersprache).

Anwendungsprogramme, oft auch einfach **Applikation [application]** genannt, dienen zur Lösung vielfältiger wissenschaftlich-technischer, gesellschaftlicher, kommerzieller u. a. Aufgaben, wie z. B. →Textverarbeitung oder →Tabellenkalkulation. Es handelt sich also um den Oberbegriff für die meisten Programme, mit denen ein Anwender am PC direkt arbeitet.

Betriebssysteme dienen als Basis für beliebige Anwendungsprogramme (siehe →Betriebssystem). Dabei führen die Komponenten des Betriebssystems die grundlegenden Funktionen des Computers aus und verwalten die Ressourcen (periphere Geräte, Speicher, Dateien, Prozesse usw.).

Programmdatei [program file]

Die →Datei, in der ein ausführbares →Programm gespeichert ist, nennt man zumeist Programmdatei, obwohl eigentlich jede Datei, die ein Programm enthält, eine Quelldatei, ein Maschinenprogramm, eine Objektdatei usw., den Namen Programmdatei verdiente (vergleiche →Programmiersprache). Programmdateien erkennt man in der Regel an der →Erweiterung *.exe* oder *.com*.

Programmfehler [programm error/failure]

Bei Programmierfehlern oder Programmfehlern unterscheidet man zwischen syntaktischen und logischen Fehlern. Ein Syntaxfehler ist eine Verletzung der formalen Regeln, der Syntax der →Programmiersprache (z. B. die falsche Schreibweise eines Schlüsselworts). Ein **logischer Fehler** ist ein Denkfehler beim Erstellen oder Umsetzen des Algorithmus durch den Programmierer. Syntaxfehler werden zumeist durch einen speziellen →Editor, den Interpreter oder den Compiler, entdeckt und müssen im Fortgang der Programmierung entdeckt werden (vergleiche →Programmiersprache). Logische Fehler dagegen sind viel schwerer zu erkennen und zu beseitigen. Im günstigsten Fall bewirkt ein Programmfehler, dass eine bestimmte Funktion nicht erfolgreich ausgeführt wird. Häufig wird dies dem Anwender durch eine Fehlermeldung mitgeteilt. Ein Programmfehler kann aber auch zu Datenverlusten oder gar zum →Absturz des Programms bzw. des Systems führen. Aufgrund der Komplexität moderner Software und der Vielfältigkeit der Einsatzbedingungen sind Programmfehler nicht vollständig auszuschließen. Daher wird mit vorhergehenden, gründlichen Tests (Beta-Phase) von den Softwareherstellern versucht, die Zahl der Fehler so niedrig wie möglich zu halten.

Programmiersprache [programming language]

Eine Programmiersprache ist eine zur Erstellung von →Programmen (→Software) geschaffene, streng formalisierte Sprache, die von einem **Programmierer** verwendet wird, um mit dem Computer eine bestimmte Aufgabe zu lösen. Ihre Ausdrucksmittel sind entsprechend den zu bearbeitenden Problemkreisen gestaltet, jedoch frei von konkreten Zusammenhängen – man sagt kontextfrei. Die Programmiersprache setzt sich – ähnlich wie unsere Schriftsprache – aus Buchstaben, Ziffern und Sonderzeichen zusammen und folgt einer streng vorgegebenen →Syntax und →Semantik. Es gibt viele Varianten von Programmiersprachen, entweder von unterschiedlichen Herstellen oder unterschiedliche Versionen desselben Herstellers bzw. derselben Programmiersprache. Wenn sie sich nur in Details, z. B. bei der Anzahl von Funktionen und Anweisungen unterscheiden und somit eine leicht veränderte →Syntax verwenden, spricht man in diesem Zusammenhang auch von **Dialekten**.

Hinsichtlich ihrer Hardwarenähe unterscheidet man die so genannten Assembler- und die höheren Programmiersprachen, auf deren Besonderheiten gleich noch eingegangen wird. Zuvor jedoch noch einige wichtige Begriffsdefinitionen: Als **Metasprachen** werden solche Sprachen bezeichnet, die wiederum zur Beschreibung von Programmiersprachen dienen. Ein Beispiel ist die so genannte **Backus-Naur-Form**, die Zeichen und Anweisungen enthält, mit denen sich die →Syntax einer beliebigen Programmiersprache genauer und anschaulicher beschreiben lässt. Als **Übersetzer** bzw. **Übersetzungsprogramm** bezeichnet man schließlich ein Programm, das zur Übertragung des in einer Programmiersprache abgefassten Quellcodes in den Zielcode einer anderen Programmiersprache oder in ein Maschinenprogramm dient. Ein derartiger Übersetzer kann z. B. einen Quelltext von Pascal in einen Programmtext in C übertragen, was aufgrund der unterschiedlichen Leistungsfähigkeit der verschiedenen Programmiersprachen natürlich nicht immer vollständig bzw. fehlerfrei möglich ist.

Unter einer **Maschinensprache** versteht man die in einem Binärcode verfasste Summe von Befehlen und Daten, die nur ein bestimmter →Prozessor verstehen und ausführen kann. Die Summe aller dieser internen, binären Befehle (auch **Mikrobefehle [micro code**, micro instructions] genannt), die ein Prozessor beherrscht und die für ihn spezifisch sind, wird mit Ausdrücken wie **Maschinencode (machine code)**, **interner Code**, **Operation Code** oder **Objekt Code (**abgekürzt **Opcode)** benannt. Ein aus diesem binären Code bestehendes **Maschinenprogramm** (auch **Objektprogramm** genannt) ist folglich die für eine bestimmte Aufgabe zusammengestellte, ausführbare Ansammlung von Befehlsanweisungen für einen bestimmten Prozessortyp. Da der Mensch mit eben diesen binären (kryptischen) Befehlen des Maschinencodes aber nicht vernünftig arbeiten kann, wurden die eigentlichen Programmiersprachen erfunden, die eine für ihn besser handhabbare →Syntax verwenden, aber anschließend immer wieder in den (ausführbaren) Maschinencode übersetzt werden müssen. Im Umkehrschluss dazu kann folglich ein

Prozessor auch nicht mit den Befehlen der „menschlichen" Programmiersprachen arbeiten, weil diese ja für den „analog denkenden" Menschen entwickelt wurden.

Die notwendige Übersetzung der Befehle aus der Programmier- in die Maschinensprache – also sozusagen aus der Welt der Menschen in die der Maschine – übernimmt entweder ein so genannter **Compiler** (**Kompiler** = Zusammensteller) oder ein **Interpreter** (gleich weiter unten ausführlicher erklärt). Ausgangspunkt dieser Übersetzungen ist in beiden Fällen der so genannte **Quellcode** (**source code**) (auch **Quelltext** genannt), der in der für Menschen verständlichen Syntax der verwendeten Programmiersprache erstellt wurde und in einer so genannten **Quelldatei** (**source file**) vorliegt. Diese wird anschließend in die **Zieldatei** „kompiliert", die dann wiederum normalerweise den letztendlichen, ausführbaren Maschinencode enthält bzw. das fertige Maschinenprogramm darstellt. Unter Umständen erfolgt die Kompilierung auch erst in eine universellere Assemblersprache und erst später dann in die Maschinensprache. Der Begriff „Assembler" wird gleich anschließend noch erläutert.

Eine **Kompilierung** erfolgt normalerweise immer in drei Hauptetappen, die je nach Compiler nicht in einem, sondern mehreren Durchläufen (so genannte **passes**) absolviert werden. Da jeder Durchlauf bzw. pass Zeit benötigt, gehört eine möglichst geringe Anzahl von Durchläufen zu den Leistungsmerkmalen eines Compilers.

– Die lexikalische Analyse hat das Ziel, die Grundelemente (Zeichen, Zahlen, Namen und Schlüsselwörter) im Quelltext zu erkennen und den Text aufzubereiten (z. B. durch Entfernen von Kommentaren und überflüssigen Zeichen).

– In der syntaktischen und semantischen Analyse wird geprüft, ob die Konstruktion der einzelnen und der aufeinander folgenden Befehle korrekt ist, ob Namen für Variablen korrekt vergeben wurden, ob Datentypen korrekt vorgegeben wurden usw.

– In der Codegenerierung werden auf der Grundlage der während der syntaktischen und semantischen Analyse erstellten Strukturen die Konstrukte in eine Folge von Maschinenbefehlen umgesetzt.

Durch die Kompilierung entsteht zumeist erst das so genannte **Objektmodul** [object module], das für sich betrachtet noch nicht ausführbar ist, da es z. B. relative – verschiebbare – Adressen enthält. Erst ein nachfolgendes, zumeist separates Programm, der so genannte **Linker**, erzeugt aus dem Objektmodul das ausführbare Programm. Einzelne Objektmodule von Funktionen, Prozeduren oder Unterprogrammen können auch in einer so genannten **Objektbibliothek** (object library) zusammengefasst werden, die in manchen Programmiersprachen auch schlicht **Units** (Einheiten) genannt werden. Der Linker kann solche Objektmodule oder Objektbibliotheken anschließend zu einem kompletten Programm zusammenfügen. Umgekehrt ist es auch möglich, zur vereinfachten Programmerstellung auf bereits vorgefertigte Standardmodule und -bibliotheken zurückzugreifen, die z. B. immer wiederkehrende, gleiche Befehlsabläufe enthalten (z. B. Speicherbefehle). Dies macht man sich z. B. mit der DLL-Technik zunutze (siehe →DLL).

Im Gegensatz zum Compiler, ist der **Interpreter** (Übersetzer, Deuter) ein spezielles Programm, das den in einer Programmiersprache formulierten Quelltext sozusagen „on the fly" in die Maschinensprache des →Prozessors umwandelt. Das besondere ist hier, dass die Übersetzung schrittweise erfolgt, also Anweisung für Anweisung und nicht wie beim Compiler ein selbstständiges, in sich geschlossenes bzw. abspeicherbares Maschinenprogramm erzeugt wird. Nach der Übersetzung einer Anweisung wird diese sofort unter Kontrolle einer entsprechenden Monitorkomponente ausgeführt. Der Vorteil eines Interpreters besteht in seiner relativen Einfachheit. Nachteilig ist aber, dass auch jede mehrfach zu durchlaufende Anweisung (z. B. in einer Schleife) mehrfach übersetzt werden muss − interpretierte Programme sind dementsprechend langsam. Ein Interpreter kann auch keine Prüfungen hinsichtlich der Verträglichkeit nacheinander erfolgender Anweisungen durchführen. Diese Nachteile eines Interpreters werden wiederum durch einen Compiler vermieden, der dafür aber auch eine höhere Komplexität besitzen muss, aber entsprechend auch das leistungsfähigere Werkzeug ist, wenn es darum geht, komplexe, große Programme zu erzeugen. Bekanntestes Beispiel für eine einfache, ursprüngliche Interpreter-Sprache ist Basic (siehe nachfolgende Erläuterung gleich weiter unten). Aber auch der Befehls- bzw. →Kommando-Interpreter →*Command.com* von →DOS ist, wie der Name schon sagt, eine Art Interpreter, unter dessen Kontrolle z. B. die einzelnen Anweisungen einer →Stapeldatei schrittweise interpretiert und abgearbeitet werden. Auch das Datenbankprogramm →dBASE war ursprünglich ein Interpreter. Interpreter werden z. B. auch bei der Steuerung von Anwendungsprogrammen mit Hilfe von Makros eingesetzt.

Aber zurück zu den eigentlichen Programmiersprachen. Wie eingangs schon erwähnt, unterscheidet man zwei große Typen von Programmiersprachen, einmal die sehr hardwarenahe Assemblersprache und dann die höheren, „richtigen" Programmiersprachen. Die Syntax der **Assemblersprache** ist direkt an die Maschinensprache eines jeweiligen Prozessors angelehnt, indem dessen binären für den Menschen kaum merk- bzw. verarbeitbaren Befehle durch einen so genannten →mnemonischen Code dargestellt werden. Meist beziehen sich die Befehle auf ein oder zwei Operanden, die numerische Werte darstellen oder auf Speicherplätze (vergleiche →Adresse) bzw. →Register verweisen. Zusätzlich lassen sich im Assemblercode unter anderem auch Konstanten, Variablen, Datenstrukturen und Makros einführen, zu denen es keine direkte Entsprechung in der Maschinensprache gibt. Anders ausgedrückt: Beim Assemblercode wird jedem binären Maschinencode ein symbolischer, leichter zu merkender Name in Form von Buchstabenkürzeln zugewiesen. Es handelt sich also um eine symbolische Eins-zu-Eins-Übertragung der binären Maschinenbefehle in eine für den Menschen besser handhabbare Symbolsprache. Ein Programmierer kann mit **Assemblercode** jeden Prozessorbefehl direkt ansprechen und so sehr effiziente, kompakte Programme schreiben, die sich normalerweise durch ihre hohe Geschwindigkeit auszeichnen.

Obwohl der Assemblercode symbolisch direkt dem Maschinencode entspricht, ist er für sich allein genommen natürlich dennoch nicht ausführbar, denn der Prozessor versteht auch weiterhin nur „seine" binären Anweisungen. Eine Kompilierung in die Maschinenbefehle ist also auch hier notwendig und wird in diesem Fall **Assemblieren** genannt, wie auch das Compiler-Modul entsprechend als **Assembler** (Zusammensetzer, Monteur) bezeichnet wird. Es ist also der Assembler, der das letztendliche Programm erzeugt, indem er i. d. R. zunächst Objektmodule bildet, die dann – unter möglicher Einbeziehung von Prozeduren aus bereits vorhandenen Objektbibliotheken – mit Hilfe eines Linkers zum lauffähigen Programm verbunden werden. Die Linker werden übrigens normalerweise zusammen mit dem Compiler bzw. Assembler vom Hersteller des entsprechenden Assemblers ausgeliefert.

Bei der Erstellung eines Assemblerprogramms arbeitet der Programmierer normalerweise auch auf dem System, auf dem die Software später ausgeführt werden soll. Denn im Gegensatz zu höheren Programmiersprachen ist der Assemblercode ja sehr eng an einen bestimmten Prozessor gekoppelt. Softwareentwicklungsumgebungen, die Assembler- bzw. Maschinencode für typfremde Rechner bearbeiten können, nennt man entsprechend **Cross-Assembler**. Sie werden eingesetzt, um z. B. auf einem →PC Programme für gänzlich andere Computer, z. B. irgendwelche Steuerrechner oder tragbare →Handheld-PCs, zu entwickeln. Unter einem **Disassembler**, auch **Reassembler** genannt, versteht man dagegen ein Programm, mit dem ein in einer Maschinensprache vorliegendes Programm wieder zurück in den symbolischen Assemblercode übersetzt werden kann. Dadurch kann z. B. das Programm eines Konkurrenten in seiner Wirkungsweise analysiert und erweitert, aber auch in eigene Programme integriert werden. Die Disassemblierung von kommerzieller Software ist daher meistens durch die Lizenzvereinbarung ausdrücklich untersagt.

Im Gegensatz zu Assemblersprachen sind die **höheren Programmiersprachen** wie C oder Pascal speziell auf die strukturierten Denkprozesse ausgerichtet und v. a. auch an die Sprache des Menschen angelehnt, sodass ihre →Syntax entsprechend auch leichter zu lernen ist. Mit ihnen kann man z. B. →Algorithmen problemorientiert beschreiben. Wichtig ist auch, dass sie sich aus allgemeinen Elementen zusammensetzen und daher meistens nicht auf einen bestimmten Computer bzw. Prozessor beschränkt sind. Nach fertiger Erstellung des Quellprogramms wird aber schließlich auch hier, wie zuvor schon erläutert, der Quellcode von einem Interpreter (selten, z. B. bei Basic) oder einem Compiler (meisten, z. B. bei Pascal und C) in den Maschinencode übersetzt und evtl. unmittelbar ausgeführt. Ebenso können Objektmodule mit anderen Objektmodulen bzw. Objektbibliotheken zum kompletten Programm durch einen Linker zusammengestellt werden. Es ist also eher die Syntax und Struktur der eigentlichen Programmierung, die eine höhere Programmiersprache von einer Assemblersprache unterscheidet.

Gerade bei den höheren Programmiersprachen unterscheidet man verschiedene Techniken, die sich v. a. in der Struktur bzw. Gliederung des erstellten Quellcodes unterscheiden. Bei der **modularen Programmierung** (modular programming) werden z. B. häufig benutzte →Routinen in Form von →Modulen oder →Prozeduren zu eigenständigen Programmen oder Programmteilen geformt. Diese Module können dann an beliebiger Stelle im eigentlichen Programm genutzt werden und stehen im Idealfall auch in anderen

Programmen zur Verfügung. Man muss zwar zunächst einen etwas höheren Aufwand für die Erstellung von Modulen betreiben, dafür kann man aber später darauf zurückgreifen, spart damit Zeit und kann viele Fehlerquellen beseitigen bzw. von vornherein vermeiden.

Cartoon von Glenn M. Bülow

Erste Hürde für jeden Nachwuchsprogrammierer:
Die Doppelschleife

Die **strukturierte Programmierung** (structured programming) ist ein Programmierstil für die Gestaltung eines Quelltextes aus einer Hierarchie unterschiedlicher Module. Sprünge werden vermieden und das Programm wird möglichst aus den Grundelementen Folge, Alternative und Wiederholung aufgebaut (siehe auch →Struktogramm). Strukturierte Programme sind nicht nur leichter lesbar, sondern bieten auch Vorteile beim Testen, Dokumentieren und Überarbeiten. Durch schrittweise Verfeinerung kann ein Programm ausgehend von einer höheren Ebene, dem logischen Aufbau, bis hinunter zu den einzelnen Elementen entwickelt werden. Durch die Verwendung von getrennten Modulen für die Lösung spezifischer Aufgaben, die in einer baumartigen Struktur zum kompletten Programm verbunden sind, ist die Entwicklung, Wartung und der Betrieb des Programms besser möglich. Der strukturierte Stil der Programmierung wird insbesondere von klar strukturierten →Programmiersprachen wie Pascal oder C unterstützt.

Unter **objektorientierten Programmierung** (object orientated programming, kurz auch **OOP**) versteht man einen fortgeschrittenen Programmierstil, der sich stark daran orientiert, wie wir im täglichen Leben Aufgaben bewältigen. Die objektorientierte Programmierung ist letztendlich aus der zuvor erläuterten modularen und strukturierten Programmierung als logischer Entwicklungsschritt hervorgegangen. Drei wesentliche Eigenschaften zeichnen die objektorientierte Programmierung aus:

- Kapselung: Daten und die auf sie wirkenden Operationen – Anweisungen, Funktionen und Prozeduren – werden als eine Einheit – ein Objekt – betrachtet.
- Vererbung: Objekte werden bei ihrer Definition in die Hierarchie eines Stammbaums gestellt, wobei jedes von einem Objekt abstammende Objekt alle Daten und alle Codes von seinem Vorfahren erbt.

– Polymorphie: Jedes Objekt in der Hierarchie kann eine Funktion in der jeweils erforderlichen Art und Weise implementieren.

Zur objektorientierten Programmierung werden neue – oder erweiterte – Programmiersprachen benötigt. Programmiersprachen, die objektorientiertes Programmieren unterstützen, sind z. B. SMALLTALK und C++. In diesem Zusammenhang fällt auch öfter der Begriff **Hybridsprache** (hybrid language). Dabei handelt es sich um eine Sprache, die unterschiedliche Programmierungsarten unterstützt. So kann z. B. in der Programmiersprache C++ sowohl prozedural (vergleiche →Prozedur) als auch objektorientiert programmiert werden.

Die nachfolgende Aufstellung gibt Ihnen schließlich noch einen kleinen **Überblick** über einige wichtige aktuelle, aber auch ältere Programmiersprachen, die für den PC von Bedeutung waren bzw. es immer noch sind. Aufgrund der besonderen Bedeutung der Programmiersprache Java, ist diese übrigens in der nachfolgenden Liste nicht aufgeführt, sondern hat einen eigenen Eintrag (→Java). Für den normalen PC-Anwender ist die Beherrschung von Java oder einer anderen Programmiersprache wenig sinnvoll. Die Einarbeitungszeit in die Syntax aktueller Programmiersprachen ist schon recht erheblich, genauso wie es auch der Zeitaufwand für die Entwicklung eines eigenen Programms ist. Bei der mittlerweile riesigen Auswahl an größtenteils sehr leistungsfähigen Programmen für den PC macht die Einarbeitung in eine Programmiersprache nur dann Sinn, wenn man ein wirklich sehr spezielles Problem hat, für das es weit und breit keine Softwarelösung gibt. Die derzeit wohl sinnvollste Programmiersprache für „normale" Anwender ohne spezielle Informatikkenntnisse dürfte Visual Basic von Microsoft sein. Aber nun zur Vorstellung der Programmiersprachen (in alphabetischer Reihenfolge).

Ada heißt eine mittlerweile veraltete Programmiersprache, die ihren Namen zu Ehren von Ada Byron, Gräfin von Lovelace erhielt, einer Mitarbeiterin von →Babbage, die als erste Programmiererin gilt. Ada wurde seit 1979 speziell für das amerikanische Verteidigungsministerium entwickelt und 1986 in der NATO verbindlich vorgeschrieben.

Algol (Abk. f. **Algo**rithmic **L**anguage, algorithmische Sprache) war eine →Programmiersprache, die in erster Linie auf die Programmierung von naturwissenschaftlich-technischen Problemstellungen ausgerichtet war. Algol 60 war die erste Programmiersprache, in der Prozeduren und höhere Kontrollstrukturen zur Formulierung von →Algorithmen Anwendung fanden. Eine erhebliche Erweiterung von Algol 60 stellte Algol 68 dar. Algol war Ausgangspunkt für die Entwicklung der Programmiersprache Pascal. Zur Beschreibung der Syntax von Algol entwickelten John Backus (*1921) und Peter Naur (*1928), die Backus-Naur-Form, die in der Folgezeit große Bedeutung erlangte.

Basic (englische Abk. f. **B**eginners **A**ll Purpose **S**ymbolic **I**nstruction **C**ode = symbolischer Befehlskode für Anfänger und alle Zwecke) fand als besonders leicht zu erlernende Programmiersprache eine recht große Verbreitung, da die Firma →Microsoft Basic mit zahlreichen eigenen Produkten bzw. in

→MS-DOS unterstützte und es sehr eng mit dem PC verbunden war. Die logische Weiterentwicklung von Basic ist **Visual Basic** (kurz **VB**), das von Microsoft als objektorientierte Weiterentwicklung von Basic speziell für die Programmierung unter Windows 3.x und dann →Windows 95/98 herausgebracht wurde. Visual Basic ist seit 1991 auf dem Markt und erschien im Herbst 1998 in der Version 6.0. Mit Visual Basic lassen sich dialogorientierte Programme über Bildmasken erstellen (Prototyping), wobei ein Maskengenerator und vorgegebene Bibliotheken für die einzelnen Prototypen (Programmelemente) eingesetzt werden. Die vorgegebenen, zusammengesetzten Elemente müssen nur noch an die speziellen Eigenschaften des neuen Programms angepasst werden. Dadurch ist eine schnelle und einfache Programmentwicklung auch für Nicht-Informatiker möglich. Mit der speziellen Variante **V**isual **B**asic for **A**pplications (**VBA**) führte Microsoft außerdem das Visual-Basic-Konzept als Makrosprache in alle Anwendungen von →Office seit der Version 97 ein. Durch die hohe Leistungsfähigkeit und die programmübergreifenden Eigenschaften von VBA ist so eine effiziente Anpassung und Interaktion aller Microsoft-Anwendungen möglich. Mittlerweile unterstützen sogar andere Softwarehersteller wie z. B. →Corel VBA in ihren Anwendungsprogrammen.

Die universell einsetzbare Programmiersprache **C** hat dank ihrer Mächtigkeit insbesondere in den letzten 15 Jahren eine dominierende Bedeutung erhalten. C verbindet die Hardwarenähe eines Assemblers mit der Problemlösungsnähe und Handhabbarkeit einer algorithmischen Sprache. C und das Betriebssystem →UNIX sind eng miteinander verbunden – nicht zuletzt weil wesentliche Teile von UNIX in C geschrieben wurden. C und seine Erweiterung sind aus der heutigen Praxis für die System- und Anwendungsprogrammierung nicht mehr wegzudenken. Der Nachfolger von C heißt **C++** (sprich: C-plus-plus) und wurde von Dr. Bjarne als objektorientierte Version von C entwickelt. Mit C oder C++ dürften mittlerweile der größte Teil aller auf dem Markt befindlichen Softwarepakete erstellt werden. Die entsprechende Programmentwicklungssoftware für C bzw. C++ wird übrigens hauptsächlich von Microsoft in Form des Programms **Visual C++** hergestellt. Aber auch andere Hersteller haben sich mit z. T. eigenen Dialekten an C probiert, wie z. B. die Firma Borland (jetzt →Inprise) mit ihrem **Turbo C**, das mittlerweile auch zu Inprise C++ weiterentwickelt wurde.

Cobol (Abk. f. **C**ommon **B**usiness **O**riented **L**anguage, allgemeine geschäftsorientierte Sprache) ist eine →Programmiersprache, die in den 60er Jahren für die Programmierung speziell im kaufmännischen Bereich entwickelt wurde.

Forth ist eine veraltete Programmiersprache, die von C. Moore entwickelt wurde. Ihr einfacher Aufbau machte sie besonders für Anwendungen auf dem →PC geeignet.

Fortran (Abk. f. **For**mula **Trans**lator, Formelübersetzer) ist der Name einer 1954 von →IBM entwickelten Programmiersprache. Sie wird auch heute noch vor allem für mathematisch-technische Anwendungen eingesetzt, hat auf dem →PC aber eine eher untergeordnete Bedeutung.

Die funktionale Programmiersprache **Lisp** (Abk. f. **Li**st **P**rocessing Language) zur Verarbeitung von Listenstrukturen wurde bereits 1960 am →MIT entwickelt. Lisp wird insbesondere im Bereich der →künstlichen Intelligenz und bei der Programmierung von →Expertensystemen verwendet. Mit Lisp ist es möglich, Programme zu entwickeln, die sich selbst verändern oder die selbst andere Programme generieren können.

Logo hieß eine auf Lisp basierende Interpretersprache, die sich insbesondere durch Bewegungskommandos für Grafikelemente auszeichnete und sehr leicht erlernbar war. Logo war vor allem auf Heimcomputern verfügbar und ermöglichte eine wortwörtlich kinderleichte Programmierung.

Modula ist eine nicht sehr verbreitete Programmiersprache, die eine Weiterentwicklung von Pascal darstellt. Zusätzlich zu den →Prozeduren von Pascal besitzt Modula einige Erweiterungen, die speziell auf die Verwendung von Modulen abgestimmt sind. Mit diesen Erweiterungen können u. a. Variablen, Prozeduren, Konstanten usw. zu Modulen zusammengefasst und zu eigenständigen Programmteilen kompiliert werden. Modula ist sowohl für →MS-DOS, →Windows als auch für den →Macintosh verfügbar.

Pascal wurde – aufbauend auf Algol – durch Nikolaus Wirth an der Eidgenössischen Technischen Hochschule Zürich entwickelt und 1972 veröffentlicht. Seinen Namen erhielt Pascal aber zu Ehren des Mathematikers und Physikers Blaise Pascal (siehe →Pascal, Blaise). Die bald entstandenen unterschiedlichen Dialekte von Pascal verbreiteten sich dank ihrer klaren Strukturierung auch außerhalb der Universitäten. Der wohl bekannteste Dialekt dürfte **Turbo Pascal** (kurz **TP**) der Firma Borland (jetzt →Inprise) gewesen sein, das mit einem kompletten, integrierten →Entwicklungssystem angeboten wurde. Mit der Version 6.0 wurde Turbo Pascal um Methoden zur →objektorientierten Programmierung erweitert. Die Linie von Turbo Pascal 7.0 für →MS-DOS und Turbo Pascal für Windows 1.5 wurde dann mit dem Programmentwicklungspaket **Delphi** für Windows fortgesetzt.

PCL (Abk. f. **P**ersonal **C**omputer **L**anguage) war speziell auf die Nutzung am →PC zugeschnitten, konnte sich jedoch nicht durchsetzen. Programme, die in PCL geschrieben sind, können sich selbst verändern, was gute Voraussetzungen für Programme im Bereich der →künstlichen Intelligenz bietet.

Die universell einsetzbare Sprache **PL/1** (Programming Language 1) wurde 1965 von der Firma →IBM für deren marktbeherrschende →Großrechner der dritten Generation entwickelt. PL/1 verknüpfte die Eigenschaften der für den wissenschaftlich-technischen Bereich geschaffenen Sprache →Fortran und der für den kaufmännischen Bereich entwickelten Sprache →Cobol. Heute gibt es PL/1 für verschiedene Plattformen, es findet jedoch keine weite Verbreitung mehr. Eine Weiterentwicklung von PL/1 war **PL/M**, das von der Firma →Intel speziell für die maschinennahe Programmierung und →Interrupt-Steuerung von →PCs mit Intel- →Prozessoren geschaffen wurde, heute aber auch keine Bedeutung mehr hat.

Prolog (**Pro**gramming in **Log**ic) ist eine logische Programmiersprache, mit deren Hilfe es möglich ist, lediglich die Problemstellung (durch Fakten und Zusammenhänge) zu beschreiben; der Algorithmus wird rekursiv durch den

Interpreter erstellt und umgesetzt. Prolog wird hauptsächlich im Bereich der →künstlichen Intelligenz eingesetzt und spielt besonders bei Expertensystemen oder Sprachanalyseprogrammen eine Rolle.

PS+ ist abschließend eine Programmiersprache, die es ermöglicht, immer wiederkehrende Vorgänge beim Zeichnen zu vereinfachen, für den PC-Markt aber auch keine besondere Bedeutung mehr hat.

Programmiersystem [programming system, Software development kit (SDK)]

Ein Entwicklungs- oder Programmiersystem – häufig auch mit der englischen Bezeichnung **Software Development Kit** (**SDK**) bezeichnet – ist eine spezielle Zusammenstellung von →Software und →Programmiersprache, die das Erstellen von →Programmen ermöglicht. Für die Programmierung mit einer höheren Programmiersprache sind i. d. R. mehrere verschiedene Hilfsprogramme notwendig. So braucht man z. B. einen geeigneten →Editor für die Erstellung des Quellprogramms, einen Interpreter oder Compiler und Linker sowie Hilfsprogramme (verschiedene →Debugger, →Tracer, →Profiler usw.) zur Analyse auf mögliche →Programmfehler und Schwachstellen. Vergleiche auch →Programmiersprache.

Programm-Manager [program manager]

Der Programm-Manager ist ein wichtiges Programm von →Windows 3.x und →Windows NT, mit dessen Hilfe Anwendungsprogramme aufgerufen werden können. Der Programm-Manager ist normalerweise unter Windows immer aktiv und wird als so genannte Shell benutzt. Dies ist ein Programm, das beim Start von Windows als Erstes aktiviert wird und dessen Beendigung zum Verlassen von Windows führt.

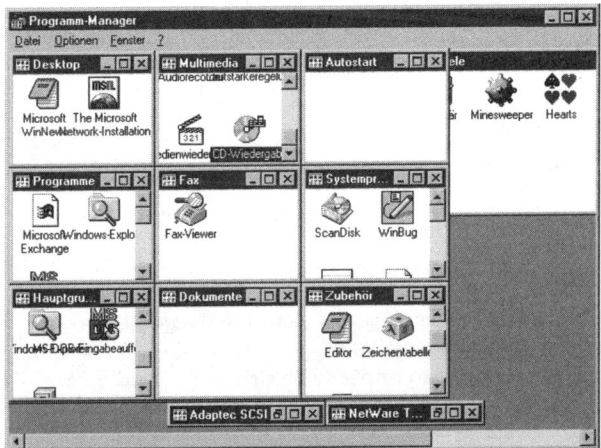

Extra für Nostalgiker – den Programm-Manager gibt es auch noch unter Windows 95

Alternativ zum Programm-Manager können auch andere Programme als Shell definiert werden, wie z. B. der Datei-Manager, was durch einen ent sprechend geänderten Eintrag in der Konfigurationsdatei *System.ini* ermöglicht wird. Der Programm-Manager stellt die auf dem Datenträger vorhandenen ausführbaren Programme als →Icons dar; durch einen Maus-Doppelklick auf das Icon wird das Programm gestartet.

PROM (Programmable Read Only Memory)

Ein PROM ist ein programmierbarer Festwertspeicher (siehe →ROM), der einmal programmierte Informationen ohne Stromversorgung dauerhaft speichert. Die Programmierung eines PROMs erfolgt beim Anwender oder beim Hersteller durch ein spezielles Gerät, das Prommer oder PROM-Brenner genannt wird. Beim Spezialfall eines →EPROM – eines Erasable PROM – ist ein späteres Löschen der gesamten Informationen möglich. In einem PROM oder EPROM (neuerdings auch im →EEPROM) sind z. B. die Routinen und festen Parameter des →BIOS eines →PCs gespeichert. Für Abbildung siehe →EEPROM.

Proprietär [proprietary]

Unter proprietär versteht man Eigenschaften, die einem bestimmten Eigentümer gehören bzw. eigen sind. Im Computerbereich spricht man z. B. von proprietären Standards, wenn eine einzelne Firma ein Verfahren entwickelt, das zu keinem anderen, vergleichbaren kompatibel ist. Die Medien zum bekannten →ZIP-Laufwerk sind z. B. proprietär, passen also nur in das entsprechende Laufwerk der Firma Iomega. Proprietäre Lösungen sind z. B. auch bei →Notebooks noch sehr beliebt, bei denen die Hersteller einen zwingen, Aufrüstteile wie Speichermodule oder →Akkus nur von ihnen zu kaufen.

Protected Mode [geschützter Modus]

Protected Mode ist der Name des leistungsfähigen Arbeitsmodus der →Prozessoren von →Intel, bei dem der gesamte Arbeitsspeicher vollständig angesprochen werden kann, die Daten im Speicher aber gleichzeitig auch vor gegenseitigem Zugriff geschützt sind. Der Protected Mode wird von Prozessoren ab dem 286er unterstützt, der i8086/88 unterstützte dagegen nur den →Real Mode. Die maximal verwaltbare Speichermenge ist dabei von der Breite des →Adressbusses abhängig. Sie beträgt ab dem 80386-Prozessor aufwärts mindestens 32 Bit, was einem →Adressraum von 4 GByte entspricht.

Protokoll [protocol]

Protokoll ist ein vielfältig verwendeter Begriff, z. B. für die Aufzeichnung von Abläufen und Vorgängen.

1) In Protokoll- oder *log*-Dateien können etwa alle Abläufe einer Programminstallation oder die zeitliche Abfolge der Ereignisse in einem →Netzwerk festgehalten sein. Solche Protokoll-Aufzeichnungen dienen der Datensicherheit.

2) Der Begriff „Protokoll" bezeichnet einen Satz von Regeln, der die →Datenübertragung zwischen zwei Komponenten – zwei Komponenten eines Rechners, zwei Programmen oder zwei Rechnern in einem →Netzwerk usw. – realisiert und sicherstellt. Bei der Darstellung der Abläufe in einem →Netzwerk – z. B. durch das →OSI-Schichtenmodell – bezeichnet der Begriff

„Protokoll" die Regeln der logischen Kommunikation zwischen den jeweils sich entsprechenden Schichten in den entfernten Computern. Beim Begriff →"Netzwerkprotokoll" werden hingegen mehrere dieser Schichten zusammengefasst.

Der Begriff „Protokoll" wird in gleicher Weise auch bei der →Datenübertragung verwendet. →Übertragungsprotokolle regeln insbesondere die sichere Übertragung bei der →Datenfernübertragung.

Proxy [Stellvertreter]

Ein Proxy ist ein Internetserver, der Dateninformationen (Webseiten, Dateien) quasi als Datenpuffer zwischenspeichert. Proxies werden von vielen Internetprovidern und Online-Diensten angeboten, um den Datenverkehr im Internet zu entlasten und die Anwender schneller mit den gewünschten Daten zu versorgen. Wer im Internet über einen Provider mit Proxy surft, bekommt bei der Anfrage zu einer bestimmten Internetadresse zuerst die auf dem Proxy gespeicherte Kopie der Original-Daten übertragen (sofern diese dort vorliegen). Dies spart Zeit, kann aber auch bedeuten, dass man nicht die aktuellste Version übermittelt bekommt. Es hängt von den Einstellungen des Proxy-Servers ab, wie oft dieser seine Datenbestände mit den Originalen aktualisiert.

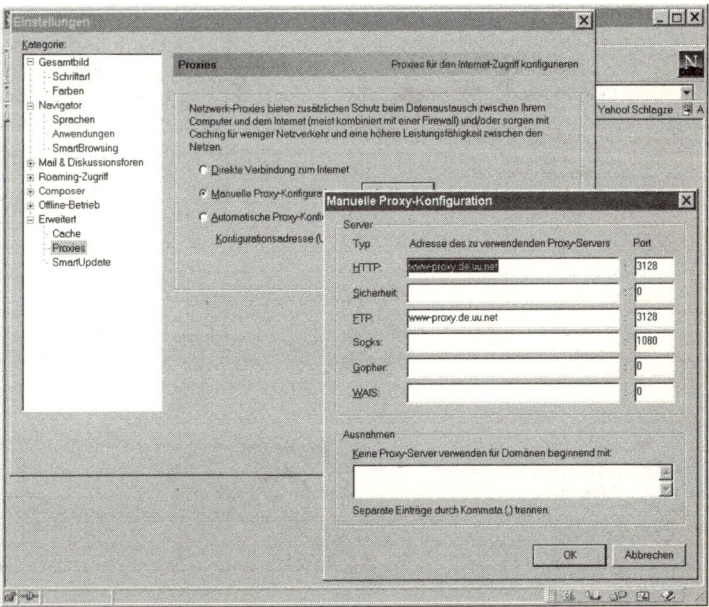

Für die Proxy-Einstellungen im Netscape Navigator gibt es ein eigenes Menü unter den Voreinstellungen. Hier die Proxy-Einstellung für den Internetprovider →UUnet

Problematischer ist, dass Proxy-Server auch als Filter im Internet agieren können. Wenn alle Anfragen über einen Proxy-Server geführt werden (wie

z. B. bei Germany.net), können bestimmte Adressen komplett gesperrt werden. Der Proxy-Server kann außerdem auch ein Protokoll über den Datenverkehr für jeden eingewählten User erstellen. Dies ermöglicht die totale Datenkontrolle für Marketing, Werbung und kundengerechte Produktentwicklung. Bei Internetprovidern, die komplett mit Proxy arbeiten, stehen außerdem oft einige Dienste wie Telnet oder →Internettelefonie nicht zur Verfügung.

> **Tipp:** Um einen Proxy überhaupt nutzen zu können, muss dessen Adresse übrigens im Webbrowser eingetragen werden. Die bekannten Brower →Netscape Navigator und →Internet Explorer haben hierfür spezielle Einstellungsdialoge in den Konfigurationsmenüs.

Prozedur [procedure]

Eine Prozedur ist eine Art Unterprogramm, das aus einer Folge von zusammenhängenden Befehlen besteht. Die Prozedur erhält einen Namen und eine Parameterliste, über die die Daten mit dem aufrufenden Hauptprogramm ausgetauscht werden. Prozeduren sind in sich abgeschlossen und unabhängig, sodass sie auch für andere Programme eingesetzt werden können. Sie erleichtern damit die →Programmierung. Typische Beispiele sind Installationsprozeduren oder Druckprozeduren, die bei den meisten Programmen eine ähnliche Abfolge von Befehlen darstellen und daher einfach übernommen werden können.

Prozess [process]

1) Als Prozess bezeichnet man ganz allgemein einen konkreten Ablauf von Einzelschritten, der nach bestimmten Regeln funktioniert.

2) Als Prozess bezeichnet man im EDV-Bereich auch einen äußeren – z. B. technologischen – Ablauf, den man z. B. mit einem →Prozessrechner überwacht und steuert.

3) Der Begriff des Prozesses spielt bei der Betrachtung und Bewertung von →Betriebssystemen eines →Computers eine zentrale Rolle.

Als einen Prozess bezeichnet man ein im jeweiligen Kontext – mit →Daten und →Datenformat, den Inhalten der →Register sowie dem inhaltlichen Hintergrund usw. – auf einem konkreten Computer ablaufendes →Programm. Prozesse entstehen, wenn eine bestimmte Aufgabe erledigt werden soll, und verschwinden, wenn die Aufgabe erledigt ist. Während ihrer Existenz können Prozesse verschiedene Zustände einnehmen, wobei ein ständiger Übergang zwischen den Zuständen stattfindet:

– Wenn ein Prozess noch nicht alle erforderlichen →Betriebsmittel – Daten von einem externen Speichermedium oder Nutzereingaben usw. – besitzt, wird er als wartend bezeichnet.

– Wenn ein Prozess alle für sein Fortschreiten erforderlichen Betriebsmittel – außer dem →Prozessor – besitzt, wird er als bereit bezeichnet.

– Wenn ein Prozess, der bereit ist, auch noch den Prozessor erhält, wird er aktiv.

Wichtige Eigenschaften, die ein System im Zusammenhang mit den Prozessen besitzen muss, sind:

- Determiniertheit: Das Ergebnis darf nicht von der relativen Ausführungsgeschwindigkeit der einzelnen parallelen Prozesse abhängen.
- Wechselseitiger Ausschluss: Ein Prozess darf höchstens für begrenzte Teilprozessfolgen – seine kritischen Abschnitte – die exklusive Nutzung von Betriebsmitteln erzwingen.
- Synchronisation und Kommunikation: Mehrere Prozesse, die an der Lösung einer Aufgabe beteiligt sind, müssen sich – z. B. durch Verzögerung – synchronisieren können, dazu sind Verfahren zur Interprozesskommunikation unerlässlich.

Durch geeignete Strategien muss ein Betriebssystem entsprechend den konkreten Einsatzforderungen die Abarbeitung der Prozesse steuern. Die wichtigsten Strategien sind

- die Auflösung von Verklemmungen sowie
- das →Scheduling.

Prozessor [processor]

1) Ein Prozessor ist eine elektronische Schaltung, die durch ein intern vorgegebenes oder extern vorgebbares Programm gesteuert ist, arithmetische und logische Funktionen über →Daten ausführen und damit andere Einheiten eines Rechners steuern kann.

Zu einem Prozessor gehören folgende wesentliche Baugruppen:

- das Steuerwerk (es steuert die internen Abläufe)
- das Rechenwerk (hier finden alle arithmetischen und logischen Operationen statt)
- interne →Register und Zähler usw.

Die Integration aller Baugruppen eines Prozessors als →IC auf einem →Chip führt zur Bezeichnung →Mikroprozessor.

Prozessoren werden oft nach der Breite des internen und externen →Datenbusses unterschieden, die gebräuchlisten sind 8-, 16-, 32- und 64-Bit-Prozessoren.

Innnerhalb eines Rechnersystems unterscheidet man zwischen dem Zentralprozessor, der →**CPU**, sowie weiteren peripheren Prozessoren, die mit der CPU zusammenarbeiten: **arithmetischer** →**Coprozessor**, I/O-Prozessor, DMA-Controller (→DMA) usw.

Da die bekannteste Prozessorart die CPU eines Rechners ist, versteht man oft unter dem Begriff „Prozessor" – sofern keine weiteren Einschränkungen gemacht werden – diesen zentralen Prozessor.

2) Manchmal bezeichnet man ein Programm (z. B. einen Compiler, einen Assembler, einen →Editor oder eine →Datenbank, vergleiche auch →Programmiersprache) als Prozessor oder auch als →Engine.

Prozessor-Cache [processor cache]

Mit Prozessor-Cache bezeichnet man zumeist den unmittelbar auf dem →Mikroprozessor installierten →Cache mit dem notwendigen Cache-Controller, in dem eine Reihe von Prozessorbefehlen vorausschauend gespeichert werden, um sie schnell – ohne einzelne Zugriffe auf den →Arbeitsspeicher – abarbeiten zu können. Neben dem im Prozessor integrierten Cache (oder First-Level-Cache) wirkt i. d. R. noch ein weiterer Cache außerhalb des Prozessors – als →Second-Level-Cache – für die Beschleunigung der Arbeit der CPU.

Prozessor-Sockel [processor socket]

Der Prozessor ist auf einen Prozessor-Sockel gesteckt. Wenn der Sockel ein so genannter →ZIF-Sockel (**Z**ero **I**nsertion **F**orce) ist, lässt sich der Prozessor leicht auswechseln. Ein solcher ZIF-Sockel wurde mit den späten 486er Prozessor-Modellen von →Intel eingeführt, davor wurde ein so genannter **LIF**-Sockel (**L**ow **I**nsertion **F**orce) verwendet, aus dem die CPU nur mit leichtem Hebeln herauszunehmen war.

Beim Austausch (Upgrade) auf einen neuen, schnelleren Prozessor muss allerdings nicht nur darauf geachtet werden, dass er **Pin-kompatibel** ist, also in den Sockel mit derselben Kontaktbelegung passt, sondern dass das →Mainboard die notwendige Taktfrequenz und Versorgungsspannung für den neuen Prozessor unterstützt (siehe →Spannung). Gerade Letzteres wird häufig beim Umstieg nicht beachtet und führt dann zu Inkompatibilitäten.

Seitdem die Quasi-Monopol-Stellung von Intel auf dem Prozessormarkt vorbei ist, hat sich die Anzahl der verschiedenen Prozessor-Sockel auf dem Markt noch mal deutlich erhöht, sodass verstärkt auch wieder auf den Sockel-Typ geachtet werden muss, den ein Prozessor braucht. Für weitere Informationen siehe auch →ZIF-Sockel, →Sockel 370 und →Pentium II bzw. Slot One.

Ein typischer ZIF-Sockel für →Pentium-Prozessoren

Prozessor-Upgrade [processor upgrade]

Ein Prozessor-Upgrade kann vorgenommen werden, wenn der Hersteller des →Mainboards die Möglichkeit vorgesehen hat, den →Prozessor zu einem späteren Zeitpunkt gegen schnellere Varianten umzutauschen. Mit einem Prozessor-Upgrade kann die Rechenleistung des Computers verbessert werden. Von einigen Firmen wie z. B. Evergreen (Infos über CTT, Tel. +49-089-4209000) und Kingston (*www.kingston.com/turbo/default.asp*) werden auch spezielle Upgrade-Prozessoren der neuesten Generation für alte PCs angeboten. Auch Intel hat eine zeitlang Prozessor-Upgrade-Kits unter der Bezeichnung Overdrive-Prozessor angeboten, diese sind aber quasi nicht mehr erhältlich bzw. verkäuflich. Bei ihnen handelt es sich um abgewandelte Standard-Prozessoren, die evtl. mit einem Spannungswandler und einem Kühlkörper/Lüfter kombiniert sind. Oftmals sind die Prozessoren der Upgrade-Kits auch auf eine interne, feste Taktvervielfachung (→Multiplier) eingestellt, damit unabhängig von den alten Einstellungen auf dem →Mainboard der neue Prozessor korrekt läuft.

> **Tipp:** Finanziell lohnt der Kauf eines Overdrive-Prozessors bzw. Prozessor-Upgrades fast nie. Denn diese sind fast immer deutlich teurer als die Kombination aus einem neuen →Mainboard mit normalen Prozessor. Der Hauptverkaufsgrund ist die Scheu vieler Anwender, das Mainboard auszutauschen. Dabei geht dies viel einfacher, als die meisten denken. Im Buchhandel gibt es auch jede Menge Anleitungen dazu. Außerdem ist diese Kombination immer schneller und stabiler als der Prozessor-Upgrade, weil das neue Mainboard sich ebenfalls positiv auf das Gesamtsystem auswirkt. Ein interessantes Upgrade-Kit für alte PCs mit Pentium 75, 90 oder 100 bietet Evergreen mit dem „Spectra 333" an. Für ca. 200 Dollar Listenpreis bekommt man einen →AMD K6-2 mit 333 MHz Taktung. Das bringt einen ordentlichen Leistungszuwachs.

Prozessrechner [process computer]

Prozessrechner sind Computer, die vorrangig für die Steuerung industrieller Prozesse optimiert sind. Prozessrechner beziehen ihre Eingaben durch Messfühler und steuern mit den Ausgangsdaten über geeignete Stellglieder Produktionsprozesse. Für Prozessrechner werden sowohl ein geeignetes Hardwaredesign wie auch geeignete →Betriebssysteme benötigt (siehe →Echtzeitverarbeitung).

Prozessverwaltung [process management]

Die Prozessverwaltung ist einer der Aufgabenbereiche des →Betriebssystems eines Rechners und dient zur Organisation der →Prozesse, die die einzelnen Verwaltungseinheiten der zu bearbeitenden Aufgaben darstellen.

Prüfbit [check bit]

Das Prüfbit ist eine übliche Bezeichnung für das →Paritätsbit und dient der →Datensicherheit. Mit Prüfbits arbeitet man beispielsweise bei der →Datenübertragung, aber auch bei der Datenspeicherung im →Arbeitsspeicher. Das Prüfbit wird einzelnen Datenblöcken (oft 1 Byte = 8 Bit) nach bestimmten Regeln hinzugefügt.

Prüfsumme [check sum]

Prüfsummen dienen zum Aufdecken von Fehlern (z. B. bei der →Datenübertragung oder der Speicherung auf einem Datenträger). Als simpelste Methode könnte man die Bildung eines Paritätsbits (siehe →Paritätsbit) bezeichnen, bei der alle Bits eines Zeichens (ohne Übertrag) aufsummiert werden. Eine weitere denkbare Methode könnte darin bestehen, alle Bytes eines

Datenblocks (ebenfalls ohne Übertrag) aufzusummieren und das entstehende Byte als Prüfsumme zu verwenden. Eine effektivere und sichere Methode ist jedoch das CRC-Verfahren (siehe →CRC).

PS/2

Die Abkürzung PS/2 stammt vom →IBM-PS/2 ab, der zweiten PC-Generation der Firma IBM. Während der IBM-PS/2 nicht sehr erfolgreich war und heute keine Marktbedeutung mehr hat, gingen vom ihm dennoch viele Einflüsse auf den übrigen Computermarkt aus. Mit dem Übergang vom 486er zum Pentium-PC wurden z. B. die so genannten PS/2-SIMMs eingeführt, die eine 72- statt 30polige Kontaktleiste haben und so einen 32-Bit-Zugriff pro Speichermodul ermöglichen (siehe →SIMM). Außerdem wurden neue, kleine Anschlussstecker für die Maus und die Tastatur eingeführt. Die Maus wurde gleichzeitig nicht mehr wie früher über die →serielle Schnittstelle, sondern über einen eigenen Datenbus, den Mausbus, angesprochen (siehe →Bus-Maus).

PS/2-SIMM

Besonderer, 72poliger Typ von SIMM-Speicherbausteinen, wie er in modernen PCs verwendet wird. Weitere Informationen und Abbildung siehe →SIMM, →DIMM und →SDRAM.

Puffer [buffer]

Bei der →Datenübertragung zwischen Komponenten oder Systemen, die eine unterschiedliche →Datentransferrate realisieren können, wird oft ein Speicherbereich als Puffer sowie eine entsprechende →Flusssteuerung eingesetzt. Bei einem langsameren Empfänger ist nahezu zwingend ein Puffer erforderlich. Dieser nimmt so lange →Daten auf, bis er – bis zu einem vorbestimmten oberen Wert – gefüllt ist. Der Empfänger sendet dann ein Signal an den Sender, damit dieser die Übertragung unterbricht. Sind die Daten durch den Empfänger – bis zu einem ebenfalls vorbestimmten unteren Wert – abgearbeitet, sendet es wiederum ein Signal, damit die Datenübertragung durch den Sender wiederaufgenommen werden kann. Bei einem schnelleren Sender können die zu sendenden Daten zunächst in einen Puffer gestellt und dann sukzessive durch einen untergeordneten →Controller abgearbeitet werden, sodass das System sich in der Folgezeit seinen eigentlichen lokalen Aufgaben widmen kann.

Pulldown-Menü [„Runterklapp-Menü"]

Ein Pulldown-Menü ist eine Standardform der Menüführung, bei der nach Anwahl eines Oberbegriffs in der →Menüleiste eine Liste von Unterbefehlen erscheint, wie ein heruntergezogenes Rollo. Das Pulldown-Menü ist ein wichtiger Bestandteil einer grafischen →Benutzeroberfläche (siehe auch →Popup-Menü), war aber auch bereits bei einigen DOS-Programmen zu finden. Für Abbildung siehe →Menü.

Pulse code modulation

Mit der international standardisierten pulse code modulation werden analoge Signale durch einen →Analog-Digital-Wandler in einen digitalen Impulsstrom einzelner Datenwörter umgewandelt. Dies wird z. B. im ISDN oder bei der Digitalisierung von Audio-Informationen eingesetzt. Für weitere Informationen siehe die gebräuchlichere Abkürzung →PCM-Verfahren.

Punktabstand [dot/screen pitch]

Die Bildröhre eines herkömmlichen →Monitors erzeugt mit Hilfe von drei getrennten Elektronenstrahlen ihre Bilder durch die Ansteuerung von jeweils drei, den Grundfarben zugeordneten Farbstoffpunkten (siehe auch Abbildung bei →Bildschirmmaske). Je drei dieser Farbstoffpunkte – auch Farbstoff-Tripel genannt – sind bei einer Lochmaske dabei in einem gleichseitigen Dreieck angeordnet. Der Abstand dieser Farbstoff-Tripel wird als Punkt- oder auch (etwas ungenau) als **Pixelabstand** (bzw. englisch **dot pitch**) bezeichnet und ist einer der wichtigsten Qualitätsparameter eines Monitors. Je kleiner der Punktabstand, desto größer die Schärfe bzw. Detailauflösung des Monitors. Moderne Monitore verwenden meist Röhren mit Punktabständen zwischen 0,21 und 0,28 mm. Und je größer ein Monitor, desto größer ist häufig auch der Punktabstand, was wiederum seine maximal darstellbare Auflösung begrenzt. Beim Kauf eines Monitors gilt es also, unbedingt die angeblich unterstützten Auflösungen mit dem angegebenen Punktabstand gegenzuchecken.

Die Farbstoff-Tripel dürfen nicht mit den darzustellenden →Pixeln einer Bilddatei, bzw. der Punktabstand nicht mit der Auflösung der dargestellten Bildpixel verwechselt werden (vergleiche Abbildung). Für eine qualitativ hochwertige Darstellung eines Bilds durch den Monitor ist wesentlich, dass:

– der Punktabstand deutlich kleiner ist als der Abstand der dargestellten Bildpixel; daraus lässt sich errechnen, dass es z. B. sinnlos ist, auf einem 15-Zoll-Monitor ein Bild mit 1.024 x 786 Pixeln oder 1.152 x 864 scharf wiedergeben zu wollen.

– die Rasterung der Farbstoff-Tripel deutlich von der Rasterung des Bilds abweicht, um →Moiré zu vermeiden. Das kann man erreichen, wenn dem quadratischen Raster der Bildpixel ein feineres, hexagonales Raster der Farbstoff-Tripel gegenübersteht.

Bei Monitoren mit Streifen- oder Schlitzmasken ist die Situation ein bisschen anders. Da es dort nur horizontale Farbstoff-„Streifen" gibt, auf denen die Bildpunkte durch genau fokussiertes Auftreffen der Elektronenstrahlen erzeugt werden, wird der Punktabstand immer nur horizontal angegeben (siehe Abbildung und vergleiche →Bildschirmmaske). Beim Kauf eines solchen Monitors sollte man beachten, dass der Punktabstand bei solchen Röhren häufig von der Mitte zum Rand größer wird. Die Firmen müssten also korrekterweise zwei Werte als technische Spezifikation angeben, was aber selten getan wird. In vielen Fällen versuchen die Firmen mit dem nur begrenzt geltenden mittleren Punktabstand zu glänzen.

Genauso gern wird aber auch bei der Lochmaske „geschummelt". Eigentlich sollte der korrekte Punktabstand immer nur diagonal von Farbtripel zu Farbtripel gemessen werden (siehe Abbildung). Einige Hersteller geben allerdings gern die horizontalen oder vertikalen Abstände an, die entsprechend kleiner ausfallen. Wer also einen neuen Monitor kaufen möchte und mehrere Modelle vergleicht, sollte sehr präzise auf die korrekten Angaben der Punktabstände achten. Der beste Test ist letztendlich immer noch der Bildtest, bei dem man den Monitor bei allen Auflösungen und ergonomischen Bildwiederholfrequenzen an einer guten Grafikkarte betrachten sollte. Ein zu großer Punktabstand macht sich schnell durch Unschärfe und/oder Moiré-Effekt bei hohen Auflösungen bemerkbar.

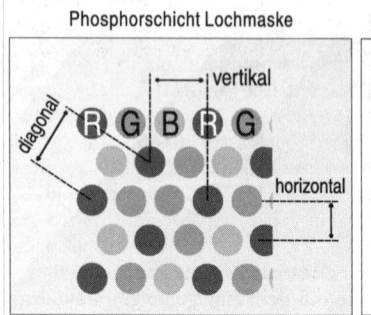 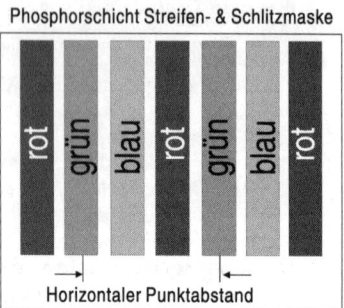

Schematische Darstellung der Punktabstände bei einer Lochmaske (links) oder Streifen- und Schlitzmaske (rechts). Zur weiteren Erklärung siehe Text

Push-Technologie

Unter Push wird die Lieferung von Informationen aus dem Internet von einem Server direkt auf den Schreibtisch des Anwenders verstanden (im Gegensatz dazu ist das typische WWW-Surfen ein Pull-Verfahren: hier „zieht" der Browser die gewünschten Seiten vom Server). In Analogie zum klassischen Push-Medium, dem Fernsehen, werden die einzelnen Informationsangebote **Channels** (Kanäle) genannt. Vergleiche hierzu auch →Intercast.

Pioniere der Push-Technologie sind **PointCast** (*www.pointcast.com* bzw. *www.pointcast.de*) und **Marimba** (*www.marimba.com*), aber auch die Browser von →Netscape und Microsoft (→Internet Explorer) verfügen ab Version 4 über rudimentäre Push-Fähigkeiten: Der **Netcaster** aus dem Netscape Communicator-Paket abonniert WWW-Kanäle über JavaScript-Routinen. Im Gegensatz dazu arbeiten die Push-Funktionen des Microsoft Internet Explorer auf Basis von Dynamic HTML und so genannten **CDF-Dateien** (**C**hannel **D**efinition **F**ormat), die alle für die Nutzung des Kanals relevanten Daten (z. B. Kanalnamen, kurze Inhaltsbeschreibung, Aktualisierungshäufigkeit) enthalten.

Das CDF-Format erfährt mittlerweile Zuspruch von anderen Push-Anbietern wie PointCast und wurde von Microsoft an das →**W3C** als Vorschlag für einen Internetstandard eingereicht. Zudem ermöglichen von Microsoft nachträglich eingefügte Erweiterungen zum CDF-Standard die Nutzung dieses Formats auch über den Netcaster.

Jedoch stellen die von Netcaster und Explorer verwendeten Verfahren zur Channel-Aktualisierung trotz entgegenlautender Aussagen der Hersteller kein echtes Push dar, sondern vielmehr ein automatisiertes Pull, da nicht der

Server die Daten auf die Client-Rechner „drückt", sondern jeder Client sich beim Server einklinkt und die Daten von dort über das Netz zieht.

Dies kann schnell zu Bandbreiten-Problemen führen, wenn zu einem festgelegten Aktualisierungszeitpunkt eine Vielzahl von Browsern weltweit auf einen einzelnen Server zugreifen wollen. Einen Lösungsansatz stellt hier das so genannte **IP-Multicasting** dar, bei dem nicht jeder Browser eine eigene Server-Verbindung aufbaut, sondern ein großer Datenstrom (**Stream**, siehe auch →Streaming) von einer Vielzahl an Browsern empfangen wird.

QEMM (Quarterdeck Expanded Memory Manager)

QEMM ist ein →Speicher-Manager unter →MS-DOS der Firma Quarterdeck, der analoge Funktionen wie die →Treiber *Himem.sys* und *Emm386.exe* übernimmt.

QMS

Das 1977 gegründete Unternehmen QMS gehört zu den Spezialisten in der Druckerherstellung. Die Produkte von QMS, →Laserdrucker mit Formaten bis DIN A3, Farblaserdrucker und Farbthermo-Transferdrucker (siehe →Thermodrucker), wenden sich vor allem an den professionellen Anwender. Deshalb verfügen die Drucker über Anschlussmöglichkeiten für alle gängigen →Netzwerke, automatische Netzwerkprotokollidentifizierung sowie automatische Druckersprachenerkennung.

Querformat [landscape layout/format]

Allgemein bezeichnet man die horizontale Seitenausrichtung (von Dokumenten und sonstigen Unterlagen) als Querformat (siehe →Hochformat). Die englische Bezeichnung für Querformat ist **Landscape**.

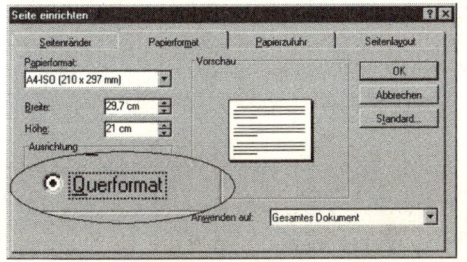

Seitenformate wie Quer- oder Hochformat stellt man unter Windows bequem in einem Dialogfenster ein

Querverweisliste [cross reference list]

Eine Querverweisliste wird während der Übersetzung eines symbolischen Programms aufgebaut und enthält alle im Quellprogramm vorhandenen symbolischen Namen (wie Variablennamen, Sprungmarken usw.) mit dem Verweis auf ihr Vorkommen im Programm.

Queue [Warteschlange]

Ein Queue ist ein Puffer, in dem Daten, beispielsweise Druckdaten, zur Verarbeitung bereitgehalten werden, wenn das Gerät, das die Daten verarbeiten soll, noch anderweitig beschäftigt ist. Wenn mehrere Computer innerhalb eines Netzwerks zur selben Zeit am gleichen Gerät drucken sollen, arbeitet der →Druck-Server die Aufträge in der Reihenfolge ihres Eingangs ab.

Quicken

Quicken ist eine Finanzverwaltungssoftware der Firma →Intuit und ein direktes Konkurrenzprodukt von Microsoft Money. Die derzeit aktuelle Version Quicken 2000 verwaltet komplett alle Finanzbelange auch bei kleineren Unternehmen. Quicken kann durch Zusatzprogramme wie Quicken-Steuer und Quicken-Rechnung erweitert werden. Siehe auch →Intuit und Finanzsoftware.

Quicksort [Schnellsortierung]

Das Verfahren Quicksort ist derzeit – neben Heapsort – eines der schnellsten →Sortierverfahren. Das Quicksort-Verfahren ist ein iteratives oder rekursives Verfahren (siehe →Rekursion), bei dem gleiche Operationen so lange auf Teilergebnisse angewandt werden, bis das Ergebnis erreicht ist. Die zu sortierende Folge wird im ersten Schritt in zwei Teile unterteilt, wobei alle Elemente im „linken Teil" kleiner gleich p und alle Elemente im „rechten Teil" größer als ein vorgegebener Wert p sein müssen. Entscheidend ist die optimale Wahl des so genannten Pivotelements oder Ankers p, der so gewählt werden sollte, dass die beiden Teile annähernd gleich groß sind. Somit erhält man im ersten Schritt zwei unsortierte Teilfolgen, wobei die Elemente der ersten Teilfolge alle kleiner sind als die der zweiten und alle Elemente der zweiten größer sind als die der ersten. Auf die jeweiligen Teilfolgen wird das obige Verfahren so lange erneut angewandt, bis zwei Folgen entstehen, die jeweils nur noch aus einem einzigen Element bestehen.

QuickTime

QuickTime ist die Bezeichnung für ein Multimedia-Programm, das sowohl in einer Version für den →Apple Macintosh als auch für Windows vorliegt. Man kann damit Audio- und Videodateien verschiedener Formate abspielen. Zum QuickTime-Format kompatible Multimedia-CD-ROMs erfreuen sich großer Beliebtheit, weil sie sowohl auf PCs als auch auf Apples abgespielt werden können. Der QuickTime-Viewer ist ein kostenlos erhältliches Programm, mit dem im QuickTime-Format vorliegende Dateien auf dem eigenen System abgespielt werden können.

quit [beenden, verlassen]

Mit dem englischen Befehl *quit* kann man bestimmte System- oder Anwendungsprogramme verlassen.

Quittung [receipt]

Bei der →Datenübertragung ist eine Quittung eine Art Bestätigung, die der Empfänger dem Sender zur Bestätigung des einwandfreien Empfangs eines →Datenpakets übermittelt.

Quote [Zitat]

In einer →E-Mail oder einem Beitrag in den Diskussionsforen eines →BBS kann ein Zitat eingefügt werden, auf das man sich beziehen will.

QWERTY-Tastatur

QUERTY ist die Bezeichnung für die amerikanische Tastatur, die – im Gegensatz zur deutschen →QWERTZ-Tastatur – keine Umlaute und kein ß kennt und bei der die Buchstaben y und z vertauscht sind. Der Name resultiert aus den ersten sechs Buchstaben der oberen Buchstabenreihe.

QWERTZ-Tastatur

QWERTZ ist die Bezeichnung der deutschen Tastatur, die im Gegensatz zur amerikanischen →QWERTY-Tastatur die Umlaute und das ß enthält. Weiterhin sind die Buchstaben y und z vertauscht und einige Sonderzeichen, wie die geschweiften und eckigen Klammern, →Slash und →Backslash etc., haben eine andere Position. Der Name resultiert aus den ersten sechs Buchstaben der oberen Buchstabenreihe.

R/W (Read/Write)

R/W (Abk. f. Lesen/Schreiben) steht als Vorsatz in Begriffen, die sich auf das Schreiben und Lesen von →Daten beziehen. So kann z. B. der →Schreib-/Lesekopf auch als R/W-Kopf bezeichnet werden.

Rahmen [frame, border]

1) In der →Datenübertragung bezeichnet ein Rahmen die Informationen, die die eigentlichen Nutzdaten eines →Datenpakets einrahmen. Diese dienen i. d. R. der Kennzeichnung des Datenpakets oder der Synchronisation von Sender und Empfänger, enthalten gegebenenfalls Informationen zu Absender und Empfänger sowie eine →Prüfsumme usw. (siehe auch →Protokoll, →Übertragungsprotokoll).

2) Ein Rahmen ist ein grafisches Element in Form einer (sichtbaren oder virtuellen) Umrahmung anderer Elemente, z. B. Grafiken oder Text. Rahmen sind wichtige Elemente in Grafik- und →DTP-Programmen.

RAID (Redundant Array of Independent Disks)

Ziel der RAID-Technologie ist die Erhöhung der →Datensicherheit, insbesondere der Verfügbarkeit und Korrektheit der Daten und Systeme durch redundante Speicherung auf mehreren Festplatten. In einer 1987 erschienenen Untersuchung haben G. Gibson, R. Katz und D. Patterson von der kalifornischen Berkeley University fünf verschiedene Architekturen redundanter Disk-Arrays beschrieben und die RAID-Terminologie eingeführt. RAID stand ursprünglich für **R**edundant **A**rray of **I**nexpensive **D**isks (redundante Anordnung preiswerter Festplatten). Da die RAID-Technologie durchaus nicht billig ist, spricht man mittlerweile eher von **R**edundant **A**rray of **I**ndependent **D**isks.

Mirroring (→Spiegeln) und →Duplexing (wobei die zu speichernden Dateien doppelt auf zwei Festplatten an einem Controller bzw. an getrennten Controllern geschrieben werden) werden als RAID Level 1 bezeichnet. Beim ebenfalls recht gebräuchlichen RAID Level 5 werden die einzelnen Datenblöcke in der Größenordnung einzelner →Sektoren einer Datei sowie eine zusätzliche →Prüfsumme verzahnt auf zumeist fünf Festplatten an einem speziellen RAID-Controller geschrieben; beim Ausfall einer Platte können alle Daten aus den Informationen der restlichen Platten rekonstruiert werden und das Rechnersystem kann zunächst weiterarbeiten. Das 1992 gegründete RAID Advisory Board, zu dem sich unter anderem →IBM, NCR, Seagate und Data General als wichtigste Hersteller von RAID-Systemen zusammengeschlossen haben, will Standards für die Disk-Arrays entwickeln und deren Verbreitung fördern.

RAM (Random Access Memory)

Ein RAM ist ein Speicher mit wahlfreiem →Zugriff, der auch als Schreib-/Lesespeicher bezeichnet wird. RAM-Bauelemente sind →Halbleiterspeicher, die in den Varianten →DRAM oder →SRAM hergestellt werden. Oft meint man mit RAM die DRAM-Speicherschaltkreise mit wesentlich höherer Speicherkapazität, die als flüchtige Speicher in den 70er Jahren den Kernspeicher im →Arbeitsspeicher der →Computer abgelöst haben.

RAM refresh [RAM Auffrischung]

Die in den →DRAM gespeicherten Informationen müssen durch einen Zyklus aus Lesen und Schreiben ständig aufgefrischt werden, was als Refresh bezeichnet wird.

RAMbus

Die neuartige RAMbus-Technologie ermöglicht einen besonders schnellen Datentransfer vom und zum →Arbeitsspeicher eines →PCs. Der Datentransfer erfolgt über einen schnellen 8 Bit breiten →Bus, der mit einem geringen Signalpegel von 0,5 V mit maximal 500 MHz betrieben werden kann, was jedoch über den Möglichkeiten heutiger DRAM-Bausteine (siehe →DRAM) liegt. Die Ansteuerung der Speicherbausteine erfolgt durch eine – heute noch teure – zusätzliche Hardwarekomponente.

RAM-Card

Eine RAM-Card ist eine PCMCIA-Karte (siehe →PCMCIA), die als Speicheraufrüstung gedacht ist oder als Ersatz für eine →Festplatte im →Notebook dient.

RAMDAC (Random Access Memory Digital to Analog Converter)

RAMDAC (Abk. f. Speicher mit wahlfreiem Zugriff Digital-Analog-Wandler) ist ein →Digital-Analog-Wandler, der die digitalen Farbdaten der →Grafikkarte in analoge Signale umwandelt. Der RAMDAC ist ganz wesentlich für die Bildqualität und v. a. die Bildwiederholfrequenz einer Grafikkarte verantwortlich. Teure Grafikkarten unterscheiden sich zumeist neben dem verwendeten Grafikprozessor und der Speichermenge insbesondere bei der Qualität des RAMDAC. Externe RAMDACs liefern außerdem zumeist bessere Bilder als solche, die bereits in den Grafikprozessor integriert sind (z. B. beim S3-Trio).

Die Qualität bzw. Leistungsfähigkeit eines RAMDAC ist zumeist an der Höhe seiner maximalen Taktfrequenz in MHz ersichtlich. Standard sollte ein RAMDAC von 135 MHz sein. Die gehobenere Ausstattung ist ein 175-MHz-RAMDAC. In Verbindung mit 4 MByte Grafikspeicher kann man damit 100 Hz Bildwiederholfrequenz bei einer Auflösung von 1.024 x 768 Punkten, 16,7 Millionen Farben (→TrueColor) erreichen. High-End-Grafikkarten setzen einen 220-MHz-RAMDAC ein, mit dem auch bei Auflösungen oberhalb von 1.024 x 768 Punkten und TrueColor noch sehr hohe Bildwiederholfrequenzen (und Qualitäten) möglich sind. Achten Sie beim Kauf einer Grafikkarte daher unbedingt auf den verwendeten RAMDAC.

RAM-Disk [Speicherlaufwerk]

Die RAM-Disk ist ein virtuelles →Laufwerk, bei dem mit einem Teil des Arbeitsspeichers ein →Diskettenlaufwerk simuliert wird. Die RAM-Disk ist jedoch wesentlich schneller als jedes physische →Laufwerk. Benutzt wird eine RAM-Disk zum Beispiel, um Daten kurzfristig zu speichern. Die RAM-Disk verliert naturgemäß beim Auschalten des Computers ihren Inhalt. Der wohl bekannteste Gerätetreiber für eine RAM-Disk ist *Ramdrive.sys* unter →MS-DOS bzw. →Windows.

> **Tipp:** Für Windows 95/98 gibt es ein spezielles Programm namens **Vramdir**, das eine dynamische RAM-Disk zum Verwalten von temporären Dateien einrichtet. Dynamisch heißt, dass immer nur soviel Arbeitsspeicher verwendet wird, wie benötigt wird. Das Programm ist Shareware mit einer Registrierungsgebühr von 10 Dollar. Man kann es im Internet unter *www.virtusoft.com/vramdir.htm* downloaden. Das Programm erzeugt übrigens keinen zusätzlichen, frei nutzbaren Laufwerkbuchstaben, sondern lenkt das normalerweise verwendete Temp-Verzeichnis auf eine im Hintergrund verwaltete RAM-Disk um. Es beschleunigt Windows beim Arbeiten jedoch merklich.

Random-Datei

Als random file (Datei mit wahlfreiem Zugriff oder relative Datei) bezeichnet man eine Datei, auf deren Daten man wahlfrei zugreifen (siehe →Wahlfreier Zugriff) kann. Der Gegensatz ist die →sequenzielle Datei. Bei relativen Dateien kann auf beliebige Stellen innerhalb der Datei lesend und schreibend zugegriffen werden; die Datei muss also nicht von Anfang an gelesen werden.

RARE (Réseaux Associés pour la Recherche Européene)

RARE ist ein Zusammenschluss von europäischen Forschungsnetzbetreibern mit dem Ziel der Überwindung nationaler Grenzen.

RAS (Remote Access Service; Reliability, Availability, Security)

1) Die Abkürzung RAS steht für Remote Access Service, die durch →Windows NT zur Verfügung gestellte Technologie zum Zugriff auf →PCs und →Netzwerke über serielle Fernverbindungen.

2) Die Abkürzung RAS steht für Reliability, Availability, Security (Zuverlässigkeit, Verfügbarkeit und Sicherheit). Gemeint sind die drei Grundsätze der →Datensicherheit:

– Die Programme und Daten müssen gültig und korrekt sein (reliability).

– Die Systeme und Daten müssen verfügbar sein, wenn sie benötigt werden (availability).

– Die Systeme und Daten müssen dem Zugriff Unbefugter entzogen sein (security).

Rasterbildschirm

Als Rasterbildschirm bezeichnet man die heute übliche Bildschirmtechnik, die Bilder und Texte punktweise durch →Pixel darstellt.

Rastern [halftoning, raster]

Der Begriff „Rastern" meint die Auflösung eines Bilds in einzelne Punkte, damit es beispielsweise auf →Bildschirm oder →Drucker darstellbar wird. Die Umwandlung eines Bilds erfolgt mit Hilfe eines Rasterverfahrens – z. B. eines →Scanners. Je höher die →Auflösung (gemessen in dpi), desto besser ist die Qualität der Darstellung. Beim Drucken zählt dagegen nicht nur die physikalische Auflösung, sondern auch die Auflösung des verwendeten Rasterverfahrens (die →Rasterfrequenz). Für weitere Informationen siehe →dpi und →lpi.

Rasterverfahren [halftoning, rasterization]

Rasterverfahren dienen dazu, Bilder (beispielsweise Fotos) in Rastergrafiken umzuwandeln. Je nach →Auflösung erscheint die entstandene Rastergrafik mehr oder minder grobkörnig (siehe auch →Rastern, →Digitalisierung und →Scanner). Entscheidend für die Qualität eines Rasterverfahrens ist die verwendete Rasterauflösung (Rasterfrequenz), die in lpi (lines per inch) gemessen wird und selber wiederum von der physikalischen Auflösung des Druckers abhängt (in dpi = dots per inch). Für weitere Informationen siehe →dpi und →lpi.

Ratio [Verhältnis]

Mit ratio ist im Zusammenhang mit der Nutzung von →BBS das Verhältnis zwischen Up- und Download gemeint. Mit der Vorgabe einer Ratio sichern sich manche →SysOps gegen Benutzer, die nur Dateien herunterladen, ohne einen Beitrag zum gegenseitigen Austausch von PD und Shareware sowie anderen interessanten Daten zu leisten. Eine Ratio von 1:4 bedeutet beispielsweise, dass als Gegenleistung für einen →Upload von 100 KByte ein →Download von 400 KByte zur Verfügung steht.

Raubkopie [illegal copy]

Als Raubkopie wird die Kopie einer →Software bezeichnet, die illegal von einem Originalprodukt angefertigt wurde. Während Programme, die die Bezeichnung →Shareware, →Freeware oder →PD-Software tragen, legal verbreitet werden dürfen, ist dies bei kommerziellen Produkten nicht gestattet. Das Erstellen, der Besitz oder die Benutzung einer Raubkopie ist nach dem Gesetz zum →Urheberschutz strafbar. Einige Firmen versuchen, Raubkopien zu verhindern, indem sie ihre Software mit einem →Dongle ausliefern.

Raytracing (Strahlverfolgung)

Raytracing heißt ein Verfahren, bei dem durch den →Computer Schatten und Lichtreflexe fiktiver Lichtquellen für einen im Bild dargestellten dreidimensionalen Körper berechnet werden. Raytracing ist sehr rechenintensiv, sodass – je nach Auflösung und Kompliziertheit der Szene – auch ein schneller Computer Stunden oder Tage mit der Berechnung eines Bilds beschäftigt sein kann.

RCTC (Rewritable Consumer Timecode)

Englische Abk. f. wiederbeschreibbaren Konsumenten-Zeitkode. Es ist ein wiederbeschreibbares Zeitsignal für den Video-8-Standard (auch Hi8). Jedes Bild wird dadurch während der Aufnahme nummeriert, was einen bildgenauen Schnitt gewährleistet. Auch ältere Aufnahmen können nachträglich mit RCTC beschrieben werden. Videorekorder, die den RCTC-Timecode unterstützen, eignen sich optimal für die Videobearbeitung bzw. den →linearen Videoschnitt. Nähere Informationen und Vergleich zu anderen Timecode-Verfahren siehe →Videobearbeitung.

RD (Read, Relational Database)

1) Die Abkürzung RD für ReaD (Lesen) wird häufig in Anleitungen und Dokumentationen verwendet.

2) RD ist auch als Abkürzung für →relationale Datenbank gebräuchlich.

RDA [Remote Database Access]

Der Begriff RDA, Abk. f. entfernter Datenbankzugriff, bedeutet Fernzugriff auf →Datenbanken.

RDBMS (Relational Database Management System)

Die Abkürzung RDBMS steht für Datenbank-Managementsystem zum Aufbau, zur Pflege und Auswertung von →relationalen Datenbanken.

RDS (Radio Data System)

RDS ist die englische Abk. f. Radio-Daten-System, ein europäischer Standard für einen textorientierten Zusatzdienst bei der Radio-Übertragung im UKW-Bereich. RDS ermöglicht parallel zum eigentlichen Radiosignal die Übertragung von **statischen Informationen** – wie der Senderkennung und alternativen Empfangsfrequenzen – oder von **dynamischen Informationen** wie Textinformationen über Titel und Interpreten. Autoradios mit RDS können während der Fahrt andere Frequenzen mit Verkehrsfunk auswählen und außerdem immer die optimale Empfangsfrequenz eines Senders automatisch einstellen. RDS wird außerdem vom **Funkrufdienst Omniport** für die Übermittlung von Nachrichten an Nutzer eines kleinen, mobilen Empfangsgeräts (→Pager) verwendet.

Re: (reply to, regards to)

Das Kürzel (englische Abk. f. erwidern, bezüglich) wird in den Diskussionsforen des Internet benutzt, um anzudeuten, dass es sich bei dem Beitrag um eine Reaktion auf vorangegangene Beiträge handelt. In der ursprünglichen Mail steht z. B. als Subject: *Win 95 Installation*. In der Reaktion (siehe →Reply) darauf findet man oft im Subject: *Re: Win 95 Installation*. Eigentlich ist das *Re:* im Subject entbehrlich.

Read

Read ist die englische Bezeichnung für das Lesen von Datenträgern (siehe →Datenträger) oder das Auslesen von →Speichern.

Read after write

→Daten können durch das →Betriebssystem nach dem Schreiben, z. B. auf die →Festplatte oder eine →Diskette, noch einmal gelesen werden. Auf diese Weise wird sichergestellt, dass die Daten richtig gespeichert wurden. Diesen Vorgang nennt man read after write oder verify.

Read only [nur lesen]

Das Dateiattribut read only steht für eine schreibgeschützte →Datei. Siehe →Attribut.

Readme-Datei [Liesmich-Datei]

Mit der Bezeichnung „Readme-Datei", im Deutschen auch manchmal als **Liesmich** übersetzt, werden spezielle Dateien benannt, in denen aktuelle, wichtige Informationen zu einer Software vorliegen. Readme-Dateien enthalten z. B. Hinweise, die erst nach Drucklegung der Handbücher/Produktbeschreibung erstellt wurden. Oder solche, die so wichtig sind, dass sie der Anwender unbedingt vor der ersten Nutzung der Software lesen sollte. Bei den Readme-Dateien handelt es sich zumeist um einfache Textdateien, die mit jedem →Editor gelesen werden können. Den meisten Programmen oder Treibern liegt eine solche Datei bei, die man prinzipiell auch immer lesen sollte, um Probleme bei der Installation und beim Betrieb zu vermeiden.

Real Audio

Real Audio hat sich zu einem Quasi-Standard zum Übertragen von Live-Audio via Internet entwickelt. Mit Hilfe der →Streaming-Technik ist es möglich, komplette Radiosendungen in guter Qualität kontinuierlich über das Internet zu senden. Das Abspielprogramm für Real Audio (der Real Audio-Player) kann im Internet unter ***www.realaudio.com*** kostenlos heruntergeladen werden. Kostenpflichtig ist dagegen der Server, der zur Erzeugung von Real Audio-Dateien notwendig ist. Der Real Audio-Player wird als →Plug-In in den Webbrowser wie z. B. den →Netscape Navigator oder ›Internet Explorer direkt eingebunden. Seit der Version 4.0 unterstützt Real Audio auch Video. Der aktuelle RealPlayer G2 bietet in der kostenpflichtigen Plus-Version einige erweiterte Funktionen an, die aber der normale Anwender kaum benötigt. Die Ausgabe von ca. 30 Dollar für diese Plus-Version lohnt nur bei intensiver Nutzung des Real Audio-Standards, der aber im Audiobereich durch die Verbreitung von →MP3 sowieso stark an Rückhalt verloren hat.

Real Mode [realer Modus]

Der Real Mode war die einzige Betriebsart der →Prozessoren 8086 und 8088 von →Intel und dem Arbeitsumfeld des →Betriebssystems →MS-DOS. Im Real Mode sprechen Betriebssystem und jedes Anwendungsprogramm den →Arbeitsspeicher mit den realen physischen Adressen (aus Segment- und Offset-Teil) an; diese werden ohne weitere Prüfungen über den →Adressbus übertragen. Programmcode und Daten befinden sich im Real Mode in einem einheitlichen Speicherbereich und lassen sich in keiner Weise voreinander schützen. Jedes Programm besitzt im Real Mode ungeteilten Zugriff auf alle Ressourcen des Systems. Im Real Mode kann nur 1 MByte Speicher adressiert werden. Um dennoch mehr Speicher zu nutzen, wurden Konzepte wie →EMS und →XMS entwickelt. Die modernen Prozessoren von Intel – vom 286er bis zum →Pentium – verfügen zusätzlich zum Real Mode über den →Protected Mode.

Receiver [Empfänger]

Als Receiver bezeichnet man zum einen ein Kombinationsgerät, das verschiedene Hi-Fi-Komponenten (Tuner, Vorverstärker, Endstufe) in sich vereinigt. Der Receiver besitzt weitere Anschlussmöglichkeiten für zusätzliche Komponenten wie z. B. Plattenspieler, CD-Player, Videorekorder usw. Receiver ist auch die Bezeichnung für einen dem Fernsehgerät vorgeschalteten Empfänger für Satelliten-TV oder einen anderen Empfänger von Informationen oder →Daten.

Rechengeschwindigkeit [calculation performance]

Die Geschwindigkeit, mit der ein Computer Berechnungen ausführen kann, nennt man Rechen- oder **Verarbeitungsgeschwindigkeit**. Die Rechengeschwindigkeit ist in hohem Maße vom konkreten Programm, dem →Prozessor und dessen Taktfrequenz (→Takt), aber auch von der Größe des →Arbeitsspeichers und weiteren Faktoren abhängig. Zum Test der Rechengeschwindigkeit dienen spezielle →Benchmark-Tests.

Rechenmaschine [calculator]

Der Traum des Menschen, langwierige Berechnungen zu automatisieren, hat im Laufe einer langen Geschichte zu einer Vielzahl technischer Hilfsmittel geführt. Am Anfang standen einfache Hilfsmittel wie der **Abakus** (um 300 v. Chr. durch die Römer auf Basis einfacher Rechenbretter eingeführt) oder der **Rechenschieber**, 1623 von William Oughtred entwickelt (siehe → Oughtred, William), der noch bis in die 60er Jahre unseres Jahrhunderts seine Existenzberechtigung hatte. Doch bereits 1623 wurde von Wilhelm Schickard eine erste mechanische Rechenmaschine konstruiert, die über die Entwicklungen von Blaise Pascal (siehe →Pascal, Blaise – Addier- und Subtraktionsmaschine mit Übertrag von 1642), Gottfried Wilhelm von Leibnitz (Rechenmaschine für alle vier Grundrechenarten von 1673) und Phillip Hahn (Vollendung der Leibnitzschen Rechenmaschine von 1774) sowie Arbeiten weiterer Erfinder bis 1821 zur Aufnahme der Produktion mechanischer Rechenmaschinen in Frankreich führte.

Charles Babbage (siehe → Babbage, Charles) begann 1833 mit seinen Arbeiten zu programmierbaren Rechenmaschinen, bei denen die Ideen des von Lochkarten gesteuerten mechanischen Webstuhls von Joseph-Marie Jacquard (siehe → Jacquard, Joseph-Marie) aus dem Jahre 1805 einfließen sollten. Das Prinzip der **Lochkarten** inspirierte auch Hermann Hollerith (siehe →Hollerith, Hermann) zu seiner elektromechanischen Sortier- und Zählmaschine zur Auswertung der elften Volkszählung in den USA im Jahre 1890. Mit Konrad Zuse (siehe →Zuse, Konrad) und Howard H. Aiken (siehe →Aiken, Howard) betraten zwei geniale Techniker die Szene, die − unabhängig voneinander − in den Jahren 1941 in Deutschland bzw. 1944 in den USA mit der Z3 bzw. der Mark I die ersten programmgesteuerten elektromechanischen Rechenmaschinen auf der Basis von **Relais** als aktiven Bauelementen fertig stellten. Bis zu unseren heutigen →Computern, denen beileibe der Begriff „Rechenmaschine" nicht mehr gerecht wird, war es jedoch noch ein langer Entwicklungsweg.

Rechenwerk [Arithmetic and Logic Unit, ALU]

Das Rechenwerk, ist ein Teil des →Prozessors und realisiert die grundlegenden Rechenoperationen wie Addition, Subtraktion, →Negation sowie die logische →AND- und →OR-Verknüpfung.

Rechenzeit [calculation time]

Unter Rechenzeit versteht man einerseits die Zeit, die der Computer zum Abarbeiten eines Programms braucht; sie hängt maßgeblich von der →Rechengeschwindigkeit ab. Unter Rechenzeit versteht man aber auch die Befehlsausführungszeit, die Zeit, die der →Prozessor für das Ausführen eines Befehls benötigt; diese hängt wesentlich von der Taktfrequenz und der Anzahl der vom Befehl benötigten Taktzyklen ab (→Takt).

Rechenzentrum [computer center]

Rechenzentren oder auch Datenverarbeitungszentren sind mit großen und leistungsfähigen Datenverarbeitungsanlagen ausgestattet und auf die Verarbeitung großer Datenmengen oder umfangreicher Berechnungen ausgerichtet. Rechenzentren sind heute, im Zeitalter der Dezentralisierung, nicht mehr ganz so häufig anzutreffen wie noch vor einigen Jahren. Doch auch heute finden sich − insbesondere in großen Unternehmen oder Universitäten − noch Rechenzentren, die mit modernsten Systemen der Informations- und Kommunikationstechnik ausgestattet sind.

Recherche [investigation, search]

Recherche ist im EDV-Bereich die Bezeichnung für alle Formen von Suchvorgängen, die zur Auffindung von Daten dienen. Recherchen werden z. B. in großen →Netzwerken, →Mailboxen oder auch im Datenbestand einer →Datenbank durchgeführt.

Rechtschreibhilfe [spell checker]

In nahezu allen modernen Programmen zur →Textverarbeitung ist es möglich, die Rechtschreibung überprüfen zu lassen. Diese so genannte Rechtschreibhilfe oder Rechtschreibprüfung greift dazu auf ein Wörterbuch mit einem – meist erweiterbaren – Wortschatz zu. Die Rechtschreibhilfe überprüft entweder jedes einzelne Wort gleich nach dessen Eingabe oder prüft – auf Anforderung – einen kompletten Text bzw. einzelne markierte Teile. Die Rechtschreibhilfe zeigt falsch geschriebene (oder ihr nicht bekannte) Wörter an, schlägt Korrekturen vor bzw. regt die Aufnahme eines dem System fremden Worts ins Wörterbuch an.

Record [Datensatz, aufnehmen]

Der englische Begriff „Record" ist einerseits die übliche Bezeichnung für einen →Datensatz. Andererseits werden damit auch alle Prozesse bezeichnet, bei denen etwas aufgenommen wird. Also z. B. Ton oder Video mit Hilfe eines entsprechenden Geräts oder des PCs.

Record key [Schlüssel, Ordnungsbegriff]

Ein record key dient als Suchkriterium; er ermöglicht das Auffinden von Datensätzen (siehe →Primärschlüssel, →Datensatz).

Record Locking (Satzsperre)

Als Record Locking bezeichnet man ein Verfahren, das während der Arbeit an einer →Datenbank einzelne →Datensätze für andere →Prozesse sperrt. Erst nach Beendigung der Bearbeitung wird die Satzsperre wieder aufgehoben. Das Record Locking steht im Gegensatz zum File Locking, bei dem die gesamte Datei während der Bearbeitung für andere Prozesse gesperrt ist.

Recycling [Weiterverwertung, Wiederherstellung]

Der Frage nach einer möglichen Wiederverwertung von Computerteilen und -Materialien kommt angesichts immer kürzer werdender Produktzyklen eine wachsende Bedeutung zu. Eine Verwertung funktionstüchtiger Baugruppen ist wegen der hohen Innovationsrate im Bereich der Computertechnik nur bedingt möglich, sodass nach Möglichkeiten einer stofflichen Verwertung der Materialien zu suchen ist. Dazu müssen die Baugruppen zerlegt und die Materialien möglichst sortenrein getrennt werden. Durch die gezielte Auswahl z. B. möglichst weniger Plastiksorten trägt ein Hersteller bereits bei der Konstruktion dazu bei, dass ein späteres Recycling möglich wird.

Red Book

Im als Red Book bezeichneten Standard ist das Aufzeichnungsformat für die Daten auf Audio-CDs festgelegt.

Redundanz [redundancy]

Als Redundanz (Überfluss) bezeichnet man überflüssige Daten, d. h. Daten, die keine wirklichen Informationen transportieren. So werden z. B. nur 30 kleine und 29 große Buchstaben, 10 Ziffern, etwa 20 Sonderzeichen und einige wenige →Steuerzeichen benötigt, um einen deutschen Text zu schreiben. Wird jedes dieser Zeichen jedoch durch den erweiterten ASCII-Code (siehe →ASCII) mit je acht Bit kodiert, womit ja insgesamt 256 Zeichen darstellbar sind, schleppt man eine Redundanz von weit über 50 % mit sich herum. Die Verminderung der Redundanz innerhalb einer Datei ist der Ansatzpunkt zur →Datenkompression. Andererseits bietet die Einfügung von redundanten Daten einen Ansatzpunkt zur →Fehlererkennung bei der →Datenübertragung oder Speicherung auf einem →Datenträger durch das Einführen von →Parität oder →CRC.

Referenz [reference]

1) Bei der →Programmierung versteht man unter einer Referenz eine Form der Wertübergabe. Bei einer Referenz wird nicht der Wert selbst, sondern lediglich ein Verweis auf die →Adresse des Werts übergeben.

2) Bei der Datenmodellierung einer →relationalen Datenbank erfolgt gemäß der so genannten dritten →Normalform oft eine Aufspaltung in mehrere →Relationen oder Tabellen. Dabei sind zwischen den jeweiligen →Datensätzen Beziehungen oder Referenzen erforderlich. Man unterscheidet drei verschiedene Referenztypen:

– Bei einer 1:1-Referenz hat jeder Datensatz der Haupttabelle nur eine Verknüpfung zu einem Datensatz der Nebentabelle. Dieser Referenztyp ist jedoch recht selten, da in diesem Fall – zumindest von der Seite der Datenmodellierung – kein Grund zur Aufspaltung in mehrere Tabellen vorliegt.

– Im Normalfall sind jedoch mehr als eine Verknüpfung gemäß einer 1:n-Referenz realisiert, bei der ein Datensatz der Haupttabelle Verknüpfungen zu mehreren Datensätzen einer Nebentabelle besitzt. Eine Auftragsverwaltung könnte z. B. aus einer Kundentabelle mit den Adressdaten und der Kundennummer als →Primärschlüssel sowie einer Auftragstabelle bestehen, in der jeder Auftrag durch die Kundennummer einem Kunden in der Kundentabelle zugeordnet ist.

– In seltenen Fällen kommen auch m:n-Referenzen zum Einsatz, bei denen sowohl ein Datensatz der Haupttabelle Verknüpfungen zu mehreren Datensätzen einer Nebentabelle als auch ein Datensatz der Nebentabelle Verknüpfungen zu mehreren Datensätzen der Haupttabelle besitzen kann.

Refresh [Auffrischung]

siehe →DRAM, ›RAM refresh, →Refreshzyklus

Refreshzyklus [refresh cycle]

Der Refreshzyklus ist der für das Auffrischen der Informationen in dynamischen RAM-Bausteinen (siehe →DRAM) erforderliche Zyklus von Auslesen und neuem Einschreiben.

Register [register]

Als Register bezeichnet man insbesondere Speicherbereiche innerhalb eines →Prozessors, in denen diverse Parameter, Adressen, Operanden oder Zwischenergebnisse gespeichert werden.

Registry [Registrierung]

Die Registry von Windows 95/98 (und seit Herbst 1996 auch Windows NT 4.0) ist eine Funktion zur Konfiguration des ganzen Systems. Es handelt sich um den Nachfolger der →*System.ini* und →*Win.ini* vom alten Windows 3.x. Die Registry ist eine Art Datenbank, in der alle für Windows und seine Programme relevanten Software- und Hardwareeinstellungen gespeichert werden. Sie ist hierarchisch und sehr komplex aufgebaut; eine Gliederung erfolgt in so genannte Schlüssel. Zur Bearbeitung der Registry kann man das Programm *Regedit.exe* im Windows-Verzeichnis verwenden. Die Einstellungen und Parameter sind von Microsoft aber nicht offiziell dokumentiert, sodass man für Änderungen auf fremde Information oder simples Ausprobieren angewiesen ist. Alle in der Registry vorgenommenen Einstellungen werden im Windows-Verzeichnis in zwei binären Dateien gespeichert: *System.dat* und *User.dat*. Ähnlich wie früher *System.ini* und *Win.ini* repräsentieren sie hardware- bzw. softwarerelevante Einstellungen. Von diesen beiden Dateien werden von Windows übrigens automatisch Sicherheitskopien mit der Erweiterung *.da0* angelegt, die bei jeder Änderung in der Registry als Backup der alten Konfigurationszustände angelegt werden. Im Falle eines schweren Absturzes und Beschädigung der Registry kann man versuchen, die Lauffähigkeit von Windows durch Verwendung der Sicherheitskopien statt der beschädigten Originale wiederherzustellen. Dabei muss man allerdings beachten, dass die Originale sowie die Sicherheitskopien durch entsprechende →Attribute (Schreibgeschützt, Versteckt, System) geschützt sind. Diese Attribute müssen also z. B. zum Überkopieren der Sicherheitskopien über die beschädigten Originale gelöscht werden.

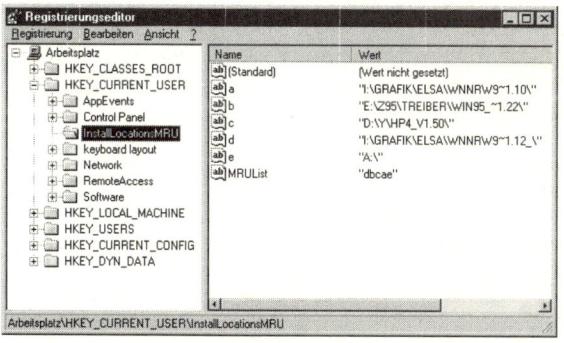

Die Registry im Registrier-Editor von Windows 95/98

Regulierungsbehörde für Telekommunikation (REGTP)

Die **Reg**ulierungsbehörde für **T**elekommunikation und **P**ost" (kurz REGTP) ist der Nachfolger des früheren Bundesministeriums für Post und Telekommunikation. Die REGTP ist nicht nur zuständig für die Regelung des neuen Wettbewerbs zwischen der Telekom und den neuen, privaten Telefongesellschaften, sondern dient für den Verbraucher in Streitfällen auch als Schlichtungsstelle bzw. Beratungsstelle. Für diese Fälle wurde eine Verbraucherservicestelle eingerichtet. Die Zugangsdaten des REGTP-Verbraucherservice sind: Tel. 0 18 05/10 10 00 (Mo-Fr 9-15h), Fax 0 30/2 24 80-515. E-Mail: *verbraucherservice@regtp.de*. Im Internet ist die REGTP unter ***www.regtp.de*** zu finden. Die Postanschrift der Verbraucherservice-Abteilung lautet:

Verbraucherservice
Regulierungsbehörde für Telekommunikation und Post
Postfach 8001
D-53105 Bonn

Rekursion

Eine Rekursion ist eine Form der Berechnung, bei der eine Folge von Ergebnissen derart bestimmt wird, dass ein jeweils nachfolgender Wert aus den vorher berechneten Werten durch Anwendung des gleichen Algorithmus bestimmt wird wie diese. Ein rekursiver Algorithmus ist also ein solcher, der sich selbst als Einzelschritt enthält. Rekursive Algorithmen spielen in der Mathematik und in der Rechentechnik gleichermaßen eine große Rolle (siehe →Iteration).

Rekursives Programm

Ein rekursives Programm beinhaltet rekursive Programmteile (siehe →Rekursion), die sich selbst aufrufen.

Relation [relation]

1) Der Begriff „Relation" (Beziehung, Verhältnis, Verwandtschaft) steht allgemein für alle Formen von Beziehungen und Abhängigkeiten von Objekten oder →Daten zueinander.

2) Der Begriff „Relation" spielt bei den →relationalen Datenbanken eine besondere Rolle. Eine Relation ist hier eine Menge gleichartig strukturierter so genannter Tupel, den →Datensätzen. Diese beschreiben wiederum Datenobjekte aus einem bestimmten Sachzusammenhang (dem so genannten Diskursbereich oder der Miniwelt). Vereinfacht ist eine Relation eine einem Themenkreis zugeordnete Information, die in Form einer Tabelle dargestellt werden kann.

Relationale Datenbank[relational database]

Eine relationale →Datenbank ist dadurch gekennzeichnet, dass in ihr die Daten in einem →relationalen Schema dargestellt werden. In einem relationalen Schema werden die →Daten in so genannten →Relationen – einfach ausgedrückt: in Tabellenform – dargestellt (Abbildung siehe nächste Seite).

Relationales Schema [relational scheme]

In einem relationalen Modell werden die →Daten in so genannten →Relationen – einfach ausgedrückt: in Tabellenform – dargestellt. Die Spezifikation einer Menge von Relationen mit zugehörigen →Attributen inklusive ihrer →Domänen heißt relationales Schema.

Relationstyp [relational type]

Unter dem Relationstyp versteht man die Struktur einer →Relation, d. h. die →Attribute und deren →Domänen, vereinfacht also die leere Tabelle.

Relative Adresse [relative address]

Eine relative Adresse ist der Spezialfall einer →logischen Adresse, die sich auf eine irgendwie definierte Basis – etwa die →Startadresse eines Programms – bezieht. Relative Adressen werden eingeführt, um Programme schreiben zu können, die durch das →Betriebssystem an einen beliebigen Speicherplatz geladen werden können; dies entlastet den Programmierer von der Berücksichtigung der realen Speicherorganisation.

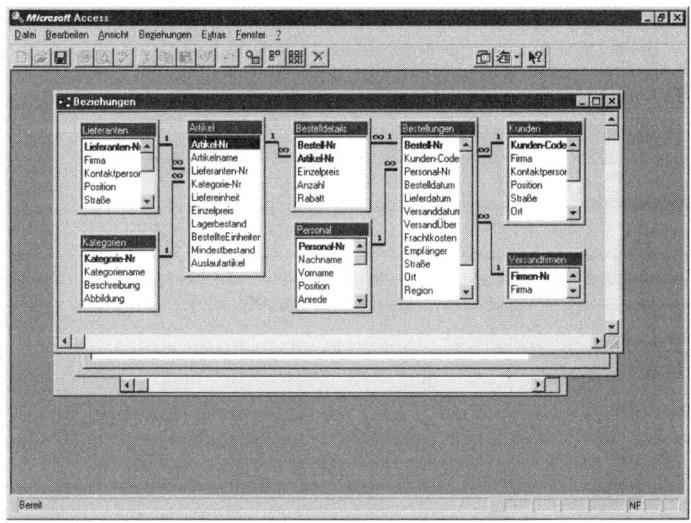

Relationale Verknüpfungen zwischen Daten kann man in Datenbanken wie →Access grafisch durch Ziehen von Linien erstellen

Release [Freigabe, Ausgabe]

Release ist eine alternative Bezeichnung für die →Version z. B. einer →Software.

Remote Mail [ferngesteuerte Post]

Remote Mail ist eine Funktion von Mail-Programmen, die die selektive Einwahl in einen Mailserver zum Transfer (Abholen oder Abschicken) von →E-Mails erlaubt. Eine solche Funktion ist recht komfortabel und ermöglicht in Verbindung mit einem entsprechenden Mail-Dienst (z. B. von CompuServe oder →POP3 im Internet) die Anzeige der Betreffzeilen eingetroffener E-Mails, bevor man sich diese auf seinen Rechner herunterlädt. Eine Remote-Mail-Funktion besitzt z. B. →Outlook, aber nicht sein „kleiner Bruder", das im →Internet Explorer integrierte Mail-Programm Outlook Express. Auch die Clients des Mailservers →Exchange bzw. das früher unter Windows 95 ausgelieferte Mail-Programm mit gleichem Namen (unter Windows NT bzw. Windows 98 Windows Messaging genannt) verfügen über eine Remote-Mail-Funktion.

Remote-control [Fernsteuerkontrolle]

Remote-control-Programme sind Fernsteuerprogramme, die es ermöglichen, alle wesentlichen Aktionen eines Computers X von einem entfernten Computer Y aus – über →Datenfernübertragung oder das →Netzwerk – zu regeln. Eingesetzt werden solche Programme u. a. bei der Fehlersuche und Fehlerbehebung.

Rendering [Übersetzung, Übertragung]

Rendering bezeichnet ein Verfahren, bei dem dreidimensionale Drahtmodelle von Körpern durch die Berechnung von komplexen Oberflächen und die Simulation von Licht und Schatten in realistische dreidimensionale Darstellungen umgewandelt werden. Je nach Komplexität der Berechnungen kann die Berechnung eines derartigen Bilds – selbst auf leistungsfähigen Rechnern – mehrere Stunden →Rechenzeit in Anspruch nehmen.

Repeater [Wiederholer]

Ein Repeater ist ein einfaches Gerät, das lediglich zwei unabhängige →Netzwerksegmente mit gleichem →Netzwerkprotokoll verbinden kann. Ein Repeater arbeitet nur in der →physikalischen Schicht des →OSI-Schichtenmodells und verstärkt und restauriert die Datenpakete.

Reply

Reply ist der englische Begriff für Antworten, entgegnen. Zum Beispiel auf einen Beitrag in einem Diskussionsforum im Internet (→Forum, →Newsgroup, →Usenet).

Report [Bericht, Meldung]

Ein Report ist eine selektive Zusammenstellung von →Daten aus einer →Datenbank, die in Form einer Tabelle oder Liste ausgegeben wird. Zur Erstellung des Reports können zuvor Abfragen in der Datenbank durchgeführt werden, die eine Auswahl der Daten nach einem gewünschten Gesichtspunkt ermöglichen.

Reprotechnik

Als Reprotechnik bezeichnet man sowohl die Verfahren als auch die erforderlichen Geräte und Systeme zur professionellen Reproduktion von Bildern auf drucktechnischem Weg.

Reset [zurücksetzen, neu starten]

Das Drücken der Reset-Taste bewirkt einen →Kaltstart des →PCs, wie er beim Einschalten ausgeführt wird. Der Inhalt des gesamten Arbeitsspeichers geht verloren, das →BIOS beginnt mit seiner Test- (siehe →POST) und Initialisierungsprozedur und startet das →Betriebssystem vom Startlaufwerk. Im Gegensatz zum Kaltstart wird beim so genannten Warmstart, der durch gleichzeitiges Drücken der Tasten [Strg]+[Alt]+[Entf] ausgelöst wird, ein Großteil der Test- und Initialisierungsprozedur des BIOS übersprungen.

Resident [resident]

Daten oder Programme bezeichnet man als resident (lat. residere = verbleiben), wenn sie sich permanent im →Arbeitsspeicher befinden. Residente Programme (siehe →TSR) müssen nicht notwendigerweise aktiv sein.

Response time [Antwortzeit]

Response time (Antwortzeit) wird die Dauer einer →Transaktion genannt, d. h. die Zeit, die von der Eingabe des Benutzers bis zur Antwort oder Reaktion des Computers verstreicht.

Ressourcen [resource]

Unter Ressourcen oder →Betriebsmittel versteht man alle während des Betriebs eines →Computers nutzbaren Komponenten der →Hardware oder →Software wie →Drucker, →Massenspeicher, Compiler, Programme zur Textverarbeitung usw. Aber auch spezielle →Puffer, →Stapelspeicher für →Adressen, Filehandles usw. innerhalb eines Betriebssystems oder Anwendungsprogramms werden als Ressourcen bezeichnet.

Ressourcenverwaltung

Die Ressourcenverwaltung ist eine Komponente des →Betriebssystems, die alle zur Verfügung stehenden →Betriebsmittel eines Rechners verwaltet (siehe →Betriebsmittelvergabe).

Restore [wiederherstellen, zurückspeichern]

Als Restore bezeichnet man das Rücklesen der durch ein →Backup gesicherten →Daten auf die →Festplatte.

RET (Resolution Enhancement Technology)

RET (englische Abk. f. Auflösungs-Verbesserungs-Technologie) ist ein von der Firma Hewlett Packard entwickeltes Verfahren zur Verbesserung des Ausdrucks bei einem →Laserdrucker. Erreicht wird dies durch die Anpassung der Größe einzelner Druckpunkte am Rand von Strukturen; dadurch wird der Treppeneffekt an schrägen Kanten erheblich vermindert. Für den Betrachter entsteht so der Eindruck einer höheren →Auflösung. Eine analoge Technik setzen auch andere Hersteller – z. B. Epson oder Oki – unter anderem Namen ein.

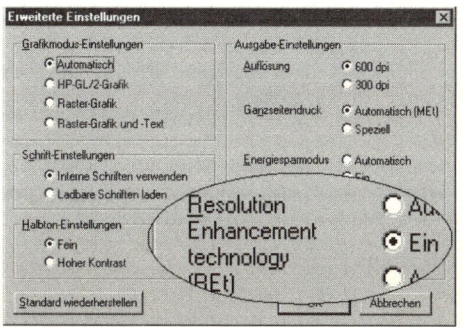

Der Treiber Ihres Druckers bietet Ihnen zumeist die Möglichkeit, die RET-Einstellungen zu verändern

Retail [Verkauf, Einzelhandel]

Der englische Begriff „Retail" wird im Computerbereich für die Bezeichnung von Waren verwendet, die über den Einzelhandel an den Kunden verkauft werden sollen. Im Gegensatz zu den →OEM-Geräten, die nur an Händler zum direkten Einbau in ein neues Computersystem gedacht sind, stehen Retail-Waren also in den Regalen der Kaufhäuser. Während die OEM-Geräte normalerweise nicht frei (einzeln) käuflich, dafür aber preiswerter sind, haben Retail-Geräte neben einem Umkarton meist noch Handbücher und evtl. zusätzliche Beilagen wie Kabel oder Software. Dafür ist der Preis aber auch höher. Wer sich ein neues Gerät kaufen will, für den kann es sich also lohnen, nach der OEM- statt Retail-Version zu suchen.

Retrieval [Datenbankabfrage, Wiederauffinden]

Als Retrieval bezeichnet man die Suche von →Daten in einer →Datenbank mit Hilfe einer Abfragesprache.

Retrieval-Software

Retrieval-Software dient zum Wiederauffinden von gespeicherten Informationen, zum Beispiel bei Lexika oder anderen Nachschlagewerken auf →CD-ROM (siehe →Retrieval).

Return [zurück, umdrehen, Eingabebestätigung]

Return geht als Kurzform auf das so genannte **carriage return** zurück, den Wagen- bzw. Schlittenrücklauf bei der guten alten Schreibmaschine. In der EDV-Welt ist davon der Begriff „Return" für Zeilenschaltung bzw. Zeilenumbruch übrig geblieben. Um am PC ein Return durchzuführen, also bei der Texteingabe eine neue Zeile zu beginnen, muss man die Enter-Taste drücken. Dies entspricht dem Zeichen 32 des ASCII-Codes (→ASCII), ist also ein Steuerzeichen für den Computer. Das Drücken dieser Taste dient bei der Bedienung eines →PCs über einen textorientierten Kommandoprozessor eines Betriebssystems – wie →*Command.com* bei →MS-DOS – zugleich als Befehl zur Ausführung eines in der aktuellen Zeile eingegebenen Befehls. Daher die neuere Bezeichnung Enter, die die Ausführung der durch Drücken der entsprechenden Taste beendeten Befehlseingabe einleitet. Vergleiche auch Abbildung bei →Tastatur.

RGB (Rot, Grün und Blau)

RGB steht für die drei Grundfarben der additiven Farbmischung (siehe →Farbmodell). Auf der additiven Farbmischung basiert u. a. die Farbdarstellung bei einem Farbmonitor. Durch variable Anteile der Grundfarben Rot, Grün und Blau kann jede Farbe dargestellt werden.

RGB-Monitor

RGB-Monitore verwenden die additive Farbmischung, kurz das RGB-Verfahren (siehe →RGB, →Farbmodell) zur Farbdarstellung.

Ring-Topologie [ring topology]

Die Ring-Topologie eines →Netzwerks (siehe →Netzwerktopologie) zeichnet sich dadurch aus, dass die Knoten an einem Leitungsring angeschlossen sind, in dem die Informationen kreisen (siehe →Token Ring). Diese logische und elektrische Ringstruktur wird jedoch physisch als Stern mit einem →MAU (Abk. f. **M**ultistation **A**ccess **U**nit) genannten Gerät im Zentrum realisiert. Bekanntestes Beispiel für Netzwerke dieser Topologie ist das Token-Ring-Netzwerk (siehe →Token Ring).

RIP (Remote Imaging Protocol; Raster Image Processor)

1) Das RIP-Verfahren (Abk. f. Remote Imaging Protocol) ist ein Standard in der Praxis der →Datenfernübertragung (v. a. →Mailboxen), der eine effiziente Übermittlung von Grafikinformationen zwischen verschiedenen Computern ermöglichen soll. Im Gegensatz zur herkömmlichen ANSI-Darstellung, die seit längerer Zeit z. B. von Mailboxen verwendet wird, können mit dem RIP-Verfahren hochqualitative Bildschirmdarstellungen übertragen werden. Um das Problem des großen Datenvolumens bei Grafikdarstellungen zu umgehen, wird u. a. mit Vektorgrafiken gearbeitet und es werden vor allem nur die relativ kurzen Befehle zur Grafikdarstellung übertragen. Der RIP-Standard muss aber von den jeweiligen Programmen auf beiden Seiten unterstützt werden; damit können dann z. B. Mailboxen komfortable, Maus bedienbare grafische Benutzeroberflächen zur Steuerung verwenden. Trotz der erweiterten Möglichkeiten konnte sich der RIP-Standard bisher kaum durchsetzen. Nur wenige Terminal-Programme (z. B. Telix für Windows) unterstützen ihn und noch weniger Mailboxen (z. B. die Mailbox der Firma →ELSA in Aachen) arbeiten mit ihm.

2) Der RIP (Abk. f. Raster Image Processor) ist der interne →Prozessor in einem →Laserdrucker, der die vom →Computer übertragenen →Daten aufbereitet und die einzelnen →Jobs steuert. Moderne Laserdrucker verfügen dank eines Prozessors in RISC-Technologie (siehe →RISC-Prozessor) über eine enorme Rechenleistung, hinter der sogar mancher Pentium-PC zurücksteht.

RISC-Prozessor (Reduced Instruction Set Computer)

Die Abkürzung RISC steht für Computer mit reduziertem Befehlssatz. Die RISC-Technologie wird bei einigen modernen →Prozessoren wie dem →PowerPC-Chip, dem →Alphachip und auch dem →Pentium und seinen Nachfolgern verwendet. Im Laufe der Entwicklung von Prozessoren wurden deren Befehlssätze (siehe →Programmiersprache) immer umfangreicher und komplexer. Damit wollte man mehr Leistung erzielen. Im Endeffekt jedoch führte diese Entwicklung nicht zum gewünschten Ergebnis.

Einige Experten wiesen bereits vor Jahren darauf hin, dass der entgegengesetzte Weg richtig sei, da rund 80 % der durch die Programme aufgerufenen Befehle lediglich rund 20 % des Befehlsumfangs beträfen. Nach jahrelangem Streit der Experten wurde die Idee der RISC-Prozessoren mit deutlich reduziertem Befehlssatz in die Praxis umgesetzt. Die herkömmlichen Prozessoren wurden im Unterschied dazu CISC-Prozessoren (Complex Instruction Set Computer, Computer mit komplexem Befehlssatz) genannt. Die Reduktion und Optimierung des Befehlssatzes ermöglichte einen einfacheren Aufbau und daraus resultierend eine deutlich schnellere Verarbeitung der meisten Aufgaben. Komplexe Befehle, die nun nicht mehr im Befehlssatz enthalten sind, müssen jedoch durch eine Folge von Maschinenbefehlen realisiert werden. Nachdem eine Zeitlang bevorzugt die reine RISC-Architektur angewandt wurde, gehen die Hersteller in letzter Zeit auch zu einer Vermischung von RISC und CISC über, sodass hier oft − wie beim Pentium − keine klaren Grenzen mehr gezogen werden können.

RJ-Stecker

Der RJ-Stecker ist bekannter unter der Bezeichnung Westernstecker. Er stammt aus den USA und wird für die Verbindung von Telefonen und Zusatzgeräten (Modems etc.) zunehmend auch in Deutschland verwendet. Gängig ist die kleine Variante RJ-11 mit vier Kontakten und der große RJ-45 mit acht Kontakten. Der RJ-45 wird außerdem auch als Stecker für →Netzwerkkabel (10BaseT, im →LAN) verwendet. Weitere Informationen und Abbildung siehe →Westernstecker.

RLL (Run Length Limited)

Das RLL-Verfahren (englische Abk. f. Lauflängen begrenzt) ist ein komprimierendes Kodierverfahren, das seit Mitte der 80er Jahre bei der Aufzeichnung auf Festplatten (siehe →Festplatte) eingesetzt wird und auch heute noch – in weiterentwickelter Form – Anwendung findet. RLL-Festplatten lösten in den 80er Jahren die MFM-Festplatten ab, die nur 17 Sektoren (siehe →Sektor) benutzten, während die RLL-Festplatten mit 26 Sektoren pro →Spur arbeiten und eine um 50 % höhere →Aufzeichnungsdichte aufweisen.

Roaming [wandern, streunen]

Roaming ist allgemein die Bezeichnung für die Möglichkeit, mit einem Funktelefon beliebig den Sendeort wechseln zu können, ohne die Gesprächsmöglichkeit zu verlieren. Roaming ist nur dann gewährleistet, wenn innerhalb des variablen Sendebereichs des Handys bzw. schnurlosen Heimtelefons immer eine kompatible Basisstation zum Empfang zur Verfügung steht. Bei Handys ist das Funknetz aus überlappenden Zellen aufgebaut, die durch eine Basisstation versorgt werden. Roaming ist daher möglich, wenn man beim Standortwechsel immer von einer Funkzelle in die nächste gelangt. Die freie Beweglichkeit ist zumeist innerhalb des Lands, in dem man mit seinem Handy angemeldet ist, kein Problem und daher eigentlich selbstverständlich, da die Basisstationen v. a. im D-Netz flächendeckend sind. Daher wird der Begriff „Roaming" hierfür nicht mehr verwendet, sondern nur für den problematischeren Handy-Betrieb im Ausland. Denn Roaming ist hier nur gewährleistet, wenn der heimische Provider mit einem ausländischen Funknetz-Betreiber einen Roaming-Vertrag abgeschlossen hat. Außerdem muss zumeist der Nutzer eines Handys einen Antrag auf Roaming-Unterstützung bei seinem Provider anmelden. Problematisch ist das Roaming im Ausland v. a. für E-Netz-Nutzer, da das hier verwendete DCS-System (→DCS) im Ausland kaum verwendet wird, was es schwer macht, einen Roaming-Partner zu finden.

ROM (Read Only Memory)

Im Gegensatz zum →RAM ist ein ROM (englische Abk. f. Nur-Lese-Speicher = Festwertspeicher) ein →Halbleiterspeicher, dessen Inhalt im normalen Betrieb nur gelesen, nicht aber geschrieben werden kann. Der Inhalt eines ROM bleibt auch ohne Versorgungsspannung erhalten. ROM-Bauelemente gibt es in unterschiedlichen Varianten: als bereits beim Herstellungsprozess programmierten ROM, als →PROM, →EPROM und als →EEPROM. In Analogie zum Halbleiterbauelement ROM wurde die →CD-ROM benannt.

Router

Ein Router ist ein Verbindungselement zwischen →Netzwerksegmenten, in dem Funktionen zur optimalen Suche einer Route enthalten sind. Unter einer **Route** versteht man den Weg, den eine Nachricht bzw. ein →Datenpaket in einem Netz zwischen zwei Knoten zurücklegt. Dazu tauschen die Router untereinander Informationen über die jeweiligen Teilrouten aus. Ein Router überstreicht die Funktionen der untersten drei Schichten des →OSI-Schichtenmodells bis hin zur →Netzwerkschicht.

Unter einem **ISDN-Router** versteht man speziell ein Gerät, das in einem lokalen →Netzwerk (LAN) anderen Rechnern den Zugang zum →Internet über eine →ISDN-Telefonleitung ermöglicht. Der ISDN-Router hat dazu eigene Netzwerkanschlüsse und verhält sich für die übrigen PCs wie ein eigener Rechner. Die vom Router herangeholten Internetdaten werden anschließend über eine →Proxy-Funktion an die anderen Teilnehmer im Netz verteilt. Durch die Verwendung eines ISDN-Routers können Arbeitsgruppen Geld für Hardware (→Modem, →ISDN-Karte) sparen, die ansonsten für jeden PC notwendig wäre, um ihn einzeln ans Internet anzuschließen.

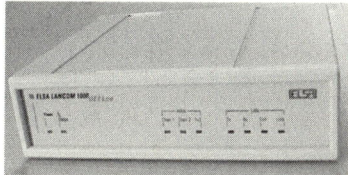

Vorder- und Rückseite eines typischen, einfachen ISDN-Routers. Deutlich sind auf der Rückseite die Anschlüsse für ISDN (rechts) und Netzwerk (links) zu erkennen

Routine [routine]

Im Allgemeinen ist mit Routine eine abgeschlossene Einheit in einem →Programm gemeint, die sich aus mehreren →Funktionen und →Prozeduren zusammensetzen kann. Eine Routine ist meist hinsichtlich ihrer Aufgabe definiert (Drucken, Bildschirmausgabe, 3-D-Grafikausgabe, Klang usw.)

Routing

Mit Routing wird das Transportieren von →Daten innerhalb eines Netzes entlang eines Pfads, einer →Route, bezeichnet. Ist die Route vorgegeben (z. B. im Header der Daten enthalten), spricht man von passivem Routing; ist der kürzeste, schnellste, billigste oder nächstbeste Pfad zu suchen, spricht man von aktivem Routing.

RPA (Remote Phrase Authentication)

RPA ist die Bezeichnung für eine Zugangsmethode, die →**CompuServe** bei seinen über das →Internet verfügbaren Angeboten verwendet, um die Identität eines Internetnutzers als CompuServe-Mitglied sicherzustellen – beispielsweise weil die jeweiligen Angebote ausschließlich von CompuServe-Anwendern genutzt werden sollen oder (bei dem über GO POPMAIL erreichbaren →POP3-Postfach) weil der Zugriff auf Daten eines CompuServe-Nutzers nur für diesen selbst möglich sein soll. Dies setzt einen aktuellen Browser (→Netscape oder den →Internet Explorer) mit einem dazugehörenden →Plug-In, dem so genannten **virtuellen Schlüssel** (**Virtual Key**), voraus.

Bei dem RPA-Verfahren wird aus der CompuServe-Benutzerkennung und dem Passwort des Anwenders sowie weiteren Daten ein temporärer virtueller Schlüssel erzeugt. Nur dieser Schlüssel – und nicht etwa das persönliche Passwort des Anwenders – wird dann über das Internet geschickt. „Passt" der Schlüssel in das auf dem Zugriffsrechner vorhandene „Schloss", erhält der Nutzer Zugriff auf das jeweilige Angebot. Weitere Informationen zu RPA finden Sie bei CompuServe unter dem Kennwort *GO GERVKEY* oder im Internet unter *www.compuserve.com/rpa/index.htm*.

RS232-Schnittstelle

Die RS232-Schnittstelle ist eine weit verbreitete →serielle Schnittstelle mit 9- oder 25poliger Verbindung, die der V.24-Norm entspricht. Sie erhielt ihren Namen durch das amerikanische Normierungsgremium EIA (Abk. f. Electric Engineer Association); sie wird auch als →RS232-Interface bezeichnet. Heutzutage sind die meisten Computer mit einer oder mehreren derartigen Schnittstellen ausgerüstet, die z. B. die Verbindung zu einem →Modem oder einer →Maus ermöglichen.

RSAC (Recreational **Software** Advisory Council)

RSAC ist eine unabhängige, gemeinnützige Organisation mit dem Ziel, Nutzern elektronischer Medien – und dort speziell Eltern – auf der Basis eines offenen und objektiven Bewertungssystems Einschätzungen und Entscheidungen über die Medieninhalte treffen zu helfen.

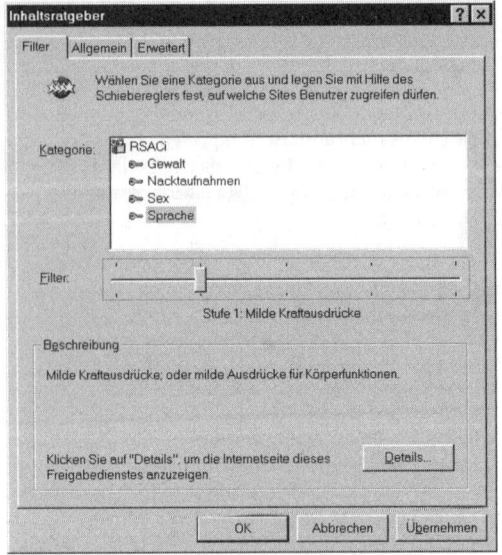

Sind milde Ausdrücke für Körperfunktionen in Ordnung?

Das RASC-Bewertungssystem basiert auf der über 20-jährigen Forschungs-
arbeit von Dr. Roberts an der Stanford University über Medieneinflüsse auf
Kinder. Es findet im Internet unter dem Kürzel **RSACi** (**R**ecreational **Software**
Advisory **C**ouncil on the Internet) Anwendung als eine Art **Kindersicherung**:
Eltern können darüber in mehreren Kategorien (Gewalt, Nacktaufnahmen,
Sex, Sprache) die Art von WWW-Inhalten festlegen, die ihre Kinder sich im
Internet ansehen dürfen. Der Browser dient dann als Filter und zeigt nur
noch solche WWW-Seiten an, deren Inhalte innerhalb der gewählten Grenzen liegen. Außerdem lässt sich der Zugriff auf noch nicht RSAC-bewertete
Seiten gänzlich unterbinden. Solche Filterungen können durch externe Programme oder im jeweiligen Browser integrierte Routinen durchgeführt werden (zum Beispiel den so genannten Inhaltsratgebern im Internet Explorer,
den Sie auf dem Register *Inhalt* im Fenster *Internetoptionen* des Menüs *Ansicht* finden).

Das RSAC ist im Internet unter ***www.rsac.org*** erreichbar. Hier gibt es auch
die Möglichkeit, eigene Homepages im Rahmen des RASCi-Systems zu registrieren.

RTF (Rich Text Format)

RTF (englische Abk. f. erweitertes Textformat) ist ein →Dateiformat, das
von der Firma →Microsoft speziell für den →Datenexport und -→import
formatierter Texte zwischen verschiedenen Textverarbeitungsprogrammen
entwickelt wurde. Durch die Verwendung des RTF-Formats bleibt die →For-
matierung eines Textes auch beim Austausch von Textdateien zwischen Programmen verschiedener Hersteller erhalten.

RTS (Request To Send)

RTS (englische Abk. f. Anfrage zum Senden) ist die Bezeichnung einer bestimmten Steuerleitung der →seriellen Schnittstelle, mit der der Empfänger
den Sender auffordert, Daten zu übermitteln. RTS dient neben →CTS der
hardwaremäßigen →Flusssteuerung.

Rufnummer-Anzeige [calling number display]

Anzeige der Rufnummer des Anrufers im Display eines ISDN-Telefons. Siehe
auch →ISDN-Leistungsmerkmale.

Rufnummer-Übermittlung [calling number transmission]

Übermittlung der Telefonnummer im →ISDN. Siehe auch →ISDN-Leistungs-
merkmale.

Rufnummer-Unterdrückung [calling number suppression]

Ausschalten der →Rufnummerübermittlung im →ISDN. Diese kann permanent geschaltet sein oder fallweise. Die fallweise Unterdrückung steht seit
Anfang 1997 kostenlos zur Verfügung. Siehe auch →ISDN-Leitungsmerk-
male.

Rufumleitung [call forwarding]

Weiterleitung von Gesprächen an ein anderes Endgerät im ISDN-Netz oder
für Telefonkunden im →T-Net. Siehe auch →Anrufweiterschaltung und
→ISDN-Leistungsmerkmale.

Runtime-Lizenz [runtime licence]

Eine Runtime-Lizenz bzw. Runtime-Version ist eine Lizenz, die der Hersteller einer →Software für die Weitergabe und den Verkauf von Produkten verlangt, die mit dieser Software erstellt werden.

RXD (Receive Data)

RXD (englische Abk. f. empfange Daten) ist die Bezeichnung einer der beiden Datenleitungen der →seriellen Schnittstelle.

S/MIME (Security/Multipurpose Internet Mail Extensions)

S/MIME ist ähnlich wie →MIME ein Internetstandard zum Kodieren von →E-Mails. Jedoch werden hier nicht wie bei MIME die Kodes zur korrekten Übertragung von erweiterten Zeichensätzen verwendet, sondern, um Mails zu verschlüsseln und digital zu unterschreiben. Das S in der Bezeichnung steht hier also folgerichtig für Security (Sicherheit).

S/MIME arbeitet im Prinzip genau wie →PGP nach dem Private/Public-Key-Verfahren, mit dem Unterschied, dass hier die beiden Schlüssel nicht vom Anwender selbst mit Hilfe eines Programms (wie z. B. PGP) erzeugt werden, sondern von einer Zertifizierungs-Firma gegen Gebühr ausgegeben werden. Die wohl bekannteste Firma dieser Art ist **Verisign**. Sie stellt eine so genannte **Digitale ID** gegen eine Gebühr von 9,95 US $ pro Jahr aus, die auf eine ganz bestimmte Person und E-Mail-Adresse zertifiziert ist (weitere Informationen unter *www.verisign.com/client/index.html*). Aus dieser digitalen ID kann das Mail-Programm dann sowohl die Funktion des Private wie auch des Public Key (zum Ent- bzw. Verschlüsseln) einsetzen.

Zum Prinzip des Verfahrens siehe die Erklärungen bei →PGP. Weitere, renommierte Anbieter von S/MIME-Zertifikaten sind: *www.globalsign.net* (GlobalSign), *www.trustwise.com* (British Telecommunications TrustWise) und *www.thawte.com* (Thawte Certification).

Die meisten Mail-Programme wie z. B. Outlook bzw. Outlook Express von Microsoft oder Netscape Messenger unterstützen S/MIME direkt und ermöglichen es, einen zertifizierten Schlüssel z. B. von Verisign erst anzufordern und dann direkt in das Programm einzubinden. Die Einbindung und der anschließende Einsatz sind für den Anwender recht einfach und transparent gehalten. Er muss zumeist nur über ein Symbol festlegen, ob er eine Mail verschlüsseln, signieren oder evtl. auch beides möchte. Entsprechende Abbildungen finden Sie bei →PGP.

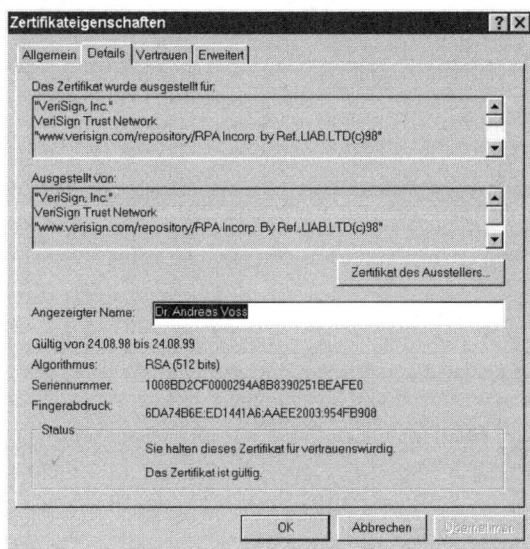

Zu jeder zertifizierten digitalen S/MIME-ID gehören Angaben über den Aussteller, den Besitzer und seine Mail-Adresse

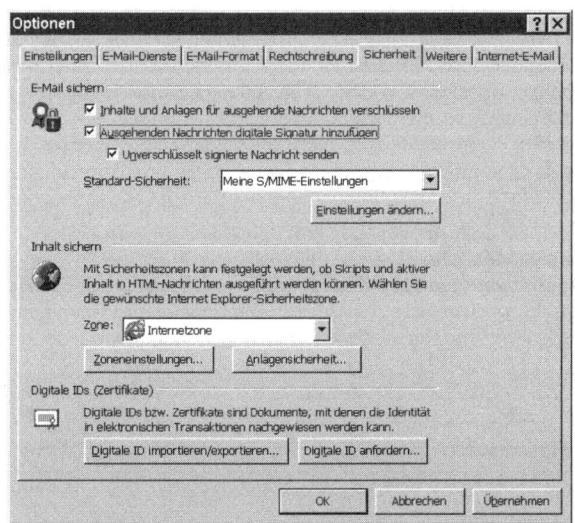

Moderne Mail-Programme wie Outlook 98 bieten in ihren Optionseinstellungen Möglichkeiten zum Anfordern und Einbinden von digitalen IDs

S/MIME ist in der Anwendung zumeist etwas einfacher und bequemer als PGP. Allerdings nur dann, wenn das Mail-Programm den Standard direkt unterstützt. Ansonsten gibt es kaum eine Möglichkeit, mit Hilfe von S/MIME-IDs seine Mails zu schützen. Mit PGP hingegen kann man den Text oder auch die Dateianhänge von Mails auch immer selbstständig verschlüsseln (z. B. durch Kopieren in die Zwischenablage). Ein weiterer Vorteil von S/MIME ist die automatische Zertifizierung der digitalen ID, was durch das Ausstellungsprinzip durch eine Zertifizierungsfirma bedingt ist. Da man mit PGP sich seinen Schlüssel (sowohl den Private wie auch den Public Key) selbst erstellt, muss man sich um die Zertifizierung selbst kümmern (siehe hierzu →PGP).

Dieser Vorteil bei der Bequemlichkeit und Signatur ist gleichzeitig beim Einsatz von S/MIME für Verschlüsselung jedoch eher die Achillesferse des Verfahrens. Da die digitale ID von einem dritten ausgestellt wird, befindet sie sich ja auch in dessen Hand und könnte (zumindest theoretisch) auch zum Entschlüsseln Ihrer Mail verwendet werden. Es kann nicht vollständig ausgeschlossen werden, dass z. B. die Geheimdienste Zugang zu diesen hinterlegten digitalen IDs haben. Außerdem ist der verwendete Sicherheitslevel von S/MIME gegenüber PGP geradezu lächerlich niedrig. Die Tiefe des Verschlüsselungskodes beträgt gerade mal 40 Bit, mit PGP sind dagegen Schlüssel mit bis zu 4.096 Bit möglich. Derart schwache Kodes lassen sich heute schon mit relativ geringem Aufwand brechen. Man sollte die S/MIME-Verschlüsselung daher eher wie einen normalen Umschlag bei der herkömmlichen Post ansehen. Dieser ist auch mehr ein Sichtschutz als wirklicher Zugriffsschutz. Wer Wert auf höchste Sicherheit legt, sollte lieber zu PGP greifen. Jedoch gilt es auch hier die besondere Problematik der amerikanischen Gesetzgebung zum Export von Verschlüsselungstechnik zu beachten. Programme, die Kodes mit mehr als 56 Bit anbieten, dürfen eigentlich nicht exportiert werden. Siehe hierzu auch die Erläuterungen bei →PGP.

Bei der täglichen Anwendung von S/MIME ist zu beachten, dass das ursprüngliche Prinzip von Private und Public Key hier nicht immer ganz für den Anwender transparent umgesetzt wird. Beim Versuch, den Nutzer mit den zugrunde liegenden Mechanismen möglichst nicht zu „belästigen", wurde teilweise die Steuerung bzw. Konfigurationsmöglichkeit des Systems vernachlässigt. So ist es bei den meisten Programmen nicht klar möglich, zwischen dem Private und Public Key zu unterscheiden und vor allem diese auf einem anderen Datenträger zu sichern. Dies ist aber notwendig, denn man installiert sein System ja schon mal öfter neu oder wechselt das Programm. Deswegen möchte man sich aber nicht jedes Mal beim Zertifizierer eine neue ID holen müssen. Die digitale ID bei S/MIME kann man wie eine Einheit aus Private und Public Key ansehen, je nach Zweck verwendet das Mail-Programm dann eine der Funktionen. Die ID lässt sich meistens in eine Datei exportieren und damit auf andere Programme oder Systeme übertragen, aber dies ist nicht immer ganz einfach und funktioniert leider auch nicht immer ganz fehlerfrei. Wer einmal das Prinzip der Bedienung von →PGP verstanden hat, kommt damit besser klar.

Die öffentlichen Schlüssel (Public Keys) anderer Mail-Partner werden bei S/MIME i. d. R. über das Adressbuch des Mail-Programms verwaltet. Will man den Public Key eines Mail-Partners erhalten, muss dieser einem nur eine mit S/MIME signierte Mail schicken. Beim Empfang zeigt das Mail-Programm an, dass die Mail signiert ist, und man kann über die Eigenschaften der Signatur Einsicht in das Zertifikat des Absenders und Ausstellers nehmen. Durch Import der neuen Mail-Daten in das eigene Adressbuch wird anschließend die ID des Absenders übernommen und steht fortan zur Verschlüsselung zur Verfügung. Ähnlich wie PGP kann man die öffentliche ID eines Mail-Partners aber auch im Internet auf einem Key-Server suchen. Die Aussteller bieten solche Server zumeist an, wie z. B. auch Verisign unter *https://digitalid.verisign.com/services/client/index.htm*. Dort kann man nach der ID einer Person entweder über ihre Mail-Adresse oder über den Namen suchen. Existiert eine ID, wird das entsprechende Zertifikat dazu angezeigt, also z. B. ob die ID noch gültig ist oder nicht. Anschließend kann man die öffentliche ID auf den eigenen Rechner übertragen, um so dem Mail-Partner anschließend eine verschlüsselte Mail zukommen zu lassen. Um Mails einfach nur digital zu signieren, ist dieses Verfahren jedoch nicht notwendig, da man dafür nur die eigene ID, aber nicht die des Mail-Partners braucht. Dieser erhält damit aber gleichzeitig auch die eigene öffentliche ID, womit sich der Sicherheitskreis von S/MIME geschlossen hätte.

S/PDIF-Anschlüsse [S/PDIF-connector]

Digitale Anschlüsse nach dem S/PDIF-Protokoll an Soundkarten (z. B. Terratec EWS 64) und digitalen Audiogeräten (z. B. DAT-Rekorder), mit denen direkte digitale Kopien von DAT oder CD gemacht werden können. Gibt es in koaxialer (elektrische, unsymmetrische Übertragung) und optischer (Lichtleiter) Ausführung. Zur Vermittlung zwischen zwei Geräten mit nur optischem bzw. nur elektrischem Digitalausgang gibt es für ca. 70 DM entsprechende Wandler zu kaufen (z. B. von →Conrad, *www.conrad.de*).

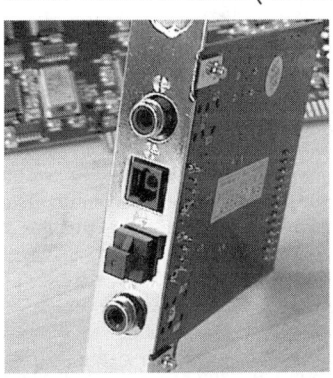

Immer mehr Soundkarten bieten S/PDIF-Schnittstellen zur digitalen Überspielung von Audiodaten z. B. zur Hi-Fi-Anlage. Die Anschlüsse werden oft, wie hier bei der Terratec EWS64S, auf einem eigenen Modul per Kabel an der Soundkarte angebracht

S0-Bus [S0-Bus]

Werden an einer S0-Schnittstelle mehrere Endgeräte angeschlossen, spricht man auch von einem S0-Bus. Der S0-Bus stellt zwei so genannte B-Kanäle mit einer →Datentransferrate von jeweils 64 KBit/s sowie einen D-Kanal mit 16 KBit/s bereit (siehe →ISDN-Basisanschluss). An einem S0-Bus können bis zu zwölf Steckdosen installiert werden, an denen gleichzeitig bis zu acht Endgeräte betrieben werden können.

S2M-Schnittstelle [S2M-interface]

Mit S2M wird die Anschlussschnittstelle bei einer bestimmten Variante des ISDN-Anschlusses, nämlich dem Primärmultiplex-Anschluss, bezeichnet. Sie ist sozusagen der große Bruder der herkömmlichen ISDN- S0-Schnittstelle.

SAA (System Application Architecture)

Die SAA (englische Abk. f. System-Anwendungs-Architektur) ist ein für die Softwareindustrie wegweisendes Konzept von →IBM aus dem Jahr 1987 zur Mensch-Maschine-Kommunikation. Meist versteht man unter dem SAA-Konzept jedoch lediglich die in ihm formulierten, im Grundsatz noch heute für viele Programme gültigen Standards zur Bedienung wie die Platzierung der Menüzeile am oberen Rand des Bildschirms oder die Pulldown-Menüs usw.

Sampler [Auswahlzusammenstellung]

Ein Sampler ist allgemein ein Gerät oder eine Komponente, das analoge Signale aufnimmt und in digitale →Daten umwandelt, die nachfolgend vom →Computer verarbeitet werden können. Den Begriff „Sample" benutzt man jedoch hauptsächlich für die Digitalisierung akustischer Signale.

Sampling [Proben zusammenstellen]

Allgemein bezeichnet der Begriff „Sampling" die Entnahme von Proben (Samples) aus einem zu analysierenden kontinuierlichen Prozess. Im Bereich der digitalen Verarbeitung bezeichnet man als Sampling die Abtastung und Digitalisierung beliebiger analoger Prozesse oder Vorlagen (die Aufnahme von Bildern durch einen →Scanner oder durch eine Videokamera, die Aufnahme von akustischen Tönen, Sprache oder Geräuschen usw.). Die Qualität der gesampelten Informationen wird dabei von der →Abtastrate oder Abtastfrequenz (sampling rate) und der →Abtasttiefe (greyscale depth, tonal depth u. a.) bestimmt.

Scan code [erfasster Kode]

Mit scan code wird der interne Code bezeichnet, den eine →Tastatur beim Anschlag einer Taste an den Tastatur-Controller des →Mainboards sendet. Der Scan Code ist ein numerischer Code, der alle Tasten – unabhängig von ihrer Funktion, die ja erst durch das →BIOS oder das →Betriebssystem vorgegeben wird – mit Zeilen- und Spaltennummer entsprechend ihrer Lage auf dem Tastenfeld darstellt.

ScanDisk

ScanDisk ist ein Programm unter Windows zur Korrektur von Datei- und Verzeichnisfehlern. Es ist eigentlich eine Entwicklung der Firma Symantec und sozusagen der kleine Bruder des in den bekannten ›Norton Utilities enthaltenen Programms Norton Disc Doctor. ScanDisk sollte nach jedem Absturz oder bei Problemen mit dem Datenzugriff auf Festplatten ausgeführt werden. Es erkennt z. B. querverkettete Dateien oder solche, die nicht in der →FAT korrekt eingetragen wurden. Die meisten Fehler können automatisch korrigiert werden, eine Rettung verlorener Daten ist aber nur selten möglich. Seit Windows 95b (Service Pack 2, OSR 2, →Windows 95) wird die DOS-Version von ScanDisk automatisch nach jedem Absturz ausgeführt. Prinzipiell gilt für ScanDisk aber das gleiche wie für alle ähnlichen Programme: Es darf nur auf speziell dafür vorgesehenen Dateisystemen aufgerufen werden, weil es sonst zu schweren Datenverlusten kommen kann.

Scanner [Erfasser, Abtaster]

Ein Scanner ist ein Gerät, das in Zusammenarbeit mit dem →Computer von einem Objekt ein digitales Abbild erzeugen kann, das aus einzelnen Bildpunkten (→Pixel) zusammengesetzt ist. Wenn man so will, ist ein Scanner eine Art feststehender, digitaler Fotoapparat (→digitale Kameras). Als Vorlage kann ein dreidimensionaler Gegenstand, eine Fotografie, ein Dia oder der Ausdruck eines Textes dienen. Um seine Aufgabe zu erfüllen, muss der Scanner die Vorlage Punkt für Punkt abtasten, die Helligkeitswerte des reflektierten beziehungsweise hindurchgelassenen Lichts messen, digitalisieren und an den Computer weiterleiten. Dieser speichert die Werte in einer Datei. Man unterscheidet verschiedene Bauformen von Scannern: →**Handscanner**, die per Hand über die Vorlage geführt werden, →**Einzugsscanner**, bei denen die Vorlage – wie beim Faxgerät – eingezogen wird, Tisch- oder →**Flachbettscanner**, bei denen die Vorlage – wie bei einem Kopiergerät – flach aufgelegt wird, **Stiftscanner**, die zum Einlesen einzelner Textzeilen oder Barcodes verwendet werden, **Dia-Scanner**, die man speziell zum Scannen von Dias mit hoher Auflösung nutzt, sowie →**Trommelscanner**, bei denen die Vorlage in eine Trommel eingespannt wird. Mehr oder weniger alle Bauformen sind grundsätzlich als Schwarzweiß- oder Grauwertscanner oder als →Farbscanner verfügbar, wenn auch Farbscanner bei allen Modellen mittlerweile als Standard anzusehen sind. Wichtige Leistungskriterien eines Scanners sind die →Auflösung sowie die →Farbtiefe. Während in den Datenblättern die eigentliche Auflösung zumeist als physische, physikalische oder optische Auflösung bezeichnet wird, wird als so genannte rechnerische oder interpolierte Auflösung ein zumeist wesentlich höherer Wert angegeben. Dieser Wert bezieht sich auf das Ergebnis einer Bildbearbeitung innerhalb des Scanners, bei der für zwei benachbarte gemessene Bildpunkte ein oder mehr Zwischenpunkte – z. B. durch Mittelwertbildung – berechnet werden. Eine solche Interpolation kann hilfreich sein, wenn eine kleine Vorlage für eine Illustration vergrößert werden soll. Sie ist jedoch prinzipiell nicht in der Lage, mehr reale Bildpunkte zu bestimmen.

Während früher bei Farbscannern noch 24 Bit (8 Bit bzw. 256 Farben pro RGB-Farbauszug) üblich waren, haben mittlerweile fast alle Scanner eine Farbtiefe von 30, 32, 36 oder sogar noch mehr Bit. Diese erhöhte Leistungsfähigkeit sollte jedoch nicht dazu verführen, nunmehr alle Bilder mit noch mehr Farbinformationen vollzustopfen. Sie ist insbesondere hilfreich, wenn man kritische Vorlagen einscannen muss, für die man nach der Übernahme in den Rechner durch eine geeignete angepasste →Farbreduktion auf z. B. 24 Bit visuell bessere Ergebnisse erzielen kann. Mehr als 30 Bit bewirken in der

Praxis aber keine deutlich sichtbare Verbesserungen mehr. Da ist die Qualität der Optik sowie die Farbreinheit der scannenden →CCD-Elemente wesentlich wichtiger.

Ein typischer Flachbettscanner von Hewlett Packard

Zur Zeit gibt es zwei wesentliche Einsatzgebiete für Scanner:

- Für die →Bildbearbeitung werden Schwarzweiß- oder Farbvorlagen erfasst, um sie aufzubereiten oder gegebenenfalls messtechnisch auszuwerten. Ziel der Erfassung ist i. d. R. die Archivierung, die Erstellung von Illustrationen oder die Abarbeitung spezieller Mess- und Analyseaufgaben.
- Die zweite Hauptanwendung zielt auf die Erkennung von Texten. Die aufgenommene Bilddatei eines gedruckten Textes soll in eine Textdatei überführt werden. Die entstandene Textdatei kann auch Ausgangspunkt für weitere textliche Gestaltung werden (siehe →OCR).

Tipp: Seit 1998 sind die Preise für Scanner extrem stark gefallen. Grund sind neue Herstellungsverfahren für die Bauelemente, die wesentlich kompaktere und preiswertere Geräte bei gleicher oder sogar besserer Leistung ermöglichen. Während früher ein DIN A4-Tisch-Scanner noch leicht weit über 1.000 DM kostete, bekommt man heute gute Modelle schon ab 300 DM, Einstiegsmodelle sogar noch deutlich günstiger. Wenn auch die meisten Geräte (auch die preiswerten) mittlerweile ansehnliche Ergebnisse liefern, gibt es natürlich immer noch deutliche Unterschiede. Die besten Geräte werden von HP, Agfa, Umex, Microtek und Heidelberg hergestellt. Jedoch muss man bei den preiswerten Modellen dieser Hersteller oft wiederum aufpassen, weil diese oft nicht so gut sind, wie zu erwarten wäre. Die großen HP-Modelle zeichnen sich außerdem durch eine bequeme und wirkungsvolle automatische Belichtung aus, die andere Scanner aber z. T. durch spezielle Zusatzprogramme auch ermöglichen. Ein solches Spezialprogramm ist Silverfast von Lasersoft, das man im Internet unter *www.lasersoft-imaging.com/index.htm* auch für andere Scanner zur Probe downloaden kann. Wer einen neuen PC hat, sollte beim Kauf eines Scanners außerdem auf →USB-Unterstützung achten. Ansonsten empfiehlt sich aus Geschwindigkeitsgründen immer noch eine →SCSI-Version.

SCART

Die so genannten SCART-Stecker bzw. Verbindungskabel sind bei fast allen neueren Videorekordern und Fernsehern auf der Rückseite zu finden. Alternativ wird auch die Bezeichnung **Euro-AV** verwendet. Es handelt sich um eine 20polige Steckverbindung zur direkten Übertragung von Audio- und Videodaten zwischen zwei Videorekordern oder Video und Fernseher (daher Euro-AV für **A**udio/**V**ideo). Diese Verbindung ist günstig, weil z. B. Videosignale direkt in das Fernsehgerät gelangen können und nicht erst über einen HF-Modulator in ein Antennensignal umgewandelt und im TV-Gerät wieder zurückgesetzt werden müssen.

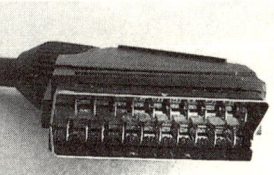

Scart-Buchsen auf der Rückseite eines Videorekorders und dazu passender Scart-Stecker

Schaltalgebra

Die Schaltalgebra, ein Anwendungsgebiet der →booleschen Algebra, wird bei Entwurf und Beschreibung von digitalen Systemen eingesetzt. Dabei entsprechen Variablen mit den Werten 1 und 0 den elektrischen Schaltstellungen ein und aus.

Schaltfläche [button]

Schaltflächen sind Bedienelemente grafischer Benutzeroberflächen wie beispielsweise der von →Windows. Sie sind in Analogie zu Schaltern oder Tasten an Geräten meist dreidimensional gestaltet. Ihre Funktion wird i. d. R. durch →Anklicken aktiviert. Zur Kennzeichnung der mit der Schaltfläche verbundenen Funktion trägt diese meist einen kurzen Text (*Abbrechen*, *OK*, *Speichern*), eine kleine Grafik oder beides. Durch die Verwendung solch intuitiver Bedienelemente soll Software leichter bedienbar werden, da der Benutzer nicht mehr gezwungen ist, wie bei einem →Befehls-Interpreter kryptische Befehle auswendig zu lernen.

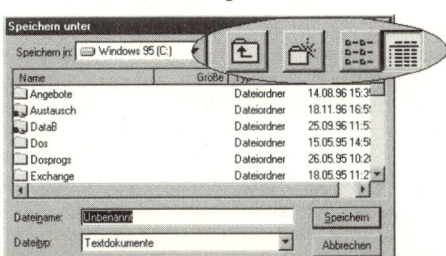

Schaltflächen aller Art finden sich in jedem Dialogfenster von Windows zur Aktivierung von bestimmten Funktionen

Scheduler [Planer]

Der Scheduler ist ein wichtiges Element der →Prozessverwaltung eines Multitasking-Betriebssystems (siehe →Multitask). Er bestimmt nach einer vorgegebenen Strategie die Reihenfolge, in der →Prozesse, die bereit sind, abgearbeitet werden. Moderne Betriebssysteme sind in der Lage, die Strategie des →Scheduling den Einsatzanforderungen anzupassen.

Scheduling [Planung]

Als Scheduling bezeichnet man die Strategien oder Verfahren, die ein →Scheduler für die Bestimmung der Abarbeitungsreihenfolge von →Prozessen realisiert. Die grundlegendsten Verfahren sind:

– die Round-Robin-Strategie, bei der die Prozesse in der Reihenfolge zur Ausführung kommen, in der sie „bereit" geworden sind

– das Prioritäts-Scheduling, bei dem den Prozessen →Prioritäten für die Abarbeitung zugeordnet werden

– das Zeitschranken-Scheduling, bei dem den Prozessen Zeitschranken (deadlines) für die Abarbeitung vorgegeben sind

Während die meisten normalen Betriebssysteme wie →UNIX und →Windows 95/98 eine Vergabe von Zeitscheiben auf der Basis einer Kombination der beiden ersten Verfahren realisieren, wird das dritte Verfahren für die →Echtzeitverarbeitung benötigt.

Schichtenmodell [layer model]

Ein großes System wie ein →Netzwerk oder ein →Betriebssystem wird heute stets modular strukturiert. Um die übergroße Zahl der dabei möglichen Relationen zwischen den Modulen zu reduzieren, hat sich das Schichtenmodell sowohl für die Beschreibung als auch für die Entwicklung konkreter Systeme bewährt. Ein Schichtenmodell erhält man, wenn man die einzelnen Module in einigen wenigen, sich durch ihre prinzipielle Funktionalität unterscheidenden Schichten ordnet und möglichst nur Relationen zwischen den Modulen benachbarter Schichten über eine definierte →Schnittstelle zulässt. Um die Konsistenz zu betonen, stellt man die hierarchische Struktur der einzelnen Schichten auch als sich konzentrisch umgebende Kugelschalen dar und spricht dann von einem **Schalenmodell**. Im Bereich der Netzwerke spielen Schichtenmodelle wie das →OSI-Schichtenmodell eine große Rolle. Auch für die Beschreibung und Entwicklung von Betriebssystemen haben sich Schichtenmodelle – insbesondere in Form von Schalenmodellen – etabliert.

Schleife [loop]

Eine Schleife bewirkt, dass ein Programmteil mehrfach wiederholt wird. Dabei unterscheidet man Schleifen, bei denen die Anzahl der Durchläufe bereits zu Beginn der Schleife bekannt ist (FOR...NEXT), Schleifen, bei denen die Abbruchbedingung am Anfang der Schleife geprüft wird (DO... LOOP), und Schleifen, bei denen die Abbruchbedingung erst am Ende der Schleife geprüft wird (DO...WHILE). Bei der Programmierung von Schleifen ist darauf zu achten, dass die Abbruchbedingung erreicht werden kann. Ansonsten tritt eine Endlosschleife auf, die nicht mehr beendet wird. Schleifenkonstruktionen findet man in allen Programmiersprachen, wie z. B. Basic, C++ usw. (vergleiche Programmiersprache).

Schließen [close]

Unter Schließen versteht man die Beendigung eines Programms oder eines Dialogfensters.

Schnittstelle [interface]

Eine Schnittstelle oder →Interface bezeichnet allgemein die Verbindungsstelle zwischen verschiedenen Hardware- oder Softwarekomponenten. Man unterscheidet Hardware-, Software- und Benutzerschnittstellen:

– Hardwareschnittstellen dienen dem →Datenaustausch zwischen verschiedenen Komponenten. So werden beispielsweise am PC alle **Peripheriegeräte** wie Tastatur, Maus oder Drucker über genau definierte Schnittstellen (siehe →**parallele Schnittstelle**, →**serielle Schnittstelle**, →LPT, →Port, →COM) angeschlossen.

– Softwareschnittstellen ermöglichen den Datenaustausch zwischen verschiedenen Programmkomponenten oder Programmen. So kann beispielsweise eine Textverarbeitung eine Schnittstelle zu einem Datenbankprogramm haben.

– Über die Benutzerschnittstelle erfolgt der Dialog zwischen dem Rechner und dessen Benutzer.

Schnittverfahren

Das Schnittverfahren ist ein Verfahren, das bei der optischen Zeichenerkennung (siehe →OCR) eingesetzt wird. Beim Schnittverfahren, einer Variante der →Merkmalanalyse, werden mit mathematischen Verfahren die charakteristischen Merkmale der einzelnen Zeichen aus den Schnittpunkten mit einer Reihe paralleler Geraden ermittelt.

Schockwert

Der so genannte Schockwert – angegeben in Vielfachen der Erdbeschleunigung $g = 9,81 \text{ kg m /s}^2$ – ist die mechanische Beschleunigung, der ein technisches System oder eine Komponente ohne bleibende Schäden standhält. Der Schockwert wird insbesondere bei solch mechanisch anfälligen Systemen wie einer →Festplatte angegeben. Trotz der scheinbar hohen Werte von 50-70 g sollte man Festplatten wie das sprichwörtlich rohe Ei behandeln: Bereits beim Fall aus 5 cm Höhe auf eine der am Arbeitsplatz üblichen festen Antistatik-Schaumgummiplatten ergibt sich eine Beschleunigung von 70 g.

Schreib-/Lesekopf [read/write head]

Der Schreib-/Lesekopf ist ein wesentliches Bauteil eines magnetischen Laufwerks (z. B. einer →Festplatte), das die →Daten in einer magnetisierbaren Schicht permanent aufzeichnen und lesen kann. Schreib-/Leseköpfe sind im Prinzip kleine Elektromagneten, in deren Spulen durch die elektrischen Ströme (die die Daten repräsentieren) ein elektromagnetisches Wechselfeld erzeugt wird.

Dieses Wechselfeld magnetisiert permanent winzige Bereiche der vorbeigeführten Datenträger um. Beim Lesevorgang induzieren diese permanenten magnetischen Bereiche der Datenträger im Schreib-/Lesekopf wieder elektrische Ströme (die wiederum die Daten repräsentieren).

Der Schreib-/Lesekopf einer Festplatte wird von einem Arm an der Oberfläche des Datenträgers entlang geführt

Schreibschutz [write protection]

Durch einen mechanischen Schreibschutz wird verhindert, dass Daten auf einer →Diskette versehentlich überschrieben werden. Doch auch als Schutz vor der Ausbreitung von →Computerviren sollte man diesen – wann immer es geht – anwenden. Bei 3,5-Zoll-Disketten wird der Schreibschutz durch einem kleinen Schieber auf der Rückseite der Diskette aktiviert bzw. deaktiviert; wenn das Loch geöffnet ist, ist der Schreibschutz aktiviert.

Schriften [fonts]

Schriften unterscheidet man im Computerbereich einerseits hinsichtlich der unterstützten Ausgabegeräte – z. B. in Bildschirm- oder Druckerschriften usw. – und andererseits hinsichtlich der grundlegenden Technologie – in Bitmap- oder Vektorschriften. Bitmap- oder Rasterschriften müssen für jedes Ausgabegerät und für jede erforderliche Größe als Raster- oder Pixeldatei vorliegen. Vektorschriften werden durch Kurven beschrieben, können ohne Qualitätsverlust vergrößert, verkleinert oder gedreht werden und sind für die Ausgabe auf Bildschirmen, Druckern oder Plottern usw. geeignet. Bei den Vektorschriften werden zwei aktuelle Verfahren unterschieden: die unter →Windows benutzte TrueType- und die professionelle PostScript-Technologie (siehe →TrueType, →PostScript und →Adobe Type Manager).

Schriftfamilie [font family]

Als Schriftfamilie wird eine Gruppe verschiedener Schriften eines Schriftstils mit allen Variationen – von fein bis fett, kursiv, schmal, breit usw. – bezeichnet. In der →Typographie werden folgende Schriftfamilien unterschieden: Renaissance-Antiqua, Barock-Antiqua, Klassizistische Antiqua, Serifenbetonte Linear-Antiqua, Serifenlose Linear-Antiqua, Antiqua-Varianten, Schreibschriften und gebrochene Schriften.

Schriftgrad [font size]

Schriftgrad ist die im Computerbereich übliche Bezeichnung für die Größe einer Schrift. Sie wird fast immer in der vom alten Bleisatz-Buchdruck überlieferten Maßeinheit Punkte gemessen, wobei ein Punkt 0,376 mm groß ist. Als Beispiel: Eine typische Schriftgröße für normalen Fließtext in Büchern oder Zeitschriften ist zumeist 10 Punkt. Der Schriftgrad lässt sich in allen Computerprogrammen, die mit Text arbeiten können, problemlos über Dialogfenster oder Symbole in zumeist 1-Punkt-Schritten verändern. Nur wenige Programme (etwa für den DTP-Bereich) beherrschen Schriftgrößen-Variationen in Bruchteilen eines Punkts. Die bekannte Textverarbeitung →WordPerfect etwa kann Schriften auch in 0,5-Punkt-Schritten skalieren; →Word dagegen beherrscht nur 1-Punkt-Schritte.

> **Tipp:** In →Word kann man den Schriftgrad eines markierten Textes schrittweise durch Drücken der Tastenkombination `Strg`+`<` verkleinern und durch `Strg`+`Umschalt`+`<` (=`Strg`+`>`) vergrößern.

Schriftschnitt [charakter/font type/style]

Schriftschnitt ist die etwas altertümliche, aber immer noch gebräuchliche Bezeichnung für die verschiedenen Variationen (fett, kursiv etc.) einer Schrift. Der Irrtum ist weit verbreitet, dass für den Computer die Formate Fett und/oder Kursiv nur Variationen ein und derselben Schrift (bzw. Schriftdatei) sind. Tatsächlich bestehen aber schon von jeher alle sorgfältig entworfenen Schriften aus zumeist vier unabhängigen Schnitten (Font-Dateien für Normal, Kursiv, Fett und Fett-Kursiv): für jede Formatierungsvariante eine eigens entworfene Schrift also. Formatiert man in einer Textverarbeitung ein Wort fett, tauscht das Programm intern die für dieses Wort zugewiesene Schriftdatei gegen die Fett-Variante aus. Oft liegen Schriften auch nur in ein oder zwei Varianten (Schnitten) vor, z. B. Normal und Kursiv. In diesen Fällen sollte man in Texte, die mit diesen Schriften gesetzt sind, die fehlenden Schnitte auch nicht zu verwenden versuchen. Zwar können viele Programme die fehlenden Schnitte (z. B. Fett) künstlich errechnen, aber das Ergebnis beim Druck ist deutlich schlechter, als wenn dem Schnitt eine wirkliche Schriftdatei zugrunde liegt. Neben den üblichen Schnitten wie Fett und Kursiv gibt es auch ungewöhnlichere Varianten einer Schrift, z. B. Schmal, Breit oder Outlined.

Schriftverwaltung [font management]

Zur Verwaltung der auf einem →PC installierten Schriften stehen verschiedene Programme zur Verfügung. Die einfachsten, wie die in Windows integrierte Schriftverwaltung, stellen lediglich Möglichkeiten zur Anzeige sowie zur Installation bzw. zum Löschen von Schriften bereit. Komplexere Programme bieten die Zusammenfassung von Schriften zu Gruppen oder das Laden der Schriften auf Wunsch.

Schrittgeschwindigkeit [step speed]

Um digitale Informationen über einen analogen Kanal wie das Telefonnetz übertragen zu können, müssen diese in analoge Informationen umgewandelt werden (siehe →Modem). Unter Schrittgeschwindigkeit versteht man dabei die Anzahl von Zustandsänderungen pro Zeiteinheit (Änderung der Amplitude, der Frequenz oder der Phase) eines analogen Trägersignals, die die digitalen Informationen in einem einzigen (logischen) Kanal (mit nur zwei möglichen Zuständen) repräsentieren. Die Maßeinheit der Schrittgeschwindigkeit ist Baud (abgekürzt mit Bd), benannt nach Jean Maurice Baudot (siehe →Baudot, Jean Maurice). Das analoge Telefonnetz erlaubt gemäß internationalen Vereinbarungen eine Übertragung von Signalen mit Frequenzen im Bereich von 300-3.400 Hertz. Diese Frequenzcharakteristik begrenzt die Schrittgeschwindigkeit auf rund 3.400 Baud.

Schulsoftware

Schulsoftware sind Programmlizenzen, die zu erheblich günstigeren Konditionen an Schüler und Studenten bzw. Lehrer und Dozenten sowie an entsprechende Institutionen verkauft werden. Mit dem Angebot von Schulsoftware ist vor allem die Überlegung verbunden, dass speziell Studierende nach ihrem Studium die Programme anschaffen werden, mit denen sie selbst gearbeitet haben. Schulsoftware darf nicht kommerziell eingesetzt werden. Die meisten Anbieter von Schulsoftware bieten jedoch die Möglichkeit, ein →Update auf eine Vollversion zu erwerben.

SCO (Santa Cruz Operation)

Die SCO ist Anbieter des →Betriebssystems →UNIX für den →PC. SCO-UNIX kann problemlos in kleinen wie auch sehr großen Netzen eingesetzt werden und ist Basis für ein großes Angebot vertikaler Software.

Screen Shot [Bildschirmfoto]

Unter einem Screen Shot, gelegentlich auch **Snap Shot** genannt, vesteht man das Abspeichern des aktuellen grafischen Bildschirminhalts in einer →Datei oder die Ausgabe auf dem angeschlossenen →Drucker. Für die Erstellung von Screen Shots gibt es spezielle Programme; entsprechende Funktionen oder Zusatzmodule, aber auch viele Grafikprogramme wie etwa das bekannte Paint Shop Pro oder →CorelDRAW. Unter Windows kann man Screen Shots auch einfach durch Drücken der [Druck]-**Taste** erzeugen. Dabei wird immer ein Abbild des kompletten Bildschirms in die Zwischenablage gelegt, von wo aus es dann in nahezu jedem Bildverarbeitungsprogramm als Datei eingelesen werden kann. Mit der Tastenkombination [Alt]+[Druck] kann man dagegen das gerade aktive Fenster einfangen.

Screensaver [Bildschirmschoner]

Englische Bezeichnung für Bildschirmschoner, die allerdings auch im deutschen Raum unter EDV-Anwendern gebräuchlich ist. Für weitere Informationen siehe →Bildschirmschoner. Wer im Internet nach Screensavern zum Download sucht, sollte einmal einen Blick auf die Adresse *www.sirius.com/ ~ratloaf* werfen.

Script [Drehbuch, Befehlsfolge]

Bei Terminalprogrammen versteht man unter einem Script eine Datei, die z. B. alle Informationen zum →Anmelden in ein →BBS enthält; auf diese Weise kann der Anmeldevorgang komplett automatisiert werden.

Scrollen [Rollen]

Englische Bezeichnung für das Rollen der Bildschirmanzeige mit Hilfe der →Bildlaufleisten in einem Programm. Das englische Wort, das im EDV-Bereich wesentlich häufiger als das deutsche „Rollen" verwendet wird, kommt vom Wort scroll, was soviel wie Schriftrolle bedeutet.

SCSI (Small Computer System Interface)

Der 1986 durch das →ANSI definierte I/O- →Bus SCSI 1 (englische Abk. f. Schnittstelle für kleine Computersysteme) hatte eine Datenbusbreite von acht Bit und erlaubte den Datenaustausch zwischen verschiedenen Gerätetypen. Bis zu acht Geräte (inklusive Hostadapter) ließen sich an diesem SCSI-Bus anschließen. Jedes Gerät erhält dabei eine eindeutige **SCSI-ID** zwischen Null und Sieben. Das SCSI-Gerät, das die Verbindung zwischen Rechner (Host) und SCSI-Bus herstellt, heißt **Hostadapter**. Ein →SCSI-**Controller** ist dagegen eine auf jedem SCSI-Gerät (also auch auf einem Hostadapter) vorhandene Baugruppe, die die SCSI-Befehle verarbeitet und die gewünschte Aktion veranlasst. Dennoch wird in der Praxis der Begriff SCSI-Controller zumeist als Synonym für den Hostadapter verwendet. Ein wichtiger Unterschied zu anderen I/O-Bussen ist die Multimaster-Fähigkeit von SCSI. Die Rollenverteilung am Bus ist nicht fest vorgegeben, jedes Gerät kann Master (Initiator) oder Slave (Target) sein.

Der asynchron arbeitende SCSI-1-Bus ermöglichte Datenübertragungsraten von maximal 3,3 MByte/s. Für schnellere Geräte stand eine synchrone Betriebsart zur Verfügung, mit der sich maximal 5 MByte/s realisieren ließen. Der besondere Clou von SCSI 1 war außerdem der Grad der Abstraktion der Geräte. So erscheint z. B. eine →Festplatte als ein Gerät mit einer bestimmten Anzahl logischer Blöcke, die direkt angesprochen werden können, was die Ansteuerung erleichtert.

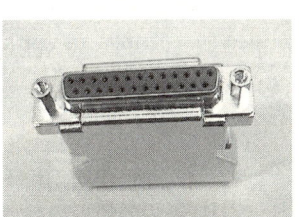 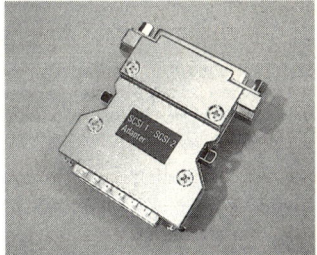

Mit einem solchen Adapter kann man Geräte mit alten, breiten 50poligen SCSI-1-Steckern (links) auch an neue SCSI-Hostadapter mit Mini-SCSI-2-Stecker anschließen

Bei SCSI 2 wurde der bisher nur optionale synchrone Transfer Pflicht und um eine als **Fast-SCSI** bezeichnete schnellere Betriebsart erweitert. SCSI 2 ist auch heute noch die Grundnorm bei SCSI, die alle aktuellen Geräte verstehen. **Fast-SCSI** ermöglicht synchronen Datentransfer mit bis zu 10 MByte/s. Die bis zu sechs Erweiterungsgeräte werden über ein 50poliges Kabel am Hostadapter angeschlossen. Die **maximale Kabellänge** beträgt insgesamt (innen und außen) 3 Meter! Der wohl bekannteste Fast-SCSI-Hostadapter ist der Adaptec 2940.

> **Tipp:** Ein empfehlenswerter und preiswerter, bootfähiger Fast SCSI-Controller ist der DawiControl 2974. Weitere Informationen unter *www.dawicontrol.com*. Für den Betrieb von nicht bootfähigen Geräten wie Scanner, CD-Brenner oder MO-Laufwerken empfiehlt sich der Adaptec 2904.

Ein typisches, externes SCSI-2-Kabel mit 50poligem Mini-SCSI-2-Stecker (links, zum Anschluss an den Hostadapter) und 50poligem Centronics-Stecker (rechts, zum Anschluss an ein SCSI-Gerät)

Neben Fast-SCSI gehört auch **Wide-SCSI** zu den Erweiterungen von SCSI 2. Es arbeitet mit einem verdoppelten Datenbus von **16 Bit** und verwendet **68polige Kabel** bzw. Stecker. Gegenüber Fast-SCSI ermöglicht dies Transferraten von bis zu **20 MByte/s** bei synchroner Datenübertragung. Gleichzeitig kann die Zahl der am Hostadapter anzuschließenden Geräte von 7 auf 15 erhöht werden. Die Bandbreite von Wide-SCSI wird auch derzeit noch von fast keinem SCSI-Gerät allein erreicht. Daher macht Wide-SCSI v. a. für Server oder High-End-Rechner Sinn, bei denen z. B. über das Netzwerk auf mehrere angeschlossene Festplatten zugegriffen werden kann. Erst unter diesen Bedingungen können sich die einzelnen Datenraten zu einer Höhe addieren, die einen entsprechend leistungsfähigen Hostadapter sinnvoll machen. Zumal die Preise für SCSI-Adapter und SCSI-Festplatten 1999 gegenüber IDE-Festplatten so stark in die Höhe gegangen sind, dass es sich für einen normalen Arbeitsplatz-PC nicht mehr lohnt, auf SCSI zu setzen.

Auch **Ultra-SCSI** ist eine Weiterentwicklung von Fast-SCSI und hat sich längst am Markt durchgesetzt. Alle aktuellen SCSI-Festplatten werden nur noch als Ultra-Ausführung geliefert; diese können aber auch weiterhin an normale Fast-SCSI-Hostadapter angeschlossen werden. Eigentlich gehört Ultra-SCSI schon zur noch nicht ganz verabschiedeten SCSI-3-Spezifikation, kann aber auch als großer Bruder von Fast-SCSI gesehen werden. Es wird weiterhin mit einer Datenbreite von **8 Bit** und **50poligen Steckern** gearbeitet. Die auf **20 MByte/s** erhöhte Transferrate wurde durch Verdoppelung der Taktung erreicht. Dies hat aber einen Nachteil: Für Ultra-SCSI braucht man besonders hochwertige, teure Kabel und ab vier Geräten darf die **Kabellänge** nicht mehr als **1,5 Meter** betragen! Die meisten Ultra-SCSI-Hostadapter werden gleichzeitig in der Wide-Ausführung, also mit 16-Bit-Datenbus ausgeliefert. Damit sind bis zu **40 MByte/s** Datenübertragungsrate möglich; weit jenseits jeder Festplattenleistung. Ein typischer Vertreter ist der Adaptec 2940UW.

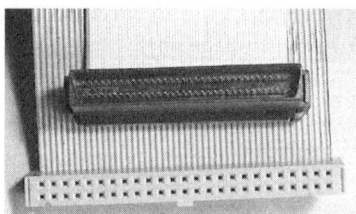

Wide-SCSI (oben) und Fast- bzw. Ultra-SCSI-Flachbandkabel im Vergleich

Eine weitere, neue Entwicklung ist **Ultra(-Wide) SCSI 2** (kurz UW2). Für diesen Standard, bei dem die Übertragungsraten nochmals auf 40 MByte/s (bei Wide 80 MByte) erhöht wurden, gibt es aber nur High-End-Festplatten zu ziemlich hohen Preisen. Während die erhöhte Datenübertragung in der Praxis nicht unbedingt so wichtig ist, hat Ultra-SCSI 2 aber zwei andere große Vorteile: Erstens wurde durch neue Chipsätze die Prozessorbelastung des PCs nochmals deutlich verringert. Und zweitens wurde die maximale Kabellänge auf 12 Meter verlängert! Dafür sind aber spezielle, teure Kabel nötig, bei denen die einzelnen Adern und Masseleitungen gegeneinander verdrillt sind (→Twisted Pair-Prinzip).

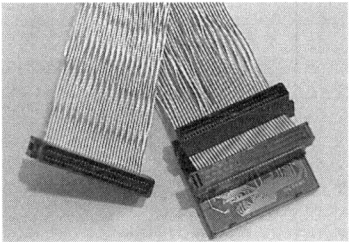

Ein Ultra-2-Wide-SCSI-Controller von Adaptec mit dazu passendem Kabel. Da UW2-Geräte selbst nicht mehr terminiert werden können, muss am Ende des Kabels immer der unten rechts sichtbare, aktive Terminator aufgesteckt werden

Der schließlich noch nicht ganz verabschiedete, zukünftige SCSI-3-Standard wird im Gegensatz zu SCSI 1 und SCSI 2 aus mehreren Teildokumenten bestehen: einer Beschreibung der primären Befehle, die jedes SCSI-Gerät beherrschen muss, je einer Spezifikation für die gerätespezifischen Befehle und einem Transport-Layer, der das Hardwareprotokoll beschreibt. Auf der physischen Ebene, zeichnet sich mit SCSI 3 eine Revolution ab: Unter Beibehaltung der SCSI-Kommandostruktur entstehen neue serielle Interfaces, die höhere Datenraten bei niedrigeren Kabelkosten und steigenden Kabellängen ermöglichen sollen: bis zu 100 MByte/s bei Kabellängen von bis zu 100 Metern. Bis jetzt sind drei verschiedene serielle Interfaces vorgesehen: Fiber Channel, Fiber Channel Low Cost und 1394 (siehe →1394-Standard). Die Bezeichnung Fiber Channel legt nahe, dass es sich hierbei um glasfaserbasierte Interfaces handelt. Es lassen sich aber auch konventionelle Kupferleiter einsetzen. Die Low-Cost-Variante des Fiber Channel umfasst zusätzliche Funktionen, die per einfacher Logik das Weiterleiten von Informationen unterstützen.

SCSI-Controller [SCSI-Controller]

Ein SCSI-Controller ist eine auf jedem SCSI-Gerät (also auch auf einem Hostadapter) vorhandene Baugruppe, von der die SCSI-Befehle verarbeitet und die gewünschte Aktion veranlasst wird (siehe →SCSI). Die Bezeichnung wird in der Praxis von vielen Anwendern aber auch für den SCSI-Hostadapter verwendet (siehe →SCSI und →Hostadapter).

SCSI-ID (SCSI-Identification)

Jedes SCSI-Gerät muss am SCSI-Hostadapter (siehe →SCSI) durch eine spezifische Nummer angemeldet werden, die nur je einmal vergeben werden darf. Bei den 8-Bit-SCSI-Standards (Fast-SCSI, Ultra-SCSI) gibt es die Nummer 0-7, bei Wide-SCSI dagegen 0-15. Die IDs werden zumeist durch Jumper, DIP-Schalter oder Ähnliches auf der Geräte-Rück- oder -Unterseite eingestellt. Dabei sind normalerweise die niedrigen IDs (0, 1) für bootfähige Festplatten-Laufwerke vorgesehen. Bei neueren SCSI-Hostadaptern kann man aber die ID, von der gebootet werden soll, einstellen (z. B. Adaptec-Hostadapter ab der BIOS-Version 1.20).

Klassische Art der SCSI-ID-Festlegung per Jumper an der Rückseite eines CD-ROM-Laufwerks. Eingestellt ist die ID 3 (die ersten beiden Jumper links sind gesetzt)

Rückseite eines SCSI-Scanner mit Einstellung auf ID 4 per Schalter (rechts daneben Schalter für aktive Terminierung)

Die ID 7 ist dagegen für den Hostadapter reserviert. Bei der Zuweisung sollte nicht nur darauf geachtet werden, dass keine Nummer doppelt vergeben wurde, sondern dass Geräte mit hoher ID auf dem SCSI-Bus bei der Datenübertragung Vorrang haben. Man sollte daher die Zuweisung der Nummern auf Geräte wie Scanner oder CD-ROM-Laufwerke genau überdenken.

SCSI-Terminierung [SCSI-termination]

SCSI ist ein Bussystem, das mit einer linearen Verkabelung arbeitet. Das heißt, es ist egal, an welcher Stelle ein Gerät am Bus angeschlossen wird. Seine eindeutige Kennzeichnung wird durch die →SCSI-ID übernommen. Da auf dem Bus aber viele Daten mit einer hohen Frequenz und Spannung übertragen werden, ist es unbedingt erforderlich, dass die beiden physikalischen Enden einer SCSI-Kette mit einem elektrischen Widerstand terminiert werden. Andernfalls kommt es an den Enden der Kabel zu Reflexionen, die die Übertragung auf dem Bus unmöglich machen. Terminierungen können passiv durch einen herkömmlichen Widerstand oder durch ein aktives Schaltelement erfolgen; Letzteres ist eindeutig besser.

Werden in einem PC nur **interne Geräte** am SCSI-Hostadapter angeschlossen, ist dieser ein Ende der Kette und muss terminiert werden. Die meisten neueren SCSI-Hostadapter haben eine automatische Terminierung, sie erkennen also ihre Position auf der Kette. Das andere Ende der Kette ist z. B. eine Festplatte, die zumeist durch →Jumper auf aktive Terminierung eingestellt wird. Bei allen übrigen Geräten ist die Terminierung zu deaktivieren.

Wenn dagegen zusätzlich zu den internen auch **externe Geräte** am Host-adapter angeschlossen werden, muss dessen Terminierung deaktiviert werden. Stattdessen wird das letzte Gerät der externen Kette terminiert (z. B. ein →Scanner). Bei den internen Geräten bleibt alles wie gehabt: Das letzte Gerät am internen Kabel muss weiterhin terminiert werden.

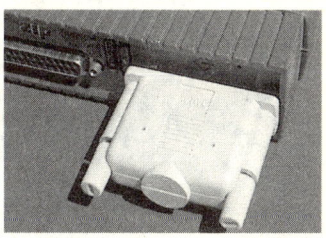

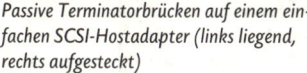

Passive Terminatorbrücken auf einem einfachen SCSI-Hostadapter (links liegend, rechts aufgesteckt)

Ein aktiver Terminator auf der Rückseite eines →ZIP-Laufwerks

Für weitere Abbildungen zu aktiven Terminatoren siehe auch die folgenden Stichwörter:
- →SCSI-ID: Rückseite eines modernen Scanners mit Schalter für eine aktive Terminierung
- →Jumper: Unterseite einer SCSI-Festplatte mit Jumper zur Einstellung der aktiven Terminierung.

SDLC (**S**ynchronous **D**ata **L**ink **C**ontrol)

Das durch →IBM entwickelte SDLC war Ausgangspunkt einer ganzen Familie von Protokollen der →Verbindungsschicht (siehe →OSI-Schichtenmodell). Auf der Basis von SDLC wurde u. a. durch die →IEEE das HDLC (→ISDN-Übertragungsstandard) und durch die →ITV-T das für →X.25 zuständige LAP (**L**ink control **P**rotocol) entwickelt.

SDRAM (**S**ynchronous **D**ynamic **R**andom **A**ccess **M**emory)

Ein SDRAM ist ein synchron zum Prozessortakt arbeitender →DRAM. Es handelt sich um eine leistungsfähige Version von Speichermodulen, die mittlerweile die so lange auf dem Markt verwendeten PS/2-SIMMs (→SIMM) abgelöst haben. Außerdem werden sie bei vielen aktuellen Grafikkarten verwendet.

Die heutigen SDRAM-Module für →Pentium, →Celeron oder →Pentium III-Rechner werden in der DIMM-Bauweise (→DIMM) gebaut und erlauben es, den Arbeitsspeicher ohne Wartezyklen (Waitstates) anzusprechen. Da sie außerdem mit 168 Kontaktstiften ausgestatt sind, kann hier der Speicherzugriff mit 64 Bit pro Modul erfolgen. Aus diesem Grund reicht beim Pentium und seinen Nachfolgern schon ein SDRAM-Modul pro Speicherbank aus (bei PS/2-SIMMs waren je zwei 32-Bit-SIMMs notwendig).

*Drei Generationen von DRAM-
Speicherbausteinen zusammen:
oben alte →SIMMs für 486er
PCs, in der Mitte →PS/2-
SIMMs und unten ein SDRAM-
DIMM*

Tipp: Beim Kauf von SDRAMs sollte man auf zwei Dinge achten. Zum ersten, dass diese vom Hersteller ausdrücklich für die neuen 100-MHz-Mainboards geprüft und zugelassen sind. Und zweitens, dass man Modelle mit integriertem →EEPROM kauft (im BIOS z. B. auch →**SPD** genannt). In diesen werden die Daten wie z. B. Zugriffszeiten gespeichert, die ein modernes →Mainboard dann auslesen kann, um die korrekten Einstellungen automatisch auszuführen. Zwar kommen viele Boards auch mit SDRAMs ohne EEPROM klar, dennoch ist das Risiko von Fehleinstellungen einfach höher.

*Rechts oben an der Ecke des SDRAM-Moduls ist
der kleine EEPROM-Baustein, auch SPD genannt,
zu erkennen, aus dem das BIOS die korrekten
Zugriffswerte ausliest*

Seagate

Die amerikanische Firma Seagate ist ein renommierter Entwickler und Hersteller von →Festplatten für →PCs und →Workstations. Seagate hat in der Vergangenheit durch seine innovativen Entwicklungen mehrfach Standards für Festplatten und →Festplatten-Controller gesetzt. So wurde z. B. 1997 die erste Festplatte mit einer Umdrehungsgeschwindigkeit von 10.000 U/min auf den Markt gebracht. Nachdem Seagate und der ehemalige Konkurrent Conner 1996 fusionierten, ist Seagate zum größten Festplatten-Hersteller der Welt geworden. Im Internet ist Seagate unter der Adresse ***www.seagate.com*** zu finden.

Sec (Second)

Sec ist die allgemein im EDV-Bereich verwendete Abkürzung für Sekunde. So werden z. B. Datenübertragungsraten oft in der Form KBit**/sec** angegeben.

Second-Level-Cache [Zwischenspeicher der zweiten Ebene]

Mit Second-Level-Cache bezeichnet man den außerhalb der →CPU auf dem →Mainboard installierten SRAM-Cache, der zusätzlich zum im Prozessor eingebauten →First-Level-Cache Daten, die zwischen der CPU und dem Hauptspeicher ausgetauscht werden, zwischenlagert. Ein →First-Level-Cache ist seit dem Intel-486er in der CPU integriert. Beide Caches ergänzen sich in ihrer Wirkung und sind zusammen ganz wesentlich für die Geschwindigkeit eines modernen PCs verantwortlich, weil bei den heute verwendeten Taktraten die langsamen →DRAMs des Hauptspeichers nicht mehr ohne Wartezyklen angesprochen werden können.

Der Second-Level-Cache wurde früher mit dem langsameren asynchronen Verfahren realisiert. Seit Einführung der Triton-I-Nachfolger-Chipsätze THX und TVX von Intel werden auf modernen Pentium-Boards aber nur noch die deutlich schnelleren synchronen →Pipeline-Burst-Cache verwendet.

Ein Second-Level-Cache ist typischerweise 256 KByte groß. Solange der Hauptspeicher bis 64 MByte groß ist, lohnt eine Aufrüstung auf 512 KByte nicht. Anders ausgedrückt: Ein größerer Cache ist nur bei entsprechender Größe des Hauptspeichers wirksam und sinnvoll. Bei der Aufrüstung des Second-Level-Cache und Arbeitsspeichers über 64 MByte ist allerdings auch zu beachten, dass zur Verwaltung des vergrößerten Datenvolumens auch ein größerer Tag-RAM-Baustein (→Tag-RAM) notwendig ist.

Segment

Ein →Datensatz einer →Datenbank wird manchmal auch als Segment bezeichnet.

Segmentierung

Die Segmentierung ist wie das →Bank Switching ein Verfahren der →Speicherverwaltung, bei dem die →physische Adresse aus zwei Bestandteilen gebildet wird. Jedem Prozess wird ein Speichersegment zugewiesen, das durch einen Basis- und einen Limit-Zeiger beschrieben ist, die jeweils auf den Beginn bzw. das Ende des Segments zeigen. Die Größe eines Segments ist prinzipiell nicht eingeschränkt.

Wo die Basis des ihm durch das System übergebenen Segments liegt, ist für einen Prozess unsichtbar. Dieser operiert einzig und allein mit einem Offset zum Wert 0 als →logische Adresse, wobei die Speicherverwaltung die Einhaltung der zugewiesenen Segmentgröße überwacht. Die Speicherverwaltung ermittelt die physische Adresse durch Addition der Basis und des Offsets. Die Nutzung →virtuellen Speichers auf der Basis der zumeist großen und unterschiedlichen Segmente ist recht problematisch und uneffektiv. Sie führt schnell zur Zerstückelung des Adressraums, was sich auch am ständigen Wachstum der Auslagerungsdatei bemerkbar macht. Diese Nebenwirkungen waren ein Grund für den geringen Erfolg des Gemeinschaftsprodukts →OS/2 von →Microsoft und →IBM bis zur Version 1.3. Seit der Version 2.0 verwendet IBM-OS/2 – wie auch der erweiterte Modus von →Windows 3.1x, Windows 95/98 und →Windows NT – das weit effektivere →Paging (und erfordert daher mindestens einen 386er →Prozessor).

Seitenansicht [print preview]

Die Seitenansicht ist eine Funktion vieler Anwendungsprogramme – vor allem von Programmen zur →Textverarbeitung. Sie ermöglicht es, den Text auf dem Bildschirm so darzustellen, wie er durch den Drucker ausgegeben würde.

Seitenbeschreibungssprache

Seitenbeschreibungssprache ist eine spezielle →Programmiersprache zur Beschreibung der Elemente einer auszudruckenden oder auszugebenden Seite (siehe →PostScript).

Seitennummer [page number]

Die Seitennummer ist die Nummer einer Seite im →Btx. Seitennummern können maximal 16 Stellen lang sein. Seiten können mit der Angabe der Seitennummer direkt aufgerufen werden.

Seitenumbruch [page break]

Ein Seitenumbruch ist die Trennstelle zwischen zwei aufeinander folgenden Seiten. Seitenumbrüche werden vom Programm zur →Textverarbeitung automatisch eingefügt, können jedoch vom Anwender auch manuell gesetzt werden. In →Word drückt man hierzu die Tastenkombination [Strg]+[Enter].

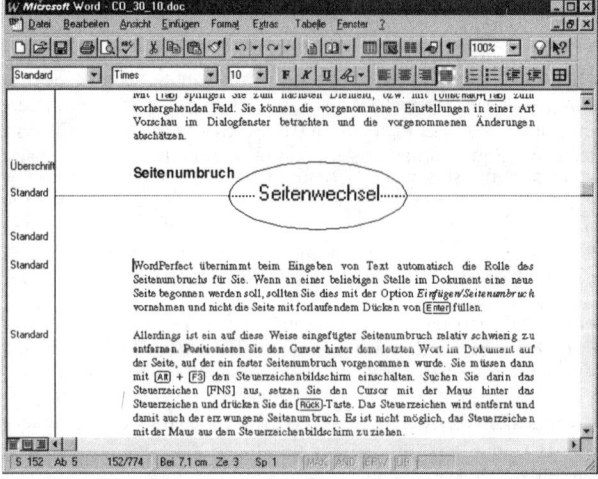

Egal ob manuell oder automatisch eingefügt – ein Seitenumbruch wird in einer Textverarbeitung deutlich angezeigt

Sektor [sector]

Ein Sektor ist die kleinste unteilbare physische Zuordnungseinheit auf einem magnetischen oder optischen →Datenträger. Bei der →Formatierung wird der Datenträger in konzentrisch verlaufende Spuren aufgeteilt, die wiederum in Sektoren aufgeteilt werden. Vergleiche auch Informationen und Abbildung bei →Festplatte sowie →Cluster.

Sekundärschlüssel [secondary key]

Eine → Datenbank, kann nach bestimmten Kriterien sortiert werden, man spricht in diesem Zusammenhang auch von Sortierschlüsseln. Der Sekundärschlüssel ist ein weiteres Sortierkriterium nach dem →Primärschlüssel. Eine Datenbank könnte z. B. nach Nachnamen und bei gleichen Nachnamen zusätzlich nach Vornamen sortiert werden. Dieser wäre in diesem Fall der Sekundärschlüssel.

Selbsttest [self test]

Durch einen Selbsttest untersuchen Einzelkomponenten oder das gesamte Computersystem beim Start ihre Funktionstüchtigkeit. Ein Beispiel ist der Power On Self Test (siehe →POST), den das →BIOS des →PCs beim Einschalten der Betriebsspannung für alle wesentlichen Komponenten des Rechners durchführt, bevor das →Betriebssystem gestartet wird.

Selektion [selection]

Als Selektion bezeichnet man die Auswahl einer Teilmenge aus einer Menge von →Daten, Operationen usw. Bei einer →Datenbank versteht man z. B. unter einer Selektion die nach bestimmten Kriterien erfolgende Auswahl bestimmter Datensätze aus dem Gesamtbestand.

Semantik [semantic]

Semantik ist die sprachwissenschaftliche Lehre von den Ausdrücken, also der Bedeutung sprachlicher Zeichen und Zeichenfolgen, also von Wörtern, Sätzen oder ganzen Texten. Die Semantik ist deshalb für den PC-Bereich von Bedeutung, weil sie die derzeitigen Grenzen eines Computersystems aufzeigt. Zugrunde liegt das Problem, dass sprachliche Begriffe teilweise durch reale Bezugsgrößen definierbar sind (Gegenstände, Farben etc.), teilweise aber auch nicht (abstrakte Begriffe wie Gott, Freiheit, Schönheit).

Ein Computer ist immer nur in der Lage, eindeutig definierbare Beziehungen zu verarbeiten. So muss z. B. ein Computerbefehl immer eindeutig eine bestimmte Funktion im Prozessor verursachen. Daher können prinzipbedingt auch nur eindeutig durch reale Bezugsgrößen definierbare sprachliche Begriffe verarbeitet werden. Ein Computer kann einen Apfel bzw. den Begriff „Apfel" genau über die definierbare Größe, Farbe und Form erkennen und verarbeiten. Mit dem Begriff „Gott" bzw. „Freiheit" kann er dagegen (derzeit noch?) nichts anfangen. Auch für den Menschen erschließt sich der Sinn solcher Begriffe erst durch relative Vergleiche und Definitionen über andere Begriffe mit realem Bezugspunkt (z. B. im vereinfachten Sinne Freiheit bedeutet, nicht angekettet zu sein).

Semaphore [semaphore]

Semaphoren sind Signale, die ein →Prozess anlegen und auswerten kann. Semaphoren sind ein Mittel zur Ablaufsteuerung bei →Multitasking-→Betriebssystemen wie →Windows NT oder in →Netzwerkbetriebssystemen wie → NetWare.

Man unterscheidet lokale Semaphoren und System-Semaphoren. Während erstere nur für den jeweiligen Prozess sicht- und auswertbar sind, sind System-Semaphoren systemweit sicht- und manipulierbar und können so zur Kommunikation zwischen Prozessen herangezogen werden. Semaphoren regeln so z. B. den Zugriff auf gemeinsame Ressourcen wie Shared Memories. In einem Netzwerk werden Semaphoren z. B. eingesetzt, um die Anzahl der Stationen zu begrenzen, die gleichzeitig auf ein bestimmtes Programm zugreifen können, oder um die Anzahl der Programme einzuschränken, die von einer Ressource zur gleichen Zeit benutzt werden können.

Senke

Den Empfänger von Daten nennt man auch Senke.

Sensor [sensor]

Unter einem Sensor, auch **Messfühler** genannt, versteht man ein Bauteil oder eine Baugruppe, mit der eine bestimmte physikalische Größe gemessen und durch ein analoges elektrisches Signal (z. B. durch eine Spannung, die zu der zu messenden Größe proportional ist) dargestellt werden kann. Dieses analoge Signal kann durch einen →Analog-Digital-Wandler digitalisiert und durch einen →Computer verarbeitet werden.

Sensorbildschirm [touch screen]

Unter einem Sensorbildschirm, oder Tastbildschirm versteht man einen →Bildschirm, der auf der Oberfläche oder in der Umrandung geeignete →Sensoren enthält, die das Berühren durch einen Stift oder einen Finger erkennen, als Befehle zur Funktionssteuerung eines Programms interpretieren und zur Steuerung der Funktionen eines Programms (analog einer →Maus oder einem →Lichtgriffel) bereitstellen können.

Sequenzielle Datei

Auf eine sequenzielle Datei kann nur sequenziell zugegriffen werden. Wenn ein Datum aus der Mitte der Datei gelesen werden soll, müssen alle Daten vom Anfang bis zu den gewünschten Daten gelesen werden. Der Gegensatz zur sequenziellen Datei ist die Datei mit wahlfreiem Zugriff.

Sequenzieller Zugriff [sequential access]

Die Form des Zugriffs, bei dem man nicht beliebig auf einzelne Datenblöcke zugreifen kann, sondern nur auf physisch jeweils aufeinander folgende, nennt man sequenziellen Zugriff. Bei einem →Magnetband kann man z. B. nicht beliebig auf einzelne Datenblöcke zugreifen, sondern kann nur die aufeinanderfolgenden Datenblöcke lesen oder beschreiben.

Sequenzer [sequencer]

Ein Sequenzer ist ein Programm, mit dem sich MIDI-Daten wie in einer Art elektronischem Notenblatt aufzeichnen, arrangieren und bearbeiten lassen. Er wird zum Komponieren von MIDI-Musikstücken verwendet.

Seriell [serial]

Seriell bedeutet im Allgemeinen: zeitlich nacheinander ablaufend. Eine →Datenübertragung wird als seriell bezeichnet, wenn die Daten zeitlich nacheinander übertragen werden (siehe →serielle Schnittstelle).

Der Gegensatz zu seriell ist →parallel.

Serielle Schnittstelle

Die serielle Schnittstelle ist ein Aus- und Eingabe-Port zum Anschluss externer Geräte (z. B. →Maus, →Modem, →Plotter etc.) an einen →Computer. Die serielle Schnittstelle erlaubt die bitweise Übertragung von Daten in beide Richtungen. Im →BIOS des PCs sind Parameter für vier serielle Schnittstellen (COM1 bis COM4) reserviert. Es gibt verschiedene – von unterschiedlichen nationalen und internationalen Gremien geschaffene – Normen für serielle Schnittstellen. Bei heutigen PCs findet fast ausschließlich die Norm EIA RS232 – im Prinzip gleichbedeutend mit der Norm CCITT V.42 – Anwendung, wobei man sich auf die asynchrone Betriebsart beschränkt. In der seriellen Schnittstelle eines PCs dienen die UART-Schaltkreise (Abk. f. Universal Asychronous Receiver/Transmitter) (siehe →UART) des Typs NS 8250, 16450 oder 16550 bzw. deren Äquivalente als →Controller. Dringend zu raten ist zu letzterem, da er durch einen kleinen →FIFO-Puffer Gewähr für die Sicherheit der Datenübertragung auch bei höheren Geschwindigkeiten bietet.

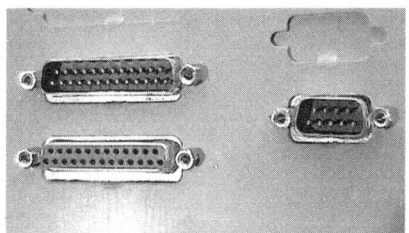 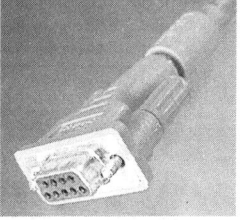

Zwei serielle (25polig, oben, und 9polig, rechts) und eine parallele Schnittstelle auf der Rückseite eines PCs

9poliger Anschlussstecker einer Maus für die serielle Schnittstelle

Serieller Drucker

Ein serieller Drucker ist über eine →serielle Schnittstelle mit dem →Computer verbunden und nicht, wie beim →PC allgemein üblich, über die →parallele Schnittstelle. Ein Anschluss über die serielle Schnittstelle sollte allerdings nur bei besonderen Umständen verwendet werden (wenn die parallele z. B. belegt ist), weil die Datenübertragung hier deutlich langsamer ist. Eine serielle Schnittstelle findet man sowieso nur sehr selten und zumeist dann nur an teureren Laserdruckern. Bei den neuesten Druckermodellen findet man aber mittlerweile statt der seriellen, als zweite Schnittstelle einen →USB-Anschluss.

Serienbrief [standard letter]

Serienbriefe sind Briefe gleichen (oder ähnlichen) Inhalts, die an eine Reihe von individuellen Empfängern geschickt werden sollen. Programme zur →Textverarbeitung enthalten zumeist eine komfortable Funktion zur Erstellung von Serienbriefen. Die Adressen werden dabei aus einer integrierten oder separaten →Datenbank entnommen. Durch individuelle Gestaltung der Anrede usw. (man sagt dazu Personalisierung) sieht man dem einzelnen Brief nicht an, dass es sich um ein Exemplar einer Massensendung handelt.

Serienbrieffunktion [mail merge function]

Mit der Serienbrieffunktion lassen sich mit einem Anwendungsprogramm Dokumente ausdrucken, die sich nur an einigen Stellen unterscheiden (siehe auch →Textverarbeitung). Bei der Erstellung eines Serienbriefs arbeitet man normalerweise mit zwei Dokumenten.

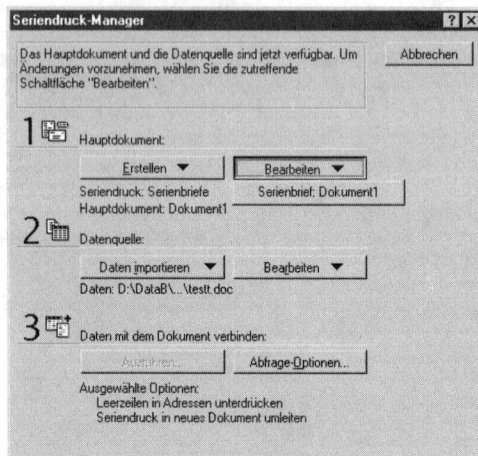

Moderne Textverarbeitungen wie →Word unterstützen die Serienbrief-Erstellung mit einem Assistenten

Während das eine den unveränderbaren Text enthält, birgt das andere die veränderlichen Daten. So lässt sich z. B. ein fester Einladungstext mit den Adressen der jeweiligen Empfänger zu einem Serienbrief verbinden. Die Serienbrieffunktion kann auch zur Erstellung von Etiketten usw. verwendet werden.

Seriennummer [licence number/key]

Die einzelnen Kopien von Softwareprodukten erhalten vom Hersteller oft eine individuelle Seriennummer. Durch diese Seriennummer, die zumeist bei der →Installation einzugeben ist und mit der man sich beim Hersteller registrieren lassen soll, ist eine nachträgliche Kontrolle der Nutzung denkbar.

Serifen [serifs]

Als Serifen bezeichnet man kleine Schmuckelemente an den Druckzeichen, wobei jeder auslaufende Balken durch einen kleinen Querstrich – möglicherweise mit Hohlkehlen – versehen ist. Es gibt Schriften mit und ohne Serifen. Serifenschriften sind aufgrund ihrer besseren Lesbarkeit geeignet für Fließtext, während serifenlose Schriften oft für Überschriften verwendet werden. Bei der Fließtext-Schrift dieses Buches handelt es sich um eine Serifen-Schrift. Für die Überschriften (Begriffe) wurde dagegen eine serifenlose Schrift verwendet.

Mit Serifen

Serifen machen Texte leichter lesbar und werden daher bevorzugt für Fließtext verwendet

Ohne Serifen

Server [Diener]

Als Server wird ein ausgezeichneter Rechner oder ein Programm auf einem Rechner in einem →Netzwerk bezeichnet, der anderen Stationen Dienste anbietet. Der LAN-Server in einem lokalen Netzwerk (siehe →Netzwerk) ist zuständig für die Abarbeitung des Netzwerkbetriebssystems und verwaltet alle benötigten Dienste und Ressourcen für andere Knoten im Netzwerk. Weitere Server stellen als →Datei-Server Festplattenkapazität zur Speicherung von Daten, als →Druck-Server Druckdienste oder auch als Applikations-Server die Rechenleistung für Programme bereit, die im Netzwerk eingesetzt werden sollen. Server ist zugleich der allgemeine Begriff für eine Systemkomponente, die Dienste für andere Komponenten, die Clients, bereitstellt (siehe auch →Client, →Client-Server-Prinzip).

Service-Provider

Über einen Service-Provider (auch →Internetprovider genannt) bekommt man den Zugang zum Internet bzw. kann man einen Internetserver an das Internet anschließen. Der Service-Provider stellt Ihnen einen Einwahlknoten sowie eine E-Mail-Adresse zur Verfügung. Neben den Online-Diensten ist →Uunet einer der größten Service-Provider speziell für den Internetzugang.

Set-top Box [Oben-auf Box]

Unter einer Set-top Box versteht man ein in den USA inzwischen verbreitetes Zusatzgerät zu einem Fernsehgerät, mit dem die über das Kabelnetz angebotenen multimedialen Datendienste genutzt werden können. Für diese Set-top Boxen wurde ursprünglich das Programmkonzept →Java von →Sun entwickelt, für die alle Softwareentwickler mit Rang und Namen Lizenzen erworben haben. Ausgehend vom Grundkonzept der Set-top Boxen wurde in den vergangenen Jahren durch eine Reihe von Firmen das Konzept des →Internet-PCs entwickelt, in dem die einen den adäquaten →Client für den Zugriff auf das weltweite →Internet, die anderen jedoch die Rückkehr der dummen →Terminals sehen. Set-top-Boxen sind aber seit Einführung des →**digitalen Fernsehens** von Pay-TV (Premiere) auch in Deutschland üblich. Sie dienen als Dekoder für die Umwandlung des verschlüsselt ausgesendeten Signals.

Setup [Installation]

Ein Setup-Programm dient zur Installation einer Software oder – als Teil des →BIOS – zur Konfiguration des Computers (siehe →Installation). Das **BIOS-Setup** ist jener Teil des BIOS, in dem die Hardwarekonfiguration gespeichert ist und der jederzeit durch den Anwender verändert werden kann.

```
          ROM PCI/ISA BIOS (PI55T2P4)
              CMOS SETUP UTILITY
             AWARD SOFTWARE, INC.

   STANDARD CMOS SETUP          SUPERVISOR PASSWORD

   BIOS FEATURES SETUP          USER PASSWORD

   CHIPSET FEATURES SETUP       IDE HDD AUTO DETECTION

   POWER MANAGEMENT SETUP       SAVE & EXIT SETUP

   PNP AND PCI SETUP            EXIT WITHOUT SAVING

   LOAD BIOS DEFAULTS

   LOAD SETUP DEFAULTS

   Esc : Quit                 ↑ ↓ → ←  : Select Item
   F10 : Save & Exit Setup    (Shift)F2 : Change Color

             Time, Date, Hard Disk Type...
```

Das BIOS-Setup der Firma AWARD empfängt viele Besitzer eines Pentium-PCs mit diesem Eingangs- bildschirm

Es kann auf den meisten Rechnern beim Bootvorgang durch Drücken der [Entf]-Taste (manchmal auch [F1]-Taste oder andere) aktiviert werden. Dann lassen sich verschiedene Parameter wie Uhrzeit, Festplattentypen und Spei- cherausnutzung (siehe z. B. →Shadow-RAM) durch entsprechende Schalter (siehe →Enabled, →Disabled) einstellen. Anschließend werden diese Daten im CMOS-RAM des Computers gespeichert, das durch einen Akku auch nach dem Ausschalten des Rechners mit Strom versorgt wird. Bei Änderun- gen im BIOS-Setup muss zusätzlich beachtet werden, dass hierbei in den al- lermeisten Fällen das US- und nicht das deutsche Tastaturlayout aktiv ist.

SFX (SelF eXtracting)

SFX (englische Abk. f. selbstentpackend) wird in Bezug auf komprimierte Da- teien verwendet, die sich als ausführbare Dateien durch ihren Aufruf selbst entpacken können. Der Vorteil einer selbstdekomprimierenden SFX-Datei besteht darin, dass ein Anwender kein Programm zur Dekomprimierung be- nötigt (siehe auch →Datenkompression).

SGRAM (Synchronous Graphics Random Access Memory)

Ähnlich wie →VRAM und WRAM ist SGRAM ein für Grafikkarten speziali- sierter Speichertyp, der aber auf der neueren Grundtechnik von →SDRAM aufbaut, während bei VRAM und WRAM noch herkömmliche →DRAMs eingesetzt wurden. Dennoch handelt es sich bei SGRAM nicht wie bei VRAM um einen „dual-ported"-RAM-Typ, d. h., auf die Daten einer Speicherbank wird nicht gleichzeitig lesend und schreibend zugegriffen. Um dennoch für die hohen Ansprüche im Grafikbereich mehr Performance bieten zu können als normale SDRAMS (die übrigens auch häufig als Grafikspeicher verwendet werden), unterstützen SGRAMs statt dem „dual-ported" einen so genannten „dual-bank"-Zugriff, d. h., hier können gleichzeitig zwei Speicherbänke statt nur einer angesprochen werden, was zu einer leichten Geschwindigkeitser- höhung führt. Außerdem bietet SGRAM noch einige andere Optimierungen speziell für Grafikanforderungen, wie z. B. das schnellere Löschen von Spei- cherinformationen oder das blockweise Schreiben von Daten im Burst-Zugriff. Diese Eigenschaften sind v. a. bei 3-D-Funktionen wichtig, sodass man SGRAM-Speicherbausteine v. a. bei den neuen Spielekarten findet (siehe auch →3-D-Grafikkarte).

Man sollte sich jedoch von den Vorteilen von SGRAM gegenüber SDRAM für Grafikkarten nicht zu viel versprechen. Die Leistungssteigerung liegt i. d. R. bei wenigen Prozent und lohnt die höheren Kosten für den Spezialspeicher kaum. Aus dem Grund verwenden die meisten Hersteller auch mittlerweile normale, preisgünstige SDRAM-Chips und greifen nur bei bestimmten, hochwertigen Karten zu SGRAM. Außerdem bringt der Grafikspeicher auch nicht für jede Karte bzw. jeden Prozessor gleich viel. Beim Kauf einer Karte für einen normalen Anwender-PC ist daher die Frage, ob man eine SGRAM- oder SDRAM-Variante nehmen sollte, nicht so bedeutend.

Shadow-RAM [Schatten-Speicher]

Shadow-RAM ist die Bezeichnung für das Kopieren der Informationen aus dem ROM-Speicher des Rechners (ROM-BIOS, Video-ROM der Grafikkarte) in den korrespondierenden RAM-Bereich des Arbeitsspeichers im so genannten →Adapter-Segment. Dies bewirkt insbesondere eine Beschleunigung der Grafikanzeige unter DOS, moderne grafische Betriebssysteme wie →Windows haben keinen Nutzen von der Funktion. Für weitere Informationen zum Adapter-Segment und der Shadow-RAM-Funktion, siehe →Adapter-Segment.

Shareware [Geteilte Software]

Shareware (Kunstwort aus to share = teilen und soft-ware) ist die Bezeichnung für ein besonderes Vertriebskonzept bzw. eine besondere Form von Software. Sharewareprogramme dürfen frei kopiert bzw. verteilt und vor dem Kauf getestet werden. Die Erlaubnis zum freien Verteilen gilt jedoch nur für den nicht kommerziellen (privaten) Bereich. Werden Sharewareprogramme z. B. auf kommerziellen CDs zum Verkauf zusammengestellt oder auf einer Webseite zum direkten Download angeboten (anstatt eines Links), ist die Erlaubnis des jeweiligen Urhebers bzw. Lizenzinhabers einzuholen.

Will man die SharewareSoftware nach dem Test weiter benutzen, muss man eine entsprechende Registrierungsgebühr an den Entwickler zahlen (Erwerb einer Vollversion) oder das Programm deinstallieren. Um den Anreiz zum Erwerb einer Vollversion zu erhöhen, schränken viele Autoren ihre Sharewareversionen in bestimmten Funktionen ein oder versehen die Testversion mit eingeblendeten Hinweisen auf die fällige Registrierung. Shareware ist überwiegend ein Verkaufsprinzip von kleineren Firmen und privaten Programmierern, die sich den Verkauf über die üblichen Distributionskanäle (wie z. B. den Computerhandel) nicht leisten können. Vom Konzept her ähnlich ist das Prinzip von →Freeware. Solche Programme dürfen kostenfrei benutzt werden, eine Registrierungsgebühr wird von den Programmierern also nicht erhoben. Zumeist gilt dies aber nur für eine private Nutzung. Und auch hier ist der kommerzielle Vertrieb durch Dritte ohne ausdrückliche Erlaubnis der Erzeuger nicht erlaubt.

Shareware- und Freewareprogramme werden mittlerweile am meisten über das →Internet oder Online-Dienste wie →CompuServe, →AOL und →T-

Online vertrieben. Klassische Vertriebskanäle über →BBS (Mailboxen), spezielle Sharewareversender oder Shareware-CD-ROMs sind dagegen zurückgetreten. Die meisten großen Computerzeitschriften bieten auf ihren Internetseiten auch ein Archiv von ausgesuchten Sharewareprogrammen an bzw. stellen ständig neue vor. Nachfolgend sind einige wichtige Internetadressen zusammengestellt, unter denen man Sharewareprogramme finden kann. *www.shareware.com* stellt dabei eine Besonderheit dar, weil hier mit Stichwörtern nach Sharewareprogrammen gesucht werden kann. Als Suchergebnisse werden nicht nur eigenen Datenbestände, sondern auch Adressen aus anderen Seiten im Internet angezeigt. Ansonsten bietet es sich immer an, mit Hilfe der →Internetsuchdienste nach einem gewünschten Programm zu suchen. Vergleiche hierzu auch →Internetrecherche.

Wichtige Internetadressen von Shareware- und Freewareseiten
www.shareware.com
www.Freeware32.com
www.download.com
www.winfiles.com
www.Freeware.de
www.heise.de/ct/shareware
www.zdnet.de/download
www.pcpraxis.de/share.htm
www.typemania.de

Shell [Schale, Muschel]

Unter Shell versteht man die Benutzeroberfläche eines dialogorientierten →Betriebssystems, über die der Nutzer mit dem Rechner kommuniziert. Die primäre Shell von →MS-DOS ist der textorientierte Kommando-Interpreter →*Command.com*, der beim Start des Betriebssystems geladen und gestartet wird und bis zum Beenden (durch →Reset oder Ausschalten) aktiv ist.

Durch die Zeile

```
SHELL=C:\4DOS\4DOS.EXE C:\4DOS /P
```

in der Datei →*Config.sys* kann auch ein beliebiger anderer Kommando-Interpreter (hier als Beispiel das populäre Sharewareprogramm *4dos.exe* aus dem Verzeichnis *C:\4DOS*) als primäre Shell verwendet werden. Zur Laufzeit einer Shell kann man jederzeit eine weitere beliebige Shell starten und – meist durch den Befehl *EXIT* – wieder verlassen. So ist z. B. der Befehl *WIN* nichts anderes als der Start der grafisch orientierten Shell →Windows 3.x. Unter Windows 95/98 ist hingegen die grafische Benutzeroberfläche die Standard-Shell.

Shift [verschieben, bewegen]

Der Begriff „Shift" wird in Zusammenhang mit den so genannten Shift Instructions verwendet, ein Verfahren, bei dem Bitmuster in einem Register je um eine Einheit verrückt werden. Shift Instructions können zur schnellen Durchführung von Rechenoperation verwendet werden: Eine Verschiebung von Bits innerhalb eines Bytes nach links ergibt eine Multiplikation mit zwei, eine Verschiebung nach rechts dagegen eine Halbierung.

Shockwave

Die Shockwave-Technologie von →Macromedia stellt einen entscheidenden Fortschritt in der multimedialen Aufbereitung von Internetseiten dar: Komplette Anwendungen, die mit dem →Autorensystem Macromedia Director erstellt wurden, lassen sich komprimiert ins Internet einbinden, sodass lange Wartezeiten auf den →Download entfallen und Animationen quasi in Echtzeit ablaufen. Zusätzlich zu Director-Dateien bietet Shockwave auch für Macromedia-FreeHand-Dateien erweiterte Möglichkeiten: Im Gegensatz zu komprimierten Grafikdateien anderer Formate können FreeHand-Dateien, die mit Shockwave für FreeHand geschockt wurden, ohne Qualitätsverlust gezoomt werden. Shockwave wäre erfolglos, wenn es keine Lizenzen bzw. Implementierungen in bedeutende →Webbrowser gäbe: Netscapes Navigator integriert die Shockwave-Technologie seit der Version 2.0 direkt in den Browser als →Plug-In, ebenso wird die Technologie vom Microsoft Internet Explorer und bei →CompuServe verwendet. Infos und die entsprechenden Programm-Module über Shockwave findet man im Internet unter der Adresse ***www.macromedia.com/shockwave***.

Die weitere, wichtige Entwicklung von Macromedia ist **Shockwave Flash**. Dabei handelt es sich um ein Vektor-Dateiformat für Grafiken und Animationen auf Webseiten. Es ermöglicht bei kleiner Dateigröße ungewöhnliche Grafiken und Animationen. Mehr dazu ebenfalls im Internet auf den Webseiten von Macromedia.

Shortcut [Verknüpfung, Abkürzung]

1.) Das v. a. unter Windows 95/98 verwendete, englische Wort Shortcut wird in der deutschen Variante des Betriebssystems etwas ungenau mit Verknüpfung übersetzt. Gemeint ist die Erzeugung eines Symbols (Icon) auf dem →Desktop oder einer Programmgruppe, das zum Aufrufen eines Programms oder einer Datei dient. Es ist eine Art elektronische, virtuelle Verbindung zum Original; das Symbol wird durch einen kleinen, unten links liegenden Pfeil gekennzeichnet. Weitere Informationen siehe →**Verknüpfung**.

2.) Shortcut oder oft auch **Hotkey** genannt, ist die gängige Bezeichnung für eine Tastenkombination, die ein im Hintergrund laufendes Programm (siehe →Hintergrundprogramm) oder einen bestimmte Aktion in einem Anwendungsprogramm auslöst. Typisches Beispiel ist der Aufruf eines speicherresidenten Programms (siehe →TSR-Programm). Häufig werden aber auch normale Tastaturbefehle zur Steuerung von Anwendungsprogrammen als Hotkeys bezeichnet. Bekanntestes Beispiel ist die Tastenkombination [Alt]+[F4] zum Beenden von Windows-Anwendungsprogrammen (siehe →Windows) oder [Strg]+[S] zum Aktivieren der Speicherfunktion.

Shugart Bus

Der Shugart Bus (siehe →Bus) aus den Anfangstagen des PCs ist bis heute der Quasistandard beim Anschluss von Diskettenlaufwerken.

Shutter-Brille [Verschluss-Brille]

Unter Shutter-Brillen versteht man Brillen, die mit einem speziellen, sehr schnell wechselnden Verschlussmechanismus eine dreidimensionale Darstellung auf einem →Bildschirm ermöglichen. Hierzu wird dem linken und rechten Auge in schneller Folge (60 Hz und aufwärts) jeweils ein eigenes, leicht unterschiedliches Bild vorgesetzt, sodass das Gehirn aus diesen versetzten Bildern einen räumlichen Gesamteindruck „errechnet". Im Grunde handelt es sich also um eine Art optische Täuschung. Moderne Shutter-Brillen erreichen dieses Kunststück, indem die extrem schnelle, moderne Verschlusstechnik der Brille mit der Grafikkarte bzw. dem Monitor exakt synchronisiert wird. Die dazu notwendige, kompatible →3-D-Grafikkarte berechnet zuerst das räumliche Gesamtbild und dann die dazugehörigen Halbbilder für das rechte und linke Auge. Diese werden anschließend mit einer wechselnden Folge von mindestens 60 Hz auf dem Monitor wiedergegeben und zu diesem Bildwechsel die Shutter-Brille exakt so abgestimmt, dass auch wirklich immer nur jedes Auge „sein" Bild sieht. Der Betrachter nimmt den schnellen Wechsel der Bilder bzw. die Verschlusstechnik bei Frequenzen oberhalb von 60 Hz nicht bewusst wahr. Stattdessen ergibt sich für ihn beim Betrachten des Monitorbilds durch die Brille ein faszinierendes, plastisches dreidimensionales Bild mit ausgezeichneter Tiefenschärfe. Mit modernen, dreidimensionalen →Computerspielen ist der Effekt sehr beeindruckend.

Die Industrie hatte schon früher versucht, durch ähnliche Techniken eine dreidimensionale Darstellung auf dem Computer zu erzeugen. Mitte der 90er Jahre wurde v. a. mit dem so genannten Head Mounted Display (abgekürzt HMD, auf dem Kopf montiertes Sichtgerät) gearbeitet. Dabei handelte es sich auch um eine Art Brille bzw. ein auf einen Helm montiertes Sichtgerät. Zwei daran befestigte, unabhängig gesteuerte LCD-Bildschirme (siehe →LCD) sorgten direkt vor den Augen für die dreidimensionale Darstellung. Bei manchen Modellen registrierten spezielle Sensoren sogar die Kopfbewegungen, um sie simultan grafisch umzusetzen. Durch diese Kombination entsteht für den Benutzer ein räumlicher Eindruck, als ob er sich in der dargestellten Umgebung befindet. HMDs sind aber so aufwendig bzw. teuer, dass sie sich nicht durchsetzen konnten.

Die neueste Generation der Shutter-Brillen, die seit Mitte 1999 erstmals für Grafikkarten mit dem bekannten Riva-TNT-Prozessor von Firmen wie →Elsa oder Asus ausgeliefert wird (weitere Hersteller bzw. Prozessoren werden folgen), kann durchaus als kleine Revolution gelten. Zum einen sind die Brillen mit ca. 100 DM für die kabelgesteuerte und ca. 150-200 DM für die Infrarot-gesteuerte Variante recht preiswert. Zum anderen erreichen Sie in Verbund mit den aktuellen Grafikkarten und Monitoren eine beachtliche Bildqualität. Möglich wurde diese Technik nur durch die gleichzeitig auch zunehmende Qualität der Monitore und nicht zuletzt auch der Computerspiele. Denn zum einen muss der Monitor (und natürlich auch die Grafikkarte) zur Darstellung der zwei Halbbildern im 60-Hz-Takt ja insgesamt beide Bilder zusammen mit 120 Hz wiedergeben können. →TFT-Displays müssen hier übrigens passen, denn bei ihnen wird das Bild ja nicht entsprechend zeilen- bzw. bildweise aufgebaut. Bei einer von den meisten Spielen bevorzugten Auflösung von 800 x 600 Punkten ist diese hohe Bildwiederholfrequenz für moderne Bildschirme aber kein Problem. Viele schaffen bei dieser Auflösung sogar 140 Hz und mehr, was an die Shutter-Brille auch für ein noch ruhigeres Bild weitergegeben wird. Neben der Hardware muss aber auch die

Software die dreidimensionale Darstellung richtig unterstützen. Dies ist bei den meisten Computerspielen, die seit Anfang 1999 auf den Markt gekommen sind und die neuesten Funktionen von →DirectX korrekt unterstützen, aber der Fall. Ältere Spiele haben dagegen oft Darstellungsprobleme, wenn auch nur auf Teilaspekte begrenzt.

Wer mit einer Shutter-Brille liebäugelt, sollte sich aber auch darüber im Klaren sein, dass selbst bei besonders hohen Bildwiederholfrequenzen die längere Verwendung einer Shutter-Brille die Augen bzw. das Gehirn dennoch sehr anstrengen können. Die Empfindlichkeiten sind allerdings je nach Person sehr unterschiedlich. Manche Spieler werden schon nach 10 Minuten „wirr" im Kopf oder bekommen sogar Augen- bzw. Kopfschmerzen. Andere tragen die Brille dagegen ohne Probleme für einige Stunden. Vor allem Epileptiker sollten sehr vorsichtig beim Einsatz einer Shutter-Brille sein, weil bekanntlich im Extremfall schon die ohnehin sehr stark wechselnden Bilddarstellungen in Computerspielen einen Anfall auslösen können. Mit einer Shutter-Brille wird das Risiko dafür wahrscheinlich noch größer.

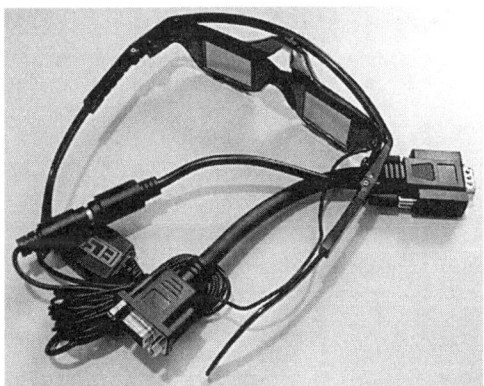

Eine typische Shutter-Brille von Elsa inklusive Anschlusskabel (rechts). Ähnlich wie bei einem →Loop-Through-Cable wird die Brille mit diesem Kabel zwischen Monitor und Grafikkarte eingeschleift, damit die Bildsignale synchronisiert werden können

Sicherungsdatei [backup file]

Bei einer Reihe von Programmen wird beim Speichern einer bearbeiteten Datei jeweils die vorhergehende Version als Sicherungsdatei gespeichert. Die Sicherungsdateien werden oft durch die →Extension *bak* kenntlich gemacht.

Sicherungskopie [backup copy]

Eine Sicherungskopie ist eine Kopie des Dateninhalts eines Datenträgers – wie der →Festplatte – auf einem anderen →Datenträger. Man legt sie an, um beim Ausfall der Festplatte oder bei Datenverlust die →Daten mit dem letzten Bearbeitungsstand noch zur Verfügung zu haben (siehe auch →Backup).

Siemens Nixdorf

Siemens Nixdorf ist eine am 1.10.1998 gegründete, eigenständige Gesellschaft innerhalb des Großkonzernz Siemens, die sich weltweit auf den Bereich Handeln und Retail Banking spezialisiert hat. Die Gesellschaft ist aus der Übernahme des früheren Computerkonzerns Nixdorf durch die Siemens AG entstanden. Mit ca. 3.000 Mitarbeitern wird ein Umsatzvolumen von ca. 2 Milliarden DM erwirtschaftet (Stand 10.99). Aus dem ursprünglich auch abgedeckten Bereich der Consumer-PCs hat sich Siemens Nixdorf mittlerweile zurückgezogen. Unter der Adresse **www.sni.com/indexde.htm** nutzt die Firma das Internet für Präsentation und Kundenkontakt.

Signature [Unterschrift]

Das englische Wort „Signature" bezeichnet Texte oder ASCII-Grafiken, die man – zusätzlich zum Absendernamen – an das Ende einer →E-Mail setzt, um den Verfasser (also sich selbst) mit einer Art elektronischen Unterschrift zu kennzeichnen.

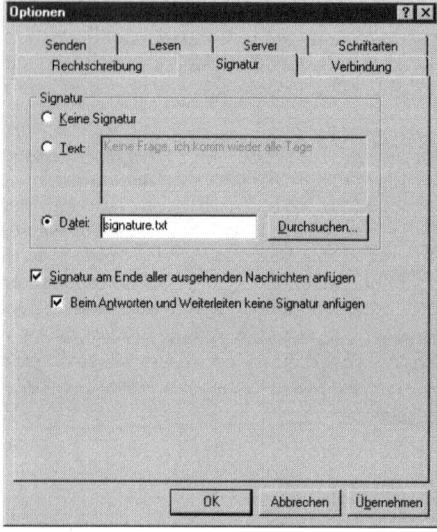

Die meisten E-Mail-Programme (hier MS-Mail & News) unterstützen Signaturen mit verschiedenen Funktionen

Signaturen sind nicht immer gern gesehen, in manchen Netzen sogar verboten, da sie eigentlich nicht viel Sinn machen (weil nicht fälschungssicher und ohne wichtigen Inhalt) und nur unnötiges Datenvolumen verursachen. Es ist daher üblich, nicht mehr als 4-5 Zeilen z. B. mit einem Spruch, kurzem Gedicht oder einer Grafik aus ASCII-Zeichen anzuhängen. Die meisten E-Mail-Programme unterstützen das automatische Anhängen einer Signatur durch entsprechende Funktionen.

Silicon Graphics

Silicon Graphics ist eine Firma, die Hochleistungsrechner für den breiten Bereich der Grafikerstellung herstellt. Mit Computern von Silicon Graphics wurden nicht nur Computersequenzen für Jurassic Park erstellt, sondern auch in der Druckvorstufe beim →DTP finden die Grafik-Workstations immer öfter Verwendung. Auf einer optisch ansprechend gestalteten Internetadresse unter **www.sgi.com** präsentiert sich Silicon Graphics mit einer bunten Mischung aus Firmen- und Produktinformationen.

Silicon Valley

In einem Tal südlich von San Francisco haben sich seit den 60er Jahren viele große Elektronikkonzerne wie →Apple, →Sun, →Intel usw. niedergelassen, die dort ihre Produktions- und Forschungsstätten betreiben. Dieses Tal erhielt deshalb – abgeleitet vom wichtigsten Halbleitergrundstoff – den Namen Silicon Valley (Silizium-Tal). Es ist zum Ausgangspunkt für eine Vielzahl von innovativen Entwicklungen der Halbleiter- und Elektronikbranche geworden.

SIM-Karte (Subscriber Identification Module)

SIM-Karten werden in Form einer →Chip-Karte (englische Abk. f. Teilnehmer-Identifikations-Modul) bei Mobiltelefonen (siehe →Handy) zur Identifizierung des Teilnehmers und Zuordnung der Telefonnummer verwendet. Darüber hinaus kann sie die persönlichen Rufnummern des Anwenders in einer Art elektronischem Telefonbuch speichern. Ohne diese Karte kann ein Handy nicht betrieben werden. Weitere Informationen und Abbildung siehe →Chip-Karte.

SIMM (Single Inline Memory Module)

Mit SIMM (englische Abk. f. einreihiges Speichermodul) werden kleine Platinen bezeichnet, auf denen einzelne DRAM-Schaltkreise (siehe →DRAM) zusammengefasst sind. Die SIMMs werden über eine stabile Kontaktleiste in spezielle Steckplätze auf dem →Mainboard eingesteckt. Die erste SIMM-Generation besaß eine Kontaktleiste mit 30 Kontakten; die mittlerweile verwendeten PS/2-SIMMs haben hingegen 72 Kontakte. Alte SIMM-Bausteine lassen sich aber über entsprechende Adapter auch auf modernen →Mainboards mit PS/2-SIMM-Steckplätzen einsetzen. Ein Nachteil bei der Verwendung von SIMMs ist, dass zur Aufrüstung des Hauptspeichers die alten SIMM-Bausteine möglicherweise gegen neue mit höherer Kapazität ausgetauscht werden müssen. Die alten Bausteine können dabei häufig nicht weiter verwendet werden. Sind z. B. die acht SIMM-Steckplätze des Mainboards vollständig mit 8 x 1-MByte-SIMMs besetzt und soll auf 16 MByte aufgerüstet werden, müssen die ursprünglichen SIMMs entfernt und gegen 4 x 4-MByte-SIMMs getauscht werden. Vergleiche auch →SDRAM und →DIMM.

Zwei Generationen von SIMM-Bausteinen im Vergleich – oben ein 72-poliges PS/2-SIMM, unten ein altes 30poliges Standard-SIMM

SIMM-Adapter

Mit Hilfe eines SIMM-Adapters konnte man alte 30polige SIMMs von zumeist Rechnern mit 486er-Prozessor auf Mainboards mit 72poligen PS/2-SIMM-Anschlüssen einsetzen (→SIMM), wie sie lange Zeit für Rechner mit →Pentium-Prozessor üblich waren. Sinnvoll war dies, wenn man seine teuer erworbenen SIMMs beim Mainboard-Upgrade nicht nutzlos verwerfen wollte. Wer heute noch von einem so alten Mainboard mit SIMM-Bausteinen auf ein neues Board mit Pentium-kompatiblen Prozessor wie etwa den →AMD K6-2/III umsteigen will, dem helfen SIMM-Adaptoren aber auch nicht mehr viel. Denn Boards mit PS/2-SIMM-Speicherbänken sind fast nicht mehr erhältlich; stattdessen werden SDRAM-Speicher mit DIMM-Steckplätzen verwendet (→DIMM). Auf dem Gebrauchtmarkt sind solche Pentium-Boards aber noch gut zu bekommen und stellen so für alte Rechner noch eine gute und preiswerte Aufrüstmöglichkeit dar. Hier bietet sich dann auch die Nutzung eines SIMM-Adapters noch an.

Die SIMM-Adaptoren sind zumeist in 4-zu-1-Ausführung gebaut, d. h., es können vier herkömmliche SIMMs aufgenommen werden und das ganze Modul wird über die 72polige Anschlussleiste wie ein PS/2-SIMM auf der Speicherbank des neuen Mainboards aufgesteckt. Die verlängerten Signalwege auf dem Adapter führen zu leichten Zugriffsverzögerungen in einer Größenordnung von 5 ns. Dies kann dazu führen, dass die Waitstates beim Speicherzugriff des Prozessors im →BIOS erhöht werden müssen. Um Inkompatibilitäten zu vermeiden, sollte man nur SIMM-Adaptoren verwenden, auf denen die Zugriffsgeschwindigkeit der alten SIMMs per DIP-Schalter eingestellt werden kann. Außerdem sollten nie verschiedene alte SIMMs pro Adapter oder verschiedene Adaptoren auf einem neuen Mainboard gemischt werden. Besonders nachteilig wirkt sich aus, dass die fertige Konstruktion aus Adapter und SIMM-Bausteinen zumeist recht groß ist. Dies kann nicht nur zu Platzproblemen mit anderen Komponenten im Rechner führen, sondern auch die Verwendung mehrerer Adaptoren erschweren. Zwei identisch ausgerichtete Adaptoren können sowieso nicht aus Platzgründen nebeneinander platziert werden. Um dieses Problem zu lösen, gibt es die Adaptoren in spiegelbildlicher Ausführung.

Simulation [simulation]

1) Unter Simulation (lat. simulare = nachbilden) versteht man das näherungsweise Nachbilden realer naturwissenschaftlicher, technischer und anderer Zusammenhänge oder Umstände durch ein geeignetes Modell – heute vorzugsweise durch den Computer. Simulationen werden für viele Sachverhalte eingesetzt – bei der Wettervorhersage, dem Pilotentraining, der Genetik usw.

2) Als Simulation bezeichnet man Computerspiele, die versuchen, ein Thema, z. B. eine Sportart oder das Fliegen, für den →PC umzusetzen. Dabei unterschiedet man zwischen reinen Simulationen, die ein Thema möglichst realitätsnah umsetzen, und solchen Simulationen, bei denen häufig auf komplexe Zusammenhänge verzichtet wird, um ein Spiel interessanter, sprich actionreicher zu gestalten. Das Genre der Simulation kann nochmals unterteilt werden in →Flugsimulatoren, →Sportsimulations-Spiele, →Flipper-Spiele und →Rennsimulations-Spiele.

Singlesession

Eine Reihe von CD-ROM-Laufwerken (siehe →CD-ROM-Laufwerk) älterer Bauart waren so genannte Singlesession-Laufwerke, denn sie konnten nur auf die erste Session einer →Photo-CD, d. h. nur auf die im ersten Aufzeichnungsvorgang abgespeicherten Bilder, zugreifen (siehe →Multisession).

SIO (Serial Input Output)

Der SIO-Chip oder kurz SIO ist der →Controller, der die serielle →Datenübertragung in einer seriellen Schnittstelle (siehe →serielle Schnittstelle) realisiert. In der asynchronen seriellen Schnittstelle eines →PCs werkeln →U-ART-Schaltkreise (Universal Asychronous Receiver/Transmitter) des Typs NS 8250, 16450 oder 16550 bzw. dessen Äquivalente. Dringend zu raten ist zu letzterem, der durch einen kleinen FIFO-Speicher die Sicherheit der Datenübertragung auch bei höheren Geschwindigkeiten gewährleistet.

SIP (Single Inline Package)

Mit SIP werden kleine Platinen bezeichnet, auf denen sich mehrere DRAM-Schaltkreise (siehe →DRAM) befinden. SIPs dienten kurzzeitig als kompakte Bauelemente für den →Arbeitsspeicher von →PCs. Im Gegensatz zu den aktuellen →SIMM-Modulen, die über eine Kontaktleiste verfügen, besitzen SIP-Module einzelne in einer Reihe angeordnete Pins. SIPs wurden nach relativ kurzer Zeit durch die SIMMs abgelöst.

Site [Platz, Ort, Stelle]

Als Site wird im →Internet der →Server oder →Host bezeichnet, auf dem sich eine gesuchte Datei befindet. Im →WWW bezeichnet man auch die miteinander verbundenen Hypertext-Dokumente (siehe →Hypertext), die ein Anbieter im Netz anbietet, als Site.

Sitzungsschicht [session layer]

Die Sitzungsschicht ist die fünfte Schicht des →OSI-Schichtenmodells, die zwei unterschiedlichen Computern den sicheren Aufbau, die Nutzung und die Beendigung einer als Sitzung (session) bezeichneten Verbindung über das →Netzwerk ermöglicht. Die Sitzungsschicht synchronisiert die Eingaben der Nutzer durch das Setzen von Kontrollpunkten in den Datenstrom.

Skalieren [scale]

Das Verkleinern oder Vergrößern von Zeichen usw. auf dem →Drucker oder →Monitor wird Skalieren genannt. Ein stufenloses Skalieren ist i. d. R. nur mit Zeichen möglich, die auf →Vektorgrafik basieren.

Slave [Sklave]

Slave ist die Bezeichnung für Geräte oder Computer, die von anderen gesteuert werden (siehe auch →Master und →ATA).

Sleep-Modus [Schlafmodus]

Im Sleep-Modus werden bei einem Computer, insbesondere bei →Notebooks, alle verfügbaren Energiesparmaßnahmen ausgeschöpft, wobei jedoch der Inhalt des Hauptspeichers und alle Parameter der aktiven Programme nicht verloren gehen. Nach einem Tastendruck werden alle Komponenten wieder aktiviert und der Rechner setzt seine Arbeit an der Stelle fort, an der er aufgehört hat. Vergleiche auch →Power-Management.

Slimline [schlanke Linie]

Unter Slimline versteht man ein flaches Tischgehäuse eines →PCs oder anderer Geräte. Als Steigerung von Slimline sind die PC-Gehäuse der Klasse Pizzacase (Pizza-Schachtel) anzusehen. Erweiterungskarten können in flachen Gehäusen nur horizontal eingebaut werden. Deshalb gehört ein spezielles →Mainboard und ein Winkeladapter für die Erweiterungssteckplätze zu ihrer Ausstattung.

SLIP (Serial Line Internet Protocol)

Das SLIP (englische Abk. f. serielle Verbindung Internetprotokoll) ist ein einfaches Protokoll zum Übertragen von Datenpaketen (siehe →Datenpaket) gemäß →TCP/IP über eine serielle Leitung. Normalerweise wählt man sich mit einem entsprechenden Programm bei einem fest im →Internet etablierten →Host ein und erhält für die Zeit der Verbindung eine →IP-Adresse. Nun hat man Zugriff auf alle Netzressourcen – von →Telnet über →FTP, →Gopher, →VERONICA, →Archie bis hin zum →WWW. Voraussetzung ist, dass man über die entsprechende Client-Software verfügt. In modernen Betriebssystemenn wie →Windows 95/98 sind viele der notwendigen Programme jedoch bereits im Lieferumfang enthalten.

Slot [Schlitz, Steckplatz]

Slot ist die gebräuchliche Bezeichnung für einen Erweiterungssteckplatz (siehe →Steckplatz) auf dem →Mainboard. Weitere Informationen und Abbildung siehe →Erweiterungsbus.

SLSI

Die Bezeichnung SLSI (Abk. f. Super Large Scale Integration) wurde für den Integrationsgrad eines Chips mit mehr als 100.000 Transistorfunktionen verwendet (siehe auch →Chip, →LSI).

SMART (Self Monitoring Analysis and Report)

SMART ist die Bezeichnung für eine Ende 1997 erstmals eingeführte Technologie, mit der Festplatten ihren eigenen Status überprüfen und bei Anzeichen von Fehlern eine Meldung an den Computer ausgeben. So soll das Risiko von Datenverlusten durch Hardwarefehler minimiert werden. Wer eine neue Festplatte kauft, sollte also möglichst darauf achten, dass diese mit SMART arbeitet. Wer besondere Hardwareanalyseprogramme wie die →Norton Utilities nutzt, sollte sich um ein Update kümmern, das die neue SMART-Technik unterstützt.

> **Tipp:** Eine Aktivierung der SMART-Funktion kann man in vielen neuen BIOS-Versionen durchführen. Dies bringt ein Plus an Sicherheit, das aber mit regelmäßigen Updates auch zu erreichen ist. Die ständige Smart-Überprüfung durch das BIOS beschränkt aber dafür etwas die Performance der Platte.

SMS (Short Message Service)

SMS ist die englische Abk. f. Kurznachrichtensystem. Der SMS-Standard ermöglicht die Übertragung von Textnachrichten von bis zu 160 Zeichen an Funktelefone (→Handy). Zum Empfang der Textnachricht wird das Display des Handys verwendet. Die Mitteilung wird von den meisten Providern 48 bis 72 Stunden im Netz gehalten, bis das Zielgerät eingeschaltet und die Nachricht vom Empfänger gelesen wurde. Es sind teilweise sogar Empfangsbestätigungen möglich. Vorteilhaft an SMS ist, dass die Kosten einer Übertragung immer deutlich unter denen eines normalen Telefongesprächs liegen. Die exakten Kosten für eine Übertragung hängen aber von den Tarifen der Service-Provider ab, der Empfang ist jedoch immer kostenlos. Der Versand bzw. Empfang wird außerdem auch im Ausland (Anfang 1999 in ca. 58 Länder) unterstützt. Gegen Gebühren bieten einige Dienste auch eine Art Info-Ticker an, d. h., aktuelle Nachrichten aus wählbaren Themenbereichen werden per SMS auf das Handy übertragen.

Zum Abschicken einer SMS-Nachricht kann man entweder das Handy mit seiner alphanumerischen Tastatur (etwas mühsam) oder einen →Online-Dienst wie →T-Online bzw. einen entsprechenden →Internetservice verwenden (bequemer). Außerdem gibt es Zusatzsprogramme für den PC, mit denen man per →Modem bzw. →ISDN-Karte SMS-Nachrichten kostenpflichtig über Dienstleister mit zumeist 0190-Nummern verschicken kann.

Wer SMS-Nachrichten über das Handy absenden will, muss zuvor die Rufnummer einer zu seinem Provider kompatiblen SMS-Zentrale in einen dafür speziell vorgesehenen Eintrag des Adressbuchs im Handy aufnehmen. Die Standardzentralen sind: D1 = 01 71/0 76 00 00, D2 = 01 72/2 27 00 00, D2-Message-Plus = 01 72/2 27 03 33 und E-Plus = 01 77/0 61 00 00. Beispielsweise können Kunden eines Providers, der das D2-Netz benutzt, immer zwischen D2-Message und D2-Message-Plus wählen. Erstere bietet weniger Funktionen (z. B. keine Verschickung in andere Netze, keine E-Mail-Unterstützung), kostet dafür aber im Gegensatz zum erweiterten D2-Message-Plus-Dienst nur 20 statt 39 Pfennig pro SMS (Stand Herbst 1999). Manche Provider bieten auch eigene SMS-Zentralen an, für die man dann eine andere Rufnummer angeben muss (z. B. Hutchinson mit 01 72/2 27 02 22). In solchen Fällen wird meistens ähnlich wie bei der D2-Message-Plus-Zentrale ein erweiterter Service, aber zu günstigeren Konditionen angeboten. Die Standardzentralen des jeweiligen Hauptnetzes könnte man aber dennoch verwenden. Welche Funktionen (z. B. Verschickung in andere Netze) die Zentrale des jeweiligen Providers unterstützt, müssen Sie jeweils einzeln erfragen bzw. den entsprechenden Vertragsunterlagen entnehmen.

Eine Verschickung von SMS-Nachrichten ist auch über →CompuServe und →T-Online möglich, hat jedoch den Nachteil, gebührenpflichtig zu sein. Da es kostenlose Internetdienste zur SMS-Verschickung gibt, ist die Nutzung relativ unattraktiv. Für das Verschicken von SMS-Nachrichten an Teilnehmer des D1-Netzes lautet die T-Online-Kennziffer *50 171 25 22 10#*; für das D2-Netz dagegen *D2MESSAGE#*. Wer gleichzeitig Kunde bei T-Online und T-Mobil (D1) der Telekom ist, dem steht außerdem ein weiterer, kostenloser Service zur Verfügung. Trifft nämlich eine →E-Mail im Postfach von T-Online ein, kann man sich kostenlos eine Benachrichtigung per SMS an sein Handy schicken lassen. Als Information werden dabei der Absender und die Betreffzeile übertragen. Wer jedoch mehrere E-Mails am Tag bekommt, dürfte von der Möglichkeit eher genervt sein.

Man kann SMS-Nachrichten auch unter bestimmten Umständen direkt an einen E-Mail-Empfänger im Internet verschicken. Jedoch nur, wenn eine SMS-Zentrale verwendet wird, die diese Funktion auch unterstützt (z. B. D2-Message Plus, aber nicht D2-Message); Standards gibt es hier leider noch keine. Dazu muss man eine generelle Rufnummer für den Empfänger angeben (z. B. 8000 bei D1/T-Mobil und 3400 bei D2-Message Plus) und die Mail-Adresse als allerersten Eintrag im SMS-Text angeben. Das →@-Zeichen muss dabei durch ein Sternchen (*) ersetzt werden. Beispielsweise: *franz. mustermann*databecker.de*. Je nach Provider bzw. SMS-Zentrale funktioniert auch der umgekehrte Weg, also von E-Mail zu SMS. Dabei wird i. d. R. die Telefonnummer und die Bezeichnung der SMS-Zentrale oder des Providers als Mail-Adresse verwendet (z. B. *rufnummer@d2-message.de*). Auch hier gibt es noch keine Standards oder einheitliche Verfahren.

Wer seine SMS lieber mündlich aufgeben will, kann auch einen Operator-Dienst benutzen, bei dem mittlerweile zumeist elektronische Spracherkennungssysteme verwendet werden. Die entsprechende Rufnummer für den D1 Alpha-Service beträgt 2522, für D2-Message 22777 und für E-Plus 1166.

Unter den verschiedenen Diensten im Internet, die zum größten Teil auch kostenlos sind, sind die beiden Service *www.vlf.net* und *sms-kostenlos.btn.de* hervorzuheben, weil sie recht zuverlässig und v. a. kostenlos sind. Über ein Formular im →Webbrowser gibt man die Nummer des Empfängers sowie den Nachrichtentext ein, der dann in relativ kurzer Zeit an das Handy als SMS übermittelt wird.

SMTP (Simple Mail Transfer Protocol)

SMTP ist die englische Abk. f. einfaches Mail-Übertragungsprotokoll. Es ist die Bezeichnung für ein 1981 von Jonathan B. Postel im „RFC 788" Datenblatt definiertes Protokoll, das zum Transfer von E-Mails zwischen verschiedenen Internetservern dient. 1982 wurde das Protokoll noch mal überarbeitet, was in der RFC 821 dokumentiert ist. Es regelt die weltweite Verschickung von E-Mails rund um den Erdball. SMTP kann dagegen nicht für das Abrufen von E-Mails durch den Anwender von seinem E-Mail-Hostserver verwendet werden. Hierzu dienen andere Protokolle wie →POP3 oder →IMAP4. SMTP ist zwar universal einsetzbar bzw. vorhanden und recht stabil, aber es hat auch Nachteile. Der gravierendste ist, dass zur Übertragung nur der reine 7-Bit-→ASCII-Code verwendet wird. Das entspricht dem einfachen, amerikanischen Zeichensatz. Umlaute oder andere Sonderzeichen werden nicht unterstützt. Als Lösung müssen 8-Bit-E-Mails (mit Sonderzeichen und/oder Dateianhang) kodiert werden. Vergleiche →Kodierung und →MIME.

Wer mit einem E-Mail-Programm Mails ins Internet verschicken will, muss in seinem Programm die SMTP-Adresse des entsprechenden Mail-Empfang-Servers des Internetproviders angeben. Typische SMTP-Adressen z. B. der Online-Dienste sind:

Online-Dienst	SMTP-Adresse
AOL	bisher nicht unterstützt
CompuServe	smtp.site1.csi.com
T-Online	mailto.btx.dtag.de oder mail.btx.dtag.de
UUnet	personalmail.de.uu.net

Sockel [socket]

Sockel ist u. a. eine Bezeichnung für Fassungen für ICs (siehe →IC). Siehe auch →Prozessorsockel und →ZIF-Sockel.

Soft error [weicher Fehler]

Ein Soft error ist ein Fehler, der mal auftaucht und ein andermal wieder nicht. Dieser Fehler darf nicht mit einem Softwarefehler verwechselt werden. Die Ursachen für Soft-error-Fehler können z. B. Temperaturabhängigkeiten oder schlechte Verbindungsleitungen sein.

Soft sectored [Software sektoriert]

Der Begriff „soft sectored" wurde im Gegensatz zur physischen Vorgabe (hard sectored) der Sektoren auf einer →Diskette eingeführt, die zu Urzeiten des →PCs durch mehrere Löcher im eigentlichen →Datenträger erfolgte.

Software [weiche Ware]

Programme und zugehörige →Daten werden als Software bezeichnet. Software wird im Wesentlichen in zwei Gruppen aufgeteilt: Systemsoftware, zu der auch das →Betriebssystem gehört, und Anwendungssoftware, die dem Benutzer bestimmte Funktionen zur Verfügung stellt (z. B. →Tabellenkalkulation und →Textverarbeitung). Als **Standardsoftware** werden Programme bezeichnet, die auf einen großen Kundenkreis zugeschnitten sind, wie z. B. allgemeine Programme für →Tabellenkalkulation oder →Textverarbeitung.

Software Bundle [Softwarebündel]

Als Bundling wird allgemein eine Maßnahme des Marketing verstanden, mehrere – auch einzeln vertriebene – Hard- oder Softwarekomponenten gebündelt zu einem insgesamt günstigeren Preis anzubieten. Dies hat sich insbesondere beim Bundling von PC-Hardware mit einem ganzen Paket von Standardsoftware – dem Software Bundle – durchgesetzt. So erhält man mit einem kompletten →PC neben dem →Betriebssystem noch Programme für Textverarbeitung, Tabellenkalkulation usw. ohne (ausgewiesenen) Aufpreis, einen →Scanner erhält man im Software-Bundle mit einem →Bildbearbeitungsprogramm und →OCR; dem →Modem liegen u. a. →Faxprogramme und Zugangssoftware für →Online-Dienste bei.

Software-Cache

Bei einem Software-Cache benutzt ein Programm einen Teil des →Arbeitsspeichers für den →Festplatten-Cache. Bekanntester Vertreter dieser Gattung ist das Programm Smartdrive von →Microsoft. In den Dateisystemen moderner Betriebssysteme (z. B. →Windows NT, aber auch bei →Windows 3.11 und Windows 95/98) ist bereits ein Cache-Programm integriert. Als Hardware-Cache wird demgegenüber die Realisierung des Cache durch spezielle Festplatten-Controller mit eigenen Speicherbausteinen bezeichnet. Die Leistungsunterschiede zwischen beiden Verfahren sind im Allgemeinen jedoch relativ gering.

Softwareentwicklung [Software development]

Die Softwareentwicklung (auch als software engineering bezeichnet, siehe →Software) kann in vier Phasen eingeteilt werden:

- **Problemanalyse**: Das von der Software zu lösende Problem muss exakt analysiert und von den Entwicklern verstanden sein, um eine möglichst optimale Problemlösung bieten zu können.

- **Definitionsphase**: Das Gesamtproblem wird in Teilprobleme gegliedert. Die Teilprobleme werden algorithmisch aufbereitet.

- **Implementierungsphase**. Die Algorithmen für die Teilprobleme werden als Software kodiert und implementiert.

- **Testphase**. Das entstandene Softwareprodukt wird verschiedenen Tests ausgesetzt, damit möglichst viele Fehler und Wechselwirkungen erkannt und korrigiert werden können.

Softwareentwicklungssystem [Software development system]

Unter einem Softwareentwicklungssystem versteht man ein Programmsystem, das zur Entwicklung von →Software zusammengestellt wurde. Ein derartiges System besteht zumeist aus einem →Editor, einem Compiler und Linker oder Interpreter, Objektbibliotheken sowie entsprechenden Testprogrammen (vergleiche →Programmiersprache). Zumeist sind alle einzelnen Bestandteile aufeinander abgestimmt; im Interesse eines kurzen Zyklus von Kodieren, Kompilieren und Testen werden sie zu einer so genannten integrierten Entwicklungsumgebung unter einer Oberfläche zusammengefasst und mit effektiven Hilfefunktionen versehen. Vor Jahren setzten die Borland-Produkte Turbo Pascal und Turbo C (vergleiche →Programmiersprache) einen Maßstab für eine solche Angebotspolitik, die von nahezu allen Herstellern übernommen wurde.

Softwarepaket [Software package/bundle]

Ein Softwarepaket ist die Zusammenstellung aufeinander abgestimmter Anwendungsprogramme, die zueinander kompatibel sind und damit ohne Probleme Daten austauschen können. Bekannte Softwarepakete sind →com Office von →Sun, →SmartSuite von Lotus und →Office von Microsoft, die u. a. eine →Tabellenkalkulation, →Textverarbeitung und →Datenbank enthalten.

SOHO-Markt (**S**mall **O**ffice **H**ome **O**ffice)

Mit dem Begriff „SOHO" (englische Abk. f. kleines Büro, Heim-Büro) wird der Markt der Privatanwender und kleineren Firmen/Freiberufler bezeichnet. Der SOHO-Markt hat ein anderes Kaufverhalten als der Business-Markt, sodass viele Produkte ganz speziell für dieses Marktsegment entwickelt werden. Ein typischer Bereich des SOHO-Markts ist der Spiele- und Entertainment-Sektor.

Sonderzeichen [special character]

Alle Zeichen eines Zeichensatzes, die nicht Ziffern, Buchstaben oder →Steuerzeichen sind, werden Sonderzeichen genannt. Zu den Sonderzeichen gehören alle Symbole (z. B. %, *) und Satzzeichen wie ? oder !. Da im normalen 8-Bit-Zeichensatz des PCs neben den Buchstaben und Ziffern nicht sehr viele Sonderzeichen untergebracht werden können, wurden besondere Sonderzeichen-Sätze definiert, die z. B. durch Wechsel der Schriftart (z. B. unter Windows, Symbolschrift) oder als →ladbare Zeichensätze aktiviert werden können.

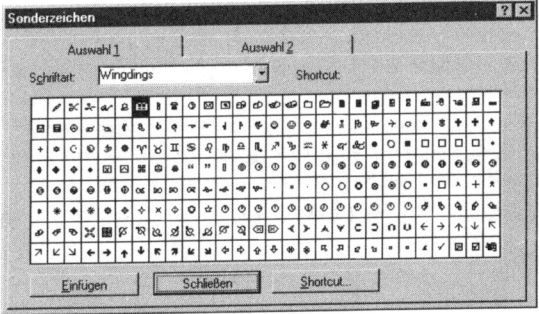

Unter Windows bzw. Windows-Programmen, wie hier →Word, werden Sonderzeichen über spezielle Schriften eingefügt

Sony

Sony ist einer der weltweit führenden und innovativsten Hersteller im Bereich der Unterhaltungselektronik, z. B. mit Erfindungen wie der →CD, dem Walkman, DAT-Rekorder oder der →Mini Disc. Allein im ersten Quartal 1999 hat Sony nur in Deutschland rund 500 Millionen Mark Umsatz gemacht und ist damit die Nr. 1 auf dem Gebiet der Unterhaltungselektronik. Aber auch im Computerbereich ist Sony aktiv. Dort werden neben den bekannten Trinitron-Monitoren, deren Bildröhren (siehe →Bildröhre) auch als OEM-Geräte an andere Hersteller geliefert werden, vor allem Speichergeräte und -medien in beinahe jeder Form produziert: CD-ROM-Laufwerke (siehe →CD-ROM-Laufwerk), Bandsicherungsgeräte (siehe →Datensicherheit) und →MO-Laufwerke.

Im Multimedia-Sektor ist Sony mit einer breiten Produktpalette vertreten: Hochleistungs-Videokameras stehen neben LCD-Projektoren für das Heimkino oder den jüngsten Entwicklungen wie digitalem Video (→DV [Digital-Video]) oder digitale Kameras (Fotoapparate). Ein neues und wichtiges Produkt ist außerdem die →DVD, die Digital Versatile Disk, die in Kooperation mit anderen Firmen wie Philips entwickelt wurde. Mit ihr stehen auf einem

CD-ROM-großen Medium (siehe →CD-ROM) bis zu 17 GByte zur Verfügung, auf die schneller als bei herkömmlichen CDs zugegriffen werden kann. Die neuen Kommunikationstechnologien unterstützt Sony durch die Entwicklung von leistungsfähigen Videokonferenzsystemen (siehe →Videokonferenz). Und natürlich nutzt die Firma auch das Internet unter der Adresse *www.sony.com* für Informationszwecke.

Sortierung [sort]

Sortierung ist das Ordnen einer Datenmenge nach einem bestimmten Sortierschlüssel. Die Sortierung kann alphabetisch (von A bis Z, Z bis A) oder numerisch erfolgen. Adressdateien beispielsweise können nach Nachnamen, Postleitzahlen, Kundennummern usw. geordnet werden (siehe auch →Sortierverfahren).

Sortierverfahren [sorting procedure]

Besonders im Bereich der →Datenbanken ist die Wahl des Sortierverfahrens wichtig. Je schneller das Sortierverfahren, desto geringer ist der Zeitaufwand, um eine Menge von Daten nach einem vorgegebenen Schlüssel zu sortieren. Zu den schnellsten Sortierverfahren zählen →Quicksort und Heapsort. Ein ziemlich einfaches, aber auch äußerst langsames Verfahren ist Bubblesort; bei kleinen Datenmengen jedoch ist es durchaus brauchbar.

Sound Blaster

Sound Blaster ist der Markenname einer Audiokarten-Familie der Firma Creative Labs. Diese Soundkarten stellen aufgrund ihrer großen Verbreitung quasi einen Standard dar, sie werden daher von den meisten Softwarepaketen (vor allem auch von vielen Anwendungen im Computerspiel-Bereich) unterstützt. Umgekehrt haben viele andere Hersteller ihre Audiokarten kompatibel zum Sound Blaster gestaltet, wodurch deren universelle Anwendbarkeit sichergestellt wird. Eine typische Sound Blaster-Karte kann Klänge mit einem →OPL 3-Chip nach dem Verfahren der →FM-Synthese erzeugen, die Sound Blaster 32 bzw. 64 und AWE 32 bzw. AWE 64 unterstützen auch das →Wavetable-Verfahren. Mit Hilfe eines Audioeingangs können Audiodaten mit einer Tiefe von bis zu 16 Bit und einer Abtastfrequenz von 44,1 kHz digitalisiert werden. Ein zusätzlicher →MIDI-Anschluss ermöglicht den Anschluss von Synthesizern und anderen MIDI-kompatiblen Geräten.

Tipp: Die oft zitierte Sound Blaster-Kompatibilität ist heutzutage kaum noch von Bedeutung. Gemeint ist damit, dass sich die Karte unter DOS (!) wie eine uralte Sound Blaster 2.0 verhalten muss. Das bedeutet, sie muss eine Musikwiedergabe in Mono mit 8 Bit und 22 KHz unterstützen und bei MIDI-Dateien eine FM-Synthese-Wiedergabe ermöglichen. Nicht gerade der Stand der Technik. Die Sound Blaster Pro-Kompatibilität bietet zusätzlich nur noch Stereowiedergabe. Entscheidend ist, dass die Karte schon hardwaremäßig Sound Blaster-kompatibel ist, damit keine Treiber in der →Autoexec.bat bzw. vor dem Spielestart geladen werden müssen, mit denen die meisten Spiele dann evtl. auch nicht zurechtkommen. Auch das ist eigentlich bei allen Karten heute Standard. Da die meisten Spiele ihre Klänge sowieso nur mit Sound Blaster Pro-Qualität wiedergeben, ist eigentlich eine 16-Bit-Soundkarte zum Spielen viel zu schade. Unter Windows spielt die Sound Blaster-Kompatibilität übrigens keine Rolle, weder für normale Windows-Anwendungen noch für neue Spiele, die über →DirectX laufen.

Soundkarte [soundcard]

Eine Soundkarte – gelegentlich auch als **Audiokarte** bezeichnet – ist eine intern im PC installierte →Steckkarte, die meist mit verschiedenen Schnittstellen ausgerüstet ist und es erlaubt, digitale Soundsignale als Audiosignal auszugeben, beispielsweise über Lautsprecher oder Kopfhörer. Die wohl bekannteste Soundkarte stammt von der amerikanischen Firma Creative Labs und heißt →Sound Blaster. Auf dem Markt werden jedoch Soundkarten aller Art und Variation von einer Vielzahl von Herstellern angeboten, die jedoch zumeist die so genannte Sound Blaster-Kompatibilität erfüllen (siehe Tipp-Kasten bei →Sound Blaster). Ein bekannter deutscher Hersteller, der sehr hochwertige Soundkarten für Spieler und Musiker herstellt, ist →Terratec.

Moderne Soundkarten, wie hier die EWS64S von Terratec, bieten Anschlüsse für mehrere Lautsprecher, Radiomodule und Digital-Schnittstellen

Soundkarten können Audiodaten bzw. Musik auf verschiedene Arten verarbeiten bzw. erzeugen. Grundsätzlich gibt es drei Wege, auf die eine Soundkarte Klänge ausgeben kann: erstens über den Analog/Digital- bzw. Digital/Analog-Teil (kurz A/D), der zur Aufnahme bzw. Wiedergabe von digitalen Wave-Dateien fähig ist. Hier wird dasselbe Prinzip zur Digitalisierung wie bei der Audio-CD (siehe →CD und →CD-ROM) verwendet. Dies ist das wichtigste Element einer Soundkarte, das beim Arbeiten unter Windows, beim Spielen oder Harddisk-Recording am häufigsten verwendet wird.

Über den FM-Synthesizer (vergl. →FM-Synthese) kann eine Soundkarte außerdem selbst synthetische, instrumentale Klänge erzeugen, die aber weniger angenehm, weil unnatürlich klingen. Der FM-Synthesizer erzeugt die Klänge normalerweise nach dem →MIDI-Standard und wurde v. a. früher eingesetzt, um für Computerspiele instrumentale Hintergrund-Musik zu generieren, die keinen großen Speicherplatz benötigt (wie Wave-Dateien).

Umd den unnatürlichen Klang des FM-Synthesizers aufzuwerten, wurde vor einigen Jahren die so genannte Wavetable-Synthese eingeführt (vergl. →Wavetable). Hierzu wurden Sequenzen natürlicher Instrumente und Klänge digitalisiert (so genannte Samples) und in einem Wavetable-Speicher von zumeist 0,5-4 MByte abgelegt. Durch Modulation dieser natürlichen Klänge kann der Wavetable-Synthesizer anschließend MIDI-Dateien mit wesentlich besserer, natürlicher Tonqualität wiedergeben. Die Wavetable-Informationen werden hierzu auf den Soundkarten in einem eigenen Speicher (zumeist →ROM, selten →RAM) abgelegt oder aber über Dateien in einen Teil des PC-Arbeitsspeichers geladen. Ein Wavetable-Speicher lässt sich auch in Form eines Wavetable-Boards auf den meisten Soundkarten nachrüsten. Als standardisierte Schnittstelle dient die →MPU 401. Je nach Größe und Qualität der Samples kostet die Wavetable-Funktion übrigens ca. 50-200 DM Aufpreis. Da moderne Spiele fast alle nur noch mit Wave- und nicht mehr mit MIDI-Dateien arbeiten, macht eine Wavetable-Funktion auf Soundkarten für normale Anwender kaum noch Sinn.

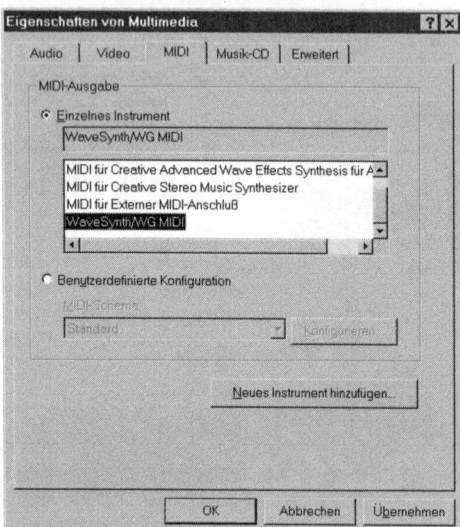

Auf welche Art bzw. mit welchem Modul eine Soundkarte MIDI-Dateien ausgeben soll, muss man in der Systemsteuerung von Windows 95/98 zumeist erst noch einstellen

Als Klanguntermalung unter Windows bzw. für normale Anwendungsprogramme wird sie auch nicht gebraucht. Lediglich Musiker können über die MIDI-Schnittstelle mit Hilfe des Wavetable-Synthesizers ihre eigenen Stücke komponieren.

Ende 1998 setzte der Trend ein, auch bei Soundkarten von der →ISA- zur →PCI-Schnittstelle zu wechseln. PCI-Soundkarten gibt es mittlerweile in fast allen Preissegmenten und kosten kaum noch mehr als die alten ISA-Ausführungen, sodass man beim Neukauf möglichst eine PCI-Version erwerben sollte. Vorteil sind eine leichtere Installation und auf modernen PCs das →Interrupt-Sharing. Bei einzelnen Modellen kann es aber unter DOS zu Problemen mit Spielen kommen, da diese manchmal eine PCI-Soundkarte nicht ansprechen können. Generell ist dies aber möglich.

Eine moderne Soundkarte sollte hochwertige A/D- bzw. D/A-Chips haben und Klänge im →Fullduplex-Betrieb verarbeiten können. Eine Wavetable-Synthese ist jedoch nur noch für Musik interessant. Von zusätzlichen, digitalen Schnittstellen (siehe →S/PDIF) profitieren aber alle, die verlustfrei Audiodaten mit digitalen Hi-Fi-Komponenten austauschen wollen (z. B. CD-

Player, →Mini Disc Rekorder, →DAT-Rekorder). In Verbindung mit einem →CD-Writer kann man so den PC zum vollwertigen Hi-Fi-Rekorder machen und seine vielfältigen Nachbearbeitungsmöglichkeiten nutzen (vergl. →Harddisk-Recording).

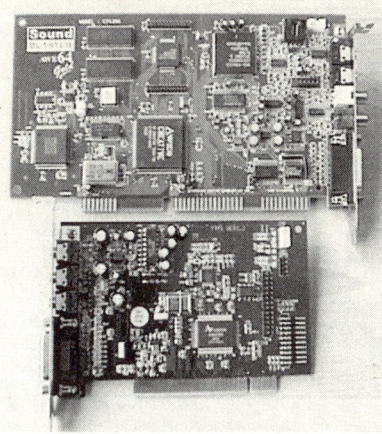

Eine typische, große ISA-Soundkarte, die Sound Blaster AWE 64, im Vergleich zu der unteren, kompakten PCI-Soundkarte (Terratec Xlerate)

Optimaler Spielespaß entsteht außerdem dann, wenn zwei Boxenpaare, also vier Lautsprecher, unabhängig nach Microsofts DirectAudio-Standard angesprochen werden können. Dadurch lässt sich echter Raumklang (Positional Audio) erzeugen, bei dem sich jedes Objekt exakt im Klangraum zwischen den vier gleichwertigen Lautsprechern anordnen lässt. Dies ist also noch höher wertiger als die gängigen →Surround-Sound-Verfahren im Videobereich. Für Spiele bedeutet das z. B. Hubschrauber, die akustisch einem „über den Kopf" wegfliegen, oder Gegner, die hörbar von hinten angreifen. Alternativ bieten einige Soundkarten mit nur einem herkömmlichen Lautsprecherpaar-Anschluss künstliche 3-D-Sounds wie etwa das **A3D**-Verfahren. Diese können zwar teilweise den Stereoeffekt etwas „verbreitern" und dadurch den Spaßeffekt aufwerten, jedoch mit dem echten 3-D-Klang von 4-Lautsprecher-Karten nicht mithalten. Voraussetzung für die Nutzung ist jedoch in allen Fällen, dass die Software (also zumeist das Computerspiel) die Funktion überhaupt unterstützt.

Tipp: Normalerweise brauchen A/D- und MIDI-Teil (FM-Synthesizer oder Wavetable) einer Soundkarte je einen eigenen →Interrupt. Da einige Karten sogar zusätzlich noch eine dritte, externe MIDI-Schnittstelle, z. B. zum Anschluss eines MIDI-Keyboards, besitzen, können bei der Installation einer Soundkarte bis zu drei Interrupts benötigt werden. Hinzu kommen meist noch zwei DMA-Kanäle (→DMA) und etliche →I/O-Adressen. Soundkarten sind also wahre Ressourcen-Fresser. Einige Hersteller wie Creative Labs benötigen durch trickreiches Design der Karten jedoch nur einen Interrupt. Wer als Musiker auf die absolut zeitgenaue, parallele Wiedergabe von Wave- und MIDI-Dateien Wert legt, sollte aber lieber eine doppelte Interrupt-Steuerung wählen. Nicht benötigte MIDI-Sektionen einer Soundkarte, die im →Geräte-Manager zumeist als „MPU-401" dennoch einen Interrupt belegen, kann man dort außerdem meistens deaktivieren.

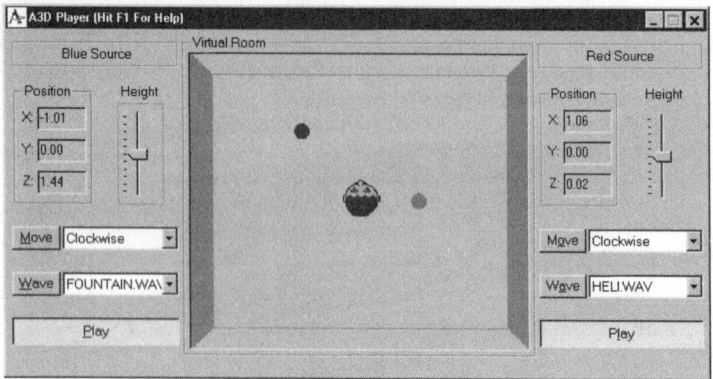

Mit A3D, z. B. integriert auf der Terratec Xlerate-Karte, kann auch mit zwei Lautsprechern ein virtueller Klangraum von beeindruckender Echtheit aufgebaut werden

Source [Quelle, Ursprung]

Mit Source wird allgemein der Ursprung von Daten z. B. bei der →Datenübertragung bezeichnet. Source bezeichnet in diesem Sinne auch den Sender von Daten in einem Netzwerk. Als Sourcecode oder Quellcode werden die in einer bestimmten →Programmiersprache geschriebenen Programm-Anweisungen bezeichnet, die durch einen Compiler oder Interpreter in ein lauffähiges, ausführbares →Programm umgewandelt werden.

Space suppression

Zur Einsparung von Speicherplatz, beispielsweise bei der Datenspeicherung, ist es oftmals sinnvoll, vorhandene Leerstellen (z. B. in Tabellen) auszublenden. Bei der →Datenfernübertragung dient die Leerstellenunterdrückung (space suppression) der Beschleunigung der Datenübertragung.

Spannung [voltage]

Die Spannung des →Mainboards muss mit der des →Prozessors übereinstimmen. Ansonsten kann der →Prozessor zerstört werden. Während die Spannungs-Welt vor einigen Jahren noch einfach aussah (ein →Pentium brauchte 3,3 Volt und 486er Prozessoren (→i80x86) brauchten 5 Volt Versorgungsspannung), hat sich das Bild bei heutigen PCs gewandelt. Selbst innerhalb der Pentium-Reihe von Intel gibt es eine ganze Reihe von verschiedenen Spannungstypen bzw. Dual-Voltage-Modelle, die mit zwei unterschiedlichen Spannungen angesteuert werden. Üblich sind Spannungen zwischen 2,0 und 3,3 Volt. Bei der Kombination von Prozessor und →Mainboard ist unbedingt auf die richtige Unterstützung der Versorgungsspannung zu achten. Lediglich bei Pentium-II-Rechnern und deren Nachfolgern (→Pentium II, →Celeron, →Pentium III) braucht man sich bisher keine Gedanken um die Spannungseinstellung der Prozessoren zu machen. Beim Einsetzen in das Mainboard wird die korrekte Spannungsversorgung automatisch vorgenommen.

> **Tipp:** Verantwortlich für die Spannungsversorgung auf dem Mainboard sind besondere Spannungsregler. Ältere oder preiswerte Mainboards verwenden so genannte Längsregler, hochwertige Modelle dagegen so genannte Schaltregler (siehe Abbildung). Letztere haben den Vorteil, dass sie viel stabiler sind und weniger Verlustwärme haben. Gerade bei den Prozessoren von →AMD und →Cyrix, die teilweise recht viel Strom verbrauchen, sind solche Schaltregler sehr wichtig. Man erkennt sie an den Kupferspulen neben dem Prozessor-Sockel (siehe Abbildung). Man sollte nur noch Mainboards mit solchen Spannungsreglern kaufen bzw. alte Mainboards mit Längsreglern nicht mit einem leistungshungrigen modernen Prozessor aufrüsten. Es sei denn, man verwendet einen Adaptersockel mit eigener Spannungsversorgung, wie man ihn z. B. bei →Conrad (_www.conrad.de_) beziehen kann (Best. Nr. 16 30 07-01).

Ein moderner Schaltregler neben dem →Prozessor-Sockel

SPARC-Station (**S**calable **P**rocessor **ARC**hitecture)

Die SPARC-Station ist eine →Workstation, die mit dem →RISC-Prozessor SPARC der Firma →Sun als →CPU arbeitet.

Speicher [memory]

Speicher – häufig auch als **Memory** bezeichnet – ist der Sammelbegriff für alle Arten von Komponenten und Medien, die →Daten im bzw. für den →Computer speichern können. Man unterscheidet permanente und flüchtige Speicher. In permanenten Speichern bleiben die Daten ohne angelegte Spannung erhalten (siehe die Datenträger →Festplatte, →Diskette, →CD-ROM-Laufwerk bzw. die →Halbleiterspeicher →ROM, →PROM, EPROM und EEPROM). Der flüchtige Speicher dient als →Arbeitsspeicher des Computers, er besteht heute stets aus schnellen →RAM-Bausteinen. Programmdateien, die ausgeführt werden sollen, werden von einem permanenten Datenträger in den flüchtigen Arbeitsspeicher geladen, in dem die Anweisungen vom →Prozessor abgearbeitet werden, Ergebnisse werden i. d. R. in Form von Dateien auf Datenträgern abgelegt oder auf anderen Geräten – wie z. B. einem →Drucker – ausgegeben.

Speicheradressregister [memory address register]

Das Speicheradressregister, auch mit dem englischen Begriff „memory address register" bezeichnet, ist ein spezielles →Register in einem →Prozessor, das die aktuelle →Adresse für den nachfolgenden Speicherzugriff auf →Daten oder einen Befehl enthält.

Speicheradresszähler [memory address counter]

Der Speicheradresszähler ist die →Adresse für den jeweils nächsten Speicherzugriff auf →Daten oder einen →Befehl. Sie ist in einem speziellen →Register des Prozessors enthalten. Im Falle des Zugriffs auf den nachfolgenden Befehl spricht man auch vom Befehls- oder Programmzähler.

Speicherbank [memory bank]

Eine Speicherbank ist eine Gruppe von Speicherbausteinen, die über eine gemeinsame Leitung angesprochen wird. Bei der Erweiterung des Arbeitsspeichers eines PCs muss immer mindestens eine Bank vollständig bestückt werden, was früher (siehe →IBM-PC von 1981) nur in Schritten von 64 KByte möglich war. Bei modernen Mainboards sind dagegen Kapazitäten der Speicherbänke von 256 MByte und mehr pro Speichermodul (vergl. →SIMM und →DIMM) üblich.

Speichererweiterung [memory extension]

Unter den Begriff „Speichererweiterung" oder „Speicherausbau" fasst man alle Verfahren zusammen, die die Speicherkapazität (siehe →Speicher) eines →Computers erhöhen. Zumeist ist damit aber speziell die Vergrößerung des vorhandenen Arbeitsspeichers mit →RAM-Bausteinen gemeint. In modernen →PCs werden zum Speicherausbau i. d. R. so genannte →SIMM-Module verwendet, bei denen RAM-Chips auf einer kleinen Platine mit insgesamt 1, 4, 8, 16 oder 32 MByte zusammengefasst sind. So kann z. B. ein PC mit zwei freien Steckplätzen mit 2 x 16 MByte SIMM um weitere 32 MByte →Arbeitsspeicher vergrößert werden. Die Größe des Arbeitsspeichers bestimmt ganz wesentlich die Geschwindigkeit des Systems, denn moderne Betriebssysteme mit einer grafischen Benutzeroberfläche wie →Windows arbeiten erst ab 32 MByte Arbeitsspeicher zufrieden stellend.

Speicherkapazität [memory capacity]

Unter Speicherkapazität versteht man die Informationsmenge, die ein spezieller →Speicher maximal aufnehmen kann. Die Einheit der Speicherkapazität ist →Byte.

Speicherkarte [memory card]

Speicherkarten mit Batterie gepufferten →SRAM oder mit →EEPROM (Flash-EPROM) in der Größe einer Kreditkarte dienen als Massenspeicher in einem →Laptop, einem →Notebook oder auch Handheld-PC (→Handheld-PC). Sie erfüllen die gleiche Funktion wie eine →Festplatte. Vergl. auch →Chip-Karte.

Speicher-Manager [memory manager]

Speicher-Manager sind Programme zur Verwaltung von Bereichen im →Arbeitsspeicher, die unter →MS-DOS nicht direkt ansprechbar sind. Speicher-Manager stellen diesen Speicher gemäß den Standards →EMS, →XMS oder →DPMI für Programme zur Verfügung (siehe →EMM, →*Emm386.exe*).

Speichern [save]

Das Speichern, die flüchtige oder nicht flüchtige Aufzeichnung von →Daten bzw. →Dateien im →Arbeitsspeicher oder auf einem →Datenträger, ist ein wichtiger Vorgang in der →Datenverarbeitung.

Speichervariable [memory variable]

Eine Speichervariable ist eine mit einem Namen versehene temporäre Speicheradresse. In ihr können Daten unterschiedlichen Formats gespeichert werden, die im Verlauf eines Programms benötigt werden.

Speicherverwaltung [memory management]

Die Speicherverwaltung ist eine Funktion des Betriebssystems. Sie organisiert die Belegung des Arbeitsspeichers für das →Betriebssystem selbst sowie für Anwendungsprogramme. Die Speicherverwaltung teilt den verfügbaren physischen Speicher den einzelnen →Prozessen durch eine →Adressentransformation zu und organisiert den Schutz der zugewiesenen Speicherbereiche. Die einfachste Form der Speicherverwaltung ist das Banking oder →Bank Switching. Weitere Möglichkeiten sind die →Segmentierung, das →Paging sowie die Verwaltung von virtuellem Speicher (siehe →Virtueller Speicher).

Sperrung [lock, interlock]

Die Sperrung ist eine Methode zur Sicherung der →Datenintegrität in einem Multitasking- oder Mehrplatzsystem bzw. in einer Netzwerkumgebung (siehe →Multitasking). Durch sie wird gesichert, dass mehrere Benutzer einen →Datensatz, wie z. B. eine Tabelle, nicht gleichzeitig bearbeiten. Ein während der Bearbeitung durch einen →Prozess gesperrter Datensatz kann von anderen Benutzern z. B. nur gelesen werden.

Von einer **gegenseitigen Sperrung** spricht man dann, wenn zwei Anwender denselben →Datensatz oder dieselbe →Datei bearbeiten möchten. Einer der beiden erhält eine Fehlermeldung, die besagt, dass der Datensatz durch einen anderen Anwender bearbeitet wird und deswegen der Schreibzugriff gesperrt ist. Diese Situation, in der beide Benutzer auf das Ende des Zugriffs ihres Gegenübers warten, nennt man auch **Interlock**.

Spiegeln [mirroring]

Unter Spiegeln bzw. **Mirroring** versteht man die parallele Nutzung zweier Festplatten, wobei durch das →Betriebssystem alle Daten auf beiden Festplatten gespiegelt aufgezeichnet werden. Bei einem Ausfall einer der beiden Festplatten ist der komplette aktuelle Dateninhalt auf der zweiten noch erhalten, sodass das Gesamtsystem im günstigsten Fall ohne Unterbrechung weiterarbeiten kann. Beim Mirroring werden beide Festplatten über denselben →Controller angesprochen. Dies hat allerdings den Nachteil, dass bei einem Ausfall des Controllers auch die gespiegelte Platte nicht mehr angesprochen werden kann. Beim so genannten →Duplexing werden aus diesem Grunde beide Festplatten über separate Controller betrieben. Mirroring und Duplexing sind Varianten der RAID-Technologie (siehe →RAID).

Spooler (Simultaneous Peripheral Operations OnLine)

Ein Spooler ist ein spezielles Programm, das Druckaufträge von Anwendungsprogrammen abfängt und diese in eine Warteschlange (print queue) setzt. Hier werden sie einzeln abgearbeitet und an den Drucker geschickt. Auf diese Weise wird ein Ausdrucken im Hintergrund parallel zu weiterer Anwendung ermöglicht. Der Druck im Hintergrund setzt nicht unbedingt das →Multitasking des Computers voraus, da die Druckprozesse auch in Pausen durchgeführt werden können, in denen das im Vordergrund aktive Programm gerade nicht arbeitet bzw. keine Eingaben vom Anwender erfolgen. Fast alle neueren Programme oder Betriebssysteme verfügen über einen Spooler, wie z. B. der Druck-Manager von →Windows.

Spracherkennung [voice recognition]

„Computer, Analyse!" So oder so ähnlich kennen Millionen Menschen bereits seit Jahren die natürliche Spracherkennung eines Menschen durch den Computer aus der weltberühmten Fernsehserie Star Trek. Bis dies aber in Wirklichkeit auch auf dem PC funktionierte, mussten doch etliche Jahrzehnte Vergehen. 1998 war dann das Jahr der ersten „brauchbaren" Spracherkennungsprodukte für den PC, mit denen man also relativ flüssig und ohne allzu viele Fehler seine Texte über ein Mikrofon in den PC übertragen konnte. Die Spracherkennung ist auch mit den aktuellen Programmen immer noch nicht perfekt, aber funktioniert doch schon so gut, dass man bei bestimmten Einsatzgebieten einen echten Vorteil davon haben kann.

Die wichtigsten Programme bzw. Marktbeherrscher sind IBM mit ViaVoice und Dragon Systems mit Natural Speaking. Letzteres liegt derzeit in den Erkennungsraten etwas vor dem Hauptkonkurrenten, aber das kann sich mit jedem Update wieder ändern. Beide ermöglichen nach Training des Programms eine flüssige Spracheingabe ohne Pausen. Eine klare Aussprache ist aber weiterhin notwendig. Außerdem ist der Wortschatz der Programme auf ca. 50.000-200.000 Wörter begrenzt, und viele haben Probleme mit zusammengesetzten Wortkombinationen (wie z. B. dem letzten Wort). Um ein langwieriges Training kommt man bei keinem Programm herum, denn die Software muss erst „lernen", die Stimme des Anwenders richtig zu interpretieren. Selbst mit Training liegt die Erkennungsrate immer unter 100 % (zumeist bei ca. 90 %). Das heißt, falsch erkannte Wörter gibt es immer, und diese müssen dann noch aufwendig korrigiert werden. Zur Kontrolle der erkannten Texte kann natürlich auch ein Wörterbuch herangezogen werden.

Die meisten Programme bieten in den aktuellen Versionen nicht nur die Spracheingabe von Texten direkt in die gebräuchlichsten Textverarbeitungen, sondern auch eine synthetische Sprachausgabe und eine Steuerung der Windows-Oberfläche bzw. des Programms per Sprachbefehl. Letzteres funktioniert zumeist recht flüssig und fehlerfrei. Ganz wesentlich für ein gutes Ergebnis ist auch die Qualität des verwendeten →Mikrofons. Am besten bzw. bequemsten ist es, man verwendet ein →Headset, sodass man beide Hände für die begleitende Korrektur per Maus und Tastatur zur Verfügung hat. Beim Kauf einer Spracherkennung sollte man sehr genau auf die ausgelieferte Version achten. Insbesondere von den beiden Programmen ViaVoice und Natural Speaking gibt es etliche unterschiedliche Versionen bzw. Varianten, die sich in der Zusatzausstattung, der Spracherkennung oder Sonderfunktionen wie Sprachausgabe unterscheiden. Oft werden abgespeckte oder veraltete Versionen zusammen mit Hardware (z. B. →Soundkarten) im Bundle verkauft. Deren Qualität reicht oft eher zum Spielen als ernsthaften Arbeiten aus.

Sprachsteuerung [voice control/navigation]

Die Erkennung gesprochener Wörter und ihre Umsetzung in entsprechende →Daten oder Befehle zur Bedienung des Computers wird als Sprachsteuerung bezeichnet. Im Unterschied zur allgemeinen →Spracherkennung geht es hier also um die Bedienung des PCs und weniger um die Eingabe von Texten z. B. in eine Textverarbeitung. Nach jahrelangen Forschungen und Entwicklungen sind mittlerweile praxisreife Systeme im Angebot, die aber immer noch auf die Stimmlage und Aussprache eines Nutzers trainiert werden müssen und dann bei klarer Aussprache aber recht gute Erfolge bieten.

Vorreiter bei der Sprachsteuerung im PC-Bereich war →IBM. Bereits in der 1996 eingeführten →OS/2-Version Warp 4 war eine frühe Version des Programms IBM-Voice Type als Sprachsteuerungsmodul enthalten. Jeder, der jetzt eine Soundkarte und ein Mikrofon hatte, konnte das Betriebssystem und entsprechend kompatible Anwendungssoftware per Sprache steuern, wenn auch die Spracherkennungsqualität noch sehr niedrig war. IBM bietet **ViaVoice** mittlerweile als frei käufliche, Spracherkennungssoftware für Windows in ständig aktualisierten Versionen an. Das Haupt-Konkurrenzprogramm dürfte **Dragon Natural Speaking** sein. Vergl. auch →Spracherkennung.

Sprachtreiber [speaker driver]

Ein Sprachtreiber ist ein Programm, das die Ansteuerung des PC-Lautsprechers ermöglicht. Bekannt ist z. B. der Treiber *Speaker.drv* für →Windows, der über die Systemsteuerung eingebunden wird. Er kann die einfache Soundausgabe-Funktionen einer Soundkarte ersetzen.

Sprite [Geist, Kobold]

Als Sprite wird eine zusammengehörige Einheit von Bildschirmpunkten genannt, die gemeinsam angesteuert und verarbeitet werden können. Typisches Beispiel für ein Sprite ist der Mauszeiger unter →Windows. Die Bewegung eines Sprites über den Bildschirm wird i. d. R. von der →CPU durchgeführt. Moderne Grafikkarten können die Sprites aber auch unabhängig von der CPU steuern.

 Für die einen nur ein Mauszeiger, für die anderen der wohl bekannteste Sprite der Welt

Sprung [jump]

Das Verzweigen zu einem Befehl, der nicht unmittelbar nach dem vorhergehenden Befehl im Adressraum folgt, wird als Sprung bezeichnet. Ein Sprung kann mit einer Bedingung (bedingter Sprung) verbunden sein oder nicht (unbedingter Sprung). Ein Kriterium kann z. B. der Inhalt einer →Variablen sein, die in Abhängigkeit von inneren oder äußeren Bedingungen wie etwa Benutzereingaben unterschiedliche Werte annehmen kann. Höhere →Programmiersprachen benutzen meist Anweisungen der Art wenn-dann-sonst, um Verzweigungen zu realisieren. In der →Programmiersprache Basic lautet das Schlüsselwort für eine Sprunganweisung z. B. *GOTO*. Bedingungen können durch die Konstruktion *IF ... THEN GOTO ... ELSE ...* formuliert werden.

Sprungadresse [jump address]

Die →Adresse, an der das Programm nach der Ausführung eines Sprungbefehls (siehe →Sprung) fortfährt, heißt Sprungadresse.

Sprunganweisung [jump command]

Die durch ein festgelegtes Schlüsselwort innerhalb einer →Programmiersprache formulierte Anweisung, einen →Sprung auszuführen, heißt Sprunganweisung.

Sprungbedingung [jump condition]

Bei einer →Sprunganweisung kann eine Bedingung, die Sprungbedingung, vorgegeben werden (siehe →Sprung).

Sprungbefehl [jump instruction]

Durch einen Sprungbefehl verzweigt ein Programm zu einem →Befehl, der nicht unmittelbar nach dem vorhergehenden Befehl im Adressraum folgt. Ein Sprungbefehl kann mit einer Bedingung (bedingter Sprung) verbunden sein oder nicht (unbedingter Sprung). Eine Bedingung kann z. B. der Inhalt eines bestimmten Speicherplatzes sein.

Spur [track]

Magnetische Speichermedien wie →Disketten oder →Festplatten werden in konzentrischen Spuren – auch als tracks bezeichnet – beschrieben. Diese Spuren sind in einzelne →Sektoren unterteilt. Die realisierbare Spuranzahl hängt von der Spurbreite und dem Radius der Datenträgerscheibe ab. Die Anzahl der Spuren pro Zoll, auch tracks per inch oder tpi genannt, nennt man Spurdichte.

SQL (Structured Query Language)

SQL ist eine durch die Firma →IBM entwickelte strukturierte Abfragesprache für →relationale Datenbanken. SQL ist insbesondere für den Einsatz in verteilten Datenbanksystemen nach dem →Client-Server-Prinzip geeignet (siehe →Datenbank-Server, →SQL-Server).

SQL-Server

Als SQL-Server bezeichnet man ein von der Firma Sybase, Inc. entwickeltes relationales Datenbankverwaltungssystem, das →SQL als Abfragesprache nutzt. Der Microsoft-SQL-Server für →Windows NT (siehe →Microsoft) in der aktuellen Version 7.0 basierte ursprünglich auf dem für die UNIX-Welt entwickelten Sybase-System.

Squeezing [quetschen]

Squeezing ist eine Methode zur →Datenkompression. Das Squeezing kodiert die Zeichen einer Datei entsprechend ihrer Häufigkeit. Normalerweise kodiert man alle Zeichen mit jeweils acht Bit (= 1 Byte). Zur Komprimierung durch Squeezing wird zunächst die Häufigkeit aller Zeichen einer Datei festgestellt. Weist man den häufiger vorkommenden Zeichen kleinere Codes zu, also beispielsweise lediglich 2 oder 3 Bit, spart man auch dann noch Platz in der Datei, wenn man seltener vorkommenden Zeichen längere Bitfolgen zuordnet, die dann auch länger als 8 Bit sein können.

SRAM (Static Random Access Memory)

Als SRAM (Abk. f. Static **RAM**, statisches RAM) bezeichnet man RAM-Speicherbausteine (siehe →RAM), die im Gegensatz zum →DRAM keinen Refresh-Zyklus brauchen. Deswegen sind sie schneller im Zugriff. Da SRAM-Bausteine teurer als DRAM sind, werden sie meist nur als →Cache verwendet. Die Zugriffszeiten der für Cache-Bausteine verwendeten SRAMs liegen im Schnitt zwischen 5-15 nsec.

SRS (Sound Retrieval System)

SRS ist die englische Abk. f. Klang-Wiederherstellungs-Verfahren. Es ist die Bezeichnung für eine Stereo-Erweiterungs-Technik, die im PC-Bereich für einen künstlichen Raumklang (3-D-Audio-Effekt) sorgt. Es ist eine preiswerte Alternative zu den echten 3-D-Audio- und →Surround-Sound-Verfahren wie →Dolby Pro Logic, →AC-3 und →THX. Das SRS-Verfahren wird mit entsprechenden Chips nachträglich auf ein vorhandenes Stereo-Signal aufgelegt und über die zwei normalerweise verwendeten Standard-Stereolautsprecher wiedergegeben. Es lässt sich auf diese Weise nachträglich in jedes System einbauen. Wer SRS in seine Signalkette integrieren will, kann dies derzeit auf verschiedenen Ebenen tun; es ist lediglich darauf zu achten, dass es innerhalb der Signalkette nur einmal angewendet wird. Es gibt Soundkarten mit zuschaltbarer SRS-Funktion, externe SRS-Zusatzgeräte, die zwischen Soundkarte und Ausgabe-Boxen geschaltet werden, oder Lautsprecher mit SRS-Funktion.

SSI (Small Scale Integration, Statens Stralskydds Institut)

1) SSI (Abk. f. **S**mall **S**cale **I**ntegration) war ein Integrationsgrad von integrierten Schaltkreisen (siehe →IC), der unterhalb der →MSI lag. SSI erlaubte lediglich die Integration von etwa zehn Transistorfunktionen pro →Chip.

2) Das SSI (Abk. f. **S**tatens **S**tralskydds **I**nstitut) ist das Staatliche Strahlenschutz-Institut in Schweden. Mit der so genannten SSI-Empfehlung hat dieses Institut erstmals Vorgaben für strahlungsarme (siehe →Strahlungsarm) Bildschirme geschaffen. Festgelegt wurden u. a. Grenzwerte und Messbedingungen für die Röntgenstrahlung, das elektrische Feld und das Magnetfeld (siehe →MPR-Norm).

Stack pointer

Der Stack pointer (Stapelzeiger) wird beim Verwalten eines als →Stapelspeicher organisierten Speicherbereichs benötigt, um auf das oberste Element zu verweisen.

Standardanschluss

Anschlussvariante an das digitale Telefonnetz →ISDN. Für weitere Informationen und Vergleich der Anschlussarten siehe →ISDN-Anschlussarten.

Standby [Bereitschaft]

Unter dem so genannten Standby- oder Bereitschaftsmodus versteht man einen energiesparenden Modus, in den beliebige elektronische Geräte, die im Augenblick nicht in Anspruch genommen werden, automatisch oder durch eine explizite Bedienfunktion übergehen, aus dem heraus sie jedoch bei Bedarf jederzeit ihre Arbeit aufnehmen können. Moderne Peripheriegeräte für den PC wie →Bildschirm oder →Laserdrucker schalten sich in Ruhezeiten automatisch in den Standby-Modus.

Standleitung [leased line]

Eine Standleitung ist eine von der Telefongesellschaft gegen eine zumeist recht hohe Mietzahlung zur Verfügung gestellte Datenleitung, die eine ständige Verbindung zwischen entfernten Computern oder →Netzwerken ermöglicht. Bei einer Standleitung erübrigt sich – im Gegensatz zur normalen Amtsleitung – die Wahl einer entsprechenden Nummer zum Aufbau einer Verbindung. Standleitungen sind dank →ISDN und →Internet heutzutage eine immer gefragtere Dienstleistung der Telefongesellschaften für Firmen aller Art. Eine 64-KBit-ISDN-Standleitung bekommt man von der Telekom z. B. für unter 1.000 DM im Monat. Sie ist eine gute Einstiegsmöglichkeit z. B. für den permanenten Kontakt eines Firmen-Servers zum nächsten Internetprovider. Auch zwei räumlich benachbarte LANs (z. B. von zwei Firmenabteilungen auf einem größeren Gelände) lassen sich schon gut mit einer 64-KBit-ISDN-Standleitung vernetzen. Die nächste Ausbaustufe wäre dann schon eine 2-MBit-Standleitung, wie sie z. B. von vielen kleineren Internetprovidern für den Anschluss an die größeren Backbones des Internet verwendet werden. Die Kosten für eine solche Leitung liegen bei einigen (wenigen) Tausend Mark pro Monat.

Stapeldatei [batch file]

Eine Stapeldatei, auch **Batch-Datei** genannt, ist eine Textdatei, die eine sequenzielle Folge von Befehlen – interne Befehle des Kommando-Interpreters (unter →MS-DOS das Programm →*Command.com*) oder Namen ausführbarer Programme – enthält. Stapeldateien werden benutzt, um eine Befehlsfolge abkürzend mit einem einzigen Befehl, dem Namen der Stapeldatei, aufrufen zu können (analog einem →Makro). Die Befehle einer Stapeldatei werden nacheinander unter Kontrolle des Kommando-Interpreters des Betriebssystems abgearbeitet. Der Anwender braucht – im Gegensatz zum Dialogbetrieb – i. d. R. nicht in den Ablauf einzugreifen (siehe →Stapelverarbeitung). Unter →DOS haben Batch-Dateien die Erweiterung *.bat*. Wohl bekanntestes Beispiel für eine Stapeldatei ist die Datei →*Autoexec.bat*.

Stapelspeicher [stack memory]

Das Prinzip des Stapelspeichers charakterisiert eine der Methoden zum Speichern einer ganzen Reihe von Einzeldaten in einem definierten Speicherbereich. Ein Stapelspeicher ist dabei wie ein Stapel von Briefbögen auf dem

Schreibtisch organisiert: Neu hinzukommende Werte werden wie der zuletzt eingehende Brief auf den Stapel gelegt. Wird ein Wert gelesen, handelt es sich dabei stets um den zuletzt eingegangenen Wert. Man sagt, ein Stapelspeicher ist nach dem LIFO-Prinzip (Last **I**n – First **O**ut) organisiert. Der →Prozessor benutzt z. B. einen Stapelspeicher zur Speicherung der Rücksprungadressen bei in sich geschachtelten Unterprogrammaufrufen. Auch die Parameterübergabe an Funktionen bei höheren Pogrammiersprachen wird über Stapelspeicher organisiert.

Stapelverarbeitung [batch processing]

Die automatische Abarbeitung einer Folge von Programmen in zeitlich sequenzieller Reihenfolge am Rechner wird als Stapelverarbeitung bezeichnet. Frühere Computer waren noch nicht für den Dialogbetrieb eingerichtet. Der Operator sammelte alle Programme, die in der Folgezeit abgearbeitet werden sollten, und legte eine sinnvolle Reihenfolge der Programme – und der einzufügenden notwendigen Systemprogramme – fest. Zu der Zeit, als alle Programme noch als einzelne Lochkarten-Stapel vorlagen, stellte er aus allen notwendigen Teilen einen einzigen Stapel zusammen, legte diesen in das Lesegerät und startete den Rechner. Später wurden die einzelnen Programme auf beliebigen anderen Datenträgen übergeben und der Stapel gewissermaßen virtuell durch eine Kommandodatei gebildet. Der Begriff „Stapelverarbeitung" hat sich jedoch bis heute gehalten (siehe →Stapeldatei).

Startadresse [start address]

Wenn ein Programm zur Ausführung in den Arbeitsspeicher geladen wurde, gibt die Startadresse genau die →Adresse an, ab der der →Prozessor mit der Befehlsausführung beginnen soll. Sie entspricht damit dem logischen Programmanfang.

Start-Menü [start menu]

Das *Start*-Menü ist ein wesentlicher Bestandteil von →Windows 95/98 und →Windows NT. Es befindet sich links unten auf der so genannten →Task-Leiste am unteren Bildschirmrand des Windows-Desktop. Wie der Name schon sagt, kann man von diesem Menü aus, per Mausklick, auf die Programme und Funktionen des Windows-PCs zugreifen. Praktischer ist eventuell aber auch der Tastaturbefehl Strg+Esc. Auf einer modernen →Windows 95-Tastatur findet man zum Aufrufen des *Start*-Menüs zwei eine, identische Tasten (links und rechts von der Leertaste). Aufgrund des erhöhten Platzbedarfs machen die zusätzlichen Windows 95-Tasten jedoch nur auf ergonomisch gespreizten Tastaturen (wie etwa dem Natural Keyboard von Microsoft) Sinn. Vergleiche auch →Tastatur.

Das *Start*-Menü ermöglicht den Zugriff auf die Systemsteuerung, die Drucker-Einstellung, den Befehl *Ausführen* (zum Starten beliebiger Programme über ihren Dateinamen), einen Suchbefehl, die Hilfe von Windows 95, eine Liste der zuletzt bearbeiteten Dokumente sowie den Ordner *Programme*, von dem aus per →Verknüpfung alle Windows-Programme aufgerufen werden können. Neben diesen Vorgaben können außerdem beliebige Dateien oder Verknüpfungen auch direkt in das *Start*-Menü integriert werden.

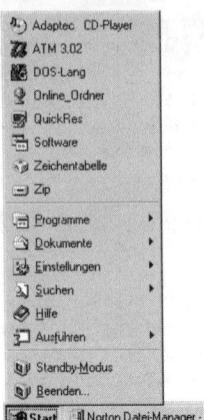

Das aufgeklappte Start-Menü von Windows 95

Das **Erscheinungsbild** des *Start*-Menüs kann über die Eigenschaften der Task-Leiste konfiguriert werden. Für die meisten PCs ist es praktisch, die Voreinstellung *große Symbole* auf *kleine Symbole* umzustellen. Auf diese Weise können mehr Symbole gleichzeitig angezeigt werden. Das *Start*-Menü wird auf der Festplatte durch ein eigenes Verzeichnis mit demselben Namen repräsentiert. Es folgt als Unterverzeichnis direkt auf das Windows-Stammverzeichnis. Dort befindliche →Verknüpfungen finden sich sofort in der Anzeige des *Start*-Menüs auf dem Desktop wieder. Es ist praktisch, wenn man sich die Verknüpfungen der am häufigsten verwendeten Programme und Dateien direkt in das *Start*-Menü selbst legt. Hierzu braucht man die fraglichen Symbole einfach nur per Drag & Drop auf die *Start*-Menü-Schaltfläche zu ziehen. Alternativ kann man das *Start*-Menü auch über die Einstellungen der →Task-Leiste konfigurieren oder – noch eleganter – das dem *Start*-Menü zugrunde liegende Verzeichnis auf der Festplatte mit einem Datei-Manager (etwa dem Explorer) bearbeiten.

> **Tipp:** Durch die Installation des Internet Explorer 4.x oder höher wird unter Windows 95 und Windows NT auch das *Start*-Menü mit neuen, sinnvollen Funktionen ausgestattet. Windows 98 besitzt diese schon von Haus aus, da dort der Internet Explorer 4.0 schon eingebaut ist. Am auffälligsten dürfte sein, dass man in überlangen *Start*-Menüs (die über den Bildschirmrand gehen) jetzt mit Pfeil-Schaltflächen an den Enden scrollen kann. Zusätzlich wird der Suchbefehl im *Start*-Menü auf das Internet erweitert. Außerdem ist es jetzt möglich, Symbole innerhalb der oberen, variablen Sektion des *Start*-Menüs (Programm-Bereich) durch →Drag&Drop mit der Maus zu verschieben oder zu löschen. Zu jedem Symbol gibt es außerdem ein Kontextmenü mit den wichtigsten Befehlen.

Startseite [start page]

Bei jedem →Webbrowser kann man eine Internetadresse (→URL) als so genannte Startseite definieren. Diese Seite wird dann automatisch beim nächsten Aufrufen des Browsers angezeigt. Es ist z. B. sinnvoll, sich die Homepage als Startseite zu definieren, die man im Internet am häufigsten anwählt.

Webseiten im Internet, die weltweit besonders häufig von Anwendern als Startseiten verwendet werden, bezeichnet man auch als **Portal-Sites**. Das sind z. B. die Homepages der großen Online-Dienste (z. B. _www.aol.com_), bekannter Internetfirmen (_www.netcenter.com_ von →Netscape). Die Zugriffsraten auf solche Seiten betragen mehrere Millionen pro Tag, weswegen sie für die Werbewirtschaft auch besonders interessant sind.

Statuszeile [status bar]

Die Statuszeile oder Statusleiste ist eine einzelne Zeile in der Benutzeroberfläche eines Anwendungsprogramms, in der wichtige Informationen zur aktuellen Arbeitssituation des Computers angezeigt werden. Die Statuszeile befindet sich fast immer am unteren Bildschirmrand und ist z. B. ein Merkmal von Programmen unter →Windows. Die Statuszeile einer Textverarbeitung zeigt etwa die aktuelle Position des Cursors (Seite, Zeile) an, kann aber dem Anwender auch weitere Informationen vermitteln wie z. B. das aktuelle Datum oder die Auslastung der Systemressourcen.

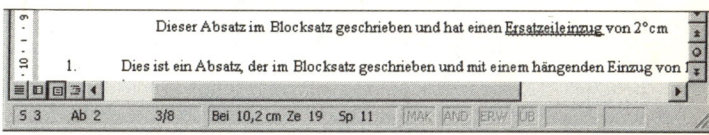

Die Statuszeile einer Textverarbeitung wie hier Word liefert Informationen über die Position im Text und aktivierte Funktionen

Stecker [connector, plug]

Die Verbindung von Peripheriegeräten mit dem Computer über Kabel wird meistens mit Steckern hergestellt. Man unterscheidet dabei „männliche" [male] Stecker mit Stiften und „weibliche" [female] Stecker mit Buchsen. Diese Stecker dürfen nicht mit Steckplätzen (siehe →Steckplatz) verwechselt werden.

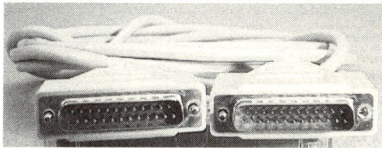

Ein Kabel mit Steckern für den Anschluss an die parallele Schnittstelle, wie es zur Datenübertragung zwischen zwei PCs verwendet wird

Steckkarten [slot card]

Steckkarten dienen i. d. R. zwei Zwecken. Einige Steckkarten wie →Grafikkarte oder →Controller sind für den Betrieb des Rechners unabdingbar. Andere Steckkarten erlauben eine stückweise Erweiterung der Rechnermöglichkeiten: z. B. →Soundkarte, →Videokarte. Seit der Anfangszeit des PCs war dieses modulare Steckkartenprinzip einer der Hauptgründe für den großen Erfolg der Rechner.

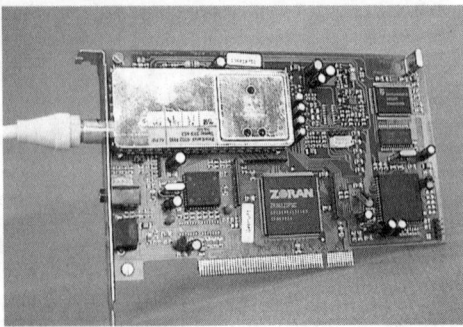

Es gibt fast nichts, was es nicht als Steckkarte gibt – hier eine Fernsehkarte mit Kabeltuner und Videotext für den PCI-Bus

Steckplatz [slot]

Eines der Erfolgsrezepte des →PCs seit dem ersten →IBM-PC von 1981 war dessen Ausbaufähigkeit durch beliebige →Steckkarten, die zur Erweiterung der Funktionalität des Systems in die auf dem →Mainboard befindlichen Buchsenleisten, die Steckplätze, eingesteckt werden können. Weitere Informationen und Abbildung siehe →Erweiterungsbus.

Steganographie [steganography]

Der Begriff „Steganographie" ist die allgemeine Bezeichnung für Geheimschrift bzw. die Kunst der Geheimschrift. Im Computerbereich werden jedoch speziell solche Verfahren als Steganographie bezeichnet, die Informationen in Bild- oder Audiodateien (Waves) unsichtbar verstecken können. Auf diese Weise kann man z. B. Textinformationen unerkannt in einem Bild verschlüsselt durchs Internet verschicken, ohne wie bei der Verwendung von →PGP direkt bei Hackern oder Spionen Verdacht zu erwecken.

> **Tipp:** Wer Steganographie anwenden will, sollte sich mal das Sharewareprogramm **Stegano** anschauen, das es in den üblichen Foren im Internet (z. B. _www.shareware. com_) zum Downloaden gibt.

Stellvertreter-Zeichen [wildcard]

Stellvertreter-Zeichen (auch als **Joker-** oder **Platzhalter-Zeichen** bzw. mit dem englischen Begriff „**Wildcards**" bezeichnet) dienen in Befehlen und Abfragen als Ersatz für Zeichen, die nicht genau angegeben werden können. Die zwei bekanntesten Platzhalter-Zeichen sind das Asteriskzeichen bzw. der Stern (*) und das Fragezeichen (?). Die Bezeichnung Joker-Zeichen kommt also von der Tatsache, dass Platzhalter-Zeichen wie bei einem Kartenspiel einen anderen Buchstaben ersetzen können. Das Fragezeichen (?) vertritt dabei meist ein Zeichen, der Stern (*) dagegen oft eine ganze Gruppe von Zeichen.

Beispiele: Der Befehl _Dir *.txt_ zeigt unter DOS alle Dateien eines Verzeichnisses an, deren →Erweiterung auf _txt_ lautet (siehe auch →DOS-Befehle). Der Befehl _M?ier_ findet in einer Textverarbeitung sowohl Maier als auch Meier. Je nach Programm können auch weitere Platzhalter-Zeichen definiert sein. Die Textverarbeitung →Word bietet z. B. in ihrer komplexen Suchen-funktion (→Suchen, mit Muster-Vergleich) eine Vielzahl weiterer Platzhalter bzw. Operatoren an, von denen einige nachfolgend kurz aufgeführt sind.

?	einzelnes Zeichen	M?ier findet Maier und Meier
*	Zeichenfolge	w*der findet wieder und wider
[x,y]	angegebene Zeichen	M[ae]ier findet Maier und Meier
[x-y]	Zeichen in Alphabet-Folge	[R-W]orte findet Sorte, Torte und Worte
[!x]	Alle Zeichen außer dieses	M[!a]tte findet Motte und Mitte, nicht Matte
[!x-z]	Alle Zeichen, außer die innerhalb der Alphabet-Folge	M[!a-i]tte findet nur Motte, nicht Matte und Mitte
@x	Ein oder mehrere des Zeichens	Star@e findet Starre und Stare

Stern [star]

Der Begriff „Stern" wird u. a. im Zusammenhang mit Netzwerktopologien benutzt. Bei einem Sternnetzwerk werden alle Verbindungsleitungen über einen zentralen, vermittelnden Knoten geführt. Dieser Zentralknoten regelt als Hauptstation des Netzes die Steuerung der Datenkommunikation zwischen den verschiedenen Stationen. Gegenüber dem Ringnetzwerk ist hier die Verkabelung und Verwaltung aufwendiger, sodass es für lokale Netze relativ selten eingesetzt wird (siehe →Ring).

Sterntopologie [star topology]

Bei der Sterntopologie werden alle Knoten eines →Netzwerks jeweils mit einem Kabelstrang an ein zentrales Gerät, einen so genannten →Hub angeschlossen, der als passives Gerät die Leiter einfach verbindet oder als aktiver Hub zusätzlich Verstärker- und Filterfunktionen übernehmen kann.

Steuerbus [control bus]

Steuerbus nennt man den Teil eines Busses (siehe →Bus), mit dem innerhalb eines Chips, einer Computerplatine usw. Steuersignale zwischen einzelnen Funktionsblöcken oder Komponenten ausgetauscht werden. Neben diesem unterscheidet man noch einen Adressbus und einen →Datenbus als weitere Bestandteile eines Busses (hinzu kommen gegebenenfalls noch Versorgungs- und Masseleitungen).

Steuerkanal

Neben den beiden Nutz- oder →B-Kanälen mit einer maximalen →Datentransferrate von jeweils 64 KBit/s stellt jeder →ISDN-Basisanschluss einen so genannten Steuer- oder →D-Kanal mit 16 KBit/s bereit, der dem Auf- und Abbau der Verbindung sowie der Übertragung weiterer Informationen – z. B. der jeweiligen →Diensterkennung und der Rufnummern der Partner – dient.

Steuerratgeber-Programme

Der PC eignet sich auch hervorragend zur Erstellung der jährlichen Steuererklärungen. Dabei helfen Steuerratgeber-Programme, mit deren Hilfe der Lohnsteuerjahresausgleich oder die Einkommmensteuererklärung am →PC vorbereitet und meistens auch direkt durchgeführt werden können. Die Programme bestehen im Allgemeinen aus verschiedenen Teilen, die auf der einen Seite die Steuertabellen, auf der anderen Seite die erforderlichen Rechenformeln und eine Sammlung der wichtigsten Tipps und Tricks sowie Urteile zu steuerrechtlich relevanten Fragen enthalten. Die meisten Programme fragen die steuerlich wichtigen Daten des Nutzers ab und tragen sie auf dem Bildschirm direkt in die entsprechenden Formulare ein. Manche Programme können diese Formulare auch ausdrucken. Wenn diese wirklich den Original-Vorlagen entsprechen, werden sie mittlerweile auch von den Finanzämtern anerkannt. Sie sollten zur Sicherheit aber mit Ihrem Bearbeiter vor Ort vielleicht noch mal Rücksprache halten, weil dies doch relativ neue Regelungen sind. Die bekanntesten und empfehlenswerten Steuerratgeber-Programme sind Quicken Steuer, Taxman, das Wiso Sparbuch, Tk-Soft Steuer und das große Steuersparpaket von DATA BECKER. Alle Programme kommen traditionsgemäß zum Jahreswechsel in einer neuen Version auf den Markt, die die aktuellen Änderungen im Steuergesetz berücksichtigen. Es empfiehlt sich also, jeweils die neueste Version zu kaufen, zumal die Ausgabe selbst wiederum steuerlich absetzbar ist.

Steuerstrukturen [control structures]

Steuerstrukturen sind Befehlsgruppen, die im Programmtext den Ablauf des Programms definieren. Dazu gehören beispielsweise →Schleifen oder →Sprungbefehle.

Steuerwerk [control unit]

Das Steuerwerk ist ein Teil des →Prozessors. Es steuert den internen Fluss der Daten sowie die Abarbeitung der Befehle des Maschinenprogramms (siehe →Programmiersprache)

Steuerzeichen [control/function character]

Neben den Buchstaben, Ziffern und Sonderzeichen gibt es Steuerzeichen, die normalerweise nicht auf dem →Bildschirm angezeigt oder mit dem →Drucker gedruckt werden, sondern eine bestimmte Aktion im Rechner oder in einem peripheren Gerät bewirken. Mit durch bestimmte Steuerzeichen eingeleiteten Befehlen kann z. B. ein Schriftwechsel bewirkt werden.

STN (Scientific and Technical Information Network)

Das STN (Abk. f. wissenschaftliches und technisches Informationsnetzwerk) ist ein internationales Informationsnetz zum Austausch von Informationen auf naturwissenschaftlich-technischem Gebiet (siehe auch →Netzwerk).

Strahlungsarm [low radiation]

Monitore mit einer Elektronenstrahlröhre erzeugen elektrostatische und elektromagnetische Strahlung bis hin zu Röntgenstrahlen. Solche Strahlungsfelder können Einfluss auf das Wohlbefinden und die Gesundheit des Nutzers haben. Als eine der ersten Institutionen haben der schwedische Rat für Messtechnik und Prüfung (MPR) und die schwedische Angestelltengewerkschaft TCO Forderungen für Grenzwerte dieser Strahlung formuliert, die inzwischen weitgehend international anerkannt sind. Ein →Monitor, der diese Normen erfüllt, heißt strahlungsarm (englisch low radiation). Heute erfüllen alle neuen Monitore mindestens die Norm MPR II (siehe →MPR-Norm) sowie zumeist auch die →TCO-Norm.

Streamer [Bandlaufwerk]

Ein Streamer – auch **tape drive genannt** – ist ein spezielles Bandlaufwerk für den PC, das mit Magnetband-Kassetten [cartridges] zum Erstellen von Backups verwendet wird. Die →Magnetbänder sind je nach Speichervolumen und Kassettenform in verschiedene Standards genormt. Als Urvater der modernen Streamer für den PC kann man die so genannte **Datasette** ansehen. So hieß ein einfaches Bandlaufwerk für den →PC, das mit herkömmlichen Audiokassetten arbeitete. Der ursprüngliche →IBM-PC von 1981 besaß noch einen speziellen Anschluss für diesen Kassettenrekorder, der aber in späteren PC-Versionen nicht mehr vorhanden war bzw. der Anschluss der Bandlaufwerke erfolgte dann über den des Diskettenlaufwerk-Controllers.

Einer der ersten Streamer-Standards auf dem PC, der sich stärker verbreitete, war **QIC** (**Q**uarter **I**nch **C**artridge). Für QIC-Streamer gibt es Kassetten mit 40, 80 und 120 MByte, die man auch heute noch größtenteils überall kaufen kann. Der Nachfolgestandard von QIC heißt **Travan** und unterteilt sich je nach Speicherkapazität der Bänder in verschiedene Unterstandards (siehe untere Tabelle).

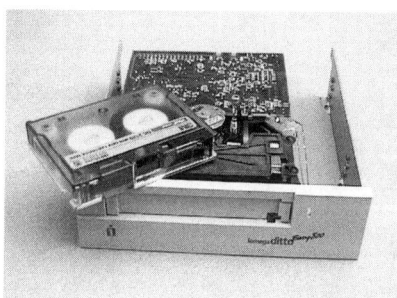

Ein typischer, interner Travan-Streamer mit altem QIC-Band für den Anschluss am Diskettenlaufwerk-Controller

Travan-Streamer werden wie ihre QIC-Vorgänger entweder als einfache, dann aber langsame Lösung direkt an den Diskettenlaufwerk-Controller (Floppy-Controller) angeschlossen oder – für alle, die höheren Datendurchsatz wollen – über eine eigene Controller-Karte angesteuert. Die Laufwerke kosten nur wenige Hundert DM und sind abwärts kompatibel zum QIC-Format. Das heißt, man kann seine alten QIC-Bänder noch weiternutzen. Um dies zu gewährleisten, haben Travan- und QIC-Bänder im vorderen Bereich dieselben Abmessungen. Damit jedoch auch die ebenso notwendige erweiterte Speicherkapazität ermöglicht wird, sind die Travan-Bänder breiter als die QIC-Vorgänger und haben nach hinten ein erweitertes Gehäuse, das größere Wickel mit längeren Bändern aufnehmen kann.

Travan-Standard	Kapazität normal/komprimiert
Travan 1 (TR1)	400 MByte/800 MByte
Travan 2 (TR2)	800 MByte/1,6 GByte
Travan 3 (TR2)	1,6 GByte/3,2 GByte
Travan 4 (TR4)	4 GByte/8 GByte
Travan 5 (TR5)	5 GByte/10 GByte

Eine Besonderheit unter den Bandlaufwerken stellen die **DAT-Streamer** dar. Die ursprünglich für die Unterhaltungselektronik entwickelte DAT-Technik (**D**igital **A**udio **T**ape) eignet sich aufgrund der eingesetzten, kompakten Bänder mit sehr hoher Speicherkapazität und verhältnismäßig schnellen Datenübertragungsraten (bis zu 44 MByte/min) sehr gut als Backup-Medium. Während die Bänder mit Speichervermögen von bis zu 8 GByte recht preiswert sind, kosten die Laufwerke aber immer noch um die 1.000 DM, sodass sich eine Anschaffung nur für den professionellen Bereich mit sehr hohen Datenmengen rechnet. Außerdem sind die Laufwerke recht empfindlich, weil hier sehr aufwendige Feinmechanik zum Einsatz kommt.

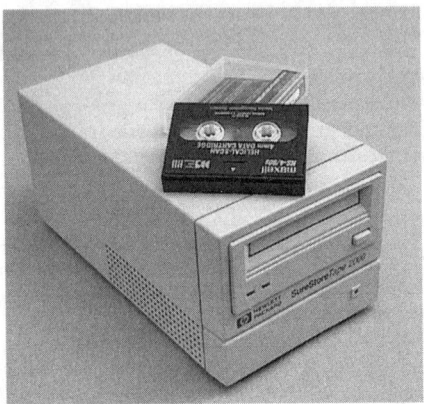

Ein DAT-Streamer mit Kassette

Die Marktbedeutung von Streamern ist stark zurückgegangen. Einzig DAT-Streamer mit ihren viele GByte fassenden Speicherkapazitäten spielen noch im professionellen Bereich eine gewisse Rolle. Streamer bieten zwar ein sehr gutes Preis-Leistungs-Verhältnis, was die Speicherpreise pro Megabyte bzw. Medium angeht, haben aber den Nachteil, ziemlich langsam zu sein und keinen direkten (wahlfreien) Zugriff auf die Daten zu ermöglichen. Aufgrund der stark gefallenen Preise für alternative Backup-Medien wie →CD-R, →MO-Laufwerke oder auch zusätzlich eingesetzte →Festplatten, werden Streamer kaum noch gekauft. Ein weiterer Nachteil der Magnetbänder ist ihre geringe Datensicherheit, v. a. im Vergleich zu optischen Medien wie CD-R oder MO.

Streaming [fließend, strömend]

Die Streaming-Technologie ermöglicht es, Bild- und Toninformationen in einem kontinuierlichen Datenstrom (Stream) über ein Netzwerk zum Rechner des Betrachters zu schicken, wo sie direkt beim Empfang wiedergegeben werden. Ein kompletter Download der jeweiligen Datei vor dem Abspielvorgang ist nicht mehr notwendig.

Typische Streaming-Produkte sind Microsoft Windows Media Player (*www. microsoft.com/windows/windowsmedia/download*), VDO Live (*www.vdo. net/download*) und der Real Player (*www.real.com/products/player/index. html*).

Strg-Taste [control key]

Die im englischen auch als **Control-Taste** (kurz Ctrl) bezeichnete, links und rechts unten auf der Tastatur liegende Steuerungs-Taste (Strg). Zur Abbildung vergleiche →Tastatur. Sie dient zum Aufrufen von Befehlen, indem sie gleichzeitig mit anderen Tasten oder in Verbindung mit der numerischen Tastatur zur Eingabe von →Steuerzeichen des →ASCII-Zeichensatzes gedrückt wird. Da zu Beginn der PC-Ära auch in Deutschland noch viele Tastaturen mit Ctrl statt Strg beschriftet waren und weil es sich leichter spricht, verwenden auch heute noch viele PC-Anwender die englische Bezeichnung Control.

> **Tipp:** Von vielen Anfängern wird die Strg-Taste gern (aber falsch!) mit „String" bezeichnet, nicht wissend, dass es sich um die Abkürzung für „Steuerung" handelt. Durch diese Bezeichnung holt man sich von erfahrenen Anwendern leicht spöttische Bemerkung ein ;-).

Strichcode [bar code]

Im bekannten Strichcode (oder **Bar Code**) sind in einer Reihe von senkrechten Strichen unterschiedlicher Dicke und mit unterschiedlichem Abstand Zahlen und andere Daten kodiert (siehe auch →Code). So dient beispielsweise der EAN-Code auf Waren der Speicherung von Daten wie Hersteller, Herkunftsland, Artikelnummer, Prüfsumme oder ISBN-Nummer (bei Büchern).

String [Schnur, Reihe, Kolonne]

Ein String ist der Name einer Datenstruktur in einer höheren →Programmiersprache, in der eine Folge von Zeichen (Zeichenkette) abgelegt werden kann. Strings spielen bei allen Abläufen eine große Rolle, bei denen keine arithmetischen Berechnungen, sondern Funktionen wie z. B. die Verarbeitung von Texten durchgeführt werden sollen.

Struktogramm [structure chart]

Ein Struktogramm, auch Nassi-Shneidermann-Diagramm genannt, ist eine Möglichkeit zur grafischen Veranschaulichung eines Algorithmus oder einer Programmsequenz mit den Grundelementen Folge, Alternative und Wiederholung. Sprünge können im Gegensatz zum →Flussdiagramm nicht dargestellt werden. Zur Anfertigung eines Struktogramms ist es notwendig, ein komplexes Problem in Einzelschritten aufzuteilen. Besonders hilfreich sind Struktogramme bei der →strukturierten Programmierung. Das Struktogramm wurde 1973 von Nassi und Shneidermann entwickelt.

Subdomain

Andere Bezeichnung für einen hierarchisch untergeordneten Teil einer höheren Domain (siehe →Domain-Name).

Suchen [search]

Suchprozesse sind wichtige Aktionen in den meisten Anwendungsprogrammen, aber auch im →Betriebssystem. Der Suchbefehl ermöglicht es z. B., ein bestimmtes Wort in einem Text, eine Adresse in einer Adressdatenbank oder einen Datenblock im Speicher zu finden. In modernen Textverarbeitungen kann mit dem Suchbefehl auch nach Formatierungen, Steuer- oder Sonderzeichen gesucht werden. Dabei ermöglichen vielfältig verknüpfbare Suchkriterien komplexe Suchprozesse in vielfältigen Kombinationen. So lassen sich in MS-Word z. B. Wörter mit einer bestimmten Schriftgröße finden, die zugleich kursiv formatiert sind. Siehe hierzu auch →Stellvertreter-Zeichen. Zur Suche im Internet siehe →Internetrecherche.

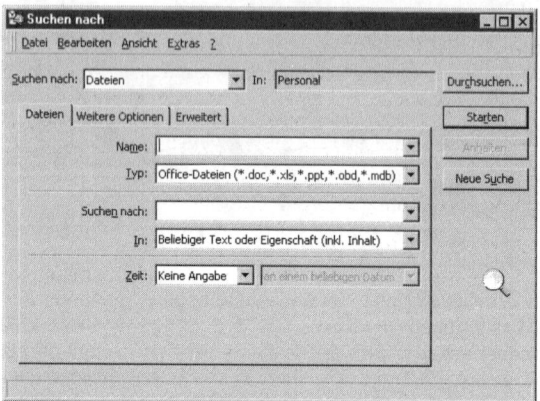

Die meisten Windows-Programme bieten komplexe Suchfunktionen für das Aufspüren von Dokumenten

Suchen und Ersetzen [search and replace]

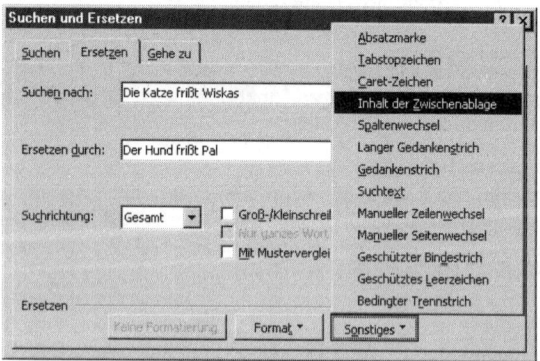

Eine komfortable und leistungsfähige Suchen-und-Ersetzen-Funktion gehört zum Repertoire einer jeden Textverarbeitung

Der Befehl zum Suchen und Ersetzen ist eine Variante des Befehls zum →Suchen, der in vielen Anwendungsprogrammen, vor allem in Textverarbeitungen eingesetzt wird. Er erlaubt es z. B., ein irrtümlich falsch geschriebenes Wort aufzuspüren und durch seine orthographisch korrekte Form ersetzen zu lassen.

Sun

Die 1982 von den einstigen Studienfreunden Bill Joy, Scott McNeally und Andreas von Bechtolsheim – ein ehemaliger Jugend forscht-Preisträger – gegründete amerikanische Firma Sun hat sich insbesondere auf die Entwicklung von Workstations spezialisiert. Die so genannten Sparcstations werden vor allem als Netzwerkserver und für rechenintensive Aufgaben wie →CAD und Grafik eingesetzt. Sun hat u. a. den →RISC-Prozessor →SPARC entwickelt. In letzter Zeit wurde Sun einer breiteren Öffentlichkeit durch die Entwicklung der Internetprogrammiersprache →Java bekannt. Direkten Kontakt zu Sun und weitere Informationen ermöglicht das Internet über die Adresse **www.sun.com**.

Surfen [auf der Brandung reiten]

Als Surfen bezeichnet man das Bewegen bzw. Springen im →**W**orld **W**ide **W**eb (WWW), das mit Hilfe der Hyperlinks auf den Webseiten (→Homepage) erfolgt. Ausgehend von einer WWW-Startseite gelangt man durch Anklicken von Hyperlinks von einer Informationsstelle zur nächsten, man schwimmt quasi im Informationsangebot des Datenozeans Internet. Daher die etwas bildliche Bezeichnung „Surfen".

Surround-Sound [Umgebungsklang]

Surround-Sound-Verfahren wurden zuerst für Raumklangeffekte bei Kinofilmen entwickelt, setzen sich in letzter Zeit aber auch zunehmend für den Heimbereich durch (Videos und Hi-Fi-Anlage). Im Gegensatz zum herkömmlichen Zweikanal-Stereoton werden bei Surround-Verfahren zusätzliche **Effektkanäle** für Hintergrundgeräusche und Basseffekte verwendet, die es dem Zuhörer ermöglichen, Tonsignale räumlich zu ordnen. Dies setzt aber auch voraus, dass im Hörraum neben den üblichen zwei Stereolautsprechern weitere Boxen für die Surround-Kanäle aufgebaut werden.

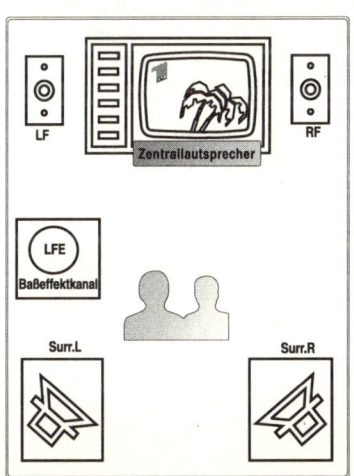

Wer richtigen Surround-Sound genießen will, darf die Boxen nicht wie Großmuttern hinter den Gardinen verschwinden lassen. Erst die richtige Aufstellung lässt Couch-Potatoes vor Arni erschauern

Die erste Kino-Vorführung mit 6-Kanal-Raumklang gab es schon 1941 mit dem Film „Fantasia" von Walt Disney. 1979 wurde mit „Apocalypse now" das sich gerade auch im Heimbereich durchsetzende **5.1-Verfahren** eingeführt: Der Raumklang wird durch drei vordere Haupt- sowie zwei hintere Surround-Kanäle und einen separaten Basseffekt-Kanal (**LFE** genannt, von low frequency effect) erzeugt. Der LFE-Kanal (zumeist ein →**Subwoofer**) übernimmt die tiefen Frequenzen von 3-120 Hz, die übrigen Kanäle werden je nach Surround-Verfahren von diesen Frequenzen entlastet und können so lauter spielen.

Problematisch beim Surround-Sound sind die eigentlich notwendigen erhöhten Datenmengen bzw. der dafür notwendige **Speicherplatz**. Um auf den für Kinos üblichen 35-mm-Filmen mit ihrer relativ kleinen Tonspur zusätzliche Surround-Effekte unterbringen zu können, wurden die unterschiedlichsten Verfahren entwickelt. Am erfolgreichsten waren die Amerikaner und hier insbesondere die bekannten **Dolby Laboratories**, die auch die von Kassetten-Decks bekannten Rauschunterdrückungssysteme Dolby B und C erfanden.

Derzeit gibt es mehrere Surround-Sound-Verfahren, deren Entwicklung aber aufeinander aufbaut. Wie in den meisten Bereichen der Elektronik hat auch hier die **Digital-Technik** Einzug gehalten. Die alten analogen Verfahren werden gerade von den digitalen Nachfolgern verdrängt. Die wichtigsten Surround-Verfahren werden nachfolgend kurz skizziert:

Dolby Surround (DS) und Dolby ProLogic (DPL): DS wurde als erstes analoges Surround-Verfahren für 35-mm-Filme und insbesondere auch den Heim-video-Markt Ende der 70er Jahre von den Dolby Laboratories entwickelt. Zu den normalen Stereo-Kanälen wurde ein weiterer, hinterer Mono-Surround-Kanal definiert, der v. a. Umgebungsgeräusche vermitteln soll (z. B. Wind- oder Meeresgeräusche). DS wurde Anfang der 80er Jahre durch die Definition eines zusätzlichen Center-Kanals (Mitten-Kanal) zu **Dolby ProLogic** erweitert. Der ebenfalls in Mono arbeitende Center-Kanal überträgt nur die Toninformationen, die tatsächlich von der Bildmitte stammen. Um die zusätzlichen Surround-Daten auf 35-mm-Filme bzw. beliebige andere Medien (z. B. Video-Kassetten) problemlos unterbringen zu können, werden sie von einem speziellen analog arbeitenden Encoder platzsparend auf die beiden Signale der herkömmlichen Stereo-Kanäle aufgemischt. Mit Hilfe der aufwendigen Schaltungstricks eines speziellen ProLogic-Dekoders werden die Surround-Informationen dann bei der Wiedergabe zurückgewonnen. Spezielle Regelverstärker ermöglichen dabei eine Verbesserung der eigentlich sehr schlechten Trennung zwischen den einzelnen Kanälen auf bis zu 35 db. Das **Medium**, auf dem die ProLogic-Information gespeichert wird, ist übrigens nahezu egal. Die Information geht auch dann nicht verloren, wenn man etwa den Ton einer ProLogic-Laserdisc auf eine herkömmliche Audiokassette überspielt. Wenn allerdings etwa bei schlechten Videorekordern oder Fernsehern Störsignale auftreten, wirken sich diese auf die kodierten Surround-Informationen stärker als auf herkömmliche Stereosignale aus. Derzeit sind fast alle mit Hi-Fi-Stereoton versehenen Video-Leihkassetten mit Dolby ProLogic kodiert.

THX 4.0: Tomlinson Holman, der Cheftoningenieur von Lucasfilm Ltd., definierte das THX als Erweiterung von ProLogic (**T**omlinson **H**olman e**X**periments). Neben der Aufwertung des Surround-Kanals durch einen künstlichen Stereo-Effekt (**Dekorrelation** genannt) definiert das analoge THX außerdem klare technische Richtlinien für die verwendeten Lautsprecher und Verstärker. Über eine Lizenzgebühr wird das THX-Logo nur an solche Geräte verliehen, die die THX-Richtlinien einhalten. Lautsprecher müssen etwa genaue Anforderungen bei Dynamik, Empfindlichkeit und Abstrahlcharakteristik erfüllen. Die hinteren Surround-Boxen sollen durch entsprechende Bauform einen diffusen, indirekt abgestrahlten Klang erzeugen. Und Boxen, die neben dem Bildschirm aufgestellt werden, müssen magnetisch abgeschirmt sein. Der THX-Verstärker muss darüber hinaus für jeden Kanal ein eigenes Netzteil bieten und bestimmte Leistungsdaten erfüllen.

AC-3: Das digitale, datenreduzierte Surround-Verfahren AC-3 (**A**udio **Co**ding Nr. 3), häufig auch einfach nur **Dolby Digital** genannt, wurde ebenfalls von Dolby entwickelt und arbeitet nach dem 5.1-System (drei Frontboxen, zwei hintere Surround-Boxen und eine Box für den Basseffekt/LFE). AC-3 wurde für 35-mm-Kinofilme entwickelt, um hochwertigeren Mehrkanalton auf die Leinwand zu bringen. Das Problem des geringen Speicherplatzes wurde geschickt gelöst: Die digitalen Tondaten werden zum einen mit herkömmlichen Datenreduktionsverfahren komprimiert (→Datenkompression), und zum anderen ist die Datenrate auf 320 KBit/s begrenzt (384 KBit/s für den Heimbereich). Die gegenüber der normalen Audio-CD reduzierte Datenmenge pro Kanal macht sich durch die gleichzeitige Verwendung von fünf Tonkanälen klanglich kaum nachteilig bemerkbar. Auf den 35-mm-Kinofilmen werden die Dateninformationen durch für das Auge nicht sichtbare Pixelmuster auf dem Filmmaterial untergebracht.

Im Gegensatz zum analogen ProLogic bzw. THX bietet AC-3 eine hochwertige Kanaltrennung und stark verbesserten räumlicheren Klang. Fünf der sechs Kanäle sind vollbandig, arbeiten also mit Frequenzen von 20-20.000 kHz. Der Basseffekt-Kanal wird mit 3-120 Hz angesteuert. Drei der Kanäle werden als Links, Rechts und Center vor dem Zuhörer bzw. Betrachter aufgestellt. Die Center-Box sollte optimalerweise direkt unter dem Fernseher stehen, bei Platznot können z. T. auch die Lautsprecherboxen des Fernsehers selbst verwendet werden. Die zwei übrigen Vollkanäle werden links und rechts hinten als Surround-Kanäle für die diffusen Hintergrund-Geräusche aufgestellt. Für den Basseffekt-Kanal (LFE) wird zweckmäßigerweise ein Subwoofer verwendet, dessen Aufstellung relativ unproblematisch ist, da die tiefen Frequenzen räumlich nicht geortet werden können. Manche AC-3-Geräte können den Basseffekt-Kanal auch auf die drei vorderen Lautsprecher umleiten, sodass man mit fünf Boxen auskommt (was allerdings nicht so optimal ist).

AC-3-kodierte Filme gibt es für den Heimanwender bisher nur auf amerikanischen **Laserdiscs** mit NTSC-Bildern zu erwerben. Die datenintensivere, europäische PAL-Norm bietet auf der Laserdisc keinen Speicherplatz für AC-3-Informationen. Mit Einführung der DVD-Video (→DVD) wird sich die Situation aber ändern. Zumindest DVDs amerikanischer und japanischer Herkunft werden AC-3-kodierten Ton enthalten. Für europäische DVDs wird derzeit noch darüber gestritten, ob einzig das von Philips favorisierte MPEG-2-Audio-Verfahren (siehe unten) oder auch zusätzlich AC-3 verwendet wird. Die mächtige amerikanische Filmindustrie favorisiert das etablierte amerikanische AC-3-Verfahren, weswegen die Aussichten für MPEG 2 nicht sehr gut sind (zumal es derzeit noch keine MPEG-2-Audio-Encoder und -Dekoder gibt).

Zum Abspielen der AC-3-Informationen ist ein **AC-3-Dekoder** notwendig; die kodierten Daten werden vom Abspielgerät (Laserdisc, DVD) über eine spezielle Leitung (**AC-3-RF**) dem Dekoder zugespielt. AC-3-Dekoder gibt es bereits einzeln oder mit einem Verstärker kombiniert zu kaufen (obwohl die Marktchancen von AC-3 in Europa aufgrund des DVD-Streits noch offen sind). Um die vom AC-3-Dekoder gelieferten, aufgeschlüsselten Daten auch wirklich zu Hause anhören zu können, muss der Verstärker über Anschlüsse für möglichst alle sechs Tonkanäle verfügen und diese auch über entsprechende Endstufen an genauso viele Lautsprecher weitergeben können. Herkömmliche Verstärker sind mit ihren zwei Kanälen dazu nicht geeignet.

THX 5.1: Tomlinson Holman, der Erfinder von THX, übertrug seine bisher analogen THX-Richtlinien auch auf das digitale AC-3-Verfahren, die neue Spezifikation nennt sich THX 5.1. Sinn des digitalen THX 5.1 ist die Anpassung der eigentlich für Kinosäle bestimmten AC-3-Daten an die Klangverhältnisse des heimischen Wohnzimmers. Neben den schon vom analogen THX bekannten Richtlinien für Boxen und Verstärker definiert THX 5.1 vier zusätzliche Nachbearbeitungsschritte für die vom AC-3-Dekoder gelieferten digitalen Tonsignale. Die Verarbeitung findet also vor der D/A-Umwandlung im Verstärker statt. Bei den vier Bearbeitungsschritten handelt es sich um:

- **Bass-Management**: Da die Vollbandkanäle nur Frequenzen oberhalb von 80 Hz verarbeiten sollen, entzieht diese Schaltung den fünf Vollkanälen alle tiefen Frequenzen und addiert sie dem Basseffekt-Kanal (LFE) für mehr Wirkung hinzu.

- **Timbre Matching**: Mit einer patentierten Filterfunktion werden die Klangfarben der hinteren Surround-Kanäle im Hochtonbereich so verändert, dass die Übergänge vom Schallfeld vorn nach hinten noch diffuser und homogener klingen. Die Klangunterschiede zu herkömmlichen AC-3 sind allerdings zumeist nur unwesentlich.

- **Reequalizer**: Da die Höhen bei Kinovorstellungen in vollbesetzten Sälen relativ stark absorbiert werden, werden Surround-Sound-kodierte Kinofilme zum Ausgleich meist in den Höhen angehoben. Dies kann aber bei Vorführungen in den heimischen Wänden zu überzeichneten Höhen und spitz klingenden Dialogen führen. Der Reequalizer dämpft diese Höhenanhebung und lässt die Frontkanäle somit natürlicher klingen. Je nach Abmischung des Tons kann dieses Verfahren den Klang aber auch zu dumpf erscheinen lassen.

- **Dynamische Dekorrelation**: Die schon von der analogen THX-Definition bekannte Technik der Dekorrelation erweiterte das Mono-Signal der hinteren Surround-Kanäle zu einem Quasi-Stereoklang. Die dynamische Dekorrelation von THX 5.1 tritt dagegen nur dann in Aktion, wenn auch tatsächlich identische Toninformationen an den hinteren linken und rechten Lautsprechern anliegen, was bei AC-3-kodierten Toninformationen normalerweise aber nicht der Fall ist.

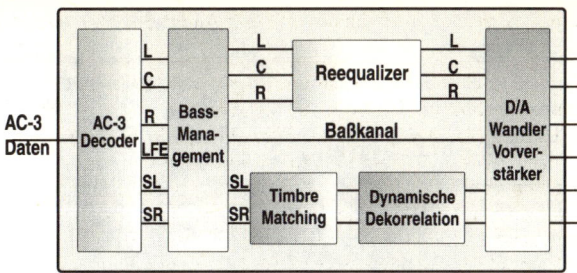

THX 5.1 trimmt die digitalen AC-3-Daten von Kinofilmen erst einmal durch vier Nachbearbeitungsschritte auf den optimalen Klang für die heimische Bude

MPEG-2-Audio: Ist das von Philips im Gegensatz zu AC-3 für die europäische DVD-Video favorisierte digitale Surround-Verfahren. MPEG-2-Audio verwendet genau wie AC-3 zumeist fünf Voll- und einen Basseffekt-Kanal (5.1-System); es könnte aber auch wie Sonys SDSS-Verfahren mit einem 7.1-System arbeiten (sieben Voll- und ein Basseffekt-Kanal). Im Unterschied zu AC-3 muss bei MPEG-2-Audio die Datenrate nicht vor dem Encodieren der Signale festgelegt werden, sondern kann während der Encodierung variieren. Dies bringt bei dynamischen Tonpassagen Vorteile, weil so die maximale Datenrate an unterschiedliche Tonsituationen angepasst werden kann. Ein weiterer Unterschied besteht in der Art, wie bei Verwendung des 5.1-Systems die Daten der Kanäle gemischt werden. Im Gegensatz zu AC-3 werden die Informationen für die Surround-Kanäle nicht von den Frontkanälen getrennt gespeichert, sondern diesen aufgemischt. Erst bei der Wiedergabe werden die Daten der Hilfskanäle von denen der Hauptkanäle heraussubtrahiert, was allerdings gegenüber dem AC-3-Verfahren zu Klangeinbußen führen kann.

Künstliche DSP-Surround-Klangeffekte: Neben den oben beschriebenen echten Surround-Verfahren verwenden moderne Verstärker oder entsprechende Zusatzgeräte auch digitale Signalprozessoren (DSP), um künstliche Raumklangeffekte zu erzielen. Bekanntes Beispiel ist etwa das **Digital Sound Field Processing (DSFP)** von Yamaha. Diese Verfahren dienen weniger der Darstellung räumlicher Geschehen bei Kinofilmen, sondern mehr der tonalen Erweiterung im Hi-Fi-Bereich. Die DSPs werden verwendet, um im heimischen Wohnzimmer reale Aufnahmeräume (Jazzkeller, Kathedrale etc.) zu simulieren. Hierzu wurden diese Räume zuvor messtechnisch genau erfasst, ihre Charakteristika gespeichert und zu Hause (zumeist durch zusätzliche Effektkanäle) künstlich etwa durch Erzeugung von Halleffekten nachgebildet. DSP-Effekte können natürlich auch zusätzlich zu anderen Surround-Verfahren (ProLogic, AC-3) eingesetzt werden. Die Erschaffung von künstlichen Klangeffekten (Jazz-Keller oder Kathedrale im Wohnzimmer) wird von vielen Hi-Fi-Liebhabern allerdings mehr als Spielerei und Klangverfälschung denn als klangliche Wohltat empfunden. Es bleibt letztlich dem Geschmack und Spieltrieb überlassen, ob DSP-Effekte sinnvoll sind oder nicht. Sie stellen jedenfalls keine Alternative oder Konkurrenz, sondern nur eine Ergänzung zu den echten Surround-Verfahren wie AC-3 dar.

SVGA

SVGA (Super **VGA**) ist die Weiterentwicklung des VGA-Standards (siehe →VGA), der Grafikmodi bis zu 1.280 x 1.024 Pixeln bei mindestens 16 Farben unterstützt.

SVHS (Super Video Home System)

Mit der Abkürzung SVHS (Super-**VHS**, üblich ist auch die Schreibweise S-VHS) wird die Erweiterung des bekannten Videostandards VHS bezeichnet. SVHS-fähige →Videorekorder haben ein deutlich besseres Bild, was sich v. a. beim Kopieren von Videos stark bemerkbar macht. Sie werden daher besonders von Videofilmern für die →Videobearbeitung eingesetzt. Die verbesserte Qualität geht v. a. auf zwei Unterschiede gegenüber VHS zurück: Zum einen wird mit einer erhöhten horizontalen Auflösung von 400 statt 230 Zeilen gearbeitet. Und zum anderen werden die Informationen zur Farbe und Helligkeit des Bilds (Luminanz und Chrominanz) getrennt auf dem Band gespeichert.

Um SVHS nutzen zu können, muss man einen entsprechenden Rekorder und spezielle SVHS-Bänder verwenden. Die Kosten für SVHS-Bänder liegen jedoch deutlich über denen von VHS. Auf normalen VHS-Bändern kann nicht mit SVHS aufgezeichnet werden, aber die Rekorder sind abwärts kompatibel, d. h., sie können herkömmliche VHS-Bänder wie ein normaler VHS-Rekorder beschreiben und lesen. Umgekehrt gibt es auch einige wenige VHS-Rekorder, die SVHS-Bänder wiedergeben können. Jedoch dann nicht mit der SVHS-Qualität.

Um die hohe Qualität des SVHS-Bilds an einen Fernseher, einen anderen Videorekorder oder den Computer zu übergeben, sollte man außerdem spezielle Kabel verwenden. Der normale Antennenausgang des Videorekorders überträgt die volle Qualität nicht. Das Signal sollte daher entweder über das →Scart-Kabel oder noch besser über einen entsprechenden S-Video-Ein- bzw. -Ausgang übertragen werden. Der entsprechende Anschluss wird auch →Hosiden-Anschluss genannt.

> **Tipp:** Bisher waren SVHS-Rekorder sehr teuer, zumeist um die 1.500-2.000 DM. Ausgerüstet mit Schnittsteuerung und bester Technik wurden sie v. a. für die →Videobearbeitung verkauft. Ein Erfolg im Massenmarkt und damit die Verdrängung von VHS war damit nicht möglich. Ende 1998 brachte JVC aber den ersten SVHS-Rekorder (HRS 7500) für deutlich unter 1.000 DM heraus und eröffnete damit einen neuen Preiskampf. Zusätzliche Modelle mit erweiterter Ausstattung im Preisbereich von 1.000 bis 1.500 DM sind mittlerweile auch erhältlich. Damit dringen SVHS-Rekorder jetzt in den Massenmarkt vor und haben das Zeug, VHS bedeutende Marktanteile abzunehmen. Wer einen guten Videorekorder haben will, sollte sich überlegen, ein solches SVHS-Modell zu kaufen.

Swap [tauschen]

Mit swap bzw. swappen bezeichnet man i. d. R. einen Vorgang, bei dem schnell etwas (vornehmlich →Daten) ausgetauscht wird. Man sagt z. B.: Daten werden auf die Festplatte geswapt (siehe →Virtueller Speicher).

Switch [Schalter]

Als Switch werden moderne Koppelelemente zwischen mehreren Segmenten eines →Netzwerks bezeichnet, die dynamisch – je nach Last – verschiedene →Netzwerksegmente miteinander verbinden können. Switches arbeiten wie eine →Brücke zumeist auf der zweiten Schicht des →OSI-Schichtenmodells. Intern bestehen Switches aus einer Matrix von Netzwerksegmenten (network in the box), zwischen denen die entsprechenden Übergänge realisiert werden. Switches sollten nach und nach die einfacheren →Hubs ersetzen.

Switching [umschalten]

Als Switching bezeichnet man die grundlegenden Verfahren, die die Kommunikation zwischen zwei →Netzwerkknoten in einem großen →Netzwerk ermöglichen.

Man unterscheidet insbesondere:

- die →Leitungsvermittlung (circuit switching) mit einem einmaligen Aufbau der Verbindung
- die Nachrichtenvermittlung (message switching) mit dem schrittweisen Senden und Zwischenspeichern von kompletten Nachrichten
- die →Paketvermittlung (packet switching) mit dem schrittweisen Senden und Zwischenspeichern von kleinen Datenpaketen (siehe →Datenpaket)

sykDSL

Unter der Bezeichnung skyDSL bietet die deutsche Firma Strato im Verbund mit dem Satellitenbetreiber Eutelsat seit der IFA '99 bundesweit einen Satelliten-gestützten Internetdienst an. Der Empfang verläuft dabei über eine Satellitenantenne vermittelt mit 400 bis 4.000 KBit/sec (je nach Angebot) über den Satelliten ab. Zum Versenden von Daten ist aber parallel weiterhin ein →Modem- oder →ISDN-Anschluss notwendig.

Strato bietet seinen Kunden die Wahl zwischen verschiedenen Paketen an, bei denen man zwischen einer Bandbreite von 400 KBit bis 4.000 KBit/sec wählen kann. Im monatlichen Mietpreis sind die notwendige Ausrüstung (Satellitenschüssel, spezielle PC-Steckkarte und Software) bereits als Leihstellung enthalten. Kündigt man den Vertrag, muss man diese natürlich zurückgeben. Zusätzlich fällt noch eine einmalige Anmeldegebühr von 100 DM an. Das Paket mit 400 KBit/sec, was etwa 6,25-facher ISDN-Geschwindigkeit entspricht, kostet derzeit (Stand 10.99) 69 DM im Monat. Es konkurriert damit sehr gut gegen das →ADSL-Angebot der Telekom. Allerdings muss es sich auch mit direkter Konkurrenz anderer Anbieter von Satellitenübertragung messen, wie unter →Europe Online beschrieben.

Der monatliche Grundpreis ist übrigens keine wirkliche „Flatrate" (vergleiche →Internet-by-call), denn man erhält dafür nur 50 Freistunden. Eine Stunde ist gleichzeitig auch durch ein maximales Transfervolumen von 12 MByte definiert. Jede weitere Stunde kostet anschließend eine weitere, gestaffelte Gebühr von ca. 6 Pfennig/Minute.

Was für viele Anwender aber besonders interessant sein dürfte: neben den (angeblich) 100 besten deutschen Internetangeboten werden auch permanent und ohne Zusatzkosten ankommende →E-Mails übertragen. Wenn man seine normalen E-Mails also an den skyDSL-Account umleitet, ist man von da an permanent und sofort per E-Mail erreichbar. Zum Verschicken von Mails muss man allerdings wie gesagt auch weiterhin auf einen normalen Betreiber zurückgreifen, wobei sich →Internet-by-Call anbietet.

skyDSL ist eine besonders günstige und attraktive Möglichkeit, dauerhaft per E-Mail erreichbar zu sein und gleichzeitig, wenn nötig, auf höhere Bandbreiten im Internet zurückgreifen zu können. Preislich ist das Angebot gegenüber ADSL der Telekom ebenfalls konkurrenzfähig, wenn auch andere Anbieter wie →Europe Online durchaus ähnliche oder sogar noch bessere Angebote machen. Weitere Informationen und die aktuellen Angebote bzw. Preise erfahren Sie im Internet unter *www.strato.de*.

Symantec

Bekannter und weltweit führender Softwarehersteller auf dem Gebiet von Hilfsprogrammen und Diagnose-Tools. Symantec vermarktet den größten Teil seiner Produkte über den Namen des bekannten Programmierers Peter Norton. Fast jedem dürften Produkte wie die →Norton Utilities, Norton Commander oder Norton Antivirus bekannt sein. Symantec ist nach der Fusion mit Central Point (ehemaliger Hersteller der bekannten PC-Tools) und Delrina (Hersteller von WinFax Pro) zu einem der weltweit größten Softwarehersteller aufgestiegen. Während das frühere Konkurrenzprodukt PC-Tools gar nicht mehr hergestellt wird bzw. in die Norton Ulitities und den Norton Navigator eingeflossen ist, werden die Produkte von Delrina weiter über Symantec vertrieben. Symantec ist im Internet unter der Adresse *www. symantec.com* zu finden.

Symbolische Adresse [symbolic address]

Unter einer symbolischen Adresse wird ein Name oder ein Symbol verstanden, das durch ein →Betriebssystem (siehe →Geräteadresse) oder bei der Programmierung mit einer →Programmiersprache (siehe →mnemonic address) anstelle der →absoluten Adresse benutzt wird, um die Handhabung bzw. die →Programmierung zu vereinfachen.

Symbolleiste [property bar]

Symbolleisten sind ein typisches Bedienungsmerkmal moderner Programme, die eine →grafische Benutzeroberfläche haben (z. B. Programme für →Windows). Die Symbolleiste ist eine schmale Leiste zumeist direkt unter der →Menüleiste, auf der grafische Symbole zum Anklicken mit der →Maus angeordnet sind. Es handelt sich meist um Symbole für häufig genutzte Befehle wie *Speichern* oder *Drucken*. Durch einfaches Anklicken mit der Maus werden die zugeordneten Funktionen ausgeführt. Symbolleisten lassen sich oft auch konfigurieren. Hierzu gehört nicht nur die Verschiebung der Position (z. B. an den unteren Bildrand), sondern auch das Löschen vorhandener oder das Hinzufügen neuer Symbole.

Weiteres Merkmal moderner Symbolleisten ist außerdem das kontextsensitive, intelligente Hilfesystem: Schon beim Anwählen eines Symbols mit der Maus (ohne Anklicken) wird nach einer kurzen Zeitverzögerung eine kleine Erklärung zur zugeordneten Funktion in Form einer Sprechblase (**Bubble Help**) eingeblendet (siehe →IntelliSense von Microsoft). Während Symbolleisten gerade Anfängern den Einstieg in ein Programm stark erleichtern, ziehen Profis die Bedienung über Tastaturbefehle (Shortcuts) dem ewigen Angeklicke mit der Maus zumeist vor. Die standardmäßig vorgegebenen Symbolleisten-Belegungen vieler Programme erweisen sich bei der täglichen Arbeit oft als fehlbelegt. Wirklich sinnvoll werden Symbolleisten daher erst durch individuelle Konfiguration. Wirklich hilfreich sind dagegen kontextsensitive Symbolleisten (**Property Bars**), wie sie z. B. von Grafikprogrammen wie CorelXARA oder CorelDRAW verwendet werden. Hier wechselt die Zusammenstellung der Symbole in Abhängigkeit von der gerade ausgeführten Funktion bzw. dem angewählten Objekt im Dokument.

Synchrone Übertragung [synchronous transfer]

Bei der synchronen →Datenübertragung werden Quelle und Ziel durch einen gemeinsamen Takt einer zusätzlichen Hardwarekomponente gesteuert. Daher werden im Gegensatz zur →asynchronen Übertragung keine Start- und Stoppbits benötigt, was sich positiv auf die Geschwindigkeit der Übertragung auswirkt. Als synchron werden aber auch Verfahren zur Datenübertragung mit →Datenpaketen bezeichnet, die die Basis der Datenübertragung in →Netzwerken bilden.

Syntax [syntax]

Die Syntax umfasst allgemein die Regeln für den Aufbau einer beliebigen Sprache, den Aufbau der Wörter, Sätze. Bei einer →Programmiersprache sind die syntaktischen Regeln – zulässige Zeichen, Bildung der Wörter, Namen, Ausdrücke und Formulierungen – eindeutig festgelegt und vom Zusammenhang unabhängig – man sagt kontextfrei. Sollte gegen diese Regeln verstoßen werden, wird das entsprechende Übersetzerprogramm, der Interpreter oder der Compiler, dies bei der Syntaxprüfung erkennen und die Arbeit – nach entsprechender Meldung (**Syntaxfehler**) – einstellen (siehe →Programmiersprache).

SyQuest

SyQuest war ein bekannter Hersteller von →Wechselmedien-Laufwerken, der sich v. a. im →DTP-Bereich, bei Grafikern, Belichtungsstudios und Druckereien zu einem Quasistandard entwickelt hatte. Dennoch konnte sich SyQuest nicht gegen die Konkurrenz behaupten, meldete Ende 1998 Konkurs an und wurde vom →Iomega übernommen. Die Laufwerke und Medien von SyQuest werden vorerst allerdings weiter angeboten und zwar sowohl für den PC-Bereich als auch für den →PowerMac. Wie lange Iomega dies allerdings aufrechterhalten wird, ist noch offen. Mit einer langfristigen Unterstützung ist nicht zu rechnen, sodass man sich den Kauf neuer SyQuest-Laufwerke gut überlegen sollte. Die ersten SyQuest-Laufwerk boten bei einer Größe von 5,25 Zoll eine Kapazität von 44 MByte; am Ende wurde auch bei den letzten 3,5-Zoll-Laufwerken eine Datenkapazität von über 1 GByte erreicht. Der Anschluss der Laufwerke erfolgt zumeist über →SCSI, es gibt auch Varianten zum Anschluss an →IDE. Weitere Informationen finden Sie (noch, Stand Herbst 1999) im Internet unter *www.syquest.com/index.html*.

System [system]

Unter einem System versteht man im Allgemeinen eine in sich geschlossene Einheit aus mehreren Komponenten, deren Zusammenspiel erst eine neue funktionale Qualität ergibt. Systeme können dabei hierarchisch aus weiteren Komponenten bestehen, denen selbst wiederum – auf niederer Ebene – Systemeigenschaften zukommen. Auch im EDV-Bereich spricht man von Systemen und meint damit z. B. die Einheit von Hard- und Software eines Computers – d. h. den Rechner einschließlich aller angeschlossenen peripheren Geräte, das →Betriebssystem und wichtige Anwendungsprogramme. Doch auch die Hardware eines Computers, das Betriebssystem, ein Netzwerk usw. werden – je nach Betrachtungsweise – als System bezeichnet.

System.ini

Die *System.ini* ist eine so genannte Initialisierungsdatei (*ini*-Datei) von →Windows 3.x, die aus Kompatibilitätsgründen auch bei Windows 95/98 noch vorhanden ist. Sie dient zusammen mit der →**Win.ini** zur Konfiguration von Windows bzw. der Computerhardware unter Windows. Denn während in der *System.ini* überwiegend hardwarerelevante Einstellungen vermerkt sind, sind die Parameter der *Win.ini* zur Konfiguration der →**Software** gedacht.

Die *System.ini* ist eine normale Textdatei, die sich im Windows-Verzeichnis findet und mit jedem Texteditor (→Editor) bearbeitet werden kann. Bei jedem Start von Windows werden die Paramter der *System.ini* (wie die der *Win.ini*) ausgelesen. In diesem Sinne sind die beiden INI-Dateien die Pendants zu →*Autoexec.bat* und →*Config.sys* von →DOS.

Wie in der *Win.ini* wird auch die *System.ini* durch in eckige Klammern ([]) gefasste englischsprachige Oberbegriffe in verschiedene Bereiche gegliedert. Typische Oberbegriffe sind *[boot]*, *[386Enh]* und *[drivers]*, die das hardwarebezogene Spektrum der *System.ini* zeigen. Hier werden Treiber für Sound- und Grafikkarten geladen oder die Einstellungen für die Speicherverwaltung von Windows eingetragen. Unter den Oberbegriffen werden mit z. T. nicht offiziell von Microsoft definierten Parametern die Einstellungen der Hardware des Windows-PCs konfiguriert. Parameter-Begriff und eigentliche Definition werden dabei durch ein Gleichheitszeichen (=) abgetrennt. Mittlerweile sind die meisten Geheimnisse der *System.ini* allerdings von Computer-Freaks in zahlreichen Büchern und Zeitschriften enthüllt worden.

Durch Bearbeitung der *System.ini* mit einem Editor kann Windows in seiner Arbeit stark beinflusst (z. B. auch getunt) werden. Beliebt sind z. B. Veränderungen der Einstellungen für die Speicherverwaltung; allerdings sollte dies nur von Leuten vorgenommen werden, die die entsprechende Syntax genau kennen. Besonders wichtig ist der Bereich *[386Enh]*, weil hier alle aktuellen 32-Bit-Treiber eingetragen werden und die Speicherverwaltung von Windows definiert ist.

Unter **Windows 95/98** sind *System.ini* und *Win.ini* nur noch aus Kompatibilitätsgründen zu alten 16-Bit-Windows-Programmen vorhanden. Nachfolger dieser beiden Konfigurationsdateien ist die so genannte →**Registry**, deren Einstellungen von Windows 95/98 automatisch auf die *Win.ini* übertragen werden, sodass auch alte Windows-Programme Konfigurationseinstellungen von Windows 95/98 mitbekommen können.

Systemadministrator [system administrator]

Der Systemadministrator, auch **Systemverwalter**, **Supervisor** oder kurz **SysOp** (manchmal scherzhaft auch als **SysGod**) genannt, ist die Person, die für den Betrieb eines größeren Computersystems, insbesondere eines Netzwerks verantwortlich ist. Der Systemadministrator wacht über das System und betreut es, sodass ein reibungsloser Betrieb gewährleistet ist, und vergibt in einem Netzwerk Zugangsberechtigungen für die beteiligten Personen. Systemadministratoren, die speziell nur für ein Netzwerk zuständig sind, nennt man auch **Netzwerk-Administrator**.

Systemanalyse

Die auch als Problemanalyse bezeichnete Systemanalyse ist die Analyse eines komplexen Problems, das mit Hilfe der →Datenverarbeitung gelöst werden soll. Sie ist der erste logische Schritt bei der Entwicklung einer umfassenden Lösung des Problems – z. B. durch die Erstellung eines →Programms für einen →Computer.

Systembus [system bus]

Die Summe der Datenleitungen zwischen Prozessor und Arbeitsspeicher, an die bei →Pentium-Prozessoren (und kompatiblen) auch der →Second-Level-Cache (L2-Cache) angeschlossen ist, werden als Systembus bezeichnet. Die **Taktung** des Systembusses entspricht der externen Prozessor-Taktung, die über den →**Multiplier** in die interne Frequenz umgesetzt wird. Bei den meisten Mainboards ist die Taktung des →PCI-Busses auch direkt an die des Systembusses gekoppelt. Der Teiler ist normalerweise auf 2 eingestellt, was für eine Systembus-Frequenz von 66 MHz den vorgeschriebenen maximalen 33 MHz für den PCI-Bus entspricht. Bei 100 MHz System-Takt wird ein Teiler von 3 verwendet. Bei Mainboards mit asynchroner Steuerung des PCI-Busses können auch andere Teilungsfaktoren eingestellt werden, um den empfindlichen PCI-Bus nicht zu übertakten.

Die Taktung des Systembusses bestimmt v. a. bei Pentium-Prozessoren und kompatiblen (also ZIF-Sockel-7-Boards) die Geschwindigkeit des Gesamtsystems. Die lange Zeit übliche Höchsttaktung von 66 MHz wurde 1998 für die meisten Systeme auf 100 MHz raufgeschraubt. Bei →Pentium-II/III-Rechnern bringt eine Erhöhung der Systembus-Taktung aber gegenüber den Pentium-Systemen (mit ZIF-Sockel 7 und externem L2-Cache, siehe →AMD K6-2/III) jedoch wenig Geschwindigkeitssteigerung, weil der interne L2-Cache des Prozessors die Geschwindigkeit zu stark bestimmt, aber vom Systembus unabhängig getaktet wird.

Die Datenbreite der derzeitigen Systembusse für den Pentium und Pentium II beträgt übrigens 64 Bit. Dies bedingt, dass für eine Speichererweiterung mit 32-Bit-Speichermodulen (→PS/2-SIMMs) immer gleichzeitig zwei →Speicherbänke belegt werden müssen. Bei Verwendung von 64-Bit-Modulen (→DIMMs) kann man dagegen mit jeweils nur einem Speichermodul aufrüsten.

Systempasswort [system password]

Ein Systempasswort, auch **Power-on-Password** genannt, muss beim Starten des Computers eingegeben werden. Es wird normalerweise über das →BIOS (→CMOS-Setup) vergeben. Dazu sind die Befehle *Supervisor Password* bzw. *User Password* im BIOS zuständig. Über einen zusätzlichen Eintrag im *BIOS Features Setup* (ein Untermenü des BIOS), den Befehl *Security Options*, kann eingestellt werden, ob das Passwort nur für das BIOS selbst oder für den ganzen Rechner gilt. Wenn Sie die Einstellungen unter *Security Options* auf *System* stellen, wird bei jedem Booten das Passwort für das ganze System abgefragt. Es kann auch nicht mit Diskette gebootet werden. Wenn Sie die Einstellung auf *Setup* ändern, dann gilt die Passwort-Blockade nur für den Zugang zum BIOS selbst, der Rechner bootet dagegen wie normal.

> **Tipp:** Wenn das Passwort vergessen wurde, müssen Sie die Informationen im CMOS-BIOS löschen. Dazu klemmen Sie die Stromversorgung von der Mainboard-Batterie ab. Entweder findet sich dafür ein Jumper neben dem BIOS-Chip, oder Sie können die Batterie herausnehmen. Bei einem Award-BIOS sollten Sie auch mal die folgenden universellen Passwörter testen: *LKWPETER, AWARD_SW, 589589, aLLy und SWITCHES_SW*. Bei einem AMI-BIOS funktioniert evtl. das Passwort „A.M.I".

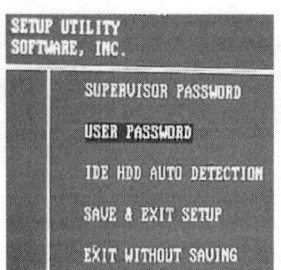

Eigentlich blockiert das Supervisor Password den Bootvorgang und den BIOS-Zugang, das User Password dagegen nur den Bootvorgang. Aber auf vielen PCs verhalten sich beide gleich, das User Password blockiert also auch das BIOS

Systemsteuerung [control panel]

Die Systemsteuerung (englisch auch control panel genannt) ist eine zentrale Funktion von Microsoft →Windows, die zur Steuerung und Konfiguration des Betriebssystems dient. Über die Systemsteuerung hat man z. B. Zugriff auf die Speicherverwaltung, die Konfiguration von Anschlussgeräten (Maus, Drucker, Tastatur) oder der Grafikkarte. Die Steuerung ist zumeist voll grafisch; die verschiedenen Bereich sind durch entsprechende Symbole gekennzeichnet und lassen sich durch Anklicken mit der Maus aufrufen. Die Systemsteuerung von Windows 3.x wurde noch über ein eigenes entsprechendes Programm (*Control.exe*) aufgerufen. Bei Windows 95/98 und NT 4.0 ist die Systemsteuerung fest in die Benutzeroberfläche (Desktop) integriert und kann z. B. über das *Start*-Menü oder den Arbeitsplatz aufgerufen werden. Obwohl sich die Benutzeroberfläche von Windows 95 und NT 4.0 übrigens

Tabelle – 799

mittlerweile fast aufs Haar gleichen, kann man an der anders aufgebauten Systemsteuerung sehr schnell erkennen, dass hier noch zwei völlig unterschiedliche Systeme arbeiten.

Szenario

Mit Szenario wird ein Kalkulationsfall bezeichnet, der bestimmte Parameter berücksichtigt und ein sinnvolles Ergebnis liefert (z. B. die Ermittlung des Mindestpreises zur Deckung der Produktionskosten). →Tabellenkalkulationen bieten die Möglichkeit, verschiedene Kalkulationen durchzuführen und die Ergebnisse als Szenarien abzuspeichern. Auf diese Weise können die unterschiedlichen Modelle ohne Neuberechnung verglichen werden.

T1/T3

Mit T1 bzw. T3 werden zwei digitale Übertragungsstandards für Telefonstandleitungen der Firma Bell Systems in den USA bezeichnet. Die Übertragungsraten betragen 1,54 MBit/s bzw. 44,768 MBit/s.

Tabelle [table]

Eine Tabelle ist eine in Zeilen und Spalten geordnete Aufreihung von Daten, wobei jedes einzelne Feld durch Angabe seiner Zeile und Spalte adressiert werden kann.

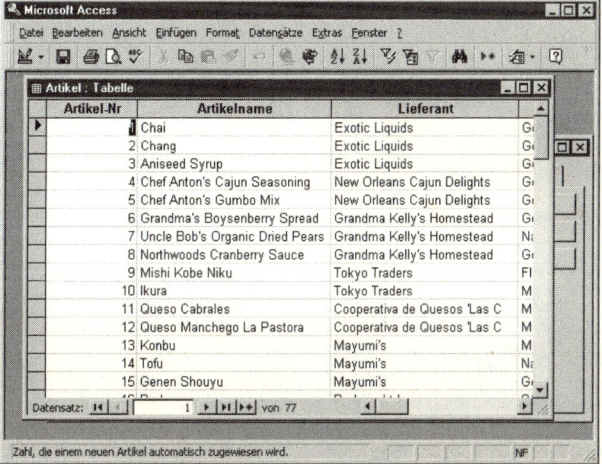

Textverarbeitungen, Tabellenkalkulationen oder wie hier Datenbanken, überall werden Tabellen zur Datenverarbeitung genutzt

Eindimensionale Tabellen bestehen aus nur einer Spalte und entsprechen damit einer Liste. Zweidimensionale Tabellen sind die klassische Darstellung, wie sie für Datenbanken und in Tabellenkalkulationen verwendet werden. Durch die Verknüpfung von Tabellen sind auch mehrdimensionale Tabellen möglich. Tabellen sind im EDV-Bereich sehr wichtig, da sie für eine Vielzahl von Problemstellungen einsetzbar und relativ einfach und intuitiv zu bearbeiten sind. Die →Tabellenkalkulation ist eine der klassischen Anwendungen auf dem PC. In einer Tabelle stehen die Datensätze einer Datenbank untereinander. Dabei entsprechen die Zeilen der Tabelle einem Datensatz, die Spalten jeweils einem Datenfeld. Im Gegensatz zu einem Formular werden also mehrere Datensätze auf einmal angezeigt.

Tabellenkalkulation [spreadsheet]

Eine Tabellenkalkulation ist ein →Programm zur Arbeit mit zwei- oder mehrdimensionalen Tabellen aus Zeilen und Spalten. In die einzelnen Felder der Tabelle können Werte in wählbaren Einheiten (spezielle Währung, Prozent etc.) eingetragen werden, die dann wiederum untereinander über Formeln verknüpft werden können. Die Ergebnisse trägt das Programm dann automatisch in ein gewünschtes Feld ein. Einzelne, zweidimensionale Tabellenblätter werden als so genannte **Arbeitsblätter [worksheets]** bezeichnet und lassen sich bei den meisten modernen Programmen wiederum in einer dritten Dimension zu ganzen **Arbeitsmappen [workbooks]** zusammenfassen. Bei der wohl bekanntesten Tabellenkalkulation →Excel erfolgt die Anwahl bzw. Verwaltung dieser Arbeitblätter in Form von Registern am unteren Bildschirmende (siehe Abbildung). Eine weitere, bekannte Tabellenkalkulationen ist →Lotus 1-2-3.

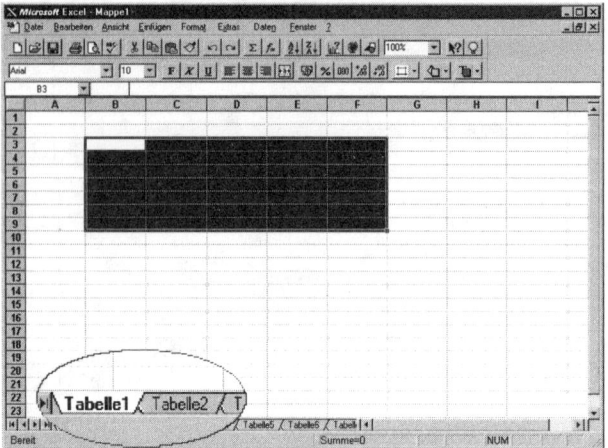

Excel verwaltet die einzelnen Tabellen in einer Arbeitsmappe über Register

Tabellenlayout [table layout]

Im Tabellenlayout werden die Datensätze innerhalb einer →Datenbank in tabellarischer Form dargestellt. Dabei bilden Datensätze die Zeilen und Felder die Spalten (siehe →Datenfeld, →Datensatz).

Tabulator [tab(ulator), tabstop]

Tabulatoren (kurz auch **Tabs** genannt) werden in der →Textverarbeitung dazu benutzt, Text an definierten Stellen untereinander anzuordnen, um z. B. eine Aufzählung ansprechend und übersichtlich zu gestalten. Text kann an einem Tabulator linksbündig, rechtsbündig oder zentriert, Zahlen am Dezimalkomma ausgerichtet werden. Die Eingabe eines Tabulatorzeichens durch die Tab-Taste (**tab key**) bewegt den Cursor auf die für die jeweilige Zeile geltende nächste Tabulatorposition. Vergleiche auch Abbildung bei →Tastatur.

TAE (Telekommunikations-Anschluss-Einheit)

Die TAE ist das von der Telekom seit 1989 benutzte Stecker- und Buchsensystem, mit dem Telefone sowie Zusatzgeräte angeschlossen werden können. Normalerweise installiert die Telekom eine TAE-Dose, die mit drei Buchsen – einer Buchse für den Anschluss eines Telefons (TAE-F) und zwei Buchsen für Zusatzgeräte (TAE-N) – ausgestattet ist. Beim Einstecken eines Steckers wird jeweils ein Schalter in der TAE-Dose geöffnet und beide Adern der Telefonleitung werden durch das jeweilige Gerät durchgeschleift. In jedem Gerät befindet sich ein Relais, das nur dann diese Schleife öffnet, wenn das betreffende Gerät aktiv wird. In diesem Fall verfügt das entsprechende Gerät – allein und unabhängig von allen anderen angeschlossenen – über beide Adern der Telefonleitung.

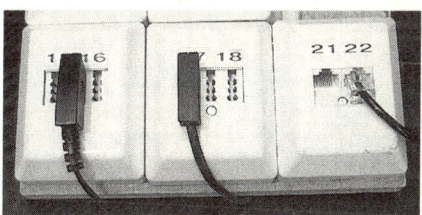

Zwei Dreifach-TAE-Dosen, links ein Modem mit TAE-N- und rechts ein Telefon mit TAE-F-Stecker angeschlossen

Tag [Etikett, Markierung]

Ein Tag ist ein Kennzeichen, das einem gespeicherten Datenelement oder einer Datei angeheftet werden kann. Ein derartiges Tag kann ähnlich einem →flag eingesetzt werden, um den Zustand des Datenelements zu kennzeichnen und schnell auszutesten. Mit Tags wird z. B. der Zustand von Bereichen in einem →Cache angezeigt: Wurde ein Datenelement verändert, aber der zugehörige Bereich im Cache-Speicher noch nicht aktualisiert, wird ein dirty tag gesetzt, um anzuzeigen, dass dieser ungültig, „schmutzig" ist. Beim Second-Level-Cache für den →Prozessor werden diese dirty tags in speziellen RAM-Bausteinen gespeichert.

Taggen [markieren]

Mit Taggen (von tag, Etikett) ist das Markieren beispielsweise von Dateien zum Anzeigen oder →Downloaden gemeint (siehe →tag).

Tag-RAM

Ein Tag-RAM ist ein besonderer SRAM-Speicherbaustein auf dem →Mainboard eines Rechners, der für das richtige Zusammenspiel von →Second-Level-Cache (L2-Cache) und Arbeitsspeicher des Computers verantwortlich ist. Im Tag-RAM werden die Informationen zur Organisation des L2-Cache bzw. Arbeitsspeichers verwaltet (vergl. auch →Dirty Tag-Bit). Seine Größe bestimmt direkt die maximal cache-bare Größe des Arbeitsspeichers. Befindet sich (wie leider noch zu häufig) lediglich ein einzelner Tag-RAM-Baustein mit 8-Bit-Busbreite auf dem Board, sind nur maximal 64 MByte Hauptspeicher cache-bar. Rüstet man seinen PC dennoch mit mehr Arbeitsspeicher aus (z. B. 128 MByte), sinkt die Performance unter Windows 95 bzw. Windows NT drastisch (um bis zu 40 %). Grund ist die Tatsache, dass Windows den Speicher immer von „oben" verwendet und daher immer zuerst den ungecachten, langsamen Teil verwendet.

Um mehr Arbeitsspeicher cachen zu können, müsste man theoretisch einen 10-Bit-Tag-RAM für 256 MByte Speicher oder einen 11-Bit-Tag-RAM für 512 MByte haben. Wenn überhaupt an ausreichend Tag-RAM gedacht wird, verwenden die meisten Hersteller zwei 8-Bit-Bausteine mit insgesamt also 16 Bit, weil 10- und 11-Bit-SDRAMs ziemlich teuer und selten sind. Auf solchen Mainboards findet man dann also zwei 8-Bit-Bausteine, von denen aber ingesamt dennoch nicht die ganzen 16 Bit, sondern nur 11 verwendet bzw. benötigt werden. Oftmals muss übrigens im →BIOS des Mainboards auch noch extra eingetragen werden, dass der cache-bare Bereich des Arbeitsspeichers über 64 MByte liegt, damit der größere Tag-RAM-Bereich überhaupt genutzt werden kann.

Ein Tag-RAM-Sockel auf einem Mainboard. Davor steckt ein →Coast-Modul zur Erweiterung des L2-Caches mit einem integrierten Tag-RAM-Chip

---

Tipp: Es kommt leider immer noch vor, dass Mainboard-Hersteller ein paar Mark am Tag-RAM-Baustein sparen und damit die cache-bare Arbeitsspeichergröße auf 64 MByte begrenzen. Manchmal kann man jedoch einen zusätzlichen 8-Bit-Baustein nachrüsten (siehe Abbildung) oder beim Aufrüsten des L2-Cache von 256 auf 512 KByte entsprechende →Coast-Module verwenden, die auch eine Tag-RAM-Erweiterung enthalten.

Tags

Tag ist die englische Bezeichnung für Fähnchen. Gemeint sind kleine Markierungszeichen, die im PC-Bereich für verschiedene Funktionen verwendet werden. Am bekanntesten dürften die Tags aus der Programmierung von →Webseiten mit der Programmiersprache →HTML sein. Als Tags werden hier die Steuerzeichen bezeichnet, die den Anfang oder das Ende eines Befehls kennzeichnen, nämlich die Zeichen <> und </>. Alle Befehlszeilen müssen bei HTML am Anfang bzw. Ende mit einem Tag markiert sein, z. B. <Body> bzw. </Body>.

Takt [clock, clockrate]

Eine Vielzahl von Abläufen in einem →Computer werden durch den →Prozessor, den →Bus usw. in elementare Operationen unterteilt, die in einem zeitlich gleichmäßigen Takt ablaufen. Dieser wird von einem oder mehreren quarzgesteuerten **Taktgebern** vorgegeben. Die Anzahl der Taktimpulse pro Sekunde wird als **Taktfrequenz** (gemessen in Megahertz, →MHz) bezeichnet. Eine zentrale Bedeutung kommt dem Takt zu, mit dem der Prozessor als zentrales Bauteil des Rechners betrieben werden kann. Die Taktfrequenz des Prozessors hat wesentlichen Einfluss auf die Abarbeitung aller Programme. Die Erhöhung der Taktfrequenz der Prozessoren gehört daher zu den Möglichkeiten, die Leistungsfähigkeit von Computern zu erhöhen.

Die Taktfrequenz ist durch eine Vielzahl von physikalischen Zusammenhängen begrenzt (elektromagnetische Wechselwirkung, Verlustleistung u. a.) und kann nur durch intensive Entwicklungsarbeiten des jeweiligen Herstellers von Generation zu Generation erhöht werden. Vor der Erhöhung der Taktfrequenz über den durch den Hersteller vorgegebenen Wert muss ausdrücklich gewarnt werden, da dies zur Zerstörung des Schaltkreises führen kann.

TAN (**TransAktionsNummer**)

TANs werden beim →Homebanking eingesetzt, um kritische Aktionen, wie z. B. Überweisungen, besonders zu schützen. Für jede Aktion muss eine TAN aus der von der Bank bereitgestellten Liste genommen werden.

Task [Aufgabe, Vorgang]

Task ist die Bezeichnung für alle unabhängigen abgeschlossenen Aufgaben, die im Computer ausgeführt werden, wie z. B. ein oder mehrere Programme oder auch unabhängige Programmfunktionen. Der Begriff →„Multitasking" bezeichnet die Fähigkeit eines Computers, insbesondere des Betriebssystems, mehrere Tasks (Aufgaben) parallel zu bearbeiten. Bei →Linux, →Windows 95/98 und →Windows NT findet das Multitasking auf der Ebene so genannter →Threads statt.

Task switching [Programmumschaltung]

Im Gegensatz zum →Multitasking arbeiten die →Tasks beim Taskswitching nicht parallel, sondern nur der im Vordergrund befindliche →Prozess wird abgearbeitet, während die anderen, sich im Hintergrund befindlichen Prozesse angehalten werden.

Task-Leiste [taskbar]

Die Task-Leiste wurde als ein wesentliches Merkmal des Desktop von Windows 95 eingeführt und wird mittlerweile auch in den meisten anderen Betriebssystemen mit ähnlicher grafischer Oberfläche verwendet (z. B. →Windows 98, →Windows 2000, aber auch die Benutzeroberflächen von →Linux wie KDE). Die nachfolgende Beschreibung betrifft v. a. die grafischen Windows-Betriebssysteme von Microsoft, trifft aber auch auf die meisten ähnlichen Oberflächen wie z. B. KDE zu. Die Task-Leiste befindet sich standardmäßig am unteren Rand des Bildschirms (was sich aber auch einstellen lässt) und hat drei verschiedene Funktionsbereiche: ganz links außen befindet sich das →Start-Menü, das zum Aufrufen von Betriebssystem-Funktionen und Programmen dient. Ganz rechts außen befindet sich der so genannte System-Tray, eine Art Statusleiste für speicherresidente Programmfunktionen und die Anzeige von Informationen wie der Uhrzeit. In der Mitte zwischen diesen beiden Funktionen werden dagegen wie in einer Art Task-Manager alle laufenden Programme durch ein eigenes, dreidimensionales Symbol dargestellt. Das Symbol des jeweils aktivierten Programms wird wie eingedrückt dargestellt. Durch Anklicken der Symbole kann man von Programm-Fenster zu Programm-Fenster springen. Die Größe der Symbole richtet sich dabei nach der Anzahl der aktiven Programme. Wird ständig mit sehr vielen Programmen gearbeitet, kann die Leiste auch durch einfaches Aufziehen des Task-Leisten-Rands mit der Maus auf zwei Zeilen verbreitert werden. Außerdem lässt sich die Task-Leiste auch in Grenzen über ihr Kontextmenü (aufrufbar mit der rechten Maustaste) konfigurieren. Viele Anwender aktivieren dort gern die Funktion *Automatisch im Hintergrund*, die bewirkt, dass die Leiste beim normalen Arbeiten nicht mehr sichtbar ist und daher die Bildschirm-Arbeitsfläche im Programm vergrößert wird. Erst wenn man mit der Maus an den Bildschirmrand fährt, an dem die Task-Leiste normalerweise liegt, wird diese automatisch wieder angezeigt.

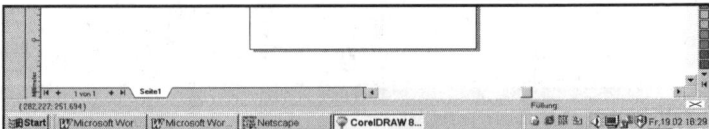

Die Task-Leiste von Windows 95/98 oder Windows NT liegt normalerweise am unteren Bildschirmrand, lässt sich aber auch an die anderen Bildschirmseiten verschieben

Tastatur [keyboard]

Die Tastatur, auch **Keyboard** genannt, ist das übliche Eingabegerät für einen →Computer. Die heutzutage am meisten verwendete Tastatur ist die so genannte **MF2-Tastatur** (Multi-Funktions-Tastatur) mit 102 Tasten und drei Kontrollleuchten, unterteilt in mehrere Funktionsbereiche. Sie ist die Nachfolgerin der ursprünglichen PC-Tastatur, die nur 83 Tasten hatte. Sie besitzt einen zentralen alphanumerischen Block mit Steuertasten ([Strg]-, [Alt]-, [Enter]-Taste etc.) und Tasten für die Buchstaben und Ziffern. Dieser Block entspricht weitgehend einer herkömmlichen Schreibmaschinentastatur; die Belegung der Buchstaben unterscheidet sich von Land zu Land. Vergleiche hierzu auch →QWERTZ-Tastatur. Weiterhin können mit Hilfe von zwölf am oberen Rand angebrachten Funktionstasten (F1-F12) spezielle Befehle in Anwendungsprogrammen aktiviert werden.

Moderne MF2-Tastaturen wie das Microsoft Natural Keyboard werden ergonomisch der Körperhaltung angepasst

Auf der rechten Seite besitzt die MF2-Tastatur einen getrennten Ziffernblock, der die schnelle Eingabe von Zahlen sowie Sonderzeichen für die Grundrechenarten (/, *, -, +) inklusive Komma und Enter-Taste ermöglicht. Der Ziffernblock wird deswegen auch **numerische Tastatur** oder **Zehnertastatur** bzw. **Zehnerblock [numeric keypad]** genannt wird. Über diesem Ziffernblock liegen normalerweise drei Kontrollleuchten, die wiederum den Zustand einiger Kontrolltasten anzeigen. Bei ergonomisch geformten Tastaturen wie dem Microsoft Natural Keyboard (siehe Abbildung) liegen die Kontrolleuchten jedoch in der Mitte der Tastatur. Wichtig ist v. a. die Kontrollleuchte **Numlock**, die den Status der Num-Taste auf dem Ziffernblatt anzeigt. Mit ihr kann man die Verwendung des Ziffernblocks umschalten. Denn bei ausgeschalteter Numlock-Funktion können die Tasten des Ziffernblocks statt zur Zahleneingabe vielmehr für die Steuerung der Eingabemarke (→Cursor) benutzt werden.

(Siehe Abbildungen auf den nächsten Seiten)

Tastenkombination [key combination/stroke, hot keys]

Als Tastenkombination wird das gleichzeitige Drücken mehrerer Tasten bezeichnet. Zum Beispiel erfordert die Tastenkombination Strg+F1, zunächst die Strg-Taste zu drücken, gedrückt zu halten und die F1-Taste zu drücken.

Tbx

Tbx ist eine Abkürzung für **Telebox**, den Mailbox-Dienst der Telekom. Jedem Nutzer wird nach Anmeldung eine Adresse seiner Box und ein persönliches Passwort zugewiesen. Geboten werden unter anderem die Bildung von Nutzergruppen und die Verbreitung öffentlicher Mitteilungen (siehe auch →BBS).

TC (Transmitter Signal Element Clock)

TC ist die Bezeichnung für eine der Taktleitungen der →seriellen Schnittstelle im synchronen Betrieb. Beim →PC ist der synchrone Betrieb nicht üblich und wird von den Standardschnittstellen nicht unterstützt.

Die deutsche Multifunktions-Tastatur bzw. Tastaturbelegung

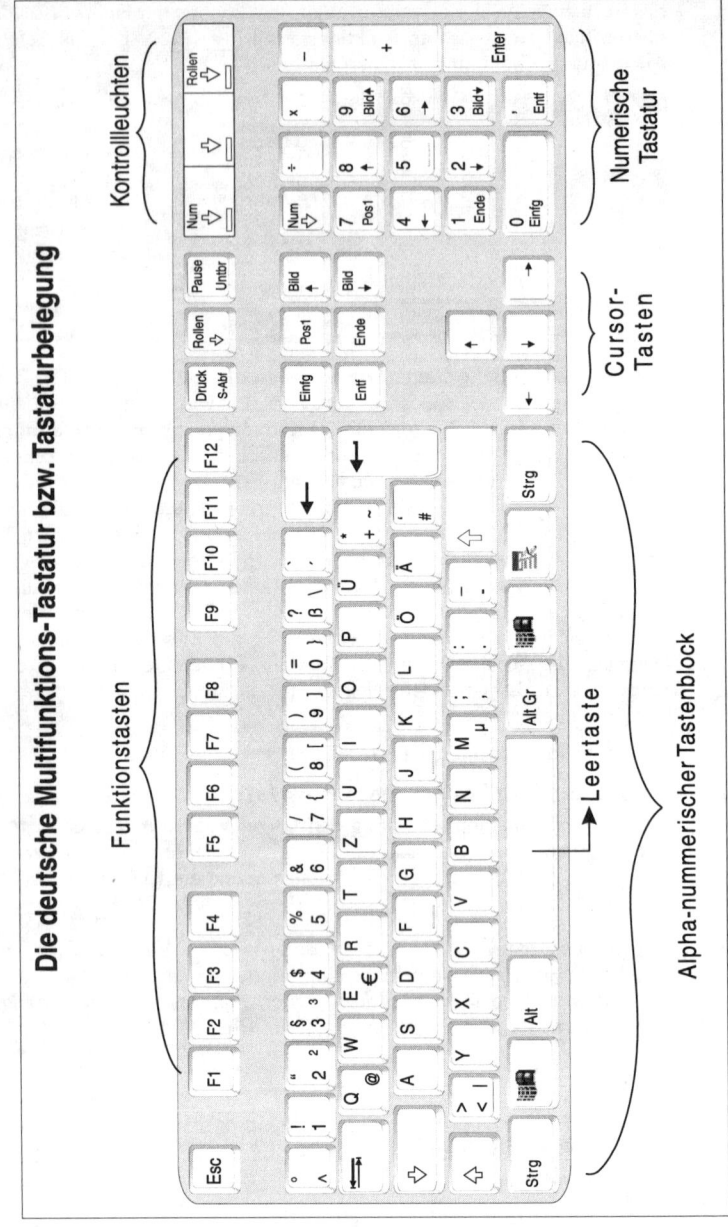

Kontrollleuchten

Numerische Tastatur

Cursor-Tasten

Funktionstasten

Alpha-nummerischer Tastenblock

Leertaste

Deutsch / Englisch

Alt (Alt) → Alt Taste, Spezialtaste zum Aufrufen von Menüs und Befehlen, ändert auch Mausklick-Wirkung

Alt Gr (Alt Gr) → Alt Gr-Taste, zur Aktivierung der dritten Tastenbelegung (z. B. Sonderzeichen wie @)

↓ / Back → Rück-Taste zum Löschen von Buchstaben, die links von der Einfügemarke stehen, siehe auch →Backspace-Taste

⇧ / Caps Lock → Caps-Lock-Taste, zum dauerhaften Aktivieren der Hochstelltaste (Großschreibfunktion)

Strg / Ctrl → Steuerungs-Taste [ctrl key], Spezialtaste zum Aufrufen von Befehlen, ändert auch Mausklick-Wirkung, siehe →Strg-Taste

⇧ / Shift → Hochstelltaste [shift key], Aktiviert die Großschreibung von Buchstaben. Deaktiviert Caps-Lock-Taste

Enter → Eingabe-Taste [enter key, return], Zur Bestätigung von Befehlen oder Schaltung eines neuen Absatzes in Textverarbeitungen. Siehe auch →Enter-Taste.

Kontextmenü → Kontextmenü-Taste (nur auf →Windows 95-Tastaturen), aktiviert wie die rechte Maustaste das →Kontextmenü von Objekten

Start-Menü → Start-Menü-Taste (nur auf →Windows 95-Tastaturen), klappt das →Start-Menü auf, aktiviert spezielle →Shortcuts

Tabulator → Tabulator-Taste [tab-key], zum Setzen von Tabulator-Zeichen oder Anspringen von Zellen in einer Tabelle

Deutsch / Englisch

Esc (Esc) → Escape-Taste [escape] key], unterbricht die Bearbeitung (siehe →Esc-Taste)

Eing / Insert → Einfügen-Taste [insert key], ändert den Schreibmodus von Überschreiben auf Einfügen und umgekehrt

Entf / Delete → Entfernen-Taste [del key], zum Löschen von Zeichen auf der Einfügemarke stehen oder rechts davon

Pos1 / Home → Position 1-Taste [home key], setzt Cursor an den Anfang der Bearbeitungszeile, →Home-Position

Ende / End → Ende-Taste [end key], setzt den Cursor an das Ende der Bearbeitungszeile

Bild ← / Page Up → Bild auf-Taste [page up key], blättert Bildschirm-Anzeige um eine Seite rauf

Bild → / Page Down → Bild ab-Taste [page down key], blättert Bildschirm-Anzeige um eine Seite runter

Druck / Print → Drucken-Taste [print key], erstellt Bildschirm-Photo (→Screen Shot)

Rollen ⇩ / Scroll → Rollen-Taste [scroll key], ändert das Bildschirm-Rollen (siehe →Scrollen und →Bildlaufleisten)

Pause / Pause → Pausen-Taste [pause key], unterbricht beim →Booten den Startvorgang, bis neue Taste gedrückt wird

Num ⇩ / Num Lock → Numlock-Taste [numlock key], schaltet bei nummerischer Tastatur von Cursor-Steuerung auf Zahleneingabe

US-amerikanische Tastaturbelegung und Tasten-Bezeichnungen

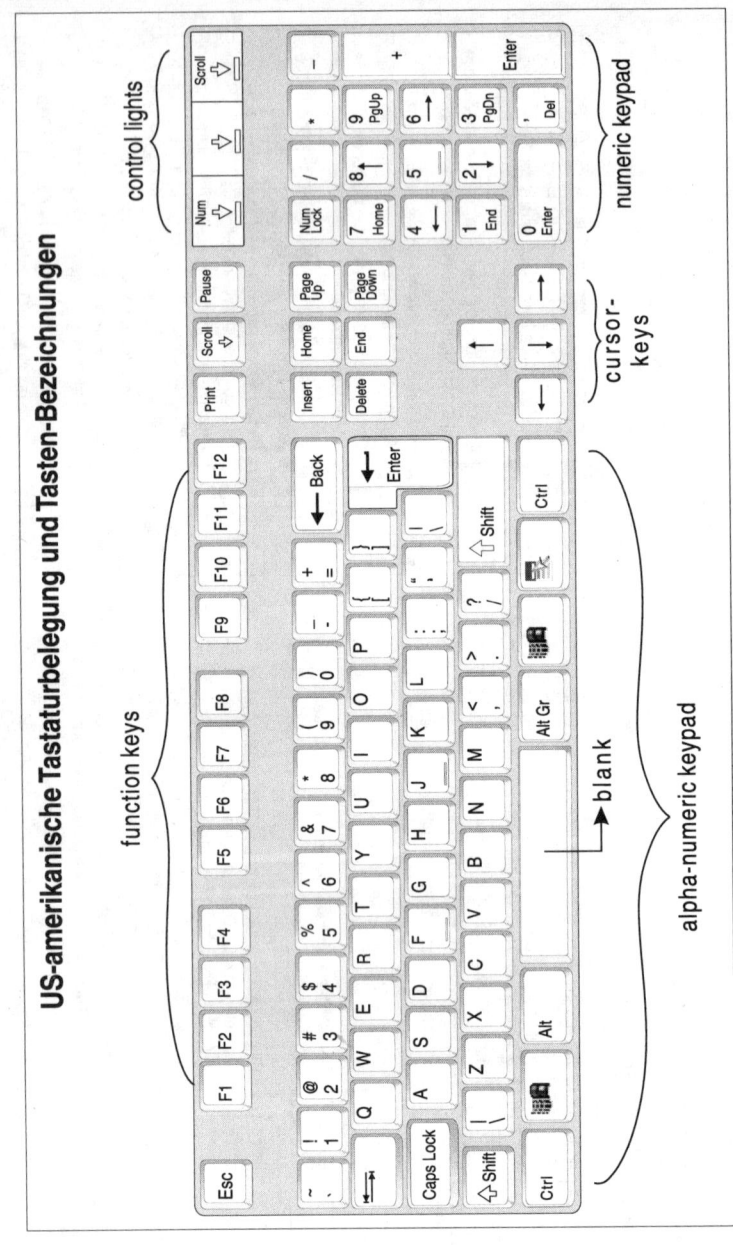

TCO-Norm (Tjänstemännens Centralorganisation)

Die TCO-Normen der schwedischen Zentralorganisation für Beamte und Angestellte (Tjänstemännens Centralorganisation) legen ähnlich wie die ebenfalls schwedischen →MPR-Normen Richtlinien für die technische Spezifikation von →Monitoren und z. T. auch Computern als Ganzes fest. Sinn der TCO-Normen ist es, entsprechend des gerade technisch möglichen menschen- und umweltfreundliche Geräte herzustellen. Mit den TCO-Normen 89, 91 und 92 (benannt nach den Jahreszahlen) wurden zuerst Empfehlungen (1989) und später dann feste Richtlinien (ab 1991) für strahlungsarme Monitore erlassen, die die bis dahin geltende schwedische MPR-Norm erweiterten und in ihrer Bedeutung sogar ablösten. Gemessen werden dabei v. a. die elektromagnetischen Felder, die ein Monitor in einem bestimmten Abstand abgibt. Zwar ist es wissenschaftlich immer noch nicht ganz geklärt, ob und wie diese Felder einen gesundheitlichen Einfluss haben können. Aber wenn es technisch möglich ist, sollte man lieber vorbeugen, als es darauf ankommen zu lassen.

Mit der TCO 92-Norm wurden außerdem erstmals Stromsparfunktionen (z. B. →DPMS) definiert. Bei TCO 95 wurden diese Grenzwerte zwar beibehalten, aber nun auch auf den ganzen Computer (v. a. Notebooks) und Tastaturen erweitert sowie Auflagen für Umweltverträglichkeit und Energieverbrauch eingeführt. Dazu gehören Forderungen über Schadstoffarmut in den verwendeten Materialien genauso wie nach einer problemlosen Entsorgung des defekten Monitors. Da die technische Entwicklung natürlich immer weiter geht, wurde im November 1998 die derzeit aktuelle TCO-Norm **TCO 99** ins Leben gerufen, die nochmals leicht verschärfte Grenzwerte, aber v. a. klarere Messverfahren definiert. So wird mit TCO 99 z. B. genauer festgelegt, bei welcher eingestellten Helligkeit und welchem Kontrast die Strahlenmessung in welchem Abstand durchgeführt werden muss.

Früher waren die Messvorschriften so unpräzise, dass die Hersteller zu viel Spielraum für „Schummeleien" hatten. Außerdem sind nun zwei Messungen, nämlich bei 30 und bei 50 cm Abstand vorgeschrieben, bei denen der Monitor jeweils die Strahlengrenzwerte einhalten muss. Weiterhin wurden die für die Messung vorgeschriebenen Bildschirmdarstellungen an realistische Arbeitsbedingungen angepasst. So wurde unter anderem die für die Messung einzustellende Bildwiederholfrequenz von 75 auf 85 Hz angehoben. Nicht so klar definiert ist aber die neue Forderung, dass Monitore in ihrer Abstrahlcharakteristik auch unempfindlich gegen äußere Störungen (z. B. durch Lautsprecher) sein müssen.

In Deutschland können Firmen ihre Geräte vom TÜV auf die Einhaltung der schwedischen Normen prüfen lassen, um so eine Plakette „Geprüfte Sicherheit TÜV Rheinland" zu erhalten und die Bezeichnung „TCO-kompatibel" tragen zu dürfen. Derartige Plaketten sind für die Hersteller recht wichtig, da Monitore nach der TCO-Norm auf dem Markt deutlich bessere Verkaufschancen haben.

Tipp: Die TCO-Norm ist ein wichtiges Entscheidungskriterium beim Kauf eines Monitors oder PCs. Jedoch sollten Sie sich darüber im Klaren sein, dass trotz Plakette keine 100%ige Garantie auf die korrekte Einhaltung bei gerade Ihrem Modell vorliegt. Schummeleien sind durchaus nicht selten. Und Serienstreuung gibt es in jeder Produktion. Sie können selbst aber auf die Abstrahlung Ihres Monitors großen Einfluss nehmen. Zum einen sollten Sie die Belastung für den Monitor möglichst gering halten. Reduzieren Sie also die Helligkeit, Kontrast und Bildwiederholfrequenz auf den untersten, für sie aber noch guten Wert. Und setzen Sie sich mit einem Mindestabstand von 50 cm vor den Bildschirm. Außerdem sollten Sie nur Geräte (z. B. Lautsprecher) neben den Monitor stellen, die abgeschirmt sind. Und auf den Monitor gehört prinzipiell gar nichts.

TCP (Transmission Control Protocol)

Das TCP (Abk. f. Übertragungs-Kontroll-Protokoll) ist ein wesentliches Protokoll der TCP/IP-Protokollfamilie. TCP ist ein auf der vierten Schicht des →OSI-Schichtenmodells angesiedeltes, verbindungsorientiertes und bestätigtes Protokoll, das als →Fullduplex-Betrieb arbeitet. Im Gegensatz zum TCP arbeitet das weitgehend analoge →UDP nicht verbindungsorientiert und erwartet keine Bestätigung der einzelnen Pakete.

TCP/IP (Transmission Control Protocol/Internet Protocol)

TCP/IP (Abk. f. Übertragungs-Kontroll-Protokoll/Internetprotokoll) bezeichnet zumeist die ganze Familie von Protokollen, die ursprünglich für das US-Verteidigungsministerium (Department of Defence – DoD) entwickelt wurden, um Computer in verschiedenen Netzwerken miteinander zu verbinden (siehe →ARPAnet). Heute wird TCP/IP in vielen LANs (siehe →Netzwerk) eingesetzt und ist Basis für das weltumspannende →Internet. Das →IP übernimmt den Transport der Daten (dritte Schicht im →OSI-Schichtenmodell), während sich das →TCP um die Zustellung kümmert (vierte Schicht des OSI-Referenzmodells). Neben diesen Protokollen existieren weitere Protokolle wie z. B. das zu TCP analoge, jedoch ungesicherte →UDP (Abk. f. user datagram protocol). Auch die Protokolle höherer Schichten werden der TCP/IP- oder DoD-Familie zugerechnet. So sind z. B. das →FTP (Abk. f. File Transfer Protocol) und das →SMTP (Abk. f. simple mail transfer protocol) für die Übertragung von Dateien bzw. für →E-Mail zuständig. →Telnet unterstützt die Terminal-Emulation und erlaubt den interaktiven Zugriff auf einen anderen Computer. FTP, SMTP und Telnet sind in der siebten Schicht des OSI-Referenzmodells anzusiedeln.

Telefon [(tele)phone]

Das Telefon ermöglicht das Empfangen und Senden von Tönen durch Umwandlung der Schallwellen in elektrische Signale und ihre anschließende Rückverwandlung in Schallwellen nach Übertragung über das Telefonnetz. Das erste funktionsfähige Telefon wurde 1861 von J. P. Reis entwickelt. Heute gibt es Bildtelefone, die durch kleine eingebaute Kameras das Bild des Gesprächspartners auf kleine eingebaute Monitore übertragen (→Bildtelefonie).

Telefontarife/-Gesellschaften [telephone provider]

Seit dem 1.1.1998 ist in Deutschland das Monopol der Telekom aufgehoben. Die Tarife und Verfahren zur Nutzung der privaten Telefongesellschaften sind jedoch nicht so leicht zu durchschauen. Bisher werden fast nur Ferngespräche vermittelt, lediglich in wenigen Großstädten werden bereits über eigene Netze Ortsgespräche angeboten.

Will man über einen der neuen privaten Anbieter telefonieren, hat man grundsätzlich zwei Möglichkeiten: →Call-by-Call oder **Call-by-Preference** (auch **Preselection** genannt). Hintergrund dieser Wahlmöglichkeit ist die Tatsache, dass für das Telefonetz jedes Anbieters inklusive der Telekom eine eigene **Vorwahl** eingeführt wurde, die so genannte **Netzkennzahl** (siehe Tabelle). Wählt man diese vor der eigentlichen Telefonnummer, erfolgt dies eben über das gewählte Netz. Diese Wahlmöglichkeit durch Verwendung der Netzkennzahl nennt man eben **Call-by-Call**. Hat man sich für einen bestimmten Anbieter fest entschieden und möchte über dessen Netz ständig ohne Verwendung der zusätzlichen Vorwahl telefonieren, muss man sich bei diesem speziell an- und bei der Telekom abmelden. In diesem Fall spricht man von **Call-by-Preference**. Durch die Anmeldung entfällt lediglich der Zwang, die Netzkennzahl zu wählen. Man kann diese aber weiter nutzen, z. B. um auch nach der Anmeldung für Call-by-Preference für bestimmte Telefonate einen anderen Anbieter nutzen zu können.

Je nach Anbieter sind die Tarifbedingungen sehr unterschiedlich. Die meisten verlangen eine **kostenlose Anmeldung**, um auch überhaupt Call-by-Call nutzen zu können. Bei Providern wie z. B. Mobilcom und Arcor ist dies nicht notwendig. Einige wenige fordern ähnlich wie die Telekom eine **monatliche Grundgebühr** bzw. einen Mindestumsatz. Übersteigt man diesen aber deutlich, sind die Gebühren hier meistens günstiger. Hintergrund der monatlichen Grundgebühr, die nur fällig wird, wenn man sich komplett auf einen Anbieter ummeldet, ist die Tatsache, dass die Telekom den Privaten für jeden dauerhaften Anschluss, dessen „Vor-Ort-Leitung" sie ja noch stellt, ebenfalls eine Grundgebühr abverlangt. Im März 1998 entschied die →Regulierungsbehörde, dass diese 20,65 DM im Monat betragen soll.

> **Tipp:** Als normaler Anwender sollte man die Call-by-Call-Option nutzen und sich vorerst nicht ummelden. Es sei denn, der Anbieter ermöglicht auch den Ortszugang zum günstigeren Tarif. Ein Anmelden für die Nutzung von Call-by-Call kann man sich zumeist auch sparen, weil bisher unter den billigsten Anbietern auch immer welche waren, die ein Telefonieren ohne Anmeldung ermöglichen. Weitere Informationen finden Sie unter →Call-by-Call.

Anbieter	Netzkennzahl für Call by Call	Anmeldung? (Stand 9. '99)
Arcor	0 10 70	nein
Debitel	0 10 18	ja
Hutchison	0 10 36	ja
Interoute	0 10 66	ja
Mobilcom	0 10 19	nein
Otelo	0 10 11	nein
Talkline	0 10 50	ja

Anbieter	Netzkennzahl für Call by Call	Anmeldung? (Stand 9. '99)
TelDaFax	0 10 30	nein
Tele2	0 10 13	ja
Telekom	0 10 33	nein
Telepassport	0 10 24	ja

Telekommunikation [tele communication]

Mit Telekommunikation werden alle Arten der elektronischen Informations-
übertragung über weite Strecken bezeichnet. Dazu gehören Telefon, →Btx
bzw. →T-Online, Videotext, →Datenfernübertragung usw. Die Möglichkeiten der Telekommunikation expandieren enorm und finden eine immer größere Verbreitung. Charakteristisches Merkmal der heutigen Entwicklung ist
es, dass die einzelnen Formen und Anwendungen der Telekommunikation
miteinander kombiniert und auch Verfahren, die bisher die Nachrichtentechnik und Unterhaltungselektronik bestimmten, einbezogen werden.

Telekommunikations-Anlage [private exchange branch]

Eine Telekommunikations-Anlage (zumeist kurz **Tk-Anlage** genannt) dient
zum gemeinsamen, geregelten Betrieb von mehreren Telekommunikations-
geräten (Telefon, Telefax, Anrufbeantworter) an einem Anschluss des öffentlichen Telefonnetzes. Während eine Tk-Analge für die meisten privaten
Haushalte überdimensioniert sein sollte, ist sie für Büros oder Firmen eine
optimale Lösung. Sie verwaltet nicht nur den Betrieb der Geräte am öffentlichen Netz, sondern erlaubt insbesondere die kostenlose Kommunikation innerhalb aller an der Anlage angeschlossenen Geräte. In einer Firma können
so alle internen Telefongespräche kostenlos abgewickelt werden.

Tk-Anlagen sind zumeist für den Anschluss am ISDN-Netz konzipiert (obwohl es auch rein analoge Tk-Anlagen gibt). Sie dienen für analoge Geräte
(Fax, Modem) als →a/b-Wandler und erlauben so deren weiteren Betrieb.
Zu beachten ist nur, dass viele ISDN-Tk-Anlagen keine sehr hohen Datenübertragungsraten (über 28,8 KBit/s, V.34) ermöglichen. Besonders optimale Lösungen sind Tk-Anlagen mit integriertem ISDN-Bus, die den gleichzeitigen Betrieb von analogen und digitalen Endgeräten (auch für internen Datenaustausch) erlauben.

Hat nicht nur Funktionen ohne Ende,
sondern sieht auch todschick aus, die
Tk-Anlage Euracom von Ackermann

Eine wichtige Besonderheit beim Betreiben von Tk-Anlagen ist die so genannte **Amtsholung**. Damit die Anlage zwischen internen und externen Gesprächen bzw. Teilnehmern unterscheiden kann, muss vor der eigentlichen Nummer eine Kennziffer eingegeben werden, die der Anlage anzeigt, wen man anrufen will. Die meisten Anlagen können entweder so programmiert werden, dass automatisch extern herausgewählt wird (**automatische Amtsholung,** keine Amtsholungsziffer notwendig) oder aber zu einem internen Teilnehmer vermittelt wird (Amtsholungsziffer ist für externe Gespräche notwendig). Ist die automatische Amtsholung deaktiviert, muss vor der eigentlichen Telefonnummer eine zusätzliche, meist definierbare Zahl (i. d. R. 0 oder 9) gewählt werden, bevor man das Freizeichen des öffentlichen Netzes erhält. Ist die automatische Amtsholung dagegen aktiviert, kann man wie gewohnt extern telefonieren. Um einen internen Teilnehmer zu erreichen, wird meistens die *-Taste am Telefon vor der eigentlichen internen Rufnummer gewählt.

Insbesondere der **Betrieb von Modems und Faxgeräten** an einer Tk-Anlage bereitet vielen Anwendern Probleme. Dabei reicht die Beachtung von zwei Parametern i. d. R. aus: die mögliche Einstellung der Amtsholungsziffer und die Ausschaltung der automatischen Freizeichenerkennung. Die Amtsholungsziffer (wie zuvor gesagt 0 oder 9) wird einfach vor die eigentliche Telefonnummer gestellt. Da zu Beginn der Wahl das Freizeichen des öffentlichen Netzes gewählt werden muss, muss dies dem Modem durch den AT-Befehl *X3* mitgeteilt werden (*X1* funktioniert auch, erkennt aber kein Besetztzeichen mehr). Um z. B. per Modem die externe Rufnummer 02 11-1 23 45 anzuwählen, lautet der **AT-Befehl**: *ATX3DT0,0211-12345.*

Teletex

Teletex (nicht zu Verwechseln mit Teletext) ist der digitale Nachfolger des Fernschreibersystems Telex. Es arbeitet mit einer Übertragungsrate von 2.400 Bit/s und ermöglicht das Vorfertigen von Dokumenten bei auch nicht aktiver Datenleitung zur Gegenstelle. Telex und Teletex sind aufgrund der Entwicklung alternativer Systeme (→Faxen, →Euro-File-Transfer, →Mailboxen, →Internet etc.) nahezu bedeutungslos geworden.

Teletext [Videotext]

Teletext ist die internationale Bezeichnung für den in Deutschland als Videotext bezeichneten Informationsdienst, der über die →Austastlücke im Fernsehsignal übertragen wird. Weitere Informationen siehe →Videotext.

Telex-Netz (**Te**leprinter **ex**change)

Das Telex-Netz (englische Abk. f. Fernschreiberaustausch) oder Fernschreibnetz ist ein in den 20er Jahren entstandenes Netz zur Übertragung von Informationen, das nicht an das gesprochene Wort gebunden ist. An das Fernschreibnetz sind alle privaten Fernschreiber angeschlossen. Das Fernschreibnetz ist – wie das Telefonnetz – ein öffentliches Wählvermittlungsnetz, das mit den entsprechenden nationalen Netzen einen weltweiten Telex-Verkehr ermöglicht.

Telnet

Telnet ist ein Programm, mit dem man sich bei einem beliebigen →Host im →Internet einwählen und dort z. B. Programme abarbeiten oder Datenbanken durchforsten kann; Voraussetzung ist eine entsprechende Berechtigung. Mit einem Telnet-Client wird der heimische Rechner praktisch ein Terminal am entfernten Host. Telnet stellt i. d. R. die Möglichkeiten bereit, die der entfernte Host zu bieten hat, etwa eine →DEC VAX unter dem Betriebssystem VMS, und das ist i. d. R. der Textmodus. Dennoch ist Telnet für eine Vielzahl von Aufgaben unverzichtbar und an interessanten Spielen kann man sich auch beteiligen.

Temporäre Dateien [temporary files]

Die meisten Computerprogramme arbeiten mit so genannten temporären Dateien (kurz auch Temp-Dateien genannt). Es handelt sich um Dateien, die nur für eine Arbeitssitzung und zumeist in einem bestimmten, konfigurierbaren Verzeichnis zum Zwischenspeichern von Daten erzeugt werden. Textverarbeitungen wie etwa →Word lagern z. B. solche Dateien regelmäßig während einer Arbeitssitzung auf der Festplatte aus. Aber auch das Betriebssystem kann Temp-Dateien erzeugen. Temporäre Dateien sind zumeist an der Endung *.tmp* zu erkennen. Der eigentliche, kurzfristig vom Programm vergebene Dateiname ist oft durch eine Nummer gekennzeichnet. Wenn man die Arbeitssitzung mit dem Programm beendet, werden normalerweise auch sämtliche *tmp*-Dateien gelöscht.

Temp-Dateien spielen für PC-Anwender mehrere Rollen. So kann es passieren, dass sie bei einem Absturz vom Programm nicht mehr ordnungsgemäß gelöscht wurden. Wiederholen sich derartige Abstürze, können sich auf der Festplatte eine große Menge von Temp-Dateien ansammeln und entsprechend Speicherkapazität verbrauchen. Außerdem bieten sie nach einem Absturz oft die einzige Möglichkeit, an verlorene Daten heranzukommen. Word speichert z. B. während der Bearbeitung von Texten zumeist eine oder mehrere Kopien als Temp-Dateien auf der Festplatte. Aus diesen kann nach einem Absturz eventuell der verloren gegangene Text rekonstruiert werden.

Die Erzeugung von Temp-Dateien ist einer der Hauptgründe, warum Rechner trotz großer Menge Arbeitsspeicher während einer Arbeitssitzung immer wieder auf die Festplatte zugreifen (und daher den PC ausbremsen). Es kann daher deutlich Performance bringen, wenn man Temp-Dateien auf einer so genannten →RAM-Disk auslagern. Unter DOS und teilweise unter Windows bestimmen übrigens die Umgebungsvariablen *Temp* und *Tmp* für viele Programme (aber bei weitem nicht alle) den Speicherort für Temp-Dateien. Sie werden mit dem *Set*-Befehl in der →*Autoexec.bat* konfiguriert (z. B. *set temp = c:\tempverz*). Bei den meisten neueren Windows-Programmen kann man das Temp-Verzeichnis in einem Dialog unabhängig von diesen Variablen einstellen.

Term [term]

Sowohl in der Mathematik als auch in einer höheren →Programmiersprache versteht man unter Termen arithmetische bzw. logische Teilausdrücke, die durch eine Operation höherer Wertigkeit (Multiplikation, Division, AND) gebildet werden. Diese Terme können durch Operation niederer Wertigkeit (Addition, Subtraktion, OR) zu Ausdrücken verknüpft werden.

Terminal [terminal]

Ein Terminal, auch Datenendstation oder **Sichtgerät** genannt, war ursprünglich ein einfaches Ein-/Ausgabegerät für den →Mainframe, das lediglich aus →Tastatur und →Drucker oder später einem →Bildschirm bestand. Schritt für Schritt wurden die Terminals mit lokaler Intelligenz ausgestattet. Bereits die ersten →PCs waren darauf eingerichtet, als Terminals eines →Großrechners zu fungieren. Dazu wurden sie mit einer Software ausgestattet, die die Funktionen eines am jeweiligen Mainframe üblichen Terminals emulierte. Bis heute haben sich die Emulationsarten TTY (für TeleTYpe, den Fernschreiber), →ANSI sowie VT 100 erhalten. Insbesondere bei der →Datenfernübertragung wird der Begriff „Terminal" für den lokalen Rechner benutzt, mit dem ein Anwender auf einen anderen Computer, den →Host oder →Server, zugreift. Heutige →Terminalprogramme müssen jedoch mehr können, als lediglich ein Terminal nachzubilden.

Terminalprogramm [terminal programm]

Ein Programm, das die Aufgaben der →Datenfernübertragung auf dem lokalen Rechner abarbeitet, nennt man Terminalprogramm. Bekannte Terminalprogramme sind z. B. Telix, Procomm Plus oder ZOC. Es handelt sich dabei um eine Software, die die Eingaben von der Tastatur des lokalen Rechners an dessen serielle Schnittstelle sendet; im Gegenzug nimmt es von der Schnittstelle Daten entgegen, interpretiert sie und stellt sie auf dem Bildschirm dar.

Telix für Windows ist ein typisches Terminalprogramm zur Einwahl in Mailboxen oder Datenaustausch zwischen zwei PCs

Hinter der →seriellen Schnittstelle befindet sich eine Übertragungsstrecke zu einem entfernten Rechner, dem →Host. Mit dem Terminalprogramm emuliert der lokale Rechner ein →Terminal des Host-Rechners. Auf dem Host-Rechner wiederum muss ein geeignetes Programm für die Abwicklung des Dialogs mit dem Terminal sorgen. Dieses DFÜ-Programm, das z. B. den Terminals eine Datenabfrage ermöglicht, läuft im Host-Modus.

Im Laufe der Entwicklung wurde in die Terminalprogramme neben der eigentlichen Emulation eines Terminals eine Vielzahl von Funktionen integriert:

- Einstellung der Parameter der seriellen Schnittstelle und des →Modems oder der ISDN-Karte
- Abarbeitung der notwendigen Initialisierungen
- Auswahl einer geeigneten Terminalemulation (siehe →Terminal)
- Auswahl des gewünschten Kommunikationspartners aus dem →Adressbuch
- Aufbau, Kontrolle und Beendigung der DFÜ-Verbindung über Modem, ISDN usw. (siehe →Auto dial)
- Abwicklung des Dialogs mit dem Betreiber (dem →SysOp) des Host oder mit weiteren Teilnehmern (siehe →chatten, →DFÜ)
- Abwicklung eines Übertragungsprotokolls für den Transfer von Dateien (siehe →Übertragungsprotokoll)
- Abwicklung und Überwachung der Übertragung von Dateien zum Host (→Upload) bzw. vom Host (→Download)

Terminator [Widerstand (elektr.)]

Bei den meisten →Bussystemen, die mit Verkabelungen arbeiten (Koaxialkabel, →SCSI, ISDN-Bus), müssen die Enden eines Bus-Kabels durch einen Widerstandstecker (Terminator) abgeschlossen werden, um Reflektionen und Interferenzen der Signale zu vermeiden. Darüber hinaus muss zumeist auf einer Seite auch ein Potentialausgleich durch Anschluss an eine elektrische Masseleitung erfolgen. Vergessene oder verloren gegangene Terminatoren sind eine häufige Fehlerursache bei Datenübertragungen. Siehe auch →SCSI-Terminierung.

Terminatoren auf einer SCSI-Karte (links herausgenommen/liegend, rechts eingesteckt)

Terratec

Die deutsche Firma Terratec, mit Sitz in Nettetal bei Düsseldorf, ist ein führender Hersteller von Soundkarten und Soundkarten-Zubehör. Die Produkte von Terratec zeichnen sich durch hohe Qualität, einen besonders guten Support und dennoch günstige Preise aus. Das vielleicht bekannteste und auffälligste Produkt der Firma ist die Soundkarte **EWS 64 XL**, die neben den üblichen Standardfunktionen auch Besonderheiten wie 3-D-Audio, digitale Ein-

und Ausgänge, ein Front-Panel zum leichteren Anschluss, vielfältige Hardwareeffekte und 6 MByte Sample-RAM bietet. Weitere Informationen über Terratec und seine Produkte findet man im Internet unter **www.terratec.de**.

Tetris

Tetris ist ein Klassiker seines Genres und zugleich eines der meistverbreiteten Computerspiele der Welt. Programmiert hat es der russische Mathematiker Alexej Pashitnov. Ziel des Spiels ist es, die herabfallenden Bausteine so zu platzieren, dass eine komplette Reihe am Boden entsteht, die dann vom Bildschirm „verschwindet". Um die Bausteine in eine entsprechende Lücke zu manövrieren, können diese im Fallen nach links und rechts verschoben sowie um die eigene Achse rotiert werden. Insgesamt enthält das Spiel fünf unterschiedlich konstruierte Arten von Bausteinen.

TeX

TeX (ausgesprochen: Tech) ist ein von Donald Knuth erstelltes →Textsatzsystem. Im Gegensatz zu einem WYSIWYG-System (siehe →WYSIWYG) muss sich der Anwender über die Formatierung der zu gestaltenden Textstücke aber reichlich Gedanken machen, denn für jede Formatierungsinformation muss er einen entsprechenden Code eingeben. LaTeX ist ein auf TeX basierendes Makropaket, das die Anwendung der recht komplizierten Formatierungssprache etwas vereinfacht. TeX hat den Vorteil, sehr genau zu formatieren und gerade bei wissenschaftlichen Texten viele Möglichkeiten für Formeln und Ähnliches zu bieten. Dafür ist es sehr aufwendig zu bedienen.

Textformatierung [text formatting/layout]

Mit Formatierung bezeichnet man die Wahl von Einstellungen, die das Aussehen einer Druckseite bestimmen (siehe auch →Textverarbeitung). Bei der Bestimmung von Schriftart, -größe und -schnitt spricht man von Zeichenformatierung. Zur entsprechenden →**Absatzformatierung** gehören beispielsweise Zeilenabstand, Links- oder Rechtsbündigkeit, Blocksatz, Einrückungen. Bei der Seitenformatierung werden Einstellungen zu Seitenrändern, Platzierung der Fußnoten, Verwendung von Kopf- und Fußzeilen und Format der Seite (hoch oder quer) getroffen. Außerdem gibt es noch einige Spezialformatierungen wie Positionsrahmen für Text- und Grafikelemente, Rahmenfunktionen, Schattierungen usw.

Textmodus [text mode]

PC-Grafikkarten (siehe →PC, →Grafikkarte) kennen zwei grundlegende Modi: den Grafik- und den Textmodus. Am Anfang der Entwicklung dominierte wegen der geringen Leistungsfähigkeit der Rechner der Textmodus – auch beim →Betriebssystem →MS-DOS mit seinem textorientierten Kommando-Interpreter →Command.com. Nur wenige Programme schalteten zur Ausgabe von detailreichen Grafiken in den Grafikmodus. Später kamen grafisch orientierte Programme und grafische Benutzeroberflächen – wie z. B. →GEM oder Windows – auf. Heute existieren fast nur noch Anwendungen im Grafikmodus sowie moderne Betriebssysteme mit grafischer Oberfläche wie →Windows 95/98.

Textretrieval

Unter dem Begriff „Textretrieval" versteht man die Suche (siehe →Suchen) nach Textpassagen innerhalb großer Datenmengen. Neben der Suche in strukturierten Datenmassiven – in Form einer Datenbank – erlauben verschiedene Systeme auch die so genannte Volltextrecherche, mit der es möglich ist, Textpassagen sehr schnell auch innerhalb unstrukturierter Datenmengen aufzufinden.

Textsatzsystem

Ein Textsatzsystem übernimmt automatisch die typographische Ausgestaltung eines Textes. Das bedeutet, dass der Anwender sich nicht mehr um die Formatierung der einzelnen Absätze, Formeln oder gar ganzer Artikel kümmern muss. Textsatzprogramme werden u. a. in der Zeitungsbranche und in der Wissenschaft benutzt. Das wichtigste Satzprogramm für wissenschaftliche Zwecke ist →TeX.

Textur [texture]

Unter einer Textur (Gewebe, Beschaffenheit, Struktur der Oberfläche) versteht man im Computerbereich die Oberflächenstruktur eines grafisch dargestellten Objekts. Texturen werden bei 3-D-Modellen auf die als Drahtgittermodell berechneten Körper gelegt, um diesen eine natürliche Oberfläche zu geben. Meistens handelt es sich bei Texturen um →Bitmap-Bilder, die sich an natürlichen Geweben, Fasern oder Stoffen wie Holz, Marmor oder Haut orientieren. Den einzelnen Bildpunkt einer Textur nennt man in Anlehnung an das Wort →Pixel auch **Texel**.

Textverarbeitung [word processor]

Ein Textverarbeitungsprogramm oder kurz Textverarbeitung ist ein spezielles Anwendungsprogramm zum Erstellen, Bearbeiten und Ausdrucken von Text-Dokumenten (vergleiche →Programm). Der Text wird dabei über die →Tastatur des →PCs eingegeben und anschließend mit Hilfe einer entsprechend gestalteten Benutzeroberfläche am Bildschirm nach den Vorstellungen des Anwenders bearbeitet. Die Ausgabe kann schließlich über einen an den PC angeschlossenen Drucker erfolgen.

Wichtiges Kennzeichen aller Textverarbeitungsprogramme sind weit reichende Möglichkeiten zur Textformatierung, wie z. B. die Verwendung von Schriftattributen (fett, kursiv etc.) oder von →Absatzformatierungen wie z. B. Blocksatz oder zentriert. Die Bearbeitung des Textes wird durch Funktionen wie →Suchen, →Suchen und Ersetzen, →Textbausteine, →Druckformatvorlagen und z. T. auch Makro-Programmierung (→Makro) erleichtert. Die Bearbeitungsfunktionen moderner Textverarbeitungsprogramme reichen mittlerweile fast an die Leistungsfähigkeiten von →DTP-Software heran. Textverarbeitungsprogramme sind die am meisten eingesetzten Anwendungsprogramme auf dem PC.

Bekannte Vertreter sind: →Word (von →Microsoft) und WordPerfect (von →Corel) in Versionen für →MS-DOS, →Windows und →Macintosh sowie Lotus Word Pro. Mit dem StarWriter (die Textverarbeitung von →Star Office) hat die Hamburger Softwareschmiede Star Division ein Programm vorgestellt, das auf nahezu allen PC-Plattformen (MS-Windows, OS/2, Macintosh und →Linux) verfügbar ist.

TFT-Displays (Thin Film Transistor)

Das TFT-Display ist eine besondere Form eines LCD-Bildschirms (siehe →LCD). Bei ihm werden die einzelnen Bildpunkte durch aufgedampfte transparente horizontale und vertikale Leiterbahnen angesteuert. Die für jeden Bildpunkt an den Kreuzungspunkten zusätzlich angeordneten Dünnfilmtransistoren schalten die elektrischen Felder zur Polarisation der anisotropen Flüssigkeit gezielt ein und aus. Mit der TFT-Technik werden Flachbildschirme für Notebooks und neuerdings auch immer mehr für normale PCs bzw. Arbeitsplatz-Rechner hergestellt. Die Qualität ist deutlich besser als z. B. bei den veralteten →DSTN-Displays (was Leuchtkraft, Farbe und Schärfe angeht).

Bei TFT-Displays hat es 1998 und 1999 einen dramatischen Preisrutsch gegeben, der sich wohl aber im Jahr 2000 so stark nicht mehr fortsetzen wird. Mittlerweile haben sich durch die stark gesunkenen Preise Stand-alone-Geräte für normale Arbeitsplatz-Rechner einen festen Platz im Markt erkämpft. Üblich sind 15-Zoll-Geräte für ca. 2.000 DM, diese entsprechen von der Darstellungsgröße (Bildfläche) fast einem herkömmlichen 17-Zoll-Monitor. Für Profis sind dagegen die 18-Zoll-Geräte interessant, die aber zumeist noch weit über 5.000 DM kosten (Stand Herbst 1999)

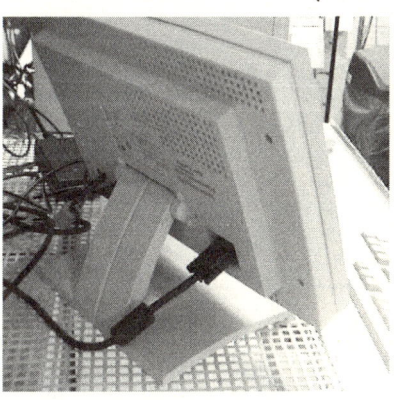

Ein angenehmer Nebeneffekt von TFT-Displays für normale Arbeitsplatz-Rechner ist ihre sehr geringe Bautiefe. Endlich wieder Platz auf dem Schreibtisch

Die TFT-Displays der neuesten Generation haben die früheren Kinderkrankheiten mittlerweile fast gänzlich abgelegt. Hauptprobleme waren früher der eng begrenzte Blickwinkel sowie geringer Kontrast und Helligkeit. Bauartbedingt strahlt ein TFT-Display auch deutlich weniger als ein Monitor, jedoch ist auch er nicht strahlungsfrei. Auch Flackern sollte normalerweise nicht vorkommen, höchstens durch eine falsche Synchronisation der Grafikkarte zum Display. Übrigens muss man die Grafikkarte normalerweise auf 60 Hz Bildwiederholfrequenz einstellen, damit das Display nicht überlastet wird. Das heißt aber nicht, dass das Bild mit 60 Hz dargestellt wird. Es ist ohnehin sinnvoll, ein TFT Display direkt digital von der Grafikkarte aus anzusteuern. Auf diese Weise wird der →RAMDAC der Grafikkarte umgangen und das

Bild direkt aus dem Grafikspeicher der Karte auf das Display übertragen. Dadurch nimmt nicht nur die Bildqualität als solches noch mal etwas zu, sondern werden v. a. leichte Unruhen im Bild durch ungenaue Synchronisation vermieden.

Bis auf den doch immer noch deutlich höheren Preis gegenüber herkömmlichen Monitoren bleiben wohl auch vorerst zwei weitere Nachteile: Erstens ist der Bildaufbau immer noch nicht so schnell, dass man damit wirklich zufriedenstellend z. B. Computerspiele mit ihren schnellen Bildfolgen darstellen könnte. Zweitens ist keine echte Farbreinheit gegeben, so bei Grafikbearbeitung und Desktop-Publishing, wo es auf exakte Farbdarstellung ankommt und noch ein herkömmlicher Monitor eingesetzt werden sollte.

Thermodrucker [thermo printer]

Der Oberbegriff „Thermodrucker" wird für alle Drucker verwendet, die über Hitzeverfahren ihre Farben aufs Papier bringen. Es gibt verschiedene Typen von Thermodruckern, die teilweise extreme Qualitätsunterschiede haben:

- **Matrixdrucker für Thermopapier**: Weit verbreitet bei billigen, herkömmlichen Faxgeräten oder Kassensystemen. Ähnlich wie bei Nadeldruckern ist ein Druckkopf mit Nadeln vorhanden, die beim Vorschieben erwärmt werden und auf einem Spezialpapier (Thermopapier) durch Erhitzung eine Verfärbung verursachen. Das Verfahren erlaubt die Produktion billiger Drucker, das Papier ist allerdings licht- und wärmeempfindlich und verblasst nach einiger Zeit.

- **Thermotransferdrucker** (thermal transfer printer): Bei Normalpapier-Faxgeräten, aber auch hochwertigen Druckern für den PC-Bereich. Aus einer hitzeempfindlichen Folie werden Farbpartikel (zumeist Wachs) durch einen Druckkopf bzw. eine Druckleiste auf zumeist normales Papier übertragen. Das Druckverfahren ist recht schnell und leise, die Kosten sind aber je nach Farbfolie oft sehr hoch. Hochwertige Thermotransferdrucker im PC-Bereich erzielen gerade bei Farbdrucken oft beachtliche Qualitäten, die nahe an Fotoqualität heranreichen. Nachteilig wirkt sich aus, dass meist pro Druckseite eine äquivalente Fläche der Druckfolie verbraucht wird, egal wie viele Informationen auf der Seite vorhanden sind.

- **Thermosublimationsdrucker** (dye sublimation printer): Stellen die derzeit hochwertigste Stufe bei Druckern dar. Im Gegensatz zu fast allen anderen Verfahren können hier echte Mischfarben ohne Rasterung (siehe →Halbton-Verfahren) erzeugt werden. Das Druckverfahren beruht auf der Sublimation, dem Übergang von der Fest- in die Gasphase. Durch schnelle, starke und punktgenaue Erhitzung eines festen Farbmaterials (zumeist auf einer Trägerfolie, ähnlich wie bei Thermotransfer) werden die Farbpartikel verdampft und schlagen sich auf der Druckseite nieder. Je nach verwendetem Papier wird die Farbe tief aufgenommen und bietet weiche, ineinander übergehende Druckverläufe. Thermosublimationsdrucker können 256 Farbnuancen für jede der vier Druckfarben (CMYK, siehe →Vierfarbdruck/-separation) und damit insgesamt echte 16,7 Millionen Farbtöne bei voller Ausnutzung der Druckauflösung erzeugen. Damit ist realistischer Fotodruck möglich. Einzig die hohen Kosten für die Farbfolien und die entsprechenden Drucker haben eine weite Verbreitung bisher behindert. Zunehmenden Erfolg haben aber kleine Thermosublimationsdrucker um 1.000 DM, die kleine, auf DIN A6 vorgeschnittene Spezialpapiere mit meist 200 x 200 dpi in Fotoqualität bedrucken. Sie sind die optimale Ergänzung für eine →digitale Kamera.

Thesaurus [thesaurus]

Der Thesaurus ist eine in vielen Programmen zur →Textverarbeitung integrierte Funktion. Mit ihr lassen sich für ein markiertes Wort Wörter mit gleicher Bedeutung aus einem **Synonymwörterbuch** heraussuchen.

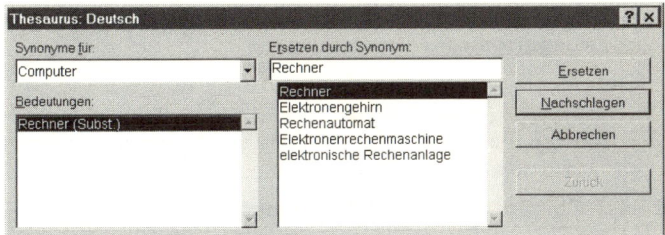

Der Thesaurus in →Word für Windows

Thread [Faden, Diskussionsfaden]

1) Programme bestehen aus mehreren Anweisungen, die der Prozessor liest und ausführt. Die sequenzielle Durchführung der Anweisungen durch den Prozessor wird →Prozess genannt. Ein Prozess besteht aus mindestens einem Thread und kann mehrere neue Threads erzeugen. Ein Thread ist demzufolge ein einzelner, in sich geschlossener, elementarer Steuerfluss innerhalb eines Prozesses. Jeder Thread besitzt seinen eigenen Zustand mit Programmzähler, Stapelspeicher usw. Das →Multitasking unter →Linux, →Windows NT und →Windows 95/98 findet auf der Ebene der Threads statt.

2) Unter einem Thread versteht man im →Internet auch einen Diskussionsfaden. Damit ist eine thematisch zusammenhängende, schriftliche Diskussion gemeint, wie sie in Newsgroups durchgeführt wird. Weitere Informationen dazu siehe →Newsgroups.

THX-Surround-Verfahren

Abk. f. **T**omlinson **H**olman e**X**periments. Tomlinson Holman ist Cheftoningenieur von Lucasfilm Ltd. und hat sowohl für die Erweiterung des analogen ProLogic- als auch des digitalen AC-3-Surround-Verfahrens spezifische Richtlinien erlassen (THX 4.0 bzw. THX 5.1). Die THX-Qualitätsregeln wurden aufgestellt, als der berühmte Film Star Wars in die Kinos kam, bei dem oft die hohen Tonqualitäten des Films wegen der unzulänglichen Wiedergabegeräte in den Kinos nicht erreicht wurden. Die THX-Vorschriften beziehen sich nicht nur auf Innenraumgestaltung und -akustik sowie die zu verwendenden Tongeräte, sondern auch auf ihre Aufstellung, Anschlüsse und Einpegeldaten. Inzwischen wurde die THX-Norm auch auf Geräte von Heimanlagen angewandt. Die akustischen Raumverhältnisse ließ man allerdings heraus. Weitere Informationen und Vergleich zu anderen Verfahren siehe →Surround-Sound-Verfahren.

TIFF (Tagged Image File Format)

Das Dateiformat Tiff (Abk. f. markiertes Bilddateiformat) ist auf dem →PC und →Macintosh für Pixelgrafiken weit verbreitet. Der TIFF-Standard wurde von →Microsoft, →Hewlett Packard und Aldus definiert und wird oft als Ausgabeformat von →Scannern verwendet. TIFF existiert mittlerweile in mehreren erweiterten Versionen. Die aktuelle TIFF-Version 5.0 erlaubt es, Bilder mit einer Farbtiefe von bis zu 24 Bit und unter Verwendung einer effizienten, verlustfreien →Datenkomprimierung abzuspeichern. Das TIFF-Format wird von fast allen gängigen Anwendungsprogrammen unterstützt, die mit Pixelgrafiken arbeiten. Nach dem TIFF-Standard abgespeicherte Grafikdateien tragen meist die →Erweiterung *tif.*

Tilde [tilde]

Das Sonderzeichen ~ wird als Tilde bezeichnet. Die Tilde wird z. B. bei mathematischen Ausdrücken für proportional sowie (ersatzweise) für ungefähr gleich benutzt.

Time Base Corrector [Zeitbasis-Korrektor]

Der Time Base Corrector (abgekürzt TBC) gleicht bei der Videowiedergabe Zeitfehler aus, die z. B. durch unterschiedliche Kopfgrößen von →Videorekordern oder Video-Camcordern entstehen. Diese machen sich durch Wegkippen des Bilds an harten Übergängen (z. B. Laternen vor weißem Himmel) bemerkbar.

Timeout [Auszeit]

Der Timeout ist ein vor allem in der →Datenübertragung oder →Datenfernübertragung verwendetes zeitliches Intervall, innerhalb dessen der Empfänger dem Sender eine Empfangsbestätigung zuschicken muss. Wird dieses vorher definierte Zeitintervall (man spricht auch von Wartezeit) überschritten, wird der Transfer als nicht erfolgreich angesehen und muss wiederholt werden. Zum Beispiel bei der Druckersteuerung arbeitet man mit derartigen vorgebbaren Timeout-Intervallen. Unter →Windows kann man diese z. B. unter dem Begriff „Fehlerwartezeit" im Abschnitt *Drucker* der Systemsteuerung einstellen.

Time-sharing [Zeitteilung]

Time-sharing ist der Name für das abwechselnde Zuteilen von Rechenzeit für verschiedene Prozesse oder verschiedene Benutzer eines →Mehrplatzsystems.

Tintenstrahldrucker [inkjet printer]

Tintenstrahldrucker sind →Drucker, die zur Darstellung von Buchstaben und Grafiken Tinte über die Düsen eines speziellen →Druckkopfes auf das Druckmedium aufbringen. Tintenstrahldrucker gehören zu den →Matrixdruckern, da sie alle Objekte mit einzelnen Punkten darstellen. Es werden zwei Verfahren unterschieden: →**Piezo-Drucker** und **Bubble-Jet-Drucker** (siehe →Bubble-Jet). Bubble-Jet-Drucker haben die größte Verbreitung gefunden, Piezo-Drucker werden derzeit nur von →Epson angeboten. Wesentliche Qualitätsunterschiede gibt es zwischen den beiden Systemen aber nicht mehr. Tintenstrahldrucker haben eine Auflösung von 300 bis 2.400 dpi und können durch die Verwendung von verschiedenfarbiger Tinte auch mehrfarbige Grafiken drucken. Zumeist wird mit den drei Grundfarben Cyan, Magenta und Gelb sowie Schwarz gedruckt. Viele Fotodrucker verwenden sogar 6-7 Farben, wodurch sich gerade bei Haut- und Pastellfarben deutlich bessere Ergebnisse bzw. Farbverläufe erzielen lassen.

Aufgrund ihrer inzwischen sehr hohen Qualität, der Möglichkeit zu mehrfarbigen Ausdrucken sowie niedriger Anschaffungskosten werden Tintenstrahldrucker immer beliebter. Nachteilig wirkt sich aus, dass die Tinte auf vielen Papiersorten zum Verlaufen neigt, oft nicht wasser- bzw. wischfest und meist v. a. auch nicht lichtbeständig ist. Außerdem sind die Verbrauchskosten im Vergleich zu Laserdruckern deutlich höher. Bekannte Tintenstrahldrucker werden von →Hewlett Packard (DeskJet-Serie), Epson (Stylus-Serie) und Canon (BJ-Serie) hergestellt und liegen zumeist im Preissegment von 400-1.000 DM.

Mit der Stylus-Serie, hier das Modell Stylus 860, setzt die Firma Epson Maßstäbe. Mit Hilfe der Piezo-Technik werden Druckqualitäten erreicht, die schon mit vier Farben Fotodruck auf etwas besserem Papier erlauben. Bei den Photomodellen mit sechs Farben ist selbst bei genauerer Betrachtung keine Rasterung mehr zu erkennen

T-Net

Die Deutsche Telekom hat Ende 1996 für den analogen Telefondienst, dessen Teilnehmer aber am modernisierten, digitalen Telefonnetz angeschlossen sind, den neuen Begriff „T-Net" geprägt. ISDN-Teilnehmer und T-Net-Kunden sind prinzipiell am selben Netz bzw. denselben →digitalen Vermittlungsstellen angeschlossen, lediglich die Endgeräte des Kunden sind entweder analog (T-Net) oder digital (ISDN). Die Wandlung der analogen zu digitalen Daten (und umgekehrt) wird bei T-Net-Kunden in der Vermittlungsstelle übernommen.

Durch die vollständige Digitalisierung des Telefonnetzes sind nun auch für herkömmliche Telefonierer mit analogen Endgeräten Leistungsmerkmale möglich, die bisher nur von ISDN bekannt waren. Derzeit sind es sieben: Anklopfen, Makeln, Rückruf, Dreierkonferenz, Anrufweiterschaltung, Verbindung ohne Wahl und Sperre bestimmter Nummern. Weitere sind geplant, z. B. automatischer Rückruf bei Besetzt oder Rufnummer-Anzeige (Rufnummer-Übermittlung von analog nach ISDN ist bereits möglich). Die Leistungsmerkmale Anklopfen, Rückfragen, Makeln sind kostenlos, müssen aber wie die anderen per Antrag von der Telekom für den einzelnen Anschluss freigeschaltet werden. Gegenüber ISDN fehlt eigentlich nur noch die höhere Datenübertragungsrate mit den entsprechenden Protokollen (z. B. →Euro-File-Transfer).

TOC (Table Of Content)

Unter einer TOC versteht man die „Inhaltstabelle" eines Datenträgers. Der Begriff wird v. a. bei →CD-ROMs für das dort enthaltene Inhaltsverzeichnis verwendet, in dem die Namen und Positionen der auf der CD abgespeicherten Dateien und Ordner gespeichert ist. Bei Festplatten und ähnlichen Medien entspricht die TOC der →FAT.

Token [Zeichenfolge, Marke]

Das Token ist ein spezielles →Datenpaket, das in einem lokalen →Netzwerk von Knoten zu Knoten gesendet wird, um so die →Kollision von gleichzeitig gesendeten Datenpaketen zu verhindern. Nur die Station, die das Token augenblicklich besitzt, darf ihre Nachrichten ins Netz schicken und gibt danach das Token an ihren Nachfolger weiter. Neben dem inzwischen genormten Token Ring-Netzwerk (siehe →Token Ring) gibt es noch weitere Verfahren wie das →ARCnet, die Token benutzen.

Token Ring

Das 1985 von →IBM als Technologie für den Aufbau lokaler →Netzwerke vorgestellte Token-Ring-Verfahren verwendet zur Kollisionserkennung ein prinzipiell anderes Verfahren als das →Ethernet (und ältere Netze der IBM). Inzwischen wurde das Verfahren unter →IEEE 802.5 standardisiert. Token Ring spezifiziert – wie →Ethernet, →ARCnet und einige andere Netzwerktechnologien – die unteren beiden Schichten des →OSI-Schichtmodells. Das Token Ring-Verfahren ist eine Methode zur Organisation des Netzzugriffs einzelner Stationen, die sicherstellt, dass nie zwei Netzwerkknoten gleichzeitig senden. Dazu wird ein bestimmtes Datenpaket, das →Token, im logischen Ring von Station zu Station geschickt. Die Station, die das Token augenblicklich besitzt, darf ihre Nachrichten ins Netz schicken und gibt danach das Token an ihren Nachfolger im Ring weiter.

Die logische und elektrische Ringstruktur des Netzwerks wird sternförmig mit einem →MAU oder auch MSAU (Abk. f. MultiStation Access Unit) genannten Gerät im Zentrum ausgeführt. Der Anschluss der Computer an die MAU erfolgt über ein Lobe-Kabel. Um größere Netzwerke zu bilden, können sie über zwei Ring-Interfaces an eine weitere MAU angeschlossen werden, wobei über ein Kabel mit zwei doppelten Leitersträngen (physisch das gleiche Kabel wie für die Lobe-Verbindung) stets ein aktiver Ring sowie ein zusätzlicher Sicherungsring geschlossen wird. Die durch die IEEE standardisierten Token-Ring-Verfahren erlauben eine Übertragungsrate von 1 oder 4 MBit/s, während die Verfahren von IBM 4 oder 16 MBit/s ermöglichen.

Hinsichtlich der →Netzwerkkabel werden durch die IEEE keine Festlegungen getroffen. IBM schreibt hingegen die verschiedenen →Twisted Pair-Kabel vor.

Toner [toner (cartridge)]

Bei einem →Laserdrucker wird auf einer fotoelektrischen →Bildtrommel durch den Laser oder die Laser-LCD-Zeile ein elektrostatisches Bild erzeugt, das die Teilchen eines Farbpulvers – den so genannten Toner – anzieht. Dieses Tonerbild wird auf das Druckmedium übertragen und durch Erhitzung aufgeschmolzen – fixiert. Als Toner wird im Allgemeinen Sprachgebrauch aber nicht nur das eigentliche Farbpulver bezeichnet, sondern auch die Tonerkassette, die bei Laserdruckern verwendet wird und den Toner enthält.

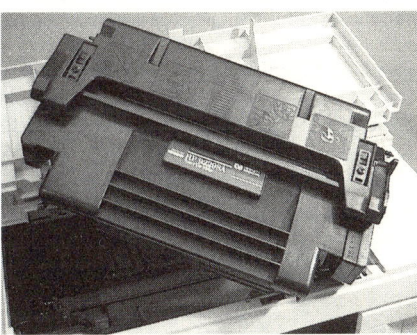

Die Tonerkassette eines Laserdruckers wird im Gehäuse-Inneren eingebaut und lässt sich leicht wechseln

T-Online

Mit T-Online stellt die Deutsche Telekom AG (bzw. das Tochterunternehmen **Online Pro**) einen dialogorientierten Informationsdienst bereit, der aus dem bisherigen →Btx entwickelt wurde. Außerdem ermöglicht T-Online den Internetzugang, fungiert also als Provider. T-Online ist mit etwas über 3 Millionen Teilnehmern (Stand Herbst 1999) unangefochten Europas größter →Online-Dienst. Zur Einwahl wurde früher →Datex-J, ein Datennetz der Telekom, verwendet, das bundesweit unter der Rufnummer 0 19 10 (altes Netz) zum Ortstarif erreichbar war. Seit der Umstellung auf T-Online 2.0 im Juli 1997 ist über die Nummer 0 19 10 11 eine direkte Einwahl auf die schnellen Internetdatenleitungen der Telekom möglich. Dabei werden alle wichtigen analogen (auch →V.90) und digitalen Telefonstandards (ISDN) unterstützt.

> **Tipp:** Man kann sich auch direkt mit dem →DFÜ-Netzwerk von Windows über T-Online in das Internet einwählen. Der T-Online-Dekoder ist für den Internetzugang also nicht notwendig. Er muss nicht mal auf der Festplatte installiert sein. Bei der Konfiguration des DFÜ-Netzwerks gehen Sie vor, wie bei jedem anderen Internetprovider auch. Das heißt, Sie verwenden als Einwahl das →PPP-Protokoll, aktivieren die Softwarekomprimierung und lassen sich eine dynamische →IP-Adresse zuweisen. Einzige Besonderheit ist der verwendete Anmeldename (Benutzername). Denn hier müssen Sie die folgende Zahlenkombination eingeben: Die zwölfstellige Benutzerkennung + ihre Telefonnummer (inklusive Vorwahl) + Rautezeichen (#)+Mitbenutzernummer (z. B. (0001). Beispiel: „0123456789012" sei Ihre Benut-

zerkennung. „0211-123456000" Ihre Telefonnummer und „0001" Ihre Mitbenut-
zernummer (0001 gilt immer, wenn Sie der einzige Nutzer Ihres Accounts sind).
Der daraus resultierende Anmeldename lautet also (ohne irgendwelche Trennun-
gen oder Klammern): 01234567890120211123456000#0001. Als Passwort für die
Anmeldung verwenden Sie Ihr übliches T-Online-Zugangs-Passwort.

Im Dezember 1996 gründete die Telekom das Tochterunternehmen Online
Pro Dienste GmbH & Co. KG mit Sitz in Darmstadt, das jetzt die Betreuung
des T-Online-Dienstes durchführt. Zum Juli 1997 wurde dann mit dem Umstieg auf die T-Online-Version 2.0 ein komplettes Update des gesamten Online-Dienstes durchgeführt. Wesentliche Neuerung ist die stark verbesserte
Geschwindigkeit, weil man sich jetzt ohne Umweg über die alten, zentralen
Rechner und Datenleitungen direkt auf die Internetdatenleitungen der Telekom einwählen kann. Das Einwahlverfahren wurde dabei auch vom langsamen CSLIP auf →PPP umgestellt. Zudem wird der bisherige einfache, aber
schnelle →CEPT-Standard nur noch im Sinne der Abwärtskompatibilität unterstützt. Neue Seiten erscheinen nur noch im grafischen →KIT-Standard. Eine Umstellung auf die Internetseitensprache →HTML, wie dies z. B. →Com-
puServe vornimmt, ist bei T-Online derzeit nicht in Sicht.

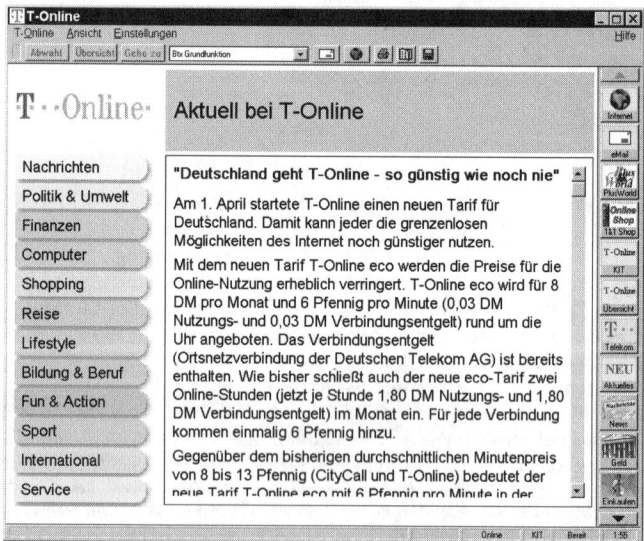

Der T-Online-Dekoder stellt dank KIT viele Dienste bzw. Angebote in ansprechender Grafik dar

Neben der Möglichkeit des InternetzZugriffs via T-Online stellt man auch eigene Angebote im Netz zur Verfügung – beispielsweise eine virtuelle Ein-
kaufsstraße unter *www.shopping.t-online.de*. Die eigene Homepage unter
www.t-online.de wurde als so genannte Portal-Site ausgebaut, sodass der
Anwender sie als zentrale →Startseite bei seinem Ausflug ins Internet verwenden kann.

Ein großer Vorteil von T-Online ist die weit reichende und sichere →Home-banking-Unterstützung. In diesem Bereich ist der Dienst nach eigenen Anga-ben weltweit marktführend. Da der Datentransfer über das eigene, geschlos-sene Datex-J-Netz abgewickelt wird, ist es bisher nicht (öffentlich) zu Miss-brauch gekommen. Da es aber mittlerweile sichere Verfahren für Homeban-king per Internet gibt, ist dies kein Privileg mehr von T-Online. Auch →AOL hat mittlerweile in Zusammenarbeit mit StarFinanz eine eigene Homeban-king-Anwendung in Betrieb, die allerdings noch nicht von so vielen Banken unterstützt wird wie das T-Online-System (wo viele Banken ihren Kunden sogar so genannte Container-Zugänge zur Verfügung stellen, d. h. kostenlo-se Zugriffe rein auf die Bank-eigenen Angebote). Mit der im März eingeführ-ten neuen Version des T-Online-Homebanking Moduls 2.0 wird nun auch →HBCI und der Euro unterstützt.

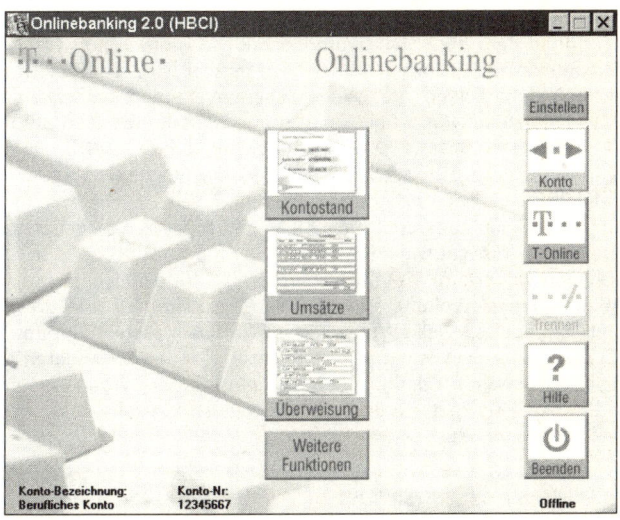

Homebanking ist die meistgenutzte Anwendung in T-Online

T-Online bietet für Internetfreunde zwei weitere Funktionen: Zum einen werden einem kostenlos 10 MByte Speicher für eine eigene →**Homepage** zur Verfügung gestellt, der auch kommerziell genutzt werden kann. Wenn man für 5 Pfennig pro Tag (das sind 1,50 DM im Monat) einen zusätzlichen Be-nutzer anmeldet, bekommt man für diesen übrigens ein weiteres Megabyte an Homepage-Speicherplatz (Web-Space). Außerdem ist die **E-Mail**-Funk-tion von T-Online schon länger voll zum gängigen Internetstandard (→**POP3**, →**SMTP**) kompatibel. Das heißt, man kann z. B. im Gegensatz zu →AOL jedes beliebige Internet-E-Mail-Programm verwenden. Allerdings muss hierzu die Einwahl ebenfalls über T-Online erfolgen, da die Authentifi-zierung für den Postfach-Zugriff über die →IP-Adresse der Verbindung und nicht – wie bei anderen POP3-Postfächern üblich – durch Benutzerkennung und Passwort erfolgt. Somit ist über andere Internetverbindungen kein Zugriff auf das T-Online-Postfach möglich. Siehe auch →E-Mail zum Verfahren und der Bezeichnung der Mailserver.

Zum 1. April 1999 führte T-Online eine erste radikale Preissenkung durch: Statt bisher 8-13 Pfennige wurden nur noch 6 Pfennige pro Minute für die Nutzung verlangt – und das inklusive der Telefon-Verbindungsgebühren. Wie bisher waren die ersten zwei Nutzungsstunden im Monat frei, jedoch wurden hier wie sonst auch 6 Pfennig pro Einwahl zusätzlich berechnet. Die 6 Pfennig Verbindungsgebühren splitteten sich in 3 Pfennig Telefonkosten und 3 Pfennig Nutzungsgebühr für T-Online auf. Damit war der T-Online-Zugang ab der zweiten Minute tagsüber erstmals preiswerter als ein normales Ortsgespräch (12,1 Pfennige pro 90 Sekunden). Im Oktober 1999 wurde dann die nächste Preisrunde eingeläutet, die eine Reaktion auf die stark gesenkten Benutzungskosten von →AOL war. Zum ersten entfällt nun die zusätzliche Einwahlgebühr von 6 Pfennig. Außerdem werden im so genannten Eco-Tarif, der dem alten Standardtarif mit 8 DM monatlicher Grundgebühr entspricht, nur noch 2 statt 3 Pfennig Nutzungsgebühr berechnet. Da die zusätzlichen Telefonkosten von 3 Pfennig aber unverändert bleiben, ergibt sich eine Gesamtgebühr von 5 Pfennig; also immer noch über den 3,9 Pfennig von AOL. Ab November 1999 können T-Online-Nutzer auf Wunsch für eine erhöhte monatliche Grundgebühr von 19,95 DM die Nutzungsgebühr ganz wegfallen lassen. Dann sind nur noch 3 Pfennig Telefongebühr zu bezahlen. Wer möchte, kann außerdem für 49 DM im Monat den so genannten Geschäftskunden-Tarif nutzen. Bei diesem wird das Angebot zum →Webpublishing erweitert. Zu 50 MByte Speicherplatz für die eigenen Internetseiten, einem Transfervolumen von 2 GByte und fünf E-Mail-Adressen bekommt man noch spezielle Webpublishing-Software gestellt. Zur Bewertung der Kosten sollte man immer die aktuellen Angebote der anderen Online-Dienste (v. a. →AOL), Telefonfirmen (siehe →Internet-by-call) und Internetprovider wie →UUnet berücksichtigen, die sich erfahrungsgemäß sehr schnell ändern können.

Auch im Ausland fasst T-Online mittlerweile stärker Fuß: So stehen über 2.500 Einwahlpunkte in 150 Ländern zur Verfügung. Über den neuen Web-Mail-Dienst kann jeder Kunde auch ohne Mail-Programm weltweit auf seine elektronische Post zugreifen, wobei eine Verschlüsselung für die Sicherung der Privatsphäre sorgt.

Tipp: Schützen Sie Ihre Zugangsdaten! Wer Ihre T-Online-Zugangsdaten mit Anschlusskennung und Passwort kennt, kann sich gegenüber dem T-Online-Zugangsrechner für Sie ausgeben und den Zugriff legitimieren. Dann kann er den Dienst (inklusive kostenpflichtiger Dienste) auf Ihre Rechnung nutzen. Daher müssen Sie Ihre Zugangsdaten stets geheimhalten und dürfen diese an niemanden weitergeben. Es wird Sie auch kein T-Online-Mitarbeiter nach Ihrem Kennwort fragen! Fallen Sie also nicht auf Datendiebe herein! Beispielsweise versuchte ein betrügerischer T-Online-Nutzer Zugangsdaten anderer Teilnehmer auszuspionieren, indem er sich als Mitarbeiter der T-Online Datenverwaltung vorstellte. Als E-Mail-Adresse nutzte er *webservice.Abteilung23@T-Online.de*. Eine solche Abteilung gibt es bei T-Online nicht. Wenn Sie also solchen oder ähnlichen Fällen begegnen: Geben Sie Ihre Daten nicht aus der Hand, sondern informieren Sie den T-Online-Kundenservice über die

> zwielichtigen Machenschaften. Auch ein Ausspionieren von Zugangsdaten über spezielle Diebstahl-Programme, so genannte „trojanische Pferde", ist schon vorgekommen. Lesen Sie dazu den Tipp unter dem Stichwort →trojanisches Pferd.

Tonwahl-Verfahren [tone dialing]

Die Tonwahl ist ein modernes Wählverfahren im Telefonnetz. Es wird auch als **Mehrfrequenzwahl-Verfahren** bezeichnet (Abk. **MFV**). Grundlage für das Wählen sind unterschiedliche Tonfrequenzen, mit denen die Ziffern kodiert werden. Die Tonwahl erlaubt einen sehr schnellen Verbindungsaufbau sowie eine große Anzahl unterschiedlicher Steuersequenzen. Neben der Wahl der Telefonnummer bieten die Codes eine Reihe von weiteren Möglichkeiten: So können z. B. Geräte in unterschiedlichster Weise mit diesen Signalen ferngesteuert werden. Die Fernabfrage eines Anrufbeantworters basiert z. B. auf diesen Signalen. Ein anderes, veraltetes Wählverfahren ist das →Impulswahl-Verfahren.

Zum fehlerfreien Ansprechen von Modems ist die Art des unterstützten Wählverfahrens an der heimischen →Tk-Anlage sowie der nächsten →Vermittlungsstelle des Telefonanbieters wichtig. Da in Deutschland mittlerweile alle Haushalte an einer neuen →digitalen Vermittlungsstelle angeschlossen sein sollten, kann jeder mit Tonwahl wählen. Für eine Impulswahl muss im Terminal-Programm der Befehl *ATDP* verwendet werden, für die Tonwahl dagegen der Befehl *ATDT*.

Tool [Werkzeug]

Tool ist auch bei vielen deutschsprachigen Programmen die übliche Bezeichnung für ein zumeist kleines **Werkzeug** oder Hilfsprogramm, das das Arbeiten am →Computer erleichtert oder z. B. auch sicherer macht. Häufig wird der Begriff für eine in sich geschlossene Funktionseinheit eines Programms verwendet, wie z. B. die Bearbeitungs- oder Maskierungsfunktionen in einer Bildbearbeitung. Häufig findet man die einzelnen Werkzeuge in einer eigenen Symbolleiste, der **Toolbar** [Werkzeugleiste] oder auch **Toolbox** [Werkzeugkiste] zusammengefasst, von wo aus sie mit der Maus leicht aufzurufen sind.

Der Begriff „Tool" wird aber auch für eigenständige (Hilfs)Programme verwendet, vor allem bei der Softwareentwicklung (vergleiche →Programmiersprache). Er steht hier für eine Sammlung von Routinen und/oder Bibliotheken, die von einem Hersteller angeboten werden. Diese können beim Erstellen eigener Programme auf der Ebene eines Quellprogramms oder auf der Ebene von Objektmodulen eingebunden werden (vergleiche →Programmiersprache).

Die Toolbox eines Grafikprogramms – wie hier von →CorelDRAW – bietet direkten Zugriff auf die wichtigsten Programmfunktionen

Toshiba

Der japanische Elektronikkonzern Toshiba ist im EDV-Bereich vor allem durch die Produktion von CD-ROM-Laufwerken und hochwertiger tragbarer Computer (→Notebook) bekannt; bei letzteren ist er seit Jahren Marktführer. Weitere Informationen und die Möglichkeit zum Firmenkontakt bietet die Internetadresse von Toshiba unter *www.toshiba.com* bzw. *www.toshiba.de*.

Tower [Turm]

Als Tower oder Tower-Gehäuse bezeichnet man ein großes und geräumiges Gehäuse für die Zentraleinheit eines PCs, das aufgrund seiner Bauweise an einen Turm erinnert. Tower werden besonders von Anwendern bevorzugt, die viele Peripheriegeräte (wie →Streamer, →CD-ROM-Laufwerk, →Soundkarte, →Videokarte etc.) in das Gehäuse einbauen möchten.

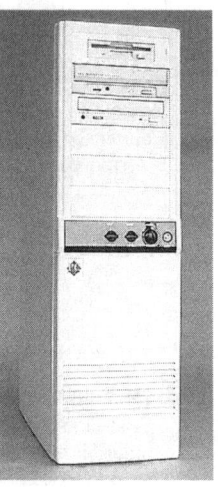

Ein PC mit Tower-Gehäuse

tpi (tracks per inch)

Tpi (Abk. f. Spuren pro Zoll) ist die Maßeinheit der Spurdichte auf einem magnetischen →Datenträger. Die Spurdichte zu erhöhen gehört zu den Zielen der Entwickler neuer Speichertechnologien.

Trace(r) [Aufspürer, Verfolger]

Ein Tracer ist eine Form eines →Debuggers, bei dem der Schwerpunkt mehr auf die Ablaufsteuerung und das Zusammenspiel der einzelnen Programmmodule (siehe →Programmiersprachen) gelegt wird.

Track-at-once [Spur-in-einem]

Track-at-once beschreibt einen bestimmten Schreibprozess beim Herstellen von selbst gebrannten CDs mit Hilfe eines CD-Writer. Dabei werden die verschiedenen Tracks (Datenbereiche) einzeln und mit einer definierten Pause geschrieben. Dies ist bei der Erstellung von Audio-CDs von Bedeutung, um z. B. zwischen den Stücken eine gleichmäßige Pause zu erzeugen. Weitere Informationen siehe →CD-Writer und →Disc-at-once.

Trackball [Spurkugel]

Der Trackball, im Deutschen auch etwas unglücklich Rollkugel genannt, ist ein Zeigegerät für den Computer, das in etwa einer umgedrehten →Maus entspricht. Beim Trackball befindet sich die Kugel, deren Bewegung den Zeiger auf dem Bildschirm steuert, auf der Oberseite des Geräts. Diese Kugel wird meist mit dem Daumen bewegt. Der Auslösung von Aktionen dienen zwei oder drei Tasten, die den üblichen Maustasten entsprechen. Diese werden mit den Fingern betätigt. Die Handhabung eines Trackballs ist meist nicht so angenehm wie die einer Maus. Bei Platzmangel ist der Trackball jedoch eine gute Alternative; er wird daher insbesondere bei Notebooks verwendet. Der Trackball ist entweder in der Tastatur des Notebooks integriert oder ein separates Gerät, das am Notebook befestigt werden kann (siehe →Ballpoint).

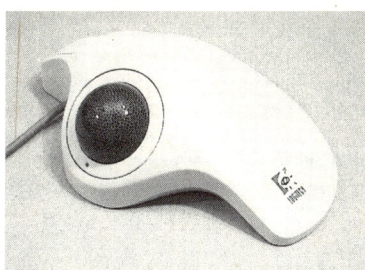

Der Trackball Marble von LogiTech verwendet ein berührungsloses, schmutzunempfindliches Abtastverfahren

Tradic (**Transistor digital computer**)

Tradic (Abk. f. digitaler Transistor-Computer) hieß der erste transistorgesteuerte Rechenautomat. Er wurde im Auftrag der US-Luftwaffe in den →Bell Laboratories entwickelt. Im Jahre 1955 konnte das Entwicklungsteam unter Leitung von J. H. Felker das erste Modell dieser neuen Computergeneration fertig stellen.

Trailer[Anhänger, Vorschau]

Unter einem Trailer versteht man allgemein den Schwanzbereich einer Datenstruktur, z. B. eines →Datenpakets, in der →CRC-Kennungen, Strukturinformationen oder andere Organisationsdaten enthalten sind.

Traktor [Zuggerät]

Vor allem bei →Nadeldruckern sorgt der Traktor für den Transport von →Endlospapier durch die Verwendung von Stachelwalzen. Man unterscheidet dabei zwischen Zug- und Schubtraktor, wovon letzter häufiger eingesetzt wird. Der Unterschied beruht auf der Bewegungsrichtung des Papiers im Verhältnis zur Druckwalze. Wird das Papier vom Traktor aktiv zur Walze hingeschoben, spricht man von einem Schubtraktor.

Transaktion [transaction]

Unter einer Transaktion versteht man einen elementaren, aber kompletten Zyklus der →Datenverarbeitung – von der Eingabe der Daten und Befehle über die unterschiedlichen Stufen der Verknüpfung bis hin zur Ausgabe. So versteht man z. B. bei der Bearbeitung einer →Datenbank unter Transaktion den gesamten Vorgang von der Befehlseingabe bis hin zum ausgabefähigen Ergebnis. Eine Transaktion könnte z. B. darin bestehen, einen oder mehrere bestimmte →Datensätze zu suchen, zu lesen, mit anderen Daten zu verknüpfen und wieder in der Datenbankdatei zu speichern. Vielfältige Methoden zielen darauf ab, Datensätze erst dann wieder freizugeben, wenn eine darauf wirkende Transaktion erfolgreich und vollständig abgearbeitet ist. Werden Transaktionen durch einen Ausfall des Rechners unterbrochen, müssen diese beim Wiederanlauf im Interesse der →Datenintegrität korrekt zum Abschluss gebracht oder vollständig annuliert werden.

Transistor [transistor]

Der Transistor ist ein elektronischer Halbleiter-Baustein, der als Verstärker und Schalter verwendet werden kann. Er löste die früher verwendeten Elektronenröhren ab und stellt in der Mikroelektronik das Basiselement der integrierten Schaltkreise dar (siehe →IC). Transistoren sind sehr robust, schnell und lassen sich mit kleinsten Spannungen oder Strömen ansteuern. Dabei unterscheidet man zwei grundsätzliche Typen: Während der unipolare Transistor durch eine Steuerspannung beeinflusst wird, wird beim bipolaren Transistor ein Steuerstrom benötigt. Erst durch die Möglichkeit, Transistoren auf Halbleitern (z. B. dotiertem Silizium) extrem zu miniaturisieren, wurde die Entwicklung moderner Prozessoren mit einigen Millionen Transistorfunktionen möglich.

Transparent [transparent]

Der Begriff „transparent" (durchscheinend, durchsichtig, nicht erkennbar) wird in vielen Bereichen als erklärender Begriff für Objekte oder Funktionen verwendet.

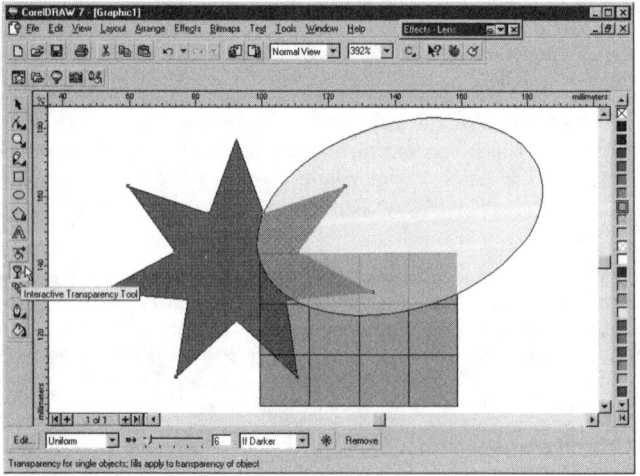

Alle modernen Grafikprogramme wie hier →CorelDRAW beherrschen Transparenz-Funktionen

1) Grafische Elemente auf dem Bildschirm sind im wörtlichen Sinne transparent, wenn der Hintergrund mit allen anderen Elementen durchscheint. So werden z. B. Symbole von Objekten auf dem Desktop von Windows 95 transparent, wenn man sie mit der Maus verschiebt (was durch eine wechselweise Überlagerung der Pixel realisiert wird). In gleicher Weise kann man bei Grafikprogrammen transparente Bildelemente definieren.

2) Von transparenten Funktionen in einem Anwendungsprogramm oder im →Betriebssystem spricht man, wenn diese für den Anwender unmittelbar erfaßbar sind. So sind z. B. in einem modernen Textverarbeitungsprogramm die Import- und Export-Funktionen zumeist vollkommen transparent, wenn man einen für ein anderes Programm formatierten Text ohne weiteres in das Programm einladen bzw. speichern kann, als läge es im eigenen Format vor oder sollte im eigenen Format gespeichert werden.

Transportschicht [transport layer]

Aufgabe der vierten Schicht des →OSI-Schichtenmodells, der Transportschicht, ist die fehlerfreie Übertragung der einzelnen →Datenpakete in der richtigen Reihenfolge, ohne Verluste und ohne Dubletten. Hierbei erfolgt gegebenenfalls das Zusammenfügen kleiner Pakete zu großen oder das Aufsplitten großer Pakete in kleinere – sowie die entsprechende Umkehrung auf der Empfängerseite.

Trennhilfe [syllabification]

In vielen Programmen zur →Textverarbeitung ist eine Trennhilfe (Silbentrennungsfunktion) verfügbar. Im Allgemeinen kann man zwischen einer automatischen Silbentrennung (ohne Eingriffsmöglichkeiten des Anwenders) und einer halbautomatischen Silbentrennung (bei der jeder Trennungsvorschlag vom Benutzer bestätigt werden muss) wählen.

Trennzeichen [separator signs]

Trennzeichen werden bei unterschiedlich langen →Datensätzen benutzt, um das Ende des vorherigen und den Anfang des nachfolgenden Datensatzes zu kennzeichnen.

Trickle server

Trickle server ist die Bezeichnung für Computer im →Internet, die →PD-Software anbieten.

Trimmen [crop]

Trimmen bezeichnet die Möglichkeit, einen bestimmten Bereich innerhalb eines Bilds herauszuschneiden. Dabei werden alle Bereiche, die sich außerhalb des Trimmbereichs befinden, gelöscht.

Trojanisches Pferd [trojanic horse]

Als trojanisches Pferd bezeichnet man ein Programm, das vorgibt, eine mehr oder weniger nützliche Aufgabe zu erfüllen, im Hintergrund jedoch andere, vom Benutzer nicht gewollte Aktionen vollzieht. Dies kann zum Beispiel das Ausspähen von Zugangsberechtigungen oder Daten sowie das Einleiten von direkten Schadensroutinen – wie das Formatieren der →Festplatte – sein (siehe →Computervirus).

Verkürzt werden trojanische Pferde auch „Trojaner" genannt, obgleich diese Bezeichnung nicht ganz korrekt ist: Schließlich entstammt der Name der Sage von der Schlacht um Troja, als die Griechen über ein Versteck in einem hölzernen Pferd in die Stadt einfallen konnten. Das „Pferd" ist beim Computer nun das Programm, das einen Nutzen vorgaukelt. Der „Trojaner" wäre hingegen, der Anwender, der sich dieses „Pferd" in sein System (die „Stadt") holt. Die im Programm verborgenen schädlichen Routinen wären dann die im Pferd versteckten Griechen.

Ein besonderes Einsatzgebiet für trojanische Pferde ist das Ausspionieren von Zugangsdaten für Online-Dienste: So konnten zwei deutsche Schüler die geheimen Passwörter von T-Online-Nutzern ausspionieren, indem Sie ein Softwarepaket namens T-Online Power Tools herausgaben. Dieses erledigte neben dem vordergründigen Nutzen (der Anwender konnte damit verschiedene Dekoder-Einstellungen selbst abändern) noch eine geheime Zusatzaufgabe – die Weiterleitung sämtlicher Zugangsdaten des jeweiligen Anwenders per E-Mail an die Programmierer.

Im Juli 1998 erschien ein weiteres trojanisches Pferd aus anderer Quelle. Dieses verkleidet sich als Programm zum Versand anonymer Massen-E-Mails. Zugleich verschickt es aber die Nutzerdaten aus der T-Online- und AOL-Software (sofern jeweils vorhanden) an die E-Mail-Adresse seines Entwicklers. Noch problematischer ist ein später erschienenes Update dieses Programms (als Version 1.06 gekennzeichnet): Es liest nicht nur die in der Zugangssoftware der Online-Dienste gespeicherten Nutzerdaten und Passwörter aus, sondern klinkt sich resident in den Hintergrund des Systems ein und kann so auch per Tastatur eingegebene Passwörter abfangen.

Durch die Vorgehensweise dieses Programms, die Tastatureingaben in den Passwort-Eingabefeldern der T-Online- und AOL-Zugangssoftware abzufangen, stellt auch der Verzicht auf das Abspeichern der Passwörter keinen wirksamen Schutz mehr dar. Es kommt umso mehr darauf an, dass Sie nur Programme aus vertrauenswürdigen Quellen einsetzen – denn jedes auf Ihrem Rechner laufende Programm kann dort Daten ausspähen oder sogar manipulieren.

Einen Schutz – zumindest vor bekannten trojanischen Pferden – bietet Ihnen gute Anti-Virus-Software: Diese überprüft auch, ob sich anderweitig als schädlich identifizierte Software auf Ihrem System befindet. Die Passwort stehlenden trojanischen Pferde werden beispielsweise von Find Virus aus dem Hause Dr. Solomon erkannt. Die T-Online Power Tools identifiziert es in vier Varianten als TPStrojan.a bis TPStrojan.d und den Massen-Mailer in seinen beiden Varianten als ASPTrojanT.a und ASPTrojanT.b. Die ältere wird ab Version 7.84 des FindVirus erkannt, um auch die neuere aufzuspüren, brauchen Sie Version 7.88 oder höher. Eine kostenlose Testversion dieses Programms erhalten Sie unter _www.drsolomon.de_.

Trommelscanner

Trommelscanner werden aufgrund der hohen Qualität der Scannergebnisse vor allem im Bereich der professionellen Bildbearbeitung eingesetzt. Die Vorlage wird zum Scannen in eine Trommel eingelegt und rotiert dort mit hoher Geschwindigkeit. Trommelscanner erreichen →Auflösungen von mehr als 1.000 dpi.

Troubleshooting [Fehlersuche]

Mit Troubleshooting ist die Suche und Behebung von Fehlern gemeint, unabhängig davon, ob es sich um Software- oder Hardwarefehler handelt. So kann z. B. eine →Datenbank nicht korrekt arbeiten, wenn mehrere Benutzer auf sie zugreifen und das →Netzwerk wegen Überlastung zusammenbricht. Troubleshooting kann dann das Abschalten aller nicht benötigten, aber im Hintergrund laufenden Programme sein.

TrueColor [Echtfarben]

TrueColor ist der gängige Begriff für eine →Farbtiefe von 24 Bit (16,7 Millionen Farben), die der menschlichen Farbwahrnehmung weitgehend entspricht. Mit TrueColor dargestellte oder ausgedruckte Bilder wirken auf den Betrachter daher in ihrer Farbdarstellung wirklichkeitsgetreu. Während die Bilderfassung (durch einen →Scanner) und Abspeicherung von TrueColor-Bildern mittlerweile Standard ist, sind die Bildschirmdarstellung und Bildbearbeitung rechenintensiv und entsprechende Systeme immer etwas teurer.

Grafikkarten, die bei einer Auflösung von 1.024 x 768 Punkten eine schnelle 24-Bit-Darstellung bei ergonomischen Bildwiederholfrequenzen ermöglichen, benötigen einen schnellen Grafikprozessor und wenigstens 3-4 MByte Videospeicher. Dies ist aber mittlerweile ein üblicher Mindeststandard bei aktuellen Grafikkarten. Eine wirklich echte TrueColor-**Druck-Ausgabe** wird dagegen immer noch nur von den wenigsten Farbdruckern beherrscht, wie z. B. den teuren Thermosublimationsdruckern. Farb-Tintenstrahl- und Farblaserdrucker führen zwar meist die Bezeichnung TrueColor-fähig im Werbeslogan mit sich, für die Erzeugung der entsprechenden Farbvielfalt ist allerdings eine →Rasterung aus den zumeist verwendeten 3-6 Grundfarben notwendig. Die Ergebnisse sind zwar recht ansprechend, erreichen aber dennoch nicht wirklich Fotocharakter oder die Qualität von Druckmaschinen.

Veraltete Grafikkarten mit 2 MByte Speicher und 135 MHz →RAMDAC stellen TrueColor nur bei unteren Auflösungen (bis 800 x 600) und geringen Bildwiederholfrequenzen dar. Alternativ sollte man dann hier eine mittlere Farbtiefe (siehe →HighColor) eingesetzt, die schon relativ gute Darstellungen zulässt. Eine →Bildbearbeitung von TrueColor-Bildern in **HighColor**-Darstellung ist solange unproblematisch, wie keine Bearbeitungen an der Farbpalette der Datei notwendig sind. Für Beschneidungen, Schärfung, Kontrast und ähnliche Bearbeitungen ist auch die HighColor-Darstellung durchaus ausreichend.

TrueColor-Grafikkarte

Eine TrueColor-Grafikkarte besitzt die entsprechenden Grafikmodi, um Grafiken in Echtfarbdarstellung darzustellen, d. h. mit einer Farbtiefe von 16,7 Mio. Farben (24 Bit). Weitere Informationen siehe →TrueColor.

TrueType [Echtschrift]

TrueType ist ein von →Microsoft und →Apple definiertes Verfahren für skalierbare **Vektorschriften**. Im Gegensatz zu den früher benutzten Bitmap-Schriften, die in ihrer Form und Größe durch eine definierte Anzahl von Punkten festgelegt sind, werden bei TrueType-Schriften die Konturen (Hülllinien) durch Vektoren beschrieben. Wichtigstes Merkmal von TrueType-Schriften ist, dass sich ihre Größe ohne Qualitätsverlust verändern lässt; es entsteht nicht der von den Bitmap-Schriften bekannte Treppeneffekt bei der Darstellung von Buchstaben. Die Verwendung von TrueType unter →Windows kann in der Systemsteuerung an- bzw. abgemeldet werden. Entsprechende Schriften werden mittlerweile in großem Umfang bei niedrigen Preisen auf dem Markt angeboten. Da TrueType-Schriften aber nicht immer professionellen Anforderungen standhalten, werden auf dem PC auch vergleichbare, z. T. höherwertige Verfahren eingesetzt. Typisches Beispiel ist der **Adobe Type Manager**, der skalierbare **PostScript-Schriften** für die Bildschirmdarstellung und Druckausgabe einsetzt (siehe →PostScript).

Zur Betrachtung und Verwaltung von TrueType-Fonts gibt es zahlreiche Hilfsprogramme auf dem Markt, zumeist als →Shareware

TSR-Programm (terminate-and-stay-resident)

TSR-Programme sind Programme, die einen speziellen abschließenden Befehl enthalten. Durch diesen Befehl wird das →Betriebssystem →MS-DOS angewiesen, das Programm zu beenden, aber bestimmte vorgegebene Bereiche des allokierten (zugewiesenen) Speichers nicht freizugeben. Dadurch verbleibt ein Teil des Programms im →Arbeitsspeicher und kann durch andere Programme benutzt werden. Für diesen Zustand wird häufig auch der englische Ausdruck **memory resident** verwendet. Dazu „verbiegt" das TSR-Programm einen oder mehrere Interrupts (siehe →Interrupt) auf eigene Routinen.

Mit TSR-Programmen kann – wie mit einem →Treiber – das Systemverhalten des →PCs grundlegend modifiziert werden. So kann man z. B. die Funktionen eines Maustreibers oder eines Software-Caches sowohl mit einem Treiber wie auch als TSR-Programm realisieren. Typisch für eine bestimmte Klasse von TSR-Programmen – z. B. einem Programm zum Ausdruck des Bildschirminhalts – ist der Aufruf der Funktionen mit vorgegebenen Tastenkombinationen.

TTL (Transistor Transistor Logic)

Die TTL war eine Standardtechnik zum Aufbau digitaler integrierter Schaltkreise (siehe →IC) geringen Integrationsgrads, bei der einige wenige Funktionsblöcke auf Basis der Grundelemente NOR- und NAND-Gatter mit Bipolar-Transistoren realisiert wurden. TTL-Schaltkreise arbeiteten mit einem Pegel von 5 V. Ein TTL-Monitor war ein monochromer →Bildschirm, der einen Digitaleingang mit einem Pegel von 5 V besaß.

Tuning [Abstimmung, Leistungsverstärkung]

Unter Tuning versteht man primär das Abstimmen aller Komponenten der →Hardware und →Software eines Computers aufeinander durch Optimierung der →Konfiguration. Allgemein wird der Begriff aber für alle Maßnahmen verwendet, die zur Erhöhung der Geschwindigkeit bzw. Effizienz am PC führen. Tuning-Maßnahmen sind z. B. die Optimierung von →BIOS-Einstellungen für den Arbeitsspeicher, Heraufsetzung der Prozessor-Taktfrequenz oder Veränderungen der Cache-Einstellungen für die Festplatte.

Turbo-Taste

Die Turbo-Taste gab es bis zu den →PCs der 486er Klasse eigentlich nur aus Gründen der Abwärtskompatibilität, denn ein Druck auf diese Taste machte den Rechner nicht etwa turboschnell, sondern setzt seine Arbeitsgeschwindigkeit durch die Reduzierung der Taktfrequenz herab (→Takt). Diese Geschwindigkeitsreduzierung wurde für manche Programme benötigt, die für Computer erstellt worden waren, deren Geschwindigkeit deutlich geringer war. Auf den neueren PCs bzw. PC-Gehäusen ist die Turbo-Taste mittlerweile aber kaum noch zu finden, da sich die Benutzung derselben zumeist erübrigt bzw. die modernen Prozessoren und Mainboards eine entsprechende Umschaltung nicht unterstützen.

TWAIN (Toolkit without an important name)

TWAIN (Abk. f. Werkzeugsatz ohne einen wichtigen Namen) bezeichnet einen Treiberstandard, der es ermöglicht, →Scanner verschiedener Hersteller aus unterschiedlichen Programmen direkt anzusprechen.

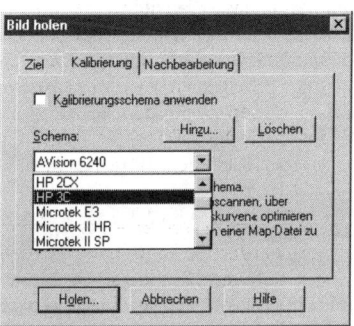

Auch mehrere TWAIN-Treiber können installiert sein, man wählt einfach jeweils den gewünschten aus einem Dialogfenster aus

Twisted Pair-Kabel [paarweise verdrehtes Kabel]

Das als →Netzwerkkabel zum Einsatz kommende Twisted Pair-Kabel besteht aus jeweils zwei isolierten Kupferdrähten, die zur Verminderung elektrischer Induktion und somit von Interferenzen miteinander verdrillt sind. Oft sind mehrere Doppelstränge in einem gemeinsamen Kabelmantel vereinigt. Man unterscheidet das einfache, ungeschirmte **UTP-** (Abk. f. Unshielded Twisted Pair) und das abgeschirmte **STP-** (Abk. f. Shielded Twisted Pair) Kabel, bei dem jeder verdrillte Doppelleiter eine zusätzliche metallische Abschirmung besitzt. Als **S-UTP** bezeichnet man hingegen ein Kabel, bei dem die enthaltenen verdrillten Doppelleiter gemeinsam abgeschirmt sind. Das UTP-Kabel ist bereits seit langem in den USA populär, da es dort auch als Telefonkabel Verwendung findet (unser Telefonkabel, der Sternvierer, eignet sich kaum als Netzwerkkabel). Dieser Kabel-Typ wird allgemein auch als **10BaseT** bezeichnet, siehe hierzu auch →Westernstecker. Insbesondere das STP-Kabel wird in Zukunft auch das bei uns im LAN noch vorherrschende →Koaxialkabel (auch **10Base2** genannt) weitgehend zurückdrängen (vergleiche →Netzwerk).

TXD (Transmit Data)

TXD (Abk. f. übertrage Daten) ist die Bezeichnung einer der Datenleitungen der →seriellen Schnittstelle.

Txt

Die Dateierweiterung (siehe →Erweiterung) für einfache ASCII-Textdateien lautet zumeist *txt*.

Typenraddrucker [daisywheel printer]

Ein Typenraddrucker gehört zur Klasse der Typendrucker, bei denen für jedes zu druckende Zeichen eine Type vorhanden sein muss, die über ein Farbband einen entsprechenden Druck auf dem Medium erzeugt. Bei Typenraddruckern befinden sich die Typen am Umfang einer geschlitzten kreisförmigen Scheibe, die vor dem Druckmedium rotiert und von Zeichenposition zu Zeichenposition bewegt wird. Durch ein kleines Hämmerchen wird genau im richtigen Moment die federnde Zunge mit dem jeweils zu druckenden Zeichen angeschlagen. Typenraddrucker spielten vor der massenhaften Einführung der →Laserdrucker als so genannte Schönschreibdrucker eine gewisse Rolle im PC-Bereich. Heute findet man das Druckprinzip nur noch bei den Typenrad-Schreibmaschinen, von denen die Typenraddrucker abgeleitet waren.

Typographie

Die Typographie ist die ästhetische Gestaltung eines Druckwerks. Dazu gehört die Wahl der →Fonts, die Anordnung des Satzes, die Bilderwahl- und Gestaltung usw. (siehe auch →Layout). Man unterscheidet →Mikrotypographie und →Makrotypographie.

U.S. Robotics

Der amerikanische Konzern U.S. Robotics ist der weltweit führende Hersteller von Modems. Er wurde 1997 von **3COM**, dem ebenfalls weltweit führenden Hersteller von Netzwerk-Produkten, aufgekauft, seine Produkte firmieren aber vorerst noch unter dem alten Namen. Insbesondere die bekannten Modem-Modelle von U.S. Robotics, das Sportster und Courier, sind auch auf dem deutschen Markt erfolgreich und werden von den meisten DFÜ-Programmen bzw. Betriebssystemen direkt unterstützt. U.S. Robotics kam Ende 1996 in die Schlagzeilen durch die Entwicklung eines neuen Modemstandards (X2-Standard, →**V.90**-Standard), der es ermöglicht, Daten unidirektional auf analogen Telefonleitungen mit 56 KBit/s von einem →Online-Dienst oder →Internetprovider zu empfangen. Da der Modem-Chip-Hersteller Rockwell gleichzeitig ein vergleichbares Verfahren entwickelte (K56plus-Standard, siehe auch →V.90-Standard) und sich beide Firmen nicht direkt auf ein gemeinsames Protokoll einigen konnten, existierten bis Anfang 1998 beide Standards parallel, konnten sich aber nicht durchsetzen. Im Februar 1998 wurde der neue vereinheitlichte Standard →V.90 (auch V.PCM genannt) verabschiedet.

Neben seinen Modems ist U.S. Robotics auch mit der Entwicklung des **PalmPilots** sehr erfolgreich. Dabei handelt es sich um einen →Handheld-PC mit reiner Stiftesteuerung, der einen herkömmlichen Terminkalender, Adressbuch und Notizblock ersetzen kann. Im Internet sind Informationen über U.S. Robotics-Modems unter *www.3com.de* bzw. *www.3com.de/produkte/desktopmodems/modems_analog.shtml* erhältlich.

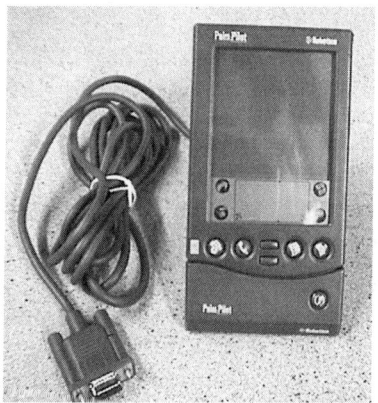

Der PalmPilot von U.S.-Robotics ist weltweit der erfolgreichste Taschencomputer seiner Art

> **Tipp:** Seit Ende 1999 sind zumindest auf dem US-Markt die ersten PalmPilot-Clones von der Firma Handspring zu kaufen. Es ist zu erwarten, dass sie relativ schnell auch auf dem europäischen Markt erhältlich sind. Die Firma wurde von den Gründern des PalmPilot selbst ins Leben gerufen und verwendet das original-lizenzierte Betriebssystem, sodass alle Programme voll kompatibel sind. Die verschiedenen Modelle zeichnen sich gegenüber dem Original durch interessante Erweiterungen in der Soft- und Hardware aus. So gibt es ein eingebautes Mikrofon und einige Modelle haben einen Steckplatz für Hardwareerweiterungen wie Speicherkarten oder Modems. Die Synchronisation mit dem PC verläuft über →USB.

UART (Universal Asynchronous Receiver Transmitter)

Der UART-Baustein (Abk. f. universeller asynchroner Empänger-Überträger) ist der wesentliche Bestandteil (siehe auch →SIO) einer asynchronen →seriellen Schnittstelle. Im →PC werkeln UART-Schaltkreise des Typs NS 8250, 16450 oder 16550 bzw. dessen Nachfolger 16650 und 16750. Sollte in Ihrem PC noch ein 8250 oder 16450 sein, sollten Sie bei Ihrem Händler oder Mainboard-Hersteller nachfragen, ob Sie auf einen der neueren aufrüsten können. Denn nur diese gewährleisten durch einen ausreichend großen →FIFO-Puffer, dass die Datenübertragung mit modernen →Modem oder →ISDN-Terminaladaptern fehlerfrei erfolgt. Ob noch ein veralteter UART von Ihren seriellen Schnittstellen verwendet wird, können Sie mit dem Programm →MSD erfahren.

Überlauf [overflow]

Überlauf ist ein vielfältig verwendeter Begriff, der die Überschreitung vorgegebener Grenzen bezeichnet. Man spricht z. B. von Überlauf, wenn die Kapazität eines Speicherbereichs oder (bei arithmetischen Berechnungen) der zulässige Zahlenraum überschritten wird. Kommt es beim Betrieb des Rechners oder bei einer Peripherie-Komponente zu einem Überlauf, wird dies im harmlosesten Fall durch eine entsprechende Fehlermeldung angezeigt. Ein sauber erstelltes Programm hat eine →Fehlerbehandlung implementiert, die einen →Absturz verhindert.

Übertragungsprogramm

Als Übertragungsprogramm bezeichnet man ein Programm, das mit Hilfe einer Direktverbindung über Kabel oder über Datenfernübertragung Informationen von einem Computer zum anderen senden oder von ihm empfangen kann (siehe →Terminalprogramm, →Übertragungsprotokoll).

Übertragungsprotokoll [transfer protocol]

Der Begriff →„Protokoll" bezeichnet allgemein einen Satz von Regeln, der die ordnungsgemäße →Datenübertragung zwischen zwei Komponenten – zwei Komponenten eines Rechners, zwei Programmen oder zwei Rechnern in einem →Netzwerk usw. – sicherstellt. Der Begriff „Übertragungsprotokoll" wird speziell bei der →Datenfernübertragung verwendet. Es ist zuständig für die Realisierung und Sicherung der Übertragung. Durch die Einfügung von redundanten Kontrollinformationen werden Fehler erkannt und mit Wiederholung korrigiert. Gängige Übertragungsprotokolle sind →ZModem, →YModem, →XModem und →Kermit.

Übertragungszeit [transfer time]

Als Übertragungs- oder **Transferzeit** wird die Zeit bezeichnet, die zur Übertragung der →Daten bei der →Datenübertragung bzw. der →Datenfernübertragung nötig ist. Die Übertragungszeit der reinen Nutzdaten ergibt sich aus dem Produkt der effektiven Übertragungsrate (dem →Datendurchsatz) und der zu übertragenden Datenmenge. Hinzu kommt der durch das →Übertragungsprotokoll entstehende Overhead, der bei der →Datentransferrate mit berücksichtigt ist.

UDP (User Datagram Protocol)

UDP (Abk. f. Anwender-Daten-Protokoll) ist die Bezeichnung eines zu →TCP alternativen Übertragungsprotokolls in der TCP/IP-Protokollfamilie (siehe →TCP/IP). UDP ist nicht verbindungsorientiert und erwartet keine Bestätigung der einzelnen Pakete.

ULSI (Ultra Large Scale Integration)

Die Bezeichnung ULSI (Abk. f. äußerst hohe Integration) bezieht sich auf ein Integrationsniveau von →IC.

Die Etappen der LSI sind:

– LSI im engeren Sinne:
  1.000-10.000 Transistorfunktionen pro →Chip.

– →VLSI (Very Large Scale Integration):
  10.000-1.000.000 Transistorfunktionen.

– ULSI (Ultra Large Scale Integration):
  1.000.000-100.000.000 Transistorfunktionen.

– GLSI (Giant Large Scale Integration):
  mehr als 100.000.000 Transistorfunktionen.

Ultra-DMA [Ultra Direct Memory Access]

Ultra-DMA, auch **UDMA** abgekürzt, ist eine Erweiterung des →EIDE-Standards. Das Protokoll wird zur Ansteuerung moderner Festplatten und →ATAPI-CD-ROMs bzw. →Wechselmedien-Laufwerken verwendet. Im Gegensatz zu den alten EIDE-Betriebsmodi konnte bei Ultra-DMA/33 die maximale Übertragungsgeschwindigkeit auf 33 MByte/s erhöht werden. Bei der neuesten Version, Ultra-DMA/66, auch **Ultra-ATA/66** genannt, sind sogar 66 MByte/s möglich. Jedoch sind solche Übertragungsraten in der Praxis ziemlich unrelevant, weil selbst die beste EIDE/Ultra-DMA-Festplatte nicht viel mehr als 15 MByte/s an Daten liefern kann. Die Übertragungsraten beziehen sich auch lediglich auf die Schnittstelle selbst, also das Interface zwischen dem Controller und der Laufwerkelektronik. Lediglich kurzzeitig könnten solche Datenraten zwischen einem vollen Cache des Laufwerks und dem Controller ausgetauscht werden. Für die Praxis ist v. a. Ultra-ATA/66 relativ unwichtig bzw. bringt keine nennenswerten Vorteile gegenüber Ultra-DMA/33.

Ultra-DMA hat dafür aber einige weitere Verbesserungen gegenüber den herkömmlichen EIDE-Modi (PIO bzw. DMA-Modus 1, 2) gebracht. Zum einen wurde durch die Einführung von Fehlerkorrekturen und einer Terminierung auf dem Bus die **Stabilität** deutlich erhöht. Zum anderen wurde die sonst bei EIDE relativ hohe **Prozessorbelastung** im Betrieb gesenkt. Dies liegt v. a. an einer optimierten Nutzung des DMA-Verfahrens (→DMA), das aber über einen eigenen Controller abgewickelt wird. Letzteres kann man aber nur dann nutzen, wenn man die Festplatte auch im DMA-Modus anspricht. Hierzu muss entweder der **Busmaster-Treiber** des Mainboards geladen oder im →Geräte-Manager von Windows 95/98 der DMA-Modus in den Eigenschaften der Laufwerke aktiviert werden. Jedoch unterstützt der Windows-eigene Treiber nicht alle aktuellen Chipsätze, sodass man die Wirksamkeit dieser Methode durch eine →Benchmark-Messung überprüfen sollte. Weitere Informationen hierzu siehe auch →DMA und →EIDE.

Ultra-DMA muss speziell durch den Chipsatz auf dem Mainboard (und natürlich den Geräten) unterstützt werden. Erster und wichtigster Chipsatz mit Ultra-DMA-Funktion war der 430TX von Intel (→Chipsatz) für den →Pentium. Der Intel-440LX und 440BX für den Pentium II bietet aber auch Ultra-DMA-Support. Die Intel-Konkurrenten VIA, SIS u. a. sind mittlerweile bei ihren neuen Chipsätzen auch nachgezogen und bieten ebenfalls alle Ultra-DMA-Support. Da sich auch alle neuen Festplatten auf dem Markt dem Trend angepasst haben, ist Ultra-DMA ein fester Standard im Festplatten-Markt. Damit macht er v. a. →SCSI das Leben schwer, denn viele der ursprünglichen Argumente für SCSI und gegen EIDE gelten seit Ultra-DMA nicht mehr. Wer also keine besonderen SCSI-Geräte wie MO-Laufwerke oder Scanner benötigt, kann ruhigen Gewissens zu einer Ultra-DMA-Festplatte und CD-ROM greifen.

Tipp: Wer den neuen Ultra-ATA/66-Standard nutzen will, sollte bedenken, dass dafür spezielle, teure Kabel notwendig sind. Die Stecker (Anschlüsse) sind zwar nach wie vor 40polig, um auch eine Abwärtskompatibilität zu gewährleisten. Die Leitungen des Flachbandkabels wurden aber auf 80 Pole erhöht, weil zwischen jeder Datenleitung nun eine weitere, abschirmende Massenleitung notwendig ist. Für den Anschluss dieses 80poligen Kabels an die 40poligen Normanschlüsse sind besondere, teure Stecker notwendig, die das ganze Kabel sehr teuer machen (ca. 50-75 DM). Außerdem ist wie bei Ultra DMA/33 die maximale Kabellänge auf 45 cm beschränkt!

UMA (Upper Memory Area)

UMA (Abk. f. unterer Speicherbereich) ist die Bezeichnung für den 384 KByte großen Speicherbereich, der zwischen der Grenze des 640 KByte großen konventionellen Speichers und dem unter →MS-DOS maximal adressierbaren Wert von 1 MByte liegt. Dieser Bereich – dessen Adressen von →BIOS und Grafikkarten teilweise belegt sind – kann durch spezielle Speicher-Manager in begrenztem Maße für →TSR-Programme und Treiber zur Verfügung gestellt werden, um den Bereich unterhalb der 640-KByte-Grenze zu entlasten.

UMB (Upper Memory Blocks)

Als UMB (Abk. f. untere Speicherblöcke) werden die einzelnen Bereiche des →oberen Speichers oder →UMA bezeichnet, die für →TSR-Programme und Treiber zur Verfügung gestellt werden können.

Umbruch [wrap, break]

siehe →Seitenumbruch oder →Zeilenumbruch

Umschalt-Taste [shift key]

Die [Umschalt]-Taste auf der PC-Tastatur, auch **Hochstell-Taste** genannt, befindet sich links und rechts außen direkt über den [Strg]-Tasten und ist zumeist mit einem Pfeil nach oben gekennzeichnet. Sie dient zur Umschaltung zwischen Groß- und Kleinbuchstaben oder verändert die Funktion eines Mausklicks (siehe →Klick). Beim gleichzeitigen Drücken der [Umschalt]-Taste bekommen in den meisten Programmen auch die Funktionstasten eine andere Aufgabe. Um eine dauerhafte Umstellung auf Großschrift zu aktivieren, verwendet man die →Feststell-Taste. Zur Abbildung siehe →Tastatur.

Undo-Funktion [ungeschehen machen]

Die so genannte Undo-Funktion wird von vielen Programmen – insbesondere zur →Textverarbeitung – zur Verfügung gestellt, um die vom Anwender zuletzt ausgeführte Aktion wieder rückgängig zu machen. Moderne Programme sind zumeist in der Lage, mehrere einzelne Aktionen schrittweise zurückzunehmen (und mit der Redo-Funktion auch die Rücknahme wieder zurückzunehmen). So kann z. B. nach dem versehentlichen Löschen eines Textabschnitts der ursprüngliche Text mit Hilfe der Undo-Funktion wiederhergestellt werden.

Unformatiert [unformatted, plain]

Magnetische →Datenträger müssen vor der Verwendung durch ein entsprechendes Programm für ein →Betriebssystem formatiert werden. Vorher bezeichnet man sie als unformatiert. Auch im Zusammenhang mit →Daten verwendet man – nicht ganz korrekt – den Begriff „unformatiert". So spricht man davon, ein Text sei unformatiert [plain text], wenn er lediglich als →ASCII-Datei vorliegt (er liegt natürlich im ASCII-Format vor, das zugegebenermaßen wenige Formatinformationen enthält).

Unicode [Unicode]

Bei Unicode handelt es sich um einen neuen, erweiterten Zeichensatz, der alte Zeichensätze wie →ASCII oder →ANSI in Zukunft ablösen soll. Unicode arbeitet nicht mit einem 8-Bit-, sondern einem 16-Bit-Code (2^{16}), was 65.536 verschiedene Zeichen ermöglicht. Daher konnten alle wichtigen, auf Buchstaben fußenden Zeichensätze der Welt sowie einige fernöstliche Schriftzeichen eingebunden werden, was das Umschalten zwischen verschiedenen Codepages (siehe →Ladbare Zeichensätze) bzw. Schriftfonts für Sonderzeichen überflüssig macht. Derzeit wird Unicode aber nur von →Windows NT und →Windows 2000 unterstützt. Zur uneingeschränkten Nutzung muss aber natürlich auch die Anwendungssoftware Unicode unterstützen, was derzeit bei gängigen Programmen noch nicht gegeben ist.

Uninstaller [Deinstallierer]

Uninstaller oder Deinstallierungsprogramme stellen die logische Reaktion auf die Windows-typischen Installationsroutinen, die DLL-Dateien im Windows-Verzeichnis ablegen, dar. Die meisten Installationsroutinen sehen keine Deinstallation des Programms vor. Deshalb wurden Uninstaller entwikelt, die den Zustand des Rechners vor der Programminstallation wiederherstellen. Dabei gibt es verschiedene Ansätze: Die einfachsten Uninstaller erstellen eine Kopie der wichtigsten INI-Dateien von →Windows und speichern den Inhalt des Windows-Verzeichnisses bzw. der Festplatte; nach der Programminstallation können sie anhand dieser Kopien die Veränderungen feststellen und auf Wunsch rückgängig machen. Wenn allerdings mehrere Installationen verschiedener Programme vorgenommen worden sind, ist eine differenzierte Deinstallation nicht mehr möglich. Komplexere Uninstaller verfügen über die Möglichkeit, Installationen zu protokollieren und dann gezielt rückgängig zu machen. Inzwischen gibt es sogar Uninstaller, die ungenutzte DLL-Dateien im Windows-Verzeichnis aufspüren. Bekannte Uninstaller sind der **WebCleaner inklusive CleanEx** von DATA BECKER oder **CleanSweep** von Symantec.

UNIVAC (UNIVersal Automatic Computer)

Der UNIVAC (Abk. f. universeller automatischer Computer) war der erste in Serie hergestellte →Computer, der im Jahre 1951 für rund eine Million $ zu haben war. Der UNIVAC war eine Entwicklung von P. Eckert und W. Mauchley, die sich schon mit dem →ENIAC einen Namen gemacht hatten.

UNIX

UNIX ist ein leistungsfähiges Multitask- und Multiuser-Betriebssystem, das Ende der 60er Jahre von den →Bell Laboratories für Minicomputer entwickelt wurde. Durch den Verkauf von 82 % der Anteile an USL (Abk. f. **U**NIX **S**ystem **L**aboratory) ist UNIX 1993 von AT&T an →Novell übergegangen. Das offene Betriebssystem – eng verbunden mit der Programmiersprache →C – wurde auf eine Vielzahl von Computern – vom Großrechner über Workstations bis hin zum PC mit Intel-Prozessoren – portiert und existiert mittlerweile in vielen Varianten. Der Aufbau der UNIX-Derivate wird normalerweise in drei Komponenten gegliedert: Kernel, Dateisystem und Benutzeroberfläche (Shell). Für viele wurde eine grafische Benutzeroberfläche entwickelt, z. B. X-Window oder Solaris. Die PC-Varianten von UNIX sind echte 32-Bit-Systeme, die wirkliches (preemptives) →Multitasking und den Mehrbenutzerbetrieb erlauben. Bekannt ist z. B. das kostenlose →Linux.

Unterer Speicher [lower memory]

Als unterer Speicher wird der untere Teil des →konventionellen Speichers eines IBM-kompatiblen →PCs bezeichnet, in dem unter →MS-DOS eine Vielzahl von Systemdaten sowie das Betriebssystem mitsamt seinen Treibern geladen wird. Aktuelle →DOS-Versionen erlauben die Auslagerung von Teilen des Betriebssystems in andere Bereiche, um den konventionellen Speicher für Anwendungsprogramme freizumachen.

Unterverzeichnis [subdirectory]

Als Unterverzeichnis bezeichnet man ein →Verzeichnis unterhalb eines in der Hierarchie höheren Verzeichnisses (siehe →Hauptverzeichnis und →Verzeichnis).

Update [Aktualisierung]

Die Aktualisierung einer →Software durch eine neue →Version, die mehr Funktionen besitzt oder von Fehlern bereinigt worden ist, wird Update genannt. Die rechtmäßigen Besitzer älterer Versionen können ein solches Update erwerben, das unter dem Preis der neuen Vollversion liegt.

Upload [hochladen]

Das Laden von Daten auf einen anderen Computer, z. B. bei der →Datenfernübertragung, wird als Upload bezeichnet.

UPS (Uninterruptible Power Supply)

Computer sind besonders anfällig für einen plötzlichen Stromausfall, da der Arbeitsspeicher eines PCs seine Daten bei Wegfall der Versorgungsspannung unwiederbringlich verliert. Einzig auf Datenträgern gesicherte Daten sind vor einem Stromausfall geschützt. Zwar sind Netzausfälle „in diesem unserem Lande" eher die Ausnahme als die Regel, aber man weiß ja nie! Wer daher auf Nummer Sicher gehen will, schaltet zwischen den PC und den Netzanschluss am besten eine so genannte Unterbrechungsfreie Strom-Versorgung (USV); häufiger wird die englische Abkürzung UPS (Uninterruptible Power Supply) verwendet. Es handelt sich um eine Art Akku, der in Sekundenbruchteilen bei Netzausfall aktiviert wird und für eine kurze Zeit den weiteren Betrieb des PCs (z. B. zum Speichern und Runterfahren) ermöglicht. UPS gibt es in verschiedenen Größen (Leistungen), die sich preislich stark unterscheiden. Kleine Geräte für normale PCs, die einem einige wenige Minuten Gnadenfrist verschaffen, kosten nur wenige Hundert Mark und sind eine sinnvolle Anschaffung. Sie sind oft so klein, dass sie in einen 5,25-Zoll-Diskettenlaufwerkchacht geschoben werden können.

Urheberschutz [copyright protection]

Das UrheberrechtsGesetz (UrhG) stellt Software wie andere geistige Schöpfungen (Musik, Gedichte, Romane usw.) unter Schutz. Verstöße gegen den Urheberschutz wie das Anfertigen von Raubkopien (siehe →Raubkopie) können mit Geld- oder Freiheitsstrafen geahndet werden. Als Überwacher der Urheberschutzrechte dienen Organisationen wie die GEMA oder VG-Wort (siehe →GEMA).

URL (Uniform Resource Locator)

Die standardisierte Adressierung eines beliebigen Multimedia-Dokuments (siehe →Multimedia) auf einem lokalen Rechner oder irgendwo im →WWW erfolgt mit den so genannten URLs (englische Abk. f. einheitlicher Ressourcen-Lokalisierer). Um auf die →Homepage eines WWW-Servers zugreifen zu können, muss dessen URL im →Webbrowser angegeben werden. Jedes HTML-Dokument (siehe →HTML) sollte in den eingebetteten Hypertext-Links (siehe →Hypertext) die URLs der Dokumente enthalten, zu denen verzweigt werden soll. Die grundlegende Struktur des URL lautet etwa:

```
protocol://server/directory/document
```

Um z. B. die Homepage von →IBM zu erreichen, muss man angeben:

```
http://www.ibm.com/
```

Um zum →FTP-Server von →IBM mit den Neuigkeiten zum WebExplorer zu gelangen, lautet der URL:

```
ftp://ftp.ibm.net/pub/WebExplorer
```

US-ASCII

US-ASCII (Abk. f. **US**A **S**tandard **C**ode for Information Interchange) ist eine veraltete Bezeichnung für →ASCII-Code.

USB (Universal Serial Bus)

USB ist die englische Abk. f. universeller, serieller Bus, ein von →Intel entwickeltes, neues Schnittstellensystem für den PC zum Anschluss von Peripheriegeräten (→Tastatur, →Drucker, →Maus, →Scanner etc.). USB soll zukünftig die bisherigen Anschlusssysteme wie die →parallele Schnittstelle, →serielle Schnittstelle oder auch die Anschlüsse für →Tastatur und →Bus-Maus ablösen und dabei gleichzeitig Ordnung in den Kabelsalat am PC bringen. Denn am USB ist es – wie für einen →Bus typisch – möglich, alle Peripheriegeräte frei untereinander zu verbinden. So kann die Maus direkt an der Tastatur und nicht mehr am PC angeschlossen werden. Ein ähnliches System, nur mit geringerer Datenübertragungsrate (144 Byte/s statt über 1 MByte/s bei USB) besitzen PCs von →Apple schon seit den 80er Jahren in Form des Apple Desktop Bus.

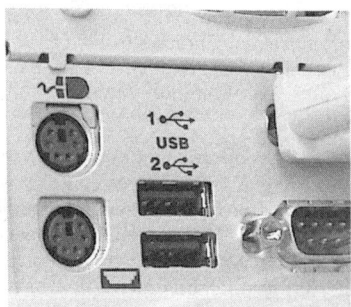

Die zwei Standard-USB-Anschlüsse auf der Rückseite eines PCs

Die Entwicklung von USB wurde 1995 von Intel initiiert, weil die bisherigen Anschlusssysteme am PC an das Ende ihrer Leistungsfähigkeit gestoßen sind. Bis Ende 1996 hatten sich dem USB-Standard über 50 wichtige Hersteller angeschlossen; 1997 wurden die ersten Mäuse, Tastaturen, Monitore und Scanner mit entsprechenden Anschlüssen auf den Markt gebracht, aber erst Ende 1998 lief der Verkauf bzw. die Akzeptanz bei Händlern und Kunden richtig an. Das dürfte wohl auch an der bis dahin mangelhaften Treiber- und Betriebssystem-Unterstützung gelegen haben. Zwar hat Microsoft einen USB-Treiber für Windows 95 erstellt, das so genannte USB-Supplement, das ab Windows 95c (OSR 2.1) fester Bestandteil des Betriebssystems ist. Jedoch war die Stabilität und Kompatibilität dieses Treibers unter Windows 95 mit vorhandener USB-Hardware einfach noch nicht ausreichend.

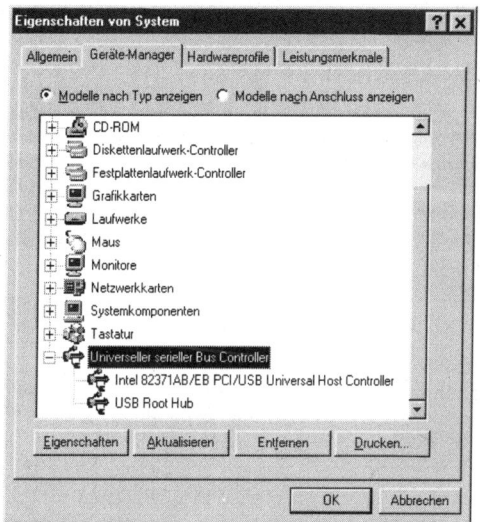

Erst Windows 98 erkennt USB richtig und bindet die Geräte fehlerfrei in den Geräte-Manager ein

Erst mit →Windows 98 funktioniert USB grundsätzlich so, wie es soll. Jedoch gibt es leider immer noch mit einzelnen Geräten Probleme. Windows NT 4.0 unterstützt USB-Geräte überhaupt nicht und wird es auch nie. Erst der Nachfolger, →Windows 2000 bietet wie Windows 98 volle USB-Unterstützung.

Mainboards unterstützen USB dagegen schon seit Einführung der →Chipsätze 430HX und 430VX. Bei allen aktuellen →Mainboards bzw. Chipsätzen ist USB voll integriert. Bei Notebooks jedoch nur bei Verwendung von Boards mit Intels 430TX- oder BX-Chipsatz (und kompatiblen Konkurrenzprodukten). Normale →ATX-Mainboards haben außerdem zwei USB-Anschlusspfosten fest auf dem Board integriert. Bei den meisten anderen Modellen kann man einen USB-Adapter z. B. in Form eines Aufsteckmoduls oder eine PCI-Karte nachrüsten.

Die normalen USB-Kabel haben zwei unterschiedliche Anschlussstecker

Einen solchen Adapter sollte man in erster Linie über den Mainboard-Hersteller beziehen können. Die meisten großen Elektronik- bzw. Computer-

Versender wie etwa Pearl (Best. Nr. PE-8250-10) (*www.pearl.de*) bieten für ca. 100 DM eine USB-Uprade-Möglichkeit über PCI-Karten an.

Weitere bemerkenswerte Eigenschaften von USB sind:

— USB erlaubt den Anschluss von 127 Peripheriegeräten mit beliebigen Verbindungsmöglichkeiten untereinander.

— Über das vierpoligen Kabel kann ein niedriger Versorgungsstrom für kleinere Geräte wie Scanner oder Tastaturen mitgeführt werden. Für diese ist dann kein eigenes Netzteil bzw. eigener Netzanschluss mehr notwendig.

— Es wird Vielfachstecker (Hubs) zur Erweiterung der Steckverbindungen geben, falls die vorhandenen Anschlüsse nicht ausreichen.

— USB- und herkömmliche Peripheriegeräte können an einem PC ohne Probleme parallel verwendet werden. Neue PCs werden noch über lange Zeit die herkömmlichen Schnittstellen auf der Rückseite besitzen.

— USB-Endgeräte brauchen keinen eigenen →Interrupt mehr. Lediglich der USB-Bus bzw. USB-Controller selbst verwendet insgesamt einen Interrupt. Er verhält sich hier ganz ähnlich wie ein →SCSI-Controller. Durch USB kann man also viele der ansonsten knappen Interrupts sparen.

— Die Bandbreite von 10 MBit/s erlaubt auch den Anschluss von Peripheriegeräten mit hoher Datenübertragungsrate wie →Scanner.

— USB ist hot-Plug & Play-fähig (→Plug & Play), d. h., USB-Geräte können unter Windows 95/98 während des Betriebs (!) angeschlossen und wieder entfernt werden, das Betriebssystem erkennt den Wechsel automatisch und aktiviert die entsprechenden Treiber. Dies betrifft auch USB-Speicherkarten, wie sie z. B. für digitale Kameras verwendet werden. So richtig funktioniert das allerdings nur mit Windows 98 und Windows 2000.

— Grundlegende Informationen über USB erhalten Sie im Internet z. B. bei *www.usb.org*.

Da es mit USB 1.0 und der erweiterten Version 1.1 offenbar noch einige Probleme gibt, arbeiten führende Firmen wie Intel, DEC, IBM, Compaq und Microsoft an einer weiteren Überarbeitung von USB. Alle neuen Standards werden aber auch alte Geräte unterstützen. Die Spezifikationen für USB 2.0 sollen bis Ende 1999 verabschiedet sein. Mit ersten Geräten ist aber nicht vor Mitte 2000 zu rechnen. USB 2.0 soll eine 30-40-fach höhere Bandbreite bringen und noch stabiler und bequemer im Einsatz sein.

Als Konkurrenz oder Ergänzung zu USB kann der nach ähnlichen Prinzipien entwickelte →**1394-Standard** (auch **FireWire** genannt) gelten. Dieser Bus erlaubt Datenübertragungen von 400 MBit/s und ist damit für Peripheriegeräte prädestiniert, die einen hohen Datendurchsatz brauchen, wie Scanner, →digitale Kameras, →DVD und →Videorekorder.

Tipp: Am Mainboard eines modernen ATX-PC findet man i. d. R. nur zwei USB-Anschlüsse, was bei konsequenter Nutzung (Maus, Tastatur, Drucker etc.) schnell zu wenig wird. Als Abhilfe muss man einen USB-Hub anschließen, der als Vervielfacher bzw. Verteiler dient und zum bequemen Erreichen möglichst auf dem Schreibtisch stellbar sein sollte. Die meisten Hubs bieten zwei bis vier weitere Anschlüsse für USB-Endgeräte, lassen sich selbst erneut durch weitere Hubs kaskadenartig erweitern, bekommen die Stromversorgung über das USB-Kabel und kosten um die 100 DM. Entsprechende Geräte bieten z. B.: Vivanco (Typ USB Hub 4) (_www.vivanco. de_) und auch Pearl (Best. Nr. PE-8251-10) (_www.pearl.de_) an. Viele neue →Monitore haben außerdem einen USB-Hub mit zwei Anschlüssen im Standfuß eingebaut.

Usenet [„Gebrauchsnetzwerk"]

Das Usenet ist – trotz des Namens – kein Netzwerk, sondern ein Forum für Diskussionen und den Austausch von Informationen und Meinungen im →Internet. In den nahezu 10.000 hierarchisch gegliederten Bereichen, den →**Newsgroups**, gibt es wohl kein Thema, das nicht behandelt würde. Man findet Wissenswertes und Skurriles, aber auch Häßliches und Anstößiges. Um an den Diskussionen teilnehmen zu können, muss man sich mit einem →**Newsreader** genannten Programm zu einem →Host, einem News-Server, verbinden, von denen jeder →Internetprovider seinen Kunden i. d. R. einen benennt. Ähnlich wie mit einem →Mail-Reader kann man die Beiträge in den Newsgroups, die man abonniert hat, lesen und eigene Beiträge schreiben. Doch auch die gängigen →Webbrowser stellen grundlegende Newsreader-Funktionen bereit.

User [Benutzer, Anwender]

Der Begriff „User" bezeichnet den Benutzer eines Rechners (siehe →Computer), einer →Mailbox, eines Netzwerks (siehe →Netzwerk) usw.

Utility [Nützlichkeit, Hilfsprogramm]

Unter einem Utility versteht man ein Hilfsprogramm, das dem Anwender den Umgang mit der →Hardware des →PCs oder einer bestimmten →Software erleichtern soll (siehe auch →Tool). Beispiele sind Kopierprogramme oder Programme zur Verbesserung der Dateiorganisation auf der →Festplatte. Eine recht bekannte Sammlung nützlicher Hilfsprogramme sind die →Norton Utilities.

UUCP (UNIX to UNIX Copy Protocol)

UUCP (Abk. f. Unix-zu-Unix-Kopierprotokoll) ist ein mittlerweile kaum noch verwendetes Protokoll zur Datenübertragung, ursprünglich zwischen UNIX-Rechnern. UUCP wurde entwickelt, um Dateien im Modus store and forward über analoge Telefonleitungen und →Modem zu übertragen. UUCP steht für nahezu alle Plattformen (→MS-DOS, →Windows, →Linux usw.) zur Verfügung und wird hautpsächlich für die →E-Mail-Übertragung verwendet. Bei den Internetzugängen einiger Provider gab es v. a. früher häufig nur UUCP als Übertragungsprotokoll; im Zuge der direkten Arbeitsweise im →WWW sind UUCP jedoch die Protokolle SLIP und/oder PPP zur Seite gestellt worden, mit denen der heimische Computer via Telefonleitung zu einem temporären Internetknoten wird. UUCP wird von kaum noch einem Provider angeboten bzw. für die E-Mail-Übertragung verwendet, da PPP sich zum allgemeinen Standard entwickelt hat.

UUDecode (UNIX-to-UNIX-Decode)

Ist die Bezeichnung für die Dekodierung (Rückumwandlung) einer nach dem →UUEncode-Verfahren kodierten →E-Mail. Nur durch dieses Dekodieren kann die entsprechende Mail wieder gelesen bzw. Dateianhänge genutzt werden. Weitere Informationen siehe →UUEncode und →E-Mail.

UUEncode (UNIX-to-UNIX-Encode)

Es handelt sich um ein aus der →UNIX-Welt stammendes, mittlerweile veraltetes Verfahren zum Umwandeln (→Kodierung, Encode = Kodieren) von E-Mails im Internet. Es wird jedoch kaum noch benutzt, weil sich das vergleichbare →MIME-Verfahren mittlerweile zum allgemeinen Standard entwickelt hat und von allen modernen Mail-Programmen automatisch unterstützt wird. UUEncode ermöglicht, 8-Bit-Dateien (Texte mit erweitertem →ASCII-Zeichensatz oder binäre Dateianhänge wie Bilder) mit dem für E-Mails nur zulässigen 7-Bit-ASCII-Zeichensatz über das Netz zu verschicken (siehe auch →ASCII). Oder einfacher: Ohne Kodierung können Umlaute, ß, Sonderzeichen oder binäre Dateien nicht per E-Mail verschickt werden, weil Mail im Internet nicht mit 8 Bit, sondern nur mit 7 Bit Datenbreite transportiert werden.

UUenkodierte Mails erkennt man (neben der Unleserlichkeit) daran, dass Anfang und Ende der kodierten Information gekennzeichet sind. Der Beginn der Information wird mit **begin** *<modus> <dateiname>* markiert. *Modus* kennzeichnet über einen Zahlencode für das Dekodierungsprogramm die Zugriffsrechte auf die Datei. Und *dateiname* eben den Namen der Datei (nach der 8+3-Regel). Also z. B. *begin 644 demotext.doc.* Das Ende der kodierten Information ist wiederum mit **end** gekennzeichnet. Anhand dieser Kennungen kann ein **Dekodierungs-Programm** (UUDecoder) dann anschließend die ursprüngliche Nachricht wieder herstellen. Eine per UUEncode kodierte Mail ist übrigens um ca. 30-50 % größer als die ursprüngliche Version. Das sollte man beim Verschicken auch beachten.

UUEncode verwendet zum Kodieren die ASCII-Zeichen von 32-95 des 7-Bit-Zeichensatzes. Dazu werden alle 8-Bit-Zeichen der anfänglichen Nachricht erst mal zu Gruppen mit jeweils 3 Byte (3x 8 Bit) zusammengefasst (24-Bit-Worte). Diese 24 Bits werden dann in vier Gruppen mit je 6 Bit kodiert (4 x 6 = 24). Diese 6-Bit-Wörter entsprechen erst einmal den ASCII-Zeichen 0-63. Um hier aber keine Steuerzeichen zu übertragen (die ersten 32 Zeichen des ASCII-Zeichensatz sind Steuerzeichen, siehe →ASCII), wird der AS-CII-Wert jedes Zeichens um 32 erhöht, sodass der verwendete Rahmen der Zeichen statt von 0-63 nun von 32-95 des 7-Bit-ASCII-Zeichensatzes reicht. Und diese sind problemlos über das Internet übertragbar.

> **Tipp:** Ein sehr gutes, einfach zu bedienendes und kostenloses Kodierungsprogramm ist WinCode. Es beherrscht sowohl →MIME (Base64) als auch UUEncode. Das Programm konnte man früher im Internet an allen möglichen Stellen downloaden, mittlerweile ist es von den meisten Servern verschwunden, weil es nicht mehr gebraucht wird, da alle aktuellen Mail-Programme →MIME beherrschen. Wer Wincode dennoch braucht, findet es bestimmt auf einem der bekannten Shareware-server (siehe →Shareware und →Internetrecherche).

UUNet

Der amerikanische →Internetprovider UUNet ist ein Tochterunternehmen des Telefonkonzerns →MCI WorldCom, der wiederum zu den größten der Welt gehört. Ende 1998 wurde nach eigenen Angaben z. B. weltweit ca. 40 % des gesamten Internetverkehrs über die Datennetze von MCI World-Com übertragen. Der deutsche Vorläufer von UUnet firmierte bis Ende 1996 unter dem Namen **EUnet**, der ursprünglich 1985 aus einem technischen Projekt der Uni Dortmund entstanden war. Spätestens zum Anfang 1999 wurden aber alle ehemalig auf EUnet lautenden Mail- und Internetadressen auf UUnet umgestellt, sodass der deutsche Vorläufer nun auch namentlich nicht mehr existiert.

UUnet ist weltweit der größte Internetprovider überhaupt und gehört auch in Deutschland zu den größten Anbietern. Geboten wird ein komplettes, professionelles Dienstleistungs-Spektrum, angefangen von günstigen Internetzugängen für Privatkunden bis hin zu professionellen Diensten für Firmen (z. B. Standleitungen, Webserver). Im Gegensatz zu den bekannten →Online-Diensten wie →AOL oder →T-Online bietet UUnet aber keine eigenen Inhalte an, dafür aber deutlich hochwertigere Dienstleistungen zur Nutzung des Internet als solches. So ist z. B. die Bandbreite der Datenübertragung beim →Surfen im →WWW von gleichbleibend hoher Geschwindigkeit.

Seit Ende 1998 ermöglicht UUnet in Deutschland allen Kunden eine bundesweite Einwahl zum Ortstarif unter der Telefonnummer 0 10 88/0 19 19 99, womit auch auf dieser Ebene mit →AOL und →T-Online gleichgezogen wurde. Natürlich wird →ISDN und bei Modems die Einwahl mit →V.90 unterstützt. Die Telefonkosten wurden Anfang 1999 pro Minute mit 4,8 Pfennig (von 5- 9 und von 18-21 Uhr) bzw. 8 Pfennig (von 9-18 Uhr) und 3 Pfennig (von 21-5 Uhr) berechnet. An Wochenenden und Feiertagen betragen die Kosten 4,8 Pfennig pro Minute, von 21-5 Uhr sogar nur 3 Pfennig. Besonders interessant ist UUnet auch bei den Einwahl-Konditionen durch ein Abkommen mit dem D2-Funknetz (→D-Netz). Wer sich über sein Handy mobil ins Internet einwählen will, um z. B. unterwegs E-Mails abrufen zu können, kann dies zum preiswerten D2-zu-D2-Freundschaftstarif bundesweit über die Rufnummer 01 72/22 18 8 machen (Übertragungsrate netzbedingt auf 9.600 baud beschränkt). Normalerweise liegen die Kosten für den Internetzugang per Handy bei anderen Providern deutlich höher. Für Nutzer des Online-Dienstes →CompuServe ist UUnet außerdem deswegen interessant, weil durch ein Rahmenabkommen UUnet allen CompuServe-Mitgliedern bundesweit die Einwahl über UUnet-Knoten ermöglicht.

Speziell für Privat-Anwender bietet UUnet das Angebot **knUUt**. Für eine monatliche Grundgebühr von 19 DM kann man werktags von 20 bis 8 Uhr morgens sowie an allen Wochenenden und Feiertagen kostenlos im →WWW surfen (Stand Herbst 1999). Zu allen übrigen „Geschäftszeiten" werden 10 Pfennig/Minute Online-Gebühr verlangt. Wer auf die zusätzlichen Funktionen des knUUt-Angebots verzichten möchte, kann sich seit September 1999 auch direkt über knUUt ins Netz von UUnet einwählen, gezahlt werden muss lediglich eine günstige Telefonkostenpauschale (→Internet-by-call). UUnet bietet außerdem auch für knUUt-Nutzer durch „Global

Roaming" (→Roaming) auch weltweit eine Einwahl. Die Einwahl von außerhalb Deutschland wird mit 18 Pfennig/Minute berechnet. Die deutsche Einwahl erfolgt übrigens bundesweit über die oben genannte Ortstarif-Nummer 0 10 88/0 19 19 99. Für Vielsurfer, die v. a. abends und am Wochenende im Internet unterwegs sind, rechnet sich das Angebot gegenüber Online-Diensten wie →AOL oder →T-Online. Vor allem dann, wenn man bedenkt, dass UUnet für eine gleichbleibende, hohe Datenübertragungsrate auf seinen Leitungen steht. Die Registrierung kann man übrigens online auf den Webseiten von UUnet durchführen.

Weitere Informationen über UUnet und seine Angebote finden Sie im Internet unter *www.de.uu.net*.

V.17

Die Empfehlung V.17 des →ITV-T ist ein Verfahren zur →Datenübertragung mit einer →Übertragungsrate von 14.400 Bit/s im Halbduplex-Verfahren. Das Protokoll V.17 wird für die Faxübertragung im analogen Telefonnetz – z. B. mit einem →Faxmodem – eingesetzt.

V.21

V.21 ist eine vom →ITV-T festgelegte Empfehlung für die →Datenfernübertragung von Modems über Telefonleitungen. Die veraltete V.21-Norm definiert eine Vollduplex-Übertragung mit 300 Bit/s.

V.24

Die Empfehlung V.24 des →ITV-T beschreibt die Schnittstelle zwischen einer Datenendeinrichtung →DTE und einer Datenübertragungseinrichtung →DCE zur seriellen →Datenübertragung. Die V.24-Norm wird insbesondere zwischen einem Rechner und einem →Modem eingesetzt und entspricht weitgehend der Norm →RS232C, sodass man diese beiden Normen im praktischen Gebrauch gleichsetzt.

V.29

Die Empfehlung V.29 des →ITV-T ist ein Verfahren zur →Datenübertragung mit einer →Übertragungsrate von 9.600 Bit/s im Halbduplex-Verfahren. Das Protokoll V.29 wird für die Faxübertragung im analogen Telefonnetz – z. B. mit einem →Faxmodem – eingesetzt.

V.32

Das →Protokoll V.32 ist eine kaum noch aktuelle Emfehlung des →ITV-T zur →Datenfernübertragung über das analoge Telefonnetz durch den Einsatz von →Modems. V.32 bietet vollduplex eine →Datentransferrate von 9.600 Bit/s.

V.32bis

Das →Protokoll V.32bis ist eine heute noch weit verbreitete Emfehlung des →ITV-T zur →Datenfernübertragung über das analoge Telefonnetz durch den Einsatz von →Modems. V.32bis bietet vollduplex eine →Datentransferrate von 14.400 Bit/s.

V.32terbo

Das →Protokoll V.32terbo war ein Zwischenschritt bei der Entwicklung und Verabschiedung des heute aktuellen Standards →V.34 zur →Datenfernübertragung über das analoge Telefonnetz durch den Einsatz von →Modems. V.32terbo bietet vollduplex eine →Datentransferrate von 19.200 Bit/s.

V.34

Das →Protokoll V.34, auch **V.fast** genannt, ist eine Empfehlung des →ITV-T zur →Datenfernübertragung über das analoge Telefonnetz durch den Einsatz von →Modems. V.34 bietet vollduplex eine →Datentransferrate von 28.800 Bit/s.

V.34plus

Der V.34plus-Standard (auch V.34+) für analoge Modems setzte sich 1996 als Erweiterung von →V.34 durch und erlaubt eine erhöhte Datenübertragung von 33.6 KBit/s in beide Richtungen. Die Geschwindigkeitsvorteile gegenüber einem V.34-Modem (mit 28.8 KBit/s) sind allerdings kaum deutlich zu spüren.

V.42

V.42 ist eine vom →ITV-T erarbeitete Empfehlung zur Fehlerkontrolle bei der Datenübertragung. Die Unterstützung von V.42 und dem vergleichbaren, aber nicht kompatiblen MNP4-Verfahren (siehe →MNP) gehören zu den Standardfähigkeiten moderner Modems. Das Protokoll V.42 sollte nicht mit →V.42bis, einer ITV-T-Empfehlung zur →Datenkomprimierung, verwechselt werden.

V.42bis

V.42bis ist eine vom ITV-T festgelegte Empfehlung für die →Datenkomprimierung bei der →Datenfernübertragung von Modems über eine Telefonleitung. Diese sollte nicht mit V.42 verwechselt werden, einer ITV-T-Empfehlung zur Fehlerkontrolle bei der Datenübertragung. Die Unterstützung von V.42bis und dem vergleichbaren, aber nicht kompatiblen MNP5-Verfahren (siehe →MNP) gehört zu den Standardfähigkeiten moderner Modems.

V.90-Standard

Anfang 1997 wurde von verschiedenen Firmen unabhängig voneinander ein neues Übertragungverfahren für analoge Modems entwickelt, das eine Übertragung von 56 KBit/s ermöglicht. Bis Ende 1997 standen sich zwei im Prinzip identische, aber dennoch zueinander inkompatible Verfahren gegenüber, die unter dem Oberbegriff **56k-Modems** gehandelt wurden:

- **K56flex**, das vom Modem-Chip-Hersteller Rockwell und der Firma Lucent Technologies entwickelt wurde
- das **X2-Verfahren** des Modemherstellers →U.S. Robotics/3COM

Im Februar 1998 einigte sich ein Komitee der →ITU schließlich auf den neu-en gemeinsamen Standard **V.90** (bisheriger Arbeitstitel war **V.PCM**). V.90 ist zu keinem der beiden alten Verfahren direkt kompatibel, weil es eine Mi-schung aus beiden Standards ist. Wer ein K56flex- bzw. X2-Modem gekauft hatte, konnte, wenn das Modem über ein FlashROM verfügte, aber leicht ein Update durchführen. U.S. Robotics/3COM bietet ein solches Update für seine Modems mit FlashROM-Funktion im Internet unter ***www.3com.com*** zum Download an. Je nach Modem und Hersteller sind die Modems nach dem Update noch in der Lage, das alte Verfahren parallel zu V.90 zu unter-stützen. Dies ist bei U.S. Robotics mit X2 der Fall. Mit den meisten auf Rock-well basierenden Modems mit K56flex ist allerdings nach dem Update nur noch V.90 möglich.

Bei V.90 bzw. den alten Standards handelt es sich um ein unidirektionales, pseudo-digitales Übertragungsverfahren, das nur unter gewissen Bedingun-gen den **Empfang** von Daten mit 56 KBit/s erlaubt. Das Verfahren sieht vor, dass auf der Sender-Seite ein Host (z. B. →Online-Dienst, →Internetprovi-der) seine Daten mit einem entsprechenden Gerät direkt in das digitale Te-lefonnetz sendet. Der Anwender (Empfänger) muss wiederum unmittelbar an einer →digitalen Vermittlungsstelle (DIVO) angeschlossen sein. Die vom Host digital kodierten Informationen werden von der DIVO analog modu-liert und an das V.90-Modem des Empfängers mit geringen Verlusten über-tragen. Die hohe Datenrate kann dabei nur aufrechterhalten werden, weil die Leitungsstrecke zwischen der DIVO und dem Empfänger wenige Kilome-ter lang und relativ störungsfrei ist; nur dann entstehen durch die einmalige D/A-Wandlung kaum Verluste oder Quantisierungsrauschen. Das Empfän-ger-Modem fungiert wie ein umgekehrter →a/b-Wandler und errechnet aus den übermittelten Analogsignalen die digital verschlüsselte Information wie-der zurück. Sollen Daten in der umgekehrten Richtung an den Host gesendet werden, geschieht dies auch weiterhin mit herkömmlichen, rein analogen Verfahren wie →V.34 (28,8 KBit/s) oder →V.34+ (33.6 KBit/s). Wer sein Modem an einer ISDN-Tk-Anlage hängen hat (→Tk-Anlage), für den ist die Nutzung von V.90 übrigens auch nicht möglich.

Die theoretisch maximale **Empfangsleistung** von 56 KBit wird in der Praxis jedoch meist bei weitem nicht erreicht. Dies liegt hauptsächlich an der gro-ßen Abhängigkeit von der Telefon-Leitungsqualität. Die Modems erreichen zwar oft Übertragungsraten von **40-50 KBit**, aber die eigentliche, übertrage-ne Datenmenge ist wegen der vielen, notwendigen Fehlerkorrekturmaßnah-men dennoch recht gering. Im Schnitt kann man wohl mit rund 40 KBit/s rechnen.

In Deutschland wird V.90 mittlerweile von den meisten →Online-Diensten und Internetprovidern unterstützt. Jedoch ist V.90 aufgrund der großen Verbreitung von →**ISDN** mit seinen 64 KBit/s und der schnelleren Einwahl wenig interessant. Die Technik wurde v. a. für die USA entwickelt, wo es kaum ISDN gibt. Da übrigens in den USA andere Standards im digitalen Te-lefonnetz als hier in Europa eingesetzt werden, können US-V.90-Modems nicht am europäischen Telefonnetz betrieben werden (und umgekehrt).

Der V.90-Standard wird auch in den USA keinen lang anhaltenden Erfolg haben. Denn die →**ADSL**-Technik steht mit wesentlich besseren Leistungsdaten schon startbereit in den Löchern. Mit Übertragungsraten bis zu 8 MBit/s kann da auch ISDN nicht mehr mithalten.

VAN (Value Added Network)

Der Begriff VAN (Abk. f. Netzwerk mit Zusatzwert) wird für Netzwerke und Telekommunikationsdienste benutzt, die um zusätzliche Funktionen erweitert sind. Insbesondere wird VAN als Bezeichnung für die erweiterten Möglichkeiten der →Datenfernübertragung in den öffentlichen Telefonnetzen verwendet. So erlaubt der VAN-Dienst der Telekom z. B. jedem Besitzer eines normalen Telefonanschlusses, diesen auch für die Datenübertragung per Modem oder zur Versendung von Telefaxen zu benutzen.

Variable [variable]

Eine Variable ist eine Größe in einem →Programm, der durch eine Deklaration im Rahmen der →Programmierung ein Name und ein →Datentyp zugewiesen wird. Einer Variablen wird, entsprechend dem Datentyp, ein fester oder dynamisch änderbarer Speicherplatz zugewiesen, dem im Laufe der Abarbeitung des Programms verschiedene Werte zugeordnet werden können. Jede höhere →Programmiersprache arbeitet mit Variablen, die meist in zwei Gruppen unterteilt werden: Numerische Variablen können Zahlen z. B. für arithmetische Berechnung aufnehmen, alphanumerische Variablen (siehe →String) können Zeichen z. B. zur Textverarbeitung aufnehmen. Variablen können in einem Programm allen Modulen zur Verfügung stehen, man spricht dann von globalen Variablen. Gelten sie nur innerhalb bestimmter Module, werden sie als lokale Variablen bezeichnet.

VAX (Virtual Address eXtension)

VAX (Abk. f. virtuelle Adressenerweiterung) ist die Bezeichnung der von der Firma →DEC entwickelten, mit dem Betriebssystem VMS (Multitask/Multiuser System mit virtueller Speichertechnik) ausgestatteten, leistungsstarken Supermini-Rechner, die in unterschiedlichen Leistungsklassen angeboten werden. Hatten frühere VAX-Systeme wie die legendäre VAX-11/780 von 1977 noch eine respektable Größe, dominieren heute die Workstations MicroVAX.

VBE (VESA BIOS Extension)

Die englische Abkürzung VBE steht für VESA-BIOS-Erweiterung. Damit ist eine von der →VESA standardisierte Erweiterung des Grafikstandards am PC gemeint, die über spezielle Funktionen im BIOS der Grafikkarte erreicht werden. VBE ist nur für DOS-Anwendungen, aber nicht für Windows relevant.

Der normale VGA-Modus einer Grafikkarte unterstützt im Grafikmodus unter DOS nur Auflösungen bis 640 x 480 Punkte und 16 Farben (oder 320 x 200 bei 256 Farben). Da dies v. a. für Computerspiele zu wenig ist, wurde der **VBE-Standard** definiert. Alle modernen DOS-Spiele greifen seit ca. 1994 auf diese Vesa-Funktionen zurück, weshalb eine moderne Grafikkarte auch den neuesten VBE-Standard unterstützen sollte.

Der aktuelle VBE-Standard ist 3.0, von Bedeutung war davor eigentlich nur noch Version 1.2 und 2.0. Mit der **Version 2.0** wurde die Möglichkeit eingeführt, den Grafikkarten-Speicher im 32-Bit-Protected-Mode direkt und linear anzusprechen. Zuvor ging das nur über berechnungsintensive Verfahren, bei denen der Speicher in kleineren Blöcken verwaltet wurde und zwischen diesen ständig umgeschaltet werden musste (Bankswitching). Mit der **Version 3.0** wurden nur kleinere Neuerungen eingeführt, die v. a. 3-D-Spiele unterstützen sollen (z. B. Steuerung für 3-D-Brillen).

Tipp: Für alte Grafikkarten, die nur eine alte VBE-Version (zumeist 1.2) unterstützen, gibt es oft die Möglichkeit, die Funktionen über Softwaretreiber, wie den **UniVBE-Treiber**, aufzurüsten. Das bekannteste Hilfsprogramm für diese Fälle ist der **SciTech Display Doctor**. Man kann das Programm als Shareware erst kostenlos testen und so ausprobieren, ob es mit der eigenen Grafikkarte läuft. Es kann im Internet unter **www.scitechsoft.com** heruntergeladen werden.

Vektorgrafik [vector/stroke image]

Bei Vektorgrafiken werden mathematische Verfahren zur Beschreibung eines Bilds verwendet. Sie sind in ihrer Qualität unabhängig vom Ausgabegerät und können im Gegensatz zu Pixelgrafiken (siehe →Bitmap) ohne Verluste skaliert werden. Ein Kreis wird z. B. gespeichert als die x- und y-Koordinaten des Mittelpunkts und des Radius, eine Linie als die Angabe der Koordinaten von Anfangs- und Endpunkt. Typische Programme zum Erstellen von Vektorgrafiken sind →CorelDRAW, →Micrografx Designer oder →Macromedia FreeHand.

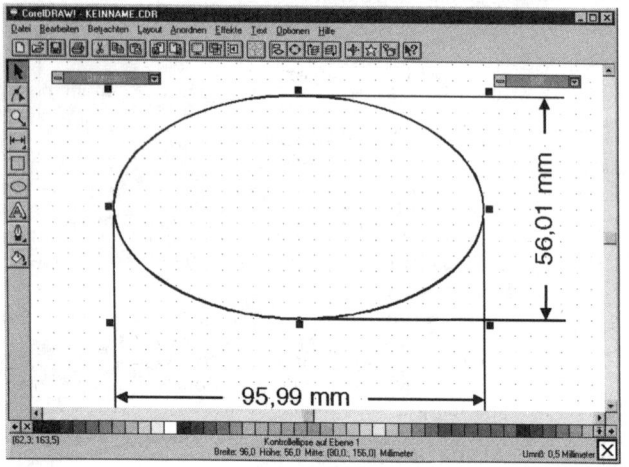

Eine in →CorelDRAW erstellte Vektorgrafik bestehend aus Linien und Kreiselementen

VENTURA

VENTURA ist ein bekanntes und leistungsfähiges DTP-Programm der Firma →Corel. Das Programm zeigt im Gegensatz zur Konkurrenz wie Adobe Page-

Maker oder Quark XPress besondere Stärken bei der Datenbank-Anbindung und dem professionellen Erstellen von größeren Dokumenten (z. B. Büchern). Der VENTURA Publisher liegt derzeit in der 32-Bit-Version 8.0 für Windows 95/98 und NT 4.0 vor. Eine deutsche Version ist seit dem Herbst Sommer 1998 erhältlich.

Neben zahlreichen mitgelieferten Zusatzprogrammen und anderen Beilagen (WordPerfect, PhotoPaint, Database Publisher, Cliparts, Schriften, Fotos u. v. m.) sind die besonderen Leistungsmerkmale: umfangreiche, professionelle DTP-Funktionen mit multiplen Masterseiten, vollständige Konfigurierbarkeit durch den Anwender, Tabellenfunktion mit Tabellenkalkulations-Fähigkeiten, Bildbearbeitungsfunktionen (Vektor und Bitmap), Makroprogrammierung, SGML-Unterstützung, Internetanbindung mit Publikationsmöglichkeiten über HTML und Java, zeitgesteuerte Automatisierung der Internetpublikation, Hyperlink-Unterstützung, elektronisches Publizieren nach Envoy- oder Acrobat-Format sowie umfangreiche Teamwork-Funktionen. Die Verbindung aus günstigem Preis, hoher Leistungsfähigkeit und einer optimalen Kompatibilität mit dem Grafikprogramm →CorelDRAW machen den VENTURA Publisher zu einer sehr interessanten Lösung für den kompletten DTP-Bereich.

Verbindungsaufbauzeit [dial-in time]

Die Verbindungsaufbauzeit ist die Zeit, die benötigt wird, um über das öffentliche Netz eine Wählverbindung von Teilnehmer A zu Teilnehmer B aufzubauen. Sie ist u. a. abhängig von der Anzahl der beteiligten Vermittlungsstellen. Durchschnittlich beträgt die Verbindungsaufbauzeit im (analogen) Telefonnetz 15 Sekunden, im digitalen ISDN-Netz dagegen nur 1,7 Sekunden.

Verbindungsschicht [data link layer]

Die zweite Schicht des →OSI-Schichtenmodells wird als Verbindungsschicht (data link layer) oder auch als Sicherungsschicht bezeichnet. Diese Schicht übergibt der darunter liegenden →physikalischen Schicht die von den oberen Schichten gelieferten →Datenpakete und bildet auf der Empfängerseite Datenpakete aus dem rohen Bitstrom der physikalischen Schicht. Die schichtspezifischen Informationen enthalten – neben →CRC und wenigen Kontrolldaten – die physischen Adressen (siehe →Netzwerkadresse) von Sender und Empfänger.

Verbundnetz

Verbundnetz ist eine Bezeichnung für die Zusammenschaltung (siehe →Internetworking) mehrerer Netze über Bridges, Router, Gateways usw. (siehe →Heterogenes Netzwerk).

Verkettung [concatenation]

Eine der Zugriffsarten auf die Datenfelder einer →Datei ist die einer geketteten oder auch verketteten Datei. Jeder Datensatz enthält dabei ein Kettfeld, einen Eintrag, der die →Adresse des nächsten Datensatzes enthält.

Verknüpfung [shortcut, link]

Mit Verknüpfung ist die elektronische, virtuelle Verbindungen zu Dateien (Programme, Dokumente) unter Windows 95/98 und →Windows NT/ 2000 gemeint. Aber auch andere Betriebssysteme wie das veraltete →OS/2 oder die grafischen Oberflächen von →Linux arbeiten mit Verknüpfungen, wenn auch z. T. mit anderen Bezeichnungen. Verknüpfungen sind eine Art Zeiger und werden in Form eines Symbols (Icons), auf dem Desktop oder in Programm-Gruppen angezeigt. Um sie von normalen Symbolen, denen eine „echte" Datei zugrunde liegt, zu unterscheiden, werden sie durch einen kleinen Pfeil in der linken unteren Ecke gekennzeichnet.

Intern verwaltet Windows Verknüpfungen in Form kleiner Dateien mit der →Erweiterung *.lnk* auf der Festplatte (von englisch link, verknüpfen). Diese *lnk*-Datei speichert nicht nur den Bezug auf den Standort (Verzeichnis, Pfad) der Bezugsdatei, sondern auch einige Aktionsbefehle wie etwa „als Vollbild starten". Verknüpfungen dienen zum bequemen Aufrufen von Programmen oder Dateien; sie lassen sich als virtueller Ersatz der Originale z. B. beliebig gruppieren (z. B. bestimmte Dokumente zum Thema „Steuer 97" in einem gemeinsamen Ordner auf dem Desktop), ohne dass die zugrunde liegenden Originale in ihrer Verzeichnis-Organisation angetastet werden müssen. Löscht man eine Verknüpfung oder benennt sie um, hat dies keinerlei Einfluss auf die jeweilige Verknüpfungsquelle. Verknüpfungen kennen zumeist nur ein Problem: Sie verlieren leicht den Bezug zu ihrer Quelle, wenn diese z. B. verschoben oder umbenannt wird, denn Windows 95 besitzt – im Gegensatz zu →OS/2, keine Funktion, die in solchen Fällen den Bezug zur Verknüpfung bewahrt.

Verknüpfungs-Symbole (rechts) auf dem Desktop von Windows unterscheiden sich von echten Programm-Symbolen (links) durch einen kleinen Pfeil an der linken unteren Ecke

Um eine **Verknüpfung** unter Windows 95/98 bzw. →Windows NT/2000 zu **erzeugen**, muss man im Explorer, Verzeichnisfenster oder irgendeinem anderen Datei-Manager mit der rechten Maustaste auf die gewünschte Datei klicken. Im erscheinenden Kontextmenü findet sich der Befehl *Verknüpfung erstellen*. Wählt man diesen an, wird die entsprechende *lnk*-Datei im selben Verzeichnis wie die Bezugsquelle erstellt. Alternativ und eleganter ist die Möglichkeit, die Datei mit der rechten Maustaste auf den Desktop oder eine Programmgruppe zu ziehen; Windows erstellt dann dort die Verknüpfung. Standardmäßig versieht Windows jede Verknüpfung mit der Bezeichnung „Verknüpfung mit yyy.xxx", wobei yyy.xxx der Name der Bezugsdatei ist. Das Symbol ist durch den oben erwähnten Pfeil gekennzeichnet. Diese Vorgaben lassen sich in der →Registry aber ändern; im Detail lassen sich die Vorgabe „Verknüpfung mit..." und der Symbol-Pfeil entfernen. Entsprechende Einstellungen kann man z. B. mit Programmen wie dem kostenlos vom Microsoft-Internetserver (***www.microsoft.com***) herunterladbaren Tweak UI vornehmen (wird bei Windows 98 auf der CD mitgeliefert). Aber auch andere Firmen bieten analoge Programme zur leichten Änderung derartiger Registry-Einstellungen.

Wer Dateien mit der rechten Maustaste auf den Desktop zieht, kann über dieses Kontexmenü eine Verknüpfung erstellen

Vermittlungsstelle [exchange branch]

In Vermittlungsstellen werden die Verbindungen für den Gesprächsaufbau und die Gesprächsabwicklung geschaltet, und zwar in elektromechanischen oder digitalen. Bei den erstgenannten Vermittlungsstellen werden die Kontakte über mechanische Elemente (Relais) und bei den modernen binär kodiert (digital) hergestellt. Weitere Informationen siehe →digitale Vermittlungsstelle.

VERONICA (Very Easy Rodent-Oriented Net-wide Index to Computerized Archives)

VERONICA (Abk. f. sehr einfacher Nager-orientierter, netzweiter Index zu computerbearbeiteten Archiven) ist Teil des mittlerweile kaum noch verwendeten Gopher-Protokolls. →Gopher ist ein veralteter Dienst im →Internet zum Auffinden von Dateien und Texten. Mit VERONICA kann man anhand von Stichwörtern die Gopher-Server durchsuchen. VERONICA ist also die Suchhilfe eines Suchsystems, kommt aber ähnlich wie Gopher quasi nicht mehr zum Einsatz.

Verzeichnis [directory, folder]

Die Verwaltung von Dateien auf einem →Datenträger wird von heutigen →Betriebssystemen für den →PC (wie →DOS oder →Windows) in einer hierarchischen →Baumstruktur von Verzeichnissen [**directory**] und Unterverzeichnissen [**subdirectory**] organisiert, wie sie ursprünglich bei →UNIX realisiert war. Diese hierarchische Dateistruktur wird auch →Verzeichnisbaum, Tree oder Baum genannt (siehe auch →Baumstruktur). Mit →Windows 95 wurde außerdem der Begriff „**Ordner**" als Synonym für Verzeichnisse eingeführt.

Verzeichnisbaum [directory tree]

Die Dateien eines Datenträgers werden i. d. R. in das Hauptverzeichnis und in Unterverzeichnisse eingeordnet. Durch diese Anordnung ergibt sich eine →Baumstruktur (wobei man die →Dateien als Blätter des Baums interpretieren könnte). Man spricht deshalb von einem Verzeichnisbaum.

Verzeichnisstruktur [directory structure]

Unter einer Verzeichnisstruktur versteht man die Organisation der Dateien auf einer Festplatte oder einem anderen Medium; man spricht – wegen der strukturellen Ähnlichkeit – auch von einer →Baumstruktur. Dem →Wurzel-Verzeichnis sind verschiedene Unterverzeichnisse unterstellt, die wiederum weitere Unterverzeichnisse enthalten können. Die einzelnen Dateien können in den Unterverzeichnissen – als Blätter des Baums – einsortiert werden.

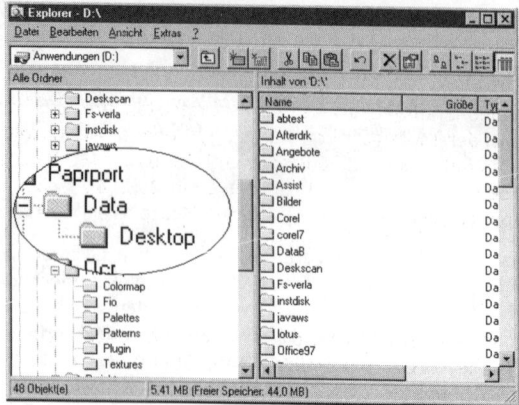

Im Datei-Manager von Windows wird die Struktur der Festplatte mit Haupt- und Unterverzeichnissen grafisch dargestellt

Verzerrung [distortion]

Unter Verzerrung versteht man die Änderung von Frequenz, Amplitude und Phase eines Nachrichtensignals bei der Übertragung (siehe →DFÜ). Als Störungsursache kommen verschiedene äußere Einflüsse oder die begrenzte Bandbreite der Übertragung in Betracht.

VESA Local Bus

Der VESA Local Bus, meist abgekürzt als VL-Bus oder **VLB**, ist ein von der VESA (Abk. f. **V**ideo **E**lectronics **S**tandard **A**ssociation) definierter und mittlerweile völlig veralteter Bus-Standard (siehe →Bus), der die Datenübertragung zwischen →CPU und Peripheriesystemen verbessern sollte. Der VLB – überarbeitet bis zur Spezifikation 2.0 – wurde vor allem für Grafikkarten entwickelt und definierte nicht nur die Auslegung des Busses an sich, sondern auch die damit verbundenen Spezifikationen für die Kontaktleisten zwischen Steckkarte und Computerboard (siehe →Platine). Während der herkömmliche ISA-Bus (siehe →ISA) (auch AT-Bus genannt) mit nur 8,3 MHz und einer Datenbreite von 16 Bit arbeitete, war der VL-Bus 32 Bit breit und arbeitete mit einer maximalen Taktfrequenz von 40 MHz. Dies ermöglichte Datenübertragungen von bis zu 100 MBit/s, was insbesondere für Grafikkarten und →Festplatten-Controller von Bedeutung war. Rechner mit einem VLB hatten – in Abhängigkeit von der Prozessor-Taktung – meist ein bis drei VLB-Steckleisten (Slots), die an einer meist braunen Verlängerung der Kontaktreihen erkennbar waren. Der VLB befand sich insbesondere in PCs mit 486er Prozessor, da es bei den höheren Taktfrequenzen von →Pentium-Rechnern Probleme mit der gegenseitigen Abschirmung der VLB-Steckleisten gab. Durch die Entwicklung des PCI-Bus und die Verbreitung von Pentium-Rechnern wurde der VLB komplett vom Markt verdrängt.

VFAT (Virtual File Allocation Table)

Das VFAT (Abk. f. virtuelle Datei-Zuordnungs-Tabelle) ist das direkt vom →FAT abgeleitete →Dateisystem von →Windows 95, das durch Nutzung mehrerer FAT-Verzeichniseinträge lange Namen für Dateien und Verzeichnisse unterstützt. Seit Windows 95b (OSR) wurde VFAT durch FAT32 abgelöst, das auch in →Windows 98 noch verwendet wird.

VGA (Video Graphics Array)

VGA (Abk. f. Video-Grafik-Reihe) war der →Grafikstandard, der mit dem →IBM-PC/AT aus der Taufe gehoben wurde. VGA erlaubt Auflösungen von 320 x 200 Punkten mit maximal 256 Farben und von 640 x 480 Punkten mit maximal 16 Farben, die aus einer →Farbpalette mit 262.144 Farben ausgewählt werden können (siehe auch →VGA-Karte). Heute spielt VGA nur noch eine Rolle als der kleinste, bei allen neueren Standards gemeinsam realisierte Modus.

VGA-Karte

Die VGA-Karte ist eine Grafikkarte, die den von IBM entwickelten VGA-Grafikstandard (siehe →VGA) unterstützt. Dieser Standard sieht die Darstellung von 640 x 480 Punkten mit 16 Farben vor. Es ist nach wie vor die Grundlage der Bildschirmdarstellung unter Windows, sodass alle Grafikkarten, die in moderne PCs eingesetzt werden, als VGA-Karten gelten. Da inzwischen aber weitaus höhere →Auflösungen und →Farbtiefen möglich sind, ist VGA nur noch technisches Mindestmaß und Untergrenze. Moderne VGA-Karten bieten neben höherer Auflösung aber oft noch zusätzliche Verbesserungen wie spezielle Beschleunigerchips oder Zusatznutzen wie verbesserte 3-D- oder Videodarstellung.

Video 1 Compressor

Video 1 Compressor (Video 1 Komprimierer) ist ein Komprierungsverfahren für digitalisierte Video- und Toninformationen. Die →Farbtiefe beträgt 8 oder 16 →Bit, es ist also kein →TrueColor möglich.

Video für Windows

Video für Windows war ein Programm der Firma →Microsoft für Windows 3.x, das es ermöglichte, kurze Videosequenzen zu erstellen und unter Windows in einem kleinen Fenster anzuzeigen. Das Abspielmodul wurde kostenlos abgegeben, zur Komprimierung der Videos wird die Vollversion von Video für Windows benötigt. Video für Windows wurde nicht für Windows 95 weiterentwickelt. Das alte Video für Windows-Abspiel-Modul wurde unter Windows 95 und dann →Windows 98 durch ActiveMovie ersetzt. Zur Erzeugung und Nachbearbeitung von Videos unter Windows 95/98 hat Microsoft derzeit kein neues Programm herausgebracht. Lediglich das Programm Microsoft Camcorder von Office 97 (→Microsoft Office) ermöglicht die Speicherung von Bildschirmabläufen im Video für Windows-Format.

Videobearbeitung [video editing/processing]

Die Videobearbeitung am PC ermöglicht eine komfortable und vielfältige Bearbeitung von Videoaufnahmen. Vor allem durch die stark gesunkenen Preise bzw. höhere Leistung für →Festplatten, →Prozessoren und →RAM erfreut sich die Videobearbeitung zunehmender Beliebtheit. Denn Videobearbeitung ist wahrscheinlich die datenintensivste Bearbeitung am PC überhaupt. Der kleinste Einstieg in die Videobearbeitung ist der **analoge, lineare Schnitt** per PC und **Schnittpult**. Dabei wird der Zuspieler (zumeist eine →Videokamera bzw. Camcorder) und das aufnehmende Gerät (zumeist der herkömmliche →Videorekorder) untereinander und mit dem →PC verbunden. Der PC dient hauptsächlich zum Steuern der Geräte, die eigentlichen Videodaten werden nicht oder nur unvollständig auf den PC übertragen. Überblend-Effekte oder Beschriftungen erfordern außerdem spezielle Hardware bzw. Softwareerweiterungen.

Die Grundlage des analogen Schnitts ist die Steuerung der Videogeräte durch den PC bzw. das Schnittpult. Richtig gesteuert werden muss prinzipiell aber zumeist nur der Zuspielrekorder, denn das Aufnahmegerät muss lediglich zwischen Pause- und Aufnahme-Zustand hin- und hergeschaltet werden. Dies ist z. B. einfach über ein Infrarot-Signal der Fernbedienung oder eine kleine, einfache Kabelsteuerung zu regeln. Die aufwendigere, möglichst bildgenaue Steuerung des Zuspielgeräts dagegen funktioniert entweder nur direkt über die serielle Schnittstelle (nur bei wenigen Rekordern vorhanden) oder aber häufiger über spezielle Steuerbuchsen (z. B. die 5- oder 11polige **Edit-Buchse** – auch **New Edit** genannt – von Panasonic, **LANC** – auch **Control-L** genannt – von Sony bzw. **JLIP** von JVC). Um diese nutzen zu können, ist jedoch ein spezielles PC-Video-Schnittpult mit entsprechender Software notwendig. Ein typisches, empfehlenswertes Gerät ist das **miroVIDEO Studio 400** von Pinnacle Systems für ca. 500-600 DM (Stand 10.99, weitere Infos unter *www.pinnaclesys.de/deutsch/index.htm*). Dieses steuert Zuspieler mit LANC- oder Edit-Buchse (jedoch nicht JLIP) und den Aufnahmerekorder per Infrarot-Signal, das aus der Fernbedienung gelernt werden kann. Außerdem sind Effekte und Beschriftungen möglich.

> **Tipp:** Die Steuerungsbuchse von Panasonic (und kompatiblen Geräten) dürfte auf dem Markt am weitesten verbreitet und universell von Schnittpulten unterstützt sein. Die ursprünglich 5-polige Edit-Buchse wurde von Panasonic vor ein paar Jahren auf elf Pole zur „New Edit"-Buchse erweitert. Jedoch wurden die passenden 11poligen Kabel dazu nicht mehr hergestellt. Denn alle notwendigen Steuerbefehle inklusive dem Timecode-Signal (siehe nächsten Absatz) bei neueren Rekordern können auch über die vorhandenen Leitungen übertragen werden. Die Bezeichnungen Edit bzw. New-Edit sind daher für den Anwender in der Praxis unbedeutend.

Wenn eine absolut bildgenaue Steuerung des Zuspiel-Geräts notwendig ist, muss dieser ein so genanntes **Timecode-Signal** liefern. Die normale Steuerung des Rekorders ist wegen Schlupf des Laufwerks und kleiner Ungenauigkeiten des Zählwerkes für bildgenauen Schnitt ungeeignet. Beim Timecode wird dagegen quasi jedes Bild mit einer internen Nummer versehen, über die der Rekorder bzw. die Schnittgeräte es genau ansteuern können. Das Signal wird i. d. R. über die Schnittbuchsen (siehe oben) ausgegeben. Leider ist jedoch auch der Timecode nicht standardisiert, je nach Hersteller werden verschiedene Verfahren verwendet. Und natürlich muss auch der Rekorder bzw. die Video-Camera und das Schnittpult den gleichen Timecode unterstützen. Das **RCTC-Verfahren** (rewritable consumer timecode) wird v. a. von Sony bei Hi8- und Digital-Camcordern verwendet. Ein Vorteil ist, dass der RCTC auch mit Timecode-Rekordern nachträglich auf bereits ohne Timecode bespielte Bänder aufgespielt werden kann. RCTC wird über die Control-L/LANC-Buchse ausgegeben, die Ausgabe muss aber zumeist extra aktiviert werden.

Bei vielen VHS-Geräten wird dagegen **VITC** (vertical interval timecode) eingesetzt. Dieser Timecode wird in der →Austastlücke jedes Bilds gespeichert und kann daher nur während der Original-Aufnahme (also nicht mehr nachträglich) aufgebracht werden. Da die VITC-Informationen ein Bestandteil des Videosignals sind, können die Schnittpulte den Timecode theoretisch direkt aus dem Videokabel auslesen. Eine extra Leitung ist eigentlich nicht notwendig. Dennoch wird bei den meisten neueren Geräten (Videorekorder und Schnittpulte) auch das VITC-Signal (zusätzlich) über die Schnittsteuerungsbuchse (zumeist die Edit-Buchse von Panasonic) übertragen und vom Schnittpult verwertet. Erfolgt die Timecode-Ausgabe über die Steuerbuchse, muss sie zumeist auch extra aktiviert werden.

> **Tipp:** Die JLIP-Steuerung der JVC-Geräte wird bisher von nur wenigen Schnittsteuergeräten unterstützt. Mit der Sony-LANC-Buchse ist es schon besser, aber auch die ist nicht so weit verbreitet wie die Panasonic-Edit-Buchse. Von der Firma Vivanco (_www.vivanco.de_) gibt es für ca. 300 DM einen Konverter, die VCR 5050 P J/S-Junction Box (Stand 10.99). Damit lassen sich alle Schnittsteuerungen untereinander konvertieren, entsprechende Adapter für die Buchsen werden mitgeliefert. Außerdem ist das VCR 5050 auch in der Lage, die verschiedenen Timecodes der Rekorder-Hersteller zu konvertieren.

Digitale Video- (→DV) bzw. -Camcorder verwenden standardmäßig intern ein eigenes **DV-Timecode**-Verfahren, das aber nach außen über die Schnittsteuerbuchsen in die gängigen VITC- oder RCTC-Signale konvertiert wird. Je nach Hersteller und Videostandard ergeben sich so zahlreiche mögliche Kombinationen von Timecode und Steuerbuchse bei Digital-Rekordern bzw. -Kameras. Panasonic (und kompatible bzw. baugleiche) geben VITC über die Edit-Buchse aus. Bei Sony wird RCTC über die Lanc-Buchse genutzt. Und JVC verwendet ebenfalls VITC, gibt dies aber über die hauseigene JLIP-Buchse aus. Für die Anwender recht verwirrend und unnötig kompliziert. Es wäre wünschenswert, die Hersteller könnten sich endlich auf einen Standard einigen.

Wenn Sie in die (möglichst bildgenaue) Videobearbeitung mit dem PC einsteigen wollen, müssen Sie also vor dem Kauf von Geräten (Videokamera, -Rekorder und Schnittpulte) auf die Kompatibilität der Steuerbuchsen und Timecodes achten. Allerdings können Konverter bei Inkompatibilitäten helfen (siehe Tipp-Box). Beachten Sie, dass eigentlich nur der Zuspieler eine Schnittsteuerung unterstützen muss. Kritisch ist außerdem das Zusammenspiel von alten und neuen Geräten, z. B. bei alten Rekordern und neuen Schnittpulten. Letztere können nämlich oft nicht mehr den VITC aus dem Videosignal auslesen, sondern erwarten ihn über die Steuerbuchse. Bei alten Rekordern ist diese aber oft entweder nicht vorhanden oder überträgt nicht das Timecode-Signal.

> **Hinweis:** Die Steuerung des Aufnahmegeräts bei der Videobearbeitung beansprucht keine eigenen Lösungen, sondern ist meist mit jedem Gerät möglich. Der Rekorder muss lediglich bei Spulpausen des Zuspielers auf Pause geschaltet und bei Aktivierung des Videosignals wieder in den Aufnahmezustand geschickt werden können. Dies erfolgt zumeist über ein entsprechendes Infrarot-Signal, das die

Schnittpulte bzw. PC-Steuerungsgeräte aus der Fernbedienung des Aufnahme-Rekorders lernen können. Einige Rekorder haben auch eine einfache Pausen/Aufnahme-Leitung bzw. Buchse (zumeist auf der Rückseite). Über ein dort angeschlossenes Kabel kann der Zuspielrekorder (oder das Schnittpult) das Aufnahmegerät auch ohne Infrarot-Signal steuern. So ein Kabel bzw. Anschluss ist v. a. dann nützlich, wenn man direkt von Videorekorder zu Videorekorder (ohne Hilfe eines PCs bzw. Schnittpults) überspielen will. Da viele hochwertige Rekorder oder Camcorder einfache Schnittsteuerungs-Computer bereits selbst eingebaut haben, ist das eine interessante Alternative für „kleinere" Projekte.

Sind also Zuspieler, Schnittpult und Aufnahme-Rekorder kompatibel, ermöglicht schon die analoge, lineare Videobearbeitung am PC erstaunliche Möglichkeiten bzw. Komfort. Per Software können beliebige Szenen für die Überspielung über Anfangs- und Endpunkte definiert werden. Unerwünschtes Material wird so herausgeschnitten. Obwohl beim analogen Schnitt das eigentliche Videosignal nicht mit dem PC „in Berührung kommt" (es wird nicht digitalisiert), können dennoch mit entsprechenden Geräten (wie dem miroVIDEO Studio 400) schon Ein- bzw. Ausblendungen und Beschriftungen eingefügt werden. Auch eine Nachvertonung ist möglich; der Ton kann über die Soundkarte vom PC auf den Aufnahme-Rekorder eingespielt werden.

Hinweis: Normalerweise reicht für den analogen Videoschnitt ein einfacher PC und es ist kein zusätzlicher Speicherplatz für die Videodaten notwendig. Die Videodaten gelangen ja nicht in den PC, sondern werden lediglich gesteuert von Rekorder zu Rekorder übertragen. Das miroVIDEO Studio 400 stellt hier aber eine Art Übergangslösung dar, weil eine stark komprimierte Miniatur-Version des Videosignals auf die Festplatte gespeichert wird (ca. 150 MByte/Stunde). Dieses stark komprimierte Video dient zur leichteren Kontrolle und Steuerung am PC, wird aber nicht in den Signalstrom beim Überspielen eingemischt. Jedoch kann man mit dem Gerät Einzelbilder auch mit hoher Auflösung und Qualität auf dem PC einfangen („capturen") oder das stark komprimierte Video für Multimedia-Präsentationen verwenden.

Wenn das Videomaterial nicht nur geschnitten und mit den genannten, „einfachen" Effekten bearbeitet, sondern weitreichender „manipuliert" werden soll, ist eine **nicht lineare, digitale Videobearbeitung** notwendig. Absolut notwendig ist dieses Verfahren außerdem immer dann, wenn Sie Videos für Multimedia-Anwendungen am PC (Präsentationen, Video-CD, -DVD etc.) benötigen. Wesentliche Grundlage dafür ist eine spezielle →Videokarte wie die miroVIDEO DC 10 bzw. DC 30 oder die AV-Master von Fast, die das Videosignal auf die Festplatte digitalisiert. Wer die bereits digital vorliegenden Videodaten eines DV-Camcorders verlustfrei am PC bearbeiten will, muss spezielle, derzeit noch sehr teure DV-Videokarten kaufen (wie die DV-Master von Fast). Die Preise für „normale" Videokarten, die also ein analoges Videosignal digitalisieren (z. B. AV-Master, miroVIDEO DC 30), liegen aber auch bei rund 500-1.000 DM (Stand 10.99). Dabei ist es unbedingt ratsam, eine Videokarte für den →PCI-Bus zu kaufen, weil die riesigen Datenmengen beim Digitalisieren sonst kaum vernünftig übertragen werden können. Karten für den ISA-Bus, wie etwa die MovieMachine von Fast, gibt es aber kaum noch.

Tipp: Einen besonders günstigen und dennoch oft leistungsfähigen Einstieg in die nicht lineare, digitale Videobearbeitung ermöglichen Grafikkarten mit integrierter Video-Digitalisierungs-Funktion. Für manche Grafikkarten kann man auch ein Video-Modul zum Aufrüsten kaufen (z. B. Matrox Rainbow Runner). Auf richtigen „Kombikarten" sind dagegen alle Grafik- und Videofunktionen voll integriert, wie z. B. bei der Matrox Marvel (*www.matrox.com*). Für ca. 400 DM hat man so einen preiswerten Einstieg und benötigt außerdem keinen zusätzlichen PCI-Steckplatz (Stand 8.99). Bei der Wahl einer Video- oder Kombikarte ist aber noch zu beachten, dass der Ton zumeist separat über die Soundkarte des PCs digitalisiert werden muss. Das kann bei längeren Videosequenzen zum asynchronen auseinander laufen von Bild und Ton führen. Nur teure Karten (AV-Master, miroVIDEO DC 30) digitalisieren den Ton „lippensynchron" direkt selbst.

Um die Datenmenge in Grenzen zu halten, muss das Videobild bei der Digitalisierung komprimiert werden. Die gängige Komprimierungsmethode dabei ist →M-JPEG; nicht zu Verwechseln mit →MPEG. Um ein Video in hoher Qualität (S-Video) zu speichern, wird außerdem eine schnelle und große Festplatte benötigt. Ein 10-Minuten-Film belegt dann rund zwei GByte Festplattenplatz. Der Bearbeitung abendfüllender Spielfilme sind also leicht Grenzen gesetzt. Damit das Video ohne Bildverluste aufgezeichnet und ruckelfrei wiedergegeben werden kann, ist außerdem eine möglichst schnelle Festplatte notwendig. Früher gab es dafür spezielle AV-Festplatten, bei denen die thermische Kalibrierung so eingestellt war, dass es nicht zu einem Abreißen des Datenstroms kam. Die meisten heutigen Festplatten sind aber so schnell, dass keine speziellen Techniken mehr notwendig sind.

Liegt das Video erst einmal auf der Festplatte vor, sind die Vorteile des nicht linearen Videoschnitts vielfach. Zuerst kann natürlich direkt (nicht linear) auf jedes Bild im Film zugegriffen werden. Da das Material über den Videoausgang der Karte wieder vom PC abgespielt werden kann, benötigt man auch nur einen Rekorder, der zuerst z. B. als Zuspieler und dann als Aufnahmegerät dienen kann. Schade ist, dass v. a. in Deutschland aus finanziellen Gründen (erhöhte Abgaben für die Verwertungsgesellschaften) Camcorder zumeist keine Video-In-Buchsen haben. Nur wenige Rekorder bilden davon eine Ausnahme. Interessant wäre dies v. a. bei den teuren DV-Camcordern, da man deren hohe Qualität so auch zur Archivierung des fertig bearbeiteten Signals verwenden könnte. Auf der anderen Seite schont man die empfindlichen Laufwerke der Camcorder durch die Verwendung eines robusten Hi8- oder SVHS-Aufnahmerekorders.

Das digitale Videomaterial auf der Festplatte lässt sich mit nur allen erdenklichen Methoden, die der PC bzw. entsprechende Software zur Verfügung stellt, bearbeiten. Das beginnt mit einfachen Ein- und Ausblendungen, geht über Beschriftung und Nachvertonung bis hin zur Mischung unterschiedlicher Videodaten zu einem gemeinsamen Film. Natürlich sind auch Konvertierungen in verschiedene Videoformate bzw. Auflösungen möglich. Entsprechende Videobearbeitungsprogramme gibt es zahlreich, am bekanntesten und leistungsfähigsten sind **Ulead Media Studio** und **Adobe Premiere**.

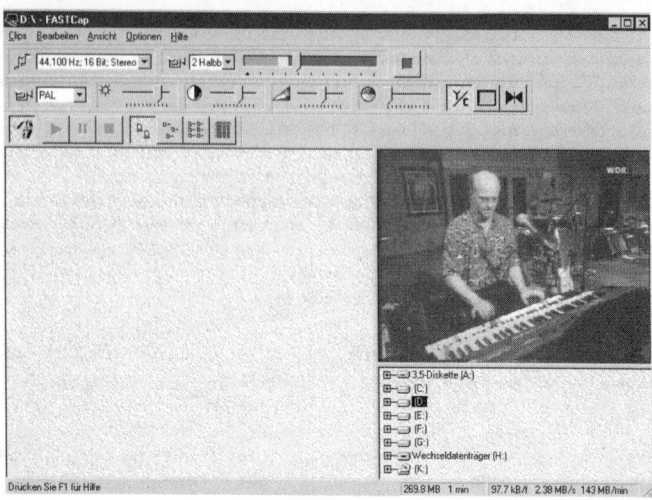

Digitalisierung eines Videos mit der AV-Master-Videokarte

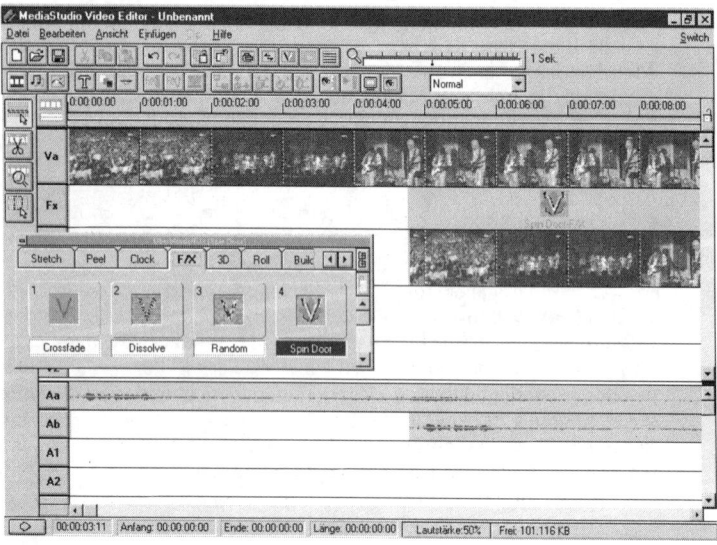

Mit einer entsprechenden Software wie dem Ulead Media Studio können Videos geschnitten und mit Effekten versehen werden

Tipp: Überblendungen zwischen zwei Videosignalen sind bei der Videobearbeitung nicht ganz so einfach zu erreichen. Schließlich müssen Sie prinzipiell zwei Zuspieler bzw. Quellen haben und diese gemischt zum Aufnahmegerät übertragen. Bei der analogen Schnittsteuerung benötigen Sie daher auf jeden Fall zwei Zuspielgeräte und ein Schnittpult, das zwei Anschlüsse hat und die Rekorder auch entsprechend steuern kann. Beim digitalen, nicht linearen Schnitt können Sie dagegen leicht in einem Projekt zwei (oder mehr) digitalisierte Videodateien auf der Festplatte mischen bzw. überblenden. Lediglich die Software muss das Arbeiten mit mehreren Videodateien unterstützen (was üblich ist). Und beide Videos müssen natürlich zuvor vom Zuspielrekorder digitalisiert worden sein.

Zu beachten ist allerdings, dass alle Veränderungen bzw. Effekte, die in das Video eingebunden werden sollen, erst noch von der Software berechnet werden müssen. Ein schneller PC und ein großzügig dimensionierter Arbeitsspeicher verkürzen die oft langen Wartezeiten ungemein. Und um die beiden Schnittvarianten (analog/digital) zu verbinden, gibt es z. B. von der Firma Como spezielle Schnittsteuergeräte, die mit Videokarten (bei Como mit der FAST AV-Master) zusammenarbeiten. So kann man die Vorzüge der digitalen Videobearbeitung mit der analogen Schnittsteuerung kombinieren.

Video-CD

Das 1993 veröffentlichte White Book spezifiziert das Format der Video-CD, die in den Sektoren gemäß →CD-ROM/XA Form 2 →MPEG-kodierte Video- und Audiodaten für 74 Minuten enthält. Für Video-CDs werden Filme im MPEG-1-Standard mit 352 x 240 Punkten bei 30 Bildern pro Sekunden verwendet. Da der Kompressionsgrad mit MPEG-1 bei der Aufnahme variable eingestellt werden kann, sind theoretisch Bandbreiten von 0,8 bis 5 MBit/sec. möglich. Ab 1,5 MBit erreicht die Qualität in etwa →VHS-Niveau. Ab 2,5 und aufwärts erzielt man mit einem guten →Encoder S-VHS-Qualität. Für die Verwendung auf Video-CDs ist jedoch die Bandbreite bzw. Qualität der MPEG-Filme auf 1,5 MBit begrenzt bzw. standardisiert. Wenn man also selbst MPEG-1-Filme erzeugen will, um diese anschließend auf eine Video-CD zu brennen, muss man beim Encodieren darauf achten, dass man die korrekte Bandbreite einstellt.

Der Nachfolger des Video-CD-Standards heißt →DVD. Auch hier können MPEG-1-Filme von 1,5 bis 3,5 MBit verwendet werden; entsprechend ist ein DVD-Player auch in der Lage, Video-CDs wiederzugeben. Üblicherweise wird für DVD aber im hochwertigeren MPEG-2-Format encodiert. Dabei werden die Filme mit einer Auflösung von 720 x 480 Punkten und 60 Bildern pro Sekunden digitalisiert. MPEG-2-Filme sind nicht automatisch immer besser als MPEG-1, es hängt letztendlich auch hier von der benutzten Kompressionsstärke bzw. Bandbreite ab. Bei 3 MBit/sec sind MPEG-2-Filme von schlechterer Qualität als gute MPEG-1-Filme. Die Bandbreite reicht bis 9,8 MBit, ab 4 MBit erreicht man gute Qualität, ab 6 MBit wäre sie geeignet für eine Fernsehausstrahlung (Broadcast Quality).

Video-Grabbing

Per Video-Grabbing lassen sich Standbilder oder bewegte Bilder beispielsweise von einer Fernseh- oder Videoquelle mit dem Computer digitalisieren und abspeichern, um nachbearbeitet zu werden. Zum Video-Grabbing wird eine so genannte Framegrabber-Karte gebraucht (→Framegrabber). Die Firma Logitech bietet ein hochwertiges Framegrabber-Modul unter dem Namen Snappy an, das auf der parallelen Schnittstelle des PCs aufgesetzt wird und die Einzel-Bilder einer Videoquelle in entsprechende Grafikdateien auf dem PC abspeichert. Außerdem können Sie mit den meisten →Fernsehkarten und →Videokarten Einzelbilder oder auch Videosequenzen einfangen. Siehe auch →Videobearbeitung.

Videokamera [video camera]

Mit einer Videokamera werden Bild- und Tonaufnahmen auf das Magnetband einer Videokassette aufgezeichnet. Mit einem →Videorekorder können die Aufnahmen später wieder abgespielt werden. Mit Hilfe des →Video-Grabbing können die Bilder später im Computer weiterverarbeitet werden. Videokameras gibt es mittlerweile in verschiedensten Systemen und Leistungsklassen auf dem Markt. Vielversprechend ist inbesondere das 1996 von Sony zur Marktreife gebrachte Digital-Video-Format (→DV), mit dem kleine, handliche Videokameras mit Studio-Qualität zu akzeptablen Preisen hergestellt werden können. In Verbindung mit einem Digital-Ausgang (noch nicht auf jeder DV-Kamera vorhanden) und einer entsprechenden →Videokarte für den PC können so hochwertige Videobearbeitungen am PC durchgeführt werden (→Videobearbeitung).

Videokarte [video card]

Der Begriff „Videokarte" wurde früher z. T. auch als Synonym für die →Grafikkarte im →PC verwendet. Heute werden nur noch solche Steckkarten als Videokarten bezeichnet, die zur Darstellung und/oder Verarbeitung von Videosequenzen am PC dienen. Nachfolgend einige bekanntere Videokarten im Überblick:

FAST DV-Master →PCI-Videokarte mit →DV-Anschlüssen zur komplett digitalen Bearbeitung von Videos.

FAST AV-Master – →PCI-Videokarte mit M-JPEG-Komprimierung und Audio-on-Board-Funktion. S-Video Ein- und Ausgang. Audio-Aufnahme mit bis zu 16 Bit/44 kHz. →Overlay-Funktion ab Treiberversion 1.7.42 mit Grafikkarten, die Overlay-fähig (Direct Draw) sind.

FAST FPS 60 – →ISA Videokarte mit M-JPEG-Komprimierung. S-Video Ein- und Ausgang. →Overlay-Funktion.

FAST Movie-Machine II – →ISA Videokarte mit TV-Tuner und →Overlay-Funktion. Durch Zusatzmodule erweiterbar (M-JPEG oder MPEG).

miroVIDEO DC 30 – →PCI Videokarte mit M-JPEG Komprimierung und Audio on Board. →Overlay-Funktion.

Per →Overlay-Technik kann das Videobild in das eigentliche Bild der Grafikkarte eingeblendet werden. Damit ist es also möglich, direkt am Computerbildschirm Videosequenzen von externen, analogen Quellen zu betrachten. Einige Karten können mit der M-JPEG-Komprimierung die Videosequenzen digitalisieren und auf der →Festplatte zur weiteren Bearbeitung speichern. Vergleiche auch →Videobearbeitung.

Videokonferenz [video conference]

Mit Hilfe geeigneter Zusatzgeräte (Videokamera etc.) und Programme kann man den PC für Videokonferenzen nutzen, also für die direkte Ton- und

Bildkommunikation zwischen mehreren Personen. Die Daten werden dabei über zumeist über das öffentliche ISDN-Telefonnetz (→ISDN) ausgetauscht. Die mittlerweile auf dem Markt angebotenen Videokonferenzsysteme haben neben der reinen Face-to-face-Kommunikation (Bildtelefonie) noch weitere Funktionen zu bieten:

– die Möglichkeit von Konferenzteilnehmern, gemeinsam an einem Dokument zu arbeiten (dies wird als **Document Sharing** oder auch **Joint Viewing** bezeichnet).

– die Möglichkeit von Konferenzteilnehmern, gemeinsam eine Anwendungssoftware zu bedienen (**Application Sharing** oder auch **Collaborative Computing**)

– die gemeinsame Nutzung eines sog. **Whiteboard**, einer Art Notizblock

– Übertragung von Dateien (File Transfer)

Um an einer ISDN-Videokonferenz teilnehmen zu können, benötigen Sie die folgenden Komponenten:

– Videokamera

– Kopfhörer mit Mikrofon

– ISDN-Karte

– eine sog. Codec-Karte zur Kodierung und Dekodierung der Video- und Audiodaten

– Kommunikationssoftware

– zusätzlich können Sie für das Anzeigen von Dokumenten noch eine spezielle Dokumenten-Kamera einsetzen

Im Bereich der Videokonferenzen hat der Standard **H.320** große Bedeutung. Er regelt die Übertragung von Bild- und Toninformationen und sorgt dafür, dass zumindest die Kompatibilität der Bildtelefonie weitgehend gewährleistet ist. Probleme gibt es noch bei der Vereinheitlichung der Datenübertragung im Rahmen einer Videokonferenz, die Funktionen wie Document Sharing oder Application Sharing ermöglicht. Bei der Datenübertragung setzt sich aber mittlerweile der ITU-Standard **T.120** durch.

Videorekorder [video cassette recorder, VCR]

Der klassische Videorekorder wurde zuerst für den Heimbedarf sowie zu Unterrichtszwecken entwickelt. Er benutzte zur Aufzeichnung von Bildern die analoge Speicherung auf einem Magnetband im Schrägspurverfahren.

Ursprünglich gab es verschiedene Systeme: VIDEO 2000, Betamax und VHS (**V**ideo **H**ome **S**ystem), von denen nur VHS überlebte. Der Boom der Videokameras und Heim-Videobearbeitung dürfte die Hauptursache für die Entwicklung und Markterfolge neuer Systeme mit höherer Qualität wie Hi8, S-VHS und seit kurzem auch **D**igital-**V**ideo (→DV) sein.

Tipp: Beim Kauf eines neuen, hochwertigeren Videorekorders sollten Sie jetzt evtl. auf →SVHS umsteigen. Denn die Preise für SVHS-Rekorder sind insbesondere durch eine Offensive mit neuen, attraktiven Geräten des Herstellers JVC stark gerutscht. Einsteiger-Modelle bekommt man schon um die 800 DM. Der Qualitätsunterschied gegenüber dem Standard-VHS ist schon beachtlich, die Geräte sind bestens zum Videoschnitt (→Videobearbeitung) geeignet und außerdem abwärtskompatibel zu VHS.

Video-Schnittgerät [video editor, video cut unit]

Das Video-Schnittgerät ist ein Gerät zur Nachbearbeitung von Videoaufnahmen. Es ermöglicht u. a. die nachträgliche Einfügung von Blenden und Titeln sowie die Abmischung von Audiosignalen. Gegenüber älteren Geräten sind die neueren in puncto Bedienung und Komfort deutlich verbessert worden. Ein weiterer Vorteil der aktuellen Entwicklung ist die Zusammenfassung mehrerer Funktionen in einem Gerät. Manches Video-Schnittgerät verfügt über einen Anschluss an einen →PC (vgl. →Videobearbeitung).

Videotext [teletext]

Videotext ist die Bezeichnung für textorientierte Zusatzinformationen, die in der so genannten →**Austastlücke** des Fernsehsignals übertragen werden. Im nichtdeutschen Sprachraum hießt dieser Informationsdienst **Teletext**. Zum Empfang ist ein Videotext-Dekoder notwendig, der derzeit in quasi allen neuen Fernsehern eingebaut ist. Auf dem PC lässt sich Videotext mit Hilfe einer →Fernsehkarte nutzen.

Mit Videotext übertragen die Fernsehsender Nachrichten, Programm- und Wetter-Informationen, Sportergebnisse und vieles andere mehr. Videotext ist nicht mit **Videotex** (internationaler Begriff für Bildschirmtext, in Deutschland Btx bzw. Datex-J) oder **Teletex** (digitaler Fernschreiberdienst, Nachfolger von Telex) zu verwechseln. Die Austastlücke lässt sich auch für die Übertragung beliebiger, digitaler Daten verwenden, was sich der Dienst →Channel Videodat zunutze macht.

Vierfarbdruck/-separation [four color printing]

Der Vierfarbdruck ist das gängige Druckverfahren, um Bücher oder Zeitschriften mit realistischen Farben z. B. für die Darstellung von Fotos zu produzieren. Allein durch Verwendung der vier Grundfarben Türkis, Pink, Gelb und Schwarz, (englisch **C**yan, **M**agenta, **Y**ellow, Blac**K** = CMYK; K wird manchmal auch als **K**ontrast bezeichnet), die schrittweise nacheinander gedruckt werden, können über 16 Millionen Farbnuancen erzeugt werden (subtraktive Farbmischung). Halbtöne werden dabei durch Rasterung simuliert, die durch eine entsprechend hohe Auflösung der Druckmaschinen vom menschlichen Auge aus normaler Lesedistanz nicht mehr als solche erkannt wird (siehe →Halbton-Verfahren und →Lpi).

Um eine im Computer vorliegende Datei (z. B. ein Foto) für den Vierfarbdruck aufzubereiten, muss zuvor eine Auftrennung nach den vier Grundfarben CMYK durchgeführt werden, was als **Vierfarbseparation** bezeichnet wird. Für eine Vierfarbseparation wurden früher spezielle Programme verwendet, heute beherrschen dies viele Grafik- und DTP-Programme selbst. Da der Computer nach dem additiven RGB-Farbmodell (**R**ot, **G**rün, **B**lau) arbeitet, müssen alle Dateien vor der Separation erst in den CMYK-Farbraum umgerechnet werden. Schwarz dient dabei für die zusätzliche Tiefenzeichnung, erhöht also den Kontrast. Anschließend splittet das Computerprogramm die Datei in seine jeweils vier Farbanteile auf und erzeugt für jeden von diesen eine eigene Druckdatei. Für jede Druckdatei wird anschließend im so genannten Offset-Druck wiederum ein eigener Belichtungsfilm hergestellt, der dann zur Herstellung der vier entsprechenden Druckplatten dient (je eine pro Farbkanal). Das Druckpapier wird schließlich in vier Schritten und nacheinander mit jeder Farbe einzeln bedruckt. Die Übereinanderlagerung der einzelnen Druckpunkte ergibt schließlich den fertigen, realistischen Bildeindruck.

Vines (Virtual Network Services)

Das →Netzwerkbetriebssystem Vines von **Banyan** basiert auf dem UNIX-System V von →AT&T und erlaubt – wie alle Netzwerkbetriebssysteme – den Datenaustausch sowie die gemeinsame Benutzung von →Betriebsmitteln und Anwendungen. Vines ist von Anfang an auf größere Netzwerke ausgelegt. Vines erlaubt die Koexistenz unterschiedlicher Hardware, Übertragungsmedien, Topologien und Zugriffsmethoden. Eine beliebige Anzahl von Servern kann zu einem virtuellen Netz zusammengefasst werden, die im LAN auf einen engen räumlichen Bereich konzentriert oder im WAN weit verteilt sind. In jedem Fall erscheinen alle Netzwerkdienste dem Nutzer lokal. Er braucht sich – dank dem globalen Namens- und Adressierungssystem Streettalk – keine Gedanken zu machen, wo diese Dienste erfüllt werden und wie die Verbindung dorthin logisch oder physisch erfolgt. Eine derartige Virtualisierung ist bei Novell →NetWare erst mit den NetWare Directory Services (NDS) der Version 4.0 möglich.

VIP-Board (Vesa ISA PCI)

Mit dieser Bezeichnung wurden mittlerweile stark veraltete →Mainboards bezeichnet, die sowohl Steckplätze für den Vesa Local Bus als auch für ISA Bus und PCI-Bus besaßen. Während bei „normalen" Rechnern etwa aus dem Zeitraum 1993/1994 entweder nur der Vesa Local Bus oder der PCI-Bus mit dem herkömmlichen ISA-Bus kombiniert wurden, hatte man bei diesen Boards neben zwei PCI-Steckplätzen noch einen Vesa Local Bus-Steckplatz. Derartige Systeme (z. B. das bekannte Asus SP3-Board) wurden entwickelt, damit man bei der Aufrüstung seines alten Computers mit einem VIP-Board seine alten Vesa-Steckkarten (zumeist eine Vesa-Grafikkarte) weiter verwenden konnte. Der Nachteil dieser Lösung lag darin, dass bei Nutzung einer VL-Grafikkarte der gesamte PCI-Bus auf die langsamere Geschwindigkeit des VL-Bus reduziert wurde.

Virtuelle Adresse [virtual address]

Eine virtuelle Adresse ist der Spezialfall einer →logischen Adresse und dient zur Adressierung von →virtuellem Speicher. Der →Arbeitsspeicher eines Rechners wird durch Auslagerung von Speicherinhalten auf →Massenspeicher virtuell vergrößert.

Virtuelle Realität [virtual reality]

Unter virtueller Realität versteht man von Computern künstlich erzeugte (virtuelle), dreidimensionale Objekte (Personen, Gegenstände, Landschaften) und Abläufe; ein anderer Begriff dafür ist **Cyberspace**. Die Erschaffung und Nutzung künstlicher Welten mit dem Computer wurde erst durch moderne Prozessoren, Programme und Geräte möglich. Anwender können mit speziellen Geräten wie z. B. →Datenhandschuh, Datenanzug oder Datenhelm (siehe →Head mounted display) in die virtuelle Realität des Rechners eingebunden werden und mit dieser interaktiv kommunizieren. Die virtuelle Realität dient vor allem der Simulation von realen Situationen; sie wird daher z. B. für Flugsimulatoren und medizinische Anwendungen, aber auch in **Computerspielen** eingesetzt.

Virtueller Speicher [virtual/swap memory]

Das Konzept des virtuellen Speichers ist ein Merkmal moderner →Betriebssysteme und wird im Bereich der →Großrechner und der mittleren Datentechnik bereits seit Jahren angewandt. Der Grundgedanke besteht darin, den begrenzten →Arbeitsspeicher durch Auslagerung von aktuell nicht benötigten Teilen des Programmcodes und der Datenbestände auf die →Massenspeicher virtuell zu vergrößern. Ist nicht genügend Speicher vorhanden, versucht das System, mehr Speicher zur Verfügung zu stellen, indem die am längsten nicht benutzten Daten- und Programmbereiche in eine so genannte →Auslagerungsdatei geschrieben werden (swapping oder swap out). Die Bereiche der Auslagerungsdatei werden nur dann in den Arbeitsspeicher zurückgeholt (swap in), wenn sie benötigt werden. Durch die Auslagerung können die Anwendungen mehr Speicher verwenden, als real verfügbar ist.

Das Design der PC-Prozessoren ab der 386er Klasse unterstützt das Konzept des virtuellen Speichers, sodass es Eingang in den PC-Bereich finden konnte. Ein Beispiel der Realisierung von virtuellen Speicher ist die Auslagerungsdatei von →Windows. Nur mit Hilfe des Konzepts des virtuellen Speichers sind speicherintensive Anwendungen und Multitasking auf PCs mit geringem Arbeitsspeicher möglich. Unter Windows 3.x wurde die Auslagerungsdatei in der Systemsteuerung aktiviert, wobei eine permanente Auslagerungdatei einer temporären vorzuziehen war. Diese sollte außerdem als Faustregel etwa dreimal so groß wie der vorhandene Arbeitsspeicher sein. Auch unter Windows 95/98 ist die Erzeugung einer permanenten Auslagerungsdatei möglich, man muss hierzu nur die minimale und maximale Größe der Datei in der Systemsteuerung auf einen identischen Wert einstellen (vergleiche →Auslagerungsdatei).

Virtuelles Laufwerk [virtual drive]

Als virtuelles Laufwerk wird eine →RAM-Disk bezeichnet, weil der dafür verwendete Teil des Arbeitsspeichers durch den →Treiber gegenüber dem →Betriebssystem wie eine →Festplatte dargestellt wird. Virtuelle Laufwerke sind sehr schnell, da der →PC auf die →Daten im →Arbeitsspeicher wesentlich schneller als auf die einer Festplatte zugreifen kann. Bei der Arbeit mit einem virtuellen →Laufwerk sollte man jedoch beachten, dass die gespeicherten Daten beim Beenden des Betriebssystems bzw. Ausschalten des PCs verloren gehen. Darüber hinaus wird ein Teil des Arbeitsspeichers belegt, der eventuell sinnvoller durch Betriebssystem-Funktionen genutzt werden könnte.

VLSI (Very Large Scale Integration)

Die Bezeichnung VLSI (Abk. f. sehr hohe Integration) ist die Bezeichnung für ein Integrationsniveau von Chips. Die Stufen der Integration sind:

– LSI (Large Scale Integration) im engeren Sinne:
1.000-10.000 Transistorfunktionen pro →Chip
– VLSI (Very Large Scale Integration):
10.000-1.000.000 Transistorfunktionen
– →ULSI (Ultra Large Scale Integration):
1.000.000-100.000.000 Transistorfunktionen
– GLSI (Giant Large Scale Integration):
mehr als 100.000.000 Transistorfunktionen

Vobis

Vobis (lat. = für euch) ist einer der größten deutschen Computerhändler mit flächendeckender Ladenkette in Deutschland. Das Unternehmen wurde von Theo Lieven in Aachen gegründet, der Vobis in den Metro-Konzern eingliederte und sich schließlich Ende 1996 aus dem Vorstand verabschiedete. Neben PCs der Marke Highscreen vertreibt Vobis auch Geräte und Zubehör anderer Hersteller sowie z. T. →Macintosh-Rechner.

Aufgrund immer mehr sinkender Umsätze bzw. geringer Gewinnspannen verkaufte der Metro-Konzern Vobis 1998 in Teilen. Die Produktionsanlagen in Aachen gingen an den Computer-Hersteller Maxdata über, der auch für die Vobis-Filialen weiter produziert. Das Filialennetz wird unter neuer Geschäftsführung und mit verschiedenen Franchising-Partnern weitergeführt.

Voice mail [mündliche Nachricht]

Mündliche Nachrichten lassen sich auch in Form einer Datei über ein Netz (oder auf Datenträger) an andere Benutzer verschicken, man spricht dann von voice mail (siehe auch →Netzwerk).

Voice Modus [Sprachmodus]

Der Voice Modus ist eine spezielle Betriebsart eines Modems, in der das →Modem (mit Lautsprecher und Mikrofon ausgestattet) in Zusammenarbeit mit dem PC und einer geeigneten Software als Anrufbeantworter oder als Voice-Mailbox (ferngesteuerter Ansagedienst mit einer Baumstruktur) arbeitet.

Vollbild [full screen view]

Vollbild heißt eine Darstellungsform grafischer Benutzeroberflächen, bei der die →Fenster den gesamten zur Verfügung stehenden Bildschirmplatz einnehmen. Da Fenster in ihrer Größe immer frei skalierbar sind, können sie in verschiedenen Größen dargestellt werden, die Vollbild-Darstellung ist nur eine von verschiedenen Möglichkeiten. Das Fenster eines Anwendungsprogramms kann z. B. zu einem Sinnbild (Symbol) verkleinert oder in verschiedenen Stufen bis hin zum Vollbild vergrößert werden.

Volltext-Datenbank

Als Volltext-Datenbank wird eine →Datenbank bezeichnet, deren →Datenfelder unstrukturierten Text aufnehmen können. Dabei sind die zu verwaltenden Texte keinen Beschränkungen, z. B. hinsichtlich der Länge, unterworfen.

Volume label [Laufwerkname]

Volume label ist die englische Bezeichnung für den Namen, den ein →Betriebssystem wie →MS-DOS oder →Windows jedem logischen →Laufwerk einer →Festplatte bzw. jedem wechselbaren →Datenträger zuordnet.

von-Neumann-Rechner

Im Jahre 1964 definierten John von Neumann (siehe →Neumann, John von) und andere die grundlegende Architektur der meisten noch derzeit verwendeten Computersysteme (so genannte von-Neumann-Rechner):

– Rechner sind in räumlich getrennte, funktionell unterschiedliche Bausteine strukturiert: Steuereinheit, Recheneinheit, interner Speicher und periphere Einheiten.

– Der interne Speicher ist in Zellen unterteilt, denen fortlaufende natürliche Zahlen als Adressen zugeordnet werden können.

– Jede Speicherzelle kann je eine Informationseinheit aufnehmen.

– Zur Darstellung von Befehlen und Daten wird das Dualsystem verwendet.

– Befehle und Daten stehen im selben internen Speicher.

– Aufeinander folgende Befehle stehen in Speicherzellen mit aufeinander folgenden Adressen.

– Befehle werden sequenziell abgearbeitet.

– Die Sequenz der Abarbeitung kann durch unbedingte oder bedingte Sprünge unterbrochen werden.

Voodoo-Karte

Der Voodoo-Prozessor der Firma **3Dfx** entwickelte sich 1997 kurzfristig zu einem Quasistandard bei 3-D-Karten für Computerspiele. Bis Anfang 1999 kam kein anderer Prozessor an seine Leistungen bzw. des Nachfolgers Voodoo II heran. Mittlerweile haben aber andere Hersteller, allen voran Nvidia mit seinen Riva-Prozessoren, aber auch ATI und Matrox mit ihren neuesten Karten wieder aufgeholt (vergleiche →3-D-Grafikkarten). Durch extrem kurze Entwicklungszeiten von 3-6 Monaten ändert sich die Position um das Rennen der Marktanteile aber immer wieder sehr kurzfristig.

Der Voodoo-Prozessor der ersten und zweiten Generation (Voodoo I und II) wurde fast nur auf speziellen 3-D-Zusatzkarten (3-D-Addon-Karten) verwendet, die parallel zu einer normalen Grafikkarte in den PC eingebaut wurden und nur bei Computerspielen die 3-D-Darstellung übernehmen. Dabei wurde das Bild der eigentlichen (2-D-)Grafikkarte unter Verwendung eines speziellen Kabels (→**Loop through cable**) durch die Voodoo-Karte durchgeschleift. Bei Aktivierung der 3-D-Funktionen wurde die Grafikkarte deaktiviert und die Voodoo-Karte eingeschaltet. Während der normalen Arbeit unter Windows blieb sie also ausgeschaltet. Lediglich das Loop-Through-Kabel kann bei hohen Auflösungen die Bildschärfe leicht beeinflussen.

Genauso wichtig wie die hohe Geschwindigkeit des Voodoo-Prozessors war 1997 und 1998 aber, dass die meisten Spielehersteller die Programmier-schnittstelle **Glide** des Chips direkt unterstützten und daher die Bildqualität von Computerspielen hier am besten war (vergleiche →3-D-Grafikkarten). Dennoch bot 3Dfx für seine Karten parallel zu Glide auch immer eine Unterstützung für DirectX an. Mittlerweile ist die Bedeutung von Glide stark zurückgegangen und DirectX als Standard akzeptiert. Dies liegt zum einen daran, dass DirectX mittlerweile mehr Funktionen als Glide unterstützt. Gleichzeitig wissen die Hersteller aber auch, dass ihre Spiele mit DirectX auf allen am Markt befindlichen Grafikkarten und nicht nur auf Voodoo-Karten laufen.

Den Voodoo-Prozessor gab es in mehreren Varianten: den **Voodoo I**, der 1997 auf den Markt kam und auf den ersten 3-D-Zusatzkarten z. B. von Diamond (Diamond Monster 3D) oder →Miro verwendet wurde. Sein Ableger, der **Voodoo-Rush** war der erste Versuch von 3Dfx, einen Prozessor zu bauen, der gleichzeitig auch noch 2-D-Funktionen bot und daher für den Bau einer kompletten Grafikkarte verwendet werden konnte. Da er jedoch nicht völlig kompatibel zum Voodoo I war und außerdem in seiner Leistung nicht überzeugte, waren die wenigen Grafikkarten mit dem Voodoo-Rush kein Markterfolg.

Der weiterentwickelte **Voodoo II** des Jahres 1998 setzte auf dem 3-D-Markt wiederum Maßstäbe und wurde weiterhin nur in 3-D-Zusatzkarten eingebaut. Neben der ca. verdoppelten Geschwindigkeit gegenüber dem Vorgänger ist hervorzuheben, dass zwei Voodoo-II-Karten zusammengeschaltet werden können und sich so in ihrer Leistung ergänzen. Damit kann nicht nur die Bildrate (Framerate) erhöht werden, sondern v. a. auch die Auflösung auf 1.024 x 768 Punkte. Im Gegensatz zum Vorgänger, der nur bis 640 x 480 Punkten Auflösung arbeiten konnte, unterstützt eine einzelne Voodoo-II-Karte jedoch immerhin schon eine Auflösung von 800 x 600, was auch wiederum die Bildqualität der Computerspiele stark verbessert.

Eine typische Voodoo-II-Karte von der Firma →Miro. Rechts von den drei mit 3Dfx gekennzeichneten Hauptprozessoren liegen die Speicherchips für 12 MByte

Die aktuelle Entwicklung von 3Dfx ist der **Voodoo-III-Prozessor**. Er ist wie der Banshee ein vollwertiger Grafikprozessor mit zusätzlich integrierten 2-

D-Funktionen. Da 3Dfx 1998 auch noch den amerikanischen Grafikkarten-Hersteller STB gekauft hat, wird der Voodoo-III-Prozessor jetzt nicht mehr auf einer Zusatzkarte, sondern einer vollwertigen Grafikkarte verwendet. Entsprechende Karten gibt es bisher auch nur von STB. Der Voodoo III ist in seiner 3-D-Performance noch mal überarbeitet worden, bringt jedoch keine wesentlichen neuen Entwicklungen. Einige Funktionen wie hochauflösende Texturen von modernen Spielen werden z. B. auch gar nicht unterstützt. Außerdem kann der Chip nur maximal 16 MByte Speicher verwalten und mit 16 Bit Farbtiefe arbeiten. Die Konkurrenz bietet hier teilweise doppelte Leistung, sodass es nicht verwundert, dass der Voodoo III seine Vormachtstellung am Markt verloren hat.

> **Tipp:** Wenn Sie sich noch den Kauf einer Voodoo-II-Karte zum Aufrüsten Ihres Rechners überlegen, sollten Sie bedenken: Der einstmals große Vorteil, die alleinige Unterstützung der Glide-Schnittstelle, ist nur für alte Spiele relevant, die speziell für den Voodoo-Prozessor programmiert waren. Moderne Spiele arbeiten dagegen mit DirectX, sodass dieser Vorteil verloren gegangen ist. Wichtig ist außerdem ein eventueller TV-Ausgang, damit Sie das Bild auf einen großen Fernseher ausgeben können. Der Spaßeffekt ist wesentlich größer. Jedoch sollte der TV-Ausgang einen guten Flickerfilter haben, da sonst die Bildqualität auf dem Fernseher unbefriedigend sein kann. Außerdem sollten Sie eine Karte mit mindestens 12 MByte Arbeitsspeicher nehmen. Voodoo III-Karten sind im Vergleich zu den aktuellen Modellen von Matrox oder mit Riva TNT-Chips keine gute Empfehlung mehr.

Vorlagen [templates, style sheets]

Als Vorlagen bezeichnet man solche Funktionen in Programmen, mit denen man Daten und/oder Formatierungen für eine spätere Benutzung „vorlegen" kann. Mit Vorlagen kann man immer wieder gleich verwendete Formatierungen und/oder ganze Dokumenttypen (z. B. einheitliche Briefe, Faxe) vordefinieren, um dann zum Zeitpunkt des Bedarfs auf sie zurückgreifen und ein neues Dokument mit ihrer Hilfe schneller und im einheitlichen Layout erstellen zu können.

Man unterschiedet bei den Vorlagen zwei große Gruppen: einerseits die so genannten **Formatvorlagen** [**style sheet**] und andererseits die **Dokument-** bzw. **Mustervorlagen** [**templates**]. Formatvorlagen sind vordefinierbare, speicherbare und mit einem Namen versehene Formatierungseinstellungen, z. B. für einzelne Buchstaben bzw. Wörter (Zeichen-Formatvorlagen) oder ganze Absätze (Absatz-Formatvorlagen). Sie gehören zu den nützlichsten und wichtigsten Funktionen von Anwendungsprogrammen. Die größte bzw. wichtigste Bedeutung haben Sie natürlich für eine →Textverarbeitung, weil sie dort als immense Arbeitshilfe den größten Teil aller Formatierungsaufgaben automatisieren können. Bei →Word für Windows ist die Formatvorlagen-Funktion eine der wichtigsten und mächtigsten des ganzen Programms.

Mit einer Formatvorlage kann man sich z. B. das Aussehen einer Hauptkapitel-Überschrift einmalig definieren (beispielsweise: zentriert, 24 Punkte Arial-Schrift, fett und kursiv, mit Rahmen) und unter dem Namen *Überschrift 1* abspeichern. Will man nun bei der täglichen Arbeit eine Hauptkapitel-Überschrift erzeugen, braucht man nur den eigentlichen Text einzugeben und auf diesen den Formatvorlagen-Befehl zuzuweisen. Die komplette Formatierung übernimmt das Programm daraufhin vollautomatisch, ganz entsprechend den vorher definierten Einstellungen. Das Gegenteil einer Formatierung über Formatvorlagen ist die so genannte **feste Formatierung**, die mit Hilfe der Symbolleisten und/oder Menübefehle einzeln und Schritt-für-Schritt bei jedem Fall erneut ausgeführt wird. Während Formatvorlagen überwiegend von Fortgeschrittenen und Profis verwendet werden (obwohl sie zumeist kinderleicht zu bedienen sind), verwenden Anfänger überwiegend feste Formatierungen.

Wer seine Texte durchgehend über Formatvorlagen definiert, gewinnt gegenüber der herkömmlichen, festen Formatierungen außerdem zwei wichtige Vorteile:

1. Nachträgliches Formatieren wird drastisch erleichtert: Wenn Sie die Definition der Formatvorlage nachträglich ändern, überträgt das Programm diese Einstellungen automatisch auf alle entsprechenden Textstellen. Sie können so in Sekundenschnelle das komplette Layout des Textes spielend leicht ändern.

2. Automatische Programmfunktionen wie Inhaltsverzeichnis, Index-Erzeugung oder Querverweise werden stark erleichtert: Durch die Verwendung von bestimmten, vom Programm vorgegebenen Formatvorlagen können Sie einzelne Textelemente für das Programm klar kennzeichnen. Wichtigster Einsatz sind die Überschriften: Word etwa bietet vorgefertigte Formatvorlagen für Überschriften in neun Ebenen an. An diesen kann die Textverarbeitung später alle Überschriften in einem Dokument von normalem Fließtext und auch in ihrer Hierarchie untereinander (Haupt- und Unterkapitel) unterscheiden und so vollautomatisch ein Inhaltsverzeichnis generieren.

Einen Schritt weiter als die Formatvorlagen gehen die **Muster-** bzw. **Dokumentvorlagen.** Bei ihnen werden nicht nur einzelne Formatierungsanweisungen innerhalb eines Dokuments vordefiniert, sondern gleich komplette Dokumente als Vorlagen für neue eingesetzt. Dokumentvorlagen kann man im Prinzip für alle Typen von Dokumenten verwenden, also Texte, Tabellen, Grafiken, Diagramme usw. Sie spielen aber genau wie die Formatvorlagen v. a. bei Textverarbeitungen eine große Rolle, weil gerade die üblicherweise in Büros anfallenden Schriftstücke wie Briefe, Rechnungen oder Verträge oft einheitlichen Charakter haben. Dokumentvorlagen sind eine Art elektronische Blaupause, denn auf ihrer Basis neu erstellte Dokumente sind eine 1:1-Kopie des Originals, die dann anschließend frei verändert werden kann. Typische Dokumentvorlagen wären z. B. Geschäftsbriefe oder Vorlagen für Telefaxe (**Fax-Vorlage**), die allgemeine Elemente wie Anschrift, Firmen-Logo, Anschriftfeldern für den Empfänger sowie Betreff-Zeilen enthalten. Soll ein neues Dokument erstellt werden, benutzt man die Vorlage als Grundlage des neuen. Alle vorhandenen Elemente werden von dieser Vorlage auf das neue Dokument übertragen, das nur noch mit den spezifischen Daten vervollständigt werden muss. Dokumentvorlagen sparen daher überall dort Zeit und Arbeit, wo Dokumente mit ähnlichen Inhalten und Strukturen verwendet werden.

Vorzeichen [sign]

Jede Zahl besitzt ein – positives oder negatives – Vorzeichen. Die Darstellung von Zahlen im →Computer muss daher auch das Vorzeichen einschließen.

VPN (Virtual Private Network)

VPN ist die englische Abk. f. Virtuelles Privates Netzwerk. Dieser von der Firma →Microsoft geprägte Begriff bezeichnet die Möglichkeit, über ein beliebiges →IP-basiertes Netzwerk (wie beispielsweise das →Internet oder auch ein firmeneigenes →Intranet) einen sicheren Kanal (den so genannten Tunnel) zu einem daran angeschlossenen lokalen Netzwerk (→LAN, Local Area Network) aufzubauen und über diesen Kanal zu nutzen. Auf diese Weise lässt sich z. B. von jedem Interneteinwahlpunkt der Welt aus auf ein an das Internet angeschlossenes LAN zugreifen – eine hilfreiche Einrichtung beispielsweise für Außendienstmitarbeiter: Zumeist findet sich im jeweiligen Ortsnetzbereich ein Einwahlpunkt in das Internet, von dem aus die sichere Verbindung über das Internet zum weiter entfernt liegenden LAN-Server aufgebaut wird. Somit fallen nur lokale Telefonkosten an, unabhängig von der tatsächlichen Entfernung zum Zielnetzwerk.

Anstelle des Internet kann auch jedes andere IP-basierte Netzwerk zum Datentransport genutzt werden. Somit ist es z. B. möglich, einen abgeschlossenen Bereich im lokalen Netzwerk zu schaffen, auf den nur ausgewählte Netzteilnehmer Zugriff haben. Diese können dann über die gesicherte Tunnelverbindung innerhalb des normalen Netzwerks auf den abgeschlossenen Bereich zugreifen.

Die Realisierung des sicheren Kanals erfolgt mit Hilfe des so genannten **Point-to-Point Tunneling Protocol** (kurz →**PPTP**).

VRAM (Video-RAM)

VRAM-Bausteine (Abk. f. Grafikspeicher) eignen sich aufgrund getrennter Ein- und Ausgabeports insbesondere für den Grafikspeicher einer →Grafikkarte. Als spezielle DRAM-Bauelemente (siehe →DRAM) benötigen sie ebenfalls einen ständigen Refreshzyklus von Auslesen und neuen Einschreibungen der Informationen. Die neueren →WRAM (**W**indows-**RAM**) verbinden die Vorzüge der VRAM-Bausteine mit zusätzlich implementierten Funktionen zur Unterstützung von grafischen Bildtransformationen.

VRAM-Speicherbausteine auf einer Grafikkarte

VRML (Virtual Reality Modeling Language)

Die VRML (Abk. f. virtuelle Realitäts-Modellierungs-Sprache) wurde von Silicon Graphics initiiert und liegt gegenwärtig in einer ersten Version vor. VRML soll zwar nicht die reale Welt, wohl aber die →virtuelle Realität ins →WWW bringen. Wie durch →HTML ein Text (mit eingebetteten Grafiken, Sounds und Videosequenzen) beschrieben wird, beschreibt VRML das Abbild eines Raums, durch den man sich hindurchbewegen und in dem man Gegenstände aus beliebiger Perspektive betrachten kann. Ein VRML-Viewer als Ergänzung zum →Webbrowser soll aus der übertragenen VRML-Datei (mit der Dateierweiterung .*wrl* für world = Welt) das interaktive 3-D-Abbild des Raums berechnen. →Microsoft, →IBM und die Firma World sowie das VRML-Konsortium basteln gegenwärtig an der Erweiterung von VRML.

W3 (WWW)

W3 ist eine andere Schreibweise für die Abkürzung →WWW (World Wide Web), ein Informationssystem im →Internet.

W3C (World Wide Webconsortium)

W3C ist die Abkürzung für World Wide Webconsortium (→WWW). Es handelt sich um eine Art gemeinnützigen Verband, der Empfehlungen (Recommodations) für Standards im →Internet vergibt. Im W3C sind rund 250 Firmen oder Organisationen aus der ganzen EDV- und Online-Branche vertreten, wie etwa →Adobe, →Microsoft, →Sun oder auch das →CERN. Für einen Mitgliedsbeitrag von 5.000 Dollar jährlich (bei 50 Millionen Dollar Firmen-Jahresumsatz müssen 50.000 Dollar Mitgliedsbeitrag gezahlt werden), kann jede Firma oder Organisation Mitglied des W3C werden. Die Beschlüsse des W3C sind jedoch nur immer Empfehlungen und nicht rechtlich bindend. Dennoch werden sie international als Standards angenommen. Unter der Adresse **www.w3.org** stellt sich nicht nur die Organisation selbst vor, sondern finden sich auch alle wichtigen Informationen über die verabschiedeten Standards.

Wafer [Waffel, Siliziumscheibe]

Ein Wafer ist eine Scheibe aus dotiertem Silizium oder einem anderen Halbleitermaterial, auf der durch eine komplizierte Folge von Beschichtungs-, Ätz- und Dotierungsprozessen mehrere →Chips gleichzeitig hergestellt und anschließend getrennt werden. Frühere Wafer hatten einen Durchmesser von einem oder zwei Zoll, heutige Wafer messen zumeist 150 mm.

Wahlfreier Zugriff [Random Access, RA]

Unter wahlfreiem Zugriff versteht man den direkten Zugriff auf beliebige gespeicherte Daten durch direkte Adressierung. Wahlfreier Zugriff wird u. a. beim Zugriff auf die Daten im →Arbeitsspeicher (realisiert durch →RAM-

→Halbleiterspeicher) oder auf die Sektoren (siehe →Sektor) oder →Cluster eines magnetischen Datenträgers realisiert.

Wählleitung [dial-in connection]

Im Gegensatz zur →Standleitung wird eine Wählleitung nur für die Dauer der Verbindung aufgebaut, und zwar durch Wählen der Nummer der Gegenstelle.

Wahlsperre [dial-in lock]

Die Wahlsperre ist eine bei postzugelassenen →Modems vorgeschriebene Vorrichtung, die verhindert, dass die gleiche Nummer zu oft hintereinander gewählt wird. Ist z. B. der Anschluss einer →Mailbox bei mehreren hintereinander getätigten Versuchen besetzt, wird das Modem für z. B. 1 Minute gesperrt, um eine Überlastung des Leitungsnetzes zu verhindern.

WAIS (Wide Area Information System)

WAIS (Abk. f. Großbereich-Informationssystem) ist der Name eines Informations-Suchsystems im →Internet. WAIS ermöglicht die Volltextsuche.

Waitstate [Wartezyklen]

Einen oder mehrere Waitstates muss ein schneller →Prozessor bei langsamen peripheren Komponenten – insbesondere bei langsamen Speicherbauelementen oder langsamem →Bus – einlegen, um Datenverluste bei der →Datenübertragung zu vermeiden.

Wallpaper [Tapete]

Wallpaper ist unter →Windows und anderen grafischen →Benutzeroberflächen die Bezeichnung für den Bildschirmhintergrund.

Wandler [converter]

Als Wandler wird allgemein eine Komponente oder ein Gerät bezeichnet, das Signale, Informationen oder →Daten zwischen unterschiedlichen Darstellungsformen umwandelt. Bei einem →Analog-Digital-Wandler werden z. B. analoge Signale in digitale Daten umgewandelt.

Warmstart [warm/soft boot]

Bei einem →PC unterscheidet man zwischen →Kaltstart (oder →Reset) und Warmstart. Beim Warmstart – ausgelöst z. B. durch gleichzeitiges Drücken der Strg -, Alt - und Entf -Taste – führt das →BIOS wesentliche Teile der Testroutinen (siehe →POST) nicht durch, sondern sucht im Wesentlichen nur das →Betriebssystem auf den Datenträgern und lädt es anschließend (siehe →Booten).

Wartemusik [hold on music]

Feature bei →Telekommunikations-Anlagen. Während man ein Gespräch weiterverbindet oder zwischen zwei Teilnehmern hin und her schaltet (→Makeln), hört der Anrufer Wartemusik. Je nach Tk-Anlage ist bereits eine interne Wartemusik vorhanden oder es kann ein externes Gerät (z. B. CD-Spieler) angeschlossen werden.

Warteschlange [queue, hold on line]

Warteschlangen sind Verfahren zur Datenpufferung (siehe →Datenpuffer) nach dem FIFO-Prinzip (first in, first out; siehe →FIFO-Puffer). Hauptsächlich werden sie dort verwendet, wo die Datenquelle schneller Daten produziert, als die Datensenke verarbeiten kann, z. B. bei Druckbefehlen. Bei der Steuerung mehrerer Druckjobs (siehe →Job) verwaltet das →Betriebssystem eine Warteschlange, in der eingehende Druckjobs gespeichert und in der Reihenfolge ihres Eingangs der Abarbeitung zugeführt werden.

Wav

Wav ist die übliche →Erweiterung der Dateinamen für Klangdateien (Sounddateien) unter →Windows. Die Abkürzung WAV steht für **wave** (Welle). WAV-Dateien können z. B. über den Soundrekorder oder den Mediaplayer von MS-Windows abgespielt werden. WAV-Dateien sind z. B. mit einer →Soundkarte digitalisierte Audiosequenzen, die je nach Einstellung der →Analog-Digital-Wandler in verschiedenen Formaten vorliegen können. Da bei der Speicherung keine →Datenkomprimierung verwendet wird, sind sie bei vollständiger Ausschöpfung der Möglichkeiten moderner Digitalisierungstechnik (44 kHz, 16 Bit, Stereo) sehr groß. Daher wird auf dem PC häufig mit WAV-Dateien gearbeitet, die lediglich mit 22 kHz, 8 Bit und in Mono aufgenommen wurden.

Wavetable [Wellentabelle]

Das Wavetable-Verfahren ist Klangerzeugungsverfahren in der Soundkartentechnologie (siehe →Soundkarte), bei dem im Gegensatz zur recht synthetisch klingenden →FM-Synthese auf abgespeicherte Originalklänge von Instrumenten zurückgegriffen wird. Die meist als Samples bezeichneten digitalisierten Vorlagen werden in entsprechenden Speicherbausteinen (meist im →ROM) auf der Soundkarte abgelegt und bei Bedarf von einem speziellen Chip (z. B. dem →OPL 4) zur realitätsnahen Klangerzeugung eingesetzt. Wavetable-Soundkarten wie z. B. die Sound Blaster 32 AWE erfreuen sich immer größerer Beliebtheit, werden von den meisten modernen Spielen unterstützt und ermöglichen eine recht naturgetreue Musikwiedergabe.

Über eine solche Steckerleiste können herkömmliche Soundkarten mit einem Wavetable-Board nachgerüstet werden

Ein typisches Wavetable-Board mit 4 MByte der Firma Terratec

Web [Netz]

Englische, umgangssprachliche Abkürzung für das World Wide Web, einen grafisch orientierten Informationsdienst im →Internet. Weitere Informationen siehe →World Wide Web.

Webbrowser

Ein Webbrowser – oft auch nur **Browser** oder **WWW-Browser** genannt – ist ein Programm, das den Zugriff und die Darstellung von Seiten des →World Wide Web ermöglicht. Die bekanntesten Webbrowser sind →Netscape Navigator und der →Internet Explorer von Microsoft. Die World Wide Webdokumente sind mit Hilfe der HTML-Skriptsprache (siehe →HTML) geschrieben. Als Zieladresse für den Browser fungiert der standardisierte →URL – (Uniform Resource Locator), der die einzelnen Dokumente und die zum Zugriff erforderlichen Protokolle benennt. Jede Aktivierung eines durch einen entsprechenden URL hinterlegten Hypertext-Links (siehe →Hypertext) löst im Browser wiederum das Laden des verknüpften Dokuments aus dem Netz aus.

Es ist nicht vollständig bis ins letzte Detail festgelegt, wie ein Webbrowser die Webseiten darstellt. Wenn HTML eine Hervorhebung fordert, bleibt es dem Browser überlassen, wie er diese darstellt. Für die Ansicht verschiedener Grafikformate, das Anhören von Klangdateien oder die Ansicht von digitalisiertem Videomaterial lassen sich in den Webbrowser Zusatzprogramme (→Plug-In) einbauen. Damit beliebte Webseiten nicht immer wieder aus dem Internet von weit entfernten Rechnern geladen werden müssen, bieten die meisten Browser die Möglichkeit, die Seiten für einen schnellen Zugriff auf der eigenen Festplatte zwischenzuspeichern. Einige Online-Dienste haben Browser in ihre Zugangssoftware integriert: z. B. →AOL, →CompuServe und →T-Online. Im Konzept des →Internet-PC kommt dem Webbrowser die zentrale Rolle einer Nutzerschnittstelle zum →Betriebssystem zu.

Webpublishing [Internetveröffentlichung]

Unter dem Begriff „Webpublishing" – häufig auch **Online-Publishing** genannt – werden alle Verfahren zusammengefasst, mit denen Informationsseiten für den →WWW-Dienst des →Internet hergestellt werden. Diese Webseiten basieren auf der Seitenbeschreibungssprache →HTML und können verschiedene Objekte wie Grafiken oder →Java-Applets enthalten. Die beim Webpublishing herzustellenden Webseiten können mit einem einfachen Texteditor oder mit einem speziellen HTML-Editor wie z. B. FrontPage oder Hotmetal bearbeitet werden. Das Erstellen findet dabei normalerweise komplett auf dem eigenen PC statt. Eine Überprüfung der Seiten kann man durch Laden der Dateien in einem →Webbrowser durchführen. Sind schließlich alle Arbeiten auf dem PC beendet, müssen die Webseiten nur noch in das Internet auf einem Webserver gestellt werden. Die Übertragung der Dateien vom PC auf den Webserver erfolgt dabei meistens per →FTP.

Website [Internetangebot]

Mit dem gängigen englischen Begriff „Website" wird allgemein ein zusammenhängendes Informationsangebot im →World Wide Web bezeichnet. Eine Website beginnt immer mit einer Eingangsseite, der →Homepage. Von dort aus kann man über →Hyperlinks auf Unterseiten verzweigen, auf denen dann die entsprechenden Informationen mit Hilfe von Programmiersprachen wie →HTML oder →Java dargestellt werden. Das Erstellen einer eigenen Webseite nennt man →Webpublishing.

Web-Spoofing [Internetvortäuschung]

Web-Spoofing (Englisch für veräppeln, vortäuschen) ist die Ende 1996 von einer Arbeitsgruppe an der amerikanischen Princeton-Universität getaufte Bezeichung für eine Form der Daten-Sabotage bzw. -Kriminalität im Internet. Beim Web-Spoofing fängt der →Hacker bzw. Angreifer alle WWW-Zugriffe (→World Wide Web) des Anwenders durch so genanntes URL-Rewriting ab, indem er den gesamten HTTP-Verkehr über seinen eigenen Server umleitet. Er kann dabei alle übertragenen, personenbezogenen Daten des Anwenders mitlesen, wie z. B. Kreditkartennummern oder Passwörter, und sie natürlich entsprechend missbrauchen. Das Abfangen des Anwenders beginnt mit einer Webseite, die einen umgeleiteten →URL enthält. Der Fang-Server des Angreifers stellt seine eigene IP-Adresse (→IP) allen angefragten wirklichen Internetadressen vorn an und leitet alle Internetdaten über seinen Server an den Betroffenen weiter, der davon normalerweise nichts mitbekommt. Besonders nachteilig wirkt sich auch aus, dass alle abgespeicherten Internetadressen (als Bookmarks bzw. Favoriten) die vorangestellte Adresse des Fang-Servers mitspeichern, sodass man bei jeder neuen Anwahl wieder automatisch über diesen Server mit dem Internet verbunden wird. Das URL-Rewriting ist seit längerem z. B. vom so genannten anonymen Surfen bekannt. Zwar kann man die umgeleitete URL-Adresse normalerweise in der Statusleiste des →Webbrowsers erkennen, aber auch hier kann mit Hilfe von →Java-Skripten eine Verschleierung erfolgen. Wer ganz sichergehen will, sollte die Quell-Angaben in den übertragenen HTML-Dateien überprüfen. Wenn der eigentlichen URL-Adresse eine weitere, unbekannte vorangestellt ist, ist eventuell Grund zur erhöhten Aufmerksamkeit angebracht. Diese Risiken zeigen allerdings wiederum, dass derzeit das Surfen im Internet bzw. die Übertragung sensibler Daten mit Vorbehalt betrachtet werden sollten.

Webzähler [web counter]

Ein Webzähler, gebräuchlich ist auch die englische Bezeichnung Web-Counter, wird verwendet, um die Zugriffe auf eine →Webseite (→Homepage) im Internet bzw. →World Wide Web zu zählen. Durch die Integration einer speziellen Funktion, die von einem Internetdienst zur Verfügung gestellt wird (z. B. unter **www.digits.com**), wird auf der Webseite ein numerischer Zähler dargestellt, der bei jeder erneuten Einwahl um eine Nummer heraufgesetzt wird. Wer übrigens auf eine Webseite trifft, deren Webzähler schon zu Beginn ihrer Existenz recht hoch ist und sich über eine so hohe Resonanz wundert, sollte wissen, dass man mit dem Webzähler auch pfuschen kann: Er lässt sich nämlich mit einer beliebigen Zahl starten.

Wechselmedien-Laufwerke [removable disk drive]

Wechselmedien-Laufwerke (nicht zu verwechseln mit Wechselplatten bzw. genauer Wechselfestplatten) ist der Oberbegriff für alle Formen von externen Datenspeicher-Systemen, die mit austauschbaren (bisher auch immer scheibenförmigen) Datenträger-Medien arbeiten und dabei deutlich bessere Leistungsdaten als die herkömmliche →Diskette aufweisen. Denn im eigentlichen Sinne des Worts könnte das herkömmliche Diskettenlaufwerk auch als Wechselmedium-Laufwerk bezeichnet werden. Im Unterschied zu →CD-ROM-Laufwerken oder →CD-Writern können Daten auf Wechselmedien-Laufwerken nahezu beliebig oft gelesen und geschrieben werden.

Unter **Wechselfestplatten** versteht man dagegen herkömmliche Festplatten, die in einen speziellen Rahmen eingebaut sind, der mitsamt der Festplatte schnell aus dem PC herausgezogen und wieder eingesteckt werden kann. Derartige Systeme wurden z. B. lange Zeit von Vobis standardmäßig für PCs eingesetzt und erlauben das einfache Austauschen der Festplatten. Vor allem beim IDE-Bus muss allerdings auf die korrekte Anmeldung der Festplatten im BIOS geachtet werden.

Wechselmedien-Laufwerke gibt es in zahlreichen Typen und Technologien. Typische Vertreter sind z. B. das →ZIP-Laufwerk, →JAZ-Laufwerk, →MO-Laufwerke, →PD-Laufwerke oder die Laufwerke der Firma →SyQuest. Die Speicherkapazitäten schwanken im Schnitt zwischen 100 MByte und 2,6 GByte, die Leistungsdaten liegen durchschnittlich zwischen 0,3-2 MByte/s und erreichen damit fast Festplatten-Charakter. Sehr unterschiedlich sind auch die Preise für Laufwerke und Medien. Billiglösungen wie das ZIP-Laufwerk bekommt man für 200-300 DM, entsprechende Medien für 20 DM. Große MO-Laufwerke kosten dagegen über 2.000 DM, die Medien z. T. deutlich über 100 DM. Beim Kauf eines Systems sollte man sich daher hauptsächlich von den Kosten pro Megabyte Speicherkapazität sowie der Datensicherheit der verwendeten Technologie leiten lassen. Hier haben MO- und PD-Laufwerke klare Vorteile.

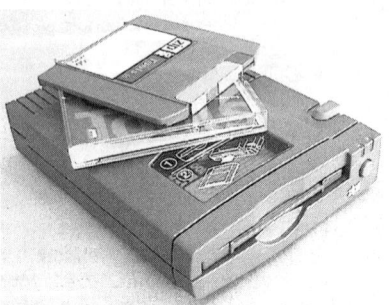

Das ZIP von Iomega ist derzeit das am weitesten verbreitete Wechselmedium-Laufwerk

Wechselmedien-Laufwerke erfreuen sich in Zeiten steigenden Speicherbedarfs zunehmender Beliebtheit. Sie werden zum Archivieren von Dokumenten und Programmen aller Art verwendet, können aber auch bei entsprechender Performance als Festplatten-Ersatz verwendet werden, also als Speicherbasis für die tägliche Arbeit dienen. Als Backup-Medien bieten sie gegenüber dem klassischen Band (→QIC, →Streamer, →Travan, →DAT-Streamer) den Vorteil des wahlfreien, schnellen Zugriffs auf alle Dateien.

Wechselplatte [removable disk]

Als Wechselplatte bezeichnet man eine leicht austauschbare →Festplatte, die man ähnlich wie eine Diskette aus ihrem Schacht herausnehmen und – samt der auf ihr enthaltenen Daten – an einen anderen Ort mitnehmen kann.

Westernstecker

Der Westernstecker (auch RJ-11 genannt) ist ein kleiner, vierpoliger aus den USA stammender Verbindungsstecker für Telefonsysteme und Zusatzgeräte wie Modems. Das hiesige Pendant (TAE) ist deutlich größer und unpraktischer. Westernstecker werden aufgrund ihrer Handlichkeit und des besseren Kontakts aber auch zunehmend in Deutschland eingesetzt. Im ISDN-Bereich (→ISDN) verwendet die Telekom z. B. selbst als Anschluss eine größere Variante des Westernsteckers, den RJ-45 mit acht Kontakten. Dieser wird aber auch für lokale Netze (→LAN) als Stecker für Netzwerkkabel eingesetzt (10BaseT). Übrigens: die offizielle Bezeichnung für den RJ-Stecker im feinsten Telekom-Deutsch ist FKS (**F**ernmelde-**K**lein-**S**teckverbindung).

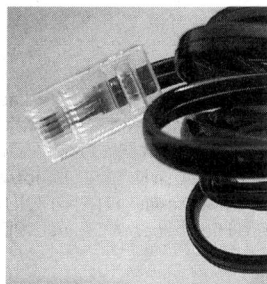
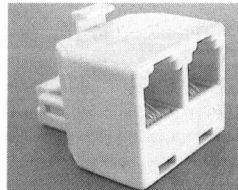

Ein RJ-45-Westernstecker für ISDN-Kabel   *Ein Adapter für RJ-11-Westernstecker (2-auf-1)*

Whetstone

Whetstone ist ein →Benchmark-Test, der in erster Linie die Leistung des arithmetischen →Coprozessors misst. Hierbei wird ermittelt, wie oft dieser bestimmte kleine Rechenaufgaben (Whetstones) innerhalb einer Sekunde abarbeiten kann (siehe →Dhrystone).

White pages [Weiße Seiten, Telefonbuch]

White pages ist die Bezeichnung für die amerikanischen Telefonbücher. Sie sind auf weißem Papier gedruckt, während das Branchenverzeichnis (yellow pages) wie bei der deutschen Telekom auf gelbem Papier gedruckt ist.

WHOIS [Wer ist ..?]

WHOIS (zu lesen als: who is ...) ist eine Art Telefonbuch im Internet und gibt Auskunft über E-Mail-Adressen, Postadressen und Telefonnummern von Internetteilnehmern.

WIN (Wissenschaftsnetz)

Wissenschaftsnetz (kurz WIN) ist der Name eines nicht öffentlichen Datennetzes für deutsche Wissenschaftseinrichtungen (siehe auch →Netzwerk).

Win.ini

Die *Win.ini* ist eine so genannte Initialisierungsdatei (INI-Dateien) von →Windows 3.x, die aus Kompatibilitätsgründen auch bei Windows 95/98 noch vorhanden ist. Sie dient zusammen mit der →**System.ini** zur Konfiguration von Windows und z. T. auch unter diesem installierten Programmen. Während in der *System.ini* überwiegend Hardware-relevante Einstellungen vermerkt sind, sind die Parameter der *Win.ini* zur Konfiguration der →**Software** gedacht.

Beide Dateien sind äußerlich gesehen **normale Textdateien**, sie befinden sich im Windows-Verzeichnis und können mit jedem →Editor wie etwa NotePad oder →Write bearbeitet werden. Die in der Textdatei vorhandenen Einträge werden als Parameter beim Starten von Windows gelesen und ausgeführt. Sie sind damit als Pendant oder Weiterentwicklung der Dateien →*Autoexec. bat* und →*Config.sys* von →DOS zu verstehen. Programme, die ihre Konfigurationsparameter nicht in eigene INI-Dateien, sondern als Unterpunkte in der *Win.ini* abspeichern, lesen diese Inhalte natürlich erst bei ihrem eigenen Start aus.

Die Parameter der *Win.ini* werden durch englischsprachige **Oberbegriffe**, die in eckige Klammern *[xxx]* eingefasst sind, gegliedert. Typische und für den Benutzer relevante Oberbegriffe sind z. B.: *[windows]*, *[Desktop]*, *[FontSubstitutes]*, *[mci extensions]*, *[Extensions]*, *[Ports]*, *[embedding]*, *[PrinterPorts]*, *[Devices]*, *[Sounds]*, *[TWAIN]* und *[colors]*. Sie zeigen schon das Spektrum der hier definierten Bereiche wie etwa die Farbeinstellungen von Windows, Parameter für Druckertreiber, die Verknüpfung von Dateierweiterungen etc. Innerhalb der Oberbegriffe werden dann die einzelnen Parameter in einer allerdings zumeist nicht offiziell dokumentierten Syntax definiert. Parameter-Begriff und eigentliche Definition werden dabei durch ein Gleichzeitszeichen (=) abgetrennt. Mittlerweile sind die meisten Geheimnisse der *Win.ini* und *System.ini* allerdings von Computer-Freaks in zahlreichen Büchern und Zeitschriften enthüllt worden.

Für die meisten Anwender dürften die Parameter *run* und *load* im ersten Oberbegriff *[windows]* bekannt sein. Wird hinter den Parametern ein Programm mit seinem →Pfad eingetragen, wird dieses beim Starten von Windows automatisch in den Speicher geladen, aber noch nicht ausgeführt (*load*) bzw. automatisch gestartet (*run*). So würde etwa die Zeile *run= c:\word\winword.exe* die Textverarbeitung →Word bei jedem Start von Windows automatisch aufrufen.

Unter **Windows 95/98** sind *System.ini* und *Win.ini* nur noch aus Kompatibilitätsgründen zu alten 16-Bit-Windows-Programmen vorhanden. Nachfolger dieser beiden Konfigurationsdateien ist die so genannte →**Registry**, deren Einstellungen von Windows 95/98 automatisch auf die *Win.ini* übertragen werden, sodass auch alte Windows-Programme Konfigurationseinstellungen von Windows 95/98 mitbekommen können.

Winchester

Winchester oder Winchester-Laufwerk ist eine geläufige Bezeichnung für eine →Festplatte bzw. ein Festplattenlaufwerk. Der Name Winchester stammt ursprünglich von einem populären amerikanischen Hersteller von Gewehren, der vor allem mit einem Typ – der Winchester 3030 – bekannt wurde. Die ersten Festplattenlaufwerke, die eine größere Verbreitung fanden, wurden von →IBM hergestellt und mit der Typenbezeichnung IBM 3030 belegt. Obwohl die Gleichheit der Typennummern rein zufällig war (frühere Entwicklungen wurden mit IBM 3010 und IBM 3020 bezeichnet), hat sich der Name Winchester auch für Festplatten eingebürgert.

Windows [Fenster]

Microsoft Windows, zumeist kurz einfach Windows, ist eine grafische →Benutzeroberfläche der Firma →Microsoft für IBM-kompatible PCs auf dem Betriebssystem →DOS. Die Variante →**Windows für Workgroups** ist hauptsächlich für den Einsatz in Netzwerken gedacht, kann aber auch auf Einzelplatzsystemen eingesetzt werden. Erst das im August 1995 erschienene →**Windows 95**, mit seinem Nachfolger →Windows 98 sowie das seit November 1996 in der Version 4.0 erhältliche →**Windows NT** sind jeweils ein vollwertiges →Betriebssystem. MS-Windows war ursprünglich eine →Betriebssystem-Erweiterung für →MS-DOS und diente als Arbeitsumgebung für speziell dafür entwickelte Windows-Programme. DOS-Programme können von Windows aus aufgerufen und in einem eigenen →Fenster bearbeitet werden. Kennzeichnend für Windows ist eine einheitliche, standardisierte Steuerung über Symbole, Menüs und grafische Dialogfelder, die überwiegend mit einer Maus bedient werden. Dadurch entfällt die noch von DOS bekannte manuelle Eingabe von Befehlen. Die Bezeichnung Windows ergibt sich aus der Verwendung von Fenstern für die Darstellung der Arbeitsoberfläche von Anwendungsprogrammen und Dokumenten. Allgemeine Aufgaben wie etwa Drucken sowie die Steuerung von Rechnerkomponenten (z. B. Festplatte, Grafikkarte) werden von Windows zentral verwaltet und allen Anwendungsprogrammen zur Verfügung gestellt. Windows erlaubt →Multitasking, also den quasi gleichzeitigen Betrieb von mehreren Programmen. Wesentlich zur Verbreitung von Windows hat auch der vereinfachte Datenaustausch zwischen verschiedenen Anwendungsprogrammen beigetragen. Texte und Grafiken können einfach über die so genannte Zwischenablage ausgetauscht werden. Mit Windows 3.x wurden außerdem proprietäre Standards zum interaktiven Datenaustausch definiert: →DDE und →OLE.

Windows 2000

Unter der Bezeichnung Windows 2000 will Microsoft den eigentlichen Nachfolger von →Windows NT noch Ende 1999 auf den Markt bringen. Windows 2000, vormals auch Windows NT 5.0 genannt, wird im Gegensatz zu →Windows 98 kein Betriebssystem für den Massenmarkt bzw. Privatanwender sein, sondern wurde ganz klar für den professionellen Bereich entwickelt. Entsprechend werden auch der Preis und die Hardwareanforderungen relativ hoch sein. Gegenüber Windows 98 zeichnet es sich v. a. durch eine professionelle Netzwerk-Unterstützung sowie höhere Sicherheitsstandards aus. Im Gegensatz zu Windows NT 4.0 verfügt es aber über die wichtigsten

Mechanismen zur Hardwareunterstützung von Windows 98. Es vereint sozusagen das Beste aus beiden Welten. Das heißt, Windows 2000 wird alle modernen Hardwaregeräte wie →USB, →DVD oder moderne Power-Management-Verfahren (→ACPI) sowie →Plug & Play unterstützen und mit Windows 98 ein gemeinsames Treibermodell verwenden (WDM = Windows Driver Modell). Für die Hardwarehersteller bedeutet dies in Zukunft, dass sie nur noch einen Treiber für beide Betriebssysteme entwicklen müssen. Bisher gab es gerade in diesem Bereich eine große Schwachstelle von Windows NT, die Microsoft jetzt ausgeglichen hat. Jedoch ist es auch weiterhin so, dass Windows 98 einen größeren Bereich von Hardware unterstützt, v. a. im Multimedia-Bereich. Für Windows 2000 ist z. B. vorerst keine WebTV-Unterstützung geplant, was eine wichtige Schlüsseltechnologie am Massenmarkt ist (vergleiche →Intercast).

Die ursprünglichen Pläne von Microsoft sahen vor, dass Windows 2000 langfristig auch Windows 98 in den nächsten Jahren ablösen sollte. Basierend auf dem „großen" Windows 2000 sollte irgendwann im Jahr 2000 eine Consumer-Version von Windows 2000 für Privatanwender und kleinere Büros herausgebracht werden. Das scheint aber erst mal vom Tisch zu sein, denn vorerst bleibt Windows 98 bzw. dessen Nachfolger Windows Millennium das Haupt-Betriebssystem für den Massenmarkt.

Der eigentliche, wirkliche Konkurrent von Windows 2000 wird →Linux sein. Dieses Betriebssystem entwickelte sich in den letzten Jahren zunehmend zu einer ernsten, professionellen Konkurrenz und wird v. a. kostenlos verteilt. Wenn Windows 2000 nicht absolut stabil und zufriedenstellend läuft, ist für Microsoft zu befürchten, dass der gewohnte Markterfolg gefährdet sein könnte. Es bleibt noch abzuwarten, ob Microsoft es tatsächlich schafft, die immensen Änderungen bzw. Neuprogrammierungen von Windows 2000 stabil in den Griff zu bekommen. Die bisherigen Verzögerungen bei der Veröffentlichung des Programms lassen jedoch darauf schließen, dass sich Microsoft entsprechend bemüht.

Tipp: Windows 2000 macht für den privaten oder Büro-Einsatz keinen Sinn. Zum flüssigen Arbeiten sollte man mindestens einen Pentium II 300 und 128 MByte RAM, möglichst sogar mehr verwenden. Die Hardwarekonfiguration ist immer noch nicht optimal wie bei Windows 98, manche Geräte werden nicht und vielleicht auch nie unterstützt. Das System enthält sehr viele Funktionen, die nur für Server bzw. Netzwerke sinnvoll sind. Die „schleppt" man auf einem Arbeits-PC mit Windows 2000 ständig unnötig mit herum. Dadurch ist es gegenüber Windows 98 deutlich langsamer. Da der größte Teil des Programm-Codes außerdem neu geschrieben wurde, sind trotz der langen Beta-Phase Fehler nicht auszuschließen. Und nicht zuletzt: Zum Spielen wird Windows 2000 wie schon früher Windows NT 4.0 auch in Zukunft nicht optimal sein.

Windows 95

Windows 95 ist ein 32-Bit-Betriebssystem der Firma Microsoft. Es ist der Nachfolger der Kombination DOS/Windows 3.x (siehe →DOS und →Windows) und wurde von Microsoft nach etwa zweijähriger Bearbeitungszeit mit einer der größten Werbekampagnen in der Geschichte des Computers im August 1995 weltweit eingeführt. Es besitzt ein verbessertes Multitasking und unterstützt Dateinamen mit bis zu 255 Buchstaben. DOS- und alte 16-Bit-Windows-Programme können neben neuen, speziell für Windows 95 programmierten 32-Bit-Programmen zumeist problemlos weiterhin verwendet werden.

Das besondere an Windows 95 ist seine völlig neu gestaltete Oberfläche (→**Desktop**), die sich innerhalb kürzester Zeit großer Beliebtheit erfreute. Microsoft hat diese Oberfläche mittlerweile auch auf →Windows NT (ab der Version 4.0) und das neue →Windows CE (Betriebssystem für Handheld-PCs) übertragen. Im **Unterschied zu Windows NT** besitzt Windows 95 zwei Eigenschaften, die es v. a. für Notebooks interessant macht: ein ausgereiftes →**Power-Management** sowie →**Plug & Play**-Unterstützung. Außerdem ist Windows 95 die bessere Plattform für Spiele und Multimedia, somit also geeigneter für den Heimbereich. Extra für Spiele wurde →DirectX entwickelt, das einen direkten, schnellen Zugriff der Software auf die Hardware ermöglicht. Dagegen fehlt Windows 95 die Sicherheit und Stabilität von Windows NT, sodass letzteres für leistungsfähige Arbeitsplatz- und Netzwerk-PCs vorzuziehen ist. Zumal Windows NT gut 10 % schneller ist, was sich bei der Verwendung von 32-Bit-optimierten Prozessoren (→AMD K6, →Pentium Pro, →Pentium II) noch verstärkt. Zwar ist Windows NT in seinen **Netzwerk-Fähigkeiten** Windows 95 überlegen, dennoch besitzt auch Windows 95 hervorragende Netzwerk-Fähigkeiten. Ein hervorstechendes Merkmal ist in diesem Rahmen auch das →**DFÜ-Netzwerk** von Windows 95, mit dem man sich per Modem oder ISDN-Karte in die meisten Netzwerke (Novell, Microsoft, Internet) einwählen kann.

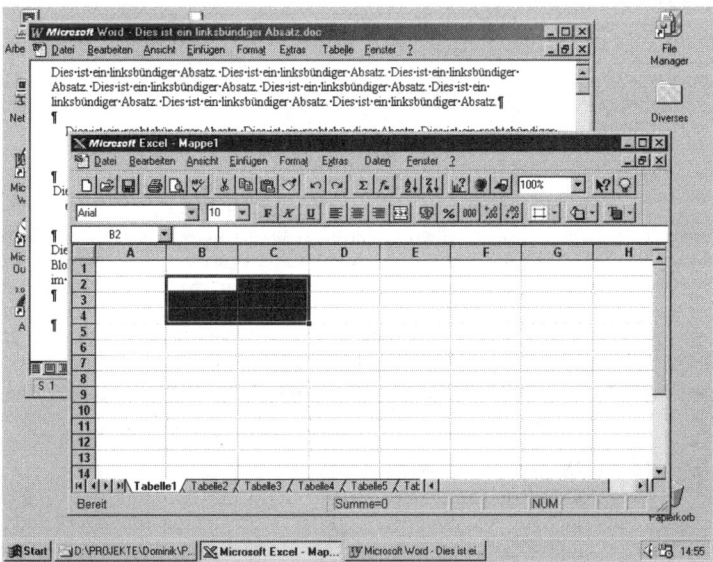

Der Desktop von Windows 95 mit einigen Anwendungsfenstern

Zu Windows 95 wurden mittlerweile mehrere so genannte **Service Packs** sowie etliche Zusatzprogramme für das Internet herausgebracht. Service Pack 1 im Frühjahr 1996 war im Wesentlichen ein Treiber-Update, neue Funktionen wurden nicht eingeführt. Das so aktualisierte Windows 95 nennt sich dann **Windows 95a**. Service Pack 2 (auch Windows 95b oder **OSR2** genannt) brachte im Herbst 1996 dagegen schon weiter reichende Veränderungen. Es wird allerdings nur mit einem neuen PC als so genannte OEM-Version (→OEM) verkauft. Ein Update ist nicht möglich. Wesentliche Neuerung sind das neue Dateisystem →FAT32 sowie einige Detailverbesserungen im System selbst (z. B. auch standardmäßig DirectX 2.0) **OSR 2.1** brachte Mitte 1997 zusätzlich noch eine →USB-Unterstützung. Mit dem **OSR 2.5** (Ende 1997) wurde dann die letzte Aktualisierung vor der Auslieferung von Windows 98 durchgeführt. Es enthält die neuesten Treiber für →USB, →AGP, →DirectX 5.0. Außerdem sollte es ursprünglich standardmäßig den →Internet Explorer 4.0 enthalten. Nach dem Einschreiten der amerikanischen **Kartellbehörde** wurde Microsoft jedoch Anfang 1998 die weitere, feste Integration des Internet Explorer in Windows 95 verboten. Anwender und OEM-Hersteller können aber auf eigenen Wunsch eine entsprechende Version dennoch erhalten. Es besteht nur kein Zwang mehr für OEM-Kunden.

Der Nachfolger von Windows 95 heißt →**Windows 98** und kam im Juni 1998 auf den Markt. Die wichtigsten Änderungen sind eine verbesserte Plug & Play-Unterstützung, ein neues Treiber-Modell, Support neuester Hardware wie →DVD sowie eine vollständige Internetintegration. Weitere Infos siehe →Windows 98.

Windows 95-Tastatur

Die Windows 95-Tastatur wurde von der Firma →Microsoft mit der Einführung des Betriebssystems →Windows 95 als Erstes in Form des so genannten Natural Keyboard auf den Markt gebracht. Mittlerweile haben aber auch andere Firmen solche Tastaturen im Programm, die sich gegenüber der herkömmlichen →MF2-Tastatur durch drei zusätzliche Tasten auf der unteren, letzten Zeile auszeichnet. Die Start-Taste links und rechts von der [Alt]- bzw. [AltGr]-Taste aktiviert das *Start*-Menü von Windows 95/98 und von →Windows NT/2000. Die dritte Taste rechts auf der Tastatur (und links neben der [Strg]-Taste) aktiviert dagegen das Kontextmenü von markierten Objekten. Eine Windows 95-Tastatur ist übrigens nicht zwingend, wie häufig irrtümlich angenommen, ergonomisch angewinkelt. Über den zweckmäßigen Sinn der drei Zusatztasten teilen sich die Meinungen. Gerade Vielschreiber, die das Zehn-Finger-System beherrschen, nutzen diese Tasten kaum, haben aber Probleme durch die verkleinerte [Leertaste] und die verschobene Position der [Alt]-Tasten. Diese Probleme sind allerdings bei ergonomisch angewinkelten Windows 95-Tastaturen (wie dem MS-Natural Keyboard) nicht so störend wie bei herkömmlichen Tastatur-Layouts. Vor dem Kauf einer Windows 95-Tastatur sollte man diese daher am besten eine Zeitlang testen. Für Abbildung siehe auch →Tastatur.

Windows 98

Windows 98 ist der im Juni 1998 eingeführte Nachfolger von →Windows 95, dem erfolgreichen 32-Bit-Betriebssystem von Microsoft für den breiten Massenmarkt. Im Gegensatz zum High-End-Betriebssystem →Windows NT richtet sich Windows 95/98 eher an den Massenmarkt der einfacheren PCs für normale Anwendungen im Büro- und Privatbereich.

Während der Übergang von →Windows 3.x zu Windows 95 noch eine starke Weiterentwicklung war, unterscheidet sich Windows 98 von seinem Vorgänger nur noch in wenigen Punkten. Im Wesentlichen wurde am Betriebssystem Feintuning betrieben. Die wichtigsten Neuerungen von Windows 98 sind:

- deutlich verbesserte **Stabilität** und leicht verbesserte **Performance**
- feste Integration aller bisher erschienenen **Windows 95-Updates,** also inklusive →FAT32-Unterstützung. Ein Konvertierungs-Tool von FAT16 auf FAT32 wird mitgeliefert
- erweitere **Internetfunktionen.** Der →Internet Explorer 4.0 ist im System eingebunden. Desktop und Ordner können wie →HTML-Dateien (Webseiten) bedient und gestaltet werden
- verbesserte **Plug & Play**-Erkennung von Geräten
- verbesserte →**USB**-Unterstützung
- Unterstützung **neuer Hardware** wie →DVD, →AGP, →ACPI und dem →1394-Standard
- es werden erstmals mehrere Grafikkarten und Monitore unterstützt (**Multimonitoring**)
- neue, zu Windows NT kompatible Treiber-Architektur (**WDM**). Das heißt, in Zukunft brauchen Hardwarehersteller nur noch einen Treiber für beide Betriebssyteme zu programmieren. Es können jedoch die alten Windows 95-Treiber noch weiterverwendet werden
- Verbesserte **Power-Management**-Funktionen. Mit neuen →ATX-Mainboards, die →ACPI und/oder eine Einschaltfunktion über die Tastatur unterstützen, kann der PC per Software und/oder Tastendruck an der Tastatur ein- und ausgeschaltet werden
- Eine **OnNow**-Funktion erlaubt dabei wie bei Notebooks bereits üblich das direkte Starten ohne erneutes Booten. Der Zustand des Arbeitsspeichers wird dazu vor dem Ausschalten auf die Festplatte geschrieben und beim nächsten Einschalten direkt wieder eingelesen. Man kann also direkt an der Position weiterarbeiten, wo man aufgehört hatte, und der Startvorgang ist in wenigen Sekunden erledigt. Allerdings funktioniert dies nur mit den entsprechenden Mainboards, deren Chipsätze bzw. BIOS-Version dazu kompatibel ist.
- Unterstützung von **WebTV**, das eher für die USA interessant ist. Mit einer geeigneten Videokarte kann man den PC zum Internet-Surfen wie auch Fernsehgucken gleichermaßen nutzen

Windows 98 ist für die Besitzer älterer PCs (von 1996 und älter) wenig interessant. Die neuen Internetfunktionen kann sich jeder kostenlos durch die Nutzung des frei erhältlichen →Internet Explorer verschaffen. Und von der

Unterstützung neuer Hardware hat man auch nichts, wenn der PC diese nicht besitzt. Einziger wichtiger Grund für ein Update auf solchen Systemen wäre die verbesserte Stabilität. Wer jedoch einen neuen Rechner mit aktueller Hardware wie USB, DVD oder AGP kauft, kommt an Windows 98 nicht vorbei. Insbesondere für aufwendige Computerspiele und Multimedia-Anwendungen ist Windows 98 optimal. Windows NT und auch der Nachfolger →Windows 2000 bleibt dagegen für anspruchsvollere PCs bzw. Anwendungen und Server vorbehalten.

Im Frühjahr 1999 hat Microsoft eine überarbeitete Version von Windows 98, „Windows 98 Zweite Ausgabe", herausgebracht. Das als Update anzusehende Programmpaket enthält den →Internet Explorer 5.0 und eine neue Funktion namens Internet Connection Service. Damit ist es möglich, in einem lokalen →Netzwerk ein Modem oder eine ISDN-Karte mit mehreren Rechnern zu teilen, um so gemeinsam ins Internet zu gehen. Das ganze funktioniert wie ein →Proxy. Windows 98 Zweite Ausgabe ist für jedermann käuflich zu erwerben, ganz im Gegensatz zum Update von Windows 95b/OSR2. Und auch der Nachfolger von Windows 98 erscheint langsam am Horizont: Windows Millennium genannt. Im Oktober 1999 verschickte Microsoft die ersten Beta-Versionen an wenige, besonders ausgesuchte Tester. Mit einer Markteinführung ist aber erst Mitte 2000 zu rechnen. Wesentliche neue Funktionen sind noch nicht ersichtlich (Stand Herbst 1999), klar ist nur, dass es nicht auf Windows NT, sondern auf der alten Technologie von Windows 95/98 beruhen wird. Verbesserungen bzw. Erleichterungen bei der Installation sowie Hardware- und Internetunterstützung sollen die Schwerpunkte der neuen Version sein. Wer die Entwicklung dieser und weiterer Beta-Versionen verfolgen möchte, sollte im Internet einmal unter *www.betanews.com* nachschauen.

Windows CE

Windows CE ist ein Betriebssystem der Firma Microsoft für kleine, tragbare Mini-PCs (z. B. Handheld PC, →Handheld-PC), das von der Bedienung und Oberfläche an →Windows 95/98 angelehnt ist. HPCs mit Windows CE wurden erstmals Ende 1996 auf der Comdex in Las Vegas vorgestellt und sind seit Anfang 1997 auch in Deutschland erhältlich. Die Preise liegen je nach Ausstattung bei 1.000-2.000 DM. Die ersten Versionen waren jedoch nicht sonderlich erfolgreich, was wohl auch an der wenig erfreulichen Version 1.0 von Windows CE lag. Seit Ende 1997 gibt es Windows CE 2.0, 1999 war noch Version 2.11 aktuell. Die wesentliche Neuerung seit Version 2.0 ist die Unterstützung von Farbdisplays. Denn erst in Farbe lässt sich ein CE-Rechner vernünftig bedienen, verbraucht dann aber deutlich mehr Strom, was sich auf den Akku-Betrieb negativ auswirkt. Mit Graustufen-Displays kann man die zu wenig kontrastreiche Oberfläche schlecht bedienen.

Windows CE-Handheld PCs besitzen zumeist 2-4 MByte ROM (für die Programme) und ebensoviel RAM (als Arbeitsspeicher). Die Bedienung erfolgt über eine kleine Tastatur und einen Stift für das berührungsempfindliche Display. Festplatte und Diskettenlaufwerk sind nicht integriert, die Daten werden im Akku-gepufferten RAM gehalten oder auf PCMCIA-Karten ausgelagert, die über einen zumeist vorhandenen Slot verwendet werden können. Die Geräte sind etwa 20 cm groß und wiegen ca. 400 Gramm. Windows CE wird aber verstärkt auch für andere Systeme eingesetzt, z. B. kleine, tastaturlose PCs, die so genannten PalmPCs. Angelehnt an den sehr erfolgreichen PalmPilot von U.S.Robotics/3COM.

Die Softwareausstattung von Windows CE entspricht dem üblichen Repertoire tragbarer Mini-PCs und ist den bekannten Microsoft-Programmen aus der Windows 95/98-Welt nachempfunden: Tabellenkalkulation (Excel), Textverarbeitung (Word), Terminkalender (Schedule), E-Mail-Programm (MS-Mail) und Internet Browser (Internet Explorer). Der Datenaustausch zum PC erfolgt entweder über ein spezielles Kabel oder eine eingebaute Infrarot-Schnittstelle. Dabei können auch neue Programme vom PC aus (z. B. über eine CD) auf den Windows CE-Rechner überspielt werden. Ein Software-Update ist also jederzeit möglich und auch wünschenswert, weil eine automatische Handschriften-Erkennung nicht zur Standard-Ausführung gehört.

Windows CE-Handhelds zeigen oft noch Kinderkrankheiten. Die Speicherverwaltung ist selten optimal, beim Arbeiten mit mehreren Programmen oder größeren Dateien kommt leicht Speichermangel auf. Die Geschwindigkeit ist oft viel zu langsam. Die Datenübertragung mit dem PC ist nicht unproblematisch, zumal die Funktionen der vorhandenen Programme recht dürftig ist und daher ein Datenaustausch zwischen Word für Windows und Word für Windows CE meist zu Überraschungen führt. Da Microsoft eine stetige Überarbeitung von CE angekündigt hat, ist aber mit der Beseitigung der ersten Probleme zu rechnen. Der große Vorteil des Systems ist zweifellos die leichte Bedienung, da einem das System zumindest im Prinzip vom eigenen PC her ja bekannt ist.

> **Tipp:** Beim Kauf eines Windows CE-Handhelds sollte man bedenken, dass die Tastaturen für Zehn-Fingerschreiber bzw. lange Texteingaben wenig geeignet sind. Ohne Farbe ist mit den Displays viel zu schlecht zu arbeiten. Aber ein Farbdisplay reduziert die Akku-Zeit drastisch auf z. T. unter zwei Stunden Betriebsdauer. Wem die Eingabe von Daten nicht so wichtig ist und wer mehr Adressen und Termine verwaltet, der sollte den Palm Pilot von →U.S.-Robotics in Erwägung ziehen.

Windows für Workgroups

Mehr oder weniger parallel zu →Windows 3.1 und 3.11 entstand Windows für Workgroups 3.10 bzw. 3.11, das über zusätzliche Funktionen für den Aufbau kleiner Peer-to-peer-Netzwerke (siehe →Peer-to-Peer) und/oder für die Integration als Arbeitsstation in →Windows NT-Domänen verfügte (→Domain-Name). Mit der Bereitstellung von Client-Software wie →Net-Ware u. a. wurde der Windows-PC zur flexiblen Arbeitsstation für nahezu alle Varianten eines LAN (→Netzwerk). Je nach Zielstellung ist die parallele Einbindung in einer Arbeitsgruppe und einem File-Server-Netz und/oder einer →Domain möglich und sinnvoll.

Windows für Workgroups unterstützt standardmäßig das →Microsoft-→Netzwerkprotokoll →NetBEUI, IPX/SPX von Novell (→IPX) sowie →TCP/IP und kann durch andere erweitert werden. Während die Version

3.10 über Netzwerktreiber im →Real Mode (NDIS2) verfügte, die vor dem Start von Windows eingebunden werden mussten, kamen mit der Version 3.11 die Unterstützung der modularen ODI-Treiber (Real Mode) von Novell sowie die neuen 32-Bit-Treiber (NDIS3) hinzu, die erst nach dem Start von Windows eingebunden werden. Die Workgroups-Funktionalität der PCs untereinander, bei der jeder Nutzer jedem anderen im Netz seine Ressourcen (CD-ROM- oder Festplattenverzeichnisse, lokale Drucker) zur Verfügung stellen kann, steht erst nach dem Start von Windows zur Verfügung, während bei Verwendung von Real-Mode-Treibern die Möglichkeit zum Zugriff auf den File-Server oder einen NT-Server bereits unter →DOS gegeben ist.

Windows NT

Bei seiner Markteinführung Ende 1993 war dem professionellen Betriebssystem Windows NT der Firma →Microsoft erst mal nur ein Schattendasein gegönnt. Spötter übersetzten damals NT mit Nice Try. Dies lag insbesondere an den für damalige Verhältnisse viel zu hohen Hardwareanforderungen sowie dem Fehlen von geeigneten 32-Bit-Programmen. Mit der durch →Windows 95 ausgelösten 32-Bit-Softwarewelle hat sich dies allerdings stark verändert, sodass ein wichtiger Konkurrent von Windows 95/98 nun selbst aus dem Hause Microsoft kommt. Der eigentliche Erfolg von Windows NT begann aber mit der im Herbst 1996 eingeführten Version 4.0, weil diese neben einigen Detailverbesserungen vor allem mit der Windows 95-Oberfläche ausgestattet wurde. Mit regelmäßigen Updates, den so genannten Service Packs, hat Microsoft das System außerdem weiter gepflegt. Diese Service Packs kann man bei Microsoft kostenlos beziehen und sollte man auf jeden Fall immer installieren. Dabei ist zu beachten, dass das jeweils aktuellste Service Pack (derzeit Verrsion 4) immer alle Neuerungen der vorherigen enthält.

Windows NT ist v. a. ein professionelles **Netzwerk-Betriebssystem**, das hohe Anforderungen an die Hardware stellt, dabei aber noch nicht mal alle aktuellen Geräte und Standards unterstützt. Als geeignete Basis sollte man einen →Pentium-II-PC mit 64 MByte RAM (besser sogar 128 MByte oder mehr!) und SCSI-Schnittstelle (→SCSI) verwenden. Das auf Sicherheit und Stabilität optimierte und völlig von DOS unabhängig programmierte Betriebssystem arbeitet intern nur mit 32-Bit-Code, sodass ein darauf optimierter Prozessor (→Pentium Pro, →Pentium II, →AMD K6-2/III) deutliche Performance-Vorteile bringt. Windows NT arbeitet bei genügend Arbeitsspeicher gut 10 % **schneller** als Windows 95/98, bei der Nutzung entsprechender Prozessoren ist das noch deutlicher (ca. 25 %). Das NTFS-Dateisystem ist jedoch aufgrund seines höheren Verwaltungsaufwands wiederum etwas um denselben Betrag langsamer als →FAT bzw. →FAT32 von Windows 95/98. Letztendlich nehmen sich beide Systeme beim täglichen Arbeiten nicht viel, genügend Arbeitsspeicher vorausgesetzt.

Tipp: Obwohl Windows NT offiziell das →**FAT32-Dateisystem** von Windows 95b/98 nicht unterstützt, gibt es dennoch von anderen Herstellern spezielle Tools, mit denen das möglich ist. Sie finden die entsprechenden Informationen bzw. die Treiber im Internet unter *www.sysinternals.com/fat32.htm*. Von denselben Herstellern finden Sie dort unter *www.sysinternals.com/ntfs20.htm* auch einen **NTFS-Treiber**

für DOS. Mit dessen Hilfe können Sie ein großes Problem von Windows NT umgehen, dass man nämlich ansonsten nicht mit einer Bootdiskette bei einem Systemabsturz auf die mit NTFS-formatierte Festplatte zugreifen kann. Weitere Informationen siehe auch →NTFS.

Software sollte nach Möglichkeit speziell für Windows NT entwickelt worden sein, die meisten Windows 95/98-Programme arbeiten jedoch bei korrekter Programmierung ebenfalls ohne Änderung. Auch DOS- und alte 16-Bit-Windows-Programme laufen unter Windows NT, sofern diese nicht versuchen, direkt auf die Hardware (z. B. die Festplatte oder Grafikkarte) zuzugreifen. Das Sicherheitskonzept von Windows NT verhindert derartige Zugriffe und stoppt die Programmausführung automatisch. Daher können auch typische →Utilities, wie z. B. die →Norton Utilities für Windows 95/98, zumeist nicht auf Windows NT ausgeführt werden. Teilweise gibt es von den Herstellern aber mittlerweile spezielle Windows NT-Versionen (z. B. auch von den →Norton Utilities).

Windows NT kann durch seinen modularen Aufbau auf eine breite Palette von Rechnerplattformen portiert werden. Derzeit gibt es Versionen für den PowerPC, den Alpha-Prozessor von →DEC oder MIPS-Prozessoren, jedoch steht die Entwicklung für Intel-Prozessoren klar im Vordergrund. Bis auf den Alpha-Prozessor spielen andere Plattformen für den Verkauf von NT fast keine Rolle.

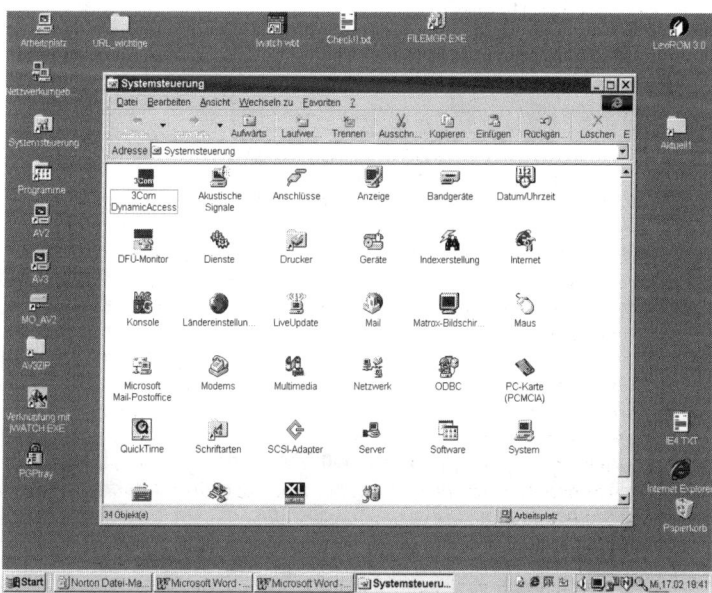

Der Desktop von Windows NT unterscheidet sich von Windows 95/98 nur auf dem zweiten Blick, z. B. bei den etwas unterschiedlichen Befehlen der Systemsteuerung

Windows NT Workstation ist durch →**preemptives Multitasking** und →**Multithreading** ein leistungsfähiges Betriebssystem für den anspruchsvollen Arbeitsplatz, aber v. a. für den Server-Betrieb. Hervorzuheben sind außerdem die durch das →DoD zertifizierten ausgefeilten Sicherheitsfunktionen, die sowohl lokal als auch im Netzwerk detailliert den Zugriff auf Systemressourcen, Verzeichnisse und Dateien auf Nutzerebene regeln. Diese Funktionen bietet Windows 95/98 nicht.

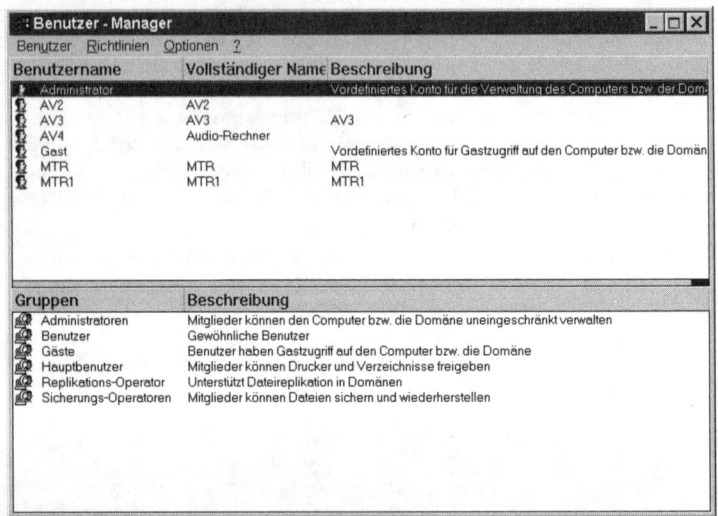

Über den Benutzer-Manager von Windows NT kann man ganz genau festlegen, welche Person im Netzwerk auf welchen anderen PC wie zugreifen darf

Auffallend am Marketing-Konzept von Microsoft ist die Tatsache, dass Windows NT in zwei Versionen erhältlich ist, der **Workstation** und dem **Server**. Beide Systeme sind im Prinzip identisch und bauen auf demselben Programm-Code auf. Der Server wurde zur Schaffung der Workstation lediglich in einigen Funktionen beschränkt. Dies betrifft vor allem die Netzwerk-Funktionalität. Die Server-Version kostet – in Abhängigkeit von den unterstützten Lizenzen – deutlich über 1.000 DM und ist wie der Name schon sagt, als zentraler →Server in einem Netzwerk gedacht. Die Workstation ist dagegen als Arbeitsplatz-Rechner in einem größeren Netzwerk oder als Basis für ein kleines Peer-to-peer-Netzwerk vorgesehen (siehe →Peer-to-peer). Der Preis für die Workstation liegt bei ca. 800 DM (Vollversion), ein Update von Windows 95/98 ist für beide Versionen nicht möglich. Für die Server-Version gibt es von Microsoft eine ganze Reihe von Netzwerk-Zusatz-Applikationen, die alle zusammen unter dem Begriff „**Back-Office**" zusammengefasst werden. Das sollte aber nicht mit dem Programmpaket Microsoft →Office verwechselt werden. Es handelt sich hier um spezielle Programme mit eigener Serverfunktion für ganz bestimmte Aufgaben, die den NT-Server erweitern.

Beispiele sind der **Internet-Information-Server** (Aufbau eines Web- oder FTP-Servers) oder der **Exchange-Server** (Aufbau eines Mailservers).

Problematisch an Windows NT ist neben der hohen Hardwareanforderung auch die Tatsache, dass es für viele Hardwaregeräte immer noch keine ausreichende Unterstützung gibt. Es ist häufig noch schwierig, einen Scanner oder eine Videokarte unter Windows NT ans Laufen zu bekommen, wenn auch die Firmen verstärkt an einer NT-Unterstützung arbeiten. Vor allem Spiele und Multimedia-Karten laufen häufig nicht oder schlecht. Zwar gibt es mittlerweile eine angepasste, „abgespeckte" Version von →**DirectX 3.0** speziell für Windows NT, aber dennoch ist das kein Vergleich zu den aktuellen Möglichkeiten von Windows 95/98. Eine Unterstützung moderner Hardwarestandards wie →**AGP**, →**DVD** oder →**USB** wird von Microsoft erst in →Windows 2000 eingeführt. Übrigens bedeutet das nicht, dass man keine AGP-Grafikkarte unter NT betreiben kann. Diese läuft wie eine normale PCI-Karte, lediglich die erweiterten Funktionen des AGP-Bus sind nicht verfügbar.

Ein weiteres Hauptproblem von Windows NT wird auch erst mit Windows 2000 gelöst: die fehlende Unterstützung von **Power Management** und **Plug & Play**. Dies macht Windows NT v. a. wenig geeignet für Notebooks und – wiederum – für Multimedia-Hardware. Manche Notebook-Hersteller liefern aber eigene Erweiterungen für NT aus, mit denen ein Power-Management dann doch möglich ist. Die **fehlende Plug & Play-Unterstützung** bereitet v. a. mit Soundkarten Probleme, wenn diese wie i. d. R. üblich reine Plug & Play-Karten sind. Das bewirkt, dass sich die →Ressourcen (v. a. →Interrupts) oft nicht über einen Treiber oder per Hardware-Jumper auf der Karte einstellen lassen. Es gibt zwar für NT einen speziellen **Plug & Play-Dienst** (auf der Windows NT-CD im Verzeichnis \setup\drvlib\pnpisa\x86), der die Plug & Play-Konfiguration für ISA-Karten auch unter NT simuliert, aber mit vielen Karten funktioniert es dennoch nicht. Man sollte sich vor dem Kauf einer Plug & Play-Karte für NT genau über eine entsprechende NT-Unterstützung informieren. Mittlerweile haben aber viele Hersteller schon reagiert und bieten spezielle NT-Treiber an, die die Möglichkeit bieten, die Ressourcen der Karte per Software zu belegen. Eine weitere Alternative ist der Kauf einer PCI-Karte, deren Interrupt-Einstellungen bei den meisten Mainboards im BIOS eingestellt werden kann.

Der Nachfolger von Windows NT 4.0, →Windows 2000, wird voraussichtlich Ende 1999 auf den Markt kommen. Die wichtigsten Neuerung werden die Beseitigung der zuvor genannten Probleme sein, also die Unterstützung aktueller Hardwarestandards, von Power-Management und Plug & Play. Außerdem wird Microsoft versuchen, die Gesamtkosten einer Windows NT-Installation v. a. im Netzwerk zu senken. Das läuft unter dem Stichwort „Zero Administration Modell". Eine Besonderheit wird auch sein, dass die Treiber für →Windows 98 und Windows 2000 nach dem neuen Windows-Driver-Modell kompatibel sind. Die Hersteller brauchen also nur noch einen Treiber für ihre Geräte zu programmieren, wie es ja jetzt auch schon bei Anwendungsprogrammen der Fall ist.

> **Tipp:** Wer von Windows 95/98 auf Windows NT 4.0 umsteigt, wird etliche Funktionen schmerzhaft vermissen. So fehlt eine Programm wie ScanDisk (stattdessen muss man Chkdsk verwenden), ein Faxmodul oder ein Tool zur Defragmentierung von Festplatten. Es gibt jedoch im Internet einige, z. T. kostenlose Hilfsprogramme, mit denen man eine Defragmentierung auch unter NT durchführen kann. Weitere Infos und Download-Adressen siehe →Defragmentierung. Weitere sehr interessante Hilfsprogramme und Informationen zu NT findet man im Internet unter
> *http://www.ntfaq.com/,*
> *http://www.jsiinc.com/reghack.htm,*
> *http://www.bhs.com/newtech/,*
> *http://wwwthep.physik.uni-mainz.de/~frink/utils.html* und
> *http://wwwthep.physik.uni-mainz.de/~frink/nt.html.*

WinTel (**Windows und Intel**)

Kunstwort aus →**Wind**ows und →**Intel**. Es ist die Bezeichnung für Rechner-Plattformen, deren Hardware aus einem Intel-kompatiblen PC besteht und auf denen Microsoft Windows als Betriebssystem läuft.

Word [Wort]

1) Word war die Bezeichnung für ein unter DOS laufendes Textverarbeitungsprogramm von Microsoft, das sozusagen der DOS-Vorläufer des heutigen →Word für Windows war. Die erste Version erschien 1983. Das Programm war in Amerika nur mäßig erfolgreich, dagegen in Deutschland Marktführer. Der Hauptkonkurrent war →WordPerfect. Es besaß eine relativ einfach zu bedienende textorientierte Oberfläche und v. a. eine ausgefeilte Formatvorlagen-Funktion (→Formatvorlage, →Druckformate). Den Haupterfolg hatte Word mit der Version 5.0, die 1989 herausgebracht wurde. Mit der Version 5.5 und 6.0 versuchte Microsoft, die Oberfläche von Word auf das Windows-Aussehen umzustellen (SAA-Oberflächen-Design).

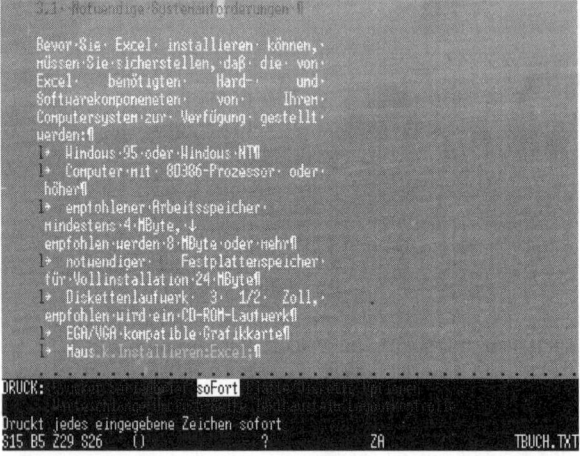

Word war deutlich komfortabler und leistungsfähiger, als die karge DOS-Benutzeroberfläche den Anschein macht

Jedoch war der Erfolg mäßig, alte Anwender stiegen kaum um und neue verwendeten direkt das zu dieser Zeit gleichzeitig auf dem Markt befindliche Word für Windows 2.0. Mit der Version 6.0 stellte Microsoft die weitere Überarbeitung von Word für DOS ein. Die alten Texte von Word für DOS können – unter Berücksichtigung einiger Probleme wie dem unterschiedlichen Zeichensatz von Windows und DOS – in Word für Windows zur weiteren Bearbeitung übernommen werden.

2) Eine Gruppe von 8, 16, 32, 64 Bit wird – in Abhängigkeit von der Verarbeitungsbreite des jeweiligen Prozessors – ein Datenwort (word) genannt.

Word für Windows

Word oder genauer Word für Windows ist die Bezeichnung für ein Textverarbeitungsprogramm der Firma →Microsoft für das Betriebssystem →Windows. Es liegt seit Juli 1999 in der Version 9.0 (bzw. Word 2000) vor und kam 1990 erstmals in der Version 1.0 auf den Markt. Das Programm ist als Nachfolger des erfolgreichen Word für DOS (→Word) anzusehen, konnte an dessen Markterfolg aber erst mit Erscheinung der Version 2.0 und dann vor allem der sehr erfolgreichen Version 6.0 anknüpfen. Derzeit ist Word weltweit eindeutig Marktführer im Bereich der Textverarbeitungen. Rund 80 % aller Verkäufe von Word erfolgen übrigens im Bundle mit der Office-Version von Microsoft.

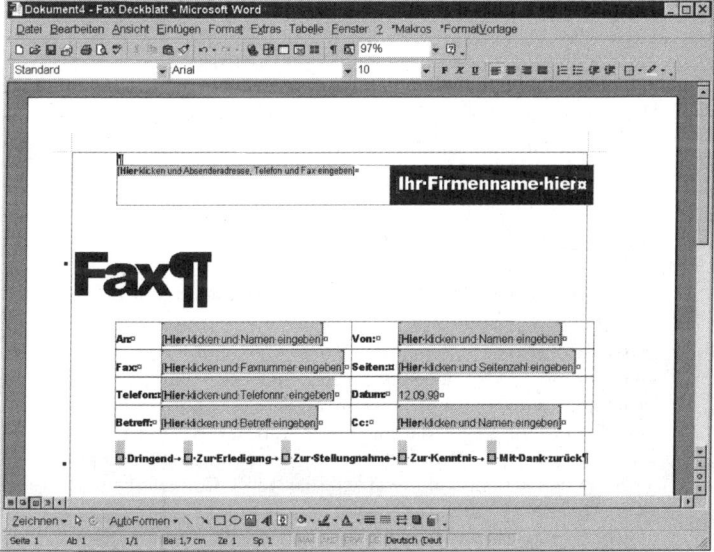

Die neue Oberfläche von Word 2000 lehnt sich an das HTML-Design im Internet an

Wie die DOS-Version zeichnet sich auch Word für Windows durch eine klar strukturierte, leichte Bedienbarkeit und die Beschränkung auf wesentliche Funktionen aus. Hervorzuheben ist insbesondere die ausgefeilte Formatvorlagen-Funktion (→Formatvorlage). Wie alle modernen Textverarbeitungen verfügt Word über alle Möglichkeiten für →Textformatierungen, für Layout und →DTP, Textbausteine, →Makros, →Serienbrief-Funktion, →Rechtschreibprüfung, Tabellenfunktion u. v. m. Mit der Version Word 97 wurden außerdem weitreichende Internetfunktionen wie etwa der Dateitransfer per →FTP oder die Erstellung einer →Homepage mit →HTML implementiert. Außerdem bot diese Version erstmals eine deutsche Grammatikprüfung (die →WordPerfect schon seit Jahren besitzt – von beiden sollte man sich aber keine Wunder versprechen). Vergleiche auch →Office.

Word Pro

Word Pro ist das Textverarbeitungsprogramm der Firma Lotus. Es ist das Nachfolgeprodukt des Programms Ami Pro. Mit Word Pro lassen sich professionelle Textdokumente erstellen, bearbeiten und formatieren (layouten). Bei der Erstellung von Word Pro wurde besonderer Wert auf die Möglichkeit der gemeinsamen Bearbeitung von Dokumenten durch mehrere Mitarbeiter gelegt. Das Programm ist ein Bestandteil des Softwarepakets →Lotus SmartSuite.

WordPerfect

Die →Textverarbeitung WordPerfect war lange Zeit die meistgenutzte Textverarbeitung der Welt, wurde aber unter →Windows von Microsofts →Word für Windows von seiner ersten Position verdrängt. Das Programm unterscheidet sich von der Konkurrenz unter anderem durch den so genannten Steuerzeichenbildschirm, der alle in den Text eingefügten Codes (z. B. →Formatierung) anzeigt. Die besonderen Stärken von WordPerfect liegen in der hohen typographischen Genauigkeit und den vielfältigen DTP-Möglichkeiten (siehe →DTP). Das Programm bietet im Vergleich zu den Konkurrenzprodukten Word und →Word Pro mehr Funktionen und eine außergewöhnliche Anpaßbarkeit an spezifische Bedürfnisse. Unter DOS (siehe →MS-DOS) verfügte WordPerfect über das leistungsstärkste Programm, das z. T. Windows-ähnliche Möglichkeiten bietet. Der DOS-Version haftet aber immer noch das Vorurteil der mühseligen Bedienung an, das sich WordPerfect mit einer logischen, aber für viele Anwender wenig intuitiven Funktionstastenbelegung erworben hatte. Jedoch gilt dies nur für die älteren Versionen.

Die in Utah ansässige Firma WordPerfect, Hersteller der gleichnamigen Software, wurde Anfang der 90er Jahre zuerst von →Novell aufgekauft, die das Programm zum Hauptprodukt im Programmpaket PerfectOffice machte. Nachdem Novell gegen die starke Konkurrenz des Microsoft →Office keinen Erfolg hatte, wurde WordPerfect zusammen mit PerfectOffice im Frühjahr 1996 an den kanadischen Grafikspezialisten →**Corel** verkauft. Corel brachte dann im Sommer 1996 als Nachfolger die auf die Version 7.0 überarbeitete →**WordPerfect Suite** in einer 16- und 32-Bit-Version heraus, die neben WordPerfect noch die Tabellenkalkulation Quattro Pro und das Präsentationsprogramm Presentations enthielt. Die WordPerfect Suite wird von Corel regelmäßig weiterentwickelt und erfreut sich großer Beliebtheit. Die im Herbst 1999 erschienene Version WordPerfect 2000 zeichnet sich v. a. durch eine konsequente Pflege und Verbesserung der vorhandenen Funktionen aus.

Works [Arbeiten]

Works ist ein integriertes Programmpaket der Firma Microsoft, das Module zur Datenverwaltung, Tabellenkalkulation, Textverarbeitung und Datenfernübertragung enthält (siehe →Datenbank, →Grafik, →Tabellenkalkulation, →Textverarbeitung, →DFÜ).

Workstation [Arbeitsstation]

Als Workstation bezeichnet man leistungsstarke Computer, meist auf RISC-Basis (siehe →RISC-Prozessor), wie z. B. Rechner von Sun, Silicon Graphics, HP, DEC Alpha, IBM. Das heutzutage für Workstations übliche Betriebssystem ist →UNIX. Rechenintensive Aufgaben wie Raytracing, Bildbearbeitung, CAD und große Datenbanken sind die Einsatzgebiete für Workstations.

World Wide Web [Weltweites Netz]

Das World Wide Web ist die wahrscheinlich bekannteste Anwendung im →**Internet**. Um das World Wide Web zu nutzen, wird ein →Webbrowser benötigt. Mit diesem Browser lassen sich so genannte Hypertext-Dokumente (mit Hilfe der Skriptsprache HTML) mit Text, Symbolen und Bildern auf dem Bildschirm anzeigen, deren Quelle irgendwo auf dem Erdball liegen kann. Mit eingefügten, besonders gekennzeichneten Verweisen kann beispielsweise auf ein anderes Dokument auf einem anderen Kontinent zugegriffen oder ein Bild- bzw. Musikstück angeschaut und angehört werden. Das World Wide Web ist so erfolgreich, weil seine Bedienung wirklich kinderleicht ist. Weitere Informationen siehe →WWW.

WRAM (Windows-RAM)

WRAM (Abk. f. Windows-Speicher) verbindet die Vorzüge der VRAM-Bausteine (siehe →VRAM) mit getrennten Ein- und Ausgabeports mit zusätzlich implementierten Funktionen zur Unterstützung von grafischen Bildtransformationen. Als spezielle DRAM-Bauelemente (siehe →DRAM) benötigen auch sie einen ständigen Refreshzyklus von Auslesen und neuem Einschreiben der Informationen. WRAMs wurden nur auf sehr wenigen Grafikkarten wie der bekannten Matrox Millennium verwendet. Mittlerweile wurden Sie aber wie auch die VRAM-Bausteine von →SDRAMs und →SGRAM ersetzt.

Write [schreiben]

Das zum Lieferumfang von →Windows (bis Version 3.x) gehörende Programm Write ist ein einfach strukturierter Texteditor, der im Vergleich zu anderen Textverarbeitungsprogrammen (siehe →Textverarbeitung) nur einige Grundfunktionen anbietet. Die Nachfolgeversion von Write unter Windows 95 heißt WordPad und ist zusätzlich in der Lage, Dateien auch im Word-Format bearbeiten zu können (→Word). WordPad kann aber auch weiterhin mit dem Write-Format arbeiten.

WWW (World Wide Web)

Das WWW (Abk. f. weltweites Netz) ist ein multimediales Hypertext-Informationssystem (siehe →Hypertext) im →Internet. Das WWW ist die derzeit oberste Stufe der Werkzeuge im Netz und kann nahezu alle anderen Dienste integrieren. Es stellt eine wesentliche Vereinfachung der Arbeit im Internet dar, weil auch der unerfahrene Benutzer mit der grafischen Oberfläche schnell zurechtkommt. Der WWW-Client (auch WWW- oder →Webbrowser genannt) auf dem lokalen Rechner richtet sich auf einen WWW-Server im Netz (siehe →Server; →Host).

Das 1990 von Tim Berners-Lee im Kernforschungszentrum CERN in Genf entwickelte Prinzip des WWW baut auf der Idee auf, dass sich die großen Informationsmengen im Netz durch eine →Baumstruktur darstellen lassen. Ausgangspunkt der Arbeit im WWW ist die Wurzel, die so genannte →Homepage (siehe →HTML und →HTTP) eines Servers, die i. d. R. eine Vielzahl von Links oder Verweisen (siehe →URL) beinhaltet. Jeder Hypertext-Link führt zu einem darunter liegenden Zweig, der sich im aktuellen Dokument, in einem anderen Dokument auf dem aktuellen Server, aber auch auf irgendeinem anderen, weit entfernten Server befinden kann. Mit dem Anklicken des Verweises wird das dahinter liegende Dokument über das Netz geladen. Hat man einzelne Dateien oder Multimedia-Elemente erreicht, können diese mit einem Mausklick zum lokalen Rechner übertragen und gegebenenfalls geöffnet werden. Durch die Querverweise zu anderen **Hosts** mit eigenen Bäumen ensteht ein komplexes Gebilde von miteinander vernetzten Baumstrukturen – eben das weltweite Netz von Informationen. WWW setzt bei seiner Arbeit auf das ganze Arsenal von Werkzeugen im Netz – →**Telnet**, →**FTP**, →**Archie**, →**Gopher**, →**VERONICA** usw. Auch die **Newsgroups** (siehe →Usenet) im Netz lassen sich in das WWW einordnen. Anders als die genannten Werkzeuge, ist das WWW jedoch in der Lage, neben Texten auch Bilder, Tonfolgen und Videosequenzen zu integrieren, dem Internet also multimediale Elemente hinzuzufügen.

WYSIWYG (What You See Is What You Get)

Das Schlagwort WYSIWYG ist eine Abkürzung für „Was du siehst, ist das, was du bekommst". Der Begriff beschreibt die Fähigkeit von Anwendungen unter einer modernen grafischen Benutzeroberfläche, die Darstellung auf dem →Bildschirm exakt mit dem Ausdruck in Übereinstimmung zu bringen. Insbesondere bei der →Textverarbeitung ist dies von Vorteil: Alle Details eines Dokuments, einschließlich der Formatierung, werden schon während der Bearbeitung wirklichkeitsgetreu am Monitor angezeigt, so z. B. Schriftgröße und Schriftart, Zeilenumbruch, Absatzformatierung, Tabellen, Spaltensatz und Grafikeinbindung. Auf Macintosh- und Atari-Rechnern war WYSIWYG schon Mitte der 80er Jahre Standard. Im PC-Bereich (siehe →PC) hielt WYSIWYG erst mit schnellen Prozessoren und modernen Betriebssystemen wie→Windows Einzug.

X.21

Das →Protokoll X.21 des →ITV-T beschreibt eine Schnittstelle in der physikalischen Schicht (siehe →physikalische Schicht), die für den Aufbau von →X.25-Netzwerken eingesetzt wird. Die Empfehlung X.25 ist Basis des öffentlichen Datennetzes →Datex-P der Telekom und der entsprechenden, weltumspannend verknüpften, nationalen Netze.

X.25

Als X.25 wird eine international gültige Empfehlung des ITV-T für ein →Übertragungsprotokoll bezeichnet. X.25 ist ein Paket-Übertragungsverfahren über ein globales vermaschtes Netz, bei dem die einzelnen →Datenpakete unabhängig voneinander von Vermittlungsknoten zu Vermittlungsknoten weitergeleitet und zwischengespeichert werden, bis sie ihr Zielsystem erreicht haben. Die Empfehlung X.25 ist Basis des öffentlichen Datennetzes der Telekom →Datex-P und der entsprechenden, weltumspannend verknüpften, nationalen Netze. Diese internationale Infrastruktur in öffentlichen oder privaten Datennetzen auf Basis von X.25 wird auch IXI genannt (International X.25 Infrastructure)

XENIX

XENIX ist ein von →UNIX abgeleitetes und zu UNIX kompatibles →Betriebssystem der Firma →Microsoft für den IBM-kompatiblen →PC.

Xeon

Der Xeon, die offizielle Bezeichnung ist „Pentium II Xeon" bzw. „Pentium III Xeon", ist, wie der korrekte Name schon sagt, eine besondere Variante des →Pentium II bzw. →Pentium-III-Prozessors von →Intel. Er ist besonders auf die Anforderungen eines Multiprozessor-Server-Betriebs optimiert. Bis Ende 1998 wurde der Xeon als Pentium II-Variante mit 400 und 450 MHz Taktung ausgeliefert. Er läuft auf Mainboards mit dem 440BX-Chipsatz bei 100 MHz Systembus (siehe →Chipsatz). Der Nachfolger des Pentium II-Xeon ist der Pentium III-Xeon, der von Intel im Frühjahr 1999 vorgestellt wurde. Die ersten Modelle werden mit 500 und 550 MHz getaktet und unterscheiden sich ansonsten bis auf den geänderten Prozessor-Kern des →Pentium III nicht von seinem Vorgänger.

Die technischen Besonderheiten des Xeon sind zum einen ein wahlweise vergrößerter L2-Cache (→Second-Level-Cache): Neben den üblichen 512 KByte sind auch Versionen mit 1 oder 2 MByte erhältlich. Der L2-Cache wird außerdem wie beim →Celeron mit voller Prozessor-Taktung angetrieben. Parallel dazu wurde die maximal cachbare Menge des physikalischen Arbeitsspeichers auf 64 GByte erhöht, der übrigens auch komplett bis zu dieser Größe vom L2-Cache gecacht werden kann. Eine weitere, wichtige Eigenschaft für den Server-Betrieb ist die erweiterte Unterstützung von Multiprozessor-Betrieb mit normalerweise bis zu 8 Xeons. Bei der Verwendung von ganz bestimmten Technologien (NUMA und VI-Clustering-Technologien genannt) und dem 450NX-Chipsatz von Intel sind sogar Anlagen mit mehr als acht Prozessoren möglich. Dabei werden jeweils vier Xeons zu einem Prozessor-Cluster zusammengefasst, die sich wiederum mehrfach verbinden und damit zu einem großen System skalieren lassen. Durch diese Funktionen kann man mit entsprechenden →Multitasking- und →Multithreading-fähigen Betriebssystemen Systeme mit einer extremen Verarbeitungsgeschwindigkeit erstellen.

Um die Laufstabilität und Wartungskosten für einen Serverbetrieb möglichst klein zu halten, hat Intel dem Xeon außerdem einige zusätzliche Sicherheitsfunktionen mitgegeben (so genannte Manageability-Merkmale). Dazu gehören Funktionen wie ein Überhitzungsschutz, Fehlerkorrektur-Verfahren (→ECC), funktionelle Redundanz-Prüfung und die Unterstützung des so genannten System-Management-Bus. Für die Nutzung von ECC ist die Verwendung von Mainboards mit Intels speziellen Chipsätzen 440GX und 450NX notwendig. Der Xeon ist mit diesen Eigenschaften ganz klar für den professionellen High-End-Bereich und nicht für Privatanwender oder Einzelplatz-PCs entwickelt worden. Entsprechend liegen auch die Preise deutlich über dem eines normalen Pentium II oder Pentium III.

Äußerlich gleicht der Xeon prinzipiell dem Pentium II, weil er ebenfalls in schwarzes SEC-Plastik-Gehäuse eingebettet ist, das aber gut doppelt so groß (hoch) ist. Innerlich weist er jedoch noch eine weitere Besonderheit auf, nämlich das so genannte **PIROM** (Processor Information **ROM**). Das ist ein Speicherbaustein, der wie eine Art elektronische Unterschrift spezifische Informationen über den Prozessor wie z. B. die Taktung oder eine Art Seriennummer enthält. Damit sind Fälschungen genauso ausgeschlossen wie Übertaktungen. Speziell für Händler wurde außerdem ein programmierbarer EEPROM eingebaut, in den ein Händler z. B. eigene Daten wie Liefernummern oder Konfigurationsparameter abspeichern kann. Mit diesen zusätzlichen Eigenschaften können Firmen wiederum leichter die Inventur ihrer Hardware durchführen.

Xerox

Die amerikanische Firma Xerox hat mit ihren Entwicklungen und Produkten Computergeschichte geschrieben. So wurde die Technologie lokaler Netze →Ethernet bereits 1973 im Xerox-Forschungszentrum PARC (Abk. f. **P**alo **A**lto **R**esearch **C**enter) entwickelt und 1980 als Produkt von →DEC, →Intel und Xerox vorgestellt. Der erste →PC mit einer mausbedienbaren grafischen →Benutzeroberfläche, Laserdrucker und Ethernet-Schnittstelle war der Star 8010 von Xerox aus dem Jahre 1981.

XGA (Extendend Graphics Adapter)

XGA (Abk. f. erweiterter Grafikadapter) ist ein →Grafikstandard, der 1991 von →IBM veröffentlicht wurde. Er bietet eine Auflösung von 1.024 x 768 Pixeln mit 256 Farben.

XML (eXtensible Markup Language)

XML ist die englische Abkürzung für ausdehnbare, erweiterbare Auszeichnungssprache. Mit →**HTML** verwandt und wie dieses von →SGML abgeleitet, ist es ein vom Hersteller bzw. Programm unabhängiges **Dokumentenformat**. Es soll dazu dienen, formatierte Dokumente über beliebige Medien (z. B. das Internet) austauschen zu können. Während dieses Ziel für einfache Dokumente bereits mit HTML erreicht werden kann, verfügt XML über erweiterte Befehle für komplexere Layouts und Elemente. So sind hier z. B. mathematische Sonderzeichen, Formeln und auch Datensätze aus Datenbanken in XML-Dokumenten möglich. Der große Vorteil von XML ist, dass es fast beliebig erweiterbar ist und damit quasi für jeden Typ von Dokument verwendet werden kann. Die Kompatibilität bzw. der Abgleich zwischen herstellendem und anzeigendem, lesendem Programm (Server und Client) wird durch eine spezielle Definitions-Datei (**DTF** = **D**ocument **T**ype **D**efinition **Fi**le) erreicht. Während bis Anfang 1999 XML noch keine große Rolle bei Anwendungsprogrammen und dem Internet spielte, wird sich dies in Zukunft ändern. Es ist damit zu rechnen, dass sich XML als universelles Dateiformat durchsetzen könnte. Weitere Informationen über XML findet man im Internet auf der Homepage des →W3C (*www.w3.org*) sowie unter *www.ucc.ie/xml*.

XModem

XModem ist ein →Übertragungsprotokoll zur Übertragung von Dateien, das die zu übertragende Datei in 128 Byte große Blöcke unterteilt. Durch die geringe Blockgröße ist XModem ziemlich langsam. XModem kann lediglich eine einzige Datei pro Aufruf übertragen. Der Name der Datei und die Dateigröße werden nicht übertragen.

XModem 1K

Xmodem 1K ist eine direkte Weiterentwicklung des Übertragungsprotokolls →XModem. Die Blockgröße wurde von 128 Byte auf 1 KByte vergrößert.

XMS (Extended Memory Specification)

Der Standard XMS (Abk. f. erweiterte Speicherspezifikation) wurde gemeinsam von den Firmen Microsoft, Lotus, AST und Intel definiert. Er regelt die Verwaltung des Arbeitsspeichers oberhalb der ersten 1.024 KByte, der von →MS-DOS nicht ohne weiteres angesprochen werden kann (siehe →EMS). XMS kann ab Rechnern mit einem 286er Prozessor verwendet werden, die Größe des ansprechbaren Speichers hängt dabei von den vorhandenen Adressbus-Leitungen ab. Bei PCs mit einem 80386-Prozessor und höher sind dies 4 GByte. Die Konfiguration des Arbeitsspeichers nach XMS ist vor allem für den Betrieb von Windows notwendig.

XOn/XOff

XOn/XOff ist eines der möglichen Verfahren zur →Flusssteuerung mittels Software. Ist der Empfangspuffer nahezu voll, sendet der Empänger das →Steuerzeichen XOff an den Datensender, um die Übertragung anzuhalten. Ist der Puffer wieder aufnahmebereit, wird das Steuerzeichen XOn gesendet.

XOR-Verknüpfung

Die XOR-Verknüpfung ist eine Operation der →booleschen Algebra, die dann ein Ergebnis WAHR (1) ergibt, wenn einer der beiden Operanden den Wert WAHR (1) hat. Haben beide Operanden den Wert WAHR (1) oder FALSCH (0), erhält man das Ergebnis FALSCH (0).

XT (Extended Technology)

Der IBM-PC/XT war eine 1983 vorgestellte unmittelbare Weiterentwicklung des →IBM-PCs. Nach wie vor wurde ein i8088 von →Intel als →Prozessor eingesetzt. Charakteristisch für den XT war jedoch der Einsatz höher integrierter Schaltkreise (siehe →IC) auf dem →Mainboard, mehr Steckplätze für Erweiterungen, ein größerer →Arbeitsspeicher, neue Diskettenlaufwerke sowie eine Option für eine →Festplatte mit einem für damalige Verhältnisse großen Fassungsvermögen von 10 MByte u. a. Ein IBM-PC/XT kostete seinerzeit rund 5.000 $. Die Bezeichnung XT wurde bis Ende der 80er Jahre auch für die entsprechenden Nachbauten (Clones) benutzt.

Y

Die Bezeichnung Y wird oft als Kürzel für das →Übertragungsprotokoll →YModem verwendet.

Y2K-Problem

Die Abkürzung Y2K – seit Mitte 1999 ein geschütztes Warenzeichen – ist eine englische Abkürzung für das **Jahr 2000** (Year 2000). Die Zahl 2000 wird dabei durch 2K dargestellt, wobei das „K" für Kilo steht, also die im Computerbereich übliche Abkürzung für Tausend. Das Jahr 2000 ist nicht nur wegen seiner allgemeinen Faszination oder der magischen Wirkung auf Esoteriker und Endzeit-Freaks in aller Munde. Rein sachlich betrachtet bedeutet es für die computerabhängigen Industriestaaten eine große Gefahr, weil viele Softwareprogramme nicht in der Lage sind, vierstellige Jahreszahlen zu bearbeiten. Ohne eine Korrektur der Programme oder deren Austausch besteht die Möglichkeit, dass insbesondere viele computergesteuerte Großanlagen beim Jahrtausendwechsel Fehler produzieren oder gar ganz ausfallen werden. Das wurde unter dem Begriff „Jahr-2000-" oder eben „Y2K-Problem" bekannt.

Die Bedeutung des Problems bzw. die Spannbreite möglicher Risiken werden erst dann offenbar, wenn man sich die wirklich wichtigen, sensiblen Bereiche anschaut: Versicherungen, Banken, Börsen, Verwaltungen, Bahn- und Flugsteuerungen, Kraftwerke und nicht zuletzt auch die Atom-Raketen-Einrichtungen der Amerikaner und Russen. Die Probleme für die PCs „normaler" Anwender sind dagegen verschwindend gering. Überall werden in diesen Bereichen z. T. hochspezialisierte Programme eingesetzt, die teilweise vor Jahrzehnten programmiert wurden und oftmals nur mit zwei- und nicht vierstelligen Jahreszahlen arbeiten. Dies wurde zumeist aus Speichergründen gemacht, denn damals waren Arbeitsspeicher aller Art sowie Rechenperformance noch sehr knapp und es wurde wo immer möglich gespart bzw. reduziert.

Eine Korrektur bzw. Vermeidung des Y2K-Problems ist von Fall zu Fall sehr unterschiedlich und kann sehr schwierig sein. Zuerst muss herausgefunden werden, ob ein System überhaupt dafür anfällig ist oder nicht. Und anschließend muss eine Lösung gefunden werden, z. B. durch Korrektur oder Austausch des Programms. Da viele dieser Programme aber z. T. vor vielen Jahren oder sogar Jahrzehnten mit teilweise recht ursprünglichen Programmiersprachen entwickelt wurden, gestaltet sich eine Korrektur oftmals sehr schwer. Zumal oftmals keine Unterlagen mehr vorhanden sind und die ursprünglichen Programmierer nicht mehr aufzufinden sind bzw. nicht mehr leben.

Ob und wie ein System am Jahrtausendwechsel aber genau reagiert, kann bis zuletzt nur Spekulation bleiben. Denn in vielen Fällen ist es auch nicht möglich, vorab einen Test durchzuführen, weil die Anlagen bzw. Programme konstant durchlaufen müssen. Außerdem ist es nie ausgeschlossen, dass nicht alle Fehler gefunden werden. Es steht also ein spannender Jahreswechsel 2000 bevor. Hoffentlich ohne versehentlichen Start einiger Atomraketen oder den elektronischen Zusammenbruch einiger Banken und Versicherungen.

Um die Y2K-Festigkeit seines PCs braucht man sich dagegen wenig Sorgen machen. Seit ca. 1997 hergestellte Software ist zumeist „Y2K-fest". Bei der Hardware ist eigentlich nur das →BIOS des →Mainboards kritisch. Aber auch hier werden seit ca. Mitte der 90er Jahre entsprechend kompatible Versionen benutzt. Alternativ kann man zumeist eine alte BIOS-Version durch eine neue überspielen (BIOS-Upgrade). Viele Firmen, z. B. →Symantec, bieten Testprogramme an, die das BIOS, das Betriebssystem und installierte Anwendungsprogramme auf Y2K-Festigkeit überprüfen. Jedoch sind viele dieser Programme nicht ihr Geld wert, das Programm Norton 2000 von Symantec kann aber empfohlen werden. Die Ergebnisse solcher Testprogramme sind aber hier aufgrund der komplexen Materie nicht absolut sicher. Am besten, man erkundigt sich beim Hersteller seiner Software über die entsprechenden Eigenschaften seiner Version. Sollte ein Programm nicht Y2K-fest sein, kommt es in den meisten Fällen lediglich zu einer falschen Datumsanzeige. Statt 02.01.2000 wird dann beispielsweise 02.01.1900, 02.01.00 oder 02.01.80 angezeigt. Letzteres z. B. dann, wenn das Programm mit Jahreszahlen vor 1980 nicht umgehen kann.

Die aktuellen Programme von Microsoft, also →Windows 98, →Office 97 bzw. Office 2000 und Windows NT 4.0 sind alle überwiegend Y2K-fest. Das gilt natürlich inbesondere auch für den Nachfolger von Windows NT, →Windows 2000. Allerdings werden immer wieder kleinere Probleme bekannt, die Microsoft aber zumeist durch einen kleineren →Patch wieder ausgleichen kann. Entsprechende Informationen muss man der Computerpresse bzw. den Webseiten von Microsoft (*www.microsoft.com*) entnehmen. Wer eine alte Version von DOS, Windows oder Office einsetzt, muss diese entweder upgraden oder aber eben mit einer falschen Datumsanzeige leben. Lediglich bei Datenbanken und Tabellenkalkulationen, die Berechnungen mit Zeit- bzw. Datumsangaben machen, sollte dies aber zu wirklichen Problemen führen. Weitere Informationen finden Sie auch im Internet unter *www.initiative2000.de* und *www.everything2000.com*.

> **Tipp:** Sie können Ihren PC selbst recht schnell auf Y2K-Kompatibilität testen. Ändern Sie einfach das Systemdatum im BIOS auf den letzten Tag und die letzten Minuten/Sekunden vor dem Jahrtausendwechsel. Schalten Sie den PC dann aus und erst wieder ein, wenn die Zeitspanne ausgereicht hat, dass der Datumswechsel verstrichen ist. Nach dem Einschalten sollten Sie in allen Programmen, v. a. dem Betriebssystem, die Datumsanzeige überprüfen. Unter DOS geht dies mit dem Befehl *date*. Wird das falsche Datum angezeigt, korrigieren Sie es zuerst per Hand und starten den Rechner neu. Hat dieser dann das neu, (vermeintlich) korrekte Datum immer noch nicht richtig erkannt, brauchen Sie ein Update des BIOS und/oder Ihrer Software. Bei den Softwareprogrammen sollten Sie insbesondere Tabellenkalkulationen, kaufmännische Programme und Datenbanken überprüfen. Kleine Beispielsberechnungen mit entsprechendem Datum geben schnell Aufschluss über mögliche Schwächen. Kritisch sind unter Umständen auch Programmier-Anwendungen wie Visual Basic. Auch hier ist ein entsprechender Test schnell durchgeführt.

Yahoo

Yahoo ist ein Suchdienst für das Interent in Form eines Index-Katalogs von ausgesuchten Webseiten für das Internet. Sein internationaler →URL ist *www.yahoo.com*. Yahoo gehört zu den Topten der weltweit am meisten verwendeten Suchdienste und ist mittlerweile auch mit einem deutschsprachigen Angebot unter *www.yahoo.de* vertreten. Im Gegensatz zu einigen anderen Suchdiensten (wie z. B. LEO) durchsucht Yahoo aber nur das World Wide Web. Siehe auch →Internetsuchdienste.

YCC-Farbsystem

Das YCC-Farbsystem ist ein von der Firma Kodak im Zusammenhang mit der →Photo-CD entwickeltes Farbsystem. YCC zerlegt die 24 Bit in 1 x 8 Bit für die Kodierung der Helligkeit (Luminanz), also 256 Stufen, und 2 x 8 Bit zur Kodierung der Farbkomponenten (Chrominanz).

Yellow Book [Gelbes Buch]

Im 1985 von den Firmen Sony und Philips aufgestellten Yellow Book sind die Normen für die →CD-ROM definiert. Das Yellow Book wurde folglich als Grundlage für die von der →ISO verabschiedete CD-ROM-Norm verwendet.

Yellow cable [Gelbes Kabel]

Das yellow cable (gelbe Kabel) ist ein bei →Ethernet verwendetes dickes Koaxkabel mit einem charakteristischen gelben Mantel.

Yellow Pages [Gelbe Seiten, Firmenadressbuch]

Die englische Bezeichung Yellow Pages entspricht dem bekannten deutschen Begriff „Die Gelben Seiten", auf das die Deutsche Telekom ein Markenrecht hat. Es handelt sich um ein zumeist regionales, nach Stichwörtern sortiertes Branchen-Verzeichnis mit Adressen und Telefonnummern von Firmen aller Art. In Deutschland dürfen aufgrund des Markenschutzes keine Bücher oder ähnliche Dinge (z. B. CD-ROMs) verkauft werden, die den Begriff „Gelbe Seiten" oder „Yellow Pages" tragen, obwohl dies von vielen Firmen mit elektronischen Branchenverzeichnissen auf CD-ROM oder Internetadressverzeichnissen versucht wurde. In vielen Fällen werden daher für entsprechende Adressverzeichnisse Begriffe wie Y... Pages oder Pink Pages etc. verwendet.

YModem

Ymodem ist eine Weiterentwicklung des Übertragungsprotokolls (siehe →Übertragungsprotokoll) →XModem, das es erlaubt, mehrere Dateien und die zugehörigen Dateinamen in einem Aufruf zu übertragen. YModem arbeitet mit einer Blockgröße (siehe →Datenblock) von einem KByte (siehe →XModem 1K).

Z

Z

Die Bezeichnung Z wird oft als Kürzel für das →Übertragungsprotokoll →ZModem verwendet.

Z3

Z3 hieß die erste programmgesteuerte Rechenanlage, die Konrad Zuse in den Jahren 1934-1941 entwickelte (siehe →Zuse, Konrad).

Z80

Der 8-Bit- →Mikroprozessor Z80 der Firma Zilog kam 1976 auf den Markt und war zu den Prozessoren i8080 von →Intel weitgehend kompatibel. Die vielseitigen →PCs mit den Prozessoren i8080 und Z80 liefen meist unter dem →Betriebssystem →CP/M von Digital Research.

Zahlensystem [number system]

Ein Zahlensystem dient der Darstellung von Zahlen durch einzelne Zeichen, die Ziffern (siehe →Ziffer). Das Zahlensystem unseres Alltags, das Zehneroder →Dezimalsystem, verwendet die zehn Ziffern 0-9. Zahlen, die in diesem Zahlensystem dargestellt sind, heißen Dezimalzahlen. Computer arbeiten im Prinzip mit einem Zahlensystem, das nur die Ziffern 0 und 1 kennt, dem →Dualsystem. Zahlen in diesem System werden Dualzahlen genannt. Zur einfachen Darstellung der Zahlen des Dualsystems kann man das →Oktalsystem oder das →Hexadezimalsystem verwenden.

Zehnerkomplement

Das →Komplement einer Zahl ist deren Ergänzung zur nächsthöheren Potenz der Basis des zur Darstellung verwendeten Zahlensystems. Den Begriff Zehnerkomplement verwendet man, um darauf hinzuweisen, dass das Dezimalsystem zugrunde liegt. Das Zehnerkomplement der Dezimalzahl 106 ist 894, und 894 ist das Komplement zu 106, denn $894+106=10^3=1.000$.

Zeichensatz [char(acter) set, codepage]

Der Zeichensatz umfasst die Gesamtheit aller im aktuellen Moment darstellbaren Zeichen. Um die verschiedenen Bedürfnisse z. B. unterschiedlicher Sprachen zu erfüllen, existiert eine Vielzahl von Zeichensätzen, die z. B. als länderspezifische Zeichensätze die speziellen Sonderzeichen einer Sprache abdecken. Zu einem deutschen Zeichensatz gehören z. B. die Umlaute ä, ö und ü sowie das ß. Für eine Übersicht des Windows-Zeichensatzes siehe →ANSI-Code, zur Übersicht des DOS-Zeichensatzes siehe →ASCII. Vergleiche auch →Codepage.

Zeiger [pointer]

Ein Zeiger ist ein Variablentyp (siehe →Variable), der die Adresse einer anderen Variable enthält, um damit auf deren Wert zugreifen zu können.

Zeilenumbruch [word wrap, newline command]

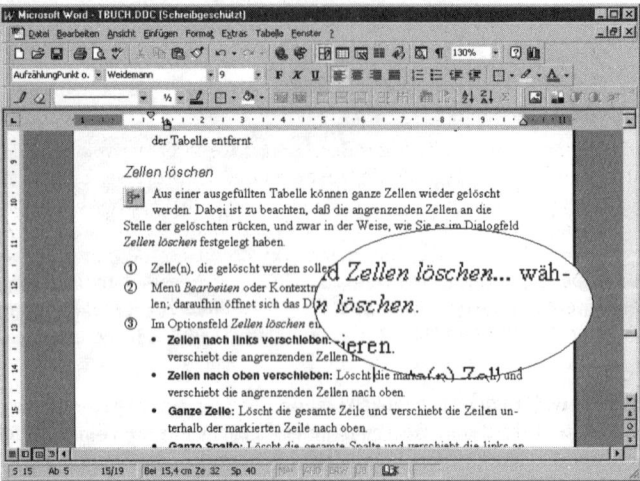

Der automatische Zeilenumbruch – eventuell in Verbindung mit einer Silbentrennung – ist die klassische Domäne einer Textverarbeitung

Ein Zeilenumbruch ist die Trennstelle zwischen dem Ende einer Zeile und dem Beginn der nächsten. Moderne Textverarbeitungsprogramme (siehe →Textverarbeitung) erkennen – bei vorgegebener Seitenbreite – automatisch, wann ein Zeilenumbruch erfolgen muss.

Zeilenvorschub [line feed]

Der Zeilenvorschub transportiert das Druckmedium bei einem →Drucker oder →Bildschirm um eine Zeile (von Zeichen) – entsprechend der aktuellen Einstellung – weiter. Für die Auslösung des Zeilenvorschubs im Drucker dient das →Steuerzeichen **LF** (Abk. f. line feed).

Zeitmultiplex-Verfahren [time-division multiplexing]

Beim Zeitmultiplex-Verfahren können die Datenströme mehrerer Quellen gleichzeitig über ein einziges Übertragungsmedium erfolgen. Jedem der zur Übertragung anstehenden parallelen Datenströme werden durch die →Multiplexer auf der Sender- und Empfängerseite reihum kleine Zeitspannen zugeordnet. Da jedem der Datenströme für die ihm zugeordnete Zeitscheibe die volle →Bandbreite des Mediums zur Verfügung steht, ermöglicht das Zeitmultiplex-Verfahren eine digitale →Datenübertragung. Neben dem Zeitmultiplex-Verfahren kennt man noch das →Frequenzmultiplex-Verfahren.

Zeitscheibe [time slice]

Die einzelnen →Tasks, →Prozesse oder →Threads, die bereit sind, kommen beim →Multitasking – in kleine Zeiteinheiten, die so genannten Zeitscheiben [**time slices**], aufgespalten – nacheinander zur Ausführung. Die Steuerung des zeitlichen Ablaufs der Prozesse übernimmt ein für Multitasking geeignetes →Betriebssystem mit seinem →Scheduler, der jedem Prozess reihum eine gewisse Zeit am Prozessor zuweist, wobei zusätzlich vorgegebene →Prioritäten berücksichtigt werden können.

Zelladressierung

Um den Inhalt einer →Zelle zur Berechnung weiterer Werte oder in Formeln nutzen zu können, hat jede Zelle eine eindeutige Adresse. Es gibt verschiedene Arten der Zelladressierung. Die Adresse wird aus der Kombination von Spaltenkennung (Buchstaben von A-Z und dann Kombinationen AA, AB usw.) und Zeilenzahl (die Zeilen sind von 1 aufwärts durchnummeriert) gebildet. Daneben gibt es ein weiteres, absolutes Adressierungssystem, das so genannte Z1S1-System: Hier wird die Adresse aus Z + Zeilennummer und S + Spaltennummer gebildet.

Zelle [cell]

Als Zelle wird in der Tabellenkalkulation der Schnittpunkt einer Zeile und einer Spalte bezeichnet. Der Inhalt einer Zelle kann aus Text, Zahlen, Datumswerten oder Rechenformeln bestehen.

Zenerdiode

Als Zenerdiode oder Z-Diode wird ein von **C. M. Zener** erfundenes Halbleiterbauelement bezeichnet, das einen Stromfluss bis zu einer bestimmten Sperrspannung unterbindet. Z-Dioden dienen u. a. zur Spannungsbegrenzung und Stabilisierung.

Zielwertsuche

Die Zielwertsuche dient dazu, einen gesuchten Wert unter Veränderung variabler Parameter vom Programm ermitteln zu lassen. Der einfachste Fall wäre die Vorgabe eines Sparsumme und einer Endsumme, die in einem variablen Zeitraum bei einem festen Zinssatz erreicht werden soll. Das Programm ermittelt jetzt den kürzesten Zeitraum zum Erreichen der Endsumme bei dieser Verzinsung. Genauso können Sie aber auch den Zeitraum vorgeben und ermitteln lassen, welcher Zinssatz zum Erreichen des Sparziels notwendig ist.

Ziffer [digit, number]

Eine Ziffer ist ein →Zeichen innerhalb eines Zeichenvorrats das zur Darstellung von Zahlen in einem bestimmten Zahlensystem dient. Die Ziffern zur Darstellung von Zahlen im Dezimalsystem sind die Zeichen 0-9.

ZIF-Sockel [ZIF-socket]

ZIF ist die englische Abk. f. Zero Insertion Force (Null-Einbau-Kraft). Es ist die Bezeichnung für einen →Prozessor-Sockel-Typ, der den Ein- bzw. Ausbau einer CPU durch einfaches Umlegung eines Arretierungshebels erleichtert. Der ZIF-Sockel wurde erstmals mit den späten 486er Modellen von Intel (486DX4) eingeführt und wird derzeit in der Version 7 immer noch für Pentium-Prozessoren und kompatible (→AMD-K6-2/III, →Cyrix 6x86) verwendet. Nachfolger des aktuellen ZIF-7-Sockels ist der Super-ZIF-7, der mit 100 MHz Systembustaktung angesteuert werden kann, aber dieselbe Belegung besitzt

Ein →AMD-K6-Prozessor in einem ZIF-7 Sockel 7. Rechts ist der Hebel zur Entarretierung hochgeklappt, die CPU kann einfach herausgenommen werden

Intel hatte zuerst geplant, mit dem Slot One des →Pentium II den ZIF-Sockel zugunsten eines Steckplatzes für eine Prozessorkarte aufzugeben. Mittlerweile wurde aber der Sockel 370 für den →Celeron eingeführt, der bis auf einen Kontakt-Pin dem alten ZIF-7-Sockel gleicht. Zukünftig wird wohl auch Intel versuchen, einen großen Teil seiner Prozessor-Linie wieder auf den preiswerteren Prozessor-Sockel zurückzuführen.

Nachfolgend noch eine Tabelle der wichtigsten Prozessor-Sockel für den PC, insbesondere die unterschiedlichen ZIF-Sockel-Typen.

Sockel-Typ	Beschreibung
LIF 486	Sockel-Typ ohne Hebel für die ersten 486er-Typen, Austausch schwieriger, aber möglich, solange nicht verlötet
ZIF Typ 1	486er-Platinen, 168 oder 169 Kontakt-Pins (selten verwendet)
ZIF Typ 2	486er-Platinen, 238 Kontakt-Pins (selten verwendet)
ZIF Typ 3	Typischer Sockel für 486er-Platinen, 237 Pin-Kontakte

Sockel-Typ	Beschreibung
ZIF Typ 4	Für den ersten Pentium-Typ P5 mit 60 und 66 MHz, Upgrade nur durch einen Overdrive-Prozessor möglich
ZIF Typ 5	320 Pins, wurde mit der P54C-Serie des Pentium Classic eingeführt und unterstützt diese bis 166 MHz (also P75-P166), wurde aber nur auf alten Triton-I-Boards für Pentiums bis 120 MHz genutzt
ZIF Typ 6	für 486er Platinen, 235 Pin-Kontakte (selten verwendet)
ZIF Typ 7	Einfache Erweiterung des Typs 5 um einen Pin für den Pentium Overdrive P55CT (321 Pins), unterstützt Taktungen über 166 MHz und ist der aktuelle Sockel für Pentium und →AMD K6-Prozessoren
ZIF Typ 8	Prozessorsockel für den →Pentium Pro

ZIP-Laufwerk [ZIP-drive]

ZIP-Laufwerke gibt es seit 1995 von der Firma Iomega. Sie sind eine preiswerte und praktische Alternative zu anderen Wechselmedien-Laufwerken (siehe auch →MO-Laufwerke, →SyQuest). Bisher war die Kapazität der ZIP-Laufwerke bzw. Medien ca. 100 MByte. Seit Anfang 1999 gibt es aber auch eine neue 250-MByte-Variante, die abwärtskompatibel ist. Das heißt, das 250-MByte-ZIP-Laufwerk kann auch die alten 100-MByte-Medien lesen (aber natürlich nicht umgekehrt). Da die 100-MByte-Medien mit ca. 20 DM noch recht preiswert sind, lassen sie sich recht sinnvoll zum Datenaustausch und zur Erstellung von Sicherungsdateien (siehe →Backup) verwenden. Mit 40-50 DM pro Diskette sind die 250-MByte-Medien allerdings so teuer, dass sie im Vergleich zu einem →MO-Laufwerk eigentlich nicht konkurrenzfähig sind (bis auf den niedrigen Anschaffungspreis für das Gerät). Außerdem sollte man bedenken, dass es sich beim ZIP um ein magnetisches Aufzeichnungssystem mit daher System-bedingt beschränkter Langzeitstabilität handelt.

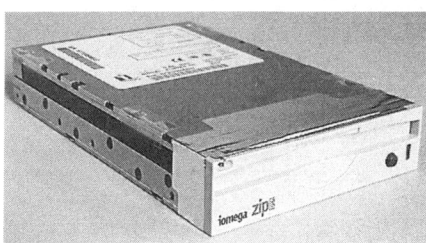

Ein internes ZIP-Laufwerk nach dem ATAPI-Standard erinnert an ein herkömmliches Diskettenlaufwerk, wird aber an den →IDE-Controller angeschlossen

ZIP-Laufwerke gibt es in allen möglichen Varianten, die man nach der Einbau-Art und der verwendeten Datenübertragungsschnittstelle unterscheiden kann. Dabei werden Modelle für →ATAPI, →SCSI, →Parallel-Port und neuerdings auch →USB angeboten. Eine zusätzliche, interessante Variante ist das **ZIP-Plus:** ein externes Laufwerk, das sich sowohl am Parallel-Port als auch an einen SCSI-Controller anschließen lässt. Mit ca. 300 DM ist es aber recht teuer, bietet jedoch auch eine gegenüber dem (SCSI-) Vorgänger verbesserte Performance. Von den ATAPI-Laufwerken kann bei entsprechender BIOS-Unterstützung und Nutzung von Windows 95 (ab OSR2) bzw. Windows 98 auch gebootet werden. Mit SCSI-ZIP-Laufwerken ist dies dagegen prinzipiell immer dann schon möglich, wenn der SCSI-Controller es erlaubt, die →SCSI-ID zum Booten frei zu wählen (was die meisten aktuellen Modelle können). Man kann sich so eine ZIP-Notfalldiskette zusammenstellen, auf der alle wichtigen Treiber und Programme Platz haben. Ja, selbst Windows 95/98 lässt sich, stark auf die wesentlichen Komponenten reduziert, auf einer ZIP-Diskette zum Booten unterbringen.

> **Tipp:** In Zusammenarbeit mit →Symantec wurde das Programm Norton ZIP Rescue entwickelt, das einzeln zu kaufen ist, aber auch Bestandteil der bekannten →Norton Utilities ab der Version 3.0 ist. Damit lässt sich eine Boot- bzw. Rettungsdiskette auf einem ZIP-Medium anlegen, das mit Windows booten kann und alle wichtigen Programme zur Datenrettung und Systemwiederherstellung enthält. Norton ZIP Rescue läuft übrigens auch mit ZIP-Laufwerken für den Parallel-Port, wenn auch quälend langsam und teilweise instabil. Am besten sind ATAPI- und v. a. SCSI-Laufwerke geeignet.

Mittlerweile konnte die Firma Iomega mit ihrem ZIP-Laufwerk einen Marktanteil bei Wechselmedien-Laufwerken von rund 80 % erreichen. Dieser große Erfolg des ZIP-Laufwerks dürfte nicht nur auf seine unkomplizierte Bedienung und die doch offenbar recht gute Qualität, sondern auch auf das bisherige Fehlen geeigneter Konkurrenz zurückzuführen sein. Dennoch steht Iomega auch nach dem Konkurs und der Übernahme des ehemaligen Hauptkonkurrenten →SyQuest nicht konkurrenzlos auf dem Markt des Disketten-Nachfolgers. Zum einen gibt es die allerdings mäßig erfolgreiche Superdisk →LS 120, die jedoch bei der Geschwindigkeit und den Medienpreisen nicht so recht überzeugen kann. Gefährlicher könnte da schon die neue →HiFD mit 200 MByte Speicherkapazität von Sony und Fuji werden.

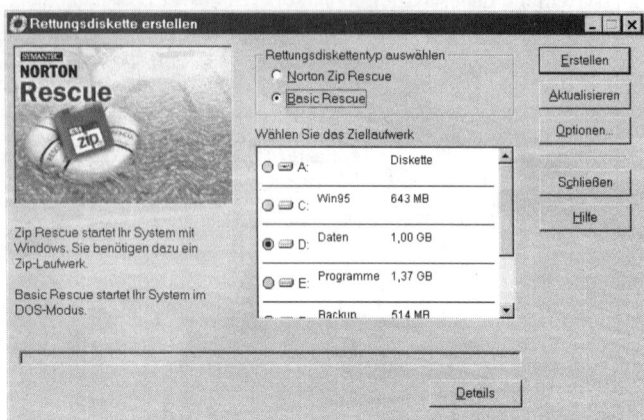

Norton Rescue bietet einem direkt beim ersten Aufrufen die sinnvolle Möglichkeit an, die Systemsicherung auf einem ZIP-Laufwerk vorzunehmen

Beide Techniken haben gegenüber dem ZIP-Laufwerk einen entscheidenden Vorteil: Sie können auch herkömmliche Disketten bearbeiten und damit ein normales Diskettenlaufwerk komplett ersetzen. Jedoch sind in beiden Fällen die Medienpreise zu hoch. Bedenkt man den erhöhten Speicherbedarf moderner Rechner, die Medienpreise, geringe Geschwindigkeit und geringe Datensicherheit all dieser magnetischen Verfahren (inkl. des ZIP-Laufwerks), sind →MO-Laufwerke im 3,5-Zoll-Format eigentlich die deutlich bessere und zukunftsichere Alternative für Heim-PCs und kleinere Büros. Zwar kosten die Laufwerke, z. B. von Fujitsu (_www.fujitsu.de_), um die 700 DM, dafür sind die Medien deutlich günstiger, die Datenübertragung schneller, die Speicherkapazität mit 600 MByte größer und die Datensicherheit wesentlich höher.

Ein externes ZIP-Laufwerk mit entsprechender Diskette. Rein äußerlich unterscheiden sich die Parallel-Port- und SCSI-Version nur bei den hinteren Anschlüssen

Wer jedoch in erster Linie ein möglichst mobiles und zu vielen Freunden/ Kollegen kompatibles Speichermedium braucht, ist mit dem ZIP-Laufwerk nicht schlecht dran. Dies v. a. auch deswegen, weil es so weit verbreitet ist. Die externe Parallel-Port-Version besitzt beim Punkt Mobilität den größten Vorteil, weil man einen Drucker-Anschluss an jedem Rechner findet. Mit dem ZIP-Plus-Laufwerk kann man diesen Vorteil mit der höheren Datenübertragungsrate von SCSI kombinieren. Wer ein reines SCSI-Laufwerk hat, kann dieses aber auch mit Hilfe eines SCSI-to-Parallel-Port-Adapters an den Drucker-Anschluss von anderen Rechnern anschließend. Das gilt übrigens auch für MO-Laufwerke. Solche Adapter gibt es z. B. von Adaptec.

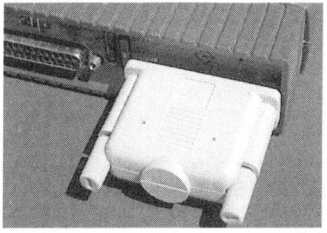

Durch einen aktiven SCSI-Terminator (→SCSI-Terminierung) an der Rückseite eines SCSI-ZIP kann man die Systemstabilität deutlich erhöhen

ZModem

ZModem (oder Z-Modem) ist eine Weiterentwicklung der Übertragungsprotokolle (siehe →Übertragungsprotokoll) →XModem und →YModem. ZModem ist um ein echtes Prüfsummenverfahren (siehe →CRC) erweitert worden, das eine sichere →Fehlererkennung zulässt. Wärend die Größe der übertragenen Blöcke (siehe →Datenblock) bei XModem und YModem konstant war, passt sich sie sich bei ZModem dynamisch den Leitungsverhältnissen an. Nicht zuletzt deshalb ist ZModem zugleich sicher und schnell. ZModem überträgt mehrere Dateien, die Dateinamen und die exakte Dateigröße und kann bei einem Abbruch der Übertragung innerhalb einer Datei später dort anknüpfen, wo die Unterbrechung auftrat. Wann immer die Möglichkeit besteht, sollte man zum Up- und Download von Dateien das Protokoll ZModem einsetzen.

Zoll [inch]

Der Zoll ist eine Längenmaßeinheit und entspricht 2,54 cm. In den USA ist inch eine gesetzliche Einheit. In Deutschland wird Zoll nur in besonderen Fällen, wie z. B. bei der Angabe der Bildschirmdiagonalen oder für Disketten, benutzt. Jedoch ist seit 1996 offiziell die Verwendung der Maßeinheit Zoll in Deutschland verboten. Monitore und Disketten müssen in cm-Angaben beziffert werden. Auf dem Markt halten sich die alten Bezeichnungen aber noch immer recht hartnäckig.

Zoom [zoom]

Durch die vergrößerte Darstellung einer Zeichnung oder eines Textes auf dem →Bildschirm, die Zoom-Funktion, lassen sich Details besser erkennen und bearbeiten.

Zufallszahlengenerator [random generator]

Ein Zufallszahlengenerator erzeugt eine Folge von Zahlen mit zufälligen Werten. Er wird meist im Rahmen einer →Programmiersprache als Funktion zur Verfügung gestellt. Da der →Computer die Folge der Zufallszahlen nach bestimmten deterministischen Verfahren berechnet, mögen sie für den Benutzer zwar zufällig erscheinen, sind jedoch tatsächlich eher Pseudozufallszahlen.

Zugriff [access]

Alle Operationen, die sich auf →Daten in einem →Speicher oder auf einem Datenträger beziehen, werden Zugriff genannt. Man unterscheidet z. B. lesenden und schreibenden Zugriff. Einige Speicher oder Datenträger erlauben nur bestimmte Arten von Zugriffen (siehe →sequenzieller Zugriff und →wahlfreier Zugriff). Doch auch im Zusammenhang mit einem →Computer, einem →Netzwerk, einem Anwendungsprogramm usw. wird der Terminus „Zugriff" verwendet.

Zugriffskonflikt [access conflict]

Wenn im Netz mehrere Rechner oder auf einem einzelnen →PC mehrere →Prozesse gleichzeitig auf einen Datenbestand oder ein Peripheriegerät zugreifen wollen, spricht man von einem Zugriffskonflikt. Zugriffskonflikte werden durch entsprechende Kontrollverfahren vermieden. Beim Einzelplatz-PC ist dies Aufgabe des Betriebssystems.

Zugriffsrechte [permission rights]

Mit Hilfe von Zugriffsrechten wird vor allem in Mehrplatzsystemen, in einem Netzwerk oder bei einer Mailbox geregelt, welcher Anwender auf welche Datenbestände wie zugreifen darf. Zugriffsrechte können in einem

Netzwerk etwa sicherstellen, dass kritische Datenbestände und Programme nur von autorisierten Personen gelesen oder verändert werden. Zur Sicherung der Zugriffsrechte werden verschiedene Verfahren verwendet, wie z. B. →Passwörter. Einzig bestimmte Personen wie der Systemoperator (siehe →SysOp) oder der →Systemadministrator haben die vollen Zugriffsrechte auf alle Datenbestände des Systems. Um mit Zugriffsrechten und Zugriffskontrollverfahren arbeiten zu können, muss man eine entsprechende Netzwerksoftware verwenden, die diese Möglichkeiten unterstützt.

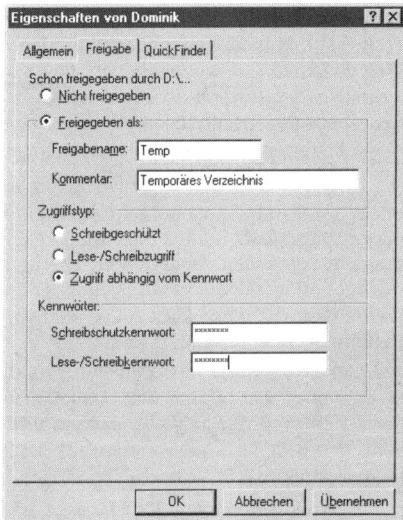

Unter Windows 95/98 werden die Zugriffe im Netzwerk über Passwörter und nicht über Personenlisten geregelt

Zuse, Konrad

Konrad Zuse (1910-1996) zählt zu den genialen Pionieren des Computerzeitalters. In den Jahren 1936-1938 entwickelte er in der Wohnung seiner Eltern seine erste – noch rein mechanische – programmgesteuerte Rechenmaschine Z1, die aufgrund der Ungenauigkeiten der als Löcher in Blechplatten gefeilten Daten und Programme noch nicht richtig funktionierte. Im Auftrag der Deutschen Versuchsanstalt für Luftfahrt konstruierte und baute er bis 1941 die erste elektromechanische Rechenmaschine Z3, die mit rund 2.000 Relais arbeitete. Z3 arbeitete mit Dualzahlen und verwendete zur Darstellung der Zahlen die Gleitkommadarstellung. Für eine Multiplikation benötigte →Z3 drei Sekunden Rechenzeit. Mit Plankalkül entwickelte Zuse eine der ersten Programmiersprachen.

Zweierkomplement

Das →Komplement einer Zahl ist deren Ergänzung zur nächsthöheren Potenz der Basis des zur Darstellung verwendeten Zahlensystems. Den Begriff „Zweierkomplement" verwendet man, um darauf hinzuweisen, dass das Dualsystem zugrunde liegt. Das Zweierkomplement wird beim Programmieren verwendet, um auf Bitebene eine Subtraktion auf eine Addition zurückzuführen zu können. Das Zweierkomplement der Dualzahl 110100 ist 001100 (und umgekehrt), da 001100 + 110100 = 1000000.

Zwischenablage [clipboard]

Die Zwischenablage ist eine Programmkomponente von →Windows, die einen Speicher-Bereich zum Datenaustausch verwaltet. Mit Hilfe der in den meisten Anwendungsprogrammen verfügbaren Befehlen *Ausschneiden*, *Kopieren* und *Einfügen* sind die Programme in der Lage, Daten wie Texte oder Grafiken in die Zwischenablage zu kopieren bzw. von dort in das aktuell bearbeitete →Dokument einzufügen. Dabei kann die Zwischenablage normalerweise nur einen Datenbestand aufnehmen; neu hinzugefügte Einträge überschreiben die zuvor abgelegten Daten. In der Zwischenablage befindliche Daten können mit Hilfe eines kleinen speziellen Programms, das bei Windows 95/98 mitgeliefert wird (*Clipbrd.exe*),eingesehen werden.

Werden Daten innerhalb einer Anwendung mit Hilfe der Zwischenablage z. B. im Dokument verschoben, kommt es zu keiner Umwandlung des verwendeten Formats. Werden die Daten aber aus einer Anwendung in eine andere über die Zwischenablage ausgetauscht, führt die Zwischenablage eine Anpassung des Formats aus, die von den Programmen aber gesteuert werden kann. Text verliert dabei häufig seine Formatierung oder muss im RTF-Format übernommen werden, das nicht von allen Anwendungen unterstützt wird. Pixelbilder werden immer unkomprimiert und z. T. in der Auflösung der Bildschirmdarstellung ausgetauscht. Vektorgrafiken werden meist in das Windows-eigene WMF-Format überführt. Die meisten aktuellen Windows-Anwendungen unterstützen über die Zwischenablage auch einen erweiterten Datenaustausch über →DDE und →OLE.

Werden von den austauschenden Programmen mehrere oder alle diese Formate für den Zwischenablagentransfer unterstützt, können diese häufig selektiv ausgewählt werden. Dazu sollte man beim Einfügen von Daten den Befehl *Inhalte einfügen* wählen, der von den meisten modernen Programmen wie z. B. MS-Word unterstützt wird. In einer Liste werden dort die entsprechend zur Verfügung stehenden Formate angezeigt, sodass eine selektive Übernahme der Daten in das Dokument möglich ist.

Zylinder [cylinder]

Bei rotierenden Magnetspeichern, die aus mehreren übereinander angeordneten Platten bestehen (z. B. die →Festplatte), werden alle übereinander liegenden →Spuren zu einem Zylinder zusammengefasst.

Zyxel

Der Hardwarehersteller Zyxel ist Spezialist für hochwertige Modems. Insbesondere früher galten Zyxel-Modems aufgrund ihrer bekannt hohen Zuverlässigkeit und Leistungsfähigkeit als Mercedes unter den Modems. Dies hat sich mittlerweile etwas relativiert, weil auch viele Konkurrenz-Anbieter qualitativ hochwertige Produkte mit z. T. niedrigeren Preisen anbieten, wie etwa →ELSA oder →U.S. Robotics. Das Top-Modell Zyxel 2864 ID setzte dank integrierter ISDN- und Anrufbeantworter-Funktionalität sowie Fax-Empfangsmöglichkeit bei ausgeschaltetem PC Maßstäbe auf dem Modemmarkt. Das

Gerät dient zusätzlich als Terminaladapter (→a/b-Wandler), da weitere a-naloge Endgeräte (→Modems oder Telefone) am 2864 angeschlossen werden können. Zyxel ist im Internet unter der Adresse *www.zyxel.com* vertreten.

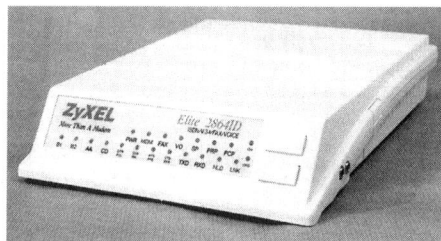

Ein Gerät, viele Funktionen – Das Zyxel 2864 ID ist Analog- und ISDN-Modem, Terminaladapter und Faxspeicher in einem

ZZF (**Z**entralamt für **Z**ulassungen des **F**ernmeldewesens)

Das ZZF vergab bis 1992 die Zulassungen für Einrichtungen am Fernmelde-netz. Seitdem ist das Bundesamt für Zulassungen in der Telekommunikation (siehe →BZT) dafür zuständig.

Danksagungen und Bezugsquellen

DATA BECKER bedankt sich herzlich bei den folgenden Personen und Organisationen für die Unterstützung und/oder Bereitstellung von Bildmaterial:

- AVM GmbH
- Ulrich Bruckmann
- Corel GmbH,
- DATEC GmbH Aachen, (*www.datec-computer.de*)
- Epson GmbH
- Hauppauge GmbH
- IBM Deutschland GmbH
- Intel GmbH
- Klaus Voß
- Logi GmbH
- Mark Torben Rudolph
- miroMedia GmbH
- Nokia GmbH
- Frank Peters
- Pinnacle Systems GmbH
- PowerQuest GmbH, Vertreten durch HBI-München
- Sascha Ruland
- Stefan Rieß
- Symantec GmbH
- Terratec GmbH, Nettetal
- Uunet GmbH (vertreten durch die PR-Agentur Kaltwasser)